20

직업상담사 2급

필기

전과목

무료동영상

정헌석 · 이지민 · 박비송 공저

예문에듀
EDU

머리말(Preface)

 IMF 이후 평생직장의 개념이 사라지고 조기퇴직, 명예퇴직 등으로 퇴직자들이 증가하고 청년실업자의 수가 증가하면서 고용알선업 및 인력공급업 사업체의 수가 꾸준히 증가하고 있다. 이로 인해 향후 구인자와 구직자를 연결해주는 직업상담사의 수요 또한 계속적으로 증가할 것으로 전망된다.

 산업인력공단에서는 이러한 인력수요를 충족하기 위하여 매년 많은 수의 직업상담사를 배출하고 있으나 해마다 개정·보완되고 있는 직업정보들은 자격시험을 준비하는 수험생들을 혼란스럽게 하고 있는 것이 현실이다.

 필자는 이러한 점을 감안하여 20여 년간의 강의 경험과 국내 유명 교수님들의 논문 및 기타 자료들을 참고하여 직업상담사 자격시험에 반드시 합격할 수 있는 다음과 같은 필수 내용으로 본 교재를 구성하였다.

---

1. 본 교재의 전체 구성을 출제기준에 있는 순서를 그대로 적용하여 수험생들이 출제기준 및 내용 파악에 도움을 얻을 수 있도록 하였다.
2. 기출문제는 가급적 전공서적 및 법규 등에 규정된 내용으로 답안을 작성하였으며, 본 교재의 본문에 해당하는 단원을 반영하여 최대한 많이 분류·배치함으로써 시험에 완벽하게 대비하였다.
3. 복잡한 내용 및 방대한 이론들은 쉽게 이해하고, 마인드 맵을 통한 암기에 도움이 되도록 간략화·도식화·단순화하여 비교분석이 쉽게 체계화하였다.
4. 부록으로는 최근 기출된 문제를 해설을 첨가하여 완벽하게 풀이하였다.

 많은 준비기간과 노력을 기울여 집필하였으나 미흡한 부분이 없지 않을 것이다. 이에 대해서는 항상 수험생의 입장에서 생각하고 연구하여 부족한 부분을 채워갈 것을 약속드리며, 직업 알선을 위해 애쓰고 노력하는 현장의 실무담당자들과 여러 교수님들의 애정 어린 지도와 편달을 기대한다.

 끝으로 출판의 기회를 주신 예문사와 한국사이버진흥원, 대구공업대학교 사회복지학부교수님들께 진심으로 감사를 전한다.

정 헌 석

출제기준(필기)

직무 분야	사회복지 · 종교	중직무 분야	사회복지 · 종교	자격 종목	직업상담사 2급	적용 기간	2023. 1. 1~ 2023. 12. 31

노동시장 · 직업세계 등과 관련된 직업정보를 수집 · 제공하고, 직업탐색, 직업선택, 직업적응 등에서 발생하는 개인의 직업 관련 문제 및 기업의 인력채용을 상담 · 지원하는 직무이다.

필기검정방법	객관식	문제수	100	시험시간	2시간 30분

필기과목명	문제수	주요항목	세부항목	세세항목
직업상담학	20	1. 직업상담의 개념	1. 직업상담의 기초	1. 직업상담의 정의 2. 직업상담의 목적 3. 직업상담자의 역할 및 영역 4. 집단직업상담의 의미
			2. 직업상담의 문제유형	1. 윌리암슨의 분류 2. 보딘의 분류 3. 크릿츠의 분류 4. 직업의사결정상태에 따른 분류
		2. 직업상담의 이론	1. 기초상담 이론의 종류	1. 정신분석적 상담 2. 아들러의 개인주의 상담 3. 실존주의 상담 4. 내담자 중심 상담 5. 형태주의 상담 6. 교류분석적 상담 7. 행동주의 상담 8. 인지적－정서적 상담
		3. 직업상담 접근방법	1. 특성－요인 직업 상담	1. 특성－요인 직업상담 모형, 방법, 평가
			2. 내담자 중심 직업 상담	1. 내담자 중심 직업상담 모형, 방법, 평가
			3. 정신역동적 직업 상담	1. 정신역동적 직업상담 모형, 방법, 평가
			4. 발달적 직업 상담	1. 발달적 직업상담 모형, 방법, 평가
			5. 행동주의 직업 상담	1. 행동주의 직업상담 모형, 방법, 평가
			6. 포괄적 직업상담	1. 포괄적 직업상담 모형, 방법, 평가
		4. 직업상담의 기법	1. 초기면담의 의미	1. 초기면담의 유형과 요소 2. 초기면담의 단계
			2. 구조화된 면담법의 의미	1. 생애진로사정의 의미 2. 생애진로사정의 구조 3. 생애진로사정의 적용
			3. 내담자 사정의 의미	1. 동기, 역할 사정하기 2. 가치사정하기 3. 흥미사정하기 4. 성격사정하기

필기과목명	문제수	주요항목	세부항목	세세항목
			4. 목표설정 및 진로시간 전망	1. 목표설정의 의미 및 특성 2. 진로시간 전망의 의미
			5. 내담자의 인지적 명확성 사정	1. 면담의존 사정과 사정 시의 가정 2. 사정과 가설발달의 의미
			6. 내담자의 정보 및 행동에 대한 이해	1. 내담자의 정보 및 행동에 대한 이해기법
			7. 대안개발과 의사결정	1. 대안선택 및 문제해결
		5. 직업상담 행정	1. 취업지원 관련 보고	1. 정기보고 2. 수시보고
			2. 직업상담사의 윤리	1. 직업상담 시 윤리적 문제
			3. 직업상담사의 보호	1. 건강장해 예방조치(산업안전보건법령)
직업심리학	20	1. 직업발달 이론	1. 특성–요인 이론 제개념	1. 특성–요인이론의 특징 2. 특성–요인이론의 주요내용 3. 홀랜드의 직업선택이론
			2. 직업적응이론 제개념	1. 롭퀴스트와 데이비스의 이론 2. 직업적응에 대한 제연구
			3. 발달적 이론	1. 긴즈버그의 발달이론 2. 슈퍼의 발달이론 3. 고트프레드슨 이론
			4. 욕구이론	1. 욕구이론의 특성 2. 욕구이론의의 주요내용
			5. 진로선택의 사회학습 이론	1. 진로발달과정의 특성과 내용 2. 사회학습모형과 진로선택
			6. 새로운 진로 발달이론	1. 인지적 정보처리 접근 2. 사회인지적 조망접근 3. 가치 중심적 진로접근 모형
		2. 직업심리 검사	1. 직업심리 검사의 이해	1. 심리검사의 특성 2. 심리검사의 용도 3. 심리검사의 분류
			2. 규준과 점수해석	1. 규준의 개념 및 필요성 2. 규준의 종류 3. 규준 해석의 유의점
			3. 신뢰도와 타당도	1. 신뢰도의 개념 2. 타당도의 개념

필기과목명	문제수	주요항목	세부항목	세세항목
			4. 주요 심리검사	1. 성인지능검사 2. 직업적성검사 3. 직업선호도검사 4. 진로성숙검사 5. 직업흥미검사
		3. 직무분석	1. 직무분석의 제개념	1. 직무분석의 의미 2. 직무분석의 방법 3. 직무분석의 원칙 4. 직무분석의 단계
		4. 경력개발과 직업전환	1. 경력개발	1. 경력개발의 정의 2. 경력개발 프로그램 3. 경력개발의 단계
			2. 직업전환	1. 직업전환과 직업상담
		5. 직업과 스트레스	1. 스트레스의 의미	1. 스트레스의 특성 2. 스트레스의 작용원리
			2. 스트레스의 원인	1. 직업 관련 스트레스 요인
			3. 스트레스의 결과 및 예방	1. 개인적 결과 2. 조직의 결과 3. 대처를 위한 조건 4. 예방 및 대처전략
직업정보론	20	1. 직업정보의 제공	1. 직업정보의 이해	1. 직업정보의 의의 2. 직업정보의 기능
			2. 직업정보의 종류	1. 민간직업정보 2. 공공직업정보
			3. 직업정보 제공 자료	1. 한국직업사전 2. 한국직업전망 3. 학과정보 4. 자격정보 5. 훈련정보 6. 직업정보시스템
		2. 직업 및 산업 분류의 활용	1. 직업분류의 이해	1. 직업분류의 개요 2. 직업분류의 기준과 원칙 3. 직업분류의 체계와 구조
			2. 산업분류의 이해	1. 산업분류의 개요 2. 산업분류의 기준과 원칙 3. 산업분류의 체계와 구조
		3. 직업 관련 정보의 이해	1. 직업훈련 정보의 이해	1. 직업훈련제도의 개요 및 훈련기관

필기과목명	문제수	주요항목	세부항목	세세항목
			2. 워크넷의 이해	1. 워크넷의 내용 및 활용 2. 기타 취업사이트 활용
			3. 자격제도의 이해	1. 국가자격종목의 이해
			4. 고용서비스정책의 이해	1. 고용서비스정책 및 제도
		4. 직업 정보의 수집, 분석	1. 고용정보의 수집	1. 정보수집방법 2. 정보수집활동 3. 정보수집시 유의사항
			2. 고용정보의 분석	1. 정보의 분석 2. 분석 시 유의점 3. 고용정보의 주요 용어
노동시장론	20	1. 노동시장의 이해	1. 노동의 수요	1. 노동수요의 의의와 특징 2. 노동수요의 결정요인 3. 노동의 수요곡선 4. 노동수요의 탄력성
			2. 노동의 공급	1. 노동공급의 의의와 특징 2. 노동공급의 결정요인 3. 노동의 공급곡선 4. 노동공급의 탄력성
			3. 노동시장의 균형	1. 노동시장의 의의와 특징 2. 노동시장의 균형분석 3. 한국의 노동시장의 구조와 특징
		2. 임금의 제개념	1. 임금의 의의와 결정이론	1. 임금의 의의와 법적 성격 2. 임금의 범위 3. 임금의 경제적 기능 4. 최저임금제도
			2. 임금체계	1. 임금체계의 의의 2. 임금체계의 결정 3. 임금체계의 유형
			3. 임금형태	1. 시간임금 2. 연공급 3. 직능급 4. 직무급 등
			4. 임금격차	1. 임금격차이론 2. 임금격차의 실태 및 특징

필기과목명	문제수	주요항목	세부항목	세세항목
		3. 실업의 제개념	1. 실업의 이론과 형태	1. 실업의 제이론 2. 자발적 실업 3. 비자발적 실업 4. 마찰적 실업 5. 구조적 실업 6. 경기적 실업 7. 잠재적 실업
			2. 실업의 원인과 대책	1. 한국의 실업률 추이와 실업구조 2. 실업대책
		4. 노사관계 이론	1. 노사관계의 의의와 특성	1. 노사관계의 의의 2. 노사관계의 유형
			2. 노동조합의 이해	1. 노동조합의 형태 2. 단체교섭 3. 노동조합의 운영
노동 관계 법규	20	1. 노동 기본권과 개별근로 관계법규, 고용 관련 법규	1. 노동기본권의 이해	1. 헌법상의 노동기본권

			2. 개별근로 관계법규의 이해	1. 근로기준법 및 시행령, 시행규칙
				2. 남녀고용평등과 일 · 가정 양립 지원에 관한
				   법률 및 시행령, 시행규칙
				3. 고용상 연령차별금지 및 고령자고용촉진에
				   관한 법률 및 시행령, 시행규칙
				4. 파견근로자보호 등에 관한 법률 및 시행령,
				   시행규칙
				5. 기간제 및 단시간 근로자 보호 등에 관한 법률
				   및 시행령, 시행규칙
				6. 근로자 퇴직급여 보장법 및 시행령, 시행규칙

			3. 고용 관련 법규	1. 고용정책기본법 및 시행령, 시행규칙 2. 직업안정법 및 시행령, 시행규칙 3. 고용보험법 및 시행령, 시행규칙 4. 근로자직업능력개발법 및 시행령, 시행규칙
		2. 기타 직업상담 관련 법규	1. 개인정보보호 관련 법규	1. 개인정보보호법 및 시행령, 시행규칙
			2. 채용관련 법규	1. 채용절차의 공정화에 관한 법률, 시행령, 시행규칙

출제기준(실기)

직무 분야	사회복지 · 종교	중직무 분야	사회복지 · 종교	자격 종목	직업상담사 2급	적용 기간	2023. 1. 1~ 2023. 12. 31

노동시장 · 직업세계 등과 관련된 직업정보를 수집 · 제공하고, 직업탐색, 직업선택, 직업적응 등에서 발생하는 개인의 직업 관련 문제 및 기업의 인력채용을 상담 · 지원하는 직무이다.

1. 구직자, 구인자 및 실업자를 위한 취업, 직업능력개발 상담을 할 수 있다.
2. 학생을 위한 진학지도, 취업상담을 할 수 있다.
3. 직업 관련 정보를 수집하여 제공할 수 있다.

실기검정방법	필답형	시험시간	2시간 30분
실기과목명	주요항목	세부항목	세세항목
직업상담 실무	1.직업심리검사	1. 검사 선택하기	1. 내담자에 따라 직업심리검사의 종류와 내용을 설명할 수 있다. 2. 내담자의 목표에 적합한 검사를 선택하기 위해 다양한 검사들의 가치와 제한점을 설명할 수 있다.
		2. 검사 실시하기	1. 표준화된 검사 매뉴얼에 따라 제시된 소요시간 내에 검사를 실시할 수 있다. 2. 표준화된 검사 매뉴얼에 따라 내담자의 수검태도를 관찰할 수 있다. 3. 정확한 검사결과를 도출하기 위해 채점기준에 따라 검사결과를 평정할 수 있다.
		3. 검사결과 해석하기	1. 검사 항목별 평정에 따라 내담자에게 의미 있는 내용을 도출할 수 있다. 2. 내담자가 검사결과를 쉽게 이해할 수 있도록 전문적 용어, 평가적 말투, 애매한 표현 등을 자제하고 적절한 용어를 선택하여 검사점수의 의미를 설명할 수 있다. 3. 검사결과 해석에 내담자 참여를 유도하기 위해 구조화된 질문을 사용할 수 있다. 4. 검사결과에 대한 내담자의 불안과 왜곡된 이해를 최소화하기 위해 검사결과해석 시 내담자의 반응을 고려할 수 있다. 5. 직업심리검사도구의 결과에 대한 한계점을 설명할 수 있다. 6. 각종 심리검사 결과를 활용할 수 있다.
	2. 취업상담	1. 구직자 역량 파악하기	1. 구직자의 역량분석에 필요한 객관적 자료를 수집하기 위해 구직역량검사를 실시할 수 있다. 2. 구직자의 구직역량검사결과를 해석할 수 있다. 3. 개인적 및 사회적 여건을 고려하여 구직자에 대하여 종합적인 역량을 판단할 수 있다.
		2. 직업상담 기법 활용하기	1. 직업상담의 특성에 대해 설명할 수 있다. 2. 구직자의 특성에 적합한 상담이론을 선택할 수 있다. 3. 구직자 특성에 적합한 상담기법을 활용할 수 있다.

실기과목명	주요항목	세부항목	세세항목
		3. 구직자 사정기법 활용하기	1. 초기면담을 할 수 있다. 2. 생애진로사정을 할 수 있다. 3. 동기, 역할사정을 할 수 있다. 4. 가치사정을 할 수 있다. 5. 흥미사정을 할 수 있다. 6. 성격사정을 할 수 있다. 7. 목표설정을 할 수 있다. 8. 진로시간을 전망할 수 있다. 9. 내담자의 정보 및 행동을 이해할 수 있다. 10. 대안선택 및 문제해결을 할 수 있다.
		4. 직업정보 분석하기	1. 노동시장 현황을 분석할 수 있다. 2. 직업분류를 활용할 수 있다. 3. 산업분류를 활용할 수 있다. 4. 각종 직업 관련 자료를 활용할 수 있다. 5. 직업정보를 분석 및 해석할 수 있다.

차례(Contents)

직업상담사 2급 필기 전과목 무료동영상

Part 05 노동관계법규

2권

과년도문제풀이

PART

01

직업상담학

CONTENTS

VOCATIONAL COUNSELOR

CHAPTER 01

직업상담의 개념

직업상담의 기초

1 직업상담의 정의

1) 개요

개인이 특정 직업을 선택하고 직업생활을 원활하게 수행할 수 있도록 도우며, 나아가 직업전환 및 은퇴의 과정에서 발생할 수 있는 문제들을 예방하고 지원하는 전문적인 상담활동이다.

2) 직업상담의 단계

① 관계형성(Rapport)

내담자와 상담자의 상호존중에 기초한 개방적이고 신뢰가 있는 관계를 형성한다.

② 진단 및 측정

표준화된 심리검사를 이용하여 내담자들이 자신의 흥미, 가치, 적성, 개인적 특성, 의사결정방식 등에 대해 자각할 수 있도록 돕는 단계이다.

③ 목표설정

직업상담의 목적이 문제해결이 아니라 자기발전과 개발이라는 내용을 분명히 밝히고 내담자들의 목표들이 명백해지면 잠재적 목표를 밝혀서 우선순위를 정한다.

④ 개입(중재)

　내담자가 목표를 달성하는 데 도움이 될 수 있는 중재를 제안하여 개입을 한다. 직업정보의 수집, 보유기술의 파악, 의사결정의 촉진, 과제물 부여 등의 기법이 주로 이용된다.

⑤ 평가

　직업상담자와 내담자는 그 동안의 중재가 얼마나 효과적으로 적용되었는지를 평가한다.

　※ 관계형성 → 진단 및 측정 → 목표설정 → 개입(중재) → 평가

상담의 초기면접 단계에서 일반적으로 고려할 사항은 상담의 관계형성 및 구조화, 문제의 평가(진단), 목표의 설정이다.

3) 상담의 기본원리

상담은 내담자와 상담자 간의 구조화된 상호작용의 관계이므로 일정한 원리에 기초하여 진행된다.

① 비스텍(Biestek)의 상담 기본원리

진로상담은 항상 '차별적인 진단과 처치'의 자세를 견지한다.

　㉠ 개별화의 원리 : 상담자는 내담자의 특성과 개인차를 인정하는 범위 내에서 상담을 전개해야 한다. 특히 상담자의 고정관념이나 주관적 가치판단 기준에 의해 내담자의 이야기를 판단해서는 안 된다.

　㉡ 의도적 감정표현의 원리 : 상담자는 내담자가 자유롭게 표현을 할 수 있도록 온화한 분위기를 조성해야 한다. 또한 내담자에게 최대한 편안한 자세를 유지시켜 우호적인 분위기를 만들어야 한다.

　㉢ 통제된 정서관여의 원리 : 상담자는 내담자의 정서변화에 민감하게 반응하고, 적절한 대응책을 마련할 태세를 갖추고 적극적으로 관여하는 자세를 갖는다. 즉, 내담자의 정서변화, 감정의 고저에 동승해야 한다.

　㉣ 수용의 원리 : 상담자는 내담자를 따뜻하게 대하고 수용적이어야 하며, 내담자의 인격을 존중한다는 의사를 분명히 해야 한다. 어떤 대화에서도 상대방을 무시하거나 얕잡아보는 듯한 태도는 좋은 결과를 얻지 못한다.

　㉤ 비판단적 태도의 원리 : 상담자가 내담자의 행동과 태도, 가치관 등을 평가할 때는 객관적이고 중립적인 자세를 유지해야 한다. 특히 '나쁘다', '잘못이다'와 같은 감정적인 판단은 좋지 않다.

　㉥ 자기결정의 원리 : 상담자는 내담자 개인의 가치와 존엄성을 존중하고 내담자 스스로 문제를 해결할 수 있다는 자신감을 심어주어야 한다. 상담자는 내담자 스스로 의사결정을 할 수 있도록 돕는 조력자이다.

　㉦ 비밀보장의 원리 : 상담자는 내담자와의 대화내용을 타인에게 발설해서는 안 되며 철저히 비밀을 유지해야 한다. 이 원리는 내담자와 상담자의 신뢰를 형성하는 중요한 요인이 된다.

4) 상담활동 전개 시 대화의 원리

① 상담대화에서 지켜야 할 일반 행동원칙

- ㉠ 과제의 선택은 항상 내담자에게 맡긴다.
- ㉡ 상담자의 질문이나 언급은 내담자가 기왕에 표현하였거나 현재 진행 중에 있는 화제에 관한 것이어야 한다.
- ㉢ 상담자의 목소리는 차분하고 분명하며 알맞은 크기라야 한다.
- ㉣ 최소한의 말로 효과적인 커뮤니케이션을 하도록 한다.

② 상담의 대화

- ㉠ 상담에서 질문의 종류
  - ⓐ 개방형 질문 : 내담자로 하여금 지각의 장을 넓게 하고 여러 가지 견해, 생각, 감정을 표현하게 하며 감정, 사고, 실제와의 접촉을 깊게 한다.
  - ⓑ 폐쇄형 질문 : 지각의 장을 단절시키고 냉정한 현실이나 사실 자체에 대한 대답만을 요구하며, 감정, 사고, 실제와의 접촉을 국부적으로 제한시킨다.
  - ⓒ 질문폭주 : 질문을 계속하는 것은 관계 형성을 어렵게 하며 내담자가 인식, 정의, 행동, 환경적 영역에 대해 검토하고 탐색하는 분위기를 만들기 어렵게 한다.
- ㉡ 상담에서 효과적인 질문
  - ⓐ "왜"라는 질문은 가능하면 피해야 한다.
  - ⓑ 직접적 질문보다는 간접적 질문이 더 효과적이다.
  - ⓒ 폐쇄적 질문보다는 개방적 질문이 더 효과적이다.
  - ⓓ 이중질문은 혼란을 가중시키므로 피해야 한다.
- ㉢ 상담에서의 침묵
  - ⓐ 혼돈으로 인한 침묵 : 상담자의 말을 이해하지 못하거나 애매한 질문의 경우, 상담자는 자신의 말이나 의도를 분명하게 전달해야 한다.
  - ⓑ 저항으로 인한 침묵 : 상담자에 대한 불신으로 인한 침묵의 경우에는 상담자와 내담자 간의 관계에 대하여 논의하여야 한다.
  - ⓒ 사고의 중단으로 인한 침묵 : 이 경우 상담자와 내담자는 새로운 대화의 방향을 함께 찾는다.

5) 상담에서 라포(Rapport) 형성

① 라포(Rapport)의 의미

"상담자와 내담자 사이에 서로 믿고 존경하는 감정의 교류에서 이루어지는 조화적 인간관계이며 상호적인 책임이다."라고 정의할 수 있다. 그러므로 라포는 상담자와 내담자간의 친근감을 의미한다고 할 수 있다.

② 라포(Rapport)의 형성요인

- ⓐ 상담자는 친절하고 따뜻하며 부드러운 태도를 취한다.
- ⓑ 내담자의 현실과 감정을 거부하지 않고 받아들인다.

개방적 질문은 내담자가 자유롭게 대답할 수 있는 질문이며, 폐쇄적 질문은 예, 아니오와 같은 단답형으로 대답할 수 있도록 하는 질문이다.

직접적인 질문보다는 간접적인 질문이 더 좋다.

분석, 충고, 조언, 도덕적 판단 등은 관계형성에 좋지 않다.

ⓒ 내담자로 하여금 자유스럽게 표현하고 행동할 수 있도록 허용적인 분위기를 조성한다.

ⓓ 모든 개인은 가치가 있다는 견지에서 내담자를 존중해야 한다.

ⓔ 내담자의 표현이나 행동을 면박하거나 비판하지 않는다.

ⓕ 내담자의 문제를 도덕적인 문제와 결부시키거나 가치판단적 태도를 취하지 않는다.

ⓖ 시종일관의 성의를 가지고 대함으로써 내담자에게 신뢰감과 책임감을 주는 상담자의 태도를 취한다.

ⓗ 내담자에게 은혜를 베푼다는 인상을 주지 않는다.

③ 라포(Rapport)의 형성방법

ⓐ 동정 : 내담자에 대하여 동정하는 표정이나 언사를 던진다. – 지나친 동정이 아닌 보편적 수준

ⓑ 확신 : 문제를 해결할 수 있다는 확신을 갖도록 해준다.

ⓒ 승인 : 내담자가 한 말이나 행동에 대하여 동의를 표한다.

ⓓ 유머 : 내담자의 긴장이나 불만을 풀어주기 위해서 유머를 사용한다.

ⓔ 객관적 자료의 사용 : 교과서나 참고서, 도표 또는 연구보고서 등을 사용한다.

ⓕ 개인사례의 제시 : 상담자 자신의 경험 등을 이야기한다.(상담자 자기 개방)

6) 상담의 촉진적 관계를 형성하는 데 필요한 사항

① 상담자의 공감적 이해

② 상담자의 적극적 경청

③ 내담자에 대한 수용적 존중

④ 상담자의 성실한 자세

7) 직업상담의 필요성

① 인간은 일생동안 보통 3~4가지 이상의 직업을 가지므로 필요하다.

② 생애주기의 변화로 인해 과거보다 긴 기간 동안 직업생활을 하게 되므로 진로계 획 수립 시에 필요하다.

③ 직업정보는 양이 방대하고 정보 생명이 짧아 개인이 수집하기에 어려움이 있으므로 직업전문가에게 의뢰하는 것이 바람직하다.

2 직업상담의 목적

1) 직업상담의 목적

① 직업문제를 인식한다.

② 직업의사결정능력을 배양한다.

③ 직업선택에 대한 책임감을 가진다.

④ 협동적인 사회행동을 추구한다.

직업상담의 목적
– 직업상담은 내담자에게 진로관련 의 사결정 능력을 길러주는 과정 이다.
– 직업선택과 직업생활에서 능동적인 태도를 함양하는 과정이다.

⑤ 실업과 같은 직업에 대한 위기관리 능력을 배양한다.

⑥ 복잡하고 다양한 일의 세계를 이해시키고 순응하도록 한다.

⑦ 내담자가 자기 자신과 직업세계에 대해 미처 알지 못했던 사실을 발견하도록 돕는다.

⑧ 내담자가 이미 잠정적으로 선택한 진로결정을 확고하게 해주는 것이다.

⑨ 개인의 직업목표를 명백히 해주는 과정이다.

2) 직업상담의 목표

(1) 상담의 목표

① 행동의 변화 촉진

② 정신건강의 증진

③ 문제의 해결

④ 개인적 효율성의 증진

⑤ 의사결정능력의 함양

(2) 직업상담의 목표(Gysbers)

① 예언과 발달

전 생애에 걸쳐 발달가능한 개인의 적성과 흥미를 탐색하여 발달할 수 있도록 촉구하는 것

② 처치와 자극

내담자의 직업문제에 대해 처치하고 내담자에게 필요한 지식과 기능습득을 자극한다.

③ 결함과 유능

개인의 위기, 훈련 및 직업에 대한 직업정보의 결여, 배우자·자녀·동료·상사와의 인간관계 부조화 등의 문제에 대처하도록 하는 예방적 관점에서 내담자의 결함보다는 능력을 개발하도록 돕는다.

3) 직업상담에서 목표설정의 특징

① 목표는 구체적이고 실현가능해야 한다.

② 내담자가 원하고 바라는 것이어야 한다.

③ 상담자의 기술과 양립 가능해야 한다.

④ 상담자의 능력 이상의 도움이 필요할 경우 다른 곳으로 의뢰한다.

4) 직업상담의 기본원리

① 윤리적인 범위 내에서 상담을 전개하여야 한다.

② 산업구조변화, 직업정보, 훈련정보 등 변화하는 직업세계에 대한 이해를 토대로 이루어져야 한다.

③ 각종 심리검사 결과를 기초로 합리적인 판단을 이끌어 낼 수 있어야 한다. 하지만 심리검사를 과잉의존해서는 안 된다.

④ 상담자와 내담자가 신뢰관계(Rapport)를 형성한 뒤 실시하여야 한다.

⑤ 직업선택에 초점을 맞추어 전개한다.

⑥ 상담윤리강령에 따라 윤리적 범위 안에서 상담 전개하여야 한다.

⑦ 진로발달이론에 근거하여야 한다.

3 직업상담사의 역할

1) 직업상담사의 역할(한국직업상담협회)

① 상담자 : 노동관련법규나 고용보험법과 관련된 정보, 직업세계정보, 미래사회정보, 구인구직정보, 직업적응, 경력개발 등 직업관련 상담과 이를 통합하여 내담자가 의사결정을 하는데 도움을 주는 일련의 상담활동을 수행한다.

② (직업문제)처치자 : 직업문제를 가지고 있는 내담자에게 문제를 인식토록 하고 문제를 진단하고 처치한다.

③ 조언자 : 노동관련법규와 관련된 정보, 직업세계정보, 미래사회정보, 구인정보 등을 제공하면서 모호한 의사결정을 하는 내담자에게 조언한다.

④ (직업지도프로그램)개발자 : 청소년, 여성, 중·고령자, 실업자, 장애인 등을 대상으로 직업의식을 촉구하고, 직업생활에 대한 이해를 높이기 위한 프로그램을 개발한다.

⑤ 지원자 : 개발된 직업상담 프로그램을 실제로 적용하고 평가하며 지원한다.

⑥ (검사도구)해석자 : 직업상담의 도구인 내담자의 정신적 특질인 성격, 흥미, 적성, 진로성숙도, 지능 등에 관한 검사를 실시하고 결과를 분석·해석하여 내담자가 보다 자신을 잘 이해하도록 촉구한다.

⑦ 정보분석가 : 직업상담원은 직업정보를 수집하고 이를 분석하여 가공하고 관리하며, 피드백(Feedback)하여 정보를 축적하는 임무를 수행하고 내담자에게 적합한 정보를 제공한다.

⑧ 협의자 : 직업정보제공원, 구인처와 연계구축하여 협의한다.

⑨ 관리자 : 상담과정에서 일어나는 일련의 업무를 관리하고 통제하는 역할을 한다.

2) 직업상담사의 직무(직업상담협회)

① 일반상담

② 직업정보처리

③ 검사 실시 및 해석

④ 직업상담 실시

⑤ 직업문제에 대한 심리치료

⑥ 직업상담 프로그램 개발과 운영

⑦ 직업소개 등에 관한 조언

⑧ 행사의 기획 및 실행

⑨ 직업정보 제공원

⑩ 직업관련 지역기관과의 협의

직업관련 이론의 개발과 강의, 직무분석 수행, 내담자의 보호자 역할, 새로운 직무분야 개발, 내담자에게 적합한 직업 결정, 직업창출, 봉급조정, 취업알선과 직업소개는 직업상담사의 역할이 아니다.

⑪ 직업상담실 관리

⑫ 직업상담 연구와 평가

3) 직업상담사가 갖추어야 할 전문성

① 노동시장의 형태, 미래사회 전망에 대한 지식 겸비

② 심리 · 교육 · 사회 · 경제 분야의 전문성 확보

③ 이론과 실제를 습득하고 다학문적인 통합된 지식 겸비

4) 직업상담자의 태도

① 내담자에 대한 균형잡힌 태도(지나친 동정심 배제)

② 자신의 한계에 대한 이해

③ 심리학적 지식 겸비

④ 직업정보 분석능력 겸비

5) 직업상담사가 갖추어야 할 지식

① 직업에 관한 지식

② 상담에 관한 기술과 지식

③ 직업문제의 처치기술 및 지식

④ 노동과 산업사회의 관련성에 관한 지식

6) 직업상담시 내담자에게 확인할 사항

① 내담자의 체력, 건강상태

② 내담자의 직업적 자립심과 취업의사

③ 내담자의 개인적 상황과 생활습관 확인

7) 직업상담사의 활동기관

직업안정기관, 직업훈련기관, 고용노동부 지방관서, 고용지원센터, 취업정보센터, 직업소개소

8) 직업상담사의 자질

① 내담자에 대한 존경심을 가져야 한다.

② 자기자신에 대한 정당한 이해가 있어야 한다.

③ 정보분석능력과 전산운영 능력을 갖추어야 한다.

④ 심리학적 기초지식을 갖추어야 한다.

⑤ 상담업무를 수행하는데 결함이 없는 성격을 갖추어야 한다.

⑥ 정신장애에 대한 해박한 지식을 갖추어야 한다.

10) 직업상담의 유형

① 취업상담

② 진학상담

③ 직업적응상담

④ 직업전환상담
⑤ 은퇴상담 등

4 집단직업상담의 의미

1) 집단상담의 의의

생활과정상의 문제를 해결하고 보다 바람직한 성장·발달을 위하여 전문적으로 훈련된 상담자의 지도와 동료들과의 역동적인 상호교류를 통해 각자의 감정, 태도, 생각 및 행동양식 등을 탐색, 이해하고 보다 성숙된 수준으로 향상시키는 과정을 말한다.

① 어느 정도의 책임의식이 있는 구성원을 선발한다.
② 비슷한 수준의 발달단계에 있는 구성원으로 한다.
③ 탐색·전환·행동의 3단계를 겪는다.(Butcher의 3단계)
④ 성별에 따라 집단에 대한 기대감, 집단경험의 차이가 있다.
⑤ 집단직업상담은 직업성숙도가 낮은 사람들에게 더 효과적이다.

2) 집단상담의 목적

① 자기이해, 자기수용, 자기관리의 향상을 통한 인격적 성장 및 성숙
② 개인적 관심사와 생활상의 문제에 대한 객관적 검토와 그 해결책을 위한 실천적 행동의 습득
③ 다른 사람들과 더불어 살아가는 집단생활 능력과 대인관계 기술의 습득

3) 집단상담의 준비 및 구성

① 집단구성원의 선정 : 성별, 연령, 과거의 경력, 성격에 따라 선정한다.
② 집단의 크기 : 6~10명이 적당하다.
  ㉠ 집단의 크기가 너무 크면 각 내담자가 자신의 개인적 문제를 제대로 탐색할 기회를 갖지 못하게 되고 상담자가 각 개인에 대해 적절한 주의를 기울이지 못하게 된다.
  ㉡ 집단의 크기가 너무 작으면 집단성원 개개인이 받는 압력이 너무 커지므로 비효율적이 된다.
③ 모임의 시간 및 빈도 : 가능한 모임의 횟수를 최소화해야 한다.(1주일에 1~2회 정도)
④ 물리적장치
  ㉠ 외부로부터 방해를 받지 않아야 한다.
  ㉡ 상담 장소는 가능하면 신체활동이 자유로운 크기로 원형이 좋다. 의자는 골라 앉도록 한다.
⑤ 폐쇄집단과 개방집단
  ㉠ 폐쇄집단 : 중도 탈락자가 생겨도 채워넣지 않는다.
  ㉡ 개방집단 : 집단이 허용하는 한도 내에서 받아들인다.

4) 집단상담의 장단점

① 집단상담의 장점

㉠ 시간과 경제적 측면에서 효율적이다.

㉡ 자신과 타인의 관계에서 문제를 보는 시각이 증진된다.

㉢ 내담자들이 개인상담보다 더 쉽게 받아들이는 경향이 있다.

㉣ 사회성과 지도성을 기를 수 있다.

㉤ 자기 감정을 효과적으로 표현하고, 타인의 감정 표현을 잘 받아들이게
된다.

㉥ 집단에서 새로운 행동을 실천해 볼 수 있다.

② 집단상담의 단점

㉠ 심층적인 내면의 심리를 다룰 수 없다.

㉡ 내담자 개개인의 문제해결을 하기에는 개인 상담이 더 효과적이다.

㉢ 구성원 모두에게 만족을 주기 어렵다.

㉣ 비밀보장이 어렵다.

㉤ 시간적으로나 문제별로 집단을 구성하기에 어려움이 있다.

㉥ 모든 학생에게 적합한 방법이 아니다.

㉦ 참여자들이 심리적으로 준비가 되기 전에 자기의 속마음을 털어 놓아야
한다는 집단 압력을 받을 수 있다.

㉧ 집단의 리더는 집단상담과 직업정보에 대해 잘 알고 있어야 한다.

㉨ 집단경험의 일시적 경험에 도취되어 그 자체를 목적으로 삼을 수도 있다.

5) 효과적인 집단상담을 위해 고려해야 할 사항

① 집단발달과정 자체를 촉진시키기 위해 의도적으로 게임을 활용할 수 있다.

② 매 회기가 끝난 후 각 집단구성원에게 경험보고서를 쓰게 할 수 있다.

③ 집단 내 집단상담자가 반드시 1인일 필요는 없으며, 복수일 때 효율적인 경우
도 있다.

④ 상담의 종결시기는 상담이 시작되기 전에 결정한다.

6) 집단상담시 상담자의 역할

① 대인관계를 원만히 하도록 분위기를 만든다.

② 집단원들이 자기의 내면세계를 자유롭게 탐색하게 한다.

③ 집단원들 간에 생산적 상호교류가 이루어지도록 한다.

7) 부처(Butcher) 집단직업상담의 3단계 모델

Butcher가 제시한 집단직업상담을 위
한 3단계 모델은 탐색단계 - 전환단계
- 행동단계이다.

① 탐색단계 : 탐색단계에서는 자기개방, 흥미와 적성에 대한 측정, 측정결과에
대한 피드백, 불일치의 해결 등이 이루어진다.

② 전환단계 : 전환단계에서는 자아상과 피드백 간의 일치가 이루어지면, 집단
구성원들은 자기의 지식을 직업세계와 연결하고 일과 삶의 가치를 조사한다.
또한 자신의 가치에 대한 피드백을 갖고 가치명료화를 위해 또다시 자신의 가
치와 피드백 간의 불일치를 해결한다.

③ 행동단계 : 목표설정, 목표달성을 촉진하기 위한 정보의 수집과 공유, 의사결정이 이루어지는 단계이다.

5 전화상담

1) 전화상담의 장단점

① 장점

 ㉠ 익명성 : 자신의 정보를 공개하지 않아도 된다.
 ㉡ 접근성 : 전화는 어디에나 있기 때문에 접근이 용이하다.
 ㉢ 용이성(신속성) : 사람들이 고통 받는 시간을 스스로 선택할 수 없으므로 필요 시 언제나 이용이 가능한 전화상담이 필요하다.
 ㉣ 친밀성 : 전화상담은 양손과 양어깨, 얼굴과 몸 전체를 사용하지 못하는 제한성이 있음에도 불구하고 '전화'라는 자체가 주는 친밀감이 있다.
 ㉤ 경제성 : 경제적 형편이 어려운 사람도 이용가능하다.
 ㉥ 편의성 : 거리나 시간의 제약을 받지 않는다.

② 단점

 ㉠ 1회적인 경우가 많다.
 ㉡ 내담자로부터 얻는 정보가 제한적이다.
 ㉢ 전화상담의 침묵은 면접상담의 침묵보다 지루하고 위협적이다.
 ㉣ 상담관계가 안정적이지 못하다.
 ㉤ 익명성으로 인해 무책임할 수 있다.
 ㉥ 내담자가 자기중심적 언어표현을 한다.

6 사이버직업상담

1) 사이버 직업상담의 장단점

① 장점

 ㉠ 개인의 지위, 연령, 신분, 권력 등을 짐작할 수 있는 사회적 단서가 제공되지 않고, 신체적 특징이나 장애, 얼굴표정, 몸짓 등의 비언어적 단서도 전달되지 않기 때문에 주로 전달되는 내용 자체에 많은 주의를 기울이고 의미를 부여할 수 있다.(사이버의 익명성)
 ㉡ 내담자의 자의에 의해 상담이 진행되는 경우가 대면상담에 비해 압도적으로 많다는 점에서 사이버 직업상담에서의 내담자들은 문제해결에 대한 동기가 높다고 할 수 있다.
 ㉢ 내담자가 직업상담가와 직접 얼굴을 마주 대면하지 않기 때문에 자신의 행동이나 감정에 대한 즉각적인 비판을 염려하지 않아도 되며, 많은 경우 심각한 심리적 갈등에 대해서나 개인의 경험에 대해서 말로 표현할 때보다 문자로 표현할 때 더 솔직하고 자세하게 표현할 수 있다. 글을 작성하

는 동안에 자신의 문제에 대한 통찰이나 감정정화가 이루어져 이미 문제가 상당부분 해소될 수 있다.

ⓔ 비용 면에서 효율적이다.

ⓜ 사이버공간에서의 상담 내용은 통신에서 저장, 유통 및 가공이 용이해서 영구적으로 상담내용을 보관할 수도 있고 저장한 내용을 유통하거나 가공하는 것이 쉽다.

② 단점

㉠ 자신과 반대되는 성(性)을 선택할 수도 있으며 자신의 연령을 낮추어 어린 시절 경험한 부정적인 경험이나 상처를 현재 상황의 문제처럼 상담 받아 해결 혹은 해소할 수도 있다.

㉡ 여러 개의 아이디를 사용해서 여러 가지 역할을 시험하면서 내담자는 자신의 다양한 정체성을 시험해 볼 수 있다.

㉢ 책임감을 상실하고 비이성적 태도를 취하거나, 자구적인 노력 없이 습관적인 상담요청의도를 보일 수 있다.

㉣ 내담자는 자신에 대한 정보를 선택적으로 공개할 수 있고 언제든지 상담을 중단해 버릴 수도 있다.

㉤ 익명성이 보장되어도 공개성으로 인하여 일정 한계까지만 노출하는 경향이 있다.

2) 사이버 직업상담의 단계

① 자기노출 및 주요 진로논점 파악하기

② 핵심진로논점 분석하기

③ 진로논점 유형 정하기

④ 답변내용 구상하기

⑤ 직업정보 가공하기

⑥ 답변 작성하기

㉠ 청소년이라 할지라도 존칭을 사용하여 호칭한다.

㉡ 적절한 길이와 단락이 이루어져야 한다. 특수기호를 사용하여 시각적 지루함을 예방한다.

㉢ 답변은 가급적 신속하게 하도록 노력한다.

㉣ 사이버상에서도 상담실과 동일한 효과를 내도록 한다.

㉤ 내담자가 의사결정을 스스로 할 수 있도록 도움을 주는 내용으로 하되, 스스로 할 수 있음에 대한 격려를 잊지 않는다.

㉥ 추수상담의 가능성과 전문기관에 대한 안내를 한다.

글을 너무 길게 쓸 경우 오히려 집중을 방해할 수 있기 때문에 답변은 4~5단락이 넘지 않도록 하고 보기좋게 단락을 구분하는 것이 좋다.

직업상담의 문제 유형

1 윌리암슨의 분류

1) 윌리암슨(Williamson)의 직업상담의 문제유형 분류

㉠ 무선택(선택하지 않음)

직업선택을 전혀 하지 못한 학생들은 통상 자신이 아직 결정을 하지 못했다고 이야기 하거나 미래의 진로에 대해 잘 모른다고 말하는데, 이들은 진로선택과 관계없는 흥밋거리에 주로 관심을 쏟고 있는 경우가 많다.

㉡ 불확실한 선택(진로선택 불확실, 직업선택에 대한 확신부족)

진로선택이 불확실한 것은 섣부른 선택, 교육수준의 부족, 자기 이해의 부족, 직업세계에 대한 이해 부족, 실패에 대한 두려움, 친구와 가족에 대한 걱정, 자신의 적성에 대한 불안 등의 요인 때문이다.

㉢ 현명하지 못한 선택(우둔한 선택, 어리석은 선택)

내담자가 충분한 적성을 가지고 있지 않은 직업을 결정함을 나타낸다.

㉣ 흥미와 적성의 차이(모순)

내담자의 적성이 보다 덜 요구되는 직업 또는 내담자의 능력 수준 이하의 직업에 대해 관심을 보이며, 단지 다른 분야들에 있어서의 똑같은 수준의 능력과 흥미를 의미한다.

> 윌리암슨(Williamson)이 분류한 진로 선택의 문제
> ① 직업 무선택
> ② 직업선택의 확신부족
> ③ 현명하지 못한 직업선택
> ④ 흥미와 적성간의 불일치

2 보딘의 분류

1) 보딘의 직업상담의 문제유형 분류

㉠ 의존성

다른 사람에게 지나치게 의존하거나 자신들의 욕구 중재를 다른 사람에게 의존하려고 한다.

㉡ 정보의 부족

의존적인 것처럼 보이지만 실제로는 정보가 부족한 사람들이다.

㉢ 내적 갈등(자아갈등)

둘 혹은 그 이상의 자아 개념과 관련된 반응기능 사이의 갈등

📖 진로와 결혼 사이의 역할 기대로 갈등을 겪는 여성의 경우

㉣ 선택에 대한 불안

자신이 하고자 하는 일과 중요한 타인이 기대하는 일이 다를 경우

㉤ 문제없음(확신의 결여)

현실적인 선택을 하고 이것을 확인하기 위해 찾아온 내담자의 경우에는 문제가 없을 수 있다.

> Bordin의 직업상담의 문제 유형
> ① 의존성
> ② 정보의 부족
> ③ 확신의 결여(문제없음)
> ④ 선택에 대한 불안
> ⑤ 자아갈등

3 크리츠의 분류

Crites가 제시한 직업상담 과정
① 진단
② 문제 분류
③ 문제 구체화
④ 문제해결

크리츠(Crites)는 직업상담의 과정에는 진단, 문제분류, 문제구체화, 문제해결의 단계가 있고, 직업상담의 목적에는 진로선택, 의사결정 기술의 습득, 일반적 적응의 고양 등이 포함된다고 하였다.

1) 크리츠의 직업상담의 문제유형 분류

크릿츠는 흥미와 적성을 고려하여 내담자들이 경험하는 문제의 유형들에 대해 적응문제, 우유부단문제, 비현실의 문제의 독립적이고 상호 배타적인 진단체계를 고안하였다. 또한 흥미와 적성을 적응성, 결정성, 현실성이라는 3가지 변인과 관련지어 포괄적 진단체계를 개발하였다.

① 적응형 : 흥미와 적성이 일치

② 부적응형 : 흥미를 느끼는 분야도 없고 적성에 맞는 분야도 없는 사람

③ 비현실형 : 흥미를 느끼는 분야는 있지만 그 분야에 대해 적성을 가지고 있지 못한 사람

④ 다재다능형 : 가능성이 많아서 흥미를 느끼는 직업들과 적성에 맞는 직업들 사이에서 결정을 내리지 못하는 사람

⑤ 우유부단형 : 흥미와 적성에 관계없이 성격적으로 선택과 결정을 못 내리는 사람

⑥ 불충족형 : 자신의 적성수준보다 낮은 적성을 요구하는 직업을 선택하는 사람

⑦ 강압형 : 적성 때문에 선택했지만 흥미을 못 느끼는 사람

CHAPTER 01

출제예상문제

직업상담사 2급 필기 전과목 무료동영상 **PART 01**

01 다음 중 직업상담사의 역할이 아닌 것은?

① 직업정보분석
② 직업상담
③ 직업지도 프로그램 운영
④ 직업창출

02 직업상담의 문제 유형 중 보딘(Bordin)의 분류에 해당하지 않는 것은?

① 의존성
② 확신의 결여
③ 선택에 대한 불안
④ 흥미와 적성의 모순

해설 흥미와 적성의 모순은 윌리암슨의 분류이다.

03 Crites의 직업상담 문제유형 분류 중 불충족형에 관한 설명으로 옳은 것은?

① 흥미를 느끼는 분야도 없고 적성에 맞는 분야도 없는 사람이다.
② 흥미를 느끼는 분야가 있지만 그 자신의 적성수준보다 낮은 적성을 요구하는 직업을 선택하는 사람이다.
③ 가능성이 많아서 흥미를 느끼는 직업들과 적성에 맞는 직업들 사이에서 결정을 내리지 못하는 사람이다.
④ 흥미를 느끼는 분야가 있지만 그 분야에 대해 적성을 가지고 있지 못하는 사람이다.

04 직업상담 프로그램에서 다루어야 하는 내용과 가장 거리가 먼 것은?

① 자신에 대해 탐구하기
② 학업성취도 이해하기
③ 직업세계 이해하기
④ 미래사회 이해하기

05 직업상담사가 실시하는 상담영역과 거리가 먼 것은?

① 학업상담
② 진로상담
③ 산업상담
④ 장애자 직업상담

06 다음 중 상담 과정에서 상담자가 내담자에게 하는 질문에 관한 설명으로 틀린 것은?

① 간접적 질문보다는 직접적 질문이 더 효과적이다.
② 폐쇄적 질문보다는 개방적 질문이 더 효과적이다.
③ 이중질문은 상담에서 결코 도움이 되지 않는다.
④ "왜"라는 질문은 가능하면 피해야 한다.

해설 직접적인 질문보다는 간접적인 질문이 더 좋다.

정답 01 ④ 02 ④ 03 ② 04 ② 05 ① 06 ①

07 내담자의 침묵에 관한 설명으로 틀린 것은?

① 상담자 개인에 대한 적대감에서 오는 저항이나 불안 때문에 생긴다.
② 상담관계가 이루어지기도 전에 일어난 침묵은 대개 긍정적이며 수용의 형태로 해석될 수 있다.
③ 내담자가 상담자에게서 재확인을 바라거나 상담자의 해석 등을 기대하며 침묵에 들어가는 경우이다.
④ 내담자가 이전에 표현했던 감정 상태에서 생긴 피로를 회복하고 있다는 뜻이기도 하다.

해설 상담관계가 이루어지기도 전에 일어난 상담초기의 침묵은 두려움이나 불안을 나타내며, 이때 상담자는 라포형성을 해야 한다.

08 다음 중 집단상담의 특징에 대한 설명으로 틀린 것은?

① 집단상담은 상담자들이 제한된 시간 내에 적은 비용으로 보다 많은 내담자들에게 접근하는 것을 가능하게 한다.
② 효과적인 집단에는 언제나 직접적인 대인적 교류가 있으며 이것이 개인적 탐색을 도와 개인의 성장과 발달을 촉진시킨다.
③ 집단은 시간을 낭비하는 집단과정의 문제에 집착하게 되어 내담자의 개인적인 문제를 등한시할 수 있다.
④ 집단에서는 구성원 각자의 사적인 경험을 구성원 모두가 공유하지 않기 때문에 비밀유지가 쉽다.

09 직업상담에서 내담자로 하여금 상담의 목표를 설정하게 하는 이유로 가장 적절한 것은?

① 상담전략의 선택과 상담결과의 평가를 위해
② 내담자의 가치관 인식과 성취동기 향상을 위해
③ 내담자가 원하는 것을 밝히고 개입하기 위해
④ 상담목표의 실현가능성을 예측하기 위해

해설 **목표 설정과 진로전망에서 목표설정의 용도**
① 상담의 방향을 제시해 준다.
② 상담전략의 선택 및 개입에 관한 기초를 제공해 준다.
③ 상담결과를 평가하는 기초를 제공해 준다.

10 직업상담사의 역할이 아닌 것은?

① 치료자 및 조언자의 역할
② 자료제공자의 역할
③ 내담자의 보호자
④ 기관/단체들과의 협의자 및 직업심리검사의 해석자

해설 상담자, 직업문제 처치자, 조언자, 지원자, 직업지도프로그램 개발자, 지원자, 검사도구해석자, 정보분석가, 협의자, 관리자

11 직업상담사의 역할과 가장 거리가 먼 것은?

① 직업정보의 수집 및 분석
② 직업관련 이론의 개발 및 강의
③ 직업관련 심리검사의 실시 및 해석
④ 구인, 구직, 직업적응, 경력개발 등 직업관련 상담

12 다음 중 직업상담 영역이 아닌 것은?

① 은퇴상담
② 직업전환상담
③ 취업상담
④ 실존문제상담

해설 실존문제는 직업상담과 관련없는 개인문제이다.

13 직업상담의 목표로 적절하지 않은 것은?

① 예언과 발달
② 진로발달이나 직업문제에 대한 처치
③ 결함보다 유능성에 초점을 맞추는 것
④ 직업을 골라주는 것

해설 **직업상담의 목표(Gysbers)**
① 예언과 발달 : 전 생애에 걸쳐 발달가능한 개인의 적성과 흥미를 탐색하여 발달할 수 있도록 촉구하는 것
② 처치와 자극 : 내담자의 직업문제에 대해 처치하고 내담자에게 필요한 지식과 기능습득을 자극한다.
③ 결함과 유능 : 개인의 위기, 훈련 및 직업에 대한 직업정보의 결여, 배우자·자녀·동료·상사와의 인간관계의 부조화 등의 문제에 대처하도록 돕는데 예방적인 관점에서 내담자의 결함보다는 능력을 개발하도록 돕는다.

14 직업상담과정의 구조화단계에서 상담자가 할 일로 가장 알맞은 것은?

① 내담자에게 상담자의 자질, 역할, 책임에 대해서 미리 알려줄 필요가 없다.
② 내담자에게 검사나 과제를 잘 이행할 것을 기대하고 있다는 것을 분명히 밝힌다.
③ 상담 중에 얻은 내담자에 대한 비밀을 지키는 것은 당연하므로 사전에 이것을 밝혀두는 것은 오히려 내담자를 불안하게 만든다.
④ 상담과정은 예측할 수 없으므로 상담장소, 시간, 상담의 지속 등에 대해서 미리 합의해서는 안 된다.

15 직업상담 과정에서 내담자와 상담자간의 관계 형성에 영향을 줄 수 있는 조건이 아닌 것은?

① 공감적 이해   ② 무조건적 수용
③ 친화감 형성   ④ 질문과 해석

16 다음 중 직업상담의 과정이 순서대로 바르게 기술된 것은 무엇인가?

① 관계형성과 구조화－측정－목표설정－중재－평가
② 관계형성과 구조화－목표설정－중재－측정－평가
③ 관계형성과 구조화－측정－평가－목표설정－중재
④ 관계형성과 구조화－중재－목표설정－측정－평가

17 장애를 가진 내담자를 위한 집단상담 프로그램에서 가장 중요한 활동은?

① 심리검사 실시   ② 취업동기 평가
③ 사회적응을

위한 상담활동   ④ 가족관계

해설 장애를 가진 내담자는 사회적 소외와 부적응 등이 가장 큰 문제이다.

18 진로상담 및 직업상담의 과정을 순서대로 잘 나열한 것은?

① 상담목표의 설정→관계수립 및 문제의 평가→문제해결을 위한 개입→훈습(Working Through)→종결
② 관계수립 및 문제의 평가→상담목표의 설정→문제해결을 위한 개입→훈습(Working Through)→종결
③ 상담목표의 설정→관계수립 및 문제의 평가→훈습(Working Through)→문제해결을 위한 개입→종결
④ 관계수립 및 문제의 평가→훈습(Working Through)→상담목표의 설정→문제해결을 위한 개입→종결

19 직업상담의 단계는 일반적으로 크게 2가지의 주요 단계로 구분할 수 있다. 다음 중 제2단계의 내용에 해당되는 것은?

① 들어가기
② 행동 취하기
③ 내담자 정보 수집하기
④ 내담자 행동 이해 및 가정하기

해설 ① 내담자의 목표, 문제의 확인·명료화·상세화 단계 – 들어가기(내담자와 상담자간의 상호간 관계수립), 내담자 정보와 환경적 정보수집, 내담자 행동 이해 및 가정하기
② 내담자의 목표 또는 문제해결단계 – 행동취하기(진단에 근거한 개입선정), 직업목표 및 행동계획 발전시키기, 사용된 개입의 영향평가

20 직업상담을 할 경우 적절한 내담자에 있어 목표로 가져야 할 중요한 특성이 아닌 것은?

① 상담자가 바라는 것이어야 한다.
② 구체적이어야 한다.
③ 실현 가능해야 한다.
④ 상담자의 기술과 양립 가능해야 한다.

해설 내담자가 바라고 원하는 것이어야 한다.

21 내담자에 대한 직업상담의 목적이 아닌 것은?

① 직업목표를 명확하게 해준다.
② 상담능력을 향상시킨다.
③ 의사결정능력을 증진시킨다.
④ 자기를 성장시키는 능력을 기른다.

22 다음 중 상담의 목표가 아닌 것은?

① 행동의 변화
② 환경적 요인의 개선
③ 개인적 효율성 향상
④ 정신건강의 증진

해설 상담의 목표 – 행동변화, 정신건강증진 문제의 해결, 개인적 효율의 증진, 의사결정능력의 함양

23 처음 직업 상담을 받는 내담자에게서 탐색하여야 할 점은?

① 자기인식 수준
② 유머감각 수준
③ 내담자의 경제적 상황
④ 상담자와 문화적 차이

해설 처음 직업상담을 받는 내담자는 자신의 문제를 명확하게 인식하지 못하는 경우가 많다.

24 다음 중 직업상담 과정에서 내담자 목표나 문제의 확인·명료·상세 단계의 내용으로 적절하지 않은 것은?

① 내담자와 상담자 간의 상호간 관계 수립
② 내담자의 현재 상태와 환경적 정보 수집
③ 진단에 근거한 개입의 선정
④ 내담자 자신의 정보수집

해설 ① 내담자의 목표, 문제의 확인·명료화·상세화 단계 – 들어가기(내담자와 상담자간의 상호간 관계수립), 내담자정보와 환경적 정보수집, 내담자행동 이해 및 가정하기
② 내담자의 목표 또는 문제해결단계 – 행동취하기(진단에 근거한 개입 선정), 직업목표 및 행동계획 발전시키기, 사용된 개입의 영향평가

25 직업상담의 기본원리에 대한 설명으로 틀린 것은?

① 직업상담은 개인의 특성을 객관적으로 파악한 후, 직업상담자와 내담자간의 신뢰관계(Rapport)를 형성한 뒤에 실시하여야 한다.
② 직업상담에서 가장 핵심적인 요소는 개인의 심리적·정서적 문제의 해결이다.
③ 직업상담은 진로발달이론에 근거하여야 한다.
④ 직업상담은 각종 심리검사를 활용하여 그 결과를 기초로 합리적인 결과를 끌어낼 수 있어야 한다.

해설 개인의 심리적·정서적 문제해결은 일반심리상담에 해당된다.

26 다음 중 진로상담의 주요 원리가 아닌 것은?

① 진로상담은 진학과 직업선택에 초점을 맞추어 전개되어야 한다.
② 진로상담은 상담자와 내담자간의 래포(rapport)가 형성된 관계 속에서 이루어져야 한다.
③ 진로상담은 항상 집단적인 진단과 처치의 자세를 견지한다.
④ 진로상담은 상담윤리 강령에 따라 전개되어야 한다.

27 국가·사회적인 측면에서 본 진로지도의 필요성이 아닌 것은?

① 과열과외 및 재수생 누적에 대한 문제해결방안
② 적재적소에 맞는 인재양성
③ 사회적 신분상승을 위한 수단
④ 직무수행에 있어서 생선성과 적응력의 고양

28 대학생의 진로상담에서 진로개발을 위해 강조하지 않아도 되는 것은?

① 여가시간 활용
② 자신의 능력 파악
③ 직무스트레스
④ 대인관계 형성

해설 직무스트레스는 취업 후 직업적응과 관련된 직업상담이다.

29 직업상담의 목적으로 옳지 않은 것은?

① 내담자가 이미 잠정적으로 선택한 진로결정을 확고하게 해주는 것이다.
② 개인의 직업목표를 명백히 해주는 과정이다.
③ 내담자가 자기 자신과 직업세계에 대해 알지 못했던 사실을 발견하도록 도와주는 것이다.
④ 내담자가 최대한 고소득 직업을 선택하도록 돕는 것이다.

30 집단직업상담과 관련된 설명으로 옳지 않은 것은?

① 부처(Butcher)는 집단직업상담의 3단계로 탐색단계, 전환단계, 행동단계를 제시하였다.
② 집단직업상담은 직업성숙도가 높은 사람들에게 더 효과적이다.
③ 집단직업상담에서 각 구성원들은 상담과정에서 이루어진 토의 내용에 대해 비밀을 유지해야 한다.
④ 남성과 여성은 집단직업상담에 임할 때 목표가 서로 다를 수 있으므로 성별을 고려해야 한다.

31 집단직업상담에 관한 설명으로 옳지 않은 것은?

① 집단내 다른 사람으로부터 피드백을 받으면서 자신의 문제에 대한 통찰력을 얻는다.
② 직업성숙도가 낮은 사람들에게 적합하다.
③ 자신의 문제에 대해 보다 심층적인 접근과 해결이 가능하다.
④ 비현실적으로 높은 직업목표를 가지고 있는 사람들에게 효과가 있다.

32 집단상담의 장점과 가장 거리가 먼 것은?

① 시간과 경제적인 측면에서 효율적이다.
② 타인과 상호교류를 할 수 있는 능력이 개발된다.
③ 개인상담보다 심층적인 내면의 심리를 다루기에 더 효율적이다.
④ 내담자들이 개인상담보다 더 쉽게 받아들이는 경향이 있다.

33 부처(Butcher)가 말한 집단직업상담의 3단계를 순서대로 연결한 것은?

① 탐색 – 행동 – 유지
② 탐색 – 전환 – 행동
③ 유지 – 전환 – 행동
④ 전환 – 탐색 – 유지

34 진로집단상담의 설명으로 옳지 않은 것은?

① 어느 정도 책임 의식이 있는 구성원을 선발한다.
② 다양한 수준의 발달단계에 있는 구성원으로 한다.
③ 탐색, 전이, 행동의 3단계를 겪는다.
④ 성별에 따라 집단에 대한 기대감, 집단경험에 차이가 있다.

해설 비슷한 수준의 발달단계에 있는 구성원으로 한다.

35 효과적인 집단상담을 위해 고려해야 할 사항이 아닌 것은?

① 집단발달과정 자체를 촉진시켜 주기 위하여 의도적으로 게임을 활용할 수 있다.
② 매 회기가 끝난 후 각 집단 구성원에게 경험보고서를 쓰게 할 수 있다.
③ 집단 내의 리더십을 위해 집단 상담자는 반드시 1인이어야 한다.
④ 집단상담 장소는 가능하면 신체활동이 자유로운 크기가 좋다.

36 다음 중 집단직업상담에 관한 설명으로 틀린 것은?

① 각 구성원은 집단직업상담 과정에서 이루어진 토의내용에 대한 비밀을 유지해야 한다.
② 집단의 리더는 집단상담과 직업정보에 대해 잘 알고 있는 사람이어야 한다.
③ 6명에서 10명 정도의 인원이 이상적이다.
④ 가능한 모임의 횟수를 최대화하여야 한다.

해설 가능한 모임의 횟수를 최소화하여야 한다.

정답 29 ④ 30 ② 31 ③ 32 ③ 33 ② 34 ② 35 ③ 36 ④

37 다음 중 전화상담의 특징과 가장 거리가 먼 것은?

① 상담관계가 안정적이다.
② 응급상황에 있는 내담자에게 도움을 준다.
③ 청소년의 성문제 같은 사적인 문제를 상담하는데 좋다.
④ 익명성이 보장되어 신문노출을 꺼리는 내담자에게 적절하다.

해설 상담관계가 안정적이지 못하다.

38 직업상담의 문제 유형을 크게 3가지로 대별할 때 적절하지 않은 것은?

① 취업상담
② 인성상담
③ 진학상담
④ 직업적응상담

39 크리츠(Crites)의 직업상담의 문제 유형 중 가능성이 많아서 흥미를 느끼는 직업들과 적성에 맞는 직업들 사이에서 결정을 내리지 못하는 것은?

① 다재다능형
② 우유부단형
③ 불충족형
④ 비현실형

40 다음 중 보딘이 제시한 직업문제의 심리적 원인에 해당하지 않는 것은?

① 인지적 갈등
② 확신의 결여
③ 정보의 부족
④ 내적 갈등

해설 의존성, 정보의 부족, 자아갈등(내적갈등), 선택의 불안, 문제없음(확신의 결여)

41 보딘(Bordin)의 정신역동적 직업상담 모형에서 제시한 진단분류가 아닌 것은?

① 직업선택에 대한 불안
② 자아 갈등
③ 의존성
④ 비현실성

해설 비현실형은 크리츠의 분류이다.

42 직업선택에서 비현실성의 문제와 관련 없는 것은?

① 흥미와 적성과 일치하는 직업이 여러 가지라 어떤 직업을 선택해야 할지 결정하지 못한다.
② 자신의 적성수준보다 높은 적성을 요구하는 직업을 선택한다.
③ 자신의 적성수준보다는 낮은 적성을 요구하는 직업을 선택한다.
④ 자신의 적성수준에서 선택을 하지만, 자신의 흥미와는 일치하지 않는 직업을 선택한다.

43 크리츠(Crites)의 직업 선택 분류유형에서 비현실형적 직업선택 유형을 설명한 것은?

① 흥미를 느끼는 분야도 없고 적성에 맞는 분야도 없는 사람
② 흥미를 느끼는 분야는 있지만 그 분야에 대해 적성을 가지고 있지 못한 사람
③ 흥미나 적성 유형에 상관없이 어떤 분야를 선택할지 결정을 못한 사람
④ 적성에 따라 직업을 선택했지만 그 직업에 대해 흥미를 못 느끼는 사람

44 직업상담의 과정에는 진단, 문제분류, 문제구체화, 문제해결의 단계가 있다고 보았고, 직업상담의 목적에는 진로선택, 의사결정기술의 습득, 일반적 적응의 고양 등이 포함된다고 한 사람은?

① 크라이티스(Crites)
② 크롬볼츠(Krumboltz)
③ 슈퍼(Super)
④ 기스버스(Gysbers)

45 윌리암슨(Williamson)의 직업문제 분류범주에 포함되지 않는 것은?

① 진로 무선택
② 흥미와 적성의 차이
③ 진로선택에 대한 불안
④ 진로선택 불확실

46 Williamson(1939)의 변별진단에서의 4가지 결과가 아닌 것은?

① 직업선택에 대한 확신 부족
② 직업 무선택
③ 정보의 부족
④ 흥미와 적성간의 모순

47 다음 중 직업상담사의 직무내용과 가장 거리가 먼 것은?

① 직업문제에 대한 심리치료
② 직업관련 심리검사도구의 제작
③ 직업상담 프로그램의 개발과 운영
④ 구인·구직상담, 직업적응, 직업전환, 은퇴 후 등의 직업상담

48 직업상담사의 주요 업무가 아닌 것은?

① 구인 상담   ② 창업 상담
③ 진로 상담   ④ 산재보험 안내

49 다음 중 상담자의 태도로서 바람직한 것은?

① 내담자와 거래적 관계를 유지하면서 대한다.
② 내담자의 이야기는 선택적으로 경청한다.
③ 상담자도 필요하다면 자신의 것을 적절하게 공개하는 개방적 자세를 갖는다.
④ 내담자의 문제를 파악하기 위하여 가능한 많은 질문을 한다.

50 효과적인 상담을 위해 상담자가 갖추어야 할 자질이 아닌 것은?

① 인간본성에 대한 긍정적 관점과 타인의 행복을 위한 진실한 관심을 갖는다.
② 상담자의 유머감각은 진정한 의미의 치료에 도움을 주지 않는다.
③ 상담활동 동안에도 전문지식에 대한 훈련을 지속적으로 받아야 한다.
④ 상담자 자신의 가치관, 욕구, 목표 등에 대한 자각을 통해 내담자에게 미치는 영향력을 고려한다.

51 직업상담사의 요건 중 "상담업무를 수행하는데 가급적 결함이 없는 성격을 갖춘 자"에 대한 내용이 아닌 것은?

① 지나칠 정도의 동정심
② 순수한 이해심을 가진 신중한 태도
③ 건설적인 냉철함
④ 두려움이나 충격에 대한 공감적 이해력

52 직업상담자의 직무로 적합하지 않은 것은?

① 일반상담
② 직업정보처리
③ 직업문제에 대한 심리치료
④ 가족상담

정답 46 ③ 47 ② 48 ④ 49 ③ 50 ② 51 ① 52 ④

CHAPTER 01 직업상담의 개념 35

VOCATIONAL COUNSELOR

CHAPTER

02 직업상담의 이론 및 접근방법

기초상담 이론

1 정신분석적 상담

프로이드는 현재보다 과거를 중시

1) 개요

① 프로이드는 정신장애란 무의식적 성격의 서로 다른 부분 사이에서 억압된 갈등에 의한 불안에서 기인한다고 하였다.

② 이러한 무의식적인 충동과 갈등이 직접적으로 표현되지 않으면 여러 가지 증세와 신경질적인 행위를 통하여 간접적으로 해소하려 한다.

③ 상담의 목적은 각 개인으로 하여금 이러한 무의식적인 욕구나 갈등을 의식적으로 인식하게 하거나 통찰력을 갖게 함으로써 정서적인 긴장감을 해소하고 궁극적으로 이들에 대한 통제력을 갖게 하는 것이다.

2) 주요개념

(1) 인간관

정신분석상담은 인생초기의 발달 과정을 중시한다.

① 프로이드에 의하면 인간행동은 생후 5년간의 비합리적인 힘, 무의식적인 동기, 생물적이고 본능적인 동기, 그리고 심리적이고 성(性)적인 사건에 의해 결정된다고 한다.(심리 · 성적 결정론)

  ㉠ 인간의 본성 : 인간의 사고, 감정, 행동하는 모든 것에는 의미와 목적이 있다.

  ㉡ 무의식 : 충동이나 억압된 감정(무의식의 내용들이 인간 행동의 동기)

  ㉢ 모든 행동에는 목적이 있는데, 이는 무의식적 동기에 의하여 크게 좌우된다.

@ 5세 이전의 초기 경험에서 만들어진다.

② 본능은 프로이드 접근법의 주요 개념이다. 그는 자기 자신과 환자들을 관찰한 결과 모든 행위는 두 개의 기본적인 충동 즉, '생의 본능(Eros)과 죽음의 본능(Thanatos)'에 의해 지배된다고 본다.

　㉠ 생의 본능은 성충동이라고도 하는데, 이 성충동은 단순한 성충동 이상의 모든 창조적 욕구를 말한다.

　㉡ 죽음의 본능은 공격충동이라고도 하며, 이는 자기파괴나 질서, 규범 등을 파괴하려는 욕구들을 포함한다.

　㉢ 신체적 활동과 마찬가지로 심리적 활동에도 에너지를 필요로 하고, 이러한 창조적 충동 즉 생의 본능 에너지를 리비도(Libido)라고 불렀다.

(2) 의식과 무의식

프로이드는 인간의 정신적 과정을 의식·전의식·무의식의 3가지로 분류하였다.

① 의식 : 한 개인이 현재 각성하고 있는 모든 행위와 감정들을 포함하고 있다. 이러한 의식수준은 인간생활의 극히 일부분에 지나지 않는다.

② 전의식 : 흔히 이용 가능한 기억이라고 불리기도 한다. 즉 전의식은 의식의 한 부분은 아니지만 조금만 노력하면 의식속으로 떠올릴 수 있는 생각이나 감정들을 포함하고 있다.

③ 무의식 : 프로이드는 가장 중요한 의식수준을 무의식으로 보았다. 무의식이란 개인이 자신의 힘으로는 의식상에 떠올릴 수 없는 생각이나 감정들을 포함하고 있으며, 또한 무의식 속에는 자신이나 사회에 의하여 용납될 수 없는 감정이나 생각 혹은 충동이 억압되어 있다. 결국 무의식의 내용들이 인간행동의 동기로서 작용한다.

(3) 성격구조

① 성격은 세 가지 구조 즉, 본능(Id), 자아(ego), 초자아(Super-ego)로 구성된다.

② 성격의 역동성은 심적 에너지가 본능, 자아, 초자아에 분포되는 방식에 따라 구성되고 행동은 이 심적 에너지에 의해 결정된다.

구분	내용
원초아(본능) (Id)	• 쾌락의 원칙에 지배를 받으며, 조직도 없고 분별력도 없다. • 비논리적이며, 충동만을 내세우며 무의식 세계에 속한다. • 인격구조의 근본이며, 본능적인 힘이 솟는다.
자아 (Ego)	• 원초아의 본능과 외부 현실세계를 중재하는 조정역할을 담당한다. • 현실원칙에 입각하여 욕구충족을 위하여 현실적·논리적 계획을 세운다. • 현실적이고 논리적인 사고를 가진다.
초자아 (Super ego)	• 사람의 도덕규범 : 양심, 도덕적 원리의 지배를 받는다. • 부모와 사회기준을 내면화하여 심리적인 보상(자존심과 자기애)과 처벌(죄의식과 열등감)을 가진다. • 비도덕적 충동을 억제한다.

(4) 성격발달

① 고전적인 정신분석 이론에서는 생후 5년간의 생활경험 속에 인간이 겪는 여러 가지 문제의 근원이 있다고 본다.

구분	내용
구강기 (0~1세)	• 입과 입술로 만족을 얻는 시기, 신뢰, 의존, 독립의 태도를 결정
항문기 (2~3세)	• 배변훈련과 관련된 시기로 부모의 감정, 태도, 반응은 성격형성에 지대한 영향 • 지나치게 엄격한 배변훈련을 시킬 경우에는 강박적이거나 의존적인 성격
남근기 (3~5세)	• 부모와 동일시 과정을 통해 초자아(양심)가 발달하는 단계, 오이디푸스컴플렉스
잠복기 (6~11세)	• 리비도가 非 성적인 활동에 투입 ⇒ 지적활동, 운동, 친구관계에 관심
성기기 (11세~)	• 사춘기 이후의 시기로 이성에 대한 관심과 충동이 다시 증가 • 쉽게 분노하거나 적개심 표출 • 정치, 사회운동에 참가하거나 범죄, 혁명 등에 에너지 투입

(5) 불안

불안은 무엇을 하기 위한 동기를 유발하게 하는 긴장상태로, 심적 에너지를 통제할 수 없을 때 발달하며, 본능과 자아 그리고 초자아 간의 갈등에서 비롯된다.

정신분석상담에서 Freud가 제시한 불안의 유형은 현실적 불안, 신경증적 불안, 도덕적 불안이다.

⊙ 현실적 불안 : 외부 세계로부터 오는 위협에 대한 두려움으로 현실 세계의 위험에 대한 불안

ⓒ 신경증적 불안 : 자아가 본능적 충동을 통제하지 못함으로써 어떤 일이 일어날 것 같은 위협에 대한 불안

ⓒ 도덕적 불안 : 자신의 양심에 대한 두려움으로 자신의 도덕적 기준에 위배되는 일을 할 때 느끼는 죄의식

(6) 방어기제(자아방어기제)

① 방어기제는 이성적이고 직접적인 방법으로 불안을 통제할 수 없을 때, 자아를 붕괴의 위험에서 보호하기 위해 무의식적으로 사용하는 사고 및 행동수단이다.

② 방어기제는 성격발달의 수준이나 불안의 정도에 따라 여러 형태로 나타나지만 두 가지 공통된 특성을 보인다. 그것은 사실을 거부하거나 왜곡시킨다는 점과 무의식적으로 작용한다는 점이다.

억압	의식하기에는 현실이 너무 고통스러워 무의식 속으로 억눌러 버리는 것으로 다른 방어기제나 신경증적 증상의 기초가 된다. 예 너무나 어렵고 고통스럽고 힘든 과거 사건(성폭력, 가정폭력 등)을 전혀 기억하지 못하는 경우
거부(부인)	가장 원시적인 방어기제로 고통스러운 현실을 인정하지 않음으로써 불안을 방어해 보려는 수단 예 사랑하는 사람의 죽음이나 배신을 인정하려 들지 않고 사실이 아닌 것으로 여기는 것
투사	자신의 심리적 속성이 타인에게 있는 것처럼 생각하고 행동하는 것으로서, 다른 사람들도 나와 똑같은 감정 · 태도를 가졌다고 단정 짓는 것이다. 예 자기가 화나 있는 것은 의식하지 못하고 상대방이 자기에게 화를 냈다고 생각하는 것
고착 (병적집착)	다음 단계로 발달하지 않음으로써 다음 단계가 주는 불안에서 벗어나려는 것 예 성인이 되어도 부모로부터 독립하지 못하는 사람이다.
퇴행	비교적 단순한 초기의 발달단계로 후퇴하는 행동 예 배변훈련이 끝난 첫 아이가 동생이 태어나자 다시 옷에 용변을 보는 행동이다.
합리화	실망을 주는 현실에서 도피하기 위해 그럴듯한 구실을 붙이는 것 예 여우가 담장 너머의 포도를 먹고 싶지만 먹지 못하자 "저 포도는 너무 시어서 못 먹는 거야"라고 자신을 위로하는 경우
승화	사회적으로 용납되는 형태와 방법을 통해 충동과 갈등을 발산하는 것으로 정육점 주인, 외과의사는 직업 선택시 공격적 충동이 승화로 작용한 것 예 공격적인 충동을 실제로 표출하는 대신 격렬한 음악을 연주한다.
전위(치환)	욕구충족 대상에 접근할 수 없을 때 다른 대상에게 에너지를 돌리는 것으로 예를 들면 교수에게 꾸중을 들은 학생이 대신 동료에게 화를 내는 것 예 직장상사에게 야단 맞은 사람이 부하직원이나 식구들에게 트집을 잡아 화풀이를 하거나, 어머니에게 화난 감정으로 동생을 때리는 것
반동형성	때때로 반대행동을 함으로써 오히려 금지된 충동이 표출되는 것을 방어. 예 미운 놈 떡 하나 더 주기

(7) 상담의 기법

① 자유연상 : 통찰을 촉진하기 위해 마음속에 떠오르는 것을 모두 이야기하게 하는 것으로 무의식을 끌어내기 위한 방법이다.

② 꿈의분석 : 상담자에게 내담자는 꿈을 얘기하고 꿈의 내용 속에 잠재된 상징적 의미를 찾아낸다.

③ 저항 : 상담진행을 방해하고 현재 상태를 유지하려는 의식적 · 무의식적 생각, 태도, 감정, 행동을 의미하는 것이다.

④ 전이 : 내담자가 상담과정에 대해 가지고 있는 일종의 왜곡으로 과거에 어떤 타인에게 느꼈던 감정을 현재의 상담자에게도 느끼는 것을 말한다.

⑤ 해석 : 상담자가 꿈이나 자유연상, 저항, 전이 등의 의미를 내담자에게 지적하고 설명하고 가르치는 것이다.

⑥ 통찰 : 내담자가 행동의 원인과 해결방법을 깨닫고 수용하는 과정으로 무의식 속에 있던 것들의 진정한 의미를 깨닫는 것이다.

⑦ 훈습 : 통찰 후 자신의 심리적 갈등을 깨달아 실생활에서 자신의 사고와 행동을 수정하고 적응 방법을 실행해 나가는 과정

2 아들러(Adler)의 개인주의 상담

1) 개요

① 프로이드의 생물학적이고 결정론적인 관점을 비판하였으며, 사회문화적인 요인을 강조한다.

② 프로이드와 같이 초기 5년 동안의 경험에 의해 삶이 많이 결정된다고 보았으나 아들러의 초점은 과거의 탐색에만 있는 것이 아니라, 현재에 어떤 영향을 미치는가 하는 것에 더 관심을 둔다.

③ 인간은 선천적 욕구에 의해 움직이는 사회적 존재로서 자신의 운명을 스스로 개척해 나가는 창조적이고 책임감이 있으며 형성되어 가는 총체적 존재로 본다. 또한 인간의 생활양식이 열등감으로 인해 때때로 자기 파괴적이 될 수 있다는 입장을 취한다.

④ 인간의 성적인 충동보다는 주로 사회적인 충동에 의해 동기화된다.

⑤ 개인은 일, 사회, 성(性) 3개의 주요 인생과제에 반응해야 한다.

⑥ 아들러 심리학의 기본적 내용은 성격과 특정요인은 가족집단 내에서의 운동의 표현이라는 것이다.

⑦ 태어난 순서(출생순서)에 의한 가족 내 개인의 위치에 따라 행동방식이 달라진다.

> 상담과정은 사건의 객관성보다는 주관적 지각과 해석을 중시한다.

> 내담자의 생활양식을 확인하고 바람직한 방향으로 생활양식을 바꾸도록 한다.

2) 인간관

① 과거에 대한 개인의 지각과 초기 사상에 대한 해석이 현재에 어떻게 영향을 미치는가에 더 관심이 많았다.

② 아들러는 선택과 책임, 삶의 의미, 성공과 완벽의 욕구를 강조하였으며, 6세경에 삶의 목표가 결정된다고 보았다.

③ 아들러는 가치, 신념, 태도, 목표, 관심, 개인의 현실적 지각과 같은 내적인 결정 인자를 강조하였다.

④ 무의식이 아닌 의식이 성격의 중심이다.

⑤ 열등감은 창조의 원천이 될 수 있다.

⑥ 생의 목표는 인간동기의 원천이며 특히 완전의 추구와 열등감을 극복하려는 욕구로 나타난다.

> 아들러는 인간의 행동이 과거 경험에 의해 좌우되기보다는 미래에 대한 기대와 목적에 의해서 좌우된다고 생각한다.

3) 상담과정

① 상담관계형성

내담자가 스스로를 우월하지도 열등하지도 않은 활동적 주체자로서 자신의 장점이나 강점을 자각하도록 돕는다.

② 개인역동성 탐색

내담자가 자신의 생활양식을 이해하고, 그것이 현재 생활의 모든 문제에서 어떻게 기능하는지를 이해하는 것을 말한다.

③ 통합과 요약

가족 내에서의 개인의 위치와 우선과제 등에 대한 자료들이 수집되면 각 영역을 분리해서 요약하고, 전반적인 생활양식 질문지에 근거해서 자료를 통합 · 요약하고 해석한다.

④ 재교육

해석을 통해 획득한 내담자의 통찰이 실제 행동으로 전환되도록 재교육하는 단계이다.

3 실존주의 상담

1) 개요

① 실존주의에서는 불안을 가장 중요한 인간존재의 문제로 보고, 그 원인을 인간존재의 본질적인 시간적 제한과 죽음 혹은 비존재에 대한 불안에서 찾으며, 해결방법을 인간존재의 의미를 찾는 것에서 얻고자 한다.
② 상담자가 내담자를 유일하고 독특한 인간으로 생각하고 내담자에게 영향을 주려 하기 보다 내담자의 세계를 있는 그대로 이해하려는 상담이다.
③ 내담자는 자신의 실존에 근거하여 자유 본능을 충족해야 하고 자신의 행위에 대해 책임을 질 수 있도록 지도하는 것이 실존주의 상담의 과정이다.
④ 인간의 부적응 행동의 원인을 삶에서 의미를 찾을 수 없는 실존적 신경증이나 패배적 정체감에서 비롯된다고 보았다.
⑤ 대면적 관계를 중요시하며, 내담자들로 하여금 자신의 현재 상태에 대해 인식하고 피해자적 역할로부터 벗어날 수 있도록 돕는 것이다.

2) 주요개념

① 존재와 비존재(개인을 주체적인 존재로 이해하고자 시도)

㉠ 실존주의는 인간을 이해하려고 노력한다. 즉, 인간을 어떤 존재하는 것으로 고정해서 보지 않고 과정적 존재로 간주하며 늘 되어가는, 만들어져 가는, 형성되어 가는 존재로 본다.
㉡ 존재는 인간 개개인이 자신이 누구인가에 대한 인식이며, 자신에게 내리는 정의이며, 무엇이 그 자신을 현재의 그로 만드는 것인가에 대한 자각인 것이다.
㉢ 비존재의 가장 뚜렷한 형태는 죽음이다. 즉, 개개인의 실체와 독특성의 상실인 것이다.

② 불안과 죄의식

㉠ 실존주의적 관점에서 불안과 죄의식은 인간의 존재를 이해하는 데 핵심적인 것이다.
㉡ 개인이 그의 삼재능력을 실현시킬 상황에 직면할 때, 그는 불안이라는 것을 체험하게 된다.

ⓒ 만약, 그의 잠재능력을 부정하거나 그것을 실행하는데 실패할 경우 그는 죄의식을 느낀다.

③ 시간

실존주의자들은 공간과 유사한 것으로서의 전통적인 시간 개념과는 달리 실존적인 시간의 의미를 이해하고자 노력한다.

④ 현실상황의 초월

인간은 자유의지를 가진 존재이기 때문에 자기가 처해 있는 현실상황으로부터 빠져 나오려고 애를 쓰며 추상적으로 생각할 수 있는 능력에 의해 그가 무엇이 될 수 있는지에 대해 자신의 태도를 분명히 할 수 있다.

⑤ 자유

몇몇 실존주의자들은 인간을 성숙되어 가고 있는 존재, 선택과 자유의지를 가진 존재로 본다. 즉, 자유를 실행할 수 있는 존재로 보는 것이다.

⑥ 인간

ⓐ 인간의 개념에 대한 유력한 견해는 '내던져짐'이다.
ⓑ 개인의 통제를 넘어선 환경을 바꿀 수는 없지만, 수용 혹은 거부하는 것은 각 개인의 선택 여하에 달려 있다.

3) 상담의 목적

① 치료가 상담목표가 아니라 내담자로 하여금 자신의 현재 상태에 대해 인식하고 피해자적 역할로부터 벗어날 수 있도록 돕는 것이다.
② 인간이 의식적으로 자신에 대한 책임감을 수용하고 보다 좋은 삶을 보유하며 행복과 개인의 성취를 이루도록 하는 데 있다.

4) 상담의 과정

① 상담은 참만남(너와 나의 인격적 만남)을 통해 이루어진다. 따라서 상담에서는 내담자의 세계를 이해하고자 하는 것이 가장 중요하다.
② 상담자는 내담자가 효과적이고 책임질 수 있는 방법으로 행동하여 자신의 욕구를 충족시킬 수 있도록 조력하며, 내담자가 자신의 행동들의 가치를 검토ㆍ판단하고 행동변화를 위한 계획을 세우도록 돕는다.

5) 평가

① 공헌점

ⓐ 개인의 개별성과 자아의 발달을 강조하고 철학적인 배경으로 삶의 의미와 방향성을 제시하였다.
ⓑ 자유와 책임을 강조하였으며, 보다 능동적인 삶을 살도록 하였다.
ⓒ 개인의 독창성과 주관성을 강조하였다. 이는 실존주의 상담이 인본주의적이라는 사실을 시사한다.
ⓓ 창조적인 삶을 추구하는 긍정적 측면에서 인간을 이해하였다.

실존주의 상담은 치료가 상담목표가 아니라 내담자로 하여금 자신의 현재 상태에 대해 인식하고 피해자적 역할로부터 벗어날 수 있도록 돕는 것이다.

② 한계점
  ㉠ 철학에 근접한 접근으로 구체적인 기법이 부족하다.
  ㉡ 학자들이 통합적으로 접근한 상담이어서 체계적이지 못하고, 추상적인 면이 많다.

4 내담자 중심 상담

비지시적 상담, 인간중심적 상담, 민주적 상담 – 칼 로저스(Carl Rogers)

1) 개요
① 내담자중심 상담은 칼 로저스가 창시한 이론으로 초기에는 비지시적 상담이론, 중기에는 내담자 중심 상담이론으로 불렸으며, 최근에는 인간중심 상담이론으로 불리고 있다.
② 상담자는 내담자 자신의 문제해결능력을 스스로 발견해내도록 도와주어 그의 성장을 촉진시키는 기능을 전담한다.
③ 내담자 중심 상담 이론은 모든 인간은 합리적이고, 건설적이며, 성장과 자아실현에 힘쓴다는 전제를 가지고 있다.
④ 로저스의 내담자중심 진로상담이론의 인간행동에 대한 기본관점은 선천적인 잠재력 및 자기실현 경향성이다.
⑤ 상담의 기본목표는 개인이 일관된 자아개념을 가지고 자신의 기능을 최대로 발휘하는 사람이 되도록 도울 수 있는 환경을 제공하는 것이다.
⑥ 모든 내담자는 공통적으로 자기와 경험의 불일치로 인해서 고통을 받고 있기 때문에 직업상담 과정에서 내담자가 지니고 있는 직업문제를 진단하는 것 자체가 불필요하다는 접근방법이다.

2) 인간관
① 인간은 자신을 향상시키려는 자아실현의 동기가 있다.
② 인간은 사회적이며 미래지향적인 존재이다.
③ 인간은 자기실현의 의지와 아울러 선한 마음을 가지고 태어난다.
④ 인간에게는 자신의 길을 발견하고 성장할 잠재능력이 있다.
⑤ 내담자들이 완전히 기능하는 사람이 될 수 있다고 보았다.
⑥ 특정 기법을 사용하기 보다는 내담자와 상담자 간의 안전하고 허용적인 '나와 너'의 관계 중시하였다.

3) 상담자가 갖추어야 할 태도(상담자의 특성)
① 일치성(진실성과 진솔성)
  상담자가 내담자와의 관계에서 순간순간 경험하는 감정이나 태도를 있는 그대로 솔직하게 인정하고 표현하는 태도를 말한다.

로저스는 모든 인간은 타고나면서부터 성장과 자기 증진을 위하여 끊임없이 노력하며, 생활속에서 직면하게 되는 고통이나 성장 방해 요인을 극복할 수 있는 성장 지향적 유기체라고 보았다. 이는 사람이나 동물뿐만 아니라 살아 있는 모든 것에서 볼 수 있다.

② 무조건적인 긍정적 수용(존중과 관심)

상담자가 내담자를 평가·판단하지 않고, 내담자가 나타내는 어떤 감정이나 행동특성들도 있는 그대로 수용하여, 소중히 여기고 존중하는 상담자의 태도

③ **공감적 이해**

공감은 동정이나 동일시와는 다르며, 상담자가 '내담자의 입장이 되어' 내담자를 깊이 있게 주관적으로 이해하면서도 자기 본연의 자세는 버리지 않는 것

> **🔍 참고**
>
> **수용의 표현 : 3가지 수준**
> ㉠ 인습적 수준
> 상대방을 전적으로 무시하고 그의 성취, 경험, 잠재능력에 대한 부정적인 평가를 표현한다. 상대방에 대한 존중과 긍정적인 관심이 결여되어 있다. 명백하게 부정적인 평가는 아니라도 상대방의 성취, 경험, 잠재능력을 거의 존중하지 않고, 기계적이며 인습적인 반응을 하는 것도 이 수준에 속한다.
> ㉡ 기본적 수준
> 상대방이 표현한 성취, 경험, 잠재능력을 그대로 수용한다.
> ㉢ 심층적 수준
> 상대방의 성취, 경험, 잠재능력에 대하여 깊은 존중과 긍정적인 관심을 표현한다. 상대방이 드러내지 않은 한 인간으로서의 가치와 가능성을 드러내어 존중하며 인간적인 배려를 표현한다.
>
> **대화의 예**
> 내담자 1) 저, 오늘 몸이 아파서 조퇴했어요. 좀 견디어 보려고 했는데 참을 수가 없었어요.
> ▶ 인습적 수준 : 또 조퇴니? 공부하기 싫으니까 별 핑계를 다 대는구나.
> ▶ 기본적 수준 : 그래, 힘들었나 보구나. 그동안 교육받느라 무리했지.
> ▶ 심층적 수준 : 그래도 너니까 이만큼이나 참았지.
>
> 내담자 2) 열심히 취업준비를 하려고 하는데, 잘 되지 않고 점점 자신이 없어져요.
> ▶ 인습적 수준 : 그러게 미리미리 좀 준비하지. 지금 후회하면 무슨 소용 있나요.
> ▶ 기본적 수준 : 나름대로 열심히 하는데 취업이 잘 안 되니 힘들지요.
> ▶ 심층적 수준 : 포기하고 싶은 마음도 들 수 있는데, 이렇게 포기하지 않고 애쓰고 있네요. 시간이 걸려도 언젠가는 ○○씨의 진가를 알아주는 곳이 있을 거예요.

4) 내담자중심 상담에서 상담자의 태도

① 내담자의 감정(정서)과 생각에 개방적이어야 한다.
② 무조건적인 수용의 태도로 꾸준히 내담자의 내면심리를 반영해 준다.
③ 내담자와 마주 앉으며 상담자와 내담자는 동등한 관계라는 입장을 취한다.
④ 기법보다는 태도(진실성, 공감적, 수용적)를 강조하고 내담자와의 신뢰형성에 더 많은 관심을 갖는다.

5) 내담자중심 상담의 특징(지시적 상담과 비교하여)

① 지시적 상담은 상담자 중심의 상담, 인간중심적 상담은 내담자 중심의 상담이다.
② 지시적 상담은 문제를 중시하는 데 비해 인간중심적 상담은 문제보다 개인 그 자체를 중시한다.

③ 지시적 상담은 지적인 요소를 중시하는 데 비해 인간중심적 상담은 정의적인 면을 강조한다.

④ 지시적 상담에서도 라포를 중요하게 취급하나 반드시 그런 것은 아닌데 비해, 인간중심적 상담은 공감이 기본이 되며, 라포는 필수조건이 된다.

⑤ 지시적 상담은 상담자가 내담자보다 문제와 그 문제해결 방법을 더 잘 알 수 있다고 보며, 심리검사, 각종기록, 사례사가 문제의 근원을 찾아내는데 매우 중요한 역할을 한다고 보는데 반해, 인간중심적 상담은 내담자가 상담자보다 한층 더 문제와 문제의 해결방법을 잘 알 수 있다고 보며 각종 심리검사, 기록, 사례사들과 같은 것은 문제해결에 방해요소로 작용한다고 본다.

⑥ 지시적 상담은 개인의 과거 경험을 중시하는데 반해, 인간중심적 상담은 개인의 현재 상태를 중시한다.

⑦ 지시적 상담은 진단을 중요시하는데 반해 인간중심적 상담은 진단을 배제한다.

⑧ 내담자는 현실에 완전하게 대처할 수 있는 길을 발견하는 능력을 가지고 있다고 본다.

⑨ 동일한 상담원리를 정상적인 상태에 있는 사람이나 정신적으로 부적응상태에 있는 사람 모두에게 적용한다.

⑩ 상담은 모든 건설적인 대인관계의 실례들 중 단지 하나에 불과하다.

⑪ 내담자중심상담이론은 상담의 과정과 그 결과에 대한 연구조사를 통하여 개발되어 왔다.

6) 자아실현을 이룬 사람

남들이 자신을 어떻게 바라보고 지각하는가에 연연하지 않고 자신을 있는 그대로를 바라보고 수용한다. 또한 남을 변화시키려 하기보다는 자신에게 해가 되지 않는 한 그대로 인정 · 수용한다.

① 현실 중심적으로 효율적인 현실 지각을 한다.

② 자신과 타인, 자연을 있는 그대로 수용한다.

③ 행동이 자연스럽다.

④ 절정경험을 하려 한다.

⑤ 소수와 인간관계를 깊게 유지한다.

⑥ 외적문제 중심의 사고로 문제해결능력이 강하다.

⑦ 수단과 목적을 구별하고 명확한 도덕적 기준을 가진다.

⑧ 자발적이고 독립적인 특성 때문에 문화적 동화에 저항하는 경향을 가진다.

⑨ 실존적인 삶, 즉 매순간에 충실한 삶을 영위한다.

⑩ 경험에 대해 개방적이다.

⑪ 자신의 유기체를 신뢰한다.

5 형태주의 상담

1) 개요

① 게슈탈트는 전체 또는 형태를 의미하는 독일어이다. 그래서 우리나라에서는 게슈탈트 상담을 형태상담이라고도 부른다.

② 형태주의 상담은 펄스(Perls)에 의해 창안되었으며, 경험의 즉시성, 비언어적 표현, 말 보다는 행동을 강조하는 실존주의 상담기법의 하나이다.

③ 형태주의 상담은 형태주의 심리학에서 강조하는 전체성이나 완성에 대해 관심을 가지며, 전체로서의 유기체를 다루고 '여기 그리고 지금'에 초점을 둔다.

2) 인간관

① 인간은 스스로 선택할 수 있는 자유의지를 갖고 있고 자기의 행동에 대해 책임질 수 있다고 본다.

② 과거의 삶에 의해 구속받기 보다는 현재의 삶에 책임을 지고 충실한 삶을 살게 해야 한다.

③ 인간은 과거와 환경에 의해 결정되는 존재가 아니라 현재의 사고, 감정, 행동의 전체성과 통합을 추구하는 존재로 본다(미완성된 상태에서 완전한 완성의 상태로 나아가는 하나의 형태를 형성하려고 한다.)

④ 개인의 발달초기에서의 문제들을 중요시 한다는 점에서 정신분석적 상담과 유사하나.

⑤ 자신의 내부와 주변에서 일어나는 일들을 충분히 자각할 수 있다면 자신이 당면하는 삶의 문제들을 개인 스스로가 효과적으로 다룰 수 있다고 가정한다.

3) 주요개념

① 지금-현재 : "과거는 지나가버린 것이며, 미래는 아직 오지 않는다. '현재'만이 존재한다"고 현재의 중요성을 강조하였다. 내담자가 자기 과거에 대해 이야기할 때 상담자는 과거를 지금 다시 재현함으로써 과거의 현재화를 요구한다. 상담자는 내담자를 상상속에서 '거기 머무세요'라고 제시하여 과거에 경험했던 감정들을 재생시키고 재경험하게 함으로써 성숙한 인간으로 성장하도록 돕는다.

② 게슈탈트(Gestalt) : 게슈탈트는 개인에 의해 지각된 자신의 행동동기를 의미한다. 인간이 자신의 욕구나 감정을 하나의 의미있는 행동동기로 조직화하여 지각하는 것을 말한다.

③ 전경과 배경 : 건강한 개인은 매순간 자신에게 중요한 게슈탈트를 분명하게 전경으로 떠올릴 수 있는데 비해, 그렇지 못한 개인은 전경을 배경과 명확하게 구별하지 못한다.

④ 회피 : 미해결과제나 상황에 연관된 불안정한 정서의 경험으로부터 그들 자신을 지키기 위해 사람들이 사용하는 심리적 대처방법이다.

6 교류분석적 상담

1) 의의

① 교류분석적(TA ; Transactional Analysis) 상담이론은 에릭번(Eric Berne)에 의해 주장된 것으로 '의사거래분석적 상담'이라고도 한다.

② 교류분석상담은 인간관계 교류를 분석하는 것으로 인간관계가 존재하는 모든 장면에 적용 가능한 이론이다.

2) 인간관

① 인간은 자율적인 존재이며 자유로운 존재이다.

② 인간은 선택할 수 있는 존재이며 책임질 수 있는 존재이다.

3) 기본가정

① 모든 사람은 긍정적이며 사고의 능력을 갖는다.

② 인간은 자유롭게 태어났지만 그가 처음 배우게 되는 사실은 남들이 시키는 대로 행동해야 한다는 것이다.

③ 인간들은 그들 자신의 운명을 결정하며, 그 결정은 변화가능하다.

④ 환경이나 과거나 타인은 바꿀 수 없다. 그러나 나는 변화가능하며, 그 변화에 능동적일 수 있다.

4) 생활각본(생활자세)

① I'm OK, You're OK(자기긍정 타인긍정)

② I'm not OK, You're OK(자기부정 타인긍정)

③ I'm OK, You're not OK(자기긍정, 타인부정)

④ I'm not OK, You're not OK(자기부정 타인부정)

5) 자아구조 분석

① 어버이 자아(Parent) : 프로이드의 초자아에 대응될 수 있는 개념으로 5세 이전에 부모를 포함한 의미있는 연장자들의 말이나 행동을 무비판적으로 받아들여 내면화시킨 것으로 독선적 · 비현실적 · 무조건적 · 금지적인 것이 많다. 양육적 어버이 자아(NP)와 비판적 어버이 자아(CP)가 있다.

② 어른 자아(Adult) : 프로이드의 에고에 대응될 수 있는 개념으로 생후 10개월 경부터 자신에 대한 자각과 독창적 사고가 가능해지고 혼자서도 어떤 일을 해낼 수 있다는 자신감을 갖게 되면서 점진적으로 나타난다. 외계는 물론 개체의 내적 세계와 다른 자아상태(P,C)의 모든 원천에서 정보를 수집하고 저장하고 이용하여 객관적으로 현실을 파악하고자 한다.

③ 어린이 자아(Child) : 프로이드의 이드에 대응될 수 있는 것으로 인간 내면에서 생득적으로 일어나는 모든 충동과 감정, 그리고 5세 이전에 경험한 외적 사태, 특히 부모와의 관계에서 경험한 감정과 그에 대한 반응양식이 내면화된 것이다.

구조분석은 내담자 자신의 부모자아, 성인자아, 어린이자아의 내용이나 기능을 이해하는 방법이다.

P (어버이 자아)	CP (비판적 어버이 자아)	교장, 군인, 경찰관, 스포츠맨, 행정가(명령형)
	NP (양육적 어버이 자아)	미술교사, 보모, 의사, 카운슬러, 간호사(돌봄형)
A (어른자아)		기사, 물리학자, 통계학자, 화학자, 세일즈맨, 세무원(계산형)
C (어린이 자아)	FC (자유분방한 어린이 자아)	배우, 가수, 무용가, 음악가, 예술가(자유분방형)
	AC (순응적 어린이 자아)	비서, 타이피스트, 가정부, 도서관원, 웨이트리스(길들여진형)

6) 혼합과 배타

P, A, C의 발달에서 서로 중복되거나 잠식된 경우에 생긴다.

① 혼합 : 어버이 자아나 어린이 자아가 어른 자아의 기능에 영향을 미침

－어버이 자아가 어른자아에게 영향을 미침(편견)

－어린이 자아가 어른자아에게 영향을 미침(망상)

－어른자아가 어버이자아와 어린이자아로부터 영향을 받음

② 배타 : 어버이 자아, 어른 자아, 어린이 자아의 경계가 지나치게 경직되어 심적 에너지의 이동이 거의 불가능한 상태

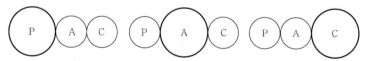

７ 행동주의 상담

1) 개요

① 행동주의 상담은 여러 학습이론들을 기초로 한 다양한 기술과 절차를 상담에 적용한 것이며, 행동을 변화시키는 학습원리들을 체계적으로 적용하는 것이다.

② 행동심리학의 학습이론은 파블로프(Pavlov)의 고전적 조건형성 이론과 스키너(Skinner)의 조작적 조건형성 이론에 바탕을 두고 있다.

③ 종래의 심리요법은 보이지 않는 마음을 대상으로 삼았기 때문에 내면적 동기를 변화시키면 행동은 변한다는 추론적 전제를 가지고 있다. 그러나 과학은 추론이 아니라 사실에 입각해야 한다는 것이 행동주의 상담이론의 주장이다.

행동주의 상담은 실험에 기초한 귀납적인 접근방법이며 실험적 방법을 상담과정에 적용한다.

④ 인간의 행동은 자연현상과 마찬가지로 일정한 법칙성을 지니고 있다.

⑤ 행동주의 상담에서는 내담자의 바람직하지 못한 행동도 바람직한 행동과 같이 학습된 것으로 보기 때문에 상담자의 목적은 잘못된 학습행동을 소거하고 보다 효과적이고 바람직한 행동을 새로이 학습하도록 도와주는 것이다.

⑥ 고전적조건형성 : 자극과 반응이론으로 공포, 불안, 긴장을 제거하는 데 쓰이는 단계적 둔감법과 전기충격, 구토제 등의 혐오치료기법이 있다.

⑦ 조작적조건형성 : 강화에 의한 보상을 줌으로써 특정행동을 증가시키는 것으로 긍정적 강화, 토큰법, 모방학습, 자기표현훈련 등이 있다.

2) 기본가정

① 대부분 인간행동은 학습된 것이므로 수정이 가능하다.

② 특정한 환경의 변화는 개인의 행동을 적절하게 변화시키는데 도움이 될 수 있다. 상담의 절차란 환경을 변화시킴으로써 내담자들의 행동을 변화시키려는 것이다.

③ 강화와 사회모방 등과 같은 사회학습 원리가 상담방법을 발전시키기 위해서 이용 될 수 있다.

④ 상담의 효율성과 상담결과는 상담장면 밖에서 비추어진 내담자들의 구체적 행동의 변화로 평가된다.

⑤ 상담의 방법이란 정적이거나 고정된 것이거나 사전에 결정된 것이 아니라, 각 내담자의 특수한 문제를 해결하기 위해서 각기 독특하게 고안될 수 있는 것이다.

3) 상담의 주요개념

① 강화

행동이 증가되도록 하는 행동의 귀결

ⓐ 정적 강화(보상, 칭찬, 좋은 평점 등)

어떤 자극이나 결과를 제공함으로써 그 자극을 받은 행동의 빈도와 강도가 늘어나는 것

ⓑ 부적 강화

어떤 행동의 발생을 억제하거나 감소시키던 자극이나 결과를 제거함으로써 그 행동의 발생이나 형성을 촉진시키는 것

② 처벌

특정한 행동을 제거하거나 하지 않도록 하는 것

③ 소거

주어지던 강화를 제거함으로써 그 강화에 의한 행동이 약화되거나 없어지는 것

④ 강화계획

ⓐ 연속강화

바람직한 행동이 발생할 때마다 강화요인을 제공

ⓑ 단속강화
　　㉮ 고정간격 강화 : 일정한 시간을 두고 강화요인을 제공(**예** 매월 지급되는 급여나 3개월마다 지급되는 보너스)
　　㉯ 변동간격 강화 : 불규칙한 시간 간격에 따라 강화요인을 제공(**예** 1년에 3번 보너스를 주되 월은 정하지 않는 경우)
　　㉰ 고정비율 강화 : 일정한 빈도(수)의 바람직한 행동이 나타났을 때 강화요인을 제공(**예** 성과급 제도)
　　㉱ 변동비율 강화 : 불예측적인 횟수의 바람직한 행동 후 강화요인을 제공(**예** 2회 1번, 4회 1번, 이런 식으로 강화를 주는 것 – 강력하고 지속적인 행동을 낳으며 강화요인이 소거되어도 지속되는 성향이 강하다.)

4) 행동주의적 상담기법

① 내적인 행동변화를 촉진시키는 기법

　㉠ 체계적 둔감법(단계적 둔감법)
　　ⓐ 불안을 일으키는 자극을 가장 약한 정도에서 출발하여 가장 강한 자극으로 점차적으로 자극력을 감소해나가는 방법이다.
　　ⓑ 불안이 원인이 되는 부적응 행동이나 회피행동을 치료하는데 가장 효과적인 방법이다.
　　ⓒ 체계적 둔감법 3단계 : 근육이완훈련 → 불안 위계목록 작성 → 체계적 둔감화

　㉡ 근육이완훈련(명상)
　　ⓐ 근육이완훈련은 이완 상태와 불안이 서로 양립할 수 없다는 이론에 근거를 두고 있다.

　㉢ 인지적 모델링과 사고 정지
　　ⓐ 인지적 모델링은 상담자가 과제를 수행하는 동안에 자기 자신에게 말하고 있는 것을 사람들에게 보여주는 절차이다.
　　ⓑ 사고정지는 내담자가 부정적인 인지를 억압하거나 제거함으로써 비생산적이고 자기패배적인 사고와 심상을 통제하도록 도와주기 위해 사용된다.

　㉣ 인지적 재구조화
　　ⓐ 내담자가 자신의 인지를 확인하고 평가하는 과정
　　ⓑ 스트레스 상황에서 내담자의 자기 패배적 사고를 자기 진보적 사고로 바꾸기 위해 사용

　㉤ 스트레스 접종
　　예상되는 신체적, 정신적인 긴장을 약화시켜 내담자가 충분히 그 자신의 문제를 다룰 수 있도록 준비시키는데 사용되는 기법

내담자의 부적절한 행동을 변화하는데 자주 사용하는 체계적 둔감화의 주요 원리는 상호억제이다.

내적인 행동변화를 촉진시키는 방법
① 체계적 둔감법
② 근육이완훈련
③ 인지적 모델링과 사고정지
④ 인지적 재구조화
⑤ 스테레스접종

② 외적인 행동변화를 촉진시키는 기법

    ㉠ 토큰법

        ⓐ 토큰법은 스키너의 강화원리를 포함한 조작적 조건형성의 원리를 적용시킨 것으로 직접적으로 강화인자를 쓰는 대신 후에 내담자가 원하는 다양한 물건과 교환할 수 있는 강화물로 토큰이 주어지는 체계적인 기법

        ⓑ 물리적 강화물(토큰)과 사회적 강화물(칭찬)을 연합함으로써 내적 동기의 가치를 학습하도록 한다.

    ㉡ 모델링 : 내담자에게 가능한 한 적절한 행동 대안을 공개적으로 보여주는 것(관찰학습, 모방, 대리학습)

    ㉢ 주장훈련 : 불안을 역제지하는 방법(대인관계에서 오는 불안 제지 효과)

    ㉣ 자기관리프로그램 : 자기 관리와 자기 지시적인 삶을 영위하고 의존적이지 않기 위해 학습

    ㉤ 행동계약 : 정해진 기간 내에 각자가 해야 할 행동을 정해 놓고 지키기로 계약

    ㉥ 역할연기 : 현실적인 장면이나 극적인 장면을 시연시킴으로써 이상행동을 적응 행동으로 바꿈

    ㉦ 혐오치료 : 바람직하지 않은 행동이 제거될 때까지 증상적인 행동과 고통스러운 자극을 연관시키는 것을 말한다. 이러한 혐오자극의 대표적인 것은 전기쇼크 혹은 구토를 일으키는 혼합물에 의한 벌 등이다.

8 인지적 – 정서적 상담(REBT, Ellis 이론)

1) 개요

① 인간은 합리적일 수도 비합리적일 수도 있다.

② 인간의 비합리적이고 비현실적인 사고방식은 어린 시절 가족과 사회의 영향을 받는다.

③ 인간은 지각, 생각, 느낌, 행동을 동시에 할 수 있는 인지적 · 정의적 · 행동적 존재이다.

④ 증상 제거 자체가 목표는 아니며, 심각한 정서적 문제들이 비합리적인 사고로부터 직접 연유되므로 이를 직접 다루어야 한다.

⑤ 합리적 · 정서적 상담은 내담자의 비합리적인 생각을 합리적 생각으로 대치시키거나 최소화시켜서 내담자가 보다 합리적이고 융통성 있는 인생관을 갖도록 한다.

자기관리프로그램은 내담자가 자기지시적인 삶을 영위하고 상담사에게 의존하지 않게 하기 위해 상담사가 내담자와 지식을 공유하며 자기강화 기법을 적극적으로 활용하는 행동주의 상담기법이다.

2) 인간관

① 인간의 마음이 행동의 주체이다.
② 인간은 특정 반응 잠재력을 갖고 태어난다고 가정한다.
③ 인간발달의 문화적·생물학적 제약을 인정한다.

3) 인지상담이론이 지향하는 목표

① 내담자가 어떻게 세상을 인지적으로 파악하고 있는지 이해한다.
② 내담자의 인지내용이 어떻게 정서적·행동적 문제에 영향을 미치고 있는지 살핀다.
③ 부적응적 인지내용을 변화시키도록 자극한다.

4) 인지적 – 정서적 상담원리

① 인지는 인간정서의 가장 중요한 핵심적 요소이다.
② 역기능적 사고는 정서장애의 중요한 결정요인이다.
③ REBT의 기본개념이 우리가 사고하는 것을 느끼는 것이기 때문에 REBT는 사고의 분석부터 시작한다.
④ 비합리적 사고와 정신병리를 유도하는 원인적 요인들은 유전적이고, 환경적 영향을 포함하는 중대요소로 되어 있다.
⑤ REBT도 행동에 대한 과거의 영향보다 현재의 초점을 맞춘다.
⑥ 비록 쉽게 이루어지지는 않지만 신념은 변화한다고 믿는다.

5) 엘리스의 비합리적 신념 11가지

① 나는 내가 아는 중요한 사람들 모두에게서 사랑이나 인정을 받아야 한다.
② 나는 모든 면에서 유능하고 적합하며 성취적이어야 한다.
③ 어떤 사람이 악랄하고 정당하지 못하다면 우리는 그를 비난하고 처벌해야 한다.
④ 내가 바라는 대로 일이 되지 않는다면 이것은 무시무시한 파멸이다.
⑤ 불행은 외부의 환경과 사건에 의해서 생기며, 그것을 사람의 힘으로 어쩔 수 없다.
⑥ 위험하고 두려운 일은 항상 일어날 수 있으며 그것은 항상 걱정의 원인이 된다.
⑦ 어떤 어려움이나 책임을 직면하는 것보다 회피하는 것이 더 쉬운 일이다.
⑧ 사람은 누군가에게 의지해야 하고 내가 의지할 만한 강한 누군가가 있어야 한다.
⑨ 과거의 경험이나 사건이 현재 행동의 영향을 주며, 사람은 과거의 영향을 벗어날 수 없다.
⑩ 사람은 다른 사람이 곤경과 어려움에 처하면 당황하게 된다.
⑪ 모든 문제에는 적절하고 완벽한 해결책이 있으며 그 해결책을 찾지 못하면 불행해진다.

6) 엘리스의 비합리적 신념의 뿌리인 당위성 3가지

① 자신에 대한 당위성

나는 반드시 훌륭하게 수행해내야 하며 중요한 타인들로부터 인정을 받아야만 한다. 만약 그렇지 못하면 이는 끔찍하고 참을 수 없는 일이며 나는 썩어빠진 하찮은 인간이다.

② 타인에 대한 당위성

타인은 반드시 나를 공정하게 대우해야 하며, 만약 그렇지 못하다면 그것은 끔찍하며 나는 그러한 상황을 참아낼 수 없다.

③ 세상에 대한 당위성

세상의 조건들은 내가 원하는 방향으로 돌아가야만 한다. 만약 그렇지 못하면 그것은 끔찍하며 나는 그런 끔찍한 세상에서 살아갈 수 없다.

7) 합리적 신념과 비합리적 신념의 구분

① 어떤 생각이 합리적인지 아니면 비합리적인지 여부를 판가름하는 데는 몇 가지 기준들이 적용된다.

② **융통성**

〈모든〉, 〈항상〉, 〈반드시〉, 〈꼭〉, 〈결코〉, 〈당연히〉, 〈~이어야만〉등과 같은 단어가 들어가는 생각들은 융통성이 없고 따라서 비합리적이다.

③ **현실성**

㉠ 세상에 완벽한 사람이란 없다. 완벽이라는 것은 사람들의 이상일 뿐 현실은 아니다. 사람들은 이상을 추구할 수는 있지만, 이상을 실현할 수는 없다.
㉡ 개개인의 인간적인 가치는 현실 속에서 달성 가능한 목표를 향해 꾸준하고 성실한 노력을 기울이는 데서 찾을 수 있는 것이지 〈완전〉과 〈완벽〉에서 찾아지는 것은 아니다.

8) 엘리스(Ellis)의 합리적 – 정서적

① 실업자의 비합리적 신념체계를 논박하고 자신이 무가치한 존재가 아니라는 것을 일깨워 주며, 자신에 대한 긍정적인 태도와 감정을 갖게 만드는 상담기법이다.
② 인간의 정서적 · 행동적 문제의 근원은 비합리적 사고에 있다고 본다.
③ 우울증을 치료하는 데 효과적이다.
④ A – B – C 또는 A – B – C – D – E – F 이론이라고도 불린다.

9) 엘리스(Ellis)의 합리적 정서치료(ABCDE 모형)

▼ ABCDE 모형

A 선행사건	어떤 감정의 동요나 행동에 영향을 끼치는 사건 예 대학입학시험에서 떨어짐
B 비합리적신념	A에서 발생한 사건에 대해서 개인이 갖게 되는 태도 또는 신념체계 예 대학입학시험에서 떨어지는 것은 인간으로서의 가치가 없다는 것을 의미한다고 생각한다.
C 결과	선행사건을 경험한 후 자신의 신념체계를 통해 그 사건을 해석함으로써 느끼게 되는 정서적·행동적 결과 예 우울증, 무기력감
D 논박	내담자의 비합리적인 신념을 수정하기 위한 방법 예 대학입학시험에서 떨어졌다고 해서 나의 가치가 떨어지는 것은 아니다라는 대안적 사고
E 효과	내담자가 가진 비합리적 신념을 논박함으로써 합리적인 신념으로 대치 예 가벼운 정도의 우울증을 경험하거나 보다 건설적인 행동을 계획할 수 있음
F 새로운 감정	합리적인 신념에서 비롯된 긍정적인 감정

실업이라는 선행사건(A)을 통해 비합리적 신념체계(B)를 형성하게 되어 우울증과 무기력감과 같은 증세를 나타나게 된다(정서적 – 행동적 결과(C)). 실업자의 이러한 비합리적인 신념체계에 대해 논박(D)하고 자신이 무가치한 존재가 아니라는 것을 일깨워 주고 자신에 대한 긍정적인 태도와 감정을 갖게 만든다.(효과(E))

10) 인지적 – 정서적 상담의 기본 모델

인지적–정서적 상담(RET)의 기본 모형은 선행사건–비합리적 신념체계–정서적/행동적 결과–논박–효과이다.

선행사건 → 비합리적 신념체계 → 정서적·행동적 결과 → 논박 → 효과

9 인지적상담이론(Beck 인지치료법)

1) Beck 인지치료의 개요

베크의 인지치료는 합리적 정서치료와 더불어 인지행동적 상담이론들 중 가장 널리 알려지고 보편화된 상담이론이다.

2) 기본개념

① 인지 혹은 사고가 인간의 정서 및 행동을 중재하거나 선도한다고 전제한다.
② 인간은 스스로 자신에 대한 자각과 의식 기능을 가지고 있어 문제나 장애를 해결할 수 있다.
③ 개인의 문제는 잘못된 가정과 추측에서 오는 현실 왜곡 때문이고, 인지발달 과정에서의 잘못된 학습에서 비롯된다.

3) 상담의 목표

① 내담자 적응의 사고방식 개발을 궁극적 목표로 한다는 면에서 합리적 상담과 유사하다.

② 상담자는 내담자의 생각 중에서 왜곡된 부분은 시정하고 생활경험을 보다 현실적으로 소화하는 대안적 안목 및 태도를 학습하도록 돕는 것이 기본 목표이다.

4) 이론적 근거

베크의 인지치료이론에서 가장 핵심이 되는 개념들은 〈자동적 사고〉, 〈역기능적 인지도식〉, 〈인지적 오류〉를 들 수 있다.

① 자동적 사고

㉠ 자동적 사고

사람들은 대개 어떤 사건에 접하게 되면 자동적으로 어떤 생각들을 떠올리게 되는데, 이를 자동적 사고라 한다.

㉡ 심리적 문제와 자동적 사고

사람들이 경험하는 심리적 문제는 스트레스 사건을 경험했을 때 자동적으로 떠올리는 부정적인 내용의 생각들로 인해 발생한다.

㉢ 자동적 사고의 세 가지 구성(인지삼제)

우울증상을 경험하는 사람들의 자동적 사고는 크게 세 가지 내용으로 구성되어 있다.

ⓐ 자기 자신에 대한 비관적 생각 – (나는 무가치한 사람이다.)

ⓑ 앞날에 대한 염세주의적 생각 – (나의 앞날은 희망이 없다.)

ⓒ 세상에 대한 부정적 생각 – (세상은 살기가 매우 힘든 곳이다.)

5) 역기능적 인지도식

① 인지도식의 개념

세상을 살아가는 과정에서 삶에 관한 이해의 틀을 형성한 것이 바로 삶의 인지도식이다.

② 역기능적 인지도식의 의미

개인의 인지도식의 내용이 부정적인 성질의 것일 경우에 이러한 인지도식을 역기능적 인지도식이라고 부르는데, 이는 심리적 문제를 초래하는 근원적 역할을 한다.

6) 인지적 오류

① 역기능적 인지도식과 인지적 오류

㉠ 역기능적 인지도식은 부정적인 자동적 사고와 인지적 오류를 발생시킨다.

㉡ 인지적 오류란 현실을 제대로 지각하지 못하거나 사실 또는 그 의미를 왜곡하여 받아들이는 것을 뜻한다.

② 인지적 오류의 종류

㉠ 흑백논리(이분법적 사고, 양극단적 사고)

사건의 의미를 이분법적 범주에서 둘 중에 하나로 해석하는 오류

ⓛ 과잉 일반화

한두 번의 사건에 근거하여 일반적인 결론을 내리고 무관한 상황에도 그 결론을 적용시키는 오류

ⓒ 선택적 추상화

상황이나 사건의 주된 내용은 무시하고 특정한 일부 정보에만 주의를 기울여 전체의 의미를 해석하는 오류

ⓔ 의미확대, 의미축소

사건의 중요성이나 의미를 지나치게 과장하거나 축소하는 오류

ⓜ 임의적 추론 : 어떤 결론을 내리기에 충분한 근거가 없는데도 최종적인 결론을 성급하게 내려버리는 오류

7) 상담의 방법과 진행과정

베크의 인지치료에서 상담자는 크게 두 가지 과제를 달성해야 한다.

① 내담자의 부정적인 자동적 사고를 찾아내어 이를 보다 적절한 적응적 사고로 대치하는 것

② 부정적인 자동적 사고의 기저를 이루는 근원적인 역기능적 인지도식을 찾아내어 그 내용을 보다 현실적인 것으로 바꾸어 나가는 것

8) 상담의 체계적 절차

① 내담자가 호소하는 심리적 문제를 구체화하여 내담자와 상의하여 상담목표로 정한다.

② 심리적 문제에 인지적 요인이 관련되어 있음을 내담자가 납득할 수 있도록 인지치료의 기본원리를 설득력 있게 설명한다.

③ 내담자의 현재 삶 속에서 심리적 문제를 불러일으키는 환경적 자극과 자동적 사고를 내담자와 함께 탐색하고 조사한다.

④ 환경적 자극에 대한 내담자의 해석 내용, 즉 자동적 사고의 현실적 타당성을 따져본다.

⑤ 환경적 자극에 대한 보다 객관적이고 타당한 대안적 해석을 탐색해보고 이를 기존의 부정적인 자동적 사고와 대치한다.

⑥ 환경적 자극을 왜곡되게 지각하도록 만드는 보다 근원적인 역기능적 인지도식의 내용들을 탐색하여 확인한다.

⑦ 역기능적 인지도식의 내용을 현실성, 합리성, 유용성 측면에서 검토한다.

⑧ 보다 현실적이고 합리적인 대안적 인지를 탐색하여 이를 내면화할 수 있도록 유도한다.

🔟 현실치료적 상담(글래서)

1) 현실치료적 상담의 기본개념

① 인간의 행동은 목적 지향적이며, 외부의 힘에 의해서보다 각 개인은 자신이 행동하고 있는 것을 선택하는 것이므로 각 개인은 상담자의 도움을 받아서 더 나은 선택을 하도록 학습할 수 있다.

② 현실치료적 상담의 주요 목표는 사람들에게 그들 자신의 욕구를 충족시키고 인생에서 그들이 원하는 것을 얻는데 있어서 더 좋은 방법을 가르치는 것이다.

③ 인간의 중요한 다섯 가지 욕구

    ㉠ 소속과 사랑의 욕구

    ㉡ 통제력에 대한 욕구

    ㉢ 자유의 욕구

    ㉣ 즐거움의 욕구

    ㉤ 생존에 대한 욕구

④ 전체행동을 바꾸기 원한다면 우리가 행동하고 사고하는 것을 바꿀 필요가 있다.

⑤ 현실치료체계는 패배적인 정체감을 불러일으키는 행동을 변화시키고 성공적인 정체감을 이끄는 행동을 발전시키는 방법을 사람들에게 가르친다.

⑥ 현실치료적 상담이론은 '행동이 지각을 통제한다.'는 통제이론에 기초하고 있다.

2) 상담의 기본전제

① 감정과 태도보다는 현재의 행동에 초점을 둔다.

② 과거에 상담의 초점을 두는 것이 아니라 현재에 역점을 둔다.

③ 가치관을 강조한다.

④ 전이를 강조하지 않으며, 전통적인 전이 개념을 중요한 것으로 보지 않는다.(전이의 부정)

⑤ 무의식적 갈등이나 그 원인들에 관심을 두지 않고 의식적인 면을 강조한다.

⑥ 처벌을 배제한다.(패배적 정체감을 강화시키므로 상담관계 악화 ⇒ 스스로 경험할 수 있도록 한다.)

⑦ 자기욕구 선택 시 책임감을 강조한다.(타인의 욕구를 방해하지 않는 방법으로 자신의 욕구를 충족)

3) 상담의 목표

상담의 목표는 개인적인 자율성(자기 결정)을 갖도록 – 성공적인 자아 정체감을 갖도록 – 자신의 욕구를 충족시키고 자기의 삶의 문제를 해결할 수 있는 더 좋은 방법을 찾도록 지원, 고치고 싶은 더 좋은 행동을 찾아내어 개인의 책임하에 개선된 행동으로 바꾸어 가는 것이다.

4) 상담의 과정

상담자는 내담자에게 자기 자신을 명확히 볼 것, 현실을 직면할 것, 자기 자신의 욕구를 실현할 것 등을 요구하되, 자신과 타인에게 피해를 주지 않고 실행하도록 돕는다. 내담자 자신이 주위 환경을 통제하여 장기간·단기간의 인생목표를 세우도록 함

5) 상담자의 역할

상담자의 역할은 내담자에게 그들이 선택한 것보다 더 나은 행동방법을 선택하도록 조언하는 것

6) 상담기법

① 변화를 이끄는 절차(WDEP 체제) – 현실, 현재 행동을 변화시키는 가장 좋은 방법

    W : 바람(Wants)   D : 지시와 행동(Direction and Doing)

    E : 평가(Evaluation)   P : 계획(Planning)

    ㉠ 바람, 욕구, 지각의 탐색(W)

        ⓐ 상담자는 '당신은 무엇을 원하는가'라고 질문한다.

        ⓑ 내담자는 그가 원하는 것, 가지고 있는 것, 얻지 못하고 있는 것을 탐색한다.

    ㉡ 현재행동에 초점맞추기(D)

        ⓐ 상담자는 내담자로 하여금 그의 바램과 욕구를 탐색하게 한 후 그가 원하는 것을 가질 수 있는지의 여부를 결정하는 현재 행동에 초점을 두도록 시도한다.

        ⓑ 상담자는 내담자의 감정이나 신체적 증상을 그의 현재 행동과 사고와 관련시킨다.

        ⓒ 현재행동에 중점을 두는 목적은 내담자가 그들의 감정에 대한 책임감을 이해하도록 돕는데 있다.

    ㉢ 내담자로 하여금 자신의 행동을 평가하도록 하기(E)

        ⓐ 내담자가 자신의 행동결과에 직면하도록 하고, 그로 하여금 행동의 질을 판단하도록 한다.

        ⓑ 상담자는 내담자의 행동에 대해 판단적이어서는 안 되며, 가치판단을 함에 있어 내담자에게 책임을 강요해서는 안 된다.

        ⓒ 상담자가 할 수 있는 일은 변화하기 위해 필요한 것을 내담자가 스스로 결정하도록 도와주고 그가 변화를 필요로 하는 이유를 결정하는데 도움을 주는 것이다.

    ㉣ 계획과 행동(P)

    현실치료의 주요과제는 내담자가 자신의 실패행동을 성공적인 것으로 바꾸는 구체적인 방법을 확립하도록 도와주는 것이다.

ⓜ 계획에 따른 실행(P)

일단 내담자가 계획을 세우고 그것을 알리면, 상담자는 내담자로 하여금 계획을 평가하고 검토하는 것을 도울 수 있고 필요할 때 지원과 격려를 할 수 있다.

7) 현실치료적 상담의 특징

① 특징

현실치료적 상담의 특징은 내담자의 책임감에 중점을 두고 있다는 점이다. 즉, 내담자는 자신의 행동을 평가하고, 변화를 위한 결정을 내리는 것이 상담자가 아니라 자기 자신임을 알아야 한다는 것이다.

② 한계점

현실치료는 중요한 문제도 무가치한 극단으로 몰고가는 경향이 있다.

특성-요인 직업상담

1 특성-요인 직업상담

특성-요인상담은 본질적으로 직업적 관점에서 비롯된 것으로 합리적인 자료를 제공하여 개인이 장래의 계획을 세울 때 현명한 결정을 내리도록 하는데 초점을 두고 있어서 많은 부분이 학생들에 대한 직업상담의 기초가 되고 있으며, 의사결정적 접근, 미네소타 접근, 이성적·지시적 상담이라고도 한다.

1) 개요

① 특성-요인 이론의 개념

㉠ 특성(Trait) : 검사를 통해서 측정될 수 있는 개인의 특성들

예 적성, 흥미, 가치, 성격 등

㉡ 요인(Factor) : 작업수행을 위해 요구되는 특징

예 직업성취도, 책임, 성실 등

개개인은 신뢰할 만하고 타당하게 측정될 수 있는 고유한 특성의 집합이다.

② 특성-요인 진로상담의 역사적 배경

㉠ 인간행동의 개인차에 대한 측정과 확인에 초점을 맞추어 온 심리학 분야에 역사적 배경을 두고 있다.

㉡ 상담의 이성적 과정, 판정결과에 대한 명확한 태도 등 과학적인 문제해결의 도식을 엄격하게 따르고 있다.

㉢ 직업과 사람을 연결하는 직업선택이론에서 유래하였다.

㉣ 특성-요인 진로상담이론은 파슨스(Parsons)가 개인, 직업, 개인과 직업 사이의 관계성을 기본으로 만든 직업이론의 원리를 반영하였다.

특성요인상담은 과학적이고 합리적인 문제해결 방법을 따른다.

③ 인간관(인간본성에 대한 가정)

  ㉠ 인간은 선과 악의 잠재력을 모두 지니고 있다.
  ㉡ 인간은 선을 실현하는 과정에서 타인의 도움을 필요로 한다.
  ㉢ 그러나 인간이 선한 생활을 결정하는 것은 바로 자기 자신이다.
  ㉣ 선의 본질은 자아의 완전한 실현이다.
  ㉤ 인간은 누구나 그 자신의 독특한 세계관을 지닌다.

④ 상담의 철학적 가정

  ㉠ 상담자는 명백하게 내담자에게 영향을 주는 존재이다.
  ㉡ 상담자는 의사결정을 돕는 전문가이다.
  ㉢ 인간에게는 그 나름대로의 독특한 심리적 특성이 있다.
  ㉣ 인간은 이성적인 존재이다.
  ㉤ 인간은 의사결정을 하는데 타인의 도움을 필요로 한다.
  ㉥ 상담의 목표인 훌륭한 생활의 성취에는 개인의 가능성을 최대한 활용하는 것도 포함된다.

⑤ 효과적인 상담관계에 대한 가정

  ㉠ 상담의 목적은 내담자가 모든 인격적인 면에서 최적의 방향으로 성장하도록 돕는 것이다.
  ㉡ 상담자는 각 내담자의 독특성을 가정한다.
  ㉢ 상담은 내담자의 자발적 요청에 의해 이루어지는 것이 보다 더 바람직하다.
  ㉣ 상담은 내담자 스스로 해결할 수 없는 문제에 당면했을 때에만 필요하다.
  ㉤ 상담관계에서 상담자는 완전하게 가치중립적인 입장을 취할 수는 없다.
  ㉥ 무조건적인 수용이 내담자의 잠재력을 완전히 발휘하게 한다는 심리치료의 가정에 동의하지 않는다.
  ㉦ 상담은 인간발달의 전체성을 다루어야 한다.
  ㉧ 상담의 목적은 보다 합리적인 문제해결력을 기르는 것이다.
  ㉨ 상담과정에서 내담자의 통찰은 매우 중요한 것이다.
  ㉩ 상담의 대상은 누구나 될 수 있다.
  ㉪ 각 개인은 자신의 잠재력을 충분히 발휘할 도덕적 의무를 가진다.
  ㉫ 상담은 내담자로 하여금 이성적 문제해결력을 기르는 것이지만, 궁극적으로는 탁월성을 추구하는 목적적 노력을 하는 인간을 만드는 것이다.

2) 특성 · 요인 상담의 목표

① 내담자의 정서적 안정을 돕는다.
② 내담자의 합리적인 문제 해결력을 기른다.
③ 내담자의 자기이해, 자기지도 그리고 자기성장을 촉진한다.

3) 윌리암슨의 진로상담 과정

윌리암슨은 상담과정을 분석 – 종합 – 진단 – 처방 – 상담 – 추후상담의 여섯 단계로 구분하였다.

Williamson의 특성–요인 진로상담 과정은 분석단계–종합단계–진단단계–예측단계–상담단계–추수지도단계이다.

분석	① 분석은 내담자의 현재 상태 및 미래의 가능성을 종합적으로 이해하기 위해 적절한 측정기술을 선택, 활용하여 신뢰할 수 있고 타당성이 있는 정보와 자료를 모으는데 초점을 둔다. ② 개인에 관한 자료수집(누가기록, 면접, 시간할당표, 자서전, 일화기록), 적성·흥미·동기 등의 요소들과 관련된 심리검사가 주로 사용된다.
종합	일단 자료가 수집되면 상담자는 내담자의 강점과 약점을 확인할 수 있도록 자료를 요약하고 종합해야 한다.
진단	① 종합단계에서 얻어진 문제를 해결할 수 있는 다양한 방법을 검토하고 문제의 원인을 탐색하는 단계 ② 진단의 주요단계는 첫째는 문제의 확인, 둘째는 원인 발견이다. 진단할 때 주의할 점은 성급한 결론을 내려서는 안 된다는 것이다.
처방 (예후, 처치)	① 선택한 대안들을 평가하고 앞으로의 성공 여부를 예측한다. ② 진단은 과거와 현재의 상태에 관련된 것인 반면, 예후는 미래와 관련된 것으로 일정의 예언을 시도하는 것이다.
상담	분석, 종합, 진단, 처방 과정을 통하여 얻은 자료를 기본으로 미래 혹은 현재에 해결해야 할 대안에 대해 우선순위를 정하고 무엇을 해야 하는가를 함께 논의하는 단계이다.
추후지도 (추수지도)	결과과정의 적합성을 확인하고, 새로운 문제가 발생되었을 때 위의 단계를 반복하여 바람직한 행동을 수행하도록 돕는 단계이다.

특성-요인 직업상담의 과정 중 내담자가 능동적으로 참여하는 단계는 상담의 단계이다.

🔍 참고

윌리암슨의 직업선택의 문제유형 분류(변별진단)

㉠ 무선택 : 직업선택을 전혀 하지 못한 학생들은 통상 자신이 아직 결정하지 못했다고 이야기하거나 미래의 진로에 대해 잘 모른다고 말하는데, 이들은 진로선택과 관계없는 흥밋거리에 주로 관심을 쏟고 있는 경우가 많다.

㉡ 불확실한 선택 : 진로선택이 불확실한 이유에는 섣부른 선택, 교육수준의 부족, 자기 이해의 부족, 직업세계에 대한 이해 부족, 실패에 대한 두려움, 친구와 가족에 대한 걱정, 자신의 적성에 대한 불안 등의 요인 때문이다.

㉢ 어리석은 선택 : 사람들은 성공가능성에 대한 증거가 조금만 있어도 진로선택을 하기 쉽다.

어리석은 진로선택을 하는 요인은 다음과 같다.
ⓐ 목표와 맞지 않는 적성
ⓑ 흥미와 관계없는 목표
ⓒ 직업 적응을 어렵게 하는 성격
ⓓ 입문할 기회가 아주 적은 직업의 선택
ⓔ 친구·친척의 고용약속을 믿고 한 선택이나, 부모·타인의 압력에 따른 선택
ⓕ 직업정보의 결핍
ⓖ 특권에 대한 갈망
ⓗ 진로에 대한 오해
ⓘ 흥미와 적성의 불일치 : 흥미와 적성의 불일치는 종종 본인이 말하는 흥미와 적성 사이에 불일치일 수도 있고, 측정된 흥미와 적성 사이의 불일치일 수도 있다.

변별진단은 특성-요인 직업상담에서 일련의 관련 있는 또는 관련 없는 사실들로부터 일관된 의미를 논리적으로 파악하여 문제를 하나씩 해결하는 과정이다.

직업무선택은 내담자가 직접 직업을 결정한 경험이 없거나, 선호하는 몇 가지의 직업이 있음에도 불구하고 어느 것을 선택할지를 결정하지 못하는 경우이다.

4) 방법

① 상담기법

촉진적 관계 (래포)형성	상담자는 상담의 성공적인 진행을 위하여 내담자로 하여금 신뢰하고 문제를 맡길 수 있는 관계를 형성한다.
자기 이해의 신장	① 상담자는 내담자가 자신의 장점이나 특징들에 대하여 개방된 평가를 하도록 돕는다. ② 장점이나 특징들이 문제해결에 어떻게 관련되는지에 대한 통찰력을 갖도록 격려한다. ③ 상담자는 내담자로 하여금 그의 장점을 최대한으로 이용하여 진로면에서 성공과 만족을 얻도록 조력한다.
행동계획의 권고나 설계	① 상담자는 내담자가 이해하는 관점에서 상담이나 조언을 하여야 한다. ② 내담자가 표현한 학문적 · 직업적 선택 또는 감정, 습관, 행동, 태도에 일치하거나 반대되는 것을 언어로 정리해준다. ③ 실제적인 행동을 계획하고 설계하도록 조력한다.
계획의 수행	상담자는 진로선택을 하는 데 있어 직접적인 도움이 되는 여러 가지 제안을 함으로써 내담자가 직업을 선택하는 것을 도와주어야 한다.
위임 (다른 전문가에게 의뢰)	모든 상담자가 시간적 제한으로 내담자를 전부 상담할 수는 없으므로 경우에 따라서는 내담자에게 다른 상담자를 만나보도록 권유하여야 한다.

② 검사의 해석단계에서 사용할 수 있는 상담기법

내담자의 특성에 대한 객관적이고 합리적인 의사결정을 하도록 조력하는 면을 강조하기 때문에 검사의 결과를 해석 · 평가하여 그것에 따라 충고, 설득, 설명, 조언을 하는 과정은 매우 중요하다.

직접 충고	내담자들이 따를 수 있는 가장 만족할만한 선택, 행동, 또는 계획에 관해 자신의 견해를 솔직하게 표명한다.
설득	상담자는 내담자에게 합리적 · 논리적인 방법으로 검사자료를 제공하고 내담자로 하여금 다음 단계의 진단과 결과의 암시를 이해하도록 설득하여야 한다.
설명	상담자는 진단과 검사자료들을 해석하여 내담자가 의미를 이해하고 가능한 선택을 하며, 선택한 결과에 대한 이해를 할 수 있도록 해석하고 설명한다.

③ 직업정보의 제공 – 브레이필드(Brayfield)의 분류

Brayfield가 제시한 직업정보의 기능은 정보적기능, 재조정기능, 동기화기능이다.

정보제공 기능	① 이미 선택한 바를 확인시켜 주거나 두 가지 선택이 똑같이 매력적일 때 망설임을 해결해 준다. ② 내담자가 진로선택에 관한 지식을 증가시키기 위한 기능이다.
재조정 기능	① 내담자가 현실에 비추어 부적당한 선택을 점검해보는 기초를 마련해 준다. ② 내담자가 냉철하게 현실검증을 할 수 있도록 직업정보를 제공한다.
동기화 기능	내담자에게 직업정보를 제공하는 이유는 의사결정과정에 적극적으로 참여시키기 위해서이다.

④ 파슨스(Parsons)의 진로선택단계

ㄱ 1단계 – 자기이해 단계

ㄴ 2단계 – 직업세계에 대한 지식을 얻는 단계

ㄷ 3단계 – 직업세계에 대한 정보 통합 단계

5) 평가

① 직업선택시 개인의 특성을 고려하도록 한 것이 가장 큰 공헌점이다.

② 표준화 검사도구와 직업세계의 분석과정은 직업상담에 매우 유용하다.

③ 검사의 결과가 어떤 직업에서의 성공여부를 정확하게 예언해주지 못한다는 예언타당도의 문제가 제기되었다.

④ 일회적인 상담으로 직업선택을 할 수 있다고 보아 장기적인 진로발달을 도외시할 수 있다.

⑤ 개인이 갖고 있는 특성의 역동성을 고려하지 못하고 있다. 개인의 특성요인들 중 어느 요인을 우선시 하느냐에 따라 직업선택이 달라질 수 있다.

⑥ 개인의 특성이 어떻게 발달하였는지 왜 개인이 그런 특성을 가지게 되었는지에 대한 설명을 할 수 없다.

⑦ 이론이 그 자체적으로 효율적인 직업상담의 치침을 제공하지 못하고 있다.

SECTION 2-3 내담자 중심 직업상담

1 내담자 중심 직업상담

1) 개요

① 자아실현의 경향을 지닌 존재이며, 각 개인이 구체적이고 현상적인 경험의 세계를 중시한다.

② 내담자 중심 진로상담은 각 개인이 현실을 지각·구성하는 방법에 있어서 표의적이고 현상학적인 방법에 의한다. 반면에 특성-요인 진로상담은 각 개인의 특성과 요인의 집합체로서 정의하며, 개인을 법칙화하고 비교하고 외적으로 규정한다.

③ 내담자 중심 진로상담의 직접적인 목적은 상담과정에서의 내담자의 성장이지만 궁극적인 목적은 자아실현에 있다.

2) 모형

몇몇의 내담자 중심 상담자들은 상담문제와 진로문제를 다르게 보지 않았다(상담과 진로상담과의 차이를 인정하지 않음). 그러나 패터슨(Patterson)과 내담자 중심의 경향을 가지고 있는 다른 학자들은 일반적인 적응과 직업적인 적응에 관련성이 거의 없다고 인식하여 진로선택에 대한 관심을 두는 것이 옳다고 인식하여 왔다.

① 진단

㉠ 내담자 중심 상담과 특성-요인 상담은 진단에 관한 견해차가 크다(특성-요인 진로상남은 진단이 중심이고 내담자 중심 진로상담의 진단은 그 반대이다).

내담자중심 직업상담은 비지시적 상담을 원칙으로 자아와 일에 대한 정보 부족 혹은 왜곡에 초점을 맞춘 직업상담이다.

ⓛ 내담자 중심 상담자들은 특수한 진단을 피하고 모든 내담자는 같은 문제로 고통받고 있는 것으로 가정한다.

3) 상담과정의 조건

① 두 사람이 접촉(만남)해야 한다.
② 내담자는 불일치 상태에 있고 취약한 상태에 있으며, 불안정한 상태에 있다.
③ 상담자는 관계성에 있어서 균형과 일치상태에 있어야 한다.
④ 상담자는 내담자에게 무조건적인 긍정적 지각을 하여야 한다.
⑤ 상담자는 내담자의 내적준거에 대하여 공감적 이해를 경험하여야 한다.
⑥ 내담자도 최소한의 긍정적 지각과 공감적 이해의 상태를 갖추어야 한다.

4) 검사의 해석

① 검사해석의 찬성 입장 : 검사의 결과는 상담자가 내담자를 객관적으로 이해하기보다는 내담자의 자기 명료화를 위해 사용되어야 한다. 검사결과를 전할 때는 가능한 한 객관적이고 비평가적인 방법으로 내담자에게 알려 주어야 하며, 내담자가 알고자 하는 정보와 관련된 검사의 가치와 제한점을 설명하고, 검사결과의 해석에 내담자가 적극 참여하도록 한다. 또한 검사결과를 입증하기 위한 더 많은 자료가 수집될 때 까지는 시험적인 태도로 조심스럽게 제시되어야 한다.
② 검사해석의 반대 입장 : 검사의 실시는 내담자의 방어적 태도 증가, 자아수용 감소, 책임감을 감소시킨다. 전문가에게 의존하는 태도를 낮게 하는 경향이 있다.
③ 직업정보 – 패터슨(Patterson)의 직업정보의 원리
　　ㄱ 상담자는 직업정보를 자진해서 제공하지는 않는다.
　　ㄴ 내담자에게 그 정보의 출처를 알려준 뒤 직접 정보를 찾도록 격려한다.
　　ㄷ 직업과 일에 대한 내담자의 감정과 태도가 자유롭게 표현되어야 한다.
　　ㄹ 직업 정보는 내담자에게 영향을 주거나 조작하기 위해 평가적인 방법으로 직업정보를 사용하면 안 된다.

상담에서 상담자의 태도와 허용적인 분위기가 중요하다.

5) 평가

① 내담자 중심 상담이론은 '인간은 천부적으로 자기완성을 위해 투쟁하려는 경향성을 타고났다.'는 인간본성에 대한 철학적 이해에 기초를 두고 있다. 로저스는 내담자가 자신을 불행하게 만드는 인생의 요소가 무엇임을 깨달아 아는 능력을 자신 속에 가지고 있다고 보았다.
② 이 상담의 성공은 '나와 너' 또는 '인간 대 인간'의 관계에 기초하여 안전과 용납이 보장될 때 내담자가 자신의 경직된 방어벽을 허물고 이제까지 부인했거나 왜곡시켰던 자신의 삶의 요소들을 받아들이고 통합시킴으로써 일어난다.
③ 내담자 스스로 자기에게 합당한 특수가치나 삶의 목표를 결정한다고 보고 있으며 내담자와 상담자 사이에 인격적인 관계를 강조하고 있다.
④ 상담자의 무비판적 · 수용적 태도를 중시하였다.

⑤ 내담자의 통합성과 개성 존중의 증대, 내담자의 과거보다 지금ㆍ여기의 강조 등과 같은 관점으로 상담발달에 큰 영향을 주었다.

⑥ 지적 및 인지적 요인들을 무시하는 경향이 있다.

⑦ 상담과정에서 상담자는 전적으로 가치중립적이어야 한다고 주장하고 있지만, 대인관계에서 전적으로 가치를 배제한다는 것이 과연 가능한가의 의문이 제기되고 있다.

⑧ 내담자 중심 상담은 부드럽고 안전한 방법이 될 수 있으나 자칫 내담자에게 아무런 영향도 줄 수 없는 방법이 될 우려가 있다.

🔍 합격예측

로저스의 완전히 기능하는 사람

로저스는 심리적으로 건강한 사람을 가리켜 '완전히 또는 충분히 기능하는 사람'이라고 했다. 완전히 기능하는 사람이란 자신의 잠재력을 인정하고 인지하며, 능력과 자질을 발휘하여 자신에 대한 완벽한 이해와 경험을 풍부하게 하는 사람을 의미한다.
① 체험에 대해 개방적이다.
② 실존적인 삶을 사는 사람이다.
③ 자신의 유기체에 대한 신뢰를 가진다.
④ 선택에 대한 자유의식을 갖는다.
⑤ 창조적인 삶을 영위한다.

SECTION 2-4 정신역동적 직업상담

■ 정신역동적 직업상담

1) 개요

① 정신역동적 접근은 그 뿌리를 정신분석학적 전통에 두고 있지만 그 전통에서 더 나아가 특성-요인 이론과 내담자 중심 진로상담이론의 기법을 통합한 것이다.

② 정신역학적 접근은 사람과 직업을 연결시키는 것을 기초로 삼고 있지만 그 기초 위에 어떻게 그와 같은 선택이 이루어지는가에 대한 일련의 과정에 관한 복잡한 개념들을 설명하려고 한다.

③ 내적인 동기유발상태와 외부에 대처하는 방어기제에 대해 명료하고 복합적으로 초점을 두고 특성-요인 이론과 내담자 중심 진로상담이론을 첨가시켰다.

2) 모형

① 진단

㉠ 정신역동적 진로상담의 주요 가정은 '한 개인은 자기의 직업활동에서 만족을 얻을 수 있는 최선의 방법을 추구하며 불안으로부터 사람을 보호할 수 있는 최고의 직업을 선호하는 경향이 있다'는 것이다.

정신역동직업상담
- 직업선택에 미치는 내적요인의 영향을 강조한다.
- 특성-요인 접근법과 마찬가지로 "사람과 직업을 연결시키는 것"에 기초를 두고 있다.
- 상담과 검사해석의 기법들은 내담자중심 접근을 많이 따르고 있지만 비지시적 및 반영적 태도 외에도 다양한 접근방법들을 포함하고 있다.

ⓛ 출생, 더 나아가서는 태아 때부터 인성을 형성하는 데 영향을 주는 모든 것들을 조사한다.
ⓒ 상담자가 진단과 진단기법에 대한 기본적인 지식 없이 상담책임을 맡아서는 안 된다.

② 진로상담 과정(보딘의 진로상담 과정)

ⓖ 탐색과 계약체결 단계

예를 들어서 정신역학적 진로상담은 무리한 요구를 하는 엄격한 아버지를 둔 낙제생 공학도가 전공을 바꾸고 싶지만 두려움을 느껴 방어적 인식을 하는 경우, 그 의미를 탐색한다.

ⓛ 비판적 결정 단계(중대한 결정의 단계)

진로에 대한 비판적 결정뿐 아니라 선택이 제한된 것들 또는 인성변화를 포괄하는 문제들도 포함하는 결정단계이다.

ⓒ 변화를 위한 노력 단계

내담자의 어느 정도의 인성변화를 가정하고 자아의 인식과 이해를 점점 확대하도록 추진한다.

③ 결과

ⓖ 내담자가 현명한 진로선택을 하고 자신의 선택에 대해 책임을 수용할 줄 아는 사람으로 변화하도록 돕는 이론이다.
ⓛ 내담자가 갖고 있는 불안이나 정서장애를 제거시켜 자유의지로 책임감 있게 진로를 선택하도록 내담자의 성격을 재구성하는 면을 강조하고 있다.

3) 방법

① 상담기법

Bordin이 제시한 상담자의 반응범주는 명료화, 비교, 소망-방어체계이다.

명료화	① 현재의 문제점들과 관련된 요소에 관한 내담자의 생각과 언어표현을 집중시키는데 초점을 맞추고 있다. ② 대화의 새로운 영역을 여는데 기여하며, 다른 것들을 요약해준다. ③ 전형적으로 명료화는 질문, 부드러운 명령, 단순화된 진술의 형태를 취한다.
비교	내담자가 가지고 있는 문제와 역동적 현상들 사이의 유사점이나 차이점들을 보다 더 뚜렷하게 제시하기 위하여 두 가지 이상의 주제들을 나란히 놓는 방법이다.
소망 - 방어체계에 관한 해석	① 상담자는 내담자의 내적 동기상태와 진로 의사결정 사이의 연관성을 내담자가 자각하도록 시도한다. ② 내담자의 욕구나 소망과 방어체계를 상담자가 해석해 주는 방법이다.

② 검사의 해석

보딘은 일단 내담자가 검사를 실시한 후에 내담자들에게 사용될 수 있도록 네 가지 방법에 대해 기술하고 있다.
ⓖ 상담자를 위한 진단적인 정보를 제공한다.
ⓛ 내담자의 상담에 대한 현실적인 기대를 더욱 발전시키는 것을 돕는다.

ⓒ 상담자는 평가자료를 내담자에게 이용하도록 해야 한다.

ⓔ 검사가 가능하다면 내담자로 하여금 자기탐색을 보다 깊이 할 수 있는 자극을 주는 것이다.

3) 평가

① 정신역학적 직업상담 모형은 내적인 것을 지나치게 강조한 나머지 외적요인의 영향에 대해서는 충분하게 고려하고 있지 못하다.

② 행동주의적 관점에서 볼 때 관찰 불가능한 동기부여적 구성개념을 지나치게 강조한다.

1 발달적 직업상담

1) 개요

① 발달적 진로상담이론은 내담자의 생애단계를 통한 진로발달의 측면에 중점을 두는 접근법이다.

② 발달적 진로상담이론은 내담자가 진로상담에서 언급된 의사결정문제와 전반적인 진로성숙 사이의 일치성을 강조한다.

③ 발달적 진로상담이론의 목표는 내담자의 진로발달을 촉진하는 데 있으며, 내담자가 처한 진로발달시점에서 상담이 시작되어야 한다.

2) 모형

① 진단

개인 평가	① 내담자의 심리적 측면은 사회적인 각종 통계자료에 의해 수집되며, 임상적인 사례연구에 의한 분석이 이루어진다. ② 직업적인 자산과 부채가 평가되고 규준적인 용어로 표현된다.
문제 평가	내담자가 경험한 곤란과 직업상담에 대한 기대가 평가된다.
예언적 평가	직업적·개인적 평가를 바탕으로 내담자가 성공하고 만족할 수 있는 것에 대한 예언이 이루어진다.

> 문제 평가는 내담자가 겪고 있는 어려움이나 직업상담에 대한 내담자의 기대를 평가한다.

② 과정

㉠ 상담자는 우선 내담자의 발달단계에서 직업성숙도를 측정하고 다음으로 안내와 탐색에 집중하여야 한다.

㉡ 안내와 탐색은 의사결정이나 진로발달의 전체적인 범위 내에서 현실검사에 우선시 되어야 한다.

㉢ 진로발달의 전반적인 과정은 진로선택을 위한 안내와 준비에서 의사결정과 현실검사 상황에 이르기까지 계속된다.

㉣ 상담은 내담자가 처한 진로발달 시점에서 상담이 시작되어야 한다.

③ 결과

  ㉠ 발달적 진로상담의 보다 직접적인 목표는 일의 세계에 대한 인식을 증진
    시키는 것, 직업목표를 선정하고 실행하는 진로발달과제를 완수해내고
    진로발달을 촉진하는 것이다.

  ㉡ 발달적 진로상담은 개인적 발달과 진로발달을 모두 도와준다.

3) 방법

① 상담기법

  ㉠ 발달적 진로상담에서는 지시적, 비지시적 상담기술을 주기적으로 사용한다.

  ㉡ 슈퍼(Super)의 상담기법

    ⓐ 문제탐색 : 비지시적인 방법에 의한 문제 탐색과 자아 개념 표출

    ⓑ 심층적 탐색 : 심층적 탐색을 위한 지시적 방법으로 주제 설정

    ⓒ 자아수용 : 자아 수용과 통찰을 위한 사고와 감정의 명료화

    ⓓ 현실검증 : 현실 검증을 위해 심리검사, 직업정보 분석

    ⓔ 태도와 감정의 탐색과 처리 : 현실 검증으로 얻은 태도와 느낌을 통해
      자신과 일의 세계 탐색

    ⓕ 의사결정 : 의사결정을 돕기 위한 대안과 행동 고찰

② 검사의 해석

  ㉠ 집중검사는 특성 – 요인 진로상담에서 처럼 짧은 준비단계의 면접 후에 내
    담자에게 종합검사를 실시하는 경우와 같고, 정밀검사는 진로상담의 전
    과정에 걸쳐 개별검사를 실시하도록 고안된 것이다.

  ㉡ 내담자는 검사를 선택하여 실시하고 해석하는 것과 관련이 있으므로 내담
    자가 검사결과를 지적으로 사용할 가능성이 증가된다.

  ㉢ 검사결과를 내담자에게 언어로 제시하는 것은 시각적으로 제시하는 것보
    다 내담자가 그의 직업선택을 위한 사고과정에 이 정보를 더 잘 통합시킬
    수 있도록 촉진시킨다.

③ 직업정보

  ㉠ 내담자의 직업정보 및 고용기회에 대한 정보를 위한 직업전망 핸드북과
    같은 책자가 만들어졌다.

  ㉡ 발달이론에 기초한 직업상담에 가장 적절한 정보는 다양한 직업적 욕구를
    만족시켜 줄 수 있는 여러 가지 직업 유형에 관한 것이다.

4) 평가

① 발달적 직업상담 모형은 진로의식성숙과정을 가장 체계적으로 기술하고 있다.

② 이 모형은 실증적 자료를 많이 활용한다.

③ 상담의 과정이 너무 광범위하고 자아개념을 지나치게 강조한다는 비판을 받
  는다.

발달적 직업상담에서 의사 결정에 이르는 단계는 문제탐색–심층적 탐색–자아 수용–현실 검증–태도와 감정의 탐색과 처리–의사결정이다.

행동주의 직업상담

1 행동주의 직업상담

1) 개요

① 정신역동적 진로상담이론은 내적 동기변인을 중시하지만 행동주의 직업상담
이론은 진로의사결정에 영향을 미치는 학습과정을 중시한다.

② 행동주의 진로상담이론의 목적은 내담자의 진로행동을 변화시키는 것이다.

③ 행동주의 진로상담이론은 다양한 방법에 의해 부적응행동을 바람직한 행동으
로 대치시키도록 조력할 것을 주장하고 있다.

2) 모형

① 진단

㉠ 구스타인(Goodstein)은 일반적으로 행동주의적 문제들, 특히 진로선택
의 문제 원인에 불안이 중심적 역할을 한다고 보았다.

㉡ 의사결정을 내리지 못하는 데에는 우유부단과 무결단성이 원인이다.

② 직업상담의 과정

의사결정에 관련된 불안을 반조건형성에 의해 제거시키며, 내담자의 불안이
제거되면 조작적 학습에 의해 현명한 진로선택행동을 학습시킨다.

㉠ 내담자의 문제와 상담의 목적을 정의한다.

㉡ 상담자와 내담자가 상담목적을 달성하기 위해 의견을 일치시킨다.

㉢ 문제해결을 위한 여러 가지의 대안을 도출한다.

㉣ 각각의 대안에 대한 자료를 수집한다.

㉤ 각각의 대안에 대한 결과를 탐색한다.

㉥ 상담의 목적, 대안, 대안의 예상결과를 탐색하고 재평가한다.

㉦ 대안을 잠정적으로 선택하거나 결정한다.

㉧ 새로운 문제에 대한 의사결정과정을 적용한다.

③ 결과

㉠ 내담자의 불안을 제거시키고 부적응행동을 바람직한 적응행동으로 대치
시킨다.

㉡ 진로결정기술의 학습을 통하여 현명한 진로결정을 돕는다.

3) 방법

① 상담기법

적응 또는 둔감화	최소한의 불안을 조성하여 적응시킨다.
반조건 형성 (역조건 형성)	과도한 행동(불안)을 소거하거나 약하게 해주어야 한다. 증상행동에 상반되는 바람직한 행동을 강화함으로써 증상행동이 소거되거나 약화되게 하는 방법을 쓴다.
금지적 조건형성 (내적금지)	불안을 감소시키기 위해 내담자에게 어떠한 추가적인 강화 없이 충분히 불안을 일으킬 만한 단서를 반복적으로 제시함으로써 결국 불안반응을 제거하는 기법이다.
강화	상담자가 내담자의 진로선택이나 결정에 대해 긍정적 또는 부정적인 반응을 보임으로써 내담자의 진로결정을 촉진시킨다.
사회적 모방과 대리학습	다른 사람들의 진로결정행동이나 결과를 관찰함으로써 의사결정의 학습을 촉진시킨다.
변별학습	진로선택이나 결정능력을 검사도구나 기타 다른 것을 사용하여 변별하고 비교하게 된다.

체계적둔감화, 반조건형성(역조건형성), 금지적조건형성(내적금지)은 불안을 감소시키는 기법이며, 강화, 대리학습, 변별학습은 학습촉진기법이다.

② 검사의 해석

㉠ 행동주의 진로상담이론은 고전적 조건반응이론이나 조작적 조건반응이론을 적용하고 있다.

㉡ 행동주의 진로상담이론은 심리검사의 결과를 해석하는 데 비중을 주지 않으며, 그 대신 흥미검사를 사용하기도 한다.

③ 직업정보

㉠ 행동주의 진로상담의 가장 큰 공헌 중에 하나는 직업정보의 제공이다.

㉡ 크롬볼츠(Krumboltz)와 동료들은 회계사, 전기기사, 경찰관, X레이 촬영기사 등을 포함한 20여 가지의 직종에 관한 직업정보를 상세하게 제시하였다.

㉢ 진로문제 해결상자를 고안하여 다양한 직업정보를 제공한다.

④ 평가

㉠ 행동주의 직업상담의 큰 장점은 내담자의 불안을 감소시키고 바람직한 행동을 촉진하는 데 있다.

㉡ 불안의 해소는 내담자의 정보획득 부족으로 인한 우유부단함을 치료하는 데 효과적이다.

㉢ 직업결정 문제의 원인으로 불안에 대한 이해와 불안을 규명하는 방법이 결여되어 있다.

1 포괄적 직업상담

1) 개요

포괄적 진로상담은 앞에서 언급한 5가지의 이론의 장점을 선택하고 단점을 보완하여 설득력 있고 일관성 있는 체제로 통합하려는 의도로 크리츠에 의해 제시된 진로상담이론이다.

2) 모형

① 진단

포괄적 진로상담에서 진단은 변별적(특성 – 요인)이고 역동적인(정신분석) 진단의 성격을 가지고 있다.

포괄적 직업상담의 중간 단계에서는 정신역동적 접근법을 주로 사용한다.

② 크리츠의 직업상담 과정

1단계	진단의 단계	내담자에 대한 태도, 능력, 의사결정 유형, 성격, 흥미 등 검사자료와 상담을 통한 자료가 수집되는 단계
2단계	명료화 또는 해석의 단계	• 문제를 명료화하거나 해석하는 단계 • 내담자와 상담자는 서로 협력해서 의사결정의 과정을 방해하는 태도와 행동을 확인하며, 같이 대안을 탐색하는 단계
3단계	문제해결의 단계	내담자가 문제를 확인하고 적극적으로 참여하여 문제해결을 위해 어떤 행동을 취해야 하는가를 결정하는 단계

③ 결과

㉠ 포괄적 진로상담의 목표는 변별적이고 역동적인 진단과 명확하고 과학적인 해석이다.

㉡ 문제해결을 위한 조작적 학습을 통해 내담자를 독립적이고 현명한 의사결정자로 만드는 것이다.

3) 방법

① 상담기법

포괄적 진로상담은 여러 가지 다양한 기법을 절충한 기법으로 중재와 병치를 통해서 문제를 정확히 기술하도록 유도한다.

> 🔍 참고
> • **중재**
>   내담자가 자신의 문제를 모호하게 진술할 경우 그 한계를 확실히 정하도록 돕는 전략
> • **병치**
>   내담자가 진술한 말들 사이의 관계성을 비교 · 대조하여 명료화하는 전략

② 검사의 해석

　㉠ 포괄적 진로상담에서는 상담의 진단, 과정, 결과의 통합이라는 전체단계에서 검사를 효율적으로 활용한다.

　㉡ 검사결과를 내담자와 보면서 내담자와의 의사소통을 극대화하여 문제해결을 위해 공동작업을 한다.

　㉢ 검사의 해석시 심리측정의 특수용어를 사용하지 않고 내담자의 개념적·언어적인 수준과 형태로 진술한다.

③ 검사의 유형

　ⓐ 변별적 진단 : 내담자가 지닌 진로상의 문제를 가려내기 위해 실시하는 변별적 진단에는 진로성숙검사, 직업적성검사, 직업흥미검사 등이 사용된다.

　ⓑ 역동적 진단 : 내담자와의 상호작용을 통해 직업상담자의 주관적 오류를 보완하고 상담을 통해 얻어진 자료로 심리측정자료가 가질 수 있는 통계적 오류를 보완한다.

　ⓒ 결성적 진단 : 진로선택이나 의사결정과정에서 나타나는 내담자의 문제를 체계적으로 분석한다.

④ 직업정보의 제공

우유부단으로 진로를 결정하지 못하는 집단과 완전히 결단력이 없는 집단 그리고 비현실적인 집단에 따라서 직업정보의 제공방법이 다르다.

　ⓐ 우유부단 집단 : 정밀하고 체계적인 직업 정보를 제공한다.

　ⓑ 완전히 결단력이 없는 집단 : 진로정보의 제공이 불안을 야기시킬 수도 있으므로 불안을 먼저 제거시켜 준다.

　ⓒ 비현실적인 집단 : 자아와 현실적인 주변환경, 직업세계에 대한 현실능력을 먼저 키워준 후 정보를 제공한다.

4) 평가

포괄적 직업상담은 진학상담이나 취업상담 등의 분야에는 적합하나 직업 직업적응 문제들에 대해서까지는 다루고 있지 못하다.

출제예상문제

01 다음 중 상담이론과 그와 관련된 상담기법을 바르게 짝 지은 것은?

① 정신분석적 상담 – 인지적 재구성
② 행동치료 – 저항의 해석
③ 인지적 상담 – 이완기법
④ 형태치료 – 역할연기, 감정에 머무르기, 직면

> **해설** ㉮ 인지적 재구성 – 인지적 상담
> ㉯ 저항의 해석 – 정신분석적 상담
> ㉰ 이완기법 – 행동치료

02 정신분석적 상담에서 내담자와 갈등과 방어를 탐색하고 이를 해석해 나가는 과정은?

① 논박   ② 훈습
③ 행동수정   ④ 관계형성

> **해설** 정신분석의 상담기법은 자유연상, 전이, 저항, 해석, 통찰, 훈습이다.

03 다음 중 실업자의 비합리적 신념 체계를 논박하고 자신이 무가치한 존재가 아니라는 것을 일깨워 주고, 자신에 대한 긍정적인 태도와 감정을 갖게 만드는 상담기법은?

① 합리적 – 정서적 상담(REBT)
② 특성 – 요인적 상담
③ 정신역동적 상담
④ 내담자 중심적 상담

04 다음 중 교류분석(TA ; Transactional Analysis)에서 주로 사용되는 개념은?

① 집단무의식
② 자아상태(어버이 – 어른 – 어린이)
③ 전경과 배경
④ 비합리적 신념

05 에릭슨(Erikson)의 심리사회성 발달이론 중 다음과 같은 현상이 나타나는 시기는?

> 40~50세로 인생의 여러 가지 측면에서 안정되고 성숙된 시기 인데 단순히 자신과 자기세대의 이익과 번영에만 관심을 쏟는 것이 아니라 자기 자손들의 세대와 역사적 미래를 위해 보다 나은 세상을 만드는 데 헌신하는 기간이다.

① 친밀감(Intimacy) – 고립감(Isolation)
② 근면성(Industry) – 열등감(Inferiority)
③ 생성감(Generativity) – 침체감(Stagnation)
④ 자아정체감(Ego – identity) – 역할혼란(Role Confusion)

> **해설** **에릭슨의 자아발달 8단계**
> 제1단계(0~1세) – 기본적 신뢰감 대 불안감
> 제2단계(1~3세) – 자율성 대 수치심과 회의(의심)
> 제3단계(3~5세) – 주도성 대 죄책감
> 제4단계(5~12세) – 근면성 대 열등감
> 제5단계(청년기) – 정체감 대 정체감 혼미
> 제6단계(성인기) – 친밀감 대 고립감
> 제7단계(중년기) – 생산성 대 침체성
> 제8단계(노년기) – 통합성 대 절망감

정답 01 ④   02 ②   03 ①   04 ②   05 ③

06 정신분석적 상담에서 상담자와 내담자의 관계를 가장 두드러지게 보여주는 현상으로서 내담자가 과거의 중요한 인물에게서 느꼈던 감정이나 생각을 상담자에게 투사하는 현상은?

① 증상형성   ② 전이
③ 저항   ④ 자유연상

07 다음의 내용과 관계있는 상담이론과 학자가 맞게 짝지어진 것은?

> • 사회적 관계를 강조하였다.
> • 행동수정보다는 동기수정에 관심을 둔다.
> • 열등감의 극복과 우월성의 추구가 개인의 목표이다.

① 실존주의적 상담 - Frankl
② 개인심리학적 상담 - Adler
③ 형태주의적 상담 - Perls
④ 현실치료적 상담 - Glasser

해설 아들러는 인간의 삶이 초기 6년의 경험에 의해 많이 결정된다고 보았으며, 프로이드와는 달리 성적인 충동보다는 사회적 본능으로 동기화된다고 보았다.

08 다음은 어떤 상담기법의 인간관을 나타내고 있는가?

> 인간은 과거와 환경에 의해 결정되는 존재가 아니라 현재의 사고, 감정, 행동의 전체성과 통합을 추구하는 존재로 본다.

① 정신분석학적 상담   ② 형태주의 상담
③ 아들러의 개인주의 상담   ④ 교류분석적 상담

해설 ㉮ 어린시절 형성된 무의식적 갈등을 자유연상이나 꿈의 분석을 통하여 의식화함으로써 자신에 대한 통찰을 갖도록 한다.
    ㉰ 프로이드의 생물학적이고 결정론적인 관점을 비판하고, 사회문화적인 요인을 강조하였다.
    ㉲ 인간을 자율적인 존재로 보고 인간관계 교류를 중요시하는 전인적인 치료체계이다.

09 인지적-정서적 상담(RET)의 기본 모델에 대한 설명으로 옳은 것은?

① 선행사건-비합리적 신념체계-정서적/행동적 결과-효과-논박
② 선행사건-정서적/행동적 결과-비합리적 신념체계-논박-효과
③ 선행사건-비합리적 신념체계-논박-정서적/행동적 결과-효과
④ 선행사건-비합리적 신념체계-정서적/행동적 결과-논박-효과

10 아들러(Adler)가 말한 세계와 개인의 관계에 관한 세 가지 과제에 속하지 않는 것은?

① 성(性)   ② 여가
③ 일   ④ 사회

11 다음 중 개인적 역할을 강조한 아들러(Adler)의 주장이 아닌 것은?

① 개인은 사회적 환경에 관해서만 이해할 수 있다.
② 한 가정에서 태어난 두 아이는 동일한 상황에서 자라는 아이이다.
③ 개인은 일, 사회, 성(性) 등 3개의 주요 인생과제에 반응해야 한다.
④ 성격과 특성요인이 가족집단 내에서의 운동의 표현이다.

해설 아들러는 출생순위와 가족 내에서의 위치에 관한 해석은 어른이 되었을 때 세상과 상호작용하는 방식에 큰 영향을 미친다고 하였다.

12 엘리스(Ellis)의 합리적 정서치료에서 A, B, C, D, E 모형의 설명으로 잘못된 것은?

① A : 선행사건   ② B : 신념
③ C : 결과(정서, 행동 등)   ④ D : 지지와 격려

13 형태주의 상담에 대한 설명으로 틀린 것은?

① 인간은 과거와 환경에 의해 결정되는 존재로 보았다.
② 형태주의 상담이 개인의 발달초기에서의 문제들을 중요시 한다는 점에서 정신분석적 상담과 유사하다.
③ 형태주의 상담에서는 현재 상황에 대한 자각에 초점을 두고 있다.
④ 개인이 자신의 내부와 주변에서 일어나는 일들을 충분히 자각할 수 있다면 자신이 당면하는 삶의 문제들을 개인 스스로가 효과적으로 다룰 수 있다고 가정한다.

해설 인간의 행동은 학습의 결과물이며, 사회문화적 환경에 의하여 구성되고 결정된다.

14 다음 중 현실치료의 특징으로 적절하게 짝지어진 것은?

a. 책임감에 대한 강조
b. 과거 경험에 대한 체계적인 탐색
c. 자율적이고 합리적인 모습 강조
d. 내담자 스스로 계획수립 및 수행평가

① a, b, c   ② b, c, d
③ a, c, d   ④ a, b, d

해설 b. 정신분석상담에서 중요시한다.

15 왜곡된 사고체제나 신념체제를 가진 내담자에게 효과적인 상담기법은?

① 내담자 중심 상담   ② 인지치료
③ 정신분석   ④ 행동요법

해설 인지치료에서 내담자의 부적응 행동은 왜곡된 사고에서 비롯된 것이라고 본다.

16 비합리적 신념의 논박을 통한 사고와 감정의 변화를 도모하는 상담이론은?

① 인지행동적 상담   ② 현실치료
③ 교류분석상담   ④ 합리적 정서적 상담

해설 합리적 정서적 상담은 비합리적 신념에 대한 논박을 통한 사고와 감정의 변화를 도모한다.

17 인지행동적 접근에 포함되는 주된 상담과정으로 올바른 것은?

a. 인지적 재구성   b. 대처 기술훈련
c. 역설적 의도   d. 자각 촉진기법

① a, b   ② b, c
③ c, d   ④ b, d

18 다음 중 합리적-정서적 상담(RET)에 대한 설명으로 옳지 않은 것은?

① 내담자의 문제를 학습과정을 통해 습득된 부적응 행동으로 보고, 상담과정을 통해 부적절한 행동을 밝혀서 제거하고, 보다 적절한 새로운 행동을 학습하도록 하는 것이 상담의 목표이다.
② 인간의 정서적, 행동적 문제의 근원은 비합리적 사고에 있다고 본다.
③ 우울증을 치료하는데 효과적이다.
④ A-B-C 또는 A-B-C-D-F 이론이라고도 불린다.

해설 행동주의

19 다음 중 연결이 옳지 않은 것은?

① 교류분석적 상담-성격·자아상태 분석
② 내담자 중심상담-비지시적 상담
③ 아들러(Adler)의 개인주의 상담-심리성적 결정론
④ 형태주의 상담-Perls에 의해 발전

해설 심리성적 결정론 : 정신분석상담

20 '지금-여기'에 상황과 감정을 강조하는 상담이론은?

① 게슈탈트   ② 정신역동적 상담
③ 교류분석   ④ 행동적 상담

21 다음은 어떤 상담이론에 관한 설명인가?

Ellis에 의해 발전된 이론으로 인간을 합리적인 사고를 할 수 있는 동시에 비합리적인 사고의 가능성도 가지고 있는 존재이며, 따라서 내담자의 모든 행동적/정서적 문제는 경험적으로 타당성이 없는 비논리적이고 비합리적인 사고로 인해 발생한 것이라고 보았다.

① 인지적−정서적 상담
② 교류분석적 상담
③ 형태주의 상담
④ 정신분석적 상담

해설 내담자의 비합리적 생각을 합리적 생각으로 대치시키거나 최소화시켜서 내담자가 보다 합리적이고 융통성있는 인생관을 갖도록 한다.

22 다음은 어떤 상담 기법과 관련이 있는가?

Berne, 부모 자아 상태, 스크립트 분석

① 교류분석적 상담   ② 정신분석적 상담
③ 내담자 중심적 상담   ④ 특성−요인적 상담

23 상담이론에 대한 설명으로 틀린 것은?

① 정신분석적 상담에서는 인간을 비합리적이고 결정론적이며, 생물학적 충동과 본능을 만족시키는 욕망에 의해 동기화된 존재로 가정한다.
② 내담자 중심 상담은 Rogers의 상담경험에서 비롯된 이론으로서 학자에 따라서는 비지시적 또는 사람 중심의 방법이라고도 하며, 대표적인 인본주의적 접근방법이다.
③ 교류분석적 상담은 인간의 본성에 대한 관념주의적 철학과 인본주의적 관점의 토대 위에 "지금−여기"에 대한 자각과 주변환경의 책임을 강조한다.
④ 행동주의 상담은 학습이론에 바탕을 두고 체계적인 관찰, 철저한 통제, 자료의 계량화, 결과의 반복이라는 과학적 방법을 강조한다.

해설 실존주의상담

24 성격에 대한 자아상태를 부모(P), 성인(A), 아동(C)으로 구분하여 타인들과의 상호작용을 통해 자아상태를 분석하는 상담기법은?

① 교류분석 상담   ② 내담자 중심 상담
③ 발달적 직업상담   ④ 특성요인 상담

25 브레이필드(Brayfield)의 직업정보 세 가지 기능에 해당하지 않는 것은?

① 정보적 기능   ② 재조정 기능
③ 동기화 기능   ④ 평가적 기능

26 흥미, 지능, 적성, 성격 등 표준화 검사의 실시와 결과의 해석을 강조하는 직업상담은?

① 정신역동적 직업상담
② 인간중심적 직업상담
③ 특성요인 직업상담
④ 발달적 직업상담

해설 특성요인 직업상담은 표준화 검사의 실시와 결과의 해석을 강조한다.

27 다음 중 특성−요인 상담의 특징으로 틀린 것은?

① 상담자 중심의 상담방법이다.
② 문제의 객관적 이해보다는 내담자에 대한 정서적 이해에 중점을 둔다.
③ 내담자에게 정보를 제공하고 학습기술과 사회적 적응 기술을 알려 주는 것을 중요시 한다.
④ 사례연구를 상담의 중요한 자료로 삼는다.

해설 특성요인상담은 내담자에 대한 정서적 이해보다 문제의 객관적 이해에 중점을 둔다.

28 특성 – 요인 직업상담에서 상담사가 지켜야 할 상담원칙으로 틀린 것은?

① 내담자에게 강의하려 하거나 거만한 자세로 말하지 않는다.
② 간단한 어휘를 사용하고, 상담 초기에는 내담자에게 제공하는 정보를 비교적 큰 범위로 확대한다.
③ 어떤 정보나 해답을 제공하기 전에 내담자가 정말로 그것을 알고 싶어 하는지 확인한다.
④ 상담자는 자신이 내담자가 지니고 있는 여러 가지 태도를 제대로 파악하고 있는지 확인한다.

해설 상담 초기에 내담자에게 제공하는 정보를 비교적 큰 범위로 확대 할 경우 혼란을 가져올 수 있다.

29 모든 내담자는 공통적으로 자기와 경험의 불일치로 인해서 고통을 받고 있기 때문에 직업상담 과정에서 내담자가 지니고 있는 직업문제를 진단하는 것 자체가 불필요하다고 보는 직업상담 접근방법은?

① 내담자 중심 직업상담
② 특성 – 요인 직업상담
③ 정신 역동적 직업상담
④ 행동주의 직업상담

30 내담자 중심 직업상담기법을 사용할 때 상담자가 갖추어야 할 기본적인 태도에 해당하지 않는 것은?

① 일치성/진실성
② 공감적 이해
③ 무조건적 긍정적 수용
④ 소망 – 방어체계의 이해

해설 정신역동적 직업상담에 대한 내용이다.

31 내담자 중심 상담에서 사용되는 상담기법이 아닌 것은?

① 적극적 경청
② 역할 연기
③ 감정의 반영
④ 공감적 이해

해설 억할연기는 형태주의, 행동주의 등에서 시용된다.

32 내담자 중심상담 이론에 관한 설명으로 틀린 것은?

① Rogers의 상담경험에 비롯된 이론이다.
② 상담의 기본목표는 개인이 일관된 자아개념을 가지고 자신의 기능을 최대로 발휘하는 사람이 되도록 도울 수 있는 환경을 제공하는 일이다.
③ 특정기법을 사용하기 보다는 내담자와 상담자 간의 안전하고 허용적인 '나와 너'의 관계를 중시한다.
④ 상담기법으로 적극적 경청, 감정의 반영, 명료화, 공감적 이해, 내담자 정보탐색, 조언, 설득, 가르치기 등이 이용된다.

해설 내담자 정보탐색 조언 설득, 가르치기는 내담자 중심 상담기법이 아니다.

33 인간 중심(내담자 중심) 직업상담을 할 때 직업 상담자가 갖추어야 할 세 가지 기본 태도가 아닌 것은?

① 일치성/진실성
② 해석능력
③ 공감적 이해
④ 수용

34 로저스의 내담자중심 접근법의 인간행동에 대한 기본 관점을 가장 잘 표현한 것은?

① 인간의 행동에 대한 정신적 결정론
② 선천적인 잠재력 및 자기실현 경향성
③ 개인의 다양한 학습경험의 축적
④ 무의식적 동기에 의해 결정

해설 ㉮. ㉺ 정신분석적 상담. ㉰ 행동주의 상담

35 로저스(Rogers)의 내담자 중심의 접근이 개인의 지금 – 여기에서의 주관적인 경험을 중요시한다는 것을 보여주는 대표적인 개념은?

① 자기실현 경향성
② 현상학적인 장
③ 가치의 조건
④ 수용적인 존중

해설 로저스는 인간의 성격을 유기체, 현상학적인 장, 자아로 구분하였으며, 현상학적인 장이란 하나의 주어진 순간에 개인이 체험하는 모든 것으로 각 개인은 계속적으로 변화하는 세계에 존재하며, 이때 개인은 변화하고 있는 세계 속에서 자신이 경험하고 지각하는 장에 대하여 반응한다. 이는 그 개인의 사적이고 주관적인 경험의 세계에 해당된다.

36 내담자 중심의 상담과정에서 직업정보 제공시 유의사항이 아닌 것은?

① 내담자 스스로 얻도록 격려한다.
② 내담자의 입장에서 필요할 때 제공되어야 한다.
③ 직업과 일에 대한 내담자의 감정과 태도가 자유롭게 표현되어야 한다.
④ 내담자에게 직접적인 영향을 주거나 조작을 위하여 사용되어야 한다.

해설 내담자에게 직접적인 영향을 주거나 조작을 위하여 사용되어서는 안된다.

37 내담자 중심상담에서 강조되는 상담자의 특성이 아닌 것은?

① 일치성
② 무조건적 수용
③ 공감적 이해
④ 분석적 사고

38 자아개념을 중심으로 자아와 일의 세계에 대한 정보 부족과 일치성 부족으로 내담자의 부적응이 발생한다고 보는 상담이론은?

① 발달적 직업상담
② 행동주의 직업상담
③ 특성요인 직업상담
④ 내담자 중심 직업상담

39 수 차례에 걸친 면담을 통하여 자신과 타인, 진로 그리고 성장가능한 능력 등의 진로탐색과 계획을 하도록 도와주는 적절한 상담이론은?

① 비지시적 상담이론
② 지시적 상담이론
③ 목표설정 이론
④ 의사결정 이론

해설 내담자중심 직업상담은 비지시적 상담을 원칙으로 자아와 일에 대한 정보 부족 혹은 왜곡에 초점을 맞춘 직업상담이다.

40 다양한 접근의 진로상담에서 면접기법에 관한 설명으로 옳지 않은 것은?

① 특성－요인 상담자는 내담자의 인지적 측면에 주로 관여하며 면접에서 주도적 역할을 한다.
② 상담자의 공감, 무조건적인 수용, 진실성을 특별히 강조하는 상담모델은 행동주의적 상담이다.
③ 명료화, 비교, 소망－방어 체계에 대한 해석 등의 면접 기술이 주로 사용되는 상담모델은 정신역동적 상담이다.
④ 발달적 상담에서는 내담자의 이성적 측면과 정서적 측면 둘 다에 관심을 가지고 지시적·비지시적 면접기술을 사용한다.

41 칼 로저스(Carl Rogers)가 제안한 내담자 중심적인 치료법에서 치료자가 갖추어야 할 자질에 속하지 않는 것은?

① 공감성
② 동정성
③ 진실성
④ 무조건적 존중

해설 내담자 중심상담에서 상담자가 갖추어야 할 자질에는 일치성/진실성, 무조건적인 수용, 공감적 이해 등이 있다.

42 로저스(C. Rogers)가 말한 내담자 변화의 필요충분조건은?

① 공감, 수용, 일치
② 의식, 전의식, 무의식
③ 감각, 알아차림, 접촉
④ 비합리적 신념, 논박, 결과

43 다음 중 내담자 중심 상담 이론에 대한 설명으로 틀린 것은?

① 내담자들이 완전히 기능하는 사람이 될 수 있다고 보았다.
② 인간은 자신이 나아가야 할 방향을 찾고 건설적 변화를 이끌 수 있는 능력이 있음을 가정한다.
③ 내담자들로 하여금 사회적 관심을 갖도록 도우며 열등감을 감소할 수 있도록 돕는다.
④ 기본적인 상담 기법으로 적극적 경청, 감정 반영, 명료화, 공감적 이해 등이 이용된다.

해설 아들러의 개인주의 상담

정답 36 ④ 37 ④ 38 ④ 39 ① 40 ② 41 ② 42 ① 43 ③

44 많은 상담기법들은 내담자를 상담하기 이전에 그의 문제점을 알아보기 위한 진단이 필요하다고 본다. 다음 중 상담 이전에 심리진단이 필요하지 않다고 보는 입장은 어느 것인가?

① 정신분석적 상담　　　② 내담자 중심 상담
③ 형태주의 상담　　　　④ 교류분석적 상담

해설 내담자중심 상담자들은 특수한 진단을 피하고 모든 내담자는 같은 문제로 고통받고 있는 것으로 가정한다.

45 다음 중 내담자 중심(인간중심)적 상담자가 심리검사를 사용할 때의 활동원칙으로 옳지 않은 것은?

① 검사결과의 해석에 내담자가 참여하도록 한다.
② 검사결과를 전할 때는 명확하게 하기 위해 평가적인 언어를 사용한다.
③ 내담자가 알고자 하는 정보와 관련된 검사의 가치와 제한점을 설명한다.
④ 검사결과를 입증하기 위한 더 많은 자료가 수집될 때까지는 시험적인 태도로 조심스럽게 제시되어야 한다.

해설 검사결과를 전할 때는 가능한 한 객관적이고 비평가적인 방법으로 내담자에게 알려 주어야 하며, 내담자가 알고자 하는 정보와 관련된 검사의 가치와 제한점을 설명하고, 검사결과의 해석에 내담자가 적극 참여하도록 한다.

46 다음 중 정신분석적 상담 과정에 관한 설명으로 가장 적합하지 않은 것은?

① 심리적 장애의 근원을 과거 경험에서 찾고자 한다.
② 내담자의 유아기적 갈등과 감정을 중요하게 다룬다.
③ 내담자의 무의식적 자료와 방어를 탐색하는 작업을 한다.
④ 심리적 장애행동과 관련된 학습경험들을 확인하고 이를 수정한다.

해설 행동주의 상담

47 정신역동적 직업상담에서 보딘(Bordin)이 제시한 상담에 사용할 수 있는 상담자의 반응범주가 아닌 것은?

① 비교
② 명료화
③ 소망－방어체계에 대한 해석
④ 감정에 대한 준지시적 반응범주

해설 정신역동직업상담에서 보딘이 제시한 상담기법에는 비교, 명료화, 소망－방어체계이다.

48 정신분석적 상담에서 내담자의 갈등과 방어를 탐색하고 이를 해석해 나가는 과정으로서 상담의 주된 과정에 해당되는 것은?

① 논박과정　　　　　② 훈습과정
③ 행동수정과정　　　④ 관계형성과정

해설 훈습은 통찰 후 자신의 심리적 갈등을 깨달아 실생활에서 자신의 사고와 행동을 수정하고 적응방법을 실행해 가는 과정이다.

49 정신분석적 상담에서 내적 위험으로부터 아이를 보호하고 안정시켜 주는 어머니의 역할처럼, 내담자가 막연하게 느끼지만 스스로는 직면할 수 없는 불안과 두려움에 대해 상담자의 이해를 적절한 순간에 적합한 방법으로 전해주면서 내담자에게 의지가 되어주고 따뜻한 배려로 마음을 녹여주는 활동은?

① 버텨주기　　　　② 역전이
③ 현실검증　　　　④ 해석

50 직장상사에게 야단맞은 사람이 부하직원이나 식구들에게 트집을 잡아 화풀이를 하는 것은 스트레스에 대한 방어적 대처 중 어떤 개념과 가장 일치하는가?

① 합리화　　　　② 동일시
③ 보상　　　　　④ 전위

해설 전위는 욕구충족 대상에 접근할 수 없을 때 다른 대상에게 에너지를 돌리는 것으로 예를들면 교수에게 꾸중을 들은 학생이 대신 동료에게 화를 내는 것이다.

51 진로 선택과 관련된 이론으로 인생초기의 발달 과정을 중시하는 이론은?

① 인지적 정보처리이론
② 정신분석이론
③ 사회학습이론
④ 발달이론

해설 정신분석이론에서 프로이드는 인간의 과거 특히 5세 이전에 어떤 경험을 하였느냐에 따라 성격이 형성되며, 인간의 마음은 대부분 의식할 수 없는 무의식에 있고, 이 무의식에 의해 인간의 행동이 동기화 된다고 하였다.

52 Super가 제시한 발달적 직업상담 단계를 바르게 나열한 것은?

> A. 문제탐색 및 자아개념 묘사
> B. 현실검증
> C. 자아 수용 및 자아 통찰
> D. 심층적 탐색
> E. 태도와 감정의 탐색과 처리
> F. 의사결정

① A→B→C→D→E→F
② A→D→C→B→E→F
③ A→C→B→D→E→F
④ A→B→D→C→E→F

53 다음은 직업상담모형 중 어떤 직업상담에 관한 설명인가?

> • 직업선택에 미치는 내적요인의 영향을 강조한다.
> • 특성–요인 접근법과 마찬가지로 "사람과 직업을 연결시키는 것"에 기초를 두고 있다.
> • 상담과 검사해석의 기법들은 내담자중심 접근을 많이 따르고 있지만 "비지시적" 및 "반영적" 태도 외에도 다양한 접근방법들을 포함하고 있다.

① 포괄적 직업상담
② 정신역동적 직업상담
③ 발달적 직업상담
④ 행동주의 직업상담

해설 정신역동 직업상담은 그 뿌리를 정신분석적 전통에 두고 있지만 나아가 특성요인 이론과 내담자 중심 진로상담이론의 기법을 통합한 것이다.

54 다음 중 특성–요인 직업상담의 과정을 바르게 나열한 것은?

> A. 분석   B. 종합   C. 진단
> D. 예후   E. 상담   F. 사후지도

① A−B−C−D−E−F
② C−A−B−D−E−F
③ A−B−C−E−D−F
④ A−E−C−D−B−F

해설 정신역동 직업상담은 그 뿌리를 정신분석적 전통에 두고 있지만 나아가 특성요인 이론과 내담자 중심 진로상담이론의 기법을 통합한 것이다.

55 다음 중 내담자중심적 상담자가 심리검사를 사용할 때의 활동원칙과 가장 거리가 먼 것은?

① 검사결과의 해석에 내담자가 참여하도록 한다.
② 검사결과를 전할 때는 명확하게 하기위해 평가적인 언어를 사용한다.
③ 내담자가 알고자 하는 정보와 관련된 검사의 가치와 제한점을 설명한다.
④ 검사결과를 입증하기 위한 더 많은 자료가 수집될 때까지는 시험적인 태도로 조심스럽게 제시되어야 한다.

해설 검사결과를 전할 때는 명확하게 하기 위해 비평가적인 언어를 사용한다.

56 다음은 행동주의 상담기법 중 무슨 기법에 해당하는가?

> • 불안을 역제지하는 방법으로 사용한다.
> • 대인관계에서 오는 불안 제거에 효과적이다.
> • 이 기법의 목표는 내담자로 하여금 광범위한 대인관계의 상황을 효과적으로 다루기 위해 필요한 기술과 태도를 갖추게 하는데 있다.

① 모델링
② 주장훈련
③ 자기관리프로그램
④ 행동계약

해설 주장훈련은 일반적으로 대인관계에서의 소외감, 피해의식, 대중공포 및 이에 대한 불안과 고독감이 문제가 되는 사람에게 필요하다.

57 행동주의 상담에서 내적인 행동변화를 촉진시키는 방법이 아닌 것은?

① 체계적 둔감법
② 근육이완훈련
③ 인지적 모델링과 사고정지
④ 상표제도

해설 ① 외적인 행동변화를 촉진시키는 기법 : 토큰법(상표제도), 모델링, 주장훈련, 자기관리프로그램, 행동계약, 역할연기, 혐오치료
② 내적인 행동변화를 촉진시키는 기법 : 체계적 둔감법, 근육이완훈련, 인지적 모델링과 사고정지, 인지적 재구조화, 스트레스 접종

58 다음 중 행동수정 방법에 대한 설명으로 틀린 것은?

① 정적강화의 효과를 높이려면 내담자가 바람직한 행동을 할 때 즉각적으로 강화해 주어야 한다.
② 부적강화는 내담자가 어떤 행동을 할 때 혐오적인 성질을 띤 부적강화물을 제공하는 것을 말한다.
③ 내담자가 한 번도 해본 적이 없는 새로운 행동을 가르치는 데에는 행동형성(Shaping, 조성)의 방법이 효과적이다.
④ 어떤 행동을 유지시키기 위해서는 일반적으로 연속 강화보다 부분강화(간헐강화)가 더 많이 사용된다.

해설 부적강화는 행동의 발생을 억제하거나 감소시키던 자극을 제거함으로써 그 행동의 발생을 촉진시키는 것이다.

59 행동주의 상담에서 외적인 행동변화를 촉진시키는 방법이 아닌 것은?

① 주장훈련
② 자기관리 프로그램
③ 행동계약
④ 인지적 재구조화

60 다음 중 행동주의 상담에서 외적인 행동변화를 촉진시키는 방법은?

① 체계적 둔감법
② 근육이완훈련
③ 인지적 모델링과 사고정지
④ 상표제도

61 판매에 따라 수수료를 받는 부동산 영업사원은 강화계획 중 무엇의 예에 해당하는가?

① 고정간격법
② 고정비율
③ 변동간격
④ 변동비율

62 행동주의 접근의 상담기법 중 불안이 원인이 되는 부적응 행동이나 회피행동을 치료하는 데 가장 효과적인 기법은?

① 타임 아웃기법
② 모델링 기법
③ 체계적 둔감법
④ 과잉 교정기법

해설 ㉑ 타임 아웃기법은 문제의 현장에서 소외시키거나 격리시키는 것이다.
㉯ 모델링 기법은 내담자에게 적절한 행동대안을 보여주는 것이다.
㉴ 과잉 교정기법은 문제가 되는 요인을 과잉공급하여 문제를 해결하는 방법이다.

63 체계적 둔감화의 3단계 순서는?

① 근육 이완훈련 → 불안위계목록 작성 → 둔감화
② 둔감화 → 근육 이완훈련 → 불안위계목록 작성
③ 불안위계목록 작성 → 둔감화 → 근육 이완훈련
④ 근육 이완훈련 → 둔감화 → 불안위계목록 작성

64 행동주의적 상담기법 중 학습촉진기법이 아닌 것은?

① 강화
② 변별학습
③ 대리학습
④ 체계적 둔감화

해설 불안의 원인이 되는 부적응행동이나 회피행동을 변화시키는 데 효과적이다.

65 체계적 둔감화(systematic desensitization)의 기초가 되는 학습원리는?

① 혐오 조건형성
② 고전적 조건형성
③ 조작적 조건형성
④ 고차적 조건형성

정답 57 ④ 58 ② 59 ④ 60 ④ 61 ② 62 ③ 63 ① 64 ④ 65 ②

66 자기주장 훈련이나 체계적 둔감화는 다음 중 어떤 상담 이론과 관련이 있는가?

① 행동주의 상담
② 인본주의 상담
③ 형태주의 상담
④ 개인주의 상담

67 행동적 상담기법 중 불안을 감소시키는 방법으로 이완법과 함께 쓰이는 방법은?

① 강화(reinforcement)
② 변별학습(discrimination learning)
③ 사회적 모델링(social modeling)
④ 체계적 둔감화(systematic desensitization)

68 다음은 어떤 상담이론에 관한 설명인가?

- 상담목표 : 비현실적인 공포나 불안의 제거와 학습을 통한 행동수정이 중요한 목표였으나 최근에는 자기 지도가 강조되고 있음
- 상담과정 : 상담관계의 형성 → 문제행동의 규명 → 현재의 상태파악 → 상담목표의 설정 → 상담기술의 적용 → 상담결과의 평가 → 상담의 종결
- 상담기술 : 주장훈련. 체계적 과민성 제거, 감동적 구상법, 혐오기술 등

① 정신분석 상담
② 특성요인 상담
③ 인간중심 상담
④ 행동주의 상담

69 인간 중심(내담자 중심) 직업상담을 할 때 직업상담자가 갖추어야 할 세 가지 기본 태도가 아닌 것은?

① 일치성/진실성
② 해석능력
③ 공감적 이해
④ 수용

70 내담자의 불완전하고 부적응적인 학습이 어디서 발생했는지를 밝혀서 그것을 변화시키는데 초점을 두는 직업상담이론은?

① 정신역동적 직업상담
② 발달적 직업상담
③ 내담자중심 직업상담
④ 행동주의 직업상담

71 다음 중 의 현실요법 상담이론에서 제시한 기본적인 욕구에 해당하지 않는 것은?

① 생존욕구
② 힘에 대한 욕구
③ 자존의 욕구
④ 재미에 대한 욕구

72 다음 중 실업자를 위한 실업관련 프로그램과 거리가 먼 것은?

① 직업전환 프로그램
② 인사고과 프로그램
③ 실업충격 완화 프로그램
④ 직업복귀 훈련 프로그램

CHAPTER
03
직업상담의 기법

V O C A T I O N A L   C O U N S E L O R

초기면담의 의미

1 초기면담의 유형과 요소

1) 초기면담의 의의

① 직업상담 초기과정으로 가장 중요한 면담이다.

② 초기면담은 내담자에 대한 필요한 정보를 수집하고, 관계의 시작을 알리는 것을 말한다.

③ 초기면담에서 상담자는 정직하고 개방적이며 적절한 관계를 통하여 내담자의 문제를 신속하게 파악하고 다룰 수 있는가를 판단하여야 한다.

2) 초기면담의 유형

① 내담자 대 상담자의 솔선수범 면담

초기면담의 성공을 위해서 상담자와 내담자는 솔선수범하여야 한다.

상담자에 의한 초기면담	대부분 내담자는 초기면담에 대한 두려움과 불확실성을 가지므로 상담자는 먼저 상담을 실시하는 이유를 설명하여 내담자의 긴장을 완화시켜야 한다.
내담자에 의한 초기면담	상담자는 내담자의 목적을 확신하지 못하기 때문에 불안감을 가지게 된다. 이를 극복하기 위해서 가능한 한 내담자의 말에 귀를 기울이며 불안감을 극복하여야 한다.

정보지향적 면담을 위한 상담기법은 탐색해 보기, 폐쇄형 질문, 개방형 질문이다.

② 정보지향적 면담

탐색해 보기	• 내담자에게 질문을 하여 정보를 수집하는 단계 • 누가, 무엇을, 어디서, 어떻게로 시작하는 질문이며 한두 마디 이상의 단어 응답을 요구한다. • "왜"라는 단어는 불만을 표시하고 방어적인 위치에 두기 때문에 "왜"라는 단어 없이 질문을 한다.
폐쇄형 질문	• "예", "아니오"와 같은 단답형으로 대답할 수 있도록 하는 질문이다. • 짧은 시간에 많은 정보를 추출해 낼 수 있지만 정교화된 정보는 아니다.
개방형 질문	"무엇을", "어떻게", "가능하였다" 등과 같은 단어를 사용하여 내담자에게 많은 시간을 할애하는 것이다.

③ 관계지향적 면담

재진술은 내담자가 전달하는 이야기의 표면적 의미를 상담자가 다른 말로 바꾸어서 말하는 것이다.

재진술	• 내담자가 전달하는 이야기의 표면적 의미를 상담자가 다른 말로 바꾸어서 말하는 것 • 내담자에게 상담자가 적극적으로 상담에 참여하고 있다는 것을 증명해 주는 것으로 내담자의 입장을 이해하려고 노력하고 있음을 알려준다.
감정의 반영	언어적·비언어적 표현을 다른 참신한 말을 사용하여 부연해주는 것으로 내담자로 하여금 이해하고 있다는 느낌을 받게 한다.

3) 초기면담의 요소

① 감정이입을 한다.

ㄱ 감정이입은 길을 전혀 잃어버리지 않고 마치 자신이 내담자의 세계 속에 들어가 경험을 갖도록 시도하는 능력을 뜻한다.

ㄴ 지각과 의사소통이 감정이입의 기법이다.

② 언어적 행동과 비언어적 행동

ㄱ 언어적 행동은 내담자에게 중요한 것이 무엇인가를 논의하거나 이해시키려는 열망을 보여주는 의사소통을 포함하고 있다. 해명, 재진술, 종합적 느낌을 포함한 이러한 행동은 내담자 개인에게 초점을 맞추고 있음을 의미한다.

ㄴ 비언어 행동인 미소, 몸짓, 기울임, 눈맞춤, 끄덕임 등은 상담자가 관심을 갖고 열린 상태가 되어 내담자를 끌어들이는 데 효과가 있다. 면접시 충고, 타이름, 과도한 질문, 하품 등은 도움이 되지 않는 면담행동이다.

③ 직업상담자 노출하기

자신의 사적인 정보를 드러내 보임으로써 자기자신에 대해서 다른 사람이 알 수 있도록 하는 것을 의미한다. 내담자의 측면에서 볼 때 자기노출은 성공적인 상담을 위해 필요한 것으로 볼 수 있으나 상담자에게 자기노출이 항상 필요한 것은 아니다.

④ 즉시성

상담자가 상담자 자신의 바람은 물론 내담자의 느낌, 인상, 기대 등에 대해 깨닫고 대화를 나누는 것을 의미한다.

ⓐ 관계 즉시성 : 상담자와 내담자 관계의 질에 대하여 그것이 긴장되어 있는지, 지루한 것인지 혹은 생산적인 것인지 내담자와 이야기를 나누는 상담자의 능력을 뜻하는 것이며, 여기서 상담자의 실력이 드러난다.

ⓑ 지금−여기에서의 즉시성 : 발생하고 있는 어느 특정교류에 대해서 의논하는 것을 말한다. 예컨대, 내담자는 상담자가 특정 사실을 공개하거나 숨기고 있는 자기 자신을 어떻게 생각하고 있는지에 대해서 알기를 원할 수도 있다. 상담자는 그 순간에 내담자가 어떻게 느끼고 생각하는지를 탐색한다.

> **🔍 합격예측**
>
> **즉시성 상담기법의 유용성(즉시성이 유용한 경우)**
> ① 방향성이 없는 관계일 경우
> ② 긴장감이 감돌고 있을 때
> ③ 신뢰성에 의문이 제기될 경우
> ④ 상담자와 내담자 사이에 상당한 정도의 사회적 거리가 있을 경우
> ⑤ 내담자 의존성이 있을 때
> ⑥ 역의존성이 있을 경우
> ⑦ 상담자와 내담자 사이에 친화력이 있을 경우

⑤ **유머**

유머는 상담자의 입장에서 볼 경우 민감성과 시간성을 동시에 요구할 수 있다. 상담 장면에서 적절하게 활용된다면, 여러 가지 치료적 시사를 갖는 임상적 도구로 사용될 수 있다. 유머를 통해 내담자 저항을 우회할 수 있고, 긴장을 없앨 수 있을 뿐만 아니라 내담자를 심리적 고통에서 벗어나도록 도울 수 있으며, 상황을 보다 분명하게 지각할 수도 있다.

⑥ **직면**

내담자로 하여금 행동의 특정 측면을 검토해보고 수정하게 하며 통제하도록 도전하는 것이다. 즉, 직면은 사람들이 무엇이 일어나고 있고 그 결과를 분명하게 알도록 하여 보다 효율적인 생활과 더불어 타인과의 훌륭한 관계를 맺을 수 있도록 변화를 모색하는 행동에 대해서 어떻게 책임을 져야 하는가를 알 수 있도록 한다. 문제를 있는 그대로 확인시켜주어 내담자로 하여금 현실적인 대처방안을 찾을 수 있도록 도전시키는 과정이다.

직면은 초기 면담의 주요 요소 중 내담자로 하여금 행동의 특정 측면을 검토해 보고 수정하게 하며 통제하도록 도전하게 하는 것이며, 내담자가 모르고 있거나 인정하기를 거부하는 생각과 느낌에 대해 주목하도록 하는 것이다.

⑦ **계약**

계약은 목표 달성에 포함된 과정과 최종 결과에 초점을 두는 것으로, 상담자는 해야만 한다는 말을 포함시켜서 내담자가 목표를 설정해야 하는가의 여부에 특별히 관심을 갖도록 하려는 것

⑧ **리허설**

일단 계약이 설정되면 상담자는 내담자에게 선정된 행동을 연습하거나 실천토록 함으로써 내담자가 계약을 실행할 기회를 최대화할 수 있도록 도와주는 것이다. 내담자가 하고자 하는 것을 말로 표현하거나 행위로 보이는 명시적인 것과 원하는 것을 상상해 보는 암시적인 것이 있다.

1 생애진로사정

1) 의미

생애진로사정은 상담자와 내담자가 처음 만났을 때 사용해 볼 수 있는 구조화된 면접기법이며 Adler의 개인 심리학에 부분적으로 기초를 둔다.

① 생애진로사정은 내담자에 관한 가장 기초적인 직업상담정보를 얻는 질적 평가절차이다.

② 생애진로사정은 부분적으로 아들러(Adler)의 개인주의 심리학에 기반을 두고 있다.

③ 생애진로사정은 내담자가 인생의 가치관이 무엇인지, 또 그런 가치관이 어떻게 자신의 행동을 지배하는지를 확인하고 명확하게 인식하도록 돕기 위한 과정이다.

④ 생애진로사정은 구조화된 면담기술로서 짧은 시간에 체계적으로 많은 정보를 수집할 수 있다.

⑤ 직업상담의 주제와 관심을 표현하는데 덜 위협적인 단계이다.

⑥ 생애진로사정을 통해 얻고자 하는 정보
  ㉠ 내담자의 직업경험과 교육수준을 나타내는 객관적인 사실
  ㉡ 내담자 자신의 기술과 능력에 대한 자기평가
  ㉢ 내담자 자신의 가치와 자기인식

2 생애진로사정의 구조

1) 생애진로사정의 구조

생애진로사정의 구조는 〈진로사정〉, 〈전형적인 하루〉, 〈강점과 장애〉, 〈요약〉의 네 가지로 이루어진다.

생애진로사정의 구조
① 진로사정
② 전형적인 하루
③ 강점과 장애
④ 요약

① 진로사정

  ㉠ 일의 경험 : 수행한 직무, 가장 좋았던 것과 가장 싫었던 것을 알아본다.
  ㉡ 교육 또는 훈련과정 및 관심사 : 학교와 학습에 관해서 가장 좋았던 것과 싫었던 것에 대해 알아본다.
  ㉢ 오락(여가) : 여가시간의 활용, 사랑과 우정관계를 알아본다.

② 전형적인 하루

  내담자가 자신의 생활을 어떻게 조직하는가를 발견하는 것이 주목적으로 내담자에게 자신의 전형적인 하루를 차근차근 설명하게 한다.
  예 당신은 아침에 스스로 일어납니까?
  　　당신은 혼자서 일을 해 나갑니까?

③ 강점과 장애(강점과 약점 3가지씩 말하기)

내담자가 스스로 생각하는 장점 3가지, 약점 3가지를 말하게 한다. 이때 내담자가 직면하고 있는 문제들, 내담자에게 있을 법한 환경적 장애들, 내담자가 갖고 있는 대처자원 등에 관한 정보를 얻을 수 있다.

④ 요약

생애진로사정의 마지막 부분으로 면접 동안 얻은 정보를 재차 강조하는 것으로 인생경력의 가치관들, 강점과 장애 등을 반복 확인할 수 있다. 요약의 또 다른 목적은 진로계획을 향상시키기 위해 상담을 통해 목표를 성취하도록 자극한다.

2) 생애진로사정과 직업가계도(제노그램)

① 생애진로사정에서의 가족역할 부가

㉠ 생애진로사정은 내담자들이 자신의 환경에 대해 어떻게 타협하는가에 관한 정보를 이끌어 낼 뿐만 아니라 작업자로의 역할, 학습자로서의 역할, 개인적 역할을 포함한 각종 생애역할을 어떻게 수행하고 있는지 역할기능 수준을 다루기 위한 것이다.

㉡ 상담자가 생애진로사정을 사용하게 되면 진로사정 과정에 여타의 생애역할들을 부가하고 싶기 마련인데, 그 생애역할 중의 하나가 가족의 역할이다.

② 직업가계도의 의의

㉠ 직업가계도는 내담자의 양친, 숙모와 삼촌, 형제자매 등과 직업들을 도해로 표시하는 것으로 직업, 경력포부, 직업선택 등에 관해 내담자에게 영향을 주었던 다른 사람들도 포함시킨다.(Gysbers & Moore, Okiishi)

㉡ 직업가계도는 직업상의 지각에 영향을 끼쳤을지 모르는 모형들을 찾는데 사용될 뿐 아니라 작업자로서 자기지각(self‒perception)의 근거를 밝히는데도 사용된다.

㉢ 내담자를 도와 가족의 핵심구성원인 부모들과 상호작용들을 체계적으로 탐색해 보게 함으로써 내담자 자신에 대한 관점과 그들이 직업을 선택하고자 하는 이유를 인식할 수 있게 한 것이다.

③ 직업가계도의 활용

직업가계도를 생애진로사정에 추가하게 되면 상담자는 가족구조 역할이라는 보다 폭넓은 시각에서 내담자에 관한 정보를 이해하는 데 도움을 받게 된다. 예를 들면 상담자는 작업자들이 좋아하는 근로환경 뿐만 아니라 그들이 겪을 수 있는 일의 적응 문제와 기능훈련 학습문제를 더 잘 이해할 수 있게 될 것이다.

3) 생애진로사정의 역할모형

• 작업자 역할 : 자료‒관념‒사람‒사물(프레디저), 직업적 성격 및 작업환경(홀랜드), 기술확인(볼레스)
• 학습자 역할 : 학습자형태(콜브), 학습형태(캔필드)
• 개인적 역할 : 생애형태(아들러), 대뇌반구의 기능

① 작업자 역할

작업자 역할은 내담자가 일 환경에서 보다 적응력이 높은 부분에 대한 정보들로 구성된다. 이 정보들은 직업사전에 기초자료로 제시됨으로써 내담자의 작업자 역할을 분석하여 내담자가 성공할 가능성이 있는 직업을 찾아내는 데 유용한 자료가 된다.

○ 자료－관념－사람－사물 : 프레디저(Prediger)

가장 광범위하게 사용되고 영향력이 있는 직업분류 체계는 미국 직업사전(DOT)이다. 프레디저는 관념을 포함한 자료－사람－사물－작업자 등의 기능등급을 확대하여 해석하였으며, 다음과 같이 정의하였다.

구분	정의	직업능력(과제)	관련직업
자료	사람이 소비하는 서비스·물건을 용이하도록 체계적인 과정	자료과제는 비인격적인 과정으로, 자료의 기록, 변환, 전환, 그리고 사실성이나 물건 및 봉사 등을 표현한 자료의 구성 등을 포함한다.	매매알선인, 계리사, 항공통제사, 비서
관념	요약, 이론, 지식, 통찰, 언어, 방정식, 음악 등을 표현하는 새로운 방법	관념과제는 내부적 성격과정으로, 추상개념을 창조, 발견, 해석, 종합하거나 또는 추상개념의 실제적인 적용 등을 포함한다.	과학자, 음악인, 철학자
사람	내부적 성격과정	돕는 것, 봉사하는 것, 설득하는 것, 위안하는 것, 동기화하는 것, 감독하는 것 등과 일반적으로 인간행동의 변화를 추구하는 것 등을 포함한다.	교사, 세일즈맨, 간호사
사물	기계, 기계장치, 물질, 장비, 신체적·생리적 과정	사물과제는 비인격적 과정으로 생산, 운수, 점검, 수선 등을 포함한다.	제빵사, 농부, 기술자

○ 직업적 성격 및 작업환경 : 홀랜드(Holland)

홀랜드의 직업적 분류체계는 다음의 6가지 모형으로 성격과 환경을 분류한 것이다.

현실적 성격 및 환경	① 현실적 성격의 소유자는 추상적인 것 보다 확실한 것을 다루거나 보다 현재 지향적이다. ② 직접 손을 사용하고, 복잡한 사물들에게서 격리되고 보상을 받는 환경을 갖는데, 여기서의 환경은 금전, 소유, 힘 등을 추구할 수 있고 확실하며 예측될 수 있는 세계이다.
탐구적 성격 및 환경	① 탐구적 성격의 소유자는 추상적이거나 문제를 해결하는 지향성이 있다. ② 이 유형은 성공의 격려와 보상을 받는 환경을 좋아하는데, 여기서의 환경은 관찰하고 탐구하는 이론적인 세계이며 지위와 인정을 존중하고 보상을 중시한다.
예술적 성격 및 환경	① 예술적 성격은 어떤 것의 옳고 그름보다 지배된 느낌을 사용하는 상상적이고 창조적인 것을 더 지향한다. ② 이 유형은 격려와 보상을 받는 환경을 선호하는데 여기서의 환경은 추상적, 예술적, 창의적인 세계이며 인정, 지위 그리고 창조적인 자유의 증가를 추구하는 경향이 있다.

사회적 성격 및 환경	① 사회적 성격의 소유자는 인간의 문제와 성장, 인간관계 등을 더 지향하며, 사람과 직접 일하기를 좋아하고 원만한 관계를 갖는다. ② 이 유형은 격려와 보상을 받으며 사회적 활동을 촉진시키는 환경을 갖는데, 여기에서의 환경은 인간과의 세계이며 항상 변화하는 관계를 가지고 있고, 사회적인 기법과 타인의 변화를 촉진시키는 능력을 존중한다.
진취적 성격 및 환경	① 진취적 성격의 소유자는 정치적 · 경제적 도전을 극복하는 데에 더 지향적이다. ② 이 유형은 성공을 격려 받거나 보상받는 환경을 갖는데 여기서의 환경은 새로운 도전이 계속되는 세계, 힘, 지위, 금전 등을 추구한다.
관습적 성격 및 환경	① 관습적 성격의 소유자는 규칙을 따르고 관례적인 것을 좋아하며 구조적이며 예언적인 것을 좋아한다. ② 이 유형은 자료 및 세부사항에 대한 실제적 관리에 대해 격려와 보상을 받는 환경에서 일하며 실제적이고 조직적 사실의 환경 속에서 작업하는데, 세부적인 것에 대한 믿음성과 주의가 있다.

ⓒ 기술확인 : 볼레스(Bolles)

〈생애의 3개 상자〉라는 저서에서 기술의 3가지 중요한 범주로 〈자기관리 기술〉, 〈기능적 · 전환적 기술〉, 〈일의 내용 기술〉을 제시하였다.

자기관리 기술	한 개인이 타인과 함께 진행하기 위하여 그리고 권위, 시간, 공간, 물질세계 등과 관련짓기 위해 사용된다.
기능적 · 전환적 기술	사람이 정보, 사람, 사물에 대하여 어떻게 행동하는가에 대한 기술이다.
일의 내용 기술	어휘, 일 관련기법, 과정, 주제 등을 숙달하는데 필요한 기술이다.

ⓔ 작업자 역할모형 결합

작업자 역할과 관련하여 내담자 주제를 확인 또는 서술하는 것을 도울 수 있는 이 모형은 프레디저(Prediger)가 저술한 '일의 세계 안내'에서 자료−관념−사람−사물을 가지고 홀랜드의 직업적 분류체계인 현실적, 관습적, 진취적, 사회적, 심미적, 탐구적 등을 혼합하여 내담자의 직업을 분류하는 모형. 또한 부가적으로 볼레스는 기술분류과정에서 홀랜드의 직업분류로부터 성격형태를 혼합

② 학습자 역할

내담자를 예견하기 위하여 학습적인 행동과 이를 측정하기 위한 검사들이 있다. 직업상담가는 내담자의 직업적 예언을 위하여 다양한 측면에서 분석할 필요가 있다.

콜브(Kolb)는 개인의 지배적인 학습과정인 학습형은 유전의 결과, 과거생활 경험, 가족, 학교, 직업 등과 현재 환경의 요구에 의하여 결정된다고 보았다.

ⓒ 학습자 형태 : 콜브(Kolb)

▼ 콜브의 학습모형

확고한 경험(감각 · 느낌)			
(하는 것)	활동적	사려깊은	(바라봄)
	실험	관찰	
추상적 개념화(사고)			

이 모형은 개인이 어떻게 지각하고 어떤 학습과정을 하는가에 기초한 학습형태를 설명해주는 모형으로 콜브는 학습의 태도를 집중적 사고형, 확산적 사고형, 동화적 사고형, 적응적 사고형으로 분류하고 이 유형에 따른 직업군을 다음과 같이 제시한다.

	정의	직업능력	관련직업
집중적 사고형	추상적인 개념화와 활동적인 실험 • 강점 : 생각을 실제적으로 적용	지식은 추론적이고 전체적이며, 구조화되어 있으며 특별한 문제에 집중할 수 있고, 사물을 다루기 좋아함	기술자
확산적 사고형	집중적인 것과 반대의 학습 장점을 가지며, 확고한 경험과 사려 깊은 관찰 • 강점 : 상상력	사람에게 관심이 많고 상상적이며, 정서적인 경향이 있으며, 문학적 예술배경을 갖고 있음	상담자, 관리자, 조직개발협의자
동화적 사고형	추상적인 개념화와 사려 깊은 관찰 • 강점 : 확고한 이론적 모형에 대한 능력	사람에 대해 덜 관심 있는 반면, 추상적인 개념에 더 관계하고 있으며, 논리적으로 건전하거나 정확함을 중시함	연구, 기획
적응적 사고형	동화하는 자와 반대의 경험으로 확고한 경험과 활동적 실험에 가장 좋음 • 강점 : 새로운 경험을 가지고 실험과 계획을 이끌어내는 것	사물과 일을 좋아하며, 자신의 분석적인 능력보다 시행착오적이며 직관에 의해 문제를 해결, 사람을 안심시키며, 인내심이 없고 자신만만함	기업가, 판매사

동화석 사고형은 사람에 대한 관심은 적은 반면 추상적 개념에 많은 관심을 두는 사고형이다

ⓛ 학습형태 : 캔필드(Canfield)

캔필드는 영향이 있는 학습에 대한 효과적인 연구 그리고 교수상황에서 만족하고 유효하게 적용될 수 있도록 기여하는 변수를 측정하는 학습형태 모형에 기저한 학습형태검사라 불리는 도구를 개발하였다. 캔필드는 학습형태의 분류에서 네 개의 효과적인 변인으로서 조건, 내용, 양식, 기대 등을 제시하였다.

ⓐ 조건 : 학습상황에서 존재하는 동기를 네 가지 원천으로 분류하였는데, 동기의 네 가지 영역은 제휴, 구조, 성취, 탁월 등이다.

ⓑ 내용 : 개인이 깊은 흥미를 가지고 자료를 공부할 때에 최고의 수행이라고 여겨지는 것을 지표로 삼는 경향이 많다.

ⓒ 양식 : 다른 사람보다 감각적 체계를 가지고 더 효과적으로 학습하는
유형이며 학습형태검사는 학생의 선호를 평가하는 항목으로 구성되어
있다.

ⓓ 기대 : 캔필드에 의해서 기대의 중요성으로 개인이 성공할 기회를 나타
낸다는 연구결과가 제시되었다.

ⓒ 학습형태검사의 수행
학습형태검사를 사용하여 공부환경에 대한 개인의 선호를 평가할 수 있는
데, 이 검사는 조건, 내용, 양식, 기대의 수행을 확인하는 것이다.

③ 개인적 역할
아들러(Adler)는 개인은 일, 사회, 성(性) 등 주요 인생과제에 반응하여야 한다
고 하였다. 가족 내에서의 개인의 경험, 즉 기회와 장애, 도전과 기대, 열망과
좌절 등은 가족 내에서 태어난 순서에 의한 개인의 위치에 큰 영향을 받는다.

㉠ 생애형태 : 아들러(Adler)

ⓐ 아들러 심리학에 의하면, 개인은 사회적 환경에 관하여만 이해할 수 있
고 모든 행동은 목적적이다. 따라서 개인은 사회적 환경에서 자신의 위
치를 발견하기 위해 노력해야 하는데, 저마다 주위환경을 다루기 위하
여 독특한 개인적 논리를 가지고 있다.

ⓑ 아들러는 개인이 일, 사회, 성(性) 3개의 주요 생애과제에 반응하여야
한다고 하였다.

ⓒ 아들러 심리학의 기본적 내용은 성격과 특정요인이 가족집단 내에서의
운동의 표현이라는 것이다.

ⓓ 가족의 각 구성원은 일찍이 다른 구성원들과 관계를 가지며, 집단 내에
서 지위를 얻기 위한 노력으로 타인에게 접근하는 방법을 수립하는데,
모든 노력은 소속감을 가지려는데 있다.

ⓔ 가족 내에서의 개인의 경험, 즉 기회와 장애, 도전과 기대, 열망과 좌절
등은 태어난 순서에 의한 가족 내 개인의 위치에 의해 큰 영향을 받는다.

㉡ 태어난 순서에 따른 개인의 위치

ⓐ 외동
능숙한 사람들 속에서 어린 시절을 보내기 때문에 외동은 확실히 인생
에 있어서 어려운 출발을 한다. 외동은 어른들의 동정심을 얻기 위해서
조르거나 어른 세계에서 인정받을 수 있는 영역에서 기술을 개발하려
고 노력한다.

ⓑ 첫째 아이
첫째 아이는 인생에서 위협적 위치에 있으며 가장 나이가 들었다는 점
에서 붙는 칭호이다. 첫째 아이는 둘째 아이가 태어남으로써 용기를 잃
을 수 있으며, 책임을 받아들이길 거부할지도 모른다.

ⓒ 둘째 아이
둘째 아이는 생애에 있어 불만족스러운 점을 가지며 항상 원기 왕성한
태도를 지니고, 첫째 아이를 간파하려고 하며, 끊임없는 압력이 있음을
느낀다.

ⓓ 막내

막내는 가족 중 특별히 낮은 위치에 있어 '행운아'가 되며, 그렇기 때문에 가장 성공할 수 있으나, 용기를 잃게 되면 열등감을 느낀다.

ⓔ 셋째 중에 가운데 아이

가족 전체에서 셋째 중에 가운데 아이는 불확실한 위치이며 무시당한다고 느낄 수 있다. 가운데 아이는 막내 아이의 특권이나 첫째 아이의 권리에 반해 아무것도 가질 수 없다.

ⓒ 대뇌반구의 기능

ⓐ 직업상담의 결과로서 상담자가 내담자의 심상을 형성하여 주제를 추출할 수 있는 하나의 방법은 대뇌반구 기능모형을 이용하는 것이다.

ⓑ 인간의 뇌는 중추와 관계를 맺는 두 개의 반구로 나누어져 있다. 대뇌반구의 기능이 아직도 잘 알려지지 않고 있으나 대뇌반구의 이행과 기법을 확인하는 웩슬러성인지능검사(WAIS)와 웩슬러아동지능검사(WISC-R)와 같은 검사를 적용하여 시도한 적이 있다.

좌뇌반구		우뇌반구	
– 시간적	– 일련의	– 공간적	– 전체적
– 논리적	– 분석적	– 직관적	– 창조적
– 지적	– 상징적	– 상상적	– 감각적
– 언어적	– 계획적	– 근육운동 지각의	– 충동적
– 규칙적	– 통제된	– 위험	– 정서적
– 기술적	– 체계적	– 심미적	– 통합적
– 사교적	– 이성적	– 성급한	– 독창적
– 질서적	– 계수형적	– 율동적	– 유추적

ⓒ 직업 상담에의 적용

상담자가 내담자에게 기능적 확인기술을 사용하려면 양쪽 대뇌반구를 탐색할 필요가 있다. 일반적으로 좋아하는 대뇌반구의 기술에 초점을 맞추는 반면, 덜 좋아하는 대뇌반구의 기능을 무시하는 경향이 있다. 예를 들면 언어적인 사람은 분석하고 조직화하고 해부하며 논리적으로 사고하는 왼쪽 대뇌반구의 기능을 중시하나, 직관력, 신체자각, 그리고 예술적 능력 등과 같은 오른쪽 대뇌반구의 기능은 무시할 수 있다.

1 동기, 역할 사정하기

1) 동기 사정하기

① 개요

㉠ 동기사정

동기를 사정하는 것은 상황에 대한 인지적 명확성을 가장 중심적으로 보아야 한다. 이러한 동기에 대한 인지적 명확성을 사정하기 위해서는 다음과 같은 사정이 수행되어야 한다.

ⓐ 지금 시점에서 진로를 선택하거나 현 진로를 바꾸는 것이 얼마나 중요한가?(상황의 중요성 사정)

ⓑ 진로를 선택하거나 현재의 진로를 바꾸는 것을 성공적으로 했는지에 대해 내담자가 어느 정도 확신하고 있는가?(자기효능감 기대)

ⓒ 내담자가 자신의 상황이 나아질 거라고 어느 정도 확신하는가? 내담자는 자신의 상황이 현재보다 더 악화될 가능성이 있다고 느끼는가?(결과 기대)

ⓓ 진로를 선택하거나 바꾸는 데 있어 일을 잘한다는 것이 내담자에게 얼마나 중요한가?(수행에 대한 기준)

㉡ 동기사정 자료 사용하기

낮은 동기는 직업상담 과정에 위협이 되며, 내담자의 동기를 유발시키지 않으면 불완전한 종결 또는 부적절한 선택을 초래할 수 있다. 따라서 동기사정자료를 사용하여 동기를 높일 수 있는 방안을 검토하여야 한다. 다음은 낮은 동기에 대처하는 방법에 관한 것이다.

ⓐ 진로선택에 대한 중요성 증가시키기

ⓑ 좋은 선택이나 전환을 할 수 있는 자기효능감 증가시키기

ⓒ 기대한 결과를 이끌어낼 수 있는지에 대한 확신 증가시키기

ⓓ 직업상담의 결과를 최대화하기 위해 내담자가 충분한 노력을 기울였는지를 확인하는 기준 증가시키기

> 직업대안 규명하기는 낮은 자기효능감을 증진시키기 위한 방법이 아니다.

2) 역할 내 일치성 사정하기

① 역할의 의미

㉠ 역할이란 사회적으로 규정된 활동을 포함하는 삶의 한 기능이다.

㉡ 역할이란 주어진 사회적 지위나 위치에 따라서 개인에게 기대되는 행동을 뜻한다.

㉢ 관계의 사정은 일하는 사람, 학생, 가족 또는 영적 · 종교적 관계, 그리고 지역 사회성원 등과 같은 생애역할 간의 내적 관계의 속성을 결정하는 것을 의미한다.

② 역할 내 일치성의 의미

   ⑦ 직업상담에서 역할 내 일치성은 내담자가 지금 직업과 잘 맞는지 또는 잘 맞게 될지의 정도를 나타내 주는 것이다.

   ⓒ 롭퀴스트와 다비스(Lofquist & Dawis)는 작업자 – 작업환경 간의 일치성에 두 가지 측면이 있다고 보았는데, 한 가지는 작업자 만족도이고 다른 하나는 수행의 만족도 이다.

   ⓒ 역할 내 일치성 사정의 최종결과는 현재 직무에 문제가 있는 이유에 대한 추정치로 다양한 직업이나 흥미를 만족시키고 효과적으로 가능하게 하는 방법의 추정치가 되어야 한다.

> **○ 참고**
>
> **작업자 만족도**
> 개인의 흥미 · 가치관 · 성격특성이 강화될 때 일어나는 것
>
> **수행의 만족도**
> 개인이 작업환경에서 상사나 타인에게 적절하게 보이는 수준의 직무수행에 필요한 능력을 가지고 있을 때 일어나는 것

③ 상호역할관계 사정의 목표 및 용도

   ⑦ 상호역할관계 사정의 목표

     역할시정의 일반적인 목표는 어떤 역할들이 상호보완적이며 보상적인지 또는 상충적인지를 확인하는데 있다.

     ⓐ 현재나 미래의 어느 시점에서 작업역할을 방해하는 역할들을 결정하는 것

     ⓑ 개인이 불운한 작업역할에 빠져있을 때 이 부정적인 작업결과를 보상하는 역할들을 찾아내는 것

     ⓒ 지금이나 앞으로 보완될 역할들을 결정하는 것

   ⓒ 상호역할관계 사정의 용도

     ⓐ 직업계획에서 상호역할 사정은 집대성한 생애역할들 중에서 하나의 역할에 해당하는 작업(일)의 인식을 높여주는 자극제로 쓰인다.

     ⓑ 직업적응상담에서는 상호역할 사정이 삶의 다른 역할들에 부정적인 영향을 주는 직업전환을 피해갈 수 있도록 내담자를 돕는 수단으로 쓰인다.

     ⓒ 생애를 윤택하게 하는 계획에서 상호역할 사정은 잠재적으로 보완적인 역할들을 찾아내는 수단으로 쓰인다.

④ 상호역할관계의 사정방법

   상호역할관계의 사정방법으로는 질문을 통해 역할관계 사정하기, 동그라미로 역할관계 그리기, 생애 – 계획연습으로 전환시키기 등이 있다.

   ⑦ 질문을 통해 역할관계 사정하기

     ⓐ 내담자가 개입하고 있는 생애역할들을 나열하기

     ⓑ 개개 역할에 소요되는 시간의 양을 추정하기

     ⓒ 내담자의 가치들을 이용해서 순위정하기

     ⓓ 상충적 · 보상적 · 보완적 역할들을 찾아내기

상호역할 관계를 사정하는 방법
① 질문을 통해 사정하기
② 동그라미로 역할관계 그리기
③ 생애–계획연습으로 전환시키기

ⓛ 동그라미로 역할관계 그리기

    ⓐ 내담자에게 동그라미로 역할관계를 그리도록 하는 것으로 그 원에는 상충적인 역할들, 보상적인 역할들, 보완적인 역할들이 표시된다.

    ⓑ 내담자가 시간을 많이 쓸수록 원의 크기를 더 크게 그리도록 하며, 각 원마다 명칭을 부여하게 한다. 또한 원의 크기는 역할에 부여된 가치의 크기에 따라서 달라진다.

ⓒ 생애 – 계획연습으로 전환시키기

⑤ 역할 간 사정의 한계

  ⓞ 역할 간 사정의 두 가지 한계

    ⓐ 효과적인 역할 간 사정은 종종 사정과정의 다른 측면들, 즉 가치와 같은 것에 의존하게 되므로 사정과정을 하나의 독립과정으로 간주해서는 안 된다.

    ⓑ 역할 간 사정은 내담자의 자기보고에 의존하기 때문에 내담자의 인지적 명확성이 산출한 자료의 가치를 결정하게 된다. 그러므로 역할 간 사정을 하기 전에 상담자는 내담자의 인지적 명확성을 제대로 사정해야만 한다.

  ⓛ 사정에 있어 상담시 제한점

    ⓐ 성공적인 사정은 상담과 직업발달이론에 초점을 맞추는 상담자의 능력에 달려 있으므로 이 분야에서의 능력 부족이 주요 한계점으로 작용한다.

    ⓑ 시간은 결정적인 제한점이다. 좋은 직업상담은 1~2회기 이상의 면담이 소요된다.

2 가치사정하기

1) 개요

① 가치란 사람의 기본 신념에 해당한다. 신념이란 사람들이 가장 신성하게 간직하고 있는 것으로 삶에서 무엇을 지향할 것인가에 관한 생각이다.

② 가치는 동기의 원천이자 개인적인 충족의 근거가 되고 일정 영역에서의 개인적인 수행기준, 개인의 전반적인 달성목표의 원천 등이 되기도 한다.

③ 개인적인 가치들이 인간의 행동을 결정하는 중요한 역할을 한다.

2) 가치사정의 용도 및 대상

① 가치사정의 용도

  ⓞ 자기인식(self – awareness)의 발전

  ⓛ 현재의 직업불만족의 근거 확인

  ⓒ 역할갈등의 근거 확인(예 작업역할과 가족역할)

  ⓔ 저수준의 동기 · 성취의 확인

ⓜ 개인의 다른 측면들을 사정할 수 있는 예비단계(예 흥미나 성격 같은 것)

ⓗ 직업선택이나 직업전환의 전략

3) 자기보고식 가치사정법

일반적으로 가치사정은 자기 보고식 사정법을 이용하고 있다. 자기 보고식 사정법에는 다음의 6가지 사정법이 있다.

① 체크목록의 가치에 순위 매기기
② 과거의 선택 회상하기
③ 절정경험 조사하기
④ 자유시간과 금전의 사용
⑤ 백일몽 말하기
⑥ 존경하는 사람 기술하기

4) 가치명료화

① 가치명료화의 과정

사람들 중에는 가치에 대한 목록을 명확히 정하지 못하는 사람들이 있다. 이런 상황에서는 가치명료화 작업이 필요하다. 가치명료화를 도와주는 6단계의 기본과정은 다음과 같다.

1단계	직업선택과 관련된 가치들을 찾아내고 각각의 직업선택과 연결된 가치들의 개인적인 의미를 정하기 시작한다.(예 "만일 ○○○ 한다면, 내 삶은 이런 식이 될 것이다.")
2단계	과거에 발생했던 문제점들과 비슷한 현재의 문제점들을 밝혀보고 어떻게 해야 이런 문제를 해결할 수 있는지를 결정한다.(예 "난 과거에 이런 식으로 처신했다.")
3단계	중요한 사람들에게 그들이 관련된 상황과 가치를 어떻게 생각하는지를 묻는다. 그리고 스스로를 자신의 입장과 가치와 연결시킨다.(예 "만일 내가 당신의 입장이라면 난 ○○○○를 믿을 것이다.")
4단계	한 문제에 관해 한 가지 입장을 표명한 후 다른 입장에서 자신을 주장한다.(예 "난 당신이 이것을 믿고 있다는 것을 안다. 그러나 당신이 다른 관점에서 그걸 본다면 ○○○○하다.")
5단계	즉각적인 문제를 피할 시간을 남겨 두어야 한다. 그러면 내담자는 명확하게 생각 할 수 있다.(예 "난 거리를 두고 생각할 필요가 있다.")
6단계	내담자를 가치와 관련하여 최대한도로 적용한 선택을 해야 한다.(예 "난 다각도로 이 문제를 살펴보았다. 나의 가치는 ○○○○이고 그래서 난 이런 결정을 내리고자 한다.")

② 가치확인과정에 대한 요약 및 한계

ⓐ 요약

ⓐ 의사결정, 직업만족, 동기 면에서 가치의 중요성을 강조한다.

ⓑ 공식적 · 비공식적 가치확인 연습을 끝낸다.

ⓒ 가치목록을 구성한다.

ⓓ 필요할 땐 가치들을 명료하게 한다.

ⓔ 직업선택, 직업전환, 다른 생애역할 등의 가치들에 대한 함의를 토의한다.

ⓛ 가치사정의 한계

    ⓐ 가치에 대한 심리측정도구들은 아직 미약하며, 비공식적인 사정절차들이 신뢰할 수 있는 정보를 주는 것은 아니다.

    ⓑ 개인적인 가치에 관한 정보와 관심이 있는 직업 유형들과 직결된 연결이란 있을 수 없다. 따라서 상담자와 내담자가 이런 연결고리를 구축해 내야만 하는데, 이런 일은 많은 시간을 필요로 할 수 있다.

3 흥미사정하기

1) 개요

① 흥미는 그 사람의 관심이나 호기심을 자극하거나 일으키는 어떤 것이라고 정의내릴 수 있다. 즉, 흥미는 개인이 하고 싶어 하는 것이나, 즐기거나 좋아하는 것의 지표이다.

② 개인의 흥미, 좋아하고 싫어하는 것, 선호활동에 대한 정보는 다양한 방법을 통해 수집할 수 있다.

③ 수퍼는 다음과 같이 흥미를 사정하는 방법을 세 가지로 구별하였다.

표현된 흥미	어떤 활동이나 직업에 대해서 '좋다, 싫다'라고 간단하게 말하도록 요청하는 것이다.
조작된 흥미	활동에 대해 질문을 하거나 활동에 참여하는 사람들이 어떻게 시간을 보내는지를 관찰하는 것이다.
조사된 흥미	가장 빈번히 사용되는 흥미사정기법으로 각 개인은 다양한 활동에 대해 좋고 싫음을 묻는 표준화된 검사를 완성하는데, 대부분의 검사에서 개인의 반응은 특정 직업에 종사하는 사람들의 흥미와 유사점이 있는지 비교된다.

2) 흥미사정의 목적

① 자기인식 발전시키기

② 직업대안 규명하기

③ 여가선호와 직업선호 구별하기

④ 직업 · 교육상의 불만족의 원인을 규명하기

⑤ 직업탐색을 조장하기

3) 흥미사정방법(흥미사정기법)

① **표현된 흥미와 조작된 흥미 유발하기**

매우 자기인식적인 내담자의 경우 개방적 질문을 통해 흥미를 사정할 수 있다.

② **작업경험분석**

이 기법은 흥미에 관한 사정일뿐만 아니라 내담자의 가치, 기술, 생활방식 선호도, 인생의 진로주제들, 그 밖의 직업관련 선호도 등을 규명하는데 광범위하게 사용될 수 있다.

Super가 제시한 흥미사정 기법은 표현된 흥미, 조작된 흥미, 조사된 흥미이며, 조작된 흥미는 활동에 대해 질문을 하거나 활동에 참여하는 사람들이 어떻게 시간을 보내는지 관찰한다.

③ 직업카드분류전략

홀랜드의 6각형 이론과 관련된 일련의 직업카드를 주고 직업을 선호군, 혐오군, 미결정 중성군으로 분류하도록 하는 방법이다. 직업카드 분류의 주요 목적은 내담자의 주제체제를 탐색하는 것이다.

④ 직업선호도검사 실시

우리나라 직업안전기관에서 사용하고 있는 직업선호도검사는 홀랜드의 성격검사를 표준화한 것이다.

⑤ 로(Roe)의 분류체계 이용

로는 2차원 분류체계를 개발하였는데, 수평차원은 활동에 초점을 둔 것이고, 수직차원은 기능수준(책임감, 능력, 기술 정도)에 초점을 둔 것이다.

⑥ 흥미평가기법

내담자는 종이에 알파벳을 쓰고, 그 알파벳에 맞추어 흥미거리를 기입한다. 그런 다음 과거에 중요했던 주제와 흥미에 대해 생각해 보도록 지시한다.

4 성격 사정하기

1) 개요

① 성격은 직업선택과 직업적응에서 핵심적인 설명변인에 해당된다. "판매직 사원은 외향적이어야 한다. 상담자는 영향력을 끼치는 사람이어야 한다. 주식중개인은 위험을 감수하는 사람이어야 한다." 등의 주장들은 어느 정도 진실이면서도 또 허구적인 측면들이 있다.
② 그 동안의 연구에서 어떤 특정한 성격특성이 특정 직업에 꼭 필수적이라는 생각은 검증된 바가 없으나 비표준화된 성격 사정도구를 통한 탐색은 상당히 보편성을 가지고 있다.

2) 홀랜드 유형

① 홀랜드 모형을 바탕으로 한 흥미항목표를 통해 내담자의 유형을 사정할 수 있다.
② 홀랜드는 6가지 흥미유형을 개발하였다.
　　㉠ 현실형(Realistic)
　　㉡ 탐구형(Investgative)
　　㉢ 예술형(Artistic)
　　㉣ 사회형(Social)
　　㉤ 진취형(Enterprising)
　　㉥ 관습형(Conventional)

3) 마이어스－브리그스 유형지표(MBTI ; Myers－Briggs Type Indicator)

① 개요

ㄱ 매우 보편적으로 사용되는 성격유형검사이다.

ㄴ 내담자가 선호하는 작업역할, 기능, 환경을 찾는데 유용하다.

ㄷ 칼 융(C. C. Jung)의 심리유형이론을 바탕으로 고안된 자기보고식의 강제선택 검사이다.

② 마이어스－브리그스 유형지표(MBTI)의 네 가지 양극차원

ㄱ 세상에 대한 일반적인 태도(힘의 근원에 대한 선호경향)

ⓐ 외향형(E) : 외부로부터 에너지를 끌어오는 선호경향

ⓑ 내향형(I) : 내부로부터 에너지를 끌어오는 선호경향

ㄴ 지각적 또는 정보수집과정(사물을 보는 관점에 대한 선호경향)

ⓐ 감각형(S) : 오감(五感)을 통해 정보를 수집하는 선호경향

ⓑ 직관형(N) : 육감(肉感)을 통해 정보를 수집하는 선호경향

ㄷ 선택 또는 판단과정(의사결정의 근거에 대한 선호경향)

ⓐ 사고형(T) : 논리적 · 객관적 방식으로 정보를 평가하는 선호경향

ⓑ 감정형(F) : 개인적 · 가치지향적 방식으로 정보를 평가하는 선호경향

ㄹ 생활양식에 대한 선호경향

ⓐ 판단형(J) : 예정된 계획, 조직화된 생활의 선호경향

ⓑ 지각형(P) : 자율적, 융통성 있는 생활의 선호경향

SECTION 3-4 목표설정 및 진로시간 전망

1 목표설정의 의미 및 특성

1) 목표설정의 의미

① 목표란 자신이 달성하려고 하는 일을 의미한다.

② 목표설정이란 추상적인 목표를 자신이 추구하는 사항에 맞추어 명확하고 구체적이며, 적극적으로 세우는 것이다.

③ 목표설정으로 최선의 상황과 최악의 상황을 비교 평가할 수 있다.

2) 직업상담 목표의 특성

① 목표는 구체적이어야 한다.

② 목표는 실현 가능해야 한다.

③ 목표는 내담자가 바라고 원하는 것이어야 한다.

④ 내담자의 목표는 상담자의 기술과 양립 가능해야 한다.

3) 목표설정과 진로전망에서 목표설정의 용도

① 상담의 방향을 제시해 준다.
② 상담전략의 선택 및 개입에 관한 기초를 제공해 준다.
③ 상담결과를 평가하는 기초를 제공해 준다.

2 진로시간 전망의 의미

1) 의미

미래에 대한 내담자의 관심을 증가시키고 현재의 행동을 미래의 목표와 연결시킨다. 또한 내담자에게 미래를 설계할 수 있도록 가르치며 진로선택에 대한 태도와 기술을 발달시킨다.

따라서 진로시간 전망은 개인의 가치관 형성에 영향을 미친다. 즉, 높은 가치를 요구하는 진로를 원하는 경우에는 미래지향적인 가치관을 갖게 되고, 낮은 가치를 요구하는 진로인 경우에는 현재지향적인 가치관이 성립된다.

2) 진로시간전망 검사지의 사용목적

① 미래 방향성 증대
② 미래에 대한 희망주기
③ 신로계획에 대한 긍정적인 태도 강화
④ 목표설정 촉구
⑤ 시간계획 기술연습
⑥ 진로의식 함양
⑦ 미래가 실제인 것처럼 느끼도록 하기 위함
⑧ 현재의 행동을 미래의 결과와 연계시키기 위함

3) 진로시간전망에 대한 검사 – 코틀(Cottle)의 원형검사

원의 크기는 시간차원에 대한 상대적 친밀감을 나타낸다.

① 과거, 현재, 미래를 의미하는 세 가지 원을 사람들에게 그리게 한다.
② 원의 크기는 시간차원에 대한 상대적 친밀감을 나타내고, 원의 배치는 시간차원들이 어떻게 연관되어 있는지를 나타낸다.
③ 원형검사에 기초한 시간전망 개입은 시간에 대한 심리적 경험의 세 가지 측면에 반응하는 방향성, 변별성, 통합성의 세 가지 국면으로 나뉜다.

변별성은 미래를 현실처럼 느끼게 하고 미래 계획에 대한 긍정적 태도를 강화시키며 목표설정을 신속하게 하는 데 목표를 두는 것이다.

방향성	미래에 대한 낙관적인 입장을 구성하여 미래지향성을 증진시킨다. 진로계획을 위한 시간조망은 미래지향적인 것이다.
변별성	미래를 현실처럼 느끼게 하고, 미래계획에 대한 긍정적인 태도를 강화시키며 목표 설정을 신속하게 하는 것이다.
통합성	현재 행동과 미래의 결과를 연결시키고, 진로에 대한 인식을 증진시킨다.

내담자의 인지적 명확성 사정

1 면담의존 사정과 사정시의 가정

1) 면담의존 사정의 개요

① 면담의존 사정은 상담자가 내담자의 문제에 대한 정보를 수집해서 문제의 핵심을 파악하는 사정을 의미한다.

② 검사나 질문지 같은 사정자료는 상담자가 내담자의 문제의 본질을 이끌어 내는 임상적 사정의 일부분이다.

2) 인지적 명확성의 문제와 특성

인지적 명확성이란 자신의 강함과 약함을 객관적으로 평가하고 그 평가를 환경 상황에 연관시킬 수 있는 능력을 의미한다.

① 정보결핍(직업상담 실시)

왜곡된 정보에 집착, 정보분석능력이 보통 이하인 경우, 변별력이 낮은 경우

② 고정관념(직업상담 실시)

경험부족에서 오는 관념, 편협된 가치관, 낮은 가기효능감, 의무감에 대한 집착성

③ 경미한 정신건강문제(다른 치료 후 직업상담 실시)

잘못된 결정방법이 진지한 결정방법을 방해하는 경우, 낮은 자기효능감, 비논리적 사고

④ 심각한 정신건강(다른 치료 후 직업상담 실시)

직업선택능력이 심각하게 손상된 정신증, 심각한 약물남용 장애

⑤ 외적요인(개인상담 후 직업상담 실시)

일시적 위기, 일시적 · 장기적 스트레스(실업충격 등)

3) 인지적 명확성이 부족한 유형에 따른 면담

① 단순 오정보(개입 : 정보제공)

> • 내담자 : 그 대학은 부자들만 갈 수 있어요. 그러니까 어쨌든 난 거기 가고 싶지 않아요. 거긴 속물들만 있어요. 그들 대부분이 서울에서도 강남출신이고, 나는 그 대학엔 갈 수가 없어요.
>
> 〈개입 : 정보제공〉
>
> • 상담자 : 학생은 ○○대학에 대해 아주 부정적인 감정을 가지고 있군요. 그런데 그 대학은 학교운영을 매우 잘 하고 있지요. 과거엔 강남출신 학생들이 많았는데, 점차 바뀌고 있어요. ○○대학의 학생을 보면, 서울 출신이 전체의 23%인데 이 중에 강남출신은 1.1%밖에 안 되는데요.

인지적 명확성을 위한 직업상담 과정 내담자와의 관계→ 인지적 명확성/동기에 대한 사정→ 예/아니오→ 개인상담/직업상담

② 복잡한 오정보(개입 : 논리적 분석)

> • 내담자 : (단순 오정보 면담 예에 이어) 난 아직도 결정을 못했어요. ○○대학에 다니
> 는 4명의 학생들을 아는데 그들은 모두가 똑같아요.
>
> 〈개입 : 논리적 분석〉
>
> A. 논리적으로 문제를 분석한다.
> B. 분석을 제공한다.
> C. 잘못된 논리체계를 재구성한다.
> • 상담자 : 학생이 말한 것을 논리적인 입장에서 생각해 봅시다. 첫째로, ○○대학에
> 는 5,000명 이상의 학생들이 있어요. 학생은 그들 중 단지 네 명만 만났어요. 그 정
> 도만으로 결론을 내리는 데는 문제가 있는 것 같군요. 전체를 다 생각해보세요. 당
> 신은 시험이 끝난 후에 ○○대학을 좋아하지 않을 수도 있어요. 하지만 고정관념보
> 다는 사실에 근거해서 결정을 내리는 것이 중요합니다.

③ 구체성의 결여(개입 : 구체화시키기)

> • 내담자 : 사람들이 요즘은 좋은 교사직을 얻기가 힘들다고들 해요.
>
> 〈개입 : 구체화시키기〉
>
> • 상담자 : 어떤 사람들을 말하는지 모르겠네요.
> • 내담자 : 모두 다예요. 제가 상의할 수 있는 상담자, 교수님들, 심지어는 교사인 친척
> 들까지도요.
> • 상담자 : 그래요? 그럼 사실이 어떤지 알아보도록 하죠.

④ 가정된 불가능/불가피성(개입 : 논리적 분석, 격려)

> • 내담자 : 전 의대를 졸업할 수 없을 것 같아요.
> • 상담자 : 학생의 성적은 상당히 우수한 걸로 아는데요.
> • 내담자 : 하지만 단념했어요. 내 친구 상철이는 의대 상급생인데 성적 때문에 그만
> 뒀어요.
>
> 〈개입 : 논리적 분석, 격려〉
>
> • 상담자 : 학생은 의대에서 실패할 거라고 확신하고 있군요. 그 이유 중 하나는 학생
> 친구 상철이가 그랬었기 때문이고요. 그러면 학생과 상철이의 공통점을 알아보기로
> 하죠.

⑤ 원인과 결과 착오(개입 : 논리적 분석)

> • 내담자 : 전 사업을 할까 생각 중이에요. 그런데 그 분야에서 일하는 여성들은 대부
> 분 이혼을 한대요.
>
> 〈개입 : 논리적 분석〉
>
> • 상담자 : 선생님이 사업을 하면, 이혼하게 될까봐 두려워하시는군요. 직장 여성들의
> 이혼율과 다른 분야에 종사하는 여성들에 대한 통계를 알아보도록 하죠.

⑥ 파행적 의사소통(아직 그러나)(개입 : 저항에 다시 초점맞추기)

> • 상담자 : 제가 내준 과제를 하는데 많은 어려움이 있다고 하셨지요. 선생님이 하시는 일을 조절하는 데에 제가 전화를 하면 도움이 될지 모르겠네요.
> • 내담자 : 그거 괜찮은 생각인 것 같네요. 제가 작업하는 데에 어떤 문제가 있을 수 있다는 걸 아셨어요? 그리고 오늘 저는 새 차를 하나 보아둔 것이 있어요. 그 생각만 하면 즐거워져요.
>
> 〈개입 : 저항에 다시 초점 맞추기〉
>
> • 상담자 : 직업문제가 선생님의 주요 관심사인 것 같은데요. 제가 제안을 할 때마다 선생님은 그걸 거부하시는 것 같아요. 선생님은 문제가 해결됐다고 생각할 때 어떤 느낌이 드는지 말씀해 보시겠어요.

⑦ 강박적 사고

> • 내담자 : 전 변호사가 될 거에요. 우리 아빠도 변호사고 할아버지도 변호사고 제 형들도 모두 변호사에요.
> • 상담자 : 학생은 변호사가 될 거라고 확신하고 있네요.
> • 내담자 : 예, 물론이에요.
> • 상담자 : 변호사가 안 된다면 어떤 일이 벌어질까요?
> • 내담자 : 모든 것이 엉망이 될 거에요. 끔찍할 거에요.
>
> 〈개입 : RET 기법〉
>
> A. 비합리적 사고 명확히 하기
>   1. 내가 원하는 대로 되어야 한다.
>   2. 내가 기분이 엉망이라면, 그건 화가 많이 난 것이다.
>   3. 난 가치 없는 인간이다. 존경받을 구석이 없다.
> B. ABC 모형 설명하기
>   1. A : 선행사건(입사신청이 거절당함 : 승진이 좌절됨)
>   2. B : 비합리적 사고(난 가치가 없다)
>   3. C : 정서적 · 행동적 결과
> C. A 때문이 아니라 B 때문에 기분이 나빠졌는데 A라고 믿고 있다는 것을 알려준다.
>   1. 자신의 신념 때문에 기분이 나빠질 것이다.
>   2. 대안적 신념의 모형을 찾는다.
>   3. 신념에 도전한다.
>   4. 변화에 개입할 것을 요구한다.
> • 상담자 : 다시 말해서, 학생은 학생이 하길 바라는 것을 하지 못했을 때 끔찍하게 느끼는군요. 그럼 ABC 기법에 맞춰서 얘길 해보도록 하죠.

⑧ 양면적 사고(개입 : 역설적 사고 – 증상을 기술한다.)

- 내담자 : 나는 기계공학 전공 말고는 아무것도 생각할 수 없어요. 난 그 외의 일을 한다는 걸 상상할 수도 없어요.
- 상담자 : 학생이 기술자가 되지 못한다면, 큰 재앙이라도 일어날 것처럼 들리는군요. 그런데 학생은 기계공학을 하기에는 그다지 성적이 좋지 않군요.
- 내담자 : 그래서 미칠 것 같아요. 꼭 낙제할 것 같아요.
- 상담자 : 학생 인생에서 다른 대안을 생각해보지 않는다면 정말 문제가 되겠네요.

  〈개입 : 역설적 사고 – 증상을 기술한다.〉

  1. 바꿔야 할 사고를 인식시키기
  2. 사고 전환에 대해 계약을 맺기
  3. 그리고 나서 그 사고를 지속시키도록 하기
- 상담자 : 학생이 기계공학에 대해 갖고 있는 생각을 바꾸는데 동의할 거라고 생각합니다.
- 내담자 : 예, 그렇지만 잘할 수 없을 것 같아요.
- 상담자 : 제안을 하나 하지요. 학생 마음속에 있는 "기계공학이 아니면 안돼" 라는 생각을 계속 하고 있는 겁니다. 다음 주까지 매일 깨어 있을 때, 학생은 반복해서 계속 그 생각을 하고 있어야 합니다. 생각을 바꿀 필요가 있다고 동의했지만, 그렇게 하지 않도록 해보세요. 전 학생이 그 생각을 계속 하고 있을 수 있다고 봅니다.

⑨ 걸러내기 – 좋다 나쁘다만 듣는 경우(개입 : 재구조화, 역설적 기법 쓰기)

- 내담자 : 제 상관은 나한테 잘했다는 말을 한 적이 한 번도 없어요. 그 여자는 항상 내 흉을 봐요. 지난번에도 제가 왼손잡이라고 불평을 하는 거에요. 내 책상이 깨끗하다고 말하면서요. 정말 난 아무것도 하지 않았는데요.
- 상담자 : 선생님의 상관은 항상 선생님께만 관심이 있는 것처럼 보이는군요.

  〈개입 : 재구조화, 역설적 기법 쓰기〉
  재구조화 : 지각을 바꾸기
  역설적 기법 쓰기 : 긍정적인 측면을 강조함으로써, 그 사람이나 그 사람의 활동에 대한 지각을 바꾸기 위한 노력을 재구성한다.

- 상담자 : 자, 그럼 대안을 찾아볼까요?아마 선생님의 상관은 그 상관의 의도가 어떻든 간에 선생님이 일하는데 영향을 주는군요. 상관의 행동이 유쾌하지 않지만, 선생님은 그것에 대해 꽤 많이 신경을 쓰고 있는 것 같아요. 남들도 알고 있을 거라고 생각되는데요.

⑩ 하늘은 스스로 돕는 자를 돕는다(순교자형)(개입 : 논리적 분석)

- 내담자 : 지금 내 인생은 중요하지 않아요. 만약 내가 계획한 것을 한다면, 앞으로 그 일들이 잘 될 것이라는 걸 알고 있어요. 가끔 힘들기도 하지만, 거기에 매달려야만 해요.
- 상담자 : 선생님은 사는 방식에 대하여 긍정적인 것처럼 보이네요. 만일 선생님이 계획한 것을 한다면 선생님의 인생은 더 나아질 겁니다.

  〈개입 : 논리적 분석〉

- 상담자 : 그럼, 선생님의 논리를 살펴보도록 하죠. 선생님은 자신의 진로에 대해 지금과 똑같은 방식으로 접근한다면, 모든 일이 다 잘 풀릴 거라고 말하고 있습니다. 그리고 일에서의 상황 역시 마찬가지라고 말하고 있네요.

⑪ 비난하기(개입 : 직면, 논리적 분석)

- 내담자 : 난 꼭 우리 아버지 같아요. 아버진 직장에서 술을 드세요. 사람들은 항상 저보고 아버지랑 똑같다고들 해요. 그리고 저도 하루하루 지날 때마다 그게 사실이라는 걸 알게 되요.

  〈개입 : 직면, 논리적 분석〉

- 상담자 : 선생님이 술을 마시는 문제가 아버지 때문이라고 생각하는 것으로 들리는군요. 그 말이 정말 사실인지 한번 생각해보죠. 알코올 중독은 유전요인을 가지고 있어서, 선생님의 부친은 의도적이진 않지만 일조를 하신 게 사실입니다. 그렇지만 당신은 어떻게 했죠?

⑫ 잘못된 의사결정방식

- 내담자 : 난 어떻게 해야 할지 모르겠어요. 난 중요한 결정을 할 때, 그것을 해내고 극복하고 싶어요. 선생님은 이 학교가 제가 처음 지원서를 낸 학교이기 때문에 이 학교를 택한 걸 알고 계세요?
- 상담자 : 선생님은 의사결정을 하는 데 불안을 많이 느끼는 것 같네요. 그런 불안감을 계속 가지고 있지 말고 선택을 하세요.

  〈개입 : 불안에 대처하기 위해 심호흡을 한다. 의사결정 도움을 사용한다.〉

- 상담자 : 어떤 결정을 할 때 불안을 느끼고, 불안을 어떻게 다루는지를 먼저 보도록 하죠. 그런 후에 결정을 할 때의 체계적인 방법을 살펴보도록 합시다.

⑬ 자기인식의 부족(개입 : 은유나 비유를 쓰기)

- 내담자 : 난 호의를 가지고 있는데 왜 사람들이 그렇게 반응하는지 이해할 수가 없어요. 난 항상 남의 보조만 맞추고 있는 것 같아요.
- 상담자 : 사람들이 선생님의 기대에 맞게 반응하지 않을 때 좀 화가 나시겠네요.
- 내담자 : 곧 우울해져요. 난 사무실에서 왕따에요.

  〈개입 : 은유나 비유를 쓰기〉
  그 사람의 인지에 대한 통찰을 재구조화하거나 발달시키는 이야기로 한다.

- 상담자 : 사람들이 선생님을 어떻게 보는지에 대해서 어떤 이야기나 속담이나, 동화를 비유해서 얘기해보세요.
- 내담자 : 그건 좀 이상하게 들릴 텐데요. 난 미운 오리새끼 같아요. 매번 난 뭔가에 대해 벌 받을 짓을 하거든요.
- 상담자 : 그 얘기가 어떻게 끝나는지 기억하세요?
- 내담자 : 아니요.
- 상담자 : 음, 미운 오리새끼는 나중에 아름다운 백조가 되잖아요. 그리고 모두에게 환영받고요.
- 내담자 : 그런 일은 내겐 안 일어날 거예요.
- 상담자 : 동화 얘기 중에, "할 수 없다."고 말하는 작은 기차에 대한 얘기도 알고 계세요?
- 내담자 : 물론 알고 있어요. 기차가 "난 할 수 있어."라고 말하니까 언덕을 올라갔지요.
- 상담자 : 제가 보기에 당신은 "난 할 수 없어."라고 항상 스스로에게 말하고 있는 것 같아요.

⑭ 높고 도달할 수 없는 기준에 기인한 낮은 자긍심

- 내담자 : 난 잘하고는 있지만, 충분한 것 같지 않아서 항상 기분이 안 좋아요. 난 더 잘할 수 있다고 생각해요. 사람들은 내가 잘했다고 말하지만, 난 내가 한 일이 정말 잘한 것은 아니라는 걸 알아요.

  〈개입 : 비합리적 신념에 대해 논박하기 – 역설적 기법/상상〉

- 상담자 : 선생님은 완전해지길 바라는 것처럼 들리네요. 완벽하지 않다면 정말 끔찍한 일인 것처럼 말이에요.
- 내담자 : 무슨 뜻인가요?
- 상담자 : 음, 선생님은 만족하지 못한다는 거에요. 완벽하길 바라는 것이 합리적일까요? 선생님의 성취에 대해서 자기 자신을 믿을 필요가 있다는 것에 동의하시나요?
- 내담자 : 예, 정말 일을 잘 한다면요.
- 상담자 : 좋아요, 우리가 다시 만날 때까지 이 생각을 계속 하고 계세요. "난 내가 하는 모든 일에서 완벽해야 한다."
- 내담자 : 그건 좀 선생님께서 이야기한 것과 반대되는 것 같은데요.
- 상담자 : 다음 시간에 그 이유에 대해 얘기해보죠. 지금은 그냥 그 생각만 하시면 됩니다. 명심하세요. "난 완벽해야만 한다."

⑮ 무력감(개입 : 지시적 상상)

- 내담자 : 난 이 모든 것을 어떻게 할 수가 없어요. 난 가족도 있고, 직장도 구해야 해요. 난 이 모든 상황이 주는 문제에 대처할 수가 없기 때문에 너무 좌절감을 느껴요.

  〈개입 : 지시적 상상〉

- 상담자 : 선생님은 좌절하고 있고 당황하고 있는 것 같군요. 그렇다면 선생님의 무력감을 다루는 데 도움이 되는 방법으로 지시적 상상 기법을 쓰는 게 좋을 것 같네요.
- 내담자 : 좋아요.
- 상담자 : 긴장을 푸시고, 선생님의 능력이 뛰어나다고 상상해 보세요.

⑯ 고정성(개입 : 정보를 주기/가정에 도전하기)

- 내담자 : 어떤 사람들은 나보고 간호사를 해보는 게 어떻겠느냐고 권해요. 하지만 전 여성 간호사들과 함께 일할 수 있을 것 같지가 않아요.

  〈개입 : 정보를 주기/가정에 도전하기〉

- 상담자 : 선생님은 여성만이 간호사가 된다고 생각하고 있군요.
- 내담자 : 그게 맞잖아요. 전 남자 간호사는 본 적이 없어요. 병원에서 남자들을 보긴 했지만.
- 상담자 : 간호사에 대해 좀 더 자세히 알아보고 남자들이 이 분야에서 얼마나 일하고 있는지 알아보도록 하죠.(정보제공)
- 내담자 : 하지만 그런 남자들은 어떤 사람들이죠? 전 그들을 좋아할 것 같지 않아요.
- 상담자 : 간호사를 하는 남자들은 당신과 똑같은 사람들이에요. 선생님이 그런 사람들을 어떻게 보는지 좀 더 자세히 말씀해 주시고, 선생님 자신에 대해 어떻게 보고 있는지와 비교해 보세요.

⑰ 미래시간에 대한 미계획(개입 : 정보를 제공하기, 실업충격 완화하기)

- 상담자 : 현재 우리나라 여성의 평균수명은 몇 세라고 생각하세요?
- 내담자 : 글쎄요, 한 80세 정도 아닐까요?
- 상담자 : 잘 아시네요. 그럼 지금 선생님께서 실업한 기간이 4개월이라 하셨죠.
- 내담자 : 4개월이 지났습니다.
- 상담자 : 선생님께서는 몇 세에 사망할 것으로 생각하고 계십니까?
- 내담자 : 음, 80세가 넘지 않을까요?
- 상담자 : 인간의 80년의 인생 중에서 선생님의 실업기간은 단지 4개월 정도입니다.

  〈개입 : 정보를 제공하기, 실업충격 완화하기〉

- 상담자 : 지금부터 선생님께서는 진로계획을 세우시는 것이 좋겠군요. 직업을 전환하기 위해서는 최소한 2년 이상 취직준비를 하여야 합니다. 또 일생동안 7~8번 직업을 바꾸게 되므로 이러한 내용을 참작하여 진로계획을 세우는 것이 좋겠군요. 다음 저와 만날 때 진로계획을 세운 것을 보여 주세요. 그것을 갖고 같이 이야기합시다.

⑱ 실업충격 완화하기(개입 : 실업충격 완화 프로그램 제공하기)

- 내담자 : 저는 회비로 운영되는 협회의 전무로 있었습니다. 하루는 회장이 와서 협회 운영상 어려움이 있으니, 이제 우리처럼 나이든 사람들이 젊은 사람들을 위하여 자리를 양보하는 것이 좋다고 생각한다며, 사표 쓰기를 권유했습니다. 그래서 저는 젊은이들을 위하여 의협심을 가지고 사표를 쓰고 나왔는데, 알고 보니 저만 그만두었고 그 협회는 아직도 건재하게 잘 있었습니다. 그 생각을 하면 저는 밤마다 괴로움에 잠을 못 이룹니다.
- 상담자 : 선생님은 매우 충격이 크셨겠군요. 저도 그러한 충격을 이해할 수 있을 것 같습니다. 이제 마음을 잘 다스리는 것이 선생님께 도움이 된다고 생각합니다. 그래서 이에 관한 프로그램에 참여하시는 게 좋을 것 같은데 어떠신지요?

  〈개입 : 실업충격 완화 프로그램 제공하기〉

- 내담자 : 저는 이 분야 경력이 있어 월 5백만 원의 임금을 받는 것이 마땅하나 지금 아무런 준비 없이 다른 직업을 갖는다면 초보자 월급을 받는 것이 당연하다고 생각합니다.
- 상담자 : 선생님께서는 그런 일자리가 생기면 취업하시겠습니까?
- 내담자 : 네, 기꺼이 초보자 월급을 받고 열심히 일하겠습니다.

SECTION
3-6   **내담자의 정보 및 행동에 대한 이해**

❶ 방어적이고 도피적인 내담자에 대한 상담기법

1) 가정의 사용

상담자는 내담자에게 그러한 행동이 이미 존재했다는 것을 가정하는 것으로, 그 이유는 내담자가 대답할 필요 없이 관련된 행동이 이미 구체적으로 표현되었기 때문이다.

내담자와 관련된 정보를 수집하고 내담자의 행동을 이해하고, 해석하는데 기본이 되는 상담기법
1) 가정 사용하기
2) 저항감 재인식하기 및 다루기
3) 의미있는 질문 및 지시 사용하기
4) 왜곡된 사고 확인하기
5) 변명에 초점 맞추기
6) 분류 및 재구성하기
7) 전이된 오류 정정하기
8) 근거없는 믿음 확인하기
9) 반성의 장 마련하기

2) 의미 있는 질문 및 지시사용

의미있는 질문 및 지시는 ① 공손한 명령의 의미를 담거나, ② 대답을 원하면서도 내담자의 주의를 요하는 질문이거나, ③ 언제 어떻게 반응할지 대답할 범위를 광범위하게 열어놓은 것으로 내담자는 이러한 질문에 대해 대답하는 것이 아니라 변호할 수 있기 때문에 명령하거나 강제적인 것보다 대답하기에 편리함을 느낀다.

3) 전이된 오류의 정정

① 정보의 오류

내담자가 직업세계에 대한 정보를 충분히 알고 있다고 잘못 생각하는 것을 정보의 오류라 하며, 이러한 경우 보충질문을 하거나 되물음으로써 잘못을 인식시켜 주어야 한다.

ㄱ 삭제 : 내담자의 경험을 이야기함에 있어서 중요한 부분이 빠졌을 경우이다.

> 예 내담자 : 내 상사가 그러는데 나는 책임감이 없데요.
> 상담자 : 무엇에 대한 책임감을 말하는 거죠?

ㄴ 불확실한 인물의 인용 : 명사나 대명사를 잘못 사용했을 경우이다.

> 예 내담자 : 나는 대응할 수가 없어요.
> 상담자 : 누구에게 대응한단 말인가요?

ㄷ 불명확한 동사의 사용 : 내담자가 모호한 동사를 사용하였을 경우이다.

> 예 내담자 : 내 상관은 나를 무시하려 들죠.
> 상담자 : 당신의 상관이 특히 어떤 점에서 당신을 무시한다는 생각이 드나요?

ㄹ 참고자료 : 어떤 사람이나 장소, 사건을 이야기할 때 구체적으로 말하지 않는 경우 일어난다.

ㅁ 제한된 어투의 사용 : 내담자가 자신의 세계를 제한하려 드는 어투를 사용하는 경우이다.

② 한계의 오류

경험을 통한 관점만을 보기 때문에 제한된 기회 및 선택에 대한 견해를 갖고 있는 내담자가 겪는 것을 한계의 오류라 한다.

ㄱ 예외를 인정하지 않는 것 : 항상, 절대로, 모두, 아무도 등과 같은 언어를 자주 사용하는 경우에는 그릇된 생각임을 상기시켜 준다.

ㄴ 불가능을 가정하는 것 : 할 수 없다, 안 된다, 해서는 안 된다 등과 같은 용어를 사용해 자신의 능력에 한계를 짓는 경우에는 말을 긍정적으로 전환시켜 준다.

ㄷ 어쩔 수 없음을 가정하는 것 : 해야만 한다, 필요하다, 된다, 선택의 여지가 없다, 강요되다, 하지 않으면 안 된다 등의 용어를 사용하는 경우에는 개방적·긍정적인 사고를 하도록 독려해준다.

정보의 오류는 다음과 같은 반응을 보일 경우 사용하는 상담기법이다.
- 이야기 삭제하기
- 불확실한 인물 인용하기
- 불분명한 동사 사용하기
- 제한적 어투 사용하기

③ 논리적 오류

내담자가 논리적으로 맞지 않는 진술을 함으로써 의사소통까지 방해하는 것을 논리적 오류라 말한다.

㉠ 잘못된 인간관계의 오류 : 자신의 선택이나 통제에 대해 전혀 상관치 않고 책임이 없다는 식으로 생각하는 경우이다.

   예 내담자 : 사장님이 나를 엉망진창으로 만들었어요.

     상담자 : 사장님이 어떤 식으로 당시의 기분을 상하게 했죠?

㉡ 마음의 해석 : 다른 사람의 경험에 대해 직접 의사소통을 해보지 않고도 그 사람의 마음을 읽을 수 있다고 자신하는 사람의 경우이다.

   예 내담자 : 나의 상사는 나와 함께 일하는데 불편을 느끼죠.

     상담자 : 그 사실을 어떻게 그렇게 잘 아시죠?

㉢ 제한된 일반화 : 한 사람의 견해가 모든 사람에게 공유된다는 개인 생각에서 비롯되는 경우이다.

   예 내담자 : 그 느낌에 대해서 이야기 하는 것은 아주 좋은 생각입니다.

     상담자 : 누구에게 좋은 생각이란 말입니까?

4) 분류 및 재구성

① 내담자의 표현을 분류하고 재구성해 주면 내담자가 자신의 세계를 다른 각도에서 바라볼 수 있는 기회를 갖게 해주는 것이다.

② 내담자의 표현의 분류와 재구성은 내담자의 경험을 끄집어 내는 것을 도와주며, 경험의 중요성을 새로운 언어로 구사함으로써 경험을 이끌어내는데 도움을 준다.

③ 분류 및 재구성하기의 효과적인 기법은 예기된 불안이 있는 행동을 상담할 때 도움이 되는 역설적 의도이며 이는 파괴적 행동 형태를 없애는 데 사용된다.

5) 저항감의 재인식 및 다루기

직업상담을 하다보면 상담에 대해서 전혀 동기화되지 않거나 저항감을 나타내는 내담자를 만나게 되는 경우가 있다. 이런 내담자는 그러한 저항의 목적이 무엇인지 이해하고 재인식하는 것과 다루는 기술이 필요하다.

① 저항감의 재인식 종류

책임감에 대한 두려움	수행할 수 없는 두려움은 내담자의 자아가치, 적절한 존재결정에 대한 무능력 등에 영향을 미친다.
방어기재	이중의 대비를 함으로써 자기가치를 확보하며 지적능력의 결함을 대비하여 사용하는 경우
고의로 방해하는 의사소통	상황을 적당히 얼버무리는 것은 많은 이점이 있으며 상담에서 내담자가 고의로 의사소통을 하지 않은 것은 말에 따르는 책임이나 위엄에서 자유로와 지는 전략이기도 하다.

변형된 오류 수정하기와 은유 사용하기는 저항감을 다루는 기법이다.

② 저항감 다루는 기법

ⓐ 변형된 오류 수정하기
ⓑ 내담자와 친숙해지기
ⓒ 은유 사용하기
ⓓ 대결하기

6) 근거 없는 믿음의 확인

근거 없는 믿음에 바탕을 둔 직업발달과정에 대한 내담자의 사고를 직업신화라고 하는데 이는 어떤 일을 해보지도 않고 그렇게 될 것이라고 확신하는 것을 말한다.

> **🔎 참고**
>
> **레비스와 길하우젠의 견해**
>
> 레비스와 길하우젠(Lewis & Gilhousen)에 의하면 진로신화란 주요한 근거 없는 믿음을 바탕을 둔 진로발달 과정에 대한 내담자의 사고에서 나타난 것으로 다음과 같은 것이다.
> ① "나는 앞으로 이런 종류의 일을 하고 싶지 않을 것이라고 믿어요."
> ② "나는 앞으로 반년 간은 신용을 잃어 직업을 바꾸는 일이 없을 것이라 확신합니다."
> 이러한 예들은 "어떤 일(결정하기, 정보수집, 헤쳐 나갈 위기 등)을 해보지도 않고 그렇게 될 것이라는 것을 확신"하는 그런 유형의 생각들로서 모순을 낳게 된다.

7) 왜곡된 사고 확인하기

왜곡된 사고란 재능에 대한 지각, 결론도출, 정보 및 지적의 부적절하거나 부분적인 일반화, 관념 등에서 정보의 특정한 부분만 보는 경우이다. 이러한 내담자는 다음과 같은 유형을 갖는다.

① 여과하기 : 상황의 긍정적인 면을 여과시키고 나머지 부정적인 측면만 강조하는 것
② 극단적인 생각 : 모든 것을 이분론적 사고로 생각하는 것, 즉 흑과 백, 선과 악, 성공과 실패 등으로 판단하는 것
③ 과도한 일반화 : 사건의 일부분이나 한 가지 사실을 보고서 급하게 일반화시키는 것
④ 마음읽기 : 말을 하지 않더라도 상대방의 마음을 자기 마음대로 읽고 해석하는 것
⑤ 파국 : 불행을 기대하는 것
⑥ 인격화 : 다른 사람의 모든 말이나 행동이 자신과 관련되어 있다고 생각하는 것
⑦ 오류의 통제 : 내적인 사람들은 자신의 고통을 다른 사람의 탓으로 돌리나, 외적인 사람들은 자신을 운명의 희생물이라고 생각하는 것
⑧ 공정성의 오류 : 자신은 어떤 것이 올바른지 잘 알고 있는데, 다른 사람들이 이에 동조하지 않을 때 느끼는 감정
⑨ 비난 : 자신의 고통은 타인 때문이라고 믿고 생각하는 것, 모든 문제나 반전의 이유를 자신에게 돌리는 경우
⑩ 의무 : 사람들이 지켜야 할 규칙이 있는데, 이 규칙을 지키지 못한 경우에는 속상하거나 자신이 그 규칙을 지키지 못해서 부끄러움을 느끼는 경우

⑪ 정서적 이성 : 진실이라고 믿는 것은 반드시 진실이고, 거짓이라고 생각하면 반드시 거짓이어야 한다는 것

⑫ 변화의 오류 : 압력을 넣거나 꾀어서 사람들이 자신에게 맞추어 변화된다고 생각하는 것

⑬ 정당화하기 : 자신의 행동이나 의견이 옳다고 믿거나 계속적으로 밝히려고 노력하며, 주장하는 것

⑭ 인과응보의 오류 : 자기의 희생이나 자기 부정에 대한 대가가 반드시 돌아올 것이라고 믿는 것

8) 내담자의 변명

변명은 "타인이나 자신의 행동의 부정적인 면을 줄이려는 행동이나 설명으로서 자신의 긍정적인 면을 계속 유지하려는 것"이다.

① 책임회피하기 – "내가 하지 않았어요"

② 결과를 재구성하기 – "그렇게 나쁘다고 할 수는 없어요"

③ 책임을 변형하기 – "그렇게 할 수 밖에 없었어요"

9) 반성의 장 마련하기

내담자 자신, 타인 그리고 내담자가 살고 있는 세상 등에 대해 판단을 내릴 수 있는 상황을 만들어 주는 것이다. 웰펠에 의하여 제안된 7단계 모형이 있다.

[웰펠(Welfel)의 7단계]
1단계 : 독단적인 사고를 밝히는 단계
2단계 : 현실의 대안적인 개념에 대해 어느 정도 알기 시작하는 단계
3단계 : 지식의 확실성을 의심하는 단계
4단계 : 주위 모든 지식의 불확실성을 깨닫는 단계
5단계 : 존재의 법칙에 따라서 논쟁을 숙고하고 평가하며 법칙을 배우는 단계
6단계 : 자신의 가치판단체계를 벗어나 일반화된 지식을 비교·대조하는 단계
7단계 : 전반적인 반성적 판단이 이루어지는 단계

② 상담 면접의 주요 방법

1) 반영

① 의의

㉠ 반영은 내담자가 표현한 기본적인 태도나 감정을 상담자가 다른 참신한 말로 부연해주는 기법이다. 상담자는 반영을 통해 내담자의 태도를 거울에 비추어 주듯이 보여줌으로써 자기 이해를 도와줄 뿐 아니라 내담자로 하여금 자기가 이해받고 있다는 인식을 주게 된다.

㉡ 내담자에 의해서 표현된 태도를 통해서 그 밑바탕에 흐르는 감정을 파악하도록 한다.

ⓒ 내담자의 감정이나 태도 중에 가장 중요하고 강한 것을 선택하여 반영하는 것이 효과적이다.

② 종류

　ⓐ 느낌의 반영 : 내담자의 주요 감정에 의해 표현되고 있는 것을 반영한다.
　ⓑ 행동 및 태도의 반영 : 내담자의 자세, 몸짓, 목소리의 어조 또는 눈빛 등에 의해 표현하고 있는 것을 반영한다.

③ 반영시 유의점

　ⓐ 상투적 문구는 사용하지 말아야 한다.
　ⓑ 반영의 시의성 : 상담이 어느 정도 진행되면 상당한 양의 정보가 생성되는데, 상담자는 의미 있는 느낌에 초점을 맞추기 위해 내담자의 감정흐름을 방해하지 않는 범위 내에서 가끔 내담자의 말을 중단해야 할 필요가 있다.
　ⓒ 반영할 느낌을 선택할 때 어떤 느낌을 정확하게 선택하고 적절하게 반영해 줄 것인가를 잘 선택해야 한다.

④ 상담자가 반영할 때 주의해야 할 것

　ⓐ 반영의 내용 : 내담자가 사용한 것과 근본적으로 동일한 표현으로 반영을 해야 한다.
　ⓑ 반영의 깊이 : 반영을 너무 피상적으로 한다거나 깊게만 하는 것을 피하고 가급적 내담자의 말에서 표현된 성도만큼 하는 것이 바람직하다.
　ⓒ 반영의 의미 : 내담자의 말에서 표현된 의미에 다른 의미를 첨가하거나 삭제하지 말아야 한다.
　ⓓ 반영에 사용되는 언어 표현 : 일상적이고 구체적인 용어를 선택해서 사용한다.

2) 수용

상담자가 내담자의 이야기에 주의를 집중하고 있고, 내담자를 인격적으로 존중하고 있음을 보여주는 기법으로 내담자의 말을 주의 깊게 듣고 있는 상담자의 태도와 반응을 말한다.

3) 구조화

① 상담과정의 초기단계에서 상담과정의 본질, 제한조건 및 방향에 대하여 상담자가 정의를 내려주는 것이다. 구조화 작업시 주로 사용되는 것은 상담목표설정, 상담시간 약속, 촉진적 관계형성이다. 상담자는 내담자에게 상담과정에 대해 의도적으로 설명하거나 제약을 가하는 상담기법에 해당한다.

② 구조화의 방법

　ⓐ 상담자는 내담자에게 상담가능시간을 말하고, 상담기간과 비용을 미리 말하여야 한다.
　ⓑ 내담자가 감정을 직접적인 행동으로 표시하는 것에는 한계가 있음을 밝힌다.
　ⓒ 상담자 역할의 한계를 이야기해줌으로써 상담자를 대하는 데에 혼란을 일으키지 않도록 해 준다.

내담자의 성격은 구조화하기 위해서 다루어야 할 요소가 아니다.

② 상담이 성공적으로 되기 위해서는 내담자가 상담과정에서 중요한 몫을 수행해야 하는 책임이 있음을 깨달아야 한다.

⑩ 내담자가 상담에 쉽게 몰두할 수 있도록 직접적인 조언이나 해답을 원하는 내담자의 의존 욕구를 반영해주는 효과로서 상담과정과 목표를 구조화한다.

⑪ 구조화는 적절한 시점에 이루어지되, 결코 내담자를 처벌하는 식이 되어서는 안 된다.

⑫ 면담시간약속 및 내담자의 행동규범에 관해서는 구체적으로 정해져야 한다.

⑬ 상담자와 내담자가 서로 편하게 느끼도록 최소한도로 줄인다.

4) 환언

① 내담자의 이야기를 듣고 나서 상담자가 자기의 표현양식으로 바꾸어 말해줌으로써 내담자의 입장을 이해하려고 상담자가 노력하고 있음을 알려준다.

② 내담자의 생각을 구체화시키며, 내담자가 말하고 있는 바를 상담자가 올바르게 이해하고 있는지 확인해 볼 수 있다.

5) 경청

반응보다는 상대의 생각이나 기분의 이해, 말의 내용은 물론 그 내면에 깔린 동기나 정서에 집중하여 내담자에게 피드백을 주는 과정이다.

6) 요약

이미 언급된 사항들을 상담이 끝날 무렵 한데 묶어 요약해 준다. 요약의 기본은 대화의 내용과 감정들의 요체, 그리고 일반적인 줄거리를 잡아내는 것이다.

① 목적

㉠ 내담자의 말을 요약해 줌으로써 그의 말에 주목하고 있고, 그를 이해하고 있음을 확신시킨다.

㉡ 면접 초두에서 이전 면접까지의 진행내용을 요약하는 것은 상담의 연속성을 확실하게 한다.

㉢ 내담자가 미처 의식하지 못한 면을 학습시키고, 문제 해결의 과정을 밝히며, 자신의 생각과 느낌을 탐색하도록 한다.

㉣ 매회 상담을 자연스럽게 종결하며 많은 생각들을 정리하여 통합하고 새로운 해결책을 강구하게 된다.

㉤ 상담자는 내담자의 말에 대해 전체적으로 이해하였는가를 알 수 있으며, 그것을 통해 더욱 책임감을 느낄 수 있다.

② 과정

㉠ 내담자의 말 중에서 중요한 내용과 감정에 주의를 기울인다.

㉡ 파악한 주된 내용과 감정을 통합해서 전달한다.

㉢ 상담자 자신의 새로운 견해를 추가하지 않도록 한다.

㉣ 상담자가 요약하는 것이 좋을지 내담자가 요약하는 것이 좋을지 결정한다.

해석은 내담자가 직접 진술하지 않는 내용이나 개념을 그의 과거 설명이나 진술을 토대로 하여 추론하여 말하는 것이다.

7) 명료화

내담자의 이야기 핵심을 요약해 내담자의 문제를 분명하게 하는 작업으로, 내담자의 문제 갈등을 분명하게 하는 것일 뿐만 아니라 문제 갈등에 연관된 내부적 진실을 분명히 한다.

명료화는 혼란스러운 감정과 갈등을 가려내어 분명히 해 주는 것이다.

① 필요성

- ㉠ 상담자가 내담자의 말을 정확하게 이해하기 위해서 필요
- ㉡ 내담자가 스스로의 의사와 감정을 구체화하여 재음미하도록 돕기 위해서도 중요
- ㉢ 내담자에게 명료화를 요청할 때는 상담자가 내담자에게 도움을 주기 위하여 질문을 하고 있다는 느낌을 주어야 한다.

② 요소

- ㉠ 내담자의 말이 모호하거나 잘 이해되지 않았음을 밝힌다.
- ㉡ 내담자 스스로 자기의 말을 재음미하거나, 구체적인 예를 들어 명확히 해 줄 것을 요청한다.
- ㉢ 내담자의 진술에 대한 상담자 자신의 반응을 나타냄으로써 내담자의 반응을 명료화한다.
- ㉣ 상담자의 반응은 개인적인 반응이 되지 않도록 하며, 직면과 같이 직접적이고 강렬하지 않도록 한다.

8) 해석

내담자가 자기의 문제를 새로운 각도에서 이해하도록 그의 생활경험과 행동의 의미를 설명하는 것이다.

9) 공감

공감은 상담자가 갖추어야 할 기법 중 내담자가 전달하려는 내용에서 한 걸음 더 나아가 그 내면적 감정에 대해 반영하는 것이다.

동정이나 동일시와는 다르며, 상담자가 내담자의 입장이 되어 내담자의 감정·신념·태도를 거의 같은 수준으로 이해하고 받아들이는 것. 내담자의 내면적 감정을 반영하고 이를 통해 내담자의 감정을 충분히 이해하고 수용할 수 있다.

CHAPTER 03 출제예상문제

01 희망직업 또는 자신의 흥미, 적성에 대한 이해가 부족한 내담자를 상담하게 되었을 때 상담 및 직업지도 서비스 업무과정을 바르게 나열한 것은?

> A. 적합직업 탐색
> B. 직업에 관한 상세 정보 제공
> C. 직업지도 시스템을 통한 검사결과 처리
> D. 직업적성검사 및 흥미검사 실시

① D→C→A→B
② A→B→D→C
③ D→A→B→C
④ A→D→C→B

02 다음에 대해 가장 수준이 높은 공감적 이해와 관련된 반응은?

> 우리 집은 왜 그리 시끄러운지 모르겠어요. 집에서 영 공부할 맘이 없어요.

① 시끄러워도 좀 참고 하지 그러니.
② 그래, 집이 시끄러우니까 공부하는데 많이 힘들지?
③ 식구들이 좀 더 조용히 해주면 공부를 더 잘 할 수 있을 것 같단 말이지.
④ 공부하기 싫으니까 핑계도 많구나.

> **해설** 공감은 내담자의 세계를 상담자 자신의 세계인 것처럼 경험하지만 객관적인 위치에서 벗어나지 않는 것으로써 내담자가 전달하려는 내용에서 할 걸음 더 나아가 그 내면적 감정에 대해 반영하는 것이다.

03 다음 내담자와 상담자의 대화 중 내담자가 범하고 있는 한계의 오류와 이에 대한 상담자의 개입이라 볼 수 있는 것은?

① "나는 사장님께 말을 할 수 없어요." – "사장님과 대화할 수 있는 방법을 모르시는 것이겠지."
② "우리 상사는 나와 일하는 것을 불편하게 생각해요." – "그 사실을 어떻게 그렇게 잘 알지요?"
③ "그 사람들은 나를 이해하지 못해요." – "누가 당신을 이해하지 못한다는 거지요?"
④ "우린 상관은 나를 무시하려 들지요." – "당신의 상관께서 특별히 어떤 점에서 무시한다는 생각이 드나요?"

04 다음은 상담기법 중 무엇에 관한 설명인가?

> 문제를 있는 그대로 확인시켜 주어 내담자가 문제와 맞닥뜨리도록 함으로써, 내담자로 하여금 현실적인 대처방안을 찾을 수 있도록 도전시키는 과정

① 자유연상
② 반영
③ 직면
④ 명료화

> **해설** 직면은 내담자로 하여금 행동의 특정 측면을 검토해보고 수정하게 하며 통제하도록 도전하게 하는 것이다.

05 다음 중 진로시간전망 검사지의 사용목적과 가장 거리가 먼 것은?

① 목표설정 촉구하기
② 계획기술 연습하기
③ 진로의식 높이기
④ 미래직업에 대한 지식 확장하기

해설 **진로시간전망 검사의 목적**
① 미래 방향성 증대
② 미래 희망 주기
③ 계획에 의한 긍정적 태도 강화
④ 목표설정 촉구
⑤ 시간계획기술연습
⑥ 진로의식 함양

06 직업상담시 내담자의 가족이나 선조들(부모 조부모 및 친인척)의 직업 특징에 대한 시각적 표상을 얻기 위해 만드는 도표는 무엇인가?

① 기대표
② 생활사
③ 제노그램
④ 프로파일

07 내담자의 동기와 역할을 사정(assessment)하는데 일반적으로 가장 많이 사용되는 방법은?

① 개인상담
② 자기보고
③ 직업상담
④ 심리치료

해설 일반적으로 동기와 역할을 사정하는데는 자기 보고식 사정법을 가장 많이 이용하고 있다.

08 초기 면담의 주요 요소 중 내담자에게 선정된 행동을 연습하거나 실천토록 함으로써 내담자가 계약을 실행하는 기회를 최대로 도울 수 있는 요소는?

① 리허설
② 계약
③ 감정이입
④ 유머

해설 **리허설**
내담자에게 선정된 행동을 연습하거나 실천토록 함으로써 내담자가 계약을 실행하는 기회를 최대화 할 수 있도록 도와주는 것

09 원하는 목표를 상상하거나 숙고해 보도록 하는 상담기법은?

① 직면
② 계약
③ 즉시성
④ 암시적 리허설

해설 리허설에는 말이나 행위로 표현하는 명시적리허설과 상상해 보는 암시적 리허설이 있다.

10 직업상담을 위한 면담에 대한 설명으로 옳은 것은?

① 내담자의 모든 행동은 이유와 목적이 있음을 분명하게 인지한다.
② 상담과정의 원만한 전개를 위해 내담자에게 태도변화를 요구한다.
③ 침묵에 빠지지 않도록 상담자는 항상 먼저 이야기를 해야 한다.
④ 초기면담에서 내담자에 대한 기준을 부여한다.

해설 내담자 스스로 변화할 수 있도록 도와주고 침묵에 빠지지 않도록 내담자가 이야기 할 수 있는 환경을 조성해 주어야 하며, 상담초기에 내담자에 대한 기준을 부여해서는 안 된다.

11 초기면담의 유형인 정보지향적 면담에서 주로 사용하는 기법이 아닌 것은?

① 폐쇄형 질문
② 개방형 질문
③ 탐색하기
④ 감정이입하기

12 직업상담의 초기면담을 마친 후에 상담자가 면담을 정리하기 위해 검토해야 할 사항으로 가장 부적절한 것은?

① 사전자료를 토대로 내렸던 내담자에 대한 결론은 얼마나 정확했는가?
② 상담에 대한 내담자의 기대와 상담자의 기대는 얼마나 일치했는가?
③ 내담자에 대하여 어떤 점들을 추가적으로 평가해야 할 것인가?
④ 내담자에 대한 적절한 직업을 추천하였는가?

해설 적절한 직업에 대한 추천은 최종면담을 마친 후에 검토하여야 한다.

정답 **05** ④ **06** ③ **07** ② **08** ① **09** ④ **10** ① **11** ④ **12** ④

13 다음 초기상담과정의 상담내용을 읽고 이 상담전략을 올바르게 평가한 것은?

> • 상담자 : 지훈군은 전공에 대해 많이 생각하고 있네요. 하지만 아직 결론이 나지 않았네요. 지훈군은 절대로 기술직이 되고 싶지 않다고 한 건 아니지요.
> • 내담자 : 네 맞아요. 전 기술직이 자신이 없어요. 그러나 부모님은 제가 할 수 있다고 하십니다.
> • 상담자 : 예. 이곳은 지훈군과 같은 학생을 돕는 곳이며 최선을 다할 것입니다. 우리가 함께 노력하면 등록기간쯤에는 전공에 대한 생각을 갖게 될 것입니다. 지훈군이 어떤 전공을 선택할지 고려하는 동안 그 전공으로 무엇을 할지 고려해 보는 것도 좋습니다.

① 상담자와 내담자는 초기목표를 설정하여야 한다.
② 상담자는 상담에서 기대를 설정하고 나서 은연 중에 내담자에게 목표추구에 대한 영향을 미치려고 하므로 적절하지 않다.
③ 내담자와 상담자간의 역할이 논의되어야 한다.
④ 이 상담은 내담자의 기대가 일치하므로 등록 마감 전까지 상담회기를 끝낼 수 있다.

> 해설 위의 경우 대학전공을 찾기 위해 노력하고 있으며, 이에 관한 훌륭한 결정을 내릴 수 있도록 도와 주어야 한다. 그러나 상담자는 상담을 통해 전공에 대한 생각이 정해질 것이라는 기대를 하고 있으며, 내담자에 대한 목표추구에 영향을 미치려고 하고 있다.

14 초기면담의 주요 요소 중 내담자로 하여금 행동의 특정 측면을 검토해보고 수정하게 하며 통제하도록 도전하게 하는 것은?

① 계약   ② 감정이입
③ 리허설   ④ 직면

15 다음의 내담자를 상담할 경우 가장 먼저 해야 할 것은?

> 갑자기 구조조정 대상이 되어 직장을 떠난 40대 후반의 남성이 상담을 받으러 왔다. 전혀 눈 마주침도 못하며, 상당히 위축되어 있는 상태이고 미래에 대한 불안감을 호소하고 있다.

① 관계 형성   ② 상담자의 전문성 소개
③ 상담 구조 설명   ④ 과제 부여

> 해설 내담자는 구조조정으로 인한 실적을 당한 상태로 심리적 위축과 불안감을 나타내고 있으므로 관계형성이 무엇보다 중요하다.

16 상담자가 자신의 바람은 물론 내담자의 느낌, 인상, 기대 등에 대하여 이해하고 이를 상담대화의 주제로 삼는 상담기법은?

① 직면   ② 계약
③ 즉시성   ④ 리허설(Rehearsal)

> 해설 즉시성이 유용한 경우
> ① 방향성이 없는 관계일 경우
> ② 긴장감이 감돌고 있을 때
> ③ 신뢰성에 의문이 제기될 경우
> ④ 상담자와 내담자 사이에 상당한 정도의 사회적 거리가 있을 경우
> ⑤ 내담자 의존성이 있을 때
> ⑥ 역의존성이 있을 경우
> ⑦ 상담자와 내담자 사이에 친화력이 있을 경우

17 즉시성의 상담기법이 유용한 경우가 아닌 것은?

① 상담자와 내담자 간에 상당한 정도의 사회적 거리가 있을 경우
② 내담자 의존성이 있을 경우
③ 상담자와 내담자 간에 친화력이 있을 경우
④ 내담자가 심리적 고통에 빠져 있을 경우

18 다음은 직업상담기법 중 무엇에 대한 설명인가?

> • 상담자는 두 부분의 개입을 하게 된다. 첫 번째는 낡은 사고에 대한 평가이며, 두 번째는 낡은 사고나 새로운 사고의 적절성을 검증하는 실험을 해 보는 것이다.
> • 의문 형태의 개입은 상담자가 정답을 제시하기 보다는 내담자 스스로 해결 방법에 다가가도록 유도한다.

① 실제적 기법   ② 심리측정 도구 사용기법
③ 인지적 기법   ④ 논리적 기법

> 해설 인지적 기법은 내담자의 부정확하고 왜곡된 신념이 무엇인지를 규명하고 이를 합리적 신념체계로 대치시키는 것이다.

정답   13 ②   14 ④   15 ①   16 ③   17 ④   18 ③

19 상담기법 중 내담자가 전달하는 이야기의 표면적 의미를 상담자가 다른 말로 바꾸어서 말하는 것을 무엇이라고 하는가?

① 탐색적 질문　　　　　② 요약과 재진술
③ 명료화　　　　　　　④ 적극적 경청

20 직업상담기법의 설명으로 틀린 것은?

① 상담자의 사적인 정보를 공개하는 자기노출은 직업상담과정에서 항상 필요한 것은 아니다.
② 유머는 민감성과 시간성이 요구되며 상담 장면에서 품위를 떨어뜨리는 것이 아니고 내담자의 저항을 우회할 수 있고 긴장을 없앨 수 있다.
③ 리허설에는 두가지 종류가 있으며 이는 내담자가 하고자 하는 것을 말로 표현하거나 행위로 보이는 명시적인 것과 원하는 것을 상상해보는 공상적인 것이 있다.
④ 주의 깊고 적절한 직면은 성장을 유도하고 용기를 주나 때론 상담자가 직면에 실패할 경우 실제로 내담자에게 해로울 수 있다.

21 생애진로사정의 구조에 해당되지 않는 것은?

① 적성과 특기　　　　　② 강점과 장애
③ 진로사정　　　　　　④ 전형적인 하루

22 생애진로사정에 관한 설명으로 틀린 것은?

① 내담자에 관한 가장 초보적인 직업상담정보를 얻는 질적인 (Qualitative) 절차이다.
② 내담자 자신의 가치와 자기 인식에 대한 정보를 제공한다.
③ 내담자 자신의 기술과 능력에 대한 자기평가를 방지한다.
④ 내담자의 직업경험과 교육수준을 나타내는 객관적 사실을 알려준다.

23 다음 중 생애진로사정(Life Career Assessment)과 관련이 없는 것은?

① 생애진로사정은 아들러(Adler)의 개인 심리학에 이론적 기초를 두고 있다.
② 생애진로사정의 구조는 진로사정, 전형적인 하루, 강점과 장애 및 요약으로 이루어진다.
③ 생애진로사정은 직업상담의 마무리 단계로서 최종결론을 도출하기 위한 시도이다.
④ 생애진로사정은 구조화된 면담기술로서 짧은 시간에 체계적인 정보를 수집할 수 있다.

해설 상담의 초기에 내담자에 관한 가장 기초적인 직업상담정보를 얻는 질적 평가절차이다.

24 다음 사례를 읽고 직면기법에 가장 가까운 반응은?

> 집단모임에서 여러 명의 집단원들로부터 부정적인 피드백을 받은 한 집단원에게 다른 집단원이 그의 느낌을 묻자 아무렇지도 않다고 하지만 그의 얼굴표정이 몹시 굳어 있을 때, 지도자가 이를 직면하고자 한다.

① "○○씨, 지금 느낌이 어떤가요?"
② "○○씨가 방금 아무렇지도 않다고 하는 말이 어쩐지 믿기지 않는군요."
③ "○○씨, 내가 만일 ○○처럼 그런 지적을 받았다면 기분이 몹시 언짢겠는데요."
④ "○○씨는 아무렇지도 않다고 말하지만, 지금 얼굴이 아주 굳어있고 목소리가 떨리는군요. 내적으로 지금 어떤 불편한 감정이 있는 것 같은데, ○○씨의 반응이 궁금하군요."

해설 직면은 내담자로 하여금 행동의 특정 측면을 검토해 보고 수정하게 하며 통제하도록 도전하는 것이다.

25 다음 중 생애진로사정의 구조에 포함되지 않는 것은?

① 진로사정　　　　　　② 강점과 장애
③ 훈련 및 평가　　　　④ 전형적인 하루

26 다음 중 생애진로사정의 설명으로 틀린 것은?

① 내담자의 과거 직업에 대한 전문지식 분석
② 내담자의 과거 직업경력에 대한 정보수집
③ 내담자의 가계도(genogram) 작성
④ 내담자가 가진 자원과 장애물에 대한 평가

27 다음 (   ) 안에 알맞은 것은?

생애진로사정은 진로사정, (   ), 강점과 장애, 그리고 (   )으로 이루어진다.

① 진로요약, 하루에 대한 묘사
② 일의 경험, 요약
③ 전형적인 하루, 요약
④ 훈련과정과 관심사, 내담자 자신의 용어 사용

28 생애진로사정에 대한 설명으로 틀린 것은?

① 생애진로사정은 검사실시나 검사해석의 예비적 단계를 끝내고 실시하는 단계이다.
② 구조화된 면담기술로서 비교적 짧은 시간 내에 내담자에 대한 정보를 수집하는 단계이다.
③ 내담자가 하는 일의 유형이나 내담자의 정보를 처리하고 의사결정을 돕는 방법을 모색할 수 있는 단계이다.
④ 직업상담의 주제와 관심을 표면화하는데 덜 위협적인 방법의 단계이다.

해설 검사실시 전에 실시한다.

29 직업상담시 내담자의 가족이나 선조들(부모, 조부모 및 친인척)의 직업 특징에 대한 시각적 표상을 얻기 위해 만드는 도표는?

① 기대표   ② 생활사
③ 제노그램   ④ 프로파일

해설 직업상담시 내담자의 가족이나 선조들(부모, 조부모 및 친인척)의 직업 특징에 대한 시각적 표상을 얻기 위해 만드는 도표를 직업가계도(제노그램)이라 한다.

30 개인의 진로결정 요인 중 내재적 요인에 속하지 않는 것은?

① 연령   ② 능력
③ 신체적 조건   ④ 가족구성원

해설 가족구성원은 환경적 요인에 해당된다.

31 직업상담에서 내담자가 "삶에서 무엇을 지향할 것인가에 관하여 가지고 있는 생각"을 무엇이라고 하는가?

① 동기 및 역할   ② 욕구
③ 흥미   ④ 가치

32 낮은 동기를 갖은 내담자에게 자기효능감을 증진시키기 위한 방법에 포함되지 않는 것은?

① 내담자의 장점을 강조하며 격려하기
② 긍정적인 단계를 강화하기
③ 내담자와 비슷한 인물이나 비디오테이프 보여주기
④ 직업대안을 규명하기

해설 직업대안 규명하기는 흥미사정의 용도이다.

33 직업카드분류법은 직업상담에서 많이 사용하는 기법 중 하나이다. 직업카드분류법은 무엇을 알아보기 위한 것인가?

① 직업선택시 사용가능한 기술
② 가족내 서열 및 직업가계도
③ 직업세계와 고용시장의 변화
④ 직업선택의 동기와 가치

해설 직업카드 분류법은 내담자에 대한 직업선택의 동기와 가치를 알려보려는 것이다.

정답 26 ① 27 ③ 28 ① 29 ③ 30 ④ 31 ④ 32 ④ 33 ④

34 과거에 했던 선택의 회상, 절정경험, 자유시간과 금전 사용계획 등을 조사하고 존경하는 사람을 쓰게 하는 등의 상담행위는 다음 중 무엇을 위한 것인가?

① 내담자의 동기사정을 위해서
② 내담자의 역할관계사정을 위해서
③ 내담자의 가치사정을 위해서
④ 내담자의 흥미사정을 위해서

35 마이어스 – 브리그스의 유형 지표에 대한 설명으로 옳지 않은 것은?

① 자기보고식의 강제선택검사이다.
② 판단형과 지각형의 성격 차원은 지각적 또는 정보 수집적 과정과 관계가 있다.
③ 외향형과 내향형의 성격 차원은 세상에 대한 일반적인 태도와 관련이 있다.
④ 내담자가 선호하는 직업역할, 기능, 환경을 찾아내는데 유용하다.

해설 판단형(J) · 지각형(P) – 생활양식에 대한 선호경향

36 직업상담에 사용되는 질적 측정도구가 아닌 것은?

① 역할놀이
② 제노그램
③ 카드분류
④ 미네소타 다면적 인성검사

해설 미네소타 다면적 인성검사(MMPI)는 양적 측정도구이다.

37 개인적 부적응의 행동을 보이는 내담자가 취업상담을 원할 때 우선 고려해야 할 점은?

① 성취검사
② 능력검사
③ 부적응 행동의 수준평가 및 치료
④ 가족력

해설 개인적 부적응의 행동을 보이는 내담자가 취업상담을 원할 때 우선적으로 부적응행동의 수준평가 및 치료를 고려해야 한다.

38 진로시간 전망검사 중 Cottle의 원형검사에 기초한 시간전망개입은 3가지 국면으로 구분할 수 있다. 이들 중 미래를 현실처럼 느끼게 하고, 미래계획에 대한 정적인 태도를 강화시키며 목표설정을 신속하게 하는 것을 목표로 하는 것은?

① 방향성
② 변별성
③ 통합성
④ 개별성

해설 ㉮ 방향성 : 미래에 대한 낙관적인 입장을 구성하여 미래지향성을 증진시킨다.
㉯ 변별성 : 미래를 현실처럼 느끼게 하고, 미래계획에 대한 정적인 태도를 강화시키며 목표 설정을 신속하게 하는 것이다.
㉰ 통합성 : 현재 행동과 미래의 결과를 연결시키고, 진로에 대한 인식을 증진시킨다.

39 생애주기에 대한 미래시간 전망을 갖고 있는 사람이 가지고 있지 않은 특징은 다음 중 어떤 것인가?

① 낙천주의적 태도
② 창조적 태도
③ 현재집착 태도
④ 도전적 태도

40 최근 직업 심리학에서 인간의 생애주기를 연구하는 목적이 아닌 것은?

① 최근 직업에 종사하는 사람들이 직업보다는 가정생활에 더 큰 의미를 두기 때문
② 최근에는 은퇴 후에도 직업 복귀 경향이 높아지고 있기 때문
③ 직업에 종사하는 기간이 길어지고, 오랜 직업생활을 유지하려는 욕구가 강해지고 있기 때문
④ 개인의 직업의식이나 가치관이 급격하게 변하고 있기 때문

해설 최근에는 가정보다 직업이나 직장생활에 더큰 의미를 두고 있다.

41 진로시간 전망검사 중 코틀(Cottle)이 제시한 원형검사에서 원의 크기가 나타내는 것은?

① 과거, 현재, 미래
② 방향성, 변별성, 통합성
③ 시간차원에 대한 상대적 친밀감
④ 시간차원의 연결 구조

해설 ① 원의 크기 : 시간차원에 대한 상대적 친밀감
② 원의 배치 : 시간차원들이 어떻게 연관되어 있는지를 나타낸다.

42 생애주기에 관한 연구들의 결과가 주는 시사점이 아닌 것은?

① 모든 연령수준별로 일에 대한 이해, 일을 수행하기 위한 훈련과 자격, 원하는 직업을 얻는 방법, 생활과 직업의 관계를 인식해야 한다.
② 특히 10대에게는 직업에 필요한 적당한 기술과 훈련이 필요하다.
③ 한번 얻은 직업정보는 시간과 상황에 관계없이 계속 유지되어야 한다.
④ 여성과 노인들을 위한 취업정보체계가 필요하다.

해설 생애주기 변화로 인해 과거보다 긴 시간동안 직업생활을 하게 되고, 직업정보의 양이 방대하며 정보의 생명주기가 짧아졌다.

43 Locke와 Latham이 주장한 목표설정이론(Goal-setting Theory)에 관한 설명으로 틀린 것은?

① 어려운 목표가 더 높은 수준의 직무수행을 가져온다.
② 목표에 대한 몰입이 목표의 난이도에 비례한다.
③ 목표가 일반적일수록 개인은 그것을 추구하기 위해 더 노력한다.
④ 개인이 과업수행에 대하여 피드백을 받는 것이 중요하다.

해설 쉬운 목표보다 어려운 목표가 도전감을 주고 노력을 자극한다.

44 진로수첩이 내담자에게 미치는 유용성으로 볼 수 없는 것은?

① 자기평가를 통해 자신감과 자기인식을 증진시킨다.
② 일 관련 태도 및 흥미에 대한 지식을 증진시킨다.
③ 다양한 경험들이 어떻게 직무관련 태도나 기술로 전환될 수 있는지에 대해 이해를 발전시킨다.
④ 진로, 교육, 훈련 계획을 개발하기 위한 상담도구를 제공한다.

해설 진로수첩은 자신에 관한 직무관련정보를 명확하고 이해하기 쉽게 정리하도록 도우며 내담자 자신의 진로를 탐색하고 결정하는데 필요한 정보를 제공해 준다.

45 다음의 면담에서 직업상담자가 택한 개입의 방법은?

• 내담자 : 난 사업을 할까 생각 중이에요. 그런데 그 분야에서 일하는 여성들은 대부분 이혼한다고 합니다.
• 상담자 : 선생님이 사업을 하면 이혼할까 두려워하시는 군요. 직장여성들의 이혼율과 다른 분야에 종사하는 여성들에 대한 통계를 알아보도록 하죠.

① 구체화시키기   ② 논리적 분석
③ 격려   ④ 재구조화

46 다음 면담에서 인지적 명확성이 부족한 내담자의 유형 중 상담자의 개입방법이 올바르게 짝지워진 것은?

• 내담자 : 나는 기계공학 전공 말고는 아무것도 생각할 수 없어요. 그 외의 일을 한다는 것을 생각해 본 적도 없어요.
• 상담자 : 학생이 기술자가 되지 못한다면 재앙이라도 일어날 것처럼 들리는 군요. 그런데 학생은 기계공학을 하기에는 성적이 좋지 않군요.
• 내담자 : 그래서 미칠 것 같아요. 난 낙제할 것 같아요.
• 상담자 : 학생 인생에서 다른 대안을 생각해 보지 않는다면 정말 문제가 되겠네요.

① 양면적 사고 – 역설적 사고(증상을 기술한다)
② 파행적 의사소통 – 저항에 다시 초점맞추기
③ 강박적 사고 – RET 기법
④ 원인과 결과 착오 – 논리적 분석

47 다음의 상담과정에서 필요한 상담기법은?

> • 내담자 : 전 의사가 될 거예요. 저희 집안은 모두 의사들이거든요.
> • 상담자 : 학생은 의사가 될 것으로 확신하고 있네요.
> • 내담자 : 예. 물론이지요.
> • 상담자 : 의사가 되지 못한다면 어떻게 되나요?
> • 내담자 : 한번도 그런 경우를 생각해 보지 못했습니다. 의사가 안 된다면 내 일생은 매우 끔찍할 것입니다.

① 재구조화　　　　② 합리적 논박
③ 정보제공　　　　④ 직면

48 다음 상담의 인지적 명확성이 부족한 내담자의 유형과 상담자의 개입방법이 옳은 것은?

> • 내담자 : 난 자격시험에 합격할 수 없을 것 같아요.
> • 상담자 : 그동안 선생님은 자격시험 공부를 매우 열심히 하신 걸로 아는데요.
> • 내담자 : 하지만 단념했어요. 내 친구는 자격시험이 어렵다고 했어요.
> • 상담자 : 선생님은 자격시험에 불합격할 것이라고 생각하고 있군요. 그 이유는 친구분이 어렵다고 했기 때문이구요. 그러면 선생님과 친구분과의 공통점을 알아보기로 하죠.

① 단순오정보 – 정보제공
② 구체성의 결여 – 구체화시키기
③ 자기인식의 부족 – 은유나 비유 쓰기
④ 가정된 불가능 – 논리적 분석, 격려

49 직업상담 장면에서 미결정자나 우유부단한 내담자에게 가장 우선되어야 할 직업상담 프로그램은?

① 미래사회 이해 프로그램
② 자신에 대한 탐구 프로그램
③ 취업효능감 증진 프로그램
④ 직업세계 이해 프로그램

50 직업선택에 대해 내담자들이 보이는 우유부단함의 일반적인 이유로 보기 어려운 것은?

① 자신이 선택하려는 직업에서 실패할 것에 대한 두려움
② 자신의 선택이 중요한 다른 사람에게 나쁜 결과를 줄 것이라는 죄의식
③ 자신이 선택하려는 직업이 자신이 원하는 것을 완벽하게 제공하지 못할 것이라는 믿음
④ 자신이 선택을 빨리 하면 할수록 더 결과가 좋을 것이라는 조급함

> **해설** 의사결정 과정을 피해가고 싶은 유혹 때문에 성급한 의사결정을 하려고 한다.

51 직업상담에 대한 설명으로 틀린 것은?

① 직업상담에서는 내담자의 안전이나 사회적 적응방법으로 직업문제를 인식하는 것이므로 일반상담에서 사용되는 심리치료를 포함하고 있다.
② 직업상담은 개인의 내적 · 외적 문제를 다루므로 개인의 내적 문제를 다루는 심리치료보다 더 필요하다.
③ 직업상담은 생애역할과 다른 생애역할과의 통합의 부적절과 불만족을 포함한 것이다.
④ 직업상담은 잘못된 논리체계에 의한 인지적 명확성이 부족한 내담자에게는 일반상담을 실시토록 의뢰한다.

> **해설** 인지적 명확성이 부족한 내담자는 개인상담을 실시한 후 직업상담을 실시한다.

52 내담자가 인지적 명확성이 부족한 경우 직업상담 과정이 올바른 것은?

① 내담자와의 관계 형성 → 진로와 관련된 개인적 사정 → 직업선택 → 정보통합과 선택
② 직업탐색 → 내담자와의 관계 형성 → 정보통합과 선택 → 직업선택
③ 내담자와의 관계 → 인지적 명확성/동기에 대한 사정 → 예/아니오 → 직업상담/개인상담
④ 개인상담/직업상담 → 내담자와의 관계 → 인지적 명확성/동기에 대한 사정 → 예/아니오

53 다음 설명은 인지적 명확성의 원인과 관련하여 어떤 직업상담과정이 필요한가?

> • 자기가 경험한 역할 이외에 대해선 생각하지 못하는 데서 오는 낮은 자기효능감으로 인하여 다른 선택사항에 대한 고려를 방해
> • 비논리적 사고나 다른 배제적 사고유형에서 나오는 의사결정 방해
> • 잘못된 결정방식이 진지한 결정을 방해

① 고정관념이 그 원인이므로 직업상담 실시
② 경미한 정신건강이 그 원인이므로 다른 치료 후에 직업상담을 실시
③ 자신과 직업에 대한 정보결핍이 그 원인이므로 직업상담 실시
④ 직업문제에 대해 집중하는데 어려움이 있는 것이 그 원인이므로 개인상담 후 직업상담 실시

54 효과적 상담에 장애가 되는 면담행동은?

① 내담자와 유사한 언어를 사용하는 행동
② 분석하고 충고하는 행동
③ 비방어적 태도로 내담자를 편안하게 만드는 행동
④ 경청하는 행동

55 위기상담의 방법으로 가장 거리가 먼 것은?

① 정서적 지원을 제공한다.
② 정서 발산을 자제하게 한다.
③ 희망과 낙관적인 태도를 전달한다.
④ 위기 문제에 집중하도록 선택적인 경청을 한다.

56 다음의 상담내용을 읽고 인지적 명확성을 위하여 사용되는 기법은?

> • 상담자 : 제가 내준 과제인 진로일기를 하는데 많은 어려움이 있다고 하셨지요. 지금 하는 일을 조절하도록 도와드리면 도움이 될 것 같네요.
> • 내담자 : 그거 괜찮은 생각 같네요. 제가 왜 진로일기를 작성하는데 힘든지 아셨죠. 그런데 오늘 제가 멋진 영화를 보려고 해요. 그 생각만 해도 즐거워요.
> • 상담자 : 진로문제가 선생님이 당면한 주요 관심사 같네요. 제가 그러한 것을 제안할 때마다 선생님께서는 회피하시는군요. 진로일기를 작성하고 나서 선생님의 진로문제를 해결하면 어떤 느낌을 갖게 될까요?

① 구체화시키기　　　　② 역설적 사고
③ 재구조화　　　　　　④ 저항에 다시 초점 맞추기

57 다음 내담자의 진술에 대해 가장 수준이 높은 수용적 존중 반응은 어떤 것인가?

> 저 오늘 몸이 아파서 조퇴를 했어요. 좀 더 견뎌보려고 했는데 참을 수가 없었어요.

① 아플 땐 쉬어야지 건강해야 일도 잘 할 수 있지.
② 그래, 자네니깐 그만큼이나 참았지. 자네 웬만하면 조퇴하지 않는 거 알지.
③ 몸이 조금 아프다고 자꾸 조퇴하면 안 되지.
④ 몸이 아프면 힘들지. 그동안 좀 무리했지.

58 직업상담을 진행함에 있어 내담자들은 자신의 직업세계에 대해서 충분한 정보를 알고 있다고 잘못 생각하는 경우가 많은데 내담자가 "내 상사가 그러는데 나는 책임감이 없대요."라고 진술한 경우는 어떤 오류가 발생한 경우인가?

① 삭제　　　　　　　② 참고자료
③ 불분명한 동사 사용　④ 어투의 사용

59 내담자의 행동과 정보를 수집하고 이해하며 상담하는 기법에 대한 설명으로 틀린 것은?

① 의미 있는 질문은 언제든지 반응하도록 범위를 열어 놓는 것이다.

② 전이된 오류 정정하기는 정보의 오류, 한계의 오류, 논리적 오류 등으로 구별된다.

③ 근거 없는 믿음 확인하기는 내담자의 결론도출, 재능, 지각, 지적 및 정보의 부적절하거나 부분적인 일반화, 관념 등 정보의 일부분만을 보는 것이다.

④ 변명에 초점 맞추기는 자신의 행동에 부정적인 면을 줄이려는 행동이나 설명으로서 자신의 긍정적인 면을 계속 유지하려는 것이다.

[해설] 왜곡된 사고 확인하기

60 직업상담에서 저항을 다루는 방법으로 적절하지 않은 것은?

① 내담자와의 상담관계를 재점검한다.

② 내담자의 고통을 공감해준다.

③ 내담자가 위협을 느끼지 않도록 한다.

④ 긴장이완법을 사용한다.

[해설] 불안을 제거하거나 감소시키기 위한 방법이다.

61 직업상담의 기법 중에서 비지시적 상담 규칙이 아닌 것은?

① 상담자는 내담자와 논쟁해서는 안 된다.

② 상담자는 내담자에게 질문 또는 이야기를 해서는 안 된다.

③ 상담자는 내담자에게 어떤 종류의 권위도 과시해서는 안 된다.

④ 상담자는 인내심을 가지고, 우호적으로, 그러나 지적으로는 비판적인 태도로 내담자의 말을 경청해야 한다.

[해설] 내담자에게 질문이나 이야기를 할 수 있다.

62 상담에 관련된 다음 설명 중 맞는 것은?

① 즉시성(Immediacy)이란 내담자의 질문에 대해 즉각적으로 반응하는 것을 의미한다.

② 내담자에게 피드백(Feedback)을 줄 때는 대체로 부정적인 것부터 주는 것이 좋다.

③ 상담을 진행하면서 시간, 내담자의 행동 및 절차상의 제한, 상담목표 등에 대해 논의하는 것을 구조화(Structuring)라고 한다.

④ 짧은 시간에 구체적인 정보를 많이 수집하려고 할 때는 폐쇄형 질문(Closed Question) 보다 개방형질문(Open Question)이 효과적이다.

63 직업상담을 실시할 때 내담자의 유형과 특성을 잘 파악해야 하는데, 내담자를 상담에 적극적으로 임하도록 도와주는 방법 중 부적절한 것은?

① 계속 들어준다.

② 내담자의 분노, 좌절, 방어를 예상해야 한다.

③ 설득방법을 활용해야 한다.

④ 철저한 대면을 한다.

64 내담자가 "내가 무능해서 가족이 고생한다."라고 말했을 때 내담자의 감정에 가장 공감을 잘한 상담자의 반응은?

① "당신은 무능하지 않습니다."

② "걱정 마세요. 제가 도와드리겠습니다."

③ "가족이 고생한다고 여겨져서 마음이 아프시군요."

④ "가족들도 당신을 이해할 거예요"

[해설] 내담자 자신의 무능보다 가족의 고생으로 대화의 초점을 맞춰 내담자가 자괴감에 빠지지 않도록 한다.

65 일반적으로 상담자가 갖추어야 할 다음의 기본 기술들 중 "내담자가 전달하려는 내용에서 한 걸음 더 나아가 그 내면적 감정에 대해 반영하는 것"을 무엇이라 하는가?

① 해석   ② 공감

③ 직면   ④ 명료화

66 내담자가 수집한 대안목록의 직업들이 실현 불가능할 때의 상담전략으로 틀린 것은?

① 브레인스토밍과정을 통해 내담자의 대안 직업 대다수가 부적절한 것을 명확히 한다.

② 최종 의사결정은 내담자가 해야 함을 확실히 한다.

③ 내담자가 그 직업들을 시도하여 어려움을 겪을 때 개입한다.

④ 객관적인 증거나 논리에서 추출한 것에 대해서만 대화하여야 한다.

해설 내담자가 그 직업을 시도하여 어려움을 겪을 때의 개입은 너무 늦은 경우이다.

VOCATIONAL COUNSELOR

CHAPTER

04 직업상담 행정

1 개요

① 국가와 지방자치단체에서는 국민들의 취업을 지원하기 위해 기본적인 취업지원 계획의 수립과 고용에 관한 정보를 제공하기 위해 정보를 수집하고 취업관련단체에 취업지원에 관련된 정보 및 취업현황에 관한 보고를 요구한다.

② 국가는 구인, 구직을 지원하기 위해서 고용안전센터, 워크넷 등을 설치하여 취업지원 및 구인, 구직에 관한 정보 등을 제공하고 있다.

2 정기보고

일정한 시기를 정하여 그 시기에 보고하는 것으로 보통 6개월이나 1년을 주기로 시기를 정하여 보고하는 것을 의미한다.

3 수시보고

정기보고와 달리 보고시기를 정하지 않고 보고사항이 발생할 때마다 그에 대한 정보를 수시로 보고하는 것을 말하며, 정기보고의 경우보다 정보의 양과 범위가 좁다.

1 직업상담시 윤리적 문제

1) 직업상담사의 윤리 강령

① 일반원칙

상담자는 내담자가 자기 및 타인에 대한 이해를 통하여 보다 바람직한 사회생활을 할 수 있도록 돕는다. 이러한 역할을 수행하는 과정에서, 상담자는 자기에게 도움을 청하는 내담자의 복지를 보호한다. 내담자를 돕는 과정에서 상담자는 문의 및 의사소통의 자유를 갖되, 그에 대한 책임을 지며 동료의 관심 및 사회공익을 위하여 최선을 다한다.

② 개별원칙

ㄱ. 사회관계

ⓐ 상담자는 자기가 속한 기관의 목적 및 방침에 모순되지 않는 활동을 할 책임이 있다. 만일 그의 전문적 활동이 소속기관의 목적과 모순되고, 윤리적 행동 기준에 관하여 직무 수행 과정에서의 갈등을 해소할 수 없을 경우에는 그 소속기관과의 관계를 종결하여야 한다.

ⓑ 상담자는 사회 윤리 및 자기가 속한 지역 사회의 도덕적 기준을 존중하며, 사회 공익과 자기가 종사하는 전문직의 바람직한 이익을 위하여 최선을 다한다.

ⓒ 상담자는 자기가 실제로 갖추고 있는 자격 및 경험의 수준을 벗어나는 인상을 타인에게 주어서는 안 되며, 타인이 실제와 다른 인식을 가지고 있을 경우 이를 시정해 줄 책임이 있다.

ㄴ. 전문적 태도

ⓐ 상담자는 상담에 대한 이론적·경험적 훈련과 지식을 갖추는 것을 전제로 하며, 내담자를 보다 효과적으로 도울 수 있는 방법에 관하여 꾸준히 연구 노력하는 것을 의무로 삼는다.

ⓑ 상담자는 내담자의 성장 촉진 및 문제의 해결 및 예방을 위하여 시간과 노력상의 최선을 다한다.

ⓒ 상담자는 자기의 개인 문제 및 능력의 한계 때문에 도움을 주지 못하리라고 판단될 경우에는, 다른 전문적 동료 및 관련 기관에 의뢰한다.

ⓓ 상담사는 취업알선과 관련된 결과에 대하여 그 정확성을 최대한 유지하고 취업알선 결과를 즉시 전산망에 입력·삭제·보완하여 그 결과를 유지한다.

ㄷ. 개인 정보의 보호

ⓐ 상담자는 내담자의 개인 및 사회에 임박한 위험이 있다고 판단될 때, 극히 조심스럽게 고려한 뒤, 내담자의 사회생활 정보를 적정한 전문인 혹은 사회당국에 공개한다.

> 상담자는 자신의 능력 및 기법의 한계 때문에 내담자의 문제를 다른 전문직 동료나 기관에 의뢰한다.

> **비밀유지를 파기할 수 있는 경우**
> ① 내담자가 자살을 시도할 계획이 있는 경우
> ② 내담자가 타인을 해칠 가능성이 있는 경우
> ③ 아동학대와 관련된 경우
> ④ 상담자가 슈퍼비전을 받아야 하는 경우 등이다.

ⓑ 상담에서 얻은 임상 및 평가 자료에 관한 토의는 사례 당사자와의 경우 및 전문적 목적에 한하여 할 수 있다.

ⓒ 내담자에 관한 정보를 교육장면이나 연구용으로 사용할 경우에는, 내담자와 합의한 후 그의 정체가 전혀 노출되지 않도록 해야 한다.

ⓔ 내담자의 복지

ⓐ 상담자는 상담활동 과정에서 소속기관 및 비전문인과의 갈등이 있을 경우, 내담자의 복지를 우선적으로 고려하고 자신의 전문적 집단의 이익을 부차적인 것으로 간주한다.

ⓑ 상담자는 내담자가 자기로부터 도움을 받지 못하고 있음이 분명할 경우에는 상담을 종결하려고 노력한다.

ⓒ 상담자는 상담의 목적에 위배되지 않는 경우에 한하여, 검사를 실시하거나 내담자 이외의 관련 인물을 면접한다.

ⓓ 상담자는 상담 전에 상담의 절차 및 있을 수 있는 주요 국면에 관하여 내담자에게 설명한다.

ⓔ 상담자는 자신의 주관적 판단에만 의존하지 않고, 내담자와의 협의하에 상담 관계의 형식·방법 및 목적을 설정하고 결과를 토의한다.

ⓕ 상담자는 내담자가 이해 수용할 수 있는 한도에서 상담의 기법을 활용한다.

ⓜ 타 전문직과의 관계

ⓐ 상담자는 상호 합의한 경우를 제외하고는 타 전문인으로부터 도움을 받고 있는 내담자에게 상담을 하지 않는다. 공동으로 도움을 줄 경우에는 타 전문인과의 관계와 조건에 관하여 분명히 할 필요가 있다.

ⓑ 상담자는 자기가 아는 비전문인의 윤리적 행동에 관하여 중대한 의문을 발견했을 경우, 그러한 상황을 시정하는 노력을 할 책임이 있다.

ⓒ 상담자는 자신의 전문적 자격이 타 전문직을 손상시키는 언어 및 행동을 삼가 한다.

SECTION 4-3 직업상담사의 보호

1 건강장해 예방조치

1) 고객의 폭언등으로 인한 건강장해 예방조치(법 제41조)

① 사업주는 주로 고객을 직접 대면하거나 정보통신망을 통하여 상대하면서 상품을 판매하거나 서비스를 제공하는 업무에 종사하는 고객응대근로자에 대하여 고객의 폭언, 폭행, 그 밖에 적정 범위를 벗어난 신체적·정신적 고통을 유발하는 행위로 인한 건강장해를 예방하기 위하여 고용노동부령으로 정하는 바에 따라 필요한 조치를 하여야 한다.

② 사업주는 업무와 관련하여 고객 등 제3자의 폭언등으로 근로자에게 건강장해가 발생하거나 발생할 현저한 우려가 있는 경우에는 업무의 일시적 중단 또는 전환 등 대통령령으로 정하는 필요한 조치를 하여야 한다.

> ※ 건강장해 발생 예방조치 의무 위반 시 1천만원 이하의 과태료 부과(제175조제4항)
>
> ※ 과태료 부과기준(1차위반 : 300만원, 2차위반 : 600만원, 3차위반 : 1,000만원)(시행령 제119조)

③ 근로자는 사업주에게 제2항에 따른 조치를 요구할 수 있고, 사업주는 근로자의 요구를 이유로 해고 또는 그 밖의 불리한 처우를 해서는 아니 된다.

> ※ 불이익 조치 시 1년 이하의 징역 또는 1천만원 이하의 벌금(제170조)

2) 제3자의 폭언 등으로 인한 건강장해 발생 등에 대한 조치(시행령 제41조)

법 제41조제2항에서 "업무의 일시적 중단 또는 전환 등 대통령령으로 정하는 필요한 조치"란 다음 각 호의 조치 중 필요한 조치를 말한다.

① 업무의 일시적 중단 또는 전환
② 「근로기준법」 제54조제1항에 따른 휴게시간의 연장
③ 법 제41조제2항에 따른 폭언 등으로 인한 건강장해 관련 치료 및 상담 지원
④ 관할 수사기관 또는 법원에 증거물·증거서류를 제출하는 등 법 제41조제2항에 따른 폭언 등으로 인한 고소, 고발 또는 손해배상 청구 등을 하는 데 필요한 지원

3) 고객의 폭언등으로 인한 건강장해 예방조치(시행규칙 제41조)

사업주는 법 제41조제1항에 따라 건강장해를 예방하기 위하여 다음 각 호의 조치를 해야 한다.

① 법 제41조제1항에 따른 폭언등을 하지 않도록 요청하는 문구 게시 또는 음성 안내
② 고객과의 문제 상황 발생 시 대처방법 등을 포함하는 고객응대업무 매뉴얼 마련
③ 제2호에 따른 고객응대업무 매뉴얼의 내용 및 건강장해 예방 관련 교육 실시
④ 그 밖에 법 제41조제1항에 따른 고객응대근로자의 건강장해 예방을 위하여 필요한 조치

6개의 생각하는 모자는 의사결정촉진
기법이며, 갈색은 없다.
백색 – 본인과 직업들에 대한 사실들
　　　만을 고려한다.
적색 – 직관에 의존하고, 직감에 따라
　　　행동한다.

🔍 참고

6개의 생각하는 모자

- 영국의 심리학자인 드 보노(Edward de Bono)에 의해 고안
- 사고과정에서 일반적으로 부딪치는 문제점에 대하여 각 색의 모자를 쓰고, 각각의 색에 해당하는 역할을 생각해 본 후 의사결정을 촉진하는 기법이다.

모자	설명
적색	• 붉은 색은 분노나 감정을 상징 → 직관에 의존하고 직감에 따라 행동한다. • 사과, 설명 또는 정당화할 필요 없이 자신의 감정을 표현하도록 허용한다. • "내가 느끼는 것은 ~입니다. 내 속마음은 ~야."
청색	• 냉정한 이미지 → 문제를 정의하고, 사고를 조직화한다. • 파란모자의 역할은 회의 주제자, 의장, 리더 • 파란모자는 요약과 결론 및 판단을 요구 • "여기에 너무 많은 시간을 투자하는 것 같아요, 당신의 견해를 요약해 주시겠어요?, 제 생각으로는 우선순위를 고려해야 해요, 새 아이디어를 얻기 위해 초록모자사고를 시도 합시다." • 지금까지 무엇을 해 왔는가, 다음 단계는 무엇을 해야 하는가.
백색	• 흰색은 중립적이고 객관적인 색 → 본인과 직업들에 대한 사실들만을 고려한다. • 빠뜨린 정보는 없는지, 획득된 정보가 정말 필요한 것인지를 확인하고 필요한 정보를 획득하기 위한 방법을 찾아내는 것을 포함한다. • "우리가 갖고 있는 정보는 무엇인가?, 우리는 어떤 정보를 필요로 하는가?, 우리는 어떻게 필요한 정보를 얻을 것인가?"
녹색	• 야채, 풀, 풍성함, 싱그러운 이미지 → 새로운 대안을 찾으려 노력하고, 문제들을 다른 각도에서 바라본다. • "전혀 다른 방법으로 해볼까요?, 새로운 대안을 찾아 봅시다."
흑색	• 우울하고 부정적인 이미지 → 부정적 · 비판적 측면에 대한 사고와 연관된다. • 실수나 어리석은 행동에 대해 주의를 주는 모자 • 가장 유용하고 가치있는 모자이나 한정적으로 사용(처리나 평가단계) • 단점은 무엇인가?, 실천할 수 있는가?, 무엇이 잘못되었나?
황색	• 태양 빛처럼 밝고 긍정적인 이미지 → 낙관적이며 모든 일이 잘될 것이라고 생각한다. • 논리적 근거를 갖고 실행성, 긍정적 측면 찾음 • 모든 창의적 아이디어는 노란 모자사고에 의한 주목을 받을 수 있음 • 이것이 어떤 점에서 도움이 되는가, 왜 필요한가, 왜 이것을 실천해야 하는가

CHAPTER 04 출제예상문제

직업상담사 2급 필기 전과목 무료동영상 **PART 01**

01 상담자의 윤리강령으로 맞지 않는 내용은?

① 상담자의 상담활동 과정에서 소속기관 및 비전문인과 갈등이 있을 때 내담자의 복지를 우선적으로 고려한다.
② 상담자는 타 전문인과 상호합의가 없었지만 내담자가 간절히 원하면 타 전문인으로부터 도움을 받고 있는 내담자라도 카운슬링한다.
③ 상담자 자신의 개인 문제 및 능력의 한계 때문에 도움을 주지 못하리라고 판단될 경우 다른 전문가 동료 및 관련기관에 의뢰한다.
④ 상담자는 사회공익과 자기가 종사하는 전문직의 바람직한 이익을 위하여 최선을 다한다.

02 직업상담사가 지켜야 할 윤리강령에 해당되지 않는 것은?

① 내담자에 관한 정보를 교육과 연구를 위해 임의로 적극 활용한다.
② 내담자를 보다 효율적으로 도울 수 있는 방법을 꾸준히 연구개발한다.
③ 내담자와의 협의 하에 상담관계의 형식, 방법, 목적을 설정하고 토의한다.
④ 자신이 종사하는 전문직의 바람직한 이익을 위하여 최선을 다한다.

> **해설** 내담자에 관한 정보를 교육장면이나 연구용으로 사용할 경우에는, 내담자와 합의한 후 그의 정체가 전혀 노출되지 않도록 해야 한다.

03 직업상담사는 각종 심리검사가 특정 집단에 불리하고 편파적으로 사용되지 않도록 노력할 의무가 있다. 다음 중 그런 노력으로서 적절하지 않은 것은?

① 하나의 검사에만 의존하지 않고 여러 방법들을 평가하여 결과의 일치성을 확인한다.
② 검사에 대한 경험과 자기표현 동기가 부족한 수검자에 대한 래포 형성에 노력한다.
③ 규준집단의 특성 및 표집방법을 잘 파악하여 결과를 해석한다.
④ 편파에 의해서 불이익을 당할 가능성이 있는 대상은 사전에 검사대상에서 제외시킨다.

> **해설** 편파에 의해서 불이익을 당할 가능성이 있는 대상이라도 사전에 검사대상에서 제외시켜서는 안 된다.

04 직업상담사의 윤리강령에 대한 설명으로 틀린 것은?

① 상담자는 상담에 대한 이론적 · 경험적 훈련과 지식을 갖춘 것을 전제로 한다.
② 상담자는 내담자의 성장 · 촉진과 문제 해결 및 방안을 위해 시간과 노력상의 최선을 다한다.
③ 상담자는 자신의 능력 및 기법의 한계에도 불구하고 최선을 다하여 내담자를 끝까지 책임을 지도록 한다.
④ 상담자는 내담자가 이해, 수용할 수 있는 한도 내에서 기법을 활용한다.

정답 01 ② 02 ① 03 ④ 04 ③

05 검사 해석시 주의사항에 해당하지 않는 것은?

① 해석에 대한 내담자의 반응을 고려해야 한다.
② 검사결과에 대해 여러 정보에 근거한 주관적인 견해를 설명해 준다.
③ 검사결과에 대해 내담자가 이해하기 쉬운 언어를 사용한다.
④ 검사결과에 대한 내담자의 방어를 최소화하도록 한다.

06 상담자는 내담자와 상담한 내용에 대해 비밀을 보장해야 하지만 상담자가 보고를 해야 하는 상황도 있다. 다음 중 상담자가 보고할 의무가 없는 상황은?

① 내담자가 적개심이 강할 때
② 가족을 폭행할 때
③ 내담자가 범법 행위를 했을 때
④ 미성년자로 성적인 학대를 당한 희생자일 때

07 다음 중 직업상담자 윤리로 알맞은 것은?

① 직업상담자는 내담자 개인 및 사회에 임박한 위험이 있다고 판단되더라도 개인정보와 상담내용에 대한 비밀을 유지해야 한다.
② 직업상담자는 자신이 실제로 갖추고 있는 자격 및 경험의 수준을 벗어나는 인상을 주어서는 안 된다.
③ 직업상담은 심층적인 심리상담이 아니므로 비밀 유지의무가 없다.
④ 직업상담자는 내담자가 상담을 통해 도움을 받지 못하더라도 먼저 종결하려고 해서는 안 된다.

08 직장내의 성희롱이 승진이나 특혜, 직무의 유지를 위해 강제적으로 이루어질 때 일어나는 성희롱은 어떤 유형의 성희롱인가?

① 적대적 환경(hostile environment) 성희롱
② 사회문화적(sociocultural) 성희롱
③ 보복적(quid pro quo) 성희롱
④ 생물학적(biological) 성희롱

해설 ① 조건형 성희롱 : 개인의 근로조건을 걸고 성희롱하는 것
② 보복형 성희롱 : 승진이나 특혜, 직무의 유지를 위해 강제적으로 이루어지는 것
③ 환경형 성희롱 : 개인의 직무수행을 부당하게 저해하는 등 불쾌한 고용환경을 만드는 목적 또는 효과를 가진 것

09 직업지도 프로그램을 개발해서 운영하는데 있어서 적합하지 않은 시각은?

① 미래사회를 보는 시각
② 노동시장과의 연계
③ 생애주기 변화에 대한 인식제고
④ 개인의 사회경제적 지위

10 신규입직자를 대상으로 하는 상담으로서, 조직문화, 인간관계, 직업예절, 직업의식과 직업관 등에 관한 정보를 제공하고 필요시 직업지도 프로그램에 참여케 하는 등의 상담은?

① 직업전환상담   ② 직업적응상담
③ 구인구직상담   ④ 경력개발상담

해설 새로운 직장환경에 적응하기 위한 직업적응 상담이 적합하다.

11 직업상담 프로그램에서 가장 중요하고 기본적인 프로그램은?

① 직업세계 이해 프로그램
② 직업 복귀 프로그램
③ 자신에 대한 탐구 프로그램
④ 취업활동 효율성 증진 프로그램

해설 직업상담에 있어 우선 내담자에 대한 흥미·가치·적성을 정확하게 파악하는 것이 중요하다.

12 위기상담의 방법으로 가장 거리가 먼 것은?

① 정서적 지원을 제공한다.
② 정서 발산을 자제하게 한다.
③ 희망과 낙관적인 태도를 전달한다.
④ 위기 문제에 집중하도록 선택적인 경청을 한다.

해설 정서 발산을 통해 정서적 안정을 도모하여야 한다.

13 직업상담의 중재(intervention)와 관련된 다음 단계들 중 "6개의 생각하는 모자(six thinking hats)" 기법은 무엇을 위한 것인가?

① 직업정보의 수집   ② 의사결정의 촉진
③ 보유기술의 파악   ④ 시간관의 개선

14 직업상담자가 지켜야 할 윤리사항으로 가장 적합한 것은?

① 습득된 직업정보를 가지고 다니면서 직업을 찾아준다.
② 습득된 직업정보를 먼저 가까운 사람들에 알려준다.
③ 상담에 대한 이론적 지식보다는 경험적 훈련과 직관을 앞세워 구직활동을 도와준다.
④ 취업알선관련 전산망의 구인·구직결과를 즉시 처리한다.

15 다음 중 의사결정의 촉진을 위한 "6개의 생각하는 모자(six thinking hats)" 기법의 모자 색상별 역할에 관한 설명으로 옳은 것은?

① 청색-낙관적이며, 모든 일이 잘 될 것이라고 생각한다.
② 백색-본인과 직업들에 대한 사실들만을 고려한다.
③ 흑색-직관에 의존하고, 직감에 따라 행동한다.
④ 황색-새로운 대안들을 찾으려 노력하고, 문제들을 다른 각도에서 바라본다.

해설 ① 청색-문제를 정의하고 사고를 조직화한다.
② 흑색-부정적·비판적 측면에 대한 사고와 연관된다.
③ 황색-긍정적인 사고 즉, 낙관적이며 모든 일이 잘될 것이라고 생각한다.
④ 빨강-감정적 견해 즉, 직관에 의존하고 직감에 따라 행동한다.
⑤ 녹색-창의성 아이디어 즉, 새로운 대안을 찾으려 노력하고 문제를 다른 각도에서 바라본다.

16 상담 윤리강령의 역할 및 기능과 가장 거리가 먼 것은?

① 내담자의 복지 증진
② 지역사회의 경제적 기대 부응
③ 상담자의 자신의 사생활과 인격 보호
④ 직무수행 중의 갈등 해결 지침 제공

해설 ㉠ 내담자의 복지를 증진시키고 내담자의 인격을 존중하는 의무기준을 제시
㉡ 상담자의 활동이 사회윤리와 지역사회의 도덕적 기대를 존중할 것임을 보장
㉢ 각 상담자의 활동이 전문직으로서의 상담의 기능 및 목적에 저촉되지 않도록 보장
㉣ 상담자로 하여금 자신의 사생활과 인격을 보호하는 근거를 제공
㉤ 상담자가 직무수행 중의 갈등을 어떻게 처리해야 할지에 관한 기본 입장을 제공

17 다음 중 산업안전보건법령상 고객의 폭언등으로 인한 건강장해 예방조치에 해당하지 않는 것은?

① 폭언등을 하지 않도록 요청하는 문구 게시 또는 음성 안내
② 고객과의 문제 상황 발생 시 대처방법 등을 포함하는 고객응대업무 매뉴얼 마련
③ 고객응대업무 매뉴얼의 내용 및 건강장해 예방 관련 교육 실시
④ 폭언등으로 인한 건강장해 관련 치료 및 상담 지원

해설 고객의 폭언등으로 인한 건강장해 발생 등에 대한 조치(시행령 제41조)
ㄱ 업무의 일시적 중단 또는 전환
ㄴ 휴게시간의 연장
ㄷ 폭언등으로 인한 건강장해 관련 치료 및 상담 지원
ㄹ 관할 수사기관 또는 법원에 증거물·증거서류를 제출하는 등 고객응대근로자 등이 폭언등으로 인하여 고소, 고발 또는 손해배상 청구 등을 하는 데 필요한 지원

18 다음 중 산업안전보건법령상 고객응대근로자의 요구를 이유로 해고 또는 그 밖의 불리한 처우를 한 사업주에 대한 벌칙으로 옳은 것은?

① 1천만원 이하의 과태료
② 1년 이하의 징역 또는 1천만원 이하의 벌금
③ 3년 이하의 징역 또는 3천만원 이하의 벌금
④ 5년 이하의 징역 또는 5천만원 이하의 벌금

해설 1년 이하의 징역 또는 1천만원 이하의 벌금(제170조)
고객응대근로자는 사업주에게 업무의 일시적 중단 또는 전환 등 대통령령으로 정하는 필요한 조치를 요구할 수 있고, 사업주는 고객응대근로자의 요구를 이유로 해고 또는 그 밖의 불리한 처우를 해서는 아니 된다.

PART

02

직업심리학

CONTENTS

V O C A T I O N A L　　C O U N S E L O R

CHAPTER

01 직업발달이론

특성 – 요인이론 제개념

1 특성 – 요인이론의 특징

1) 개요

① 특성–요인이론을 대표하는 학자로는 파슨스(Parsons), 윌리암슨(Williamson), 훌(Hull)등이 있다.

② 파슨스가 주장한 특성–요인이론의 핵심개념은 사람과 직업을 짝지어주는 '매칭(matching)'이다. 즉, 개인분석(자기분석), 직업분석, 과학적 조언을 통한 매칭이다.

③ 개인이 가진 모든 특성을 심리검사 등의 객관적인 수단에 의해 밝혀내고, 각각의 직업이 요구하는 요인들을 분석하여 개인의 특성에 적합한 직업을 선택하게 하는 것이다.

④ 인간은 다양한 잠재적 가능성을 가진 존재이고 잠재적 가능성은 심리테스트와 같은 객관적인 도구에 의해서 발견할 수 있다는 가설을 설정할 수 있다.

⑤ 흥미, 지능, 적성, 성격 등 표준화 검사의 실시와 결과의 해석을 강조하는 직업상담이다.

특성–요인이론은 개인적 흥미나 능력 등을 심리검사나 객관적 수단을 통해 밝혀낸다.

2 특성 – 요인이론의 주요내용

1) 특성 – 요인이론의 특징

① 개개인은 신뢰할 만하고 타당하게 측정될 수 있는 고유한 특성의 집합이다.

② 모든 직업은 그 직업에서 성공을 하는데 필요한 특성을 지닌 근로자를 요구한다.

③ 직업의 선택은 직선적인 과정이며 매칭이 가능하다.

④ 개인의 특성과 직업의 요구간에 매칭이 잘 될수록 성공의 가능성은 커진다.

⑤ '직업과 사람을 연결시키기'라는 심리학적 관심을 대표한다.

⑥ 특성 – 요인 직업상담에 있어서 상담자의 역할은 교육자의 역할이다.

⑦ 미네소타 대학의 직업심리학자들이 이 이론에 근거한 각종 심리검사를 제작하였다.

⑧ 내담자에게 정보를 제공하고 학습기술과 사회적 적응기술을 알려주는 것을 중요시한다.

⑨ 사례연구를 상담의 중요한 자료로 삼는다.

⑩ 직업선택을 일회적인 행위로 간주한다.

⑪ 모든 사람에게는 자신에게 옳은 하나의 직업이 존재한다는 가정에서 출발한 이론이다.

⑫ 심리검사이론과 개인차 심리학에 그 기초를 두고 있다.

2) 특성 – 요인 직업상담 시 상담자가 지켜야 할 상담원칙

① 내담자에게 강의하려 하거나 거만한 자세로 말하지 않는다.

② 간단한 어휘를 사용하고 내담자에게 필요한 정보만 제공한다.

③ 어떤 정보나 해답을 제공하기 전에 내담자가 정말로 그것을 알고 싶어 하는지 확인한다.

④ 상담사는 자신이 내담자가 지니고 있는 여러 가지 태도를 제대로 파악하고 있는지 확인한다.

3) 윌리암슨의 특성 – 요인이론

윌리암슨(1939)은 상담의 과정을 분석, 종합, 진단, 예후(처방), 상담, 추수지도 등의 6단계로 분류하였다.

① 1단계 : 분석

분석은 자료수집의 단계이며, 누가기록, 면접, 시간할당표, 자서전, 심리검사 등 모든 가능한 자원으로부터 정보를 모으는 것이다.

② 2단계 : 종합

일단 자료가 수집되면 상담자는 내담자의 강점과 약점을 확인할 수 있도록 자료를 요약하고 정리해야 한다.

③ 3단계 : 진단

㉠ 진단의 개념

윌리암슨에 의하면 진단은 자료를 분석하고 학생의 강점과 약점에 관한 판단을 근거로 하여 추론을 하는 과정으로 통계적 방식보다는 학생의 사례사를 바탕으로 하여 철저한 측정분석에서 나온 임상적 판단이다.

ⓛ 진단의 과정

진단에는 문제를 확인하는 단계와 그 원인을 찾는 단계가 있다. 상담자는 제시된 문제를 조사하고, 반복되는 주제와 보다 객관적인 자료를 추적하여 내담자가 왜 어려움을 겪고 있는지 찾아낸다.

ⓒ 진로선택의 문제

윌리암슨은 진로선택의 문제를 무선택, 불확실한 선택, 어리석은 선택, 흥미와 적성의 불일치 등 4가지 유형으로 나누어 진단하였다.

ⓐ 무선택 : 직업선택을 전혀 하지 못한 학생들은 통상 자신이 아직 결정하지 못했다고 이야기하거나 미래의 진로에 대해 잘 모른다고 말하는데, 이들은 진로선택과 관계없는 흥밋거리에 주로 관심을 쏟고 있는 경우가 많다.

ⓑ 불확실한 선택 : 진로선택이 불확실한 이유는 섣부른 선택, 교육수준의 부족, 자기 이해의 부족, 직업세계에 대한 이해 부족, 실패에 대한 두려움, 친구와 가족에 대한 걱정, 자신의 적성에 대한 불안 등의 요인 때문이다.

ⓒ 어리석은 선택 : 사람들은 성공가능성에 대한 증거가 조금만 있어도 진로선택을 하기 쉽다. 어리석은 진로선택을 하는 요인은 다음과 같다.

㉮ 목표와 맞지 않는 적성

㉯ 흥미와 관계없는 목표

㉰ 직업 적응을 어렵게 하는 성격

㉱ 입문할 기회가 아주 적은 직업의 선택

㉲ 친구·친척의 고용약속을 믿고 한 선택이나, 부모·타인의 압력에 따른 선택

㉳ 직업정보의 결핍

㉴ 특권에 대한 갈망

㉵ 진로에 대한 오해

ⓓ 흥미와 적성의 불일치 : 흥미와 적성의 불일치는 종종 본인이 말하는 흥미와 적성 사이의 불일치일 수도 있고, 측정된 흥미와 적성 사이의 불일치일 수도 있다.

④ 4단계 : 예후(처방, 처치)

예후는 가용한 자료와 진단을 근거로 상담자가 내담자의 '미래의 적응적 성과를 예언하는' 과정이다. 문제는 내담자가 수립된 목표를 달성하기 위해 얼마나 노력하느냐에 있으며, 이에 따라 상담자의 행동방향이 결정된다.

⑤ 5단계 : 상담

분석, 종합, 진단, 처방 과정을 통하여 얻은 자료를 기본으로 미래 혹은 현재에 해결해야 할 대안에 대해 우선순위를 정하고 무엇을 해야 하는가를 함께 논의하는 단계이다.

⑥ 6단계 : 추후지도(추수지도)

결과과정의 적합성을 확인하고, 새로운 문제가 발생되었을 때 위의 단계를
반복하여 바람직한 행동을 수행하도록 돕는 단계이다.

3 홀랜드의 직업선택이론

1) 개요
① 홀랜드의 이론에서는 개인의 성격유형이나 행동 양식이 직업선택에 중요한
영향을 미친다고 보고 있다.
② 개인은 성장과정을 통해 환경에 대처할 때 즐겨 사용하는 습관적인 방식을 형
성하게 된다.
③ 개인이 직업을 선택할 때에 자신의 성격을 만족시켜 줄수 있는 직업 환경을 선
택하게 된다는 것이며, 직업에의 만족, 안정성, 업적 등은 개인의 성격과 직업
환경간의 일치성에 달려 있다고 본다.

2) 홀랜드 이론의 4가지 가정
① 사람들의 성격은 6가지 유형중 하나로 분류될 수 있다.
　현실형 R, 탐구형 I, 예술형 A, 사회형 S, 진취형 E, 관습형 C
② 직업 환경은 6가지 유형의 하나로 분류될 수 있다.
　㉠ 현실적 환경 ㉡ 탐구적 환경 ㉢ 예술가적 환경 ㉣ 사회적 환경
　㉤ 진취적 환경 ㉥ 관습적 환경
③ 사람들은 자신의 능력을 발휘하고 태도와 가치를 표현할 수 있는 환경을 찾는다.
④ 개인의 행동은 성격과 환경의 상호작용에 의해 결정된다.

3) 홀랜드의 6가지 성격유형

성격 유형	성격특징	대표적인 직업
현실형 (Realistic)	① 솔직하고 실제적이며 검소하고 구체적이며 말이 적다. ② 현실적이고 사실적인 직무를 좋아한다. ③ 사교기술이 부족하며, 기계적이고 정서적 동요가 적다. ④ 근면, 정직, 근검하고 융통성과 상상력은 부족하다. ⑤ 과거나 미래보다는 현재를 중요시하고 사람보다는 사물 지향적인 작업을 선호	농부, 기술자, 정비사, 엔지니어, 운동선수 등
탐구형 (Investigative)	① 분석적, 지적, 합리적, 소극적, 내성적, 논리적, 탐구적이다. ② 사회적이고 반복적인 활동들에는 관심이 부족한 면이 있다. ③ 호기심이 많지만, 지도력이 부족하고 일반적으로 비판적이며 독립적이고 철저하다.	의사, 과학자, 사회과학자, 인류학자, 수학자 등

예술형 (Artistic)	① 직관력, 상상력 풍부(감성적), 개성이 강하다. ② 명쾌하고 체계적이고, 구조화된 활동에는 흥미가 없다. ③ 직관적 혹은 충동적이며 현실성과 실용성이 부족하고 경직된 질서를 싫어한다. ④ 창의성을 지향하는 아이디어와 자료를 사용해서 자신을 새로운 방식으로 표현하는 유형	예술가, 작가, 배우, 무용가, 디자이너, 연주가, 문인, 미술가 등
사회형 (Social)	① 친절하고 우호적, 관대하고 외향적, 협동적이다. ② 기계적이고 과학적인 능력이 부족하고 질서정연하고 조직적인 활동을 싫어한다. ③ 다른 사람과 함께 일하는 것을 즐기고 친절하고 정이 많으며 인내와 관용으로 남을 돕는 직업을 선호하고 협조적이다.	교육자, 종교지도자, 간호사, 상담가 등
진취형 (Enterprising)	① 모험적, 과시적이고 지도력이 있으며 외형적, 지배적이며 말을 잘한다. ② 관찰적, 상징적, 체계적 활동에는 흥미가 없다. ③ 언변과 리더십이 좋고 모험적이며 야망이 크다.	정치가, 연출가, 관리자, 보험사원, 판사 등
관습형 (Conventional)	① 관습적, 보수적이고 질서정연하며, 상상력이 부족하다. ② 융통성과 상상력이 부족, 창의적 자율적 모험적 비체계적인 활동을 싫어한다. ③ 체계적으로 자료를 잘 처리하고 기록을 정리하거나 자료를 재생산하는 것을 좋아한다. ④ 정확성과 꼼꼼함을 요구하는 직업을 선호한다. ⑤ 조심스럽고 일이 질서정연하며 효율성이 높다.	세무사, 회계사, 법무사, 비서, 사서, 은행원, 행정관료 등

4) 홀랜드의 육각형 모델의 5가지 주요개념

① 일관성

    ㉠ 6가지 유형에는 공통점이 더 많은 쌍이 있는데 예술적 – 사회적 유형은 탐구적 – 진취적 유형보다 공통점이 많다.

    ㉡ 홀랜드 코드의 두 개의 첫 문자가 육각형에 인접할 때 일관성이 높게 나타난다.

    ※ 어떤 쌍은 다른 유형의 쌍보다 공통점을 더 많이 가지고 있다.

② 차별성

    ㉠ 하나의 유형에는 유사성이 많지만 다른 유형에는 별로 유사성이 없다.

    ㉡ 차별성은 자가 흥미탐색 검사 또는 직업전환도검사 프로필로 측정된다.

③ 정체성

    ㉠ 개인의 정체성이란 목표, 흥미, 재능에 대한 명확하고 견고한 청사진을 말하고, 환경정체성이란 조직의 투명성, 안정성, 목표 · 일 · 보상의 통합으로 규정된다.

    ㉡ 자기직업상황의 직업정체성 척도는 개인의 정체성 요인을 측정하는데 사용된다.

④ 일치성

    ⊙ 사람은 자신의 유형과 비슷하거나 정체성이 있는 환경에서 일하거나 생활할 때 일치성이 높아진다.

    ⓛ 가장 완벽한 적합은 현실적 환경에 현실적 유형이며, 다음은 탐구적 환경에 현실적 유형이다.

⑤ 계측성

    ⊙ 육각형 모형에서 유형 간의 거리는 그 사이의 이론적 관계에 반비례한다.

    ⓛ 육각형은 개인 간 또는 개인 내의 일관성의 정도를 나타내며 본질적 관계를 설명해준다.

5) 홀랜드(Holland) 인성이론의 검사도구

① 직업선호도 검사(VPI)

내담자가 160개의 직업목록에 흥미 정도를 표시하는 것이며, 각종 직업에 대한 좋고 싫음을 표시할 수 있다.

② 자가 흥미탐색 검사(SDS)

내담자가 점수를 기록하는 1시간용 측정워크북과 소책자가 있으며, 워크북은 직업공상에 관한 부분으로 시작되어 활동, 능력, 구체적 직업에 대한 태도, 자아평가능력을 다룬다.

③ 직업탐색검사(VEIK)

'미래 진로문제에 대해 다소 또는 매우 스트레스를 받는' 내담자들에게 사용하며, 직업탐색검사의 4가지 목표는 다음과 같다

    ⊙ 미래 진로로 생각하고 있는 직업의 수를 증가시키도록 돕는다.

    ⓛ 직업과 진로에서 원하는 것을 이해하도록 돕는다.

    ⓒ 과거 경험과 현재 직업의 목표가 어떻게 관련되는지를 알도록 돕는다.

    ⓔ 지금 어디에 있고, 다음 단계가 무엇인지를 알도록 돕는다.

④ 자기직업상황(MVS)

간단하며 스스로 실시할 수 있다. 20개의 질문으로 구성되어 있으며, 직업정체성, 직업정보에 대한 필요, 선택된 직업목표에 대한 장애 등을 측정하는 것이 목적이다.

⑤ 스트롱 – 캠벨 흥미검사(SVIM – SCII)

⑥ 경력의사결정 검사(CDM)

> 일치성(congruence)은 개인의 흥미 유형과 개인이 몸담고 있거나 소속되고자 하는 환경의 유형이 서로 부합하는 정도이다.

SECTION 1-2 직업적응이론 제개념

1 롭퀴스트와 데이비스의 이론

1) 개요

① 미네소타 대학의 직업적응계획의 일환으로 연구되었으며, 심리학적인 직업 분류체계인 Minnesota Occupational Classification System Ⅲ와 관련되어 발전된 이론이다.

② 개인과 환경 사이의 일치라는 개념에 기초를 두고 있으므로 개인과 환경 사이의 조화로운 적합성, 개인과 환경의 상호보완적인 관계성이라 할 수 있으며 일치라는 개념은 개인과 환경이 공동으로 반응하는 것이다.

③ 보다 발전된 특성지향이고, 만족, 효과, 직무유지 등과 같은 진로사건을 예측하기 위해 고안되었다.

④ 개인의 욕구와 능력을 환경의 요구사항과 관련시켜 진로행동을 설명하고, 개인과 환경간의 상호작용을 통한 욕구충족을 강조하는 이론이다.

2) 롭퀴스트와 데이비스이론의 주요내용

① 이 이론은 특성 – 요인이론의 성격을 지니는 복잡한 이론으로, 개인의 특성에 해당하는 욕구와 능력을 환경에서의 요구사항과 연관지어 직무만족이나 직무유지 등의 진로행동을 설명하려는 이론이다.

② 개인적 요구와 직업을 통한 성취의 조화를 유지하도록 노력하는 것을 직업적응이라고 하는데 직업적응이론의 근간을 이루는 기본가정은 '인간은 생존과 안녕을 위한 요구조건, 즉 욕구를 지니고 있으며, 이러한 욕구를 만족시키기 위해 행동을 한다'는 것이다.

③ 개인의 욕구를 충족시켜 주는 것이 강화요인인데, 강화요인은 대체적으로 개인을 둘러싸고 있는 환경으로부터 제공 받으며, 이러한 기본가정은 환경에도 똑같이 적용되어 환경도 나름대로 욕구, 즉 요구조건을 지니고 있다고 보고 있다.

3) 롭퀴스트와 데이비스의 직업적응이론

① 직업성격적 측면

ⓐ 민첩성 : 정확성보다는 속도를 중시한다.
ⓑ 역량 : 근로자의 평균활동수준을 의미한다.
ⓒ 리듬 : 활동에 대한 다양성을 의미한다.
ⓓ 지구력 : 다양한 활동수준의 기간을 의미한다.

② 직업적응방식적 측면

ⓐ 융통성 : 개인의 작업환경과 개인적 환경 간의 부조화를 참아내는 정도로서 작업과 개인의 부조화가 크더라도 잘 참아낼 수 있는 사람은 융통적인 사람을 의미한다.
ⓑ 끈기 : 환경이 자신에게 맞지 않아도 개인이 얼마나 오랫동안 견뎌낼 수 있는가 하는 것을 의미한다.
ⓒ 적극성 : 개인이 작업환경을 개인적 방식과 좀 더 조화롭게 만들어 가려고 노력하는 정도를 의미한다.
ⓓ 반응성 : 개인이 작업성격의 변화로 인해 작업환경에 반응하는 정도를 의미한다.

2 직업적응이론과 관련된 검사도구

1) MIQ(Minnesota Importance Questionaries) : 미네소타 중요도 질문지

개인이 일의 환경에 대하여 지니는 20개의 욕구와 6개의 가치관을 측정하는 도구로 190개 문항으로 구성되어 있다.

2) MJDQ(Minnesota Job Description Questionaries) : 미네소타 직업설명 질문지

일의 환경이 MIQ에서 정의한 20개의 욕구를 만족시켜 주는 정도를 측정하는 도구, 하위측도는 MIQ와 동일하다.

3) MSQ(Minnesota Satisfaction Questionaries) : 미네소타 만족 질문지

직무만족의 원인이 되는 일의 강화요인을 측정하는 도구로 능력의 사용, 성취, 승진, 활동, 다양성, 작업조건, 회사의 명성, 인간자원의 관리체계 등의 척도로 구성되어 있다.

4) MSS(minnesota satisfactoriness scales) : 미네소타 충족척도

환경의 충족 정도를 측정한다.

MIQ는 직업적응이론에서 개인의 가치와 직업 환경의 강화인 간의 조화를 측정하는데 사용되는 검사이다.

미네소타 직업가치 질문지에서 측정하는 6개의 가치요인은 성취, 지위, 이타주의, 편안함, 안정성, 자율성이다.

1 긴즈버그(Ginzberg)의 발달이론

1) 개요

① 직업행동에 관한 최초의 종합이론으로 직업선택을 발달적 과정이라는 결론을 내리며 초기선택의 중요성을 강조했다.

② 긴즈버그 이론의 핵심은 직업에 대한 지식, 태도, 기능은 어려서부터 발달하기 시작하여 일련의 단계를 거치면서 발달한다는 것이다.

③ 직업선택이란 일생의 과정으로서 한 번에 걸쳐서 이루어지는 것이 아니라 장기간에 걸쳐서 이루어지는 결정이다.

④ 초기에는 개인의 흥미, 능력, 가치관 같은 개인적 요소에 의해 좌우되지만 후기에는 개인적 요소에 외부적 조건들이 타협되어 직업선택이 이루어진다.

2) 긴즈버그의 진로 발달 3단계

기간	연령	특징
한상기 (Fantasy Phase)	유년기 (11세 이전)	초기는 놀이중심단계이며, 이 단계의 마지막에서는 놀이가 일 중심으로 변화되기 시작한다. ※ 현실, 여건, 능력, 가능성을 고려하지 않고 놀이를 통해 표출, 직업세계에 대한 최초의 가치 판단을 반영
잠정기 (Tentative Phase)	초기 청소년기 (11~17세)	일이 요구하는 조건에 대하여 점차적으로 인식하는 단계. 흥미, 능력, 일의 보상, 가치, 시간적 측면에 대한 인식이 이루어진다. ㉠ 흥미단계 : 좋아하는 것과 그렇지 않은 것에 따라 직업을 선택하려고 한다. ㉡ 능력단계 : 자신이 흥미를 느끼는 분야에서 성공을 거둘 수 있는지를 시험해 보기 시작한다. ㉢ 가치단계 : 직업을 선택할 때 고려해야 하는 다양한 요인들을 인정하고 특수한 직업선호와 관련된 모든 요인들을 알아보고, 그러한 직업선호를 자신의 가치관 및 생애목표에 비추어 평가한다. ㉣ 전환단계 : 직업선택에 대한 주관적 요소에서 현실적 외부요인으로 관심이 전환되며, 직업에 대한 결정과 진로선택에 수반되는 책임의식을 깨닫게 된다.
현실기 (Realistic Phase)	청소년 중기 (17세~청장년기)	능력과 흥미의 통합단계, 가치의 발달, 직업적 선택의 구체화, 직업적 패턴의 명료화 등이 가능해진다. ㉠ 탐색단계 : 진로선택을 위해 필요하다고 판단되는 교육이나 경험을 쌓으려고 노력한다. ㉡ 구체화단계 : 자신의 직업목표를 정하고 직업선택과 관련된 내·외적 요소들을 종합하여 특정직업 분야에 몰두하게 된다. ㉢ 특수화단계 : 자신의 결정을 더욱 구체화, 보다 세밀한 계획을 세우며 고도로 세분화된 의사결정을 한다. 특정의 진로에 맞는 직업훈련을 받는 단계

3) 평가

① 직업선택의 과정이 개인의 아동기부터 초기 성인기까지의 사회 · 문화적 환경에 따라 주관적으로 평가 · 발달되었다는 점이 독특하다.

② 초기의 연구에서 긴즈버그는 직업적 결정과정이 불가역적이라고 보았는데, 초기의 입장이 수정된 후로도 진로선택과정에서 초기선택의 중요성을 계속 강조하였다.

③ 긴즈버그에 의하면 직업적 선택은 일생 동안의 의사결정과정이며, 진로목표와 현실의 직업세계 간의 조정에 대한 평가방법이라고 보았다.

2 슈퍼(Super)의 평생발달이론 – 생애공간접근법

1) 개요

① 개인은 능력, 흥미, 성격에 있어서 각기 차이점을 가지고 있다.

② 개인은 각각에 적합한 직업적 능력을 가지고 있다.

③ 각 직업군에는 그 직업에 요구되는 능력, 흥미, 성격특성이 있다.

④ 발달의 단계별 특징 및 과제에 대해 강조하였다.

⑤ 슈퍼의 직업발달이론은 직업의 선택과 적응이 상호 관련된 연속적인 과정이다.

⑥ 이 변화의 과정은 성장기, 탐색기, 확립기, 유지기, 쇠퇴기의 연속으로 일련의 삶의 단계로 요약된다.

> 개인의 직업기호와 생애는 자아실현의 과정으로 현실과 타협하는 활동과정이다.

2) 슈퍼의 직업발달 5단계

① 성장기(출생~14세)

아동은 가정과 학교에서 중요한 타인에 대한 동일시를 통하여 자아개념을 발달시킨다.

㉠ 환상기(4~10세) : 아동의 욕구가 지배적이며 역할 수행이 중시된다.

㉡ 흥미기(11~12세) : 진로의 목표와 내용을 결정하는데 있어서 아동의 흥미가 중시된다.

㉢ 능력기(13~14세) : 진로선택에 있어서 능력을 중시하며 직업에서의 훈련조건을 중시한다.

② 탐색기(15~24세)

개인이 학교생활, 여가활동, 시간제 일 등과 같은 활동을 통해서 자아를 검증하고 역할을 수행하며 직업탐색을 시도하는 단계

㉠ 잠정기(15~17세) : 자신의 욕구, 흥미, 능력, 가치와 취업기회 등을 고려하기 시작하며, 잠정적으로 진로를 선택해 본다.

㉡ 전환기(18~21세) : 장래 직업 선택에 필요한 교육, 훈련을 받으며 자신의 자아개념을 확립하며 현실적 요인을 중시한다.

㉢ 시행기(22~24세) : 자기에게 적합하다고 판단되는 직업을 선택하여 종사하기 시작한다.

③ 확립기(25~44세)

개인이 자신에게 적합한 분야를 발견해서 종사하고 생활의 터전을 잡으려고
노력하는 시기

㉠ 수정기(25~30세) : 자신이 선택한 일의 세계가 적합하지 않을 경우에 적
합한 일을 발견할 때까지 한두 차례 변화를 시도한다.

㉡ 안정기(31~44세) : 진로유형이 안정되는 시기로 개인은 그의 직업세계
에서 안정과 만족감, 소속감, 지위 등을 얻게 된다.

④ 유지기(45~64세)

개인이 비교적 안정된 속에서 만족스런 삶을 살아가는 시기이다. 또한 새로
운 과업 찾기가 중요한 시기이다.

⑤ 쇠퇴기(65세 이후)

개인이 정신적 · 육체적으로 그 기능이 쇠퇴함에 따라 직업전선에서 은퇴하
게 되는 시기로, 다른 새로운 역할과 활동을 찾게 된다.

3) 슈퍼의 진로발달 과제

단계	연령	과제	특징
구체화	14~18	선호하는 진로에 대한 계획 세우기, 수행방법 고려	자원, 우연성, 흥미, 가치에 대한 인식과 선호하는 직업에 관한 계획을 통해 일반적인 직업목표를 형식화하는 인지적 과정
상술	19~21	자세한 자료와 진로선택의 다양성을 뚜렷하게 인식하여 진로계획을 구체화하는 것	시험적인 직업선호에서 특정한 직업선호로 바뀌는 시기
이행	22~24	훈련의 완료와 진로의 참여에 의해 완성된다.	직업선호를 위한 훈련을 완성하고 고용에 참가하는 시기
안정	25~30	개인이 진로를 확립하고 진로상황에 안정감이 생겼을 때 이루어짐	활동적인 직업경험과 적절한 진로선택을 위해 재능을 허용함으로써 선호하는 진로를 확증하는 시기
확립	35세~	승진과 선임에 의해 이루어진다.	승진, 지위, 선임 등에 의해 진로를 확립하는 시기

4) 슈퍼의 아치문 모델

① 왼쪽 기둥(개인의 심리적 특징) : 개인의 욕구, 지능, 가치, 태도, 관심
② 오른쪽 기둥(사회구조) : 경제자원, 경제구조, 사회제도, 노동시장
③ 사회는 개인에게 영향을 주고, 개인은 사회단위로 성장하고 기능하면서 사회
에서 자신의 교육적, 가족적, 직업적, 시민적, 여가적 생애를 추구함

5) 슈퍼의 진로유형

(1) 남성의 진로유형

유형	진로분류	특징
안정된 진로유형	전문적이고 경영에 능숙한 근로자	직업시험가가 거의 없는 진로에 초기 참여한다.
통례적인 진로유형	경영에 능숙한 근로자, 사무근로자	직업시험가는 안정된 유형에 참가함으로써 나타난다.
불안정한 진로유형	반숙련 근로자, 사무와 가사종사자	잠정적인 안정직업을 유도하는 시험적인 직업수는 더 많은 시험적인 직업에 의해 나타난다.
다양한 시험적 진로유형	가사종사자와 반숙련 근로자	고용의 계속적인 변화로 나타나는 진로의 비확립이다.

(2) 여성의 진로유형

유형	특징
안정된 가정주부형	학교를 졸업하고 신부수업을 받은 다음, 곧바로 결혼하여 가정생활을 하는 진로유형 ※ 학교 졸업 – 신부수업 – 결혼 – 가정생활 영위
전통적인 진로형	학교를 졸업하고 결혼하기 전까지 직업을 가지다가 결혼과 동시에 직장을 그만두고 가정생활을 하는 진로유형 ※ 학교 졸업 – 직장생활 – 결혼 – 가정생활 영위
안정적인 진로형	학교를 졸업하고 직업을 가진 뒤 결혼 여부와는 무관하게 정년 시까지 직업을 가지는 유형 ※ 학교 졸업 – 직장생활 – 결혼해도 정년 시까지 계속 직장생활
이중진로형	학교를 졸업하고 곧바로 결혼하여 직장을 가지는 유형 ※ 학교 졸업 – 결혼하여 직업을 갖는다.
불안정한 진로형	가정생활과 직장생활을 번갈아가며 시행하는 유형으로 학교를 졸업하고 결혼 전까지 일을 하다가 결혼 후 어느 정도 쉰 후 일을 하고 자녀를 갖게 되면 또 쉬었다가 일을 하는 유형 ※ 가정생활과 직장생활을 번갈아가며 시행
충동적 진로형	기분에 따라 직장도 가졌다가 그만두고 결혼도 했다가 이혼하는 등의 일관성 없는 진로를 추구하는 유형 ※ 기분에 따라 직장도 가졌다가 그만두고, 결혼도 했다가 이혼하는 등. 일관성이 없다.
단절 진로형	학교를 졸업하고 일을 하다가 결혼을 하면 직장을 그만두고 자녀교육에 전념하며, 자녀가 어느 정도 성장하면 재취업해서 자아실현과 사회봉사를 하는 유형 ※ 학교 졸업 – 직장생활 – 결혼 – 자녀교육에 전념 – 자녀가 어느 정도 크면 재취업해서 직업을 갖는다.

6) 슈퍼의 생애진로 무지개 개념

① 슈퍼는 개인의 진로발달과정을 자기실현 및 생애발달의 과정으로 보고 여러 가지 생활영역에 있어서의 진로발달을 나타내는 생애진로 무지개를 제시하였다. 진로성숙과 역할의 중요성을 강조하였다.

② 일생 동안 9가지의 역할 즉, 아동, 학생, 여가인, 일반시민, 근로자, 가장, 주부, 부모, 연금생활자를 수행한다고 보고, 이러한 역할들이 상호작용하며 이전의 수행이 이후의 수행에 영향을 미치게 된다고 하였다.

③ 인생에서 진로발달 과정은 전 생애에 걸쳐 계속되며 성장, 탐색, 확립, 유지, 쇠퇴 등의 대주기를 거친다.

④ 진로발달에는 대주기 외에 각 단계마다 같은 성장, 탐색, 정착, 유지, 쇠퇴기로 구성된 소주기(Mini Cycle)가 있다.

❸ 타이드만과 오하라의 직업발달이론

① 개인의 이해와 의지에 따른 의사결정에 의하여 이루어지는 진로선택의 과정은 예상기와 적응기로 구분하고 있다.

② 예상기는 의사결정의 절차와 내용에 관한 개인의 사전인식단계로 탐색기, 구체화기, 선택기, 명료화기로 나누어진다.

③ 적응기는 실행에 대한 상상과 선택의 변화, 자신과 외부 현실간에 일어나는 현실적 적응과 선택이 수행 되며, 순응기, 개혁기, 통합기의 하위단계로 나누어진다.

④ 탐색 → 구체화 → 선택 → 명료화 → 순응 → 개혁 → 통합의 연속과정은 진로를 선택할 때 거치게 되는 과정이며, 이 과정을 통하여 직업적 자아개념은 연령이 증가하고 경험이 쌓일수록 발달하게 된다.

⑤ 분화와 통합의 과정을 거치면서 개인은 자아정체감을 형성해가며 이러한 자아정체감은 직업정체감의 형성에 중요한 기초요인이 된다.

> 직업발달이란 직업 자아정체감을 형성해나가는 계속적 과정이다.

🔍 참고

① 타이드만은 그의 발달이론에서 분화와 통합의 개념을 제시하였다.
  ㉠ 분화 – 다양한 직업을 구체적으로 학습함으로써 자아가 발달되는 복잡한 과정이다. 개인의 인지적 구조가 발달됨에 따라서 분화가 내적으로 일어나게 되며, 분화의 목적은 직업세계의 신뢰 · 불신위기를 해결하는 것이다.
  ㉡ 통합 – 개인은 직업분야의 일원으로서 직업세계의 통합을 말하며, 개인의 고유성과 직업세계의 고유성이 일치한다면 통합, 종합, 성공, 만족이 이루어진다.
② '수퍼'와 '타이드만과 오하라'의 진로발달이론 차이점
  ㉠ 수퍼 – 연령과 직업발달 단계를 고정시키고 불가역적이라고 주장
  ㉡ 타이드만과 오하라 – 직업발달의 단계를 반복 가능한 순환관계로 설명

4 고트프레드슨(Gottfredson)의 직업포부 이론

1) 개요

① 사회경제적 배경과 지능수준, 다양한 경험 등을 자아개념의 발달요인으로 강조하였다.

② 사람들은 직업세계에서 자신의 사회적 공간, 지적 수준, 성 유형에 맞는 직업을 선택한다고 보았다.

③ 사람들은 자신의 자아이미지에 적합한 직업을 찾기 때문에 직업발달의 자아개념은 중요한 진로선택의 요인이다.

2) 고트프레드슨의 직업포부 발달단계

① 힘과 크기의 지향성(3~5세) : 사고과정이 구체화되며 어른이 된다는 것의 의미를 알게 된다.

② 성역할 지향성(6~8세) : 자아개념이 성의 발달에 의해서 영향을 받게 된다.

③ 사회적 가치 지향성(9~13세) : 사회계층에 대한 개념이 생기면서 상황 속에서 자아를 인식하게 되고, 일의 수준에 대한 이해를 확장시킨다.

④ 내적, 고유한 자아 지향성(14세 이후) : 내적인 사고를 통하여 자아인식이 발달되며 타인에 대한 개념이 생겨난다. 또한 자아성찰과 사회계층의 맥락에서 직업적 포부가 더욱 발달하게 된다.

SECTION 1-4 욕구이론

1 욕구이론의 특성

1) 개요

① 로(Roe)는 성격이론과 직업분류라는 전혀 이질적인 영역을 통합하는데 주된 관심을 두었다.

② 심리적 에너지가 흥미를 결정하는 중요한 요소라고 본다.

③ 로(Roe)는 기본욕구 만족의 관련성에 대한 논의에서 매슬로우(Maslow)의 욕구위계론이 가장 유용한 접근법이라고 생각하였다.

④ 로(Roe)의 욕구이론은 개인의 진로발달과정에 사회나 환경의 영향을 상대적으로 많이 고려하고 있는 이론이다.

<매슬로우(Maslow)의 욕구위계론 >

(1) 매슬로우의 기본가정
   ① 인간은 특수한 형태의 충족되지 못한 욕구들을 만족시키기 위하여 동기화되어 있다.
   ② 하위 욕구로부터 상위의 욕구로 발달한다.
   ③ 하위에 있는 욕구일수록 강하고 우선순위가 높다.
   ④ 상위로 올라갈수록 각 욕구의 만족비율이 낮아진다.

(2) 매슬로우의 욕구단계

5단계	자아실현의 욕구	자신의 잠재력을 인식하고 그것을 성취하고자 하는 욕구
4단계	자아존중	타인으로부터 인정을 받으려는 욕구
3단계	소속감과 사랑에 대한 욕구	가족, 친구, 사회집단에 소속되고 수용받고 싶은 욕구
2단계	안전욕구	주변의 위험으로부터 자신을 보호하고자 하는 욕구
1단계	생리욕구	배고픔, 갈증, 고통회피, 피로회복, 성적욕구 등 가장 기본이 되는 욕구

② 욕구이론의 주요내용

1) 주요내용

① 직업선택에서 개인의 욕구를 중요시하였다.
② 직업선택에서 초기아동기 경험을 중시하였다.
③ 흥미에 기초해서 직업을 8개의 군집으로 나누고 각 군집에 알맞은 직업들의 목록을 작성하였으며, 각 직업에서의 곤란도와 책무성을 고려하여 8×6의 분류체계를 만들었다.

2) 직업분류 체계

(1) 8가지 직업군집(흥미에 기초)

① 서비스직 – 이 군집에서는 다른 사람의 취향 · 욕구 · 복지에 관심을 가지고 봉사함, 사회사업, 가이던스 등이 이에 속한다.
② 비즈니스직 – 이 군집에서는 타인에 대한 봉사보다는 어떤 행동을 취하도록 상대방을 설득하는 데 초점을 두고 있으며, 공산품, 투자상품, 부동산 등의 매매 등이 이에 속한다.
③ 단체직 – 이 군집에서의 인간관계는 형식화되어 있으며, 사업, 제조업, 행정에 종사하는 관리직 등이 이에 속한다.
④ 기술직 – 이 군집의 특징으로는 대인관계보다는 사물을 다루는 데 더 관심을 가지며, 운송, 정보통신, 공학, 기계무역 등이 이에 속한다.
⑤ 옥외활동직 – 이 군집에서 대인관계는 별로 중요하지 않으며, 농산물, 수산자원, 임산물, 축산업 등이 이에 속한다.

⑥ 과학직 – 이 군집에서는 심리학, 인류학뿐만 아니라 물리학에서도 인간 관계가 필요하며, 의학직이 포함된다.

⑦ 일반문화직 – 이 군집은 개인보다는 인류의 활동에 관심이 많으며, 보편적인 문화유산의 보존과 전수에 관련된 직업이 속한다.

⑧ 예·체능직 – 이 군집에서는 개인과 대중 또는 조직화된 한 집단과 대중 사이의 인과관계를 중시하며, 창조적인 예술과 연예에 관련된 직업이 속한다.

(2) 직업군집의 6단계(곤란도와 책무성의 정도에 기초)

① 전문적이고 관리적인 단계 1 – 정책을 만들거나 중요하고 독립적이며 다양한 책임을 지는 전문가, 개혁자, 최고 경영관리자 등이 포함되며, 박사나 이에 준하는 정도의 교육을 받는다.

② 전문적이고 관리적인 단계 2 – 정책을 해석하고 중요도와 다양성의 측면에서 자신과 타인에 대한 중간수준의 책임을 지며, 석사학위 이상, 박사와 그에 준하는 정도의 교육보다는 낮은 수준의 교육을 받는다.

③ 준전문적인 소규모의 사업 – 정책을 적용하거나 오직 자신만의 의사결정을 할 수 있으며, 타인에 대한 낮은 수준의 책임을 진다. 고등학교나 기술학교 또는 이에 준하는 정도의 교육수준을 가진다.

④ 숙련직 단계 – 견습이나 다른 특수한 훈련과 경험이 필요한 단계이다.

⑤ 반숙련직 단계 – 숙련직보다는 매우 낮은 수준의 숙련도가 요구되는 단계이다.

⑥ 비숙련직 단계 – 특수한 훈련과 교육이 필요하지 않은 단계이다.

> 6가지 수준(level)은 근로자의 직업과 관련된 정교화, 책임, 보수, 훈련의 정도를 묘사하며, 수준 1이 가장 높고, 수준 6이 가장 낮다.

3) 욕구이론의 문제점

① 진로상담을 위한 구체적인 절차를 제공하지 못하고 있다.

② 실증적인 근거를 결여되어 있다.

③ Roe의 이론은 검증하기 매우 어렵다.

4) 직업분류에 미치는 초기경험과 부모행동의 영향

① 로는 초기의 경험은 가정환경, 특히 부모와의 관계, 부모의 행동에 큰 영향을 받는다고 보았다.

② 발달 초기의 부모행동은 다음과 같이 개념화된다.

㉠ 아동에 대한 정서적 집중은 과보호적·과요구적으로 될 수 있다.

㉡ 아동에 대한 회피는 정서적 거부와 방임으로 표현된다.

㉢ 아동에 대한 수용은 무관심한 수용과 애정적인 수용으로 나타난다.

> 로(Roe)의 욕구이론은 개인의 진로발달 과정에서 초기의 가정환경이 그 후의 직업선택에 중요한 영향을 미친다고 본다.

진로선택의 사회학습이론

크롬볼츠(Krumboltz)의 진로의사결정에 대한 사회학습이론은 교육적 · 직업적 선호 및 기술이 어떻게 획득되며 교육프로그램, 직업, 현장의 일들이 어떻게 선택되는가를 설명하기 위하여 발달된 이론이다. 이를 위하여 이 이론에서는 강화이론, 고전적 행동주의이론, 인지적 정보처리이론에 기원을 두고 있으며, 특히 행동에 대한 일반적인 사회학습 이론을 기초로 개인의 성격과 행동은 그의 독특한 학습경험에 의해서 가장 잘 설명할 수 있다고 가정하면서, 진로의사결정에 영향을 미치는 요인들의 상호작용을 밝히고 있다.

1 진로발달과정의 특성과 내용

1) 진로발달과정에 영향을 미치는 요인

진로결정에 영향을 주는 요인을 미첼(Mitchell)과 크롬볼츠(Krumboltz)는 다음과 같은 4가지로 분류하였다.

(1) 유전적 요인과 특별한 능력

개인의 진로기회를 제한하는 타고난 특질을 포함하는 요인이다. 즉, 교육적, 직업적인 선호나 기술, 인종, 성별, 신체적인 모습과 특징, 지능, 예술적 재능, 근육의 기능에 제한을 줄 수 있는 자질을 말한다.

(2) 환경적 조건과 사건

> 특정한 직업을 갖게 되는 것은 단순한 선호나 선택의 기능이 아니고 개인이 통제할 수 없는 복잡한 환경적 요인의 결과이다.

종종 개인의 통제를 넘어서는 요인으로, 여기서 강조하는 것은 개인 환경에서의 특정한 사건이 기술발달, 활동, 진로선호 등에 영향을 미친다는 것이다. 예를 들어 개인 환경에서 어떤 천연자원의 이용이나 어떤 직업을 규제하는 정부의 정책은 고용기회와 경험을 상당 정도 결정할 수도 있다.

(3) 학습경험

과거에 학습한 경험은 현재 또는 미래의 교육적, 직업적 의사결정에 영향을 미치는데, 크롬볼츠는 도구적 학습경험과 연상적 학습경험을 포함하고 있다.

① 도구적 학습경험

결과에 대한 개인의 반응을 통해 학습하는 것, 행동의 직접적이고 관찰 가능한 결과, 다른 사람의 반응을 통해 학습하는 것 등이다.

② 연상적 학습경험

이전의 중립적 상황에 대한 부정적 · 긍정적 반응을 통해 이루어지며, 이러한 연상은 관찰, 출판물, 영화 등을 통해 학습될 수 있다. 예를 들면, "모든 정치인들은 부정하다."와 "은행가들은 모두 부자다"와 같은 진술은 이 직업에 대한 개인의 인식에 영향을 미친다.

(4) 과제접근기술

　　문제해결 기술, 작업습관 등과 같이 개인이 개발시켜 온 기술 일체를 말한다.
　　이 기술 일체는 개인이 직면한 문제와 과업의 결과를 상당 정도 결정한다.

신입사원 A는 직무 매뉴얼을 참고하여 업무수행을 한다. 그러나 이런 방법을 통해 신입사원 때는 좋은 결과를 얻더라도, 승진하여 새로운 업무를 수행할 때는 기존의 업무수행 방법을 수정해야 할지도 모른다.

2 사회학습모형과 진로선택

1) 학습경험과 진로선택

① 크롬볼츠는 전체 인생에서 각 개인의 독특한 학습경험이 진로선택의 주요한 영향요인이 될 것이라고 생각한다. 이러한 영향요인으로 다음과 같은 것을 포함한다.
　ㄱ 학습기준과 관련된 경험과 수행으로부터 도출된 개인의 일반화
　ㄴ 환경에 대응하는 데 이용하기 위해 개발된 기술의 일체
　ㄷ 어떤 직업에 지원하거나 교육기관 및 훈련기관을 선택하는 것과 같은 진로진입 행동 등을 포함한다.

② 사회학습모형은 직업선택에서 학습경험과 그 영향을 강조한다. 이 모형에서 유전적 특성은 학습경험과 이에 따르는 진로선택을 제한할 수 있는 요인으로 간주되며, 진로결정은 전 생애적인 과정으로서 교육 및 진로상담 프로그램에서 가르쳐야 할 매우 중요한 기술로 간주된다.

2) 크롬볼츠(Krumboltz)의 직업선호에 영향을 미치는 요인

① 여러 가지 인지과정, 환경과의 상호작용, 타고난 개인의 특성과 특질 등이 주요요인이 된다.

② 유전적 요인과 환경적 요인도 선호의 발달과정과 관련되어 있다.

③ 직업분야나 학습과정에 가치 있는 모델이 되는 사람, 긍정적인 말이나 상징 등은 긍정적인 요인이 된다.

3 정신분석이론

1) 개요

① 정신분석적 입장에서 보딘(Bordin), 나흐만(Nachmann) 및 세갈(Segal)은 직업발달의 틀을 제시하였다.

② 정신분석적 접근에서는 직업을 충동을 만족시키는 수단이자 감추어진 욕구를 분출하는 출구로 간주하였다.

2) 정신분석적 진로발달의 주요개념

① 인간의 발달은 지속적이다. 그러나 유아기의 단순한 심리 · 생리적 발달과정은 성인이 된 후의 복잡한 지적활동과 깊은 관련을 가진다.
② 개인이 선호하는 직업은 생후 5년 동안에 만들어지는 욕구에 의해 결정적으로 선택된다.
③ 만족을 추구하는 본능을 유아기의 단순행동에서처럼 성인기의 복잡한 행동에서도 나타난다.
④ 넓은 의미에서 보면 일이란 유아적인 행동을 사회적으로 수용될 수 있는 행동으로 승화시키는 것이다.
⑤ 모든 직업은 욕구충족의 일환으로 기술될 수 있다.

3) 정신분석 이론의 한계

① 일생 동안 개인의 경험을 통해서 외부로부터 영향을 받는다는 점을 고려하지 않고 있다.
② 진로선택을 성격발달보다 덜 중요한 것으로 여기고, 발달과제 혹은 직업성숙 개념을 전혀 강조하지 않았다.
③ 직업선택이 문화적 영향 혹은 재정적인 문제의 영향을 받는 경우, 일을 통한 만족을 경험할 수 없는 사람들을 고려하지 않았다.
④ 직업선택에 대한 정신분석적 입장을 타당화하는 연구가 거의 없는 편이다.

4 자기효능감 이론

1) 특성

① 성별의 차이에 따라 각기 다른 성역할 사회화 과정의 결과로 진로 행동의 성차 발생
② 여성은 남성보다 약한 자기효능감 기대

2) 반두라의 견해

① 성차(性差)를 설명한 가장 유명한 이론은 반두라(Bandura)의 사회인지이론을 토대로 한 헥케트와 베츠(Hackett & Betz, 1981)의 자기효능감 이론이다.
② 반두라의 사회학습이론에서는 자기효능감이 심리적 기능에 영향을 미치는 개인의 사고와 심상(Image)을 포함한다는 점을 강조한다.
③ 자기효능감은 개인 노력의 강도를 결정하는데, 반두라에 의하면 높은 효능감을 지닌 사람들은 수행을 긍정적으로 이끌어가는 과정을 시각화하고 또 문제에 대한 좋은 해결방안을 인지적으로 제시한다고 한다.

어떤 과제를 수행하는 데 있어서 자신의 능력에 대한 믿음이 과제 시도의 여부와 과제를 어떻게 수행하는지를 결정한다.

3) 헥케트와 베츠의 견해

① 과제를 수행할 수 없다(저수준의 효능)고 믿는 여성들은 진로기동성뿐만 아니라 진로선택권에도 제약을 받으며, 성취에 대한 보상을 남성과 동등하게 받지 못하는 작업환경에 있을 때 여성들은 자기효능감 개발에 방해를 받게 된다.
② 낮은 수준의 효능감을 갖고 있는 여성들은 진로결정을 포기하거나, 지연·회피하는 경향이 있다.

새로운 진로발달이론

1 인지적 정보처리 접근

1) 개요

① 인지적 정보처리(The Cognitive Information Processign ; CIP)이론은 패터슨(Peterson), 샘프슨(Sampson), 리어던(Reardon)에 의해 개발된 것이다.
② 개인이 어떻게 진로결정을 하고 진로문제 해결과 의사결정을 할 때 어떻게 정보를 이용하는지의 측면에서 인지적 정보처리이론을 진로발달에 적용한 것이다.

2) 인지적 정보처리의 주요 전제

인지적 정보처리의 10개의 가정들은 진로개입의 주요 책략들이 학습기회를 제공함으로써 개인의 처리능력을 발전시킬 수 있다는데 있다. 이러한 방법에 따라 내담자는 미래의 문제들은 물론 현실의 문제들을 충족시킬 수 있는 진로문제 해결자로서의 잠재력을 개발할 수 있게 되는데, 그 주요한 전제는 다음과 같다.
① 진로선택은 인지적 및 정의적 과정들의 상호작용의 결과이다.
② 진로를 선택한다는 것은 하나의 문제해결 활동이다.
③ 진로문제 해결자의 잠재력은 지식은 물론이고 인지적 조작의 가용성에 의존한다.
④ 진로문제 해결은 고도의 기억력을 요하는 과제이다.
⑤ 진로문제를 보다 잘 해결하고자 하는 욕구는 곧 자신과 직업세계를 보다 잘 이해함으로써 직업선택에 만족을 얻고자 하는 것이다.
⑥ 진로발달은 자신과 직업에 대한 정보를 가지고 일련의 구조화된 기억구조를 형성함으로써 이루어진다.
⑦ 진로정체성은 자기를 얼마나 아느냐에 달려있다.
⑧ 진로성숙은 진로문제를 해결할 수 있는 자신의 능력에 의존한다.
⑨ 진로상담의 최종 목표는 정보처리 기술들의 신장을 촉진시킴으로써 달성된다.
⑩ 진로상담의 궁극적 목표는 내담자로 하여금 진로문제를 잘 해결하고 의사결정을 할 수 있도록 하는 것이다.

3) 인지적 정보처리 과정

진로문제의 해결은 일차적으로 인지적 과정이며, 다음의 일련의 절차(CASVE)를 통해 증진시 킬 수 있는 것이다.

① 의사소통(Communication) : 질문들을 받아들여 부호화하며 송출하는 과정이다.
② 분석(Analysis) : 한 개념적 틀 안에서 문제를 찾고 분류하는 것이다.
③ 통합(Synthesis) : 일련의 행위를 형성시키는 과정이다.
④ 가치부여(Valuing) : 성공과 실패의 확률에 관한 각각의 행위를 판단하고 다른 사람에게 미칠 여파를 판단하는 과정이다.
⑤ 집행(Execution) : 책략을 통해 계획을 실행시키는 과정이다.

2 사회학적 조망접근

1) 개요

① 개인을 둘러싼 사회 · 문화적 환경이 개인의 행동에 영향을 미친다는 사회학적 지식을 바탕으로 생성된 이론이다.
② 이 이론의 핵심은 가정, 학교, 지역사회 등의 사회적 요인이 직업선택과 발달에 영향을 미친다는 것이다.

3 가치중심적 진로접근 모형

브라운(Brown)에 의해 개발된 가치중심적 진로접근법은 인간행동이 개인의 가치에 의해 상당 부분 영향을 받고 있다는 가정에서 출발한다.
다른 이론과는 달리 가치기반 모형에서는 흥미가 의사결정 과정에서 상대적으로 작은 역할을 담당하며, 가치가 목표를 세우고 방향을 세우는데 더욱 중요한 역할을 한다고 가정한다.

1) 기본명제

① 개인이 우선권을 부여하는 가치들은 얼마 되지 않는다.
② 우선순위가 높은 가치들은 다음과 같은 조건들을 만족시킬 경우 생애역할 선택에 있어서 가장 중요한 결정요인이 된다.
    ㉠ 생애역할 가치를 만족시키려면 한 가지의 선택권만 이용할 수 있어야 한다.
    ㉡ 생애역할 가치를 실행하기 위한 선택권은 명확하게 그려져야 한다.
    ㉢ 각 선택권을 실행에 옮기는 난이도는 동일하다.
③ 가치는 환경 속에서 가치를 담은 정보를 획득함으로써 학습된다.
④ 생애만족은 중요한 모든 가치들을 만족시키는 생애역할들에 의존한다.
⑤ 한 역할의 현저성은 역할 내에 있는 필수적인 가치들의 만족정도와 직접 관련된다.
⑥ 생애역할에서의 성공은 여러 요인들의 조합에 의해 결정되며, 개인적 요인인 학습된 기술과 인지적 · 정의적 · 신체적 적성에 의해 결정된다.

CHAPTER
01
출제예상문제

직업상담사 2급 필기 전과목 무료동영상 **PART 02**

PART 02

직업심리학

---

01 직업성격이론의 6가지 성격유형에 해당되는 것은?

① 진취적 유형 ② 직관적 유형
③ 판단적 유형 ④ 외향적 유형

해설 홀랜드 직업성격 유형 : 현실형(R), 탐구형(I), 예술형(A), 사회형(S), 진취형(E), 관습형(C)

---

02 다음 중 개인의 특성과 직업세계의 특징과의 최적의 조화(Person – environment Fit)를 가장 강조한 이론은?

① 수퍼의 생애주기 이론
② 홀랜드의 이론
③ 베츠의 자기효능감 이론
④ 사회적 인지학습이론

해설 개인이 직업을 선택할 때에 자신의 성격을 만족시켜 줄 수 있는 직업환경을 선택하게 된다는 것이며, 직업에의 만족, 안정성, 업적 등은 개인의 성격과 직업 환경 간의 일치성에 달려 있다고 본다.

---

03 Holland 이론의 6각형 모형에서 서로간의 거리가 가장 가깝고, 유사한 직업성격끼리 짝지은 것은?

① 사회적(S) – 진취적(E) – 예술적(A)
② 현실적(R) – 관습적(C) – 사회적(S)
③ 관습적(C) – 사회적(S) – 탐구적(I)
④ 탐구적(I) – 진취적(E) – 사회적(S)

해설

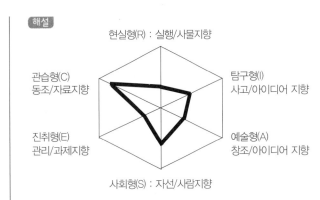

- 현실형(R) : 실행/사물지향
- 관습형(C) 동조/자료지향
- 탐구형(I) 사고/아이디어 지향
- 진취형(E) 관리/과제지향
- 예술형(A) 창조/아이디어 지향
- 사회형(S) : 자선/사람지향

---

04 Holland의 성격유형에 관한 설명으로 틀린 것은?

① 현실적인 사람들은 대인관계에 뛰어나며 외부활동을 선호한다.
② 예술적인 사람들은 창의적이고 심미적이며 예술을 통해 자신을 표현한다.
③ 관습적인 사람들은 다소 보수적이며 사무적이고 조직적인 환경을 선호한다.
④ 탐구적인 사람들은 추상적이고 분석적이며 과제 지향적이다.

해설 과거나 미래보다는 현재를 중요시하고 사람보다는 사물 지향적인 작업을 선호한다.

정답 01 ① 02 ② 03 ① 04 ①

05 Holland가 제시한 직업유형과 그 특징을 짝지은 것으로 틀린 것은?

① 현실적 유형 – 실용적, 실제적
② 탐구적 유형 – 추상적, 과학적
③ 관습적 유형 – 논리적, 체계적
④ 예술적 유형 – 후원적, 양육적

해설 후원적, 양육적 특징은 사회적 유형이다.

06 다음 중 특성 – 요인 이론에 관한 설명으로 가장 적합한 것은?

① 자신이 선택한 투자에 최대한의 보상을 받을 수 있는 직업을 선택한다.
② 개인적 흥미나 능력 등을 심리검사나 객관적 수단을 통해 밝혀낸다.
③ 사회·문화적 환경 또는 사회구조와 같은 요인이 직업선택에 영향을 준다.
④ 동기, 인성, 욕구와 같은 개인의 심리적 수단에 의해 직업을 선택한다.

해설 개인이 가진 모든 특성을 심리검사 등의 객관적인 수단에 의해 밝혀내고, 각각의 직업이 요구하는 요인들을 분석하여 개인의 특성에 적합한 직업을 선택하게 하는 것이다.

07 Holland의 육각 모형 상에서 대각선에 해당되는 유형으로, 서로 대비되는 특성을 지닌 유형들이 바르게 짝지어진 것은?

① 관습형(C)과 현실형(R)
② 사회형(S)과 탐구형(I)
③ 현실형(R)과 진취형(E)
④ 예술형(A)과 관습형(C)

08 다음 중 특성 – 요인이론에 관한 설명으로 틀린 것은?

① "직업과 사람을 연결시키기"라는 심리학적 관점을 대표한다.
② 직업선택 과정이 개인의 아동기부터 초기 성인기까지의 사회 – 문화적 환경에 따라 주관적으로 발달된다고 본다.
③ 특성 – 요인 직업상담에 있어서 상담자 역할은 교육자의 역할이다.
④ 미네소타대학의 직업심리학자들이 이 이론에 근거한 각종 심리검사를 제작하였다.

해설 **특성 – 요인이론의 특징**
- 개개인은 신뢰할 만하고 타당하게 측정될 수 있는 고유한 특성의 집합이다.
- 모든 직업은 그 직업에서 성공하는 데 필요한 특성을 지닌 근로자를 요구한다.
- 직업의 선택은 직선적인 과정이며 매칭이 가능하다.
- 개인의 특성과 직업의 요구간에 매칭이 잘 될수록 성공의 가능성은 커진다.
- '직업과 사람을 연결시키기'라는 심리학적 관심을 대표한다.
- 특성 – 요인 직업상담에 있어서 상담자의 역할은 교육자의 역할이다.
- 미네소타 대학의 직업심리학자들이 이 이론에 근거한 각종 심리검사를 제작하였다.
- 내담자에게 정보를 제공하고 학습기술과 사회적 적응기술을 알려주는 것을 중요시한다.
- 사례연구를 상담의 중요한 자료로 삼는다.
- 직업선택을 일회적인 행위로 간주한다.
- 모든 사람에게는 자신에게 옳은 하나의 직업이 존재한다는 가정에서 출발한 이론이다.
- 심리검사이론과 개인차 심리학에 그 기초를 두고 있다.

09 Holland의 흥미에 관한 육각모형에서 개인의 흥미에 관한 6가지 선호유형에 해당되지 않는 것은?

① 현실형   ② 예술형
③ 관습형   ④ 이상형

10 Holland가 제시한 직업선택을 위한 매칭이론의 사람의 성격과 바람직한 직업적성을 바르게 연결한 것은?

① 현실적인(realistic) 유형 – 비행기조종사
② 탐구적(investigatlve) 유형 – 종교지도자
③ 보수인습적(conventional) 유형 – 정치가
④ 사회적(social) 유형 – 작곡가, 연주가, 배우 등

해설 종교지도자 – 사회형(S), 정치가 – 진취형(E), 작곡가·연주가·배우 – 예술형(A)

11 진로발달에 관한 Holland의 이론이 기초하고 있는 4가지 가정에 포함되지 않는 것은?

① 사람들의 성격은 6가지 유형 중의 하나로 분류될 수 있다.
② 직업환경은 6가지 유형의 하나로 분류될 수 있다.
③ 개인의 행동은 성격에 의해 결정된다.
④ 사람들은 자신의 능력을 발휘하고 태도와 가치를 표현할 수 있는 환경을 찾는다.

해설 개인의 행동은 성격과 환경의 상호작용에 의해서 결정된다.

12 다음이 설명하는 홀랜드가 제시한 직업흥미 유형은?

• 현장에서 몸으로 부대끼는 활동을 좋아한다.
• 사교적이지 못하며, 대인관계가 요구되는 상황에서 어려움을 느낀다.
• 일반적으로 6가지 유형 중에서 사회경제적으로 가장 낮은 위치에 속하는 편이고, 사물지향적이다.

① 현실적 유형(Realistic)　② 사회적 유형(Social)
③ 탐구적 유형(Investigative)　④ 예술적 유형(Artistic)

해설 대표적인 직업으로서 기술자, 정비사, 엔지니어, 운동선수 등이 있다.

13 직업발달이론에서 파슨스가 제안한 특성-요인 이론의 핵심적인 가정은?

① 각 개인들은 객관적으로 측정될 수 있는 독특한 능력을 지니고 있으며, 이를 직업에서 요구하는 요인과 합리적인 추론을 통하여 매칭시키면 가장 좋은 선택이 된다.
② 분화와 통합의 과정을 거치면서 개인은 자아정체감을 형성해가며 이러한 자아정체감은 직업정체감의 형성에 중요한 기초요인이 된다.
③ 진로발달 과정은 유전요인과 특별한 능력, 환경조건과 사건, 학습경험, 과제접근기술 등의 네 가지 요인과 관계가 있다.
④ 초기의 경험이 개인이 선택한 직업에 대한 만족에 매우 중요한 요인이라고 강조하면서 개인의 성격유형과 직무환경의 성격을 여섯 가지 유형으로 구분하고 있다.

해설 ㉡ 타이드만과 오하라의 직업발달이론
㉢ 크롬볼츠, 미첼의 진로선택의 사회학습이론
㉣ 로의 욕구이론

14 홀랜드가 개발한 검사로 미래 진로문제에 대해서 스트레스를 받는 내담자에게 사용하기 위해 개발된 것은?

① 직업선호도검사(VPI)　② 자기 방향 탐색(SDS)
③ 직업탐색검사(VEIK)　④ 자기직업상황(MVS)

15 홀랜드(Holland)의 성격유형 중 구조화된 환경을 선호하고 질서정연하고 체계적인 자료정리를 좋아하는 것은?

① 실제적 성격유형　② 탐구적 성격유형
③ 사회적 성격유형　④ 관습적 성격유형

16 다음 중 Holland의 모델에 근거한 검사가 아닌 것은?

① 자가 흥미탐색 검사(SDS)
② 스트롱-캠벨 흥미검사(SVIB-SCⅡ)
③ 경력의사결정 검사(CDM)
④ 경력개발검사(CDI)

17 홀랜드의 직업선호성 모형을 토대로 한 흥미검사에서는 직업흥미 유형을 6가지로 분류하고 있다. 이 중 관습적 유형의 특징과 적합한 직업의 연결이 올바른 것은?

① 억세고, 강인하고, 실제적임 : 농업, 기술자, 엔지니어, 군인
② 아이디어를 강조하고 추상적인 문제를 선호함 : 과학자, 의료서비스 분야
③ 질서정연하거나 수를 다루는 작업을 선호함 : 회계직, 사무직, 행정직
④ 창의적인 자기표현을 잘하며 구조화된 상황을 싫어함 : 예술가, 저술분야

해설 체계적으로 자료를 잘 처리하고 기록을 정리하거나 자료를 재생산하는 것을 좋아한다.

정답　11 ③　12 ①　13 ①　14 ③　15 ④　16 ④　17 ③

18 다음 중 특성-요인 직업발달이론에 대한 설명으로 틀린 것은?

① 모든 사람에게는 자신에게 맞는 하나의 직업이 존재한다는 가정에서 출발한 이론이다.
② 특성-요인이론을 따르는 경우에는 진단 과정을 매우 중요시한다.
③ 개인의 직업선택은 전생애 과정을 통해 이루어지는 것이다.
④ 심리검사이론과 개인차 심리학에 그 기초를 두고 있다.

해설 직업선택을 일회적인 행위로 간주하여 장기간에 걸친 인간의 직업적 발달을 도외시하고 있다.

19 다음은 홀랜드의 6가지 성격유형 중 무엇에 해당하는가?

- 다른 사람과 함께 일하거나 다른 사람을 돕는 것을 즐기지만 도구와 기계를 포함하는 질서정연하고 조직적인 활동을 싫어한다.
- 기계적이고 과학적인 능력이 부족하며 대표적으로 카운슬러, 바텐더가 해당한다.

① 현실적 유형   ② 탐구적 유형
③ 사회적 유형   ④ 관습적 유형

20 개인의 지속적인 직업흥미유형이 직업선택이나 직업적응과 밀접한 관계가 있음을 시사해준다는 개인-환경 적합성 모형을 제시한 사람은?

① 훼스틴저(Festinger)   ② 코만(Korman)
③ 홀랜드(Holland)   ④ 깁슨(Gibson)

21 직업선호도 검사에 대한 설명으로 틀린 것은?

① Holland의 모형을 기초로 개발한 검사이다.
② 직업흥미검사, 성격검사, 생활사검사로 구성되어 있다.
③ 생활사검사는 개인의 과거 경험과 생활환경을 통한 직무성과의 예측이 목적이다.
④ 직업흥미유형을 크게 현실형, 사회형, 탐구형, 예술형, 인내형, 진취형으로 나누고 있다.

해설 현실형(R), 탐구형(I), 예술형(A), 사회형(S), 진취형(E), 관습형(C)

22 다음 중 홀랜드(Holland)가 구분한 직업분야에 속하지 않는 것은?

① 종교적(Religious)분야 : 종교, 봉사, 후원적 영역
② 탐구적(Investigative)분야 : 추상적, 논리적, 과학적 영역
③ 관습적(Conventional)분야 : 논리적, 체계적, 상세하고 체계지향적 영역
④ 예술적(Artistic)분야 : 심미적, 감수적, 비인격적 영역

23 직업 선택에서 특성-요인 이론이 가정하고 있는 기본적인 전제가 아닌 것은?

① 인간 개개인은 신뢰할 만하고 타당하게 측정될 수 있는 고유한 특성의 집합체이다.
② 각 직업의 성공적인 수행을 위해서는 직업마다 요구되는 고유한 인간의 특성을 필요로 한다.
③ 직업과 관계하는 가치나 흥미, 능력은 인간 발달에 따라 변화하게 된다.
④ 개인이 지닌 특성과 직업이 요구하는 특성이 서로 잘 부합될수록 개인의 만족과 조직의 효율성이 증진된다.

해설 발달이론에 관한 설명이다.

24 홀랜드의 유형에 따르면 기술자, 정비사, 엔지니어 등은 어느 유형에 속하는가?

① 현실형　　　　　　② 관습형
③ 탐구형　　　　　　④ 사회형

해설 ① 탐구형 : 의사, 과학자, 사회과학자
　　② 예술형 : 예술가, 작가, 배우, 무용가
　　③ 사회형 : 종교지도자, 간호사, 상담가
　　④ 진취형 : 정치가, 연출가, 관리자
　　⑤ 관습형 : 세무사, 회계사, 사서

25 Lofquist & Dawid의 직업적응이론에서 직업적응방식에 관한 설명으로 틀린 것은?

① 융통성－개인이 작업환경과 작업성격 간의 부조화를 참아내는 정도
② 끈기－환경이 자신에게 맞지 않아도 개인이 얼마나 오랫동안 견뎌낼 수 있는지의 정도
③ 적극성－개인이 작업환경을 개인적 방식과 좀 더 조화롭게 만들어가려고 노력하는 정도
④ 반응성－개인이 작업성격의 변화로 인해 작업환경에 반응하는 정도

해설 **융통성**
개인의 작업환경과 개인적 환경 간의 부조화를 참아내는 정도로서 작업과 개인의 부조화가 크더라도 잘 참아낼 수 있는 사람은 융통적인 사람을 의미한다.

26 Lofquist와 Dawis의 직업적응이론에서 직업성격적 측면의 성격양식 차원에 대한 설명으로 틀린 것은?

① 민첩성－정확성 보다는 속도를 중시한다.
② 역량－근로자의 평균활동수준을 의미한다.
③ 리듬－활동에 대한 단일성을 의미한다.
④ 지구력－다양한 활동수준의 기간을 의미한다.

해설 리듬은 활동에 대한 다양성을 의미한다.

27 다음 중 미네소타 직업분류체계 III와 관련되어 발전된 이론은?

① Ginzberg의 발달이론
② Super의 평생발달이론
③ Lofquist와 Dawis의 직업적응이론
④ Roe의 욕구이론

해설 미네소타 대학의 직업적응계획의 일환으로 연구되었으며, 심리학적인 직업분류체계인 Minnesota Occupational Classification System III와 관련되어 발전된 이론이다. 개인과 환경 사이의 일치라는 개념에 기초를 두고 있으므로 개인과 환경 사이의 조화로운 적합성, 개인과 환경의 상호보완적인 관계성이라 할 수 있으며 일치라는 개념은 개인과 환경이 공동으로 반응하는 것이다.

28 다음 중 긴즈버그의 진로발달단계를 바르게 나열한 것은?

① 놀이지향기 → 탐색기 → 흥미기
② 환상기 → 잠정기 → 현실기
③ 탐색기 → 구체화기 → 특수효과
④ 흥미기 → 전환기 → 가치기

29 직업발달이론에 관한 설명으로 틀린 것은?

① 특성－요인이론은 Parsons의 직업지도 모델에 기초하여 형성되었다.
② Super의 생애발달단계는 환상적－잠정기－현실기로 구분한다.
③ 일을 승화의 개념으로 설명하는 이론은 정신분석이론이다.
④ Holland의 직업적 성격유형론에서 중요시하는 개념은 일관도, 일치도, 분화도 등이다.

해설 슈퍼의 직업발달 5단계 : 성장기－탐색기－확립기－유지기－쇠퇴기

정답 　24 ①　25 ①　26 ③　27 ③　28 ②　29 ②

30 Gottfredson이 제시한 직업포부의 발달단계가 아닌 것은?

① 성역할 지향성   ② 힘과 크기 지향성

③ 사회적 가치 지향성   ④ 직업 지향성

해설 ① 힘과 크기의 지향성(3~5세) : 사고과정이 구체화되며 어른이 된다는 것의 의미를 알게 된다.

② 성역할 지향성(6~8세) : 자아개념이 성의 발달에 의해서 영향을 받게 된다.

③ 사회적 가치 지향적(9~13세) : 사회계층에 대한 개념이 생기면서 상황 속에서 자아를 인식하게 되고, 일의 수준에 대한 이해를 확장시킨다.

④ 내적, 고유한 자아 지향성(14세 이후) : 내성적인 사고를 통하여 자아인식이 발달되며 타인에 대한 개념이 생겨난다. 또한 자아성찰과 사회계층의 맥락에서 직업적 포부가 더욱 발달하게 된다.

31 Ginzberg의 진로발달 단계 중 현실기에 관한 설명으로 옳은 것은?

① 놀이중심의 단계이다.

② 일이 요구하는 조건에 대하여 점차로 인식하는 단계이다.

③ 능력과 흥미의 통합단계이다.

④ 현실에 적응하고 직업적 안정을 이루는 단계이다.

해설

기간	연령	특징
환상기 (Fantasy Phase)	유년기 (11세 이전)	초기는 놀이중심단계이며, 이 단계의 마지막에서는 놀이가 일 중심으로 변화되기 시작한다. ※ 현실, 여건, 능력, 가능성을 고려하지 않고 놀이를 통해 표출, 직업세계에 대한 최초의 가치 판단을 반영
잠정기 (Tentative Phase)	초기 청소년기 (11~17세)	일이 요구하는 조건에 대하여 점차적으로 인식하는 단계, 흥미, 능력, 일의 보상, 가치, 시간적 측면에 대한 인식이 이루어진다. ㉠ 흥미단계 : 좋아하는 것과 그렇지 않은 것에 따라 직업을 선택하려고 한다. ㉡ 능력단계 : 자신이 흥미를 느끼는 분야에서 성공을 거둘 수 있는지를 시험해 보기 시작한다. ㉢ 가치단계 : 직업을 선택할 때 고려해야 하는 다양한 요인들을 인정하고 특수한 직업선호와 관련된 모든 요인들을 알아보고, 그러한 직업선호를 자신의 가치관 및 생애목표에 비추어 평가한다. ㉣ 전환단계 : 직업선택에 대한 주관적 요소에서 현실적 외부요인으로 관심이 전환되며, 직업에 대한 결정과 진로선택에 수반되는 책임의식을 깨닫게 된다.

		능력과 흥미의 통합단계, 가치의 발달, 직업적 선택의 구체화, 직업적 패턴의 명료화 등이 가능해진다.
현실기 (Realistic Phase)	청소년 중기 (17세~ 청장년기)	㉠ 탐색단계 : 진로선택을 위해 필요하다고 판단되는 교육이나 경험을 쌓으려고 노력한다. ㉡ 구체화단계 : 자신의 직업목표를 정하고 직업선택과 관련된 내·외적 요소들을 종합하여 특정직업 분야에 몰두하게 된다. ㉢ 특수화단계 : 자신의 결정을 더욱 구체화하고, 보다 세밀한 계획을 세우며 고도로 세분화된 의사결정을 한다. 특정의 진로에 맞는 직업훈련을 받는 단계

32 수퍼(Super)의 직업발달이론의 기본가정이 아닌 것은?

① 개인은 능력, 흥미, 성격에 있어서 각기 차이점을 가지고 있다.

② 개인은 각각에 적합한 직업적 능력을 가지고 있다.

③ 직업발달은 주로 대인관계를 발달시키고 실천해 나가는 과정이다.

④ 각 직업군에는 그 직업에 요구되는 능력, 흥미, 성격특성이 있다.

해설 직업발달이론에서 직업발달은 자아개념을 발달시킨다.

33 Gelatt가 제시한 의사결정과정이 바르게 나열된 것은?

A : 목적의식	B : 대안의 결과 예측
C : 정보수집	D : 의사결정
E : 대안열거	F : 평가 및 재투입
G : 가치평가	H : 대안의 실현 가능성 예측

① A→C→E→B→H→G→D→F

② A→E→C→B→H→G→D→F

③ A→C→E→G→B→H→D→F

④ A→C→E→B→G→H→D→F

34 Gottfredson이 제시한 직업포부의 발달단계가 아닌 것은?

① 성역할 지향성   ② 힘과 크기 지향성

③ 사회적 가치 지향성   ④ 직업 지향성

35 다음과 같은 특징을 가지는 수퍼의 진로발달단계는?

- 잠정기 : 욕구. 흥미, 능력, 가치가 잠정적인 진로의 기초가 된다.
- 전환기 : 현실이 점차 직업의식과 직업활동의 기초가 된다.
- 시행기 : 자신이 적합하다고 본 직업을 최초로 가지게 된다.

① 성장기   ② 탐색기
③ 확립기   ④ 유지기

해설 **탐색기**

개인이 학교생활, 여가활동, 시간제 일 등과 같은 활동을 통해서 자아를 검증하고 역할을 수행하며 직업탐색을 시도하는 단계로서 잠정기, 전환기, 시행기가 있다.

36 긴즈버그가 제시한 진로발달단계의 현실기에서 특정 직업분야에 몰두하게 되는 세분단계는?

① 능력 단계   ② 탐색 단계
③ 특수화 단계   ④ 구체화 단계

해설

현실기 (Realistic Period)	청소년 중기 (17세 ~청장년기)	능력과 흥미의 통합단계, 가치의 발달, 직업적 선택의 구체화, 직업적 패턴의 명료화 등이 가능해진다. ㉠ 탐색단계 : 진로선택을 위해 필요하다고 판단되는 교육이나 경험을 쌓으려고 노력한다. ㉡ 구체화단계 : 자신의 직업목표를 정하고 직업선택과 관련된 내·외적 요소들을 종합하여 특정직업 분야에 몰두하게 된다. ㉢ 특수화단계 : 자신의 결정을 더욱 구체화하고, 보다 세밀한 계획을 세우며 고도로 세분화된 의사결정을 한다. 특정의 진로의 맞는 직업훈련을 받는 단계

37 수퍼의 평생발달이론에서 아치문 모델의 왼쪽 기둥을 이루고 있는 것은?

① 생리학적－지리학적인 기초 측면
② 경제자원, 사회제도, 노동시장 등으로 이루어진 사회 정책 측면
③ 욕구나 지능, 가치, 흥미 등으로 이루어진 개인의 성격적 측면
④ 발달단계와 역할에 대한 자아개념으로 이루어진 상호 작용적 측면

해설 ① 왼쪽 기둥(개인의 심리적특징) : 개인의 욕구, 지능, 가치, 태도, 관심
② 오른쪽 기둥(사회구조) : 경제자원, 경제구조, 사회제도
③ 사회는 개인에게 영향을 주고, 개인은 사회단위로 성장하고 기능하면서 사회에서 자신의 교육적, 가족적, 직업적, 시민적, 여가적 생애를 추구함

38 고트프레드슨이 제시한 직업포부의 발달단계에 대한 설명으로 틀린 것은?

① 힘과 크기 지향성－사고과정이 구체화되며 어른이 된다는 것의 의미를 알게 된다.
② 성역할 지향성－자아개념이 성의 발달에 의해서 영향을 받게 된다.
③ 사회적 가치 지향성－사회계층에 대한 개념이 생기면서 타인에 대한 개념이 생겨난다.
④ 내적, 고유한 자아 지향성－자아성찰과 사회계층의 맥락에서 직업적 포부가 더욱 발달하게 된다.

해설 **사회적 가치 지향적(9~13세)**

사회계층에 대한 개념이 생기면서 상황 속에서 자아를 인식하게 되고, 일의 수준에 대한 이해를 확장시킨다.

39 다음 중 긴즈버그가 제시한 진로발달단계가 아닌 것은?

① 환상기   ② 잠정기
③ 현실기   ④ 노년기

40 다음 중 생애 직업발달에 대한 설명으로 틀린 것은?

① 개인의 역할, 상황, 사건 간의 상호 작용에 대한 개념이다.
② 개인의 생활양식에 따라 다양하게 표현된다.
③ 단일 시점의 특정한 사건을 해결하는 방안에 대한 개념이다.
④ 자아발달을 강조하는 개념이다.

해설 전 생애에 걸친 사건을 해결하는 방안에 대한 개념이다.

41 수퍼(Super)의 진로발달단계에서 자신에게 적합한 분야를 발견해서 종사하고 생활의 터전을 잡으려고 노력하는 시기는?

① 확립기　　　　　　② 유지기
③ 탐색기　　　　　　④ 쇠퇴기

해설 ① 성장기(출생~14세) : 아동은 가정과 학교에서 중요한 타인에 대한 동일시를 통하여 자아개념을 발달시킨다.
② 탐색기(15~24세) : 개인이 학교생활, 여가활동, 시간제 일 등과 같은 활동을 통해서 자아를 검증하고 역할을 수행하며 직업탐색을 시도하는 단계
③ 확립기(25~44세) : 개인이 자신에게 적합한 분야를 발견해서 종사하고 생활의 터전을 잡으려고 노력하는 시기
④ 유지기(45~64세) : 개인이 비교적 안정된 속에서 만족스런 삶을 살아가는 시기이다.
⑤ 쇠퇴기(65세 이후) : 개인이 정신적·육체적으로 그 기능이 쇠퇴함에 따라 직업전선에서 은퇴하게 되는 시기로, 다른 새로운 역할과 활동을 찾게 된다.

42 긴즈버그(Ginzberg)가 제시한 진로발달 단계에 해당되지 않는 것은?

① 환상기　　　　　　② 잠정기
③ 탐색기　　　　　　④ 현실기

43 수퍼(Super)의 직업발달 5단계를 바르게 나열한 것은?

① 성장기 → 유지기 → 탐색기 → 확립기 → 쇠퇴기
② 성장기 → 탐색기 → 확립기 → 유지기 → 쇠퇴기
③ 성장기 → 탐색기 → 유지기 → 확립기 → 쇠퇴기
④ 성장기 → 확립기 → 유지기 → 탐색기 → 쇠퇴기

44 수퍼(Super)가 제시한 여성의 진로발달유형 중 가정생활과 직장생활을 번갈아가며 시행하는 유형으로, 학교를 졸업하고 결혼 전까지 일을 하다가 결혼 후 어느 정도 쉬다가 일을 하고 자녀를 갖게 되면 또 쉬었다가 일을 하는 유형은?

① 이중진로유형　　　　단절진로유형
③ 불안정한 진로유형　④ 충동적 진로유형

해설

유형	특징
안정된 가정주부형	학교를 졸업하고 신부수업을 받은 다음, 곧바로 결혼하여 가정생활을 하는 진로 유형 ※ 학교 졸업 – 신부수업 – 결혼 – 가정생활 영위
전통적인 진로형	학교를 졸업하고 결혼하기 전까지 직업을 가지다가 결혼과 동시에 직장을 그만두고 가정생활을 하는 진로유형 ※ 학교 졸업 – 직장생활 – 결혼 – 가정생활 영위
안정적인 진로형	학교를 졸업하고 직업을 가진 뒤 결혼 여부와는 무관하게 정년시까지 직업을 가지는 유형 ※ 학교 졸업 – 직장생활 – 결혼해도 정년 시까지 계속 직장생활
이중진로형	학교를 졸업하고 곧바로 결혼하여 직장을 가지는 유형 ※ 학교 졸업 – 결혼하여 직업을 갖는다.
불안정한 진로형	가정생활과 직장생활을 번갈아가며 시행하는 유형으로 학교를 졸업하고 결혼 전까지 일을 하다가 결혼 후 어느 정도 쉰 후 일을 하고 자녀를 갖게 되면 또 쉬었다가 일을 하는 유형 ※ 가정생활과 직장생활을 번갈아가며 시행
충동적 진로형	기분에 따라 직장도 가졌다가 그만두고 결혼도 했다가 이혼하는 등의 일관성 없는 진로를 추구하는 유형 ※ 기분에 따라 직장도 가졌다가 그만두고, 결혼도 했다가 이혼하는 등 일관성이 없다.
단절 진로형	학교를 졸업하고 일을 하다가 결혼을 하면 직장을 그만두고 자녀교육에 전념하며, 자녀가 어느 정도 성장하면 재취업해서 자아실현과 사회봉사를 하는 유형 ※ 학교 졸업 – 직장생활 – 결혼 – 자녀교육에 전념 – 자녀가 어느 정도 크면 재취업해서 직업을 갖는다.

45 에릭슨의 심리사회적 발달이론에서 청년기에 해당하는 것은?

① 근면감 대 열등감-능력
② 자아정체감 대 역할혼란-충성심
③ 친밀감 대 고립감-사랑
④ 생산성 대 정체성-배려

해설

구분	특징	내용
제 1단계 (0~1세)	기본적 신뢰감 대 불안감	이 시기는 세상을 안전하고 믿을 수 있는 곳이라 생각하는 기본적인 신뢰감이 형성된다. 그러나 보호를 부적절하고 부정적으로 하면 아기는 세상에 대해 공포와 불신감을 가진다.
제 2단계 (1~3세)	자율성 대 수치심과 회의(의심)	자기의 요구에 따른 자율과 독립의 기초 마련. 어린이는 세계에 대해 적극적이고 능동적인 신체활동과 언어 사용이 증가되고, 그렇지 못하면 심한 회의와 수치심을 갖게 된다. 질문과 탐색활동이 잦아짐
제 3단계 (3~5세)	주도성 대 죄책감	적당한 감독과 제재 하에 자신의 욕구를 스스로 해결할 수 있는 것을 허용하고 격려하면 자율성을 형성하게 된다. 그러나 감독과 제재가 지나치면 죄책감을 갖게 된다.
제 4단계 (5~12세)	근면성 대 열등감	성취기회와 성취 과업의 인정과 격려가 있다면 성취감 길러진다. 그러나 그렇지 못하면 좌절감과 열등감을 갖게 된다.
제 5단계 (청년기)	정체감 대 정체감 혼미	끊임 없는 자아성찰과 자아상을 찾아 자아 정체성을 확립하는데, 이것이 형성되지 못하고 방황하게 되면 역할 혼란 또는 자아 정체성 혼미가 온다.
제 6단계 (성인기)	친밀감 대 고립감	청소년기에 자아 정체성이 확립되면 배우자, 부모, 동료 등 타인들과 친밀감이 형성되지만 그렇지 못하면 고립된 인생을 영위하게 된다.
제 7단계 (중년기)	생산성 대 침체성	자신에게 몰두하기보다 생산적인 일에 몰두하고 자녀와 직업에 몰두하여 생산적인 활동에 참여하지만, 원만하지 못하면 자신에게만 몰두하고 사회적, 발달적 정체를 면하지 못한다.
제 8단계 (노년기)	통합성 대 절망감	인생에 대한 통찰과 관조로 자신의 유한성을 인정하고 죽음까지도 수용하지만 그렇지 못하면 공허, 초조와 절망감을 느낀다.

46 다음 진로발달 이론가들 중에서 발달 단계별 특징 및 과제에 대하여 강조한 사람은?

① 파슨스(Parsons) ② 홀랜드(Holland)
③ 크룸볼츠(Krumboltz) ④ 수퍼(Super)

해설 슈퍼의 직업발달 5단계 과정은 성장기, 탐색기, 확립기, 유지기, 쇠퇴기의 연속으로 일련의 삶의 단계로 요약된다.

47 직업발달이론에 관한 설명으로 틀린 것은?

① 특성요인이론은 Parsons의 직업지도모델에 기초하여 형성되었다.
② Super의 생애발달단계는 환상기-잠정기-현실기로 구분한다.
③ 일을 승화의 개념으로 설명하는 이론은 정신분석이론이다.
④ Holland의 직업적 성격유형론에서 중요시하는 개념은 일관도, 일치도, 분화도 등이다.

해설 슈퍼의 발달단계는 성장기-탐색기-확립기-유지기-쇠퇴기이다.

48 수퍼(Super)의 전생애 발달과업의 순환 및 재순환에서 '새로운 과업 찾기'가 중요한 시기는 언제인가?

① 청소년기(14~24세) ② 성인초기(25~45세)
③ 성인중기(46~65세) ④ 성인후기(65세 이상)

해설 유지기(46-65세 : 성인중기) : 대부분의 사람들은 자신이 일해온 분야를 유지하거나 개선하거나 혹은 새로운 직업을 선택하는 등의 상황에 직면하게 되며, 만약 새로운 직업분야를 선택하게 되면 개인은 탐색기-확립기-유지기의 재순환을 수행하게 된다.

49 Roe의 욕구이론에 관한 설명으로 옳은 것은?

① 심리적 에너지가 흥미를 결정하는 중요한 요소라고 본다.
② 청소년기 부모−자녀간의 관계에서 생긴 욕구가 직업선택에 영향을 미친다는 이론이다.
③ 부모의 사랑을 제대로 받지 못하고 거부적인 분위기에서 성장한 사람은 다른 사람들과 함께 일하고 접촉하는 서비스 직종의 직업을 선호한다.
④ Roe는 직업군을 10가지로 분류했다.

해설 Roe는 아동기의 부모−자녀간의 관계에서 생긴 욕구가 직업선택에 영향을 미친다고 보았으며, 부모의 아동에 대한 회피는 공격적이며 방어적인 성격으로 나타나 사람과의 접촉이 적은 직업을 선택하게 된다. 또한 로는 흥미에 기초하여 직업군을 8가지로 분류하였다.

50 Maslow가 제시한 자기실현한 사람의 특징이 아닌 것은?

① 부정적인 감정표현을 억제한다.
② 현실을 왜곡하지 않고 객관적으로 지각한다.
③ 자신이 하는 일에 몰두하고 만족스러워 한다.
④ 즐거움과 아름다움을 느낄 수 있는 감상능력이 있다.

해설 자기실현한 사람의 특징은 행동선택이 자유롭고, 유기체적인 신뢰가 있다.

51 진로발달이론 중 개인의 진로발달과정에 사회나 환경의 영향을 상대적으로 많이 고려하고 있는 이론은?

① Parsons의 특성요인이론(Trait−factor Theory)
② 의사결정이론(Decision Making Theory)
③ Roe의 욕구이론(Need Theory)
④ Super의 발달이론(Developmental Theory)

해설 **Roe의 욕구이론**
㉠ 개인의 직업선호는 부모의 양육환경 특성에 의해 좌우된다.
㉡ 심리적 에너지가 흥미를 결정하는 중요한 요소라고 본다.
㉢ 매슬로우(Maslow)의 욕구의 위계(Hierarchy of Needs)이론을 머리에 두어야 한다며, 유아기의 경험과 직업선택에 관계되는 5가지의 가설을 수립하였다.

52 Maslow 욕구위계이론의 기본가정으로 옳은 것은?

① 한 위계의 욕구가 충족된 후 인접한 상위 욕구로 진전될 뿐만 아니라 충족되지 못한 경우에는 하위위계로 퇴행하기도 한다.
② 모든 동기는 학습된다.
③ 직무만족을 결정하는 요인들과 직무 불만족을 결정하는 요인들은 질적으로 서로 다른 독립된 내용이다.
④ 인간은 특수한 형태의 충족되지 못한 욕구들을 만족시키기 위하여 동기화되어 있다.

해설 인간은 특수한 형태의 충족되지 못한 욕구들을 만족시키기 위하여 동기화되어 있으며, 대부분의 사람들이 추구하는 욕구들이 사람에 따라서 서로 다르기는 하지만 몇 개의 공통된 범주로 나눌 수 있다고 가정한다.

53 Mitchell과 Krumboltz가 제시한 진로선택의 사회학습이론에서 개인의 진로발달 과정과 관련이 없는 것은?

① 유전요인과 특별한 능력   ② 환경조건과 사건
③ 과제접근기술   ④ 인간관계

해설 진로결정에 영향을 주는 요인으로는 유전적 요인과 특별한 능력, 환경적 조건과 사건, 학습경험, 과제접근기술이다.

54 다음은 진로선택의 사회학습이론에서 진로발달과정에 영향을 미치는 어떤 요인과 밀접한 관계를 가지는가?

고등학교 3학년의 A양은 가끔 수업노트를 가지고 공부하는데, 비록 고등학교에서는 그녀가 좋은 성적을 받더라도, 대학에서는 이런 방법이 실패하게 되어 그녀의 노트기록 습관과 학습습관을 수정하게 할지도 모른다.

① 유전적 요인과 특별한 능력
② 환경조건과 사건
③ 학습경험
④ 과제접근기술

55 반두라(Bandura)의 사회인지적 진로발달이론에 대한 설명으로 틀린 것은?

① 직업행동을 이해하는데 흥미를 중요하게 다룬다.
② 개인, 환경, 외형적 행동 간에 상호작용을 강조한다.
③ 성과기대나 개인목표와 같은 인지적 과정을 주로 다룬다.
④ 자기 효능감을 진로발달의 중요한 개인적 결정요인으로 가정한다.

해설 홀랜드의 흥미유형이론이다.

56 Tolbert가 제시한 개인의 진로발달에 영향을 주는 요인이 아닌 것은?

① 교육정도(educational degree)
② 직업흥미(occupational interest)
③ 직업전망(occupational prospective)
④ 가정 · 성별 · 인종(family · sex · race)

해설 Tolbert는 직업적성, 직업적 흥미, 인성, 직업성숙도와 발달, 성취도, 가정 · 성별 · 인종, 장애물, 교육정도, 경제적조건의 9가지 요인이 개인의 진로발달에 영향을 준다고 보았다.

57 직업선택과정에 대한 설명으로 옳은 것은?

① 직업에 대해 정확한 정보만 가지고 있으면 직업을 효과적으로 선택할 수 있다.
② 주로 성년기에 이루어지기 때문에 어릴 때 경험은 영향력이 없다.
③ 개인적인 문제이기 때문에 가족이나 환경의 영향은 관련이 없다.
④ 일생동안 계속 이루어지는 과정이기 때문에 다양한 시기에서 도움이 필요하다.

58 어떤 과제를 수행하는데 있어서 자신의 능력에 대한 믿음이 과제 시도의 여부와 과제를 어떻게 수행하는지를 결정한다는 Bandura의 이론은?

① 자기통제 이론
② 자기판단 이론
③ 자기개념 이론
④ 자기효능감 이론

59 진로교육을 실시하기 위한 지도단계를 바르게 나열한 것은?

| A. 진로탐색단계 | B. 진로인식단계 |
| C. 진로준비단계 | D. 취업 |

① A→B→C→D
② B→A→C→D
③ B→C→A→D
④ A→C→B→D

60 다음 중 인지적 정보처리의 주요 전제에 해당하지 않는 것은?

① 진로선택은 인지적 및 정의적 과정들의 상호작용의 결과이다.
② 진로를 선택한다는 것은 하나의 문제해결 활동이다.
③ 진로성숙은 진로문제를 해결할 수 있는 자신의 능력에 의존하지 않는다.
④ 진로문제 해결은 고도의 기억력을 요하는 과제이다.

해설 진로성숙은 진로문제를 해결할 수 있는 자신의 능력에 의존한다.

61 다음은 진로발달에 관한 어떤 이론의 주장인가?

> 진로선택은 하나의 문제해결 활동이며, 진로발달은 지식구조의 끊임없는 성장과 변화를 포함한다.
> 진로상담의 최종목표는 진로문제의 해결이고 의사결정자인 내담자의 잠재력을 증진시키는 것이다.

① 사회인지적 진로이론
② 인지적 정보처리적 진로이론
③ 가치중심적 진로이론
④ 자기효능감 중심의 진로이론

62 가치중립적 진로접근모형에 대한 설명으로 틀린 것은?

① 개인이 우선권을 부여하는 가치들은 얼마 되지 않는다.
② 가치는 환경 속에서 가치를 담은 정보를 획득함으로써 학습된다.
③ 생애만족은 긴요한 모든 가치들을 만족시키는 생애역할들에 의존한다.
④ 생애역할에서의 성공은 학습된 기술과 인지적·정의적·신체적 적성을 제외한 요인들에 의해 결정된다.

해설 ① 생애역할에서의 성공은 학습된 기술과 인지적·정의적·신체적 적성에 의해 결정된다.
② 한 역할의 현저성은 역할 내에 있는 필수적인 가치들의 만족정도와 직접 관련된다.

63 다음 중 직업발달이론에 대한 설명으로 틀린 것은?

① 사회학습이론에서는 진로발달과정은 유전요인과 특별한 능력, 환경조건과 사건, 학습경험, 과제접근기술 등의 네 가지 요인과 관련된다고 본다.
② 진로선택에 대한 정신분석적 접근에서는 초기의 발달 과정을 중시하며, 기본적인 욕구는 6세까지 형성된다고 가정하였다.
③ 인지적 정보처리이론은 자기개념과 자기효능감의 개념과 만족과 안정성 등의 공통적인 성과와 흥미, 자기효능감, 능력, 욕구 등과 같은 관계를 설명하고 있다.
④ 가치중심적 진로접근모형은 가치, 흥미, 환경 등과의 관계에서 가치중심의 모형의 명제를 제시하였다.

해설 사회인지적 관점의 진로이론은 반두라의 일반적인 사회인지 이론에 기초하며, 자기효능감을 중심으로 개인의 행동이 신념체계, 환경조건과 어떻게 상호작용하는지에 대해 설명한다.

64 다음의 진로발달의 이론 중 인지적 정보처리관점을 의미하는 것은?

① 개인에게 학습기회를 제공함으로서 개인의 처리능력을 발전시킨다.
② 개인의 삶은 외부환경요인, 개인과 신체적 속성 및 외형적 행동이 3변수 간의 상호작용이다.
③ 인간의 기능은 개인의 가치에 의해 상당부분 영향을 받는다.
④ 인간은 특성과 환경, 성격 등의 요인에 의하여 진로를 발전시킨다.

65 Bandura가 제시한 사회인지이론의 3축 호혜성 인과적 모형에 속하지 않는 변인은?

① 외형적 행동
② 자기 효능감
③ 외부환경 요인
④ 개인과 신체적 속성

해설 개인과 환경간에 상호작용하는 인과적 영향을 분류하고 개념화하기 위한 이론이다. 3개의 변인인(개인과 신체적 속성, 외부환경요인, 외형적 행동)이 있다. 즉 개인 - 행동 - 상황의 상호작용이다.

V O C A T I O N A L   C O U N S E L O R

CHAPTER

02 직업심리검사 개론

SECTION 2-1 직업심리학의 연구방법

1) 직업심리학의 연구방법 – 역사적 연구, 실험적 연구, 현장 연구

① 실증적 연구의 과정

문제 진술 → 연구방법 설계 → 변인 측정 → 자료 분석 → 결론 도출

② 내적타당도와 외적타당도

연구방법들은 내적타당도와 외적타당도라는 측면에서 각기 장단점을 갖는다.

㉠ 내적타당도 : 연구결과로 나타난 종속변인의 차이를 과연 그 연구의 독립
변인 조작에 의한 것이라고 해석할 수 있느냐의 정도를 말하는 것이다. 내
적 타당도가 높다는 것은 동일한 조건에서 다시 실험했을 때도 같은 결과
가 나올 가능성이 높다는 것을 뜻한다.

㉡ 외적타당도 : 연구에서 발견한 독립변인과 종속변인의 관계를 해당 연구
장면과는 다른 시간, 다른 환경에서 관찰해도 같게 나타나느냐의 정도를
말한다. 이를 일반화 가능성이라고 하며 연구환경이 자연상태에 가까울수
록 외적 타당도가 높게 나타난다.

2) 연구방법의 예

① 실험실 실험

실험실 실험이란 객관적인 조건을 엄격하게 통제한 실험실에서 이루어지는
실험방법을 말한다. 이론적인 연구들은 대부분 실험실 실험을 선호한다.

㉠ 실험은 주로 다음의 세 가지 과정으로 이루어진다.

㉮ 독립변인의 조작

㉯ 종속변인의 측정

⒟ 가외변인의 통제

독립변인	연구자가 '원인'이라고 생각하는 변인을 의미한다.
종속변인	연구자가 '결과'라고 간주하는 변인을 의미한다.
가외변인	독립변인이 아니면서도 종속변인에 영향을 미치는 모든 변인을 말한다.

ⓒ 실험실 실험의 장단점

장점	• 가외변인에 대한 엄격한 통제를 통해 종속변인의 차이를 독립변인의 차이 때문이라고 해석할 수 있는 가능성이 가장 높다. • 엄격한 측정에 의해 정확성이 높다. • 연구의 객관성을 높일 수 있다.
단점	• 현실성이 떨어진다. 즉, 실험결과의 외적 타당도가 낮다. • 실험실 연구로 모든 주제를 다룰 수 없다.

② 현장실험

⊙ 현장실험과 실험실 실험의 비교

실험실 실험에 비해 가외변인이 개입할 여지가 많고, 독립변인의 조작이 어려운 경우도 많지만, 연구결과를 일반화할 수 있는 가능성은 더 높다. 직업상담 장면에서 이루어지는 연구들은 대체로 실험실 실험보다는 현장실험의 형태를 띤다.

ⓒ 현장실험의 장단점

장점	• 연구가 자연상태에서 이루어지기 때문에 매우 현실적이고 또 결과의 일반화 가능성이 높다. • 적절한 실험설계를 사용하면 인과적 결론을 내리는 것도 가능하다. • 실험실 실험과는 달리 실제상황의 복잡한 행동들에 관해 광범위한 자료를 얻을 수 있다.
단점	• 실험과정 전체를 엄격하게 통제하는 것이 어렵기 때문에 연구결과의 내적 타당성이 낮다. 연구기간 동안의 상황변화 등의 통제가 어렵다. • 연구자들이 실제 현장상황에서 실험을 하는데 필요한 협조를 얻는 것이 어렵다.

③ 현장연구와 표본조사

⊙ 현장연구의 의의

현장연구는 현장에서 이루어지는 연구로서 독립변인을 조작하지 않고, 현장에서 관찰이나 면접, 설문조사 등을 통해 이루어지는 연구

ⓒ 표본조사

ⓐ 표본조사 : 표준화된 방법으로 많은 사람들의 자료를 얻는 방법

ⓑ 표본 : 모집단의 일부로서 직접적인 관찰대상이 되는 사람들을 말한다. 이 방법에서 변인들은 조작되는 경우가 없고 모두 단순히 측정될 뿐이다.

현장실험은 자연상태에서 실시되므로 연구결과의 일반화 범위가 넓고 외적 타당도가 높다.

정질적 자료수집법

1) 정질적 연구

정량적 연구의 대안으로 제시된 정질적 연구는 훨씬 덜 체계적이고 수치를 덜 중시하며, 관찰과 주관적 해석을 강조하는 특징이 있다.

2) 정질적 자료수집법의 유형

정질적 자료수집법의 유형에는 생애진로사정, 직업카드분류법, 자기효능감의 측정 등이 있다.

① 생애진로사정

  ㉠ 생애진로사정의 개념

   ㉮ 생애진로사정은 내담자에 관한 가장 기초적인 직업상담정보를 얻는 질적 평가절차다.

   ㉯ 생애진로사정은 부분적으로 아들러(Adler)의 개인주의 심리학에 기반을 두고 있다.

   ㉰ 생애진로사정은 내담자가 인생의 가치관이 무엇인지, 또 그런 가치관이 어떻게 자신의 행동을 지배하는지를 확인하고 명확하게 인식하도록 돕기 위한 과정이다.

   ㉱ 생애진로사정을 통해 얻고자 하는 정보

    ⓐ 내담자의 직업경험과 교육수준을 나타내는 객관적인 사실

    ⓑ 내담자 자신의 기술과 능력에 대한 자기평가

    ⓒ 내담자 자신의 가치와 자기인식

  ㉡ 생애진로사정의 과정

   과정은 크게 「진로사정」, 「전형적인 하루」, 「강점과 장애」, 「요약」으로 구성

   ㉮ 진로사정 – 내담자 경험, 교육 여가 등에 대한 전반적인 평가. 가계도 작성

   ㉯ 전형적인 하루 – 내담자가 일상생활을 어떻게 조직하는가를 밝히는 것이 주목적

   ㉰ 강점과 장애 – 내담자의 강점과 약점에 대한 질문, 내담자가 직면하고 있는 문제들, 환경적 장애들에 대한 정보를 얻을 수 있다.

   ㉱ 요약 : 면접 동안 얻어진 정보들을 재차 강조. 인생경력의 가치관들, 강점과 장애 등을 반복 확인할 수 있다.

② 직업카드 분류법

  직업카드 분류법은 다양한 생각들을 분류하는 비표준화 접근법으로 어느 분야에서나 사용한다.

> 역할놀이, 제노그램(직업가계도), 직업카드분류, 생애진로평가(LCA)는 직업상담에 사용되는 질적 평가도구이다.

ㄱ 카드분류의 실례

㉮ 홀랜드 이론을 적용, 홀랜드의 6가지 유형은 현실형, 탐구형, 심미형 (예술형), 사회형, 진취형, 관습형 직업 유형별로 각 15개씩 직업을 선택해서 90개의 직업카드를 만든다.

㉯ 내담자에게 90개의 카드를 주고 분류요령을 일러준다.

㉰ 혐오군으로 분류한 직업들에 대한 선정 이유를 밝히고 하위분류하도록 한다.

㉱ 선호군으로 분류한 직업들에 대한 선정 이유를 밝히고 하위분류하도록 한다.

㉲ 최종적으로 선호군으로 분류된 직업들에 대한 정보를 제공한다.

③ 자기효능감의 측정

ㄱ 자기효능감이란?

반두라(Bandura)가 제안한 개념으로서 '어떤 과제를 특정 수준까지 해낼 수 있다는 개인의 판단'(행동과 심리, 인지적 요인)을 뜻한다.

ㄴ 자기효능감은 이를 상회하는 활동이나 과제는 회피하게 하고 이보다 낮은 능력을 요구하는 활동이나 과제는 수행하도록 만드는 동기적 힘을 발휘하는 것으로, 직업선택에 관한 의사결정이나 구직활동 등에 상당한 영향을 미친다.

SECTION 2-3 변인의 측정

변인(variable)이란 서로 다른 수치를 부여할 수 있는 모든 사건이나 대상의 속성

1) 변인의 종류

① 연속변인과 불연속변인

ㄱ 연속변인 : 무한히 많은 값을 취할 수 있는 변인(예 키나, 몸무게)

ㄴ 불연속변인 : 한정된 수치만을 할당할 수 있는 변인(예 가정내 자녀의 수 등)

② 양적변인과 질적변인

ㄱ 양적변인 : 변인에 할당된 수치들이 그 자체로 양적인 차이를 나타낼 수 있는 변인

(예 나이나 시간, 길이나 무게 등은 양의 차이를 나타내는 변인)

ㄴ 질적변인 : 수치의 차이가 질의 차이를 나타내는 변인(예 성별, 출신학교, 지역, 인종 등)

③ 독립변인과 종속변인

      ㉠ 독립변인 : 어떤 다른 변인에 원인이 되는 것을 말한다.

      ㉡ 종속변인 : 그 독립변인의 결과가 되는 변인을 말한다.

④ 예언변인과 준거변인

      ㉠ 예언변인 : 그 변인의 값을 통해 어떤 다른 변인의 값을 예언하려는 용도로 사용되는 변인

      ㉡ 준거변인 : 예언변인으로 예측하고자 하는 변인

2) 척도의 종류

일정한 규칙을 가지고 대상의 속성이나 특성을 일련의 기호 또는 숫자로 나타낸 것

① 명명척도

숫자의 차이로 측정한 속성이 대상에 따라 다르다는 것만 나타내는 척도(예를 들면 남자1, 여자2로 정리한 경우 1과 2는 성별이 다른 사람이라는 정보만을 나타낼 뿐)

② 서열척도

서열척도는 숫자의 차이가 측정한 속성의 차이에 관한 정보뿐 아니라 그 순위 관계에 대한 정보도 포함하고 있는 척도

③ 등간척도

대상의 속성이나 순위관계뿐만 아니라 수치 사이의 간격이 동일하다는 정보를 나타내는 척도

④ 비율척도

비율척도는 차이정보와 서열정보, 등간정보 외에 수의 비율에 관한 정보도 담고 있는 척도

심리검사에서 사용되는 원점수 서열척도에 해당한다.

중앙치는 명명척도로 측정된 자료에서는 파악할 수 없고, 서열척도 이상의 척도로 측정된 자료에서만 파악할 수 있다.

SECTION 2-4 자료의 분석

1 분포 · 평균 · 표준편차

1) 분포

① 자료를 정확하게 제시하는 기본적인 방법은 분포를 제시하는 것으로 분포의 제시는 일단 점수대를 구분지어 놓고 각 점수대에 속하는 점수의 빈도를 정리하여 빈도 분포도를 만드는 것이다.

② 관찰 사례수가 충분할 경우 정상분포라 부르는 종모양의 분포도를 형성하게 된다.

③ 분포의 중앙에 한 개의 정점을 갖는 좌우대칭의 모양을 형성하는데. 정상분포
의 정중앙에 해당되는 값이 평균이며, 분포가 평균을 중심으로 얼마나 모여
있는지의 정도를 표현하는 값이 표준편차이다.

2) 평균

① 집단의 특성을 나타내는 대표 값에는 중앙치, 최빈치, 평균치 등이 있는데, 가
장 많이 이용되는 것이 평균치이다.
② 평균치는 집단에 속한 모든 점수를 합해서 사례의 수로 나눈 값이다.

$$M = \frac{X_1 + X_2 + X_3 + \cdots\cdots + X_n}{n}$$

3) 표준편차

① 표준편차는 한 집단의 수치들이 어느 정도 동질적인지를 표현하기 위해 개발
한 통계치 중의 하나로, 변산성(Variability)을 표현하기 위한 통계치이다.
② 표준편차는 개념적으로 말하면 '집단의 각 수치들이 그 집단의 평균치로부터
평균적으로 얼마나 떨어져 있는가?' 즉 점수들이 평균에서 벗어난 평균거리
를 나타내는 통계치이다.
③ 표준편차란 각 사례가 집단의 평균과 얼마나 차이가 있는가를 나타내는 통계
치로서, 각 점수와 평균의 차이의 절대값을 모두 합해서 사례수로 나눈 값인
데, 이 값이 클수록 해당 집단의 사례들이 서로 이질적이며 작을수록 동질적
이다.

2 표준점수와 표준화점수

1) 점수의 변환

① 서로 다른 점수들을 정확히 비교하기 위해서는 원 점수에 "더하기, 빼기, 곱하
기, 나누기"를 하여 점수를 동일선상으로 변환해서 사용하는데, 점수를 변환
해도 원 점수들의 크기에 따른 순위에는 영향이 없다.
② 원점수에 상수를 더하거나 빼서 변환한 점수들은 평균에만 영향을 미칠 뿐 표
준편차에는 영향이 없으나, 상수를 곱하거나 나누는 것은 표준편차에도 영향
을 미친다.

2) 표준점수

표준점수는 개인의 점수가 평균으로부터 떨어져 있는 거리이다.

① 점수변환의 성질을 이용해서 평균이 0이고 표준편차가 1이 되도록 변환한 값
을 표준점수라고 하는데, 표준점수는 비교의 편이를 위해 원점수에서 평균을
뺀 후 표준편차로 나눈 값이다.

$$(\text{표준점수})\,Z = \frac{X(\text{원점수}) - M(\text{평균})}{S(\text{표준편차})}$$

② 표준 점수는 서로 다른 체계로 측정한 점수들을 동일한 조건에서 비교할 수 있게 해줌으로써 점수들의 상대적 위치를 쉽게 파악할 수 있다.

③ 표준점수는 음수값을 가질 뿐 아니라 소수점으로 표현되는 경우가 많기 때문에 일반인들에게는 친숙하지 않은 수치들이다.

3) 표준화 점수

① 표준점수에 상수를 더하거나 곱해서 친숙한 수치들로 변환하여 만든 점수들을 표준화 점수라고 한다.

② 대표적인 표준화점수는 T점수인데, 원점수를 변환해서 평균이 50이고 표준편차가 10인 분포로 만든 것이다.

$$T = 10 \times 표준점수(Z) + 50$$

③ T점수를 이용하는 대표적인 검사는 미네소타 다면적인성검사(MMPI)와 웩슬러 지능검사가 있다.

④ 지능검사는 평균이 100이고 표준편차가 15가 되도록 표준점수를 변환해서 사용하고 있다.

3 상관계수

1) 상관계수의 성립

① 상관계수 : 두 변인이 서로 일정한 관련성을 갖고 있는 정도를 나타낼 수 있도록 개발된 통계치

② 상관계수를 분석하는 것은 검사의 신뢰도나 타당도를 분석할 때 널리 이용된다.

③ 상관계수를 산출하는 방법 중 가장 보편적인 것은 피어슨의 적률상관계수이다.

2) 상관계수의 크기

① 상관계수는 −1에서 +1까지의 값을 갖도록 제작되며 절대값이 클수록 상관관계가 높다.

② 상관계수의 크기에 영향을 미치는 요인에는 점수의 제한 서로 다른 집단의 결합 등이 있다.

ㄱ 점수의 제한 : 두 변인 중 관찰한 점수의 범위가 실제 범위보다 제한될 경우 상관계수의 크기는 실제보다 작아진다.

ㄴ 서로 다른 집단의 결합 : 각 집단 내에서 두 변인 간의 상관이 없는데도 이들 두 집단의 자료를 결합해서 상관계수를 측정하면 두 변인 간에 상관이 높은 것으로 나타날 수 있으며, 그 반대로 나타날 수도 있다.

CHAPTER

02 출제예상문제

01 다음 중 표준편차에 대한 설명으로 옳은 것은?

① 최저점과 최고점의 점수차
② 최빈치와 최소치간의 점수차의 평균
③ 각 점수들이 평균에서 벗어난 평균면적
④ 평균치에서 각 수치들이 평균적으로 이탈된 정도

해설 표준편차가 0일 때는 관측값의 모두가 동일한 크기이고 표준편차가 클 수록 관측값 중에는 평균에서 떨어진 값이 많이 존재한다. 따라서 표준 편차는 관측값의 산포(散布)의 정도를 나타낸다.

02 다음 중 표준점수에 대한 설명으로 옳은 것은?

① 표준점수는 음수(−) 값을 가질 수 없다.
② 표준점수는 원점수에서 표준편차를 빼고 평균으로 나눈 값이다.
③ T점수의 평균은 50이고, 표준편차는 10이다.
④ 표준점수의 분포는 항상 정상분포가 된다.

해설 표준점수는 원점수에서 평균을 빼고 표준편차로 나눈값이다. 따라서 원점수가 평균보다 낮을 경우 음의 값을 가진다. 또한 표준점수의 분포 는 항상 정상분포를 나타내지는 않는다.

03 다음 중 직업상담에 사용되는 질적 측정도구가 아닌 것은?

① 역할놀이 　　　　② 제노그램
③ 카드분류 　　　　④ 욕구 및 근로가치 척도

해설 역할놀이, 제노그램(직업가계도), 직업카드분류, 생애진로평가(LCA)는 직업상담에 사용되는 질적 평가도구이다.

04 평균이 100, 표준편차가 15이고 정상분포를 이루고 있는 검사의 경우, 전체 사례의 68%가 속하게 되는 점수의 범위는?

① 85~115 　　　　② 70~130
③ 65~145 　　　　④ 50~160

해설 전체사례의 68%가 속하는 범위는 평균으로부터 표준편차의 1배에 해 당하는 범위이다. 즉, 100± 15임으로 85~115 사이가 된다.

05 다음 중 심리검사의 규준에 관한 설명으로 틀린 것은?

① 규준이란 한 개인의 점수를 다른 사람들의 점수와 비교할 때, 비교가 되는 점수를 뜻한다.
② 한 개인의 점수가 70점일 때, 이 점수보다 낮은 점수를 받은 사람들이 전체의 60%라면, 백분위 점수는 60이다.
③ 평균이 50점이고 표준편차가 10점인 표준점수 체계에서, 한 개인의 점수가 70점이라면 상위 20%에 해당한다.
④ 연령규준은 한 개인의 검사 점수를 규준 집단에 있는 사람들의 연령과 비교해서 몇 살에 해당되는지를 해석하는 규준을 뜻한다.

해설 평균이 50이고 표준편차가 10점인 경우 개인의 점수가 70점이었다면 표준편차의 2배만큼 떨어진 경우이다. 그러므로 상위 2.5%에 해당된다.

정답 01 ④ 02 ③ 03 ④ 04 ① 05 ③

06 지능검사 점수와 학교에서의 성적간의 상관계수가 0.30일 때 이에 대한 설명으로 옳은 것은?

① 지능검사를 받은 학생들 중 30%가 높은 학교성적을 받을 것이다.
② 지능검사를 받은 학생들 중 9%가 높은 학교성적을 받을 것이다.
③ 학교에서의 성적에 관한 변량의 9%가 지능검사에 의해 설명될 것이다.
④ 학교에서의 성적에 관한 변량의 30%가 지능검사에 의해 설명될 것이다.

> **해설** 상관계수는 결정계수로 비교가 가능하며, 결정계수는 상관계수의 제곱으로 나타낼 수 있다. 따라서 $0.3^2 \times 100 = 9$이므로 변량은 9%이다.

07 심리검사에서 규준이란?

① 한 집단의 특성을 가장 간편하게 표현하기 위한 개념으로 그 집단의 대표값을 말한다.
② 한 집단의 수치가 얼마나 동질적인지를 표현하기 위한 개념으로 점수들이 그 집단의 평균치로부터 벗어난 평균거리를 말한다.
③ 서로 다른 체계로 측정한 점수들을 동일한 조건에서 비교하기 위한 개념으로 원점수에서 평균을 뺀 후 표준편차로 나눈 값을 말한다.
④ 원점수를 표준화된 집단의 검사점수와 비교하기 위한 개념으로 대표집단의 검사점수 분포도를 작성하여 개인의 점수를 해석하기 위한 것이다.

> **해설** ㉮ 평균
> ㉯ 표준편차
> ㉰ 표준점수

08 다음은 어떤 규준의 종류에 대한 설명인가?

> 학교에서 실시하는 성취도 검사나 적성검사의 결과를 나타낼 때 주로 사용되며, 이 방법은 학생들의 점수를 정해진 범주에 넣음으로써 학생들 간의 점수차가 작을 때 생길 수 있는 지나친 확대해석을 미연에 방지할 수 있다.

① 백분위 점수
② 표준점수
③ 표준등급
④ 학년규준

> **해설** ① 백분위점수 : 개인이 표준화된 집단에서 차지하는 상대적 위치를 말한다. 백분위는 100명의 집단에서 순위를 정하는 것이다.
> ② 학년규준 : 주로 성취검사에서 이용하기 위해 학년별 평균이나 중앙치를 이용해서 규준을 제작하는 방법
> ③ 표준점수 : 표준점수는 분포의 표준편차를 이용하여 개인이 평균으로부터 벗어난 거리를 표시하는 것

09 직업적성검사에서 20점 만점 중 15점을 받아 그 점수가 그대로 기록되었다면 이 점수는?

① 백분위점수
② 표준점수
③ 진 점수
④ 원 점수

10 심리검사에서 사용되는 원점수에 대한 설명으로 틀린 것은?

① 원점수는 그 자체로는 거의 아무런 정보를 주지 못한다.
② 원점수는 기준점이 없기 때문에 특정 점수의 크기를 표현하기 어렵다.
③ 원점수는 척도의 종류로 볼 때 등간척도에 불과할 뿐 사실상 서열척도가 아니다.
④ 원점수는 서로 다른 검사의 결과를 동등하게 비교할 수 없다.

> **해설** 원점수는 서열척도이다.

11 작업심리학을 연구할 때 사용하는 방법 중 현장실험 연구법을 옳게 설명한 것은?

① 인위적으로 만든 실험실에서 독립변수의 조작을 통해 행해지는 실험이다.
② 자연상태에서 실시되므로 연구결과의 일반화 범위가 넓고 외적 타당도가 높다.
③ 변수에 대한 조작이나 통제가 없기 때문에 인과성 추론을 거의 할 수가 없다.
④ 가외변수의 영향을 엄격히 통제할 수 있고 피험자나 실험조건의 무선배치가 가능하다.

정답 06 ③ 07 ④ 08 ③ 09 ④ 10 ③ 11 ②

12 검사결과로 제시되는 백분위 "95"에 대한 의미로 알맞은 것은?

① 검사점수를 95% 신뢰할 수 있다는 의미
② 전체 문제 중에서 95%를 맞추었다는 의미
③ 내담자의 점수보다 높은 사람들이 전체의 95%가 된다는 의미
④ 내담자의 점수보다 낮은 사람들이 전체의 95%가 된다는 의미

13 직업심리학의 주요 연구방법 중 하나인 실험실 연구가 있다. 실험실연구는 독립변인의 조작, 종속변인의 측정, 그리고 가외변인의 통제를 통해 이루어진다. 다음 중 연구자가 결과로 간주하는 변인은?

① 독립변인
② 종속변인
③ 가외변인
④ 독립변인과 종속변인

해설 ① 독립변인 : 어떤 다른 변인에 원인이 되는 것을 말한다.
② 종속변인 : 그 독립변인의 결과가 되는 변인을 말한다.

14 다음 (　) 안에 알맞은 것은?

(　)란 심리검사의 실시와 채점절차의 동일성을 유지하는데 필요한 세부사항들이 잘 정리되어 있는 것을 말한다.

① 표준화
② 독립변인
③ 종속변인
④ 규준

해설 표준화의 이유는 검사의 시행과 채점 및 해석에서 모든 조건이 모든 피검사자에게 동일하게 함으로써 측정된 검사를 가지고 상호 비교할 수 있게 하려는 것이다.

15 직업심리학의 연구방법 중 변인들에 대한 통제가 가장 많이 적용되는 방법은?

① 현장연구
② 실험실 실험
③ 조사(survey)연구
④ 관찰연구

16 직업상담 연구방법 중 해당되지 않는 것은?

① 역사적 연구방법
② 분석적 방법
③ 기술적 방법
④ 실험적 방법

VOCATIONAL COUNSELOR

CHAPTER
03

직업심리검사

SECTION
3-1 **직업심리 검사의 이해**

■ 심리검사의 특성

1) 개요

① 인간 내적 변인을 개념화하고 측정하는 체계적인 절차이다.

② 측정하고자 하는 특정한 행동을 체계적으로 표준화된 방식에 따라 양적으로 측정하여, 개인 간 또는 개인 내 비교도 가능하도록 해주는 심리측정법이다.

③ 인간의 능력이나 성격, 흥미, 태도와 같은 인간의 심리적 속성이나 심리적 구성개념을 수량화하기 위해 행동표본을 측정하는 표준화된 도구이다.

2) 심리검사의 특성(표준화 검사의 구비 조건)

① 표준화

㉠ 검사 실시에 영향을 미치는 외적 변수들을 가능한 제거하는 것이 목표이다.

㉡ 표준화의 이유는 검사의 시행과 채점 및 해석에서 모든 조건이 모든 피검사자에게 동일하게 함으로써 측정된 검사를 가지고 상호 비교할 수 있게 하려는 것이며, 검사자의 주관적인 의도 및 해석이 개입을 방지해야 한다.

㉢ 검사의 재료, 검사받는 시간, 피검사자에게 주어지는 지시, 피검사자의 질문에 대한 검사자의 처리(대응방식), 검사 장소 및 분위기까지도 모두 통일되어 있어야 한다.

> 표준화는 검사실시에 영향을 미치는 외적 변수들을 최소화하는 것이 목표이다.

② 타당도

㉠ 그 검사가 '무엇을 측정하는가'와 또 그 검사가 '그것을 얼마나 잘 측정하였는지'에 관한 것이다.

© 그 검사가 측정하고 의도하고자 하는 속성을 어느 정도나 정확하게 측정하고 있는가를 말한다.

③ 신뢰도

　⊙ 검사점수가 시간의 변화에도 불구하고 얼마나 일관성 있게 나타나는가의 정도를 말한다.

　© 검사가 어느 정도나 신뢰되는가의 정도를 말하며, 신뢰도계수를 측정해서 평가한다.

④ 객관도

객관성이라고 하는 것은 주로 채점이 객관적인 것을 말하며, 정답과 오답의 구분이 명확하고, 채점이 용이한 것이 표준화 검사로서 바람직하다.

⑤ 실용도

　⊙ 아무리 타당도나 신뢰도가 높다 해도 사용하기가 불편하다면 그리 바람직한 것이 못되므로 실시하기가 쉬운 검사를 택해야 한다.

　© 실시를 위한 특별한 훈련이나 준비가 필요하다든지, 고도의 기술을 필요로 하는 등의 테스트는 피해야 하며, 검사에 소요되는 시간도 고려해야 한다.

3) 심리검사의 주요개념

① 행동표본

심리검사는 개인의 어떤 행동표본에 대한 객관적이고 표준화된 측정도구이다. 즉, 개인의 행동에 대한 표본 관찰이라고 할 수 있다.

② 측정

어떤 대상이나 사건에 대해 일정한 규칙에 따라 수치를 할당하는 과정을 말한다. 지능검사, 성격검사도 지적능력이나 성격을 '수치'로 표현해 주는 도구이다.

③ 규준

특정 검사 점수의 해석에 필요한 기준이 되는 자료이다.

④ 심리적 구성물

특정의 구체적인 행동을 나름대로 관찰 가능한 형태로 정의하며, 이를 토대로 개인의 행동을 관찰하여 개인의 심리적 구성물을 형성한다.

4) 심리검사 해석시 유의사항

① 검사자가 검사결과를 결정적 · 획일적 · 절대적인 것으로 해석하지 않는다.
② 상담자의 주관적 판단은 배제하고 검사점수에 대하여 중립적인 입장을 취한다.
③ 검사결과에 너무 의존하지 않고 검사자의 직관과 판단에 따라 융통성 있게 활용한다.
④ 검사의 한계와 특징, 범위 내에서 사용하고 객관적으로 해석한다.
⑤ 검사자가 일방적으로 해석하기보다 내담자 스스로가 생각해서 진로를 결정하도록 돕는다.

⑥ 내담자에게 직업 선택에 대한 동기를 부여하고 자신감과 용기를 주는 것이 필요하다.

⑦ 내담자의 희망직업, 흥미를 느끼는 분야를 중요하게 여기고 각종 심사 결과가 서로 일치하지 않을 경우 어느 한 쪽도 부정하거나 강요를 하지 않는다.

⑧ 검사결과에 대한 내담자의 방어를 최소화하도록 한다.

⑨ 모든 직업, 모든 유형, 내담자 모두가 가치가 있으며 존중되어야 한다.

⑩ 해석에 대한 내담자의 반응을 고려하여야 한다.

5) 심리검사의 윤리적 고려사항

① 수검자를 차별하는 도구로 사용되어서는 안 된다.

② 수검자에게 검사의 목적과 절차에 관해 사전 동의를 받아야 한다.

③ 자격을 갖춘 검사자만이 사용해야 한다.(관련 학문 전공자가 아니어도 교육만 받으면 가능)

④ 검사내용이 수검자에게 미리 알려져서는 안 된다.

⑤ 수검자의 사생활은 보호되어야 한다.

> 검사를 해석할 때에는 해석한 후 내담자의 반응을 잘 살펴서 상처를 받지 않게 해야 한다.

2 심리검사의 용도

1) 교육장면

초기에 심리검사는 정신지체아를 감별하는데 이용됐으며 현재는 학교에서 능력에 따라 아동을 분류하거나 선발할 때 다양한 심리검사를 이용하고 있다.

2) 임상 · 상담장면

심리적 질환자의 진단과 감별을 위해 심리검사를 이용하고 있으며, 상담분야에서도 심리검사가 이용된다.

3) 산업장면

산업체의 인사선발과 업무 배치, 부서이동, 승진, 퇴직 등의 문제에서도 심리검사가 이용된다.

4) 기초연구장면

심리검사는 기초연구에서도 중요한 몫을 차지하고 있는데, 개인차 심리학의 거의 모든 연구는 검사과정을 자료수집의 수단으로 이용한다.

3 심리검사의 분류

1) 실시방식에 따른 분류

① 실시 시간에 따른 분류

속도검사	㉠ 시간제한을 두는 검사이며, 보통 쉬운 문제로 구성 ㉡ 제한된 시간에서 수행능력을 측정하는 것으로 문제해결력보다는 숙련도를 측정하는 것
역량검사	어려운 문제들로 구성되며 숙련도보다는 문제해결력을 측정하는 검사

② 수검자의 수에 따른 분류

개인검사	㉠ 검사할 때 한 사람씩 해야 하는 검사 ㉡ 한국판 웩슬러 지능검사(K-WAIS), 일반 직업적성검사(GATB), TAT, 로샤검사
집단검사	㉠ 한 번에 여러 명에게 실시할 수 있는 검사 ㉡ 다면적 인성검사(MMPI), 성격유형검사(MBTI), 캘리포니아 심리검사

③ 검사도구에 따른 분류

지필검사	㉠ 종이에 인쇄된 문항에 연필로 응답하는 방식 ㉡ 운전면허시험의 필기시험, 질문지 및 검사의 바꿔쓰기
수행검사	㉠ 수검자가 대상이나 도구를 직접 다루도록 하는 검사 ㉡ 운전면허 시험의 주행시험, (K-WAIS)의 차례맞추기, 모양맞추기 등

2) 사용목적에 따른 분류

검사점수를 다른 대표적인 집단의 점수와 비교해서 해석하는가 아니면, 특정기준을 토대로 해석하고 사용하는가의 차이에 따라 구분한다.

규준참조검사 (상대평가)	㉠ 심리검사는 대개 규준참조 검사이다. ㉡ 개인의 점수를 다른 사람들의 점수와 비교해서 상대적으로 어떤 수준인지를 알아보는 것이 주목적이다.
준거참조검사 (절대평가)	㉠ 규준을 가지고 있지 않다. ㉡ 준거참조검사는 어떤 절대 기준점수와 비교해서 이용하려는 목적을 갖는다.

3) 측정내용에 따른 분류

① 인지적 검사와 정서적 검사

대분류	중분류	직업상담에 적합한 심리검사의 예	특징비교
인지적 검사 (능력검사)	지능 검사	• 한국판 웩슬러 성인용 지능검사 (K-WAIS) • 한국판 웩슬러 지능검사(KWIS)	• 극대 수행검사 • 문항에 정답이 있음 • 응답의 시간제한 있음 • 최대한의 능력발휘 요구
	적성 검사	• GATB 일반적성검사 • 기타 다양한 특수적성검사	
	성취도 검사	• TOEFL, TOEIC	

정서적 검사 (성격검사)	성격 검사	• 직업선호도 검사 중 성격검사 • 캘리포니아 성격검사(CPI) • 성격유형검사(MBTI)	• 습관적 수행검사 • 문항에 정답이 없음 • 응답의 시간제한 없음 • 최대한의 정직한 응답 요구
	흥미 검사	• 직업선호도 검사 중 흥미검사	
	태도 검사	• 직무만족도 검사 등 매우 다양	

California Psychological Inventory, CPI는 성격검사이다.

② 지능검사

　　㉠ 일반적인 정신능력을 측정하는 것으로서 언어, 수리, 동작 능력 등을 종합적으로 측정하는 검사

　　㉡ 지능검사를 통해서 얻을 수 있는 정보

　　　　ⓐ 개인의 지적인 능력수준을 평가함으로써 학업이나 직업적 성취를 예측할 수 있다.

　　　　ⓑ 개인의 인지적 · 지적 기능의 특성을 파악할 수 있다. 또한 인지적 특성과 관련된 정보를 가지고 환경에 대한 적응 여부를 예측할 수 있다.

　　　　ⓒ 기질적인 뇌손상 유무, 뇌손상으로 인한 인지적 손상 유무를 알 수 있다.

③ 적성검사

　　㉠ 지능검사보다 특수하고 광범위한 영역의 능력을 시간의 제한을 두고 측정한다.

　　㉡ 주로 산업체나 학교에서 많이 사용하며, 특수한 직종에 맞는 사람을 선발할 목적으로 사용한다.

　　㉢ 일반적성검사, 특수적성검사, 중다적성검사의 세 가지로 구분된다.

④ 성격검사

　　㉠ 개인이 가지고 있는 성향이나 기질을 측정하는 검사이다.

　　㉡ 성격검사는 자기보고식 검사와 투사적 기법 검사로 분류할 수 있다.

　　　　ⓐ 자기보고식 검사 : 질문지 · 성격 항목표를 이용해서 자신의 특징에 대해 응답하도록 하는 검사

　　　　ⓑ 투사적 기법 : 비구조적 과제를 제시하고 자유롭게 응답하도록 하여 분석하는 방식으로 주제통각검사(TAT)와 로샤(Rorschach)검사, 문장완성검사가 대표적인 투사적 기법 검사이다.

⑤ 흥미검사

　　㉠ 특정분야에 대한 흥미를 비교하기 위한 검사로 활동이나 직업에 대한 좋고 싫음을 표시한다.

　　㉡ 스트롱 · 캠벨 흥미검사, 직업선호도 검사가 대표적이다.

성격검사는 대개 자기보고식 검사이며, 널리 이용되는 검사는 다면적 인성검사, 성격유형 검사 등이 있다.

투사적 검사는 반응이 풍부하다.

1 규준의 개념 및 필요성

1) 규준의 개념

규준은 특정 모집단을 대표하는 표본을 구성하고 이들에게 검사를 실시하여 얻은 점수를 체계적으로 분석해서 만들게 된다.

① 특정검사 점수의 해석에 필요한 기준이 되는 자료로서, 어떤 대표집단에게 실시한 검사점수를 일정한 분포도로 작성한 것이다.

② 규준은 어떤 개인이나 집단의 검사점수를 그 개인이나 집단이 속해 있는 모집단에 비추어 어떤 위치에 속하는지, 즉 해당점수가 대표집단의 평균에 해당하는지, 더 높은지 낮은지 등을 해석한다.

③ 규준은 특정 개인의 점수가 어떤 의미를 가지고 있는지에 관한 정보를 제공한다.

2) 원점수

① 실시한 심리검사를 채점해서 얻는 최초의 점수를 말한다. 즉, 채점한 점수를 그대로 기록 한 것이다.

② 원점수의 단점

㉠ 원점수는 기준점이 없기 때문에 특정 점수의 크기를 표현하기가 어렵다.

㉡ 원점수로는 서로 다른 검사의 결과를 동등하게 비교할 수 없다.

㉢ 원점수들은 척도의 종류로 볼 때 서열척도에 불과할 뿐 사실상 등간척도가 아니다.

3) 규준집단과 표집

(1) 단순무선표집

① 구성원들에게 일련의 번호를 부여하여 무선적으로 필요한 만큼 표집하는 것으로 가장 기초적인 방법이다.

② 모집단의 구성원들이 표본에 속할 확률이 동일하도록 표집하는 방법이다.

(2) 층화표집

① 단순무선표집을 응용한 표집으로 규모가 다른 몇 개의 모집단이 이질적으로 하위집단을 구성한 경우 사용한다.

② 예를 들어 모집단이 여러 종교를 가진 신도들 이라면 모집단에는 여러 종파의 신도들이 포함되어 있게 되는데, 이때 각 종파별로 나누어서 해당 종파 내에서 필요한 만큼 무선표집하는 방법이다.

(3) 집락표집

① 모집단을 서로 동질적으로 하위집단으로 구분하여 집단 자체를 표집하는 방법이다.

② 예를 들어 고등학교3학년용 검사의 규준을 개발할 때, 표집단위를 개인으로 하는 것이 아니라 반으로 하는 것이 가능하다. 즉 전국의 고등학교 3학년의 반을 일련번호를 갖도록 정리한 후 필요한 표본수를 채울 수 있도록 반을 체계적으로 표집했다면, 이는 집락표집이다.

4) 규준의 필요성

① 심리검사점수는 흔히 표준화된 집단의 검사점수와 비교함으로써 그 의미를 해석하는데, 특정 검사점수의 해석에 필요한 기준이 되는 자료를 규준이라고 한다.
② 대표집단의 사람들에게 실시한 검사점수를 일정한 분포도로 작성한 후에 개인의 점수가 이 분포의 어느 위치에 해당하는지를 찾아냄으로써 해석한다.
③ 예를 들면 지능검사를 많은 사람들에게 실시를 해서 점수의 분포도를 작성한 결과 평균이 100점이었다면 개인의 지능점수가 100점은 평균수준의 지능이고 지능점수가 150점이면 매우 우수한 지능을 뜻한다는 것이다.

> 원점수를 표준화된 집단의 검사점수와 비교하기 위한 개념으로 대표집단의 검사점수 분포도를 작성하여 개인의 점수를 해석하기 위한 것이다.

2 규준의 종류

1) 발달규준

수검자가 정상적인 발달경로에서 얼마나 이탈해 있는지를 표현하는 방식으로 원점수에 의미를 부여하는 것이다. 예를 들어 8세 아동이 어떤 지능검사에서 10세의 아동들의 평균 정도로 잘한다면 그 아동은 10세의 정신연령을 지닌 것으로 설명할 수 있다.

① 연령규준

개인의 점수를 규준집단에 있는 사람들의 연령에 비교해서 몇 살에 해당되는지를 해석할 수 있게 하는 방법

② 학년규준

주로 성취검사에서 이용하기 위해 학년별 평균이나 중앙치를 이용해서 규준을 제작하는 방법

2) 집단 내 규준

① 백분위점수

㉠ 개인이 표준화된 집단에서 차지하는 상대적 위치를 말한다.
㉡ 백분위는 100명의 집단에서 순위를 정하는 것이다.
㉢ 최저 점수부터 정하기 시작하므로 백분위가 낮아질수록 개인 성적은 더욱 나쁘게 나온다. 백분위는 점수계산이 쉽고, 모든 심리검사에 보편적으로 이용할 수 있다.
㉣ 백분위(%)가 99라는 것은 100명 중에서 자기보다 낮은 사람의 %가 99%라는 것이다.

> 백분위점수는 그 의미가 모든 사람에게 단순하고 직접적이며, 한 집단 내에서 개인의 상대적인 위치를 살펴보는데 적합하다.

② 표준점수

표준점수는 분포의 표준편차를 이용하여 개인이 평균으로부터 벗어난 거리를 표시하는 것

③ 표준등급

㉠ 표준등급은 스테나인이라고도 한다.
㉡ 원점수를 1에서 9까지의 범주로 나누는 것으로 원점수를 크기 순서에 따라 배열한 후 백분율에 맞추어 표준등급을 매기는 것이다.
㉢ 고등학교에 사용하고 있는 내신등급제는 표준등급을 응용한 대표적인 예이다.

표준등급은 학교에서 실시하는 성취도 검사나 적성검사의 결과를 나타낼 때 주로 사용되며, 이 방법은 학생들의 점수를 정해진 범주에 넣음으로써 학생들 간의 점수차가 작을 때 생길 수 있는 지나친 확대해석을 미연에 방지할 수 있다.

3 규준해석의 유의점

① 규준은 절대적 · 보편적 · 영구적인 것이 아니며, 규준집단이 모집단을 잘 대표하여야 한다.
② 규준집단이 충분히 다양한 변인들을 잘 고려해서 구성한 것인지 확인해야 한다.
③ 규준을 제작한 시기가 너무 오래된 것이면 해석에 특히 주의를 해야 한다.

SECTION 3-3 신뢰도와 타당도

1 신뢰도의 개념

1) 신뢰도의 의미

① 검사의 신뢰도란 검사를 동일한 사람에게 실시했을 때, '검사조건이나 검사시기에 관계없이 얼마나 점수들이 일관성이 있는가, 비슷한 것을 측정하는 검사의 점수와 얼마나 일관성이 있는가' 하는 것을 말한다.
② 본질적으로 검사목적과 관련이 없는 조건은 어느 것이든 다 오차변량이 되는데, 오차변량을 줄여서 검사점수의 신뢰도를 높여야 한다.

신뢰도가 높은 검사는 피검사자가 동일한 검사를 반복해서 받을 때 유사한 점수를 받는다.

2) 신뢰도 검사의 종류

① 검사-재검사 신뢰도(안정성 계수)

㉠ 동일한 검사를 동일한 사람에게 서로 다른 시기에 두 번 실시하여 얻은 점수들 간의 상관계수로 신뢰도를 추정하는 것을 말한다.
㉡ 검사점수가 시간의 변화에 따라 얼마나 일관성이 있는지를 나타내는 계수로서, 시간에 따른 안정성을 나타내는 안정성 계수라고 한다.

검사재검사신뢰도는 동일한 검사를 동일한 피검자 집단에 일정 시간 간격을 두고 두 번 실시하여 얻은 두 검사 점수의 상관계수에 의하여 신뢰도를 측정하는 방법이다.

ⓒ 서로 다른 시기에 측정한 두 검사 점수의 차이는 두 검사의 시간 사이에 발생하는 다양한 요인들에 영향을 받는다. 예를 들면, 성숙, 질병, 피로, 심리상태 등 개인적 요인과 날씨, 소음, 기타 방해 요인 등과 같은 환경적 차이에 의해 발생한다.

② 동형검사 신뢰도(동등성계수)

ⓐ 동형의 두 검사를 동일한 사람에게 실시하여 얻은 두 점수 간의 상관계수로 신뢰도를 추정하는 것을 말한다.

ⓑ 이미 신뢰성이 입증된 유사한 검사점수와의 상관관계를 검토하는 것으로, 이때 상관계수가 두 검사의 동등성 정도를 나타낸다고 하여 동등성 계수라고 한다.

ⓒ 시간에 따른 안정성과 반응의 안정성을 모두 포함하는 좋은 신뢰도 측정법으로 검사 – 재검사 신뢰도보다 널리 이용된다.

③ 반분신뢰도(내적합치도 계수)

ⓐ 해당 검사를 문항 수가 같도록 반씩 나눠서 실시한 두 개의 점수를 구하여 두 점수 간의 상관계수로 신뢰도를 추정한 것으로, 검사를 한번만 실시해서 구하기 때문에 시간적 안정성은 포함하지 않는다.

ⓑ 둘로 구분된 문항들의 내용이 얼마나 일관성이 있는가를 측정한 것으로서, 내적 합치도 계수라고 부른다.

ⓒ 반분계수의 평균값은 크론바흐의 알파계수와 쿠더 · 리처드슨 공식(KR20)이 대표적이다.

④ 채점자 신뢰도

채점자 신뢰도는 한 집단의 검사용지를 두 명의 채점자가 각자 독립적으로 채점해서 찾아내는 것으로 이것은 개개의 수검자들에게서 관찰해 낸 두 개의 점수를 가지고 통상적인 방법에 따라 상관관계를 따져보는 것이다.

3) 신뢰도 계수에 영향을 미치는 요인

① 개인차

개인차는 신뢰도계수에 영향을 미친다. 만약 개인차가 없으면 신뢰도계수는 0이 된다.

② 검사의 문항수

문항수가 많을수록 신뢰도가 높아지고 반대로 문항수가 적을수록 신뢰도가 낮아진다.

③ 속도검사의 신뢰도

일반적으로 시간제한이 있는 속도검사를 이용할 때에는 재검사법을 사용하는 것이 반분신뢰도를 사용하는 것보다 신뢰도가 높다.

④ 신뢰도의 종류

같은 검사라도 신뢰도의 종류에 따라서 신뢰도계수가 다르게 나타날 수 있다.

알파값(cronbach's α)이 크다는 것은 검사 문항들이 동질적이라는 것을 나타낸다.

규준집단, 응답자수 등은 신뢰도에 영향을 주지 않는다.

신뢰도 계수는 문항수가 증가함에 따라 정비례하여 커지지는 않는다.

2 타당도의 개념

1) 타당도의 개요

① 타당도란 그 검사가 측정하고자 의도하는 속성을 어느 정도나 정확하게 측정하고 있는가를 말한다.
② 어떤 검사의 신뢰도의 크기는 이론적으로 그 검사의 타당도의 최대값이며, 검사의 타당도는 신뢰도보다 더 클 수는 없다.
③ 타당도가 높을수록 검사가 사용목적에 맞게 사용되고 있음을 의미한다.
④ 타당도는 신뢰도와 밀접한 관계가 있다.
⑤ 검사의 신뢰도는 타당도 계수의 크기에 영향을 준다.

2) 타당도의 종류

(1) 내용 타당도

① 검사의 문항들이 측정하고자 하는 내용영역을 얼마나 잘 반영하고 있는지를 말하는 것으로, 흔히 성취도검사의 타당도를 평가하는 방법으로 많이 쓰인다.
② 보통 내용타당도는 해당 분야 전문가들의 주관적 판단을 토대로 결정하기 때문에 타당도의 계수를 산출하기 어렵다. 즉, 내용타당도를 나타내는 통계치는 없다고 할 수 있다.

(2) 안면 타당도(액면타당도, 표면타당도)

① 수검자에게 그 검사가 '타당한 것처럼 보이는가'를 뜻하는 것으로 검사문항을 전문가가 아닌 일반인들이 읽고 그 검사가 얼마나 타당해 보이는지를 평가한다.
② 수검자들의 수검동기나 수검자세에 영향을 미친다.

(3) 준거 타당도(기준타당도)

① 어떤 검사가 특정 준거와 어느 정도 관련성이 있는가를 통해 이 검사가 타당한가를 검증하는 방법이다.
② 그 검사가 직무성과나 학업성적 등의 특정 활동영역의 준거를 얼마나 잘 예측해 주는지의 정도를 말한다.
(예 인사선발과정에서 사용하는 적성검사나 흥미검사는 입사 후의 업무성과를 예측하기 위해서 사용된다.)

예언(예측) 타당도	검사에서 얻은 점수와 미래의 어떤 행위와의 관계로 추정되는 타당도이 며, 예측타당도는 검사가 미래의 행위를 얼마나 잘 예측하느냐의 문제 이다. (※ 검사를 하고 일정 기간이 지나야 타당도를 판단할 수 있게 된다. 즉, 타당도를 구하는데 시간이 많이 걸린다는 단점이 있다.) 예 흥미검사에서 유형의 점수에 따라 사람을 선별하여 그에 맞는 업무 를 시켰을 때, 시간이 흐른 뒤에 그들이 업무성적이 우수하다면 이 검사는 예언타당도가 높은 것이다.
동시타당도	새로 개발된 검사와 이미 타당도가 인정된 기존의 동일한 속성을 측정 하는 검사의 상관관계를 구하여 타당도를 측정하는 방법이다.(시간이 오래 걸리는 예측타당도를 보완하기 위한 타당도) 예 외국어시험을 새로 만들어 시행할 때 TEPS나 TOEFL 같은 공인된 시험을 같이 시행하고 상호 비교하여 시험점수가 높이 나오면 새로 만든 외국어 시험의 동시타당도는 높은 것이다.

> **참고**
>
> **준거타당도가 낮은 검사가 직업상담이나 산업장면에서 사용되면 안 되는 이유**
> 준거타당도는 적성검사나 흥미검사를 통해 업무성취도나 만족도 등을 예측하는데
> 준거타당도가 낮은 검사는 적절한 인사선발과 배치를 저해하고, 직업상담의 준거
> (기준)가 낮아지기 때문이다.

(4) 구성타당도(구인타당도)

① 구성타당도는 그 검사가 해당 이론의 구성개념이나 특성을 잘 측정하는
정도를 말하는 것이다.

② 객관적으로 관찰 가능하지 않은 추상적 개념(적성, 지능, 흥미 등)을 얼마
나 잘 측정하는지를 나타낸 것이다.

③ 구성타당도를 분석하는 방법 3가지

수렴타당도	관계있는 변인들과 비교해서 상관계수를 구하는 방법으로 상관계 수가 높을수록 수렴타당도가 높다.
변별타당도	관계없는 변인들과 비교해서 상관계수가 낮을수록 변별타당도가 높다.
요인분석법	검사를 구성하는 문항들 간의 상호 상관관계를 분석해서 서로 상관 이 높은 문항들을 묶어주는 통계적인 방법

수렴 및 변별 타당도는 어떤 검사가
측정하고 있는 것이 이론적으로 관련
이 깊은 속성과는 높은 상관을 실제로
보여주고, 관계가 없는 것과는 낮은
상관을 보여 주는 타당도이다.

3 심리검사의 개발

1) 심리검사의 개발 과정

① 구성개념의 영역규정 : 측정대상을 개념화한다.

② 문항표본 작성 : 문항을 만드는 과정으로 탐색적 조사가 많이 사용되며 문항
을 정확하고 세련되게 편집한다.

③ 사전검사 자료수집 : 문항편집을 통해 확정한 문항을 이용해서 사전검사를 실
시해야 한다.

④ 측정의 세련화 : 측정의 세련화를 위해서는 문항분석을 하게 되는데, 보통은 각 문항과 전체점수의 상관관계를 살펴보거나 내적합치도를 살펴보게 된다.

⑤ 본검사 자료수집 : 문항들을 수정·첨가·삭제하여 적절한 요건을 충족시키는 문항군을 구성한 후 새로운 표본을 이용하여 본검사 자료를 수집한다.

⑥ 신뢰도·타당도 평가 : 어느 정도 세련화된 표본으로 새로운 사람들에게 실시하여 신뢰도와 타당도를 평가해야 한다.

⑦ 규준개발 : 최종검사지를 제작한 후 검사규준을 마련하고 규준집단을 표집해야 하는데, 규준은 인구통계변인에 의해 집단별로 제작하는 것이 일반적이다.

4 심리검사의 실시

1) 사전준비

① 철저한 사전 준비를 위해 검사의 정확한 구두지시사항을 미리 충분히 암기하고 검사재료를 미리 준비해두어야 한다.

② 일반적으로 검사자는 해당 지시사항을 읽어주고, 수검자들이 시간을 지키도록 주의를 주는 등 검사장 전체를 장악할 책임이 있다.

2) 검사조건

① 검사소건은 검사점수에 상당한 영향을 주는데, 표준화된 검사절차에는 구두지시사항과 시간제한, 검사재료들뿐 아니라 검사환경도 포함된다.

② 검사실은 지나친 소음과 방해자극이 없는 곳이어야 하고, 적당한 조명과 통풍, 착석시설 및 수검자에게 편한 작업공간을 갖춰야 한다.

3) 검사의 도입과 실시

① 검사 도입과정에서는 무엇보다 수검자와 친밀교감(Rapport)을 형성하는 것이 중요한데, 친밀교감이란 수검자에 대한 관심과 협조, 검사를 통해 수검자로 하여금 검사를 성실히 하도록 하려는 노력을 말한다.

② 대부분의 검사는 수검자의 자기보고에 의존하는데, 능력검사의 경우에는 자신의 능력을 발휘하도록 하는 것이 중요하고, 성격검사는 솔직하고 정직하게 답하는 것이 중요하다.

③ 검사 도입시 수검자가 검사에 불안을 느끼지 않도록 배려해야 한다.

4) 채점과 해석

① 채점 시에는 검사요강이 정한 판단기준과 절차를 철저히 따르는 것이 가장 중요하다.

② 채점에 채점자의 주관적 판단이 개입하는 경우에는 전문가의 감독을 통한 수련이 필요하다.

③ 해석은 매우 전문적인 문제로 특히 규준표의 해석에 주의해야 한다.

5) 검사결과의 통보

① 검사결과는 적절한 해석을 담은 설명과 함께 전달해야 한다.

② 검사결과에 관해 상담이나 토의를 할 기회가 없이 점수만 아는 것은 정서적 혼란을 초래하는 등 수검자에게 해로울 수도 있다.

③ 검사결과를 적절하게 통보하기 위해서는 검사결과의 통보를 상담의 한 부분으로 간주하고 전반적인 상담자 · 내담자 관계 속으로 끌어들여야 하며, 검사결과를 가능한 내담자가 제기한 특정문제에 대한 설명이나 해결책으로 해석하는 것이 바람직하다.

수검자에게 검사결과를 통보할 때는 이해하기 쉬운 언어(일상적인 용어)를 사용하여 전달한다.

SECTION 3-4 주요 심리검사

1 성인지능검사

1) 한국판 웩슬러 성인지능검사(K-WAIS)

① 한국판 웩슬러 성인지능검사의 구성은 언어성 검사와 동작성 검사의 하위 검사가 있다.

② 반응양식이나 검사행동양식으로 개인의 독특한 심리 특성도 파악할 수 있다.

③ 신뢰도와 타당도가 높다.

(1) 한국판 웩슬러 성인지능검사(K-WAIS)의 구성

하위 검사명		측정내용	문항수
언어성 검사	기본지식	개인이 가지는 기본 지식의 정도	29
	숫자외우기	청각적 단기기억, 주의력	14
	어휘문제	일반지능의 주요지표, 학습능력과 일반개념 정도	35
	산수문제	수개념 이해와 주의집중력	16
	이해문제	일상경험의 응용능력, 도덕적 · 윤리적 판단능력	16
	공통성 문제	유사성 파악능력과 추상적 사고능력	14
동작성 검사	빠진 곳 찾기	사물의 본질과 비본질 구분능력, 시각예민성	20
	차례 맞추기	전체 상황에 대한 이해와 계획 능력	10
	토막짜기	지각적 구성능력, 공간표상능력, 시각 · 운동 협응능력	9
	모양 맞추기	지각능력과 재구성능력, 시각 · 운동 협응능력	4
	바꿔쓰기	단기기억 및 민첩성 시각 · 운동 협응능력	93

일반적으로 언어성검사는 결정적 능력을 측정하고, 동작성 검사는 유동적 능력을 측정한다.

(2) 실시와 채점

① 한국판 웩슬러 성인지능검사(K-WAIS)의 실시에는 대략 1시간 내지 1시간반 정도가 소요되며, 검사과정은 단순하지 않으므로 미리 검사요강의 실시요령을 숙지하고, 또한 사전연습을 통해 숙지해서 실시과정에서 능숙함을 보여야 한다.

② 표준절차에 따라 검사를 실시하면서 수검자의 행동을 관찰하여 의미있거나 특이한 행동을 메모해 두었다가 나중에 그 의미를 찾아볼 수 있게 해야 한다.

③ 채점과정

　㉠ 각 문항에서 얻은 점수를 합해서 소검사의 원점수를 구한다.

　㉡ 각 소검사의 원점수를 검사지의 환산점수산출표를 토대로 환산점수로 바꾼다.(이 환산 점수는 표준점수로서 평균 10, 표준편차 3으로 변환한 것이다.)

　㉢ 언어성 검사와 동작성 검사에 속하는 각 소검사들의 환산점수를 합해서 각기 언어성 검사와 동작성 검사의 환산점수를 구하고 이를 다시 합해서 전체 검사점수의 환산점수를 구한다.

　㉣ 각 환산점수를 검사요강의 연령별 지능지수 산출표를 참고해서 언어서 IQ, 동작성 IQ, 전체 IQ로 바꾼다.

(3) 해석

① 현재의 지능수준은 언어성IQ와 동작성IQ 그리고 전체IQ로 검사가 시행된다. 검사요강을 이용해서 백분위나 표준측정 오차범위를 밝히는 방식으로 기술한다.

② 예를 들어, 언어성IQ가 103, 동작성IQ가 105, 전체IQ가 105인 경우, 이 수검자의 개인지능지수는 '보통 수준'이며 백분위는 63이다. 즉 같은 나이 또래 100명 가운데 37등에 해당하는 보통수준의 지능을 소유하고 있나고 볼 수 있다.

③ 점수가 아닌 반응내용이나 반응방식, 언어적 표현방식, 검사행동방식 등을 토대로 개인의 독특한 심리특성을 알아볼 수도 있다. 이러한 질적인 분석을 할 때 중요하게 살펴봐야 할 것들은 아래와 같다.

　㉠ 쉬운 문제는 실패하나 어려운 문제는 성공한 것

　㉡ 흔하지 않은 기괴한 응답을 한 것

　㉢ 한 문항에 대해 강박적으로 여러 가지 응답을 한 것

　㉣ 잘 모르면서 짐작으로 응답을 한 것

　㉤ 지나치게 구체적으로 응답한 것

　㉥ 정서적인 응답을 한 것

　㉦ 반항적인 내용의 응답을 한 것

　㉧ 차례맞추기에서 순서는 맞는데 적절한 설명을 못할 때

② GATB 직업적성검사

1) 개요

① 적성검사는 직업상담이나 진로지도에 가장 많이 활용되는 검사 중의 하나이다. 우리나라에서는 미국에서 개발한 일반적성검사(General Aptitude Test Battery)를 토대로 표준화한 검사들이 'GATB 직업적성검사' 또는 '적성종합검사'라는 이름으로 사용되고 있다.

② GATB 직업적성검사는 한 개인이 어떤 적성을 가지고 있으며, 어떤 직업에서 일을 성공적으로 수행할 수 있는지를 파악하기 위한 검사이다.

직업적성검사는 개인이 맡은 특정 직무를 성공적으로 수행할 수 있는지를 측정한다.

2) GATB 직업적성검사의 구성요소

① 15개의 하위검사를 통해서 9개 분야의 적성을 측정할 수 있도록 제작된 것이다.

② 15개의 하위검사 중 11개는 지필검사, 4개는 수행검사이다.

▼ GATB 검사의 하위요인

하위검사명(15개)	검출되는 적성		측정방식
기구대조검사	형태지각(P)		지필검사
형태대조검사			
명칭비교검사	사무지각(Q)		
타점속도검사	운동반응(K)		
표식검사			
종선기입검사			
평면도 판단검사	공간적성(S)		
입체공간검사			
어휘검사	언어능력(V)	지능(G)	
산수추리검사	수리능력(N)		
계수검사			
환치검사	손의 재치(M)		동작검사
회전검사			
조립검사	손가락 재치(F)		
분해검사			

입체공간검사, 어휘검사, 산수추리검사는 하위검사 중에서 둘 이상의 적성을 검출하는데 이용된다.

3) 검출되는 적성

① **지능**(General Intelligence, G)

일반적인 학습능력이나 지도내용과 원리를 이해하는 능력, 추리판단하는 능력, 새로운 환경에 빨리 순응하는 능력이다.

② **언어능력**(Verbal Aptitude, V)

언어의 뜻과 그에 관련된 개념을 이해하고 사용하는 능력, 언어 상호간의 관계와 문장의 뜻을 이해하는 능력, 보고 들은 것이나 자신의 생각을 발표하는 능력을 말한다.

③ **사무지각**(Clerical Perception, Q)

문자나 인쇄물, 전표 등의 세부를 식별하는 능력, 잘못된 문자나 숫자를 찾아 교정하고 대조하는 능력, 직관적인 인지능력의 정확도나 비교판별하는 능력을 말한다.

④ 운동반응(Motor Coordination, K)

눈과 손을 함께 사용해서 빠르고 정확한 운동을 할 수 있는 능력이며, 눈으로 겨누면서 정확하게 손이나 손가락의 운동을 조절하는 능력을 말한다.

⑤ 공간적성(Spatial Aptitude, S)

공간상의 형태를 이해하고 평면과 물체의 관계를 이해하는 능력을 말한다.

⑥ 형태지각(Form Perception, P)

실물이나 도해 또는 표에 나타나는 것을 세부까지 바르게 지각하는 능력이며, 시각으로 비교 판별하는 능력, 도형의 형태나 음영, 근소한 선의 길이나 넓이 차이를 지각하는 능력, 시각의 예민도 등을 말한다.

⑦ 수리능력(Numerical Aptitude, N)

빠르고 정확하게 계산하는 능력을 말한다.

⑧ 손의 재치(Manual Dextrity, M)

손을 마음대로 정교하고 조절하는 능력이며, 물건을 집고, 놓고 뒤집을 때 손과 손목을 정교하고 자유롭게 운동할 수 있는 능력을 말한다.

⑨ 손가락 재치(Finger Dextrity, F)

손가락을 정교하고 신속하게 움직이는 능력이며, 작은 물건을 정확·신속히 다루는 능력을 말한다.

4) 직업적성검사의 효용성

① 시간의 절약

진로를 결정하기 전 자신의 잠재적인 적성을 정확히 파악한 후 합리적인 결정을 한다면 시간과 노력을 많이 절약할 수 있을 것이다.

② 경제적인 이득

자신이 적성에 맞지 않는 직업의 선택으로 적응하지 못해 직업을 전환할 때 드는 경제적 손실을 막을 수 있다.

③ 자신의 내적 측면에 대한 이해증진

검사를 미리 받아봄으로써 자신에게 잠재되어 있는 전문적인 재능을 발견하여 장점을 살리고 단점을 사전에 보완할 수 있도록 신경을 쓰거나 교육을 받을 수 있다.

④ 확신감의 부여

적성검사의 기본성질을 미리 이해하여 검사 시에 발생할 수 있는 당혹감을 줄이고 평소 자기가 희망하는 직업 및 직무분야에 적성검사의 결과를 비교함으로써 일치정도에 따라 확신감을 얻을 수 있다.

⑤ 적절한 직업선택 및 목표설정 기능

자신에게 적합한 직업을 선택하고 그에 따른 목표를 설정할 수 있다.

5) 적성의 기능

깁슨(Gibson)&미첼(Mitchell)

① 개인의 특수능력이나 잠재력을 개발한다.

② 개인이 미처 인식하지 못하고 있는 잠재력을 발견한다.

③ 학업이나 진로를 결정하는 데 중요한 정보를 제공한다.

④ 학생들의 적성을 다른 발달이나 교육적인 목적에 맞추어 분류할 수 있다.

⑤ 개인의 미래 학업이나 직업의 성공가능성을 예측할 수 있다.

3 직업선호도검사

1) 개요

① 18세 이상의 성인을 대상으로 개인이 어떤 직업에 흥미와 관심이 있으며, 어떤 직업에서 성공할 가능성이 높은지를 예측해주는 검사이다.

② 개인의 성격, 흥미, 생활사 등의 다양한 정보를 기초로 적합한 직업을 판정한다.

2) 직업선호도 검사 L형

① L형은 성인의 직업흥미, 일반성격, 생활경험을 측정하여 수검자자가 자신의 모습을 진지하게 탐색해 볼 수 있는 기회를 제공하고 수검자의 심리적 특성에 적합한 직업들을 제공한다.

② L형은 다음의 세 가지 하위검사로 구성되어 있다.

　ㄱ 다양한 분야에 대한 선호도를 측정하는 흥미검사

　ㄴ 일상생활 속에서 나타나는 개인의 성향을 측정하는 성격검사

　ㄷ 과거와 현재의 개인의 생활특성을 측정하는 생활사검사

(1) 흥미검사

① 흥미검사의 목적은 다양한 분야의 선호도를 측정하여 그들이 어떤 분야에 적합한지를 판단하기 위해 실시한다.

② 홀랜드의 6가지 흥미의 유형

　ㄱ 현실형 : 현장에서 몸으로 하는 활동을 좋아하며, 사교적이지 못하고, 흥미유형 중 사회경제적으로 가장 낮은 위치에 속하는 편이다.

　ㄴ 탐구형 : 사람보다는 아이디어를 강조하고, 추상적인 사고능력을 가지고 있다. 6가지 유형 중 학력수준은 가장 높다.

　ㄷ 예술형 : 창의성을 지향하고 아이디어와 재료를 사용해서 자신을 새로운 방식으로 표현하는 작업을 하며, 학력수준은 탐구형 다음으로 높다.

　ㄹ 사회형 : 타인과 협동하여 일하는 것을 지향하며, 대인관계기술이 좋고 부드러움을 특징으로 한다.

　ㅁ 진취형 : 물질이나 아이디어보다 사람에게 관심이 있으며, 특정목표를 달성하기 위해 타인을 통제하고 지배하는 데 관심이 있다.

ⓗ 관습형 : 잘 짜여진 구조 속에서 일하는 데 익숙하고 세밀하고 꼼꼼한 일에 능숙하며, 특히 여성의 비율이 높다.

③ 흥미의 육각형 모형

육각형의 모양은 흥미의 방향을 결정하고, 육각형의 크기는 흥미의 정도를 나타낸다.

		육각형의 모양	
		한쪽으로 찌그러진 모양	정육각형에 가까운 모양
육각형의 크기	크다	특정 분야에 뚜렷한 관심을 보인다. 흥미가 잘 발달되어 있고 안정적인 형태이다. 수검자의 성격, 능력, 경험 등이 관심분야와 조화로운지 살펴보는 것이 바람직하다.	관심분야가 폭넓은 경우이다. 거의 모든 분야에 호기심이 있지만 자신의 진정한 흥미분야가 무엇인지는 잘 모를 수 있다. 능력, 성격, 경험 등을 고려하여 흥미분야를 좁혀보는 것이 바람직하다.
	작다	대체로 흥미발달이 잘 이루어지지 않았다. 특정분야에 관심이 있긴 하지만 그 정도가 크지 않다. 조금이라도 관심이 있는 분야에 대한 적극적인 탐색을 시도해 보는 것이 바람직하다.	뚜렷한 관심분야가 없다. 무엇에 관심이 있는지, 무엇을 잘 할 수 있는지 등과 같은 자기이해가 부족한 경우이다. 과거에 즐거워했거나 잘 할 수 있었던 작은 경험부터 떠올려 본다.

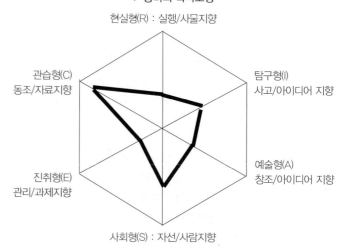

▼ 흥미의 육각모형

현실형(R) : 실행/사물지향
탐구형(I) 사고/아이디어 지향
예술형(A) 창조/아이디어 지향
사회형(S) : 자선/사람지향
진취형(E) 관리/과제지향
관습형(C) 동조/자료지향

(2) 성격검사

① 성격검사 목적은 직무수행과 관련된 5개의 성격요인을 통해 특정 직무에서 성공가능성 예측을 위해 실시한다.

② 성격검사는 'Big−Five이론'을 토대로 개발된 것으로 외향성, 호감성, 정서적 불안정성, 성실성, 경험에 대한 개방성을 말한다.

③ Big−Five(5요인) 이론

㉠ 외향성

타인과의 상호작용을 원하고 타인의 관심을 끌고자 하는 정도

성격의 5요인 이론(big five 모형)에서 제시하는 성격의 기본 차원은 외향성, 호감성, 정서적불안정성, 성실성, 경험에 대한 개방성이다.

ⓐ 외향적인 사람은 사교적이고 활달하고 말을 많이 하며, 자기주
　　장을 잘함

ⓑ 흥분과 자극을 좋아하고 명랑하고 힘이 넘치며 선천적으로 낙관
　　적임

ⓒ 영업사원들은 전형적인 외향적 특성을 갖고 있다.

ⓓ 내향적인 사람은 외향성의 반대가 아니라 외향적 특징이 없는 것으
　　로 보아야 함

ⓛ 호감성

　타인과 편안하고 조화로운 관계를 유지하는 정도

ⓐ 호감성은 외향성과 함께 대인관계적인 양상과 관련된 차원

ⓑ 이타적이며 타인과 공감을 잘하고 기꺼이 도와주며 상대방도 도
　　움을 줄 것이라고 생각

ⓒ 호감성이 부족한 사람은 자기중심적이고 타인의 의도를 의심하
　　고 경쟁적

ⓓ 이 차원의 양극단은 사회적으로 바람직하지 않음

ⓒ 성실성

　사회적 규칙, 규범, 원칙들을 기꺼이 지키려는 정도

ⓐ 매사에 꼼꼼히 계획하고 일정을 조직하고 끈질기게 과제를 수행
　　하는 일종의 자기통제력

ⓑ 이 점수가 높은 사람은 꼼꼼하고 정확하며 믿을 만하다. 의지가
　　강하다.

ⓒ 높은 성실성 점수는 학문적 및 직업적 성취와 관련하여 까다로
　　움, 강박적인 깔끔함, 일중독자 증상을 보일 수도 있음

ⓔ 정서적 불안정성

　정서적으로 얼마나 안정되어 있고, 자신이 세상을 얼마나 통제할
　수 있으며, 세상을 위협적이지 않다고 생각하는 정도

ⓐ 두려움, 슬픔, 당혹감, 분노, 죄책감과 같은 부정적인 정서의 경험

ⓑ 점수가 낮은 사람은 정서적으로 안정되어 있고 어려운 상황에 큰
　　두려움 없이 대처

ⓜ 경험에 대한 개방성

　자기자신을 둘러싼 세계에 관한 관심, 호기심, 다양한 경험에 대한
　추구 및 포용력 정도

ⓐ 자기 자신과 자신을 둘러싼 세계에 관심이 많고, 새로운 윤리·
　　사회·정치사상을 기꺼이 받아들인다.

ⓑ 풍부한 경험, 감정의 긍정적인 면과 부정적인 면 모두를 예민하
　　게 경험

ⓒ 점수가 높을수록 더 건강하고 성숙한 사람으로 보이기 쉬움

④ 5 요인검사의 구성

요인	소검사	문항수	비고
외향성	온정성, 사교성, 리더십, 적극성, 긍정성	29문항	5개 하위척도
호감성	타인에 대한 믿음, 도덕성, 타인에 대한 배려, 수용성, 겸손, 휴머니즘	33문항	6개 하위척도
정서적 불안정성	불안, 분노, 우울, 자의식, 충동성, 스트레스, 취약성	37문항	6개 하위척도
성실성	유능감, 조직화 능력, 책임감, 목표지향성, 자기통제성, 완벽성	44문항	6개 하위척도
경험에 대한 개방성	상상력, 문화, 정서, 경험추구, 지적 호기심	29문항	5개 하위척도

(3) 생활사검사

과거경험과 생활환경을 통해 직무성과를 예측하고자 하는 검사이다.

4 진로성숙검사

진로성숙도를 측정하는 대표적인 진로성숙검사에는 진로발달검사도구, 진로성숙검사도구, 진로성숙도검사가 있다.

1) 진로발달 검사도구(CDI ; Career Development Inventory)

① **진로발달 검사도구(CDI)의 개요**

ㄱ 수퍼(Super)의 진로발달의 이론적 모델에 기초하여 진로발달 검사도구(CDI)가 제작되었다.

ㄴ 이 연구의 핵심은 진로성숙, 진로유형, 진로발달 단계 및 직업적 자아개념 등에 관한 것이다.

ㄷ 진로발달 검사도구(CDI)는 건전한 직업적 선택을 위한 학생들의 준비도를 측정하기 위하여 고안되었다.

② **진로발달 검사도구(CDI)의 개발 목적**

ㄱ 학생들의 진로발달과 직업 또는 진로성숙도를 측정하기 위해서 개발

ㄴ 학생들의 교육 및 진로계획 수립에 도움을 주기 위해서 개발

ㄷ 진로결정을 위한 준비도를 측정하기 위해서 개발

③ 진로발달 검사도구(CDI)의 하위 척도는 진로계획, 진로탐색, 의사결정, 일의 세계에 대한 정보, 선호하는 직업군에 대한 지식, 진로발달 – 태도, 진로발달 – 지식과 기술, 총체적인 진로성향의 8개의 하위척도가 있다.

④ **진로발달 검사도구(CDI)의 활용**

ㄱ 개인 상담시 분석적 데이터 및 예언적 정보를 제공할 뿐만 아니라 상담을 필요로 하는 특별영역을 찾아내는데 유용하다.

ⓛ 진로교육 프로그램 시행결과를 측정하기 위한 도구로 유용하다.

ⓒ 진로발달 검사도구(CDI)를 통하여 얻은 정보는 적성개발, 흥미검사, 학력
검사 등에서 얻은 정보와 함께 사용된다면 학생들을 위한 진로발달을 계
획할 때 유용하다.

2) 진로성숙 검사도구(CMI ; Career Maturity Inventory)

① 진로성숙 검사도구(CMI)의 개요

ⓞ 진로성숙 검사도구(CMI)는 객관적으로 점수화되고, 표준화된 진로발달
측정도구로서 최초로 개발된 것이다.

ⓛ 진로성숙 검사도구(CMI)는 태도척도와 능력척도로 구성되어 있으며, 태
도척도는 선발척도와 상담척도 두 가지가 있다.

② 진로성숙 검사도구(CMI)의 척도

ⓞ 태도척도

진로선택과정에 대한 피험자의 태도와 진로결정에 영향을 미치는 성향에
반응하는 경향성을 측정한다.

ⓐ 선발척도 : 직업발견, 진로설정과 관련된 긍정적 진술과 부정적 진술
50개로 이루어져 있다.

ⓑ 상담척도 : 75개 문항으로 구성되어 있는데, 그중 50개 문항은 선발척
도 문항과 같다. 이들 75개 문항들은 다음 5개 하위척도로 나뉜다.

㉮ 결정성(Decisiveness) : 선호하는 진로의 방향에 대한 확신의 정도
(나는 선호하는 진로를 자주 바꾸고 있다.)

㉯ 참여도(Involvement) : 진로선택과정에의 능동적 참여의 정도(나
는 졸업할 때까지는 진로선택 문제를 별로 신경쓰지 않겠다.)

㉰ 독립성(Independence) : 진로선택을 독립적으로 할 수 있는 정도
(나는 부모님이 정해주는 직업을 선택하겠다.)

㉱ 성향(Orientation) : 진로결정에 필요한 사전 이해와 준비의 정도
(일하는 것이 무엇인지에 대해 생각한 바가 거의 없다.)

㉲ 타협성 : 진로 선택 시에 욕구와 현실을 타협하는 정도(나는 하고 싶
기는 하나 할 수 없는 일을 생각하느라 시간을 보내곤 한다.)

ⓛ 능력척도

진로의사결정에서 가장 중요한 것으로 간주되는 지식영역으로 자기평가,
직업정보, 목표선정, 계획, 그리고 문제해결능력 등 5개 영역을 측정하는
문항들로 구성되어 있다.

3) 진로성숙도 검사

한국교육개발원(1991)에서 제작한 진로성숙도 검사에서는 진로성숙이라는 개념을 '태도'와 '능력'으로 대별하였다.

① 태도영역

㉠ 계획성 : 자신의 진로방향 선택 및 직업결정을 위한 사전준비와 계획의 정도
㉡ 독립성 : 자신의 진로를 스스로 탐색, 준비, 선택할 수 있는 정도
㉢ 결정성 : 자신의 진로방향 및 직업선택에 대한 확신의 정도

② 능력영역

㉠ 직업세계 이해능력 : 직업의 종류, 직업의 특성, 작업조건, 교육수준, 직무 및 직업세계의 변화 경향과 직업정보 획득 등 6개 분야에 대한 지식과 이해의 정도
㉡ 직업선택능력 : 자신의 적성, 흥미, 학력, 신체적 조건, 가정환경 등과 직업세계에 대한 지식과 이해를 토대로 자신에게 적합한 직업을 선택할 수 있는 능력
㉢ 합리적인 의사결정능력 : 진로와 관련된 의사결정과정에서 부딪히는 갈등 상황을 합리적으로 해결하는 능력

5 직업흥미검사

1) 흥미검사의 구성요소

흥미검사는 5개의 하위검사로 구성되어 있으며, 각 하위검사는 각기 6개의 흥미유형을 측정할 수 있는 문항들로 구성되어 있다.

하위검사명	내용	문항수	비고
활동검사	평소에 좋아하거나 하고 싶어하는 활동에 대한 검사	48문항	각 하위검사는 모두 6개의 차원(유형)을 반영하는 문항들을 포함하고 있다. 즉, 5개의 하위검사를 통해 6가지 차원별 점수를 얻을 수 있다.
유능성검사	자신에게 어떤 능력이 있다고 생각하는지에 대한 검사	31문항	
선호직업검사	평소 어떤 직업을 좋아하는지에 대한 검사	66문항	
선호분야검사	현재나 과거에 어떤 과목이나 학문분야를 선호하는지에 대한 검사	42문항	
일반성향검사	자신의 일방적인 성향이나 태도 검사	60문항	

6 다면적 인성검사(MMPI)

1) 이론적 배경

① 다면적 인성검사(MMPI)는 세계적으로 가장 널리 쓰이고 가장 많이 연구되어 있는 객관적 성격검사

② MMPI의 일차 기능은 정신과적 진단과 분류를 위한 것이지 일반적인 성격 특성을 측정하는 것은 아님

2) MMPI 타당도 척도

① ?(알 수 없다) 척도

이 척도의 T 점수가 70 이상일 경우는 프로파일이 무효일 가능성이 매우 높거나, 문항을 읽고 이해할 수 있는 능력이 부족하거나, 검사자에 대한 불신감을 나타내는 경우이다.

② L척도

피검사자가 자신을 좋게 보이려고 하는 다소 고의적이고도 부정직하며 세련되지 못한 심리적 속성을 측정하는 태도이다.

③ F척도

보통사람들의 생각이나 경험과는 다르게 비전형적으로 행동하는 것을 측정한다.

④ K척도

정신장애가 분명한데 정상 프로파일을 보이는 사람들을 가려내기 위한 척도이다. 방어심과 경계심 정도를 측정하는 척도이다.

3) MMPI의 임상척도

① 건강염려증 : 신체 기능에 대한 과도한 집착 및 신체질환이나 비정상적인 상태에 대해 얼마나 불안해하는지 측정한다.

② 우울증 : 신경적 우울증 보다는 반응성 우울을 측정하며 수검자의 비관 및 슬픔의 정도를 재는 기분 척도이다.

③ 히스테리 : 현실적으로 어려움이나 갈등을 피하기 위해 부인 방어기제를 사용하는 경향이 높다.

④ 반사회성 : 주로 가정이나 권위자에 대한 불만, 자신과 사회와의 괴리 등과 같은 비도덕적인 성격을 측정한다.

⑤ 남성적 특성–여성적 특성 : 직업 및 취미에 대한 관심, 심미적 및 종교적 취향, 능동성–수동성, 대인감수성 등의 내용에 관한 것이다.

⑥ 편집증 : 대인관계에서의 민감성, 의심, 집착, 피해의식 등을 측정한다. 자기중심적 합리화가 행동의 특징이다. 투사화, 외재화가 주된 방어기제로 작용한다.

⑦ 강박증 : 오랫동안 지속되어 온 만성적인 불안을 측정한다. 병적인 공포, 불안, 근심, 걱정 및 강박관념은 물론 자기비판, 주의 집중의 곤란 등도 측정한다.

⑧ 정신분열증 : 정신적 혼란을 측정한다. 기괴한 사고방식이나 행동방식을 지닌 사람을 판정한다.

⑨ 경조증 : 정신적인 에너지를 측정한다. 점수가 높을수록 무엇인가 하지 않으면 견디지 못하는 사람이다.

⑩ 내향성 : 수검자의 내향성(높은 점수)과 외향성(낮은 점수)을 측정한다. 외향성은 좋고 내향성은 나쁘다는 식의 가치 판단이 들어가서는 안 된다.

CHAPTER

03 출제예상문제

01 다음 중 비표준화 검사와 비교할 때 표준화 검사의 특징과 가장 거리가 먼 것은?

① 검사의 실시와 채점이 객관적이다.
② 체계적 오차는 있어도 무선적 오차는 없다.
③ 신뢰도와 타당도가 비교적 높다.
④ 규준집단에 비교해서 피검사자의 상대적 위치를 알 수 있다.

해설 무선적 오차(모집단에서 표본을 추출할 때 단순히 우연하게 생기는 오차)도 존재한다.

02 다음 중 구직자의 인지적 능력을 측정할 수 있는 검사는?

① 5요인 성격 검사　　② 일반 적성 검사
③ 직업선호도 검사　　④ 다면적 인성 검사

해설

대분류	중분류	직업상담에 적합한 심리검사의 예	특징 비교
인지적 검사 (능력검사)	지능 검사	• 한국판 웩슬러 성인용 지능검사(K-WAIS) • 한국판 웩슬러 지능검사(KWIS)	• 극대 수행검사 • 문항에 정답이 있음 • 응답의 시간제한 있음 • 최대한의 능력발휘 요구
	적성 검사	• GATB 일반적성검사 • 기타 다양한 특수적성검사	
	성취도 검사	• TOEFL, TOEIC	
정서적 검사 (성격검사)	성격 검사	• 직업선호도 검사 중 성격검사 • 캘리포니아 성격검사(CPI) • 성격유형검사(MBTI)	• 습관적 수행검사 • 문항에 정답이 없음 • 응답의 시간제한 없음 • 최대한의 정직한 응답 요구
	흥미 검사	• 직업선호도 검사 중 흥미검사	
	태도 검사	• 직무만족도 검사 등 매우 다양	

03 심리검사 문항형식으로 제한형(Restricted)을 사용하는 이유에 관한 설명으로 가장 적합한 것은?

① 피검자의 투사적 반응을 유도하기 위해 사용된다.
② 피검자가 반응하는 과정을 관찰하고 분석하고자 할 때 사용한다.
③ 제작이 용이하고 추측에 의한 응답을 방지하기 위해 사용한다.
④ 신뢰도가 높으며 광범위한 영역에서 문항을 추출하고자 할 때 사용한다.

해설 제한형은 광범위한 영역을 모두 다룰 수 없는 경우 검사실시자가 검사의 수행목적에 따라 문항을 추출하여 사용하며 신뢰도가 높다.

04 내담자의 직업능력을 파악하기 위해서 검사도구를 사용하고자 할 때 가장 먼저 해야 할 일은?

① 내담자의 요구에 충족하는 검사가 개발되어 있는지 조사한다.
② 검사를 하고자 하는 내담자의 목적을 탐색한다.
③ 해당 검사도구의 심리측정적 속성을 검토한다.
④ 검사의 선택에 내담자를 포함시킨다.

해설 검사를 하고자 하는 내담자의 문제점과 상담목적을 확인한다.

정답 01 ② 02 ② 03 ④ 04 ②

05 직업상담사는 각종 심리검사가 특정 집단에 불리하고 편파적으로 사용되지 않도록 노력할 의무가 있다. 다음 중 그런 노력으로서 적절하지 않은 것은?

① 하나의 검사에만 의존하지 않고 여러 방법들을 평가하여 결과의 일치성을 확인한다.
② 검사에 대한 경험과 자기표현 동기가 부족한 수검자에 대한 래포 형성에 노력한다.
③ 규준집단의 특성 및 표집방법을 잘 파악하여 결과를 해석한다.
④ 편파에 의해서 불이익을 당할 가능성이 있는 대상은 사전에 검사대상에서 제외시킨다.

해설 검사대상에서 제외시키는 것은 적합하지 않다.

06 다음 중 검사의 신뢰도와 타당도에 대한 설명으로 틀린 것은?

① 동일한 사람에게 두 번 실시해서 얻는 점수들의 상관계수는 안정성 계수이다.
② 내적합치도 계수의 크기를 결정짓는 원인은 두 검사 시행간의 시간 간격이다.
③ 검사를 구성하고 있는 문항들이 전체 내용 영역의 문항들을 얼마나 잘 대표하는가에 관한 정도를 나타낸 것이 내용 타당도이다.
④ 해당 검사가 이론적 구성개념이나 특성을 측정할 수 있는 정도를 나타낸 것이 구성개념 타당도이다.

해설 반분신뢰도(내적합치도 계수)는 해당 검사를 문항 수가 같도록 반씩 나눠서 실시한 두 개의 점수를 구하여 두 점수 간의 상관계수를 구한 것으로, 검사를 한 번만 실시해서 구하기 때문에 시간적 안정성은 포함하지 않는다.

07 다음 중 적성검사에 관한 설명으로 틀린 것은?

① 적성검사는 지능검사에 비하면 훨씬 더 후천적이며 획득적인 능력을 측정하는 검사라고 할 수 있다.
② 적성검사는 어떤 분야에서 이미 획득, 사용하고 있는 능력의 현재 수준을 측정하는 것이다.
③ 적성검사는 지능검사와 인자 분석법이 합쳐 낳은 일종의 부산물이다.
④ 지능검사는 일반능력검사, 적성검사는 특수능력검사라고 할 수 있다.

해설 어떤 분야에서 이미 획득, 사용하고 있는 능력의 현재 수준의 측정하는 것은 지능검사이다.

08 문항 난이도에 관한 설명으로 틀린 것은?

① 특정 문항을 맞춘 사람들의 비율로서 0.00에서 1.00의 값을 갖는다.
② 문항이 어려울수록 검사점수의 변량이 낮아져서 검사의 신뢰도가 낮아진다.
③ 문항의 난이도가 0.50일 때 검사점수의 분산도가 최대가 된다.
④ 문항 난이도계수 값이 높을수록 어려운 문제이다.

해설 문항의 난이도 계수 $= \dfrac{정답자}{전체문항}$, 즉 난이도가 높을수록 쉬운 문제이다.

09 다음은 심리검사의 타당도 중 어떤 것을 설명한 것인가?

- 논리적 사고에 입각한 논리적인 분석과정으로 판단하는 주관적 타당도이다.
- 본질적으로 해당 분야 전문가의 판단에 의존한다.

① 내용타당도   ② 구성타당도
③ 예언타당도   ④ 동시타당도

해설 보통 내용타당도는 해당 분야 전문가들의 주관적 판단을 토대로 결정하기 때문에 타당도의 계수를 산출하기 어렵다.

10 어떤 검사가 측정하고 있는 것이 이론적으로 관련이 깊은 속성과는 높은 상관을 실제로 보여주고, 관계가 없는 것과는 낮은 상관을 보여 주는 타당도는 어떤 것인가?

① 준거 관련 타당도   ② 동시 타당도
③ 수렴 및 변별 타당도   ④ 예언 타당도

해설 **구성타당도를 분석하는 방법 3가지**

수렴 타당도	관계있는 변인들과 비교해서 상관계수를 구하는 방법으로 상관계수가 높을수록 수렴타당도가 높다.
변별 타당도	관계없는 변인들과 비교해서 상관계수가 낮을수록 변별타당도가 높다.
요인 분석법	검사를 구성하는 문항들 간의 상호 상관관계를 분석해서 서로 상관이 높은 문항들을 묶어주는 통계적인 방법이다.

11 한 검사에서의 점수와 나중에 그 사람이 실제로 직무를 수행할 때의 수행수준 간의 관련성이 높을 때 그 검사는 어떤 타당도가 높다고 하는가?

① 구성타당도   ② 내용타당도
③ 예언타당도   ④ 동시타당도

해설 검사에서 얻은 점수와 미래의 어떤 행위와의 관계로 추정되는 타당도이며, 예측타당도는 검사가 미래의 행위를 얼마나 잘 예측하느냐의 문제이다.

12 다음 중 구성타당도를 평가하는 방법에 해당하지 않는 것은?

① 수렴타당도   ② 변별타당도
③ 요인분석   ④ 공인타당도

해설 공인타당도는 동시 타당도, 공존타당도라고도 하며 준거타당도(기준 타당도)를 평가하는 방법이다.

13 다음 중 심리검사의 표준화과정에서 타당도의 기준이 될 수 없는 것은?

① 어떤 준거에 의한 것이며 합리적인가?
② 문항제작이 잘 되어 있으며, 행동증거의 수집이 적합한가?
③ 사용된 표본집단의 크기는 적절한가?
④ 검사전문가가 그 도구에 대하여 어떤 의견을 가지고 있는가?

해설 이 외에도 타당도 또는 타당성이 보고되어 있는가?

14 검사의 신뢰도 중의 하나인 알파값(cronbach's α)이 크다는 것이 나타내는 의미는?

① 검사 문항들이 동질적이라는 것을 나타낸다.
② 검사의 예언력이 높다는 것을 의미한다.
③ 시간이 흐르더라도 검사 점수가 변하지 않는다는 것을 의미한다.
④ 검사의 채점 과정을 신뢰할 수 있다는 것을 나타낸다.

해설 크론바흐의 알파계수는 내적일관도를 측정하는 방법으로 이용된다.

15 산업 장면에서 실시하는 심리검사에 관한 설명으로 틀린 것은?

① 배치 및 분류목적으로 심리검사를 사용하려면 각 배치에 대한 검사의 차별적 타당도가 확립되어 있어야 한다.
② 인사 결정을 위해 사용되는 검사의 내용 타당도를 입증하려면 검사내용이 직무내용과 밀접한 관계가 있음을 보여주어야 한다.
③ 장애인의 경우, 검사 실시의 표준 절차를 벗어날 수 있다.
④ 특정 검사가 직무 수행의 성공과 밀접한 관련성이 있음이 입증되었다면, 그 검사는 신뢰도가 확립된 검사이다.

해설 예언타당도와 관련이 있다.

16 다음 중 공간지각 적성검사에서 철수의 백분위(%)가 56일 때 그 의미로 가장 적절한 것은?

① 철수는 그 검사를 온 56명의 학생보다 높은 점수를 얻었다.
② 철수는 그 검사를 본 사람들 중 56번째이다.
③ 철수의 점수는 그 검사를 본 사람들의 56%보다 높다.
④ 철수의 점수는 평균접수보다 6점 높다.

해설 철수보다 낮은 점수의 사람들이 전체의 56%이다.

17 다음 중 검사의 구성타당도 분석방법으로 적합하지 않은 것은?

① 실험을 통한 집단간 차이검증
② 유사한 특성을 측정하는 기존 검사와의 상관계수 분석
③ 확인적 요인분석
④ 기대표작성

해설 ① 실험을 통한 집단 간 차이 검증(변별타당도)
② 유사한 특성을 측정하는 기존 검사와의 상관계수 분석(수렴타당도)
③ 확인적 요인 분석(요인분석법)

정답 11 ③   12 ④   13 ③   14 ①   15 ④   16 ③   17 ④

18 준거참조검사에 관한 설명으로 옳은 것은?

① 검사점수를 다른 사람의 점수와 비교하여 어떤 수준인지 알아낸다.
② 상대적인 정보를 제공한다.
③ 성격이나 적성검사에 주로 사용된다.
④ 기준점수는 검사, 조직의 특성, 시기 등에 따라 달라질 수 있다.

해설

규준참조검사 (상대평가)	㉠ 심리검사는 대개 규준참조 검사이다. ㉡ 개인의 점수를 다른 사람들의 점수와 비교해서 상대적으로 어떤 수준인지를 알아보는 것이 주목적이다.
준거참조검사 (절대평가)	㉠ 규준을 가지고 있지 않다. ㉡ 준거참조검사는 어떤 절대 기준점수와 비교해서 이용하려는 목적을 갖는다.

19 고용주는 직무수행에 필요한 지식, 기술, 능력들을 평가하는 검사들을 개발한다. 이러한 검사의 내용이 실제 직무와 얼마나 관련되어 있는지를 살펴보기 위해서는 무엇을 살펴보아야 하는가?

① 구성타당도
② 내용타당도
③ 안면타당도
④ 준거 관련 타당도

해설 검사의 문항들이 측정하고자 하는 내용영역을 얼마나 잘 반영하고 있는지를 말하는 것

20 검사의 신뢰도에 영향을 주는 요인이 아닌 것은?

① 개인차
② 문항수
③ 규준집단
④ 문항에 대한 반응수

해설 신뢰도에 영향을 주는 요인은 개인차, 검사문항수, 문항반응수, 속도검사의 신뢰도 등이 있다.

21 다음 중 타당도 계수를 산출하기 어려운 타당도는?

① 예언타당도
② 준거 관련 타당도
③ 수렴타당도
④ 내용 타당도

해설 **내용타당도**

검사의 문항들이 측정하고자 하는 내용영역을 얼마나 잘 반영하고 있는지를 말하는 것으로, 해당 분야 전문가들의 주관적 판단을 토대로 결정하기 때문에 타당도의 계수를 산출하기 어렵다. 즉, 내용타당도를 나타내는 통계치는 없다고 할 수 있다.

22 다음 중 심리검사를 사용할 때 지켜야 할 윤리강령에 해당하지 않는 것은?

① 평가기법을 이용할 때 심리학자는 이에 대해 고객에게 충분히 설명해 주어야 한다.
② 새로운 기법을 개발하고 표준화할 때 기존의 과학적 절차를 충분히 따라야 한다.
③ 평가결과가 시대에 뒤떨어질 수 있음을 인정해야 한다.
④ 여러 가지 평가기법에 대해 교육을 받고 관련 학문을 전공한 사람들이 검사를 시행해야 한다.

해설 전공한 사람이 아니더라도 교육만 받으면 가능하다.

23 심리검사를 받은 피검사자들이 자신들이 받은 심리검사가 측정하고자 하는 것을 제대로 측정하는 것이라고 판단하다면 이 검사는 어떤 타당도가 높다고 할 수 있는가?

① 안면타당도
② 내용타당도
③ 구성타당도
④ 준거관련타당도

24 다음은 타당도의 종류 중 무엇에 관한 설명인가?

검사의 문항들이 그 검사가 측정하고자 하는 내용영역을 얼마나 잘 반영하고 있는지를 의미하며, 흔히 성취도 검사의 타당도를 평가하는 방법으로 많이 사용된다.

① 준거타당도
② 내용타당도
③ 예언타당도
④ 구성타당도

25 다음 중 동일한 검사를 동일한 피검자 집단에 일정 시간 간격을 두고 두 번 실시하여 얻은 두 검사 점수의 상관계수에 의하여 신뢰도를 측정하는 방법은?

① 동형검사 신뢰도   ② 재검사 신뢰도
③ 반분검사 신뢰도   ④ 문항 내적 일관성 신뢰도

26 다음 중 타당도에 관한 설명으로 틀린 것은?

① 안면타당도는 전문가가 문항을 읽고 얼마나 타당해 보이는지를 평가하는 방법이다.
② 검사의 신뢰도는 타당도 계수의 크기에 영향을 준다.
③ 구성타당도를 평가하는 방법으로는 요인분석방법이 있다.
④ 예언타당도는 타당도를 구하는데 시간이 많이 걸린다.

해설   안면타당도는 수검자가 문항을 읽고 얼마나 타당해 보이는지를 평가하는 방법이다.

27 직업상 개인의 성향을 검사하기 위한 방법이 아닌 것은?

① 개인의 흥미와 직업상 환경 간의 일치도를 기준으로 한다.
② 개인의 성격과 직업상 문화, 분위기 및 스타일과의 유사성을 기준으로 한다.
③ 개인의 능력발달 정도가 직업상 요구하는 능력에 적합한 정도를 기준으로 한다.
④ 개인의 진로계획이나 진로탐색이 어떤 직업분야인가를 참조한다.

해설   개인의 능력발달 정도가 직업상 요구하는 능력에 적합한 정도를 알아보기 위해서는 능력검사를 실시하여야 한다.

28 신뢰도의 크기에 영향을 주는 요인에 관한 설명으로 틀린 것은?

① 문항수가 많을수록 신뢰도가 높게 나타날 가능성이 높다.
② 개인차가 클수록 신뢰도가 높게 나타날 가능성이 높다.
③ 신뢰도 계산 방법에 따라 신뢰도의 크기가 달라질 가능성이 높다.
④ 응답자 수가 많을수록 신뢰도가 높게 나타날 가능성이 높다.

해설   응답자 수가 아니라 문항수가 많을수록 신뢰도가 높다.

29 심리검사 해석 시에 주의사항으로 틀린 것은?

① 검사결과를 내담자에게 이야기해 줄 때 가능한 한 이해하기 쉽게 해주어야 한다.
② 내담자에게 검사의 점수를 말해주기 보다는 내담자의 진점수의 범위를 말해주는 것이 좋다.
③ 검사결과를 내담자와 함께 해석하는 것은 검사전문가로서 해서는 안 되는 일이다.
④ 내담자의 방어를 최소화하기 위해 상담자는 중립적이고 무비판적이어야 한다.

해설   심리검사 해석시 균형과 공정성을 잃어서는 안 되며, 검사자가 일방적으로 해석하기 보다 내담자 스스로 생각해서 결정하도록 돕는다.

30 100명의 학생들이 오늘 어떤 심리검사를 받고 한 달 후에 동일한 검사를 다시 받았는데 두 번의 검사에서 각 학생의 점수는 동일했다. 이 경우에 검사 – 재검사 신뢰도는 얼마인가?

① 0.00   ② −1.00
③ +0.50   ④ +1.00

해설   검사의 점수가 동일하면 신뢰도는 1.00이 된다.

31 다음 중 어떤 검사의 문항들이 내적으로 얼마나 일관성이 있는가를 나타내는 신뢰도는?

① 검사 – 재검사 신뢰도   ② 동형검사 신뢰도
③ 반분신뢰도   ④ 채점자가 신뢰도

해설   반분신뢰도는 둘로 구분된 문항들의 내용이 얼마나 일관성이 있는가를 측정한 것으로서, 내적 합치도 계수라고 부른다.

32 직업상담에서 직무성향이나 직무능력을 평가하는 검사를 사용하고 해석하는 방법에 대한 설명 중 옳은 것은?

① 직무성향이나 능력을 평가할 수 있는 가장 좋은 방법은 검사이다.

② 검사점수를 알려줄 때는 이 영역에서 "당신의 점수는 75점입니다."라는 식으로 정확하게 알려준다.

③ 검사를 해석할 때에는 해석한 후 내담자의 반응을 잘 살펴서 상처를 받지 않게 해야 한다.

④ 내담자의 기분을 상하게 하거나 내담자의 생각과 다를 것 같은 내용은 가능한 한 말하지 않는다.

해설 ① 검사결과를 결정적·획일적·절대적인 것으로 해석하지 않는다.
② 상담자의 주관적 판단은 배제하고 검사점수에 대하여 중립적인 입장을 취한다.
③ 검사결과에 너무 의존하지 않고 검사자의 직관과 판단에 따라 융통성 있게 활용한다.
④ 검사의 한계와 특징, 범위 내에서 사용하고 객관적으로 해석한다.
⑤ 검사자가 일방적으로 해석하기보다 내담자 스스로가 생각해서 진로를 결정하도록 돕는다.
⑥ 내담자에게 직업 선택에 대한 동기를 부여하고 자신감과 용기를 주는 것이 필요하다.
⑦ 내담자의 희망직업, 흥미를 느끼는 분야를 중요하게 여기고 각종 검사 결과가 서로 일치하지 않을 경우 어느 한 쪽도 부정하거나 강요를 하지 않는다.
⑧ 검사결과에 대한 내담자의 방어를 최소화하도록 한다.
⑨ 모든 직업, 모든 유형, 내담자 모두가 가치가 있으며 존중되어야 한다.
⑩ 해석에 대한 내담자의 반응을 고려하여야 한다.

33 직업상담장면에서 활용 가능한 성격검사에 대한 설명 중 맞는 것은?

① 특정분야에 대한 흥미를 측정한다.

② 지능검사보다 특수하고 광범위한 영역의 능력을 측정한다.

③ 대개 자기보고식 검사이며 널리 이용되는 검사는 다면적인 성검사(MMPI), 성격유형검사(MBTI) 등이 있다.

④ 비구조적 과제를 제시하고 자유롭게 응답하도록 하여 분석하는 방식으로 웩슬러 검사가 있다.

34 직업상담에 있어 검사도구에 대해 내담자가 비현실적 기대를 가지고 있을 때 상담자가 취할 수 있는 적절한 행동은?

① 즉시 검사를 실시한다.

② 검사 사용 목적에 대하여 내담자에게 설명한다.

③ 검사종류의 선택을 독단적으로 한다.

④ 심리검사는 상담관계를 방해하므로 실시하지 않는다.

35 다음 중 어떤 검사에서 일반적으로 가장 높은 신뢰도 계수를 기대할 수 있는가?

① 표준화된 성취검사　　② 표준화된 지능검사

③ 직무수행 평가도구　　④ 투사식 성격검사

36 다음 중 직업흥미검사가 아닌 것은?

① Career Assessment Inventory

② Kuder Preference Record

③ Strong Vocational Interest Blank

④ Different Aptitude Test

해설 Different Aptitude Test는 적성검사이다.

37 K-WAIS의 언어성 검사에 해당되지 않는 것은?

① 바꿔쓰기　　② 숫자 외우기

③ 산수문제　　④ 이해문제

해설 언어성 검사 : 기본지식, 숫자외우기, 어휘문제, 산수문제, 이해문제, 공통성문제
동작성 검사 : 빠진 곳 찾기, 차례맞추기, 토막짜기, 모양맞추기, 바꿔쓰기

38 직업적성검사(GATB)에서 사무지각적성(clerical perception)을 측정하기 위한 검사는?

① 표식검사　　② 계수검사

③ 명칭비교검사　　④ 평면도 판단검사

39 일반적성검사(GATB)에서 측정하는 직업적성이 아닌 것은?

① 손가락 정교성　　　② 언어적성
③ 사무지각　　　　　　④ 과학적성

해설

하위검사명(15개)	검출되는 적성		측정방식
기구대조검사	형태지각(P)		지필검사
형태대조검사			
명칭비교검사	사무지각(Q)		
타점속도검사	운동반응(K)		
표식검사			
종선기입검사			
평면도 판단검사	공간적성(S)		
입체공간검사			
어휘검사	언어능력(V)	지능(G)	
산수추리검사	수리능력(N)		
계수검사			
환치검사	손의 재치(M)		동작검사
회전검사			
조립검사	손가락 재치(F)		
분해검사			

40 K–WAIS의 동작성검사에 해당되지 않는 것은?

① 바꿔쓰기　　　　　② 토막짜기
③ 공통점 찾기　　　　④ 빠진 곳 찾기

해설

하위검사명		측정내용
언어성 검사	기본지식	개인이 가지는 기본 지식의 정도
	숫자외우기	청각적 단기기억, 주의력
	어휘문제	일반지능의 주요지표, 학습능력과 일반개념 정도
	산수문제	수개념 이해와 주의집중력
	이해문제	일상경험의 응용능력, 도덕적 · 윤리적 판단능력
	공통성 문제	유사성 파악능력과 추상적 사고능력
동작성 검사	빠진 곳 찾기	사물의 본질과 비본질 구분능력, 시각예민성
	차례 맞추기	전체 상황에 대한 이해와 계획 능력
	토막짜기	지각적 구성능력, 공간표상능력, 시각 · 운동 협응능력
	모양 맞추기	지각능력과 재구성능력, 시각 · 운동 협응능력
	바꿔쓰기	단기기억 및 민첩성 시각 · 운동 협응능력

41 K–WAIS의 언어성 검사에 해당되지 않는 것은?

① 바꿔쓰기　　　　　② 숫자 외우기
③ 산수문제　　　　　④ 이해문제

42 MBTI(Myers–Briggs Type Indicator)의 4개의 차원 중에서 정보를 평가하는 방식과 가장 관련이 깊은 차원은?

① 내향성(I) – 외향성(E)　② 감각형(S) – 직관형(N)
③ 사고형(T) – 감정형(F)　④ 판단형(J) – 지각형(P)

해설 ① 세상에 대한 일반적인 태도(힘의 근원에 대한 선호경향)
　　• 외향형(E) : 외부로부터 에너지를 끌어오는 선호경향
　　• 내향형(I) : 내부로부터 에너지를 끌어오는 선호경향
② 지각적 또는 정보수집과정(사물을 보는 관점에 대한 선호경향)
　　• 감각형(S) : 오감(五感)을 통해 정보를 수집하는 선호경향
　　• 직관형(N) : 육감(肉感)을 통해 정보를 수집하는 선호경향
③ 선택 또는 판단과정(의사결정의 근거에 대한 선호경향)
　　• 사고형(T) : 논리적 · 객관적 방식으로 정보를 평가하는 선호경향
　　• 감정형(F) : 개인적 · 가치지향적 방식으로 정보를 평가하는 선호경향
④ 생활양식에 대한 선호경향
　　• 판단형(J) : 예정된 계획, 조직화된 생활의 선호경향
　　• 지각형(P) : 자율적, 융통성 있는 생활의 선호경향

43 다음 중 다면적 인성검사(MMPI)에 관한 설명으로 틀린 것은?

① 대부분의 문항들이 경험주의적 접근보다는 논리적 제작방법에 의해 만들어졌다.
② 객관형 검사도구이지만 임상가의 풍부한 경험이 결과해석에 매우 중요하다.
③ 검사의 일차적 목적은 정신과적 진단분류이지만, 일반적 성격특성에 관한 유추도 어느 정도 가능하다.
④ 검사에 타당도 척도가 포함되어 있어 피검사자의 수검태도를 측정할 수 있다.

해설 MMPI는 경험적 방법에 의해 제작된 검사이다.

정답 39 ④　40 ③　41 ①　42 ③　43 ①

44 다음 중 직업에 관련된 흥미를 측정하는 직업흥미검사가 아닌 것은?

① Strong Interest Inventory
② Vocational Preference Inventory
③ Kuder Interest Inventory
④ California Psychological Inventory

해설 캘리포니아 성격검사(CPI)

45 직업적성검사 중 다양한 직업에 필요한 인간의 능력을 9가지 영역으로 구분하여 측정하는 것은?

① 미네소타 직업평가척도(MORS)
② 직업선호도 검사(VPI)
③ 일반적성검사(GATB)
④ 마이어 · 브릭스 유형검사(MBTI)

해설 ① 15개의 하위검사를 통해서 9개 분야의 적성을 측정할 수 있도록 제작된 것이다.
② 15개의 하위검사 중 11개는 지필검사, 4개는 수행검사이다.

46 심리검사의 유형과 그 예를 짝지은 것으로 틀린 것은?

① 직업흥미검사 – VPI
② 직업적성검사 – AGCT
③ 성격검사 – CPI
④ 직업상황검사 – in basket test

해설 AGCT(Army General Classification Test)는 2차세계대전 중에 군인의 선발과 배치를 위해 제작된 지능검사이다.

47 다음 중 심리검사에 관한 설명으로 옳은 것은?

① Crites의 이론에 기초한 진로성숙검사는 태도척도와 능력척도로 구성되며 진로선택 내용과 과정이 통합적으로 반영되었다.
② 마이어 · 브릭스 유형검사(MBTI)는 외향성 · 내향성 · 호감성 · 성실성 · 정서적 불안정성 · 경험개방성의 6요인으로 구성되어 있다.

③ 미네소타 다면적 인성검사(MMPI)에서 한 하위척도의 점수가 70이라는 것은 규준집단에 비추어볼 때 평균보다 한 표준편차 아래인 것을 의미한다.
④ 진로발달 검사의 경우 인간이 가진 보편적인 경향성을 측정하는 것이므로 미국에서 작성된 기존 규준을 우리나라에서 그대로 사용해도 무방하다.

해설 ① MBTI의 네 가지 양극차원은 외향형(E) – 내향형(I), 감각형(S) – 직관형(N), 사고형(T) – 감정형(F), 판단형(J) – 지각형(P)이다.
② MMPI에서 하위척도의 점수가 70점이면 평균보다 표준편차의 2배만큼 위쪽에 있음을 의미한다.(평균이 50, 표준편차 10)
③ 인종, 문화, 성별 등에 따라 달라지므로 우리나라의 실정에 맞게 표준화 과정을 거친 후 사용하여야 한다.

48 다음 중 성격검사가 아닌 것은?

① MMPI   ② WISC
③ MBTI   ④ 16PF

해설 WISC는 웩슬러 어린이용 지능검사를 말한다.

49 성격의 5요인 이론(big five 모형)에서 제시하는 성격의 기본 차원이 아닌 것은?

① 외향성   ② 경험에 대한 개방성
③ 호감성   ④ 진취성

해설 외향성, 호감성, 정서적 불안정성, 성실성, 경험에 대한 개방성

50 다음은 어떤 검사의 내용을 다룬 것인가?

• 외향성과 내향성 – 감각과 직관
• 사고와 감정 – 판단과 인식

① GATB   ② VPT
③ CPI   ④ MBTI

51 GATB 직업적성검사의 하위검사 중에서 둘 이상의 적성을 검출하는데 이용되는 검사는?

① 기구대조검사　　　　② 평면도 판단검사
③ 어휘검사　　　　　　④ 계수검사

해설 어휘검사는 언어능력과 지능의 두 가지 적성을 검출할 수 있다.

52 진로성숙도검사(CMI) 중 태도척도의 하위영역과 문항의 예가 잘못 연결된 것은?

① 결정성 – 나는 선호하는 진로를 자주 바꾸고 있다.
② 참여도 – 나는 졸업할 때 진로선택 문제에 별로 신경을 쓰지 않을 것이다.
③ 타협성 – 나는 하고 싶기는 하나 할 수 없는 일을 생각하느라 시간을 보내곤 한다.
④ 독립성 – 일하는 것이 무엇인지에 대해 생각한 바가 거의 없다.

해설 ① 독립성(Independence) : 진로선택을 독립적으로 할 수 있는 정도 (나는 부모님이 정해주는 직업을 선택하겠다.)
② 성향(Orientation) : 진로결정에 필요한 사전 이해와 준비의 정도(일하는 것이 무엇인지에 대해 생각한 바가 거의 없다.)

53 힐튼(Hilton)의 직업결정모형에 관한 설명으로 맞는 것은?

① 직업결정요인을 균형과 기대 그리고 힘의 원리로서 설명하였다.
② 직업선택과 투입(input)의 가치를 평가하는 직업적 유용도를 함수로 설명하였다.
③ 인간이 복잡한 정보에 접근하게 되는 구조에 근거를 둔 이론이다.
④ 직업선택 결과보다는 그 선택 과정을 중시하였다.

해설 ㉮ 브룸
㉯ 칼도와 쥐토우스키
㉰ 겔라트

54 한국판 웩슬러 성인 지능검사의 특징이 아닌 것은?

① 언어성 검사와 동작성 검사로 이루어져 있다.
② 반응양식, 검사행동양식으로 개인의 독특한 심리특성도 파악할 수 있다.
③ 신뢰도와 타당도가 높다.
④ 숫자외우기, 추리력, 어휘문제 등의 소검사가 포함되어 있다.

해설 추리력은 포함되어 있지 않다.

55 다음 중 성격의 5요인 이론(Big – 5)에서 의미하는 5개의 성격차원이 아닌 것은?

① 호감성　　　　　　② 성실성
③ 정서적 안정성　　　④ 도덕성

해설 외향성, 호감성, 정서적안정성, 성실성, 경험에 대한 개방성

56 진로성숙 검사도구(CMI)의 특징이 아닌 것은?

① 태도척도는 선발척도와 상담척도 두 가지가 있다.
② 진로선택 과정에 대한 피험자의 태도와 진로결정에 영향을 미치는 성향적 반응경향성을 측정한다.
③ 능력척도는 자기평가, 직업정보, 목표선정, 계획의 4개 영역을 측정한다.
④ 초등학교 6학년부터 고등학교 3학년을 대상으로 표준화되었다.

해설 **능력척도**
진로의사결정에서 가장 중요한 것으로 간주되는 지식영역으로 자기평가, 직업정보, 목표선정, 계획 그리고 문제해결 능력 등 5개 영역을 측정하는 문항들로 구성되어 있다.

57 Big-Five 이론을 토대로 개발된 성격검사의 기본 차원 중에서 상상력, 문화, 정서, 지적 호기심 등을 측정하는 소검사로 구성된 차원은?

① 외향성　　　　　　② 호감성
③ 경험에 대한 개방성　　④ 성실성

해설		
외향성	온정성, 사교성, 리더십, 적극성, 긍정성
호감성	타인에 대한 믿음, 도덕성, 타인에 대한 배려, 수용성, 겸손, 휴머니즘
정서적 불안정성	불안, 분노, 우울, 자의식, 충동성, 스트레스, 취약성
성실성	유능감, 조직화 능력, 책임감, 목표지향성, 자기통제성, 완벽성
경험에 대한 개방성	상상력, 문화, 정서, 경험추구, 지적 호기심

58 진로성숙도검사(CMI) 중 태도척도의 하위영역과 문항의 예가 잘못 연결된 것은?

① 결정성-나는 선호하는 진로를 자주 바꾸고 있다.
② 참여도-나는 졸업할 때까지는 진로선택 문제에 별로 신경을 쓰지 않을 것이다.
③ 타협성-나는 하고 싶기는 하나 할 수 없는 일을 생각하느라 시간을 보내곤 한다.
④ 독립성-일하는 것이 무엇인지에 대해 생각한 바가 거의 없다.

> 해설　① 독립성(Independence) : 진로선택을 독립적으로 할 수 있는 정도 (나는 부모님이 정해주는 직업을 선택하겠다.)
> ② 성향(Orientation) : 진로결정에 필요한 사전 이해와 준비의 정도 (일하는 것이 무엇인지에 대해 생각한 바가 거의 없다.)

59 다음은 어떤 검사를 설명한 것인가?

- 미국에서 개발한 검사를 토대로 표준화한 것으로서 여러 특수검사를 포함하고 있다.
- 11개의 지필검사와 4개의 기구검사로 구성되어 있으며, 이들 하위검사들을 조합해서 모두 9개의 적성을 검출해 내도록 되어있다.

① GATB 검사　　　　② MBTI 검사
③ 직업선호도 검사　　④ MMPI 검사

60 다음 중 직업적성검사에 속하는 심리검사는?

① GATB　　　　　② MMPI
③ TAT　　　　　　④ K-WAIS

> 해설　㉯ 다면적 인성검사
> ㉰ 주제통각검사
> ㉱ 한국판 웩슬러 성인지능검사

61 다음 중 정상인의 성격을 기술하는 기본차원이라고 말하는 'Big Five'에 해당되지 않는 것은?

① 경험에 대한 개방성　　② 외향성
③ 정확성　　　　　　　　④ 호감성

> 해설　외향성, 호감성, 정서적 안정성, 성실성, 경험에 대한 개방성이다.

VOCATIONAL COUNSELOR

CHAPTER
04

직무분석

SECTION
4-1 **직무분석의 제개념**

1 직무분석의 의미

1) 개요

① 어떤 직무의 현재 내용을 조직적 · 과학적으로 체계화하여 인적자원관리에 필요한 직무정보를 제공하는 작업이다.

② 직무분석은 직무의 성격에 관련된 모든 중요한 정보를 수집하고 이들 정보를 관리목적에 적합하게 정리하는 체계적인 과정을 말한다.

③ 직무분석의 결과는 직무기술서, 직무명세서로 종합 · 정리 되어, 채용 · 승진 · 배치전환 · 교육훈련 · 임금 등 인사관리나 지휘감독 등의 조직관리에 제공한다.

④ 직무분석은 어떤 직무의 내용 또는 요구조건을 사실적인 자료를 기초로 하여 정리 · 분석하여 개별 직무의 성질에 가장 적합한 인력을 조직 내에서 유효하게 확보하고 육성 및 활용하는 기술이다.

⑤ 직무내용과 그 직무를 수행하기 위하여 요구되는 직무조건을 조직적으로 밝히는 절차이다.

> 직무분석은 제1차 세계대전을 계기로 발달되었다.

2) 관련 용어

① 일(task) 또는 작업 : 독립된 목적으로 수행되는 하나의 명확한 작업 활동

② 직위(position) - (인원수만큼 있다.) : 한 사람에 의해서 수행되고 있는 산업상의 일

③ 직무(job) : 한 사람이 수행하는 임무와 일을 말한다.

> 작업은 특정 목적을 수행하는 작업활동으로 직무분석의 가장 작은 단위이다.

3) 직무분석을 하는 주된 목적

직무분석의 목적은 종업원의 사기조사, 고용기회제공, 시장확대, 조직진단, 조직의 체질 개선과 관련이 없다.

① 인사관리나 노무관리를 원활히 수행해 나가기 위해 필요한 정보를 제공하는 것이다.
② 직무평가, 조직의 합리화, 채용 및 승진 등 인사관리, 교육훈련, 정원관리를 위해 사용된다.
③ 안전교육 및 훈련, 직무설계를 위해 사용된다.
④ 작업관리, 작업방법 및 작업공정의 개선을 위해 사용된다.
⑤ 해당 직무에서 어떤 활동이 이루어지고 작업조건이 어떠한지를 기술하고, 직무를 수행하는 사람에게 요구되는 지식, 기술, 능력 등의 정보를 활용하는 데 있다.

4) 직무분석 자료의 특성

① 가장 최신의 정보를 반영해야 한다.
② 사실 그대로를 반영하여야 한다.
③ 가공하지 않은 원상태의 자료이어야 한다.
④ 논리적으로 체계화해야 한다.
⑤ 여러 가지 목적으로 활용될 수 있어야 한다.

5) 직무분석을 통해 얻어진 정보의 용도

① 직무를 성공적으로 수행하는데 필요한 속성들을 알게 해준다.
② 서로 다른 직위들을 직무로 묶어 상위의 직무군을 형성하기 위한 기초자료로 사용한다.
③ 조직 내에서 직무들의 절대적인 가치를 평가하고 임금수준을 결정하도록 해준다.
④ 직무수행에 필요한 교육의 내용을 결정하는데 사용한다.

6) 직무분석의 절차

직무분석 목적의 결정 → 배경정보의 수집 → 대표직무의 선정 → 직무정보의 수집 → 직무정보의 검토 → 직무기술서 작성 → 직무명세서 작성

② 직무분석의 방법

1) 최초분석법

분석할 대상 작업에 대한 자료가 드물고, 그 분야에 대한 많은 경험과 지식을 갖춘 사람이 거의 없을 경우, 직접 작업현장을 방문하여 실시하는 방법

① 면담법

면접법을 사용하려면 면접의 목적을 미리 알려 주고 편안한 분위기를 조성해야 한다.

전문지식과 숙련된 기술을 보유하고 있는 작업자를 방문하여 면담(개별 혹은 집단)을 통하여 분석하는 방법

- 장점 : ㉠ 시간 절약

  ㉡ 직무수행자의 정신적 활동까지도 파악할 수 있어 가장 많이 활용
- 단점 : ㉠ 직무수행자가 직무분석의 결과로 인해 피해를 입을지도 모른다는 판단하에 해당 직무에 대한 정확한 정보제공을 기피하는 경우 발생

② 관찰법

분석자가 직접 사업장을 방문하여 직무활동을 상세하게 관찰하고 그 결과를 기술하는 방법
- 단점 : ㉠ 정신적인 활동은 관찰 불가

  ㉡ 많은 시간이 소요되는 직무에는 적용하기 곤란

  ㉢ 신뢰도의 문제(직무수행자가 자신의 직무가 관찰되고 있다고 인지할 경우, 직무 수행의 왜곡현상이 나타날 수 있음)

  ㉣ 분석자의 주관이 개입될 위험

③ 체험법

분석자 자신이 직무활동에 참여, 체험함으로써 생생한 직무분석 자료를 얻는 방법
- 장점 : 직무활동에서의 의식의 흐름, 감각적인 내용, 피로의 상태 등 내부 구조까지 분석
- 단점 : 분석자가 체험하는 것이 실제로 그 직무에 종사하고 있는 담당자의 심리상태에 도달하기까지는 한계가 있을 수 있다.

④ 설문법(질문지법)

현장의 작업자 또는 감독자에게 설문지를 배부하여 직무내용을 기술하게 하는 방법
- 장점 : 조사대상의 폭이 넓다.
- 단점 : ㉠ 응답자의 주관이 반영되어 객관적으로 기술하는 데 어려움

  ㉡ 성의 있게 응답하지 않는다는 것과 회수율이 낮다.

⑤ 녹화법

반복되는 단순 직무이면서, 작업환경이 소음, 분진, 진동, 습윤 등으로 인하여 장시간 관찰하기 어려운 경우, 비디오테이프로 작업 장면을 보면서 분석하는 방법
- 장점 : 반복적으로 볼 수 있어 철저히 분석가능
- 단점 : 녹화를 하기 위한 기계와 촬영 전문가를 확보해야 함

⑥ 중요사건법(결정적 사건법)

직무수행에 결정적인 역할을 한 사건(결정적으로 잘한 사건이나 결정적으로 실수한 사건)이나 사례를 중심으로 구체적 행동을 범주별로 분류, 분석하여 직무 요건들을 추론해 내는 방법
- 장점 : ㉠ 일상적이지 않은 행동을 이해할 수 있다.

  ㉡ 직무행동과 성과간의 관계를 파악할 수 있다.

직무분석방법에는 투사법, 실험법, 평가법, 요소비교법은 포함되지 않는다.

중요사건법은 직무분석 기업 중 직무 수행자의 직무 행동 가운데 성과와 관련하여 효과적인 행동과 비효과적인 행동을 구분하여 직무를 분석하는 방법이다.

- 단점 : ㉠ 일상적인 수행과 관련된 지식, 기술, 능력들이 배제될 수 있다.
  - ㉡ 응답자들이 과거에 일어났던 결정적 사건을 왜곡해서 기술할 가능성이 있다.
  - ㉢ 추론하는 과정에서의 주관성이 개입될 수 있다.
  - ㉣ 분류평가하는데 많은 시간과 노력이 필요하고, 포괄적인 정보를 획득하는데 한계가 있다.

⑦ 작업 기록법

작업자들이 정해진 양식에 따라 작성한 작업일지로부터 정보를 수집하는 방법

2) 직무분석을 위한 면접시 면접진행을 위한 지침 및 유의사항

① 작업자가 말하는 내용에 대하여 의견대립을 보이지 말아야 한다.
② 노사 간의 불만이나 갈등에 관한 주제에 어느 한쪽 편을 들지 말아야 한다.
③ 직무에서의 임금분류체계에 관심을 보이지 말아야 한다.
④ 면접 내내 정중하고 공손한 태도를 보여야 한다.
⑤ 작업자를 얕보는 투로 이야기하지 말아야 한다.
⑥ 면접자의 개인적인 견해나 선호가 개입되지 말아야 한다.
⑦ 사적인 감정을 배제해야 하며, 조직이나 작업방법에 대해 비판하지 말고, 개선을 제안하지 말아야 한다.
⑧ 상사나 감독자의 허락을 먼저 받고 작업자와 면접한다(면접대상자들의 상사를 통하여 대상자들에게 면접을 한다는 사실과 일정을 알려주도록 한다).
⑨ 완결된 분석에 대해 검토하는 과정을 거친다.
⑩ 검사를 해석할 때는 내담자의 반응을 잘 살펴서 상처받지 않게 해야 한다.
⑪ 작업자의 이야기를 요약하거나 질문을 반복함으로써 대화가 끊기지 않도록 한다.
⑫ 가급적 폐쇄형 질문(예, 아니오로 대답할 만한)은 하지 않는다.

3) 비교확인법

① 역사가 오래되어 많은 자료가 수집될 수 있는 직업으로서 수행하는 작업이 다양하고 직무의 폭이 넓어 단시간의 관찰을 통해 분석하기 어려운 경우에 사용한다.
② 분석자는 지금까지 개발된 자료를 수집 · 분석한 후, 초안을 현장에 나가 실제 여부를 면담, 관찰 등의 최초분석법으로 확인하는 과정을 거친다.

4) 데이컴법

① 교육과정을 개발을 위한 직무분석 기법
② 교육목표와 내용을 비교적 단시간 내에 추출하는데 효과적
③ 10년 이상 경력을 쌓은 숙련 근로자 10여명을 분석 협조자로 선정하여 데이컴 위원회 구성
④ 2박 3일 정도의 집중적인 워크샵을 실시하여 데이컴 차트 작성

3 직무분석의 원칙

① 직무의 정확 · 완전한 확인(직무를 정확하고 완전하게 확인한다).
② 직무군에 있는 일의 완전 · 정확한 기록(직무를 이루는 작업을 완전하고 정확하게 기록한다).
③ 완전하게 수행하기 위하여 직무가 작업자에게 요구하는 요건의 명시(직무수행에 필요한 요건을 명시한다).

4 직무분석의 3단계

1) 직업분석

① 채용, 임금결정, 조직관리 등을 목적으로 직업행렬표를 작성하여, 인력의 과부족과 분석대상 직업들의 관련성을 분석한다.
② 채용하는 직업이 요구하는 연령, 성, 교육과 훈련의 경험, 정신적, 신체적 특질, 채용 후의 책임과 권한 등을 명시한 직업명세서를 작성한다.

2) 직무분석

① 해당 직무를 수행하는 작업자가 갖추어야 할 자격요건을 기록한다.
② 직무기술과 작업들을 열거한 작업알림표를 기술하기 위해 직무명세서를 작성한다.
③ 직무명세서를 토대로 각 작업마다 작업명세서를 작성한다.
④ 작업명세서 구성요소는 작업요소, 작업표준, 작업조건, 사용하는 기계 및 공구, 재료, 전문지식, 일반지식, 안전 등으로 구성된다.

3) 작업분석

① 공정관리와 작업개선을 하기 위하여 작업요소별 동작이나 시간을 카메라, 스톱워치 등으로 분석하여 불필요한 동작을 제거한다.
② 생산성 향상을 위해 작동, 운반, 검사, 정체, 저장 등을 의미하는 기호를 사용하여 작업공정을 흐름도로 나타낸다.

5 직무기술서와 직무명세서

1) 직무기술서

(1) 개요

① 수행방법, 기능, 기술 등 직무의 특성을 기술한 것이다.
② 직무기술서는 직무분석의 결과에 의거하여 직무수행과 관련된 과업 및 직무행동을 일정한 양식에 기술한 문서이다.

직무분석의 단계는 직업분석 → 직무분석 → 작업분석이다.

(2) 직무기술서 작성시 주의할 점

① 항상 현재형 시제를 사용해야 한다.

② 가급적 수동형의 문장은 사용하지 않고 능동형의 문장을 사용해야 한다.

③ 직무 현직자에게 친숙한 용어를 사용해야 한다.

④ 가급적 간결하고 직접적인 문체를 사용해야 한다.

⑤ 가급적 수량을 나타내는 용어를 쓴다.

⑥ 구체적인 행위를 나타내는 동사를 사용하여 과제를 기술해야 한다.

2) 직무명세서

(1) 개요

① 직무를 수행하는 데 요구되는 작업자의 기술, 능력, 지식 등에 관한 인적 (인간적) 요건들을 알려 주기 때문에 선발이나 교육과 같은 인적자원관리에 활용된다.

② 사람과 관련된 내용이다. 즉, 직무의 인적속성(지식, 기술, 능력)에 초점을 둔 것이다.

> **합격예측**
>
> 1. 직무분석 결과 작성되는 보고서
>   ① 직무기술서
>   ② 작업명세서
>   ③ 직위기술서 등
>
> 2. 직무에 관한 정보를 얻기 위해 일반적으로 이용되는 출처
>   ① 현재 직무를 수행하는 사람
>   ② 현재 직무를 수행하는 상사
>   ③ 현재 직무를 수행하는 사람의 고객
>   ※ 현재 직무를 수행하는 사람의 가족은 이용되지 않는다.
>
> 3. 직무분석 문항에 포함되는 내용
>   ① 정신건강의 정도
>   ② 그 직무에서 전환 가능성 직무명
>   ③ 같은 직무에 종사하는 종업원의 수
>   ※ 절친한 동료 종업원 수는 포함되지 않는다.
>
> 4. 직무분석의 주요 내용 중 수행업무의 분석내용
>   업무를 효율적으로 수행하기 위해서는 작업 목적, 내용, 시간 등을 분석해야 한다.
>   ① 작업목적
>   ② 작업내용
>   ③ 작업시간

6 직무평가

1) 개요

① 기업이나 기타의 조직에 있어서 각 직무가 지닌 상대적 가치를 결정하는 과정을 말한다.

② 직무분석에 의하여 작성된 직업명세서, 직무명세서, 작업명세서를 기초로 이루어진다.

③ 직무 간의 내용과 성질에 따라 임금 형평성을 결정할 수 있다.

④ 직무의 상대적 가치를 결정하므로 직무분석과는 달리 직무에 대한 가치 판단을 할 수 있다.

⑤ 직무평가방법들 간의 차이는 조직 성공 기여도, 노력정도, 작업조건 등 주로 비교과정에 어떠한 준거를 사용하는지에 달려 있다.

2) 직무평가 목적

① 공평하고 공정한 임금은 자기 평가의 기준이 되고, 노사 간의 관계도 호전시킨다.

② 동일노동시장 내의 타 직무와 비교할 수 있는 임금 관련 자료를 제공한다.

③ 경영자가 노무비를 보다 정확히 평가하고 통제할 수 있게 한다.

④ 임금을 중심으로 한 단체교섭에 유익한 자료가 된다.

⑤ 조직 내의 각 직무의 수준 결정 등에 객관적인 자료가 된다.

3) 직무평가 방법

① **서열법**

㉠ 직무의 상대적 가치에 기초를 두고 각 직무의 중요도와 장점에 따라 순서를 정하는 평가방법이다.

㉡ 단점으로는 직무에 있어서 어떤 요소가 중요한 역할을 하는지를 구분하지 않고 단지 직무의 상대적인 가치를 전체적으로 판단하는 것, 방법이 주관적이기 때문에 서열을 판별할 확실하고 일관성이 있는 기준이 없으며, 직무가 단순히 순서대로 서열화되기 때문에 서열간의 차이를 알 수 없는 것이 있다.

② **분류법**

㉠ 평가하려는 직무를 종합적으로 판단하여 미리 정해둔 등급에 따라 분류하는 방법이다.

㉡ 직무의 내용이 충분히 표준화되어 있지 않은 직무의 경우에도 비교적 용이하게 평가할 수 있다.

㉢ 간단하다는 장점을 가지고 있어 소규모의 작업장이나 기업에서 유용하다.

㉣ 단점으로는 분류의 객관성이 보장될 수 없고, 분류 자체가 정확하지 않으면 한 직무가 두 등급에 속할 수 있는 경우가 생기기도 한다. 그리고 직무가 많아지고 그 내용이 복잡해지면 정확한 분류가 더욱 어려워지는 단점이 있다.

③ 요소비교법

  ㉠ 먼저 조직 내의 가장 중심이 되는 직무, 즉 대표직무를 선정하여 요소별 직무평가를 한 다음, 평가하고자 하는 직무를 대표직무 요소에 결부시켜 이들을 상호 비교함으로써 조직 내에서 이들이 차지하는 상대적 가치를 분석적으로 판단하는 방법

  ㉡ 장점으로는 평가범위에 따라 전체 직무의 평가가 용이하고, 직무의 상대적 가치를 결정함에 있어 유사 직무 간의 상호비교가 가능하며, 기업의 특수목적에 적합하도록 설계할 수 있다.

  ㉢ 단점으로는 기준직무에 대한 직무평가의 정확성이 결여되면 이것이 전체 조직의 평가에 영향을 미치고, 기준직무의 평가에 정확성을 기하기 어려우며, 평가의 척도에는 편견이 개입될 가능성이 있다. 그리고 가치척도의 구성이 복잡하여 종업원이 이해하는 데 어려움이 따른다.

④ 점수법

  ㉠ 평가의 대상이 되는 직무 상호간의 여러 가지 요소를 뽑아내어 각 요소의 척도에 따라 직무를 평가하는 방법이다.

  ㉡ 장점으로는 비교적 정확한 평가를 통해 판단의 오류를 최소화하고 동일노동시장에서의 직무간 가치를 비교할 수 있는 것과 조작이 개입이 적다는 것이다.

  ㉢ 단점으로는 요소선정과 점수배정이 어렵고 만족할 만한 입증이 곤란하며, 제도개발에 많은 시간과 비용을 요구한다는 것이다.

  ㉣ 기능, 노력, 책임, 직무조건 등 평가요소와 이 요소를 세분화한 하위요소에 점수로 비중을 두고 다시 각 요소를 등급별로 나누어 점수화한다.

  ㉤ 점수법에 의한 직무평가 시 일반적으로 고려되는 요인
   ⓐ 정신적 및 육체적 노력의 정도
   ⓑ 기술이 요구되는 정도
   ⓒ 작업조건
   ⓓ 책임감의 정도
   ⓔ 문제해결 능력이 요구되는 정도

7 작업동기와 직무만족이론

인간은 직업생활에서 직업동기가 긍정적이면 직무만족을 꾀할 수 있다.

1) 작업동기이론의 개요

작업자가 임금에 의해 통제된다는 것은 고전적 이론이다. 경제 · 사회발달로 일상적이고 반복적이며 자극이 없는 직무를 기피하려는 경향이 뚜렷해졌다.

① 작업동기이론의 대두

  ㉠ 인간의 직무에 관한 동기이론의 대두는 호손(Hawthone)의 연구에서 출발한다.

직무만족은 자신의 직무나 직무경험에 대한 평가로부터 비롯되는 유쾌하거나 정적인 감정 상태이다.

ⓛ 호손은 생산능률 저하는 물리적·작업적 근로조건과 피로에만 의한 것이 아니라 주변의 인간적·사회적 환경에 대해 개인이 적응하지 못했을 경우에도 해당된다고 보았다.

2) 작업동기이론의 내용

① 기대·유인가 이론(브룸, 포터, 라우러)

조직행동의 동기를 예언하는데 있어 가장 주목되는 이론 : 노력하면 좋은 결과 얻는다.

ⓖ 노력 대 수행 기대 : 노력이 발휘되면 가능성으로 평가되어 기대로 이어지며 그 결과 성공적 수행

ⓛ 수행 대 성과 기대 : 노력이 성공적으로 발휘되면 가능성으로 평가되어 기대로 이어지며 재정적 보상 등을 열망하게 된다. 임금과 같은 유인가를 가지며 가치 있고 매력적이다.

> 기대이론에서는 긍정적 유인가가 높은 성과들을 얻을 확률이 높다고 지각하면 작업동기가 높아진다

② 강화이론(스키너)

이론의 3가지 주요변인 : 자극, 반응, 보상

ⓖ 자극 : 행동적 반응을 이끌어 내는 변인 또는 조건

ⓛ 반응 : 직무수행을 측정한 것, 생산성·결근·사고 등과 같은 것

ⓒ 보상 : 나타난 행동적 반응에 기초하여 고용인에게 주어진 가치

③ 욕구위계이론(Maslow)

ⓖ 낮은 수준의 욕구는 인간행동에 근본적인 영향을 주나 이러한 욕구가 만족되면 더 높은 수준의 욕구를 위한 동기로 나타난다.

ⓛ 5가지 욕구의 범주

ⓐ 자아실현의 욕구

ⓑ 자존심의 욕구

ⓒ 소속감과 사랑의 욕구

ⓓ 안전의 욕구

ⓔ 생리적 욕구

> Maslow의 동기위계설에서 가장 상층에 존재하는 동기는 자아실현의 욕구이며, 가장낮은 하위단계는 생리적욕구이다.

④ 형평이론(Adams)

ⓖ 전통적인 고용인과 고용주 교환에 근거

ⓛ 고용인이 투입하면 고용주로부터 교환을 얻게 되는데 이것이 곧 성과

ⓒ 개인의 성과분배공식 : 개인은 전반적인 성과를 극대화하도록 노력

> 형평이론은 집단의 영향을 강조하고 타인에 대한 지각을 중시한다.

⑤ 존재·관계성·성장(ERG)이론(Alderfer)

이 이론은 존재·관계성·성장의 3가지 형태의 욕구를 기반으로 함

ⓖ 존재욕구 : 물질적인 것으로 환경적 요인에 의해 만족하는 것

ⓛ 관계성 욕구 : 의미있는 타인과의 관계를 의미하는 것

ⓒ 성장욕구 : 인간적 발전에 대한 열망

> ERG이론은 Maslow의 욕구위계이론과 가장 관련성이 큰 이론이다.

⑥ 목표설정이론(Lock)

ⓖ 목표는 개인에게 있어서의 의도된 행동으로 동기의 기초

내재적 동기이론은 금전적 보상이 직무동기를 낮출 수도 있음을 설명해 준다.

ⓛ 직무수행과 목표의 난이도 관계 : 달성가능성이 있는 범위 내에서 어려운 목표는 더 높은 직무수행을 가져온다.

ⓒ 외재적 공략(금전)이 때로는 더 높은 목표 설정을 유도

⑦ 내재적 동기이론(데시)

㉠ 외재적 동기화가 되면 외재적 보상을 원하고, 내재적 동기화가 되면 직무수행에 대한 고유한 즐거움을 원한다.

㉡ 외재적 보상이 있다면 내재적 동기가 감소할 것을 시사한다.

3) 직무만족

① 직무만족의 개념

㉠ 직무만족 : 직무에 대해 가지고 있는 감정에 관한 것으로 대상에 대한 좋아함과 싫어함의 쾌락적인 반응

㉡ 작업동기 : 직무상에서 발생되는 행동에 관한 것으로 목표에 방향지워진 행동을 일으키게 하는 역동적인 과정으로 어떤 행동을 일으키는 유기체 내에 존재하는 힘 또는 동인

② 직무만족이론

개인 내 비교과정, 대인비교과정, 2요인 이론 등 3가지 이론으로 나뉜다.

㉠ 개인 내 비교과정(맥코믹과 일겐)

개인의 기준이나 기준으로 삼았던 범위에 대한 개인의 지각과 비교되는 경험 결과의 수준

㉡ 대인비교과정 이론

직무만족에 대한 자신의 느낌을 평가하여 다른 사람의 느낌과 비교하는 것. 개인 내 비교과정과 달리 사회적 체계 내에서 비교

㉢ 2요인이론(허즈버그)

허즈버그는 동기 – 위생이론(2요인 이론을 정립) 직무만족과 동기를 종합

㉮ 동기(만족) 요인 : 일의 내용, 개인의 성취감, 책임의 수준, 개인의 발전과 향상

위생요인은 직무불만족과 관련된 직접적인 요인이며, 동기요인은 직무만족과 관련된 직접적인 요인이다.

㉯ 위생(불만족) 요인 : 관리규정, 감독형태, 대인관계, 조직혜택, 작업환경(조건)

㉰ 오직 자아실현에 의해서만 욕구의 만족감이 생기지만, 자아실현의 실패로 곧 직무에 불만족이 생기는 것은 아니다. – 자아실현과 직무만족이 필요충분조건은 아니다.

※ 산업사회에서 적합한 이론

🔍 합격예측

작업자의 몰입에 영향을 주는 요인

① 직무만족의 향상
② 작업자의 작업조건
③ 의사결정의 참여
④ 작업자의 교육수준
⑤ 직무참여

출제예상문제

직업상담사 2급 필기 전과목 무료동영상

01 다음 중 직무분석의 결과가 활용되는 용도와 가장 거리가 먼 것은?

① 신규작업자의 모집
② 종업원의 교육훈련
③ 인력수급계획수립
④ 종업원의 사기조사

해설 ① 인사관리나 노무관리를 원활히 수행해 나가기 위해 필요한 정보를 제공하는 것이다.
② 직무평가, 조직의 합리화, 채용 및 승진 등 인사관리, 교육훈련, 정원 관리를 위해 사용된다.
③ 안전교육 및 훈련, 직무설계를 위해 사용된다.
④ 작업관리, 작업방법 및 작업공정의 개선을 위해 사용된다.
⑤ 해당 직무에서 어떤 활동이 이루어지고 작업조건이 어떠한지를 기술하고, 직무를 수행하는 사람에게 요구되는 지식, 기술, 능력 등의 정보를 활용하는 데 있다.

02 다음 중 참고자료가 충분하고 단기간에 관찰이 불가능한 직무에 적합한 직무분석 방법은?

① 최초분석법
② 데이컴법
③ 그룹토의법
④ 비교확인법

해설 ① 최초분석법 : 분석할 대상 작업에 대한 자료가 드물고, 그 분야에 대한 많은 경험과 지식을 갖춘 사람이 거의 없을 경우, 직접 작업현장을 방문하여 실시하는 방법
② 데이컴법 : 교육과정의 개발을 위한 직무분석기법, 교육목표와 내용을 비교적 단시간 내에 추출하는데 효과적이다.
③ 그룹토의법 : 소그룹을 편성한 후 주제에 대한 서로의 의견을 교환함으로써 올바른 결론에 도달하는 방법

03 다음 중 금전적 보상이 직무동기를 낮출 수도 있음을 설명해 주는 이론은?

① 기대이론
② 내재적 동기이론
③ 강화이론
④ 목표 설정이론

해설 내재적 동기부여는 내재적 보상에 의해 동기가 유발되는 것을 말하며 대부분 직무 자체와 직접 관계되는 것으로 일을 하면서 느끼는 성취감, 도전감, 자기효능감 등이 있다.
외재적 동기부여는 외재적 보상에 의해 동기가 유발되는 것으로 대부분 직무환경과 관련 있으며, 급여, 승진, 권한위양 등이 있다.
어떤 직무에 대해 내재적으로 동기(직무동기)가 유발된 상태에서 외재적 보상(금전적 보상)이 주어지면 내재적 동기가 감소된다는 이론이다.

04 다음 중 직위분석질문지(PAQ)에 대한 설명으로 틀린 것은?

① 작업자 중심 직무분석의 대표적인 예이다.
② 직무수행에 요구되는 인간의 특성들을 기술하는데 사용되는 194개의 문항으로 구성되어 있다.
③ 직무수행에 관한 6가지 주요 범주는 정보입력, 정신과정, 작업결과, 타인들과의 관계, 직무맥락, 직무요건 등이다.
④ 비표준화된 분석도구이다.

해설 직무를 분석할 때 초점을 어디에 두느냐에 따라 과제중심 직무분석과 작업자중심 직무분석으로 나눌 수 있다. 과제중심 직무분석은 직무에서 수행하는 과제나 행동이 어떤 것들인지를 파악하는데 초점을 둔다. 그러나 작업자중심 직무분석은 직무를 수행하는데 요구되는 인간의 재능에 초점을 두어서 지식, 기술, 능력, 경험과 같은 작업자의 개인적 요건들에 의해 직무가 표현된다. 작업자중심 직무분석의 대표적인 예가 McCormick, Jeanneret 및 Mecham에 의해 개발된 직위분석설문지(PAQ)이다.

정답 01 ④ 02 ④ 03 ② 04 ④

05 다음 중 직무분석에 대한 설명으로 틀린 것은?

① 직무와 관련된 자료는 숙련된 직무분석가에 의하여 다양한 경로를 통해 수집되어야 한다.
② 해야 할 과제, 임무 및 활동 등이 분석에 포함되어야 한다.
③ 직무수행을 하는 사람의 지식, 기술 및 능력이 명시되어야 한다.
④ 전문가적 직무수행의 요구조건이 명시되어야 한다.

해설 직무분석은 전문가적 직무수행의 요구조건이 명시되는 것이 아니라 직무를 수행하는 담당자에게 요구되는 지식 능력, 기술. 경험. 책임 등이 무엇인지를 과학적이고 합리적으로 알아낸다.

06 다음 중 진로 의사결정 모델(이론)에 해당하는 것은?

① Parsons의 특성–요인이론
② Vroom의 기대이론
③ Supre의 발달이론
④ Krumboltz의 사회학습이론

해설 기술적 직업결정 모형 : 타이드만과 오하라(Tiedman & O'hara)의 모형, 힐튼(Hilton)의 모형, 브룸(Vroom)의 모형, 슈(Hsu)의 모형, 플래처(Fletcher)의 모형

07 다음 중 직무분석 절차를 바르게 나열한 것은?

A. 배경정보의 수집
B. 직무정보의 수집
C. 직무정보의 검토
D. 직무분석 목적의 결정
E. 직무기술서 및 직무명세서의 작성

① A→B→C→D→E
② D→A→B→E→C
③ D→A→B→C→E
④ A→B→D→C→E

08 강화계획(reinforcement schedule) 중 행동 수정의 효과가 가장 약하게 나타나는 것은?

① 계속적 강화(continuous reinforcement)
② 고정간격 강화(fixed interval reinforcement)
③ 변동간격 강화(variable interval reinforcement)
④ 변동비율 강화(variable ratio reinforcement)

해설 고정간격법은 반응행동이 발생한 후 일정한 시간이 경과한 다음 강화요인을 적용하는 방법이다. 이때 강화요인으로서 보상을 제공하는 경우 개인은 자신의 행동에 대해 즉시 보상이 따르지 않는다는 사실을 알고 있기 때문에 강화 이전보다 행동의 빈도와 강도가 약해질 수 있다.

09 직무분석을 위하여 사용되는 표준화된 조사지 중 가장 역사가 오래된 PAQ(Position Analysis Questionnaire)는 어떤 유형이라고 할 수 있는가?

① 작업자중심적
② 직무중심적
③ 수행중심적
④ 과제중심적

해설 표준화된 직무분석 설문지의 대표적인 예가 미국에서 사용되고 있는 직책분석설문지(Position Analysis Questionnaire, PAQ)이다. PAQ는 작업자 중심 직무분석을 하는 도구로서 각 직무마다 어느 정도 수준의 인간적인 능력이나 기술들이 요구되는지를 양적으로 알려 준다.

10 국내기업에서 실시하고 있는 임금 성과급제 또는 연봉제 실시와 관련하여, 공정하고 객관적인 임금수준을 결정하기 위해서 직장 내 여러 직무들 각각이 조직효율성에 기여하는 상대적 가치를 판단하도록 해주는 것은?

① 직무분석
② 직무평가
③ 직무수행평가
④ 준거개발

해설 ① 기업이나 기타의 조직에 있어서 각 직무가 지닌 상대적인 가치를 결정하는 과정을 말한다.
② 직무분석에 의하여 작성된 직업명세서, 직무명세서, 작업명세서를 기초로 이루어진다.
③ 직무 간의 내용과 성질에 따라 임금 형평성을 결정할 수 있다.
④ 직무의 상대적 가치를 결정하므로 직무분석과는 달리 직무에 대한 가치 판단이 개재될 수 있다.
⑤ 직무평가방법들 간의 차이는 조직 성공 기여도, 노력정도, 작업조건 등 주로 비교과정에 어떠한 준거를 사용하는지에 달려 있다.

11 직무분석 기업 중 직무 수행자의 직무 행동 가운데 성과와 관련하여 효과적인 행동과 비효과적인 행동을 구분하여 직무를 분석하는 방법은?

① 작업수행조사체계(WPSS)
② 중요사건기법(CIT)
③ 강제 선택 체크리스트(FCCL)
④ 기능적 직무 분석(DPT)

해설 결정적 사건법이라고도 하며 직무수행에 결정적인 역할을 한 사건(결정적으로 잘한 사건이나 결정적으로 실수한 사건)이나 사례를 중심으로 구체적 행동을 범주별로 분류, 분석하여 직무 요건들을 추론해 내는 방법이다.

12 작업동기와 관련된 이론 중 집단의 영향을 강조하고 타인에 대한 지각을 중시하며, 행동이 활성화되고 유지되는 과정을 이해하는데 초점을 둔 것은?

① Maslow의 욕구위계이론
② Alderfer의 존재, 관계성, 성장(ERG)이론
③ Vroom의 기대–유인가 이론
④ Adams의 형평이론

해설 공정성이론(equity theory)이라고도 하며, 조직 내의 개인들이 자신의 투입과 산출의 비율을 비교가 되는 비교인물의 투입과 산출의 비율과 비교하여 동일하다고 지각하게 될 때는 적극적이고 최선을 다하려고 하지만, 그 비율이 작거나 커서 불공정을 지각하게 되면 불공정상태를 수정하려고 한다는 것이다.

13 다음 중 직무분석의 단계를 올바르게 나열한 것은?

① 직업분석 → 직무분석 → 작업분석
② 작업분석 → 직무분석 → 직업분석
③ 작업분석 → 직업분석 → 직무분석
④ 직업분석 → 작업분석 → 직무분석

14 Locke와 Latham이 주장한 목표설정이론(goal–setting theory)에 관한 설명으로 틀린 것은?

① 어려운 목표가 더 높은 수준의 직무수행을 가져온다.
② 목표에 대한 몰입이 목표의 난이도에 비례한다.
③ 목표가 일반적일수록 개인은 그것을 추구하기 위해 더 노력한다.
④ 개인이 과업수행에 대하여 피드백을 받는 것이 중요하다.

해설 달성가능성이 있는 범위 내에서 어려운 목표는 더 높은 직무수행을 가져온다.

15 다음 중 직무분석을 통해 작성되는 결과물로서, 해당 직무를 수행하는 작업자가 갖추어야 할 자격요건을 기록한 것은 무엇인가?

① 직무 기술서(job description)
② 직무 명세서(job specification)
③ 직무 프로파일(job profile)
④ 직책 기술서(position desciption)

16 개인의 직업선택에 미치는 요인들을 내부요인과 외부요인으로 구분할 때 내부요인에 해당되지 않는 것은?

① 개인 정보적 요인
② 성별 등의 일반적 요인
③ 개인 심리적 요인
④ 개인 사회적 요인

해설 내부요인은 개인 자신과 관련된 것이며, 외부요인은 개인 자신 이외의 것들이다.

17 직무를 수행하는데 요구되는 작업자의 지식, 기술, 능력 등에 관한 인적 요건들을 알려 주기 때문에 선발이나 교육과 같은 인적 자원관리에 활용되는 것은?

① 직무기술서
② 작업자기술서
③ 작업표준서
④ 직무명세서

정답 11 ② 12 ④ 13 ① 14 ③ 15 ② 16 ① 17 ④

18 다음 설명과 같은 직무분석 방법은?

아시아에 파견된 주재원들에게 자신들이 현지에서 업무 처리를 하던 중 생긴 인상깊은 일들을 적게 하였다. 그 다음 이 기록들을 토대로 러시아 주재원의 직무특성을 정리하였다.

① 결정적 사건법　　　　② 작업일지법
③ 작업자 중심법　　　　④ 관찰법

19 다음 중 직무분석 자료의 특성으로 틀린 것은?

① 최신의 정보를 반영해야 한다.
② 논리적으로 체계화되어야 한다.
③ 한 가지 목적으로만 사용되어야 한다.
④ 가공하지 않은 원상태의 정보이어야 한다.

해설 여러 가지 목적으로 활용될 수 있어야 한다.

20 다음 중 직무 분석 문항에 포함되시 않는 것은?

① 정신 건강의 정도
② 절친한 동료 종업원의 수
③ 그 직무에서 전환 가능한 직무명
④ 같은 직무에 종사하는 종업원의 수

21 다음 중 직무 분석의 원칙이 아닌 것은?

① 직무에 대한 정확하고 완전한 확인
② 조직의 체질 개선을 위한 전반적 요구 분석
③ 직무에 포함되어 있는 과제들에 대한 완전하고 정확한 기록
④ 직무 수행을 위해 작업자에게 요구되는 요건의 명시

22 직무만족 측정척도로 스미스(Smith) 등이 개발한 직무기술 지표(JDI)에서 측정하는 대상이 아닌 것은?

① 임금에 대한 만족　　　② 일 자체에 대한 만족
③ 승진 기회에 대한 만족　④ 회사 정책에 대한 만족

해설 스미스가 제시한 직무만족의 결정요인은 직무 자체, 현재 급여, 승진기회, 감독, 동료직원이 있다.

23 직무분석 후 직무기술서 작성 시 주의할 사항이 아닌 것은?

① 항상 현재형 시제를 사용해야 한다.
② 가급적 수동형의 문장은 사용하지 않는다.
③ 직무 현직자에게 친숙한 용어를 사용해야 한다.
④ 가급적 수량을 나타내는 용어는 사용하지 않는다.

해설 가급적 수량을 나타내는 용어를 사용하고, 간결하고 직접적인 문체를 사용해야 하며, 구체적인 행위를 나타내는 동사를 사용하여 과제를 기술해야 한다.

24 다음 중 직무분석의 방법에 해당하지 않는 것은?

① 설문조사법　　　　　② 투사법
③ 작업일지법　　　　　④ 중요사건법

25 다음 중 직무에서 열심히 일함으로써 긍정적 유인가가 높은 성과들을 얻을 확률이 높다고 지각하면 작업동기가 높아진다는 이론은?

① 기대이론
② 성취귀인이론
③ 목표설정이론
④ 생존, 관계, 성장(ERG)이론

해설 조직행동의 동기를 예언하는데 있어 가장 주목되는 이론 : 노력하면 좋은 결과 얻는다.

26 다음 중 직무 분석 시 직무관련 내용이 아닌 것은?

① 지도성(Leadership)   ② 과업(Task)

③ 직위(Position)   ④ 직무(Job)

해설 ① 일(task) 또는 작업 : 독립된 목적으로 수행되는 하나의 명확한 작업활동
② 직위(position) : (인원수만큼 있다.) : 한 사람에 의해서 수행되고 있는 산업상의 일
③ 직무(job) : 한 사람이 수행하는 임무와 일을 말한다.

27 직무분석에 관한 설명 중 틀린 것은?

① PAQ는 작업자 중심 직무분석을 위한 대표적인 도구이다.
② 직무분석을 할 때 직무에 관한 정보를 얻는 가장 중요한 출처는 주제 관련 전문가(SME)이다.
③ 고객도 직무분석을 위한 중요한 정보의 출처이다.
④ 직무분석을 위해서는 직무평가가 이루어져야 한다.

해설 직무평가는 직무분석에 의하여 작성된 직업명세서, 직무명세서, 작업명세서를 기초로 이루어진다.

28 직무분석 절차 중 작업자 지향적 절차는 직무를 성공적으로 수행하는데 요구되는 인적 속성들을 조사함으로써 직무를 이해하려고 한다. 다음 중 인적 속성에 해당되지 않는 것은?

① 태도   ② 지식
③ 기술   ④ 능력

해설 직무를 수행하는데 요구되는 지식, 능력, 기술, 경험, 책임 등이 무엇인지를 과학적이고 합리적으로 알아낸다.

29 직무분석에 대한 설명으로 틀린 것은?

① 직무분석은 제2차 세계대전을 계기로 획기적으로 발달하였다.
② 직무분석이란 직무내용과 직무조건을 조직적으로 규명하는 절차이다.
③ 직무분석을 통해 인사관리나 노무관리를 수행하기 위한 필요한 정보를 얻을 수 있다.
④ 직무분석은 교육훈련, 정원관리, 안전관리 등에 사용된다.

해설 직무분석은 제1차 세계대전을 계기로 발달되었다.

30 점수법에 의한 직무평가시 일반적으로 고려되는 요인이 아닌 것은?

① 정신적 및 육체적 노력의 정도
② 신체조건
③ 기술이 요구되는 정도
④ 작업조건

해설 직무에서 발휘되는 정신적 및 육체적 노력의 정도, 기술이 요구되는 정도, 책임감의 정도, 문제해결능력이 요구되는 정도, 작업조건 등이 일반적으로 고려되는 요인들이다.

31 직무분석의 방법 중 비교확인법의 설명으로 맞는 것은?

① 분석자 자신이 직무활동에 직접 참여하여 생생한 작업분석 자료를 얻는 방법이다.
② 분석자가 작업장을 방문하여 직무활동을 관찰하고 그 결과를 기술하는 방법이다.
③ 현장의 작업자 또는 감독자에게 설문지를 배부하여 이들로 하여금 직무내용을 기술하게 하는 방법이다.
④ 수행하는 직업이 다양하고 직무의 폭이 넓어 단시간의 관찰을 통해서 분석하기 어려운 경우에 적합한 방법이다.

해설 ㉮ 체험법, ㉯ 관찰법, ㉰ 설문지법이며 모두 최초분석법에 해당된다.

32 다음 중 직무만족에 대한 2요인 이론의 설명으로 틀린 것은?

① 낮은 수준의 욕구를 만족하지 못하면 직무불만족이 생긴다.
② 자아실현의 실패에 의해 직무불만족이 생기는 것은 아니다.
③ 동기요인은 높은 수준의 성과를 얻도록 자극하는 요인이다.
④ 위생요인은 직무만족과 관련된 직접적인 요인이다.

해설 ① 동기(만족) 요인 : 일의 내용, 개인의 성취감, 책임의 수준, 개인의 발전과 향상
② 위생(불만족) 요인 : 관리규정, 감독형태, 대인관계, 조직혜택, 작업환경(조건)

33 직무분석을 위해 면접을 실시할 때 유의해야 할 사항이 아닌 것은?

① 면접대상자들의 상사를 통하여 대상자들에게 면접을 한다는 사실과 일정을 알려주도록 한다.
② 보다 정확한 정보를 얻기 위하여 응답자들이 가급적 "예" 또는 "아니오"로 답하도록 한다.
③ 노사 간의 불만이나 갈등에 관한 주제에 어느 한쪽으로 편을 들지 않는다.
④ 작업자가 방금 한 이야기를 요약하거나 질문을 반복함으로써 작업자와의 대화가 끊기지 않도록 한다.

해설 폐쇄형 질문보다 개방형 질문이 적합하다.

34 직무내용과 그 직무를 수행하기 위하여 요구되는 직무조건을 조직적으로 밝히는 절차는?

① 직무분석   ② 직무평가
③ 직무개괄   ④ 직무탐색

35 다음 중 직무만족과 작업동기에 대한 설명으로 틀린 것은?

① 직무만족은 목표 행동을 일으키는 역동적 과정인 반면, 작업동기는 태도 대상에 대한 좋아함과 싫어함의 쾌락적 반응이다.
② 직무만족과 작업동기는 상이한 측면이다.
③ 직무만족은 감정에 대한 것이고, 작업동기는 행동과 더 많이 관련된다.
④ 대인비교과정이론은 직무만족이론이고, 형평이론은 작업동기이론이다.

해설 ㉠ 직무만족 : 자신의 직무나 직무경험에 대한 평가로부터 비롯되는 유쾌하거나 정적인 감정상태
㉡ 작업동기 : 작업환경에서 작업과 관련이 있는 행동을 유발시키고, 목표를 지향하도록 하고, 유지시키는 역동적인 과정으로 어떤 행동을 일으키는 유기체 내에 존재하는 힘이다.

36 다음 중 직무분석 결과 작성되는 보고서가 아닌 것은?

① 직무기술서   ② 작업명세서
③ 직위기술서   ④ 관계도 명세서

37 다음 중 작업자 중심의 직무분석에 대한 설명으로 맞는 것은?

① 최종적으로 직무기술서를 작성하기 위한 직무분석방법이다.
② 과제분석이라고도 한다.
③ 각 직무들에 적용될 수 있는 표준화된 분석도구를 만들기 어렵다.
④ 지식, 기술, 능력, 경험 등 작업자 개인요건들로 직무를 표현한다.

해설 직무를 분석할 때 초점을 어디에 두느냐에 따라 과제중심 직무분석과 작업자중심 직무분석으로 나눌 수 있다. 과제중심 직무분석은 직무에서 수행하는 과제나 행동이 어떤 것들인지를 파악하는데 초점을 둔다. 그러나 작업자중심 직무분석은 직무를 수행하는데 요구되는 인간의 재능에 초점을 두어서 지식, 기술, 능력, 경험과 같은 작업자의 개인적 요건들에 의해 직무가 표현된다. 작업자중심 직무분석의 대표적인 예가 McCormick, Jeanneret 및 Mecham에 의해 개발된 직위분석설문지(PAQ)이다.

38 직무에 대한 하위개념 중 특정 목적을 수행하는 작업활동으로 직무분석의 가장 작은 단위가 되는 것은?

① 임무   ② 작업
③ 직위   ④ 직군

해설 ① 일(task) 또는 작업 : 독립된 목적으로 수행되는 하나의 명확한 작업활동
② 직위(position) : (인원수만큼 있다.) : 한 사람에 의해서 수행되고 있는 산업상의 일
③ 직무(job) : 한 사람이 수행하는 임무와 일을 말한다.
④ 직무군(job family) : 유사한 직무 임무를 지닌 두 개 이상 직무들의 모임이다.

39 직무분석을 위한 기법들에 대해 바르게 설명한 것은?

① 현장에서 직무수행을 직접 관찰할 때는 가급적 근접해서 정확히 관찰해야 한다.
② 면접은 시간과 노력을 절약하고 수량화된 정보를 얻을 수 있다.
③ 표준화된 질문지는 분석대상 직무에 대한 관찰 및 작업자 면담을 통한 사전정보에 기초하여 제작된다.
④ 여러 직무에 공통적인 표준화된 질문지는 각 직무의 특성을 살리는 상세한 정보를 얻어낸다.

해설 ㉮ 작업자와 지나치게 근접되어 있으면 정상적인 직무수행을 방해할 가능성이 있다.
㉯ 면접은 시간과 노력이 많이 들고 수량화된 정보를 얻기가 힘들다.
㉰ 여러 직무에 공통적인 표준화된 질문지는 각 직무의 특성을 살리는 상세한 정보를 얻을 수 없다.

40 직무분석 결과의 질을 좌우하는 것은 직무에 관한 정보의 정확성과 완전성이다. 직무분석을 할 때 다양한 사람들로부터 직무에 관한 정보를 얻을 필요가 있다. 다음 중 직무에 관한 정보를 얻기 위해 일반적으로 이용되는 출처가 아닌 것은?

① 현재 직무를 수행하는 사람
② 현재 직무를 수행하는 사람의 상사
③ 현재 직무를 수행하는 사람의 고객
④ 현재 직무를 수행하는 사람의 가족

41 다음 중 직업의 요건에 대한 설명으로 틀린 것은?

① 어떤 일이든 지속성이 있어야 한다.
② 직업은 자신의 주어진 환경 내에서 자유롭게 선택할 수 있다.
③ 반드시 노동행위가 없더라도 직업이라고 할 수 있다.
④ 일의 대가로 수입을 얻어 이를 통해 생계를 유지한다.

42 작업동기 이론 중 노력, 성과, 그리고 도구성과의 관계에 의해 설명되는 이론은?

① 형평이론   ② 강화이론
③ 욕구이론   ④ 기대이론

해설 직무수행을 통해서 장차 개인이 바라는 좋은 결과(성과)를 얻을 수 있다고 지각하는 주관적 확률(기대)에 의해서 작업동기가 결정된다.

43 욕구위계이론과 가장 관련성이 큰 이론은?

① 형평이론
② 기대이론
③ 존재, 관계, 성장(ERG)이론
④ 목표설정이론

해설 엘더퍼의 ERG이론은 Maslow의 욕구단계이론의 한계점과 비판점을 근거로 제시된 이론이다. 욕구단계이론에 기초하여 다섯 가지 욕구를 세 가지 욕구로 줄였지만, 욕구단계 간 이동을 한다는 점에서 더욱 유연한 이론이다.

44 직무수행을 위한 선발, 훈련, 과업 배분의 단위가 되는 것은?

① 직업(occupation)   ② 직무(job)
③ 직군(job family)   ④ 요소작업(elements)

해설 직무(job)는 한 사람이 수행하는 임무와 일을 말하며 직무분석자료는 모집공고와 인사선발, 교육 및 훈련, 배치, 경력개발 및 진로상담 등에 활용된다.

45 다음 중 작업자의 작업동기를 향상시켜 작업자의 몰입에 영향을 주는 요인이 아닌 것은?

① 직무만족의 향상   ② 작업조건
③ 의사결정의 참여   ④ 연령

46 다음 중 직무만족 및 작업동기에 관한 설명으로 옳은 것은?

① Holland는 직무만족이나 안정성이 직무의 특성과 작업환경 간의 상호작용에 달려 있다고 보았다.
② Maslow는 상위욕구가 좌절되면 이미 충족된 하위 욕구에 대한 동기화가 다시 일어난다고 주장했다.
③ Alderfer는 인간의 욕구를 존재욕구, 관계욕구, 성장욕구로 나누었다.
④ Herzberg는 직무만족을 주는 동기요인이 충족되지 않으면 직무불만족이 생긴다고 주장했다.

정답 39 ③ 40 ④ 41 ③ 42 ④ 43 ③ 44 ② 45 ④ 46 ③

47 Maslow의 동기위계설에서 가장 상층에 존재하는 동기는 무엇인가?

① 자존감
② 소속감
③ 안전
④ 자아실현

48 작업동기이론 중 노력, 성과, 그리고 도구성과의 관계에 의해 설명되는 이론은?

① 형평이론
② 강화이론
③ 욕구이론
④ 기대이론

> **해설** 브룸(Vroom)은 "모티베이션의 정도는 행위의 결과에 대한 매력의 정도(유의성)와 결과의 가능성(기대) 그리고 성과에 대한 보상 가능성(수단성)의 함수에 의해 결정된다."고 주장한다.

49 Herzberg는 직무요인을 위생요인(불만족 요인)과 동기요인(만족요인)으로 나누었다. 다음 중 만족요인에 속하는 것은 무엇인가?

① 회사정책과 관리
② 일 그 자체
③ 개인 상호간의 관계
④ 지위 및 안전

> **해설** ① 동기(만족) 요인 : 일의 내용, 개인의 성취감, 책임의 수준, 개인의 발전과 향상
> ② 위생(불만족) 요인 : 관리규정, 감독형태, 대인관계, 조직혜택, 작업환경(조건)

50 매슬로우(Maslow)는 인간의 동기를 욕구위계로 분류하여 설명한다. 욕구위계 중 가장 낮은 하위단계의 욕구는 어느 것인가?

① 사회적 욕구
② 안전의 욕구
③ 생리적 욕구
④ 자아실현의 욕구

51 형평성(공정성) 이론에서는 근로자는 자기의 투입과 산출의 비율을 자기와 관련있는 타인과 비교하여 그 비율이 크거나 작다고 느낄 때, 불공정을 느끼게 되며 형평성(공정성)을 회복(혹은 불공정성을 해소)하기 위한 행동을 한다고 주장한다. 형평성 회복(혹은 불공정성의 해소) 행동으로 적합하지 않은 것은?

① 투입을 증가 혹은 감소시킨다.
② 보상이나 부가급부를 높이거나 낮추려고 시도한다.
③ 비교대상을 변경한다.
④ 과거에 다루어 보지 않은 새로운 과업에 도전한다.

> **해설** ① 자신의 투입 · 산출을 변경한다.
> ② 자기자신 또는 타인의 투입 · 산출을 왜곡한다.
> ③ 준거대상을 변경한다.
> ④ 현장을 떠난다.
> ⑤ 준거인물의 투입 · 산출 변화를 유도한다.

V O C A T I O N A L   C O U N S E L O R

CHAPTER

05 경력개발과 직업전환

SECTION
5-1   조직에서의 경력개발

1 경력개발의 정의

1) 개요

① 개인이 일생 동안 일과 관련된 경험, 즉 개인이 입사하여 퇴사할 때까지의 전 과정 중 조직에서 축적한 개인 특유의 직무, 직위, 경험들로서 이력서에 나타난 직무들의 집합을 경력이라 한다.

② 개인이 경력목표를 설정하고, 이를 달성하기 위한 경력계획을 수립하여 조직의 요구와 개인의 요구가 합치될 수 있도록 각 개인의 경력을 개발하고 지원해주는 활동을 경력개발의 정의라 할 수 있다.

③ 미래의 경력개발의 방향은 수평적 이동, 평생직업, 다양한 능력개발이다.

2) 경력개발의 요소

① 경력목표

개인이 경력상 도달하고 싶은 미래의 지위를 의미한다.

② 경력계획

경력목표를 설정하고 이 경력목표를 달성하기 위한 경력경로를 구체적으로 선택하는 과정으로 구성원의 인적자료수집, 직무분석과 인력개발 및 인력계획, 경력기회에 대한 커뮤니케이션이 이루어져야 한다.

③ 경력개발

개인적인 경력계획을 달성하기 위하여 개인 또는 조직이 실제적으로 참여하는 활동으로 경력상담과 경력목표설정, 경력경로의 설정과 경력개발의 촉구가 이루어져야 한다.

④ 평가 · 피드백단계

경력개발에 대한 결과분석 및 경력개발계획의 조정이 이루어진다.

3) 경력개발의 목적

① 개인적 차원

- ㉠ 능력을 개발해 경력욕구를 충족
- ㉡ 자기개발을 통해 일로부터의 심리적 만족
- ㉢ 직장에 대해 안정감을 가지고 개인의 능력을 발휘하도록 성취동기 유발

② 조직적 차원

- ㉠ 조직 내의 적합한 곳에 개인능력을 활용함으로써 조직의 유효성을 높임
- ㉡ 인력계획, 교육훈련, 직무분석, 인사고과, 승진관리 등 여러 인적자원의 관리과정 및 효율적인 확보 · 배치를 통해 조직의 효율성 높임

4) 경력개발 직업상담시 상담자의 주요역할

① 현실적인 기대를 가지고 조직을 면밀하게 평가하고 선택하도록 돕는다.
② 필요한 경우 미리 은퇴를 준비시킨다.
③ 변화하는 조직에서 새로운 기술을 배우고 이질적인 작업환경에 적응하도록 돕는다.

② 경력개발 프로그램

1) 개요

① 조직구성원이 조직 내에서 활동함에 있어 개인의 업무적성, 희망과 능력 등에 연계하여 조직과 개인에게 바람직한 경력을 쌓아갈 수 있도록 하는 의도적이고 제도적인 제반 노력이 경력개발 프로그램의 개념이다.
② 대상자의 특성이 파악되어야 한다.
③ 프로그램의 효과를 검증할 수 있어야 한다.
④ 참여자의 응집력을 높일 수 있어야 한다.
⑤ 대상자에 따라 능력과 흥미가 다르므로 각각에게 적합한 경력개발 프로그램을 실시한다.
⑥ 경력개발 프로그램 설계할 때 누구를 대상으로, 어떤 경력평가 프로그램이 필요한지를 평가하는 것이 니즈평가이다.

2) 경력개발 프로그램의 종류

(1) 개별적 경력개발방법

① 최고경영자프로그램(AMP)
    ㉠ 일정 수의 유망한 중간관리자들을 후보로 선발한다.
    ㉡ 8주 정도의 사내 프로그램에 참여한다.
    ㉢ 2주 동안 경영자연구소에서 리더십, 문제해결방법, 동기부여방법 등의 관리기법을 습득한다.
    ㉣ 과정이 끝나면 중요 상위관리직에 적합한 높은 잠재력의 후보자들을 선정한다.
    ㉤ 참가자 모두 바로 승진되는 것이 아니라는 것을 주지시킨다.

② 경영자개발위원회
    ㉠ 각 부서의 장(長), 부사장, 사장으로 구성한다.
    ㉡ 종업원들 간의 이동을 감독, 매년 각 종업원들의 강점과 약점을 검토하는 것이 목적이다.
    ㉢ 종업원들 합의하에 5년간의 경력개발계획이 세워지고 위원회는 이 계획에 따라 종업원들의 개발을 감독한다.
    ㉣ 개인과 조직목표가 일치될 기회가 증가한다.

③ 계획적 경력경로화
    ㉠ 경력이 없는 사람이 대상이다.
    ㉡ 9개월~12개월마다 다른 부서로 이동시켜 여러 가지 부서 경험을 쌓은 후, 한 단계 높은 직무를 맡게 되면 새로운 경력경로를 제시한다.
    ㉢ 개인이 조직 내에서 경력을 쌓아가는 동안 여러 가지 경험을 쌓으며 보다 높은 직무를 맡는 일련의 직무이동을 경력경로라 한다.

④ 중간경력 쇄신
    ㉠ 중간경력관리자들의 최신기술습득을 위한 프로그램을 마련한다.
    ㉡ 직무, 마케팅, 컴퓨터 실습, 인간행위에 관한 특별 세미나를 제공한다.

⑤ 예비퇴직상담
    연금, 보험, 사회보장제도, 여가활동, 심리적 적응, 재배치, 제2의 경력 등을 주제로 하는 퇴직준비 세미나를 퇴직 1년 전 참석시킨다.

(2) 조직단위의 경력개발방법

① 직무중심의 경력개발제도
    ㉠ 미국의 유명한 통신판매회사인 시어스로벅사가 개발하였다.
    ㉡ 평범한 직무를 이용한다.
    ㉢ 실현성이 높다.
    ㉣ 기존의 경력개발제도의 단점을 비판하고 새로운 경력개발의 원칙을 제시했다.
        ⓐ 경력개발에 가장 큰 영향을 미치는 것은 직무이다.
        ⓑ 다른 직무는 다른 숙련의 개발을 필요로 한다.

ⓒ 개인이 특정 직무에 필요한 기술을 습득하지 못했을 때 개발이 시작된다.

ⓓ 합리적이고 연속적인 직무할당을 규정, 조직 내의 각 개인이 설정한 목표 직무에 도달 하는 데 소요되는 시간을 단축한다.

② 인적평가센터제도

㉠ 인사고과나 심리테스트의 결점을 보완, 인간의 능력 및 적성을 종합적·객관적으로 발견하고 육성하기 위하여 마련된 제도이다.

㉡ 일정기간 합숙하여 여러 가지 연습, 시험, 면접, 토의 등을 한다.

㉢ 훈련받은 평가자에 의하여 종업원의 잠재능력을 조기발견하고 육성, 적재적소에 배치시켜 활용하는 것이 목적이다.

③ 직능자격제도

일본에서 발달하였으며, 직무를 수행할 수 있는 능력에 따라 등급을 부여하고 그 자격을 획득한 자에 대하여 대응하는 지위를 부여하는 제도이다.

④ 생애·경력개발제도

경력개발은 종업원의 일에 대한 경험뿐만 아니라 종업원 인생의 모든 측면을 포함한다.

(3) 자기평가도구

① 경력워크숍

종업원을 집단으로 모아 놓고 하루에서 길게는 5일간에 걸쳐 사신의 경력계획을 어떻게 준비하고 실행할 수 있는지에 관해 배워나가는 과정을 말한다.

(4) 개인상담

상담의 내용은 주로 종업원의 흥미, 목표, 현 직무활동, 수행, 경력목표 등에 초점을 둔다.

(5) 정보제공

① 사내공모제

조직에서 자리가 공석이 생길 경우 그 자리를 충원하기 위해 조직 내의 게시판, 뉴스레터 등 기타 발간물을 통하여 조직 내 모든 종업원들에게 알려주고, 그 자리를 원하는 사람으로부터 지원서를 받은 후 적합한 사람을 결정하는 제도를 말한다.

② 기술목록

종업원의 기술, 능력, 경험, 교육에 관한 자세한 정보를 기술한 자료를 말한다.

③ 경력자원기관

종업원의 경력개발을 위해 다양한 자료를 비치하고 있는 소규모의 도서관 형태를 말하며, 주로 비치자료는 직무기술서, 조직구조차트, 경력계획 및 퇴직계획 등에 대한 안내책자 등이다.

(6) 종업원 평가

종업원평가제도는 능력이 뛰어나다고 판단되는 종업원을 미리 발견하여 이들에게 집중 투자함으로써 경력개발비용을 줄일 수 있다는 장점이 있으나, 다른 능력이 있는 종업원들의 경력개발기회를 제한하게 되는 문제점이 발생할 수 있다.

① 평가기관(Assessment Center)

1950년대 말 미국의 AT&T사에서 처음 운영한 이래 관리자 선발을 위해 종업원의 관리능력을 평가하기 위한 방법으로 널리 사용되어 왔다. 일반적으로 2~3일간에 걸쳐 지필 검사, 면접, 리더 없는 집단토의, 경영게임 등 다양한 형태의 연습을 실습을 통해 한 뒤 전문가에게 개인능력, 성격, 기술 등에 대해 종합적인 평가를 받는다.

② 심리검사

심리검사를 통해 종업원은 자신의 흥미, 적성, 성격, 작업태도 및 다른 개인 특성을 파악하여 스스로의 경력개발에 필요한 기초자료로 활용하게 된다.

③ 조기발탁제

잠재력이 높은 종업원을 초기에 발견하여 그들에게 특별한 경력경험을 제공하여 상위조직으로의 승진 가능성을 높게 하기 위한 것이다.

(7) 종업원 개발

① 훈련프로그램

㉠ 기술교육에서부터 대인관계훈련까지 조직에서 실시하는 다양한 내용의 훈련프로그램을 말한다.

㉡ 개인의 성취도와 자아실현에 초점을 두는 교육을 강조하고 있다.

② 후견인 프로그램(멘토링)

종업원이 조직에 쉽게 잘 적응하도록 상사가 후견인이 되어 도와주는 과정을 말하며, 후견인프로그램은 크게 두 가지 기능을 하게 된다.

㉠ 경력기능

종업원이 상사와의 관계를 통해 해당 조직에서 경력 쌓는데 도움을 받는 것이다.

㉡ 심리사회적 기능

상사가 종업원을 따뜻하게 대해주고, 어려울 때 상담 등을 해주어 종업원이 심리적 안정감을 얻을 수 있도록 돕는 것이다.

③ 직무순환제

종업원에게 다양한 직무를 경험하게 함으로써 여러 분야의 능력을 개발시키는데 목적이 있으며, 특히 한 분야에서의 전문가보다는 다기능 전문가를 키워야 한다는 최근의 흐름에 발맞추어 순환보직을 제도화하는 기업이 늘고 있다.

종업원 개발 프로그램에는 훈련 프로그램, 후견인 프로그램, 직무순환제이 있다.

3) 다운사이징 시대

(1) 다운사이징 시대의 경력개발 방향

① 조직구조의 수평화로 개인의 자율권 신장과 능력개발에 초점을 두어야 한다.
② 기술, 제품, 개인의 숙련주기가 짧아져서 경력개발은 단기, 연속, 학습단계로 이루어진다.
③ 일시적이 아니라 계속적이고, 평생학습으로의 경력개발이 요구된다.
④ 장기고용이 어려워지고 고용기간이 점차 짧아진다.
⑤ 경력개발은 수평이동에 중점을 두어야 한다.

(2) 다운사이징 시대의 경력개발 형태

① 다양한 능력의 개발
② 내부 배치
③ 재교육

3 경력개발의 단계

1) 경력개발의 단계

① 탐색단계(15~24세)

㉠ 성장단계이며, 자기 자신을 인식하고 교육과 경험을 통하여 자기 자신에게 적합한 직업을 선정하려고 노력하는 단계
㉡ 직장도 옮기면서 경력목적과 직업분야를 선택하는 단계
㉢ 기초적인 경험을 쌓는 단계

② 확립단계(25~45세)

㉠ 발전단계로서, 선택한 직업분야에서 정착하려고 노력하며, 결국 한 직업에 정착하는 단계
㉡ 조직에서 성과를 올리고 업적을 축적하여 승진하면서 경력발전을 달성하고 조직체의 경력자로서 조직체에 몰입하는 단계

③ 유지단계(46~64세)

㉠ 정체단계이며, 자신을 반성하고 경력경로의 재조정을 고려하고 경우에 따라서는 심리적 충격도 받게 되는 단계
㉡ 이 단계를 원만히 거쳐 나감으로써 계속적인 경력발전을 달성할 수 있으며, 반면에 심리적 충격을 극복하지 못하고 침체될 가능성이 존재하는 단계
㉢ 일반적으로 과거에 축적한 경력을 유지하는 단계

④ 쇠퇴단계(65세 이후)

직장을 퇴직하고 조직구성원은 자신의 경력에 대하여 만족하고 새로운 사생활에 들어가는 단계

2) 경력 단계

① 경력개발을 위한 교육훈련을 실시할 때에는 현 시점에서 어떤 훈련이 필요한지에 대한 요구분석을 가장 먼저 고려하여야 한다.

② 경력개발의 단계에서는 경력상담과 경력목표 설정, 경력경로의 설정과 경력개발의 추구의 방법이 있다.

(1) 경력 초기단계

① 초기경험을 통해 개인은 조직에서 스스로 자리를 확립하는 기회를 갖는다. 핵심작업자인 경우 작업장에 유입되는 흥분의 시기이다.

② 경력 초기단계의 중요 과제

캠벨(Campbell)과 호퍼만(Hofferman)은 다음과 같은 중요과제를 정리하였다.

㉠ 조직에 적응토록 방향을 설정한다.

㉡ 지위와 책임을 알고 만족스런 수행을 증명해 보인다.

㉢ 개인적인 목적과 승진기회의 과점에서 경력계획을 탐색한다.

㉣ 승진 또는 지위변경의 계획을 실행한다.

③ 초기 경력의 개발프로그램

㉠ 인턴십

㉡ 사전직무안내

㉢ 종업원 오리엔테이션 프로그램

④ 경력 초기단계의 문제점

㉠ 현실의 충격과 평가 및 적절한 피드백의 결여는 조직이 개인을 좌절시키는 주요 원인이 된다고 와노스(Wanous)는 제언하였다.

㉡ 경력 초기단계에 있는 사람들 중에는 비현실적으로 기대가 높은 사람도 있고, 또 일이 덜 도전적이고 상사에게서 별로 피드백을 받지 못하는 사람도 있다.

(2) 경력 중기단계

① 개인의 작업생애와 사회 · 정서적 욕구의 중간 국면에 해당한다.

② 새롭고 이질적인 기술, 생산수요, 노동시장의 변화 등과 같은 다양한 원인들로부터 변화가 생긴다.

③ 개인이 경력에 대한 장기적인 차원을 점점 더 깨달아 가는 시기이고, 또일의 세계에서 개인 역할로 초점을 옮겨가는 시기이다.

④ 개인과 일의 역할 우선순위가 변동할 때 바람직한 태도는 역할의 균형이다.

⑤ 중기 경력의 개발프로그램

㉠ 직무순환제도

㉡ 첨단기술에 대한 교육

㉢ 특정 전문분야에 대한 교육

(3) 경력 후기단계

① 개인은 외부의 흥미를 구축하고 조직으로부터 직접 멀리 떨어져 나가기 시작하며, 조직활동에 있어 권력역할이 사소한 역할로 바뀌게 된다.
② 후기단계에서의 정서적 지지는 일차적으로 동료 그리고 특히 오랜 친구로부터 나온다.
③ 말기 경력의 개발프로그램
　ⓐ 조기퇴직에 대한 보상
　ⓑ 은퇴 전 프로그램
　ⓒ 유연작업계획

SECTION 5-2 직업전환

1 직업전환과 직업상담

1) 직업전환

① 실업이나 기타 이유에 의해 다른 직업으로 전환하는 것을 직업전환이라 한다.
② 직업을 전환하고자 하는 내담자에게서 반드시 우선적으로 탐색해야 할 사항은 변화에 대한 인지능력이다.
③ 개인의 적성과 흥미 또는 성격과 직업적 요구와의 차이로 인해 내담자가 직업적응문제를 나타낼 때 이러한 문제해결을 위해 가장 바람직한 방법은 직업전환이다.

(1) 실업자의 직업전환

① 실업자는 나이가 많을수록 취업제의를 받는 비율이 감소한다.
② 조직에서는 청년기, 중년기, 정년 전 등 직업경력의 전환점에서 적절한 훈련 내지 지도조언을 실시하는 경력개발계획을 추진할 필요가 있다.
③ 직업상담에서 실업자에게 생애훈련적 사고를 갖도록 조언하고, 촉구하고, 참여하도록 권고하여야 한다.

(2) 직업생활의 적응 또는 직업전환을 위한 프로그램

① 인간관계 높이기 프로그램
② 직업스트레스 완화 프로그램
③ 자기관리 프로그램
④ 직업전환 프로그램

(3) 실업자의 직업전환 상담

실직에 대처하는 방식은 문제 위주의 대처행동과 징후 위주의 대처행동으로 구분된다.

① 실직에 대한 충격완화
② 직업선택 및 직업문제에 대한 직업상담
③ 직업적응을 위한 직업상담프로그램
④ 의사결정을 위한 직업정보제공
⑤ 은퇴 후의 진로경로계획 돕기

(4) 성인기의 직업전환을 촉진하는 요인

① 경제구조가 완전고용의 상태일 경우
② 단순직 근로자의 비율이 높을 경우
③ 여성근로자의 비율이 높을 경우

2) 직업상담 프로그램의 유형

① 직장스트레스 대처 프로그램

ㄱ 직무에서 오는 긴장과 불안에 대한 문제인식과 이를 해결하기 위한 적절한 기술을 발견하고 여가활동을 계획하며 건강한 삶을 유지하기 위한 태도를 기른다.
ㄴ 전직을 예방하기 위해 퇴직의사 보유자에게 실시하는 직업상담 프로그램

② 직업적응 프로그램

변화가 가속화되는 직무에 적응하기 위한 태도변화를 배우고, 이에 대한 경쟁력을 확보하고 적극적이고 긍정적인 태도를 높인다.

③ 직업전환 프로그램

유사직무의 정보를 탐색하여 직업전환을 가능하게 하고 유사직무에서 새로이 요구되는 자질을 갖추기 위해 계획하고 전환할 직무에 필요한 직업훈련을 안내한다.

④ 생애계획 프로그램

생애주기의 변화를 파악하고, 중장기 생애계획을 구축하여 이를 추가, 수정, 보완하여 합리적인 생애계획이 이루어지도록 한다.

⑤ 은퇴 후 진로경로계획 프로그램

정년 또는 은퇴 이후에 새로운 진로경로 개척을 위한 계획을 세우고 계획이 구체화되도록 수정, 보완하며 계획을 실천에 옮길 수 있는 신념을 확인하도록 하는 프로그램

⑥ 실업충격완화 프로그램

실업에 대한 긍정적 이해와 실업에서 오는 정신적 충격을 치유, 완화시키는 기술을 제공하는 프로그램

⑦ 취업알선 프로그램

취업처의 조직문화, 노동시장 등의 정보를 제공하고, 취업준비에 필요한 기술을 제공하는 등 취업을 위한 프로그램이다.

직업적응 프로그램은 전직을 예방하기 위해 퇴직의사보유자에게 실시하는 직업상담 프로그램이다.

⑧ 사후상담 프로그램

취업알선 후 직장적응에 대한 도움을 주며, 직장적응력을 높이기 위해서 대인관계, 대화법 같은 프로그램을 제공하는 프로그램

⑨ 직업복귀(훈련) 프로그램

장기실업자에 대해 직업복귀를 위한 준비사항을 제공하고 필요시 직업훈련 프로그램을 안내하여 직업관이나 윤리관을 정립시키는 프로그램

3) 직업상담

(1) 실업자의 직업상담

① 실업자는 직업상담을 통하여 과거 자신의 직업의식을 되돌아보는 시간을 갖도록 하여야 한다.

② 새로운 직업에 도전하는 인생의 전환점으로 삼아 생애설계를 하도록 도와주는 진로지도가 필요하다.

③ 실업자위기상담의 목표는 불안을 감소시키고, 긴장감 제거와 적응능력의 회복에 있다.

4) 직업지도 프로그램

(1) 개요

① 직업의식을 촉진시키고 미래와 직업 그리고 자신에 대한 이해의 폭을 넓히기 위한 과정

② 직업지도와 직업상담은 직업발달이론을 기초로 실시·운영되어야 한다.

③ 직업준비·적응·전환 및 퇴직 등을 도와주기 위해 특별히 구조화된 조직적인 상담체계

④ 최근에는 컴퓨터화된 프로그램 개발을 시도

⑤ 운영절차 및 평가방법이 존재

⑥ 가급적 시간절약을 위해 개발된 프로그램 중 하나를 선정하여 활용하는 것이 좋지만 새롭게 개발해야 할 경우도 있다.

⑦ 직업지도이론은 직업지도 훈련프로그램의 구성요소와 전개과정에 대한 기본원리와 그 바탕을 제시하여 준다.

⑧ 집단상담방식으로 실시가 용이해야 한다.

⑨ 직업지도 프로그램의 개발단계

내담자 필요조사 → 목표 설정 → 방법 탐색 → 내용 선정 → 지원체제 강구

(2) 직업지도 프로그램 선정시 고려사항

① 활용하고자 하는 목적에 부합하여야 한다.

② 프로그램의 효과를 평가할 수 있어야 한다.

③ 활용할 프로그램은 비용이 적게 드는 경제성을 지녀야 한다.

(3) 직업지도 프로그램 개발의 중점사항

① 미래사회를 보는 시각

② 노동시장과의 연계

③ 생애주기 변화에 대한 인식 제고

(4) 직업지도 프로그램 대상에 따른 구분

① 청소년 직업지도 프로그램

자기이해 프로그램, 직업정보탐색 프로그램, 취업기술지도 프로그램 등

② 재직근로자를 위한 프로그램

인간관계훈련 프로그램, 스트레스관리 프로그램, 갈등관리 프로그램 등

③ 직업전환 및 재취업자를 위한 프로그램

전문지식 습득, 향상을 위한 교육기관 안내, 여성 직업복귀 프로그램

④ 실직자를 위한 프로그램

실업충격완화 프로그램, 실직자 심리상담, 치료프로그램

⑤ 은퇴자를 위한 프로그램

생활변화에 따른 개인적 욕구, 태도, 가치 상담. 생산적인 일에 참여하고
싶은 욕구 충족 프로그램을 동시에 실시

(5) 여성 직업복귀훈련 프로그램

① 내용

㉠ 사회참여와 직업인의 자세

㉡ 직장인의 건강관리

㉢ 자녀양육 및 대화법

② 여성의 직업복귀 의사결정 단계

상황을 명확히 한다. → 대안을 탐색해 본다. → 기준을 확인한다. → 대
안을 평가하고 결정을 내린다. → 계획을 수립하고 그대로 수행한다.

🔍 합격예측

변화의 불가피성

실직자를 위한 가족상담 접근으로 치료자는 대상자의 변화를 인식하도록 돕고 이를
통해 내담자가 이미 변화가 있었음을 확인시켜 줌으로써 내담자의 능력을 인정해
줄 수 있는 원리에 해당하는 것이다.

파일럿연구(Pilot Study)

특정 경력개발 프로그램을 대규모로 적용하기 전에 소규모 집단에 시범적으로 실시
하는 과정을 말한다. 프로그램 참여자로부터 프로그램에 대한 평가와 피드백을 받
은 후, 그에 대한 대책을 마련하여 개발된 경력개발 프로그램을 본격적으로 정착시
키는 데 활용한다.

실업충격완화 프로그램

㉠ 실업스트레스 대처 프로그램

㉡ 자기관리 프로그램

㉢ 무력감 극복 프로그램

㉣ 취업효능감 증진 프로그램

㉤ 경쟁력 강화 프로그램

㉥ 구직활동 증진 프로그램

CHAPTER

05 출제예상문제

01 다음 중 경력개발프로그램의 하나인 종업원 개발 프로그램에 해당되지 않는 것은?

① 훈련 프로그램
② 평가 프로그램
③ 후견인 프로그램
④ 직무순환

해설 ① 훈련프로그램 : 기술교육에서부터 대인관계훈련까지 조직에서 실시하는 다양한 내용의 훈련프로그램을 말한다. 개인의 성취도와 자아실현에 초점을 두는 교육을 강조하고 있다.
② 후견인 프로그램(멘토링) : 종업원이 조직에 쉽게 잘 적응하도록 상사가 후견인이 되어 도와주는 과정을 말한다.
③ 직무순환제 : 종업원에게 다양한 직무를 경험하게 함으로써 여러 분야의 능력을 개발시키는데 목적이 있으며, 특히 한 분야에서의 전문가보다는 다기능 전문가를 키워야 한다는 최근의 흐름에 발맞추어 순환보직을 제도화하는 기업이 늘고 있다.

02 다음 중 성인기의 직업 전환을 촉진하는 요인과 가장 거리가 먼 것은?

① 전체 노동인구 중 젊은 층의 비율이 적을 경우
② 경제구조가 완전고용의 상태일 경우
③ 단순직 근로자의 비율이 높을 경우
④ 여성근로자의 비율이 높을 경우

해설 젊은층의 비율이 높을수록 직업전환을 촉진한다.

03 경력개발을 위해 종업원들에게 다양한 직무를 경험하게 함으로써 여러 분야의 능력을 개발시키려는 제도는?

① 사내공모제
② 조기발탁제
③ 후견인제
④ 직무순환제

04 경력개발단계를 성장, 탐색, 확립, 유지, 쇠퇴의 5단계로 구분한 사람은?

① Bordin
② Colby
③ Super
④ Parsons

05 직업을 전환하고자 하는 내담자에게서 반드시 우선적으로 탐색해야 하는 것은?

① 변화에 대한 인지능력
② 새로운 직업에서 성공기대 수준
③ 직업상담에 대한 기대
④ 기존에 가지고 있던 직업에 대한 애착 수준

해설 직업을 전환하고자 하는 내담자의 경우는 우선적으로 변화에 대한 인지능력을 탐색해야 한다.

06 다음 중 생애주기를 분석할 때 중요하게 고려해야 하는 사항과 가장 거리가 먼 것은?

① 평균수명의 변화
② 초혼연령의 변화
③ 잔여기간의 변화
④ 직장선택의 변화

07 직업지도 프로그램을 선정할 때 고려해야 할 사항이 아닌 것은?

① 활용하고자 하는 목적에 부합하여야 한다.
② 실시가 어렵더라도, 효과가 뚜렷한 프로그램이어야 한다.
③ 프로그램의 효과를 평가할 수 있어야 한다.
④ 활용할 프로그램은 비용이 적게 드는 경제성을 지녀야 한다.

해설 실시가 어렵다면 직업지도 프로그램으로 선정하기 어렵다.

08 종업원의 경력개발을 위하여 일반적으로 2~3일간에 걸쳐 지필 검사, 면접, 리더 없는 집단토의, 경영게임 등 다양한 형태의 연습을 실습을 통해 한 뒤 전문가에게 개인능력, 성격, 기술 등에 대해 종합적인 평가를 받는 프로그램은 무엇인가?

① 평가기관(Assessment Center)
② 경력자원기관(Career Resource Center)
③ 경력워크셥(Career Workshop)
④ 경력연습책자(Career Workbook)

09 다음 중 실업자를 위한 실업관련 프로그램과 거리가 먼 것은?

① 직업전환 프로그램   ② 인사고과 프로그램
③ 실업충격 완화 프로그램   ④ 직업복귀훈련 프로그램

해설 인사고과 프로그램은 재직자를 위한 프로그램이다.

10 경력 개발을 위한 교육훈련을 실시할 때 가장 먼저 고려해야 하는 사항은?

① 사용가능한 훈련방법에는 어떤 것들이 있는지에 대한 고찰
② 현 시점에서 어떤 훈련이 필요한지에 대한 요구분석
③ 훈련프로그램의 효과가 어떻게 나타났는지를 평가하기 위한 평가계획 수립 위한 평가계획 수립
④ 훈련방법에 따른 구체적인 훈련프로그램 개발

해설 어떠한 훈련이 필요한지에 대한 요구분석이 먼저 고려되어야 한다.

11 직업전환을 원하는 내담자를 상담할 때 일차적으로 고려해야 할 사항이 아닌 것은?

① 나이와 건강을 고려해야 한다.
② 부모의 기대와 아동기 경험을 분석한다.
③ 직업을 전환하는 데 동기화가 되어 있는지 알아본다.
④ 내담자가 직업을 바꾸는데 필요한 기술을 가지고 있는지 평가해야 한다.

해설 부모의 기대와 아동기 경험에 대한 분석은 직업전환을 원하는 내담자가 아니라 첫 직업을 갖게 되는 내담자에게서 파악되어야 한다.

12 다운사이징과 조직구조의 수평화로 대변되는 조직변화에 적합한 종업원의 경력개발 프로그램으로 적합하지 않은 것은?

① 직무를 통해서 다양한 능력을 본인 스스로 학습할 수 있도록 많은 프로젝트에 참여시킨다.
② 표준화된 작업규칙, 고정된 작업시간, 엄격한 직무기술을 강화한 학습 프로그램에 참여시킨다.
③ 불가피하게 퇴직한 사람들을 위한 퇴직자 관리 프로그램을 운영한다.
④ 새로운 직무를 수행하는데 요구되는 능력 및 지식과 관련된 재교육을 실시한다.

해설 조직구조의 수평화로 수직승진과 장기고용이 사라지고 개인의 자율권 신장과 자신의 능력개발에 초점을 두어야 한다.

13 미국 AT&T사에서 처음 운영한 이래 직원들의 관리능력을 평가하기 위한 방법으로 사용된 것으로, 수일간에 걸쳐 면접, 리더 없는 집단토의, 비즈니스게임 등 다양한 형태의 리더십, 의사소통능력 등을 평가하는 방식은?

① 평가기관   ② 경력 워크숍
③ 조기발탁제도   ④ 후견인 프로그램

정답 07 ② 08 ① 09 ② 10 ② 11 ② 12 ② 13 ①

14 경력개발과정 중 경력개발단계에 해당하는 것은?

① 경력상담과 경력목표 설정
② 구성원의 인적자료 수집
③ 직무분석과 인력개발 및 인력계획
④ 경력기회에 대한 커뮤니케이션

해설 **경력개발의 단계**
　① 경력목표 : 개인이 경력상 도달하고 싶은 미래의 지위를 의미한다.
　② 경력계획 : 경력목표를 설정하고 이 경력목표를 달성하기 위한 경력경로를 구체적으로 선택하는 과정으로 구성원의 인적자료수집, 직무분석과 인력개발 및 인력계획, 경력기회에 대한 커뮤니케이션이 이루어져야 한다.
　③ 경력개발 : 개인적인 경력계획을 달성하기 위하여 개인 또는 조직이 실제적으로 참여하는 활동으로 경력상담과 경력목표 설정, 경력경로의 설정과 경력개발의 촉구가 이루어져야 한다.
　④ 평가 · 피드백단계 : 경력개발에 대한 결과분석 및 경력개발계획의 조정이 이루어진다.

15 다음 중 전직을 예방하기 위한 퇴직의사 보유자에게 실시하는 직업상담 프로그램으로 가장 적합한 것은?

① 직장스트레스 대처 프로그램
② 생애계획 프로그램
③ 조기퇴직계획 프로그램
④ 실업충격완화 프로그램

해설 전직을 예방하기 위해서는 직무에 대한 불만이나 스트레스를 대처하는 프로그램이 적합하다.

16 다운사이징 시대의 경력개발 방향으로 틀린 것은?

① 조직구조의 수평화로 개인의 자율권 신장과 능력개발에 초점을 두어야 한다.
② 기술, 제품, 개인의 숙련주기가 짧아져서 경력개발은 단기, 연속 학습단계로 이어진다.
③ 일시적이 아니라 계속적이고 평생학습으로의 경력개발이 요구된다.
④ 경력변화의 기회가 많아져서 조직 내 수직적 이동과 장기고용이 용이해진다.

해설 수평이동과 단기고용이 증가한다.

17 직업심리학에서 인간의 생애주기를 연구하는 목적이 아닌 것은?

① 최근 직업에 종사하는 사람들이 직업보다는 가정생활에 더 큰 의미를 두기 때문
② 최근에는 은퇴 후에도 직업복귀 경향이 높아지고 있기 때문
③ 직업에 종사하는 기간이 길어지고, 오랜 직업생활을 유지하려는 욕구가 강해지고 있기 때문
④ 개인의 직업의식이나 가치관이 급격하게 변하고 있기 때문

해설 최근 직업에 종사하는 사람들이 가정생활보다는 직업에 더 큰 의미를 두기 때문

18 조직감축으로부터 살아남은 종업원들이 전형적으로 조직에 대해 반응하는 행동이 아닌 것은?

① 살아남은 자들도 종종 조직에 대한 신뢰감을 상실하곤 한다.
② 더 많은 일을 해야 하기 때문에 과로하며 종종 불이익도 감수하려고 한다.
③ 일부 사람들은 다른 직무나 낮은 수준의 직무로 이동하는 것을 감수한다.
④ 조직감축에서 살아남은데 만족하며 조직 몰입을 더욱 많이 한다.

해설 ① 직무 혹은 고용에 대한 불안감이 증가한다.
　② 조직의 분위기가 침체되고 사기가 급격히 저하된다.
　③ 감원이 불공정하다고 느끼는 경우 종업원들은 분노나 공격적 성향을 드러내어 인간관계가 악화되기 쉽다.
　④ 인력 구조조정의 대상이 되지 않기 위하여 실패할 우려가 있는 혁신적인 업무나 변화를 기피하는 현상이 생기기도 한다.
　⑤ 조직구성원들의 이직 의도나 이직률이 높아지는 등 이탈현상이 발생할 수 있다.
　⑥ 조직과 경영층에 대한 불신이 팽배해지는 경우가 발생한다.
　⑦ 직무에 대한 만족도의 저하, 과도한 업무부담에 대한 불만 및 창의성이 저하된다.

19 경력개발프로그램에 대한 설명으로 틀린 것은?

① 대상자의 특성이 파악되어야 한다.
② 프로그램의 효과를 검증할 수 있어야 한다.
③ 대상자 모두에게 동일한 내용을 실시하여야 한다.
④ 프로그램 참여자의 응집력을 높일 수 있어야 한다.

해설 각 개인에게 적합한 경력개발프로그램을 실시해야 한다.

20 다음 중 직업의식의 범위 내에 포함되지 않는 항목은?

① 직업에 대한 가치   ② 직업에 대한 태도
③ 직업에 대한 의견   ④ 직업에 대한 출신성분

21 실업자의 직업전환에 대한 설명이 틀린 것은?

① 실업자는 나이가 많을수록 취업제의를 받는 비율이 감소한다.
② 조직에서는 청년기, 중년기, 정년 전 등 직업경력의 전환점에서 적절한 훈련 내지 지도 · 조언을 실시하는 경력개발계획을 추진할 필요가 있다.
③ 직업상담에서 실업자에게 생애훈련적 사고를 갖도록 조언하고 촉구하고 참여하도록 권고하여야 한다.
④ 직업전환은 어려운 일이기 때문에 한 직업에 계속해서 종사해야 한다.

22 개인의 적성과 흥미 또는 성격과 직업적 요구와의 차이로 인해 내담자가 직업적응문제를 나타낼 때 이러한 문제해결을 위해 가장 바람직한 방법은?

① 스트레스 관리 방안 모색
② 직업전환
③ 인간관계 개선 프로그램 제공
④ 전근

> **해설** 개인의 적성과 흥미 또는 성격과 직업적 요구와의 차이로 인해 내담자가 직업적응문제를 나타낼 때는 직업전환을 고려해야 한다.

23 직업주기상 각 직업마다 생산성이나 창조성, 업적이 절정에 이르는 시기가 있다. 직업의 결정시기는 무엇과 밀접한 관계가 있는가?

① 지능의 발달곡선   ② 직업 만족도
③ 직업의 주기   ④ 직업 수명

> **해설** 직업의 결정시기는 지능의 발달곡선과 밀접한 관련성이 있다.

24 직업세계이해 프로그램에 대한 설명 중 옳은 것은?

① 프로그램을 통해 직업정보를 충분히 제공할 수 있어야 한다.
② 프로그램 종료 후 내담자의 직업선택으로 곧바로 연결되어야 한다.
③ 내담자가 소화할 수 있는 정도의 정보가 제공된다.
④ 직업정보를 스스로 수집하고 분석할 수 있도록 한다.

> **해설** 직업세계이해 프로그램은 내담자가 진로계획을 수립하는데 필요한 정보가 빈약하거나, 더 상세한 정보를 알고 싶어하는 정보의 확장을 가져오거나 왜곡된 정보를 수정하도록 돕는데 의의가 있다.

25 진로발달에 관한 용어 설명이 맞는 것은?

① 진로는 생계 또는 생활유지를 위해 일정기간 동안 계속하여 종사하는 일의 종류를 의미한다.
② 진로수정은 한 진로에서 다른 진로로 옮겨가는 것을 의미하며, 그 주된 동기는 주어진 진로에서 발전할 기회가 차단되었기 때문이다.
③ 진로지도는 직업적 문제의 지도에만 초점을 맞추어 학생들이 보다 효율적인 직업선택을 하도록 전문적인 도움을 주는 일이다.
④ 직업은 재화와 용역을 생산하기 위하여 수행되는 일의 체계 내에 있는 하나의 특정한 단위를 의미한다.

> **해설** ㉮ 직업에 대한 설명이다.
> ㉰ 직업지도에 대한 설명이다.
> ㉱ 직무에 대한 설명이다.

정답   20 ④   21 ④   22 ②   23 ①   24 ④   25 ②

VOCATIONAL COUNSELOR

CHAPTER

06 직업과 스트레스

스트레스 연구 및 의미

1 스트레스 연구의 의미

1) 스트레스의 개요

① 스트레스란 외부의 압력과 이에 대항하는 긴장이라는 두 가지 의미에서 이해해야 한다.

② 스트레스는 직무만족에 직접적인 영향을 준다.

2) 스트레스의 기능

(1) 순기능

① 개인의 심신활동을 촉진시킨다.

② 문제해결에 있어 창조력을 발휘한다.

③ 동기유발이 증가하며 생산성을 향상시키는데 기여한다.

(2) 역기능

① 스트레스가 과도하게 누적되면 심신을 황폐하게 하거나 직무성과에 부정적인 영향을 미친다.

② 스트레스로 유출된 에너지가 개인의 정상적 능력 이상으로 초과하여 소모하게 되면 부정적 영향을 미치게 되어 목표는 물론 미래의 목표를 달성하고자 하는 개인의 능력을 감소시킨다.

③ 작업의 집중력 저하를 유발하여 산업재해의 원인이 된다.

3) 역U자형 가설

스트레스 수준이 적당하면 작업능률이 최대가 되고 직무수행도 원활이 이루어지지만, 스트레스 수준이 너무 낮거나 높으면 작업능률 및 직무수행이 떨어진다는 것을 의미한다.

4) 직무 스트레스

① 개인의 책임한계나 직무의 목표가 명료하지 않을 때 스트레스가 높아진다.
② 복잡한 과제는 정보과부하를 일으켜 스트레스를 높인다.
③ 집합주의, 개인주의, 산업문화의 충돌은 근로자에게 스트레스원이 된다.

2 스트레스 연구의 특성

1) 스트레스 연구의 배경

① 근로시간에 발생하는 스트레스는 근로자와 밀접한 관련이 있으며, 산업사회에서는 스트레스에 대한 연구가 중요하다.
② 건강한 생활과 직장에서의 만족감 강화를 위하여 사람의 스트레스 연구에 대한 관심이 증가하고 있다.
③ 선진국에서는 직무 스트레스에 의한 산업체의 손실을 줄이기 위해 노력이 증가하고 있으며, 우리나라도 스트레스 연구에 대한 관심이 증가하고 있다.

3 스트레스의 작용원리

1) 셀리에(Selye)의 일반적응증후군

① 일반적 : 스트레스의 결과가 신체부위에 영향을 줌
② 적응 : 스트레스의 원인으로부터 신체를 대처 또는 적응시킨다는 의미
③ 증후 : 스트레스 결과에 의해 어떤 반응이 일어난다는 의미

2) 일반적응증후의 3단계

경계단계(최초의 즉각적인 반응단계) → 저항단계 → 탈진(소진)단계

(1) 경계(경고)단계

① 정신적 혹은 육체적 위험 앞에 갑자기 노출되었을 때 나타나는 최초의 즉각적인 반응단계를 말하며, 이는 쇼크단계와 역쇼크단계를 거친다.
② 쇼크단계-스트레스에 대한 저항력이 일시적으로 떨어지는 현상이며, 체온과 혈압이 떨어지고 심장박동이 빨라진다.
③ 역쇼크단계-쇼크현상 반응 후 우리 신체가 스트레스에 대한 방어력을 즉시 회복하여 그것에 대항하게 되는 일련의 자동적 방어기제의 작동하게 된다.

17-OHCS라는 당류부신피질 호르몬은 스트레스의 생리적 지표로서 매우 중요하게 사용된다.

(2) 저항단계

① 경고반응이 일어났는데도 스트레스가 지속되면 저항단계가 일어난다.
② 저항단계의 특징은 애초에 제시된 스트레스 유발인에 대한 저항은 증가되지만, 신체의 전반적인 저항력은 저하된다.

(3) 탈진(소진)단계

유해한 스트레스에 대한 노출이 장기간 계속된다면, 이것이나 다른 새로운 스트레스에 대한 신체의 저항력은 결국 붕괴된다.

SECTION 6-2 스트레스의 원인

■ 직업관련 스트레스 요인

1) 직무관련 스트레스 요인

(1) 직무 내적 요인

다음과 같은 특성들이 직무에 포함될수록 특정 과제에 상관없이 개인은 더 많은 스트레스를 경험하게 된다.
① 결정을 내림
② 불쾌하고 위험한 물리적 조건
③ 계속적인 장비와 재료의 감독
④ 구조화되지 않은 작업수행
⑤ 타인과 반복적인 정보의 교환

(2) 조직에서의 요인

① 역할갈등
개인에게 양립할 수 없는 둘 이상의 기대가 동시에 주어질 경우 발생한다.
ㄱ 역할 간 갈등 : 두 가지 이상 역할을 동시에 수행함으로 인해 겪는 갈등
ㄴ 역할 내 갈등 : 동일 역할에 관해 다른 사람들에게서 서로 상충되는 기대를 받게 될 때 느끼는 갈등
ㄷ 개인과 역할 간의 갈등 : 주어진 역할이 개인의 기본적인 가치관 · 태도 · 욕구 등과 상충될 때 발생하는 갈등
ㄹ 개인 내 역할갈등 : 개인이 수행하는 직무의 요구와 가치관이 다를 때 발생하는 갈등 → 좌절, 목표갈등, 스트레스, 역할갈등(예 공인회계사에게 세금을 줄이기 위해 2중 장부를 처리하게 하는 경우)
ㅁ 개인 간 역할갈등 : 직업에서의 요구와 직업 이외의 요구 간의 갈등에서 발생하는 갈등 → 오해, 경쟁, 역할수행, 가치관 차이(예 결혼기념일의 회사 야근)

ⓗ 송신자 내 갈등 : 업무지시자가 서로 배타적이고, 양립할 수 없는 요구를 할 때 발생하는 갈등(예 영업장이 영업사원들에게 영업실적을 올리라고 하면서 동시에 영업을 위해 필수적인 외근시간은 줄이라고 요구하는 경우)

ⓢ 송신자 간 갈등 : 사람 대 사람의 요구(2명 이상의 요구)가 갈등을 일으킬 때 발생(예 팀 생산성을 높이기 위해서 부하들을 철저히 감독하라는 사장의 요구와 작업능률을 높이려면 자신들이 자발적으로 일할 수 있는 분위기를 만들어 주어야 한다는 부하들의 요구 사이에서 갈등하는 팀장의 스트레스)

② 역할모호성 : 역할이 불명확하거나 일관성 있는 기대 없이 수행되는 상태 또는 현상을 말함

③ 역할과다 : 기대와 직무가 요구하는 바가 역할 담당자의 능력을 벗어날 때 일어난다. → 자신이 생각하는 역할과 상급자가 생각하는 역할 간의 차이에 기인한 스트레스 원인

④ 역할과소 : 직무가 기대 및 요구하는 바가 역할 담당자의 능력을 충분히 활용하지 못하는 경우

> 역할모호성은 개인의 책임한계와 목표가 명확하지 않아서 역할이 분명하지 않을 때 발생한다.

2 개인 관련 스트레스 요인

1) A유형 행동(슐츠)

① 극단적으로 공격적, 적대감의 표출, 시간에 쫓기며 경쟁적이고 성취욕에 가득 차 있다.

② A유형 행동이 B유형 행동보다 훨씬 더 빨리 과제를 포기하고 보다 많은 무력감을 느끼게 되어 더 많은 스트레스(쉽게 화를 냄)를 받는다.

③ 산업사회의 발달과 함께 A유형의 행동의 비중이 커지고 있다.

> 직무 스트레스를 촉진시키거나 완화하는 조절요인은 A/B 성격유형, 통제 소재, 사회적 지원 이다.

3 물리적 스트레스 요인

조명, 소음, 온도, 음파와 진동, 공기오염, 사무실 설계, 사회적 밀도 등도 스트레스의 원인이 된다.

🔍 **합격예측**

기계화 및 자동화로 인한 지루함과 단조로움
근로자들의 흥미와 일의 참여도를 떨어뜨리므로 직무에 있어 가장 위험한 스트레스 요인으로 꼽을 수 있다.

성희롱 유형
① 조건형 성희롱 : 개인의 근로조건을 걸고 성희롱하는 것
② 보복형 성희롱 : 승진이나 특혜, 직무의 유지를 위해 강제적으로 이루어지는 것
③ 환경형 성희롱 : 개인의 직무수행을 부당하게 저해하는 등 불쾌한 고용환경을 만드는 목적 또는 효과를 가진 것

---

1 개인적 결과

① 심리적 반응

불안, 분노와 공격성, 인지적 손상, 무감각과 우울증 등

② 행동적 반응

흡연, 알코올 남용, 약물남용, 돌발적인 사고, 격렬, 식욕부진 등

③ 의학적 결과

소화기 궤양증, 심장병 및 심장마비, 두통, 암, 당뇨, 근골격계 질환, 폐질환, 피부질환 등

2 조직의 결과

① 직무수행 감소

초기 수행실적은 스트레스 수준이 증가함에 따라 높아지지만, 일정시점 이후에 스트레스 수준이 증가하면 수행실적은 오히려 감소하는 역 U자형 관계이다.

② 결근 및 이직

지각이나 결근 등은 스트레스로 인한 가장 명백한 손실 가운데 하나이며, 결근은 여러 가지 다양한 조건에 의해 일어나지만 심리적 건강이 좋지 않을 때 주로 나타난다. 이러한 결근이 지속되면 이직으로 전환될 가능성이 높다.

③ 직무불만족

직무 스트레스는 직무만족에 직접적인 영향을 준다.

3 예방 및 대처전략

1) 대처를 위한 조건

① 적절한 스트레스는 우리에게 도움을 준다는 명제를 받아들여야 한다.
② 긍정적 스트레스는 적극적 노력에 의해서만 획득될 수 있음을 인식해야 한다.
③ 자신의 스트레스 상황을 의식하고 확인하는 일은 매우 중요하다.
④ 스트레스 상황은 내 자신의 내면에 있다는 점을 인식해야 한다.
⑤ 긴장방출률을 최대한 높여야 한다.

스트레스를 받게 되면 교감신경이 긴장하게 되어 심장은 두근거리게 된다.

상사의 부당한 지시는 스트레스의 원인이다.

2) 예방 및 대처전략

   ① 가치관을 전환시켜야 한다.

   ② 목표지향적 초고속심리에서 과정중심적 사고방식으로 전환한다.

   ③ 스트레스에 정면으로 도전하는 마음이 있어야 한다.

   ④ 가슴속에 있는 한을 털어내야 한다.

   ⑤ 균형있는 생활을 하며, 취미 · 오락을 통해 생활장면을 전환하는 활동을 규칙적으로 해야 한다.

   ⑥ 운동을 통하여 스트레스를 해소한다.

CHAPTER 06 출제예상문제

01 직무 스트레스에 대한 설명으로 틀린 것은?

① 직장 내 소음, 온도와 같은 물리적 요인이 직무 스트레스를 유발할 수 있다.
② 직무 스트레스를 일으키는 심리사회적 요인으로 역할 갈등, 역할 과부하, 역할 모호성 등이 있다.
③ 사회적 지지가 제공되면 우울이나 불안 같은 직무 스트레스 반응이 감소한다.
④ A유형 성격과 B유형 성격을 가진 사람은 직무 스트레스에 취약하다.

해설 A유형 행동이 B유형 행동보다 훨씬 더 빨리 과제를 포기하고 보다 많은 무력감을 느끼게 되어 더 많은 스트레스(쉽게 화를 냄)를 받는다.

02 다음 중 직무 스트레스의 결과가 조직에 미치는 영향과 가장 거리가 먼 것은?

① 직무수행 감소　　② 직무불만족
③ 상사의 부당한 지시　　④ 결근 및 이직

해설 상사의 부당한 지시는 스트레스의 원인이다.

03 직장상사에게 야단맞은 사람이 부하직원이나 식구들에게 트집을 잡아 화풀이를 하는 것은 스트레스에 대한 방어적 대처 중 어떤 개념과 가장 일치하는가?

① 합리화(Rationalization)　　② 동일시(Identification)
③ 보상(Compensation)　　④ 전위(Displacement)

해설 욕구충족 대상에 접근할 수 없을 때 다른 대상에게 에너지를 돌리는 것으로 예를 들면 교수에게 꾸중을 들은 학생이 대신 동료에게 화를 내는 것

04 직장에서 역할 관련 갈등으로 인하여 받는 스트레스는 스트레스의 원인 중 어디에 속하는 것인가?

① 직무관련 스트레스원
② 개인관련 스트레스원
③ 조직관련 스트레스원
④ 물리적 환경관련 스트레스원

05 직무 스트레스를 조절하는 매개요인에 관한 설명으로 틀린 것은?

① 성격요인으로 A유형과 B유형으로 구분하며 A유형의 사람들은 성취욕구가 높고 더 높은 포부수준을 갖고 있기 때문에 일로부터 스트레스를 느낄 가능성이 적다.
② 내적 통제자보다 외적 통제자들은 자신의 삶에 있어 중요한 사건들이 주로 타인이나 외부에 의해 결정된다고 보기 때문에 스트레스 영향력을 감소시키려는 노력을 하지 않는 편이다.
③ 스트레스 자체를 없애기는 어렵기 때문에 스트레스 출처를 예측하는 것이 스트레스를 완화시키는 중요한 역할을 한다.
④ 사회적 지원은 스트레스 출처를 약화시키지만 스트레스 출처로부터 야기된 권태감, 직무 불만족 자체를 감소시키는 것은 아니다.

해설 A유형 행동이 B유형 행동보다 훨씬 더 빨리 과제를 포기하고 보다 많은 무력감을 느끼게 되어 더 많은 스트레스(쉽게 화를 냄)를 받는다.

정답 01 ④　02 ③　03 ④　04 ①　05 ①

06 다음 중 Selye가 제시한 일반적응증후군(General Adaptation Syndrome : G.A.S)의 반응단계에 해당하지 않는 것은?

① 경고단계
② 적응단계
③ 저항단계
④ 소진단계

해설 경계단계(경고단계) → 저항단계 → 탈진(소진)단계

07 다음 행동특성이 올바르게 연결된 것은?

A	• 점심을 먹으면서도 서류를 본다. • 아무것도 하지 않고 쉬면 견딜 수 없다. • 주말이나 휴일에도 쉴 수가 없다.
B	• 열심히 일을 했지만 성취감보다는 허탈감을 느낀다. • 인생에 환멸을 느낀다. • 불면증이 생긴다.

① A-내적 통제소재, B-외적 통제소재
② A-A형 성격, B-B형 성격
③ A-과다 과업지향성, B-과다 인간관계지향
④ A-일 중독증, B-소진

08 Lazarus의 스트레스 이론에 관한 설명으로 틀린 것은?

① 스트레스 사건 자체보다 지각과 인지 과정을 중시하는 이론이다.
② 1차 평가는 사건이 얼마나 위협적인지를 평가하는 것이다.
③ 2차 평가는 자신의 대처 능력에 대한 평가이다.
④ 3차 평가는 자신의 스트레스 반응에 대한 평가이다.

해설 Lazarus는 단순한 자극이나 반응 대신에 환경에서의 자극을 개인이 어떻게 인지적으로 평가하는가를 강조하였다. 즉, 개인이 경험하는 스트레스는 객관적인 스트레스 자극 자체가 아니라 유기체가 그 자극을 어떻게 평가하는가에 따라서 달라진다는 것이다. 그는 인지적 평가를 1차 평가와 2차평가, 그리고 재평가로 구분하고 있다. 1차평가란 사건을 자신의 안녕과의 관계에서 평가는 것이다. 예를 들어 발생한 사건이 자신의 안녕과 관련이 없을 경우에는 무관한 평가로, 만약 자신에게 유익할 경우에는 이로운 평가로, 자신에게 해로울 경우에는 스트레스적인 평가로 내리게 된다. 2차평가는 스트레스 사건에 대한 대처 자원과 관련된 평가이다. 다시말하면 1차평가가 '그 사건이 나에게 어떤 의미를 주는가?'에 초점이 놓여 있는 반면, 2차평가는 '내가 스트레스 사건에 대하여 무엇을 할 수 있는가?'에 초점이 놓여 있다. 재평가는 발생한 문제가 해결될 때까지 개인과 환경 간의 교섭관계에 대한 평가를 반복하는 것을 의미한다.

09 스트레스와 직무수행의 관계에 관한 설명으로 가장 적합한 것은?

① 스트레스가 높아질수록 수행실적도 함께 증가한다.
② 스트레스 수준이 아주 낮으면 수행실적이 증가한다.
③ 스트레스는 직무만족에 직접적인 영향을 준다.
④ 지각이나 결근은 스트레스와는 상관이 없다.

해설 스트레스 수준이 적당하면 작업능률이 최대가 되고 직무수행도 원활이 이루어지지만, 스트레스 수준이 너무 낮거나 높으면 작업능률 및 직무수행이 떨어진다. 스트레스가 많을수록 지각이나 결근이 증가한다.

10 다음 중 개인 관련 스트레스 요인인 A유형 행동을 보이는 사람의 특성에 해당하지 않는 것은?

① 책임을 피한다.
② 쉽게 화를 낸다.
③ 많은 일을 성취하려 한다.
④ 늘 경쟁적 성취욕으로 가득 차 있다.

해설 A유형 행동이 B유형 행동보다 빨리 과제를 포기하고 보다 많은 무력감을 느끼게 되어 더 많은 스트레스를 받으며 극단적으로 공격적 적대감의 표출, 시간에 쫓기며 경쟁적이고 성취욕에 가득 차 있다.

11 다음 중 직무 스트레스의 매개변인으로 볼 수 없는 것은?

① 성격의 유형
② 역할 모호성
③ 통제의 위치
④ 사회적 지원

해설 매개변인이란 독립변인과 종속 변인사이에 끼어들어 영향을 미치는 변인을 말한다. 실험 연구에서 종속변인의 결과가 실험자가 처치한 독립변인의 영향이 아니라 다른 변인으로 인한 것일 가능성은 항상 있는데 이 때문에 주의 깊은 연구설계가 필요하다. 즉 매개변인을 가능한 한 통제할 수 있는 실험설계가 필요하다.

정답 06 ② 07 ④ 08 ④ 09 ③ 10 ① 11 ②

12 직무 스트레스(Job Stress)에 대한 대처 방안의 하나로 이솝우화에 나오는 여우와 신포도(Sour – grape) 이야기처럼 생각하는 것은?

① 투사(Projection)
② 억압(Repression)
③ 합리화(Rationalization)
④ 주지화(Intellectualization)

해설 여우와 신포도 이야기는 먹고 싶으나 먹을 수 없는 포도를 보면서 '신포 도니까 안 먹겠다'고 스스로 합리화하는 내용이다.

13 스트레스 요인의 역할갈등 중 직업에서의 요구와 직업 이외의 요구 간의 갈등에서 발생하는 것은?

① 개인내 – 역할갈등
② 개인간 – 역할갈등
③ 송신자내 갈등
④ 송신자간 갈등

해설 ① 개인 내 역할갈등 : 개인이 수행하는 직무의 요구와 가치관이 다를 때 발생하는 갈등 → 좌절, 목표갈등, 스트레스, 역할갈등(공인회계 사에게 세금을 줄이기 위해 2중 장부를 처리하게 하는 경우)
② 개인간 역할갈등 : 직업에서의 요구와 직업 이외의 요구 간의 갈등 에서 발생하는 갈등 → 오해, 경쟁, 역할수행, 가치관 차이(결혼기념 일의 회사 야근)
③ 송신자 내 갈등 : 업무지시자가 서로 배타적이고, 양립할 수 없는 요 구를 할 때 발생하는 갈등(영업장이 영업사원들에게 영업실적을 올 리라고 하면서 동시에 영업을 위해 필수적인 외근시간은 줄이라고 요구하는 경우)
④ 송신자 간 갈등 : 사람 대 사람의 요구(2명 이상의 요구)가 갈등을 일으킬 때 발생(팀 생산성을 높이기 위해서 부하들을 철저히 감독하 라는 사장의 요구와 작업능률을 높이려면 자신들이 자발적으로 일 할 수 있는 분위기를 만들어 주어야 한다는 부하들의 요구 사이에서 갈등하는 팀장의 스트레스)

14 프리드먼과 로젠만은 관상동맥성 심장병이 특정 성격 과 관련되어 있다고 주장한다. 짧은 시간 내에 더 많은 일을 하 려하고, 지칠 줄 모르는 노력을 경주하는 특징을 가진 성격은?

① A형 성격
② B형 성격
③ O형 성격
④ AB형 성격

해설 ① 극단적으로 공격적, 적대감의 표출, 시간에 쫓기며 경쟁적이고 성취 욕에 가득 차 있다.
② A유형 행동이 B유형 행동보다 훨씬 더 빨리 과제를 포기하고 보다 많 은 무력감을 느끼게 되어 더 많은 스트레스(쉽게 화를 냄)를 받는다.
③ 산업사회의 발달과 함께 A유형의 행동의 비중이 커지고 있다.

15 다음 중 스트레스 상황에 대처하는 행동으로 적합하지 않은 것은?

① 친구를 만나 실컷 수다를 떤다.
② 이불을 뒤집어 쓰고 잠을 자버린다.
③ 정해진 시간을 꼭 지키려 애쓴다.
④ 현실을 직시하고 타협이나 양보를 한다.

16 다음 중 A유형의 행동특징에 대한 설명으로 틀린 것은?

① 근무시간을 철저하게 지키고, 항상 긴박감을 느낀다.
② 평소 활동이 공격적이고 적대적이며, 참을성이 없다.
③ 시간에 대하여 걱정을 덜 하고, 여유를 가진다.
④ 사내의 활동이 경쟁적이며, 승부에 집착한다.

해설 극단적으로 공격적, 적대감의 표출, 시간에 쫓기며 경쟁적이고 성취욕 에 가득 차 있다.

17 스트레스에 관한 설명으로 옳은 것은?

① 스트레스에 대한 일반적응증후는 경계, 저항, 탈진 단계로 진행된다.
② 1년간 생활변동단위(Life Change Unit)의 합이 90인 사람은 대단히 심한 스트레스를 겪는 사람이다.
③ A유형의 사람은 B유형의 사람보다 훨씬 느긋하고 덜 적대적 이어서 상대적으로 스트레스에 인내력이 있다.
④ 스트레스의 대처와 극복에 미치는 사회적 지지의 영향력은 거의 없다.

해설 ② 1년간 생활변동단위합이 150~199점 : 경미한 위기, 200~299 점 : 견딜만한 위기, 300점 이상 : 심각한 위기
③ A유형은 극단적으로 공격적, 적대감의 표출, 시간에 쫓기며 경쟁적 이고 성취욕에 가득 차 있다.
④ 사회적 지지는 긍정적으로 작용한다.

정답 **12** ③ **13** ② **14** ① **15** ③ **16** ③ **17** ①

18 스트레스에 대처하기 위한 포괄적인 노력과 가장 거리가 먼 것은?

① 과정중심적 사고방식에서 목표 지향적 초고속 사고로 전환해야 한다.
② 가치관을 전환시켜야 한다.
③ 스트레스에 정면으로 도전하는 마음이 있어야 한다.
④ 균형 있는 생활을 해야 한다.

해설 목표지향적 초고속사고에서 과정중심적 사고로 전환해야 한다.

19 스트레스와 직무수행의 관계에 대한 설명으로 옳은 것은?

① 스트레스와 직무수행의 관련성은 미미하다.
② 스트레스가 너무 높은 경우에는 직무수행이 높아질 수 있다.
③ 스트레스 수준이 너무 높거나 낮으면 직무수행은 떨어지는 역U자형 관계이다.
④ 스트레스로 인해 직무수행이 저하되다 일정한 수준에 이르면 더 이상 떨어지지 않고 일정 수준을 유지한다.

20 다음이 설명하고 있는 직무 및 조직 관련 스트레스 요인은?

역할담당자가 자신의 지위와 역할전달자의 역할기대가 상충되는 상황에서 지각하는 심리적 상태이다.

① 역할갈등　　　　　　② 산업의 조직문화
③ 과제특성　　　　　　④ 역할모호성

21 다음 중 직무 및 조직 관련 스트레스 요인이 아닌 것은?

① 과제특성　　　　　　② 역할갈등과 역할모호성
③ 산업의 조직문화와 풍토　④ A유형 행동

해설 A유형은 개인관련 스트레스 요인이다.

22 스트레스와 직무수행의 관계에 대한 설명으로 옳은 것은?

① 스트레스가 많을수록 직무수행이 떨어지는 일차함수 관계이다.
② 어느 수준까지 스트레스가 많을수록 직무수행이 떨어지다가 어느 수준에 이르면 더 이상 직무수행이 떨어지지 않고 일정 수준을 유지한다.
③ 일정시점 이후에 스트레스 수준이 증가하면 수행실적은 오히려 감소하는 역U형 관계이다.
④ 스트레스와 직무수행은 관계가 없다.

23 직무 스트레스에 대한 설명 중 틀린 것은?

① 개인의 책임한계나 직무의 목표가 명료하지 않을 때 스트레스가 높아진다.
② 복잡한 과제는 정보과부하를 일으켜 스트레스를 높인다.
③ 공식적이고 구조적인 조직에서는 인간관계가 주요역할갈등을 일으켜 스트레스원이 된다.
④ 집합주의/개인주의 산업문화의 충돌은 근로자에게 스트레스원이 된다.

해설 비공식적이고 비구조적인 조직에서는 인간관계가 스트레스의 원인이 된다.

24 직무와 관련된 스트레스 요인 중 기계화 및 자동화시대에 살고 있는 오늘날 가장 위험한 스트레스 요인이 될 수 있는 것은?

① 지루함　　　　　　② 역할갈등
③ 생산압력　　　　　④ 개인주의

해설 오늘날 가장 위험한 스트레스 요인은 단조로움으로 인한 지루함이다.

25 스트레스에 관한 설명으로 틀린 것은?

① 일반적응증후의 3단계는 경계단계, 저항단계, 회복단계이다.
② 스트레스 수준 또는 강도와 건강 및 생산성 간의 관계는 역U자 관계이다.
③ Seyle가 "일반적응증후군"이라는 개념을 제시하면서 최초의 학문적 연구가 시작되었다.
④ 스트레스 정보의 전달은 자율신경계를 통한 과정과 뇌하수체를 경유하는 뇌분비계에 의한 전달과정으로 구분될 수 있다.

[해설] 일반적응증후의 3단계는 경계단계, 저항단계, 탈진단계이다.

26 개인이 수행하는 직무의 요구와 개인의 가치관이 다를 때 발생하는 역할갈등 요인은?

① 송신자내 갈등
② 개인간 - 역할 갈등
③ 개인내 - 역할갈등
④ 송신자간 갈등

27 직장내의 성희롱이 승진이나 특혜, 직무의 유지를 위해 강제적으로 이루어질 때 일어나는 성희롱은 어떤 유형의 성희롱인가?

① 적대적 환경(Hostile Environment) 성희롱
② 사회문화적(Sociocultural) 성희롱
③ 보복적(Quid Pro Quo) 성희롱
④ 생물학적(Biological) 성희롱

[해설] ① 조건형 성희롱 : 개인의 근로조건을 걸고 성희롱하는 것
② 보복형 성희롱 : 승진이나 특혜, 직무의 유지를 위해 강제적으로 이루어지는 것
③ 환경형 성희롱 : 개인의 직무수행을 부당하게 저해하는 등 불쾌한 고용환경을 만드는 목적 또는 효과를 가진 것

28 직업 관련 스트레스에 대한 설명으로 옳지 않은 것은?

① 스트레스는 사람들에게 긍정적인 측면도 있기 때문에 스트레스를 줄이는 것만이 좋은 것은 아니다.
② 인지상담가 엘리스(Ellis)에 의하면 스트레스의 주요인은 개인의 비합리적 신념이다.
③ 성격을 A유형과 B유형으로 나눌 때 A유형보다는 B유형이 스트레스를 많이 받는다.
④ 조직 내에서 역할의 갈등이나 역할의 모호성 같은 것도 스트레스의 원인이 된다.

[해설] B유형보다는 A유형이 스트레스를 많이 받는다.

PART

03

직업정보론

CONTENTS

V O C A T I O N A L   C O U N S E L O R

CHAPTER
01 직업정보의 제공

직업정보의 이해

1 직업정보

1) 직업의 정의

생계를 유지하기 위하여 일정한 기간 동안 계속해서 종사하는 일의 종류

2) 직업정보의 정의

① 직업별 직무내용, 직업전망, 근로조건 등에 관한 모든 종류의 정보를 말하며, 국내외의 각종 직업에 관련된 다양한 정보를 체계화시킨 것
② 이러한 정보의 수집, 관리, 제공까지 해당

2 직업정보의 내용

① 직업별로 수행되는 직무와 이에 필요한 학력, 적성, 흥미, 자격조건 등의 직업명세사항
② 각 직업별 고용동향, 인력수급현황 및 고용전망 등의 노동시장정보

3 직업정보의 기능 및 역할

1) 노동시장 측면

① 직업정보는 미취업 청소년의 진로탐색 및 진로 선택시 참고자료로 이용되며
② 구직자에게는 구직활동을 촉진시키는 기능을 한다.

2) 기업적인 측면

① 직업별 수행직무를 정확하게 파악하도록 함으로써 합리적인 인사관리를 촉진한다.

② 직무분석을 기초로 한 과학적인 안전관리로 산업재해를 예방하는 기능을 수행한다.

3) 국가적 측면

① 직업정보는 체계적인 직업정보를 기초로 하여 직업훈련 기준의 설정 및

② 적절한 직업훈련 정책을 입안하며 고용정책을 결정하는 기초자료로 활용된다.

> **🔍 참고**
>
> **브레이필드(Brayfield)의 직업정보기능**
> ① 정보제공 기능 : 모호한 의사결정을 돕고 진로선택에 관한 지식을 증가시켜 주는 기능
> ② 재조정 기능 : 내담자가 현실에 비추어 부적당한 선택을 했는지 재조명해 보는 기능
> ③ 동기화 기능 : 내담자가 의사결정과정에 적극 참여하도록 동기화시켜주는 기능

4 직업정보 사용목적

1) 동기부여, 흥미유발, 태도변화

2) 지식전달

① 전에 알지 못했던 직업에 대해 알게 됨

② 회사나 공장의 유형에 대해 알게 됨

③ 한 직업에서 일하는 활동과 일의 과정, 환경 등에 관해 알게 됨

3) 비교 · 분석

한 직업에서 더 좋은 근로자의 생활 형태를 비교 · 분석

4) 역할 모형 제공

학교나 대학 졸업자, 중도 탈락자 등 동일시할 수 있는 근로자 등을 제시함으로써 역할 모형을 제공

SECTION 1-2   직업정보의 종류

1 공공직업정보와 민간직업정보

1) 공공직업정보

① 정부, 비영리기관에서 공익적인 목적으로 생산 · 제공된다.

② 지속적으로 조사, 분석하여 제공된다.

③ 전체 산업 및 업종에 걸친 직업을 대상으로 한다.

④ 보편적인 항목으로 이루어진 기초적인 직업정보체계로 구성된다.

⑤ 무료로 제공된다.

⑥ 관련 직업정보 간의 비교 · 활용이 용이하다.

⑦ 공공직업정보체계에 대한 직접적 · 객관적인 평가가 가능하다.

2) 민간직업정보

① 필요한 시기에 최대한 활용되도록 한시적으로 신속하게 생산되어 운영된다.

② 단시간에 조사되어 집중적으로 제공된다.

③ 특정한 목적에 맞게 해당분야의 직종을 제한적으로 선택(컴퓨터 관련 전문 직종 20선 등)

④ 정보 자체의 효과가 큰 반면 부가적인 파급효과는 적다.

⑤ 다른 직업정보와의 비교가 적고 활용성이 낮다.

⑥ 유료로 제공된다.

기술적 직업결정모형 : 타이드만과 오하라, 힐튼, 브룸, 슈, 플래처

2 직업선택 결정모형

1) 기술적 직업결정 모형

사람들의 일반적인 직업결정방식을 나타내고자 시도한 이론

① 타이드만과 오하라(Tiedman & O'hara)의 모형

  ㉠ 직업선택을 결정하는 기간에 대한 연구

  ㉡ 기대의 기간 : 직업선택을 결정하기 이전의 단계(탐색기 – 구체화기 – 선택기 – 명료화기)

  ㉢ 실행과 조정의 기간 : 직업선택을 결정하고 난 후의 행위단계(순응기 – 개혁기 – 통합기)

② 힐튼(Hilton)의 모형

  ㉠ 복잡한 직업정보에 접근하게 되는 구조에 근거를 둔 이론. 직업결정 과정은 자신이 세운 계획과 전제 간의 불일치점을 조사 · 시험해보고, 이들 사이에 부조화가 없다면 현재의 계획을 행위화시키는 과정

  ㉡ 전제단계 – 직업선택하기 이전의 조사 시기

  ㉢ 계획단계 – 특정 직업에서 요구하고 있는 행동을 상상하는 시기

  ㉣ 인지부조화 단계 – 자신이 가지고 있는 특성과 반대되는 직업을 갖게 됨으로써 생겨나는 행동을 시험해보는 시기

③ 브룸(Vroom)의 모형

  ㉠ 직업결정 요인을 균형, 기대, 힘의 원리로 설명하였다.

  ㉡ 균형은 직업선택결정자가 직업에 대한 실제 만족과 달리 기대된 만족

ⓒ 기대는 직업선택 결정자가 자신이 선택한 직업이 실현가능하다고 믿는 정도

ⓔ 힘은 행위를 통제하는 가설적 인지요인

④ 슈(Hsu)의 모형

ⓐ 브룸의 모형과 비슷하나 〈힘〉의 개념을 다르게 표현하였다.

ⓑ 힘은 직업결정자의 독특한 직업목표를 성취하기 위해 최대한도의 기회를 가진 것

ⓒ 직업결정자가 선택과 목표 사이의 불균형을 극소화시키려고 시도한다는 것

⑤ 플래처(Fletcher)의 모형

ⓐ 개념학습에 근거

– 개념(기본적 인간욕구와 관련된 경험에 토대를 둔 미래에 대한 개념)

ⓑ 하나의 직업은 여러 가지 요인들, 즉 자아개념, 흥미, 태도, 가치관 등의 조합이다.

ⓒ 직업개념은 특수성 대 일반성, 구체성 대 추상성 등의 두 차원이 있다.

2) 처방적 직업결정 모형

사람으로 하여금 직업을 결정하는데 있어 실수를 감소시키고 보다 나은 직업선택을 하도록 도와주려는 의도에서 시도되는 이론

① 카츠(Katz)의 모형(구조)

ⓐ 직업결정자를 돕는 특수한 기술에 사용될 수 있는 구조를 강조

ⓑ 직업결정자는 자신의 특성요인을 가치와 중요도에 따라 비교하여 그 특성에 맞는 대안을 선택하고, 그 대안이 제공하는 보수에 따라 평가해야 한다고 함

② 겔라트(Gelate)의 모형

ⓐ 직업선택의 결과보다 그 선택과정을 중시

ⓑ 직업정보를 예언적 체계, 가치체계, 결정준거의 3차원으로 나눔

ⓒ 겔라트의 모형은 적절한 정보입력을 중시

③ 칼도와 쥐토우스키(Kaldor & Zytowski)

칼도와 쥐토우스키는 직업선택과 입력의 가치를 평가하는 것을 직업적 유용도 함수로 설명

처방적 직업결정모형 : 카츠, 겔라트, 칼도와 쥐토우스키

Ⅰ. 한국직업사전

한국직업사전의 각종 정보는 사업체의 표본조사를 통해 조사된 내용으로 의도적인 목적으로 사용될 수 없다. 즉, 특정집단을 대표하는 이익단체의 권리 및 주장, 근로자의 직업(직무) 평가자료 등으로 사용할 수 없으며 정규교육, 숙련기간, 작업강도, 육체활동 등의 각종 정보는 쟁의 및 소송의 기초자료로 사용될 수 없다.

직업세계 및 노동환경은 기술진보, 경제성장변화 그리고 정부의 정책 등에 따라 달라 질 수 있기 때문에 한국직업사전에 수록된 직업정보 역시 절대적인 자료가 될 수 없다.

1 직업사전의 개요

1) 발간목적

한국직업사전은 급속한 과학기술 발전과 산업구조 변화 등에 따라 변동하는 직업세계를 체계적으로 조사·분석하여 표준화된 직업명과 기초직업정보를 제공할 목적으로 발간된나.

한국직업사전은 청소년과 구직자, 이·전직 희망자에게는 직업선택을 위해, 직업 및 진로상담원에게는 진로선택 및 취업상담자료로, 직업훈련담당자에게는 직업훈련과정 개발을 위해, 연구자에게는 직업분류체계 개발과 기타 직업연구를 위해, 그리고 노동정책 수립자에게는 노동정책 수립을 위해 기초자료로 사용될 수 있다.

2) 조사절차 및 방법

(1) 예비조사 및 조사설계

문헌 연구, 협회 및 기업체 관계자 인터뷰, 사이트 검색 등 예비조사를 실시하여 조사대상 직종/직업에 대한 이해도를 높이고 직종별 조사 사업체 선정 및 조사방법 검토 등 조사방안 구안

(2) 현장전문가 인터뷰

협회 관계자, 인적자원개발협의체 담당자, 직업별 재직자, 관련 분야 교수 및 연구자, 기업 인사담당자 등 현장 전문가와 네트워크를 구성하여 조사방법 등 설계에 대한 타당성 검토

(3) 기존직업 검토

* 조사대상 직업의 과거 수록정보 등을 분석하여 분류체계, 직업명칭, 부가직업정보 등 정보 오류 및 자격제도 변경 등을 분석하여 수정
* 점검표를 통해 직무기술서의 타당성 검토

- 현장 전문가 집단을 통해 기존직업의 직업정보 타당성, 직업세계의 변화 등을 인터뷰, 이메일, FAX 등을 통해 수집

(4) 신생 및 누락직업 검토

- 재직자, 전문가의 면대면 및 이메일 인터뷰, 문헌연구, 취업알선자료 분석 등을 통해 신생 및 누락직업 후보직업 수집
- 직업사전 DB와 비교·분석을 통해 신생 및 누락직업 최종 결정

(5) 현장 직무 조사 및 직무기술서 작성

- 직무조사는 사업체를 방문하여 직접 조사하는 것을 원칙으로 함
  - 그러나 기존 직업의 경우 기존 직무내용 등 정보를 검토하고 필요시 부분 수정하여 초안을 작성하고 재직자, 전문가를 중심으로 이메일 또는 면대면 조사 등을 통해서 검토받음
- 기존 직업으로 재조사가 필요하거나 누락직업 및 신규직업의 경우 현장 조사를 통해 신규로 작성
  - 현장조사가 어렵거나 합의된 직무도출 및 기술을 위해 일부 직업에 대해서는 전문가인터뷰(FGI) 실시

(6) 검증작업, 직업DB구성, 직업사전 발간

- 조사 직업을 대상으로 전문가와의 협의를 거쳐 변경사항을 확인하고 직업사전 등재여부를 확정
  - 직업조사 적정성은 점검표를 활용하여 평가
- 조사된 직업은 동일한 포맷으로 직업DB를 구축하고 최종 인쇄·배포 및 워크넷에 업로드

2 한국직업사전의 활용

한국직업사전에 수록된 직업들은 직무분석을 바탕으로 조사된 정보들로서 수많은 일을 조직화된 방식으로 고찰하기 위하여 유사한 직무를 기준으로 분류한 것이다. 한국직업사전에 수록된 정보는 전국적인 사업체에서 유사한 직무가 어떻게 수행 되는가에 대한 포괄적인 조사·분석·연구의 결과이다.

1) 직업코드

특정 직업을 구분해 주는 단위로서 한국고용직업분류(KECO)의 세분류 4자리 숫자로 표기하였다. 다만, 동일한 직업에 대해 여러 개의 직업코드가 포함되는 경우에는 직무의 유사성 등을 고려하여 가장 타당하다고 판단되는 직업코드 하나를 부여하였다. 직업코드 4자리에서 첫 번째는 대분류, 두 번째는 중분류, 세 번째 숫자는 소분류, 네 번째 숫자는 세분류를 나타낸다. 세분류 내 직업들은 가나다 순으로 배열된다.

2) 본직업명

산업현장에서 일반적으로 해당 직업으로 알려진 명칭 혹은 그 직무가 통상적으로 호칭되는 것으로 한국직업사전에 그 직무내용이 기술된 명칭이다. 즉, 사업주가 근로자를 모집할 때 사용하는 명칭, 사업체 내에서 일반적으로 통용되는 명칭, 구직자가 취업하고자 할 때 사용하는 명칭, 해당 직업 종사자 상호간의 호칭, 그 외 각종 직업 관련 서류에 쓰이는 명칭을 말한다. 특별히 부르는 명칭이 없는 경우에는 직무내용과 산업의 특수성 등을 고려하여 누구나 쉽게 이해할 수 있는 명칭을 부여하였다. 실제로 현장근로자를 대상으로 하는 직무조사의 경우 작업자 스스로도 자신의 직업이 무엇으로 불리는지 알지 못하는 경우가 있는데 이는 작업자들 간에 사용하는 호칭과 기업 내 직무편제상의 명칭이 다르기 때문이다. 따라서 직업명칭은 해당 작업자의 의견뿐만 아니라 상위책임자 및 인사담당자의 의견을 수렴하여 결정하였다. 또한 가급적 외래어를 피하고 우리말로 표기하되, 우리말 표기에 현장감이 없을 경우에는 외래어표기법에 따라 표기하였다.

3) 직무개요

직무담당자의 활동, 활동의 대상 및 목적, 직무담당자가 사용하는 기계, 설비 및 작업보조물, 사용된 자재, 만들어진 생산품 또는 제공된 용역, 수반되는 일반적, 전문적 지식 등을 간략히 기술하였다.

4) 수행직무

직무담당자가 직무의 목적을 완수하기 위하여 수행하는 구체적인 작업(task) 내용을 작업순서에 따라 서술한 것이다. 단, 공정의 순서를 파악하기 어려운 경우에는 작업의 중요도 또는 작업빈도가 높은 순으로 기술하였다. 작업을 수행하면서 수반 되는 작업요소(task element)는 직무를 기술하는데 필요한 것이라면 포함하였다.

직무의 특징적인 작업을 명확히 하기 위하여 작업자가 사용하는 도구ㆍ기계와 관련시켜 작업자가 무엇을, 어떻게, 왜 하는가를 정확하게 표현하되 평이한 문체로 이해하기 쉽게 기술하였다. 작업과 작업요소는 상대적인 개념으로 어떤 직업에서는 작업요소인 활동이 다른 직업에서는 작업(task)이 될 수 있고 또 어떤 근로자에게는 하나의 직무가 될 수 있으므로 직무특성에 따라 적절히 판단하였다. 문장기술의 통일성을 확보하기 위하여 조사자는 다음의 원칙을 고려하여 수행직무를 기술하였다.

① 해당 작업원이 주어일 때는 주어를 생략하나, 다른 작업원이 주어일 때에는 주어를 생략하지 않는다.

② 작업의 본질을 표현하는 동사와 그것을 규정하는 수식어를 적절히 사용하여 문장을 완성한다. 직무의 특성이 나타나지 않는 일반적인 문장은 가급적 피한다.

③ 문체는 항상 현재형으로 기술한다. 즉 "……한다" "……이다"의 형식이 된다.

④ 작업의 내용을 기술할 때 추상적인 언어는 사용하지 않는다.

⑤ 문체는 간결한 문장으로 한다.

⑥ 내용기술은 시간적 순서(작업순서)에 의해 작성한다.

⑦ 전체를 정확히 파악하여 중요한 내용을 모두 기술한다.

⑧ 주된 직무보다 빈도나 중요도는 낮으나 수행이 가능한 작업에 대해서는 "수행 직무"에서 "~하기도 한다."로 표현한다. "~하기도 한다."라는 문장은 이 직업에 종사하는 사람이 가끔 이런 작업을 수행할 것이라는 의미가 아니라 다른 사업체에 있는 이 직업에 종사하는 사람이 일반적으로 수행하거나 수행 가능한 작업을 나타낸다.

⑨ 외래어의 정확한 이해를 위해 원어(原語)를 함께 표기한다.

5) 부가직업정보

① 정규교육

해당 직업의 직무를 수행하는데 필요한 일반적인 정규교육수준을 의미하는 것으로 해당 직업 종사자의 평균 학력을 나타내는 것은 아니다. 현행 우리나라 정규교육 과정의 연한을 고려하여 "6년 이하"(무학 또는 초졸 정도), "6년 초과~9년 이하"(중졸 정도), "9년 초과~12년 이하"(고졸 정도), "12년 초과~14년 이하"(전문대졸 정도), "14년 초과~16년 이하"(대졸 정도), "16년 초과"(대학원 이상) 등 그 수준을 6단계로 분류하였으며, 독학, 검정고시 등을 통해 정규교육 과정을 이수하였다고 판단되는 기간도 포함된다.

수준	교육 정도
1	6년 이하(초졸 정도)
2	6년 초과~9년(중졸 정도)
3	9년 초과~12년(고졸 정도)
4	12년 초과~14년(전문대졸 정도)
5	14년 초과~16년(대졸 정도)
6	16년 초과(대학원 이상)

② 숙련기간

정규교육과정을 이수한 후 해당 직업의 직무를 평균적인 수준으로 스스로 수행하기 위하여 필요한 각종 교육기간, 훈련기간 등을 의미한다. 해당 직업에 필요한 자격·면허를 취득하는 취업 전 교육 및 훈련기간뿐만 아니라 취업 후에 이루어지는 관련 자격·면허 취득 교육 및 훈련 기간도 포함된다. 또한 자격·면허가 요구되는 직업은 아니지만 해당 직무를 평균적으로 수행하기 위한 각종 교육·훈련, 수습교육, 기타 사내교육, 현장훈련 등의 기간이 포함된다. 단, 해당직무를 평균적인 수준 이상으로 수행하기 위한 향상훈련 (further training)은 "숙련기간"에 포함되지 않는다.

수준	숙련기간
1	약간의 시범정도
2	시범후 30일 이하
3	1개월 초과~3개월 이하
4	3개월 초과~6개월 이하
5	6개월 초과~1년 이하
6	1년 초과~2년 이하
7	2년 초과~4년 이하
8	4년 초과~10년 이하
9	10년 초과

③ 직무기능(DPT)

해당 직업 종사자가 직무를 수행하는 과정에서 "자료(data)", "사람(people)", "사물 (thing)"과 맺는 관련된 특성을 나타낸다. 각각의 작업자 직무기능은 광범위한 행위를 표시하고 있으며 작업자가 자료, 사람, 사물과 어떤 관련을 가지고 있는지를 보여준다. 세 가지 관계 내에서의 배열은 아래에서 위로 올라가면서 단순한 것에서 차츰 복잡한 것으로 향하는 특성을 보여주지만 그 계층적 관계가 제한적인 경우도 있다.

㉠ "자료(data)"와 관련된 기능은 정보, 지식, 개념 등 세 가지 종류의 활동으로 배열 되어 있는데 어떤 것은 광범위하며 어떤 것은 범위가 협소하다. 또한 각 활동은 상당히 중첩되어 배열간의 복잡성이 존재한다.

㉡ "사람(people)"과 관련된 기능은 위계적 관계가 없거나 희박하다. 서비스 제공이 일반적으로 덜 복잡한 사람관련 기능이며, 나머지 기능들은 기능의 수준을 의미하는 것은 아니다.

㉢ "사물(thing)"과 관련된 기능은 작업자가 기계와 장비를 가지고 작업하는지 혹은 기계가 아닌 도구나 보조구(補助具)를 가지고 작업하는지에 기초하여 분류된다. 또한 작업자의 업무에 따라 사물과 관련되어 요구되는 활동수준이 달라진다.

수준	자료(Data)	사람(People)	사물(Thing)
0	종 합	자 문	설 치
1	조 정	협 의	정밀작업
2	분 석	교 육	제어조작
3	수 집	감 독	조작운전
4	계 산	오락제공	수동조작
5	기 록	설 득	유 지
6	비 교	말하기 · 신호	투입 · 인출
7	–	서비스 제공	단순작업
8	관련 없음	관련 없음	관련 없음

※ 밑으로 내려갈수록 낮은 수준

ⓐ 자료(Data) : "자료"와 관련된 기능은 만질 수 없으며 숫자, 단어, 기호, 생각, 개념 그리고 구두상 표현을 포함한다.

0. 종합(synthesizing) : 사실을 발견하고 지식개념 또는 해석을 개발하기 위해 자료를 종합적으로 분석한다.

1. 조정(coordinating) : 데이터의 분석에 기초하여 시간, 장소, 작업순서, 활동 등을 결정한다. 결정을 실행하거나 상황을 보고한다.

2. 분석(analyzing) : 조사하고 평가한다. 평가와 관련된 대안적 행위의 제시가 빈번하게 포함된다.

3. 수집(compiling) : 자료, 사람, 사물에 관한 정보를 수집·대조·분류한다. 정보와 관련한 규정된 활동의 수행 및 보고가 자주 포함된다.

4. 계산(computing) : 사칙연산을 실시하고 사칙연산과 관련하여 규정된 활동을 수행하거나 보고한다. 수를 세는 것은 포함되지 않는다.

5. 기록(copying) : 데이터를 옮겨 적거나 입력하거나 표시한다.

6. 비교(comparing) : 자료, 사람, 사물의 쉽게 관찰되는 기능적, 구조적, 조합적 특성을 (유사성 또는 표준과의 차이) 판단한다.

ⓑ 사람(People) : "사람"과 관련된 기능은 인간과 인간처럼 취급되는 동물을 다루는 것을 포함한다.

0. 자문(mentoring) : 법률적으로나 과학적, 임상적, 종교적, 기타 전문적인 방식에 따라 사람들의 전인격적인 문제를 상담하고 조언하며 해결책을 제시한다.

1. 협의(negotiating) : 정책을 수립하거나 의사결정을 하기 위해 생각이나 정보, 의견 등을 교환한다.

2. 교육(instructing) : 설명이나 실습 등을 통해 어떤 주제에 대해 교육하거나 훈련(동물 포함)시킨다. 또한 기술적인 문제를 조언한다.

3. 감독(supervising) : 작업절차를 결정하거나 작업자들에게 개별 업무를 적절하게 부여하여 작업의 효율성을 높인다.

4. 오락제공(diverting) : 무대공연이나 영화, TV, 라디오 등을 통해 사람들을 즐겁게 한다.

5. 설득(persuading) : 상품이나 서비스 등을 구매하도록 권유하고 설득한다.

6. 말하기 – 신호(speaking – signaling) : 언어나 신호를 사용해서 정보를 전달하고 교환한다. 보조원 에게 지시하거나 과제를 할당하는 일을 포함한다.

7. 서비스제공(serving) : 사람들의 요구 또는 필요를 파악하여 서비스를 제공한다. 즉각적인 반응이 수반된다.

ⓒ "사물"과 관련된 기능은 사람과 구분되는 무생물로서 물질, 재료, 기계, 공구, 설비, 작업도구 및 제품 등을 다루는 것을 포함한다.

0. 설치(setting up) : 기계의 성능, 재료의 특성, 작업장의 관례 등에 대한 지식을 적용하여 연속적인 기계가공작업을 수행하기 위한 기계 및 설비의 준비, 공구 및 기타 기계장비의 설치 및 조정, 가공물 또는

재료의 위치조정, 제어장치 설정, 기계의 기능 및 완제품의 정밀성 측정 등을 수행한다.

1. 정밀작업(precision working) : 설정된 표준치를 달성하기 위하여 궁극적인 책임이 존재하는 상황 하에서 신체부위, 공구, 작업도구를 사용하여 가공물 또는 재료를 가공, 조종, 이동, 안내하거나 또는 정위치시킨다. 그리고 도구, 가공물 또는 원료를 선정하고 작업에 알맞게 공구를 조정한다.

2. 제어조작(operating-controlling) : 기계 또는 설비를 시동, 정지, 제어하고 작업이 진행되고 있는 기계나 설비를 조정한다.

3. 조작운전(driving-operating) : 다양한 목적을 수행하고자 사물 또는 사람의 움직임을 통제하는데 일정한 경로를 따라 조작되고 안내되어야 하는 기계 또는 설비를 시동, 정지하고 그 움직임을 제어한다.

4. 수동조작(manipulating) : 기계, 설비 또는 재료를 가공, 조정, 이동 또는 위치할 수 있도록 신체부위, 공구 또는 특수장치를 사용한다. 정확도 달성 및 적합한 공구, 기계, 설비 또는 원료를 산정하는데 있어서 어느 정도의 판단력이 요구된다.

5. 유지(tending) : 기계 및 장비를 시동, 정지하고 그 기능을 관찰한다. 체인징가이드, 조정타이머, 온도게이지 등의 계기의 제어장치를 조정하거나 원료가 원활히 흐르도록 밸브를 돌려주고 빛의 반응에 따라 스위치를 돌린다. 이러한 조정업무에 판단력은 요구되지 않는다.

6. 투입-인출(feeding-off bearing) : 자동적으로 또는 타작업원에 의하여 가동, 유지되는 기계나 장비안에 자재를 삽입, 투척, 하역하거나 그 안에 있는 자재를 다른 장소로 옮긴다.

7. 단순작업(handling) : 신체부위, 수공구 또는 특수장치를 사용하여 기계, 장비, 물건 또는 원료 등을 정리, 운반 처리한다. 정확도 달성 및 적합한 공구, 장비, 원료를 선정하는데 판단력은 요구되지 않는다.

④ 작업강도

"작업강도"는 해당 직업의 직무를 수행하는데 필요한 육체적 힘의 강도를 나타낸 것으로 5단계로 분류하였다. 그러나 "작업강도"는 심리적ㆍ정신적 노동강도는 고려하지 않았다. 또한 각각의 작업강도는 "들어올림", "운반", "밈", "당김" 등을 기준으로 결정하였는데, 이것은 일차적으로 힘의 강도에 대한 육체적 요건이며 일반적으로 이러한 활동 중 한 가지에 참여한다면 그 범주를 기준으로 사용한다.

㉠ 들어올림 : 물체를 주어진 높이에서 다른 높이로 올리거나 내리는 작업

㉡ 운반 : 손에 들거나 팔에 걸거나 어깨에 메고 물체를 한 장소에서 다른 장소로 옮기는 작업

㉢ 밈 : 일정한 방향으로 움직이도록 반대쪽에서 힘을 가하는 작업(때리고, 치고, 발로차고, 페달을 밟는 일도 포함)

㉣ 당김 : 물체에 힘을 가하여 자기쪽이나 일정한 방향으로 가까이 오게 하는 작업

▼ 작업강도 구분

구분	정의
아주 가벼운 작업	• 최고 4kg의 물건을 들어 올리고, 때때로 장부, 소도구 등을 들어 올리거나 운반한다. • 앉아서 하는 작업이 대부분을 차지하지만 직무수행상 서거나 걷는 것이 필요할 수도 있다.
가벼운 작업	• 최고 8kg의 물건을 들어올리고 4kg정도의 물건을 빈번히 들어 올리거나 운반한다. • 걷거나 서서하는 작업이 대부분일 때 또는 앉아서 하는 작업일지라도 팔과 다리로 밀고 당기는 작업을 수반할 때에는 무게가 매우 적을지 라도 이 작업에 포함된다.
보통 작업	• 최고 20kg의 물건을 들어올리고 10kg 정도의 물건을 빈번히 들어 올리거나 운반한다 .
힘든작업	• 최고 40kg의 물건을 들어올리고 20kg 정도의 물건을 빈번히 들어 올리거나 운반한다.
아주 힘 든작업	• 40kg 이상의 물건을 들어올리고 20kg 이상의 물건을 빈번히 들어 올리거나 운반한다.

⑤ 육체활동

"육체활동"은 해당 직업의 직무를 수행하기 위해 필요한 신체적 능력을 나타내는 것으로 균형감각, 웅크림, 손사용, 언어력, 청각, 시각 등이 요구되는 직업인지를 보여준다. 단, "육체활동"은 조사대상 사업체 및 종사자에 따라 다소 상이할 수 있으므로 전체 직업 종사자의 "육체활동"으로 일반화하는 데는 무리가 있다.

구분	정의
균형감각	손, 발, 다리 등을 사용하여 사다리, 계단, 발판, 경사로, 기둥, 밧줄 등을 올라가거나 몸 전체의 균형을 유지하고 좁거나 경사지거나 또는 움직이는 물체 위를 걷거나 뛸 때 신체의 균형을 유지하는 것이 필요한 직업이다. • 예시 직업 : 도장공, 용접원, 기초구조물설치원, 철골조립공 등
웅크림	허리를 굽히거나 몸을 앞으로 굽히고 뒤로 젖히는 동작, 다리를 구부려 무릎을 꿇는 동작, 다리와 허리를 구부려 몸을 아래나 위로 굽히는 동작, 손과 무릎 또는 손과 발로 이동하는 동작 등이 필요한 직업이다. • 예시 직업 : 단조원, 연마원, 오토바이수리원, 항공기엔진정비원, 전기도금원 등
손사용	일정기간의 손사용 숙련기간을 거쳐 직무의 전체 또는 일부분에 지속적으로 손을 사용하는 직업으로 통상적인 손사용이 아닌 정밀함과 숙련을 필요로 하는 직업에 한정한다. • 예시 직업 : 해부학자 등 의학관련 직업, 의료기술종사자, 기악연주자, 조각가, 디자이너, 미용사, 조리사, 운전관련 직업, 설계관련 직업 등
언어력	말로 생각이나 의사를 교환하거나 표현하는 직업으로 개인이 다수에게 정보 및오락제공을 목적으로 말을 하는 직업이다. • 예시 직업 : 교육관련 직업, 변호사, 판사, 통역가, 성우, 아나운서 등

청각	단순히 일상적인 대화내용 청취여부가 아니라 작동하는 기계의 소리를 듣고 이상 유무를 판단하거나 논리적인 결정을 내리는 청취활동이 필요한 직업이다. • 예시 직업 : 피아노조율사, 음향관련 직업, 녹음관련 직업, 전자오르간검사원, 자동차엔 진정비원 등
시각	일상적인 눈사용이 아닌 시각적 인식을 통해 반복적인 판단을 하거나 물체의 길이, 넓이, 두께를 알아내고 물체의 재질과 형태를 알아내기 위한 거리와 공간 관계를 판단하는 직업이다. 또한 색의 차이를 판단할 수 있어야 하는 직업이다. • 예시 직업 : 측량기술자, 제도사, 항공기조종사, 사진작가, 의사, 심판, 보석감정인, 위폐 감정사 등 감정관련 직업, 현미경, 망원경 등 정밀광학기계를 이용하는 직업, 촬영 및 편집관련 직업 등

⑥ 작업장소

"작업장소"는 해당 직업의 직무가 주로 수행되는 장소를 나타내는 것으로 실내, 실외 종사비율에 따라 구분한다.

㉠ 실내 : 눈, 비, 바람과 온도변화로부터 보호를 받으며 작업의 75% 이상이 실내에서 이루어지는 경우

㉡ 실외 : 눈, 비, 바람과 온도변화로부터 보호를 받지 못하며 작업의 75% 이상이 실외에서 이루어지는 경우

㉢ 실내·외 : 작업이 실내 및 실외에서 비슷한 비율로 이루어지는 경우

⑦ 작업환경

"작업환경"은 해당 직업의 직무를 수행하는 작업자에게 직접적으로 물리적, 신체적 영향을 미치는 작업장의 환경요인을 나타낸 것이다. 작업자의 작업환경을 조사하는 담당자는 일시적으로 방문하고 또한 정확한 측정기구를 가지고 있지 못한 경우가 일반적이기 때문에 조사 당시에 조사자가 느끼는 신체적 반응 및 작업자의 반응을 듣고 판단한다. 온도, 소음·진동, 위험내재 및 대기환경이 미흡한 직업은 근로기준법, 산업안전보건법 등의 법률에서 제시한 금지직업이나 유해요소가 있는 직업 등을 근거로 판단할 수 있다. 그러나 이러한 기준도 산업체 및 작업장에 따라 달라질 수 있으므로 절대적인 기준이 될 수 없다.

구분	정의
저온	신체적으로 불쾌감을 느낄 정도로 저온이거나 두드러지게 신체적 반응을 야기 시킬 정도로 저온으로 급변하는 경우
고온	신체적으로 불쾌감을 느낄 정도로 고온이거나 두드러지게 신체적 반응을 야기 시킬 정도로 고온으로 급변하는 경우
다습	신체의 일부분이 수분이나 액체에 직접 접촉되거나 신체에 불쾌감을 느낄 정도로 대기 중에 습기가 충만하는 경우
소음, 진동	심신에 피로를 주는 청각장애 및 생리적 영향을 끼칠 정도의 소음, 전신을 떨게 하고 팔과 다리의 근육을 긴장시키는 연속적인 진동이 있는 경우
위험 내재	신체적인 손상의 위험에 노출되어 있는 상황으로 기계적·전기적 위험, 화상, 폭발, 방사선 등의 위험이 있는 경우
대기환경미흡	직무를 수행하는 데 방해가 되거나 건강을 해칠 수 있는 냄새, 분진, 연무, 가스 등의 물질이 작업장의 대기 중에 다량 포함된 경우

⑧ 유사명칭

"유사명칭"은 현장에서 본직업명을 명칭만 다르게 부르는 것으로 본직업명과 사실상 동일하다. 따라서 직업수 집계에서 제외된다. 예를 들어, "보험모집원"은 "생활 설계사", "보험영업사원"이라는 유사명칭을 가지는데 이는 동일한 직무를 다르게 부르는 명칭들이다.

⑨ 관련직업

"관련직업"은 본직업명과 기본적인 직무에 있어서 공통점이 있으나 직무의 범위, 대상 등에 따라 나누어지는 직업이다. 하나의 본직업명에는 두 개 이상의 관련 직업이 있을 수 있으며 직업수 집계에 포함된다.

⑩ 자격 · 면허

"자격 · 면허"는 해당 직업에 취업 시 소지할 경우 유리한 자격증 또는 면허를 나타내는 것으로 현행 국가기술자격법 및 개별법령에 의해 정부주관으로 운영하고 있는 국가자격 및 면허를 수록한다. 한국산업인력공단, 대한상공회의소 등에서 주관 · 수행하는 시험에 해당하는 자격과 각 부처에서 개별적으로 시험을 실시하는 자격증을 중심으로 수록하였다. 그러나 민간에서 부여하는 자격증은 제외한다.

⑪ 한국표준산업분류 코드

해당 직업을 조사한 산업을 나타내는 것으로 한국표준산업분류의 소분류(3-digits) 산업을 기준으로 하였다. 두 개 이상의 산업에 걸쳐 조사된 직업에 대해서도 해당 산업을 모두 표기하였다. 대분류 기준의 모든 산업에 포함되는 일부 직업은 대분류의 소분류 산업을 모두 표기하는 것이 아니라 '제조업', '도매 및 소매업' 등 대분류 산업을 기준으로 표기하였다. 단, '산업분류'는 수록된 산업에만 해당 직업이 존재하는 것을 의미하는 것이 아니라 그 직업이 조사된 산업을 나타내고 있다. 따라서 타 산업에서도 해당 직업이 존재할 수 있다.

⑫ 한국표준직업분류 코드

해당 직업의 한국고용직업분류(KECO) 세분류 코드(4-digits)에 해당하는 한국 표준직업분류의 세분류 코드를 표기한다.

⑬ 조사연도

'조사연도'는 해당 직업의 직무조사가 실시된 연도를 나타낸다.

6) 수록직업검색방법

직업사전에서 아래의 두가지 방법으로 원하는 직업을 찾을 수 있다.

① 직업명 색인찾기

가나다순에 따라 배열된 직업명 색인(부록)에서 원하는 직업을 찾는다. 직업명에 해당 하는 페이지를 찾아 수행직무를 보고 찾고자 하는 직업인지를 확인한다.

② 한국고용직업분류로 찾기

직업분류에 따라 직업을 찾는 방법은 직업분류체계와 직업에 대한 충분한 지식이 있는 경우에 효율적이다.

먼저 각 단원의 앞부분에 기술되어 있는 한국고용직업분류(KECO)의 분류에 대한 설명을 읽은 후 찾고자 하는 직업의 직무내용이 포함될 것 같은 대분류를 찾는다. 다음으로 찾고자 하는 직업의 직무유형(skill type)과 직무수준(skill level)을 고려하여 차례로 중분류(두 번째 숫자), 소분류(세 번째 숫자), 세분류(네 번째 숫자)를 찾는다. 적합한 세분류를 발견하면 해당 세분류에 속한 직업들 중에서 찾고자 하는 직업의 직무내용과 가장 적합한 직업을 선택한다.

2314 직업상담사

직무개요	구직자나 미취업자에게 직업 및 취업정보를 제공하고, 직업선택, 경력설계, 구직활동 등에 대해 조언한다.
수행직무	직업의 종류, 전망, 취업기회 등에 관한 자료를 수집하고 관리한다. 구직자와 면담하거나 검사를 통하여 취미, 적성, 흥미, 능력, 성격 등의 요인을 조사한다. 적성검사, 흥미검사 등 직업심리검사를 실시하여 구직자의 적성과 흥미에 알맞은 직업정보를 제공한다. 구직자에게 적합한 취업정보를 제공하고 직업선택에 관해 조언한다. 비디오, 슬라이드 등의 시청각장비를 사용하여 직업정보 및 직업윤리 등을 교육하기도 한다. 청소년, 여성, 중고령자, 실업자 등을 위한 직업지도 프로그램 개발과 운영을 담당하기도 한다.
부가직업정보	■ 정규교육 : 14년초과~16년이하(대졸정도) ■ 숙련기간 : 2년초과~ 4년이하 ■ 직무기능 : 자료(조정) / 사람(자문) / 사물(관련없음) ■ 작업강도 : 아주가벼운작업 ■ 육체활동 : – ■ 작업장소 : 실내 ■ 작업환경 : – ■ 유사명칭 : 직업상담원 ■ 관련직업 : ■ 자격/면허 : 직업상담사(1급, 2급) ■ 표준산업분류 : N751 고용알선 및 인력공급업 ■ 표준직업분류 : 2473 직업상담사 ■ 조사연도 : 2017년

Ⅱ. 한국직업전망서

1 의의

1) 한국고용정보원은 급변하는 직업 세계의 환경 변화에 능동적으로 대처하고 직업 및 진로 개발에 도움을 드리고자 「2021 한국직업전망」을 발간하게 되었다. 한국직업전망은 1999년부터 격년으로 발간되었고 이번 판부터는 주요 직종을 절반으로 나누어서 매년 발간할 것이다. 여기에는 우리나라의 대표적인 직업에 대한

직업정보(하는 일, 업무환경, 되는 길, 적성과 흥미 등)와 향후 10년간의 일자리 전망에 관한 종합적인 정보를 수록하고 있다.

2 발간목적

1) 2021 한국직업전망은 우리나라의 경영 · 회계 · 사무 관련직을 필두로 금융 · 보험, 교육 및 연구, 법률 · 경찰 · 소방, 보건 · 의료, 사회복지, 문화 · 예술, 디자인 및 방송, 개인 서비스 관련직 9개 분야 220여 개 직업에 관한 상세한 정보를 수록하고 있다. 본 책자는 진로와 직업을 탐색하고 결정하고자 하는 청소년 및 구직자에게 직업정보를 제공하기 위해 기획되었다. 이외에도 청소년의 진로와 진학을 상담하는 진로진학 상담교사, 구직자의 취업을 돕는 고용센터 직업상담원, 직업교육(훈련)교(강)사, 일자리 정책 입안자, 연구자에게도 중요한 자료로 활용될 것으로 기대된다.

2) 특히, 2021 한국직업전망은 하는 일, 되는 길 일반적인 직업정보 외에 향후 10년간(2021~2030년)의 일자리 전망과 이러한 전망의 중요 요인을 제시함으로써 이용자들이 미래의 직업 세계 변화에 대한 이해와 적응력을 높이는 데 기여하기 위해 노력하였다.

3 수록직업 선정

1) 2021 한국직업전망의 수록 직업 선정은 「한국고용직업분류(KECO)」의 세분류(4-digits) 직업에 기초하여 종사자 수가 일정 규모(3만 명) 이상인 경우를 원칙으로 하였다. 특히 직업정보의 연결성을 높이기 위해서 워크넷 직업 · 진로(한국직업정보시스템)에서 제공되고 있는 직업 단위를 기본 정보단위로 사용하였다.

2) KECO의 세분류 직업 중 승진을 통해 진입하게 되는 관리직과 직업정보 제공의 실효성이 낮은 직업(예 안마사)은 제외하였다. 또한 음료조리사 및 바텐더, 피부 및 체형관리사 등과 같이 직무가 유사하거나 식당 서비스원처럼 직업정보 제공의 실효성이 낮은 직업들은 하나로 통합하거나 소분류(3-digits) 수준에서 통합하여 제공하였다.

4 일자리전망

1) 2021 한국직업전망은 향후 10년간(2021~2030년) 해당 직업의 일자리 규모에 대한 전망과 변화 요인을 제공하고 있다. 일자리 전망 결과는 향후 10년간의 연평균 고용증감률을 -2% 미만(감소), -2% 이상 -1% 이하(다소 감소), -1% 초과 +1% 미만(현 상태 유지), 1% 이상 2% 이하(다소 증가), 2% 초과(증가) 등 5개 구간으로 구분하여 제시하였다. 직업별 일자리 전망 결과를 도출한 구체적인 과정은 다음과 같다.

2) 일자리 전망 절차

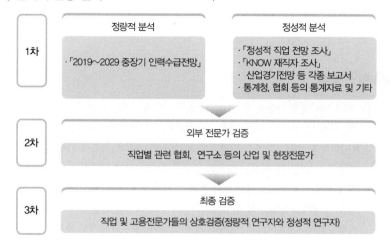

① 1차 과정

먼저, 정량적 전망과 정성적 전망을 종합 분석하여 직업별 일자리 전망 결과 1차 안을 도출하였다. 정량적 전망은 한국고용정보원의 「2019~2029 중장기 인력수급 전망」을 참고하였고, 정성적 전망은 「2020년 정성적 직업 전망 전문가 조사」, 「KNOW 재직자 조사」, 산업경기 전망 관련 각종 연구보고서, 통계청·협회 등의 통계자료 등을 참조하였다. 직업별 일자리 전망의 방향성은 기본적으로 「중장기 인력수급 수정전망 2019－2029」(한국고용정보원, 2020)의 취업자 증감률(2019~2029년)을 바탕으로 하였다. 「중장기 인력수급 전망」에서 제시하지 않는 직업의 경우에는 전문가 대상 「정성적 직업 전망 조사」, 「KNOW 재직자 조사」 등의 정성적 조사 결과와 관련 협회, 연구보고서, 전문가 의견 등을 종합적으로 분석하여 판단하였다.
「2020년 정성적 직업 전망 조사」는 한국의 대표 직업 250여 개에 대해 직업별로 경력 5년 이상의 현직자 또는 학계, 협회 등의 전문가 2명을 대상으로 구조화된 설문지를 바탕으로 주제초점집단면접법(FGI)과 심층면접법(In－depth interview), 자기기입식 설문법 등을 통해 고용변동 요인별 전망, 직무변화 등에 대해 조사한 것이다. 「2019년 한국직업정보(KNOW) 재직자 조사」는 KNOW의 630여 개 직업별로 경력 1년 이상인 재직자 30명 내외를 대상으로 업무수행능력, 지식, 성격, 흥미, 가치관, 업무환경, 일자리 전망 등을 조사한 것이다.

② 2차 과정

1차 분석 과정을 통해 정리된 전망 결과와 그 요인에 대해 직업별로 관련 협회나 연구소 등의 산업 또는 현장 전문가로부터 검증을 받았다. 1차 안과 배치되는 의견에 대해서는 재검토하여 수정하였다.

③ 3차 과정

마지막으로 외부전문가로부터 검증받아 2차로 도출된 전망 결과에 대해 직업 및 고용전문가들로 구성된 내부 연구진이 토론을 통해 상호 검증 과정을 거쳤다. 특히, 「중장기 인력수급 수정전망 2019-2029」결과와 연구진 분석(정성적 전망 등)에 큰 차이가 있는 직업에 대해 집중 논의를 하여 수정·협의하였다. 이상의 3차에 과정을 통해 최종 전망 결과를 확정하였다.

5 직업정보수록 내용

「2021 한국직업전망」은 직업별로 대표 직업명, 하는 일, 업무환경, 되는 길(교육 및 훈련, 관련 학과, 관련 자격 및 면허, 입직 및 경력개발), 적성 및 흥미, 성별/연령/학력 분포 및 평균 임금, 일자리 전망, 관련 직업, 직업코드, 관련 정보처 등으로 구성된다.

1) 일반정보

(1) 대표 직업명

직업명은 KECO의 세분류(4-digit)나 워크넷 직업·진로(한국직업정보시스템)의 세세분류(5-digit) 수준의 명칭을 가능한 준용하였는데, 이는 다른 직업정보나 통계자료와의 연계성을 높이기 위함이다. 여러 세 분류 직업들이 합쳐진 경우에는 소분류 수준의 명칭을 사용하였다. 산업 현장에서 실제 불리는 명칭이 대표 직업명과 다른 경우는 대표 직업명과 병기하거나 내용 중에 포함하였다.

(2) 하는 일

해당 직업 종사자가 일반적으로 수행하는 업무 내용과 과정에 대해 서술하였다. 여러 직업을 포함하는 경우에는 세부 직업별로 하는 일을 서술하였다.

(3) 업무환경

해당 직업 종사자의 일반적인 근무시간, 근무형태(교대근무, 야간근무 등), 근무장소, 육체적·정신적 스트레스 정도, 산업안전 등에 대해 서술하였다.

(4) 되는길

- 교육 및 훈련 : 해당 직업에 종사하는 데 필요한 학력과 전공, 직업훈련기관 및 훈련과정 등을 소개하였다.
- 관련 학과 : 일반적 입직 조건을 고려하여 대학에 개설된 대표 학과명을 수록하거나, 특성화고등학교, 직업훈련기관, 직업전문학교의 학과명을 수록하였다.
- 관련 자격 및 면허 : 해당 직업에 종사하기 위해 필요하거나 취업에 유리한 국가(기술, 전문)자격을 수록하였다. 그 외에 민간공인자격이나 외국자격 중 업무수행이나 취업에 필요하거나 유용한 것도 수록하였다.
  ▸ 국가기술자격은 법령에 따라 국가가 신설하여 관리·운영하는 국가자격 중 산업과 관련이 있는 기술·기능 및 서비스 분야의 자격을 말한다. 기술·기능 분야는 기술사, 기능장, 기사, 산업기사, 기능사 5개 등급으로 구분된다. 기술계 자격은 산업기사 → 기사 → 기술사 단계로 구성

되며, 기능계 자격은 기능사 → 산업기사 → 기능장 단계로 구성된다.

▸ 국가전문자격은 정부부처, 즉 보건복지부, 환경부, 고용노동부, 법무부 등에서 개별 법률에 따라 주관하는 자격으로, 개별 부처의 필요로 신설 및 운영된다. 예를 들면, 보건복지부의 의사, 간호사, 사회복지사, 국토교통부의 건축사, 고용노동부의 공인노무사 등이 있다.

▸ 공인민간자격은 자격의 관리 · 운영 수준이 국가자격과 같거나 비슷한 민간자격 중에서 주무부장관이 공인한 자격이다.

- 입직 및 경력개발 : 해당 직업에 입직(入職)하는 방법, 채용 전형 등을 소개하였다. 그리고 활동 분야(취업처)나 이 · 전직 가능 분야를 수록하였다. 직업에 따라 승진이나 창업 등 경력개발 내용이 포함되는 경우도 있다.

(5) 적성 및 흥미

해당 직업에 취업하거나 업무를 수행하는 데 필요하거나 유리한 적성, 성격, 흥미, 지식 및 기술 등을 수록하였다.

2) 일자리 전망

(1) 일자리 전망 결과

향후 10년간(2021~2030년) 해당 직업의 일자리 규모에 대한 전망과 변화 요인을 기술하였다. 일자리 전망 결과는 향후 10년간의 연평균 취업자 수 증감률을 -2% 미만(감소), -2% 이상 -1% 이하(다소 감소), -1% 초과 +1% 미만(현 상태 유지), 1% 이상 2% 이하(다소 증가), 2% 초과(증가) 등 5개 구간으로 구분하고, 그래픽으로 시각화하여 제시하였다.

(2) 일자리 전망 요인

일자리 전망 결과를 설명할 수 있는 요인들을 제시하였다. 일자리에 영향을 미치는 요인들은 인구구조 및 노동인구 변화, 대내외 경제 상황 변화, 기업의 경영전략 변화, 산업특성 및 산업구조 변화, 과학기술 발전, 기후변화와 에너지 부족, 가치관과 라이프스타일 변화, 정부정책 및 법 · 제도 변화 등 8가지로 범주를 바탕으로 하되, 직업에 따라 유연하게 활용하였다.

일자리 전망 결과를 설명할 수 있는 요인들을 제시하기 위해 「2020년 정성적 직업전망 조사」, 「KNOW 재직자 조사」의 일자리 전망 조사, 산업경기 전망 등 각종 보고서, 통계청 · 협회 등의 통계자료, 산업전문가 자문, 현장전문가 인터뷰 등을 활용하였다.

※ 유의사항

직업별 일자리 전망 자료는 진로 및 직업 선택 시, 결정적 요인으로 간주하기보다는 참고자료로만 활용하기 바란다. 일자리 전망은 미래의 불확실한 요인들이 복합적으로 작용하고 다양한 원인으로 급작스럽게 변할 수 있기 때문이다.

3) 부가 직업정보

(1) 관련직업

한국직업정보시스템(KNOW)에서 서비스하는 약 700개 직업을 중심으로 자격이나 전공, 경력 등을 고려하여 곧바로 혹은 추가 교육훈련을 통해 진입이 가능한 직업을 제시하였다.

(2) 직업코드

한국고용직업분류(KECO)와 한국표준직업분류(KSCO)의 세분류(4−digits) 코드를 제공하였다. 해당 직업이 소분류(3−digits) 수준이라면 하위에 포함된 직업코드 여러 개가 제공된다.

(3) 관련정보처

직업정보와 관련된 정부부처, 공공기관, 협회, 학회 등의 기관 명칭, 전화번호, 홈페이지 주소를 제공하였고, 유용한 웹사이트도 수록하였다.

6 일자리 변동 요인

1) 일자리변동 요인의 8가지 범주

고용변동요인		내용
활실성 요인	인구구조 및 노동인구 변화	• 저출산, 고령화, 1인 가구의 증가 등 거시적 인구구조 변화 • 생산가능인구 감소, 여성의 경제활동 증가, 외국인 근로자의 증가 등 국내 노동인구 변화
	산업특성 및 산업구조 변화	산업구조의 고도화, 타 산업과의 융합 등 산업 육성을 위한 정부의 전략적 지원(공유경제, 핀테크 활성화 등)
	과학기술 발전	4차 산업혁명에 따른 과학기술 발전, 예를 들면, 로봇화와 자동화, IoT, 자율주행, AI, 빅데이터, 3D프린팅, 드론, IT 발전, 기술의 융복합화 등
	기후변화와 에너지 부족	환경 요인(환경오염, 기후변화, 자연재해 등)과 에너지지원 요인(자원고갈, 국가 간 자원경쟁 등)으로 인한 (국제)규제 강화, 산업육성, 전문가 양성 등
	가치관과 라이프스타일 변화	• 사회의 복잡화, 개인화, 생활 수준의 질 향상 등으로 인한 건강, 미용, 여가에 대한 관심 증가 • 온라인상의 소통 증대 등
불확실성 요인	대내외 경제 상황 변화	세계 및 국내 경기 전망
	기업의 경영전략 변화	• 기업 생산시설의 해외이전 또는 국내로의 유턴 • 특정 분야 또는 직무의 아웃소싱, 기업 인수/합병 등
	정부정책 및 법·제도 변화	• 각종 규제 완화(튜닝 등), 신직업 육성 및 자격제도 신설, 대학구조 조정, 복지서비스 강화 등 정부 정책에 따른 일자리 영향 • 법·제도(로스쿨 등)의 변화에 따른 일자리 영향

취업알선원

취업알선원은 구인 및 구직자를 대상으로 구인 및 구직 신청을 접수하고 취업 관련 사항을 안내한다.

하는 일

취업알선원은 직업소개소 및 헤드헌팅업체 등에서 일하며 구직자와 구인자 서로에게 적합한 대상자를 선정하여 소개하는 일을 한다. 경비, 건설노동자, 경리, 운전기사, 식당종사자 등 단순 인력부터 중견간부급 이사, 전문경영인, 고급기술자 등에 이르기까지 다양한 인력을 알선하고 관리한다. 이 중 고급인력을 주로 관리하면서 기업체가 원하는 인력을 선정·평가·알선하는 사람을 헤드헌터라고 한다. 이들은 보통 컨설턴트와 리서처로 구분된다. 컨설턴트는 구인처 발굴을 위해 기업체를 대상으로 영업활동을 하며, 추천자의 최종 평가 및 고객관리 업무를 담당한다. 리서처는 구인업체 및 구직자의 요구에 상응하는 대상자를 조사하여 컨설턴트에게 추천하는데, 규모가 작은 업체에서는 한 명이 구인처를 발굴하고 적합 대상자를 찾아 연결하는 업무를 함께 수행한다. 1997년 헤드헌팅이 합법화된 이후 관련 시장이 계속 커졌지만, 헤드헌터 양성을 위한 시스템 마련, 수수료 관련 기준 마련, 윤리경영 등과 관련하여 구심점 역할을 할 협회에 대한 필요성도 증가하고 있는 상황이다. 종합 서치펌을 운영하는 기업이 다수이긴 하지만 최근에는 의료, 법조, IT, 코스메틱 등 분야에 따라 알선업체가 전문화되는 추세이다.

| 업무 환경 | 상담업무를 수행하기 때문에 실내근무가 많으며, 직업지도, 취업특강, 취업처 발굴 등을 위하여 출장을 가기도 한다. 내담자와 대면 또는 전화로 상담하면서 컴퓨터 입력을 동시에 해야 할 때가 많아 눈이나 목, 손, 어깨 등에 통증을 느끼기도 한다.

되는 길

취업알선원으로 일하기 위해서는 자원봉사 활동 등으로 상담현장에서 경험을 많이 해보는 것이 유리하다. 각종 직업소개소의 경우는 회사에 따라 차이가 있지만 대부분 고졸 이상의 학력을 갖추면 취업할 수 있다. 외국기업을 주요 고객으로 하는 고급인력 알선업체에는 석사학위 이상의 근무자도 많으며, 외국어 능력을 요구한다. 특히 헤드헌터 중 컨설턴트는 대개 해당 분야의 관련 경력이 있어야 업무수행이 가능하다.

■ **관련 학과** 심리학과, 상담학과, 교육학과, 사회학과, 직업학과, 교육학과, 아동·청소년복지학과, 특수교육학과 등
■ **관련 자격** 직업상담사 1/2급(한국산업인력공단)

| 적성 및 흥미 | 직업을 알선하여 채용으로 연결하는 것이 주 업무로 내담자의 적성이나 흥미 등을 잘 파악하여 맞는 직업을 찾아줄 수 있어야 한다. 상담이 기본이 되기 때문에 타인의 이야기를 잘 듣고 공감할 수 있어야 한다.

| 경력 개발 | 취업알선원은 주로 유료직업소개소, 고급인력 알선업체(헤드헌팅업체), 인력파견 업체 등에서 활동한다. 헤드헌팅업체에 입사한 경우 리서처로 입사하여 5-8년 정도가 지나면 컨설턴트로 승진할 수 있고 일정 경력을 쌓은 후 헤드헌팅업체를 설립할 수도 있다.

일자리 전망

[향후 10년간 취업자 수 전망]　　　　　　　　　　　　　　(연평균 증감률 %)

감소	다소 감소	현 상태 유지	다소 증가	증가
-2% 미만	-2% 이상 -1% 이하	-1% 초과 +1% 미만	1% 이상 2% 이하	2% 초과

향후 10년간 취업알선원의 일자리는 현 상태를 유지할 것으로 전망된다.

기업의 채용문화가 열린채용, 직무중심채용 등으로 다변화되면서 구인자·구직자 모두로부터 채용방식 변경에 따른 취업상담 수요가 증가하고 있다. 또한, 베이비부머의 은퇴와 노인인구의 증가 등으로 은퇴 이후에도 취업을 원하는 사람이 증가하고 있으며, 외국이민여성 등 외국인력 유입, 청년 실업자 증가, 경력단절여성 등 취업알선에 대한 요구가 꾸준히 늘고 있다.

[인력 공급 및 고용알선업 사업체 및 종사자 현황]　　　　　　　(단위 : 개소, 명)

연도	계		고용알선업		인력공급업	
	사업체 수	종사자 수	사업체 수	종사자 수	사업체 수	종사자 수
2013	13,775	435,796	7,347	33,005	6,428	402,791
2014	14,581	447,601	7,680	29,274	6,901	418,327
2015	14,125	484,504	7,296	35,609	6,829	448,895
2016	14,153	500,609	8,126	30,333	6,027	470,276
2017	14,383	514,373	8,302	25,912	6,081	488,461
2018	15,060	522,354	8,900	27,866	6,160	494,488

자료 : 통계청, 전국사업체조사 2018

통계청의 「전국사업체조사」에 따르면, 인력공급 및 고용알선업 사업체 수는 2013년 1만 3,775개소에서 2018년 1만 5,060개소로 지난 5년간 9.32% 증가하였으며, 사업체 종사자 수도 2013년 43만 5,796명에서 2018년 52만 2,354명으로 19.8% 증가하였다.

공공부문에서는 청년, 경력단절여성, 고령자, 은퇴자 등으로 나누어 서비스를 제공하고 있고, 민간 시장에서는 임원 등 고급은퇴인력, 기술전문인력 등 분야 및 인력 특성에 따라 사업을 세분화하여 전문화하는 추세이다. 특히 평생직장의 개념이 사라지면서 은퇴인력 외에도 이·전직을 원하는 중간관리자, 기술전문인력 등의 수요가 증가하고 있어 민간시장에서 일자리 창출이 증가할 것으로 보인다. 또한 정부 일자리 정책의 일환으로 구인·구직자 취업지원 서비스가 확대되면서 일자리센터에서의 인력 충원이 꾸준히 발생하고 있어 공공과 민간부문에서 취업알선원의 일자리가 증가할 것으로 전망된다. 한편, 인공지능 기반의 취업알선 시스템 발전으로 인해 구인자와 구직자 간 맞춤 매칭을 담당하면서 단순 취업알선 업무는 일부 대체될 것으로 예상된다.

전망요인	증가요인	감소요인
인구구조 및 노동인구 변화	• 고령층, 경력단절여성 등 취업알선 요구 증가	
국내외 경기	• 산업구조 조정, 산업구조 변화 등에 따른 이·전직 수요 증가	
과학기술 발전		• 인공지능 기반 취업알선 시스템 개발
기업의 경영전략 변화	• 채용문화 변화	
법·제도 및 정부정책	• 공공고용서비스 확대	

종합하면, 취업알선 요구 증가, 공공고용서비스 확대 등은 증가 요인으로 작용하지만 인공지능 기반 취업알선 시스템의 발전으로 인해 취업알선원의 일부 업무가 대체될 수 있기 때문에 향후 10년간 취업알선원 일자리는 현 상태를 유지할 것으로 전망된다.

● 관련 직업　직업알선원, **직업상담사**, 커리어코치, 취업지원관
● 분류 코드　한국고용직업분류(KECO) : 0299
　　　　　　　한국표준직업분류(KSCO) : 3999
● 관련 정보처　고용노동부 1350 www.moel.go.kr
　　　　　　　고용복지센터 www.work.go.kr/jobcen

관련 정보

Ⅲ. 한국고용직업분류 · 취업알선직업분류

1 한국고용직업분류(KECO)

1) 개정원칙

① 누구나 쉽게 이해하여 적용할 수 있도록 직능유형에 따른 분류원칙을 견지하였다. 대분류 및 중분류는 직능유형을 우선적으로 고려하였으며, 직능수준은 소분류 단위에서 고려되었다.

② 기존 24개의 중분류 중심 분류체계에서 10개의 실질적인 대분류 중심 체계로 전환하였다.

③ 직업분류의 실효성과 미래지향성을 확보하기 위한 방향으로 개정되었다.

④ 국가통계의 활용성 제고를 위해 한국표준직업분류와 세분류 단위에서 직무 포괄범위를 일치시켰다.

⑤ 무한정보시대에 이용자의 통용성을 높이기 위해 간명한 직업명을 부여하였다.

2) 분류단위별 항목 구성체계

대분류	중분류	소분류	세분류
10	35	136	450
0. 경영 · 사무 · 금융 · 보험직	01 관리직(임원 · 부서장)	6	24
	02 경영 · 행정 · 사무직	9	32
	03 금융 · 보험직	3	14
1. 연구직 및 공학기술직	11 인문 · 사회과학연구직	1	2
	12 자연 · 생명과학연구직	2	5
	13 정보통신 연구개발직 및 공학기술직	6	14
	14 건설 · 채굴 연구개발직 및 공학기술직	1	7
	15 제조 연구개발직 및 공학기술직	9	25
2. 교육 · 법률 · 사회복지 · 경찰 · 소방직 및 군인	21 교육직	5	16
	22 법률직	2	6
	23 사회복지 · 종교직	3	9
	24 경찰 · 소방 · 교도직	1	3
	25 군인	1	4
3. 보건 · 의료직	31 보건 · 의료직	7	23
4. 예술 · 디자인 · 방송 · 스포츠직	41 예술 · 디자인 · 방송직	7	30
	42 스포츠 · 레크리에이션직	1	5

5. 미용 · 여행 · 숙박 · 음식 · 경비 · 청소직	51 미용 · 예식서비스직	2	11
	52 여행 · 숙박서비스직	4	7
	53 음식서비스직	2	13
	54 경호 · 경비직	2	5
	55 돌봄서비스직(간병 · 육아)	1	2
	56 청소 및 기타 개인서비스직	2	11
6. 영업 · 판매 · 운전 · 운송직	61 영업 · 판매직	7	20
	62 운전 · 운송직	4	15
7. 건설 · 채굴직	71 건설 · 채굴직	6	24
8. 설치 · 정비 · 생산직	81 기계설치 · 정비 · 생산직	7	21
	82 금속 · 재료설치 · 정비 · 생산직(판금 · 단조 · 주조 · 용접 · 도장 등)	6	19
	83 전기 · 전자 설치 · 정비 · 생산직	6	11
	84 정보통신 설치 · 정비직	2	6
	85 화학 · 에너지 · 환경설치 · 정비 · 생산직	3	9
	86 섬유 · 의복생산직	4	16
	87 식품가공 · 생산직	3	12
	88 인쇄 · 목재 · 공예 및 기타 설치 · 정비 · 생산직	5	15
	89 제조단순직	1	1
9. 농림어업직	91 농림어업직	5	13

2 취업알선직업분류

1) 취업알선직업분류

취업알선직업분류는 2000년에 개발되어 2001년 1월부터 워크넷에서 활용되기 시작함

2) 취업알선직업분류 2018 개정의 주요특징

① 대분류 중심체계로 전환(기존 24개 중분류 → 10개 대분류)
② 세세분류 항목 수의 축소(기존 1,360개 → 933개)
③ 시스템 적용상 세분류와 세세분류 항목 구분 명확화
④ 노동시장 정보의 기준이 되는 세분류 단위는 고용직업분류와 일치화
⑤ 예시직업 확대 및 관련 직업키워드 제시

3) 2018 취업알선직업분류 개정 원칙

① 제1원칙 : 구인 · 구직 직업단위 중심의 구성

㉠ 취업알선을 최우선 목적으로 하기 때문에 이를 효과적으로 행할 있는 분류체계 개발이 중요함

ⓛ 따라서 취업알선직업분류는 노동시장의 '구인·구직 직업단위'를 중심으로 분류 항목을 구성하는 것을 제1원칙으로 함. 구인과 구직 직업단위 간 차이가 있을 경우 구인 직업단위를 우선함

② 제2원칙 : 고용직업분류의 틀을 확장하여 적용

ㄱ 노동시장 정보의 기준이 되는 고용직업분류와의 원활한 연계를 고려하였음

ⓛ 또한 고용직업분류의 직무 포괄범위와 정확한 일치성을 확보함. 이전 분류에서는 취업알선 목적에 맞게 고용직업분류를 일부 변형하여 활용하기도 했으나 개정 분류는 고용직업분류와 직무 포괄범위를 정확히 일치시켰음

③ 제3원칙 : 포괄성과 배타성의 준수

ㄱ 노동시장에 존재하는 모든 구인·구직 직업단위는 반드시 취업알선직업분류의 모든 분류단위로 구분될 있어야 함. 이에 따라 하위단위 직업범위의 총합은 상위 직업범위와 동일해야 함(포괄성 원칙)

ⓛ 취업알선직업분류로 구성된 직업들 간의 직무범위는 상호 중복되지 않고 배타적이어야 함(배타성 원칙)

④ 제4원칙 : 구인·구직의 현장성 고려

ㄱ 노동시장에서 단일직업으로 통용되어 구인·구직이 이뤄지는 경우 단일직업으로 구성. 취업알선이 활발히 이뤄지지 않더라도 노동시장에서 개별 직업(의사, 변호사 등)으로 통용되는 경우 개별 직업단위로 구성함

ⓛ 다만, 취업알선 현장의 업무 경감과 이용자의 검색 편리성을 위해 구인·구직의 규모도 고려함. 세세분류 직업단위에서 활용이 너무 미미한 항목은 구인·구직의 직무범위를 좀 더 확장하여 항목을 설정함

⑤ 제5원칙 : 협소한 직업범위의 우선

ㄱ 제4원칙의 현장성을 고려하되 기업의 규모나 특성에 따라 구인·구직 직업범위가 상이한 경우 보다 협소 하게 설정된 직업범위를 중심으로 단일직업으로 분류

ⓛ 예로 대규모 자동차정비소는 자동차 엔진·섀시·전기·전자 정비원과 자체·판금·도장 정비원, 경정비원 등으로 나누어 구인하고, 소규모 자동차정비소는 이 모든 정비업무가 가능한 정비원을 구인할 경우 취업알선직업분류는 보다 세분화된 정비원들로 나누어 분류함

⑥ 제6원칙 : 구인·구직 단위의 직업코드는 6자리 코드로 구성

ㄱ 세분류까지는 고용직업분류의 4-digit을 활용하고, 세세분류는 2-digit으로 조정함으로써 모두 6자리로 코드를 구성함. 이를 통해 단일 세분류 직업 내의 세세분류 항목은 최대 99개까지 가능하도록 설정함. 이 는 향후 새롭게 나타날 직업들의 포함 여지를 두기 위함임

⑦ 제7원칙 : 세세분류의 직업 배열은 상위 고용직업분류의 틀을 우선 고려

ㄱ 고용직업분류 세분류 하위에 구성되는 취업알선직업분류 세세분류 단위는 기존의 직업분류 틀과 세분류 단위의 직업명, 사회에서 통용되는 순서 등을 고려하여 배열함

CHAPTER 01 출제예상문제

01 직업정보를 정보의 생산 및 운영 주체에 따라 민간직업정보와 공공직업정보로 구분할 때 공공 직업정보의 특성이 아닌 것은?

① 전체 산업 및 업종에 걸친 직종을 대상으로 한다.

② 조사분석 및 정리, 제공에 상당한 시간 및 비용이 소요되므로 유료제공의 원칙이 적용된다.

③ 지속적으로 조사분석하여 제공되며 장기적인 계획 및 목표에 따라 정보체계의 개선작업 수행이 가능하다.

④ 직업별로 특정한 정보만을 강조하지 않고 보편적인 항목으로 이루어진 기초적인 직업정보체계로 구성된다.

[해설] 공공직업정보는 무료로 제공된다.

02 다음 중 민간직업정보의 특성과 가장 거리가 먼 것은?

① 필요한 시기에 최대한 활용되도록 한시적으로 신속하게 생산되어 운영된다.

② 국제적으로 인정되는 객관적인 기준에 근거하여 직업을 분류한다.

③ 특정한 목적에 맞게 해당분야 및 직종을 제한적으로 선택한다.

④ 시사적인 관심이나 흥미를 유도할 수 있도록 해당 직업을 분류한다.

03 민간직업정보와 비교하여 공공직업정보의 특성에 관한 설명으로 틀린 것은?

① 필요한 시기에 최대한 활용되도록 한시적으로 신속하게 생산 및 운영된다.

② 광범위한 이용가능성에 따라 공공직업정보체계에 대한 직접적이며 객관적인 평가가 가능 하다.

③ 특정 분야 및 대상에 국한되지 않고 전체 산업 및 업종에 걸친 직종 등을 대상으로 한다.

④ 직업별로 특정한 정보만을 강조하지 않고 보편적인 항목으로 이루어진 기초적인 직업정보체계로 구성되어 있다.

04 다음 중 공공직업정보의 특성에 해당되는 것은?

① 필요한 시기에 최대한 활용되도록 한시적으로 신속하게 생산되어 운영된다.

② 특정 분야 및 대상에 국한되지 않고 전체산업 및 업종에 걸친 직종을 대상으로 한다.

③ 정보 생산자의 임의적 기준에 따라 관심이나 흥미를 유도할 수 있도록 해당 직업을 분류한다.

④ 특정 직업에 대해 구체적이고 상세한 정보를 제공하기 위해서는 조사 분석 및 제공에 상당한 시간 및 비용이 소요되므로 해당 직업정보는 유료로 제공한다.

PART 03 직업정보론

05 다음 직업정보의 종류 중 민간직업정보의 특성에 관한 설명으로 옳은 것은?

① 특정시기에 국한되지 않고 지속적으로 제공된다.
② 특정한 목적에 맞게 해당분야 및 직종을 제한적으로 선택할 수 있다.
③ 무료로 제공된다.
④ 다른 정보에 미치는 영향이 크며 관련성이 높다.

06 인간이 복잡한 정보에 접근하게 되는 구조에 근거를 둔 이론으로 직업선택 결정단계를 전제단계, 계획단계, 인지부조화단계로 구분한 직업결정모형은?

① 타이드만과 오하라(Tiedman & O'Hara)의 모형
② 힐튼(Hilton)의 모형
③ 브룸(Vroom)의 모형
④ 수(Hsu)의 모형

해설 직업결정 과정은 자신이 세운 계획과 전제간의 불일치점을 조사·시험해보고, 이들 사이에 부조화가 없다면 현재의 계획을 행위화 시키는 과정

07 직업선택결정모형 중 처방적 직업결정모형은?

① 타이드만과 오하라(Tideeman & O'Hara)의 모형
② 힐튼(Hilton)의 모형
③ 브룸(Vroom)의 모형
④ 카츠(Katz)의 모형

해설 처방적 결정모형 : 카츠(Katz), 겔라트(Gelate), 칼도와 쥐토우스키(Kaldor & Zytowski)

08 정보체계를 예언적 체계, 가치체계, 결정준거 등으로 설명한 모형은?

① Kaldor & Zytowski의 모형
② Vroom의 모형
③ Fletcher의 모형
④ Gelatt의 모형

해설 ㉠ 직업선택의 결과보다 그 선택과정을 중시
㉡ 직업정보를 예언적 체계, 가치체계, 결정준거의 3차원으로 나눔
㉢ 겔라트의 모형은 적절한 정보입력을 중시

09 한국직업사전의 부가직업정보 중 '수준 5'에 해당하는 숙련기간은?

① 시범 후 30일 이하
② 3개월 초과-6개월 이하
③ 6개월 초과-1년 이하
④ 4년 초과-10년 이하

해설

수준	숙련기간	수준	숙련기간
1	약간의 시범 정도	6	1년 초과~2년 이하
2	시범 후 30일 이하	7	2년 초과~4년 이하
3	1개월 초과~3개월 이하	8	4년 초과~10년 이하
4	3개월 초과~6개월 이하	9	10년 초과
5	6개월 초과~1년 이하		

10 한국직업사전의 직업명세 중 자료(Data)와 관련된 직무기능에 관한 설명으로 틀린 것은?

① 종합-사실을 발견하고 지식개념 또는 해석을 개발하기 위해 자료를 종합적으로 분석한다.
② 조정-데이터의 분석에 기초하여 시간, 장소, 작업 순서, 활동 등을 결정한다.
③ 계산-수를 세거나 사칙연산을 실시하고 사칙연산과 관련하여 규정된 활동을 수행하거나 보고한다.
④ 수집-자료, 사람, 사물에 관한 정보를 수집, 대조, 분류한다.

해설 계산(computing) : 사칙연산을 실시하고 사칙연산과 관련하여 규정된 활동을 수행하거나 보고한다. 수를 세는 것은 포함되지 않는다.

11 다음 중 한국직업사전에서 알 수 없는 자료는?

① 해당 직업이 주로 존재하는 산업명, 해당직무를 수행하는데 필요한 일반적인 지식 정도
② 유사직업명, 작업장소의 환경과 제약조건
③ 수행하는 직무기술, 수행하는 작업에 필요한 힘의 강도 및 신체적 제반동작
④ 노동시간, 해당직무를 수행하는데 필요한 직무지식

해설 직업사전은 임금이나 노동시간은 알 수 없으며, 직업사전에 수록된 직업 관련 정보들은 크게 다섯 가지의 체계적인 형식으로 구성되어 있다. ① 직업코드, ② 본직업명, ③ 직무개요, ④ 수행직무, ⑤ 부가직업정보(정규교육, 숙련기간, 직무기능, 작업강도, 육체활동, 작업장소, 작업환경, 유사명칭, 관련직업, 자격/면허, 표준산업분류코드, 표준직업분류코드, 조사연도)

12 한국직업사전을 발간하기 위해 주로 사용하는 직무조사 실시 방법은?

① 직업전문가 자문조사
② 설문지 조사
③ 현직 종사자 직무관찰 및 면접
④ 동영상 촬영

해설 한국직업사전은 현장 직무조사를 거쳐 제작한 가장 방대한 직업정보 데이터베이스로 직업의 변화와 특성을 가늠해 볼 수 있는 유일의 자료이다.

13 한국직업사전에서 수록하고 있는 직업정보 주요내용에 관한 설명으로 틀린 것은?

① 직업코드 – 한국고용직업분류(KECO)의 세분류 체계를 기준으로 4자리의 숫자로 표기된다.
② 본 직업명칭 – 산업현장에서 일반적으로 사용되고 있으며 해당 직업으로 알려진 명칭, 혹은 그 직무에 통상적으로 호칭되는 것을 선정하였다.
③ 직무개요 – 주로 직무담당자의 활동, 활동의 대상 및 목적, 사용하는 기계, 설비 및 작업보조물 등을 간략히 포함하였다.
④ 수행직무 – 직무담당자가 직무의 목적을 완수하기 위하여 수행하는 구체적인 작업내용을 작업의 중요도가 높은 순서를 원칙으로 기술하였다.

해설 직무담당자가 직무의 목적을 완수하기 위하여 수행하는 구체적인 작업(Task) 내용을 작업순서에 따라 서술한 것이다. 단, 공정의 순서를 파악하기 어려운 경우에는 작업의 중요도 또는 작업빈도가 높은 순으로 기술하였다.

14 한국직업사전에 수록된 부가직업정보에 해당하는 것은?

① 직업코드
② 직무개요
③ 한국표준산업분류코드
④ 본 직업명칭

해설 부가직업정보(정규교육, 숙련기간, 직무기능, 작업강도, 육체활동, 작업장소, 작업환경, 유사명칭, 관련직업, 자격/면허, 한국표준산업분류코드, 한국표준직업분류코드, 조사연도)

15 다음 설명에 해당하는 한국직업사전에서의 작업강도는?

최고 8kg의 물건을 들어올리고 4kg 정도의 물건을 빈번히 들어올리거나 운반한다. 걷거나 서서 하는 작업이 대부분일 때 또는 앉아서 하는 작업일지라도 팔과 다리로 밀고 당기는 작업을 수반할 때에는 무게가 매우 적을지라도 이 작업에 포함한다.

① 아주 가벼운 작업
② 가벼운 작업
③ 보통 작업
④ 힘든 작업

해설 작업강도	구분
아주 가벼운 작업	최고 4kg의 물건을 들어올리고 때때로 장부, 대장, 소도구 등을 들어올리거나 운반한다. 앉아서 하는 작업이 대부분을 차지하지만 직무수행상 서거나 걷는 것이 필요할 수도 있다.
가벼운 작업	최고 8kg의 물건을 들어올리고 4kg 정도의 물건을 빈번히 들어올리거나 운반한다. 가벼운 작업 걷거나 서서 하는 작업이 대부분일 때 또는 앉아서 하는 작업일지라도 팔과 다리로 밀고 당기는 작업을 수반할 때에는 무게가 매우 적을지라도 이 작업에 포함된다.
보통 작업	최고 20kg의 물건을 들어올리고 10kg 정도의 물건을 빈번히 들어올리거나 운반한다.
힘든 작업	최고 40kg의 물건을 들어올리고 20kg 정도의 물건을 빈번히 들어올리거나 운반한다.
아주 힘든 작업	40kg 이상의 물건을 들어올리고 20kg 이상의 물건을 빈번히 들어올리거나 운반한다.

정답 12 ③ 13 ④ 14 ③ 15 ②

16 한국직업사전의 작업강도 중 '보통 작업'에 관한 설명으로 옳은 것은?

① 최고 4kg의 물건을 들어올리고 때때로 장부, 대장, 소도구 등을 들어올리거나 운반한다.
② 최고 8kg의 물건을 들어올리고 4kg 정도의 물건을 빈번히 들어올리거나 운반한다.
③ 최고 20kg의 물건을 들어올리고 10kg 정도의 물건을 빈번히 들어올리거나 운반한다.
④ 최고 40kg의 물건을 들어올리고 20kg 정도의 물건을 빈번히 들어올리거나 운반한다.

17 한국직업사전의 부가직업정보에서 작업강도에 대한 설명으로 틀린 것은?

① 아주 가벼운 작업 – 최고 4kg의 물건을 들어올리고, 때때로 장부, 대장, 소도구 등을 들어올리거나 운반한다.
② 가벼운 작업 – 최고 8kg의 물건을 들어올리고, 4kg 정도의 물건을 빈번히 들어올리거나 운반한다.
③ 힘든 작업 – 최고 40kg의 물건을 들어올리고 10kg 정도의 물건을 빈번히 들어올리거나 운반한다.
④ 아주 힘든 작업 – 40kg 이상의 물건을 들어올리고 20kg 이상의 물건을 빈번히 들어올리거나 운반한다.

18 한국직업사전의 부가직업정보 중 작업강도에 관한 설명으로 옳은 것은?

① 작업강도는 해당 직업의 직무를 수행하는 데 필요한 육체적 힘의 강도를 나타낸 것으로 3단계로 분류하였다.
② 작업강도는 심리적 · 정신적 노동강도는 고려하지 않았다.
③ 보통작업은 최고 40kg의 물건을 들어올리고 20kg 정도의 물건을 빈번히 들어올리거나 운반한다.
④ 운반이란 물체를 주어진 높이에서 다른 높이로 올리거나 내리는 작업을 의미한다.

해설 작업강도는 해당 직업의 직무를 수행하는데 필요한 육체적 힘의 강도를 나타낸 것으로 5단계로 분류하였다.

19 한국직업사전의 부가직업정보 중 작업환경에 대한 설명으로 틀린 것은?

① 작업환경은 해당직업의 직무를 수행하는 작업원에게 직접적으로 물리적 · 신체적 영향을 미치는 작업장의 환경요인을 나타낸 것이다.
② 작업환경의 측정은 조사자가 느끼는 신체적 반응 및 작업자의 반응을 듣고 판단한다.
③ 작업환경은 저온 · 고온, 다습, 소음 · 진동, 위험내재, 대기환경으로 구분한다.
④ 작업환경은 사업체의 규모와 특성에 따라 달라질 수 있으나 동일 사업체의 경우에는 작업장마다 절대적인 기준이 된다.

해설 이러한 기준도 산업체 및 작업장에 따라 달라질 수 있으므로 절대적인 기준이 될 수는 없다.

20 다음 중 직업별 임금관련 정보를 제공하지 않는 것은?

① 한국직업전망　　　　　② 한국직업사전
③ Job Map　　　　　　④ 한국직업정보시스템

해설 직업사전에 임금, 노동시장 자료는 포함되지 않는다.

21 한국직업사전의 부가직업정보에 해당되지 않는 것은?

① 직무기능(DPT)　　　　② 숙련기간
③ 자격/면허　　　　　　④ 직무개요

해설 부가직업정보(정규교육, 숙련기간, 직무기능, 작업강도, 육체활동, 작업장소, 작업환경, 유사명칭, 관련직업, 자격/면허, 표준산업분류코드, 표준직업분류코드, 조사연도)

22 한국직업사전의 본 직업명칭에 관한 설명으로 틀린 것은?

① 산업현장에서 일반적으로 사용되고 있으며 해당 직업으로 알려진 명칭 혹은 그 직무에 통상적으로 호칭되는 것으로 선정하였다.
② 특별히 부르는 명칭이 없는 경우에는 직무내용과 산업의 특수성 등을 고려하여 누구나 쉽게 이해할 수 있는 명칭을 부여하였다.
③ 실제로 현장 근로자를 대상으로 하는 직무조사의 경우 작업자들 간에 사용하는 호칭과 기업 내 직무편제상의 명칭이 다른 경우 직업명칭은 상위 책임자 및 인사 담당자의 의견으로 결정하였다.
④ 가급적 외래어를 피하고 우리말로 표기하되 우리말 표기가 현장감이 없을 경우에는 외래어를 교육인적자원부에서 정한 외래어표기법에 따라 표기하였다.

해설 실제로 현장 근로자를 대상으로 하는 직무조사의 경우 작업자 스스로도 자신이 무엇으로 불리는지 알지 못하는 경우가 있는데, 이는 작업자들 간에 사용하는 호칭과 기업 내 직무편제상의 명칭이 다르기 때문이다. 따라서 직업명칭은 해당 작업자의 의견뿐만 아니라 상위 책임자 및 인사담당자의 의견을 수렴하여 결정하였다.

23 한국직업사전에 수록된 용어설명으로 틀린 것은?

① 자료 – 자료와 관련된 기능은 만질 수 없으며 숫자, 단어, 기호, 생각, 개념 그리고 구두상 표현을 포함한다.
② 조사연도 – 조사연도의 명기는 직업사전 수요자들에게 조사시점과 사용시점의 차이에서 오는 직업정보의 오해를 제거하기 위해 제시되며 해당직업의 최초 조사연도이다.
③ 육체활동 – 해당 직업의 직무를 수행하기 위해 필요한 신체적 능력을 나타내는 것으로 균형감각, 웅크림, 손, 언어력, 청각, 시각 등이 요구되는 육체활동인지 여부를 나타낸다.
④ 작업강도 – 해당 직업의 직무를 수행하는데 필요한 육체적 힘의 강도를 나타낸 것으로 심리적, 정신적 노동강도는 고려하지 않는다.

해설 "조사연도"는 해당 직업의 직무조사가 실시된 연도를 나타낸 것이다.

24 한국직업사전의 부가직업정보에서 정규교육에 관한 설명으로 틀린 것은?

① 해당직업의 직무를 수행하는 데 필요한 일반적인 정규 교육 수준을 의미한다.
② 현행 우리나라 정규교육과정의 연한을 고려하여 그 수준을 6개로 분류된다.
③ 해당 직업종사자의 평균 학력을 나타낸 것이다.
④ 독학, 검정고시 등을 통해 정규교육과정을 이수하였다고 판단되는 기간도 포함된다.

해설 '정규교육'은 해당 직업의 직무를 수행하는데 필요한 일반적인 정규교육수준을 의미하는 것으로 해당 직업 종사자의 평균 학력을 나타내는 것은 아니다. 현행 우리나라 정규교육과정의 연한을 고려하여 그 수준을 6개로 분류하였으며 독학, 검정고시 등을 통해 정규교육 과정을 이수하였다고 판단되는 기간도 포함된다.

25 한국직업사전 작업환경에 대한 설명에서 위험내재에 포함되지 않는 것은?

① 방사선   ② 기계
③ 가스   ④ 전기

해설 위험내재는 신체적인 손상의 위험에 노출되어 있는 상황으로 기계적 위험, 전기적 위험, 화상, 폭발, 방사선 등의 위험이 있는 경우이다.

26 한국직업사전의 부가정보 중 "자료"에 관한 설명으로 틀린 것은?

① 종합 : 사실을 발견하고 지식개념 또는 해석을 개발하기 위해 자료를 종합적으로 분석한다.
② 분석 : 조사하고 평가하며 평가와 관련된 대안적 행위의 제시가 빈번하게 포함된다.
③ 계산 : 사칙연산을 실시하고 사칙연산과 관련하여 규정된 활동을 수행하거나 보고한다. 수를 세는 것도 포함된다.
④ 기록 : 데이터를 옮겨 적거나 입력하거나 표시한다.

해설 사칙연산을 실시하고 사칙연산과 관련하여 규정된 활동을 수행하거나 보고한다. 수를 세는 것은 포함되지 않는다.

27 한국직업사전에서 알 수 있는 직업관련 정보가 아닌 것은?

① 작업강도 ② 직무개요
③ 수행직무 ④ 임금수준

직업사전에 임금, 노동시장 자료는 포함되지 않는다.

28 한국직업사전에 수록되어 있는 정보 중 유사명칭에 대한 설명으로 틀린 것은?

① 직업수 집계에서 제외된다.
② 본직업명을 명칭만 다르게 해서 부르는 것이다.
③ 한국직업사전의 부가직업정보에 해당한다.
④ 본직업명을 직무의 범위, 대상 등에 따라 나눈 것이다.

관련직업은 본직업명과 기본적인 직무에 있어서 공통점이 있으나 직무의 범위, 대상 등에 따라 나누어지는 직업이다. 하나의 본직업명에는 두 개 이상의 관련 직업이 있을 수 있으며 직업수 집계에 포함된다.

29 한국직업사전의 부가 직업정보에 관한 설명으로 틀린 것은?

① '한국표준산업분류코드'는 해당 직업을 조사한 산업을 나타내는 것으로 한국표준산업분류의 소분류 산업을 기준으로 했다.
② '정규교육'은 독학, 검정고시 등을 통해 정규교육 과정을 이수하였다고 판단되는 기간도 포함된다.
③ '숙련기간'은 해당 직무를 평균적인 수준 이상으로 수행하기 위한 향상훈련도 포함된다.
④ '직무기능'은 해당 직업 종사자가 직무를 수행하는 과정에서 자료, 사람, 사물과 맺는 관련된 특성을 나타낸다.

정규교육과정을 이수한 후 해당 직업의 직무를 평균적인 수준으로 스스로 수행하기 위하여 필요한 각종 교육, 훈련, 숙련기간을 의미한다.

30 한국직업사전의 부가 직업정보에 대한 설명으로 옳은 것은?

① 정규교육 : 해당 직업 종사자의 평균 학력을 나타낸다.
② 조사연도 : 해당 직업의 직무조사가 실시된 연도를 나타낸다.
③ 작업강도 : 해당 직업의 직무를 수행하는데 필요한 육체적·심리적·정신적 힘의 강도를 나타낸다.
④ 유사명칭 : 본직업명과 기본적인 직무에 있어서 공통점이 있으나 직무의 범위, 대상 등에 따라 나누어지는 직업이다.

① 해당 직업의 직무를 수행하는데 필요한 일반적인 정규교육수준을 의미하는 것으로 해당 직업 종사자의 평균 학력을 나타내는 것은 아니다.
③ 해당 직업의 직무를 수행하는데 필요한 육체적 힘의 강도를 나타낸 것으로 5단계로 분류하였다.
④ 본직업명을 명칭만 다르게 부르는 것으로 본직업명과 사실상 동일하다. 따라서 직업수 집계에서 제외된다.

31 한국직업사전의 부가직업정보에 대한 설명으로 옳은 것은?

① "한국표준산업분류코드"는 한국표준산업분류 대분류 산업을 기준으로 하였다.
② "정규교육"은 독학, 검정고시 등은 제외하였다.
③ "숙력기간"에는 해당 직무를 평균적인 수준 이상으로 수행하기 위한 향상훈련도 포함된다.
④ "직무기능"은 해당 직업 종사자가 직무를 수행하는 과정에서 자료, 사람, 사물과 맺는 관련된 특성을 나타낸다.

32 한국직업사전에 수록된 플라스틱 제품 기술자의 부가 직업정보에 대한 설명으로 틀린 것은?

- 정규교육 : 14년 초과 ~ 16년 이하(대졸 정도)
- 직무기능 : 자료(종합)/사람(협의)/사물(정밀작업)
- 작업강도 : 가벼운 작업
- 작업장소 : 실내

① 정규교육은 해당 직업종사자의 평균 학력을 의미한다.
② 종합은 사실을 발견하고 지식개념 또는 해석을 개발하기 위해 자료를 종합적으로 분석하는 것을 의미한다.
③ 가벼운 작업은 최고 8kg의 물건을 들어올리고 4kg 정도의 물건을 빈번히 들어올리거나 운반한다.
④ 실내는 눈, 비, 바람, 온도변화로부터 보호를 받으며 작업의 75% 이상이 실내에서 이루어지는 경우이다.

해설 '정규교육'은 해당 직업의 직무를 수행하는데 필요한 일반적인 정규교육수준을 의미하는 것으로 해당 직업 종사자의 평균 학력을 나타내는 것은 아니다.

33 한국직업사전의 직무기능 중 사물(T)에 해당하는 것은?

① 조작운전 　　　　② 분석
③ 계산 　　　　　　④ 자문

해설 ②, ③ - 자료, ④ - 사람

34 한국직업사전의 직무기능(DPT) 내용을 의미하는 [조정 - 자문 - 정밀작업]에 해당하는 수준들의 합은?

① 2 　　　　　　　② 3
③ 4 　　　　　　　④ 5

해설 조정(1) - 자문(0) - 정밀작업(1)

35 한국직업사전에서 '정책을 수립하거나 의사결정을 하기 위해 생각이나 정보, 의견 등을 교환한다'가 관련되는 직무기능은?

① 자료 　　　　　　② 사람
③ 사물 　　　　　　④ 조정

해설 사람(People)과 관련된 기능 중 협의(negotiating)에 해당된다.

36 직업정보를 사용하는 목적과 가장 거리가 먼 것은?

① 직업정보를 통해 근로생애를 설계할 수 있다.
② 직업정보를 통해 전에 알지 못했던 직업세계와 직업비전에 대해 인식할 수 있다.
③ 직업정보를 통해 과거의 직업탐색, 은퇴 후 취미활동 등에 필요한 정보를 얻을 수 있다.
④ 직업정보를 통해 일을 하려는 동기를 부여받을 수 있다.

해설 직업정보는 직업별 직무내용, 직업전망, 근로조건 등에 관한 모든 종류의 정보를 말하며, 국내외의 각종직업에 관련된 다양한 정보를 체계화시킨 것으로 취미활동 정보는 아니다.

37 한국직업전망에 관한 설명으로 틀린 것은?

① 진로와 직업을 탐색하고 결정하고자 하는 청소년 및 구직자에게 직업정보를 제공하기 위해 기획되었다.
② 하는 일, 근무환경, 교육/훈련/자격, 적성과 흥미 및 향후 3년간 수록직업에 대한 전망을 제공함으로써 각 직업에 대한 상세한 정보를 얻을 수 있도록 구성되었다.
③ 수록 직업 선정은 「한국고용직업분류(KECO)」의 세분류 (4 - digits) 직업에 기초하여 종사자 수가 일정 규모(3만 명) 이상인 경우를 원칙으로 하였다. 특히 직업정보의 연결성을 높이기 위해서 워크넷 직업·진로(한국직업정보시스템)에서 제공되고 있는 직업 단위를 기본 정보단위로 사용하였다.
④ KECO의 세분류 직업 중 승진을 통해 진입하게 되는 관리직과 직업정보 제공의 실효성이 낮은 직업은 제외하였다.

해설 우리나라의 대표적인 직업에 대한 직업정보(하는 일, 업무환경, 되는 길, 적성과 흥미 등)와 향후 10년간의 일자리 전망에 관한 종합적인 정보를 수록하고 있다.

38 한국직업전망의 수록직업 선정에 대한 설명으로 틀린 것은?

① 수록 직업 선정은 「한국고용직업분류(KECO)」의 세분류 (4-digits) 직업에 기초하여 종사자 수가 일정 규모(3만 명) 이상인 경우를 원칙으로 하였다.

② 승진을 통해 진입하게 되는 관리직과 직업정보 제공의 실효성이 낮은 직업은 제외하였다.

③ 우리나라의 경영·회계·사무 관련직을 필두로 금융·보험, 교육 및 연구, 법률·경찰·소방, 보건·의료, 사회복지, 문화·예술, 디자인 및 방송, 개인 서비스 관련직 9개 분야 220여 개 직업에 관한 상세한 정보를 수록하고 있다

④ 직업정보 제공의 실효성이 낮은 직업들은 소분류 수준에서 개별적으로 수록하였다.

> **해설** 직업정보 제공의 실효성이 낮은 직업들은 하나로 통합하거나 소분류(3-digits) 수준에서 통합하여 제공하였다.

39 한국직업전망에서 정의한 고용변동 요인 중 불확실성 요인에 해당하는 것은?

① 인구구조 및 노동인구 변화

② 정부정책 및 법·제도 변화

③ 과학기술 발전

④ 가치관과 라이프스타일 변화

> **해설** **고용변동 요인 8가지 범주**
> ㉠ 확실성요인 - 인구구조 및 노동인구 변화, 산업특성 및 산업구조변화, 과학기술 발전, 기후변화와 에너지 부족, 가치관과 라이프스타일 변화
> ㉡ 불확실성요인 - 대내외 경제상황 변화, 기업의 경영전략변화, 정부정책 및 법·제도 변화

40 한국직업전망의 직업별 정보 구성체계에 해당하지 않는 것은?

① 하는 일   ② 업무환경
③ 산업전망   ④ 관련 정보처

> **해설** 한국직업전망 구성체계는 하는 일, 업무환경, 되는 길, 적성 및 흥미, 일자리전망, 관련직업, 직업코드, 관련정보처이다.

41 한국직업전망에 관한 설명으로 옳은 것은?

① 한국직업전망은 2001년부터 발간되기 시작하였다.

② 한국직업전망의 수록직업 선정기준은 한국표준직업분류의 세 분류에 근거한다.

③ 직업에 대한 고용전망은 감소, 다소 감소, 다소 증가, 증가 등 4개 구간으로 구분하여 제시한다.

④ 해당 직업 종사자의 일반적인 근무시간, 근무형태, 근무장소, 육체적·정신적 스트레스 정도, 산업안전 등에 대해 서술하였다.

> **해설** ① 한국직업전망은 1999년부터 발간되기 시작하였다.
> ② 한국직업전망의 수록직업 선정기준은 한국고용직업분류 세분류에 근거한다.
> ③ 해당 직업에 대한 고용전망은 감소, 다소 감소, 현상태유지, 다소 증가, 증가 등 5가지 수준으로 구분하여 제시한다.

42 다음은 한국직업전망에 수록된 직업 중 무엇에 관한 설명인가?

> 질병의 예방이나 진단, 치료를 위해 가검물 검사를 비롯하여 생리학적 검사 등 각종 의학적 검사를 수행하고 분석하는 사람으로 이들이 제시하는 각종 데이터는 의사가 환자의 치료방법을 결정하는 데 중요한 역할을 한다.

① 임상심리사   ② 임상병리사
③ 방사선사   ④ 응급구조사

> **해설** 임상병리사는 질병의 예방이나 진단, 치료를 돕기 위해 환자의 혈액, 소변, 체액, 조직 등을 이용하여 각종 의학적 검사를 수행하고 분석한다. 응고, 착색 등의 기법을 적용하여 인체의 기관, 조직 세포, 혈액, 분비물 등의 검사물을 준비하고 검사, 분석, 실험한다. 검사용 시약을 조제하고, 혈액을 채혈하거나 제조·조작하고 보존하여, 그 검사와 실험 과정을 정확하게 기록하여 의사에게 제공한다.

43 한국직업전망의 흥미 항목 및 정의에 관한 설명으로 틀린 것은?

① 사회형 – 정해진 원칙과 계획에 따라 자료들을 기록, 정리, 조작하는 일을 좋아하고, 체계적인 직업환경에서 사무적, 계산적 능력을 발휘하는 활동들에 흥미를 보인다.
② 현실형 – 분명하고 질서정연하고, 체계적인 것을 좋아하고, 연장이나 기계의 조작을 주로 하는 활동 내지 신체적인 기술들에 흥미를 보인다.
③ 예술형 – 변화와 다양성을 좋아하고 틀에 박힌 것을 싫어하고, 모호하고, 자유롭고, 상징적인 활동들에 흥미를 보인다.
④ 진취형 – 조직의 목적과 경제적인 이익을 얻기 위해 타인의 선도, 계획, 통제, 관리하는 일과 그 결과로 얻어지는 위신, 인정, 권위에 흥미를 보인다.

해설 사회형 – 타인과 협동하여 일하는 것을 지향하며, 대인관계기술이 좋고 부드러움을 특징으로 한다.

44 한국직업전망의 수록직업 선정에 관한 설명으로 틀린 것은?

① 수록직업은 한국표준직업분류의 중분류 직업에 기초하여 종사자 수가 일정 규모 이상인 경우를 원칙으로 선정하였다.
② 직업정보의 연결성을 높이기 위해서 워크넷 직업 · 진로(한국직업정보시스템)에서 제공되고 있는 직업 단위를 기본 정보단위로 사용하였다.
③ 승진을 통해 진입하게 되는 관리직과 직업정보 제공의 실효성이 낮은 직업은 제외하였다.
④ 직무가 유사한 직업들은 하나로 통합하거나 소분류(3 – digits) 수준에서 통합하였다.

해설 직업 선정은 「한국고용직업분류(KECO)」의 세분류(4 – digits) 직업에 기초하여 종사자 수가 일정 규모(3만 명) 이상인 경우를 원칙으로 하였다.

45 한국고용정보원에서 발간한 한국직업전망에 관한 설명으로 틀린 것은?

① 본서는 향후 10년간 직업에 대한 전망을 제공하고 있다.
② 변리사 등 관련 자격이 있어야 입직이 가능한 직업도 수록되어 있다.
③ 직업전망은 "감소, 현상태 유지, 증가" 3가지 영역으로 나누었다.
④ 직업정보와 관련된 협회, 공공기관, 학회 등의 전화번호와 홈페이지를 수록하였다.

해설 '직업전망'은 향후 10년간 해당직업의 고용전망을 중심으로 '감소', '다소 감소', '현 상태 유지', '다소 증가', '증가' 등 5가지 수준으로 구분하여 제시하였다.

46 다음은 무엇에 대한 설명인가?

직업선택의 길잡이 역할 및 향후 해당 직업의 미래를 가늠할 수 있도록 우리나라의 대표성 있는 직종을 그룹으로 분류해서 종합적이고 상세한 직업정보를 제공하며, 향후 예상되는 직업전망을 통해 산업구조 및 고용구조 등 전반적인 노동시장의 변화를 조망함

① 직업지도 핸드북
② 직업의 세계(시청각 자료)
③ 미래의 직업정보전달체계 KNOW
④ 한국직업전망서

해설 한국직업전망서는 우리나라를 대표하는 17개 분야 약 200개 직업에 대한 상세정보를 수록하고 있으며, 진로와 직업을 결정하고자 하는 청소년이나 일반구직자들이 다양한 직업정보를 살펴보고 자신에게 맞는 직업을 선택할 수 있도록 도움을 주기 위해 기획되었다.

47 한국고용직업분류(KECO)에 대한 설명으로 틀린 것은?

① 10진법 중심의 분류이다.
② 직능유형(skill type) 중심이다.
③ 대분류보다는 중분류 중심체계이다.
④ 직업분류의 기본원칙인 포괄성과 배타성을 고려하여 분류하였다.

해설 대분류 중심체계이다.

정답 43 ① 44 ① 45 ③ 46 ④ 47 ③

V O C A T I O N A L   C O U N S E L O R

CHAPTER

02

직업 및 산업분류의 활용

1 연 혁

우리나라에서 체계적인 직업분류를 작성한 것은 1960년 당시 내무부 통계국 국세조사에 사용한 것이 처음이었다. 그 후 통계업무를 경제기획원에서 관장하게 됨에 따라 통계표준분류를 작성하기 시작하였고, 이에 1958년 제정되어 각국에서 사용토록 권고된 국제노동기구(ILO)의 국제표준직업분류(ISCO ; International Standard Classification of Occupations)를 근거로 1963년 한국표준직업분류가 제정되었다.

1963년 제정된 한국표준직업분류를 개선, 보완하기 위해 1966년에 개정작업을 추진하였으며, 이후 ILO의 국제표준직업분류 개정('68, '88, '08)과 국내 노동시장의 직업구조와 직능수준의 변화를 반영하기 위하여 6차례 개정작업을 추진해 왔다.('70, '74, '92, '00, '07).

2007년에 개정된 제6차 한국표준직업분류는 국제표준직업분류(ISCO − 08) 개정을 반영함으로써 국제 비교 가능성을 강화하는 한편, 국내 노동시장 현실을 반영하였다. 전문가와 준전문가(기술공)의 대분류를 통합하여 우리나라 노동시장의 구조를 반영하고 현장 적용도를 제고하고자 하였다. 또한 국내 노동시장 구조 및 인력규모를 고려하여 성장 추세 직종인 전문가 및 관련 종사자의 분류를 세분하는 한편, 고용인력 규모의 감소가 예상되고 분류항목이 과잉 세분되어 현장 적용이 어려운 농림 · 어업 관련 직종 및 제조업 분야 기계 조작 직종은 분류항목을 통합 · 축소하는 등 분류체계 전반을 개정하였다.

2007년 제6차 한국표준직업분류 개정 이후 많은 시간이 경과되면서, 새롭게 등장하거나 전문영역으로 분화되는 등 직무 변화가 있는 직업 영역들에 대한 통계작성 및 정책지원 수요가 증가하였다. 이에 통계청에서는 2015년 5월, 제7차 한국표준직업분류 개정을 위한 기본계획을 수립하고 약 2년간에 걸친 개정작업을 추진, 통계청 고시 제2017-191호(2017. 7. 3.)로 확정·고시하고 2018년 1월 1일부터 시행하게 되었다.

2 제7차 개정 주요내용

1) 개정 방향

(1) 지난 개정 이후 시간 경과를 고려하여 전면 개정 방식으로 추진하되, 중분류 이하 단위 분류 체계를 중심으로 개정을 추진하였다.

(2) 국제표준직업분류(ISCO)의 분류 기준, 적용 원칙, 구조 및 부호 체계 등 직업분류 기본 틀은 기존 체계를 유지하였으며, 특히 2007년 7월 개정작업에 이어 국제표준직업분류(ISCO-08) 개정 내용을 추가로 반영하였다.

(3) 국내 노동시장 직업구조의 변화 특성을 반영하여 전문 기술직의 직무영역 확장 등 지식 정보화 사회 변화상을 반영하고 사회 서비스 일자리 직종을 세분 및 신설하였다. 고용규모 대비 분류항목 수가 적은 사무 및 판매·서비스직 분류는 세분하고 자동화·기계화 진전에 따른 기능직 및 기계 조작직 분류는 통합하였다.

(3) 관련 분류 간 연계성·통합성을 제고하고, 직업분류체계의 일관성을 유지하기 위해 2016년 9월 제정·고시된 한국표준교육분류(영역)와 2017년 1월 개정·고시된 한국표준산업분류의 내용을 명칭변경, 분류신설 등에 반영하였다. 또한 한국표준직업분류와 특수 분류인 고용직업분류가 세분류 수준에서 일대일로 연계될 수 있도록 복수연계 항목을 세분하였다.

2) 개정특징

(1) 전문 기술직의 직무영역 확장 등 지식 정보화 사회 변화상 반영

4차 산업혁명 등 ICTs 기반의 기술 융·복합 및 신성장 직종을 분류체계에 반영하여 데이터 분석가, 모바일 애플리케이션 프로그래머, 산업 특화 소프트웨어 프로그래머 등을 신설하였다. 문화·미디어 콘텐츠와 채널의 생산 및 유통구조가 다변화됨에 따라 신성장 직종인 미디어 콘텐츠 창작자, 사용자 경험 및 인터페이스 디자이너, 공연·영화 및 음반 기획자 등을 신설하거나 세분하였다. 과학기술 고도화에 따라 로봇공학 기술자 및 연구원을 상향 조정하고, 대형재난 대응 및 예방의 사회적 중요성을 고려하여 방재 기술자 및 연구원을 신설하였다.

(2) 사회 서비스 일자리 직종 세분 및 신설

저출산 · 고령화에 따른 돌봄 · 복지 일자리 수요 증가를 반영하여 노인 및 장애인 돌봄 서비스 종사원, 놀이 및 행동치료사를 신설하고, 임상심리사, 상담 전문가 등 관련 직종을 상향 조정하였다. 여가 및 생활 서비스 일자리 수요 증가를 반영하여 문화 · 관광 및 숲 · 자연환경 해설사, 반려동물 훈련사, 개인 생활 서비스 종사원 등을 신설하였다.

(3) 고용규모 대비 분류항목이 적은 사무 및 판매 · 서비스직 세분

이제까지 포괄적 직무로 분류되어 온 사무직의 대학 행정 조교, 증권 사무원, 기타 금융 사무원, 행정사, 중개 사무원을 신설하고, 판매 · 서비스직의 소규모 상점 경영 및 일선 관리 종사원, 대여 제품 방문 점검원 등의 직업을 신설 또는 세분하였다.

(4) 자동화 · 기계화 진전에 따른 기능직 및 기계 조작직 직종 통합

제조 관련 기능 종사원, 과실 및 채소 가공 관련 기계 조작원, 섬유 제조 기계 조작원 등은 복합 · 다기능 기계의 발전에 따라 세분화된 직종을 통합하였다.

▼ 대분류 항목 체계 개정

구분류	신분류	국제표준직업분류(ISCO)
0 의회의원, 고위임직원 및 관리자	1 관리자	1 관리자, 고위임원 및 의회의원
1 전문가	2 전문가 및 관련 종시지	2 전문가
2 기술공 및 준전문가	–	3 기술공 및 준전문가
3 사무 종사자	3 사무 종사자	4 사무 종사자
4 서비스 종사자	4 서비스 종사자	5 서비스 및 판매 종사자
5 판매 종사자	5 판매 종사자	6 숙련 농어업 종사자
6 농업, 임업 및 어업숙련 종사자	6 농림어업 숙련 종사자	7 기능원 및 관련 기능 종사자
7 기능원 및 관련 기능 종사자	7 기능원 및 관련 기능 종사자	8 장치 · 기계 조작 및 조립 종사자
8 장치, 기계조작 및 조립 종사자	8 장치 · 기계 조작 및 조립 종사자	9 단순노무 종사자
9 단순노무 종사자	9 단순노무 종사자	0 군인
A 군인	A 군인	

3) 대분류별 개정내용

대분류 1	관리자

(1) 경영활동에서 마케팅 분야의 중요성이 높아지고, 관련 분야 직무가 분화되면서 '마케팅 및 광고 · 홍보 관리자'를 소분류로 신설하고, 이하 세세분류로 '마케팅 관리자'와 '광고 및 홍보 관리자'를 배열하였다.

(2) '문화 및 예술 관련 관리자'를 '공연 · 전시 예술 관련 관리자'로, '영상 관련 관리자'를 '방송 · 출판 및 영상 관련 관리자'로 항목명을 변경하여 분류명과 포괄범위가 일치하도록 하였다.

(3) 공동주택 관리가 강화되면서 '공동주택 관리자'를 신설하고, '건설 관련 관리자'를 건축, 토목, 조경 관리자로 세분하였다.

(1) 세분류 '자연과학 연구원'의 하위분류인 천문 및 기상학 연구원을 '지구 및 기상 과학 연구원'과 '천문 및 우주 과학 연구원'으로 세분하고, 학문분야의 인접성 및 관련성을 고려하여 세세분류 배열 순서를 조정하였다.

(2) '정보시스템 개발 전문가'를 '컴퓨터 시스템 및 소프트웨어 전문가', '데이터 및 네트워크 관련 전문가'로 소분류 수준에서 세분하고, '웹 운영자'는 소분류 '정보 시스템 및 웹 운영자' 이하, '웹 개발자'는 '컴퓨터 시스템 및 소프트웨어 전문가' 하위분류로 이동하였다. 또한 '산업 특화 소프트웨어 프로그래머'와 '모바일 애플리케이션 프로그래머'를 세분ㆍ신설하고, '데이터 분석가'는 비정형 데이터 분석을 포괄할 수 있도록 기존 분류명칭 및 직무 범위를 조정하였다.

(3) 중분류 '공학 전문가 및 기술직'에서는 직무내용이 상이하고 각각 고용규모가 큰 '건축가'와 '건축공학 기술자'를 세분류 수준에서 분리하였다. 전기ㆍ전자와 기계공학 분야 기술 고도화 및 고용규모를 고려하여 '전기ㆍ전자 및 기계공학 기술자 및 시험원'을 '전기ㆍ전자공학 기술자 및 시험원'과 '기계ㆍ로봇공학 기술자 및 시험원'으로 분리하였다. '로봇공학 기술자 및 연구원'은 세세분류 '로봇 및 그 외 기계공학 기술자 및 연구원'에서 분리하여 세분류로 상향ㆍ신설하였다. 사회적 중요성 및 인접분야 관련성을 고려하여 기존 소방, 안전관리, 환경공학, 가스, 에너지 분야 기술자 및 시험원의 분류체계를 소분류 '소방ㆍ방재 기술자 및 안전 관리원'과 '환경공학ㆍ가스ㆍ에너지 기술자 및 시험원'으로 재편하였다.

(4) 중분류 '공학 전문가 및 기술직'에서는 직무내용이 상이하고 각각 고용규모가 큰 '건축가'와 '건축공학 기술자'를 세분류 수준에서 분리하였다. 전기ㆍ전자와 기계공학 분야 기술 고도화 및 고용규모를 고려하여 '전기ㆍ전자 및 기계공학 기술자 및 시험원'을 '전기ㆍ전자공학 기술자 및 시험원'과 '기계ㆍ로봇공학 기술자 및 시험원'으로 분리하였다. '로봇공학 기술자 및 연구원'은 세세분류 '로봇 및 그 외 기계공학 기술자 및 연구원'에서 분리하여 세분류로 상향ㆍ신설하였다. 사회적 중요성 및 인접분야 관련성을 고려하여 기존 소방, 안전관리, 환경공학, 가스, 에너지 분야 기술자 및 시험원의 분류체계를 소분류 '소방ㆍ방재 기술자 및 안전 관리원'과 '환경공학ㆍ가스ㆍ에너지 기술자 및 시험원'으로 재편하였다.

(5) 세분류 '대학교수'와 '대학 시간강사'의 세세분류가 계열별 체계로 되어있던 것을 관련 표준 분류와의 정합성을 제고하기 위해 '한국표준교육분류(영역)' 대분류 기준 체계를 반영하여 영역별 체계로 재편하였다.

(6) 중분류 '문화ㆍ예술ㆍ스포츠 전문가 및 관련직'에서는 소분류 '작가 및 언론 관련 전문가' 하위분류를 세분류 수준에서 '작가', '출판물 전문가', '기자 및 언론 관련 전문가', '번역가 및 통역가'로 재편하고, '평론가'는 직무특성 및 국제분류를 고려하여 상위분류를 '작가'에서 '기자 및 언론 관련 전문가'로 이동하였다. 소분류 '화가ㆍ사진가 및 공연예술가'의 분류명을 관련 직업을 모두 포괄할 수 있는 용어인 '시각 및 공연 예술가'로 변경하였다. 신성장 직종인 '미디어 콘텐츠

창작자'와 문화예술 분야 매개인력인 '공연 · 영화 및 음반 기획자'를 세분류로 신설하였다. 소분류 '식문화 관련 전문가'를 신설하고, 이하 세세분류를 '주방 장', '요리 연구가', '그 외 식문화 관련 전문가'로 재편하였다.

대분류 3	사무 종사자

(1) '대학 행정조교'는 대학 행정의 보조자로서 교육 조교(TA), 연구조교(RA) 등 과는 구분되며, 대학 내 고용규모가 상당하므로 '총무 사무원'에서 분리하여 세세분류로 신설하는 한편, 세분류 '기타 사무원' 하위분류에 행정 서비스를 대행해주는 '행정사'를 신설하였다.

(2) '금융 사무 종사자'의 경우 관련 분야의 전체대비 규모 등을 고려하여 은행, 금 융, 보험으로 분류되어 있던 것을 은행, 보험, 증권, 기타 금융으로 구분하여 세분하였다.

(3) '사무 종사자' 이하 안내원은 정해진 공간에서 해당 시설, 기관에 방문한 사람 을 대상으로 시설물의 위치, 운영시간, 담당자 등의 일반적인 사항을 안내하 는 경우에 한하는 것으로 정의하였다. 박물관, 문화재, 전시회, 박람회와 같 은 시설 또는 공간에서 장소를 이동하여 견학, 해설하는 업무의 경우에는 '서 비스 종사자'로 이동하였다.

(4) '고객 상담 및 기타 사무원'에 '의료 서비스 상담 종사원'(피부과, 성형외과, 안 과, 치과, 한방병원, 건강검진 센터 등의 병원 코디네이터)을 신설하였다.

대분류 4	서비스 종사자

(1) 중분류 '경찰 · 소방 및 보안 관련 서비스직'에서는 '해양 경찰관'과 '일반 경찰 관'에 수사관을 분류명에 병기하여 치안경찰과 함께 검찰 수사관 및 형사를 포괄할 수 있도록 하고, '시설 및 특수 경비원'을 시설, 호송, 기계, 특수 등으 로 세분하였다. 소년 보호관의 분류명은 '소년원 학교 교사'로 변경하였다.

(2) 국제분류(ISCO − 08)와의 정합성을 제고하고 사회변화로 인한 돌봄 · 복지 및 대인 서비스 분야 인력 수요 증가를 고려하여 관련 분류체계를 정비하였 다. 보건, 의료, 복지, 미용 및 예식, 장례 등 대인 서비스 직무 전반을 아우를 수 있도록 중분류명을 '돌봄 · 보건 및 개인 생활 서비스직'으로 변경하였다. 세분류 '돌봄 서비스 종사원' 이하 세세분류 '요양 보호사'와 '노인 및 장애인 돌봄 서비스 종사원'을 신설하였다. '보육 관련 시설 서비스 종사원'을 신설하 여 키즈카페나 대형 상업시설 내 탁아시설 등 보육 관련 시설의 아동 돌봄 종 사원을 분류하였다. 반려동물을 키우는 인구가 증가하고 관련 인력 수요가 증대됨에 따라 세분류 '반려동물 미용 및 관리 종사원'을 신설하고, 이하 세세 분류에 '반려동물 미용사', '반려동물 훈련사', '수의사 보조원'을 배열하였다.

(3) 주 5일 근무제 정착에 따른 여가시간 증대로 관련 인력수요 증가를 반영하여 여가 관련 직종의 직무범위를 넓히기 위해 세분류 명칭을 '여행 및 관광통역 안내원'에서 '여가 및 관광 서비스 종사원'으로 변경하여 미술관 및 박물관의 전시품, 예술품을 설명하고 안내하거나 박람회, 전시회에서 전시내용을 안

내하는 직무를 대분류 '사무 종사자'에서 '서비스 종사자'로 이동하였으며, 일반 관광 가이드와 직능수준, 직무내용 등에서 구분되는 '문화 관광 및 숲 · 자연환경 해설사'를 신설하였다.

대분류 5	판매 종사자

(1) 국내 노동시장 특성을 고려하여, 현업과 일선 관리(First-line Managing) 업무를 함께 수행하는 점주(Shopkeepers) 및 일선 관리 종사원(Shop Supervisors)을 단순 판매직 및 관리자와 구분할 수 있도록 세분류를 신설하였다. 대분류 '관리자'와 구분을 명확히 할 수 있도록 분류명에 '소규모'와 '일선 관리(First-line)'를 명기하였다. 대여(렌털) 제품 시장 성장을 반영하여 중분류 '매장 판매직'의 분류명이 '상품 대여원'을 포괄할 수 있도록 '매장 판매 및 상품 대여직'으로 변경하였다.

(2) '자동차 영업원'을 신차와 중고차 영업원으로 세분하고, 관계법령 변화를 반영하여 '간접 투자증권 판매인'을 '투자 권유 대행인'으로 명칭 및 직무범위를 변경하였다. 인력규모를 고려하여 '대출 모집인'과 '신용카드 모집인'을 신설하였다.

(3) '상점 판매원'과 '상품 대여원' 이외의 판매직 중 통신, 방문, 노점 판매직을 소분류 '통신 관련 판매직'과 '방문 및 노점 판매 관련직'으로 재편하였다. 이동 전화 단말기와 통신 서비스의 판매가 함께 이루어지는 특성을 고려하여 '단말기 및 통신 서비스 판매원'으로 명칭 및 직무범위를 변경하였다.

대분류 6	농림어업 숙련 종사자

(1) 세분류 '조림 · 영림 및 벌목원' 중 '영림'을 '산림경영'으로 알기 쉽게 변경하였으며, 동물원 등에서 관람 또는 공연을 위해 동물을 사육하는 '동물 사육사'를 출하 목적의 동물이나 가축 사육자와 구분하기 위하여 '동물원 사육사'로 변경하였다.

대분류 7	기능원 및 관련 기능 종사자

(1) 국제분류(ISCO-08) 체계와의 정합성을 제고하고 유사 · 인접 분야 직무 체계의 정합성을 제고하기 위해 중분류 '정보 통신 및 방송장비 관련 기능직'을 신설하고, '전기 및 전자기기 설치 및 수리원'과 '영상 및 통신 장비 관련 기능직'에 분산되어 있던 컴퓨터와 이동전화기, 정보 통신 기기, 방송 · 통신장비 관련 설치 및 수리원을 하위분류로 재편하였다. '의복 제조 관련 기능 종사자' 이하 가죽 수선원과 모피 수선원을 통합하고, '자동차 튜닝원'(드레스업 튜닝 제외)을 신설하였다.

대분류 8	장치 · 기계조작 및 조립 종사자

(1) 자동화 · 기계화 진전에 따라 기존에 통조림기, 살균기, 냉장기, 건조기 등으로 세분되어 있던 '과실 및 채소 가공 관련 기계 조작원'과 연조기, 조방기, 정방기, 권사기, 혼합기, 소면기, 래핑기 등으로 세분되어 있던 '섬유 제조 기계 조작원' 등 복합 · 다기능 기계 조작직의 분류를 통합하였다.

(2) '음료 제조 관련 기계 조작원'을 알코올성 음료와 비알코올성 음료로 세분하고, '차 · 커피 및 코코아 제조기 조작원' 중 분말류의 제조기 조작원은 세분류 '기타 식품가공 관련 기계 조작원'으로 액상 가공 음료 제조기 조작원은 '비알코올성 음료 제조기 조작원'으로 범위를 조정하여 산업분류 체계와 정합성을 제고하였다.

(3) 상대적으로 인력규모가 작은 '화물열차 차장', '철도 신호원', '철도 수송원'을 '철도운송 관련 종사원'으로, '갑판장', '갑판원', '기관부원'을 '선박부원'으로 통합하였다. 세분류 '화물차 및 특수차 운전원' 이하 세세분류를 화물차의 총 중량 규모에 따라 '경 · 소형 화물차 운전원', '중형 화물차 운전원', '대형 화물차 운전원'으로 재편하였다. 관련법에 따라 건설기계로 분류되는 '콘크리트 믹서 트럭 운전원'과 '덤프트럭 운전원'을 '화물차 및 특수차 운전원'에서 '건설 및 채굴기계 운전원' 이하 세세분류로 이동하였다.

대분류 9	단순노무 송사자

(1) '자동판매기 관리원'을 제외한 각종 수금업무를 담당하는 '수금원'은 '사무 종사자'로, 경비원 중 특수 및 시설 경비 직무는 '서비스 종사자'로 대분류를 이동하고, 직무내용 및 직능유형을 고려하여 '건물 관리원'은 '아파트 경비원', '건물 경비원'으로 한정하였다. 또한 정수기, 공기청정기, 가습기, 매트리스 등 대여 제품 유지 · 관리 직종이 증가함에 따라 '대여 제품 방문 점검원'을 신설하였다.

대분류 A	군인

(1) 이번 개정에는 의무복무 중인 사병 및 장교도 직업 활동에 포함하여 모든 군인을 직업분류 범위 안에 포괄하였다. 단, '의무복무 중인 군인'의 직업분류 포함 여부는 경제활동 상태의 판단 기준이 되지 않음에 유의해야 한다.

3 한국표준직업분류의 개요

1) 직업의 정의

국제표준직업분류(Isco – 08)에서 직무(Job)는 '자영업을 포함하여 특정한 고용주를 위하여 개별 종사자들이 수행하거나 또는 수행해야 할 일련의 업무와 과업(Tasks And Duties)'으로 설정하고 있으며, 직업(Occupation)은 '유사한 직무의 집합'으로 정의된다. 여기에서 유사한 직무란 '주어진 업무와 과업이 매우 높은 유사성을 갖는 것'을 말한다.

직업은 유사성을 갖는 직무를 지속적으로 수행하는 계속성을 가져야 하는데, 일의 계속성이란 일시적인 것을 제외한 다음에 해당하는 것을 말한다.

(1) 매일, 매주, 매월 등 주기적으로 행하는 것

(2) 계절적으로 행해지는 것

(3) 명확한 주기는 없으나 계속적으로 행해지는 것

(4) 현재 하고 있는 일을 계속적으로 행할 의지와 가능성이 있는 것

직업은 또한 경제성을 충족해야 하는 데, 이는 경제적인 거래 관계가 성립하는 활동을 수행해야 함을 의미한다. 따라서 무급 자원봉사와 같은 활동이나 전업학생의 학습행위는 경제활동 혹은 직업으로 보지 않는다. 직업의 성립에는 비교적 엄격한 경제성의 기준이 적용되는데, 노력이 전제되지 않는 자연발생적인 이득의 수취나 우연하게 발생하는 경제적인 과실에 전적으로 의존하는 활동은 직업으로 보지 않는다.

직업 활동은 전통적으로 윤리성과 사회성을 충족해야 하는 것으로 보고 있다. 비윤리적인 영리행위나 반사회적인 활동을 통한 경제적인 이윤추구는 직업 활동으로 인정되지 못한다는 것이다. 사회성은 보다 적극적인 것으로써 모든 직업 활동은 사회 공동체적인 맥락에서 의미 있는 활동, 즉 사회적인 기여를 전제조건으로 하고 있다는 점을 강조한다.

또한 속박된 상태에서의 제반활동은 경제성이나 계속성의 여부와 상관없이 직업으로 보지 않는다. 그러므로 다음과 같은 활동은 직업으로 보지 않는다.

(1) 이자, 주식배당, 임대료(전세금, 월세) 등과 같은 자산 수입이 있는 경우

(2) 연금법, 국민기초생활보장법, 국민연금법 및 고용보험법 등의 사회보장이나 민간보험에 의한 수입이 있는 경우

(3) 경마, 경륜, 경정, 복권 등에 의한 배당금이나 주식투자에 의한 시세차익이 있는 경우

(4) 예·적금 인출, 보험금 수취, 차용 또는 토지나 금융자산을 매각하여 수입이 있는 경우

(5) 자기 집의 가사 활동에 전념하는 경우

(6) 교육기관에 재학하며 학습에만 전념하는 경우

(7) 시민봉사활동 등에 의한 무급 봉사적인 일에 종사하는 경우

(8) 사회복지시설 수용자의 시설 내 경제활동

(9) 수형자의 활동과 같이 법률에 의한 강제노동을 하는 경우

(10) 도박, 강도, 절도, 사기, 매춘, 밀수와 같은 불법적인 활동

2) 직업분류의 목적

직업분류는 경제활동인구조사, 인구주택총조사, 지역별고용조사 등 고용 관련 통계조사나 각종 행정자료를 통하여 얻어진 직업정보를 분류하고 집계하기 위한 것이다. 직업 관련 통계를 작성하는 모든 기관이 통일적으로 사용하도록 함으로써 통계자료의 일관성과 비교성을 확보할 수 있다. 또한 각종 직업정보에 관한 국내통계를 국제적으로 비교·활용할 수 있도록 하기 위하여 ILO의 국제표준직업분류(ISCO)를 근거로 설정되고 있다.

직업분류는 고용 관련 통계 및 장·단기 인력수급정책 수립과 직업연구를 위한 기초자료 작성에 활용되며, 다음의 경우에도 기준자료로 활용되고 있다.

(1) 각종 사회·경제통계조사의 직업단위 기준
(2) 취업알선을 위한 구인·구직안내 기준
(3) 직종별 급여 및 수당지급 결정기준
(4) 직종별 특정질병의 이환율, 사망률과 생명표 작성 기준
(5) 산재보험요율, 생명보험요율 또는 산재보상액, 교통사고 보상액 등의 결정 기준

실직자의 직업훈련을 지원하기 위한 기준은 직업분류의 목적이 아니다.

3) 직업분류의 개념과 기준

수입(경제활동)을 위해 개인이 하고 있는 일을 그 수행되는 일의 형태에 따라 체계적으로 유형화한 것이 직업분류이며, 우리나라 직업구조 및 실태에 맞도록 표준화한 것이 한국표준직업분류(KSCO, Korean Standard Classification of Occupations)이다.

한국표준직업분류는 주어진 직무의 업무와 과업을 수행하는 능력(The Ability to Carry Out the Tasks and Duties of a Given Job)인 직능(Skill)을 근거로 편제되며, 직능수준과 직능유형을 고려하고 있다. 직능수준(Skill Level)은 직무수행능력의 높낮이를 말하는 것으로 정규교육, 직업훈련, 직업경험 그리고 선천적 능력과 사회·문화적 환경 등에 의해 결정된다. 직능유형(Skill Specialization)은 직무수행에 요구되는 지식의 분야, 사용하는 도구 및 장비, 투입되는 원재료, 생산된 재화나 서비스의 종류와 관련된다.

하나의 직업(Occupation)은 직무상 유사성을 갖고 있는 여러 직무(Job)의 묶음이다. 어떤 직무의 집합을 여타 직업과 구별하고 동일한 직업으로 분류하는 것은 유사성의 정도에 대한 판단을 전제로 하는데, 이는 직무상 서로 다른 것을 규정하는 직업별 직무 배타성(Exclusivity)을 제시하는 것과 같다. 그런데 현장에서 일어나는 직무수행 조건의 복잡성과 기업규모의 차이 등에 따른 직무범위의 격차 때문에 직무별 유사성과 배타성을 판별하는 것은 매우 어려운 작업이다.

직무 유사성의 기준에는 해당 직무를 수행하는 사람에게 필요한 지식(Knowledge), 경험(Experience), 기능(Skill)과 함께 직무수행자가 입직을 하기 위해서 필요한 요건(Skill Requirements) 등이 있다. 때로는 직업 종사자가 주로 일하는 기업의 특성, 생산 과정이나 최종 산출물 등이 중요할 때도 있다. 유사하지 않은 직업은 배타성의 요건이 충족되어 상호 다른 직업이라고 할 수 있으며, 직무별로 노동시장의 형성이 다른 경우에는 가장 분명한 배타성을 갖는다고 할 수 있다. 또한 직무 범주화 기준에는 직무별 고용의 크기 또한 현실적인 기준이 된다. 한국표준직업분류에서는 세분류 단위에서 최소 1,000명의 고용을 기준으로 설정하였으며, 고용자 수가 많은 세분류에는 5,000~10,000명이 분포되어 있을 것으로 판단된다.

4) 직업 대분류와 직능수준

국제표준직업분류(ISCO)에서 정의한 직능수준(Skill Level)은 정규교육을 통해서만 얻을 수 있는 것은 아니며, 비정규적인 직업훈련과 직업경험을 통하여서도 얻게 된다. 따라서 분류에서 사용되는 기본개념은 정규교육 수준에 의해 분류되는 것이 아니라, 직무를 수행하는 데 필요한 특정 업무의 수행능력이다. 이러한 기본개념에 의하여 설정된 분류체계는 국제적 특성을 고려하여 4개의 직능수준으로 구분하고, 직무능력이 정규교육(또는 직업훈련)을 통하여서 얻어지는 것이라고 할 때 국제표준교육분류(ISCED – 11)상의 교육과정 수준에 의하여 다음과 같이 정의하였다.

(1) 제1직능 수준

일반적으로 단순하고 반복적이며 때로는 육체적인 힘을 요하는 과업을 수행한다. 간단한 수작업 공구나 진공청소기, 전기장비들을 이용한다. 과일을 따거나 채소를 뽑고 단순 조립을 수행하며, 손을 이용하여 물건을 나르기도 하고 땅을 파기도 한다. 이러한 수준의 직업은 최소한의 문자이해와 수리적 사고능력이 요구되는 간단한 직무교육으로 누구나 수행할 수 있다. 제1직능 수준의 일부 직업에서는 초등교육이나 기초적인 교육(ISCED 수준 1)을 필요로 한다.

(2) 제2직능 수준

일반적으로 완벽하게 읽고 쓸 수 있는 능력과 정확한 계산능력, 그리고 상당한 정도의 의사소통 능력을 필요로 한다. 보통 중등 이상 교육과정의 정규교육 이수(ISCED 수준 2, 수준 3) 또는 이에 상응하는 직업훈련이나 직업경험을 필요로 한다. 이러한 수준의 직업에 종사하는 자는 일부 전문적인 직무훈련과 실습과정이 요구되며, 훈련실습기간은 정규훈련을 보완하거나 정규훈련의 일부 또는 전부를 대체할 수 있다. 운송수단의 운전이나 경찰 업무를 수행하기도 한다. 일부의 직업은 중등학교 졸업 후 교육(ISCED 수준 4)이나 직업교육기관에서의 추가적인 교육 및 훈련을 요구할 수도 있다.

(3) 제3직능 수준

복잡한 과업과 실제적인 업무를 수행할 정도의 전문적인 지식을 보유하고 수리계산이나 의사소통 능력이 상당히 높아야 한다. 이러한 수준의 직업에 종사하는 자는 일정한 보충적 직무훈련 및 실습과정이 요구될 수 있으며, 정규훈련과정의 일부를 대체할 수도 있다. 또한 유사한 직무를 수행함으로써 경험을 습득하여 이에 해당하는 수준에 이를 수도 있다. 시험원과 진단과 치료를 지원하는 의료 관련 분류나 스포츠 관련 직업이 대표적이다. 일반적으로 중등교육을 마치고 1~3년 정도의 추가적인 교육과정(ISCED 수준 5) 정도의 정규교육 또는 직업훈련을 필요로 한다.

(4) 제4직능 수준

매우 높은 수준의 이해력과 창의력 및 의사소통 능력이 필요하다. 이러한 수준의 직업에 종사하는 자는 일정한 보충적 직무훈련 및 실습이 요구된다. 또한 유사한 직무를 수행함으로써 경험을 습득하여 이에 해당하는 수준에 이를 수도 있다. 분석과 문제해결, 연구와 교육 그리고 진료가 대표적인 직무 분야이다. 일반적으로 4년 또는 그 이상 계속하여 학사, 석사나 그와 동등한 학위가 수여되는 교육수준(ISCED 수준 6 혹은 그 이상)의 정규교육 또는 훈련을 필요로 한다.

(5) 표준직업분류와 직능수준의 관계

위와 같은 4개의 직무능력 수준의 정의는 다음과 같이 적용되었다.
1 관리자 : 제4직능 수준 혹은 제3직능 수준 필요
2 전문가 및 관련 종사자 : 제4직능 수준 혹은 제3직능 수준 필요
3 사무 종사자 : 제2직능 수준 필요
4 서비스 종사자 : 제2직능 수준 필요
5 판매 종사자 : 제2직능 수준 필요
6 농림 · 어업 숙련 종사자 : 제2직능 수준 필요
7 기능원 및 관련 기능 종사자 : 제2직능 수준 필요
8 장치 · 기계 조작 및 조립 종사자 : 제2직능 수준 필요
9 단순노무 종사자 : 제1직능 수준 필요
  A 군인 : 제2직능 수준 이상 필요

그러나 이러한 직능수준이 실제 종사자의 학력수준을 제시하는 것은 아니며, 필요로 하는 최소 직능수준을 의미한다고 할 수 있다.

5) 직업분류 원칙

(1) 직업분류의 일반원칙

① 포괄성의 원칙 : 우리나라에 존재하는 모든 직무는 어떤 수준에서든지 분류에 포괄되어야 한다. 특정한 직무가 누락되어 분류가 불가능할 경우에는 포괄성의 원칙을 위배한 것으로 볼 수 있다.

② 배타성의 원칙 : 동일하거나 유사한 직무는 어느 경우에든 같은 단위직업으로 분류되어야 한다는 점이다. 하나의 직무가 동일한 직업단위 수준에서 2개 혹은 그 이상의 직업으로 분류될 수 있다면 배타성의 원칙을 위반한 것이라 할 수 있다.

(2) 포괄적인 업무에 대한 직업분류 원칙

동일한 직업이라 할지라도 사업체 규모에 따라 직무범위에 차이가 날 수 있다. 예를 들면 소규모 사업체에서는 음식조리와 제공이 하나의 단일 직무로 되어 조리사의 업무로 결합될 수 있는 반면에, 대규모 사업체에서는 이들이 별도로 분류되어 독립적인 업무로 구성될 수 있다. 직업분류는 국내외적으로 가장 보편적인 업무의 결합상태에 근거하여 직업 및 직업군을 결정한다.

따라서 어떤 직업의 경우에 있어서는 직무의 범위가 분류에 명시된 내용과 일치하지 않을 수도 있다. 이러한 경우 다음과 같은 순서에 따라 분류원칙을 적용한다.

① 주된 직무 우선 원칙 : 2개 이상의 직무를 수행하는 경우는 수행되는 직무 내용과 관련 분류 항목에 명시된 직무내용을 비교·평가하여 관련 직무 내용상의 상관성이 가장 많은 항목에 분류한다. 예를 들면 교육과 진료를 겸하는 의과대학 교수는 강의, 평가, 연구 등과 진료, 처치, 환자상담 등의 직무내용을 파악하여 관련 항목이 많은 분야로 분류한다.

② 최상급 직능수준 우선 원칙 : 수행된 직무가 상이한 수준의 훈련과 경험을 통해서 얻어지는 직무능력을 필요로 한다면, 가장 높은 수준의 직무능력을 필요로 하는 일에 분류하여야 한다. 예를 들면 조리와 배달의 직무 비중이 같을 경우에는, 조리의 직능수준이 높으므로 조리사로 분류한다.

③ 생산업무 우선 원칙 : 재화의 생산과 공급이 같이 이루어지는 경우는 생산단계에 관련된 업무를 우선적으로 분류한다. 예를 들면 한 사람이 빵을 생산하여 판매도 하는 경우에는, 판매원으로 분류하지 않고 제빵사 및 제과원으로 분류하여야 한다.

(3) 다수 직업 종사자의 분류원칙

한 사람이 전혀 상관성이 없는 두 가지 이상의 직업에 종사할 경우, 그 직업을 결정하는 일반적 원칙은 다음과 같다.

① 취업시간 우선의 원칙 : 가장 먼저 분야별로 취업시간을 고려하여 보다 긴 시간을 투자하는 직업으로 결정한다.

② 수입 우선의 원칙 : 위의 경우로 분별하기 어려운 경우는 수입(소득이나 임금)이 많은 직업으로 결정한다.

③ 조사시 최근의 직업 원칙 : 위의 두 가지 경우로 판단할 수 없는 경우에는 조사시점을 기준으로 최근에 종사한 직업으로 결정한다.

(4) 순서 배열 원칙

동일한 분류수준에서 직무단위의 분류는 다음의 원칙을 가능한 준수하여 배열하였다.

① 한국표준산업분류(KSIC) : 동일한 직업단위에서 산업의 여러 분야에 걸쳐 직업이 있는 경우에 한국표준산업분류의 순서대로 배열하였다. 대분류 7과 8의 기능원과 조작직 종사자인 경우에는 거의 모든 산업에 종사하는 직업이 중분류 수준에서 발견되고 있으므로 중분류의 순서를 한국표준산업분류에 따라 분류하였다.

② 특수-일반분류 : 직업의 구분이 특수 분류와 그 특수 분야를 포함하는 일반 분류가 있을 경우, 특수 분류를 먼저 배열하고 일반분류를 나중에 배열하였다. 예를 들어, 생명과학 연구원을 먼저 위치시키고, 이어서 자연과학 연구원을 배열하였다.

③ 고용자 수와 직능수준, 직능유형 고려 : 직능수준이 비교적 높거나 고용자 수가 많은 직무를 우선하여 배치한 것을 말한다. 예를 들어 대분류 1 관리자의 중분류에서 공공 및 기업 고위직을 먼저 배열한 것은 이 분야가 직능수준이 상대적으로 높아 관리자를 관리하는 직종이기 때문이다. 또 직능유형이 유사한 것끼리 묶어 분류하였는데, 이는 직업분류의 용이성과 활용성을 높이기 위함이다.

6) 특정 직종의 분류요령

(1) 행정 관리 및 입법적 기능 수행업무 종사자

행정 관리 및 입법기능을 수행하는 자는 '대분류 1 관리자'에 분류된다. 따라서 주된 업무가 정책 결정, 법규 등의 입안 업무를 주로 하는 중앙 및 지방정부 고위공무원 및 공ㆍ사기업 관리자가 여기에 분류된다. 또한 대규모의 농업, 도ㆍ소매업 및 음식ㆍ숙박업 등의 관리자, 고용주 중에서 기획, 조정, 통제, 지시 업무를 주로 하는 자 등이 여기에 포함된다. 현업을 겸하는 경우에는 다른 사람의 직무수행을 감독 및 관리하는 직무에 평균 근무시간의 80% 이상을 종사하는 자만 관리자로 분류된다.

(2) 자영업주 및 고용주의 직종

자영업주 및 고용주는 수행되는 일의 형태나 직무내용에 따른 정의가 아니라 고용형태 또는 종사상 지위에 따라 정의된 개념이다. 그러므로 직업분류에서 자영업주 및 고용주의 직업은 그들이 주로 수행하는 직무내용이 관리자가 하는 일과 유사한가 아니면 동일 분야에서 종사하는 다른 근로자와 유사한 일을 하는가, 즉 주된 직무 우위 원칙에 따라 수행하는 직무 중 투자하는 시간이 가장 많은 직무로 분류된다. 단, 소규모 상점을 독립적으로 또는 소수의 타인의 지원을 받아 소유하고 운영하는 자를 분류하기 위해 신설된 '소규모 상점 경영자'는 예외로 한다. 그러나 게스트 하우스, 민박, 음식점, 카페 등의 소규모 업체 운영자들은 관리가 주된 업무가 아닌 경우, 조리사, 웨이터처럼 하는 일의 주된 업무에 따라 분류해야 한다.

(3) 감독 직종

반장 등과 같이 주로 수행된 일의 전문, 기술적인 통제업무를 수행하는 감독자는 그 감독되는 근로자와 동일 직종으로 분류한다. 그러나 주된 업무가 본인 감독하에 있는 일이나 근로자의 일상 작업 활동을 기획, 조정, 통제, 지시하는 업무인 경우에는 관리직으로 보아 '12 행정ㆍ경영 지원 및 마케팅 관리직', '13 전문 서비스 관리직', '14 건설ㆍ전기 및 생산 관련 관리직', 15 판매 및 고객 서비스 관리직'으로 각각 분류된다. 단, 편의점 등 프랜차이즈 소매점이나 백화점, 쇼핑센터 내에 단일 매장 내의 인력을 지휘하고, 판매 및 관리 업무 전반을 일선 관리하는 자를 분류하기 위해 제7차 개정에서 신설된 '소규모 상점 일선 관리 종사원'은 예외로 한다.

(4) 연구 및 개발 직종

연구 및 개발업무 종사자는 '대분류 2 전문가 및 관련 종사자'에서 그 전문분야에 따라 분류된다. 다만, 연구자가 교육에 종사할 경우에는 '25 교육 전문가 및 관련직'으로 분류한다.

(5) 군인 직종

군인은 별도로 '대분류 A 군인'에 분류된다. 이것은 수행된 일의 형태에 따라 분류되어야 한다는 일반원칙보다는 자료수집상의 현실성에 따라 분류된 것이다.

(6) 기능원과 기계 조작원의 직무능력 관계

하나의 제품이 기능원에 의해 제조되는지 또는 대량 생산기법을 유도하는 기계를 사용해서 제조되는지에 따라 필요로 하는 직무능력에 대단한 영향을 미친다. 기능원은 재료, 도구, 수행하는 일의 순서와 특성 및 최종제품의 용도를 알아야 하는 반면에, 기계 조작원은 복잡한 기계 및 장비의 사용방법이나 기계에 어떤 결함이 발생할 때 이를 대체하는 방법을 알아야 한다. 또한 기계 조작원은 제품 명세서가 바뀌거나, 새로운 제조기법이 도입될 때 이를 적용할 수 있는 직무능력을 갖추고 있어야 한다.

직업분류에서는 이러한 직무능력 형태의 차이를 반영하여 대분류 7, 8을 설정하였다. '대분류 7 기능원 및 관련 기능 종사자'는 목공예원, 도자기 공예원, 보석 세공원, 건축 석공, 전통 건물 건축원, 한복 제조원과 같은 장인 및 수공 기예성 직업으로 분류하였고, '대분류 8 장치·기계 조작 및 조립 종사자'는 제품의 가공을 위한 기계 지향성 직업으로 분류하였다. 최근 전자·제어 기술과 자동화 기계의 발전에 따라 기능직무 영역이 축소되고 조작직무 영역이 증가하는 추세이다.

(7) 직능수준과 아동 돌봄 관련 직종 분류

영유아 교육 관련 종사자인 '대분류 2 전문가 및 관련 종사자' 이하 '유치원 교사'나 '보육교사'는 영유아를 대상으로 일련의 놀이나 교육계획을 수립하고, 정해진 계획에 따라 교육과정 전반을 운영한다. 반면, 아동 복지시설, 어린이 카페, 탁아기관 등 보육 관련 시설에서 일하는 '대분류 4 서비스 종사자' 이하 '보육 관련 시설 서비스 종사원'은 놀이나 교육적 활동 전반을 계획하거나 조직하는 업무를 수행하지 않으며, 주로 돌봄 대상 영유아를 보호하거나 몸을 씻고 옷을 입고 먹는 등의 기초생활을 원활하게 영위할 수 있도록 돕는 것에 직무의 초점이 맞추어져 있다.

(8) 직능수준과 음식 조리 및 준비 관련 직종 분류

음식을 준비하거나 조리하는 직업 중 '대분류 2 전문가 및 관련 종사자' 이하 '주방장'은 조리법을 정하고, 새로운 메뉴의 요리를 개발하는 한편, 조리 관련 업무 전반을 책임지는 자로서, 음식점의 경영계획에 참여한다. 반면, '대분류 4 서비스 종사자' 이하 '조리사'는 음식을 만들기 위한 재료를 준비하고 조리하지만 주방장의 감독 또는 정해진 조리법에 따라 음식을 조리하는 '생산' 측면에 직무의 초점을 두고 있다. 한편, '대분류 9 단순노무 종사자' 이하 '패스트푸드 준비원'과 '주방 보조원'은 주로 음식을 조리하는 데 자격이 특별히 요구되지 않으며, 직무를 수행하는 데에 있어 필요한 훈련이나 경험의 수준에 있어 조리사와 구별된다.

7) 분류체계 및 분류번호

직업분류는 세분류를 기준으로 상위에는 소분류-중분류-대분류로 구성되어 있으며, 하위분류는 세세분류로 구성되어 있다. 각 항목은 대분류 10개, 중분류 52개, 소분류 156개, 세분류 450개, 세세분류 1,231개로 구성되어 있는데 계층적 구조로 되어 있다.

분류번호는 아라비아 숫자와 알파벳 A로 표시하며 대분류 1자리, 중분류 2자리, 소분류 3자리, 세분류 4자리, 세세분류는 5자리로 표시된다.

동일 분류에 포함된 끝 항목의 숫자 9는 '기타~(그 외~)'를 표시하여 위에 분류된 나머지 항목을 의미한다. 또한 끝자리 0은 해당 분류수준에서 더 이상 세분되지 않는 직업을 의미하고 있다.

▼ 분류단계별 항목 수

대분류	중분류	소분류	세분류	세세분류
전체	52	156	450	1,231
1 관리자	5	16	24	82
2 전문가 및 관련 종사자	8	44	165	463
3 사무 종사자	4	9	29	63
4 서비스 종사자	4	10	36	80
5 판매 종사자	3	5	15	43
6 농림 · 어업 숙련 종사자	3	5	12	29
7 기능원 및 관련 기능 종사자	9	21	76	198
8 장치 · 기계 조작 및 조립 종사자	9	31	65	220
9 단순노무 종사자	6	12	24	49
A 군인	1	3	4	4

8) 직업 대분류별 개념

대분류 1	관리자

의회 의원처럼 공동체를 대리하여 법률이나 규칙을 제정하고, 정부를 대표, 대리하며 정부 및 공공이나 이익단체의 정책을 결정하고 이를 지휘 · 조정한다. 정부, 기업, 단체 또는 그 내부 부서의 정책과 활동을 기획, 지휘 및 조정하는 직무를 수행한다. 현업을 겸할 경우에는 직무시간의 80% 이상을 다른 사람의 직무를 분석, 평가, 결정하거나 지시하고 조정하는데 사용하는 경우에만 관리자 직군으로 분류한다. 이 대분류에 포함되는 대부분의 직업은 제4수준과 제3수준의 직무능력을 필요로 한다.

대분류 2	전문가 및 관련 종사자

특정 분야의 전문지식과 경험을 바탕으로 개념과 이론을 이용하여 해당 분야에 대한 연구·개발, 자문, 지도(교수) 등 전문 서비스를 제공하는 자를 말한다. 주로 자료의 분석과 관련된 직종으로 물리, 생명과학 및 사회과학 분야에서 높은 수준의 전문적 지식과 경험을 기초로 과학적 개념과 이론을 응용하여 해당 분야를 연구하고 개발 및 개선하며 집행한다. 전문지식을 이용하여 의료 진료활동과 각 급 학교 학생을 지도하고 예술적인 창작활동이나 스포츠 활동 등을 수행한다. 또한 전문가의 지휘 하에 조사, 연구 및 의료, 경영에 관련된 기술적인 업무를 수행한다. 이 대분류에 포함되는 대부분의 직업은 제4수준과 제3수준의 직무능력을 필요로 한다.

대분류 3	사무 종사자

관리자, 전문가 및 관련 종사자를 보조하여 경영방침에 의해 사업계획을 입안하고 계획에 따라 업무를 추진하며, 당해 작업에 관련된 정보(data)의 기록, 보관, 계산 및 검색 등의 업무를 수행한다. 또한 금전취급 활동, 법률 및 감사, 상담, 안내 및 접수와 관련하여 사무적인 업무를 주로 수행한다. 이 대분류에 포함되는 대부분의 직업은 제2수준의 직무능력을 필요로 한다.

대분류 4	서비스 종사자

공공안전이나 신변보호, 돌봄, 보건·의료분야 보조 서비스와 미용, 혼례 및 장례, 운송, 여가, 조리와 관련된 공공 사회서비스 및 개인 생활 서비스 등 대인 서비스를 제공하는 업무를 주로 수행한다. 이 대분류에 포함되는 대부분의 직업은 제2수준의 직무능력을 필요로 한다.

대분류 5	판매 종사자

영업활동을 통해 상품이나 서비스를 판매하거나 인터넷 등 통신을 이용하거나, 상점이나 거리 및 공공장소에서 상품을 판매 또는 임대한다. 상품을 광고하거나 상품의 품질과 기능을 홍보하며, 매장에서 계산을 하거나 요금정산 등의 활동을 수행한다. 이 대분류에 포함되는 대부분의 직업은 제2수준의 직무능력을 필요로 한다.

대분류 6	농림어업 숙련 종사자

자기 계획과 판단에 따라 농산물, 임산물 및 수산물의 생산에 필요한 지식과 경험을 기초로 작물을 재배·수확하고 동물을 번식·사육하며, 산림을 경작, 보존 및 개발하고, 물고기 및 기타 수생 동·식물을 번식 및 양식하는 직무를 수행한다. 이 대분류에 포함되는 대부분의 직업은 제2수준의 직무능력을 필요로 한다.

대분류 7	기능원 및 관련 기능 종사자

광업, 제조업, 건설업 분야에서 관련된 지식과 기술을 응용하여 금속을 성형하고 각종 기계를 설치 및 정비한다. 또한 섬유, 수공예 제품과 목재, 금속 및 기타 제품을 가공한다. 작업은 손과 수공구를 주로 사용하며 기계를 사용하더라도 기계의 성능보다 사람의 기능이 갖는 역할이 중요하다. 자동화된 기계의 발전에 따라 직무영역이 축소되는 추세인데, 생산과정의 모든 공정과 사용되는 재료나 최종 제품에 관련된 내용을 알 수 있어야 한다. 이 대분류에 포함되는 대부분의 직업은 제2수준의 직무능력을 필요로 한다.

대분류 8	장치 · 기계조작 및 조립종사자

기계를 조작하여 제품을 생산하거나 대규모적이고 때로는 고도의 자동화된 산업용 기계 및 장비를 조작하고 부분품을 가지고 제품을 조립하는 업무로 구성된다. 작업은 기계 조작뿐만 아니라 컴퓨터에 의한 기계 제어 등 기술적 혁신에 적용할 수 있는 능력을 포함하여 기계 및 장비에 대한 경험과 이해가 요구되며, 기계의 성능이 생산성을 좌우한다. 또한 여기에는 운송장비의 운전업무도 포함된다. 이 대분류에 포함되는 대부분의 직업은 제2수준의 직무능력을 필요로 한다.

대분류 9	단순노무 종사자

주로 간단한 수공구의 사용과 단순하고 일상적이며, 어떤 경우에는 상당한 육체적 노력이 요구되고, 거의 제한된 창의와 판단만을 필요로 하는 업무를 수행한다. 몇 시간 혹은 몇 십 분의 직무 훈련(on the job training)으로 업무수행이 충분히 가능한 직업이 대부분이며, 일반적으로 제1수준의 직무능력을 필요로 한다. 직능수준이 낮으므로 단순 노무직 내부에서의 직업 이동은 상대적으로 매우 용이한 편이라고 할 수 있다.

대분류 A	군인

의무 복무 여부를 불문하고 현재 군인 신분을 유지하고 있는 군인을 말한다. 직업정보 취득의 제약 등 특수 분야이므로 직무를 기준으로 분류하는 것이 아니라, 계급을 중심으로 분류하였다. 국방과 관련된 정부기업에 고용된 민간인, 국가의 요청에 따라 단기간 군사훈련 또는 재훈련을 위해 일시적으로 소집된 자 및 예비군은 제외된다. 이 대분류에 포함되는 대부분의 직업은 제2수준 이상의 직무능력을 필요로 한다.

1 연혁

한국표준산업분류는 산업 관련 통계자료의 정확성·비교성을 확보하기 위하여 작성된 것으로서 1963년 3월에 경제활동 부문 중에서 우선 광업과 제조업 부문에 대한 산업분류를 제정하였고, 이듬해 4월에 제조업 이외 부문에 대한 산업분류를 추가로 제정함으로써 우리나라의 표준산업분류 체계를 완성하였다. 이렇게 제정된 한국표준산업분류는 유엔의 국제표준산업분류(1차 개정 : 1958년)에 기초하여 작성된 것이다.

1964년에 제정된 한국표준산업분류의 미비점과 불합리한 점을 보완하기 위하여 1965년과 1968년 두 차례에 걸쳐 개정작업을 추진하였으며, 이후에는 유엔의 국제표준산업분류 2·3·4차 개정(1968, 1989, 2007)과 국내 산업구조 및 기술변화를 반영하기 위하여 추가적으로 일곱 차례에 걸친 개정작업을 수행하여 왔다(1970, 1975, 1984, 1991, 1998, 2000, 2007).

2007년에 개정 고시한 9차 개정 분류는 국제표준산업분류 4차 개정결과와 한국표준산업분류 8차 개정 이후 진행된 국내 사회, 경제 변화상을 반영하여 대폭적인 개정작업으로 추진된 바 있다. 9차 개정분류의 주요 특징으로는 대분류에서 농업·임업·어업(A)이 통합되었고 하수·폐기물 처리, 원료재생 및 환경복원업(E), 출판, 영상, 방송통신 및 정보 서비스업(J), 전문, 과학 및 기술 서비스업(M), 사업시설 관리 및 사업지원 서비스업(N) 등이 신설 또는 범위변경 형태로 세분되었으며 중분류 수가 63개에서 76개로 세분되었고 소분류 34개, 세분류 45개, 세세분류 24개가 순증되는 등의 분류체계 변화를 가져온 바 있다.

한국표준산업분류 9차 개정 이후 8년이 경과하면서 새롭게 등장하고 있는 산업 영역들의 통계작성 및 정책지원에 필요한 분류체계 신설, 변경 요청 등이 급증함에 따라, 2015년 3월에 기본계획을 수립하고 약 2년간에 걸친 개정작업을 추진하여 통계청 고시 제2017－13호(2017.1.13.)로 제10차 개정 분류를 확정·고시하고 2017년 7월 1일부터 시행하게 되었다.

2 제10차 개정의 주요내용

1) 주요특징

(1) 국제표준산업분류 4차 개정안(ISIC Rev.4) 추가 반영

2007년 9차 개정작업에 이어, 국제표준산업분류 4차 개정안을 추가로 반영하여 부동산 이외 임대업 중분류를 부동산업 및 임대업 대분류에서 사업시설 관리 및 사업지원 서비스입 대분류 하위로 이동하였고, 수도업 중분류를 전기, 가스, 증기 및 수도업 대분류에서 수도, 하수 및 폐기물 처리, 원료재생업 대분류 하위로 이동하였다. 자본재 성격의 기계 및 장비 수리업 소분류는 수리 및 기타 개인 서비스업 대분류에서 제조업 대분류로 이동하고 중분류를 신설하였다. 출판, 영상, 방송통신 및 정보서비스업 대분류는 정보통신업으로 명칭을 변경하였다.

(2) 국내 산업구조 변화 특성을 반영한 분류 신설 및 통합

국내 산업활동의 변화상과 특수성을 고려하여 미래 성장 산업, 기간산업 및 동력산업 등은 신설 또는 세분하였고 저성장 산업 및 사양산업은 통합하는 등 전체 분류체계를 새롭게 설정하였다. 이런 영향으로 바이오연료, 탄소섬유, 에너지 저장장치, 디지털 적층 성형기계, 무인 항공기 제조업과 태양력 발전업, 전자상거래 소매 중개업 등을 신설하였고 반도체, 센서류, 유기발광 다이오드 표시장치, 자동차 부품류, 인쇄회로 기판 제조업, 대형마트, 면세점, 요양병원 등은 기존 분류체계에서 세분하였으며 일부 광업과 청주, 코르크 및 조물제품, 시계 및 관련 부품, 나전칠기, 악기 제조업 등은 통합하였다.

(3) 관련 분류 간 연계성, 통합성 및 일관성 유지

산업분류는 경제활동 관련 모든 분류와 연관되어 있으므로 한국재화 및 서비스 분류(KCPC), 국민계정 경제활동별 분류(SNA 분류체계), 산업별 생산품목(광업 및 제조업통계조사), 한국표준무역분류(SKTC), 관세 및 통계통합품목분류(HS), 한국상품용도분류(BEC) 등을 동시에 고려하여 분류의 포괄범위, 명칭 및 개념 등을 조정하였고, 결과적으로 통합경제분류 연계표 작성 및 활용을 위한 기본 틀을 구축하고 경제분석을 종합적으로 수행할 수 있는 기초를 마련하였다.

2) 대분류별 주요 개정내용

대분류 A	농업, 임업 및 어업

채소작물 재배업에 마늘, 딸기 작물 재배업을 포함하였으며, 어업에서 해면은 해수면으로, 수산 종묘는 수산 종자로 명칭을 변경하였다.

대분류 B	광업

국내 생산활동 감소 추세를 반영하여 비철금속 광업은 우라늄 및 토륨 광업, 금·은 및 백금광업, 연 및 아연광업, 그 외 기타 비철금속 광업 등을 통합하여 분류하였고, 석회석 광업과 고령토 및 기타 점토광업, 건설용 석재 채굴업과 건설용 쇄석 생산업, 원유 및 천연가스 채굴 관련 서비스업과 기타 광업 지원 서비스업 등을 통합하였다.

대분류 C	제조업

안경 및 안경렌즈 제조업을 사진장비 및 기타 광학기기 제조업에서 의료용 기기 제조업으로 이동하였고, 운송장비용 의자 제조업은 가구제조업에서 자동차, 항공기, 철도 등 운송장비 제조업 중 해당 장비 또는 부품 제조업으로 이동하였다.

산업용 기계 및 장비 수리업은 ISIC 분류에 맞춰 수리업에서 제조업 중 중분류를 신설(34)하여 이동하였다. 원모피 가공업은 의복, 의복 액세서리 및 모피제품 제조업에서 가죽, 가방 및 신발 제조업으로, 전사처리업은 기타 제품 제조업에서 인쇄 및 기록매체 복제업으로, 석유 정제과정에서 생산되는 아스팔트 관련 제품은 비금속광물제품 제조업에서 코크스, 연탄 및 석유정제품 제조업으로 이동하였다.

하위 분류에서는 관련 산업통계 시계열 자료 등을 기초로 전문화율 및 포괄률, 사업체 수, 출하액, 종사자 수 등 산업 규모 수준, 산업별 증감률 추세 등을 고려하여 분류를 신설, 세분 또는 통합하였다.

주요 신설 부문은 바이오 연료 및 혼합물, 탄소섬유, 에너지 저장장치, 디지털 적층 성형기계, 자동차 구조 및 장치 변경, 무인항공기 및 무인 비행장치 제조업 등이며, 육류도축업 및 가금류 도축업, 육류 포장육 및 냉동육 가공업, 김치류, 도시락류, 배합사료 및 단미사료 · 기타 사료, 위생용 원지, 오프셋 인쇄업, 고무패킹, 플라스틱 필름 및 시트 · 판, 폴리스티렌 발포 성형제품, 안전유리, 디스플레이 장치용 유리, 메모리용 및 비메모리용 반도체, 강관 및 강관 가공품 · 관연결구류, 피복 및 충전 용접봉, 유기발광 표시장치, 인쇄회로기판용 적층판, 경성 및 연성 인쇄회로기판, 전자감지장치, 자동차용 조향 · 현가 · 제동장치 부품 등은 세분하였고, 청주, 담배 재건조, 견직물, 편조제품, 모피제품, 목재 도구 및 주방용 나무제품, 코르크 및 조물제품, 인쇄 잉크 및 회화용 물감, 위생용 및 산업용 도자기, 금고, 전자관, 전자접속카드, 자동판매기 및 화폐 교환기, 운송용 컨테이너, 비철금속 선박, 시계 및 시계 부품, 나전칠기 가구, 악기류, 조화 및 모조장식품, 우산 및 지팡이 제조업 등은 통합하였다.

| 대분류 D´ | 전기, 가스, 증기 및 공기조절 공급업 |

수도업은 국내 산업 연관성을 고려하고 ISIC에 맞춰 대분류 E로 이동하였으며, 산업 성장세를 고려하여 태양력 발전업을 신설하였고, 전기자동차 판매 증가 등 관련 산업 전망을 감안하여 전기 판매업 세분류를 신설하였다.

| 대분류 E | 수도, 하수 및 폐기물 처리, 원료 재생업 |

수도업을 전기, 가스, 증기 및 공기조절 공급업 대분류에서 이동하여 포함하고 대분류 명칭을 변경하였으며, 금속 및 비금속 원료재생업 소분류는 원료 수집, 운반 이후 처리 수준을 고려하여 해체, 선별업과 원료재생업으로 세분하였다.

| 대분류 F | 건설업 |

전문직별 공사업에서 2종 이상의 공사 내용으로 수행하는 개량 · 보수 · 보강공사를 시설물 유지관리 공사업으로 신설하였고, 주거용 건물 건설업을 단독주택 건설업과 기타 공동주택 건설업으로, 기타 시설물 축조 관련 전문공사업을 지붕, 내 · 외벽 축조 관련 전문공사업과 기타 옥외 시설물 축조 관련 전문공사업으로 세분하였다.

대분류 G	도매 및 소매업

세분류에서 종이 원지 · 판지 · 종이상자 도매업, 면세점, 의복 소매업을 신설하였고, 세세분류는 도매업에서 자동차 전용 신품 부품, 자동차용 전기 · 전자 · 정밀기기 부품, 자동차 내장용 부품 판매업, 목재 및 건축자재, 연료 · 광물 · 1차 금속 · 비료 및 화학제품 중개업, 과실류 및 채소류 · 서류 · 향신작물류, 건어물 · 젓갈류 및 신선 · 냉동 및 기타 수산물, 커피 · 차류 및 조미료, 의료기기 및 정밀기기 · 과학기기, 전지 및 케이블 등 도매업을 세분하였다. 소매업은 대형마트, 면세점, 건어물 및 젓갈류, 조리 반찬류, 남자용 및 여자용 겉옷, 셔츠 · 블라우스 및 가죽 · 모피의복, 의복 액세서리 및 모조 장신구 등을 세분하였다.

대분류 H	운수 및 창고업

화물자동차 운송업과 기타 도로화물 운송업을 통합하였으며, 철도운송업을 철도 여객과 화물 운송업으로 세분하였고, 항공운송업을 항공 여객과 화물 운송업으로 변경하였다. 또한, 하위분류에서는 산업 규모를 고려하여 용달 및 개별 화물자동차 운송업, 통관 대리 및 관련 서비스업을 세분하였으며, 내륙 수상 여객 운송업과 화물 운송업은 통합하였다.

대분류 I	숙박 및 음식점업

산업 규모를 고려하여 한식 음식점업 세분류를 일반한식, 면요리, 육류요리, 해산물 요리 전문점으로 세분하였고, 주점업 세분류에서 생맥주 전문점을, 비알코올 음료점업 세분류에서 커피 전문점을 세분하였다. 교육 프로그램을 중심으로 운영하는 숙박시설을 갖춘 청소년 수련시설은 교육 서비스업으로 이동하였다.

대분류 J	정보통신업

대분류 명칭을 출판, 영상, 방송통신 및 정보서비스업에서 정보통신업으로 변경하였으며, 온라인 · 모바일 게임 소프트웨어 개발 및 공급업을 유선 온라인 게임과 모바일 게임 소프트웨어 개발 및 공급업으로 세분하였고, 무선통신업과 위성통신업은 통합하였다.

대분류 K	금융 및 보험업

산업 규모를 고려하여 상호저축은행 및 기타 저축기관을 통합하였고, ISIC 분류에 맞춰 금융 및 보험업 대분류의 금융지주회사와 전문, 과학 및 기술 서비스업 대분류에서 포함하던 비금융지주회사를 통합하여 분류하였으며, 자산운용회사는 신탁업 및 집합투자업으로 변경하였다.

대분류 L	부동산업

부동산 이외 임대업 중분류는 사업시설 관리, 사업 지원 및 임대 서비스업 대분류로 이동하였고, 부동산 자문 및 중개업은 산업 규모를 고려하여 부동산 중개 및 대리업과 부동산 투자 자문업으로 세분하였다.

대분류 M	전문, 과학 및 기술 서비스업

연구개발업 융합 추세를 반영하여 자연과학 및 공학 융합 연구개발업 세분류를 신설하였고, 전문 서비스업 융합 추세를 고려하여 기타 전문 서비스업을 세분하였다. 상업용 사진 촬영업에서 분류하던 인쇄회로 사진원판 제작은 제조업으로 이동하였으며, 마이크로필름 처리 서비스는 사업지원 서비스업에서 기타 전문, 과학 및 기술 서비스업으로 이동하였다.

대분류 N	사업시설 관리, 사업 지원 및 임대 서비스업

국제표준산업분류(ISIC) 체계에 맞춰 부동산 이외 임대업의 소속 대분류를 변경하여 포함하였으며, 인력 공급업은 임시 및 일용인력 공급업과 상용 인력 공급 및 인사관리 서비스업으로 세분하였고, 국내 여행사업은 일반 및 국외 여행사업과 통합하였다. 산업용 기계 및 장비 임대업 중 용접장비 임대업은 기타 산업용 기계 및 장비 임대업으로 이동하였다.

대분류 O	공공 행정, 국방 및 사회보장 행정

포괄범위를 고려하여 통신행정을 우편 및 통신행정으로 변경하였으며, 나머지 행정 부문은 정부 직제 및 기능 등을 고려하여 기존 분류를 유지하였다.

대분류 P	교육 서비스업

숙박업 대분류에서 구분하던 청소년 수련시설은 교육 프로그램 운영이 주된 산업활동인 경우 교육 서비스업으로 이동하였으며, 일반 교습학원은 초·중·고등학생 진학 및 보습용 학원으로 구분하고, 일반 외국어학원 및 기타 교습학원은 기타 교육기관으로 이동하였다. 스포츠 교육기관은 태권도 및 무술 교육기관과 기타 스포츠 교육기관으로, 예술학원은 음악학원, 미술학원, 기타 예술학원으로 세분하였다.

대분류 Q	보건업 및 사회복지 서비스업

주로 장기 입원환자를 대상으로 진료하는 요양병원을 신설하였으며, 증가하는 사회복지서비스 수요를 반영하여 비거주 복지서비스업 세분류에 종합복지관 운영업, 방문 복지서비스업, 사회복지 상담 서비스업을 신설하였다.

대분류 R	예술, 스포츠 및 여가 관련 서비스업

갬블링 및 배팅업 세분류 명칭을 사행시설 관리 및 운영업으로, 경주장 운영업 세세분류 명칭을 경주장 및 동물 경기장 운영업으로 변경하였다. 단역 배우 공급 업은 공연 및 제작 관련 서비스업에서 사업지원 서비스업으로 이동하였다.

대분류 S	협회 및 단체, 수리 및 기타 개인 서비스업

자본재 성격의 산업용 기계 및 장비 수리업은 제조업으로 이동하였고, 의복 및 기타 가정용 직물제품 수리업과 가죽·가방 및 신발 수리업을 세분하였다. 기타 미용 관련 서비스업은 체형 등 기타 신체관리 서비스업으로 명칭을 변경하였고, 마사지업은 발 마사지, 스포츠 마사지 등도 포함하도록 변경하였으며, 맞선 주선 및 결혼상담업은 결혼 준비 서비스업을 포함하여 결혼 상담 및 준비 서비스업으 로 변경하였다.

③ 표준산업분류 개요

1) 산업 정의

산업이란 "유사한 성질을 갖는 산업 활동에 주로 종사하는 생산단위의 집합"이라 정의되며, 산업활동이란 "각 생산단위가 노동, 자본, 원료 등 자원을 투입하여, 재화 또는 서비스를 생산 또는 제공하는 일련의 활동과정"이라 정의된다. 산업 활동의 범위에는 영리적·비영리적 활동이 모두 포함되나, 가정 내의 가사 활동 은 제외된다.

2) 분류목적

한국표준산업분류는 생산단위(사업체단위, 기업체단위 등)가 주로 수행하는 산 업 활동을 그 유사성에 따라 체계적으로 유형화한 것이다. 이러한 한국표준산업 분류는 산업활동에 의한 통계 자료의 수집, 제표, 분석 등을 위해서 활동 분류 및 범위를 제공하기 위한 것으로 통계법에서는 산업통계 자료의 정확성, 비교성을 위하여 모든 통계작성기관이 이를 의무적으로 사용하도록 규정하고 있다. 한국 표준산업분류는 통계작성 목적 이외에도 일반 행정 및 산업정책 관련 법령에서 적용대상 산업영역을 한정하는 기준으로 준용되고 있다.

3) 분류의 범위

한국표준산업분류는 산업활동의 유형에 따른 분류이므로 이 분류의 범위는 국민 계정(SNA)에서 정의한 것처럼 경제활동에 종사하고 있는 단위에 대한 분류로 국 한하고 있다. 다만, ISIC에서도 규정하고 있는 982(자가 소비를 위한 가사 서비스 활동)는 SNA 생산영역 밖에 있지만 가구의 생계활동을 측정하기 위한 중요한 틀 이 되기 때문에 981(자가 소비를 위한 가사 생산 활동)과 병행하여 분류하고 있다. 이들 분류는 일반적인 사업체 조사에서는 이용되지 않으나, 이를 통해 노동력조사 같은 가구대상 조사에서 KSIC의 다른 산업활동 영역으로 분류하기 어렵거나 불가능한 가계활동을 분류할 수 있다.

4) 분류기준

산업분류는 생산단위가 주로 수행하고 있는 산업활동을 그 유사성에 따라 유형화한 것으로 이는 다음과 같은 분류 기준에 의하여 적용된다.

(1) 산출물(생산된 재화 또는 제공된 서비스)의 특성

　① 산출물의 물리적 구성 및 가공단계
　② 산출물의 수요처
　③ 산출물의 기능 및 용도

(2) 투입물의 특성

　원재료, 생산 공정, 생산기술 및 시설 등

(3) 생산활동의 일반적인 결합형태

5) 통계단위

(1) 개념

통계단위란 생산단위의 활동(생산, 재무활동 등)에 관한 통계작성을 위하여 필요한 정보를 수집 또는 분석할 대상이 되는 관찰 또는 분석단위를 말한다. 관찰단위는 산업 활동과 지리적 장소의 동질성, 의사결정의 자율성, 자료수집 가능성이 있는 생산단위가 설정되어야 한다. 생산 활동과 장소의 동질성의 차이에 따라 통계단위는 다음과 같이 구분된다.

구분	하나 이상의 장소	단일 장소
하나 이상의 산업활동	기업집단	지역단위
	기업체 단위	
단일 산업활동	활동유형단위	사업체 단위

　* 하나의 기업체 또는 기업집단을 전제함

(2) 사업체 단위의 정의

사업체 단위는 공장, 광산, 상점, 사무소 등으로 산업 활동과 지리적 장소의 양면에서 가장 동질성이 있는 통계단위이다. 이 사업체 단위는 일정한 물리적 장소에서 단일 산업 활동을 독립적으로 수행하며, 영업잉여에 관한 통계를 작성할 수 있고 생산에 관한 의사결정에 있어서 자율성을 갖고 있는 단위이므로 장소의 동질성과 산업 활동의 동질성이 요구되는 생산통계 작성에 가장 적합한 통계단위라고 할 수 있다. 그러나, 실제 운영면에서 사업체 단위에 대한 정의가 엄격하게 적용될 수 있는 것은 아니다. 실제 운영상 사업체 단위는 "일정한 물리적 장소 또는 일정한 지역 내에서 하나의 단일 또는 주된 경제활동에 독립적으로 종사하는 기업체 또는 기업체를 구성하는 부분단위"라고 정의할 수 있다.

한편, 기업체 단위란 재화 및 서비스를 생산하는 법적 또는 제도적 단위의 최소결합체로서 자원배분에 관한 의사결정에서 자율성을 갖고 있다. 기업체는 하나 이상의 사업체로 구성될 수 있다는 점에서 사업체와 구분되며, 재무관련 통계작성에 가장 유용한 단위이다.

6) 통계단위의 산업결정

(1) 생산단위의 활동 형태

생산단위의 산업활동은 일반적으로 주된 산업활동, 부차적 산업활동 및 보조적 활동이 결합되어 복합적으로 이루어진다. 주된 산업활동이란 산업활동이 복합 형태로 이루어질 경우 생산된 재화 또는 제공된 서비스 중에서 부가가치(액)가 가장 큰 활동을 말하며, 부차적 산업활동은 주된 산업활동 이외의 재화 생산 및 서비스 제공활동을 말한다. 이러한 주된 활동과 부차적 활동은 보조 활동의 지원 없이는 수행될 수 없으며 보조 활동에는 회계, 창고, 운송, 구매, 판매 촉진, 수리 서비스 등이 포함된다. 경제활동에 따라 단위 분류를 결정하기 위한 기본 개념인 부가가치는 산출물과 중간 소비 간의 차이로 정의되며 국내총생산(GDP)에 대한 각 경제단위의 기여 수준을 측정하는 방법으로 사용된다. 보조활동은 모 생산단위에서 사용되는 비내구재 또는 서비스를 제공하는 활동으로서 생산활동을 지원해 주기 위하여 존재한다. 생산활동과 보조활동이 별개의 독립된 장소에서 이루어진 경우 지역 통계작성을 위하여 보조단위에 관한 정보를 별도로 수집할 수 있다. 다음과 같은 활동단위는 보조단위로 보아서는 안 되며 별개의 활동으로 간주하여 그 자체 활동에 따라 분류하여야 한다.

① 고정자산을 구성하는 재화의 생산, 예를 들면 자기계정을 위한 건설활동을 하는 경우 이에 관한 별도의 자료를 이용할 수 있으면 건설활동으로 분류한다.

② 모 생산단위에서 사용되는 재화나 서비스를 보조적으로 생산하더라도 그 생산되는 재화나 서비스의 대부분을 다른 시장(사업체 등)에 판매하는 경우

③ 모 생산단위가 생산하는 생산품의 구성 부품이 되는 재화를 생산하는 경우, 예를 들면 모 생산단위의 생산품을 포장하기 위한 캔, 상자 및 유사 제품의 생산활동

④ 연구 및 개발활동은 통상적인 생산과정에서 소비되는 서비스를 제공하는 것이 아니므로 그 자체의 본질적인 성질에 따라 전문, 과학 및 기술 서비스업으로 분류되며 SNA 측면에서는 고정자본의 일부로 고려된다.

(2) 산업결정방법

① 생산단위의 산업활동은 그 생산단위가 수행하는 주된 산업활동(판매 또는 제공하는 재화 및 서비스)의 종류에 따라 결정된다. 이러한 주된 산업활동은 산출물(재화 또는 서비스)에 대한 부가가치(액)의 크기에 따라 결정되어야 하나, 부가가치(액) 측정이 어려운 경우에는 산출액에 의하여 결정한다.

② 상기의 원칙에 따라 결정하는 것이 적합하지 않을 경우에는 그 해당 활동의 종업원 수 및 노동시간, 임금 및 급여액 또는 설비의 정도에 의하여 결정한다.

③ 계절에 따라 정기적으로 산업을 달리하는 사업체의 경우에는 조사시점에서 경영하는 사업과는 관계없이 조사대상 기간 중 산출액이 많았던 활동에 의하여 분류한다.

④ 휴업 중 또는 자산을 청산 중인 사업체의 산업은 영업 중 또는 청산을 시작하기 이전의 산업활동에 의하여 결정하며, 설립 중인 사업체는 개시하는 산업활동에 따라 결정한다.

⑤ 단일사업체의 보조단위는 그 사업체의 일개 부서로 포함하며, 여러 사업체를 관리하는 중앙 보조단위(본부, 본사 등)는 별도의 사업체로 처리한다.

7) 산업분류의 적용원칙

(1) 생산단위는 산출물뿐만 아니라 투입물과 생산공정 등을 함께 고려하여 그들의 활동을 가장 정확하게 설명된 항목에 분류해야 한다.

(2) 복합적인 활동단위는 우선적으로 최상급 분류단계(대분류)를 정확히 결정하고, 순차적으로 중·소·세·세세분류 단계 항목을 결정하여야 한다.

(3) 산업활동이 결합되어 있는 경우에는 그 활동단위의 주된 활동에 따라서 분류하여야 한다.

(4) 수수료 또는 계약에 의하여 활동을 수행하는 단위는 동일한 산업활동을 자기계정과 자기책임하에서 생산하는 단위와 같은 항목에 분류하여야 한다.

(5) 자기가 직접 실질적인 생산활동은 하지 않고, 다른 계약업자에 의뢰하여 재화 또는 서비스를 자기계정으로 생산하게 하고, 이를 자기명의로, 자기 책임 아래 판매하는 단위는 이들 재화나 서비스 자체를 직접 생산하는 단위와 동일한 산업으로 분류하여야 한다. 다만, 제조업의 경우에는 이들 이외에 제품의 성능 및 기능, 고안 및 디자인, 원재료 구성 설계, 견본 제작 등에 중요한 역할을 하고 자기계정으로 원재료를 제공하여야 한다.

(6) 각종 기계장비 및 용품의 개량, 개조 및 재제조 등 재생활동은 일반적으로 그 기계장비 및 용품 제조업과 동일 산업으로 분류하지만, 산업 규모 및 중요성 등을 고려하여 별도의 독립된 분류에서 구성하고 있는 경우에는 그에 따른다.

(7) 자본재로 주로 사용되는 산업용 기계 및 장비의 전문적인 수리활동은 경상적인 유지·수리를 포함하여 "34 : 산업용 기계 및 장비 수리업"으로 분류한다. 자본재와 소비재로 함께 사용되는 컴퓨터, 자동차, 가구류 등과 생활용품으로 사용되는 소비재 물품을 전문적으로 수리하는 산업활동은 "95 : 개인 및 소비용품 수리업"으로 분류한다. 다만, 철도 차량 및 항공기 제조 공장, 조선소에서 수행하는 전문적인 수리활동은 해당 장비를 제조하는 산업활동과 동일하게 분류하며, 고객의 특정 사업장 내에서 건물 및 산업시설의 경상적인 유지관리를 대행하는 경우는 "741 : 사업시설 유지관리 서비스업"에 분류한다.

(8) 동일 단위에서 제조한 재화의 소매활동은 별개 활동으로 분류하지 않고 제조활동으로 분류되어야 한다. 그러나 자기가 생산한 재화와 구입한 재화를 함께 판매한다면 그 주된 활동에 따라 분류한다.

(9) "공공행정 및 국방, 사회보장 사무" 이외의 교육, 보건, 제조, 유통 및 금융 등 다른 산업활동을 수행하는 정부기관은 그 활동의 성질에 따라 분류하여야 한다. 반대로, 법령 등에 근거하여 전형적인 공공행정 부문에 속하는 산업활동을 정부기관이 아닌 민간에서 수행하는 경우에는 공공행정 부문으로 포함한다.

(10) 생산단위의 소유 형태, 법적 조직 유형 또는 운영방식은 산업분류에 영향을 미치지 않는다. 이런 기준은 경제활동 자체의 특징과 관련이 없기 때문이다. 즉, 동일 산업활동에 종사하는 경우, 법인, 개인사업자 또는 정부기업, 외국계 기업 등인지에 관계없이 동일한 산업으로 분류한다.

(11) 공식적 생산물과 비공식적 생산물, 합법적 생산물과 불법적인 생산물을 달리 분류하지 않는다.

8) 분류구조 및 부호체계

(1) 분류구조는 대분류(알파벳 문자 사용/Section), 중분류(2자리 숫자 사용/Division), 소분류(3자리 숫자 사용/Group), 세분류(4자리 숫자 사용/Class), 세세분류(5자리 숫자 사용/Sub-Class) 5단계로 구성된다.

(2) 부호 처리를 할 경우에는 아라비아 숫자만을 사용하도록 했다.

(3) 권고된 국제분류 ISIC Rev.4를 기본체계로 하였으나, 국내 실정을 고려하여 국제분류의 각 단계 항목을 분할, 통합 또는 재그룹화하여 독자적으로 분류 항목과 분류 부호를 설정하였다.

(4) 분류 항목 간에 산업 내용의 이동을 가능한 한 억제하였으나 일부 이동 내용에 대한 연계분석 및 시계열 연계를 위하여 부록에 수록된 신구 연계표를 활용하도록 하였다.

(5) 중분류의 번호는 01~99까지 부여하였으며, 대분류별 중분류 추가여지를 남겨놓기 위하여 대분류 사이에 번호 여백을 두었다.

(6) 소분류 이하 모든 분류의 끝자리 숫자는 "0"에서 시작하여 "9"에서 끝나도록 하였으며 "9"는 기타 항목을 의미하며 앞에서 명확하게 분류되어 남아 있는 활동이 없는 경우에는 "9" 기타 항목이 필요 없는 경우도 있다. 또한 각 분류 단계에서 더 이상 하위분류가 세분되지 않을 때는 "0"을 사용한다(예를 들면, 중분류 02/임업, 소분류/020).

9) 구 · 신분류 단계별 분류 항목 수 비교

대분류	중분류		소분류		세분류		세세분류	
	9차	10차	9차	10차	9차	10차	9차	10차
A 농업, 임업 및 어업	3	3	8	8	21	21	34	34
B 광업	4	4	7	7	12	10	17	11
C 제조업	24	25	83	85	180	183	461	477
D 전기, 가스, 증기 및 공기조절 공급업	2	1	4	3	6	5	9	9
E 수도, 하수 및 폐기물 처리, 원료 재생업	3	4	5	6	11	14	15	19

F 건설업	2	2	7	8	14	15	42	45
G 도매 및 소매업	3	3	20	20	58	61	164	184
H 운수 및 창고업	4	4	11	11	20	19	46	48
I 숙박 및 음식점업	2	2	4	4	8	9	24	29
J 정보통신업	6	6	11	11	25	24	42	42
K 금융 및 보험업	3	3	8	8	15	15	33	32
L 부동산업	2	1	6	2	13	4	21	11
M 전문, 과학 및 기술서비스업	4	4	13	14	19	20	50	51
N 사업시설 관리, 사업 지원 및 임대 서비스업	2	3	7	11	13	22	21	32
O 공공행정, 국방 및 사회보장 행정	1	1	5	5	8	8	25	25
P 교육서비스	1	1	7	7	16	17	29	33
Q 보건업 및 사회복지 서비스업	2	2	6	6	9	9	21	25
R 예술, 스포츠 및 여가 관련 서비스업	2	2	4	4	17	17	43	43
S 협회 및 단체, 수리 및 기타 개인 서비스업	3	3	8	8	18	18	43	41
T 가구 내 고용활동, 자가소비 생산활동	2	2	3	3	3	3	3	3
U 국제 및 외국기관	1	1	1	1	1	1	2	2
21	76	77	228	232	487	495	1,145	1,196

CHAPTER

02 출제예상문제

01 한국표준직업분류에서 포괄적인 업무에 대해 적용하는 직업분류 원칙을 순서대로 바르게 나열한 것은?

① 주된 직무 → 최상급 직능수준 → 생산업무
② 최상급 직능수준 → 주된 직무 → 생산업무
③ 최상급 직능수준 → 생산업무 → 주된 직무
④ 생산업무 → 최상급 직능수준 → 주된 직무

02 한국표준직업분류의 대분류 항목과 직능수준과의 관계가 바르게 짝지어진 것은?

① 전문가 및 관련 종사자 – 제4직능 수준 혹은 제3직능 수준 필요
② 사무 종사자 – 제3직능 수준 필요
③ 단순노무 종사자 – 제2직능 수준 필요
④ 군인 – 제1직능 수준 필요

> **해설** 1 관리자 : 제4직능 수준 혹은 제3직능 수준 필요
> 2 전문가 및 관련 종사자 : 제4직능 수준 혹은 제3직능 수준 필요
> 3 사무 종사자 : 제2직능 수준 필요
> 4 서비스 종사자 : 제2직능 수준 필요
> 5 판매 종사자 : 제2직능 수준 필요
> 6 농림어업 숙련 종사자 : 제2직능 수준 필요
> 7 기능원 및 관련 기능 종사자 : 제2직능 수준 필요
> 8 장치·기계조작 및 조립 종사자 : 제2직능 수준 필요
> 9 단순노무 종사자 : 제1직능 수준 필요
> A 군인 : 제2직능 수준 이상 필요

03 한국표준직업분류의 목적 및 활용에 해당하지 않는 것은?

① 취업알선을 위한 구인·구직 안내 기준
② 직종별 급여 및 수당지급 결정기준
③ 실직자의 직업훈련을 지원하기 위한 기준
④ 산재보험률, 생명보험률 또는 교통사고 보상액 등의 결정 기준

> **해설** 1) 각종 사회·경제통계조사의 직업단위 기준
> 2) 취업알선을 위한 구인·구직안내 기준
> 3) 직종별 급여 및 수당지급 결정기준
> 4) 직종별 특정 질병의 이환율, 사망률과 생명표 작성 기준
> 5) 산재보험률, 생명보험률 또는 산재보상액, 교통사고 보상액 등의 결정 기준

04 한국표준직업분류에서 다수직업 종사자에 대한 분류 원칙을 바르게 나열한 것은?

> A : 수입 우선의 원칙
> B : 취업시간 우선의 원칙
> C : 조사시 최근 직업의 원칙

① A → B → C
② B → A → C
③ B → C → A
④ C → A → B

05 한국표준직업분류의 제2직능 수준이 요구되는 대분류에 해당하지 않는 것은?

① 전문가 및 관련 종사자
② 사무종사자
③ 서비스종사자
④ 기능원 및 관련 기능 종사자

해설 전문가 및 관련 종사자 : 제4직능 수준 혹은 제3직능 수준 필요

06 한국표준직업분류에서 다음이 의미하는 것은?

> 자영업을 포함하여 특정한 고용주를 위하여 개별종사자들이 수행하거나 또는 수행해야 할 일련의 업무와 과업

① 직군
② 직렬
③ 직업
④ 직무

07 한국표준직업분류에서 직업을 분류하는 기준은?

① 직무와 직종
② 직무와 직능
③ 직무와 자격
④ 직능과 직종

08 한국표준직업분류의 대분류 중 관리자에 관한 설명으로 틀린 것은?

① 5개 중분류로 구성되어 있다.
② 관리자는 개개인이 수행하는 업무의 특성에 의한 것이 아니라 직위나 직급에 따라 분류되어야 한다.
③ 현업을 겸할 경우에는 정책을 결정하고 관리, 지휘, 조정하는데 직무시간의 80% 이상을 사용하는 경우에만 관리자 직군으로 분류한다.
④ 관리자는 반드시 상당한 하부조직을 가져야 하며, 이러한 하부조직원의 업무를 지휘 및 조정하는 것이 주업무인 경우에 해당된다.

해설 관리자는 개개인이 수행하는 업무의 특성에 따라 분류한다.

09 한국표준직업분류의 군인직종에 대한 설명으로 틀린 것은?

① 별도로 대분류 A로 분류되어 있다.
② 직무를 기준으로 분류한다.
③ 민간 기업의 예비군 중대장은 3127 총무 사무원으로 분류한다.
④ 의무복무중인 사병 및 장교도 직업활동에 포함한다.

해설 의무 복무 여부를 불문하고 현재 군인 신분을 유지하고 있는 군인을 말한다. 직업정보 취득의 제약 등 특수 분야이므로 직무를 기준으로 분류하는 것이 아니라, 계급을 중심으로 분류하였다.

10 한국표준직업분류상 직업활동에 해당하는 경우는?

① 명확한 주기는 없으나 계속적으로 동일한 형태의 일을 하여 수입이 있는 경우
② 연금법, 생활보호법, 국민연금법 및 고용보험법 등의 사회보장에 의한 수입이 있는 경우
③ 이자, 주식배당, 임대료(전세금, 월세금) 등과 같은 자산 수입이 있는 경우
④ 예금 인출, 보험금 수취, 차용 또는 토지나 금융자산을 매각하여 수입이 있는 경우

해설 다음과 같은 활동은 직업으로 보지 않는다.
(1) 이자, 주식배당, 임대료(전세금, 월세금) 등과 같은 자산 수입이 있는 경우
(2) 연금법, 국민기초생활보장법, 국민연금법 및 고용보험법 등의 사회보장이나 민간보험에 의한 수입이 있는 경우
(3) 경마, 경륜, 복권 등에 의한 배당금이나 주식투자에 의한 시세차익이 있는 경우
(4) 예·적금 인출, 보험금 수취, 차용 또는 토지나 금융자산을 매각하여 수입이 있는 경우
(5) 자기 집의 가사 활동에 전념하는 경우
(6) 교육기관에 재학하며 학습에만 전념하는 경우
(7) 시민봉사활동 등에 의한 무급 봉사적인 일에 종사하는 경우
(8) 사회복지시설 수용자의 시설 내 경제활동
(9) 수형자의 활동과 같이 법률에 의한 강제노동을 하는 경우
(10) 도박, 강도, 절도, 사기, 매춘, 밀수와 같은 불법적인 활동

11 한국표준직업분류의 포괄적인 업무에 대한 직업분류 원칙에 해당되지 않는 것은?

① 주된 직무 우선 원칙   ② 최상급 직능수준 우선 원칙
③ 생산업무 우선 원칙   ④ 수입 우선의 원칙

해설 포괄적 업무의 분류원칙은 주된직무 우선원칙, 최상급 직능수준 우선 원칙, 생산업무우선원칙이다.

12 한국표준직업분류에서 직업의 성립 조건에 해당하지 않는 것은?

① 경제성   ② 윤리성
③ 사회성   ④ 우연성

해설 ① 직업은 유사성을 갖는 직무를 계속하여 수행하는 계속성을 가져야 하는데, 일의 계속성이란 일시적인 것을 제외한 다음에 해당하는 것을 말한다.
- 매일, 매주, 매월 등 주기적으로 행하는 것
- 계절적으로 행해지는 것
- 명확한 주기는 없으나 계속적으로 행해지는 것
- 현재 하고 있는 일을 계속적으로 행할 의지와 가능성이 있는 것
② 직업은 또한 경세성을 충족해야 하는데, 이는 경제적인 거래 관계가 성립하는 활동을 수행해야 함을 의미한다. 따라서 무급 자원봉사와 같은 활동이나 전업학생의 학습행위는 경제활동 혹은 직업으로 보지 않는다. 직업의 성립에는 비교적 엄격한 경제성의 기준이 적용되는데, 노력이 전제되지 않는 자연발생적인 이득의 수취나 우연하게 발생하는 경제적인 과실에 전적으로 의존하는 활동은 직업으로 보지 않는다.
③ 직업 활동은 전통적으로 윤리성과 사회성을 충족해야 하는 것으로 보고 있다. 윤리성은 비윤리적인 영리행위나 반사회적인 활동을 통한 경제적인 이윤추구는 직업 활동으로 인정되지 못한다는 것이다. 사회성은 보다 적극적인 것으로써 모든 직업 활동은 사회 공동체적인 맥락에서 의미 있는 활동, 즉 사회적인 기여를 전제조건으로 하고 있다는 점을 강조한다.

13 다음은 한국표준직업분류의 직무능력수준 중 무엇에 관한 설명인가?

> 일반적으로 17, 18세에 시작하여 2~3년 정도 계속되는 교육으로서 ISCED 상의 제 5수준의 교육과정(기술전문 교육과정 수준) 정도의 정규교육 또는 훈련을 필요로 하며, 이러한 교육과정의 수료로 초급대학 학위와 동등한 학위가 수여되는 것은 아니다.

① 제1직능 수준   ② 제2직능 수준
③ 제3직능 수준   ④ 제4직능 수준

해설 복잡한 과업과 실제적인 업무를 수행할 정도의 전문적인 지식을 보유하고 수리계산이나 의사소통 능력이 상당히 높아야 한다. 이러한 수준의 직업에 종사하는 자는 일정한 보충적 직무훈련 및 실습과정이 요구될 수 있으며, 정규훈련과정의 일부를 대체할 수도 있다. 또한 유사한 직무를 수행함으로써 경험을 습득하여 이에 해당하는 수준에 이를 수도 있다. 시험원과 진단과 치료를 지원하는 의료관련 분류나 스포츠 관련 직업이 대표적이다. 일반적으로 중등교육을 마치고 1~3년 정도의 추가적인 교육과정(ISCED 수준5) 정도의 정규교육 또는 직업훈련을 필요로 한다.

14 한국표준직업분류의 직무능력수준 중 제2직능수준이 요구되는 직업 대분류는?

① 관리자
② 전문가 및 관련 종사자
③ 단순 노무 종사자
④ 농림어업 숙련 종사자

15 한 사람이 전혀 상관이 없는 두 가지 이상의 직업에 종사할 경우 그 사람의 직업을 결정하는 일반적 원칙이 아닌 것은?

① 취업시간이 많은 직업을 택한다.
② 수입이 많은 직업을 택한다.
③ 경력이 많은 직업을 택한다.
④ 최근의 직업을 택한다.

16 다음은 한국표준직업분류의 분류 원칙상 무엇에 근거한 것인가?

> 제빵원이 빵을 제조하고 이를 판매한 경우 판매원으로 분류하지 않고 제빵원으로 분류

① 수적우위 원칙
② 최상급 직능수준 우선 원칙
③ 최하급 직능수준 우선 원칙
④ 생산업무 우선 원칙

17 한국표준산업분류의 산업분류 적용분류 적용원칙에 대한 설명으로 틀린 것은?

① 생산단위는 투입물과 생산공정을 제외한 산출물을 고려하여 그들의 활동을 가장 정확하게 설명된 항목에 분류해야 한다.
② 복합적인 활동단위는 우선적으로 최상급 분류단계를 정확히 결정하고, 순차적으로 중, 소, 세, 세세분류 단계 항목을 결정하여야 한다.
③ 산업활동이 결합되어 있는 경우에는 그 활동단위의 주된 활동에 따라서 분류하여야 한다.
④ 수수료 또는 계약에 의하여 활동을 수행하는 단위는 자기계정과 자기책임하에서 생산하는 단위와 동일 항목에 분류되어야 한다.

해설 생산단위는 산출물뿐만 아니라 투입물과 생산공정 등을 함께 고려하여 그들의 활동을 가장 정확하게 설명된 항목에 분류해야 한다.

18 한국표준산업분류에서 통계단위의 산업결정방법에 대한 설명으로 틀린 것은?

① 생산단위의 산업활동은 그 생산단위가 수행하는 주된 산업활동의 종류에 따라 결정된다.
② 단일사업체의 보조단위는 그 사업체의 일개 부서로 포함한다.
③ 계절에 따라 정기적으로 산업을 달리하는 사업체의 경우에는 조사시점에 경영하는 사업으로 분류된다.
④ 휴업 중 또는 자신을 청산중인 사업체의 산업은 영업중 또는 청산을 시작하기전의 산업활동에 의하여 결정한다.

해설 계절에 따라 정기적으로 산업을 달리 하는 사업체의 경우에는 조사시점에서 경영하는 사업과는 관계없이 조사대상기간 중 산출액이 많았던 활동에 의하여 분류된다.

19 한국표준산업분류의 통계단위는 생산활동과 장소의 동질성의 차이에 따라 다음과 같이 구분된다. ( ) 안에 들어갈 가장 알맞은 것은?

	하나 이상의 장소	단일 장소
하나 이상의 산업활동	×××	×××
	×××	
단일 산업활동	( )	××××

① 기업집단
② 지역단위
③ 기업체단위
④ 활동유형단위

해설

	하나 이상의 장소	단일 장소
하나 이상의 산업활동	기업집단	지역단위
	기업체 단위	
단일 산업활동	활동유형단위	사업체 단위

20 한국표준산업분류의 산업분류기준에 해당되지 않는 것은?

① 투입물의 특성
② 생산활동의 일반적인 결합형태
③ 생산된 재화 또는 제공된 서비스의 특징
④ 생산단위가 수행하는 산업활동의 차별성

해설 (1) 산출물(생산된 재화 또는 제공된 서비스)의 특성
　　　① 산출물의 물리적 구성 및 가공단계
　　　② 산출물의 수요처
　　　③ 산출물의 기능 및 용도
(2) 투입물의 특성
　　원재료, 생산 공정, 생산기술 및 시설 등
(3) 생산활동의 일반적인 결합형태

21 한국표준산업분류의 적용원칙에 관한 설명으로 틀린 것은?

① 생산단위는 산출물뿐만 아니라 투입물과 생산공정 등을 함께 고려하여 그들의 활동을 가장 정확하게 설명된 항목에 분류해야 한다.

② 복합적인 활동단위는 우선적으로 최상급 분류단계(대분류)를 정확히 결정하고, 순차적으로 중, 소, 세. 세세분류 단계 항목을 결정하여야 한다.

③ 산업활동이 결합되어 있는 경우에는 그 활동단위의 주된 활동에 따라서 분류하여야 한다.

④ 수수료 또는 계약에 의하여 활동을 수행하는 단위는 자기계정과 자기책임하에서 생산하는 단위와 별도항목으로 분류되어야 한다.

> **해설** 수수료 또는 계약에 의하여 활동을 수행하는 단위는 자기계정과 자기 책임 하에서 생산하는 단위와 동일 항목에 분류되어야 한다.

22 한국표준산업분류의 분류목적에 관한 설명으로 틀린 것은?

① 산업활동에 의한 통계자료의 수집, 제표, 분석 등을 위해서 활동카테고리를 제공한다.

② 일반 행정 및 산업정책 관련 법령에서 적용대상 산업영역을 한정하는 기준으로 준용한다.

③ 취업 알선을 위한 구인 · 구직안내 기준으로 준용된다.

④ 산업통계 자료의 정확성 · 비교성을 위하여 모든 통계작성기관이 의무적으로 사용해야 한다.

> **해설** **직업분류의 목적**
> 직업분류는 행정자료 및 인구총조사 등 고용 관련 통계조사를 통하여 얻어진 직업정보를 분류하고 집계하기 위한 것으로, 직업 관련 통계를 작성하는 모든 기관이 통일적으로 사용하도록 하여 통계자료의 일관성과 비교성을 확보하기 위한 것이다. 또한 각종 직업정보에 관한 국내통계를 국제적으로 비교 · 이용할 수 있도록 하기 위하여 ILO의 국제표준직업분류(ISCO)를 근거로 설정되고 있다. 이러한 직업 관련 통계는 각종 장 · 단기 인력수급정책 수립과 직업연구를 위한 기초자료뿐만 아니라 다음과 같은 자료로 활용되고 있다.
> (1) 각종 사회 · 경제통계조사의 직업단위 기준
> (2) 취업 알선을 위한 구인 · 구직안내 기준
> (3) 직종별 급여 및 수당지급 결정기준
> (4) 직종별 특정질병의 이환율, 사망률과 생명표 작성 기준
> (5) 산재보험률, 생명보험률 또는 산재보상액, 교통사고 보상액 등의 결정 기준

23 한국표준산업분류의 분류구조 및 부호체계에 관한 설명으로 옳은 것은?

① 부호처리를 할 경우에는 알파벳 문자와 아라비아 숫자를 함께 사용토록 했다.

② 권고된 국제분류 ISIC(Rev. 4)를 기본체계로 하였으나, 국내 실정을 고려하여 독자적으로 분류항목과 분류부호를 설정하였다.

③ 중분류의 번호는 001~999까지 부여하였으며, 대분류별 중분류의 추가여지를 남겨놓기 위하여 대분류 사이에 번호 여백을 두었다.

④ 소분류 이하 모든 분류의 끝자리 숫자는 01에서 시작하여 99에서 끝나도록 하였다.

> **해설** (1) 분류구조는 대분류(알파벳 문자 사용/Section), 중분류(2자리 숫자 사용/Division), 소분류(3자리 숫자 사용/Group), 세분류(4자리 숫자 사용/Class), 세세분류(5자리 숫자 사용/Sub－Class) 5단계로 구성된다.
> (2) 부호 처리를 할 경우에는 아라비아 숫자만을 사용하도록 했다.
> (3) 권고된 국제분류 ISIC Rev.4를 기본체계로 하였으나, 국내 실정을 고려하여 국제분류의 각 단계 항목을 분할, 통합 또는 재그룹화하여 독자적으로 분류 항목과 분류 부호를 설정하였다.
> (4) 분류 항목 간에 산업 내용의 이동을 가능한 억제하였으나 일부 이동 내용에 대한 연계분석 및 시계열 연계를 위하여 부록에 수록된 신구 연계표를 활용하도록 하였다.
> (5) 중분류의 번호는 01~99까지 부여하였으며, 대분류별 중분류의 추가여지를 남겨놓기 위하여 대분류 사이에 번호 여백을 두었다.
> (6) 소분류 이하 모든 분류의 끝자리 숫자는 "0"에서 시작하여 "9"에서 끝나도록 하였으며 "9"는 기타 항목을 의미하며 앞에서 명확하게 분류되어 남아 있는 활동이 없는 경우에는 "9" 기타 항목이 필요 없는 경우도 있다. 또한 각 분류 단계에서 더 이상 하위분류가 세분되지 않을 때는 "0"을 사용한다(예를 들면, 중분류 02/임업, 소분류 /020).

24 한국표준산업분류에서 각 생산단위가 노동, 자본, 원료 등 자원을 투입하여, 재화 또는 서비스를 생산 또는 제공하는 일련의 활동과정은?

① 산업   ② 산업활동

③ 생산활동   ④ 생산

> **해설** 산업이란 "유사한 성질을 갖는 산업활동에 주로 종사하는 생산단위의 집합"이라 정의되며, 산업활동이란 "각 생산단위가 노동, 자본, 원료 등 자원을 투입하여, 재화 또는 서비스를 생산 또는 제공하는 일련의 활동과정"이라 정의된다. 산업활동의 범위에는 영리적 · 비영리적 활동이 모두 포함되나, 가정 내의 가사활동은 제외된다.

정답   21 ④   22 ③   23 ②   24 ②

328 직업상담사 2급 필기 전과목 무료동영상

25 한국표준산업분류의 분류 목적에 대한 설명으로 틀린 것은?

① 생산단위가 주로 수행하는 산업활동을 그 유사성에 따라 체계적으로 유형화한다.

② 산업활동에 의한 통계자료의 수집, 제표, 분석 등을 위해서 활동카테고리를 제공한다.

③ 통계법에서는 산업통계자료의 정확성·비교성을 위하여 모든 통계작성기관이 이를 선택적으로 사용하도록 규정하고 있다.

④ 일반 행정 및 산업정책 관련 법령에서 적용대상 산업영역을 한정하는 기준으로 준용되고 있다.

> **해설** 한국표준산업분류는 생산단위(사업체단위, 기업체단위 등)가 주로 수행하는 산업활동을 그 유사성에 따라 체계적으로 유형화한 것이다. 이러한 한국표준산업분류는 산업활동에 의한 통계자료의 수집, 제표, 분석 등을 위해서 활동카테고리를 제공하기 위한 것으로 통계법에서는 산업통계 자료의 정확성, 비교성을 위하여 모든 통계작성기관이 이를 의무적으로 사용하도록 규정하고 있다. 한국표준산업분류는 통계목적 이외에도 일반 행정 및 산업정책 관련 법령에서 적용대상 산업영역을 한정하는 기준으로 준용되고 있다.

26 한국표준산업분류의 개요에 대한 설명으로 틀린 것은?

① 산업활동의 범위에 영리적·비영리적 활동 및 가사활동 모두 포함된다.

② 한국표준산업분류는 통계목적 이외에도 일반행정 및 산업정책관련 법령에서 그 법령의 적용대상 산업영역을 한정하는 기준으로 준용되고 있다.

③ 산업분류는 산출물·투입물의 특성, 생산활동의 일반적인 결합형태와 같은 기준에 의하여 분류된다.

④ 사업체 단위는 공장, 광산, 상점, 사무소 등으로 산업활동과 지리적 장소의 양면에서 가장 동질성이 있는 통계단위이다.

> **해설** 산업 활동의 범위에는 영리적·비영리적 활동이 모두 포함되나, 가정 내의 가사 활동은 제외된다.

27 한국표준산업분류 통계단위의 산업결정에 관한 설명으로 틀린 것은?

① 부차적 산업활동은 주된 산업활동 이외의 재화생산 및 서비스 제공 활동을 말한다.

② 주된 산업활동과 부차적 산업활동은 보조활동의 지원없이 수행될 수 있다.

③ 생산단위의 산업활동은 그 생산단위가 수행하는 주된 산업활동의 종류에 따라 결정된다.

④ 모 생산단위에서 사용되는 재화나 서비스를 보조적으로 생산하더라도 그 생산되는 재화나 서비스의 대부분을 다른 산업체에 판매하는 경우 별개의 사업체로 간주하여 그 자체활동에 따라 분류하여야 한다.

> **해설** 주된 활동과 부차 활동은 보조활동의 지원 없이는 수행될 수 없으며 보조 활동에는 회계, 창고, 운송, 구매, 판매촉진, 수리업무 등이 포함된다.

28 한국표준산업분류의 적용 원칙으로 틀린 것은?

① 생산단위는 산출물뿐만 아니라 투입물과 생산공정 등을 함께 고려하여 그들의 활동을 가장 정확하게 설명된 항목에 분류해야 한다.

② 산업활동이 결합되어 있는 경우에는 그 활동단위의 주된 활동에 따라서 분류해야 한다.

③ 수수료 또는 계약에 의하여 활동을 수행하는 단위는 동일한 산업활동을 자기계정과 자기책임 하에서 생산하는 단위와 같은 항목에 분류해야 한다.

④ 공식적 생산물과 비공식적 생산물, 합법적 생산물과 불법적인 생산물을 달리 분류해야 한다.

> **해설** 공식적 생산물과 비공식적 생산물, 합법적 생산물과 불법적인 생산물을 달리 분류하지 않는다.

V O C A T I O N A L   C O U N S E L O R

CHAPTER

03

직업관련 정보의 이해

SECTION
3-1   **고용보험 제도의 이해**

Ⅰ. 고용보험의 개요

1 고용보험의 의의

고용보험은 전통적 의미의 실업보험사업을 비롯하여 고용안정사업과 직업능력사업 등의 노동시장 정책을 적극적으로 연계하여 통합적으로 실시하는 사회보장보험이다.

| 01 실업보험
사후적/소극적 사회보장 | + | 02 고용안정사업/직업능력개발사업
사전적/적극적 노동시장정책 | = | 고용보험 |

2 적용대상

1998년 10월 1일부터 1인 이상의 근로자가 있는 사업주는 의무적으로 고용보험에 가입 하여야 한다.

1) 사업(추상적 개념)과 사업장(물리적 개념)

ㄱ 사업(추상적 개념) : 하나의 업을 반복하여 계속할 의사를 가지고 지속적으로 행하는 행위를 의미

ㄴ 사업장(물리적 개념) : 사업이 행하여지고 있는 인적 · 물적 시설이 존재하는 장소적 범위를 의미

2) 적용 제외 대상

ㄱ 농업, 임업 및 어업 중 법인이 아닌 자가 상시 4명 이하의 근로자를 사용하는 사업

ㄴ 가구 내 고용활동 및 달리 분류되지 아니한 자가 소비 생산활동

ㄷ 건설업자 등이 아닌 자가 시공하는 총공사금액 2천만원 미만인 공사, 연면적 100제곱미터 이하인 건축물의 건축 또는 연면적이 200제곱미터 이하인 건축물의 대수선에 관한 공사

3) 당연적용사업과 임의가입사업

고용보험은 적용대상에 따라 일반적인 당연적용 사업과 임의가입사업으로 구분한다.

ㄱ 당연적용사업 – 근로자를 고용하는 모든 사업 또는 사업장의 사업주는 원칙적으로 고용보험의 당연가입대상이다. 다만 사업장의 규모 등을 고려하여 일부 사업(장)은 고용보험 당연가입대상에서 제외한다.

ㄴ 임의가입사업 – 사업의 규모 등으로 고용보험의 당연가입 대상사업이 아닌 사업의 경우 근로복지공단의 승인을 얻어 보험에 가입할 수 있다. 이 경우 사업주는 근로자(적용제외 근로자 제외) 과반수 이상의 동의를 얻은 사실을 증명하는 서류(고용보험가입신청서)를 첨부하여야 한다.

4) 개산보험료와 확정 보험료

매년 보험연도 초일부터 3월 31일까지(보험연도 중 보험관계가 성립한 경우에는 그 보험관계의 성립일부터 70일) 전년도 확정 보험료와 당해연도 개산보험료를 근로복지공단(사업장관할지사)에 보고하고 납부하여야 한다.

ㄱ 개산보험료 – 보험료는 선납하는 방식을 취하고 있는데, 피보험자인 근로자에게 당해연도 지급할 1년치의 예상임금총액에 해당보험료율을 곱하여 개략적으로 산정한 보험료를 개산보험료라 한다. 개산보험료는 일시에 납부하거나 분기별로 4회 분할 납부할 수 있으며 일시 납부의 경우에는 개산보험료의 5%가 공제된다.

ㄴ 확정보험료 – 개산보험료와 반대되는 개념으로 확정보험료는 당해 년도가 지나고 보통 그 다음해의 3월 31일까지 신고하는 보험료이다. 이때, 작년도의 임금이 확정되었기 때문에 실제 지급된 임금 총액을 기준으로 다시 보험료를 산정하게 된다.

※ 확정보험료 보고 및 납부시 이미 납부한 개산보험료보다 확정보험료가 많은 경우에는 그 부족액을 추가 납부하고, 초과 납부한 경우에는 초과 금액을 반환 받거나 다음연도 개산보험료에 충당 신청할 수 있다.

※ 근로자가 부담하는 보험료에 대하여는 사업주가 임금 지급시 원천공제할 수 있다.

5) 적용대상 근로자

고용보험은 모든 근로자에게 적용되나 다음의 근로자에 대해서는 적용을 제외하고 있다.

- ㉠ 65세 이후 고용되거나 자영업을 개시한 자: 실업급여, 육아휴직급여 등 적용제외(고용안정·직업능력개발사업은 적용함에 따라 고용보험 피보험자격 취득 대상임)
  - ※ 다만, 65세 전부터 피보험자격을 유지하던 사람이 65세 이후에 계속하여 고용된 경우는 실업급여 등 고용보험 전 사업 적용
- ㉡ 1개월간 소정근로시간이 60시간 미만인 자(1주간의 소정근로시간이 15시간 미만인자 포함)
  - ※ 다만, 3개월 이상 계속하여 근로를 제공하는 자와 1개월 미만동안 고용되는 일용근로자는 적용 대상임
- ㉢ 공무원
  - − 다만, 별정직·임기제공무원은 본인의 의사에 따라 최초 임용된 날부터 3개월 이내 임의가입 가능(실업급여만 적용)
  - ※ 고용보험 가입을 신청하려는 경우 최초 임용된 날부터 3개월 이내 별정직·임기제공무원 고용보험 가입신청서와 재직증명서를 근로복지공단에 제출해야 함(3개월 이내 신청하지 않을 경우 가입 불가)
- ㉣ 사립학교교직원연금법 적용자
- ㉤ 별정우체국 직원
- ㉥ 외국인근로자
  - − 외국인근로자의 경우 고용보험 적용제외 대상이나, 일부 체류자격의 경우 당연, 임의, 상호주의로 구분 적용

6) 고용보험업무 담당기관

담당기관	담당업무
고용노동부 고용지원센터	• 실업급여 지급, 고용안정사업관련 각종 지원업무 • 실업급여관련 업무는 수급자의 거주지 관할 고용센터에서 담당 • 직업능력개발관련 각종 지원업무
근로복지공단	• 고용보험 가입, 보험료 징수, 보험사무대행기관인가 등 담당 • 피보험자격 관리
국민건강보험공단	• 보험료 고지 및 수납, 체납관리

❸ 일용근로자 고용보험

1) 일용근로자란

일용근로자란 1월 미만의 기간 동안 고용되는 근로자로, 주로 건설근로자 (비계공, 벽돌공, 목수, 용접공 등)가 해당되며, 그 외에 중국집 배달원, 급식 조리원, 식당 주방보조원, 백화점 세일기간 동안 고용된 사람 등

※ 임금 계산이나 지급이 일단위로 이루어진다 해도 근로계약기간이 1개월 이상인 경우는 일용근로자로 볼 수 없다.

2) 고용보험 가입 혜택

① 수급자격인정 이직일 이전 18개월간 피보험 단위기간이 통산 180일 이상이고, 수급자격 신청일 이전 1개월간 일한 날 수가 10일이 안 될 경우 실업급여를 받을 수 있다.
② 재취업을 위한 취업 알선을 받을 수 있다.
③ 실업자 재취직 훈련을 받을 경우 훈련비와 훈련수당을 지원 받을 수 있다.

Ⅱ. 고용보험의 개인혜택

1 재직근로자 훈련지원

기업과 근로자의 직업능력개발 지원을 통해 인적자원의 질을 향상시키고 근로자 스스로의 직무능력 향상 노력을 유인하여 급변하는 경제상황에 능동적으로 대처하는 데 목적이 있다.

1) 근로자 수강 지원금 지원

고용보험 피보험자인 재직근로자가 자발적으로 직업 능력개발 훈련을 수강하는 경우 수강비용을 지원해 준다.

2 실업자훈련지원

고용보험에서는 실업자의 재취업을 위한 훈련을 지원하고 있다. 훈련 지원에 대한 훈련비, 훈련 수당을 지원하고 있으며 민간훈련기관, 대한상공회의소 등의 취업훈련을 실시한다.

1) 실업자 재취업 훈련지원

고용보험 사업장에서 실직한 근로자가 재취업을 위해 훈련을 받는 경우 훈련비(전액 국비지원이나 일부 훈련의 정부지원훈련비 초과분은 훈련생 부담)와 훈련수당을 지원한다.

3 실업급여

1) 고용보험 실업급여

① 고용보험 가입 근로자가 실직하여 재취업 활동을 하는 기간에 소정의 급여를 지급함으로써 실업으로 인한 생계불안을 극복하고 생활의 안정을 도와주며 재취업의 기회를 지원해 주는 제도이다.

② 실업급여는 실업에 대한 위로금이나 고용보험료 납부의 대가로 지급되는 것이 아니다. 실업급여는 실업이라는 보험사고가 발생했을 때 취업하지 못한 기간에 대하여 적극적인 재취업활동을 한 사실을 확인(실업인정)하고 지급한다.

③ 실업급여 중 구직급여는 퇴직 다음날로부터 12개월이 경과 하면 소정급여일수가 남아있다고 하더라도 더 이상 지급받을 수 없다.

※ 실업급여 신청없이 재취업하면 지급받을 수 없으므로 퇴직 즉시 신청

2) 실업급여의 종류

4 육아휴직급여

근로자가 만 8세 이하 또는 초등학교 2학년 이하의 자녀(입양한 자녀를 포함)를 양육하기 위하여 남녀고용평등과 일·가정 양립 지원에 관한 법률 제19조에 의한 육아휴직을 30일 이상 부여받은 경우 지급되는 급여이다.

5 출산전후 휴가급여

임신, 출산 등으로 인하여 소모된 체력을 회복시키기 위하여 부여하는 제도이다.

6 고용보험 미직용자 출산급여

소득활동을 하지만, 고용보험 미적용으로 출산전후휴가급여를 받지 못하는 여성에게 출산급여를 지원하는 제도이다.

7 배우자 출산휴가급여

근로자의 배우자가 출산할 경우 배우자 출산휴가를 부여 받고 휴가기간 중 최초 5일분에 대해서 급여를 지급한다.

8 구직등록

워크넷(WORK-NET)에 구직신청을 하면 고용센터의 전문상담원과의 상담을 통해 원하는 일자리를 추천해준다.

Ⅲ. 고용보험의 기업혜택

1 고용안정사업

1) 고용창출장려금

① 일자리 함께하기 : 주 근로시간 단축, 실 근로시간 단축, 교대근로 개편, 정기적인 교육훈련 또는 안식휴가 부여 등 일자리 함께하기 제도를 새로 도입하거나 확대하고 실업자를 고용함으로써 근로자 수가 증가한 경우 지원 경우 지원하는 장려금

② 국내복귀기업 : 국내복귀기업 지정 후 5년 이내인 기업의 사업주가 근로자를 신규로 고용하는 경우 인건비의 일부를 지원하는 장려금

③ 신중년 적합직무 : 만 50세 이상의 실업자를 신중년 적합직무에 채용한 사업주에게 인건비를 지원하여 신중년의 고용 창출 촉진하는 장려금

④ 고용촉진장려금 : 노동시장의 통상적인 조건에서 취업이 곤란한 사람을 고용하는 사업주에게 장려금을 지급하여 취업취약계층의 고용을 촉진하기 위한 장려금

⑤ 청년채용특별장려금 : 청년을 정규직으로 추가로 고용한 중소·중견기업에 인건비를 지원함으로써, 양질의 청년일자리를 창출하기 위한 장려금

2) 고용안정장려금

① 워라밸 일자리 장려금 : 전일제 근로자가 필요한 때(가족돌봄, 본인건강, 은퇴준비, 학업 등)에 소정근로시간을 단축할 수 있도록 지원하여 국민의 다양한 일자리 수요를 충족시키고 일과 삶의 조화에 기여를 목표로 지원하는 장려금

② 정규직 전환 : 기간제 근로자 등을 정규직으로 전환한 사업주에게 임금증가 보전금, 간접노무비 등을 지원하여 비정규직근로자의 처우개선 및 고용안정 도모를 목표로 지원하는 장려금

③ 일가정양립 환경개선 : 유연근무제를 도입·활용하거나 근무혁신이 우수한 기업을 지원하여 장기간 근로관행 개선 및 일·생활 균형의 고용문화 확산을 목표로 지원하는 장려금

④ 출산 육아기 고용안정지원

　－육아휴직등 부여 : 육아휴직 또는 육아기 근로시간 단축 부여에 따른 사업주의 노무비용 부담을 완화하여 근로자의 고용안정을 도모하기 위한 지원금

　－대체인력 지원금 : 근로자의 출산전후휴가, 유산·사산휴가, 육아휴직 또는 육아기 근로시간 단축기간 중 대체인력 활용을 지원하여 육아휴직 등 활용률 제고 및 근로자의 고용안정을 도모하기 위한 지원금

3) 고용유지지원금

경기의 변동, 산업구조의 변화 등으로 생산량·매출액이 감소하거나 재고량이 증가하는 등의 고용조정이 불가피하게 된 사업주가 근로자를 감원하지 않고 근로시간 조정, 교대제 개편, 휴업, 휴직과 같은 고용유지 조치를 실시하고 고용을 유지하는 경우 임금(수당)을 지원하여 사업주의 경영 부담을 완화하고 근로자의 실직을 예방

4) 장년고용안정지원금

고령자와 장년 미취업자의 고용촉진 및 안정을 도모하기 위해 사업주에게 지원금을 지원하여 기업의 임금부담을 완화하고, 일할 의욕이 있고 경험이 풍부한 직원을 채용할 수 있는 기회 제공

5) 지역고용촉진지원금

지역 노동시장간 형평성 제고와 균형 있는 발전을 위해 고용사정이 현저히 악화되었거나 고용감소가 확실시 되는 지역을 고용위기지역으로 지정하고 지정지역에서 고용을 창출하는 사업주에게 지원금 지급

2 직장보육시설지원

1) 직장어린이집 운영비 지원사업

2) 직장어린이집 설치비 지원사업

3 직업훈련지원

4 자영업자

SECTION 3-2 직업훈련 정보의 이해

Ⅰ. 직업훈련 제도의 개요

1 정책방향

1) 인적자원 개발을 통한 경쟁력 제고 및 고용안정과 근로자의 평생능력개발을 위한 지원체제 구축

2) 직업능력 개발정책의 3대 방향

   ① 근로자의 평생능력개발체제 구축

      ⓐ 기업 및 근로자에 대한 정부지원 범위의 확대 및 다양화

      ⓑ 취약계층의 직업훈련 접근성 제고

      ⓒ 기능인에 대한 사회적 우대 분위기 조성

      ⓓ 자격제도 개선 및 직업훈련 인프라 확충

   ② 민간자율성 확대 및 직업훈련의 질적 제고

      ⓐ 훈련사상 진입규제 대폭 환화

      ⓑ 정부지원 행정절차의 간소화

      ⓒ 성과 연계적 평가시스템의 도입

   ③ 공공훈련의 효율성 제고 및 내실화

      ⓐ 인력부족 직종 및 취약계층 위주의 특성화

      ⓑ 직업훈련 국제협력 강화

Ⅱ. 훈련소개(hrd – net)

1 지원사업

1) 국민내일배움카드

급격한 기술발전에 적응하고 노동시장 변화에 대응하는 사회안전망 차원에서 생애에 걸친 역량개발 향상 등을 위해 국민 스스로 직업능력개발훈련을 실시할 수 있도록 훈련비 등을 지원

  (1) 지원대상

    국민 누구나 신청 가능(현직 공무원, 사립학교 교직원, 졸업예정자 이외 재학생, 연 매출 1억 5천만원 이상의 자영업자, 월 임금 300만원 이상인 대규모기업종사자(45세 미만) 특수형태근로종사자 등은 제외)

  (2) 계좌발급일로부터 5년간 사용가능

  (3) 1인당 300~500만원의 훈련비용 지원

2) 국가기간전략산업직종훈련

국가의 기간산업 및 전략산업 등의 산업분야에서 부족하거나 수요가 증가할 것으로 예상되는 직종에 대한 직업능력개발훈련을 실시하여 기업에서 필요로 하는 기술 · 기능 인력 양성 · 공급

(1) 지원대상

- 실업자, 비진학 예정 고교 3학년 재학생, 대학졸업예정자, 사업기간 1년 이상이면서 연매출 1억5천만원 미만인 사업자, 특수형태근로종사자, 중소기업 노동자, 기간제, 단시간 노동자 등
- 국민내일배움카드를 발급받아 사용

3) 청년취업아카데미

기업 · 사업주단체, 대학 또는 민간 우수훈련기관이 직접 산업현장에서 필요한 직업능력 및 인력 등을 반영하고 청년 미취업자에게 대학등과 협력하여 연수과정 또는 창조적 역량 인재과정(창직과정)을 실시한 후 취업 또는 창직, 창업활동과 연계되는 사업

4) 사업주직업능력개발지원

사업주가 소속근로자 등의 직무수행능력을 향상시키기 위하여 훈련을 실시할 때, 이에 소요되는 비용의 일부를 지원

5) 국가인적자원개발컨소시엄

중소기업 재직근로자의 직업훈련 참여 확대와 신성장동력분야, 융복합분야 등의 전략산업 전문인력육성, 산업계 주도의 지역별 직업훈련기반 조성 등을 위해 다수의 중소기업과 훈련 컨소시엄(협약)을 구성한 기업 등에게 공동훈련에 필요한 훈련 인프라와 훈련비 등을 지원하는 사업

2 국가직무능력표주(NCS)

1) NCS란

① 국가직무능력표준(NCS, National Competency Standards)은 산업현장에서 직무를 수행하기 위해 요구되는 지식 · 기술 · 태도 등의 내용을 국가가 체계화한 것이다.
② 한국고용직업분류(KECO : Korean Employment Classification of Occupations) 등을 참고하여 분류하였으며 '대분류 → 중분류 → 소분류 → 세분류'의 순으로 구성되어 있다.

2) NCS의 구성

① 직무는 국가직무능력표준 분류의 세분류를 의미하고, 원칙상 세분류 단위에서 표준이 개발된다.
② 능력단위는 국가직무능력표준 분류의 하위단위로서 국가직무능력 표준의 기본 구성요소에 해당 되며, 능력단위요소(수행준거, 지식 · 기술 · 태도), 적용범위 및 작업상황, 평가지침, 직업기초능력으로 구성된다.

③ 국가직무능력표준의 수준체계는 1수준~8수준의 8단계로 구성된다.

Ⅲ. 직업능력개발훈련의 구분

1) 훈련의 목적에 따른 구분

① 양성(養成)훈련 : 근로자에게 작업에 필요한 기초적 직무수행능력을 습득시키기 위하여 실시하는 직업능력개발훈련

② 향상훈련 : 양성훈련을 받은 사람이나 직업에 필요한 기초적 직무수행능력을 가지고 있는 사람에게 더 높은 직무수행능력을 습득시키거나 기술발전에 맞추어 지식·기능을 보충하게 하기 위하여 실시하는 직업능력개발훈련

③ 전직(轉職)훈련 : 근로자에게 종전의 직업과 유사하거나 새로운 직업에 필요한 직무수행능력을 습득시키기 위하여 실시하는 직업능력개발훈련

2) 훈련방법에 따른 구분

① 집체(集體)훈련 : 직업능력개발훈련을 실시하기 위하여 설치한 훈련전용시설이나 그 밖에 훈련을 실시하기에 적합한 시설(산업체의 생산시설 및 근무장소는 제외한다)에서 실시하는 방법

② 현장훈련 : 산업체의 생산시설 또는 근무장소에서 실시하는 방법

③ 원격훈련 : 먼 곳에 있는 사람에게 정보통신매체 등을 이용하여 실시하는 방법

④ 혼합훈련 : 제1호부터 제3호까지의 훈련방법을 2개 이상 병행하여 실시하는 방법

워크넷의 이해

1998년 서비스를 개시하였으며, 고용노동부와 한국고용정보원이 운영하는 믿고 신뢰할 수 있는 구직·구인정보와 직업·진로정보를 제공하는 취업정보사이트이다. 2011년 7월부터 민간취업포털과 지자체 일자리정보를 워크넷 한 곳에서 쉽고 빠르게 검색할 수 있도록 통합일자리 서비스를 제공하고 있다.

1 채용정보

1) 채용정보상세검색

① 키워드
② 직종
③ 지역 – 지역별, 역세권별
④ 경력 – 신입, 경력, 관계없음
⑤ 고용형태 – 기간의 정함이 없는 근로계약, 기간의 정함이 없는 근로계약(시간(선택)제), 기간의 정함이 있는 근로계약, 기간의 정함이 있는 근로계약(시간(선택)제), 파견근로, 대체인력채용
⑥ 학력 – 중졸이하, 고졸, 대졸(2~3년), 대졸(4년), 석사, 박사, 학력무관
⑦ 희망임금 – 연봉, 월급, 일급, 시급
⑧ 워크넷 입사지원
⑨ 기업형태 – 대기업, 공무원/공기업/공공기관, 강소기업, 코스피/코스닥, 중견기업, 외국계기업, 일학습병행기업, 벤처기업, 청년친화강소기업, 가족친화인증기업

⑩ 채용구분　⑪ 근무형태　⑫ 격일근무여부
⑬ 근로시간단축　⑭ 교대근무여부　⑮ 식사(비)제공
⑯ 기타 복리후생　⑰ 장애인 희망채용　⑱ 병역특례
⑲ 자격면허　⑳ 전공　㉑ 외국어
㉒ 기타우대사항　㉓ 마감일　㉔ 등록일
㉕ 정보제공처

※ 고용상 연령차별금지 및 고령자 고용촉진에 관한 법률이 시행됨에 따라 채용정보에서 연령이 삭제되었다.

2 직업·진로

1) 직업심리검사

고용노동부 직업심리검사는 개인의 능력과 흥미, 성격 등 다양한 심리적 특성을 객관적으로 측정하여 자신에 대한 이해를 돕고 개인의 특성에 보다 적합한 진로 분야를 선택할 수 있도록 도와 준다.

환경친화기업, 금융권기업, 중소기업, 중견기업은 기업형태별 분류에 속하지 않는다.

연령, 소정근로시간은 채용정보 검색 조건에 해당하지 않는다.

① 직업선호도검사 S형

　㉠ 직업선호도검사 S형은 개인이 좋아하는 활동, 자신감을 가지고 있는 분야, 관심 있는 직업 및 학문분야 등을 측정하여 직업탐색 및 선택과 같은 직업의사결정을 하는데 도움을 주기 위해 개발된 검사이다.

　㉡ 직업선호도검사 S형은 활동에 대한 관심, 유능감, 직업에 대한 선호, 선호분야, 일반성향과 같은 5개의 하위영역을 측정하여 6개 흥미유형의 특성을 제공한다.

　㉢ 6개 흥미요인점수 중 원점수가 가장 높은 2개 점수를 이용하여 개인별흥미코드를 결정한다.

② 직업선호도검사 L형

　㉠ 직업선호도검사L형은 흥미검사, 성격검사, 생활사검사의 3가지 하위검사로 이루어져 있다.

2) 직업정보

① 직업정보찾기

　㉠ 키워드 검색

　㉡ 조건별 검색

　　ⓐ 평균연봉 : 3,000만원 미만, 3,000~4,000만원 미만, 4,000~5,000만원 미만, 5,000만원 이상

　　ⓑ 직업전망 : 매우 밝음(상위 10% 이상), 밝음(상위 20% 이상), 보통(중간 이상), 전망 안 좋음(감소예상직업)

　㉢ 분류별 찾기

　㉣ 내게 맞는 직업 찾기

　　ⓐ 통합찾기 – 본인에게 해당하는 흥미/지식/업무수행능력/업무환경을 최소 10개 이상 선택하여 검색

　　ⓑ 지식별 찾기 – 본인에게 해당하는 지식 항목을 최소 5개 이상 선택하여 검색

　　ⓒ 업무수행능력별 찾기 – 본인에게 해당하는 업무수행능력 항목을 최소 7개 이상 선택하여 검색

　㉤ 신직업 · 창직찾기

　㉥ 대상별 찾기

　㉦ 이색직업별 찾기

　㉧ 테마별 찾기

　※ 직업검색내용 – 하는 일, 교육/자격/훈련, 임금/직업만족도/전망, 능력/지식/환경, 성격/흥미/가치관, 업무활동, 일자리현황, 관련직업

② 한국직업전망

③ 한국직업사전

④ 직업동영상 · VR

⑤ 직업인 인터뷰

3) 학과정보

① 키워드검색

② 계열별검색

㉠ 인문계열

문헌정보학과, 종교학과, 국어국문학과, 한국어문학과, 한국어학과, 한문학과, 중국학과, 일본학과, 러시아학과, 미국학과, 국제지역학부, 글로벌학부, 동아시아학과, 아시아학부, 중남미학부, 태국어과, 몽골어과, 인도어과, 동양어문학과, 베트남어과, 아랍어과, 말레이·인도네시아어과, 네덜란드어과, 루마니아어과, 스칸디나비아어과, 그리스·불가리아학과, 이탈리아어과, 체코어과, 포르투갈어과, 폴란드어과, 헝가리어과, 세르비아·크로아티아어과, 우크라이나어과, 터키·아제르바이잔어과, 독어독문학과, 독일언어문화학과, 독일학과, 독일어과, 노어노문학과, 러시아어과, 러시아어문학과, 러시아언어문화전공, 문예창작학과, 문예창작과, 미디어문예창작학과, 문예창작전공, 아동문헌정보학과, 문화인류학과, 미술사학과, 문화재보존학과, 고고미술사학과, 문화콘텐츠학과, 스페인어과, 스페인·중남미학과, 서어서문학과, 심리학과, 심리상담치료학과, 상담심리학과, 심리치료학과, 언어학과, 한문학과, 어문학부, 글로벌어학부, 국제어문학부, 사학과, 국사학과, 역사문화학과, 역사학과, 한국사학과, 사학전공, 영어영문학과, 영어학과, 영어과, 관광영어과, 실용영어학과, 일어일문학과, 일본학과, 일본어과, 일본어학과, 관광일어과, 신학과, 기독교학과, 불교학과, 종교문화학과, 원불교학과, 중어중문학과, 중국학과, 중국어학과, 중국어과, 중국언어문화전공, 관광중국어과, 철학과, 철학전공, 역사철학부, 불어불문학과, 프랑스어과, 프랑스어문학과, 프랑스언어문화학과, 프랑스학과

㉡ 사회계열

경영학과, 경영정보학과, 유통경영학과, 지리학과, 경영과, 의료경영학과, 글로벌경영학과, 국제경영학과, 융합경영학과, 글로벌비즈니스학과, 경제학과, 농업경제학과, 식품자원경제학과, 글로벌경제학과, 경제통상학부, 경제금융학과, 경찰행정학과, 경찰학과, 경찰경호과, 경찰경호행정과, 해양경찰학과, 광고홍보학과, 광고홍보학전공, 언론광고학부, 언론홍보학과, 국제학부, 국제관계학과, 글로벌경제학과, 금융보험학과, 경제금융학과, 자산관리학과, 금융자산관리학과, 노인복지학과, 실버문화경영학과, 고령친화융복합학과, 실버케어복지학과, 부동산학과, 도시계획부동산학과, 도시계획학과, 부동산지적학과, 도시사회학과, 무역학과, 국제통상학과, 국제무역학과, 국제물류학과, 법학과, 경찰법학전공, 공법학전공, 법률실무과, 사법학전공, 지식재산학과, 보건행정학과, 의료경영과, 의무행정과, 의료정보시스템전공, 보건의료정보과, 의약정보관리과, 비서행정과, 비서경영과, 국제비서과, 비서과, 비서사무행정학과, 사회복지학과, 사회복지상담학과, 사회복지행정학과, 보건복지과,

복지경영학과, 사회학과, 정보사회학과, 공공사회학과, 세무회계학과, 회계학과, 세무회계정보과, 회계세무학과, 경영회계학과, 세무학과, 신문방송학과, 언론정보학과, 저널리즘전공, 커뮤니케이션학과, 언론영상학과, 아동학과, 아동복지학과, 아동가족학과, 영유아보육학과, 보육과, 아동보육복지학과, 미디어커뮤니케이션학과, 디지털미디어학과, 방송영상과, 미디어콘텐츠학과, 방송영상미디어학과, 미디어영상학과, 정치외교학과, 정책학과, 통일학부, 토지정보관리과, 토지행정과, 항공서비스학과, 항공운항학과, 항공관광과, 항공서비스경영학과, 행정학과, 공공인재학부, 사회복지행정학과, 공공행정학과, 자치행정학과, 도시행정학과, 관광경영학과, 호텔관광과, 호텔경영학과, 관광학부, 항공관광과, 외식산업과

ⓒ 교육계열

컴퓨터교육과, 기술교육과, 건설공학교육과, 기계교육과, 전기 · 전자 · 통신공학교육과, 전자공학교육과, 화학공학교육과, 교육학과, 교육공학과, 교육심리학과, 평생교육학과, 사회교육과, 일반사회교육과, 역사교육과, 지리교육과, 상업정보교육과, 국어교육과, 영어교육과, 일어교육과, 독어교육과, 불어교육과, 한문교육과, 한국어교육과, 미술교육과, 음악교육과, 체육교육과, 보건교육과, 유아교육학과, 보육학과, 아동보육과, 영유아보육과, 유아보육과, 아동미술보육과, 윤리교육과, 기독교교육과, 문헌정보교육과, 수학교육과, 가정교육과, 과학교육과, 물리교육과, 생물교육과, 지구과학교육과, 화학교육과, 환경교육과, 기술 · 가정교육과, 농업교육과, 수해양산업교육과, 초등교육과, 특수교육과, 초등특수교육과, 중등특수교육과, 유아특수교육과, 특수체육교육과

ⓔ 자연계열

가정관리학과, 임산공학과, 생명과학과, 생명공학과, 수의학과, 수의예과, 식품공학과, 식품생명공학과, 천문우주학과, 애완동물학과, 애완동물관리과, 특수동물학과, 마사과, 아동가족학과, 소비자아동학과, 주거환경학과, 소비자학과, 생활복지주거학과, 농학과, 식물자원학과, 식물생명과학과, 식물의학과, 응용생명과학과, 축산학과, 동물자원과학과, 동물생명공학과, 바이오시스템공학과, 물리학과, 응용물리학과, 전자물리학과, 나노물리학과, 산림자원학과, 산림과학과, 목재응용과학과, 원예생명과학과, 환경원예학과, 원예디자인과, 화훼원예과, 의생명과학과, 의생명공학과, 미생물학과, 분자생물학과, 분자생명과학과, 유전공학과, 생물학과, 분자생물학과, 생명시스템학과, 바이오산업공학과, 수산생명의학과, 해양분자생명과학과, 해양생명과학과, 해양생명응용과학부, 수산양식학과, 수학과, 응용수학과, 수리과학과, 식품영양학과, 식품생명과학과, 호텔외식조리과, 호텔조리과, 호텔조리제과제빵과, 호텔외식조리과, 식품조리학과, 제과제빵과, 조리과학과, 외식조리과, 커피바리스타과, 푸드스타일링진공, 의류학과, 의류산업학과, 의류패션학과, 패션의류학과, 패션산업학과, 의상학과, 패션마케팅과, 지질학과, 지적학과, 지질환경과학과, 지

구시스템과학전공, 대기환경과학전공, 천문대기과학전공, 대기환경과학과, 대기과학과, 통계학과, 응용통계학과, 정보통계학과, 데이터정보학과, 데이터과학과, 전산통계학과, 데이터사이언스학과, 빅데이터공학과, 화학과, 응용화학과, 생화학과, 정밀화학과, 화장품과학과

ⓜ 공학계열

안경광학과, 건축학과, 메카트로닉스공학과, 조경학과, 교통공학과, 광공학과, 레이저광정보공학전공, 건축공학과, 건축기계설비과, 건축시스템공학과, 건축과, 실내건축학과, 친환경건축학과, 게임공학과, 게임컨텐츠과, 게임학과, 멀티미디어게임과, 기계공학과, 기계설계공학과, 기계시스템공학과, 기계융합공학과, 자동화시스템과, 지능로봇과, 컴퓨터응용기계과, 기계과, 도시공학과, 도시건설과, 도시정보공학전공, 로봇공학과, 스마트팩토리과, 전기자동차과, 항공메카트로닉스과, 반도체공학과, 반도체디스플레이학과, 반도체장비공학과, 산업공학과, 산업경영공학과, 산업시스템공학과, 산업설비자동화과, 섬유소재공학과, 섬유시스템공학과, 바이오섬유소재학과, 소방방재학과, 소방안전관리학과, 안전공학과, 재난안전소방학과, 신소재공학과, 나노신소재공학과, 신소재응용과, 융합신소재공학과, 화학신소재학과, 에너지자원공학과, 원자력공학과, 미래에너지공학과, 바이오에너지공학과, 환경에너지공학과, 신재생에너지과, 디지털콘텐츠과, 소프트웨어공학과, 스마트소프트웨어과, 융합소프트웨어학과, 자동차공학과, 미래자동차공학과, 스마트자동차공학과, 자동차튜닝과, 자동차과, 금속재료과, 재료공학과, 제철산업과, 나노재료공학전공, 전기공학과, 디지털전기공학과, 전기전자과, 철도전기과, 전자공학과, 전자전기공학과, 디지털전자과, 스마트전자과, 정보통신공학과, 전자정보통신공학과, e−비즈니스과, ICT융합학과, 스마트IT학과, 정보보안학과, 정보보호학과, 사이버보안과, 융합보안학과, 제어계측공학과, 전기전자제어과, 전기제어과, 스마트시스템제어과, 생태조경디자인과, 녹지조경학과, 환경조경과, 철도운전시스템과, 드론교통공학과, 교통시스템공학과, 컴퓨터공학과, 멀티미디어공학과, 컴퓨터시스템공학과, 토목공학과, 건설시스템공학과, 건설환경공학과, 철도건설과, 토목과, 항공우주공학과, 항공시스템공학과, 항공정비학과, 항공기계과, 해양공학과, 선박해양공학과, 조선해양공학과, 조선해양플랜트과, 조선기계과, 해양학과, 화학공학과, 고분자공학과, 생명화학공학과, 화공생명학과, 환경공학과, 지구환경과학과, 환경보건학과, 환경생명공학과, 환경과학과, 환경시스템공학과, 환경학과

ⓑ 의학계열

응급구조과, 의예과, 의학과, 임상병리학과, 치기공학과, 치위생학과, 한의학과, 간호학과, 간호과, 물리치료학과, 물리치료과, 방사선학과, 방사선과, 보건관리학과, 보건학과, 산업보건학과, 보건환경과, 약학과, 약학부, 약학전공, 제약학과, 한약학과, 응급구조학과, 의용공학과, 의공학과, 의료공학과, 바이오메디컬공학전공, 의료보장구과, 의학부, 임상병리과,

작업치료학과, 작업치료과, 재활공학과, 언어재활과, 직업재활학과, 언어치료학과, 스포츠재활학과, 치기공과, 치위생과, 치의학과, 치의예과, 한의예과

ⓐ 예체능계열

경호학과, 경찰경호과, 경호스포츠과, 경호보안학과, 공예과, 공예디자인학과, 귀금속보석공예학과, 도예학과, 만화애니메이션학과, 웹툰창작과, 만화콘텐츠과, 무용학과, 무용예술학과, 발레전공, 한국무용전공, 현대무용전공, 미술학과, 회화과, 동양화과, 서양화과, 한국화과, 방송연예학과, 공연예술과, 모델과, 엔터테인먼트과, 방송기술학과, 미용과, 미용예술과, 뷰티디자인과, 뷰티아트과, 피부미용학과, 뷰티케어과, 사진학과, 사진영상학과, 공연영상학과, 미디어디자인과, 방송영상과, 영상디자인과, 산업디자인학과, 제품디자인공학전공, 시각디자인학과, 디지털디자인학과, 멀티미디어디자인학과, 커뮤니케이션디자인학과, 실내디자인학과, 공간디자인학과, 실내건축디자인학과, 실용음악과, 생활음악과, 뮤지컬과, 연극영화학과, 연극전공, 영화전공, 연기예술학과, 음악학과, 국악과, 기악과, 관현악과, 피아노과, 성악과, 작곡과, 국악과, 음향제작과, 음향과, 방송음향영상과, 조형학과, 생활조형디자인학과, 조소과, 판화과, 체육학과, 사회체육학과, 생활체육학과, 운동처방학과, 스포츠과학과, 스포츠레저학과, 골프산업학과, 태권도과, 의상디자인학과, 패션디자인학과, 섬유패션디자인전공, 텍스타일디자인학과

ⓞ 이색학과정보

식품/웰빙/여가, 과학/정보통신, 보건의료/교육, 문화/예술/스포츠, 경영/금융/보안, 방송/이벤트, 기타

※ 학과정보검색 내용 – 학과소개, 관련학과/교과목, 개설대학, 진출직업, 취업현황

자격제도의 이해

1 자격정보

1) 국가자격

① 국가기술자격 : 국가가 국가기술자격법에 따라 부여하는 자격으로 산업인력공단과 대한상공회의소, 영화진흥위원회, 한국광해관리공단 등 시행

② 국가전문자격 : 국가가 개별 법률에 따라 부여하는 자격으로 각 중앙부처(보건복지부, 환경부, 고용노동부, 해양수산부, 중소기업청 등)에서 주관, 관리

2) 민간자격

① 공인민간자격 : 자격기본법에 근거하여 국가가 인정한 민간자격
② 민간자격 : 민간단체가 임의로 부여하는 자격(사내자격 포함)

3) 외국자격

미국, 영국, 독일, 일본, 호주, 프랑스

2 자격정보

1) 자격검정기준

① 기술사 : 해당 국가기술자격의 종목에 관한 고도의 전문지식과 실무경험에 입각한 계획 · 연구 · 설계 · 분석 · 조사 · 시험 · 시공 · 감리 · 평가 · 진단 · 사업관리 · 기술관리 등의 업무를 수행할 수 있는 능력보유
② 기능장 : 해당 국가기술자격의 종목에 관한 최상급 숙련기능을 가지고 산업현장에서 작업관리, 소속기능인력의 지도 및 감독, 현장훈련, 경영자와 기능인력을 유기적으로 연계시켜 주는 현장관리 등의 업무를 수행할 수 있는 능력보유
③ 기사 : 해당 국가기술자격의 종목에 관한 공학적 기술이론 지식을 가지고 설계 · 시공 · 분석 등의 업무를 수행할 수 있는 능력보유
④ 산업기사 : 해당 국가기술자격의 종목에 관한 기술기초이론 시식 또는 숙련기능을 바탕으로 복합적인 기초기술 및 기능업무를 수행할 수 있는 능력보유
⑤ 기능사 : 해당 국가기술자격의 종목에 관한 숙련기능을 가지고 제작 · 제조 · 조작 · 운전 · 보수 · 정비 · 채취 · 검사 또는 작업관리 및 이에 관련되는 업무를 수행할 수 있는 능력보유

2) 응시자격

① **기능사**

응시자격 제한 없음

② **산업기사**

㉠ 기능사 등급 이상+동일 및 유사직무분야 1년 실무
㉡ 동일 및 유사 직무분야의 다른 종목의 산업기사 등급 이상의 자격을 취득한 자
㉢ 관련학과의 2년제 또는 3년제 전문대학졸업자등 또는 그 졸업예정자
㉣ 관련학과 대학졸업자등 또는 그 졸업예정자
㉤ 동일 및 유사직무분야의 산업기사 수준의 기술훈련과정 이수자 또는 그 이수예정자
㉥ 동일 및 유사직무분야에서 2년 이상 실무에 종사한 자
㉦ 고용노동부령이 정하는 기능경기대회 입상자
㉧ 외국에서 동일한 종목에 해당하는 자격을 취득한 자

③ 기사
- ㉠ 산업기사 등급 이상+동일 및 유사직무분야 1년 실무
- ㉡ 기능사+동일 및 유사직무분야 3년 실무
- ㉢ 동일 및 유사직무분야의 다른 종목의 기사 등급 이상의 자격을 취득한 사람
- ㉣ 관련학과 대학졸업자등 또는 그 졸업예정자
- ㉤ 관련학과 3년제 졸업+동일 및 유사직무분야 1년 실무
- ㉥ 관련학과 2년제 졸업+동일 및 유사직무분야 2년 실무
- ㉦ 동일 및 유사직무분야 기사 수준의 기술훈련과정 이수자 또는 그 이수예정자
- ㉧ 동일 및 유사직무분야 산업기사 수준의 기술훈련과정 이수+동일 및 유사직무분야 2년 실무
- ㉨ 동일 및 유사직무분야 4년 이상 실무
- ㉩ 외국에서 동일한 종목에 해당하는 자격을 취득한 사람

④ 기능장
- ㉠ 산업기사 또는 기능사+기능대학의 기능장과정 이수자 또는 그 이수예정자
- ㉡ 산업기사 등급 이상+동일 및 유사직무분야 5년 실무
- ㉢ 기능사+동일 및 유사직무분야 7년 실무
- ㉣ 동일 및 유사직무분야 9년 이상 실무
- ㉤ 동일직무분야의 다른 종목의 기능장 등급의 자격을 취득한 사람
- ㉥ 외국에서 동일한 종목에 해당하는 자격을 취득한 사람

⑤ 기술사
- ㉠ 기사+동일 및 유사직무분야 4년 실무
- ㉡ 산업기사+동일 및 유사직무분야 5년 실무
- ㉢ 기능사+동일 및 유사직무분야 7년 실무
- ㉣ 관련학과 대졸+6년 실무
- ㉤ 동일직무분야 기술사 등급의 자격 취득
- ㉥ 관련학과 3년 전문대졸+7년 실무
- ㉦ 관련학과 2년 전문대졸+8년 실무
- ㉧ 기사 수준의 고용노동부령이 정하는 기술훈련과정 이수+6년
- ㉨ 산업기사 수준의 고용노동부령이 정하는 기술훈련과정 이수+8년
- ㉩ 동일 및 유사직무분야에서 9년 이상 실무
- ㉪ 외국에서 동일종목에 해당하는 자격을 취득한 사람

3) 서비스분야

종목	응시자격
직업상담사 1급 사회조사분석사 1급 전자상거래관리사 1급	1. 해당종목의 2급 자격을 취득한 후 해당실무에 2년 이상 종사한 사람 2. 해당실무에 3년 이상 종사한 사람
소비자전문상담사 1급	1. 해당종목의 2급 자격취득 후 소비자상담 실무경력 2년 이상인 사람 2. 소비자상담 관련실무경력 3년 이상인 사람 3. 외국에서 동일한 종목에 해당하는 자격을 취득한 사람
컨벤션기획사 1급	1. 해당종목의 2급 자격을 취득한 후 응시하려는 종목이 속하는 동일직무분야(별표 2의 규정에 따라 유사직무분야를 포함한다. 이하 "동일 및 유사직무분야"라 한다)에서 3년 이상 실무에 종사한 사람 2. 응시하려는 종목이 속하는 동일 및 유사직무분야에서 4년 이상 실무에 종사한 사람 3. 외국에서 동일한 종목에 해당하는 자격을 취득한 사람
직업상담사 2급, 사회조사분석사 2급, 전자상거래관리사 2급, 소비자전문상담사 2급, 컨벤션기획사 2급, 게임프로그래밍전문가, 게임그래픽전문가, 게임기획전문가, 멀티미디어콘텐츠제작전문가, 스포츠경영관리사, 텔레마케팅관리사,	제한 없음
임상심리사 1급	1. 임상심리와 관련하여 2년 이상 실습수련을 받은 사람 또는 4년 이상 실무에 종사한 사람으로서 심리학 분야에서 석사학위 이상의 학위를 취득한 사람 및 취득 예정자 2. 임상심리사 2급 자격 취득 후 임상심리와 관련하여 5년 이상 실무에 종사한 사람 3. 외국에서 동일한 종목에 해당하는 자격을 취득한 사람
임상심리사 2급	1. 임상심리와 관련하여 1년 이상 실습수련을 받은 사람 또는 2년 이상 실무에 종사한 사람으로서 대학졸업자 및 그 졸업예정자 2. 외국에서 동일한 종목에 해당하는 자격을 취득한 사람
국제의료관광코디네이터	공인어학성적 기준요건을 충족하고, 다음 각 호의 어느 하나에 해당하는 사람 1. 보건의료 또는 관광분야의 학과로서 고용노동부장관이 정하는 학과(이하 "관련학과"라 한다)의 대학졸업자 또는 졸업예정자 2. 2년제 전문대학 관련학과 졸업자 등으로서 졸업 후 보건의료 또는 관광분야에서 2년 이상 실무에 종사한 사람 3. 3년제 전문대학 관련학과 졸업자 등으로서 졸업 후 보건의료 또는 관광분야에서 1년 이상 실무에 종사한 사람 4. 보건의료 또는 관광분야에서 4년 이상 실무에 종사한 사람 5. 관련자격증(의사, 간호사, 보건교육사, 관광통역안내사, 컨벤션기획사 1·2급)을 취득한 사람

종목	응시자격
국제의료관광코디네이터	※ 비고 : 공인어학성적 기준요건(취득한 성적의 유효기간 내에 응시자격기준일이 포함되어 있어야 함) 가. 영어

가. 영어

시험명	TOEIC	TEPS	TOEFL		G-TELP (Level 2)	FLEX	PELT (main)	IELTS
			CBT	IBT				
기준점수	700점 이상	625점 이상	197점 이상	71점 이상	65점 이상	625점 이상	345점 이상	7.0점 이상

나. 일본어

시험명	JPT	일검 (NIKKEN)	FLEX	JLPT
기준점수	650점 이상	700점 이상	720점 이상	2급 이상

다. 중국어

시험명	HSK	FLEX	BCT	CPT	TOP
기준점수	5급 이상과 회화중급 이상 모두 합격	700점 이상	듣기/읽기 유형과 말하기/쓰기 유형 모두 5급 이상	700점 이상	고급 6급 이상

라. 기타 외국어

시험명	러시아어		태국어, 베트남어, 말레이·인도네시아어, 아랍어
	FLEX	TORFL	FLEX
기준점수	700점 이상	2단계 이상	600점 이상

▼ 실기시험만 실시할 수 있는 종목

직무분야	중직무분야	자격종목
02. 경영·회계·사무	023.사무	한글속기 1급, 2급, 3급
14.건설	141.건축	거푸집기능사, 건축도장기능사, 건축목공기능사, 도배기능사, 미장기능사, 방수기능사, 비계기능사, 온수온돌기능사, 유리시공기능사, 조적기능사, 철근기능사, 타일기능사
	142.토목	도화기능사, 석공기능사, 지도제작기능사, 항공사진기능사
16.재료	162.판금·제관·새시	금속재창호기능사

▼ 필기시험과 실기시험을 연속하여 실시하는 국가기술자격의 종목

직무분야	중직무분야	자격종목
02. 경영·회계·사무	023.사무	워드프로세서

CHAPTER 03 출제예상문제

01 다음 고용안정사업 중 고용조정지원에 해당하지 않는 것은?

① 근로자에 대한 휴업
② 직업전환에 필요한 직업능력개발 훈련
③ 인력 재배치
④ 육아휴직장려금

해설 고용노동부장관은 경기의 변동, 산업구조의 변화 등에 따른 사업 규모의 축소, 사업의 폐업 또는 전환으로 고용조정이 불가피하게 된 사업주가 근로자에 대한 휴업, 직업전환에 필요한 직업능력개발 훈련, 인력의 재배치 등을 실시하거나 그 밖에 근로자의 고용안정을 위한 조치를 하면 대통령령으로 정하는 바에 따라 그 사업주에게 필요한 지원을 할 수 있다.

02 일용근로자의 고용보험 피보험자격관리에 대한 설명으로 틀린 것은?

① 숙련 건설근로자를 제외한 대부분의 건설현장 근로자는 일용근로자로 간주한다.
② 일용근로자가 근로내역확인신고서를 제출하는 경우 피보험자격의 취득·상실 신고를 하거나 이직확인서를 제출한 것으로 본다.
③ 1일 단위로 근로계약이 이루어지는 경우에는 1일 단위로 피보험자격이 취득 또는 상실된다.
④ 근로내역확인신고서의 접수 시 계속적으로 고용이 이루어진 피보험자의 경우에는 사업장 확인을 통해 일용근로자 여부를 판단하여 처리한다.

해설 숙련 건설근로자도 일용근로자에 해당된다.

03 직업안정기관에서 구인신청을 거부할 수 없는 경우는?

① 구인자가 구인조건의 명시를 거부하는 경우
② 구인신청을 fax로 하는 경우
③ 근로조건이 통상의 경우보다 현저히 떨어지는 경우
④ 구인신청의 내용이 법령을 위반하는 경우

해설 1) 구인신청의 내용이 법령을 위반한 경우
2) 구인신청의 내용 중 임금, 근로시간, 그 밖의 근로조건이 통상적인 근로조건에 비하여 현저하게 부적당하다고 인정되는 경우
3) 구인자가 구인조건을 밝히기를 거부하는 경우

04 직업안정조직의 고용안정업무 내용이 아닌 것은?

① 고용정보의 수집·분석·제공 및 취업알선
② 사업주의 고용유지 지원
③ 실업급여 수급자격 신청, 실업인정, 급여지급
④ 연장근로에 대한 관리감독

05 고용정책을 대상자별로 구분할 때 청년을 대상으로 한 고용정책이 아닌 것은?

① 고용허가제도   ② 일학습병행제
③ 강소기업탐방 프로그램   ④ 고용디딤돌 프로그램

해설 고용허가제도는 외국인을 대상으로 하는 고용정책이다.

정답 01 ④ 02 ① 03 ② 04 ④ 05 ①

06 국가 직업훈련에 관한 정보를 검색할 수 있는 정보망은?

① JT−net

② HRD−net

③ T−net

④ Training−net

> 해설 HRD−net은 구직자훈련과정 및 근로자훈련과정, 기업훈련과정 등을 검색할 수 있다.

07 취업성공패키지 I에 해당하지 않는 것은?

① 니트족

② 북한이탈주민

③ 생계급여 수급자

④ 실업급여 수급자

> 해설 취업성공패키지 I (만18~69세, 단 위기청소년의 경우 만15세~만24세) : 생계급여수급자, 중위소득 60%이하 가구원, 여성가장, 위기청소년, 니트족, 북한이탈주민, 결혼 이민자, 결혼이민자의 외국인자녀 등

08 다음 설명에 해당하는 직업훈련지원제도는?

> 훈련인프라 부족 등으로 인해 자체적으로 직업훈련을 실시하기 어려운 중소기업들을 위해, 대기업 등이 자체 보유한 우수 훈련 인프라를 활용하여 중소기업이 필요로 하는 기술인력을 양성·공급하고 중소기업 재직자의 직무능력향상을 지원하는 제도이다.

① 국가인적자원 개발 컨소시엄

② 사업주 지원훈련

③ 국가기간전략산업직종훈련

④ 청년취업아카데미

> 해설 ② 사업주가 소속근로자 등의 직무수행능력을 향상시키기 위하여 훈련을 실시할 때, 이에 소요되는 비용의 일부를 지원
> ③ 국가의 기간산업 및 전략산업 등의 산업분야에 부족하거나 수요가 증가할 것으로 예상되는 직종에 대한 직업능력개발훈련을 실시하여 기업에서 필요로 하는 기술·기능 인력 양성·공급
> ④ 기업·사업주단체, 대학 또는 민간 우수훈련기관이 직접 산업현장에서 필요한 직업능력 및 인력 등을 반영하고 청년 미취업자에게 대학등과 협력하여 연수과정 또는 창조적 역량 인재과정(창직과정)을 실시한 후 취업 또는 창직, 창업활동과 연계되는 사업

09 국가직무능력표준(NCS)에 관한 설명으로 틀린 것은?

① 산업현장에서 직무를 수행가기 위해 요구되는 지식·기술·태도 등의 내용을 국가가 체계화한 것이다.

② 한국고용직업분류를 중심으로 분류하였으며, 대분류→중분류→소분류→세분류 순으로 구성되어 있다.

③ 능력단위는 NCS분류의 하위 단위로서 능력단위요소, 수행준거 등으로 구성되어 있다.

④ 직무는 NCS분류의 중분류를 의미하고, 원칙상 중분류 단위에서 표준이 개발된다.

> 해설 직무는 국가직무능력표준 분류의 세분류를 의미하고, 원칙상 세분류 단위에서 표준이 개발되었다.

10 국가직무능력표준(NCS)에 대한 설명으로 틀린 것은?

① 국가직무능력표준은 산업현장에서 직무를 수행하기 위해 요구되는 지식, 기술, 태도 등의 내용을 국가가 체계화한 것이다.

② 국가직무능력표준 분류는 직무의 유형(Type)을 중심으로 단계적으로 구성하였다.

③ 국가직무능력표준을 활용하여 교육·훈련 프로그램 및 자격종목을 설계할 수 있다.

④ 국가직무능력표준의 수준체계는 1수준~5수준의 5단계로 구성된다.

> 해설 국가직무능력표준의 수준체계는 1수준~8수준의 8단계로 구성된다.

11 실업, 재직, 자영업 여부에 관계없이 국민내일배움카드를 발급하고 일정 금액의 훈련비를 지원함으로써 직업능력개발 훈련에 참여할 수 있도록 하며, 직업능력개발 훈련이력을 종합적으로 관리하는 제도는?

① 훈련계좌발급제

② 직업능력훈련제도

③ 국민내일배움카드

④ 직업능력카드

> 해설 국민내일배움카드는 실업, 재직, 자영업 여부에 관계없이 국민내일배움카드를 발급하고 일정 금액의 훈련비를 지원함으로써 직업능력개발 훈련에 참여할 수 있도록 하며, 직업능력개발 훈련이력을 종합적으로 관리하는 제도이다.

정답 06 ② 07 ④ 08 ① 09 ④ 10 ④ 11 ③

12 국민내일배움카드 사용기간은?

① 1년   ② 2년

③ 3년   ④ 5년

[해설] 국민내일배움카드는 5년간 사용가능하다.

13 다음은 무엇에 대한 설명인가?

> 근로자를 감원하지 않고 고용을 유지하거나 실직자를 채용하여 고용을 늘리는 사업주를 지원하여 근로자의 고용안정 및 취업취약계층의 고용 촉진을 지원한다.

① 실업급여사업   ② 고용안정사업

③ 취업알선사업   ④ 직업상담사업

[해설] 고용노동부장관은 피보험자 및 피보험자였던 자, 그 밖에 취업할 의사를 가진 자에 대한 실업의 예방, 취업의 촉진, 고용기회의 확대, 직업능력개발·향상의 기회 제공 및 지원, 그 밖에 고용안정과 사업주에 대한 인력 확보를 지원하기 위하여 고용안정·직업능력개발 사업을 실시한다.

14 평생학습계좌제(www.all.go.kr)에 관한 설명으로 틀린 것은?

① 개인의 다양한 학습경험을 온라인 학습이력관리시스템에 기록·누적하여 체계적인 학습설계를 지원한다.

② 개인의 학습결과를 학력이나 자격인정과 연계하거나 고용정보로 활용할 수 있게 한다.

③ 평생학습계좌제 개설대상은 전 국민으로 한다.

④ 온라인으로 계좌개설이 가능하며 방문신청은 전국 고용센터에 방문하여 개설한다.

[해설] 온라인으로 계좌개설이 가능하며 방문신청은 평생교육진흥원에 방문하여 개설한다.

15 직업훈련의 강화에 따른 효과로 가장 옳지 않은 것은?

① 인력부족 직종의 구인난을 완화시킬 수 있다.

② 재직근로자의 직무능력을 높일 수 있다.

③ 산업구조의 변화에 대응할 수 있다.

④ 마찰적인 실업을 줄일 수 있다.

[해설] 마찰적 실업은 직업정보 제공을 통하여 해결할 수 있다.

16 내일배움카드 훈련과정 대한 설명으로 틀린 것은?

① 단위기간이란 훈련개시일로부터 매 1개월을 단위로 하는 기간을 말한다.

② 수료란 소정훈련일수의 100분의 80 이상을 출석한 것을 말한다.

③ 계좌의 유효기간은 발급일로부터 5년으로 한다.

④ 내일배움카드 훈련과정의 인정 요건은 훈련기간과 훈련시간은 각각 15일 이상이고 60시간 이상이어야 한다.

[해설] 훈련기간과 훈련시간이 각각 10일 이상이고 40시간 이상일 것

17 워크넷(직업·진로)에서 제공하는 정보가 아닌 것은?

① 학과정보   ② 직업동영상

③ 신직업   ④ 국가직무능력표준(NCS)

[해설] 워크넷의 직업·진로에는 직업심리검사, 직업정보, 학과정보, 진로상담, 취업동영상 등의 정보를 제공한다

18 워크넷(직업·진로)에서 제공하는 학과정보가 아닌 것은?

① 관련학과/교과목   ② 개설대학

③ 진출직업   ④ 졸업자 평균연봉

[해설] 워크넷(직업·진로)에서 제공하는 학과정보는 학과소개, 관련학과/교과목(주요교과목, 취득자격(국가자격, 민간자격)), 개설대학, 진출직업, 취업현황으로 구성되어 있다.

19 워크넷에서 제공하는 청소년 직업흥미검사의 하위척도가 아닌 것은?

① 활동   ② 자신감

③ 직업   ④ 봉사

[해설] ㉮ 활동척도 – 다양한 직업 및 일상생활 활동을 묘사하는 문항들로 구성되어 있으며 해당문항 활동을 얼마나 좋아하는지 혹은 싫어하는지의 선호를 측정한다.
㉯ 자신감척도 – 활동척도와 동일하게 직업 및 일상생활 활동을 묘사하는 문항들로 구성되어 있으며, 다양한 문항의 활동에 대해서 개인이 얼마나 잘 할 수 있다고 느끼는지의 자신감 정도를 측정한다.
㉰ 직업척도 – 다양한 직업명의 문항들로 구성되어 있으며, 각 문항의 직업명에는 해당 직업에서 수행하는 일에 관한 설명이 함께 제시된다.

20 워크넷에서 제공하는 직업선호도검사 L형과 S형의 공통적인 하위검사는?

① 성격검사
② 흥미검사
③ 생활사검사
④ 구직동기검사

해설 L형 : 흥미검사, 성격검사, 생활사검사
S형 : 흥미검사

21 워크넷에서 제공하는 직업선호도검사 L형의 하위검사가 아닌 것은?

① 흥미검사
② 성격검사
③ 작업강도생활사검사
④ 구직취약성적응도검사

22 직업 관련 주요정보망과 운영기관이 바르게 짝지어진 것은?

A. 직업능력지식포털(HRD – Net) – 한국직업능력개발원
B. 민간자격정보서비스(pqi) – 한국고용정보원
C. 해외취업정보서비스(WORLD JOB) – 한국산업인력공단

① A
② B
③ C
④ A, B, C

해설 • 직업능력지식포털(HRD – Net) – 한국고용정보원
• 민간자격정보서비스(pqi) – 한국직업능력개발원

23 직업능력개발훈련의 체계 중 훈련방법에 따른 구분이 아닌 것은?

① 집체훈련
② 향상훈련
③ 현장훈련
④ 원격훈련

해설 훈련의 목적에 따라 양성훈련, 향상훈련, 전직훈련이 있다.

24 워크넷에 대한 설명으로 틀린 것은?

① 직업심리검사, 취업가이드, 취업지원프로그램 등 각종 취업지원서비스를 제공한다.

② 기업회원은 허위구인 방지를 위해 고용센터에 방문하여 구인신청서를 작성해야 한다.
③ 청년친화 강소기업, 공공기관, 시간선택제일자리, 기업공채 등의 채용정보를 제공한다.
④ 직종별, 근무지역별, 기업형태별 채용정보를 제공한다.

해설 기업회원은 워크넷에서 인재정보 검색할 수 있고, 인터넷으로 구인신청서를 등록할 수 있다.

25 워크넷에서 제공하는 성인용 직업적성검사의 측정요인에 관한 설명으로 틀린 것은?

① 언어력 – 일상생활에서 사용되는 다양한 단어의 의미를 정확히 알고 글로 표현된 문장들의 내용을 올바르게 파악하는 능력
② 상황판단력 – 실생활에서 자주 당면하는 문제나 갈등상황에서 문제를 해결하기 위한 여러 가지방법들 중 보다 바람직한 대안을 찾는 능력
③ 집중력 – 주어진 상황에서 짧은 시간 내에 서로 다른 많은 아이디어를 개발해 내는 능력
④ 협응능력 – 눈과 손이 정확하게 협응하여 세밀한 작업을 빠른 시간 내에 정확하게 해내는 능력

해설 ① 언어력 : 일상생활에서 사용되는 다양한 단어의 의미를 정확히 알고 글로 표현된 문장들의 내용을 올바르게 파악하는 능력이다.
② 수리력 : 사칙연산을 이용하여 수리적 문제를 풀어내고 일상생활에서 접하는 통계적 자료(표와 그래프)들의 의미를 정확하게 해석하는 능력이다.
③ 추리력 : 주어진 정보를 종합해서 이들 간의 관계를 논리적으로 추론해 내는 능력이다.
④ 공간지각력 : 물체를 회전시키거나 배열했을 때 변화된 모습을 머릿속에 그릴 수 있으며 공간 속에서 위치나 방향을 정확히 파악하는 능력이다.
⑤ 사물지각력 : 서로 다른 사물들 간의 유사점이나 차이점을 빠르고 정확하게 지각하는 능력이다.
⑥ 상황판단력 : 실생활에서 자주 당면하는 문제나 갈등 상황에서 문제를 해결하기 위한 여러 가지 가능한 방법들 중 보다 바람직한 대안을 판단하는 능력이다.
⑦ 기계능력 : 기계의 작동원리나 사물의 운동원리를 정확히 이해하는 능력이다.
⑧ 집중력 : 작업을 방해하는 자극이 존재함에도 불구하고 정신을 한 곳에 집중하여 지속적으로 문제를 해결할 수 있는 능력이다.
⑨ 색채지각력 : 서로 다른 두 가지 색을 혼합하였을 때의 색을 유추할 수 있는 능력이다.
⑩ 사고유창력 : 주어진 상황에서 짧은 시간 내에 서로 다른 많은 아이디어를 개발해 내는 능력이다.
⑪ 협응능력 : 눈과 손이 정확하게 협응하여 세밀한 작업을 빠른 시간 내에 정확하게 해내는 능력이다.

정답 20 ② 21 ④ 22 ③ 23 ② 24 ② 25 ③

26 한국직업정보시스템(워크넷/직업 · 진로)에서 백분위 점수의 중요도 형태로 제공되지 않는 정보는?

① 평균임금　　　　　② 직업가치관
③ 업무수행능력　　　④ 성격

해설 성격, 흥미, 직업가치관, 업무수행능력, 지식, 업무환경에 대하여 백분위 점수의 중요도 형태로 제공된다.

27 워크넷의 청소년 대상 심리검사의 종류 중 지필방법으로 실시할 수 없는 것은?

① 청소년 직업흥미검사　　② 고교계열흥미검사
③ 고등학생 적성검사　　　④ 청소년 진로발달검사

해설 고교계열흥미검사와 대학전공(학과)흥미검사는 인터넷으로만 실시할 수 있다.

28 직업능력개발훈련 대상자의 선발기준으로 틀린 것은?

① 근로자직업능력개발법 규정에 의하여 수강제한 처분을 받을 사실이 있는 경우에는 그 처분 종료 후 6월이 지날 것
② 훈련 중 수강을 포기한 사실이 있는 경우 포기한 날부터 4월이 지날 것
③ 구직등록을 한 후 취업 시까지 우선선정직종훈련을 3회 이상 수강한 사실이 없을 것
④ 정부로부터 훈련비 등의 지원을 받는 훈련과정의 수강 중에 있는 자가 아닐 것

해설 훈련수강 중 중도에 포기할 경우(중도탈락)는 중도탈락일로부터 3개월 간 모든 실업자훈련을 수강할 수 없다.

29 워크넷(직업 · 진로)에서 제공하는 학과정보에 관한 설명으로 틀린 것은?

① 학과별로 진출분야정보를 제공한다.
② 학과별로 관련직업정보를 제공한다.
③ 학과별 취득자격은 민간자격정보를 제외한 국가자격정보만 제공한다.
④ 학과별 개설대학 홈페이지로 바로 연결될 수 있는 링크를 제공한다.

해설 학과별 취득자격은 민간자격정보와 국가자격정보를 제공한다.

30 워크넷(직업 · 진로)에서 제공하는 학과정보 중 의약계열에 해당하지 않는 것은?

① 의료공학과　　　② 치기공과
③ 생명과학과　　　④ 응급구조과

해설 생명과학과는 자연계열이다.

31 워크넷(직업 · 진로)에서 제공하는 학과정보 중 공학계열에 해당하지 않는 것은?

① 조경학과　　　② 안경광학과
③ 교통공학과　　④ 임산공학과

해설 임산공학과는 자연계열이다.

32 워크넷(직업 · 진로)에서 제공하는 학과정보 중 공학계열에 해당하는 학과가 아닌 것은?

① 천문우주학과　　　② 건축학과
③ 안경공학과　　　　④ 메카트로닉스공학과

해설 천문우주학과는 자연계열이다.

33 워크넷(직업 · 진로)에서 제공하는 학과정보 중 사회계열에 해당하지 않는 학과는?

① 경영정보학과　　② 유통학과
③ 종교학과　　　　④ 지리학과

해설 종교학과는 인문계열이다.

34 워크넷(직업 · 진로)에서 제공하는 학과정보 중 의학계열에 해당하는 학과가 아닌 것은?

① 수의예과　　　② 한의학과
③ 임상병리과　　④ 치기공과

해설 수의학과(수의예과)는 자연계열이다.

정답 26 ①　27 ②　28 ②　29 ③　30 ③　31 ④　32 ①　33 ③　34 ①

35 국가기술자격 서비스분야의 소비자전문상담사 1급의 응시 자격으로 틀린 것은?

① 해당종목의 2급 자격취득 후 소비자상담 실무경력이 2년 이상인 자

② 소비자상담 관련 실무경력 3년 이상인 자

③ 대학졸업자 등으로서 졸업 후 응시하고자 하는 종목이 속하는 동일직무분야에서 2년 이상 종사한 자

④ 외국에서 동일한 종목에 해당하는 자격을 취득한 자

36 다음은 국가기술자격 어떤 등급의 검정기준인가?

> 해당 국가기술자격의 종목에 관한 고도의 전문지식과 실무경험에 입각한 계획, 연구, 설계, 분석, 조사, 시험, 시공, 감리, 사업관리, 기술관리 등의 업무를 수행할 수 있는 능력 보유

① 기술사   ② 기능장
③ 기사   ④ 산업기사

> **해설** ① 기술사 : 해당 국가기술자격의 종목에 관한 고도의 전문지식과 실무경험에 입각한 계획 · 연구 · 설계 · 분석 · 조사 · 시험 · 시공 · 감리 · 평가 · 진단 · 사업관리 · 기술관리 등의 업무를 수행할 수 있는 능력보유
> ② 기능장 : 해당 국가기술자격의 종목에 관한 최상급 숙련기능을 가지고 산업현장에서 작업관리, 소속기능인력의 지도 및 감독, 현장훈련, 경영자와 기능인력을 유기적으로 연계시켜 주는 현장관리 등의 업무를 수행할 수 있는 능력보유
> ③ 기사 : 해당 국가기술자격의 종목에 관한 공학적 기술이론 지식을 가지고 설계 · 시공 · 분석 등의 업무를 수행할 수 있는 능력보유
> ④ 산업기사 : 해당 국가기술자격의 종목에 관한 기술기초이론 지식 또는 숙련기능을 바탕으로 복합적인 기초기술 및 기능업무를 수행할 수 있는 능력보유
> ⑤ 기능사 : 해당 국가기술자격의 종목에 관한 숙련기능을 가지고 제작 · 제조 · 조작 · 운전 · 보수 · 정비 · 채취 · 검사 또는 작업관리 및 이에 관련되는 업무를 수행할 수 있는 능력보유

37 다음은 국가기술자격 어떤 등급의 검정기준인가?

> 해당 국가기술자격의 종목에 관한 숙련기능을 가지고 제작 · 제조 · 조작 · 운전 · 보수 · 정비 · 채취 · 검사 또는 작업관리 및 이에 관련되는 업무를 수행할 수 있는 능력

① 기능장   ② 기사
③ 산업기사   ④ 기능사

38 해당 종목에 관한 기술기초이론 지식 또는 숙련기능을 바탕으로 복합적인 기초기술 및 기능업무를 수행할 수 있는 능력의 보유여부를 검정기준으로 하는 국가기술자격 등급은?

① 기능장   ② 기사
③ 산업기사   ④ 기능사

39 Q-NET에서 제공하는 자격정보가 아닌 것은?

① 사업내자격 종목별 상세정보
② 국가기술자격 종목별 상세정보
③ 등록민간자격 종목별 상세정보
④ 외국자격 종목별 상세정보

> **해설** Q-net에서 제공하는 자격정보는 국가자격, 민간자격, 외국자격, 자격검정통계이다.

40 다음 중 응시자격의 제한이 없는 국가기술자격 종목이 아닌 것은?

① 직업상담사 2급   ② 컨벤션기획사 2급
③ 사회조사분석사 2급   ④ 임상심리사 2급

> **해설** 직업상담사 2급, 사회조사분석사 2급, 전자상거래관리사 2급, 텔레마케팅관리사, 게임프로그래밍전문가, 게임그래픽전문가, 게임기획전문가, 멀티미디어콘텐츠제작전문가, 소비자전문상담사 2급, 스포츠경영관리사, 컨벤션기획사 2급

41 실기능력이 중요하여 고용노동부령이 정하는 필기시험이 면제되는 국가기술자격 기능사 종목이 아닌 것은?

① 석공 기능사   ② 항공사진기능사
③ 한복기능사   ④ 조적기능사

> **해설** 한글속기 1급 · 2급 · 3급, 거푸집기능사, 건축도장기능사, 건축목공기능사, 도배기능사, 미장기능사, 방수기능사, 비계기능사, 온수온돌기능사, 유리시공기능사, 조적기능사, 철근기능사, 타일기능사, 도화기능사, 석공기능사, 지도제작기능사, 항공사진기능사, 금속재창호기능사

42 다음 중 실기능력이 중요하여 필기시험이 면제되는 국가기술자격 기능사 종목이 아닌 것은?

① 조적기능사 ② 건축도장기능사
③ 도배기능사 ④ 미용사(피부)

43 서비스분야 국가기술자격 종목별 응시자격 기준으로 틀린 것은?

① 컨벤션기획사1급－응시하고자 하는 종목이 속하는 동일직무분야에서 5년 이상 실무에 종사한 자
② 소비자전문상담사1급－소비자상담 관련실무경력 3년 이상인 자
③ 임상심리사2급－임상심리와 관련하여 1년 이상 실습 수련을 받은 자 또는 2년 이상 실무에 종사한 자로서 대학졸업자 및 그 졸업예정자
④ 스포츠경영관리사－제한없음

> **해설** **컨벤션기획사1급**
> 1. 해당종목의 2급 자격을 취득한 후 응시하려는 종목이 속하는 동일 및 유사직무분야에서 3년 이상 실무에 종사한 사람
> 2. 응시하려는 종목이 속하는 동일 및 유사직무분야에서 4년 이상 실무에 종사한 사람
> 3. 외국에서 동일한 종목에 해당하는 자격을 취득한 사람

44 국가기술자격 서비스분야의 응시자격 기준으로 틀린 것은?

① 사회조사분석사 2급－제한 없음
② 텔레마케팅관리사－해당실무에 1년 이상 종사한 자
③ 임상심리사 1급－외국에서 동일한 종목에 해당하는 자격을 취득한 자
④ 소비자전문상담사 1급－해당 종목의 2급 자격취득 후 소비자상담 실무경력 2년 이상인 자

45 국가기술자격 서비스분야의 응시자격으로 틀린 것은?

① 사회조사분석사 1급－해당 실무에 3년 이상 종사한 자
② 직업상담사 2급－제한 없음
③ 컨벤션기획사 1급－응시하고자 하는 종목이 속하는 동일직무분야에서 11년 이상 실무에 종사한 자
④ 소비자전문상담사 1급－해당종목의 2급 자격취득 후 소비자상담 실무경력 2년 이상인 자

46 다음 중 국가기술자격 서비스분야의 종목별 응시자격으로 틀린 것은?

① 텔레마케팅관리사－제한없음
② 스포츠경영관리사－제한없음
③ 임상심리사 1급－임상심리와 관련하여 2년 이상 실습 수련을 받은 자
④ 컨벤션기획사 1급－해당종목의 2급 자격을 취득한 후 응시하고자 하는 종목이 속하는 동일직무 분야에서 2년 이상 실무에 종사한 자

47 건설기계기사, 공조냉동기계기사, 매카트로닉스기사 자격이 공통으로 해당되는 직무분야는?

① 건축분야 ② 토목분야
③ 기계분야 ④ 전자분야

> **해설** **기계분야**
> 일반기계기사, 기계설계기사, 건설기계기사, 건설기계정비기사, 메카트로닉스기사, 공조냉동기계기사, 궤도장비정비기사, 농업기계기사, 설비보전기사, 승강기기사, 전기철도기사, 조선기사, 항공기사 등

48 다음은 어떤 국가기술자격정보에 관한 설명인가?

- 시스템의 특성을 분석한 후 프로그램을 설계하며 시스템 설계를 토대로 프로그램을 코딩
- 정보과학과, 정보공학과, 정보시스템공학과 관련 교과목을 이수하면 자격취득에 유리
- 필기과목은 데이터베이스, 전자계산기구조, 운영체제, 소프트웨어공학, 데이터통신으로 구성

① 무선설비기사　　　　② 정보처리기사
③ 사무자동화산업기사　④ 전자계산기기능사

49 Q-net(www.q-net.or.kr)에서 제공하는 국가기술자격 종목별 정보를 모두 고른 것은?

ㄱ. 자격취득자에 대한 법령상 우대현황
ㄴ. 수험자 동향(응시목적별, 연령별 등)
ㄷ. 연도별 검정현황(응시자수, 합격률 등)
ㄹ. 시험정보(수수료, 취득방법 등)

① ㄱ, ㄴ　　　　　　② ㄷ, ㄹ
③ ㄱ, ㄴ, ㄹ　　　　④ ㄱ, ㄴ, ㄷ, ㄹ

해설　국가자격 종목별 상세정보에서는 시험정보, 기본정보, 우대현황, 훈련·취업정보, 수험자 동향의 내용을 제공한다.

50 국가기술자격 중 기사등급의 응시자격이 없는 자는?

① 응시하고자 하는 종목이 속하는 동일직무분야에서 4년 이상 실무에 종사한 자
② 관련학과의 대학졸업자 등 또는 그 졸업예정자
③ 관련학과의 2년제 전문대학 졸업자 등으로서 졸업 후 응시하고자 하는 종목이 속하는 동일직무분야에서 2년 이상 실무에 종사한 자
④ 기능사자격을 취득한 후 응시하고자 하는 종목이 속하는 동일직무분야에서 2년 이상 실무에 종사한 자

해설　㉠ 산업기사 등급 이상+동일 및 유사직무분야 1년 실무
　　　㉡ 기능사+동일 및 유사직무분야 3년 실무
　　　㉢ 동일 및 유사직무분야의 다른 종목의 기사 등급 이상의 자격을 취득한 사람
　　　㉣ 관련학과 대학졸업자등 또는 그 졸업예정자
　　　㉤ 관련학과 3년제 졸업+동일 및 유사직무분야 1년 실무
　　　㉥ 관련학과 2년제 졸업+동일 및 유사직무분야 2년 실무

　　㋐ 동일 및 유사직무분야 기사 수준의 기술훈련과정 이수자 또는 그 이수예정자
　　㋒ 동일 및 유사직무분야 산업기사 수준의 기술훈련과정 이수+동일 및 유사직무분야 2년 실무
　　㋓ 동일 및 유사직무분야 4년 이상 실무
　　㋔ 외국에서 동일한 종목에 해당하는 자격을 취득한 사람

51 다음 중 노동시장정보에 대한 설명으로 옳지 않은 것은?

① 노동시장정보를 수집·정리하고 분석·가공한 결과를 수요자에게 제공하는 일련의 과정 또는 체계이다.
② 직업선택의 효율성을 증대시키고 합리적인 인적자원 관리를 통해 불필요한 이직을 최소화한다.
③ 직업, 산업, 임금, 근로시간, 노동시장 동향, 노동력의 인구학적 특성뿐만 아니라 구인·구직, 직업훈련, 노동 관련 제도 및 정책에 관한 정보를 포함한다.
④ 우리나라의 경우 노동시장 정보자료의 수집·분석·가공은 통계청에서 주로 담당하고 있다.

해설　고용노동부에서 주로 담당하고 있다.

52 광학기사, 기상기사, 생물공학기사 국가기술종목이 공통으로 해당되는 직무분야는?

① 기계분야　　　　　② 안전관리분야
③ 해양분야　　　　　④ 산업응용분야

해설　**산업응용**
　　　생물공학기사, 식품기사, 인쇄기사, 포장기사, 품질경영기사, 기상기사, 승강기기사

53 다음 (　)안에 알맞은 것은?

한국직업정보시스템(워크넷/직업·진로)에서 직업의 전망조건을 '매우밝음'으로 선택하여 직업정보를 검색하면 직업전망이 상위 (　) 이상인 직업만 검색된다.

① 10%　　　　　　　② 15%
③ 20%　　　　　　　④ 25%

해설　매우 밝음(상위 10% 이상), 밝음(상위 20% 이상), 보통(중간 이상), 전망 안 좋음(감소예상직업)

V O C A T I O N A L   C O U N S E L O R

CHAPTER

04 직업정보의 수집 및 분석

직업정보의 수집

Ⅰ. 직업정보의 생산단계

수집 → 분석 → 가공(체계화) → 제공 → 축적 → 평가

1 직업정보의 수집

① 모든 형태의 자료를 망라하여 이용자의 요구에 충실히 정보를 수집한다.

② 수집방법 – 각종통계조사, 업무통계, 신문 등 보도기사, 구직표, 구인표, 기증, 상담, 조사, 관찰, 현장방문, 체험

③ 직업정보 수집시 기준
  ㉠ 정확도, ㉡ 신용도, ㉢ 이용의 편이, ㉣ 친근감, ㉤ 포괄성

④ 직업정보의 수집과정
  ㉠ 1단계 : 직업분류 제시하기
  ㉡ 2단계 : 대안만들기
  ㉢ 3단계 : 목록줄이기
  ㉣ 4단계 : 직업정보수집하기

⑤ 직업정보 수집시 유의점
  ㉠ 명확한 목표를 세우고, 계획적으로 수집하여야 한다.
  ㉡ 자료의 출처와 수집일자를 반드시 기록한다.(수집자도 공개)
  ㉢ 항상 최신의 자료인가를 확인하고, 불필요한 자료는 폐기한다.
  ㉣ 필요한 도구(녹화, 사진 등)을 사용할 수 있지만 재구성은 할 수 없다.

2 직업정보의 분석

① 직업정보의 분석은 전문가에 의해 이루어져야 한다.
② 용도에 따른 분석
　ⓐ 미래사회 분석, ⓑ 직업세계 분석, ⓒ 노동시장 분석, ⓓ 개인 분석
③ 직업정보 분석시 유의점
　ⓐ 동일한 정보일지라도 다각적인 분석을 시도하여 해석을 풍부히 한다.
　ⓑ 전문적인 시각에서 분석한다.
　ⓒ 분석과 해석은 원자료의 생산일, 자료표집방법, 대상, 자료의 양 등을 검토하여야 하는 한편 분석비교도 이에 준한다.
　ⓓ 직업정보원과 제공원에 대하여 제시한다.

3 직업정보의 가공(체계화)

① 정보를 공유하는 방법 강구 – 직업정보를 동일한 조건에서 구조화시켜 정보 비교 가능
② 정보의 활용방법을 선정·가공하여 표준방법을 채택, 표준화작업으로 체계화
　예 호텔 지배인 – 가공·체계화된 직업정보
　　직업개요, 근로시간, 승진 및 승급, 자격요건, 학력 및 훈련, 직업전망, 상세한 정보, 문의처 등
③ 직업정보 가공(체계화)시 유의점
　ⓐ 직업은 그 분야에서 매우 전문적인 면이 있으므로, 전문적인 지식이 없어도 이해할 수 있는 이용자의 수준에 준하는 언어로 가공한다.
　ⓑ 직업에 대한 장단점을 편견 없이 제공한다.
　ⓒ 현황은 가장 최신의 자료를 활용하되 표준화된 정보를 활용한다.
　ⓓ 객관성을 잃는 정보나 문자, 어투는 삼간다.
　ⓔ 시청각의 효과를 부가한다.
　ⓕ 정보제공 방법에 적절한 형태로 제공한다.

4 직업정보의 제공

① 직업정보 제공방법
　ⓐ 인쇄물, 슬라이드, 필름, 오디오 및 비디오테이프·CD 등의 매스미디어
　ⓑ 인터넷 등 컴퓨터의 이용
　ⓒ 지역사회 인사와 면담, 직업선택과 지도, 직업정보의 비치 및 열람 등 자료은행 설치
　ⓓ 전화서비스 체제
　ⓔ 직업정보 박람회

② 직업정보 제공시 유의점
  ⊙ 직업정보는 이용자의 구미에 맞도록 생산되어야 하며, 직업정보의 생산과정은 공개한다.
  ⓛ 직업정보의 제공에 있어서는 ⓐ 기술수준으로는 정보를 얼마나 정확히 전달할 수 있는가, ⓑ 정보의 표현양식이 얼마나 정확하게 바라는 의미를 전달할 것인가, ⓒ 이러한 정보가 인간행동의 동기부여 수단으로 얼마나 적합한가 등의 수준이 고려되어야 한다.
  ⓒ 직업정보 제공은 ⓐ 이용자의 접근성, ⓑ 이용자에게 관심을 자극하는 친근감, ⓒ 사용의 편리함, ⓓ 이용자의 요구에 맞추어 항상 변화하는 적용성 등 4가지 요소가 적용되어야 한다.
③ 직업정보의 제공유형별 장단점

제공유형	비용	학습자 참여도	접근성
인쇄물	저	수동	용이
프로그램화된 자료	저	적극	제한적
시청각 자료	고	수동	제한적
진로상담프로그램	중－이	적극	제한적
온라인시스템	저	수동	제한적
시뮬레이션 자료	저	적극	제한적
게임	저	적극	제한적
작업실험실	고	적극	극도로 제한적
면접	저	적극	제한적
관찰	고	수동	제한적
직업경험	고	적극	제한적
직업체험	고	적극	제한적

5 직업정보의 축적

정보관리시스템을 적용하여 정보를 제공·교환하며 보급된 정보를 축적하는 과정

6 직업정보의 평가

직업정보는 정확성, 신뢰성, 효용성을 갖추어야 한다.

SECTION 4-2 고용정보의 분석

I. 고용정보

1 고용정보

고용정보란 직업별 직무내용, 직업전망, 직업별 임금수준 등과 이의 분류에 관한 정보로서 이러한 정보의 수집 · 관리 · 제공까지 해당되며 노동시장에서 직업별로 발생하는 구인 · 구직정보가 포함된다.

1) 고용정보는 다음의 요건을 갖추어야 한다.

  ① 객관성이 있는 정보이어야 한다.
  ② 필요할 때 필요한 형태로 제공될 수 있는 적시성과 적합성을 가져야 한다.
  ③ 유동적 · 다면적 · 통합적인 것이어야 한다.

2 노동통계 간행물

1) 사업체노동력조사

사업체에 대한 산업별, 규모별 종사자수, 노동이동, 근로시간, 임금 등에 관한 통계 수록

2) 직종별사업체노동력조사

상용근로자 5인 이상 사업체의 산업별, 규모별, 직종별 현원, 부족인원, 부족률 등에 관한 통계 수록

3) 기업체 노동비용조사

상용근로자 10인 이상 규모의 기업체가 부담하는 직접 노동비용(현금급여) 및 간접노동비용(법정복리비 등 현금급여 이외의 노동비용)에 관한 통계 수록

4) 고용형태별 근로실태조사

근로자 1인 이상 사업체에 종사하는 근로자의 속성별(직종별, 성별, 학력별) 임금, 근로시간 등 근로실태에 관한 통계 수록

5) 사업체노동실태현황

각종 노동경제지표 및 노동정책 수행실적, 주요국제노동통계 등 최신의 통계자료를 종합적으로 수록

3 고용통계

1) 경제활동인구조사

통계청 실시(「경제활동인구연보」, 「경제활동인구월보」)

① 목적

국민의 경제활동, 즉 국민의 취업, 실업 등과 같은 특성을 조사하여 거시경제 분석과 인력자원의 개발 정책 수립에 필요한 기초 자료를 제공

② 조사대상

㉠ 33,000 표본 가구를 대상으로 조사대상기간을 기준으로 만 15세 이상인 자
㉡ 현역군인, 사회복무요원, 형이 확정된 교도소 수감자, 의무경찰 등 제외

③ 조사주기 및 기간(매월 실시)

㉠ 준비조사 기간 – 조사대상 기간 전 1주간
㉡ 조사대상 기간 – 매월 15일이 포함된 1주간
㉢ 실지조사 기간 – 조사대상 기간 다음 주 1주간

④ 조사방법

지방사무소 조사담당직원이 조사대상 가구를 직접 방문하여 면접조사

⑤ '월' 주기 공표, 집계단위

전국 및 시 · 도별

4 고용통계 용어

1) 생산가능인구(노동가능인구, 만 15세 이상)

경제활동 인구+비경제활동 인구

2) 경제활동인구(만 15세 이상)

취업자+실업자

3) 비경제활동인구

전업주부, 학생, 일을 할 수 없는 연로자 및 심신장애인, 자발적으로 자선사업이나 종교활동에 관여하는 자

4) 취업자

① 조사대상 주간에 수입을 목적으로 1시간 이상 일한 자
② 동일가구 내 가구원이 운영하는 농장이나 사업체 수입을 위하여 주당 18시간 이상 일한 무급가족종사자
③ 직업 또는 사업체를 가지고 있으나 일시적인 병 또는 사고, 연가, 교육, 노사분규 등으로 일하지 못한 일시 휴직자

5) 실업자

15세 이상 인구 중 조사대상 주간을 포함한 지난 4주 동안에 수입이 있는 일이 없었고, 일할 의사와 능력을 가지고 있고, 적극적으로 구직활동을 하였으며, 일이 주어지면 즉시 일할 수 있는 자

6) 상용직

임금 또는 봉급을 받고 고용되어 있으며, 고용계약을 정하지 않았거나 고용계약이 1년 이상인 정규직

7) 임시직

고용계약이 1개월 이상 1년 미만인 자

8) 일용직

고용계약이 1개월 미만인 자

9) 경제활동참가율(%)

(경제활동인구/15세 이상 인구)×100

10) 실업률(%)

(실업자/경제활동인구)×100

11) 취업률(%)

(취업건수/신규구직자수)×100

12) 충족률(%)

(취업건수 / 신규구인인원)×100

13) 알선율(%)

(알선건수/신규구직자수)×100

14) 구인배율

신규구인인원/신규구직자수

15) 구직배율(일자리경쟁배수)

신규구직자수/신규구인인원

16) 유효구인배율

유효구인인원/유효구직자수

17) 제시임금과 요구임금

제시임금은 구인기업이 구직자에게 제시하는 임금을 말하고, 의중임금(보상요구임금, 유보임금)은 구직자가 구인기업에 요구하는 임금을 말한다.

18) 의중임금 충족률

의중임금에 대한 제시임금의 비율(제시임금/의중임금)로서 이 비율이 높을수록 구인기업과 구직자 간의 임금에 대한 견해차이가 크기 때문에 구직자의 취업이 어려워진다.

19) 고용률(%)

(취업자/15세 이상 인구)×100

※ 유효구인인원 : 해당 기간동안 구인신청을 한 모집인원 중 현재 알선가능한 인원수의 합 전체(전체모집인원수에서 신청취소, 자체충족, 기간만료(60일) 등으로 등록 마감한 인원수와 채용으로 알선 처리한 인원수를 뺀 것)

※ 유효구직자수 : 구직신청자 중 해당기간 말 현재 알선 가능한 인원수의 합(신청취소, 본인취업, 기간만료(90일) 등으로 마감된 구직자, 취업된 구직자를 제외한 수)

예제

실업률, 경제활동 참가율, 최소 무급종사자(자영업근로자가 90천 명일 경우), 경제활동 가능 인구 중 취업자가 차지하는 비율을 구하시오.(단위 : 천 명)

경제활동인구	비경제활동인구	임금근로자	비임금근로자
350	150	190	140

(1) 실업률을 구하시오.

실업자 수 : $350 - (190 + 140) = 20$천 명
실업률 : $20 \div 350 \times 100 = 5.71\%$

(2) 경제활동 참가율을 구하시오.

생산가능인구 $= 350 + 150 = 500$천 명
경제활동참가율 $= 350 \div 500 \times 100 = 70\%$

(3) 자영업주가 90천 명일 때 무급종사자는 최소한 얼마인가?

비임금근로자 = 자영업자 + 무급종사자
무급종사자 $= 140 - 90 = 50$천 명

---

5 직업알선의 일반적 원칙

직업알선이란 구인자와 구직자 사이에 고용계약의 성립을 알선하는 것을 말함
① 적격자 알선의 원칙
② 자유의 원칙
③ 공익의 원칙
④ 공평의 원칙
⑤ 근로조건 명시의 원칙
⑥ 통근권 내의 거주자 알선의 원칙
⑦ 비밀보장의 원칙

CHAPTER 04 출제예상문제

01 직업정보시스템의 일반적인 정보관리순서를 바르게 나열한 것은?

① 수집 – 분석 – 가공 – 체계화 – 제공 – 평가
② 수집 – 가공 – 분석 – 제공 – 평가 – 체계화
③ 수집 – 분석 – 평가 – 가공 – 체계화 – 제공
④ 수집 – 분석 – 체계화 – 제공 – 가공 – 평가

02 직업정보 수집시의 유의점으로 틀린 것은?

① 명확한 목표를 세운다.
② 직업정보는 계획적으로 수립해야 한다.
③ 자료를 수집하면 자료의 출처와 저자, 발행연도와 수집일자를 기입해야 한다.
④ 수집한 정보는 항상 유효하기 때문에 불필요한 자료라도 별도 보관하여 활용하도록 한다.

> **해설** 항상 최신의 자료인가를 확인하고 불필요한 자료는 폐기한다.

03 직업정보의 수집방법 중 기존 자료에 의한 수집방법이 아닌 것은?

① 각종 통계조사, 업무통계
② 신문 등 보도기사
③ 구직표 · 구인표
④ 직업안정기관 이용자로부터의 수집

> **해설** 직업안정기관 이용자로부터 수집된 자료는 그대로 사용할 수 없다.

04 직업정보 분석시 유의점으로 틀린 것은?

① 전문적인 시각에서 분석한다.
② 직업정보원과 제공원에 대하여 제시한다.
③ 동일한 정보는 한 가지 측면으로 분석하여 단일해석한다.
④ 분석은 원자료의 생산일, 자료표집방법, 대상, 자료의 양 등을 검토한다.

> **해설** 동일한 정보일지라도 다각적인 분석을 시도하여 해석을 풍부히 한다.

05 직업정보 가공시 유의사항으로 틀린 것은?

① 직업은 그 분야에서 매우 전문적이므로, 전문적인 지식이 없어도 이해할 수 있는 언어로 가공한다.
② 직업에 대한 장 · 단점을 편견 없이 제공한다.
③ 현황은 가장 최신의 자료를 활용하되, 표준화된 정보를 활용한다.
④ 시청각 효과를 부여하면 혼란이 발생되기 때문에 가급적 삼간다.

> **해설** 시청각의 효과를 부가한다.

06 직업정보의 가공에 대한 설명 중 틀린 것은?

① 정보를 공유하는 방법을 강구하는 단계이다.
② 정보의 생명력을 측정하여 활용방법을 선정하고 이용자에게 동기를 부여할 수 있도록 구성한다.
③ 정보를 제공하는 것은 긍정적인 입장에서 출발하여야 한다.
④ 시각적 효과를 부가한다.

> **해설** 직업에 대한 장 · 단점을 편견 없이 제공한다.

정답 01 ① 02 ④ 03 ④ 04 ③ 05 ④ 06 ③

07 직업정보에 대한 설명으로 틀린 것은?

① 직업정보의 사용목적은 한 직업에서 근로자의 더 좋은 생활 형태를 비교하기 위한 것이다.
② 직업정보를 제공할 때 자료의 출처는 밝혀야 하나 생산과정은 공개하지 않아도 된다.
③ 직업정보 분석은 관점은 가지고 분석한 형태와 원 자료를 가지고 직업 정보 분석가들에 의하여 다각도로 해석될 수 있는 여지를 갖는 형태로 구분할 수 있다.
④ 분석된 직업정보는 활용하기 쉬운 형태로 보존하거나 내용을 요약·정리하여 능동적으로 활용할 수 있도록 편집·가공하는 것이 중요하다.

해설 직업정보는 이용자의 구미에 맞도록 생산되어야 하며, 직업정보의 생산과정은 공개한다.

08 직업정보관리에 대한 설명으로 틀린 것은?

① 직업정보의 범위는 개인에 대한 정보, 직업에 대한 정보, 미래에 대한 정보로 구성되어 있다.
② 대표적인 직업정보원은 정부부처이며, 그 외에 정부투자출연기관, 단체 및 협회, 연구소, 기업과 개인 등이 있다.
③ 직업정보가공시에는 전문적인 지식이 없어도 이해할 수 있도록 가급적 평이한 언어로 제공되어야 하며 직무의 장·단점을 편견없이 제공하여야 한다.
④ 개인의 정보는 보호되어야 하기 때문에 구직시에 연령, 학력 및 경력 등은 제공하지 않는 것이 좋다.

해설 구직자에 대한 연령, 학력, 경력 등은 기본적인 사항이므로 제공하는 것이 좋다.

09 앤드루스(Andrus)가 제시한 정보의 효용에 해당되지 않는 것은?

① 장소효용
② 형태효용
③ 시간효용
④ 통제효용

해설 ① 형태효용 – 제공되는 정보가 사용자의 요구에 적합한 형태로 제공될 때 형태효용이 증가
② 시간효용 – 필요한 때(적절한 시간) 제공되어야 시간효용이 증가
③ 장소효용 – 정보에 쉽게 접근할 수 있으면 장소효용이 증가
④ 소유효용 – 정보소유자가 타인에게 정보전달을 차단함으로써 정보소유자가 가진 정보의 소유효용이 증가

10 다음 직업정보를 제공하는 유형별 장단점에 관한 표의 ( ) 안에 들어갈 가장 알맞은 것은?

종류	비용	학습자 참여도	접근성
인쇄물	(A)	수동	용이
면접	저	(B)	제한적
직업경험	고	적극	(C)
직업체험	고	적극	제한적

① A – 고, B – 적극, C – 용이
② A – 고, B – 수동, C – 제한적
③ A – 저, B – 적극, C – 제한적
④ A – 저, B – 수동, C – 용이

해설

제공유형	비용	학습자 참여도	접근성
인쇄물	저	수동	용이
프로그램화된 자료	저	적극	제한적
시청각자료	고	수동	제한적
진로상담프로그램	중 – 이	적극	제한적
온라인시스템	저	수동	제한적
시뮬레이션자료	저	적극	제한적
게임	저	적극	제한적
작업실험실	고	적극	극도로 제한적
면접	저	적극	제한적
관찰	고	수동	제한적
직업경험	고	적극	제한적
직업체험	고	적극	제한적

11 내용분석법을 통해 직업정보를 수집할 때의 장점이 아닌 것은?

① 정보제공자의 반응성이 높다.
② 장기간의 종단연구가 가능하다.
③ 필요한 경우 재조사가 가능하다.
④ 역사연구 등 소급조사가 가능하다.

해설 내용분석법은 이미 존재하는 2차적 자료(학술논문, 연구보고서, 책, 신문, 영상자료 등)에서 관련된 정보나 내용을 조사하는 방법이다. 자료수집 및 분석이 상대적으로 용이하고 연구대상자의 반응성을 사전에 차단할 수 있다는 장점이 있다.

12 통계청으로 실시하는 경제활동인구조사에 관한 설명으로 틀린 것은?

① 국민의 경제활동을 조사하여 거시하여 분석에 필요한 기초자료를 제공한다.
② 현역군인 및 공익근무요원, 형이 확정된 교도소 수감자, 전투경찰(의무경찰 포함)은 조사대상에서 제외한다.
③ 표본조사구 약 33,000가구 내에 상주하는 만 15세 이상인 자를 조사대상으로 한다.
④ 매월 25일이 포함된 1주간(일요일-토요일)을 조사대상 주간으로 한다.

> **해설** 조사주기 및 기간-매월 실시
> ㉠ 준비조사 기간-조사대상 기간 전 1주간
> ㉡ 조사대상 기간-매월 15일이 포함된 1주간
> ㉢ 실지조사 기간-조사대상 기간 다음 주 1주간

13 신규취업자의 노동력 수급상황, 채용, 구인 및 이직 상황은 어떤 고용정보에 속하는가?

① 경제 및 산업동향에 관한 정보
② 노동시장, 고용 및 실업동향에 관한 정보
③ 근로조건에 관한 정보
④ 고용관리에 관한 정보

14 다음 중 경제활동인구조사에서 사용하는 용어에 관한 설명으로 틀린 것은?

① 15세 이상 인구 : 매월 15일 현재 만 15세 이상인 자
② 경제활동인구 : 만 15세 이상 인구 중 취업자와 실업자
③ 취업자 : 조사대상 주간 중 수입을 목적으로 5시간 이상 일한 자
④ 자영업자 : 고용원이 있는 자영업자 및 고용원이 없는 자영업자를 합친 개념

> **해설** 조사대상 주간에 수입을 목적으로 1시간 이상 일한 자

15 다음 중 비경제활동인구로 분류할 수 있는 사람은?

① 수입목적으로 1시간 일한 자 ② 일시휴직자
③ 신규실업자   ④ 전업학생

> **해설** **비경제활동인구**
> 전업주부, 학생 일을 할 수 없는 연로자 및 심신장애인, 자발적으로 자선사업이나 종교활동에 관여하는 자

16 한국고용정보원에서 발행하는 워크넷 구인·구직 및 취업 동향에 수록된 용어해설에 관한 설명으로 틀린 것은?

① 신규구직자 수-해당 월에 워크넷에 등록된 구직자 수
② 제시임금-구직자가 구인업체에 요구하는 임금
③ 시간제-그 사업장에서 근무하는 통산상의 근로자보다 짧은 시간을 근로하게 하는 고용
④ 구인배수-신규구인인원/신규구직자수

> **해설** 제시임금은 구인기업이 구직자에게 제시하는 임금을 말하고, 의중임금(보상요구임금, 유보임금)은 구직자가 구인기업에 요구하는 임금을 말한다.

17 통계청의 경제활동인구조사에서 취업자에 대한 설명으로 틀린 것은?

① 임시근로자-고용계약기간이 1개월 이상 1년 미만인 자
② 일용근로자-임금 또는 봉급을 받고 고용되어 있으나 고용계약기간이 1개월 미만인 자
③ 자영업주-사업규모에 상관없이 한 사람 이상의 유급고용원을 두거나(고용주), 유급종업원 없이 자기 혼자 또는 무급가족종사자와 함께 일을 하는 자(자영자)
④ 무급가족종사자-자기가족의 일원이 경영하는 사업체에서 일정한 보수 없이 주당 30시간 이상 일한 자

> **해설** **무급가족종사자**
> 동일가구 내 가구원이 운영하는 농장이나 사업체 수입을 위하여 주당 18시간 이상 일한 자.

18 워크넷 구인 · 구직 및 취업동향에서 사용하는 용어에 대한 설명으로 틀린 것은?

① 희망임금충족률 : (제시임금÷희망임금)×100
② 취업건수 : 금월 기간에 워크넷에 취업 등록된 수
③ 시간제 : 그 사업장에서 근무하는 통상상의 근로자보다 짧은 시간을 근로하게 하는 고용
④ 상용직 : 고용계약기간이 1개월 미만인 경우 또는 매일매일 고용되어 근로의 대가로 일급 또는 일당제 급여를 받고 근로하는 고용

> **해설** ① 상용직 : 임금 또는 봉급을 받고 고용되어 있으며, 고용계약을 정하지 않았거나 고용계약이 1년 이상인 정규직
> ② 일용직 : 고용계약이 1개월 미만인 자

19 워크넷 구인 · 구직 및 취업 동향을 분석할 때 사용하는 용어에 관한 설명으로 틀린 것은?

① 구인배수 : 신규구인인원÷신규구직자 수
② 취업률 : (취업건수÷신규구직자수)×100
③ 희망임금충족률 : (희망임금÷제시임금)×100
④ 취업건수 : 금월 기간에 워크넷에 취업 등록된 수

> **해설** **희망임금충족률**
> (제시임금/희망임금)×100

20 일정기간 동안 구인신청이 들어온 모집인원 중 해당 월 말 현재 알선가능한 인원수의 합을 무엇이라 하는가?

① 구인인원
② 유효구인인원
③ 신규구인인원
④ 유효구인배율

> **해설** 구인신청인원 중 해당 월말 현재 알선 가능한 인원수의 합(전체모집인원수에서 신청취소, 자체충족, 기간만료(60일) 등으로 등록 마감한 인원수와 채용으로 알선 처리한 인원수를 뺀 것)

21 고용정보의 주요 용어해설의 설명으로 틀린 것은?

① 알선건수 : 해당 기간 동안 알선처리한 건수의 합
② 구인배율 : 신규구인인원/신규구직자수
③ 알선율 : (신규구인인원/알선건수)×100
④ 유효구직자수 : 구직신청자 중 해당 월말 현재 알선 가능한 인원수의 합

> **해설** **알선율**
> (알선건수/신규구직자수)×100

22 다음 중 '구인배율'의 정의로 맞는 것은?

① 신규구인인원/신규구직자수×100
② 유효구인인원/유효구직자수×100
③ 신규구인인원/신규구직자수
④ 유효구인인원/유효구직자수

> **해설** 유효구인배율 = 유효구인인원/유효구직자수

23 다음 각 용어의 설명으로 맞는 것은?

① 실업률=(실업자 수/국민총인구)×100
② 취업률=(취업건수/신규구직자수)×100
③ 충족률=(취업건수/유효구인인원)×100
④ 알선율=(취업건수/신규구직자수)×100

> **해설** 실업률=(실업자 수/경제활동인구)×100
> 충족률=(취업건수/신규구인인원)×100
> 알선율=(알선건수/신규구직자수)×100

24 다음은 고용정보의 용어 중 무엇에 관한 설명인가?

(취업건수/신규 구인인원)×100

① 충족률
② 취업률
③ 알선율
④ 구인배율

> **해설** 취업률(%) : (취업건수/신규구직자수)×100
> 알선율(%) : (알선건수/신규구직자수)×100
> 구인배율 : 신규구인인원/신규구직자수

정답 18 ④   19 ③   20 ②   21 ③   22 ③   23 ②   24 ①

25 고용정보의 주요 용어설명에 대한 설명으로 틀린 것은?

① '실업률'은 실업자가 경제활동인구에서 차지하는 비율을 의미한다.

② '입직률'은 전월말 근로자 수로 나누어 계산한다.

③ '유효구인자 수'는 구인신청인원 중 해당 월말 현재 알선 가능한 인원수의 합을 의미한다.

④ '비경제활동인구'는 주간에 취업도 실업도 아닌 상태에 있는 사람을 의미한다.

> **해설** ① 유효구인인원 : 해당 기간동안 구인신청을 한 모집인원 중 현재 알선가능한 인원수의 합 전체(전체모집인원수에서 신청취소, 자체충족, 기간만료(60일) 등으로 등록 마감한 인원수와 채용으로 알선 처리한 인원수를 뺀 것)
> ② 유효구직자수 : 구직신청자 중 해당기간 말 현재 알선 가능한 인원수의 합(신청취소, 본인취업, 기간만료(90일) 등으로 마감된 구직자, 취업된 구직자를 제외한 수)

26 인구통계에 있어서 "성비 105"의 의미는?

① 남녀 임금차이가 105%란 의미이다.

② 총인구 중 남자 100명당 여자 105명이란 의미이다.

③ 총인구 중 여자 100명당 남자 105명이란 의미이다.

④ 경제활동에 남자가 5% 더 많이 참가하고 있다는 의미이다.

> **해설** 성비 = (남자인구/여자인구)×100
> 인구의 성별 구조를 나타내는 지표로 여자 100명당 남자의 수를 나타낸다.

27 직업정보 수집을 위한 서베이 조사에 관한 설명으로 틀린 것은?

① 면접조사는 우편조사에 비해 비언어적 행위의 관찰이 가능하다.

② 일반적으로 전화조사는 면접조사에 비해 면접시간이 길다.

③ 질문의 순서는 응답률에 영향을 줄 수 있다.

④ 폐쇄형 질문의 응답범주는 상호배타적이어야 한다.

> **해설** 일반적으로 전화조사는 면접조사에 비해 면접시간이 짧다.

28 질문지를 사용한 조사를 통해 직업정보를 수집하고자 한다. 질문지 문항 작성방법에 대한 설명으로 틀린 것은?

① 객관식 문항의 응답 항목은 상호배타적이어야 한다.

② 응답하기 쉬운 문항일수록 설문지의 앞에 배치하는 것이 좋다.

③ 신뢰도 측정을 위해 짝(pair)으로 된 문항들은 함께 배치하는 것이 좋다.

④ 이중(double-barreled)질문과 유도질문은 피하는 것이 좋다.

> **해설** 신뢰도 측정을 위해 짝(pair)으로 된 문항들은 분리 배치하는 것이 좋다.

29 서울시 마포구 주민 중 일부를 사전에 조사대상으로 선정하고, 이들을 대상으로 6개월 혹은 1년 단위로 고용현황 등 직업정보를 반복하여 수집하는 조사방법은?

① 코호트조사 ② 횡단조사

③ 패널조사 ④ 사례조사

> **해설** 종단적(longitudinal) 조사방법의 하나로 동일 조사대상으로부터 복수의 시점에서 정보를 얻는 조사법이다. 조사대상을 고정시키고, 동일한 조사대상에 대하여 동일한 질문을 반복하여 조사하며 이때 고정된 조사대상의 전체를 패널이라 한다.

P/A/R/T 04

노동시장론

CONTENTS

VOCATIONAL COUNSELOR

CHAPTER

01 노동시장의 이해

1 노동시장

1) 노동시장이란 무엇인가?

노동력 상품이 거래되고 임금이 결정되는 추상적인 영역으로 즉, 노동력의 수요와 공급이 결합하는 장

2) 노동력 상품의 특수성

① 근로자와 사용자는 노동시장에서 거래를 통해 노동력과 임금을 교환한다.
② 근로자와 사용자간의 관계는 노동이 이루어지는 기간 동안 지속된다.
③ 노동의 양과 질을 사전에 구체적으로 규정하기 매우 어렵다.
④ 노동력은 사용하지 않아도 시간이 지남에 따라 소모되어 저장하거나 보관할 수 없는 재화이다.
⑤ 노동력은 소비(경험)됨에 따라 그 질이 향상되는 재화이다.
⑥ 노동력은 지역간 이동은 가족의 이동을 수반하기 때문에 이동이 곤란한 재화이다.
⑦ 노동력은 상대적 과잉상품이다.
⑧ 노동력은 다른 상품에 비해 가격의 자동조정기능이 약하다.

3) 노동시장의 특수성

① 계약기간의 장기성
② 계약내용의 불명확성(정신적, 육체적 에너지에 관한 것들은 정하지 않음)
③ 제도 및 관습적 요소의 강한 영향

1 노동의 수요

노동에 대한 수요는 일정기간 동안 기업에서 고용하고자 하는 노동의 양을 말한다. 따라서 노동수요량은 일정시점에서가 아닌 일정기간 동안의 수요를 의미하므로 유량(flow)의 개념이다.

노동수요는 유량의 개념이다.

1) 노동수요의 특수성

① 파생수요 : 노동수요는 기업이 생산하는 상품이 시장에서 수요되는 것에서 유발 또는 파생되는 수요이다.
② 노동에 대한 수요를 결정짓는 요인은 재화시장에 있어서 재화의 가격과 재화 생산에 필요한 노동의 생산력이다.
③ 결합수요 : 다른 투입물에 대한 수요와 동시적으로 결합되어 발생하는 수요이다.
④ 노동수요의 주체는 기업 또는 자본이다.

파생수요라 부르는 이유는 생산요소에 대한 수요는 그들이 생산한 생산물에 대한 수요에 의존하기 때문이다.

2) 노동수요의 결정요인

① 노동의 가격에 의해 영향을 받는다.(임금에 영향을 받는다)
② 다른 생산요소의 가격에 의해 영향을 받는다.
③ 생산되는 상품에 대한 소비자의 크기에 의해서도 좌우된다.(판매량, 소비량)
④ 노동생산성의 변화나 생산기술방식의 변화도 영향을 미친다.

3) 노동수요량의 변화

① 임금을 제외한 나머지 요인은 일정불변이며 노동수요량은 임금의 크기에 의존한다.
② 노동수요 곡선은 우하향 곡선이다.

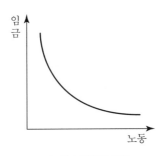

▲ 노동수요량의 변화

4) 노동수요의 변화

① 일정불변이었던 임금을 제외한 기타 요인이 변화하면 노동수요곡선 자체가 이동하는 노동수요의 변화가 발생한다.

② 노동수요곡선의 우측이동

임금은 노동수요곡선을 이동시키는 요인이 아니라 노동수요곡선상의 이동이다.

　㉠ 산출물가격상승 – 한계생산물의 가치는 한계생산에 가격을 곱한 값이다. 따라서 산출물의 시장가격이 변화하면 한계생산가치가 변화하고, 그 결과 노동수요곡선이 이동하게 된다.

　㉡ 기술진보 – 기술진보는 노동의 한계생산을 증가시키며, 그 결과 노동수요를 증가시킨다.

　㉢ 생산물에 대한 수요증가

　㉣ 다른 생산요소의 가격상승

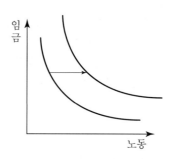

▲ 노동수요의 변화

5) 노동의 한계생산 체감의 법칙

노동투입량	1	2	3	4	5	6	7	8	9
총생산량	1	3	6	10	13	15	16	16	15
한계생산량	1	2	3	4	3	2	1	0	-1
평균생산량	1	1.5	2	2.5	2.6	2.5	2.3	2	1.67

※ 노동의 한계생산량은 증가하다가 궁극적으로는 감소하게 된다.

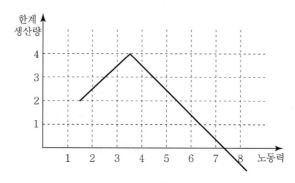

▲ 노동의 한계생산량 곡선

- 노동의 한계생산물(량)(Marginal Product of Labor ; MPL)
  노동을 1단위씩 추가로 늘릴 때마다 증가되는 총생산물의 증가분을 의미한다.
- 노동의 한계생산물가치(Value of the Marginal Product of Labor : VMPL=MPL×P(가격))
  노동을 1단위 추가투입해서 생산된 생산물의 사회적 가치로서 한계생산물×시장에서의 생산물 가격
- 노동의 한계수입생산물(Marginal Revenue Product of Labor ; MRPL)
  노동을 1단위 추가 투입해서 기업이 얻을 수 있는 총수입의 증가분을 의미한다.
- 한계 생산 체감의 법칙 : 한계생산량이 증가하다 궁극에는 체감하는 법칙(우하향)

6) 기업의 단기노동수요(임금↑, 노동력↓)

① 임금이 상승하면 노동수요량은 감소하게 된다.

② 노동의 한계 생산 체감의 법칙에 따라 VMPL곡선은 노동수요곡선과 같다.

③ 개별 기업에서는 노동의 한계생산물가치나 한계수입생산물이 임금보다 많으면 고용을 늘리고, 임금보다 낮으면 임금과 같아지는 점까지 고용량을 감소시켜 이윤을 극대화한다.

- 임금＝한계생산물가치 : 이윤극대화
- 임금＞한계생산물가치 : 고용줄임
- 임금＜한계생산물가치 : 고용늘림

※ 기업이윤의 극대점에서는 증가분이 없으므로 총이윤의 증가분 즉, 한계이윤이 0이 된다.
한계이윤＝한계수입－한계비용이므로 한계수입＝한계비용이 기업의 이윤극대화 조건이 된다.

- 한계수입 : VMPL(노동의 한계생산물가치) 또는 MRPL(노동의 한계수입생산물)
- 한계비용 : 임금

🎤 예제

아이스크림 가게를 운영하는 A씨는 5명을 고용하여 1개당 2,000원에 판매하고 있다. 시간당 12,000원을 임금으로 지급하면서 이윤을 극대화하고 있다. 만일 아이스크림 가격이 3,000원으로 오른다면 현재의 고용수준에서 노동의 한계생산물가치는 시간당 얼마인가? 이때 김씨는 노동의 투입량을 어떻게 변화시킬 것인가?

[풀이]
이윤극대화 : 임금＝한계생산물가치
$12,000 = 2,000 \times x$
$x = 6$
$6 \times 3,000 = 18,000$
따라서 한계생산의 가치(18,000원)>임금(12,000)이므로 6,000원 만큼의 고용을 늘린다.

7) 기업의 장기노동수요

노동량 이외의 토지, 자본, 기술 등 다른 요소의 조정이 가능하다.

① 대체효과 : 임금이 하락할 경우 상대적으로 값이 싼 노동을 생산에 더 많이 투입하는 효과(노동수요증가)

② 산출량효과(규모효과) : 임금의 하락으로 생산비가 낮아져 해당기업의 생산량이 증가하는 효과(노동수요증가)

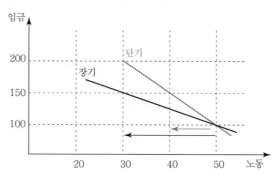

▲ 장기노동수요곡선과 단기노동수요곡선

※ 임금이 100에서 150으로 상승할 때 장기와 단기의 노동수요가 감소하는 폭에 차이가 난다. 장기 노동수요가 더 탄력적인 이유는 노동 이외에도 자본 등을 투입할 수 있기 때문이다.

8) 산업의 단기노동수요

수요이론에서는 개별 수요자의 수요량을 수평적으로 합계하면 시장 내지 산업의 전체 수요량을 알 수 있다. 그러나 기업의 노동수요의 경우는 개별기업의 노동수요량을 합계하여도 곧 산업의 노동수요량을 얻을 수 없다. 각 기업의 노동수요가 달라지면 산업 전체의 생산량이 영향을 받게 되고 따라서 생산물의 시장가격도 영향을 받기 때문이다. 산업전체적으로 보면 임금의 하락이 곧 고용의 증대로 이어지지는 않는다. 왜냐하면, 임금률 하락 ⇒ 산업의 고용량 증가 ⇒ 전체 생산량 증가 ⇒ 생산물 가격 하락 ⇒ 노동의 한계 생산물 가치(VMPL) 하락 ⇒ 노동의 한계생산물 가치(VMPL) 곡선의 하방 이동 ⇒ 고용의 증가폭이 당초 예상보다 적다.(수요곡선이 비탄력적으로 된다.)

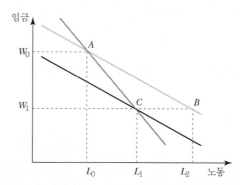

※ 노동수요탄력성 : 기업의 장기노동수요＞기업의 단기노동수요＞산업의 단기노동수요

9) 노동수요의 탄력성

① 노동수요의 탄력성은 임금의 변화에 대한 노동수요의 변화를 변화율로 나타낸 것. 즉, 임금 1%의 변화에 의해 유발되는 노동수요량을 변화율로 나타낸 것이다.

$$노동수요의 \ 탄력성 = \frac{노동수요량의 \ 변화율(\%)}{임금의 \ 변화율(\%)}$$

임금이 10% 상승할 때 노동수요량이 20% 하락했다면 노동수요의 탄력성 값은 2이다.

② 노동수요곡선의 3가지 경우

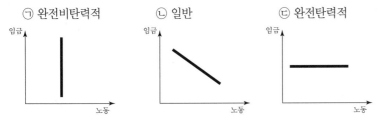

　⑤ 완전비탄력적　　　⑥ 일반　　　⑥ 완전탄력적

노동공급의 탄력성 값이 0인 경우는 완전 비탄력적인 경우이며, 노동공급곡선은 수직이다. 노동공급탄력성이 무한대인 경우 노동공급곡선은 수평이다.

③ 노동수요의 탄력성에 영향을 미치는 요인(힉스-마셜법칙)

　⑤ 시장에서 생산물에 대한 수요의 탄력성이 클수록 탄력성은 커진다.

　⑥ 총 생산비에서 차지하는 노동비용이 클수록 탄력성은 커진다. (노동집약산업)

노동수요탄력성이 작을수록 비탄력적이며, 노동조합이 임금협상에 유리하다.

　⑥ 다른 생산요소와의 대체가능성이 클수록 탄력성은 커진다.

　⑥ 다른 생산요소의 공급탄력성이 클수록 탄력성은 커진다.

　※ 노동수요가 비탄력적일수록 노조의 임금인상 능력은 커진다.

SECTION 1-2 노동의 공급

1 노동의 공급

1) 노동공급의 결정요인

① 인구의 크기 및 생산가능인구

② 경제활동 참가율

③ 동기부여와 사기

④ 노동의 질 또는 생산성

⑤ 노동시간

2) 경제활동 측면에서 본 인구의 구성

① 경제활동인구 : 15세 이상의 인구(생산가능인구) 중 취업자와 실업자를 말한다.
(단, 현역군인, 단기사병, 전투경찰, 형이 확정된 교도소 수감자. 외국인을 제외)

② 취업자 : 다음 항목 중 어느 하나에 포함되는 자이다.
　㉠ 조사대상 기간 중 1주일 동안 수입을 목적으로 1시간 이상 일한 자
　㉡ 동일가구 내 가구원이 운영하는 농장이나 사업에의 수입을 위하여 주당 18시간 이상 일한 자(무급가족종사자)
　㉢ 직업 또는 사업체를 가지고 있으나 일시적인 병 또는 사고, 연가, 교육, 노사분규 등으로 일하지 못한 일시휴직자

③ 실업자 : 조사대상주간에 수입이 있는 일이 없었고 적극적으로 구직활동을 하였으며, 일이 주어지면 즉시 일할 수 있었던 자

④ 비경제활동인구 : 전업주부, 학생, 일을 할 수 없는 연로자 및 심신장애인, 자발적으로 자선사업이나 종교단체에 관여하는 자
　※ 비임금 근로자 : 무급가족봉사자, 자영업자

$$경제활동\ 참가율 = \frac{경제활동인구(취업자+실업자)}{15세\ 이상\ 인구(생산가능인구)} \times 100\%$$

$$취업률 = \frac{취업자}{경제활동인구} \times 100\%$$

$$실업률 = \frac{실업자}{경제활동인구} \times 100\%$$

3) 경기변동의 영향

① 실망노동자

실업자들이 경기침체로 취업이 어려워지면 구직활동을 포기하게 되어 경제활동 인구가 줄어들게 된다.
⇒ 실망노동자는 실업자가 아니므로 경제활동인구가 아닌 비경제활동인구이다.
⇒ 실망노동자 효과 : 실업률↓, 경제활동인구↓

일시휴직자는 취업자이다.

실망노동력인구, 구직포기자는 비경제활동인구이다.

경기 후퇴 시에는 일반적으로 실망노동자 효과가 부가 노동자 효과보다 크다.

실망노동자 효과는 실업률이 높은 경우에 더 크게 나타난다.

② 부가노동자

가구주 소득이 낮아지면 가구원 일부가 취업활동을 하게 되어 경제활동인구가 늘어난다.

⇒ 구직활동을 하기 위해 구직자인구 증가

⇒ 부가노동자 효과 : 실업자↑, 경제활동인구↑

4) 소득 – 여가 선호관계에 의한 노동공급 곡선

① 후방 굴절형 곡선

근로자들의 임금이 일정한 수준 이상으로 상승하면 고소득으로 인한 여가의 증가로 노동시간의 감소를 나타내는데, 이 경우 개인의 노동공급곡선은 일정 수준 이상의 높은 임금에서 뒤쪽으로 굽어지는 형태를 보인다. 이를 후방 굴절형 곡선이라 한다. 다만 여가가 열등재일 경우는 후방굴절하는 것이 아니고 임금수준과 무관하게 우상향한다.

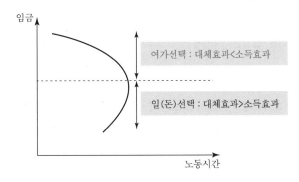

후방굴절형 노동공급곡선은 임금이 일정 수준 이상으로 오르면 임금이 오를수록 노동공급이 감소하는 음(−)의 관계이다. 최근 연장근로 등 일정량 이상의 노동을 기피하는 풍조와 관련된다.

후방굴절하는 구간에서는 여가에 대한 대체효과의 크기가 소득효과의 크기보다 작다.

② 대체효과와 소득효과

㉠ 대체효과 : 임금이 상승하게 되면 여가에 활용하는 시간이 상대적으로 비싸게 됨으로써 노동자는 비싸진 여가를 활용하려는 대신 노동공급시간을 증가시키게 된다. 따라서 노동공급이 증가하는 것을 말한다.

㉡ 소득효과 : 임금이 상승하게 되면 노동자의 소득이 증가하게 됨으로써 여가 및 기타소비재를 더 구입하려는 경향을 가지고 있다. 즉, 임금상승으로 부유해진 노동자는 노동에 투입하려는 시간보다는 여가를 더 선호하려는 경향을 가지고 있으므로 노동공급은 줄어들게 된다. 이러한 현상은 주로 선진국에서 일어나고 있다.

5) 노동의 공급탄력성

노동공급의 탄력성은 임금의 변화에 대한 노동공급의 변화를 변화율로 나타낸 것 즉, 임금 1%의 변화에 의해 유발되는 노동공급량을 변화율로 나타낸 것이다.

$$\text{노동공급의 탄력성} = \frac{\text{노동공급량의 변화율(\%)}}{\text{임금의 변화율(\%)}}$$

6) 노동의 공급탄력성 결정요인

① 인구수
② 노동공급시간의 선택
③ 노동이동의 용이성
④ 산업구조의 변화
⑤ 유휴 노동자의 수
⑥ 기술수준
⑦ 노동조합
⑧ 임금

기업의 노동시간이 신축적일수록 노동공급이 감소한다.

2 노동시장의 유연성

1) 노동 유연성의 개념

산업구조나 기술의 변화에 따라 노동이 탄력적으로 대처하기 위하여 노동의 유연성을 확보해야 한다.

2) 노동 유연성의 확보방안

① 외부노동시장에서의 노동의 수량적 유연성 확보(사회에서 보는)

유연한 정리해고 절차, 단기근로나 임시근로 등에 의한 계약근로, 일일고용, 직무분할 등과 같은 다양한 시간제 근로 등의 방법으로 수량적 유연성을 확보할 수 있다.

② 내부노동시장에서의 노동의 수량적 유연성 확보(기업에서 보는)

내부노동시장에서의 수량적 유연성은 기업이 근로자 수의 변경 없이 근로시간을 조절하는 정도를 말하는 것으로 유연노동시간의 형태를 취하는 방법을 들 수 있다.

㉠ 변형근로시간 제도 : 일정기간 동안의 총 근로시간만 정하고 매일의 근로시간을 자유롭게 조절
㉡ 변형근무일 제도 : 휴가, 공휴일을 유연하게 사용하는 것 등
㉢ 다양한 교대근무제도 : 3조 2교대, 4조 3교대, 주말교대 등

> **🔍 참고**
>
> **내부 노동시장**
> 상대적으로 안정된 노동시장(공무원, 숙련노동자들) → 안정된 고용상태 - 노조 만들기 유리, 교육비용(훈련비용)이 많이 든다. → 노동자 이직하면 손해

③ 작업의 외부화에 의한 노동의 유연성 확보

기존 노동자의 권리를 우선하는 노동법상의 고용계약을 쌍방이 동등한 권리가 보장되는 상법상의 계약으로 대체하려는 것이 작업의 외부화이며, 이러한 작업의 외부화의 구체적 방법으로는 하청, 공장내 하청, 인력파견회사의 파견근로자 사용, 자영업자의 사용 등에 의하여 노동의 유연성을 확보할 수 있다.

④ 기능적 유연성에 의한 노동의 유연성 확보

생산방식의 변화, 즉 소품종 대량생산에서 다품종 소량생산의 전환과 고기능 고부가가치적 산업의 발달로 작업과정에서 근로자의 자발성과 다양성이 요구됨에 따라 작업장 내 배치전환 또는 작업장 간의 이동이 필요하게 되는데 이러한 변화에 노동이 유연하게 대처하기 위해서는 근로자의 다기능공화와 변화과정에 필요한 직업훈련이 필요하게 된다.

⑤ 임금의 유연성 확보에 따른 노동의 유연성 확보

과거 연공급이나 직무급이 단체협약에 의하여 결정되어 짐으로 해서 산업구조의 변화나 기술의 변화에 따라 비생산적인 인건비의 부담 요소가 많으므로 임금구조를 개인이나 집단의 능력이나 성과에 따라 지급되는 개별성과급제, 집단성과급제, 직능급제 등으로 차등지급하는 기본급의 임금체계를 개선하는 방안이 필요하다.

※ 숙련정도에 따라 임금격차가 확대되고, 비숙련인력의 실업을 늘릴 가능성이 있다.

노동시장의 균형

1 노동시장의 구조

1) 단일노동시장(완전경쟁노동시장)

① 의의

기술 및 숙련이나 지역적인 고려를 제외하면 모든 근로자들은 직업의 선택이나 임금의 결정에 있어서 아무런 제약도 받지 않으며 자유롭게 이동할 수 있는 하나의 연속적인 노동시장

② 특성과 가정

㉠ 다수의 노동 수요 · 공급자가 존재하며 양 당사자는 자유롭게 근로계약을 체결한다.

㉡ 노동의 이동이 자유롭게 이루어진다.

㉢ 노동 수요 · 공급자는 완전 정보하에서 의사결정을 한다.

㉣ 기술 숙련, 지역적 차이를 제외하고는 노동력의 질적 차이는 없다.(동질성)

㉤ 동일한 노동에는 동일한 임금이 지급된다.

경쟁노동시장은 노동자의 단결조직과 사용자의 단결조직은 없다.

2) 완전경쟁노동시장 관련이론

① 보상원리(고전학파) – 아담스미스의 "보이지 않는 손"

- ㉠ 서로 상이한 직종에 고용된 노동자들의 이익과 불이익은 전체적으로 보아 상호 일치되는 경향이 있다는 개념
- ㉡ 특정 직종이 타 직종에 비해 어떤 측면에서 불이익이 발생하게 되면, 다른 측면에서 높은 이익이 보상되는 보상원리가 작용하기 때문
- ㉢ 정부의 간섭 없이 완전경쟁만 보장되면 모든 노동자들이 받는 순이익은 '보이지 않는 손'의 보상원리에 의하여 균등화된다는 것

② 인적자본이론

- ㉠ 인간을 투자에 의하여 그 경제가치 또는 생산력을 증가시킬 수 있는 일종의 자본으로 보는 개념이다.
- ㉡ 인적자원에 대한 투자의 수익과 비용의 차이가 개인 간의 인적자원에 대한 투자량의 차이를 발생시키고, 이는 다시 인적자본의 질적 차이를 유발하여 생산성의 격차를 초래함으로써 노동시장에서의 임금수준 결정에 영향을 미친다.
- ㉢ 임금격차를 완화하기 위한 노동시장 정책은 교육이나 훈련과 같은 인적자본에 대한 투자는 물론 기회를 확대해야 한다.

> **🔍 참고**
>
> **인적자본 투자와 노동의 질**
> - 직업훈련이나 건강한 신체의 유지, 노동시장정보의 수집 등과 함께 교육은 근로자의 능력과 생산성을 높이는 주요한 계기이다.(인적자본이론 – 배우면 더 잘한다.)
> - 신호·선별이론 : 인적자본이론을 비판적으로 보는 이론으로서, 선천적으로 능력이 뛰어나 높은 생산성을 발휘하는 사람이 있는가 하면, 어떤 사람에게는 아무리 교육을 시켜보아도 생산성이 높아지지 않는다는 것이다. 근로자의 생산성 차이는 선천적 기질의 차이 때문이며, 교육은 그 자질을 바꾸는 것이 아니라 자질이 뛰어난 사람과 그렇지 않은 사람을 구별하도록 하는 신호에 불과하다.

3) 분단노동시장

- ① 의의 : 노동시장을 하나의 연속적이고 경쟁적인 시장으로 보지 않고 상당히 다른 속성을 지닌 노동자가 분단된 상태의 노동시장에서 상호 간에 이동이나 교류가 거의 단절된 상태에 있고, 임금이나 근로조건에도 서로 차이가 현저한 시장
- ② 제도학파는 노동시장이 제도적 장애물로 구조화된다고 본다.
- ③ 노동시장은 상당히 다른 속성을 가진 노동자 집단들이 분단된 노동시장에서 이동이나 교류가 거의 없는 상태에 있고 이들 집단 간에는 임금 및 근로조건 등에서 많은 차이가 난다.
- ④ 분단의 원인 : 기술적 특수성, 관습적인 규칙, 노조의 제약, 정치적인 권력

경제학자 Spencer는 고학력자의 임금이 높은 것은 교육이 생산성을 높이는 역할을 하는 것이 아니라 처음부터 생산성이 높다는 것을 교육을 통해 보여주는 것이라는 신호모형을 제시했다.

4) 분단노동시장 관련이론

① 비경쟁집단이론

㉠ 비경쟁집단이론은 고전학파의 '보상원리'를 비판한다.

㉡ 노동자의 직업선택이 자유롭지 못함

㉢ 집단 내에선 자유롭게 이동할 수 있으나 타 집단으로의 이동이 자유롭지 못하다.(블록화)

② 직무경쟁이론

㉠ 노동자들이 노동시장에서 경쟁대상으로 삼고 있는 것이 임금이 아니라 취업기회라고 주장

㉡ 기업은 노동자들이 취업할 수 있는 직무 및 직장의 수를 기술적으로 미리 결정하여, 노동자가 맡은 직무나 직장의 생산성에 의해 임금 지불

㉢ 노동시장이 사회적 · 제도적 요인에 의해 영향받음

③ 내부노동시장이론

노동시장을 내부노동시장과 외부노동시장으로 구분한 이후, 기업 내에서의 숙련의 특수성, 직장 내 훈련, 관습에 따라 기업의 내부노동시장이 형성된다.

㉠ 의의

던롭(Dunlop)에 의하면 내부노동시장은 제조업의 공장 또는 사업장과 같이 그 안에서 노동의 가격결정과 배치가 일련의 관리적인 규칙과 절차에 의해 움직여지는 하나의 관리단위로 외부노동시장과의 통로는 신규 채용자에 대한 입직문과 이직의 퇴직문 만으로 연결된다. 이러한 외부노동시장은 주로 대기업과 같이 일정 수준의 임금 및 근로조건을 갖춘 사업장에서 발전하게 된다.

> 내부노동시장은 신규채용이나 복직 그리고 능력있는 자의 초빙 시에만 외부노동시장과 연결된다.

㉡ 형성요인

ⓐ 숙련의 특수성 : 근로자의 기능이 기업특수적인 것일수록 기업은 필요한 숙련공을 자체 내 훈련을 통해 양성해야 하며, 한 번 양성된 숙련공을 장기간 기업에 근속하도록 해야 하므로 내부노동시장을 강화해야 할 필요가 있다.

ⓑ 현장훈련 : 현장 담당자의 고유한 지식을 후임자에게 생산현장에서 직접 전수함으로써 내부노동시장을 발전시킨다.

ⓒ 관습 : 기업문화의 확립이 체계적인 곳일수록 내부노동시장 형성이 유리하다.

ⓓ 장기근속가능성 : 장기근속근로자들이 많을수록 내부노동시장 형성이 유리하다.

ⓔ 기업의 규모 : 기업의 규모가 클수록 내부노동시장 형성이 유리하다.

> 내부노동시장의 형성요인은 숙련의 특수성, 현장훈련(직장내 훈련), 관습, 장기근속가능성, 기업의 규모 등이다.

㉢ 장점

ⓐ 내부승진이 많다.

ⓑ 장기고용관계의 성립이 가능하다.

ⓒ 노동자의 사기가 증진된다.

ⓓ 기업의 생산성이 향상된다.

ⓔ 특수한 인적자본 형성에 유리하다.

ⓒ 단점

ⓐ 인력의 경직성이 있다.

ⓑ 관리비용이 증대된다.

ⓒ 높은 노동비용을 지불해야 한다.

ⓓ 재훈련비용이 증대된다.

ⓔ 근로자에 대한 의존성이 증대된다.

④ 이중노동시장이론

한 나라에서의 노동시장이 1차 노동시장과 2차 노동시장으로 분단되어 있다는 것이다. 1차 노동시장은 고임금, 양호한 노동조건, 고용의 안정성, 낮은 노동 이동률, 많은 승진의 기회, 많은 현장 훈련의 기회가 보장되는 노동시장인 반면 2차 노동시장은 저임금, 열악한 노동조건, 높은 노동 이동률, 승진 기회의 부재, 낮은 현장 훈련기회, 특히 고용의 불안정성이 심한 노동시장이라는 것

5) 분단노동시장의 정책적 시사점

① 노동소외 극복 및 노동의 인간화를 도모하기 위한 의식적인 정책 노력이 필요하다.

② 때로는 완전고용을 보장할 수 있는 확장적 거시경제 정책이 필요하다.

③ 공공부문의 고용기회 확대, 임금에 대한 보조금, 차별대우 철폐 등

2 노동의 이동

1) 의의

노동의 이동이란 노동자들의 지역간 이주나 산업간 · 직종 간 및 기업 간의 이동을 말한다. 노동의 이동은 노동자가 임금이나 노동조건이 더 좋은 직장을 찾아가는 자발적 이동과 기업에서 노동자를 더 이상 원하지 않음으로 해서 발생하는 비자발적 이동

2) 노동이동가능성

노동이동의 가능성은 ① 새 직장에서 얻을 수 있는 수익성이 클수록, ② 새 직장에서의 예상 근속연수가 길수록, ③ 이동에 부수되어 발생되는 직접 및 심리적 비용이 적을수록 크다.

기업특수적 인적자본 형성은 일반적 직업훈련의 차이보다 기업특수적인 훈련의 차이에 의해 발생한다.

외부노동시장은 고용계약 형태가 다양하다.

2차 노동시장의 경우 이직률이 높다.

노동시장에서 인력난과 유휴인력이 공존하는 이유는 기업규모별 임금격차의 확대 때문이다.

3) 노동이동의 원인

노동이동의 원인으로 〈임금격차설〉, 〈취업기회설〉이 있으며, 이는 상호보완적이다.

① 임금격차설은 '노동은 임금이 낮은 곳에서 높은 곳으로 이동한다.'(Push)
② 취업기회설은 '노동이동이 취업기회의 유무에 따라 행해진다.'(Pull)

4) 노동이동에 영향을 미치는 요소

① 민주적이고 대등한 노사관계가 권위주의적이고 통제적인 노사관계보다 노동이동률이 낮고 노동조합 조직사업체가 비조직 사업체보다 노동이동률이 낮다.
② 노동자가 보유하고 있는 기능과 기술이 기업 특수적일수록 이동의 기회비용이 높아서 노동이동률이 낮다.(그러므로, 내부노동시장이 잘 발달된 경우 이동률은 낮다.)

5) 기혼여성의 노동참가율에 영향을 끼치는 요인

① 법, 제도적 요인 : 여성의 직장생활을 보호하는 법과 제도가 많을수록 기혼여성의 경제활동참가율은 높아진다.
② 사회적 요인 : 사회나 기업의 문화와 의식이 보수적일수록 기혼여성의 경제활동참가율은 낮아진다.
③ 배우자 및 타 가구원의 소득 : 배우자 및 타 가구원의 소득이 높을수록 기혼여성의 경제활동 참가율은 낮아진다.
④ 자녀의 수 및 연령 : 자녀의 수가 많거나, 연령이 낮을수록 기혼여성의 경제활동참가율은 낮아진다.
⑤ 전반적인 실업수준 : 전반적인 실업률이 높을수록 기혼여성의 경제활동참가율은 낮아진다.
⑥ 가사노동의 대체 : 가사노동을 대체할 수 있는 서비스나 가전제품이 많을수록 기혼여성의 경제활동 참가율은 높아진다.

> 단시간근로자에 대한 기업의 수요가 증가하면 기혼여성의 경제활동 참가를 높이는 요인으로 작용한다.

3 노사의 탐색이론

1) 사용자의 탐색(구인활동)

① 탐색활동

기업은 주어진 직무를 가장 효율적으로 수행할 수 있는 근로자를 채용하기 위해 학력, 경력, 연령, 성별 등 명시적인 몇 가지 노동특성을 채용기준으로 참고하는데 이 채용기준은 경기변동에 따라 달라진다.

② 숙련의 희석화

기업들은 불경기에는 채용기준의 수준을 높이고 호황기에는 채용기준을 낮추게 되는데 이렇게 채용시에 요구하는 기술이나 숙련의 수준을 낮추는 것을 숙련의 희석화라고 한다.

③ 탐색비용을 낮추고 잘못된 채용으로 인한 위험을 줄이는 방법

    ㉠ 고임금정책

       임금수준이 동종 내지 유사업종에 비해 상대적으로 높은 것이 알려지면 상대적으로 우수한 인력이 구직신청을 하게 되므로 우수한 노동력 확보를 위한 탐색비용이 줄어들고 잘못된 채용으로 인한 위험성도 낮아진다.

    ㉡ 내부노동시장 활용

       기업은 내부노동시장 내 노동자의 노동특성과 생산성, 성과 등에 대하여 외부노동시장의 일반 노동자보다 더 정확한 정보와 지식을 갖고 있어 채용의 불확실성과 탐색비용을 줄일 수 있다. 부수적으로 내부 승진을 통한 근로자들의 근로의욕을 증진시키는 효과도 얻을 수 있다.

2) 노동자의 탐색(구직활동)

① **구직활동**

    실업 중이거나 혹은 취업 중이라 하더라도 전직을 위하여 새로운 일자리를 찾는 것을 말한다.

② **직업탐색이론**

    노동자는 탐색에 소요되는 비용과 탐색을 통해 얻은 수익이 균형을 이루는 관점에서 직업탐색활동을 설명하는 이론. 직업탐색활동은 노동시장의 정보가 불완전한데 기인한다.

③ **연속탐색**

    구직활동 중인 근로자가 그 이상이 되지 않으면 취업을 하지 않겠다고 주관적으로 생각하는 유보임금(보상요구임금)보다 낮은 임금을 제시하는 직업은 거절하고 수락임금을 충족하는 수준의 일자리가 나타날 때까지 탐색과 거절을 계속하는 것

유보임금은 근로자가 받고자 하는 최저의 임금이며 유보임금의 상승은 실업기간을 연장한다.

CHAPTER 01 출제예상문제

01 경제활동인구조사에서 비경제활동인구로 분류되는 자는?

① 가족단위사업체의 무급가족종사자
② 일시휴직자
③ 직장이 없는 실업자
④ 가사노동을 하는 가정주부

해설 비경제활동인구

전업주부, 학생, 일을 할 수 없는 연로자 및 심신장애인, 자발적으로 자선사업이나 종교단체에 관여하는 자

02 다음 중 노동수요가 상대적으로 탄력적인 경우는?

① 기업이 이윤극대화 하는 경우
② 기업의 생산비용 중 노동비용이 증가하는 경우
③ 노동 이외 생산요소의 공급곡선이 비탄력적인 경우
④ 노동의 공급곡선이 수직인 경우

해설 기업 이윤이 극대화된 경우, 노동 이외의 다른 생산요소의 공급이 비탄력적인 경우, 노동의 공급곡선이 수직인 경우는 상대적으로 비탄력적이다.

03 노동의 한계생산이 3개이고 생산물가격이 1,500원, 단위당 임금이 3,000원이면 기업에서 노동의 고용량은?

① 증대시킬 것이다.
② 감소시킬 것이다.
③ 변동 없다.
④ 아무 관련이 없다.

해설 기업의 이윤극대화는 임금＝한계생산물의 가치(한계생산량×시장가격)에서 이루어진다.

임금＝3,000원
한계생산물의 가치＝3개×1,500원＝4,500원
따라서 임금보다 한계생산물의 가치가 높으므로 1,500원 만큼 근로자 고용을 증가시킨다.

04 생산요소에 대한 수요를 파생수요(derived demand)라 부르는 이유로 가장 적합한 것은?

① 생산요소의 수요곡선은 이윤극대화에서 파생되기 때문이다.
② 정부의 요소수요는 민간의 수요를 보완하기 때문이다.
③ 생산요소에 대한 수요는 그들이 생산한 생산물에 대한 수요에 의존하기 때문이다.
④ 생산자들은 저렴한 생산요소로 늘 대체하기 때문이다.

해설 노동수요는 기업이 생산하는 상품이 시장에서 수요되는 것에서 유발 또는 파생되는 수요이다.

05 다음 중 노동조합이 임금협상에 가장 유리한 경우의 노동수요의 탄력성은?

① 0
② 1
③ 5
④ 10

해설 노동수요가 비탄력적일수록 노동조합의 조직력을 강화시킬 수 있으며 임금협상에서 노동조합이 유리하게 된다.

정답 01 ④ 02 ② 03 ① 04 ③ 05 ①

06 생산물시장과 노동시장이 완전경쟁일 때 노동의 한계생산량이 10개이고 생산물 가격이 500원이며 시간당 임금이 4,000원이라면 이윤을 극대화하기 위한 기업의 반응으로 옳은 것은?

① 임금을 올린다.
② 노동을 자본으로 대체한다.
③ 노동의 고용량을 증대시킨다.
④ 고용량을 줄이고 생산을 감축한다.

해설 기업의 이윤극대화는 임금 = 한계생산물의 가치(한계생산량 × 시장가격)에서 이루어진다.
임금 = 4000원
한계생산물의 가치 = 10개 × 500원 = 5,000원
따라서 임금보다 한계생산물의 가치가 높으므로 1,000원 만큼 근로자 고용을 증가시킨다.

07 생산요소인 노동의 수요곡선을 이동(shift)시키는 요인이 아닌 것은?

① 임금의 변화
② 노동을 투입하여 생산한 생산물의 가격변화
③ 노동생산성의 변화
④ 자본의 생산성 변화

해설 임금의 변화는 노동수요 곡선상의 이동이다.

08 A국가의 전체 인구 5,000만명 중 은퇴한 노년층과 15세 미만 유년층이 각각 1,000만명이다. 또한, 취업자가 1,500만명이고 실업자는 500만명이라고 한다. 이 국가의 실업률(A)과 경제활동참가율(B)은?

① A−25%, B−40%
② A−25%, B−50%
③ A−33%, B−40%
④ A−33%, B−50%

해설 15세 이상(생산가능인구) : 5,000만명 − 1,000만명 = 4,000만명
경제활동인구 : 취업자 + 실업자 = 1,500만명 + 500만명 = 2,000만명
실업률 = $\left(\dfrac{실업자}{경제활동인구}\right) \times 100 = \left(\dfrac{500}{2,000}\right) \times 100 = 25\%$
경제활동 참가율 = $\left(\dfrac{경제활동인구}{생산가능인구}\right) \times 100 = \left(\dfrac{2,000}{4,000}\right) \times 100 = 50\%$

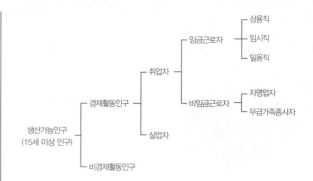

09 다음 표를 이용하여 실업률을 계산하면 얼마인가?

(단위 : 만명)

총인구	15세 미만 인구	비경제활동인구	취업자수
5,000	1,000	800	3,000

① 6.12%
② 6.25%
③ 6.33%
④ 6.41%

해설 15세 이상(생산가능인구) : 5,000만명 − 1,000만명 = 4,000만명
경제활동인구 : 생산가능인구 − 비경제활동인구 = 4,000만명 − 800만명 = 3,200만명
실업자 : 경제활동인구 − 취업자 = 3,200만명 − 3,000만명 = 200만명
실업률 = $\left(\dfrac{실업자}{경제활동인구}\right) \times 100 = \left(\dfrac{200}{3,200}\right) \times 100 = 6.25\%$

10 다음 중 경제활동참가율의 의미로 옳은 것은?

① 생산가능인구 중에서 노동력인구가 차지하는 비율
② 생산가능인구 중에서 취업자가 차지하는 비율
③ 생산가능인구 중에서 비경제활동인구가 차지하는 비율
④ 생산가능인구 중에서 실업자가 차지하는 비율

해설 경제활동 참가율 = $\left(\dfrac{경제활동인구}{생산가능인구}\right) \times 100$

11 최종생산물이 수요자에 의하여 수요되기 때문에 그 최종생산물을 생산하는 데 투입되는 노동이 수요된다고 할 때 이러한 수요를 무엇이라고 하는가?

① 유효수요　　　　　② 잠재수요
③ 파생수요　　　　　④ 실질수요

해설 노동수요는 기업이 생산하는 상품이 시장에서 수요되는 것에서 유발 또는 파생되는 수요이다.

12 고임금의 경제효과가 있을 때 새롭게 형성되는 노동수요 곡선은 원래의 수요곡선보다 어떻게 되는가?

① 비탄력적이다.　　　② 탄력적이다.
③ 단위탄력적이다.　　④ 무관하다.

해설 고임금은 일반적으로 노동수요를 감소시킨다. 그러나 고임금으로 인한 경제효과가 존재하므로 임금상승에 따라 한계생산성이 증가한다면 보다 비탄력적인 형태의 노동수요곡선이 나타나게 된다. 따라서 임금상승시에 고임금의 경제효과가 존재한다면 그것이 없을 때 보다 고용의 감소가 훨씬 덜하다.

13 다음 중 노동수요의 결정요인으로 옳은 것은?

① 노동과 관련된 타 생산요소의 가격변화
② 인구의 규모와 구조
③ 노동에 대한 노력의 강도
④ 임금지불방식

해설 노동수요는 노동의 가격(임금), 다른 생산요소의 가격, 생산되는 상품에 대한 소비자의 크기(소비량), 노동생산성의 변화, 생산기술방식의 변화에 의해 영향을 받는다.

14 임금이 10% 상승할 때 노동수요량이 20% 하락했다면 노동수요의 탄력성 값은?

① 0.5　　　　　　　② 1.0
③ 1.5　　　　　　　④ 2.0

해설 노동수요의 탄력성 $= \dfrac{\text{노동수요량의 변화율(\%)}}{\text{임금의 변화율(\%)}} = \dfrac{20\%}{10\%} = 2$

15 다음 중 비경제활동인구에 포함되지 않는 사람은?

① 일기불순이나 노동재해 등의 이유로 인한 일시휴직자
② 가사를 돌보는 가정주부
③ 초, 중, 고등학교에 재학 중인 학생
④ 심신장애자

해설 **비경제활동인구**

전업주부, 학생 일을 할 수 없는 연로자 및 심신장애인, 자발적으로 자선사업이나 종교단체에 관여하는 자

16 다음 중 단체교섭이 없는 경우, 노동에 대한 수요독점 기업이 임금을 어떻게 설정할 것인지에 관한 설명으로 가장 적합한 것은?

① 한계수입생산(marginal revenue of product)과 일치하게 설정할 것이다.
② 한계수입생산(marginal revenue of product)보다 높게 설정된다.
③ 한계수입생산(marginal revenue of product)보다 낮게 설정될 것이다.
④ 한계요소비용(marginal factor cost)보다 높게 설정할 것이다.

해설 노동조합이 없는 경우 근로자의 힘이 상대적으로 약하여 한계생산수입보다 임금이 낮게 설정될 것이다.

17 노동 수요측면에서 비정규직 증가의 원인과 가장 거리가 먼 것은?

① 세계화에 따른 기업간 경쟁 환경의 변화
② 노동조합운동에 대한 기업의 대항
③ 고학력 취업자의 증가
④ 정규노동자 고용비용의 증가

해설 고학력은 정규직 증가의 원인이 된다.

정답 **11** ③　**12** ①　**13** ①　**14** ④　**15** ①　**16** ③　**17** ③

18 노동시간의 소득탄력성이란?

① 소득이 1원 증가할 때 노동시간의 변화량
② 소득이 1원 증가할 때 노동시간의 변화율
③ 소득이 1% 증가할 때 노동시간의 변화량
④ 소득이 1% 증가할 때 노동시간의 변화율

> **해설** 노동시간의 소득탄력성은 소득의 변화율에 대한 소동시간의 변화율을 나타낸다.

19 다음 중 노동수요에 영향을 미치는 요인이 아닌 것은?

① 임금수준　　　　② 기술수준
③ 노동생산성　　　④ 생산가능인구의 크기

> **해설** 생산가능인구의 크기는 노동공급에 영향을 미치는 요인이다.

20 노동수요에 대한 탄력성에 관한 설명으로 옳은 것은?

① 노동수요의 변화율에 대한 임금의 변화율이다.
② 노동수요의 변화율에 대한 제품수요의 변화율이다.
③ 임금의 변화율에 대한 노동수요량의 변화율이다.
④ 임금의 변화율에 대한 제품수요량의 변화율이다.

> **해설** 노동수요의 탄력성 $= \dfrac{\text{노동수요량의 변화율(\%)}}{\text{임금의 변화율(\%)}}$

21 생산물시장과 노동시장이 완전경제일 때 노동의 한계생산량이 10개이고 생산물 가격이 500원이며 시간당 임금이 4,000원이라면 이윤을 극대화하기 위한 기업의 반응으로 옳은 것은?

① 임금을 올린다.
② 노동을 자본으로 대체한다.
③ 노동의 고용량을 증대시킨다.
④ 고용량을 줄이고 생산을 감축한다.

> **해설** 기업의 이윤극대화는 임금＝한계생산물의 가치(한계생산량×시장가격)에서 이루어진다.
> 임금＝4,000원
> 한계생산물의 가치＝10개×500원＝5,000원
> 따라서 임금보다 한계생산물의 가치가 높으므로 1,000원 만큼 근로자 고용을 증가시킨다.

22 노동수요에 대한 설명으로 틀린 것은?

① 재화가격이 상승하면 노동수요곡선이 우측으로 이동한다.
② 장기에는 노동수요곡선이 단기보다 완만해진다.
③ 기술혁신이 이루어지면 노동수요곡선이 우측으로 이동한다.
④ 임금이 하락하면 노동수요곡선이 우측으로 이동한다.

> **해설** 임금의 변화는 노동수요곡선상의 이동을 발생시킨다.

23 다음 (　) 안에 알맞은 것은?

> 우하향하는 기울기를 갖는 등량곡선이 근본적으로 보여주는 비는 (　)의 원리이다. 이는 일정 산출량 수준을 유지하는 데 있어서 한 투입요소를 더 이용하면 기업은 다른 투입요소를 줄여야 함을 의미한다.

① 대체　　　　　② 상쇄
③ 보완　　　　　④ 교차

> **해설** 등량선이라고도 하며 노동과 자본의 여러 가지 결합방식에 의하여 동일한 양의 산출물을 생산할 수 있는 점의 자취이다. 즉 어떤 제품을 생산할 때 노동과 자본재의 두 요소를 가지고 생산한다면 노동을 더 많이 사용할 수도 있고 자본재를 더 많이 사용할 수도 있는데, 이것은 각 생산요소는 대체가능성을 가지고 있기 때문이다.

24 다음 중 노동수요의 탄력성에 관한 설명으로 옳은 것은?

① 생산물 수요의 탄력성이 낮을수록 노동수요의 탄력성은 크다.
② 총생산비 중 노동비용의 비중이 낮을수록 노동수요의 탄력성은 크다.
③ 노동 외의 생산요소와 대체가 어려울 경우 노동수요의 탄력성은 작다.
④ 노동 이외 생산요소의 공급탄력성이 클수록 노동수요의 탄력성은 작다.

25 실업에 관한 설명으로 맞는 것은?

① 경기 후퇴 시에는 일반적으로 실망노동자 효과가 부가 노동자 효과보다 크다.
② 잠재실업자는 통계청의 경제활동인구조사에서 실업자의 일부로 집계된다.
③ 잠재실업자의 취업이 가능할 정도까지 경기부양을 실시하는 것이 원칙이다.
④ 세계적인 경기순환에 따른 실업의 증가에는 대책이 없다.

해설 ① 실망노동자 : 실업자들이 경기침체로 취업이 어려워지면 구직활동을 포기하게 되어 경제활동 인구가 줄어들게 된다.
② 부가노동자 : 가구주 소득이 낮아지면 가구원 일부가 취업활동을 하게 되어 경제활동인구가 늘어난다.

26 정부가 임금을 인상시킬 때 오히려 고용이 증대되는 경우는?

① 공급독점의 노동시장
② 수요독점의 노동시장
③ 완전경쟁의 노동시장
④ 복점의 노동시장

해설 일반적으로 임금의 인상은 고용을 감소시키지만, 수요독점의 노동시장에서는 고용을 증가시킨다.

27 다음 중 노동수요의 특성에 대한 설명으로 틀린 것은?

① 유발수요이다.
② 결합수요이다.
③ 유량의 개념이다.
④ 저량의 개념이다.

해설 노동수요나 노동공급은 유량(flow) 개념이다.

28 개별기업수준에서 노동에 대한 수요곡선을 이동시키는 요인이 아닌 것은?

① 기술변화
② 임금변화
③ 최종생산물가격의 변화
④ 노동 이외 타 생산요소 가격변화

해설 임금의 변화는 노동수요곡선상의 이동을 발생시킨다.

29 노조가 임금인상 투쟁을 벌일 때, 고용량 감소효과가 가장 적게 나타나는 경우는?

① 노동수요의 임금탄력성이 0.1일 때
② 노동수요의 임금탄력성이 1일 때
③ 노동수요의 임금탄력성이 2일 때
④ 노동수요의 임금탄력성이 5일 때

해설 노동수요의 탄력성이 비탄력적인 경우(1보다 작은 경우) 고용량의 변화가 적게 나타난다.

30 경쟁시장에서 아이스크림 가게를 운영하는 A씨는 5명을 고용하여 1개당 2000원에 판매하고 있다. 시간당 12000원을 임금으로 지급하면서 이윤을 극대화하고 있다. 만일 아이스크림 가격이 3000원으로 오른다면 현재의 고용수준에서 노동의 한계생산물가치는 시간당 얼마이며, 이때 A씨는 노동의 투입량을 어떻게 변화시킬까?

① 9000원, 증가시킨다.
② 18000원, 증가시킨다.
③ 9000원, 감소시킨다.
④ 18000원, 감소시킨다.

해설 이윤극대화는 임금과 한계생산물가치가 같은 지점이다.
따라서, 임금 = 한계생산물의 가치(한계생산량×시장가격)
$12,000 = 2,000 \times x$(한계생산량)
x(한계생산량) = 6
$6 \times 3,000$원(시장가격) = 18,000원
따라서 한계생산의 가치(18,000원) > 임금(12,000원)이므로 6,000원 만큼 고용을 늘린다.

31 힉스 – 마샬에 관한 설명으로 틀린 것은?

① 최종생산물에 대한 수요가 탄력적일수록, 노동에 대한 수요는 탄력적이 된다.
② 다른 요소와의 대체가능성이 높을수록 노동에 대한 탄력성은 작게 된다.
③ 다른 생산요소의 공급탄력성이 작을수록 노동을 다른 생산요소(자본)로 대체하기가 어렵게 되기 때문에 노동수요의 탄력성은 작아진다.
④ 총생산비에서 차지하는 노동비용의 비중이 높을수록 노동에 대한 수요탄력성은 크게 된다.

해설 다른 생산요소와의 대체가능성이 높을수록 노동에 대한 탄력성은 크게 된다.

PART 04 노동시장론

정답 25 ① 26 ② 27 ④ 28 ② 29 ① 30 ② 31 ②

32 다음 중 비경제활동인구가 아닌 사람은?

① 전업주부
② 구직활동은 하고 있으나 직업을 구할 수 없는 자
③ 일을 할 수 없는 노인과 장애인
④ 자발적으로 자선단체나 종교단체에 관여한 자

해설 구직활동은 하고 있으나 직업을 구할 수 없는 자는 경제활동인구 중 실업자에 해당된다.

33 처음 7명의 노동자의 평균생산량은 20단위였다. 노동자를 추가로 한 사람 더 고용함으로써 평균생산량은 18단위로 감소하였다. 이때 추가 고용된 노동자의 한계생산량은?

① 4단위
② 5단위
③ 6단위
④ 7단위

해설 한계생산량이란 어떤 생산요소(노동) 1단위를 추가로 투입했을 때 추가적으로 얻을 수 있는 산출물의 변화량이다. 7명일 때 총 생산량은 7명×20단위＝140단위이며, 8명일 때 총 생산량은 8명×18단위＝144단위이다. 따라서 노동의 한계생산량은 4단위이다.

34 임금이 10,000원에서 12,000원으로 증가할 때 고용량이 120명에서 108명으로 감소한 경우 노동수요의 탄력성은?

① 0.5
② 0.006
③ 0.009
④ 0.056

해설 임금의 변화율 $= \dfrac{|10,000 - 12,000|}{10,000} = 0.2$

노동수요량의 변화율 $= \dfrac{|120 - 108|}{120} = 0.1$

노동수요의 탄력성 $= \dfrac{\text{노동수요량의 변화율(\%)}}{\text{임금의 변화율(\%)}} = \dfrac{0.1}{0.2} = 0.5$

35 노동수요의 탄력성에 대한 설명으로 맞는 것은?

① 노동수요의 탄력성은 기업의 생산물 시장에 있어서 생산물의 수요탄력성이 보다 탄력적일수록 비탄력적으로 된다.
② 총비용에서 차지하는 노동비용의 비율이 클수록 노동수요의 탄력성은 더욱 커진다.
③ 노동과 자본의 대체가능성이 클수록 노동수요의 탄력성은 더욱 작아지게 된다.
④ 노동을 대체할 수 있는 다른 생산요소, 예를 들면 자본의 공급탄력성이 클수록 노동수요의 탄력성은 더욱 비탄력적으로 된다.

해설 ㉠ 시장에서 생산물에 대한 수요의 탄력성이 클수록 탄력성은 커진다.
㉡ 총 생산비에서 차지하는 노동비용이 클수록 탄력성은 커진다.(노동 집약산업)
㉢ 다른 생산요소와의 대체가능성이 클수록 탄력성은 커진다.
㉣ 다른 생산요소의 공급탄력성이 클수록 탄력성은 커진다.

36 기업에서 단기노동수요를 증가시키는 요인으로 맞는 것은?

① 상품 수요의 증가
② 실업의 감소
③ 노동생산성의 체감
④ 고용보험료의 인상

해설 상품의 수요 증가, 한계생산의 증가, 상품의 가격이 상승하면 노동수요는 증가한다.

37 노동의 수요탄력성이 0.5이고 다른 조건이 일정할 때 임금이 5% 상승한다면 고용량의 변화는?

① 0.5% 감소한다.
② 2.5% 감소한다.
③ 5% 감소한다.
④ 5.5% 감소한다.

해설 노동수요의 탄력성 $= \dfrac{\text{노동수요량의 변화율(\%)}}{\text{임금의 변화율(\%)}}$

$0.5 = \dfrac{x\%}{5\%}$, $x = 2.5\%$

38 후방굴절형 노동공급곡선에 대한 설명으로 옳은 것은?

① 임금이 일정 수준 이상으로 오르면 임금이 오를수록 노동공급이 감소하게 된다.

② 임금변화의 대체 효과가 소득 효과보다 클 때 임금과 노동시간 사이에 부의 관계가 나타나는 것을 말한다.

③ 노동공급의 변화율을 노동가격 변화율로 나눈 값이 점차 감소하는 현상을 그래프로 나타낸 것을 말한다.

④ 인구가 일정 규모 이상이 되면 임금이 오를수록 노동공급이 감소하는 것을 그래프로 나타낸 것을 말한다.

해설 후방굴절형 노동공급곡선은 소득효과가 대체효과보다 클 때 임금과 노동시간 사이에 부의 관계가 나타난다.

39 최근 연장근로 등 일정량 이상의 노동을 기피하는 풍조가 확산되고 있다. 이러한 현상에 대한 분석 도구로 가장 적합한 것은?

① 최저임금제 　　　　② 후방굴절형 노동공급곡선

③ 화폐적 환상 　　　　④ 노동의 수요독점

해설 근로자들의 임금이 일정한 수준 이상으로 상승하면 고소득으로 인한 여가의 증가로 노동시간의 감소를 나타내는데, 이 경우 개인의 노동공급곡선은 일정수준 이상의 높은 임금에서 뒤쪽으로 굽어지는 형태를 보인다. 이를 후방 굴절형 곡선이라 한다. 다만 여가가 열등재일 경우는 후방굴절하는 것이 아니고 임금수준과 무관하게 우상향 한다.

40 근로소득세의 인상이 노동공급에 미치는 효과에 대한 설명으로 가장 적합한 것은?

① 소득이 감소하므로 노동공급이 증가한다.

② 소득효과와 대체효과의 크기를 알 수 없으므로 노동공급의 증감을 알 수 없다.

③ 일반적으로 소득효과가 크므로 노동공급은 증가한다.

④ 여가의 상대적 가격이 상승하므로 노동공급이 감소한다.

해설 근로소득세의 인상은 근로자들의 소득감소 효과를 가져온다. 그러나 소득효과와 대체효과의 크기를 알 수 없으므로 노동공급의 증감을 알 수 있다.

41 임금상승에 따라 후방굴절하는 구간에서의 노동공급곡선에 대한 설명으로 옳은 것은?(단, 여가는 소득효과가 양(+)인 정상재이다.)

① 여가가 정상재이기 때문에 항상 후방굴절한다.

② 여가에 대한 대체효과의 크기가 소득효과의 크기보다 크다.

③ 여가에 대한 대체효과의 크기가 소득효과의 크기와 같다.

④ 여가에 대한 대체효과의 크기가 소득효과의 크기보다 작다.

해설 후방굴절하는 구간에서는 소득효과의 크기가 대체효과의 크기보다 크다.

42 다음 중 경기침체시 실업률이 높아질 때 경제활동인구를 감소시키는 효과는?

① 실망노동자효과(discouraged worker effect)

② 부가노동자효과(added worker effect)

③ 구축효과(crowding-out effect)

④ 대기실업효과(wait-unemployment effect)

해설 실업자들이 경기침체로 취업이 어려워지면 구직활동을 포기하게 되어 경제활동 인구가 줄어들게 된다.

43 경기가 나빠져 노동의 수요가 줄어들었을 때 노동의 공급이 임금에 대해 탄력적이면 탄력적일수록 임금의 변화로 옳은 것은?

① 수요의 감소율에 비해 임금의 하락률이 작아진다.

② 수요의 감소율에 비해 임금의 하락률이 커진다.

③ 수요의 감소율과 임금의 하락률이 같아진다.

④ 수요의 감소율과 임금의 하락률 사이에는 아무런 관계가 없다.

해설 $노동공급의 탄력성 = \dfrac{노동공급량의\ 변화율(\%)}{임금의\ 변화율(\%)}$

노동의 공급이 임금에 대해 탄력적이므로 임금의 변화율보다 노동공급량의 변화율이 크다. 노동수요가 줄어든다면 임금 또한 하락하게 되는데, 이때 임금의 변화에 대해 노동공급이 탄력적이므로 임금의 변화에 민감한 노동공급으로 인해 임금의 하락률이 작아지게 된다.

PART 04
노동시장론

44 노동공급의 탄력성 값이 0인 경우 노동공급곡선의 형태는?

① 수평이다.　　　　　② 수직이다.
③ 우상향이다.　　　　④ 후방굴절형이다.

> **해설** 노동공급의 탄력성 값이 0인 경우는 완전 비탄력적인 경우이며, 노동공급곡선은 수직이다.

45 임금상승에 따라 노동공급곡선이 후방굴절(상당부분에서 좌상향으로 굽어짐)을 보이는 이유는?

① 임금상승시 대체효과가 소득효과보다 크기 때문이다.
② 임금상승시 소득효과가 대체효과보다 크기 때문이다.
③ 임금상승시 소득효과와 대체효과가 같아지기 때문이다.
④ 임금상승시 노동자들이 일을 더하려고 하기 때문이다.

> **해설** 근로자들의 임금이 일정한 수준 이상으로 상승하면 고소득으로 인한 여가의 증가(소득효과)로 노동시간의 감소를 나타내는데, 이 경우 개인의 노동공급곡선은 일정수준 이상의 높은 임금에서 뒤쪽으로 굽어지는 형태를 보인다.

46 노동시장에 관한 설명으로 틀린 것은?

① 노동공급곡선은 노동의 한계비효용을 반영하고 있다.
② 완전경쟁시장에 속한 기업이 이윤극대화를 추구할 때, 한 생산요소의 한계생산물 가치가 그 생산요소의 가격보다 높다면 이 생산요소의 투입을 증가시킨다.
③ 공장에서 일거리가 많아 시간당 임금을 인상했는데도 근로자들이 초과노동을 하지 않는다면 임금상승의 대체효과가 소득효과를 능가한다고 볼 수 있다.
④ 효율임금이론은 임금을 동종업계보다 많이 지급함으로써 근로자가 생산성을 최대한 발휘하도록 하는 전략과 관계된다.

> **해설** 소득효과가 대체효과보다 큰 구간이며, 후방굴절구간이다.

47 다음은 무엇에 관한 설명인가?

> 경기가 하강할 때 주노동자가 실직하게 됨에 따라 가족 중 비경제활동인구로 머물던 이차적 노동력이 가계의 소득을 유지하기 위하여 노동시장에 참가하여 실업률을 높이게 된다.

① 잠재실업효과　　　　② 실망노동자효과
③ 부가노동자효과　　　④ 노동공급의 기회비용효과

48 만일 여가가 열등재라면 개인의 노동공급곡선의 형태는?

① 후방굴절한다.　　　　② 완전비탄력적이다.
③ 완전탄력적이다.　　　④ 우상향한다.

> **해설** 근로자들의 임금이 일정한 수준 이상으로 상승하면 고소득으로 인한 여가의 증가로 노동시간이 감소한다. 이 경우 개인의 노동공급곡선은 일정수준 이상의 높은 임금에서 뒤쪽으로 굽어지는 형태를 보이며 이를 후방 굴절형 곡선이라 한다. 다만 여가가 열등재일 경우는 후방굴절하는 것이 아니고 임금수준과 무관하게 우상향한다.

49 노동의 공급곡선에 대한 설명 중 틀린 것은?

① 일정 임금수준 이상이 될 때 노동의 공급곡선은 후방굴절부분을 가진다.
② 임금과 노동시간 사이에 음(−)의 관계가 존재할 경우 임금률의 변화시 소득효과가 대체효과 보다 작다.
③ 임금과 노동시간의 관계이다.
④ 노동공급의 증가율이 임금상승률보다 높다면 노동공급은 탄력적이다.

> **해설** 음(−)의 관계란 임금과 노동시간이 반비례한 것을 의미한다. 즉, 임금이 높아지면 노동시간이 감소한다는 것을 의미하며, 이때 소득효과는 대체효과보다 크다.

50 노동공급의 소득효과에 관한 설명으로 맞는 것은?

① 임금 이외 소득의 증가로 노동공급량을 증가시키는 것이다.
② 임금소득의 증가로 여가를 증가시키고 노동공급량을 감소시키는 것이다.
③ 임금소득의 증가로 노동공급량을 증가시키는 것이다.
④ 노동의 소득효과가 대체효과보다 크면 노동공급곡선이 우상향하는 형태로 나타난다.

해설 **소득효과**
고소득으로 인한 여가의 증가로 노동시간이 감소하는 효과이다.

51 경기침체로 실업이 계속 증가하여 실업자가 직장을 구하는 것이 더욱 어렵게 되어 구직활동을 단념함으로써 비경제활동인구가 늘어나고 경제활동인구가 감소하는 것은?

① 부가노동자 효과　　② 실망노동자 효과
③ 대기실업효과　　　④ 추가실업효과

52 만일 여가가 열등재라면, 임금이 증가할 때 노동공급은 어떻게 변하는가?

① 임금수준에 상관없이 임금이 증가할 때 노동공급은 감소한다.
② 임금수준에 상관없이 임금이 증가할 때 노동공급은 증가한다.
③ 낮은 임금수준에서 임금이 증가할 때는 노동공급이 증가하다가 임금수준이 높아지면 임금증가는 노동공급을 감소시킨다.
④ 낮은 임금수준에서 임금이 증가할 때는 노동공급이 감소하다가 임금수준이 높아지면 임금증가는 노동공급을 증가시킨다.

해설 근로자들의 임금이 일정한 수준 이상으로 상승하면 고소득으로 인한 여가의 증가로 노동시간의 감소를 나타내는데, 이 경우 개인의 노동공급곡선은 일정수준 이상의 높은 임금에서 뒤쪽으로 굽어지는 형태를 보인다. 이를 후방 굴절형 곡선이라 한다. 다만 여가가 열등재일 경우는 후방굴절하는 것이 아니고 임금수준과 무관하게 우상향한다.

53 다음 중 노동공급의 탄력성 결정요인이 아닌 것은?

① 노동조합의 결성과 교섭력의 정도
② 노동이동의 용이성 정도
③ 여성의 취업기회의 창출 가능성 여부
④ 다른 생산요소로의 노동의 대체 가능성

해설 다른 생산요소와의 대체가능성은 노동수요탄력성의 결정요인이다.

54 다음은 후방굴절형의 노동공급곡선을 나타낸 것이다. 이때 노동공급곡선상의 a, b 구간에 대한 설명으로 맞는 것은?

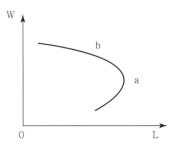

① 소득효과＝0　　　② 대체효과＝0
③ 소득효과＜대체효과　　④ 소득효과＞대체효과

해설 근로자들의 임금이 일정한 수준 이상으로 상승하면 고소득으로 인한 여가의 증가로 노동시간의 감소를 나타내는데, 이 경우 개인의 노동공급곡선은 일정수준 이상의 높은 임금에서 뒤쪽으로 굽어지는 형태를 보인다. 이를 후방 굴절형 곡선이라 한다.

55 경제활동 참가 또는 노동공급을 결정하는 요인에 대한 설명으로 사실과 가장 거리가 먼 것은?

① 비근로소득이 클수록 경제활동 참가는 낮아진다.
② 자녀수가 많을수록 경제활동 참가는 낮아진다.
③ 교육수준이 높아질수록 경제활동 참가는 증가한다.
④ 기업의 노동시간이 신축적일수록 노동공급이 감소한다.

해설 기업의 노동시간이 신축적일수록 노동공급은 증가한다.

56 인적자본이론에서 연령이 적은 근로자일수록 이동경향이 높게 나타나는 이유와 가장 거리가 먼 것은?

① 연령이 적을수록 위험선호형이기 때문이다.
② 연령이 적을수록 새로운 직장에서 받는 임금이 높을 가능성이 크기 때문이다.
③ 연령이 적을수록 새로운 직장에서 임금을 회수할 기간이 길기 때문이다.
④ 연령이 적을수록 이동비용이 적게 들기 때문이다.

해설 연령이 적을수록 미래소득의 증가를 예상하여 이동이 많다.

57 다음 중 노동력의 지역간 이동이론에서 도시공식부문과 비공식부문의 개념을 도입한 것은?

① 농민층분해론
② 루이스(A. Lewis)모형
③ 페티(W. Petty) – 클리크(C. C. Clark)법칙
④ 토다로(M. P. Todaro)모형

해설 토나로는 농촌·도시간의 노동력 이동현상을 농촌에 있는 노동력이 도시의 전통부문, 즉 도시의 비공식부문(urban informal sector)에 먼저 이동하고, 그곳에서 도시생활에 점차 익숙해지면서 근대적인 취업에 대한 준비를 갖춤에 따라 취업기회를 포착하여 근대부문으로 취업한다고 파악하고 있다.

58 분단노동시장(Segmented Labor Market)가설의 출현배경과 가장 거리가 먼 것은?

① 능력분포와 소득분포의 상이
② 교육개선에 의한 빈곤퇴치 실패
③ 소수인종에 대한 현실적 차별
④ 동질의 노동에 동일한 임금

해설 동일 노동에의 동일 임금 지급은 단일노동시장(완전경쟁노동시장)이다.

59 다음 중 경쟁노동시장모형의 가정으로 틀린 것은?

① 노동자 개인이나 개별 고용주는 시장임금에 아무런 영향력을 행사할 수 없다.
② 노동자의 단결조직과 사용자의 단결조직은 없다.
③ 모든 직무의 공석은 내부노동시장을 통해서 채워진다.
④ 노동자와 고용주는 완전정보를 갖는다.

해설 직무의 공석발생시 내부노동시장에서 채워지는 것은 분단노동시장이다.

60 다음 중 분단노동시장가설이 암시하는 정책적 시사점과 가장 거리가 먼 것은?

① 노동시장의 공급측면에 대한 정부개입 또는 지원을 지나치게 강조하는 것에 대해 부정적이다.
② 공공적인 고용기회의 확대나 임금보조, 차별대우 철폐를 주장한다.
③ 외부노동시장의 중요성을 강조한다.
④ 노동의 인간화를 도모하기 위한 의식적인 정책노력이 필요하다.

해설 내부노동시장의 중요성을 강조한다.

61 다음 중 노동공급의 결정요인이 아닌 것은?

① 인구의 규모와 구조   ② 노동생산성의 변화
③ 임금지불방식   ④ 동기부여와 사기

해설 노동생산성의 변화는 노동수요의 결정요인이다.

62 기업 내부노동시장의 형성요인이 아닌 것은?

① 노동조합의 존재   ② 기업 특수적 숙련기능
③ 직장내 훈련   ④ 노동관련 관습

해설 노동시장을 내부노동시장과 외부노동시장으로 구분한 이후, 기업내에서의 숙련의 특수성, 직장내 훈련(현장훈련), 관습에 따라 기업의 내부노동시장이 형성된다.

63 다음 중 내부노동시장이 강화될 가능성이 가장 높은 상황은?

① 고용형태가 다양화되고 있다.
② 구조조정이 급속히 이루어지고 있다.
③ 기업 특수인적자본의 형성이 중시된다.
④ 급속한 기술변화로 제품의 수명이 단축되고 수요가 안정적이지 않다.

해설 기업 내에서의 숙련의 특수성, 직장내 훈련(현장훈련), 관습에 따라 기업의 내부노동시장이 형성되며, 이러한 기업 내의 고유한 숙련은 특수한 인적자본을 형성한다.

64 다음 중 노동시장 유연성(Labor Market Flexibility)에 관한 설명으로 틀린 것은?

① 노동시장 유연성이란 일반적으로 외부환경변화에 인적자원이 신속하고 효율적으로 재배 분되는 노동시장의 능력을 지칭한다.
② 외부적 수량적 유연성이란 해고를 좀 더 자유롭게 하고 다양한 형태의 파트타임직을 확장시키는 것을 포함한다.
③ 외부적 수량적 유연성의 예로는 변형시간근로제, 탄력적 근무시간제 등이 있다.
④ 기능적 유연성이란 생산과정 변화에 대한 근로자의 적응력을 높이는 것을 의미한다.

해설 내부노동시장에서의 수량적 유연성은 기업이 근로자 수의 변경 없이 근로시간을 조절하는 정도를 말하는 것으로 변형근로시간 제도, 변형근무일 제도, 다양한 교대근무제도 등이 있다.

65 여성의 경제활동참가에 관한 설명으로 옳은 것만을 바르게 짝지은 것은?

> A. 최근의 여성의 경제활동참가율의 상승은 많은 부분 기혼 여성의 경제활동참가가 크게 늘어난 데에 기인한다.
> B. 여성의 경제활동참가율은 20대 후반에 크게 낮아지는 M자형의 모양을 갖는다.
> C. 여성의 경제활동참가율이 높아지면서 여성 근로자의 임금수준의 남성 근로자의 임금수준에 대한 비율은 더욱 낮아졌다.

① A, B
② A, C
③ B, C
④ A, B, C

해설 여성과 남성의 임금격차가 점차 감소하고 있다.

66 다음 중 내부노동시장의 특징과 가장 거리가 먼 것은?

① 제1차 노동자로 구성되어진다.
② 장기근로자로 구성되어진다.
③ 승진제도가 중요한 역할을 한다.
④ 고용계약 형태가 다양하다.

해설 고용계약의 형태가 다양한 것은 외부노동시장이다.

67 다음 중 2차 노동시장의 특징에 해당되는 것은?

① 높은 임금
② 높은 안정성
③ 높은 이직률
④ 높은 승진률

해설 2차 노동시장은 저임금, 열악한 노동조건 높은 노동 이동률, 승진 기회의 부재, 낮은 현장 훈련기회, 특히 고용의 불안정성이 심한 노동시장이다.

68 다음 중 노동시장의 유연화(Flexible Labor Market)와 관련 있는 제도는?

① 변형근로시간제
② 주 5일 근무제
③ 연공서열제
④ 생산성임금제

해설 산업구조나 기술의 변화에 따라 노동이 탄력적으로 대처하기 위하여 노동의 유연성을 확보해야 한다.

69 보상요구임금(Reservation Wage)에 관한 설명으로 틀린 것은?

① 노동을 시장에 공급하기 위해 노동자가 요구하는 최소한의 주관적 요구 임금수준이다.
② 의중임금 또는 눈높이 임금으로 불린다.
③ 시장에 참가하여 효용극대화를 달성하는 근로자의 의중임금은 실제임금과 일치한다.
④ 전업주부의 의중임금은 실제임금보다 낮다.

해설 전업주부의 의중임금은 실제임금보다 일반적으로 높다.

70 숙련 노동시장과 비숙련 노동시장이 완전히 단절되어 있다고 할 때 비숙련 외국근로자의 유입에 따라 가장 큰 피해를 입는 집단은?

① 국내 소비자　　　　② 국내 비숙련공
③ 노동집약적 기업주　④ 기술집약적 기업주

해설　임금이 저렴한 외국 노동자가 국내에 유입됨에 따라 국내 비숙련 근로에 대한 고용이 감소되고 이들에 대한 임금도 낮아질 것이다.

71 다음 중 여성의 경제활동참가를 결정하는 요인에 관한 설명으로 틀린 것은?

① 여타 조건이 일정불변일 때 시간의 경과에 따라 시장 임금이 증가할수록 여성의 경제활동참가율은 높아진다.
② 도시화의 진전은 여성으로 하여금 가정재 생산에 있어 시장구입 상품에 보다 의존하게 만들어 시장노동의 가능성을 넓혀준다.
③ 단시간근로자에 대한 기업의 수요가 증가하면 기혼여성의 경제활동 참가를 낮추는 요인으로 작용한다.
④ 탁아시설의 미비는 여성의 보상요구임금 수준을 높여 기혼여성의 경제활동참가를 낮추는 요인으로 작용한다.

해설　단시간근로자에 대한 수요증가는 기혼여성의 경제활동 참가율을 높이는 요인으로 작용한다.

72 다음 중 내부노동시장이 갖는 장점이 아닌 것은?

① 내부승진이 많다.
② 장기적인 고용관계가 성립한다.
③ 기업의 특수한 인적자원 육성에 유리하다.
④ 임금비용이 경기변화에 유연하게 움직인다.

해설　외부노동시장의 경우 경기변화에 따라 임금이 유연하게 변화한다.

73 완전경쟁하에서 노동의 수요곡선을 우하향하게 하는 주된 요인은 무엇인가?

① 노동의 한계생산력　② 노동의 가격
③ 생산물의 가격　　　④ 한계비용

해설　노동수요곡선이 우하향하게 되는 주된 요인은 한계생산이 체감하기 때문이다.

74 다음 중 자발적 노동이동에 따른 순수익의 현재가치를 결정해주는 요인이 아닌 것은?

① 새로운 직장의 고용규모
② 새 직장에서의 예상 근속년수
③ 장래의 기대되는 수익과 현 직장에서의 수익의 차를 현재가치로 할인해 주는 할인율
④ 노동이동에 따른 직·간접 비용

해설　직장의 고용규모와 순수익은 관련이 없다.

75 개인이 노동시장에서의 노동공급을 포기하는 경우에 관한 설명으로 틀린 것은?

① 개인의 여가−소득간의 무차별곡선이 수평에 가까운 경우이다.
② 개인의 여가−소득간의 무차별곡선과 예산제약선 간의 접점이 존재하지 않거나, 코너(corner)점에서만 접점이 이루어질 경우이다.
③ 일정수준의 효용을 유지하기 위해 1시간 추가적으로 더 일하는 것을 보상하기 위해 요구되는 소득이 시장 임금률 보다 더 큰 경우이다.
④ 소득에 비해 여가의 효용이 매우 큰 경우이다.

해설　개인이 노동시장에서 노동공급을 포기하는 경우는 요구임금보다 시장임금이 낮은 경우이다.
무차별곡선이 수평에 가까운 경우는 요구임금이 작아진 것을 뜻하며 이때 노동공급은 증가한다.

76 다음 중 적극적 노동시장정책(ALMP)에 속하는 것은?

① 실업급여 지급　　② 취업알선
③ 실업자 대부　　　④ 실직자녀 학자금 지원

해설　실업보험은 사후적/소극적 사회보장 정책이며, 고용안정사업/직업능력개발사업은 사전적/적극적 노동시장 정책이다.

77 여성의 경제활동참가를 결정하는 요인에 대한 설명으로 틀린 것은?

① 남편의 소득이 낮을수록, 자녀의 수가 적을수록 여성의 경제활동이 증가한다.
② 가계생산의 기술(household technology)이 향상될수록 여성의 경제활동참가율은 높아진다.
③ 파트타임 고용시장의 미발달은 30대 기혼여성의 경제활동참가를 낮추는 요인으로 작용한다.
④ 도시화의 진전은 여가활동에서 시간집약적 여가활동에 의존하게 되어 시장노동의 가능성을 넓혀준다.

해설 도시화의 진전은 시간집약적 여가활동보다 가치집약적 여가활동을 추구하게 하여 여성의 경제활동참가율을 높인다.

78 인적자본이론의 노동이동에 대한 설명으로 틀린 것은?

① 사직률과 해고율은 기업특수적 인적자본과 부(−)의 상관관계를 갖는다.
② 인적자본이론에서는 장기근속자일수록 기업특수적 인적자본량이 많아져 해고율이 낮아진다고 주장한다.
③ 임금률이 높을수록 해고율은 높다.
④ 사직률과 해고율은 경기변동에 따라 상반되는 관련성을 갖고 있다.

해설 고임금은 상대적으로 우수한 양질의 노동력 확보가 가능하며, 기업의 해고율은 낮아진다.

79 다음 중 기업특수적 인적자본 형성의 원인이 아닌 것은?

① 기업간 차별화된 제품생산
② 생산공정의 특유성
③ 생산장비의 특유성
④ 일반적 직업훈련의 차이

해설 일반적 직업훈련의 차이보다 기업특수적인 훈련의 차이에 의해 발생한다.

정답 77 ④ 78 ③ 79 ④

V O C A T I O N A L   C O U N S E L O R

CHAPTER 02

임금의 제개념

임금의 의의와 결정이론

1 임금의 의의

1) 의의

① 노동을 제공하여 얻은 소득으로 사용자의 입장에서 보면 기업에 제공된 노동에 대하여 지불하는 대가이며, 근로자의 입장에서 보면 생활의 원천을 이루는 소득이다.

② 근로기준법에는 〈사용자가 근로의 대가로 근로자에게 임금, 봉급, 그 밖에 어떠한 명칭으로든지 지급하는 일체의 금품을 말한다.〉고 규정

③ 각종 수당, 상여금 등 임시적 지급을 제외한 경상적지급 만을 의미하는 협의의 임금과 정기적으로 지급되는 통상의 임금 또는 봉급 등의 경상적지급은 물론 수당, 상여금 등 각종 임시적 지급을 모두 포함하는 광의의 임금

④ 임금은 기본적으로 노동의 보수로서, 기업에 대한 노동의 공헌에 따라서 지급되는 일체의 대가를 의미하는 것으로 해석

2 임금의 경제적 기능

1) 경제적 기능

① 노동자에게 소득의 가장 중요한 원천

② 인적자원의 효율적인 배분과 이용을 촉진

③ 노동자로 하여금 최선의 직업을 선택하기 위해 인적자본의 형성을 촉진, 관리하는 수단

④ 임금을 노동자의 선천적 또는 후천적 특징을 기준으로 지급해 근로자를 관리
하는 수단
⑤ 임금은 구매력, 유효수요에 영향을 미치기 때문에 경제의 안정과 성장에 밀접
한 관련이 있다.

2) 임금관리의 대상

① 임금수준의 적정성 : 일정기간 동안 근로자에게 지급되는 평균임금을 의미하
며 이는 종업원의 생계비 수준, 기업의 지불능력, 사회일반의 임금수준을 고
려하여야 한다.
② 임금체계의 공정성 : 근로자의 개별적인 임금을 결정하는 기준으로 구성원 개
인 간의 임금격차를 결정하는 개별인건비 관리에 해당한다.
③ 임금형태의 합리성 : 계산방법 및 임금의 지급방법 또는 임금의 지급과 관련
된 제도를 총괄하는 표현으로 근로자가 객관적으로 이해할 수 있는 합리성이
요구된다.

❸ 임금결정이론

1) 임금생존비설

① 임금은 생존비 수준에서 결정된다.
② 임금이 일시적으로 노동력을 유지하는데 필요한 생존비 이상으로 상승한다면
노동자는 가족을 늘려서 인구를 증가시키고 노동공급이 증가되어 결국 임금
을 생존비 수준으로 인하시킨다.
③ 맬서스(Malthus)의 인구론을 바탕으로 한다.
④ 산업화 초기단계의 후진국에서의 무제한적인 노동공급하에서는 타당성을 가
진다.(루이스-노동력 공급이 무제한일때 설득력이 있다.)

> 임금생존비설은 임금이 노동자 및 그
> 가족의 생활을 유지할 수 있을 정도의
> 수준에서 결정되어야 한다.

2) 임금기금설

① 어느 한 시점에서 노동자의 임금으로 지불될 수 있는 부의 총액 또는 기금은
이미 정해져 있고, 이 기금을 노동자들이 분배할 수밖에 없으므로 임금은 임
금기금을 노동자 수로 나눈 것과 같다.
② 노동조합의 노력으로 임금을 변화시킬 수 없으며, 일부에서 임금을 올리면 다
른 일부에서는 임금이 하락하거나 실업하게 된다는 것

> 임금기금설은 임금-물가 악순환론, 지
> 불능력설, 한계생산력설 등에 영향을
> 미친 임금결정이론이다.

3) 노동가치설(잉여가치착취설)

① 노동력의 가치는 노동자 계급의 유지와 재생산에 필요한 생존수단을 생산하
는데 필요한 노동시간(사회적 필요노동시간)에 의하여 결정된다는 이론이다.
② 노동자는 필요노동시간과 잉여노동시간을 합친 만큼의 노동을 하는데, 이중
필요노동시간에 대하여만 임금을 지급받고 나머지 잉여가치는 자본가가 착
취한다.

4) 한계생산력설

① 최종 단위의 노동이 생산해내는 생산물의 가치인 노동의 한계생산물가치에 의해 임금이 결정

② 임금은 노동이라는 하나의 생산요소의 가격으로서, 결국 노동의 수요와 공급의 균형점에서 결정되며, 이 경우에 노동의 수요를 결정하는 것은 노동의 한계생산력이다.

    ㉠ 개별 기업은 그들이 이윤을 얻을 수 있을 때까지 고용량을 늘림

    ㉡ 이윤극대화를 위한 기업간 경쟁으로 그 기업의 생산물에 기여한 노동자의 한계생산물의 가치와 임금이 같아짐

    ㉢ 생산요소 간에 대체가 가능해 비효율적인 생산요소는 더욱 효율적인 생산요소로 대체

5) 교섭력설(세력설)

① 고용기회나 노동공급량에 불리한 영향을 미치지 않으면서도 일정한 범위 내에서 임금이 교섭력에 의하여 변경될 수 있다.

② 개별 노동자들은 지식의 부족과 교섭력의 부족으로 인하여 불리한 위치에 서게 되면 불리한 임금을 받고 노동조합을 결성하여 조합의 교섭력이 강해지면 임금이 교섭력 상승에 의하여 인상될 수 있다.

4 임금수준의 결정

임금수준의 결정원칙은 기업의 지불능력의 원칙, 생계비보장의 원칙, 사회적 균형의 원칙이다.

1) 지불능력

① 노동수요 측면에서 본 임금수준 결정의 마지노선이다.

② 기업의 지불능력을 파악하는 기준으로서 생산성과 수익성 두 가지를 삼을 수 있다.

    ㉠ 생산성은 투입량에 대한 산출량의 대비이고

    ㉡ 수익성은 지출에 대한 수익의 비율이다.

2) 생계비

생계비는 노동조합이 가장 강조하는 임금수준의 결정기준이다.

① 노동공급 측면에서 본 임금수준 결정의 마지노선이다.

② 정확한 생계비 측정과 노동자의 라이프 사이클을 고려하는 것이 중요하다.

3) 사회적 균형

임금결정에서 기업주는 동일노동 차등임금을 선호하고 노동자는 동일노동 동일임금을 선호한다.

① 노동시장의 측면에서 본 임금 결정의 기준이다.

② 임금수준은 동종업종이나 동일지역에 형성된 시장임금 수준과 균형을 맞춰야 노동력 확보가 용이하며 사회제도에 부합하여야 인정될 수 있다.

5 임금의 범위

1) 평균임금

① 평균임금을 산정할 사유가 발생한 날 이전 3개월간에 그 근로자에 대하여 지급한 임금의 총액을 그 기간의 총 일수로 나눈 금액을 말한다.
② 평균임금은 퇴직금, 재해보상, 휴업수당 등의 산출기준으로 활용되고 있다.

2) 통상임금

① 근로자에게 정기적, 일률적으로 소정근로 또는 총 근로에 대하여 지급하기로 정하여진 시간급금액, 주급금액, 월급금액 또는 도급금액을 말한다.
② 통상임금은 시간외 수당, 연·월차수당, 주휴수당 등 일상적인 업무와 관련된 수당의 산출기준

   ※ 고정적 임금(총액임금) : 기본급, 통상적 수당, 기타 수당 → 정액급여와 고정적 상여금으로 구성
   ※ 변동적 임금 : 상여금, 초과근무수당(연장근무), 야간근로 → 초과급여, 변동적 상여금

초과급여, 특별급여 등은 통상임금 산정에서 제외된다.

6 최저임금제도

최저임금제도란 국가가 법적 강제력을 가지고 임금의 최저한도를 정하여 이보다 낮은 수준으로는 사용자가 근로자를 고용하지 못하도록 함으로써 상대적으로 불리한 위치에 있는 근로자를 보호하고자 하는 제도를 말한다.

1) 목적

① 저임금 피고용인(근로자)의 소득을 증대시켜 빈곤을 퇴치하고 교섭력이 미약한 미숙련, 비조직 피고용인의 노동력 착취를 방지하려는 사회정책적 목적이다.
② 소비성향이 높은 저임금 피고용인의 구매력을 증대시켜 유효수요를 확대하고 불황에 발생하기 쉬운 임금절하로 인한 유효수요의 축소를 방지하려는 경제정책적 목적이다.
③ 임금의 최저한도를 규정함으로써 저임금에 의존하는 경쟁을 지양하고, 장기적으로 기술개발 및 생산성 향상을 통한 기업 간의 공정한 경쟁이 이루어지도록 하려는 산업 정책적 목적이다.

2) 적용사업장

근로자를 사용하는 모든 사업 또는 사업
   ※ 적용 제외 – 다만, 동거의 친족만을 사용하는 사업, 가사사용인, 정신 또는 신체의 장애로 근로 능력이 현저히 낮은 자, 그리고 선원법의 적용을 받는 선원 및 선박의 소유자

3) 결정기준

근로자의 최저생계비

4) 최저임금의 효과

① 부정적 : 균형임금보다 높은 임금수준은 노동의 초과공급으로 실업을 유발한다.
② 긍정적 : 장기적으로 임금수준의 향상은 동기부여를 가져와 생산성 향상과 상품수요의 증대를 가져와 고용량 증가로 연결된다.

5) 최저임금의 효력

① 최저임금액 이상의 임금을 지급하여야 한다.
② 최저임금을 이유로 종전의 임금을 저하시켜서는 아니 된다.
③ 최저임금에 미달하는 임금을 정한 근로계약은 그 부분에 한하여 무효로 한다.

6) 최저임금의 기대효과

① 지나친 저임금, 산업간, 직종 간 임금격차를 개선한다.
② 2차 노동시장 근로자 즉, 청소년, 여성근로자, 고령자 등을 보호한다.
③ 저임금에 의존하는 기업에 충격을 주어 경영개선, 경영합리화 및 효율화를 기하여 기업근대화를 촉진한다.
④ 기업의 지나친 저임금에 의존한 값싼 제품의 제조, 판매로 인한 공정거래 질서를 해하는 기업의 정리로 공정한 경쟁의 확보가 가능하다.
⑤ 노동력의 질적 향상과 근로자의 근로의욕 향상으로 인한 생산성 향상으로 고임금 경제를 가져온다.
⑥ 산업구조의 고도화에 기여한다.
⑦ 노사분규를 방지한다.
⑧ 유효수요의 확보가 가능하다.
⑨ 근대 복지국가의 사회복지제도의 기초가 된다.

7) 최저임금의 부정적 효과

① 고용에 대한 부정적 효과
최저임금 도입으로 인하여 타 생산요소에 비해 노동력의 상대가격이 상승함에 따라 노동에 대한 수요를 줄이게 되어 고용량 감소 및 실업이 늘어난다.
② 지역 간 경제활동의 배분을 왜곡시키고 전반적인 생산을 감소시킨다.
③ 소득분배에 역진적인 효과
최저임금 이하로 임금을 받고 있던 근로자들이 실직함으로써 그 사람들의 소득과 부를 상대적으로 높은 임금을 받는 사람들에게 재분배하는 역진적인 효과를 가져온다.

최저임금제도는 유효수요를 확대한다.
그러나 실업을 유발한다.

1 임금체계의 의의

근로자의 개별적인 임금을 결정하는 기준으로서 전체 구성원 개개인에게 어떤 임금 구성 항목과 각 항목이 임금액의 결정에서 차지하는 비중이 어느 정도인지 그리고 어떤 기준에 의하여 공평하게 배분하느냐의 문제를 다룬 것으로 구성원 개인 간의 임금격차를 결정하는 개별 인건비 관리에 해당하는 것이다.

> 임금체계의 공평성(equity)은 근로자의 공헌도에 비례하여 임금을 지급하는 것이다.

2 임금체계의 유형

1) 연공급

개개인의 학력 · 자격 · 연령 등을 감안하여 근속연수에 따라 임금수준을 결정하는 임금체계. 주로 종신고용을 전제로 하는 기업에서 채택한다.

> 임금체계의 유형에는 연공급, 직무급, 직능급이 있다.

① 연공급의 장점

㉠ 정기승급에 의한 생활안정으로 생계비 충족기능
㉡ 높은 귀속의식(이직률 낮음), 충성심, 장래의 기대를 갖게 함
㉢ 조직안정화로 인한 위계질서확립 용이
㉣ 배치전환, 인력관리 용이
㉤ 평가의 용이

② 연공급의 단점

㉠ 동일노동 동일임금원칙 실현곤란
㉡ 직무성과와 관련 없는 비합리적 인건비 지출(인건비 부담 증가)
㉢ 무사안일주의, 적당주의 초래(소극적인 태도, 보수성이 강함)
㉣ 전문 인력확보의 어려움, 젊은 층 사기저하

> 연공급은 동기부여의 효과가 약하다.

2) 직무급

직무평가에 의하여 평정된 각 직무의 상대적 가치에 따라 개별임금이 결정되는 임금제도

> 직무급은 노동의 양뿐만 아니라 노동의 질을 동시에 평가하는 임금결정방식이다.

① 직무급의 장점

㉠ 직무에 상응하는 급여지급(종업원 납득 용이)
㉡ 개인별 임금격차에 대한 불만해소
㉢ 인건비 효율의 증대
㉣ 노동시장 적용이 용이함(탄력적 대응기능)
㉤ 능력위주의 인사풍토의 조성
㉥ 하위직에 적용이 용이함

② 직무급의 단점

    ㉠ 절차가 복잡함(직무분석 평가 복잡)

    ㉡ 인사관리의 융통성 결여(배치전환의 어려움)

    ㉢ 종신고용풍토의 혼란(장유유서 흔들림)

③ 직무급 도입시 전제조건

    ㉠ 최저 임금 수준의 생계비수준 이상이어야 한다.

    ㉡ 직무 표준을 정하고 전문화가 필요

    ㉢ 직무 중심의 채용, 평가

    ㉣ 노동시장에서 직종별 임금형성

    ㉤ 직종간의 고용의 유동성이 있어야 한다.

    ㉥ 적정배치가 충분히 이루어져야 한다.

3) 직능급

근로자가 직무를 수행하는데 요구되는 능력을 기준으로 하여 임금을 결정하는 제도로 직무수행 능력의 발전단계에 대응한 임금결정방식이다. 직무급과 연공급의 혼합형태, 직무수행능력에 역점

① 직능급의 장점

    ㉠ 종업원의 자기개발욕구에 대한 높은 동기부여

    ㉡ 능력에 따라 임금이 결정되므로 종업원의 불평해소

    ㉢ 완전한 직무급 도입이 어려운 동양적 풍토에 적합하다.

② 직능급의 단점

    ㉠ 직무에 대한 수행능력의 평가방법과 평가가 어렵다.

    ㉡ 연공주의로 변질될 우려가 있다.

> **참고**
>
> **우리나라 임금체계의 특징**
> ① 속리적인 임금(연공급적)
> ② 기본급에 비해 수당의 비중이 지나치게 크다.
> (대책) 연공급적 요소를 현실화, 수당의 성격을 강화, 통합 → 기본급 비율↑

SECTION 2-3 임금형태

1 시간급제

- 직무성과의 양이나 질에 상관 없이 단순히 근로시간을 기준으로 임금을 지불하는 방식
- 일급, 주급, 월급, 연봉이 있다.

① 시간급제의 장점

ㄱ 받는 임금이 일정액으로 확정적이다.

ㄴ 근로일수나 근로시간수가 산출되면 임금계산이 간단하다.

ㄷ 제품생산에 시간적 제약을 받지 않으므로 품질향상에 기여한다.

② 시간급제의 단점

작업수행의 양과 질에 상관없이 시간만 채우면 임금이 보장되므로 작업능률
이 저하된다.

2 성과급제(능률급제)

개별근로자나 작업집단이 수행한 노동성과를 측정하여 그 성과에 따라 임금을 산
정, 지급하는 제도

성과에 따라 임금을 산정함으로 근로
의 능률을 자극할 수 있다.

① 성과급제의 장점

ㄱ 생산성 향상, 종업원 소득이 증대된다. (작업능률 자극)

ㄴ 감독의 필요성이 감소한다.

ㄷ 인건비 측정이 용이하다.

② 성과급제의 단점

ㄱ 품질관련 문제 발생 가능성이 있다.

ㄴ 종업원의 신기술 도입에 대한 저항이 있을 수 있다.

ㄷ 생산기계의 고장에 종업원 불만이 고조될 수 있다.

ㄹ 작업장 내 인간관계문제가 발생할 수 있다.

ㅁ 장기적으로는 회사에 좋지 않은 결과를 가져올 수 있다.

3 연봉제

- 업무 성과에 대한 평가를 바탕으로 임금을 1년 단위로 계약하는 실적 중심형의
임금형태로서 미국에서는 보편화된 형태이다.
- 종업원이 수행한 실적(성과)결과에 의하여 임금이 결정되는 방식으로 기업과 개
인간의 개별적 고용계약에 의한 개별 성과급을 특징으로 한다.
- 생산량이나 매출액에 따라 급여가 결정되는 인센티브 제도와 구별되며, 직무급
이나 연공급처럼 일정한 기준에 따라 고정적으로 임금이 결정되는 것이 아닌 노
력한 만큼 댓가가 주어지는 동기부여형 임금체계이다.

① 연봉제의 장점

ㄱ 능력과 실적이 임금과 직결되어 있으므로 능력주의나 실적주의를 통하여 종
업원에게 동기를 부여하고 근로의욕을 높여 사기를 앙양시킬 수 있다.

ㄴ 국제적 감각을 지닌 인재확보가 쉽다.

ⓒ 연공급의 복잡한 임금체계와 임금지급구조를 단순화하여 임금관리의 효율성을 증대시킬 수 있다.

② 연봉제의 단점

ⓐ 성과의 평가에서 객관성과 공정성 문제가 제기될 수 있다.
ⓑ 실적의 저조로 연봉액이 삭감될 경우 사기가 저하될 수 있다.
ⓒ 종업원 상호간의 불필요한 경쟁심, 위화감 조성, 불안감 증대 등의 문제가 있을 수 있다.

4 생산성 임금제

1) 의의

생산성 임금제란 실질임금 상승률을 노동생산성 상승률과 일치시키거나 연계시키는 임금제도이다.

2) 생산성 임금제의 문제점

① 물가상승률이 생산물 가격의 상승률보다 높다면 노동자의 실질적인 생활수준 향상을 의미하지 않는다.
② 산업별 또는 기업별로 생산성 증가율이 차이가 난다면 개별기업의 임금상승률 결정에서 기준을 설정하기가 어렵다.
③ 부가가치생산성 증가율이 반드시 기업의 지불능력과 같은 율의 증가를 의미하지는 않으므로 기업의 반대에 직면할 것이다.

$$실질임금 = \frac{명목임금}{소비자물가지수} \times 100$$

> 🔍 **참고**
> • 명목임금 : 현재통화 가치로 파악하는 임금
> • 명목임금상승률 = 물가상승률 + 생산성 증가율
> • 실질임금 : 통화가치(물가수준)의 변동을 반영한 임금

5 부가급여

1) 의의

종업원을 위하여 사용자가 개별적 또는 단체적으로 지불하는 것으로 종업원에게 화폐가 아닌 형태로 지불하는 모든 보상을 의미한다.

2) 종류

유급휴일, 경조휴일, 퇴직금, 상여금, 의료비지원, 주택자금대출, 생리휴가, 학자금지급, 산전산후 유급휴가, 교육훈련, 정기승급, 사내복지기금, 복리후생시설, 출퇴근 재해 등

3) 선호 이유

① 임금액이 감소되면 그 만큼 조세나 보험료 부담이 감소된다.
② 사용자는 사용자가 희망하는 어떤 노동특성을 가진 근로자들을 채용하고자 할 때, 그와 같은 희망 근로자의 기호에 알맞은 부가급여제도를 제공하는 방법을 채택할 수 있다.
③ 정부가 독과점을 이유로 임금 등에 대한 규제를 강화할 때, 그것을 회피하는 수단으로서 임금인상 대신 정부에서 식별하기 어려운 부가급여 수준을 높일 수 있다. 또한 전반적인 임금통제 시기에 양질의 우수한 근로자 채용을 용이하게 하는 방법으로서도 이용된다.
④ 장기근속을 유도하는 방편으로 이용된다.
⑤ 인사관리수단으로서 사기를 진작시키며 근로자의 기업에 대한 충성심을 발휘하게 하고 근로자의 내부통제에 이용된다.

SECTION 2-4 임금격차

1 임금격차이론

1) 임금격차의 경쟁적 요인

① **근로자의 생산성 격차**

    ㉠ 경쟁시장이론 : 근로자간의 임금격차는 생산적 기여의 차이를 반영한다.
    ㉡ 인적자본이론 : 근로자의 인적자본에 대한 투자량의 차이가 생산성의 격차를 초래함으로써 임금격차를 발생시킨다.
    ㉢ 보이지 않는 질적 차이 : 선천적 능력, 도덕성, 협동성 등에 따른 보이지 않는 질적차이가 임금격차를 발생한다.

② **보상적 임금격차**

    ㉠ 상대적으로 불리하거나 부담이 높은 직종에 종사하는 노동자들이 이를 보상해줄 만큼의 임금을 받기 때문에 발생하는 균등화임금격차를 말한다.
    ㉡ 이는 금전적 이익의 균등화가 아니고 금전적 · 비금전적 이익(불이익)을 합친 순이익의 균등화로 나타난다.
    ㉢ 보상적 임금격차의 유형은 〈비금전적 차이〉, 〈금전적 위험〉, 〈교육 · 훈련의 차이〉가 있다.

> **🔍 참고**
>
> **균등화 임금격차의 원인**
> ㉠ 고용의 안정성 여부   ㉡ 직업의 쾌적함 정도
> ㉢ 교육훈련비용   ㉣ 책임의 정도
> ㉤ 성공 또는 실패의 가능성

임금격차의 경쟁적 요인 : 인적자본량, 보상적 임금격차, 기업의 합리적 선택으로써 효율성 임금정책 등이다.

아담 스미스(A. Smith)는 노동조건의 차이, 소득안정성의 차이, 직업훈련비용의 차이 등 각종 직업상의 비금전적 불이익을 견딜 수 있기에 필요한 정도의 임금프리미엄을 균등화 임금격차라고 하였다.

보상적임금격차는 상대적으로 열악한 작업환경과 위험한 업무를 수행하는 광부의 임금은 일반 공장 근로자의 임금보다 높다.

③ **시장의 단기적 불균형**

어떤 직종에서 노동수요가 증가하게 될 때 단기노동공급곡선으로 발생하는 임금인상폭과 장기노동공급곡선으로 발생하는 임금인상폭 간의 차액을 과도한 임금격차라 한다.

④ **기업의 합리적 선택으로서의 효율임금정책**(고임금 정책 **예** 삼성, 노동의 수요곡선 비탄력적)

감독이 어렵고 근로자 태만이 심각한 부문에서 개인의 작업노력을 높이거나 노동생산성 향상을 꾀하려는 경우. 비교적 유사한 노동자에 대해서도 대단히 상이한 임금이 지급된다. 기업의 효율성 임금정책 때문에 산업·기업 간 임금격차 및 이중노동시장이 성립되며 이는 기업의 이윤극대화와 부합하는 현상이다.

ㄱ 고임금은 노동자의 직장상실 비용을 증대시켜 노동자의 작업중 태만을 방지한다.

ㄴ 대규모 사업장에서 통제 상실을 미연에 방지하기 위하여 고임금을 지불함으로써 노동자들을 열심히 일할 수 있도록 한다.

ㄷ 고임금은 노동자의 사직을 감소시켜 신규노동자의 채용 및 훈련비용을 감소시킨다.

ㄹ 고임금 지급에 따라 상대적으로 우수한 노동자의 지원을 유도하여 지원노동자의 평균적인 질이 높아져 보다 높은 질의 노동자를 고용할 수 있게 된다.

ㅁ 고임금은 노동자의 기업에 대한 충성심과 귀속감을 증대시킨다.

ㅂ 고임금의 경제적 효과가 있을 때 노동수요 곡선은 비탄력적으로 된다.

2) 임금격차의 경쟁외적 요인

① **비효율적 연공급 제도의 영향**

② **노동조합의 효과**

일반적으로 노동조합이 조직되어 있는 기업의 임금이 높다.

③ **차별화 및 노동시장의 분단(분단노동시장)**

임금차별, 고용에서의 차별화가 있으며 노동시장이 분단되어 있을 때 임금격차가 생긴다.

구분	고용의 안정성	임금	승진기회	기술	노조
1차 노동시장	높다	높다	○	자본집약	강력
2차 노동시장	낮다	낮다	×	노동집약	없거나 약함

④ **근로자의 독점지대의 배당**

독과점 기업이 높은 수익을 올려 고임금을 지급하는 것이다.

※ 독점기업(한국전력공사, 한국담배공사)

⇒ 하나의 기업이 시장을 지배하기 때문에 기업이 임의로 생산량 및 가격 결정

효율임금은 기업이 시장임금보다 높은 임금을 유지해 노동생산성 증가를 도모하는 것이다.

임금격차의 경쟁외적 요인 : 비효율적 연공급제도, 차별화 및 노동시장의 분단(분단노동시장), 근로자의 독점지대의 배당, 노동조합의 효과등이다.

※ 과점기업(이동통신회사, 정유회사)

　⇒ 소수의 기업이 시장을 지배하는 것으로 시장진입이 자유롭지 못하다.

3) 기타 임금격차의 유형

① 산업별 임금격차

산업별 임금격차는 장기간에 걸쳐 안정적으로 유지되는데, 산업별 임금격차의 발생 원인으로는 노동생산성의 차이와 노동조합의 존재, 산업별 집중도 차이를 들 수 있다.

　㉠ 노동생산성이 높은 산업은 한계 생산력의 차이에 의해 다른 산업에 비해 임금수준도 높게 된다.

　㉡ 노동조합이 광범위하게 조직되어 있거나 조합의 교섭력이 강한 산업일수록 임금수준은 높아지므로 격차가 커진다.

　㉢ 독과점력을 강력히 행사할 수 있는 산업은 그로 인해 얻게 되는 이윤의 일부를 임금으로 지급할 수 있으므로 다른 산업에 비해 고임금 지급이 가능하여 임금격차가 커진다.

② 성별 임금격차

　㉠ 원인

　　ⓐ 여성들은 학력 · 연령 · 경력 등의 차이에서 오는 노동생산성의 차이로 인해 임금의 격차가 발생하는데 낮은 생산성 역시 교육기회의 불리함, 여성에 배타적인 고용관행 등으로 인해 유발된다.

　　ⓑ 채용시에 직종차별, 편견에 기인한 순수한 임금차별도 성별 임금격차를 유발한다.

　㉡ 대책

　　인적자본의 투자개념에 따라 여성에 대한 교육 · 훈련 기회를 확대하여 여성노동력의 생산성을 높이는 한편, 사회에 만연된 성차별적 제도들의 철폐를 병행하여야 한다.

③ 학력별 임금격차

　㉠ 원인

　　ⓐ 학력간 노동자의 질적 차이 또는 생산성 차이

　　ⓑ 노동시장의 학력별 분단 및 차별적 제도와 관행

　㉡ 대책

　　제도적 차별을 제거, 채용 · 배치 · 승진 · 임금 결정에 학력을 기준으로 하는 관행의 철폐

④ 지역별 임금격차

　㉠ 원인

　　ⓐ 지역별 산업배치의 차이

　　ⓑ 노동력 이동의 곤란함

　　ⓒ 노동력의 수요 독점적 착취

01 임금 – 물가 악순환론, 지불능력설, 한계생산력설 등에 영향을 미친 임금결정이론은?

① 임금생존비설
② 임금철칙설
③ 노동가치설
④ 임금기금설

> **해설** 노동조합의 인금인상은 일부 노동자의 임금을 하락시켜 회사의 지불능력에 영향을 준다.

02 다음 중 임금 학설에 관한 설명으로 틀린 것은?

① 임금생존비설은 임금상승이 노동절약적 기계도입에 따른 기술적 발생으로 산업예비군을 증가시켜 다시 임금을 생존비 수준으로 저하시킨다는 학설이다.
② 임금기금설은 어느 한 시점에 근로자의 임금으로 지불될 수 있는 부의 총액 또는 기금은 정해져 있고, 이 기금은 시간이 지남에 따라 변화될 수 있다는 학설이다.
③ 임금교섭력설은 고용기회나 노동공급량에 불리한 영향을 미치지 않으면서도 일정한 범위 내에서 임금이 교섭력 강도에 따라 변화할 수 있다는 학설이다.
④ 임금철칙설은 노동자의 임금이 생활비에 귀착되며, 생활비를 중심으로 약간 변동이 있더라도 궁극적으로는 임금이 생활비에 일치된다는 학설이다.

> **해설** **임금생존비설**
> 임금은 생존비 수준에서 결정된다. 임금이 일시적으로 노동력을 유지하는데 필요한 생존비 이상으로 상승한다면 노동자는 가족을 늘려서 인구를 증가시키고 노동공급이 증가되어 결국 임금을 생존비 수준으로 인하시킨다.

03 다음 중 통상임금에 관한 설명으로 틀린 것은?

① 근로자에게 정기적, 일률적으로 지급해야 한다.
② 근로의 대가로서 지급해야 한다.
③ 시간외수당의 산정기준으로 활용된다.
④ 각종 재해보상금의 산정기준이 된다.

> **해설** 재해보상금은 평균임금으로 산정한다.

04 노동자가 기꺼이 일하려고 하는 최저한의 주관적 요구 임금수준은?

① 의중임금
② 요구임금
③ 최소임금
④ 최저임금

> **해설** 노동을 시장에 공급하기 위해 노동자가 요구하는 최소한의 주관적 요구임금수준을 보상요구임금 또는 의중임금, 눈높이임금이라 하며, 전업주부의 의중임금은 실제임금보다 높다.

05 임금기금설(wage – fund theory)에 관한 설명으로 틀린 것은?

① 임금기금의 규모는 일정하므로 시장임금의 크기는 임금기금을 노동자의 수로 나눈 값이 된다.
② 임금기금설은 노동공급측면의 역할을 중시한 노동의 장기적인 자연가격결정론에 해당된다.
③ 임금기금설은 고임금이 고실업률을 야기시킨다고 하여 고용이론에 영향을 주었다.
④ 임금기금설에 따라 노동조합의 교섭력을 통한 임금의 인상이 불가능하다는 노동조합무용론이 제기되었다.

> **해설** 노동공급측면의 역할을 중시한 노동의 장기적인 자연가격결정론은 임금생존비설에 해당된다.

정답 01 ④ 02 ① 03 ④ 04 ① 05 ②

06 최저임금제도의 기본목적과 가장 거리가 먼 것은?

① 소득분배의 개선 ② 공정경쟁의 확보
③ 산업평화의 유지 ④ 실업의 해소

해설 최저임금제도의 시행은 노동수요를 감소시켜 실업을 증가시킬 수 있다.

07 최저임금제도의 기본취지 및 효과에 대한 설명으로 틀린 것은?

① 저임금 노동자의 생활보호
② 산업 평화의 유지
③ 유효수요의 억제
④ 산업 간·직업 간 임금격차의 축소

해설 유효수요의 확보가 가능하다.

08 다음 중 최저임금법이 근로자에게 유리하게 될 가능성이 높은 경우는?

① 노동시장이 수요독점 상태일 경우
② 최저임금과 한계요소비용이 일치할 경우
③ 최저임금이 시장균형 임금수준보다 낮을 경우
④ 노동시장이 완전경쟁상태일 경우

해설 수요독점의 노동시장은 수요독점기업이 임의로 시장임금을 조절할 수 있을 것이다. 이러한 상황에서 정부가 최저임금을 실시할 경우 기업은 최저임금 이하로 시장임금을 내리지 못할 것이며 그렇다고 해서 무작정 고용량을 감소시키지도 못할 것이다. 결국 노동의 한계수입생산물과 한계비용이 일치하는 지점까지 고용을 증가시켜 근로자에게 유리하게 될 가능성이 높다.

09 임금의 경제적 기능에 대한 설명으로 틀린 것은?

① 임금결정에서 기업주는 동일노동, 동일임금을 선호하고 노동자는 동일노동, 차등임금을 선호한다.
② 기업주에게는 명목임금이 중요성을 가지나 노동자에게는 실질임금이 중요하다.
③ 기업주에서 본 임금과 노동자입장에서 본 임금의 성격상 상호배반적인 관계를 갖는다.
④ 임금은 인적자본에 대한 투자수요결정의 변수로서 중요한 역할을 한다.

해설 노동자는 동일노동, 동일임금을 선호하고, 기업주는 능력이 우수한 노동자에게 더 많은 임금을 주려고 한다.

10 최저임금제가 노동시장에 미치는 효과로 볼 수 없는 것은?

① 잉여인력 발생 ② 부가급여 축소
③ 숙련직의 임금하락 ④ 노동수요량 감소

해설 최저임금제도란 국가가 법적 강제력을 가지고 임금의 최저한도를 정하여 이보다 낮은 수준으로는 사용자가 근로자를 고용하지 못하도록 함으로써 상대적으로 불리한 위치에 있는 근로자를 보호하고자 하는 제도를 말한다.

11 임금체계와 공평성(equity)에 대한 설명으로 맞는 것은?

① 최저생활을 보장해 주는 임금원칙을 말한다.
② 근로자의 공헌도에 비례하여 임금을 지급한다.
③ 1등이 다 가져가는 승자일체 취득의 원칙을 말한다.
④ 연령, 근속연수가 같으면 동일한 임금을 지급한다.

해설 공평성은 근로자의 공헌도에 비례하여 임금을 지급하는 것이며, 균등성은 투입된 노력과는 상관없이 임금이 같아야 한다는 개념이다.

12 임금에 대한 설명으로 틀린 것은?

① 산업사회에서 사회적 신분의 기준이 되기도 한다.
② 임금수준은 인적 자원의 효율적 배분과는 무관하다.
③ 가장 중요한 소득원천 중의 하나이다.
④ 유효수요에 영향을 미쳐 경제의 안정과 성장에 밀접한 관련이 있다.

해설 상이한 임금 수준을 통하여 인적자원을 효율적으로 배분할 수 있다.

13 다음 중 임금 수준의 결정원칙이 아닌 것은?

① 사회적 균형의 원칙 ② 생계비 보장의 원칙
③ 소비욕구 반영의 원칙 ④ 기업의 지불 능력의 원칙

정답 06 ④ 07 ③ 08 ① 09 ① 10 ③ 11 ② 12 ② 13 ③

14 다음 중 기본급 임금체계의 유형으로 볼 수 없는 것은?

① 연공급   ② 부가급

③ 직능급   ④ 직무급

해설 부가급은 기준 외 보수로서 기본급을 보완해 주는 것으로 각종 수당과 상여금이 포함된다.

15 직능급 임금체계의 특징에 관한 설명으로 옳은 것은?

① 조직의 안정화에 따른 위계질서 확립이 용이하다.

② 직무에 상응하는 임금을 지급한다.

③ 학력 · 직종에 관계없이 능력에 따라 임금을 지급한다.

④ 무사안일주의 및 적당주의를 초래할 수 있다.

해설 ㉮, ㉣ : 연공급
㉯ : 직무급

16 임금체계의 유형 중 연공급의 단점에 대한 설명으로 틀린 것은?

① 위계질서의 확립이 어렵다.

② 동기부여효과가 미약하다

③ 비합리적인 인건비 지출을 하게 된다.

④ 능력 · 업무와의 연계성이 미약하다.

해설 개개인의 학력 · 자격 · 연령 등을 감안하여 근속연수에 따라 임금수준을 결정하는 임금체계로서 위계질서의 확립이 용이하다.

17 다음 중 임금의 법적 성격에 관한 학설의 하나인 노동대가설로 설명할 수 있는 임금은?

① 직무수당   ② 휴업수당

③ 휴직수당   ④ 가족수당

해설 ① 근로대가설 : 이는 근로자의 구체적 노동에 대해서만 지급되는 대가를 임금으로 본다. 즉 실제로 근로자가 노동한 부분에 대해서만 임금으로 인정한다.
② 노동관계설 : 이는 근로자가 사용자에게 노동력을 맡김으로써 자신의 생존을 걸고 있다는 점을 강조하여 임금은 구체적 노동의 대가가 아니라 근로관계에서 발생하는 모든 대가를 의미한다고 본다.
③ 노동력대가설 : 이는 임금은 근로자가 그의 노동력을 일정시간 사용자의 지휘 · 처분에 맡기는데 대한 대가로서 사용자가 이 노동력을 구체적으로 사용했는지 여부는 문제되지 않는다.

18 다음 중 근속연수에 따라 승급액이 일정하며 승급률은 체감하는 연공급의 형태는?

① 정기승급형   ② 체증승급형

③ 체감승급형   ④ S자형 승급형

해설 체증승급형 : 근속연수에 따라 승급액이 증가하고, 승급률은 일정한 형태
체감승급형 : 근속연수에 따라 승급액이 감소하는 형태
S자형 승급형 : 근속연수에 따라 승급액이 증가하다가 일정시점을 지나면 승급액이 감소하는 형으로 체증승급과 체감승급을 일정시점에서 결합시킨 형태

19 다음 중 직능급에 관한 설명으로 틀린 것은?

① 동기부여의 효과가 미약하다.

② 근속에 따른 동일한 직능자격 등급을 부여받을 수 있어 노사공동체 형성에 기여할 수 있다.

③ 직능파악과 평가방법에 어려움이 많다.

④ 제도운용에 미숙할 경우 연공본위가 될 우려가 있다.

해설 근로자가 직무를 수행하는데 요구되는 능력을 기준으로 하여 임금을 결정하는 제도로 직무수행 능력의 발전단계에 대응한 임금결정방식이다. 종업원의 자기개발욕구에 대한 높은 동기부여가 형성된다.

20 직무분석과 직무평가를 기초로 하여 직무의 중요성과 난이도 등 직무의 상대적 가치에 따라 개별임금을 결정하는 것은?

① 연공급   ② 직무급

③ 직능급   ④ 기본급

21 다음 중 직무급 임금체계에 관한 설명으로 맞는 것은?

① 정기승급에 의한 생활안정으로 근로자의 기업에 대한 귀속의식을 고양시킨다.

② 기업풍토, 업무내용 등에서 보수성이 강한 기업에 적합하다.

③ 근로자의 능력을 직능고과의 평가결과에 따라 임금을 결정한다.

④ 노동의 양뿐만 아니라 노동의 질을 동시에 평가하는 임금결정방식이다.

해설 직무평가에 의하여 평정된 각 직무의 상대적 가치에 따라 개별임금이 결정되는 임금제도이다.

22 다음 중 연봉제의 장점과 가장 거리가 먼 것은?

① 능력주의, 성과주의를 실현할 수 있다.
② 과감한 인재기용에 용이하다.
③ 종업원 상호간의 협조성이 높아진다.
④ 종업원의 경영감각을 배양할 수 있다.

해설 ① 연봉제의 장점
ⓐ 능력과 실적이 임금과 직결되어 있으므로 능력주의나 실적주의를 통하여 종업원에게 동기를 부여하고 근로의욕을 높여 사기를 앙양시킬 수 있다.
ⓑ 국제적 감각을 지닌 인재확보가 쉽다.
ⓒ 연공급의 복잡한 임금체계와 임금지급구조를 단순화하여 임금관리의 효율성을 증대시킬 수 있다.
② 연봉제의 단점
ⓐ 성과의 평가에서 객관성과 공정성 문제가 제기될 수 있다.
ⓑ 실적의 저조로 연봉액이 삭감될 경우 사기가 저하될 수 있다.
ⓒ 종업원 상호간의 불필요한 경쟁심, 위화감 조성, 불안감 증대 등의 문제가 있을 수 있다.

23 다음 중 성과급제도의 장점으로 옳은 것은?

① 직원 간 화합이 용이하다.
② 근로의 능률을 자극할 수 있다.
③ 임금의 계산이 간편하다.
④ 확정적 임금이 보장된다.

해설 개별근로자나 작업집단이 수행한 노동성과를 측정하여 그 성과에 따라 임금을 산정, 지급하는 제도로서 생산성 향상, 종업원 소득이 증대된다.(작업능률 자극)

24 다음은 능률급의 어떤 형태에 해당하는가?

- 1886년 미국의 토웬(Henry R. Towen)이 제창
- 경영활동에 의해 발생한 이익을 그 이익에 관여한 정도에 따라 배분하는 제도
- 기본취지는 작업비용으로 달성된 이익을 노동자에게 환원하자는 것

① 표준시간제   ② 이익분배제
③ 할시제   ④ 테일러제

해설 일정기간 동안 발생한 기업 이익을 사전에 정해진 분배공식에 따라 종업원에게 나누어주는 제도로서 종업원에게 배분되는 금액의 크기는 이익달성 정도와 사전에 정해진 배분비율에 따라 결정되며 개인이 지급받게 되는 몫은 임금에 비례하여 결정되기도 하고 업무 성과에 따라 차등적으로 지급하기도 한다.

25 다음 표에서 어떤 도시근로자의 실질임금을 구할 경우 A, B, C, D의 크기를 바르게 나타낸 것은?

구분	'00년	'03년	'06년	'09년
도매물가지수	95	100	100	120
소비자물가지수	90	100	115	125
명목임금(만원)	130	140	160	180
실질임금(만원)	A	B	C	D

① D > B > C > A   ② D > C > A > B
③ A > C > B > D   ④ A > D > B > C

해설 실질임금 $= \dfrac{\text{명목임금}}{\text{소비자물가지수}} \times 100$

$A = \dfrac{130}{90} \times 100 = 144.4$만원, $B = \dfrac{140}{100} \times 100 = 140$만원

$C = \dfrac{160}{115} \times 100 = 139.1$만원, $D = \dfrac{180}{125} \times 100 = 144$만원

26 생산성 임금제를 따를 때 물가상승률이 3%이고, 실질 생산성 증가율이 5%라고 하면 명목임금은 몇 % 인상되어야 하는가?

① 2%   ② 4%
③ 8%   ④ 15%

해설 명목임금 상승률 = 물가상승률 + 노동생산성 증가율 = 3% + 5% = 8%

27 다음 중 기업들이 기업 내의 승진정체에 대응하여 도입하고 있는 제도가 아닌 것은?

① 정년단축   ② 자회사에의 파견
③ 조기퇴직 유도   ④ 연봉제의 강화

해설 기업 내의 승진정체를 해소하기 위하여 자회사(하청업체)에의 파견, 정년단축, 조기퇴직을 실시한다.

28 다음 중 고정급제 임금형태가 아닌 것은?

① 시급제   ② 연봉제
③ 성과급제   ④ 월급제

해설 성과급제는 노동의 양적 성과를 기준으로 하여 임금을 지불함으로써 근로능률을 자극하는 임금형태이다.

29 최근 우리나라 기업에서 그 경향이 강화되고 있는 것은?

① 연봉제　　　　② 종신고용제
③ 연공서열제　　　④ 호봉제

> **해설** 연봉제는 업무 성과에 대한 평가를 바탕으로 임금을 1년 단위로 계약하는 실적 중심형의 임금형태로서 미국에서는 보편화된 형태이며, 최근 우리나라에서도 증가되고 있다.

30 헤도닉(hedonic) 임금이론과 관계있는 것은?

① 생산성 임금　　② 보상임금격차
③ 생계비임금　　　④ 최저임금

> **해설** 헤도닉임금이란 고통스럽고 불유쾌한 직무에 대해서 그에 상응하는 보상요구를 반영한 시장임금 또는 쾌적한 직무에 대해서 근로자가 누리는 대가를 반영한 시장임금수준을 의미한다.

31 효율임금이론에서 고임금이 고생산성을 가져오는 원인에 관한 설명으로 틀린 것은?

① 고임금은 노동자의 직장상실 비용을 증대시켜 노동자로 하여금 열심히 일하게 한다.
② 대규모 사업장에서는 통제상실을 사전에 방지하는 차원에서 고임금을 지불하여 노동자를 열심히 일하도록 유도할 수 있다.
③ 고임금은 노동자의 사직을 감소시켜 신규노동자의 채용 및 훈련비용을 감소시킨다.
④ 균형임금을 지불하여 경제 전반적으로 동일노동, 동일임금이 달성되도록 한다.

> **해설** 효율임금정책은 노동자에게 고임금을 지불하며 이는 기업에 대한 충성심과 귀속감을 증대시키고 신규노동자의 채용 및 훈련비용을 감소시킨다. 기업의 효율성 임금정책 때문에 산업·기업 간 임금격차 및 이중노동시장이 성립되며, 이는 기업의 이윤극대화와 부합하는 현상이다.

32 보상적인 임금격차이론에 대한 설명으로 틀린 것은?

① 위험한 직업에는 높은 임금이 지급되는 것이 일반적이다.
② 정부의 안전에 관한 규제가 항상 근로자에게 이익이 되는 것은 아니다.
③ 보상적인 임금격차가 적절하게 기능한다면 위험하고 더럽고 어려운(3D) 업종의 구인난은 해소될 수 있다.
④ 기업의 산재위험에 관한 도덕적 해이는 산재보험에 의해 치유될 수 있다.

> **해설** 기업의 산재보험은 산재위험에 대한 보상이므로 기업주에게 도덕적 해이를 유발시킬 수 있다.

33 다음 중 헤도닉의 임금이론의 가정으로 틀린 것은?

① 직장의 다른 특성은 동일하며 산업재해의 위험도도 동일하다.
② 노동자는 효용을 극대화하며 노동자간에는 산업안정에 관한 선호의 차이가 존재한다.
③ 기업은 좋은 노동조건을 위해 산업안정에 투자를 해야한다.
④ 노동자는 정확한 직업정보를 갖고 있으며 직업 간 자유롭게 이동할 수 있다.

> **해설** 직장의 특성은 산업재해의 위험도를 제외하고는 모두 동일하다.

34 다음 중 임금격차의 원인으로서 통계적 차별(statistical discrimination)이 일어나는 경우는?

① 비숙련 외국인노동자에게 낮은 임금을 설정할 때
② 임금이 개별 노동자의 한계생산성에 근거하여 설정될 때
③ 사용자 자신의 개인적 편견에 따라 근로자의 임금을 결정할 때
④ 사용자가 근로자의 생산성에 대해 불완전한 정보를 갖고 있어 평균적인 인식을 근거로 임금을 결정할 때

> **해설** 고용주가 기존생산성에 근거하여 특정집단을 범주화하고 집단의 평균적 생산성에 근거하여 개인을 판단하는 것

35 다음 중 소득재분배 정책과 가장 거리가 먼 것은?

① 최저임금제의 실시　② 누진세의 적용
③ 간접세의 강화　　　④ 고용보험의 실시

해설 간접세보다는 직접세를 강화하는 것이 바람직하다.

36 다음 중 보상임금격차의 예로서 적합한 것은?

① 사회적으로 명예로운 직업의 보수가 높다.
② 대기업의 임금이 중소기업의 임금보다 높다.
③ 정규직 근로자의 임금이 일용직 근로자의 임금보다 높다.
④ 상대적으로 열악한 작업환경과 위험한 업무를 수행하는 광부의 임금은 일반 공장 근로자의 임금보다 높다.

해설 상대적으로 불리하거나 부담이 높은 직종에 종사하는 노동자들이 이를 보상해 줄 만큼의 임금을 받기 때문에 발생하는 균등화임금격차를 말한다.

37 다음 중 임금격차의 발생원인과 가장 거리가 먼 것은?

① 성차별
② 구직자의 수
③ 노동자의 자질
④ 인적자본 투자의 차이

해설 임금격차의 발생원인은 근로자의 생산성격차, 보상적임금격차, 시장의 단기적 불균형, 분단노동시장, 효율임금정책, 근로자의 독점지대의 배당, 노동조합의 효과, 산업별임금격차, 성별·학력별임금격차, 지역별 임금격차 등이다.

38 노동수요특성별 임금격차의 원인 중 경쟁적 요인이 아닌 것은?

① 인적자본량
② 보상적 임금격차
③ 비효율적 연공급 제도의 영향
④ 기업의 합리적 선택으로서 효율적 임금정책

해설 임금격차의 경쟁적 요인은 노동시장이 기본적으로 경쟁적이며, 시장의 경쟁력이 임금결정에 궁극적인 힘으로 작용한다고 전제한 이론이다. 그러나 연공급은 근속연수에 비례하여 자동적으로 증액되는 임금부분을 의미한다.

39 다음 중 보상적 임금격차를 발생시키는 요인이 아닌 것은?

① 작업환경의 쾌적성 여부　② 성별간의 소득차이
③ 교육훈련 기회의 차이　　④ 고용의 안정성 여부

해설 상대적으로 불리하거나 부담이 높은 직종에 종사하는 노동자들이 이를 보상해 줄 만큼의 임금을 받기 때문에 발생하는 균등화임금격차를 말한다.

40 효율임금(efficiency wage) 가설이란?

① 기업이 생산의 효율성을 달성하기 위해 적정임금을 책정한다는 것
② 기업이 시장임금보다 높은 임금을 유지해 노동생산성 증가를 도모한다는 것
③ 기업이 노동생산성에 맞춰 임금을 책정한다는 것
④ 기업이 생산비 최소화 원리에 따라 임금을 책정한다는 것

해설 고임금 정책으로서 감독이 어렵고 근로자 태만이 심각한 부문에서 개인의 작업노력을 높이거나 노동생산성 향상을 꾀하려는 경우에 비교적 유사한 노동자에 대해서도 대단히 상이한 임금이 지급된다.

41 다음 중 보상임금격차의 예로서 가장 적합한 것은?

① 사회적으로 명예로운 직업의 보수가 높다.
② 대기업의 임금이 중소기업의 임금보다 높다.
③ 정규직 근로자의 임금이 일용직 근로자의 임금보다 높다.
④ 상대적으로 열악한 작업환경과 위험한 업무를 수행하는 광부의 임금은 일반공장 근로자의 임금보다 높다.

42 만일 통근비용(근로의 고정화폐비용)이 증가하면 근로시간은 어떻게 변하는가?

① 일을 그만두지 않는 한 근로시간은 증가한다.
② 일을 그만두든, 아니든 근로시간은 증가한다.
③ 일을 그만두지 않는 한 근로시간은 감소한다.
④ 일을 그만두든, 아니든 근로시간은 감소한다.

해설 통근비용의 증가로 인하여 수입이 감소하며, 감소된 수입을 보전하기 위하여 근로시간을 증가시킨다.

정답 35 ③　36 ④　37 ②　38 ③　39 ②　40 ②　41 ④　42 ①

43 시장경제를 채택하고 있는 국가의 노동시장에서 직종별 임금격차가 존재하는 이유로 적절하지 않은 것은?

① 직종에 따라 근로환경의 차이가 존재하기 때문이다.
② 직종에 따라 노동조합 조직률의 차이가 존재하기 때문이다.
③ 직종간 정보의 흐름이 원활하기 때문이다.
④ 노동자들의 특정 직종에 대한 회피와 선호가 다르기 때문이다.

해설 직종간 정보의 흐름이 원활하지 않기 때문이다.

44 노동시장에서 존재하는 임금격차에 대한 설명으로 틀린 것은?

① 노동생산성의 차이, 근로자의 공헌도 차이 등에 의해서 임금격차가 발생하며, 직종간 노동이동이 자유롭지 못할수록 직종별 임금격차는 크게 발생할 것이다.
② 최근들어 성별·직종별 임금격차는 점점 축소되는 경향을 보이고 있으며, 대학졸업자들이 양산됨에 따라 학력별 임금격차 역시 축소되는 경향을 보일 것이다.
③ 노동시장에서 노동공급이 노동수요를 초과하는 정도가 클수록 임금격차는 확대될 것이며, 반대일 경우에는 임금격차가 축소될 것이다.
④ 요즘과 같은 대졸자 취업난 시대에도 많은 기업들이 대졸자에게 고임금을 지급하는 이유는 임금격차를 설명하는 효율임금이론과 관련된 것으로서 기업의 이윤극대화 목표와는 무관하다.

해설 감독이 어렵고 근로자 태만이 심각한 부문에서 개인의 작업노력을 높이거나 노동생산성 향상을 꾀하려는 경우, 비교적 유사한 노동자에 대해서도 대단히 상이한 임금이 지급된다. 기업의 효율성 임금정책 때문에 산업·기업 간 임금격차 및 이중노동시장이 성립되며, 이는 기업의 이윤극대화와 부합하는 현상이다.

45 내국인들이 취업하기를 기피하는 3D 직종에 대한 외국인력의 수입 또는 불법이민이 국내 내국인 노동시장에 미치는 영향으로 맞는 것은?

① 임금과 고용이 높아진다.
② 임금과 고용이 낮아진다.
③ 임금은 높아지고 고용은 낮아진다.
④ 임금과 고용의 변화가 없다.

해설 임금이 저렴한 외국 노동자가 국내에 유입됨에 따라 국내 비숙련 근로에 대한 고용이 감소되고 이들에 대한 임금도 낮아질 것이다.

46 다음 ( ) 안에 알맞은 것은?

아담스미스(A. Smith)는 노동조건의 차이, 소득안정성의 차이, 직업훈련비용의 차이 등 각종 직업상의 비금전적 불이익을 견딜 수 있기에 필요한 정도의 임금 프리미엄을 ( )(이)라고 하였다.

① 직종별 임금격차　　　　② 균등화 임금격차
③ 생산성 임금　　　　　　④ 헤도닉 임금

해설 상대적으로 불리하거나 부담이 높은 직종에 종사하는 노동자들이 이를 보상해줄 만큼의 임금을 받기 때문에 발생하는 균등화임금격차를 말한다.

VOCATIONAL COUNSELOR

CHAPTER

03 실업의 제개념

1 실업의 정의

1) 실업의 정의

실업은 노동할 의사와 능력을 가지고 있음에도 노동자의 기능이나 숙련에 적합한 고용가치가 산업사회에서 객관적으로 주어지지 않는 상태

2) 완전고용 및 자연실업률

완전고용은 실업자가 한명도 없는 것을 의미하는 것이 아니라 비자발적 실업이 없는 상태 즉, 마찰적 실업만 존재하는 상태를 의미한다.

> 노동시장에서 인력난과 유휴인력이 공존하는 이유는 기업규모별 임금격차의 확대이다.

2 실업의 유형과 발생원인

1) 마찰적 실업(자발적 실업)

① 신규·전직자가 노동시장에 진입하는 과정에서 직업정보의 부족에 의하여 일시적으로 발생하는 실업의 유형

② 대책 : 직업 정보의 효율적 제공을 통하여 해결할 수 있다.
  ㉠ 직업안정기관의 기능 강화
  ㉡ 직업정보제공 시설의 확충
  ㉢ 구인구직 전산망 확충
  ㉣ 기업의 퇴직예고제
  ㉤ 구직자 세일즈

> 마찰적 실업은 사회적 비용이 가장 적은 실업이다.

PART 04

노동시장론

구조적실업은 기업의 효율임금으로 인해 발생할 수 있으며, 경기적 실업보다 장기적으로 지속되기 쉽다.

2) 비자발적 실업

① 구조적 실업

㉠ 경제성장에 따른 산업구조의 변화, 기술력의 변화 등에 노동력의 구조가 적절하게 대응하지 못하여 생기는 실업 즉 노동력 수급 구조상 불균형으로 발생하는 실업현상이다.

㉡ 대책

ⓐ 교육 훈련 프로그램, 직업전환 훈련 프로그램의 적절한 공급

ⓑ 이주에 대한 보조금

ⓒ 산업구조 변화 예측에 따른 인력수급정책

② 경기적 실업(수요부족 실업)

㉠ 불경기(경기침체)에 기업의 고용감소로 인한 유효수요 부족으로 발생하는 실업현상이다.

㉡ 대책

ⓐ 재정금융정책을 통한 총 수요 증대 정책

ⓑ 공공사업 등의 고용창출 사업

ⓒ 교대 근무제도, 연장근무, 휴일근무 등 근무제도 변경방법

③ 계절적 실업

㉠ 주로 관광업, 건설업, 농업, 수산업 등에서 발생하는 실업현상

㉡ 기후 또는 계절적 편차에 따라, 노동력 수급의 변화 요인에 의하여 발생하는 실업의 유형

㉢ 대책

ⓐ 휴경지 경작 등 유휴 노동력을 활용

ⓑ 비수기에 근로할 수 있는 대체 구인처 확보(예 여름-해수욕장, 겨울-스키장)

3) 그 밖의 실업개념

① 잠재실업

구직의 가능성이 높았더라면 노동시장에 참가하여 적어도 구직활동을 했을 사람이 그와 같은 전망이 없거나 낮다고 판단하여 비경제활동인구화 되어 있는 경우를 말하며 내용상으로는 은폐된 실업이라고 할 수도 있다.

② 실업의 이력현상

일단 실업률이 높은 수준으로 올라가면 경기확장정책을 사용하더라도 실업률이 다시 하락하지 않는 현상이다. 현재의 실업률이 과거의 실업률에 의해 크게 영향을 받는 현상이기도 하다. 현재의 실업률이 과거의 실업률 수준에 크게 영향을 받기 때문에 실제 실업률이 자연실업률을 초과하게 되면 자연실업률도 증가하게 된다.

❸ 실업과 인플레이션

1) 실업에 대한 견해

① 고전학파는 노동시장에서 실업은 마찰적 실업만 있는 완전고용상태이므로 실업의 문제를 고민할 필요가 없다고 주장

② 케인즈는 경기침체로 유효수요가 부족해지면 노동수요도 감소하여 비자발적인 실업이 발생할 수 있기 때문에 정책적으로 이를 해결할 필요가 있다고 주장

2) 필립스 곡선(두 마리 토끼는 잡을 수 없다)

① 최초의 필립스 곡선은 필립스가 명목임금 상승률과 실업률 간에는 역의 관계를 1861년~1957년의 실제 자료를 이용해서 나타낸 것이다.

② 명목임금 상승률(물가)과 실업률 간에는 일정한 상충관계가 있다.(역의 상충관계)

　㉠ 실업률이 낮을수록 임금상승률이 높으며, 임금인상률이 낮을수록 실업률이 높다.

　㉡ 실업 감소의 이익과 물가 상승의 불이익을 비교하여 사회적 후생이 극대화되도록 구체적 완전고용 목표를 수립해야 한다.

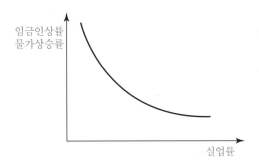

▲ 필립스 곡선

③ 필립스 곡선이 원점으로 이동해야 물가와 실업률의 상충관계를 개선할 수 있다.

　㉠ 예상 가격상승률을 낮추는 조치 시행 : 소득정책

　㉡ 임금의 하방 경직성을 강화하는 제도적 장애물을 제거하는 정책

　㉢ 노동시장의 효율성 증대 : 고용정보 제공, 직업소개 업무 향상, 직업훈련

필립스곡선은 임금상승율과 실업률간의 관계를 나타낸다.

소득정책은 근로자들의 소득을 증진시키기 위한 정책 아니라 1960년대 선진국에서 실업률과 물가상승률 간의 상충관계를 개선하고자 실시했던 정책으로 행정적 관리비용이 증가한다.

여성의 경제활동 참여율은 남성과 달리 결혼, 출산 및 육아로 인하여 30세 전후에서 낮아졌다가 다시 상승하는 모습을 보인다.

🔍 참고

자본주의의 발전과 노동력의 변화
1) 취업자의 고령화
2) 여성비중의 증가
   ※ 여성의 취업형태 − M자형 그래프 : 10대 20대(상승), 결혼 · 출산 · 육아(하락), 30대 이후(상승), 50대 이후 은퇴(하락)
   ① 여성의 취업률의 변경 ⇒ 배우자 임금 상승하면 여성취업률↓
   ② 여성의 경제활동 참가율이 높아지는 요인
      ㉠ 여성 임금상승
      ㉡ 교육수준 향상
      ㉢ 가사노동대체(육아, 보육) 서비스 향상
      ㉣ 가전제품 품질향상
      ㉤ 3차산업(서비스) 발전
3) 산업별 구성의 변동
4) 종사자 지위별 구성의 변동
5) 고학력화

외국인 근로자 유입으로 인한 경제적 영향
1) 소비자들은 가격 하락으로 경제적 이익을 본다.
2) 노동집약업종의 기업가들은 단기적으로 이익을 본다.
3) 일부 소비재 생산부문도 이익이 늘어난다.
4) 국내 비숙련공의 고용을 감소시켜 이들의 실업을 늘리거나 임금을 떨어뜨릴 수도 있다.
5) 국내의 근로자 숙련정도에 따라 임금격차가 확대된다.

CHAPTER 03 출제예상문제

직업상담사 2급 필기 전과목 무료동영상 **PART 04**

01 실업의 유형 중 고용정보 효율화 정책으로 효과를 가장 많이 볼 수 있는 것은?

① 마찰적 실업 　　　　　② 구조적 실업
③ 경기적 실업 　　　　　④ 수요부족 실업

해설 **마찰적 실업**
신규 · 전직자가 노동시장에 진입하는 과정에서 직업정보의 부족에 의하여 일시적으로 발생하는 자발적 실업의 유형으로 직업정보의 효율적 제공을 통하여 해결할 수 있다.

02 다음 중 구조적 실업에 대한 대책과 가장 거리가 먼 것은?

① 경기 활성화
② 직업전환교육
③ 이주에 대한 보조금
④ 산업구조변화 예측에 따른 인력수급정책

해설 경기활성화는 불경기(경기침체)에 기업의 고용감소로 인한 유효수요 부족을 해결하기 위한 경기적실업에 대한 대책이다.

03 다음 중 수요부족 실업에 해당하는 것은?

① 마찰적 실업 　　　　　② 경기적 실업
③ 구조적 실업 　　　　　④ 자발적 실업

04 다음 중 정부가 노동시장에서 구인 · 구직 정보의 흐름을 원활하게 하면 직접적으로 줄어드는 실업의 유형은?

① 마찰적 실업 　　　　　② 경기적 실업
③ 구조적 실업 　　　　　④ 계절적 실업

05 다음 중 자본의 유기적 구성도의 고도화에 의하여 창출되는 K. Marx의 상대적 과잉인구에 해당되는 실업은?

① 마찰적 실업 　　　　　② 구조적 실업
③ 기술적 실업 　　　　　④ 경기적 실업

06 다음 중 사회적 비용이 가장 적은 실업은?

① 마찰적 실업 　　　　　② 경기적 실업
③ 구조적 실업 　　　　　④ 기술적 실업

07 정보의 유통장애와 가장 관련이 높은 실업은?

① 마찰적 실업 　　　　　② 경기적 실업
③ 구조적 실업 　　　　　④ 잠재적 실업

정답 01 ① 　02 ① 　03 ② 　04 ① 　05 ③ 　06 ① 　07 ①

08 마찰적 실업을 해소하기 위한 정책이 아닌 것은?

① 구인 · 구직에 대한 전국적인 전산망 연결
② 직업안내와 직업상담 등 직업알선기관에 의한 효과적인 알선
③ 고용실태 및 전망에 관한 자료 제공
④ 노동자의 전직과 관련된 재훈련을 실시하고 지역간 이동을 촉진시키는 지역이주금 보조

해설 재훈련, 이주에 대한 보조금, 산업구조 변화 예측에 따른 인력수급정책은 구조적실업의 대책이다.

09 다음은 무엇에 관한 설명인가?

> 실업과 미충원상태에 있는 공석이 공존하는 경우의 실업, 즉 노동시장의 정보가 불완전하여 구직자와 구인처가 적절히 대응되지 못하기 때문에 발생하는 실업을 말한다.

① 경기적 실업 ② 마찰적 실업
③ 구조적 실업 ④ 계절적 실업

해설 신규 · 전직자가 노동시장에 진입하는 과정에서 직업정보의 부족에 의하여 일시적으로 발생하는 실업의 유형

10 다음 중 마찰적 실업에 대한 대책이 아닌 것은?

① 구인정보제공 ② 기업의 퇴직예고제
③ 구직자 세일즈 ④ 직업훈련강화

해설 직업훈련 강화는 구조적 실업에 대한 대책이다.

11 다음 중 경기적 실업에 대한 대책으로 가장 적합한 것은?

① 지역 간 이동 촉진
② 유효수요의 확대
③ 기업의 퇴직자 취업알선
④ 구인 · 구직에 대한 전산망 확대

해설 ⓐ 재정금융정책을 통한 총 수요 증대 정책
ⓑ 공공사업 등의 고용창출 사업
ⓒ 교대 근무제도, 연장근무, 휴일근무 등 근무제도 변경 방법

12 다음 중 실업에 관한 설명으로 틀린 것은?

① 자발적 실업에는 마찰적 실업과 탐색적 실업이 해당한다.
② 경기적 실업은 구조적 실업보다 장기적으로 지속되기 쉽다.
③ 마찰적 실업과 탐색적 실업은 자발적 실업이고 항상 존재하기 때문에 인위적으로 줄일 수 없다.
④ 잠재적 실업은 노동의 한계생산물이 거의 0에 가까운 실업을 의미한다.

해설 경기적 실업은 총 수요 증대 정책, 경기의 호전으로 인하여 해결될 수 있지만 구조적 실업은 산업구조의 변화, 기술력의 변화에 대응하지 못하여 발생하므로 장기적으로 지속될 수 있다.

13 마찰적 실업을 해소하기 위한 가장 효과적인 정책은?

① 성과급제를 도입한다.
② 근로자 파견업을 활성화한다.
③ 협력적 노사관계를 구축한다.
④ 구인, 구직 정보제공시스템의 효율성을 제고한다.

14 실업정책을 크게 고용안정정책, 고용창출정책, 사회안전망정책으로 구분할 때 사회안전망정책에 해당하는 것은?

① 실업급여 ② 취업알선 등 고용서비스
③ 창업을 위한 인프라 구축 ④ 직업훈련의 효율성 제고

해설 고용안정정책 – ⓑ, ⓓ
고용창출정책 – ⓒ

15 다음 중 실업률에 관한 설명으로 틀린 것은?

① 다른 조건이 일정한 경우 실망노동자 효과가 발생하면 실업률은 줄어든다.
② 다른 조건이 일정한 경우 부가노동자 효과가 발생하면 실업률은 늘어난다.
③ 실망노동자 효과는 실업률이 낮은 경우에 더 크게 나타난다.
④ 실업률은 실업자수를 경제활동인구로 나눈 후 이에 100을 곱하여 구한다.

해설 실망노동자 효과는 실업률이 높은 경우에 더 크게 나타난다.

16 실업급여의 효과에 대한 설명으로 가장 적합한 것은?

① 노동시간을 단축시키고 경제활동참가도 감소시킨다.
② 노동시간을 늘리고 경제활동참가도 증대시킨다.
③ 노동시간의 증·감은 불분명하지만 경제 활동참가는 증대시킨다.
④ 노동시간, 경제활동참가 모두 불분명하다.

해설 실업급여는 적극적인 구직활동을 전제로 하므로 경제활동의 참가를 증가시킨다. 그러나 노동시간의 증·감은 불분명하다.

17 다음 중 적극적 노동시장정책(active labor market policy)이 아닌 것은?

① 실업보험
② 직업계속 및 전환교육
③ 고용보조
④ 장애자 대책

해설 실업보험은 사후적/소극적 사회보장 정책이며, 고용안정사업/직업능력개발사업은 사전적/적극적 노동시장 정책이다.

18 여성의 경제활동참여율곡선은 M자형이라고 한다. 즉, 여성의 경제활동 참여율을 수직축에, 그리고 나이를 수평축에 잡아 표시해 보면 남성과 달리 30세 전후에서 낮아졌다가 다시 상승하는 모습을 보인다. 이러한 여성의 경제활동참여율의 나이에 따른 변화의 주된 원인은?

① 높아진 학력수준
② 높아진 소득수준
③ 기업의 여성차별
④ 결혼, 출산 및 육아

해설 여성의 취업형태 – M자형 그래프 : 10대 20대(상승), 결혼·출산·육아(하락), 30대이후(상승), 50대 이후 은퇴(하락)

19 다음 중 직업탐색이론과 가장 관련이 없는 것은?

① 요구임금
② 기회비용
③ 구조적 실업
④ 불완전한 노동시장정보

해설 탐색에서 오는 수익과 그에 수반되는 비용지출을 균형시키는 점에서 노동자의 직업탐색활동을 설명하는 이론으로 노동시장의 정보가 불완전한데 기인한다.

20 다음의 현상을 설명하는 실업의 종류와 대책을 연결한 것으로 옳은 것은?

> 성장산업에서는 노동에 대한 초과수요로 인하여 노동력의 부족현상이 야기되고 사양산업에서는 노동에 대한 초과공급으로 인하여 노동력의 과잉현상이 야기되고 있다.

① 마찰적 실업 – 구인, 구직정보망 구축
② 경기적 실업 – 유효수요의 증대
③ 구조적 실업 – 인력정책
④ 기술적 실업 – 기술혁신

해설 경제성장에 따른 산업구조의 변화, 기술력의 변화 등에 노동력의 구조가 적절하게 대응하지 못하여 생기는 실업 즉 노동력 수급 구조상 불균형으로 발생하는 실업현상이다.

21 노동시장과 실업에 관한 설명으로 틀린 것은?

① 최저임금제는 비숙련 노동자에게 해당된다.
② 해고자, 취업대기자, 구직포기자는 실업에 포함된다.
③ 효율성 임금은 노동자의 이직을 막기 위해 시장균형 임금보다 높다.
④ 최저임금, 노동조합 또는 직업탐색 등이 실업의 원인에 포함된다.

해설 구직포기자는 비경제활동인구이다.

22 고용수준과 작업시간 간에는 역(逆)관계가 성립한다. 정부가 고용을 늘리기 위해서 초과근로수당을 크게 인상할 경우 일반적으로 실업자의 고용기회가 증대된다고 본다. 이에 반론으로 가장 적합하지 않은 것은?

① 초과근로수당이 인상되면 기업이 점차 노동집약적 기술을 채택하거나, 생산물 가격의 상승으로 생산량과 노동수요가 줄어들 가능성이 있다.
② 기존에 취업된 사람들이 추가로 야간근무를 하여, 실업자에게 새로운 직장이 창출될 가능성이 적다.
③ 이 주장은 현재 연장근로를 수행하고 있는 취업자와 실업자의 분포가 같다고 가정한 것이나, 실업자의 기능 수준이 낮을 가능성이 높다.
④ 할증료를 인상한 경우에도 이를 순수하지 않는 기업이 존재한다.

정답 16 ③ 17 ① 18 ④ 19 ③ 20 ③ 21 ② 22 ①

23 비정규직 근로자의 증가 이유만으로 바르게 짝지어진 것은?

A. 경기침체에 따른 실업 증가 및 여성경제활동참가율의 상승
B. 제조업 부문의 비중 증가
C. 경쟁의 세계화 등에 따른 경영합리화의 압력

① A, B
② A, C
③ B, C
④ A, B, C

24 필립스 곡선은 어떤 변수 간의 관계를 설명하는 것인가?

① 임금상승률과 노동참여율
② 경제성상률과 실업률
③ 환율과 실업률
④ 임금상승률과 실업률

CHAPTER 04 노사관계론

SECTION 4-1 노사관계의 의의와 특성

1 노사관계의 의의

노사관계란 산업활동에서 결합되는 개인·집단조직 간의 제 관계 가운데 가장 기본적인 관계인 노동자와 사용자의 사이에서 발생되는 사회관계 일반을 말한다.

1) 노사관계의 역사적 형성배경

① 노동조합운동의 발전
② 경영자 지배의 확립 : 경영자라는 새로운 직업과 독자적인 직능의 발전
③ 정부 역할의 증대 : 국민경제 가운데 정부의 역할이 현저하게 증대
④ 사회체제와 노사관계 : 노동과정에서 사용자와 종업원과의 관계, 관리자와 피관리자의 관계형성

2) 노사관계의 본질

① 경영 대 종업원 관계 : 직장의 규율, 능률 증진 등 이해협력관계, 개별관계, 종속관계
② 경영 대 노동조합 관계 : 임금, 노동시간, 노동조건 등과 이해대립관계, 집단관계, 대등관계

3) 노사관계의 이중성

① 종업원과 경영자, 조합원과 경영자
② 개별적 관계와 집단적 관계
③ 협조적 관계와 대립적 관계

④ 경제적 관계와 사회적 관계

⑤ 종속관계와 대등관계

4) 노사관계의 유형

① 전제적 노사관계(절대적, 억압적 노사관계)

소유자에 의한 소유경영의 형태로서 독재적 성격을 띠고 있다.

② 온정적 노사관계(친권적, 가부장적 노사관계)

가부장적 온정주의에 입각한 복지후생시설과 제도를 제공한다.

③ 협동적 노사관계(완화적 노사관계)

④ 정치적 노사관계(계급투쟁적 노사관계)

주도권 항쟁적 노사관계라고도 하며, 근로조건의 결정이 전적으로 노사의 실력항쟁에 의해 결정되며, 노사의 주도권 획득을 위한 대립적, 정치적 성격을 가진 노사관계

⑤ 산업민주적 노사관계(경쟁적 노사관계)

노사간의 모든 문제를 대등한 관계에서 교섭 및 조정을 통해 해결

2 노사관계의 3주체와 규제여건

1) 던롭(J. T. Dunlop)의 시스템이론

던롭(J. T. Dunlop)의 노사관계체계에 의하면 노사관계는 근로자 및 그 조직, 경영자 및 그 조직, 노동문제관련 정부기구 등 3주체로 구성되며, 이들 3주체는 기술적 특성, 시장 또는 예산의 제약, 각 주체의 세력관계 등 3가지 여건에 의해 규제받는다.

① 노사관계의 3주체

ㄱ 근로자 및 그 조직

ㄴ 경영자 및 그 조직

ㄷ 노동문제 관련 정부기구

② 노사관계를 규제하는 여건

ㄱ 기술적 특성

경영관리 형태나 근로자들의 조직형태, 고용된 노동력의 특성 등 사업장의 기술적 특성에 따라 경영자, 근로자 및 정부기관에 여러 문제가 발생하기도 하고, 문제를 해결하는 데도 영향이 미친다고 한다.

ㄴ 시장 또는 예산제약

시장 또는 예산제약은 일차적으로 경영자에 대하여 직접 영향을 미치며, 곧 다른 주체들에게도 영향을 미치게 된다. 경쟁적 시장일수록 낮은 이윤, 즉 낮은 지불능력으로 인하여 노사관계도 긴장상태에 들어가기 쉬운 반면

뉴딜적 노사관계는 미국에서 1935년에 제정된 전국노사관계법(와그너법) 이후에 확립된 노사관계이다.

산업민주화 정도가 가장 높은 형태의 기업은 노동자 자주관리 기업이다.

노사관계의 3주체(tripartite)는 노동자-사용자-정부이며 노사관계를 규제하는 여건 혹은 환경은 기술적특성, 시장 또는 예산제약, 각 주체의 세력관계 이다.

독점적 시장일수록 시장이나 예산제약에서 오는 압박은 상대적으로 적다고 한다. 이러한 제품시장이나 예산제약은 노사관계에 관한 규제의 내용을 결정함에 있어 매우 중요한 요인으로 작용하게 된다.

ⓒ 각 주체의 세력관계

던롭은 노사관계의 3주체 간의 영역을 넘어선 광범위한 사회 안에서의 세력관계가 이들 주체의 행동결정에 영향을 미치는 여건으로 작용한다고 보고 있다. 즉 이들의 사회적 지위, 최고 권력자에 대한 접근 가능성, 정당 또는 일반여론 등이 노사관계체제의 구조를 형성시키는 하나의 여건으로 작용한다는 것이다.

SECTION 4-2 노동조합의 이해

1 노동조합의 의의

근로자가 주체가 되어 자주적으로 단결하여 근로조건의 유지·개선과 근로자의 복리증진 기타 경제·사회적 지위의 향상을 도모함을 목적으로 조직하는 단체 또는 그 연합체이다.

노동조합이란 임금근로자들이 그들의 근로조건을 유지하고 개선할 목적으로 조직한 영속적 단체이며, 그와 같은 목적을 실현하기 위한 수단으로는 노동시장의 조절, 표준근로조건의 설정 및 유지와 공제제도 등이 있다.(Sidney and Beatrice Webb)

2 노동조합의 기능

1) 노동조합의 전통적 기능

① 공제적 기능

ⓐ 조합원들이 질병·재해·노령·사망·실업 등으로 노동능력이 일시적 또는 영구적으로 상실되는 경우에 대비하여 노동조합이 기금을 설치해 그것을 가지고 공제활동 전개

ⓑ 노동운동 초기에는 조합원 경조사에 부조가 주된 기능이었으나 오늘날 여러 공제적·복지후생적 활동을 광범위하게 전개하고 있다.

ⓒ 국가적인 사회보험이나 사회보장제도의 발전과 그 수준이 노동조합의 공제적 기능과 밀접한 관계가 있고 대치가 가능하다.

② 경제적 기능

ⓐ 노동조합이 조합원의 경제적 권리와 이익을 신장하고 유지하는 기능이다.

ⓑ 노동조합이 사용자에 대해 직접적으로 발휘하는 노동력 판매자로서의 교섭기능이다.

ⓒ 임금, 근로시간 등의 근로조건에 관한 요구를 교섭과 단체행동을 통해 관철하는 것으로 수행된다.

③ 정치적 기능

　　㉠ 노동조합이 임금이나 노동조건의 개선을 둘러싼 노사 간의 교섭과 분쟁을 조정하고 해결하는 것은 물론, 노동관계법을 비롯한 모든 법령의 제정 및 개정, 물가정책, 사회보험제도, 기타 사회복지정책 등 정부의 경제정책 수립과 집행에 영향을 주는 기능

　　㉡ 다만, 정치적 기능은 노동조합의 부수적 기능이다.

2) 노동조합의 현대적 기능

① 기본기능 – 조직기능

　　㉠ 근로자기능

　　㉡ 노동조합기능

② 집행기능

　　㉠ 경제적 기능(단체교섭기능)

　　㉡ 공제적 기능

　　㉢ 정치적 기능

③ 참모기능

　　㉠ 기본기능과 집행기능을 더욱 효과적으로 수행할 수 있도록 보조하는 기능

　　㉡ 교육활동, 홍보활동, 조사연구활동, 사회봉사활동 등

3 노동조합의 형태

1) 직종(직업)별 노동조합

① 인쇄공조합이나 선반공조합과 같이 동일한 직종에 종사하는 노동자들이 기업과 산업을 초월하여 결합한 노동조합이다.

② 역사적으로 숙련노동자를 중심으로 가장 먼저 조직된 형태이며, 숙련노동자가 노동시장을 배타적으로 독점하기 위해 조직된 것이다.

③ 장단점

　　㉠ 단결력이 강하고, 어용화의 위험이 적다는 점, 근로조건에 대해 통일된 요구를 할 수 있다는 점, 실업 노동자도 가입할 수 있다는 점이 장점이다.

　　㉡ 배타적이고 독점적인 성격을 갖고 있어 노동자 전체의 지위향상에 적합하지 않다는 점과 조합원과 사용자와의 관련성이 약하다는 점 등의 단점이 있다.

2) 기업별 노동조합

① 하나의 사업 또는 사업장에 종사하는 노동자들이 직종에 관계없이 결합한 노동조합이다.

② 우리나라와 일본에서 일반적인 노조의 형태이다.

직종(직업)별 노동조합은 역사적으로 가장 오래된 노동조합의 형태로서 특별한 기능이나 직업 또는 숙련도에 따라 노동시장을 배타적으로 독점하기 위해 숙련노동자를 중심으로 조직된 것이다.

기업별 노동조합의 경우 노동자들은 노동계급으로서의 연대의식 보다 동일 기업내의 종업원 의식을 강하게 가지는 경향을 가진다.

③ 장단점

    ㉠ 조합원의 참여의식이 높고 기업의 특수성을 반영할 수 있다는 점 등의 장점이 있다.

    ㉡ 어용화의 가능성이 크고 조합이기주의가 나타날 수 있다는 단점이 있다.

3) 산업별 노동조합

① 기업·직종을 초월해서 동종의 산업에 종사하는 노동자들로 조직된 노동조합이다.

② 오늘날 외국에서는 가장 일반화된 노조의 형태로 최근 우리나라도 기업별 노조에서 산업별 노조로 전환하는 사례가 늘고 있다.

③ 노동시장이 개방적이고 숙련·미숙련 노동자를 포함하고 있다.

④ 장단점

    ㉠ 동종 산업에 종사하는 노동자의 지위를 통일적으로 개선할 수 있다는 점과 조직력이 강하고 어용화의 위험이 적은 등의 장점이 있다.

    ㉡ 개별기업의 특수성을 반영할 수 없다는 단점이 있다.

4) 일반노동조합

① 직업이나 산업의 구별없이 모든 노동자를 조직대상으로 한다.

② 영국에서 1879년 공황 이후 직종별 노동조합에서 산업별 노동조합으로 전환되는 과도기에 출현, 노동조합 운동사상 신조합주의로 불리기도 한다.

4 숍 제도

1) 의의

숍제도란 노동조합에의 가입 및 유지의 측면에서 사용자와 조합원과의 고용관계를 규율하는 제도를 말한다.

2) 종류

① 오픈 숍(open shop)

    ㉠ 사용자가 노동조합에 가입한 조합원이나 가입하지 않은 비조합원이나 모두 고용할 수 있는 제도이다.

    ㉡ 노동자는 채용조건 또는 고용유지조건으로서 노동조합에 가입할 의무가 없다.

    ㉢ 노동조합은 노동력을 독점할 수도 없고 조합원을 확대하기 어렵기 때문에 사용자와의 교섭에서 불리하다.

② 클로즈드 숍(closed shop)

    ㉠ 조합원만을 종업원으로 신규 채용할 수 있고, 일단 고용된 노동자라도 조합원 자격을 상실하면 종업원이 될 수 없는 제도이다.

    ㉡ 우리나라 항운노동조합이 이에 해당한다.

기업별 노동조합은 노동시장 분단을 확대시킬 수 있다.

클로즈드 숍(closed shop)은 노동조합의 조직력을 가장 강화시킬수 있는 shop제도이다. 따라서 노동공급곡선은 수직이다.

PART 04

노동시장론

③ 유니온 숍(union shop)

    ㉠ 조합원 여부에 관계없이 종업원으로 채용될 수 있으나, 일단 채용된 후에는 일정기간 이내에 조합원이 되어야 하는 제도이다.

    ㉡ 노동조합이 제명하거나 본인이 노동조합에 가입을 거부하면 해고된다.

    ㉢ 우리나라는 유니온숍을 인정하면서도 조합으로부터 제명된 조합원에 대한 사용자의 불이익 조치를 금지하여 그 내용을 제한하고 있다.

④ 에이전시 숍(agency shop)

    ㉠ 조합원이 아니더라도, 모든 종업원에게 단체 교섭의 당사자인 노동조합이 조합비를 징수하는 제도로 대리기관숍 제도라고도 한다.

    ㉡ 조합에 가입하지 않고 노조가 체결한 단체협약의 수혜를 받는 것을 방지하기 위한 것이다.

⑤ 프리퍼렌셜 숍(preferential shop)

    조합원 우대제도라고도 하며 사용자가 조합원 여부에 관계없이 종업원을 채용할 수 있으나, 인사·해고 및 승진 등에 있어서 조합원에게 우선적 특권을 부여하는 제도를 말한다.

⑥ 메인터넌스 숍(maintenance of membership shop)

    조합원 자격유지제도라고도 하며 사용자가 조합원 여부에 관계없이 종업원을 채용할 수 있으나 난체협약의 효력기간 중에는 조합원 자격을 유지하여야 하는 제도이다.

SECTION 4-3   노동조합의 경제적 효과

▣ 노동조합과 사회적 비용

1) 신고전학파의 전통적 견해

① 배분적 비효율

    고임금 부문과 저임금 부문 간 임금격차를 조장하고 저임금 부문에서 고임금 부문으로 노동이동을 초래하여 노동자원의 비효율적 배분을 초래한다.

② 기술적 비효율

    경직적 인사제도 등 근로자의 작업권 보호 규정으로 노동의 가동률을 저하시키고, 자본과 노동 간의 대체성을 저해하며 새로운 기술도입을 지연시켜 기술적 비효율을 야기한다.

③ 생산적 비효율(파업으로 인한 생산중단)

    ㉠ 파업의 전방효과 : 파업 중인 사업장으로부터 원자재 및 부자재를 공급받는 기업의 경우 파업을 하지 않더라도 생산에 차질이 일어난다.

ⓛ 파업의 후방효과 : 파업 중인 사업장에 원자재 및 부자재를 납품해오던 기업이 제품을 팔 수 없게 되어 생산 활동이 위축된다.

ⓒ 전 · 후방효과와 함께 고려할 경우 노조의 파업에 따른 사회적 비용은 더 커진다.

ⓒ 해당 사업장은 대개의 경우 파업 이후에 생산성이 대단히 향상되므로 파업에 따른 사회적 비용은 실제보다 과다하게 추정될 우려가 있다.

② 노동조합의 경제적 효과

1) 상대적 임금 효과

① 파급효과(spillover effect)

노동조합이 조직됨으로써 노동조합 조직부문에서의 상대적 노동수요가 감소하고 그 결과 일자리를 잃은 노동자들이 비조직부문의 임금을 하락시키는 효과이다. 파급효과가 매우 강한 경우에 노동조합의 이중노동시장을 형성한다.

파급효과(이전효과, 해고효과)는 비노조부문의 임금을 하락시킨다.

② 위협효과(threat effect)

노동조합의 잠재적 조직 위협에 의해서 비조직부문의 노동자의 임금이 인상되는 효과, 즉 노조가 없는 기업들은 노동조합의 결성을 미리 막기 위해 미리 조직부문의 임금수준 정도의 혹은 그 보다 더 높은 수준의 임금을 지불할 수도 있다.

③ 대기실업효과(wait unemployment effect)

비조직부문의 노동자들이 임금이 향상된 조직부문에 취업하기 위해 비조직 기업을 사직하고 실업상태로 취업을 대기하게 되어 그 결과 비조직부문의 임금이 상승하는 효과이다.

2) 프리만(Freeman)과 메도프(Medoff) 노동조합의 두 얼굴

노동조합이 부정적 기능과 긍정적 기능을 모두 갖는다.

① 독점(부정적 기능)

노동공급 독점자로서의 노동조합이 시장임금보다 높은 임금 수준을 성취함으로써 노조 조직부문에서는 경쟁상태보다 더 적은 고용이 이루어지며, 노조 비조직 부문에서는 경쟁상태보다 더 많은 고용이 이루어지는 인적자원배분의 왜곡을 가져온다. 인적자원배분의 왜곡은 일국(一國)의 총생산량 감소를 초래한다.

② 집단적 목소리(긍정적 기능)

노동자의 이직률을 감소시키고, 노동자의 사기를 높이며, 작업현장의 문제에 대한 정확한 정보를 제공하고, 기업 내의 임금격차를 줄임으로써 생산성을 향상시킬 수 있다.

노동조합은 집단적 소리로서의 기능을 하여 비효율을 제거하고 생산성을 증진시킬 수 있다.

3) 노동조합과 생산성 증대 효과

① 집단표현효과(collective voice effect)

노동조합이 근로자의 직무만족도 또는 근로조건에 대한 정보를 한계적인 것이 아니라 전체적인 것으로 전해주는 집단표현의 역할을 해줌으로써 기업의 생산성을 증대시키는 효과이다.

② 충격효과(shock effect)

㉠ 노동조합이 사용자로 하여금 기업경영상의 기술적 비효율을 줄이도록 유도하는 하나의 충격을 제공함으로써 생산성이 증대하는 효과이다.

㉡ 라이벤스타인은 X-비효율의 원인으로 고용주의 효율증대에 대한 욕구 결여, 기업조직의 결함, 노무관리의 미비, 불량한 근로조건을 지적한 바 있다.

③ 기타효과

노동조합의 존재로 근로자의 지위가 향상되어 경영관리자로부터 받는 부당한 대우가 감소하고, 고충이 발생하더라도 이를 노조를 통해 해결할 수 있게 됨으로써 근로의욕을 증진시킨다. 또한 직장의 안정성의 증대로 이직률 감소와 장기근속이 유도되고, 그 결과 기업이 소속근로자에 대해 직업훈련 등의 인적자본 투자를 하게 되어 생산성이 증대되는 효과를 가져올 수 있다.

SECTION 4-4 단체교섭 및 쟁의행위

1 단체교섭

1) 단체교섭의 의의

단체교섭이란 노동조합과 사용자 또는 사용자단체 간에 근로조건 기타 노사관계의 제반사항에 대하여 집단적으로 교섭하는 것을 말한다.

2) 단체교섭의 대상

① 근로조건

임금, 근로시간, 휴가 등과 같은 근로조건에 관한 사항은 단체교섭의 의무적 교섭대상이다. 따라서 사용자는 이에 관한 교섭에는 반드시 응하여야 할 법적 의무를 부담한다.

② 집단적 노사관계에 관한 사항

숍 제도, 쟁의절차에 관한 사항, 단체교섭 절차에 관한 사항 등 집단적 노사관계에 관한 사항도 의무적 교섭대상이다.

③ 경영에 관한 사항

사업의 양도 · 인수 · 합병, 부서의 폐지 등 경영에 관한 사항이 교섭대상이
될 수 있는가에 대하여는 논란이 있다. 경영권에 관한 것이므로 교섭대상이
될 수 없다는 견해와 근로조건과 밀접한 관련이 있거나 근로조건에 중대한 영
향을 미치는 사항이라면 교섭대상이 될 수 있다는 견해가 대립하고 있다.

④ 인사에 관한 사항

전직 · 징계 · 해고 등 인사의 기준이나 절차에 관한 사항은 교섭 대상이 되지
만, 개별적인 인사처분은 집단성이 없으므로 교섭 대상이 될 수 없다고 해석
하는 것이 일반적이다.

3) 단체교섭의 유형

① 기업별 교섭

기업별 수준에서 행해지는 단체교섭으로 기업별로 조직된 노동조합과 사용
자가 교섭하는 것으로 우리나라의 주된 교섭유형이다.

② 통일교섭

산업별 노조나 하부단위 노조로부터 교섭권을 위임받은 연합체 노조와 이에
대응하는 산업별 혹은 지역별 사용자단체 간의 단체교섭이다.

> 통일교섭은 전국적, 지역적인 산업별 ·
> 직업별 노동조합과 이와 대응하는 전
> 국적 또는 지역별 사용자 단체와의 교
> 섭방식이다.

③ 집단교섭

여러 개의 단위노조와 사용자가 집단으로 연합전선을 형성해 교섭하므로 연
합교섭이라고도 한다.

④ 대각선교섭

산업별 상부단체가 하부노조로부터 교섭권을 위임받아 노동조합에 대응하는
개별기업과 교섭하는 형태이다. 사용자 단체가 조직되어 있지 않은 경우 또
는 사용자 단체가 있더라도 각 기업별로 특수한 사정이 있는 경우에 산업별
노동조합이 개별기업과 단체교섭을 행한다.

⑤ 공동교섭

기업별 노동조합 또는 지역 – 기업단위 지부가 상부단위의 노조와 공동으로
참가하여 기업별 사용자측과 교섭하는 방식이다.

⑥ 패턴교섭

산업별 · 지역별 · 업종별로 대표기업이 먼저 모델케이스로 교섭을 행하고,
다른 관련기업은 그 교섭결과에 준거하여 수용하는 교섭방식으로 미국의 패
턴교섭과 일본의 춘투양상이 있다.

4) 단체협약

단체교섭에 의해 체결되는 것으로 협약 체결일로부터 15일 이내에 행정관청에
신고하여야 하며, 2년을 초과하는 유효기간을 정할 수 없다.

2 노동쟁의와 쟁의행위

1) 노동쟁의

노동쟁의란 노동조합과 사용자 또는 사용자단체 간에 임금ㆍ근로시간ㆍ복지ㆍ해고 기타 대우 등 근로조건의 결정에 관한 주장의 불일치로 발생한 분쟁상태를 뜻한다.

2) 노동쟁의 조정방법

① 조정

쟁의 발생 즉시 노동위원회에 보고하고 조정위원회(노ㆍ사ㆍ공익위원으로 구성)가 양측의 주장을 듣고 조정을 실시하는 제도, 쟁의행위 전에 조정절차를 거치도록 한다.
ㄱ 조정전치주의(냉각기간 의무화)
쟁의행위는 더 이상 교섭으로 합의에 이를 여지가 없는 노동쟁의단계에서 돌입하는 것임에도 의무적으로 조정을 거치게 하고 일정기간 쟁의행위를 금지하는 조정전치주의는 실효성이 적은데 비해 쟁의행위를 불필요하게 제한하는 것이라는 비판이 있다.

② 중재

중재제도는 일단 개시되면 중재결과에 노사당사자가 직접 구속되는 제도임에도 필수 공익사업의 경우 당사자의 의사와 관계없이 직권으로 중재에 회부할 수 있도록 하는 것은 쟁의 행위를 지나치게 제한하고 노사자치주의를 훼손한다는 비판을 받고 있다.

③ 긴급조정

긴급조정은 쟁의행위가 공익사업에 관한 것이거나, 그 규모가 크거나, 그 성질이 특별한 것으로서 현저히 국민경제를 해하거나 국민의 일상생활을 위태롭게 할 위험이 존재하는 때에 한한다.

3) 쟁의행위

① 의의

쟁의행위란 파업ㆍ태업ㆍ직장폐쇄 기타 노동관계 당사자가 그 주장을 관철할 목적으로 행하는 행위와 이에 대응하는 행위로서 업무의 정상적인 운영을 저해하는 것을 말한다.

② 종류(유형)

ㄱ 파업 : 근로자들이 단결하여 집단적으로 노무제공을 거부하는 것
ㄴ 태업 : 노조의 통제하에 작업은 계속하면서 집단적으로 작업능률을 저하시키는 행위
ㄷ 피켓팅 : 파업을 파괴하고자 하는 일체의 행위를 방지하는 행위로 근로희망자들의 파업동참을 호소하는 한편, 노조의 요구에 대한 공중의 이해를 얻고자 하는 쟁의행위

노동쟁의 조정방법 중 중재와 긴급조정은 강제성을 가지고 있다.

사용자는 쟁의행위기간 중 그 쟁의행위로 중단된 업무를 원칙적으로 도급 또는 하도급을 줄 수 없다.

② 보이콧 : 사용자 또는 그와 거래관계에 있는 제3자의 제품구입이나 시설 이용을 거절, 사용자 또는 그와 거래관계에 있는 제3자와 근로계약의 체결을 거절할 것을 호소하는 행위

⑩ 생산관리 : 사용자의 지휘명령을 배재, 노조가 사업장 일체 운영을 접수해서 자기들 의사대로 기업경영을 하는 행위

⑪ 직장점거 : 공장, 사업장 등 회사 내에서 장시간 체류하거나 점거하는 행위로 파업의 실효성을 확보하기 위한 행위

⑫ 직장폐쇄 : 사용자 측의 유일한 쟁의행위로 노조가 쟁의행위를 개시한 이후에만 직장폐쇄를 할 수 있다.

③ 경영참가제도

경영참가란 노동자 또는 노동자 대표가 경영의사결정에 참여하는 것

1) 경영참가의 종류

① 종업원지주제도 : 기업이 자사 종업원에게 특별한 조건과 방법으로 자사 주식을 분양·소유하게 함으로써 종업원에 대한 근로의욕과 애사심을 증진하며 노사협력의 분위기를 조성한다.

② 스캔론플랜 : 판매금액에 대한 인건비의 비율을 일정하게 정해놓고 판매금액이 증가하거나 인건비가 절약되었을 때 그 차액을 상여금의 형태로 지급함으로써 생산물의 판매가치를 경영성과의 기준으로 삼는다.

③ 럭커플랜 : 기업이 창출한 부가가치(생산)에서 인건비가 차지하는 비율이 성과배분의 기준이 된다.

④ 노사협의제 : 노사간에 단체교섭에서 다루지 못한 사항에 대하여 노사가 협력하여 협의하는 제도

⑤ 노사공동결정제도 : 종업원 또는 노동조합이 경영에 참가하여 의사교환 및 경영문제와 경영에 대한 공동결정을 행하는 행위

종업원지주제는 기업재무구조의 건전화, 종업원에 의한 기업인수로 고용안정 도모, 공격적 기업 인수 및 합병에 대한 효과적 방어수단으로 활용된다.

독일은 노사간에 공동결정(co-determination)이라는 광범위한 합의관행이 존재하고 있는 국가이다.

④ 파업의 경제적 비용

1) 사적비용

① 노동조합측은 생산활동의 중단에 따라 임금을 받지 못하므로 노동소득이 줄어들며, 기업측은 생산중단에 따른 이윤이 감소한다.

② 노동조합측은 파업수당을 적립하는 방법으로, 사용자측은 재고를 통해 충당할 수 있다.

③ 사적비용은 노동자측의 비용과 기업측의 비용의 합이다.

사용자 이윤의 순감소분은 직접적인 생산중단에서 오는 것보다 더 작다.

2) 사회적 비용

① 상품 및 서비스의 생산량 감소로 사회적으로 소비 내지는 투자수준이 저하됨으로 나타나는 손실
② 사회적 비용이 가장 큰 분야는 서비스 업종이다. 전력·통신·운수·의료 등에서는 재고의 조절이 있을 수 없으므로 파업이 발생하면 그만큼 경제 전체의 서비스 소비수준은 떨어진다고 할 수 있다.

5 힉스의 교섭모형과 기대파업

힉스의 교섭모형은 파업발생 이후의 교섭과정을 설명하는 이론이다.

노사양측의 비대칭적 정보 때문에 파업이 발생한다.

파업이 지속됨에 따라 노조의 요구가 줄어들고 사용자의 양보가 커지게 되면 파업기간이 어느 기점에서 타협이 이루어지고 이때의 임금률이 결정된다. ⇒ 임금과 기대파업 사이에 교섭이 이루어진다.
※ 정보가 불확실하다는 것을 가정하고 있다.
① 노사 어느 한편 또는 양측 모두 이들의 협상에 임하는 입장과 양보곡선 또는 저항곡선을 상대방에 전달하기 어렵다.
② 교섭에서 자신들의 입장을 강화하고 파업의 위험을 믿게 하기 위해 노조는 주기적으로 파업을 해야 한다.
③ 노조에 있어 파업은 사용자에 대항하여 결집력을 응집시키기 위한 유용한 도구가 될 수 있다.

노동조합이 W_0보다 더 낮은 임금을 요구하면 사용자는 쉽게 수락하겠지만, 그때는 노동조합 내에서 교섭대표자들과 일반조합원간의 마찰이 불가피하다.

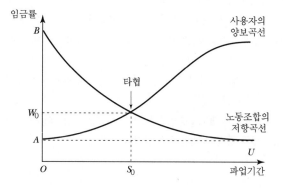

- 임금률 A점은 노동조합이 없거나 노동조합이 파업을 하기 이전 사용자들이 지불하려고 하는 임금수준이다.
- B점에서 우하향 곡선은 노동조합의 저항곡선이다.

1 기업문화

1) 정의

① 조직구성원들이 공유하고 있고 그들의 행동과 전체 조직체 행동에 기본 전제로 작용하고 있는 조직체 고유의 가치관과 신념, 규범과 관습 그리고 행동패턴 등 거시적 총제를 말한다.

② 기업문화는 구성원들의 공유가치로서 그들의 행동에 지배적인 영향을 주고, 기업체의 성과는 근본적으로 구성원들의 행동에 의하여 결정된다. 따라서 기업문화는 기업체 성과에 결정적 영향을 준다.

2 기업문화의 주요모형

1) 파스칼과 피터스의 7S 모형

① 공유가치(shared value) : 조직문화의 핵심적 구성요소

② 전략(strategy) : 기업의 장기적 방향과 기본성격을 결정

③ 구조(structure) : 구성원의 일상 업무와 행동에 영향을 주는 요소

④ 관리제도(system) : 기업경영의 의사결정, 일상 운영의 관리제도 및 절차

⑤ 구성원(staff) : 구성원의 행동을 통하여 조직문화 구체화

⑥ 기술(skill) : 하드웨어+소프트웨어, 경영에 적용되는 관리기술 및 기법 포함

⑦ 관리스타일(style) : 조직의 일상관행은 관리 및 리더십 스타일로부터 영향을 크게 받는다.

2) 파슨스의 AGIL

사회의 모든 체제는 체제의 존립과 발전을 위해 몇 가지 기능을 수행해야 한다. ⇒ 균형 중시

① A(Adaptation) : 외부환경에 대한 적응

② G(Goal attaunmaent) : 체계의 목표 달성

③ I(Intergration) : 체계 내 단위들 간의 상호관계 조정과 통합

④ L(Legitimacy) : 체계의 유형 유지와 긴장 처리이다.(정당성)

3 기업문화유형

1) 오우치(W. Ouchi) Z 조직문화

① Z 조직이론

기업의 생산성과 효율성은 기업체의 자본이나 시설 또는 근면한 노동력으로서만 증대되지 않고 조직구성원들을 효율적으로 일하게 만들 수 있는 인적자원관리제도와 이에 알맞은 조직풍토에 의하여 증대된다.

② Z 이론에 나타난 일본기업의 특성

종신고용, 연공서열제, 비전문적인 일반경력관리, 조직구성원에 대한 장기평가, 공동의사결정, 내재적 일반통제관리

③ Z 조직문화의 기본가치

㉠ 신뢰감
㉡ 친밀감
㉢ 공동참여의식
㉣ 자율성과 평등감
㉤ 책임감

🔍 참고

1) 노동시장정책(고용정책)
  ① 거시적 정책(총량면 – 수요 · 공급의 조화)
    경제성장지속, 중소기업육성, 국내산업의 분업연관관계의 심화(원료, 부품, 소재사업 육성), 농업부분경쟁력강화
  ② 미시적 정책 – 개별근로자에 영향(구체적, 실제적)
    구조적 실업대책(교육, 훈련), 마찰적 실업대책(정보제공), 여성인력 및 중고령 인력대책
2) 임금정책
  ① 합리적 임금수준 사회적 합의 유도
  ② 임금구조 합리화
  ③ 최저임금의 합리적 결정
  ④ 성과배분제도의 도입
3) 노동과정에 대한 정책 – 노동과정의 인간화 정책(노동소외 대응)
  ① 작업조직의 인간화(직무전환, 직무확대 – 다양성, 직무확충 – 자율성 · 책임성, 반자율적 작업집단 – 그룹에 자율적 결정 – 집단책임)
  ② 노동시간의 인간화(노동시간단축, 신축성확대, 자유시간 존중)
  ③ 노동환경의 인간화(안전과 건강 보장하는 환경개선)
4) 노동력재생산정책 – 고용보험, 주택정책(재산형성), 기능 · 기술육성
5) 노사관계
  ① 노동정책 수단
    ㉠ 강제 – 노동정책 초기(근로시간)
    ㉡ 지도 및 원조 – 고용지원
    ㉢ 조정 – 노사관계 충돌 해결
    ㉣ 공공서비스 – 국가가 적극적으로 복지를 확대
  ② 노동정책의 시발점
    ㉠ 영국에서 최초로 등장 – 도제의 건강과 도덕에 관한 법률(장시간, 저임금 노동자 보호)
    ㉡ 독일 – 아동노동법

ⓒ 프랑스 – 연소노동자 보호법
- 보호대상 : 연소자 – 여성 – 일반근로자로 확대
- 보호내용 : 근로시간 – 임금 등으로 확대(노동자의 권익 보호 역할)

▸ 인본적 경제(립케) : 경쟁적 시장에서 사회적 형평성을 보장하는 국가정책 및 제도가 있는 경제(사회보장)
▸ 최적인적자원배분 : 동일노동에 대해 동일임금이 지급 될 때
▸ 통계적 차별 : 고용주가 기존생산성에 근거하여 특정집단을 범주화하고 집단의 평균적 생산성에 근거하여 개인을 판단하는 것
▸ 차별형태(베키) ① 소비자 ② 사용자 ③ 근로자 ④ 인종에 의한 차별 ⑤ 통계적 차별 (※ 판매자에 의한 차별은 없음)

통계적 차별은 사용자가 근로자의 생산성에 대해 불완전한 정보를 갖고 있어 평균적인 인식을 근거로 임금을 결정할 때 일어난다.

CHAPTER 04 출제예상문제

직업상담사 2급 필기 전과목 무료동영상 **PART 04**

01 다음 중 노사관계의 3주체(tripartite)를 바르게 짝지은 것은?

① 노동자－사용자－정부
② 노동자－사용자－국회
③ 노동자－사용자－정당
④ 노동자－사용자－사회단체

해설 던롭(J.T. Dunlop)의 노사관계 시스템 이론에서는 노사관계의 주체를 사용자 및 단체, 노동자 및 단체, 정부로 규정하고 이들 간의 관계는 기술, 시장 또는 예산상의 제약, 권력구조에 의해 결정된다.

02 사회적 합의주의의 구체적인 제도적 장치인 노사정위원회의 구성집단에 속하지 않는 것은 무엇인가?

① 사용자단체
② 국가
③ 대학
④ 노동조합

해설 노사정위원회는 위원장 및 상임위원 각 1인과 근로자·사용자·정부 및 공익을 대표하는 위원 각 2인으로 구성한다.

03 "노사관계의 주체를 사용자 및 단체, 노동자 및 단체, 정부로 규정하고 이들 간의 관계는 기술, 시장 또는 예산상의 제약, 권력구조에 의해 결정된다."는 노사관계의 국제비교이론은?

① 시스템이론
② 수렴이론
③ 분산이론
④ 단체교섭이론

해설 던롭(J.T. Dunlop)의 노사관계 시스템 이론

04 던롭(Dunlop)이 노사관계를 규제하는 여건 혹은 환경으로 지적한 사항이 아닌 것은?

① 시민의식
② 기술적 특성
③ 시장 또는 예산제약
④ 각 주체의 세력관계

해설 노사관계의 3주체(tripartite)는 노동자－사용자－정부이며 노사관계를 규제하는 여건 혹은 환경은 기술적 특성, 시장 또는 예산제약, 각 주체의 세력관계이다.

05 다음 중 고용조건의 결정은 전적으로 노사의 실력항쟁에 의해서 결정되고 모든 노사의 주도권 획득을 위한 대립적 성격을 가진 노사관계 유형은?

① 산업민주적 노사관계
② 정치적 노사관계
③ 가부장적 노사관계
④ 억압적 노사관계

해설 주도권 항쟁적 노사관계라고도 하며, 근로조건의 결정이 전적으로 노사의 실력항쟁에 의해 결정되며, 노사의 주도권 획득을 위한 대립적, 정치적 성격을 가진 노사관계이다.

06 이원적 노사관계론의 구조를 바르게 나타낸 것은?

① 제1차관계 : 경영 대 노동조합관계
  제2차관계 : 경영 대 정부기관관계
② 제1차관계 : 경영 대 노동조합관계
  제2차관계 : 정부기관 대 노동조합관계
③ 제1차 관계 : 경영 대 종업원관계
  제2차관계 : 경영 대 노동조합관계
④ 제1차 관계 : 경영 대 종업원관계
  제2차관계 : 정부기관 대 노동조합관계

정답 01 ① 02 ③ 03 ① 04 ① 05 ② 06 ③

07 다음은 노사관계의 유형 중 무엇에 관한 설명인가?

경영자가 종업원의 주택시설 등과 같은 각종의 복리후생시설을 설치하는 것만 아니라 종업원대표제 등을 설치하고 노동자측과 의사소통을 통하여 가능한한 불만을 제거하여 생산성의 증대 및 노동조합의 조직화를 방지시키는 경영자측의 의도와 그에 대응한 노동자측과의 관계 속에서 보이는 경우로서, 친권적 노사관계와 비슷한 유형

① 억압적 노사관계
② 가부장적 노사관계
③ 노사협동적 노사관계
④ 산업민주적 노사관계

08 다음 어떤 숍(shop)제도를 설명한 것인가?

- 조합원신분과는 무관하게 종업원이 될 수 있는 제도이다.
- 노동조합은 노동력의 공급을 독점할 수 없다.
- 이 제도에서는 노동조합은 자본가와의 교섭에서 상대적으로 불리한 위치에 서게 된다.

① 오픈 숍(open shop)제도
② 크로즈드 숍(closed shop)제도
③ 유니온 숍(union shop)제도
④ 에이전시 숍(agency shop)제도

09 노동조합 조직률 변동의 결정요인에 대한 설명으로 틀린 것은?

① 근로조건 열악 등에서 오는 불만과 분노의 양이 클수록 노조의 집단적 발언효과로 인하여 노조가입의 예상 순이익이 증가할 수 있다.
② 노조의 정치활동으로 근로자의 간접임금이 높아질 가능성이 높아지면 예상순이익이 증가하여 노조가입에 대한 수요가 증가할 것이다.

③ 여성의 경제적 지위향상에 대한 노조의 관심과 노력이 있으면 전체 노동력에서 여성고용의 비중이 증가함에 따라 노조가입은 증가한다.
④ 산업구조가 서비스업 중심으로 바뀜에 따라 화이트칼라의 구성이 높아지면 노조가입은 증가한다.

해설 산업구조가 서비스업 중심으로 바뀌고 화이트칼라의 구성이 높아지면서 노조가입은 점차 감소하고 있다.

10 다음 중 노동조합의 조직력을 가장 강화시킬 수 있는 shop제도는?

① 클로즈드 숍(closed shop)
② 에이전시 숍(agency shop)
③ 오픈 숍(open shop)
④ 메인트넌스 숍(maintenance shop)

해설 조합에 가입하고 있는 노동자만을 채용하고 일단 고용된 노동자라도 조합원자격을 상실하면 종업원이 될 수 없는 숍제도로서 노동수요가 비탄력적이며, 임금협상에서 노동조합이 유리하다.

11 다음이 설명하고 있는 단체교섭의 구조는?

전국적, 지역적인 산업별·직업별 노동조합과 이에 대응하는 전국적 또는 지역별 사용자 단체와의 교섭방식이며, 복수사용자 교섭이라고도 한다.

① 기업별 교섭
② 통일 교섭
③ 대각선 교섭
④ 집단 교섭

해설 통일 교섭은 산업별 노조나 하부단위 노조로부터 교섭권을 위임받은 연합체 노조와 이에 대응하는 산업별 혹은 지역별 사용자단체 간의 단체교섭이다.

12 고용되기 전에는 노동조합원일 필요가 없으나 일단 고용된 후에는 노동조합원이 되어야 고용이 유지되는 제도는?

① 클로즈드 숍(closed shop)
② 오픈숍(open shop)
③ 유니온 숍(union shop)
④ 오픈－클로즈드숍(open－closed shop)

PART 04

노동시장론

13 직업별 노동조합(craft union)에 관한 설명으로 틀린 것은?

① 동일직업의 노동자들이 소속 기업이나 공장에 관계없이 가입한 횡적 조직이었다.

② 저임금의 미숙련노동자, 여성, 연소노동자들도 조합에 가입할 수 있다.

③ 조합원간의 연대를 강화하기 위해 공제활동에 의한 조합원간의 상호부조에 주력했다.

④ 산업혁명 초기 숙련노동자가 노동시장을 독점하기 위한 조직으로 결성하였다.

> **해설** 직종(직업)별 노동조합은 역사적으로 가장 오래된 노동조합의 형태로서 특별한 기능이나 직업 또는 숙련도에 따라 노동시장을 배타적으로 독점하기 위해 숙련노동자를 중심으로 조직된 것이다.

14 직업이나 직종의 여하를 불문하고 동일산업에 종사하는 노동자가 조직하는 노동조합의 형태는?

① 직업별 노동조합 ② 산업별 노동조합
③ 기업별 노동조합 ④ 일반 노동조합

> **해설** 기업·직종을 초월해서 동종의 산업에 종사하는 노동자들로 조직된 노동조합이다. 오늘날 외국에서는 가장 일반화된 노조의 형태이다.

15 단체교섭시 사용자의 교섭력 원천이 아닌 것은?

① 파업근로자 대신 다른 근로자로 대체할 수 있는 능력
② 기업의 재정능력
③ 소비자들에게 호소하는 불매운동
④ 직장폐쇄 권리

> **해설** ① 노동조합의 교섭력의 원천
> - 조직근로자들이 외부의 임시적 취업기회의 용이성
> - 파업노동자들의 노동력을 비조직노동자인 관리직이나 사무직 등으로 대체하기 어려울 때
> - 파업기금, 실직에 따른 각종 복리후생적 지급금의 규모
> - 파업, 태업, 불매운동 등 쟁의행위
> ② 사용자의 교섭력의 원천
> - 파업노동자 대신 다른 노동자로 대체할 수 있는 능력
> - 파업기간 중 관리직이나 사무직 등의 노동자가 통상업무를 벗어나 생산활동을 계속할 수 있는 능력
> - 기업의 재정능력
> - 사용자의 직장폐쇄 권리

16 다음 중 기업별 노동조합에 관한 설명으로 틀린 것은?

① 기업별 노동조합은 노동자들의 횡단적 연대가 뚜렷하지 않고, 동종·동일산업이라도 기업간의 시설규모, 지불능력의 차이가 큰 곳에서 조직된다.

② 기업별 노동조합은 노동조합이 회사의 사정에 정통하여 무리한 요구로 인한 노사분규의 가능성이 적다.

③ 기업별 노동조합은 사용자와의 밀접한 관계로 공동체의식을 통한 노사협력 관계를 유지할 수 있어 어용화의 가능성이 작다.

④ 기업별 노동조합은 각 직종간의 구체적 요구조건을 공평하게 처리하기 곤란하여 직종간에 반목과 대립이 발생할 수 있다.

> **해설** 어용화의 가능성이 크고 조합이기주의가 나타날 수 있다는 단점이 있다.

17 클로즈드 숍(closed shop) 제도하에서의 노동공급곡선 형태는?

① 우 상향 한다. ② 우 하향 한다.
③ 수직이다.   ④ 수평이다.

> **해설** 클로즈드 숍의 노동수요 곡선은 완전비탄력적이다.

18 기업별 노동조합에 대한 설명으로 맞는 것은 모두 몇 개 인가?

- 기업별 노동조합의 경우 노동자들은 노동계급으로서의 연대의식 보다 동일 기업내의 종업원 의식을 강하게 가지는 경향을 가진다.
- 기업별 조합은 시장지배력을 가지는 독과점 대기업보다는 중소업체에서 쉽게 찾아질 수 있다.
- 기업별 노동조합은 산업별 조합에 비해 개별 기업의 사정을 반영한 단체교섭이 이루어질 수 있으므로 단체협약의 체결이 상대적으로 용이하다.

① 0개 ② 1개
③ 2개 ④ 3개

> **해설** 기업별 노동조합은 하나의 사업 또는 사업장에 종사하는 노동자들이 직종에 관계없이 결합한 노동조합으로 조합원의 참여의식이 높고 기업의 특수성을 반영할 수 있다.

정답 13 ② 14 ② 15 ③ 16 ③ 17 ③ 18 ③

19 다음 ( ) 안에 알맞은 것은?

( )은 근로자를 채용할 때는 일정한 노동조합의 조합원인 사실의 유무를 불문하지만, 일단 채용된 후에는 일정한 기간내에 일정의 노동조합에 가입하지 않으면 안 되고 또한 그 조합으로부터 탈퇴하거나 제명되어 조합원 자격을 상실할 때에는 해고된다는 노사간의 협정을 의미한다.

① 클로즈드 숍 ② 유니언 숍
③ 에이전시 숍 ④ 오픈 숍

20 다음 중 노동조합의 경제적 효과 중 파급효과에 대한 설명으로 틀린 것은?

① 파급효과는 노동조합이 조직됨으로써 노동조합 조직부문에서의 상대적 노동수요가 감소하고 그 결과 일자리를 잃은 노동자들이 비조직부문의 임금을 하락시키는 효과이다.
② 파급효과는 노동조합의 잠재적인 조직위협에 의해서 비조직부문의 노동자의 임금이 인상 되는 효과이다.
③ 파급효과가 매우 강한 경우에는 노동조합이 이중노동시장을 형성시키게 한다.
④ 파급효과가 강한 경우 조직부문의 임금인상이 비조합원을 저임금의 불안정한 직무로 몰아내는 간접효과를 가진다.

[해설] 노동조합의 잠재적인 조직위협에 의해서 비조직부문의 노동자의 임금이 인상되는 위협효과에 대한 설명이다.

21 파업의 경제적 비용과 기능에 대한 설명으로 틀린 것은?

① 사적비용은 노동자측의 비용과 기업측의 비용의 합이 된다.
② 사용자의 사적비용은 직접적인 생산중단에서 오는 이윤의 순감소분보다 적을 수도 있다.
③ 사회적비용이란 경제의 한 부분에서 발생한 파업으로 인한 타 부분에서의 생산 및 소비의 감소를 의미한다.
④ 파업에 따른 사회적 비용이 가장 작은 분야는 서비스 산업부문이다.

[해설] 전력 · 통신 · 운수 · 의료 등의 서비스업종은 재고의 조절이 있을 수 없으므로 파업이 발생하면 그만큼 경제 전체의 서비스 소비수준은 떨어진다고 할 수 있다.

18 힉스의 노동쟁의 분석모형에 따를 때, 파업이 발생하지 않는 경우는?

① 장래의 교섭력을 높일 필요가 있을 때
② 노동자의 저항곡선이 사용자의 양보곡선보다 위에 위치할 때
③ 정보의 불확실성으로 상대방의 곡선을 모를 때
④ 노동조합의 저항곡선과 사용자의 양보곡선이 만날 때

[해설] 노조저항곡선과 사용자 양보곡선이 만나는 점에서 타협이 이루어진다.

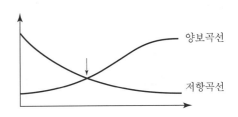

23 다음 중 산업민주화 정도가 가장 높은 형태의 기업은?

① 노동자 자주관리 기업 ② 노동자 경영참여 기업
③ 전문경영인 경영 기업 ④ 중앙집권적 기업

[해설] **산업민주화의 정도**
자주관리 기업 > 경영참여 기업 > 전문경영인 경영기업 > 중앙집권적 기업

24 다음 중 근로자측의 쟁위행위로 볼 수 없는 것은?

① 파업 ② 피켓팅(picketing)
③ 준법투쟁 ④ 대체고용

[해설] 사용자는 쟁의행위 기간 중 그 쟁의행위로 중단된 업무의 수행을 위하여 당해 사업과 관계없는 자를 채용 또는 대체할 수 없다.

25 스캔론 플랜(scanlon plan)에 관한 설명으로 틀린 것은?

① 근로자 경영참가 중에서 이익참가의 대표적 유형이다.
② 노사협력에 의한 생산성 향상을 목적으로 한다.
③ 종업원 개개인의 능률을 자극하는 것이 아니라 집단적 능률을 자극하는 제도이다.
④ 생산(부가)가치를 성과배분의 기준으로 삼는다.

> **해설** **럭커플랜**
> 기업이 창출한 부가가치(생산)에서 인건비가 차지하는 비율이 성과배분의 기준이 된다.

26 다음 중 기업의 종업원주식소유제 혹은 종업원지주제 도입에 따른 효과로 틀린 것은?

① 노사관계 악화
② 기업금융 및 재무구조의 건전화 수단
③ 종업원의 기업인수 지원을 통한 고용안정 도모
④ 공격적 기업인수 및 합병에 대한 효과적 방어수단

> **해설** 기업이 자사 종업원에게 특별한 조건과 방법으로 자사 주식을 분양·소유하게 함으로써 종업원에 대한 근로의욕과 애사심을 증진하며 노사 협력의 분위기를 조성한다.

27 산업별 노동조합에 대응할 만한 사용자 단체가 없거나, 이러한 사용자 단체가 있더라도 각 기업별로 특수한 사정이 있을 경우 산업별 노동조합이 개별기업과 개별적으로 교섭하는 단체교섭의 유형은?

① 대각선교섭   ② 집단교섭
③ 통일교섭   ④ 기업별교섭

> **해설** 예를들면 어떤 방직회사 대표가 연합단체인 섬유노련과 임금 및 노동 조건에 대해 교섭하는 형태이다.

28 노동쟁의 조정방법 중에서 강제성을 띠는 것은?

① 알선, 조정   ② 중재, 긴급조정
③ 조정, 긴급조정 ④ 조정, 중재

> **해설** 노동쟁의 조정방법 중 중재와 긴급조정은 강제성을 가지고 있다.

29 다음 중 힉스의 교섭모형과 기대파업기간에 관한 설명으로 틀린 것은?

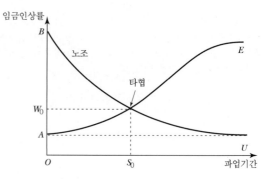

① B에서의 우하향 곡선이 노동조합의 저항곡선이다.
② S_0기간의 파업을 통해 교차점에 도달했으며 이때 결정된 임금률이 W_0로 됨을 보여준다.
③ 사용자는 노동조합이 W_0보다 더 높은 임금을 요구하면 파업을 두려워하여 그 요구를 수용할 것이다.
④ 노사가 S_0에서 파업을 중단하는 것이 이익이 된다는 것을 안다면 W_0 임금수준에서 교섭을 타결할 것이다.

> **해설** ① 임금률 A전은 노동조합이 없거나 노동조합이 파업을 하기 이전 사용자들이 지불하려고 하는 임금수준이다.
> ② 힉스의 모형은 단체교섭과정에서의 불확실성을 지나치게 경시하였다는 비판을 받게 되었다.
> ③ 사용자는 W_0 수준이나 혹은 더 낮은 임금 수준에서 그 요구를 수용하려고 할 것이다.

30 일국(一國)의 경제에서 최적 인적자원배분이 이루어졌다고 하는 때는 언제인가?

① 동일노동에 대해 동일임금이 지급될 때
② 완전고용을 이루었을 때
③ 자연실업률 상태에 도달하였을 때
④ 경제원칙이 달성되었을 때

> **해설** 최적인적자원배분이란 동일노동에 대해 동일임금이 지급 될 때이다.

31 다음 중 사회정책이나 제도에 관한 설명으로 틀린 것은?

① 인력정책(manpower policy)은 주로 구조적 실업문제를 해결하기 위한 정책이다.
② 소득정책(incomes policy)은 근로자들의 소득을 증진시키기 위한 정책이다.
③ 우리나라의 고용평등법은 남녀고용평등을 주된 목적으로 하고 있다.
④ 알선은 노사자율적 해결을 강조하는 노동쟁의조정제도이다.

해설 완전고용의 실현을 추구하면 물가가 상승하고, 물가안정을 추구하면 다수의 실업자가 발생함으로 완전고용과 물가안정의 양립(兩立)을 추구하는 정책이 소득정책이다.

32 다음 중 립케의 인본적 경제(Humane economy)의 의미로 알맞은 것은?

① 경쟁적 시장에 사회적 형평성을 보장하는 국가정책 및 제도가 있는 경제
② 완전 경쟁적 시장에 인간의 존엄성을 끝없이 추구하는 경제
③ 정부 통제하의 독과점 주도의 성장지향적 경제
④ 현실의 시장경제 또는 지난 100년 이상 서구의 자본주의

33 사회민주주의형 정치조직이 무력하여 국가차원보다 개별 기업단위의 복지제도가 광범위하게 시행되고 있는 마이크로 코포라티즘(micro-corporatism)이 특징인 국가는?

① 스페인
② 핀란드
③ 일본
④ 독일

해설 **코포라티즘(corporatism)**
마이크로 코포라티즘은 기업 단위에서 노사 파트너 관계와 노동자 참여가 관행적으로 이루어지고, 국가제도 수준의 복지제도는 취약한 반면에 기업의 각종 복지제도(사원주택, 회사 탁아제, 회사 지급 교육수당제 등)가 광범위하게 시행된다. 이렇게 국가 차원보다 개별 기업 단위의 복지제도가 광범위하게 시행되고 있는 마이크로 코포라티즘(micro-corporatism)이 특징인 국가는 일본이다.

34 노사 간에 공동결정(co-determination)이라는 광범위한 합의관행이 존재하고 있는 나라는?

① 영국
② 프랑스
③ 미국
④ 독일

해설 독일의 공동결정은 1916년 최초로 도입되어 1920년 법적으로 의무화되었다.

35 개인들은 조직, 집단 및 타인과의 서로 다른 이해와 선호체계를 갖고 있기 때문에 쌍방간의 거래가 있는 노동계약에서는 완전한 계약이 일어나지 않는다. 이러한 현상이 일어나는 설명 요인이 아닌 것은?

① 제한된 합리성
② 조정문제
③ 역선택
④ 도덕적 해이

해설 완전한 계약이 이루어지지 않는 것은 정보의 비대칭성으로 발생하며, 이는 제한된 합리성, 역선택, 도덕적 해이를 발생시킨다.

PART 05

노동관계법규

CONTENTS

V O C A T I O N A L   C O U N S E L O R

CHAPTER

01 노동기본권의 이해

Ⅰ. 노동기본권

1. 노동기본권

노동기본권이라 함은 근로자의 생존권 확보를 위하여 헌법이 규정하고 있는 근로권과 근로 3권, 즉 단결권, 단체교섭권, 단체행동권을 말한다.

① 근로권과 근로3권

ㄱ 근로권 : 모든 국민은 근로의 권리를 가진다.(헌법 제 32조 1항)

ㄴ 근로 3권 : 근로자는 근로조건의 향상을 위하여 자주적인 단결권 · 단체교섭권 · 단체행동권을 가진다.(헌법 제 33조 1항)

② 노동기본권의 특징

ㄱ 노동기본권은 헌법에 규정된 기본권으로 사회권적 기본권이다.

ㄴ 노동기본권은 1919년 독일 바이마르 헌법에서 최초로 보장하였다.

ㄷ 노동기본권은 경제적 민주주의 사회 실현에 사상적 배경을 두고 있다.

ㄹ 노동기본권은 절대적 권리는 아니며 공공복리 등에 의해서 제약을 받을 수 있다. 그러나 제한하는 경우에도 자유와 권리의 본질적인 내용을 침해할 수 없다.(헌법 제37조 2항)

③ 근대시민법과 노동법

ㄱ 근대시민법 원리 : 소유권 절대의 원칙, 계약자유의 원칙, 과실 책임의 원칙(자유롭고 대등한 개인/형식적 평등관계)

ⓛ 실질적 대등성 확보를 위한 노사자치주의 실현을 위해 노동법이 등장하였다.

ⓒ 근대 시민법의 원리를 수정하기 위해 생겨난 것이다.

II. 근로권

1. 근로권의 내용

① 본원적 내용

ⓐ 근로기회 청구권 : 국민은 누구나 노동의사와 노동능력이 있는 한 국가에 대하여 노동의 기회를 요구할 수 있는 권리이다.

ⓛ 생활비 청구권 : 국가가 근로의 기회를 제공할 수 없는 경우에 이에 대신하여 국가에 대하여 상당한 생활비의 지급을 요구할 수 있는 권리이다.

② 파생적 내용

ⓐ 모든 국민은 근로의 권리를 가진다. 국가는 사회적 · 경제적 방법으로 근로자의 고용증진과 적정임금 보장에 노력하여야 하며, 법률이 정하는 바에 의하여 최저임금제를 시행하여야 한다.

ⓛ 모든 국민은 근로의 의무를 진다. 국가는 근로의 의무의 내용과 조건을 민주주의 원칙에 따라 법률로 정한다.

ⓒ 근로조건의 기준은 인간의 존엄성을 보장하도록 법률로 정한다.

ⓔ 여자의 근로는 특별한 보호를 받으며, 고용 · 임금 및 근로조건에 있어서 부당한 차별을 받지 아니한다.

ⓜ 연소자의 근로는 특별한 보호를 받는다.

ⓑ 국가 유공자 · 상이군경 및 전몰군경의 유가족은 법률이 정하는 바에 의하여 우선적으로 근로의 기회를 부여받는다.

III. 근로 3권

1. 근로 3권 보장의 의의

① 근로 3권의 본질

ⓐ 자유권설 : 국가는 근로자의 자유로운 단체행동에 간섭해서는 안 된다.

ⓛ 생존권설 : 국가는 근로자가 단체행동을 행하는 데 있어서의 모든 장애를 제거하여 주는 동시에 적극적으로 근로자에게 단체행동권을 행사할 수 있도록 해야 할 의무가 있다.

ⓒ 혼합권설 : 근로자가 근로3권을 행사하는 것을 국가가 방해해서는 안 된다는 자유권적 측면과 근로자의 생활향상을 위하여 국가가 그러한 행동을 할 수 있도록 적극적으로 법률을 제정한다고 하는 생존권적인 면이 병존하고 있다.

근로 3권은 자유권적 성격과 생존권적 성격을 동시에 갖고 있다.

② 근로 3권 보장의 효과

    ㉠ 정당한 노동 3권의 행사는 민·형사상의 책임이 면제된다.

    ㉡ 근로자의 정당한 노동 3권 행사에 대한 사용자의 간섭 또는 방해 행위는 부당노동행위로서 금지된다.

2. 단결권

① 근로자들이 자주적으로 노동조합(노동단체)를 설립할 수 있는 권리를 말한다.
② 적극적인 단결권만이 포함되며, 소극적 단결권은 포함되지 않는다.(통설)
③ 단결 선택의 자유를 부정하지 않는다.(통설)

3. 단체교섭권

① 근로자가 근로조건을 유지·개선하기 위하여 단결에 의해서 사용자와 교섭할 수 있는 권리를 말한다.
② 단체교섭 거부행위는 부당노동행위의 한 유형으로서 금지된다.
③ 구체적 사정에 따라 단체교섭 내용이나 단체교섭상의 행위가 모두 정당해야 한다.
④ 근로자 개인이 아닌 근로자의 단결체가 행사할 수 있는 권리이다.

4. 단체행동권

① 단체행동권이란 단체교섭을 근로자에게 유리하게 전개되도록 하기 위하여 근로자에게 보장된 집단적 행동에 관한 권리이다.
② 단체행동권은 쟁의권을 의미하며 그 성질상 사용자에게 압력을 가하여 노동조합의 요구조건에 응하도록 하는 실력행위로서 그 상대방인 사용자는 물론 일반 공익에까지 영향을 미치는 경우가 많다.
③ 이러한 이유로 쟁의권에 대하여는 법률로써 쟁의행위의 주체, 목적, 수단·방법, 절차 등에 제한을 가하고 있다.
④ 정당한 단체행동권의 행사에 대하여는 민·형사상의 면책을 인정하고 있다.

5. 근로 3권의 상호관계

① 근로 3권은 다 같이 근로자의 생존확보를 이념으로 하는 생존권적 기본권으로서 이 3자는 밀접한 불가분의 관계에 있다.
② 단결권은 가장 근원적인 것으로서 실제에 있어서 단결의 힘을 배경으로 하지 않는 단체교섭권, 단체행동권은 유명무실하다.
③ 단결은 그 자체가 목적이 아니라 단체교섭을 통한 근로자의 사회적·경제적 지위향상을 목적으로 한다. 이런 의미에서 단체교섭권이 가장 핵심적인 권리라고 할 수 있다.
④ 교섭을 유리하게 이끌기 위한 수단인 단체행동권 없는 단체교섭권은 사실상 무의미하다. 즉, 파업이라는 단체행동권이 뒷받침됨으로써 단체교섭에서 근로자 측은 사용자와 대등한 위치에서 교섭을 전개할 수 있다.

6. 근로 3권의 제한

① 공무원인 근로자는 법률이 정하는 자에 한하여 단결권·단체교섭권·단체행동권을 가진다.(헌법 제 33조 2항)

    ㉠ 지식경제부 소속의 현업기관과 국립의료원의 작업현장에서 사실상 노무에 종사하는 기능직 공무원 가운데 일정한 자에 대하여 근로3권을 인정하고 있다.

    ㉡ 6급 이하의 공무원은 단결권, 단체교섭권만 인정하며 단체행동권은 인정되지 않는다.

② 사립학교 교원 및 국·공립학교 교원은 단결권, 단체교섭권만을 가진다. 단체행동권은 인정되지 않는다.

③ 법률이 정하는 주요 방위산업체에 종사하는 근로자의 단체행동권은 법률이 정하는 바에 의하여 이를 제한하거나 인정하지 아니할 수 있다.(헌법 제 33조 3항)

    ㉠ 방위산업에 관한 특별조치법에 의하여 지정된 주요방위산업체에 종사하는 근로자 중 전력, 용수 및 주로 방산물자를 생산하는 업무에 종사하는 자는 쟁의행위를 할 수 없으며 주로 방산물자를 생산하는 업무에 종사하는 자의 범위는 대통령령으로 정한다.(노동조합법)

CHAPTER 01 출제예상문제

직업상담사 2급 필기 전과목 무료동영상 PART 05

01 헌법에 규정되어 있는 내용이 아닌 것은?

① 국가는 법률이 정하는 바에 의하여 최저임금제를 시행하여야 한다.
② 근로조건의 기준은 인간의 존엄성을 보장하도록 법률로 정한다.
③ 여자의 근로는 특별한 보호를 받으며, 고용, 임금 및 근로조건에 있어서 부당한 차별을 받지 아니한다.
④ 장애인은 법률이 정하는 바에 의하여 우선적으로 근로의 기회를 부여받는다.

해설 국가 유공자 · 상이군경 및 전몰군경의 유가족은 법률이 정하는 바에 의하여 우선적으로 근로의 기회를 부여받는다.

02 다음 중 노동법의 성격에 가장 적합한 원칙은?

① 계약자유의 원칙
② 자기책임의 원칙
③ 소유권 절대의 원칙
④ 당사자의 실질적 대등의 원칙

해설 노동법은 실질적 대등성 확보를 위한 노사자치주의를 실현하고, 근대 시민법의 원리를 수정하기 위해 생겨났다.

근대시민법	노동법
소유권 절대의 원칙	소유권 상대의 원칙
계약자유의 원칙	계약공정의 원칙
과실책임의 원칙	무과실책임의 원칙

03 다음 중 헌법상 보장될 수 있는 쟁의행위로 볼 수 없는 것은?

① 파업
② 태업
③ 직장폐쇄
④ 보이콧

해설 직장폐쇄는 사용자의 쟁의행위이지만, 헌법에 보장된 쟁의행위가 아니다.

04 헌법에 규정된 노동기본권에 관한 설명으로 옳은 것은?

① 근로의 권리와 근로3권을 포함한다.
② 외국인도 근로의 권리 주체가 될 수 있다.
③ 근로의 권리는 생존권적 성격 보다 자유권적 성격이 강하다.
④ 근로의 권리는 국가의 적극적인 입법형성에 의해 구체화된다.

해설 ㉯ 외국인이나 법인은 주체가 될 수 없다.
㉰ 근로의 권리는 자유권적 성격보다 생존권적 성격이 강하다.
㉱ 권로의 권리는 입법형성이 아닌 당연한 권리로 인식되고 있다.

05 헌법상 근로의 권리에 관한 내용으로 틀린 것은?

① 국가의 고용증진의무
② 근로조건기준의 법정주의
③ 여자와 연소자의 근로의 특별보호
④ 국가유공자 등에 대한 근로기회의 평등보장

해설 국가유공자 · 상이군경 및 전몰군경의 유가족은 법률이 정하는 바에 의하여 우선적으로 근로의 기회를 부여받는다.

정답 01 ④ 02 ④ 03 ③ 04 ① 05 ④

06 다음 ( ) 안에 알맞은 것은?

> 헌법상 국가는 ( )으로 근로자의 고용의 증진과 적정 임금의 보장에 노력하여야 한다.

① 법률적 방법
② 사회적 방법
③ 경제적 방법
④ 사회적 · 경제적 방법

> **해설** 모든 국민은 근로의 권리를 가진다. 국가는 사회적 · 경제적 방법으로 근로자의 고용 증진과 적정임금 보장에 노력하여야 하며, 법률이 정하는 바에 의하여 최저임금제를 시행하여야 한다.

07 헌법상 근로3권에 관한 설명으로 가장 적합한 것은?

① 단결권, 단체교섭권, 단체행동권은 일체를 이루는 기본권이므로, 단결권이 인정되는 근로자에게는 예외 없이 단체교섭권 및 단체행동권까지 인정되어야 한다.
② 근로3권은 자유권적 성격과 생존권적 성격을 동시에 갖고 있다.
③ 근로3권에 대해서는, 헌법에 명시된 제한 이상으로 기본권에 대한 일반적인 제한은 허용되지 아니한다.
④ 오늘날 대부분의 문명국가에서는 단결권, 단체교섭권, 단체행동권을 헌법상 명문으로 보장하고 있다.

> **해설** 근로자가 근로3권을 행사하는 것을 국가가 방해해서는 안 된다는 자유권적 측면과 근로자의 생활향상을 위하여 국가가 그러한 행동을 할 수 있도록 적극적으로 법률을 제정한다고 하는 생존권적인 면이 병존하고 있다.

08 근로3권에 관한 설명으로 옳은 것은?

① 근로자는 근로조건의 향상을 위하여 자주적인 단결권, 단체교섭권, 단체행동권을 가진다.
② 공무원인 근로자도 원칙적으로 근로3권을 가지며, 공공복리를 위해 권리가 제약되는 경우가 있다.
③ 주요방위산업체의 근로자는 국가안보를 위해 당연히 단체행동권이 인정되지 않는다.
④ 미취업근로자 개개인에게 주어지는 구체적 권리이다.

> **해설** ① 공무원인 근로자는 법률이 정하는 자에 한하여 단결권 · 단체교섭권 · 단체행동권을 가진다.
> ② 사립학교 교원 및 국 · 공립학교 교원은 단결권, 단체교섭권만을 가진다. 단체행동권은 인정되지 않는다.
> ③ 법률이 정하는 주요 방위산업체에 종사하는 근로자의 단체행동권은 법률이 정하는 바에 의하여 이를 제한하거나 인정하지 아니할 수 있다.

09 헌법상 근로자의 노동 3권에 속하지 않는 것은?

① 단결권
② 단체교섭권
③ 단체행동권
④ 이익균점권

10 근로의 권리에 관한 내용과 가장 거리가 먼 것은?

① 해고의 제한
② 취업청구권
③ 쟁의권
④ 생활비지급청구권

> **해설** 노동기본권이라 함은 근로자의 생존권 확보를 위하여 헌법이 규정하고 있는 근로권과 근로3권, 즉 단결권, 단체교섭권, 단체행동권을 말한다. 쟁의권은 근로3권에 해당된다.

11 다음 중 헌법의 노동관계조항과 부합하지 않는 것은?

① 국가는 근로의 의무의 내용과 조건을 민주주의 원칙에 따라 법률로 정한다.
② 국가는 사회적 · 경제적 방법으로 근로자의 고용 증진과 적정임금의 보장에 노력하여야 한다.
③ 공무원인 근로자는 법률이 정하는 자에 한하여 단결권 · 단체교섭권 및 단체행동권을 가진다.
④ 법률이 정하는 주요 방위산업체에 종사하는 근로자의 단결권은 법률이 정하는 바에 의하여 이를 제한하거나 인정하지 아니할 수 있다.

> **해설** 법률이 정하는 주요 방위산업체에 종사하는 근로자의 단체행동권은 법률이 정하는 바에 의하여 이를 제한하거나 인정하지 아니할 수 있다.(헌법 제33조 3항)

12 헌법상 근로의 권리의 기능이 아닌 것은?

① 근로를 통하여 개성과 자주적 인간성을 제고하고 함양하게 한다.
② 근로의 상품화를 허용함으로써 자본주의경제의 이념적 기초를 제공한다.
③ 국민으로 하여금 근로를 통하여 생활의 기본적 수요를 스스로 충족하게 한다.
④ 근로기회의 제공을 통하여 생활무능력자에 대한 국가적 보호 의무를 증가시킨다.

> **해설** 생활무능력자에게 근로의 기회를 제공하여 수입이 발생케 함으로써 국가의 부담은 감소한다.

정답 06 ④ 07 ② 08 ① 09 ④ 10 ③ 11 ④ 12 ④

13 헌법상 근로의 특별한 보호 또는 우선적인 근로기회보장의 대상자로서 명시되어 있지 않은 것은?

① 여자 ② 연소자
③ 실업자 ④ 국가유공자

해설 ① 여자의 근로는 특별한 보호를 받으며, 고용·임금 및 근로조건에 있어서 부당한 차별을 받지 아니한다.
② 연소자의 근로는 특별한 보호를 받는다.
③ 국가 유공자·상이군경 및 전몰군경의 유가족은 법률이 정하는 바에 의하여 우선적으로 근로의 기회를 부여받는다.

14 노동기본권에 대한 설명으로 틀린 것은?

① 노동기본권은 헌법에서 근로자에게 보장된 기본적 권리이다.
② 공무원인 근로자는 법률에 정하는 자에 한하여 노동3권을 가진다.
③ 주요 방위산업체에 종사하는 근로자의 단체행동권은 법률이 정하는 바에 의하여 제한하거나 인정하지 아니할 수 있다.
④ 우리나라 헌법상 모든 국민의 근로의 권리와 의무는 별개 개념이다.

15 헌법이 보장하는 근로3권의 설명으로 틀린 것은?

① 단결권은 근로조건의 향상을 도모하기 위하여 근로자와 그 단체에게 부여된 단결체 조직 및 활동, 단결체의 가입, 단결체의 존립보호 등을 위한 포괄적 개념이다.
② 단결권이 근로자 집단의 근로조건의 향상을 추구하는 주체라면, 단체교섭권은 그 목적 활동이고, 단체협약은 그 결실이라고 본다.
③ 단체교섭의 범위는 근로자들의 경제적·사회적 지위향상에 관한 것으로 단체교섭의 주체는 원칙적으로 근로자 개인이 된다.
④ 단체행동권의 보장은 개개 근로자와 노동조합의 민사상 내지 형사상의 책임을 면제시키는 것이므로 시민법에 대한 중대한 수정을 의미한다.

해설 근로자 개인이 아닌 근로자의 단결체가 행사할 수 있는 권리이다.

16 단결권에 관한 설명으로 틀린 것은?

① 단결권은 근로조건의 유지·개선과 근로자의 사회적·경제적·정치적 지위의 향상을 직접적인 목적으로 한다.
② 근로자 개인의 단결권과 노동조합의 단결권은 서로 불가분의 관계에 있으나 때로는 대립하는 경우도 있다.
③ 독일의 기본법은 단결권만 명시하고 있으나 여기에 단체교섭권과 단체행동권까지 포함되는 것으로 해석된다.
④ 단결권은 시민법하의 형식적 평등관계를 시정하고 실질적인 노사대등관계의 형성을 목적으로 한다.

해설 단결은 그 자체가 목적이 아니라 단체교섭을 통한 근로자의 사회적·경제적 지위향상을 목적으로 한다.

V O C A T I O N A L　C O U N S E L O R

CHAPTER

02 개별근로관계 법규의 이해

SECTION 2-1 근로기준법

Ⅰ. 총칙

1. 목적(법 1조)

이 법은 헌법에 따라 근로조건의 기준을 정함으로써 근로자의 기본적 생활을 보장, 향상시키며 균형 있는 국민경제의 발전을 꾀하는 것을 목적으로 한다.

2. 용어의 정의(법 2조)

1) "근로자"란 직업의 종류와 관계없이 임금을 목적으로 사업이나 사업장에 근로를 제공하는 사람을 말한다.
2) "사용자"란 사업주 또는 사업 경영 담당자, 그 밖에 근로자에 관한 사항에 대하여 사업주를 위하여 행위하는 자를 말한다.
3) "근로"란 정신노동과 육체노동을 말한다.
4) "근로계약"이란 근로자가 사용자에게 근로를 제공하고 사용자는 이에 대하여 임금을 지급하는 것을 목적으로 체결된 계약을 말한다.
5) "임금"이란 사용자가 근로의 대가로 근로자에게 임금, 봉급, 그 밖에 어떠한 명칭으로든지 지급하는 모든 금품을 말한다.
6) "평균임금"이란 이를 산정하여야 할 사유가 발생한 날 이전 3개월 동안에 그 근로자에게 지급된 임금의 총액을 그 기간의 총일수로 나눈 금액을 말한다. 근로자가 취업한 후 3개월 미만인 경우도 이에 준한다.

6-1) 평균임금의 계산에서 제외되는 기간과 임금(시행령 2조)

평균임금 산정기간 중에 다음 각 호의 어느 하나에 해당하는 기간이 있는 경우에는 그 기간과 그 기간 중에 지급된 임금은 평균임금 산정기준이 되는 기간과 임금의 총액에서 각각 뺀다.

㉠ 근로계약을 체결하고 수습 중에 있는 근로자가 수습을 시작한 날부터 3개월 이내의 기간

㉡ 사용자의 귀책사유로 휴업한 기간

㉢ 출산전후휴가 및 유산 · 사산 휴가 기간

㉣ 업무상 부상 또는 질병으로 요양하기 위하여 휴업한 기간

㉤ 육아휴직 기간

㉥ 쟁의행위 기간

㉦ 「병역법」, 「예비군법」 또는 「민방위기본법」에 따른 의무를 이행하기 위하여 휴직하거나 근로하지 못한 기간. 다만, 그 기간 중 임금을 지급받은 경우에는 그러하지 아니하다.

㉧ 업무 외 부상이나 질병, 그 밖의 사유로 사용자의 승인을 받아 휴업한 기간

※ 산출된 금액이 그 근로자의 통상임금보다 적으면 그 통상임금액을 평균임금으로 한다.

6-2) 6)에 따른 임금의 총액을 계산할 때에는 임시로 지급된 임금 및 수당과 통화 외의 것으로 지급된 임금을 포함하지 아니한다.

6-3) "통상임금"이란 근로자에게 정기적이고 일률적으로 소정(所定)근로 또는 총 근로에 대하여 지급하기로 정한 시간급 금액, 일급 금액, 주급 금액, 월급 금액 또는 도급 금액을 말한다.(시행령 6조)

7) "1주"란 휴일을 포함한 7일을 말한다.

8) "소정(所定)근로시간"이란 제 50조, 제 69조 본문 또는 「산업안전보건법」 제 139조제1항에 따른 근로시간의 범위에서 근로자와 사용자 사이에 정한 근로시간을 말한다.

9) "단시간근로자"란 1주 동안의 소정근로시간이 그 사업장에서 같은 종류의 업무에 종사하는 통상 근로자의 1주 동안의 소정근로시간에 비하여 짧은 근로자를 말한다.

3. 근로조건의 기준(법 3조)

이 법에서 정하는 근로조건은 최저기준이므로 근로 관계 당사자는 이 기준을 이유로 근로조건을 낮출 수 없다.

4. 근로조건의 결정(법 4조)

근로조건은 근로자와 사용자가 동등한 지위에서 자유의사에 따라 결정하여야 한다.

5. 균등한 처우(법 6조)

사용자는 근로자에 대하여 남녀의 성(性)을 이유로 차별적 대우를 하지 못하고, 국적·신앙 또는 사회적 신분을 이유로 근로조건에 대한 차별적 처우를 하지 못한다.

6. 강제 근로의 금지(법 7조), 폭행의 금지(법 8조)

1) 사용자는 폭행, 협박, 감금, 그 밖에 정신상 또는 신체상의 자유를 부당하게 구속하는 수단으로써 근로자의 자유의사에 어긋나는 근로를 강요하지 못한다.
2) 사용자는 사고의 발생이나 그 밖의 어떠한 이유로도 근로자에게 폭행을 하지 못한다.

7. 중간착취의 배제(법 9조)

누구든지 법률에 따르지 아니하고는 영리로 다른 사람의 취업에 개입하거나 중간인으로서 이익을 취득하지 못한다.

8. 공민권 행사의 보장(법 10조)

사용자는 근로자가 근로시간 중에 선거권, 그 밖의 공민권(公民權) 행사 또는 공(公)의 직무를 집행하기 위하여 필요한 시간을 청구하면 거부하지 못한다. 다만, 그 권리 행사나 공(公)의 직무를 수행하는 데에 지장이 없으면 청구한 시간을 변경할 수 있다.

9. 적용범위(법 11조)

1) 이 법은 상시 5명 이상의 근로자를 사용하는 모든 사업 또는 사업장에 적용한다. 다만, 동거하는 친족만을 사용하는 사업 또는 사업장과 가사(家事) 사용인에 대하여는 적용하지 아니한다.
2) 상시 4명 이하의 근로자를 사용하는 사업 또는 사업장에 대하여는 대통령령으로 정하는 바에 따라 이 법의 일부 규정을 적용할 수 있다.

10. 법령 주요 내용 등의 게시(법 14조)

1) 사용자는 이 법과 이 법에 따른 대통령령의 주요 내용과 취업규칙을 근로자가 자유롭게 열람할 수 있는 장소에 항상 게시하거나 갖추어 두어 근로자에게 널리 알려야 한다.
2) 사용자는 제1항에 따른 대통령령 중 기숙사에 관한 규정과 기숙사규칙을 기숙사에 게시하거나 갖추어 두어 기숙(寄宿)하는 근로자에게 널리 알려야 한다.

Ⅱ. 근로계약

1. 이 법을 위반한 근로계약(법 15조)

1) 이 법에서 정하는 기준에 미치지 못하는 근로조건을 정한 근로계약은 그 부분에 한정하여 무효로 한다.

2) 제1항에 따라 무효로 된 부분은 이 법에서 정한 기준에 따른다.

2. 계약기간(법 16조)

근로계약은 기간을 정하지 아니한 것과 일정한 사업의 완료에 필요한 기간을 정한 것 외에는 그 기간은 1년을 초과하지 못한다.

3. 근로조건의 명시 (법 17조)

1) 사용자는 근로계약을 체결할 때에 근로자에게 다음 각 호의 사항을 명시하여야 한다. 근로계약 체결 후 다음 각 호의 사항을 변경하는 경우에도 또한 같다.
   ① 임금
   ② 소정근로시간
   ③ 휴일
   ④ 연차 유급휴가
   ⑤ 그 밖에 대통령령으로 정하는 근로조건

1-1) "그 밖에 대통령령으로 정하는 근로조건"이란 다음 각 호의 사항을 말한다.(시행령 8조)
   ㉠ 취업의 장소와 종사하여야 할 업무에 관한 사항
   ㉡ 법 제93조제1호부터 제12호까지의 규정에서 정한 사항
   ㉢ 사업장의 부속 기숙사에 근로자를 기숙하게 하는 경우에는 기숙사 규칙에서 정한 사항

2) 사용자는 임금의 구성항목·계산방법·지급방법 및 제2호부터 제4호까지의 사항이 명시된 서면(전자문서를 포함한다)을 근로자에게 교부하여야 한다. 다만, 본문에 따른 사항이 단체협약 또는 취업규칙의 변경 등 대통령령으로 정하는 사유로 인하여 변경되는 경우에는 근로자의 요구가 있으면 그 근로자에게 교부하여야 한다.

4. 단시간 근로자의 근로조건(법 18조)

1) 단시간근로자의 근로조건은 그 사업장의 같은 종류의 업무에 종사하는 통상 근로자의 근로시간을 기준으로 산정한 비율에 따라 결정되어야 한다.

2) 4주 동안(4주 미만으로 근로하는 경우에는 그 기간)을 평균하여 1주 동안의 소정근로시간이 15시간 미만인 근로자에 대하여는 제55조와 제60조를 적용하지 아니한다.

5. 근로조건의 위반(법 19조)

1) 명시된 근로조건이 사실과 다를 경우에 근로자는 근로조건 위반을 이유로 손해의 배상을 청구 할 수 있으며 즉시 근로계약을 해제할 수 있다.

2) 제1항에 따라 근로자가 손해배상을 청구할 경우에는 노동위원회에 신청할 수 있으며, 근로 계약이 해제되었을 경우에는 사용자는 취업을 목적으로 거주를 변경하는 근로자에게 귀향 여비를 지급하여야 한다.

6. 위약 예정의 금지(법 20조), 전차금 상계의 금지(법 21조)

1) 사용자는 근로계약 불이행에 대한 위약금 또는 손해배상액을 예정하는 계약을 체결하지 못한다.

2) 사용자는 전차금(前借金)이나 그 밖에 근로할 것을 조건으로 하는 전대(前貸)채권과 임금을 상계하지 못한다.

7. 강제 저금의 금지(법 22조)

1) 사용자는 근로계약에 덧붙여 강제 저축 또는 저축금의 관리를 규정하는 계약을 체결하지 못한다.

2) 사용자가 근로자의 위탁으로 저축을 관리하는 경우에는 다음 각 호의 사항을 지켜야 한다.

① 저축의 종류 · 기간 및 금융기관을 근로자가 결정하고, 근로자 본인의 이름으로 저축할 것

② 근로자가 저축증서 등 관련 자료의 열람 또는 반환을 요구할 때에는 즉시 이에 따를 것

8. 해고 등의 제한(법 23조)

1) 사용자는 근로자에게 정당한 이유 없이 해고, 휴직, 정직, 전직, 감봉, 그 밖의 징벌(懲罰)(이하 "부당해고등"이라 한다)을 하지 못한다.

2) 사용자는 근로자가 업무상 부상 또는 질병의 요양을 위하여 휴업한 기간과 그 후 30일 동안 또는 산전(産前) · 산후(産後)의 여성이 이 법에 따라 휴업한 기간과 그 후 30일 동안은 해고하지 못한다. 다만, 사용자가 제84조에 따라 일시보상을 하였을 경우 또는 사업을 계속할 수 없게 된 경우에는 그러하지 아니하다.

9. 경영상 이유에 의한 해고의 제한(법 24조)

1) 사용자가 경영상 이유에 의하여 근로자를 해고하려면 긴박한 경영상의 필요가 있어야 한다. 이 경우 경영 악화를 방지하기 위한 사업의 양도 · 인수 · 합병은 긴박한 경영상의 필요가 있는 것으로 본다.

2) 제1항의 경우에 사용자는 해고를 피하기 위한 노력을 다하여야 하며, 합리적이고 공정한 해고의 기준을 정하고 이에 따라 그 대상자를 선정하여야 한다. 이 경우 남녀의 성을 이유로 차별하여서는 아니 된다.

3) 사용자는 제2항에 따른 해고를 피하기 위한 방법과 해고의 기준 등에 관하여 그 사업 또는 사업장에 근로자의 과반수로 조직된 노동조합이 있는 경우에는 그 노동조합(근로자의 과반수로 조직된 노동조합이 없는 경우에는 근로자의 과반수를 대표하는 자를 말한다. 이하 "근로자대표"라 한다)에 해고를 하려는 날의 50일 전까지 통보하고 성실하게 협의하여야 한다.

4) 사용자는 제1항에 따라 대통령령으로 정하는 일정한 규모 이상의 인원을 해고하려면 대통령령으로 정하는 바에 따라 고용노동부장관에게 신고하여야 한다.

4-1) 경영상의 이유에 의한 해고 계획의 신고(시행령 10조)

① 법 제24조제4항에 따라 사용자는 1개월 동안에 다음 각 호의 어느 하나에 해당하는 인원을 해고하려면 최초로 해고하려는 날의 30일 전까지 고용노동부장관에게 신고하여야 한다.

상시근로자수	해고인원
99명 이하인 사업 또는 사업장	10명 이상
100명 이상 999명 이하인 사업 또는 사업장	10% 이상
1,000명 이상 사업 또는 사업장	100명 이상

② 제1항에 따른 신고를 할 때에는 다음 각 호의 사항을 포함하여야 한다.
ㄱ 해고 사유
ㄴ 해고 예정 인원
ㄷ 근로자대표와 협의한 내용
ㄹ 해고 일정

5) 사용자가 제1항부터 제3항까지의 규정에 따른 요건을 갖추어 근로자를 해고한 경우에는 제23조 제1항에 따른 정당한 이유가 있는 해고를 한 것으로 본다.

10. 우선 재고용 등(법 25조)

1) 제 24조에 따라 근로자를 해고한 사용자는 근로자를 해고한 날부터 3년 이내에 해고된 근로자가 해고 당시 담당하였던 업무와 같은 업무를 할 근로자를 채용하려고 할 경우 제24조에 따라 해고된 근로자가 원하면 그 근로자를 우선적으로 고용하여야 한다.

2) 정부는 제24조에 따라 해고된 근로자에 대하여 생계안정, 재취업, 직업훈련 등 필요한 조치를 우선적으로 취하여야 한다.

11. 해고의 예고(법 26조)

사용자는 근로자를 해고(경영상 이유에 의한 해고를 포함한다)하려면 적어도 30일 전에 예고를 하여야 하고, 30일 전에 예고를 하지 아니하였을 때에는 30일분 이상의 통상임금을 지급하여야 한다. 다만, 다음 각 호의 어느 하나에 해당하는 경우에는 그러하지 아니하다.

1) 근로자가 계속 근로한 기간이 3개월 미만인 경우

2) 천재 · 사변, 그 밖의 부득이한 사유로 사업을 계속하는 것이 불가능한 경우

3) 근로자가 고의로 사업에 막대한 지장을 초래하거나 재산상 손해를 끼친 경우로서 고용노동부령으로 정하는 사유에 해당하는 경우

12. 해고사유 등의 서면통지(법 27조)

1) 사용자는 근로자를 해고하려면 해고사유와 해고시기를 서면으로 통지하여야 한다.
2) 근로자에 대한 해고는 제1항에 따라 서면으로 통지하여야 효력이 있다.

13. 부당해고 등의 구제신청(법 28조)

1) 사용자가 근로자에게 부당해고 등을 하면 근로자는 노동위원회에 구제를 신청할 수 있다.
2) 제1항에 따른 구제신청은 부당해고 등이 있었던 날부터 3개월 이내에 하여야 한다.

14. 이행강제금(법 33조)

1) 노동위원회는 구제명령(구제명령을 내용으로 하는 재심판정을 포함한다.)을 받은 후 이행기한까지 구제명령을 이행하지 아니한 사용자에게 3천만원 이하의 이행강제금을 부과한다.
2) 노동위원회는 제1항에 따른 이행강제금을 부과하기 30일 전까지 이행강제금을 부과·징수한다는 뜻을 사용자에게 미리 문서로써 알려 주어야 한다.
3) 제1항에 따른 이행강제금을 부과할 때에는 이행강제금의 액수, 부과 사유, 납부기한, 수납기관, 이의제기방법 및 이의제기기관 등을 명시한 문서로써 하여야 한다.
4) 제1항에 따라 이행강제금을 부과하는 위반행위의 종류와 위반 정도에 따른 금액, 부과·징수된 이행강제금의 반환절차, 그 밖에 필요한 사항은 대통령령으로 정한다.
5) 노동위원회는 최초의 구제명령을 한 날을 기준으로 매년 2회의 범위에서 구제명령이 이행될 때까지 반복하여 제1항에 따른 이행강제금을 부과·징수할 수 있다. 이 경우 이행강제금은 2년을 초과하여 부과·징수하지 못한다.
6) 노동위원회는 구제명령을 받은 자가 구제명령을 이행하면 새로운 이행강제금을 부과하지 아니하되, 구제명령을 이행하기 전에 이미 부과된 이행강제금은 징수하여야 한다.
7) 노동위원회는 이행강제금 납부의무자가 납부기한까지 이행강제금을 내지 아니하면 기간을 정하여 독촉을 하고 지정된 기간에 제1항에 따른 이행강제금을 내지 아니하면 국세 체납처분의 예에 따라 징수할 수 있다.
8) 근로자는 구제명령을 받은 사용자가 이행기한까지 구제명령을 이행하지 아니하면 이행기한이 지난 때부터 15일 이내에 그 사실을 노동위원회에 알려줄 수 있다.

15. 금품 청산(법 36조)

사용자는 근로자가 사망 또는 퇴직한 경우에는 그 지급 사유가 발생한 때부터 14일 이내에 임금, 그 밖의 모든 금품을 지급하여야 한다. 다만, **특별한 사정이 있**을 경우에는 당사자 합의에 의하여 기일을 연장할 수 있다.

16. 임금채권의 우선변제(법 38조)

1) 임금, 재해보상금, 그 밖에 근로 관계로 인한 채권은 사용자의 총재산에 대하여 질권(質權)·저당권 또는 「동산·채권 등의 담보에 관한 법률」에 따른 담보권에 따라 담보된 채권 외에는 조세·공과금 및 다른 채권에 우선하여 변제되어야 한다. 다만, 질권·저당권 또는 「동산·채권 등의 담보에 관한 법률」에 따른 담보권에 우선하는 조세·공과금에 대하여는 그러하지 아니하다.

2) 제1항에도 불구하고 다음 각 호의 어느 하나에 해당하는 채권은 사용자의 총재산에 대하여 질권·저당권 또는 「동산·채권 등의 담보에 관한 법률」에 따른 담보권에 따라 담보된 채권, 조세·공과금 및 다른 채권에 우선하여 변제되어야 한다.
  ① 최종 3개월분의 임금
  ② 재해보상금

17. 사용증명서(법 39조)

1) 사용자는 근로자가 퇴직한 후라도 사용 기간, 업무 종류, 지위와 임금, 그 밖에 필요한 사항에 관한 증명서를 청구하면 사실대로 적은 증명서를 즉시 내주어야 한다.

2) 제1항의 증명서에는 근로자가 요구한 사항만을 적어야 한다.

3) 사용증명서를 청구할 수 있는 자는 계속하여 30일 이상 근무한 근로자로 하되, 청구할 수 있는 기한은 퇴직 후 3년 이내로 한다.

18. 계약 서류의 보존(법 42조)

사용자는 근로자 명부와 대통령령으로 정하는 근로계약에 관한 중요한 서류를 3년간 보존하여야 한다.

III. 임금

1. 임금지급(법 43조)

임금지급원칙은 통화불의 원칙, 직접불의 원칙, 정기불의 원칙, 전액불의 원칙이다.

1) 임금은 통화(通貨)로 직접 근로자에게 그 전액을 지급하여야 한다. 다만, 법령 또는 단체협약에 특별한 규정이 있는 경우에는 임금의 일부를 공제하거나 통화 이외의 것으로 지급할 수 있다.

2) 임금은 매월 1회 이상 일정한 날짜를 정하여 지급하여야 한다. 다만, 임시로 지급하는 임금, 수당, 그 밖에 이에 준하는 것 또는 대통령령으로 정하는 임금에 대하여는 그러하지 아니하다.

2-1) 매월 1회 이상 지급하여야 할 임금의 예외(시행령 23조)
  "임시로 지급하는 임금, 수당, 그 밖에 이에 준하는 것 또는 대통령령으로 정하는 임금"이란 다음 각 호의 것을 말한다.
  ① 1개월을 초과하는 기간의 출근 성적에 따라 지급하는 정근수당

② 1개월을 초과하는 일정 기간을 계속하여 근무한 경우에 지급되는 근속수당

③ 1개월을 초과하는 기간에 걸친 사유에 따라 산정되는 장려금, 능률수당 또는 상여금

④ 그 밖에 부정기적으로 지급되는 모든 수당

2. 도급사업에 대한 임금지급(법 44조)

1) 사업이 한 차례 이상의 도급에 따라 행하여지는 경우에 하수급인(下受給人)이 직상(直上) 수급인의 귀책사유로 근로자에게 임금을 지급하지 못한 경우에는 그 직상 수급인은 그 하수급인과 연대하여 책임을 진다. 다만, 직상 수급인의 귀책사유가 그 상위 수급인의 귀책사유에 의하여 발생한 경우에는 그 상위 수급인도 연대하여 책임을 진다.

2) 제1항의 직상 수급인의 귀책사유 범위는 대통령령으로 정한다.(시행령 24조)

① 정당한 사유 없이 도급계약에서 정한 도급 금액 지급일에 도급 금액을 지급하지 아니한 경우

② 정당한 사유 없이 도급계약에서 정한 원자재 공급을 늦게 하거나 공급을 하지 아니한 경우

③ 정당한 사유 없이 도급계약의 조건을 이행하지 아니하여 하수급인이 도급사업을 정상적으로 수행하지 못한 경우

3. 비상시 지급(법 45조)

사용자는 근로자가 출산, 질병, 재해, 그 밖에 대통령령으로 정하는 비상(非常)한 경우의 비용에 충당하기 위하여 임금 지급을 청구하면 지급기일 전이라도 이미 제공한 근로에 대한 임금을 지급하여야 한다.

4-1) 지급기일 전의 임금 지급(시행령 25조)

"그 밖에 대통령령으로 정한 비상(非常)한 경우"란 근로자나 그의 수입으로 생계를 유지하는 자가 다음 각 호의 어느 하나에 해당하게 되는 경우를 말한다.

① 출산하거나 질병에 걸리거나 재해를 당한 경우

② 혼인 또는 사망한 경우

③ 부득이한 사유로 1주 이상 귀향하게 되는 경우

4. 휴업수당(법 46조)

1) 사용자의 귀책사유로 휴업하는 경우에 사용자는 휴업기간 동안 그 근로자에게 평균임금의 100분의 70 이상의 수당을 지급하여야 한다. 다만, 평균임금의 100분의 70에 해당하는 금액이 통상임금을 초과하는 경우에는 통상임금을 휴업수당으로 지급할 수 있다.

2) 제1항에도 불구하고 부득이한 사유로 사업을 계속하는 것이 불가능하여 노동위원회의 승인을 받은 경우에는 제1항의 기준에 못 미치는 휴업수당을 지급할 수 있다.

5. 임금대장 및 임금명세서(법 48조), 임금의 시효(법 49조)

1) 사용자는 각 사업장별로 임금대장을 작성하고 임금과 가족수당 계산의 기초가 되는 사항, 임금액, 그 밖에 대통령령으로 정하는 사항을 임금을 지급할 때마다 적어야 한다.

2) 사용자는 임금을 지급하는 때에는 근로자에게 임금의 구성항목 · 계산방법, 임금의 일부를 공제한 경우의 내역 등 대통령령으로 정하는 사항을 적은 임금명세서를 서면(전자문서를 포함한다)으로 교부하여야 한다.

6. 임금의 시효(법 49조)

1) 이 법에 따른 임금채권은 3년간 행사하지 아니하면 시효로 소멸한다.

Ⅳ. 근로시간과 휴식

1. 근로시간(법 50조)

1) 1주간의 근로시간은 휴게시간을 제외하고 40시간을 초과할 수 없다.
2) 1일의 근로시간은 휴게시간을 제외하고 8시간을 초과할 수 없다.
3) 근로시간을 산정하는 경우 작업을 위하여 근로자가 사용자의 지휘 · 감독 아래에 있는 대기시간 등은 근로시간으로 본다.

2. 탄력적 근로시간제(법 51조)

1) 사용자는 취업규칙(취업규칙에 준하는 것을 포함한다)에서 정하는 바에 따라 2주 이내의 일정한 단위기간을 평균하여 1주간의 근로시간이 40시간을 초과하지 아니하는 범위에서 특정한 주에 40시간을, 특정한 날에 8시간을 초과하여 근로하게 할 수 있다. 다만, 특정한 주의 근로시간은 48시간을 초과할 수 없다.

2) 사용자는 근로자대표와의 서면 합의에 따라 다음 각 호의 사항을 정하면 3개월 이내의 단위기간을 평균하여 1주간의 근로시간이 40시간을 초과하지 아니하는 범위에서 특정한 주에 40시간을, 특정한 날에 8시간을 초과하여 근로하게 할 수 있다. 다만, 특정한 주의 근로시간은 52시간을, 특정한 날의 근로시간은 12시간을 초과할 수 없다.

① 대상 근로자의 범위
② 단위기간(3개월 이내의 일정한 기간으로 정하여야 한다)
③ 단위기간의 근로일과 그 근로일별 근로시간
④ 그 밖에 대통령령으로 정하는 사항

3) 제1항과 제2항은 15세 이상 18세 미만의 근로자와 임신 중인 여성 근로자에 대하여는 적용하지 아니한다.

4) 사용자는 제1항 및 제2항에 따라 근로자를 근로시킬 경우에는 기존의 임금 수준이 낮아지지 아니하도록 임금보전방안(賃金補塡方案)을 강구하여야 한다.

3. 3개월을 초과하는 탄력적 근로시간제(법 51조의 2)

1) 사용자는 근로자대표와의 서면 합의에 따라 다음 각 호의 사항을 정하면 3개월을 초과하고 6개월 이내의 단위기간을 평균하여 1주간의 근로시간이 제50조제1항의 근로시간을 초과하지 아니하는 범위에서 특정한 주에 제50조제1항의 근로시간을, 특정한 날에 제50조제2항의 근로시간을 초과하여 근로하게 할 수 있다. 다만, 특정한 주의 근로시간은 52시간을, 특정한 날의 근로시간은 12시간을 초과할 수 없다.
   ① 대상 근로자의 범위
   ② 단위기간(3개월을 초과하고 6개월 이내의 일정한 기간으로 정하여야 한다)
   ③ 단위기간의 주별 근로시간
   ④ 그 밖에 대통령령으로 정하는 사항

2) 사용자는 제1항에 따라 근로자를 근로시킬 경우에는 근로일 종료 후 다음 근로일 개시 전까지 근로자에게 연속하여 11시간 이상의 휴식 시간을 주어야 한다. 다만, 천재지변 등 대통령령으로 정하는 불가피한 경우에는 근로자대표와의 서면 합의가 있으면 이에 따른다.

3) 사용자는 제1항제3호에 따른 각 주의 근로일이 시작되기 2주 전까지 근로자에게 해당 주의 근로일별 근로시간을 통보하여야 한다.

4) 사용자는 제1항에 따른 근로자대표와의 서면 합의 당시에는 예측하지 못한 천재지변, 기계 고장, 업무량 급증 등 불가피한 사유가 발생한 때에는 제1항제2호에 따른 단위기간 내에서 평균하여 1주간의 근로시간이 유지되는 범위에서 근로자대표와의 협의를 거쳐 제1항제3호의 사항을 변경할 수 있다. 이 경우 해당 근로자에게 변경된 근로일이 개시되기 전에 변경된 근로일별 근로시간을 통보하여야 한다.

5) 사용자는 제1항에 따라 근로자를 근로시킬 경우에는 기존의 임금 수준이 낮아지지 아니하도록 임금항목을 조정 또는 신설하거나 가산임금 지급 등의 임금보전방안(賃金補塡方案)을 마련하여 고용노동부장관에게 신고하여야 한다. 다만, 근로자대표와의 서면합의로 임금보전방안을 마련한 경우에는 그러하지 아니하다.

6) 15세 이상 18세 미만의 근로자와 임신 중인 여성 근로자에 대해서는 적용하지 아니한다.

4. 선택적 근로시간제(법 52조)

1) 사용자는 취업규칙(취업규칙에 준하는 것을 포함한다)에 따라 업무의 시작 및 종료 시각을 근로자의 결정에 맡기기로 한 근로자에 대하여 근로자대표와의 서면 합의에 따라 다음 각 호의 사항을 정하면 1개월(신상품 또는 신기술의 연구개발 업무의 경우에는 3개월로 한다) 이내의 정산기간을 평균하여 1주간의 근로시간이 제50조제1항의 근로시간을 초과하지 아니하는 범위에서 1주 간에 제50조제1항의 근로시간을, 1일에 제50조제2항의 근로시간을 초과하여 근로하게 할 수 있다.
   ① 대상 근로자의 범위(15세 이상 18세 미만의 근로자는 제외한다)

② 정산기간

③ 정산기간의 총 근로시간

④ 반드시 근로하여야 할 시간대를 정하는 경우에는 그 시작 및 종료 시각

⑤ 근로자가 그의 결정에 따라 근로할 수 있는 시간대를 정하는 경우에는 그 시작 및 종료 시각

⑥ 그 밖에 대통령령으로 정하는 사항

2) 사용자는 제1항에 따라 1개월을 초과하는 정산기간을 정하는 경우에는 다음 각 호의 조치를 하여야 한다.

① 근로일 종료 후 다음 근로일 시작 전까지 근로자에게 연속하여 11시간 이상의 휴식 시간을 줄 것. 다만, 천재지변 등 대통령령으로 정하는 불가피한 경우에는 근로자대표와의 서면 합의가 있으면 이에 따른다.

② 매 1개월마다 평균하여 1주간의 근로시간이 제50조제1항의 근로시간을 초과한 시간에 대해서는 통상임금의 100분의 50 이상을 가산하여 근로자에게 지급할 것. 이 경우 제56조제1항은 적용하지 아니한다.

5. 연장 근로의 제한(법 53조)

1) 당사자 간에 합의하면 1주간에 12시간을 한도로 제50조의 근로시간을 연장할 수 있다.

2) 당사자 간에 합의하면 1주 간에 12시간을 한도로 제51조 및 제51조의2의 근로시간을 연장할 수 있고, 제52조제1항제2호의 정산기간을 평균하여 1주 간에 12시간을 초과하지 아니하는 범위에서 제52조제1항의 근로시간을 연장할 수 있다.

3) 상시 30명 미만의 근로자를 사용하는 사용자는 다음 각 호에 대하여 근로자대표와 서면으로 합의한 경우 제1항 또는 제2항에 따라 연장된 근로시간에 더하여 1주 간에 8시간을 초과하지 아니하는 범위에서 근로시간을 연장할 수 있다.

1. 제1항 또는 제2항에 따라 연장된 근로시간을 초과할 필요가 있는 사유 및 그 기간

2. 대상 근로자의 범위

4) 사용자는 특별한 사정이 있으면 고용노동부장관의 인가와 근로자의 동의를 받아 제1항과 제2항의 근로시간을 연장할 수 있다. 다만, 사태가 급박하여 고용노동부장관의 인가를 받을 시간이 없는 경우에는 사후에 지체 없이 승인을 받아야 한다.

5) 고용노동부장관은 제4항에 따른 근로시간의 연장이 부적당하다고 인정하면 그 후 연장시간에 상당하는 휴게시간이나 휴일을 줄 것을 명할 수 있다.

6) 제3항은 15세 이상 18세 미만의 근로자에 대하여는 적용하지 아니한다.

7) 사용자는 제4항에 따라 연장 근로를 하는 근로자의 건강 보호를 위하여 건강검진 실시 또는 휴식시간 부여 등 고용노동부장관이 정하는 바에 따라 적절한 조치를 하여야 한다.

6. 휴게(법 54조), 휴일(법 55조)

1) 사용자는 근로시간이 4시간인 경우에는 30분 이상, 8시간인 경우에는 1시간 이상의 휴게시간을 근로시간 도중에 주어야 한다.

2) 휴게시간은 근로자가 자유롭게 이용할 수 있다.

3) 사용자는 근로자에게 1주에 평균 1회 이상의 유급휴일을 보장하여야 한다.

4) 사용자는 근로자에게 대통령령으로 정하는 휴일을 유급으로 보장하여야 한다. 다만, 근로자대표와 서면으로 합의한 경우 특정한 근로일로 대체할 수 있다.

7. 연장 · 야간 및 휴일 근로(법 56조), 보상휴가제(법 57조)

1) 사용자는 연장근로(제53조 · 제59조 및 제69조 단서에 따라 연장된 시간의 근로를 말한다)에 대하여는 통상임금의 100분의 50 이상을 가산하여 근로자에게 지급하여야 한다.

2) 제1항에도 불구하고 사용자는 휴일근로에 대하여는 다음 각 호의 기준에 따른 금액 이상을 가산하여 근로자에게 지급하여야 한다.
   1. 8시간 이내의 휴일근로 : 통상임금의 100분의 50
   2. 8시간을 초과한 휴일근로 : 통상임금의 100분의 100

3) 사용자는 야간근로(오후 10시부터 다음 날 오전 6시 사이의 근로를 말한다)에 대하여는 통상임금의 100분의 50 이상을 가산하여 근로자에게 지급하여야 한다.

4) 사용자는 근로자대표와의 서면 합의에 따라 연장근로 · 야간근로 및 휴일근로 등에 대하여 임금을 지급하는 것을 갈음하여 휴가를 줄 수 있다.

8. 근로시간 및 휴게시간의 특례(법 59조)

1) 통계청장이 고시하는 산업에 관한 표준의 중분류 또는 소분류 중 다음 각 호의 어느 하나에 해당하는 사업에 대하여 사용자가 근로자대표와 서면으로 합의한 경우에는 제53조제1항에 따른 주(週) 12시간을 초과하여 연장근로를 하게 하거나 제54조에 따른 휴게시간을 변경할 수 있다.
   ① 육상운송 및 파이프라인 운송업. 다만, 「여객자동차 운수사업법」에 따른 노선(路線) 여객자동차운송사업은 제외한다.
   ② 수상운송업
   ③ 항공운송업
   ④ 기타 운송관련 서비스업
   ⑤ 보건업

2) 제1항의 경우 사용자는 근로일 종료 후 다음 근로일 개시 전까지 근로자에게 연속하여 11시간 이상의 휴식 시간을 주어야 한다.

9. 연차 유급휴가(법 60조)

1) 사용자는 1년간 80퍼센트 이상 출근한 근로자에게 15일의 유급휴가를 주어야 한다.

2) 사용자는 계속하여 근로한 기간이 1년 미만인 근로자 또는 1년간 80퍼센트 미만 출근한 근로자에게 1개월 개근 시 1일의 유급휴가를 주어야 한다.

3) 사용자는 3년 이상 계속하여 근로한 근로자에게는 제1항에 따른 휴가에 최초 1년을 초과하는 계속 근로 연수 매 2년에 대하여 1일을 가산한 유급휴가를 주어야 한다. 이 경우 가산휴가를 포함한 총 휴가 일수는 25일을 한도로 한다.

4) 사용자는 제1항부터 제3항까지의 규정에 따른 휴가를 근로자가 청구한 시기에 주어야 하고, 그 기간에 대하여는 취업규칙 등에서 정하는 통상임금 또는 평균임금을 지급하여야 한다. 다만, 근로자가 청구한 시기에 휴가를 주는 것이 사업 운영에 막대한 지장이 있는 경우에는 그 시기를 변경할 수 있다.

5) 제1항부터 제3항까지의 규정을 적용하는 경우 다음 각 호의 어느 하나에 해당하는 기간은 출근한 것으로 본다.
   ① 근로자가 업무상의 부상 또는 질병으로 휴업한 기간
   ② 임신 중의 여성이 제74조제1항 또는 제3항까지의 규정에 휴가로 휴업한 기간

6) 제1항·제2항 및 제4항에 따른 휴가는 1년간(계속하여 근로한 기간이 1년 미만인 근로자의 제2항에 따른 유급휴가는 최초 1년의 근로가 끝날 때까지의 기간을 말한다) 행사하지 아니하면 소멸된다. 다만, 사용자의 귀책사유로 사용하지 못한 경우에는 그러하지 아니하다.

10. 유급휴가의 대체(법 62조)

사용자는 근로자대표와의 서면 합의에 따라 제60조에 따른 연차 유급휴가일을 갈음하여 특정한 근로일에 근로자를 휴무시킬 수 있다.

11. 적용의 제외 (법 63조)

이 장과 제5장에서 정한 근로시간, 휴게와 휴일에 관한 규정은 다음 각 호의 어느 하나에 해당하는 근로자에 대하여는 적용하지 아니한다.
① 토지의 경작·개간, 식물의 식재(植栽)·재배·채취 사업, 그 밖의 농림 사업
② 동물의 사육, 수산 동식물의 채취·포획·양식 사업, 그 밖의 축산, 양잠, 수산 사업
③ 감시(監視) 또는 단속적(斷續的)으로 근로에 종사하는 사람으로서 사용자가 고용노동부장관의 승인을 받은 사람
④ 사업의 종류에 관계없이 관리·감독 업무 또는 기밀을 취급하는 업무에 종사하는 근로자

Ⅴ. 여성과 소년

1. 최저 연령과 취직인허증(법 64조)

1) 15세 미만인 사람(「초·중등교육법」에 따른 중학교에 재학 중인 18세 미만인 사람을 포함한다)은 근로자로 사용하지 못한다. 다만, 대통령령으로 정하는 기준에 따라 고용노동부장관이 발급한 취직인허증(就職認許證)을 지닌 사람은 근로자로 사용할 수 있다.
2) 제1항의 취직인허증은 본인의 신청에 따라 의무교육에 지장이 없는 경우에는 직종(職種)을 지정하여서만 발행할 수 있다.
3) 고용노동부장관은 거짓이나 그 밖의 부정한 방법으로 제1항 단서의 취직인허증을 발급받은 사람에게는 그 인허를 취소하여야 한다.

2. 사용 금지(법 65조)

1) 사용자는 임신 중이거나 산후 1년이 지나지 아니한 여성(이하 "임산부"라 한다)과 18세 미만자를 도덕상 또는 보건상 유해·위험한 사업에 사용하지 못한다.
2) 사용자는 임산부가 아닌 18세 이상의 여성을 제1항에 따른 보건상 유해·위험한 사업 중 임신 또는 출산에 관한 기능에 유해·위험한 사업에 사용하지 못한다.

3. 연소자 증명서(법 66조)

사용자는 18세 미만인 사람에 대하여는 그 연령을 증명하는 가족관계기록사항에 관한 증명서와 친권자 또는 후견인의 동의서를 사업장에 갖추어 두어야 한다.

4. 연소자의 근로계약 (법 67조) 및 임금의 청구 (법 68조)

1) 친권자나 후견인은 미성년자의 근로계약을 대리할 수 없다.
2) 친권자, 후견인 또는 고용노동부장관은 근로계약이 미성년자에게 불리하다고 인정하는 경우에는 이를 해지할 수 있다.
3) 사용자는 18세 미만인 사람과 근로계약을 체결하는 경우에는 제17조에 따른 근로조건을 서면(전자문서를 포함한다)으로 명시하여 교부하여야 한다.
4) 미성년자는 독자적으로 임금을 청구할 수 있다.

5. 근로시간(법 69조) 및 야간근로와 휴일근로의 제한(법 70조)

1) 15세 이상 18세 미만인 사람의 근로시간은 1일에 7시간, 1주에 35시간을 초과하지 못한다. 다만, 당사자 사이의 합의에 따라 1일에 1시간, 1주에 5시간을 한도로 연장할 수 있다.
2) 사용자는 18세 이상의 여성을 오후 10시부터 오전 6시까지의 시간 및 휴일에 근로시키려면 그 근로자의 동의를 받아야 한다.

3) 사용자는 임산부와 18세 미만자를 오후 10시부터 오전 6시까지의 시간 및 휴일에 근로시키지 못한다. 다만, 다음 각 호의 어느 하나에 해당하는 경우로서 고용노동부장관의 인가를 받으면 그러하지 아니하다.
　① 18세 미만자의 동의가 있는 경우
　② 산후 1년이 지나지 아니한 여성의 동의가 있는 경우
　③ 임신 중의 여성이 명시적으로 청구하는 경우

6. 시간외 근로(법 71조)

사용자는 산후 1년이 지나지 아니한 여성에 대하여는 단체협약이 있는 경우라도 1일에 2시간, 1주에 6시간, 1년에 150시간을 초과하는 시간외 근로를 시키지 못한다.

7. 갱내 근로의 금지(법 72조)

사용자는 여성과 18세 미만인 사람을 갱내(坑內)에서 근로시키지 못한다. 다만, 보건 · 의료, 보도 · 취재 등 대통령령으로 정하는 업무를 수행하기 위하여 일시적으로 필요한 경우에는 그러하지 아니하다.

8. 생리휴가(법 73조)

사용자는 여성 근로자가 청구하면 월 1일의 생리휴가를 주어야 한다.

9. 임산부의 보호(법 74조)

1) 사용자는 임신 중의 여성에게 출산 전과 출산 후를 통하여 90일(한 번에 둘 이상 자녀를 임신한 경우에는 120일)의 출산전후휴가를 주어야 한다. 이 경우 휴가 기간의 배정은 출산 후에 45일(한 번에 둘 이상 자녀를 임신한 경우에는 60일) 이상이 되어야 한다.
2) 사용자는 임신 중인 여성 근로자가 유산의 경험 등 대통령령으로 정하는 사유로 제1항의 휴가를 청구하는 경우 출산 전 어느 때 라도 휴가를 나누어 사용할 수 있도록 하여야 한다. 이 경우 출산 후의 휴가 기간은 연속하여 45일(한 번에 둘 이상 자녀를 임신한 경우에는 60일) 이상이 되어야 한다.
3) 사용자는 임신 중인 여성이 유산 또는 사산한 경우로서 그 근로자가 청구하면 대통령령으로 정하는 바에 따라 유산 · 사산 휴가를 주어야 한다. 다만, 인공 임신중절 수술에 따른 유산의 경우는 그러하지 아니하다.
4) 제1항부터 제3항까지의 규정에 따른 휴가 중 최초 60일(한 번에 둘 이상 자녀를 임신한 경우에는 75일)은 유급으로 한다. 다만, 「남녀고용평등과 일 · 가정 양립 지원에 관한 법률」 제18조에 따라 출산전후휴가급여 등이 지급된 경우에는 그 금액의 한도에서 지급의 책임을 면한다.
5) 사용자는 임신 중의 여성 근로자에게 시간외근로를 하게 하여서는 아니 되며, 그 근로자의 요구가 있는 경우에는 쉬운 종류의 근로로 전환하여야 한다.
6) 사업주는 제1항에 따른 출산전후휴가 종료 후에는 휴가 전과 동일한 업무 또는 동등한 수준의 임금을 지급하는 직무에 복귀시켜야 한다.

7) 사용자는 임신 후 12주 이내 또는 36주 이후에 있는 여성 근로자가 1일 2시간의 근로시간 단축을 신청하는 경우 이를 허용하여야 한다. 다만, 1일 근로시간이 8시간 미만인 근로자에 대하여는 1일 근로시간이 6시간이 되도록 근로시간 단축을 허용할 수 있다.

7-1) 근로시간 단축을 신청하려는 여성 근로자는 근로시간 단축 개시 예정일의 3일 전까지 임신기간, 근로시간 단축 개시 예정일 및 종료 예정일, 근무 개시 시각 및 종료 시각 등을 적은 문서(전자문서를 포함한다)에 의사의 진단서(같은 임신에 대하여 근로시간 단축을 다시 신청하는 경우는 제외한다)를 첨부하여 사용자에게 제출하여야 한다. (시행령 43조의2)

8) 사용자는 제7항에 따른 근로시간 단축을 이유로 해당 근로자의 임금을 삭감하여서는 아니 된다.

9) 사용자는 임신 중인 여성 근로자가 1일 소정근로시간을 유지하면서 업무의 시작 및 종료 시각의 변경을 신청하는 경우 이를 허용하여야 한다. 다만, 정상적인 사업 운영에 중대한 지장을 초래하는 경우 등 대통령령으로 정하는 경우에는 그러하지 아니하다.

10) 제7항에 따른 근로시간 단축의 신청방법 및 절차, 제9항에 따른 업무의 시작 및 종료 시각 변경의 신청방법 및 절차 등에 관하여 필요한 사항은 대통령령으로 정한다.

10. 유산 · 사산휴가의 청구 등(시행령 43조)

1) 법 제74조제2항에 따른 대통령령으로 정하는 사유란 다음 각 호의 어느 하나에 해당하는 경우를 말한다.
① 임신한 근로자가 유산 · 사산의 경험이 있는 경우
② 임신한 근로자가 출산전후휴가를 청구할 당시 연령이 만 40세 이상인 경우
③ 임신한 근로자가 유산 · 사산의 위험이 있다는 의료기관의 진단서를 제출한 경우

2) 법 제74조제3항에 따라 유산 또는 사산한 근로자가 유산 · 사산휴가를 청구하는 경우에는 휴가 청구 사유, 유산 · 사산 발생일 및 임신기간 등을 적은 유산 · 사산휴가 신청서에 의료기관의 진단서를 첨부하여 사업주에게 제출하여야 한다.

3) 사업주는 제2항에 따라 유산 · 사산휴가를 청구한 근로자에게 다음 각 호의 기준에 따라 유산 · 사산휴가를 주어야 한다.
① 유산 또는 사산한 근로자의 임신기간(이하 "임신기간"이라 한다)이 11주 이내인 경우 : 유산 또는 사산한 날부터 5일까지
② 임신기간이 12주 이상 15주 이내인 경우 : 유산 또는 사산한 날부터 10일까지
③ 임신기간이 16주 이상 21주 이내인 경우 : 유산 또는 사산한 날부터 30일까지
④ 임신기간이 22주 이상 27주 이내인 경우 : 유산 또는 사산한 날부터 60일까지
⑤ 임신기간이 28주 이상인 경우 : 유산 또는 사산한 날부터 90일까지

11. 육아시간(법 75조)

생후 1년 미만의 유아(乳兒)를 가진 여성 근로자가 청구하면 1일 2회 각각 30분 이상의 유급 수유 시간을 주어야 한다.

VI. 재해보상

1. 요양보상(법 78조)

근로자가 업무상 부상 또는 질병에 걸리면 사용자는 그 비용으로 필요한 요양을 행하거나 필요한 요양비를 부담하여야 한다.

2. 휴업보상(법 79조)

1) 사용자는 제78조에 따라 요양 중에 있는 근로자에게 그 근로자의 요양 중 평균임금의 100분의 60의 휴업보상을 하여야 한다.
2) 제1항에 따른 휴업보상을 받을 기간에 그 보상을 받을 사람이 임금의 일부를 지급받은 경우에는 사용자는 평균임금에서 그 지급받은 금액을 뺀 금액의 100분의 60의 휴업보상을 하여야 한다.

3. 유족보상(법 82조)

근로자가 업무상 사망한 경우에는 사용자는 근로자가 사망한 후 지체 없이 그 유족에게 평균임금 1,000일분의 유족보상을 하여야 한다.

4. 장의비(법 83조)

근로자가 업무상 사망한 경우에는 사용자는 근로자가 사망한 후 지체 없이 평균임금 90일분의 장례비를 지급하여야 한다.

5. 일시보상(법 84조)

제78조에 따라 보상을 받는 근로자가 요양을 시작한 지 2년이 지나도 부상 또는 질병이 완치되지 아니하는 경우에는 사용자는 그 근로자에게 평균임금 1,340일분의 일시보상을 하여 그 후의 이 법에 따른 모든 보상책임을 면할 수 있다.

6. 고용노동부장관의 심사와 중재(법 88조)

1) 업무상의 부상, 질병 또는 사망의 인정, 요양의 방법, 보상금액의 결정, 그 밖에 보상의 실시에 관하여 이의가 있는 자는 고용노동부장관에게 심사나 사건의 중재를 청구할 수 있다.
2) 제1항의 청구가 있으면 고용노동부장관은 1개월 이내에 심사나 중재를 하여야 한다.
3) 고용노동부장관은 필요에 따라 직권으로 심사나 사건의 중재를 할 수 있다.
4) 고용노동부장관은 심사나 중재를 위하여 필요하다고 인정하면 의사에게 진단이나 검안을 시킬 수 있다.

5) 제1항에 따른 심사나 중재의 청구와 제2항에 따른 심사나 중재의 시작은 시효의 중단에 관하여는 재판상의 청구로 본다.

7. 서류의 보존(법 91조)

사용자는 재해보상에 관한 중요한 서류를 재해보상이 끝나지 아니하거나 제92조에 따라 재해보상 청구권이 시효로 소멸되기 전에 폐기하여서는 아니 된다.

8. 시효(법 92조)

이 법의 규정에 따른 재해보상 청구권은 3년간 행사하지 아니하면 시효로 소멸한다.

Ⅶ. 취업규칙

1. 취업규칙의 작성 · 신고(법 93조)

상시 10명 이상의 근로자를 사용하는 사용자는 다음 각 호의 사항에 관한 취업규칙을 작성하여 고용노동부장관에게 신고하여야 한다. 이를 변경하는 경우에도 또한 같다.

① 업무의 시작과 종료 시각, 휴게시간, 휴일, 휴가 및 교대 근로에 관한 사항
② 임금의 결정 · 계산 · 지급 방법, 임금의 산정기간 · 지급시기 및 승급(昇給)에 관한 사항
③ 가족수당의 계산 · 지급 방법에 관한 사항
④ 퇴직에 관한 사항
⑤ 「근로자퇴직급여 보장법」 제4조에 따라 설정된 퇴직급여, 상여 및 최저임금에 관한 사항
⑥ 근로자의 식비, 작업 용품 등의 부담에 관한 사항
⑦ 근로자를 위한 교육시설에 관한 사항
⑧ 출산전후휴가 · 육아휴직 등 근로자의 모성 보호 및 일 · 가정 양립 지원에 관한 사항
⑨ 안전과 보건에 관한 사항, 근로자의 성별 · 연령 또는 신체적 조건 등의 특성에 따른 사업장 환경의 개선에 관한 사항
⑩ 업무상과 업무 외의 재해부조(災害扶助)에 관한 사항
⑪ 직장 내 괴롭힘의 예방 및 발생 시 조치 등에 관한 사항
⑫ 표창과 제재에 관한 사항
⑬ 그 밖에 해당 사업 또는 사업장의 근로자 전체에 적용될 사항

2. 규칙의 작성, 변경 절차(법 94조)

1) 사용자는 취업규칙의 작성 또는 변경에 관하여 해당 사업 또는 사업장에 근로자의 과반수로 조직된 노동조합이 있는 경우에는 그 노동조합, 근로자의 과반수로 조직된 노동조합이 없는 경우에는 근로자의 과반수의 의견을 들어야 한다. 다만, 취업규칙을 근로자에게 불리하게 변경하는 경우에는 그 동의를 받아야 한다.

2) 사용자는 제93조에 따라 취업규칙을 신고할 때에는 제1항의 의견을 적은 서면을 첨부하여야 한다.

3. 제재 규정의 제한(법 95조)

취업규칙에서 근로자에 대하여 감급(減給)의 제재를 정할 경우에 그 감액은 1회의 금액이 평균임금의 1일분의 2분의 1을, 총액이 1임금지급기의 임금 총액의 10분의 1을 초과하지 못한다.

4. 단체협약의 준수(법 96조)

1) 취업규칙은 법령이나 해당 사업 또는 사업장에 대하여 적용되는 단체협약과 어긋나서는 아니 된다.
2) 고용노동부장관은 법령이나 단체협약에 어긋나는 취업규칙의 변경을 명할 수 있다.

5. 위반의 효력(법 97조)

취업규칙에서 정한 기준에 미달하는 근로조건을 정한 근로계약은 그 부분에 관하여는 무효로 한다. 이 경우 무효로 된 부분은 취업규칙에 정한 기준에 따른다.

VIII. 근로감독관 등

1. 감독기관(법 101조)

근로조건의 기준을 확보하기 위하여 고용노동부와 그 소속 기관에 근로감독관을 둔다.

2. 근로감독관의 권한(법 102조)

1) 근로감독관은 사업장, 기숙사, 그 밖의 부속 건물을 현장조사하고 장부와 서류의 제출을 요구할 수 있으며 사용자와 근로자에 대하여 심문(尋問)할 수 있다.
2) 의사인 근로감독관이나 근로감독관의 위촉을 받은 의사는 취업을 금지하여야 할 질병에 걸릴 의심이 있는 근로자에 대하여 검진할 수 있다.
3) 근로감독관은 이 법이나 그 밖의 노동 관계 법령 위반의 죄에 관하여 「사법경찰관리의 직무를 행할 자와 그 직무범위에 관한 법률」에서 정하는 바에 따라 사법경찰관의 직무를 수행한다.

3. 사법경찰권 행사자의 제한(법 105조)

이 법이나 그 밖의 노동 관계 법령에 따른 현장조사, 서류의 제출, 심문 등의 수사는 검사와 근로감독관이 전담하여 수행한다. 다만, 근로감독관의 직무에 관한 범죄의 수사는 그러하지 아니하다.

CHAPTER 02 출제예상문제(1)

직업상담사 2급 필기 전과목 무료동영상 　PART 05

01 근로기준법상 근로계약 체결시 반드시 서면으로 명시해야 하는 근로조건은?

① 퇴직에 관한 사항
② 소정근로시간에 관한 사항
③ 취업의 장소와 종사하여야 할 업무에 관한 사항
④ 사업장의 부속 기숙사에 근로자를 기숙하게 하는 경우에는 기숙사 규칙에서 정한 사항

해설 임금의 구성항목 · 계산방법 · 지급방법, 소정근로시간, 휴일 및 연차 유급 휴가에 관한 사항이 명시된 서면을 근로자에게 교부하여야 한다.

02 근로기준법상 취업규칙에 관한 설명으로 틀린 것은?

① 상시 10명 이상의 근로자를 사용하는 사용자는 취업규칙을 작성하여 고용노동부장관에게 허가 받아야 하며, 이를 변경하는 경우에는 또한 같다.
② 취업규칙에서 근로자에 대하여 감급의 제재를 정할 경우에 그 감액은 1회의 금액이 평균임금의 1일분의 2분의 1을, 총액이 1임금지급기의 임금 총액의 10분의 1을 초과하지 못한다.
③ 취업규칙은 법령이나 해당 사업 또는 사업장에 대하여 적용되는 단체협약과 어긋나서는 아니 된다.
④ 취업규칙에서 정한 기준에 미달하는 근로조건을 정한 근로계약은 그 부분에 관하여는 무효로 한다. 이 경우 무효로 된 부분은 취업규칙에 정한 기준에 따른다.

해설 상시 10명 이상의 근로자를 사용하는 사용자는 다음 각 호의 사항에 관한 취업규칙을 작성하여 고용노동부장관에게 신고하여야 한다.

03 근로기준법상 근로시간과 휴게기간에 관한 설명으로 틀린 것은?

① 1주간의 근로시간은 휴게시간을 제외하고 40시간을 초과할 수 없다.
② 1일의 근로시간은 휴게시간을 제외하고 8시간을 초과할 수 없다.
③ 사용자는 근로시간이 4시간인 경우에는 30분 이상, 8시간인 경우에는 1시간 이상의 휴게시간을 근로시간 이후에 주어야 한다.
④ 휴게시간은 근로자가 자유롭게 이용할 수 있다.

해설 사용자는 근로시간이 4시간인 경우에는 30분 이상, 8시간인 경우에는 1시간 이상의 휴게시간을 근로시간 도중에 주어야 한다.

04 근로기준법상 임금 지급 원칙이 아닌 것은?

① 통화불의 원칙　　　② 정액불의 원칙
③ 직접불의 원칙　　　④ 정기불의 원칙

해설 ① 임금은 통화(通貨)로 직접 근로자에게 그 전액을 지급하여야 한다. 다만, 법령 또는 단체협약에 특별한 규정이 있는 경우에는 임금의 일부를 공제하거나 통화 이외의 것으로 지급할 수 있다.
② 임금은 매월 1회 이상 일정한 날짜를 정하여 지급하여야 한다. 다만, 임시로 지급하는 임금, 수당, 그 밖에 이에 준하는 것 또는 대통령령으로 정하는 임금에 대하여는 그러하지 아니하다.

정답 01 ② 02 ① 03 ③ 04 ②

05 근로기준법상 취업규칙에 관한 설명으로 옳은 것은?

① 상시 5명 이상의 근로자를 사용하는 사용자는 취업규칙을 작성하여 고용노동부장관에게 신고하여야 한다.

② 사용자는 모든 취업규칙의 작성 또는 변경에 관하여 해당 사업 또는 사업장에 근로자의 과반수로 조직된 노동조합이 있는 경우에는 그 노동조합의 동의를 받아야 한다.

③ 취업규칙에서 정한 기준에 미달하는 근로조건을 정한 근로계약은 그 부분에 관하여는 무효로 한다. 이 경우 무효로 된 부분은 취업규칙에 정한 기준에 따른다.

④ 취업규칙에서 근로자에 대하여 감금(減給)의 제재를 정할 경우에 그 감액은 1회의 금액이 평균임금의 1일분의 10분의 3을, 총액이 1임금지급기의 임금 총액의 10분의 1을 초과하지 못한다.

> **해설** ㉮ 상시 10명 이상의 근로자를 사용하는 사용자는 다음 각 호의 사항에 관한 취업규칙을 작성하여 고용노동부장관에게 신고하여야 한다.
> ㉯ 사용자는 취업규칙의 작성 또는 변경에 관하여 해당 사업 또는 사업장에 근로자의 과반수로 조직된 노동조합이 있는 경우에는 그 노동조합, 근로자의 과반수로 조직된 노동조합이 없는 경우에는 근로자의 과반수의 의견을 들어야 한다. 다만, 취업규칙을 근로자에게 불리하게 변경하는 경우에는 그 동의를 받아야 한다.
> ㉱ 취업규칙에서 근로자에 대하여 감금(減給)의 제재를 정할 경우에 그 감액은 1회의 금액이 평균임금의 1일분의 2분의 1을, 총액이 1임금지급기의 임금 총액의 10분의 1을 초과하지 못한다.

06 근로기준법상 경영상 이유에 의한 해고의 요건에 관한 설명으로 틀린 것은?

① 모든 사업의 양도, 인수, 합병은 긴박한 경영상의 필요가 있는 것으로 본다.

② 사용자는 해고를 피하기 위한 노력을 다하여야 한다.

③ 사용자는 합리적이고 공정한 해고의 기준을 정하고 이에 따라 그 대상자를 선정하여야 한다.

④ 사용자는 근로자의 해고를 피하기 위한 방법과 해고의 기준 등에 관하여 근로자의 과반수를 대표하는 근로자 대표에게 해고를 하려는 날의 50일 전까지 통보하고 성실하게 협의하여야 한다.

> **해설** ① 사용자가 경영상 이유에 의하여 근로자를 해고하려면 긴박한 경영상의 필요가 있어야 한다. 이 경우 경영 악화를 방지하기 위한 사업의 양도·인수·합병은 긴박한 경영상의 필요가 있는 것으로 본다.
> ② 제1항의 경우에 사용자는 해고를 피하기 위한 노력을 다하여야 하며, 합리적이고 공정한 해고의 기준을 정하고 이에 따라 그 대상자를 선정하여야 한다. 이 경우 남녀의 성을 이유로 차별하여서는 아니 된다.

③ 사용자는 제2항에 따른 해고를 피하기 위한 방법과 해고의 기준 등에 관하여 그 사업 또는 사업장에 근로자의 과반수로 조직된 노동조합이 있는 경우에는 그 노동조합(근로자의 과반수로 조직된 노동조합이 없는 경우에는 근로자의 과반수를 대표하는 자를 말한다. 이하 "근로자대표"라 한다)에 해고를 하려는 날의 50일 전까지 통보하고 성실하게 협의하여야 한다.

07 근로기준법에서 사용하는 용어에 관한 설명으로 틀린 것은?

① 근로란 정신노동과 육체노동을 말한다.

② 근로자란 직업의 종류와 관계없이 임금을 목적으로 사업이나 사업장에 근로를 제공하는 사람을 말한다.

③ 평균임금이란 이를 산정하여야 할 사유가 발생한 날 이전 6개월 동안에 그 근로자에게 지급된 임금의 총액을 그 기간의 총 일수로 나눈 금액을 말한다.

④ 단시간근로자란 1주 동안의 소정근로시간이 그 사업장에서 같은 종류의 업무에 종사하는 통상 근로자의 1주 동안의 소정근로시간에 비하여 짧은 근로자를 말한다.

> **해설** "평균임금"이란 이를 산정하여야 할 사유가 발생한 날 이전 3개월 동안에 그 근로자에게 지급된 임금의 총액을 그 기간의 총일수로 나눈 금액을 말한다. 근로자가 취업한 후 3개월 미만인 경우도 이에 준한다.

08 근로기준법상 근로계약에 관한 설명으로 틀린 것은?

① 사용자는 근로계약을 체결 할 때에 임금의 구성항목·계산방법·지급방법, 소정근로시간, 연차 유급휴가에 관한 사항은 서면으로 명시하고 근로자의 요구가 있으면 그 근로자에게 교부하여야 한다.

② 단시간근로자의 근로조건은 그 사업장의 같은 종류의 업무에 종사하는 통상 근로자의 근로시간과 동일하게 결정되어야 한다.

③ 사용자는 4주 동안(4주 미만으로 근로하는 경우에는 그 기간)을 평균하여 1주 동안의 소정근로시간이 15시간 미만인 근로자에 대하여 1주일에 평균 1회 이상의 유급휴일을 주지 않아도 된다.

④ 사용자는 근로계약 불이행에 대한 위약금 또는 손해배상액을 예정하는 계약을 체결하지 못한다.

> **해설** 단시간근로자의 근로조건은 그 사업장의 같은 종류의 업무에 종사하는 통상 근로자의 근로시간을 기준으로 산정한 비율에 따라 결정되어야 한다.

09 근로기준법상 단시간 근로자의 정의로 옳은 것은?

① 2주 동안의 소정근로시간이 그 사업장에서 같은 종류의 업무에 종사하는 통상 근로자의 2주 동안의 소정근로 시간에 비하여 짧은 근로자를 말한다.

② 1주 동안의 소정근로시간이 그 사업장에서 같은 종류의 업무에 종사하는 통상 근로자의 1주 동안의 소정근로 시간에 비하여 짧은 근로자를 말한다.

③ 2주 동안의 법정근로시간이 그 사업장에서 같은 종류의 업무에 종사하는 통상 근로자의 2주 동안의 법정근로 시간에 비하여 짧은 근로자를 말한다.

④ 4주 동안의 법정근로시간이 그 사업장에서 같은 종류의 업무에 종사하는 통상 근로자의 4주 동안의 법정근로시간에 비하여 짧은 근로자를 말한다.

10 근로기준법상 임산부의 보호에 관한 설명으로 틀린 것은?

① 사용자는 임신 중의 여성에게 출산 전과 출산 후를 통하여 90일(한 번에 둘 이상 자녀를 임신한 경우에는 120일)의 출산전후휴가를 주어야 한다.

② 휴가 기간의 배정은 출산 후에 30일(한 번에 둘 이상 자녀를 임신한 경우에는 45일) 이상이 되어야 한다.

③ 사용자는 임신 중의 여성 근로자에게 시간외근로를 하게 하여서는 아니 되며, 그 근로자의 요구가 있는 경우에는 쉬운 종류의 근로로 전환하여야 한다.

④ 사업주는 보호휴가 종료 후에는 휴가 전과 동일한 업무 또는 동등한 수준의 임금을 지급하는 직무에 복귀시켜야 한다.

11 근로기준법상 사용증명서에 관한 설명으로 틀린 것은?

① 사용증명서를 청구할 수 있는 자는 계속하여 30일 이상 근무한 근로자이다.

② 사용증명서를 청구할 수 있는 기한은 퇴직 후 3년 이내로 한다.

③ 사용자는 근로자가 퇴직한 후라도 사용증명서를 청구하면 사실대로 적은 증명서를 즉시 내주어야 한다.

④ 사용증명서의 법적 기재사항은 청구여부에 관계없이 기재해야 한다.

해설 ① 사용증명서
　　⊙ 사용자는 근로자가 퇴직한 후라도 사용 기간, 업무 종류, 지위와 임금, 그 밖에 필요한 사항에 관한 증명서를 청구하면 사실대로 적은 증명서를 즉시 내주어야 한다.
　　⊙ 제1항의 증명서에는 근로자가 요구한 사항만을 적어야 한다.
　② 사용증명서의 청구 : 사용증명서를 청구할 수 있는 자는 계속하여 30일 이상 근무한 근로자로 하되, 청구할 수 있는 기한은 퇴직 후 3년 이내로 한다.

12 근로기준법상 취업규칙에 관한 설명으로 틀린 것은?

① 취업규칙에서 정한 기준에 미달하는 근로조건을 정한 근로계약은 그 부분에 관하여는 무효로 한다. 이 경우 무효로 된 부분은 취업규칙에 정한 기준에 따른다.

② 상시 10명 이상의 근로자를 사용하는 사용자는 동법이 정하는 사항에 관한 취업규칙을 작성하여 고용노동부장관으로부터 승인을 받아야 한다.

③ 취업규칙에서 근로자에 대하여 감급의 제재를 정할 경우에 그 감액은 1회의 금액이 평균임금의 1일분의 2분의 1을, 총액이 1임금지급기의 임금 총액의 10분의 1을 초과하지 못한다.

④ 사용자는 취업규칙의 작성 또는 변경에 관하여 해당 사업 또는 사업장에 근로자의 과반수로 조직된 노동조합이 있는 경우에는 그 노동조합, 근로자의 과반수로 조직된 노동조합이 없는 경우에는 근로자의 과반수의 의견을 들어야 한다. 다만, 취업규칙을 근로자에게 불리하게 변경하는 경우에는 그 동의를 받아야 한다.

해설 상시 10명 이상의 근로자를 사용하는 사용자는 취업규칙을 작성하여 고용노동부장관에게 신고하여야 한다.

13 근로기준법상 경영상 이유에 의한 해고에 관한 설명으로 옳은 것은?

① 근로자의 직접적인 귀책사유를 필요로 한다.

② 경영 악화를 방지하기 위한 사업의 양도·인수·합병은 긴박한 경영상의 필요가 있는 것으로 본다.

③ 인원삭감의 필요성이 인정되면 해고회피 노력을 할 필요는 없다.

④ 고용노동부장관에의 신고는 정리해고의 유효 요건 중의 하나이다.

14 다음 사용자의 조치 중 근로기준법을 위반한 것으로 볼 수 있는 것은?

① 근로자가 퇴직 후 경력증명서를 청구한 경우 근로자가 원하지 않는 사항을 기재하지 않는 것
② 근로자명부와 근로계약에 관한 중요한 서류를 3년이 지나서 파기하는 것
③ 4주 동안을 평균하여 1주 동안의 소정근로시간이 15시간 미만인 근로자에 유급휴일을 부여하지 않는 것
④ 대통령이 정하는 기준에 따라 고용노동부장관이 발급한 취직인허증을 소지하지 않은 15세 미만인 자를 채용하는 것

해설 15세 미만인 자(「초·중등교육법」에 따른 중학교에 재학 중인 18세 미만인 자를 포함한다)는 근로자로 사용하지 못한다. 다만, 대통령령으로 정하는 기준에 따라 고용노동부장관이 발급한 취직인허증(就職認許證)을 지닌 자는 근로자로 사용할 수 있다.

15 근로기준법상 근로계약 체결시 반드시 서면으로 명시해야 하는 근로조건은?

① 작업안전조치
② 취업장소와 종사업무
③ 임금의 지급방법
④ 당사자의 인적사항

해설 사용자는 근로계약을 체결할 때에 근로자에게 임금, 소정근로시간, 휴일, 연차 유급휴가, 그 밖에 대통령령으로 정하는 근로조건을 명시하여야 한다. 근로계약 체결 후 변경하는 경우에도 또한 같다. 이 경우 임금의 구성항목·계산방법·지급방법, 소정근로시간, 제55조에 따른 휴일 및 제60조에 따른 연차 유급 휴가에 관한 사항이 명시된 서면을 근로자에게 교부하여야 한다. 다만 본문에 따른 사항이 단체협약 또는 취업규칙의 변경 등 대통령령으로 정하는 사유로 인하여 변경되는 경우에는 근로자의 요구가 있으면 그 근로자에게 교부하여야 한다.

16 근로기준법상 임금의 비상시 지급사유가 아닌 것은?

① 장남의 대학입학
② 장녀의 결혼
③ 배우자의 교통사고
④ 남편의 사망

해설 사용자는 근로자가 출산, 질병, 재해, 그 밖에 대통령령으로 정하는 비상(非常)한 경우의 비용에 충당하기 위하여 임금 지급을 청구하면 지급기일 전이라도 이미 제공한 근로에 대한 임금을 지급하여야 한다. "그 밖에 대통령령으로 정한 비상(非常)한 경우"란 근로자나 그의 수입으로 생계를 유지하는 자가 다음 각 호의 어느 하나에 해당하게 되는 경우를 말한다.
① 출산하거나 질병에 걸리거나 재해를 당한 경우
② 혼인 또는 사망한 경우
③ 부득이한 사유로 1주일 이상 귀향하게 되는 경우

17 근로기준법의 기본원리와 가장 거리가 먼 것은?

① 강제 근로의 금지
② 근로자단결의 보장
③ 균등한 처우
④ 공민권 행사의 보장

해설 근로자의 생존권 확보를 위하여 헌법이 규정하고 있는 근로권과 근로3권, 즉 단결권, 단체교섭권, 단체행동권은 노동기본권이다.

18 근로기준법상 연소자보호에 관한 설명으로 틀린 것은?

① 미성년자는 독자적으로 임금을 청구할 수 있다.
② 미성년자의 동의가 있으며 친권자 또는 후견인은 미성년자를 대리하여 근로계약을 체결할 수 있다.
③ 근로계약이 미성년자에게 불리하다고 인정되는 경우에는 친권자, 후견인 또는 고용노동부장관은 이를 해지할 수 있다.
④ 사용자는 18세 미만인 자에 대하여는 그 연령을 증명하는 증명서와 친권자 또는 후견인의 동의서를 사업장에 갖추어 두어야 한다.

해설 ① 친권자나 후견인은 미성년자의 근로계약을 대리할 수 없다.
② 친권자, 후견인 또는 고용노동부장관은 근로계약이 미성년자에게 불리하다고 인정하는 경우에는 이를 해지할 수 있다.
③ 사용자는 18세 미만인 자와 근로계약을 체결하는 경우에는 근로조건을 서면으로 명시하여 교부하여야 한다.
④ 미성년자는 독자적으로 임금을 청구할 수 있다.

19 근로기준법상 취업규칙에 관한 설명으로 틀린 것은?

① 취업규칙은 근로자에게 불이익하게 변경하는 경우에는 그 동의를 얻어야 한다.
② 취업규칙은 법령이나 해당 사업 또는 사업장에 대하여 적용되는 단체협약과 어긋나서는 아니 된다.
③ 취업규칙에 정한 기준에 미달하는 근로조건을 정한 근로계약은 그 자체로서 유효하다.
④ 상시 10인 이상의 근로자를 사용하는 사용자는 취업규칙을 작성하여 고용노동부장관에게 신고하여야 한다.

해설 취업규칙에서 정한 기준에 미달하는 근로조건을 정한 근로계약은 그 부분에 관하여는 무효로 한다. 이 경우 무효로 된 부분은 취업규칙에 정한 기준에 따른다.

---

20 노동관계법규 중 근로기준법상 근로자 개념을 사용하지 않고 별도의 개념규정을 두고 있는 것은?

① 고령자고용촉진법
② 최저임금법
③ 산업안전보건법
④ 남녀고용평등과 일·가정 양립 지원에 관한 법률

> **해설** ① 근로기준법 : "근로자"란 직업의 종류와 관계없이 임금을 목적으로 사업이나 사업장에 근로를 제공하는 사람을 말한다.
> ② 남녀고용평등과 일·가정 양립 지원에 관한 법률 : "근로자"란 사업주에게 고용된 사람과 취업할 의사를 가진 사람을 말한다.

21 근로기준법상 근로시간에 관한 설명으로 틀린 것은?

① 1주간의 근로시간을 휴게시간을 제외하고 40시간을 초과할 수 없다.
② 1일의 근로시간을 휴게시간을 제외하고 8시간을 초과할 수 없다.
③ 선택적 근로시간제 대상 범위는 15세 이상 18세 미만의 근로자이다.
④ 당사자 간에 합의하면 1주간에 12시간을 한도로 근로 시간을 연장할 수 있다.

> **해설** 선택적 근로시간제는 15세 이상 18세 미만의 근로자는 제외한다.

22 사용자가 취업규칙을 근로자에게 불이익하게 변경하려고 할 때 필요한 요건은?(단, 당해 사업 또는 사업장에는 근로자의 과반수로 조직된 노동조합이 없다.)

① 근로자대표와의 협의
② 근로자 과반수와의 협의
③ 근로자대표의 동의
④ 근로자 과반수의 동의

> **해설** 사용자는 취업규칙의 작성 또는 변경에 관하여 해당 사업 또는 사업장에 근로자의 과반수로 조직된 노동조합이 있는 경우에는 그 노동조합, 근로자의 과반수로 조직된 노동조합이 없는 경우에는 근로자의 과반수의 의견을 들어야 한다. 다만, 취업규칙을 근로자에게 불리하게 변경하는 경우에는 그 동의를 받아야 한다.

23 근로기준법상 경영상 이유로 인한 해고에 대한 설명 중 틀린 것은?

① 경영상 이유로 인한 해고를 하는 경우에는 해고예고에 대한 규정이 적용되지 않는다.
② 사용자는 30일 전에 근로자에게 해고예고를 하지 않았을 때는 30일분 이상의 통상임금을 지급하여야 한다.
③ 3년 이내에 해고된 근로자가 해고 당시 담당하였던 업무를 한 근로자를 채용하려고 할 경우 해고된 근로자가 원하면 그 근로자를 우선적으로 고용하여야 한다.
④ 경영상 이유에 의한 해고에 있어서 해고회피노력을 다하고, 합리적이고 공정한 해고기준을 정하여 그 대상자를 선정해야 한다.

> **해설** 사용자는 근로자를 해고(경영상 이유에 의한 해고를 포함한다)하려면 적어도 30일 전에 예고를 하여야 하고, 30일 전에 예고를 하지 아니하였을 때에는 30일분 이상의 통상임금을 지급하여야 한다.

24 근로기준법상 임금채권의 소멸시효기간은?

① 6개월
② 1년
③ 2년
④ 3년

> **해설** 임금채권은 3년간 행사하지 아니하면 시효로 소멸한다.

25 근로기준법의 총칙 규정에 관한 설명으로 틀린 것은?

① 누구든지 법률에 따르지 아니하고는 영리로 다른 사람의 취업에 개입하거나 중간인으로서 이익을 취득하지 못한다.
② 사용자는 국적·신앙 또는 사회적 신분을 이유로 근로조건에 대한 차별적 처우를 하지 못한다.
③ 사용자는 사고의 발생이나 그 밖의 어떠한 이유로도 근로자에게 폭행을 하지 못한다.
④ 사용자는 근로자가 근로시간 중에 공민권의 행사를 위하여 필요한 시간을 청구하면 거부할 수 있다.

> **해설** 사용자는 근로자가 근로시간 중에 선거권, 그 밖의 공민권(公民權) 행사 또는 공(公)의 직무를 집행하기 위하여 필요한 시간을 청구하면 거부하지 못한다. 다만, 그 권리 행사나 공(公)의 직무를 수행하는 데에 지장이 없으면 청구한 시간을 변경할 수 있다.

26 근로기준법상 근로자 개념에 관한 설명으로 맞는 것은?

① 근로기준법과 노동조합 및 노동관계조합법상의 근로자의 개념은 동일하다.
② 근로기준법상 사업에 근로를 제공하기 위하여 체결한 고용계약이 불법이면 사실상 사업장에 근로를 제공하더라도 근로자가 아니다.
③ 실업자는 "사업 또는 사업장에 근로를 제공하는 사람"이 아니므로 근로기준법상의 근로자에 해당하지 않는다.
④ 사무직, 관리직, 위탁실습생, 수련의는 근로기준법상 근로자가 아니다.

해설 "근로자"란 직업의 종류와 관계없이 임금을 목적으로 사업이나 사업장에 근로를 제공하는 사람을 말한다.

27 근로기준법상 임금의 지급방법에 관한 설명으로 틀린 것은?

① 임금은 근로자 본인에게 지급해야 하나, 단체협약으로 예외를 둘 수 있다.
② 사용자는 단체협약에 따라 노동조합비를 공제하여 임금을 지급할 수 있다.
③ 임금은 강제통화력이 있는 통화로 지급하는 것이 원칙이나, 법령 또는 단체협약에 특별한 규정이 있는 경우에는 통화 이외의 것으로 지급할 수 있다.
④ 매월 1회 이상 일정한 기일을 정하여 지급하여야 한다.

해설 임금은 통화(通貨)로 직접 근로자에게 그 전액을 지급하여야 한다.

28 근로기준법상 근로자로 볼 수 없는 자는?

① 정당에 고용되어 있는 사무원
② 일용 근로자
③ 휴직중인 근로자
④ 실업중인 근로자

해설 "근로자"란 직업의 종류와 관계없이 임금을 목적으로 사업이나 사업장에 근로를 제공하는 자를 말한다.

29 근로기준법상 취업규칙의 작성과 변경에 관한 설명으로 맞는 것은?

① 취업규칙의 작성·변경에는 반드시 노동조합의 동의를 필요로 한다.
② 취업규칙의 변경으로 근로자가 불리하게 되는 경우에는 노동조합(근로자 과반수로 조직된 노동조합이 있을 경우) 또는 근로자 과반수의 동의를 필요로 한다.
③ 취업규칙은 사용자와 근로자가 합의로 작성한다.
④ 취업규칙에서 근로자에 대하여 감급의 제재를 정할 경우에는 그 감액은 1회의 액이 통상임금의 1일분의 2분의 1을 초과하지 못한다.

해설 ㉮ 상시 10명 이상의 근로자를 사용하는 사용자는 다음 각 호의 사항에 관한 취업규칙을 작성하여 고용노동부장관에게 신고하여야 한다.
㉯ 사용자는 취업규칙의 작성 또는 변경에 관하여 해당 사업 또는 사업장에 근로자의 과반수로 조직된 노동조합이 있는 경우에는 그 노동조합, 근로자의 과반수로 조직된 노동조합이 없는 경우에는 근로자의 과반수의 의견을 들어야 한다. 다만, 취업규칙을 근로자에게 불리하게 변경하는 경우에는 그 동의를 받아야 한다.
㉰ 취업규칙에서 근로자에 대하여 감급(減給)의 제재를 정할 경우에 그 감액은 1회의 금액이 평균임금의 1일분의 2분의 1을, 총액이 1임금 지급기의 임금 총액의 10분의 1을 초과하지 못한다.

30 평균임금에 대한 설명으로 틀린 것은?

① 산정할 사유가 발생한 날 이전 3월간에 그 근로자에 대하여 지급된 임금의 총액을 그 기간의 총일수로 나눈 금액을 의미한다.
② 시간급으로 산정함이 원칙이다.
③ 퇴직금, 휴업수당, 재해보상금, 감급한도액 등에 이용되는 임금이다.
④ "지급된 임금의 총액" 이란 명목 여하를 불문하고 근로자에게 근로의 대상으로서 지급된 모든 임금의 총액을 말한다.

해설 "통상임금"이란 근로자에게 정기적이고 일률적으로 소정(所定)근로 또는 총 근로에 대하여 지급하기로 정한 시간급 금액, 일급 금액, 주급 금액, 월급 금액 또는 도급 금액을 말한다.

31 근로기준법의 기준에 미달한 근로계약의 효력은?

① 사용자는 근로기준법에 따라 처벌받지만, 근로계약의 효력은 영향이 없이 그대로 유효하다.
② 근로계약 자체가 무효가 된다.
③ 근로계약 중 근로기준법의 기준에 미달한 부분만이 무효이다.
④ 근로자가 근로기준법 위반을 이유로 근로계약을 취소하지 않는 한 근로계약 전체가 그대로 유효하다.

32 근로기준법상 취업규칙에 반드시 기재하여야 하는 사항이 아닌 것은?

① 업무의 시작시간
② 임금의 산정기간
③ 근로자의 식비 부담
④ 근로계약기간

해설 상시 10명 이상의 근로자를 사용하는 사용자는 다음 각 호의 사항에 관한 취업규칙을 작성하여 고용노동부장관에게 신고하여야 한다. 이를 변경하는 경우에도 또한 같다.
① 업무의 시작과 종료 시각, 휴게시간, 휴일, 휴가 및 교대 근로에 관한 사항
② 임금의 결정 · 계산 · 지급 방법, 임금의 산정기간 · 지급시기 및 승급(昇給)에 관한 사항
③ 가족수당의 계산 · 지급 방법에 관한 사항
④ 퇴직에 관한 사항
⑤ 「근로자퇴직급여 보장법」 제8조에 따른 퇴직금, 상여 및 최저임금에 관한 사항
⑥ 근로자의 식비, 작업 용품 등의 부담에 관한 사항
⑦ 근로자를 위한 교육시설에 관한 사항
⑧ 산전후휴가 · 육아휴직 등 여성 근로자의 모성 보호에 관한 사항
⑨ 안전과 보건에 관한 사항
⑩ 업무상과 업무 외의 재해부조(災害扶助)에 관한 사항
⑪ 표창과 제재에 관한 사항
⑫ 그 밖에 해당 사업 또는 사업장의 근로자 전체에 적용될 사항

33 근로기준법상 재해보상에 관한 설명으로 옳은 것은?

① 근로자가 업무상 사망한 경우에는 사용자는 근로자가 사망한 후 30일 이내에 그 유족에게 평균임금 1,000일분의 유족보상을 하여야 한다.
② 근로자가 업무상 사망한 경우에는 사용자는 근로자가 사망한 후 30일 이내에 평균임금 90일분의 장의비를 지급하여야 한다.
③ 보상을 받을 권리는 퇴직으로 인하여 변경되지 아니하고, 양도할 수 있다.
④ 보상을 받게 될 자가 동일한 사유에 대하여 「민법」이나 그 밖의 법령에 따라 이 법의 재해보상에 상당한 금품을 받으면 그 가액(價額)의 한도에서 사용자는 보상의 책임을 면한다.

해설 ㉮ 근로자가 업무상 사망한 경우에는 사용자는 근로자가 사망한 후 지체 없이 그 유족에게 평균임금 1,000일분의 유족보상을 하여야 한다.
㉯ 근로자가 업무상 사망한 경우에는 사용자는 근로자가 사망한 후 지체 없이 평균임금 90일분의 장의비를 지급하여야 한다.
㉰ 보상을 받을 권리는 퇴직으로 인하여 변경되지 아니하고, 양도나 압류하지 못한다.

34 근로기준법상 근로감독관에 관한 설명으로 틀린 것은?

① 근로조건의 기준을 확보하기 위하여 고용노동부와 그 소속 기관에 근로감독관을 둔다.
② 근로감독관의 직무에 관한 범죄의 수사는 검사와 근로감독관이 전담하여 수행한다.
③ 근로감독관은 사업장, 기숙사, 그 밖의 부속건물을 현장조사하고 장부와 서류의 제출을 요구할 수 있다.
④ 의사인 근로감독관이나 근로감독관의 위촉을 받은 의사는 취업을 금지하여야 할 질병에 걸릴 의심이 있는 근로자에 대하여 검진할 수 있다.

해설 노동 관계 법령에 따른 현장조사, 서류의 제출, 심문 등의 수사는 검사와 근로감독관이 전담하여 수행한다. 다만, 근로감독관의 직무에 관한 범죄의 수사는 그러하지 아니하다.

정답 31 ③ 32 ④ 33 ④ 34 ②

Ⅰ. 총칙

1. 목적(법 1조)

이 법은 「대한민국헌법」의 평등이념에 따라 고용에서 남녀의 평등한 기회와 대우를 보장하고 모성 보호와 여성 고용을 촉진하여 남녀고용평등을 실현함과 아울러 근로자의 일과 가정의 양립을 지원함으로써 모든 국민의 삶의 질 향상에 이바지하는 것을 목적으로 한다.

2. 용어의 정의(법 2조)

1) "차별"이란 사업주가 근로자에게 성별, 혼인, 가족 안에서의 지위, 임신 또는 출산 등의 사유로 합리적인 이유 없이 채용 또는 근로의 조건을 다르게 하거나 그 밖의 불리한 조치를 하는 경우[사업주가 채용조건이나 근로조건은 동일하게 적용하더라도 그 조건을 충족할 수 있는 남성 또는 여성이 다른 한 성(性)에 비하여 현저히 적고 그에 따라 특정 성에게 불리한 결과를 초래하며 그 조건이 정당한 것임을 증명할 수 없는 경우를 포함한다]를 말한다. 다만, 다음 각 목의 어느 하나에 해당하는 경우는 제외한다.
   ① 직무의 성격에 비추어 특정 성이 불가피하게 요구되는 경우
   ② 여성 근로자의 임신 · 출산 · 수유 등 모성보호를 위한 조치를 하는 경우
   ③ 그 밖에 이 법 또는 다른 법률에 따라 적극적 고용개선조치를 하는 경우
2) "직장 내 성희롱"이란 사업주 · 상급자 또는 근로자가 직장 내의 지위를 이용하거나 업무와 관련하여 다른 근로자에게 성적 언동 등으로 성적 굴욕감 또는 혐오감을 느끼게 하거나 성적 언동 또는 그 밖의 요구 등에 따르지 아니하였다는 이유로 근로조건 및 고용에서 불이익을 주는 것을 말한다.
3) "적극적 고용개선조치"란 현존하는 남녀 간의 고용차별을 없애거나 고용평등을 촉진하기 위하여 잠정적으로 특정 성을 우대하는 조치를 말한다.
4) "근로자"란 사업주에게 고용된 사람과 취업할 의사를 가진 사람을 말한다.

3. 적용 범위(법 3조)

1) 이 법은 근로자를 사용하는 모든 사업 또는 사업장(이하 "사업"이라 한다)에 적용한다. 다만, 대통령령으로 정하는 사업에 대하여는 이 법의 전부 또는 일부를 적용하지 아니할 수 있다.
   1-1) 적용범위(시행령 2조)
   ① 동거하는 친족만으로 이루어지는 사업 또는 사업장(이하 "사업"이라 한다)과 가사사용인에 대하여는 법의 전부를 적용하지 아니한다.
2) 남녀고용평등의 실현과 일 · 가정의 양립에 관하여 다른 법률에 특별한 규정이 있는 경우 외에는 이 법에 따른다.

4. 정책의 수립 등(법 6조)

    1) 고용노동부장관은 남녀고용평등과 일·가정의 양립을 실현하기 위하여 다음 각 호의 정책을 수립·시행하여야 한다.

      ① 남녀고용평등 의식 확산을 위한 홍보

      ② 남녀고용평등 우수기업(제17조의4에 따른 적극적 고용개선조치 우수기업을 포함한다)의 선정 및 행정적·재정적 지원

      ③ 남녀고용평등 강조 기간의 설정·추진

      ④ 남녀차별 개선과 여성취업 확대를 위한 조사·연구

      ⑤ 모성보호와 일·가정 양립을 위한 제도개선 및 행정적·재정적 지원

      ⑥ 그 밖에 남녀고용평등의 실현과 일·가정의 양립을 지원하기 위하여 필요한 사항

    2) 고용노동부장관은 제1항에 따른 정책의 수립·시행을 위하여 관계자의 의견을 반영하도록 노력하여야 하며 필요하다고 인정되는 경우 관계 행정기관 및 지방자치단체, 그 밖의 공공단체의 장에게 협조를 요청할 수 있다.

5. 기본계획 수립(법 6조의2)

    1) 고용노동부장관은 남녀고용평등 실현과 일·가정의 양립에 관한 기본계획(이하 "기본계획"이라 한다)을 5년마다 수립하여야 한다.

    2) 기본계획에는 다음 각 호의 사항이 포함되어야 한다.

      ① 여성취업의 촉진에 관한 사항

      ② 남녀의 평등한 기회보장 및 대우에 관한 사항

      ③ 동일 가치 노동에 대한 동일 임금 지급의 정착에 관한 사항

      ④ 여성의 직업능력 개발에 관한 사항

      ⑤ 여성 근로자의 모성 보호에 관한 사항

      ⑥ 일·가정의 양립 지원에 관한 사항

      ⑦ 여성 근로자를 위한 복지시설의 설치 및 운영에 관한 사항

      ⑧ 직전 기본계획에 대한 평가

      ⑨ 그 밖에 남녀고용평등의 실현과 일·가정의 양립 지원을 위하여 고용노동부장관이 필요하다고 인정하는 사항

II. 고용에 있어서 남녀의 평등한 기회보장 및 대우 등

1. 모집과 채용(법 7조)

    1) 사업주는 근로자를 모집하거나 채용할 때 남녀를 차별하여서는 아니 된다.

    2) 사업주는 근로자를 모집·채용할 때 그 직무의 수행에 필요하지 아니한 용모·키·체중 등의 신체적 조건, 미혼 조건, 그 밖에 고용노동부령으로 정하는 조건을 제시하거나 요구하여서는 아니 된다.

2. 임금(법 8조)

1) 사업주는 동일한 사업 내의 동일 가치 노동에 대하여는 동일한 임금을 지급하여야 한다.

2) 동일 가치 노동의 기준은 직무 수행에서 요구되는 기술, 노력, 책임 및 작업 조건 등으로 하고, 사업주가 그 기준을 정할 때에는 제25조에 따른 노사협의회의 근로자를 대표하는 위원의 의견을 들어야 한다.

3) 사업주가 임금차별을 목적으로 설립한 별개의 사업은 동일한 사업으로 본다.

3. 임금 외의 금품 등(법 9조)

사업주는 임금 외에 근로자의 생활을 보조하기 위한 금품의 지급 또는 자금의 융자 등 복리후생에서 남녀를 차별하여서는 아니 된다.

4. 교육 · 배치 및 승진(법 10조)

사업주는 근로자의 교육 · 배치 및 승진에서 남녀를 차별하여서는 아니 된다.

5. 정년 · 퇴직 및 해고(법 11조)

1) 사업주는 근로자의 정년 · 퇴직 및 해고에서 남녀를 차별하여서는 아니 된다.

2) 사업주는 여성 근로자의 혼인, 임신 또는 출산을 퇴직 사유로 예정하는 근로계약을 체결하여서는 아니 된다.

III. 직장 내 성희롱의 금지 및 예방

1. 직장 내 성희롱의 금지(법 12조)

사업주, 상급자 또는 근로자는 직장 내 성희롱을 하여서는 아니 된다.

2. 직장 내 성희롱 예방 교육(법 13조)

1) 사업주는 직장 내 성희롱을 예방하고 근로자가 안전한 근로환경에서 일할 수 있는 여건을 조성하기 위하여 직장 내 성희롱의 예방을 위한 교육(이하 "성희롱 예방 교육"이라 한다)을 매년 실시하여야 한다.

2) 사업주 및 근로자는 제1항에 따른 성희롱 예방 교육을 받아야 한다.

3) 사업주는 성희롱 예방 교육의 내용을 근로자가 자유롭게 열람할 수 있는 장소에 항상 게시하거나 갖추어 두어 근로자에게 널리 알려야 한다.

4) 사업주는 고용노동부령으로 정하는 기준에 따라 직장 내 성희롱 예방 및 금지를 위한 조치를 하여야 한다.

5) 제1항 및 제2항에 따른 성희롱 예방 교육의 내용 · 방법 및 횟수 등에 관하여 필요한 사항은 대통령령으로 정한다. (년 1회 이상)

3. 직장 내 성희롱 예방 교육(시행령 3조)

1) 사업주는 법 제13조에 따라 직장 내 성희롱 예방을 위한 교육을 연 1회 이상 하여야 한다.

2) 제1항에 따른 예방 교육에는 다음 각 호의 내용이 포함되어야 한다.
   ① 직장 내 성희롱에 관한 법령
   ② 해당 사업장의 직장 내 성희롱 발생 시의 처리 절차와 조치 기준
   ③ 해당 사업장의 직장 내 성희롱 피해 근로자의 고충상담 및 구제 절차
   ④ 그 밖에 직장 내 성희롱 예방에 필요한 사항

3) 제1항에 따른 예방 교육은 사업의 규모나 특성 등을 고려하여 직원연수 · 조회 · 회의, 인터넷 등 정보통신망을 이용한 사이버 교육 등을 통하여 실시할 수 있다. 다만, 단순히 교육자료 등을 배포 · 게시하거나 전자우편을 보내거나 게시판에 공지하는 데 그치는 등 근로자에게 교육 내용이 제대로 전달되었는지 확인하기 곤란한 경우에는 예방 교육을 한 것으로 보지 아니한다.

4) 제2항 및 제3항에도 불구하고 다음 각 호의 어느 하나에 해당하는 사업의 사업주는 제2항제1호부터 제4호까지의 내용을 근로자가 알 수 있도록 교육자료 또는 홍보물을 게시하거나 배포하는 방법으로 직장 내 성희롱 예방 교육을 할 수 있다.
   ① 상시 10명 미만의 근로자를 고용하는 사업
   ② 사업주 및 근로자 모두가 남성 또는 여성 중 어느 한 성(性)으로 구성된 사업

5) 사업주가 소속 근로자에게 「근로자직업능력 개발법」 제24조에 따라 인정받은 훈련과정 중 제2항 각 호의 내용이 포함되어 있는 훈련과정을 수료하게 한 경우에는 그 훈련과정을 마친 근로자에게는 제1항에 따른 예방 교육을 한 것으로 본다.

4. 성희롱 예방 교육의 위탁(법 13조의 2)

1) 사업주는 성희롱 예방 교육을 고용노동부장관이 지정하는 기관(이하 "성희롱 예방 교육기관"이라 한다)에 위탁하여 실시할 수 있다.

2) 사업주가 성희롱 예방 교육기관에 위탁하여 성희롱 예방 교육을 하려는 경우에는 제13조 제5항에 따라 대통령령으로 정하는 내용을 성희롱 예방 교육기관에 미리 알려 그 사항이 포함되도록 하여야 한다.

3) 성희롱 예방 교육기관은 고용노동부령으로 정하는 기관 중에서 지정하되, 고용노동부령으로 정하는 강사를 1명 이상 두어야 한다.

4) 성희롱 예방 교육기관은 고용노동부령으로 정하는 바에 따라 교육을 실시하고 교육이수증이나 이수자 명단 등 교육 실시 관련 자료를 보관하며 사업주나 교육대상자에게 그 자료를 내주어야 한다.

5) 고용노동부장관은 성희롱 예방 교육기관이 다음 각 호의 어느 하나에 해당하면 그 지정을 취소할 수 있다.
   ① 거짓이나 그 밖의 부정한 방법으로 지정을 받은 경우
   ② 정당한 사유 없이 제3항에 따른 강사를 3개월 이상 계속하여 두지 아니한 경우

③ 2년 동안 직장 내 성희롱 예방 교육 실적이 없는 경우
6) 고용노동부장관은 제5항에 따라 성희롱 예방 교육기관의 지정을 취소하려면 청문을 하여야 한다.

5. 직장 내 성희롱 발생 시 조치(법 14조)

1) 누구든지 직장 내 성희롱 발생 사실을 알게 된 경우 그 사실을 해당 사업주에게 신고할 수 있다.

2) 사업주는 제1항에 따른 신고를 받거나 직장 내 성희롱 발생 사실을 알게 된 경우에는 지체 없이 그 사실 확인을 위한 조사를 하여야 한다. 이 경우 사업주는 직장 내 성희롱과 관련하여 피해를 입은 근로자 또는 피해를 입었다고 주장하는 근로자(이하 "피해근로자등"이라 한다)가 조사 과정에서 성적 수치심 등을 느끼지 아니하도록 하여야 한다.

3) 사업주는 제2항에 따른 조사 기간 동안 피해근로자등을 보호하기 위하여 필요한 경우 해당 피해근로자등에 대하여 근무장소의 변경, 유급휴가 명령 등 적절한 조치를 하여야 한다. 이 경우 사업주는 피해근로자등의 의사에 반하는 조치를 하여서는 아니 된다.

4) 사업주는 제2항에 따른 조사 결과 직장 내 성희롱 발생 사실이 확인된 때에는 피해근로자가 요청하면 근무장소의 변경, 배치전환, 유급휴가 명령 등 적절한 조치를 하여야 한다.

5) 사업주는 제2항에 따른 조사 결과 직장 내 성희롱 발생 사실이 확인된 때에는 지체 없이 직장 내 성희롱 행위를 한 사람에 대하여 징계, 근무장소의 변경 등 필요한 조치를 하여야 한다. 이 경우 사업주는 징계 등의 조치를 하기 전에 그 조치에 대하여 직장 내 성희롱 피해를 입은 근로자의 의견을 들어야 한다.

6) 사업주는 성희롱 발생 사실을 신고한 근로자 및 피해근로자등에게 다음 각 호의 어느 하나에 해당하는 불리한 처우를 하여서는 아니 된다.
① 파면, 해임, 해고, 그 밖에 신분상실에 해당하는 불이익 조치
② 징계, 정직, 감봉, 강등, 승진 제한 등 부당한 인사조치
③ 직무 미부여, 직무 재배치, 그 밖에 본인의 의사에 반하는 인사조치
④ 성과평가 또는 동료평가 등에서 차별이나 그에 따른 임금 또는 상여금 등의 차별 지급
⑤ 직업능력 개발 및 향상을 위한 교육훈련 기회의 제한
⑥ 집단 따돌림, 폭행 또는 폭언 등 정신적·신체적 손상을 가져오는 행위를 하거나 그 행위의 발생을 방치하는 행위
⑦ 그 밖에 신고를 한 근로자 및 피해근로자등의 의사에 반하는 불리한 처우

7) 제2항에 따라 직장 내 성희롱 발생 사실을 조사한 사람, 조사 내용을 보고 받은 사람 또는 그 밖에 조사 과정에 참여한 사람은 해당 조사 과정에서 알게 된 비밀을 피해근로자등의 의사에 반하여 다른 사람에게 누설하여서는 아니 된다. 다만, 조사와 관련된 내용을 사업주에게 보고하거나 관계 기관의 요청에 따라 필요한 정보를 제공하는 경우는 제외한다.

6. 고객 등에 의한 성희롱 방지(법 14조의 2)

1) 사업주는 고객 등 업무와 밀접한 관련이 있는 사람이 업무수행 과정에서 성적인 언동 등을 통하여 근로자에게 성적 굴욕감 또는 혐오감 등을 느끼게 하여 해당 근로자가 그로 인한 고충 해소를 요청할 경우 근무 장소 변경, 배치전환, 유급휴가의 명령 등 적절한 조치를 하여야 한다.

2) 사업주는 근로자가 제1항에 따른 피해를 주장하거나 고객 등으로부터의 성적 요구 등에 따르지 아니하였다는 것을 이유로 해고나 그 밖의 불이익한 조치를 하여서는 아니 된다.

Ⅳ. 여성의 직업능력 개발 및 고용 촉진

1. 직업 지도(법 15조)

「직업안정법」 제2조의2제1호에 따른 직업안정기관은 여성이 적성, 능력, 경력 및 기능의 정도에 따라 직업을 선택하고, 직업에 적응하는 것을 쉽게 하기 위하여 고용정보와 직업에 관한 조사ㆍ연구 자료를 제공하는 등 직업 지도에 필요한 조치를 하여야 한다.

2. 직업능력 개발(법 16조)

국가, 지방자치단체 및 사업주는 여성의 직업능력 개발 및 향상을 위하여 모든 직업능력 개발 훈련에서 남녀에게 평등한 기회를 보장하여야 한다.

3. 여성 고용 촉진(법 17조)

1) 고용노동부장관은 여성의 고용 촉진을 위한 시설을 설치ㆍ운영하는 비영리법인과 단체에 대하여 필요한 비용의 전부 또는 일부를 지원할 수 있다.

2) 고용노동부장관은 여성의 고용 촉진을 위한 사업을 실시하는 사업주 또는 여성휴게실과 수유시설을 설치하는 등 사업장 내의 고용환경을 개선하고자 하는 사업주에게 필요한 비용의 전부 또는 일부를 지원할 수 있다.

4. 경력단절여성의 능력개발과 고용촉진지원(법 17조의 2)

1) 고용노동부장관은 임신ㆍ출산ㆍ육아 등의 이유로 직장을 그만두었으나 재취업할 의사가 있는 경력단절여성(이하 "경력단절여성"이라 한다)을 위하여 취업 유망 직종을 선정하고, 특화된 훈련과 고용촉진프로그램을 개발하여야 한다.

2) 고용노동부장관은 「직업안정법」 제2조의2제1호에 따른 직업안정기관을 통하여 경력단절여성에게 직업정보, 직업훈련정보 등을 제공하고 전문화된 직업지도, 직업상담 등의 서비스를 제공하여야 한다.

V. 적극적 고용개선조치

1. 적극적 고용개선조치 시행계획의 수립·제출 등(법 17조의 3)

1) 고용노동부장관은 다음 각 호의 어느 하나에 해당하는 사업주로서 고용하고 있는 직종별 여성 근로자의 비율이 산업별·규모별로 고용노동부령으로 정하는 고용 기준에 미달하는 사업주에 대하여는 차별적 고용관행 및 제도 개선을 위한 적극적 고용개선조치 시행계획(이하 "시행계획"이라 한다)을 수립하여 제출할 것을 요구할 수 있다. 이 경우 해당 사업주는 시행계획을 제출하여야 한다.
   ① 대통령령으로 정하는 공공기관·단체의 장
   ② 대통령령으로 정하는 규모 이상(500명 이상)의 근로자를 고용하는 사업의 사업주
2) 제1항 각 호의 어느 하나에 해당하는 사업주는 직종별·직급별 남녀 근로자 현황과 남녀 근로자 임금 현황을 고용노동부장관에게 제출하여야 한다.
3) 제1항 각 호의 어느 하나에 해당하지 아니하는 사업주로서 적극적 고용개선조치를 하려는 사업주는 직종별·직급별 남녀 근로자 현황, 남녀 근로자 임금 현황과 시행계획을 작성하여 고용노동부장관에게 제출할 수 있다.
4) 고용노동부장관은 제1항과 제3항에 따라 제출된 시행계획을 심사하여 그 내용이 명확하지 아니하거나 차별적 고용관행을 개선하려는 노력이 부족하여 시행계획으로서 적절하지 아니하다고 인정되면 해당 사업주에게 시행계획의 보완을 요구할 수 있다.
5) 제1항과 제2항에 따른 시행계획과 남녀 근로자 현황과 남녀 근로자 임금 현황의 기재 사항, 제출 시기, 제출 절차 등에 관하여 필요한 사항은 고용노동부령으로 정한다.

2. 적극적 고용개선조치에 관한 중요 사항 심의(법 17조의 8)

1) 적극적 고용개선조치에 관한 다음 각 호의 사항은 「고용정책 기본법」 제10조에 따른 고용정책심의회의 심의를 거쳐야 한다.
   ① 여성 근로자 고용기준에 관한 사항
   ② 시행계획의 심사에 관한 사항
   ③ 적극적 고용개선조치 이행실적의 평가에 관한 사항
   ④ 적극적 고용개선조치 우수기업의 표창 및 지원에 관한 사항
   ⑤ 적극적 고용개선조치 미이행 사업주 명단 공표 여부에 관한 사항
   ⑥ 그 밖에 적극적 고용개선조치에 관하여 고용정책심의회의 위원장이 회의에 부치는 사항

VI. 모성보호

1. 출산전후휴가등에 대한 지원(법 18조)

1) 국가는 제18조의2에 따른 배우자 출산휴가, 「근로기준법」 제74조에 따른 출산전후휴가 또는 유산·사산 휴가를 사용한 근로자 중 일정한 요건에 해당하는 사람에게 그 휴가기간에 대하여 통상임금에 상당하는 금액(이하 "출산전후휴가급여등"이라 한다)을 지급할 수 있다.

2) 제1항에 따라 지급된 출산전후휴가급여등은 그 금액의 한도에서 제18조의2제1항 또는 「근로기준법」 제74조제4항에 따라 사업주가 지급한 것으로 본다.

3) 출산전후휴가급여등을 지급하기 위하여 필요한 비용은 국가재정이나 「사회보장기본법」에 따른 사회보험에서 분담할 수 있다.

4) 근로자가 출산전후휴가급여등을 받으려는 경우 사업주는 관계 서류의 작성·확인 등 모든 절차에 적극 협력하여야 한다.

5) 출산전후휴가급여등의 지급요건, 지급기간 및 절차 등에 관하여 필요한 사항은 따로 법률로 정한다.

2. 배우자 출산휴가(법 18조의 2)

1) 사업주는 근로자가 배우자의 출산을 이유로 휴가(이하 "배우자 출산휴가"라 한다)를 청구하는 경우에 10일의 휴가를 주어야 한다. 이 경우 사용한 휴가기간은 유급으로 한다.

2) 제1항 후단에도 불구하고 출산전후휴가급여등이 지급된 경우에는 그 금액의 한도에서 지급의 책임을 면한다.

3) 배우자 출산휴가는 근로자의 배우자가 출산한 날부터 90일이 지나면 청구할 수 없다.

4) 배우자 출산휴가는 1회에 한정하여 나누어 사용할 수 있다.

5) 사업주는 배우자 출산휴가를 이유로 근로자를 해고하거나 그 밖의 불리한 처우를 하여서는 아니 된다.

3. 난임치료휴가(법 18조의 3)

1) 사업주는 근로자가 인공수정 또는 체외수정 등 난임치료를 받기 위하여 휴가(이하 "난임치료휴가"라 한다)를 청구하는 경우에 연간 3일 이내의 휴가를 주어야 하며, 이 경우 최초 1일은 유급으로 한다. 다만, 근로자가 청구한 시기에 휴가를 주는 것이 정상적인 사업 운영에 중대한 지장을 초래하는 경우에는 근로자와 협의하여 그 시기를 변경할 수 있다.

2) 사업주는 난임치료휴가를 이유로 해고, 징계 등 불리한 처우를 하여서는 아니 된다.

3) 난임치료휴가의 신청방법 및 절차 등은 대통령령으로 정한다.

Ⅶ. 일 · 가정의 양립 지원

1. 육아휴직(법 19조)

1) 사업주는 임신 중인 여성 근로자가 모성을 보호하거나 근로자가 만 8세 이하 또는 초등학교 2학년 이하의 자녀(입양한 자녀를 포함한다. 이하 같다)를 양육하기 위하여 휴직을 신청하는 경우에 이를 허용하여야 한다. 다만, 대통령령으로 정하는 경우에는 그러하지 아니하다.

2) 육아휴직의 기간은 1년 이내로 한다.

3) 사업주는 육아휴직을 이유로 해고나 그 밖의 불리한 처우를 하여서는 아니 되며, 육아휴직 기간에는 그 근로자를 해고하지 못한다. 다만, 사업을 계속할 수 없는 경우에는 그러하지 아니하다.

4) 사업주는 육아휴직을 마친 후에는 휴직 전과 같은 업무 또는 같은 수준의 임금을 지급하는 직무에 복귀시켜야 한다. 또한 제2항의 육아휴직 기간은 근속기간에 포함한다.

5) 기간제근로자 또는 파견근로자의 육아휴직 기간은 「기간제 및 단시간근로자 보호 등에 관한 법률」 제4조에 따른 사용기간 또는 「파견근로자보호 등에 관한 법률」 제6조에 따른 근로자파견기간에서 제외한다.

6) 육아휴직의 신청방법 및 절차 등에 관하여 필요한 사항은 대통령령으로 정한다.

2. 육아휴직의 적용 제외(시행령 10조)

1) 법 제19조제1항 단서에서 "대통령령으로 정하는 경우"란 육아휴직을 시작하려는 날(이하 "휴직개시예정일"이라 한다)의 전날까지 해당 사업에서 계속 근로한 기간이 6개월 미만인 근로자가 신청한 경우를 말한다.

   ※ 육아휴직의 변경신청 : 근로자는 휴직종료예정일을 연기하려는 경우에는 한 번만 연기할 수 있다. 이 경우 당초의 휴직종료예정일 30일 전(제11조제2항제2호의 사유로 휴직종료예정일을 연기하려는 경우에는 당초의 예정일 7일 전)까지 사업주에게 신청하여야 한다.(시행령 12조)

3. 육아기 근로시간 단축(법 19조의 2)

1) 사업주는 근로자가 만 8세 이하 또는 초등학교 2학년 이하의 자녀를 양육하기 위하여 근로시간의 단축(이하 "육아기 근로시간 단축"이라 한다)을 신청하는 경우에 이를 허용하여야 한다. 다만, 대체인력 채용이 불가능한 경우, 정상적인 사업 운영에 중대한 지장을 초래하는 경우 등 대통령령으로 정하는 경우에는 그러하지 아니하다.

2) 제1항 단서에 따라 사업주가 육아기 근로시간 단축을 허용하지 아니하는 경우에는 해당 근로자에게 그 사유를 서면으로 통보하고 육아휴직을 사용하게 하거나 출근 및 퇴근 시간 조정 등 다른 조치를 통하여 지원할 수 있는지를 해당 근로자와 협의하여야 한다.

3) 사업주가 제1항에 따라 해당 근로자에게 육아기 근로시간 단축을 허용하는 경우 단축 후 근로시간은 주당 15시간 이상이어야 하고 35시간을 넘어서는 아니 된다.

4) 육아기 근로시간 단축의 기간은 1년 이내로 한다. 다만, 제19조제1항에 따라 육아휴직을 신청할 수 있는 근로자가 제19조제2항에 따른 육아휴직 기간 중 사용하지 아니한 기간이 있으면 그 기간을 가산한 기간 이내로 한다.

5) 사업주는 육아기 근로시간 단축을 이유로 해당 근로자에게 해고나 그 밖의 불리한 처우를 하여서는 아니 된다.

6) 사업주는 근로자의 육아기 근로시간 단축기간이 끝난 후에 그 근로자를 육아기 근로시간 단축 전과 같은 업무 또는 같은 수준의 임금을 지급하는 직무에 복귀시켜야 한다.

7) 육아기 근로시간 단축의 신청방법 및 절차 등에 관하여 필요한 사항은 대통령령으로 정한다.

4. 육아기 근로시간 단축 중 근로조건 등(법 19조의 3)

1) 사업주는 제19조의2에 따라 육아기 근로시간 단축을 하고 있는 근로자에 대하여 근로시간에 비례하여 적용하는 경우 외에는 육아기 근로시간 단축을 이유로 그 근로조건을 불리하게 하여서는 아니 된다.

2) 제19조의2에 따라 육아기 근로시간 단축을 한 근로자의 근로조건(육아기 근로시간 단축 후 근로시간을 포함한다)은 사업주와 그 근로자 간에 서면으로 정한다.

3) 사업주는 제19조의2에 따라 육아기 근로시간 단축을 하고 있는 근로자에게 단축된 근로시간 외에 연장근로를 요구할 수 없다. 다만, 그 근로자가 명시적으로 청구하는 경우에는 사업주는 주 12시간 이내에서 연장근로를 시킬 수 있다.

4) 육아기 근로시간 단축을 한 근로자에 대하여 「근로기준법」 제2조제6호에 따른 평균임금을 산정하는 경우에는 그 근로자의 육아기 근로시간 단축 기간을 평균임금 산정기간에서 제외한다.

5. 육아휴직과 육아기 근로시간 단축의 사용형태(법 19조의 4)

1) 근로자는 육아휴직을 2회에 한정하여 나누어 사용할 수 있다. 이 경우 임신 중인 여성 근로자가 모성보호를 위하여 육아휴직을 사용한 횟수는 육아휴직을 나누어 사용한 횟수에 포함하지 아니한다.

2) 근로자는 육아기 근로시간 단축을 나누어 사용할 수 있다. 이 경우 나누어 사용하는 1회의 기간은 3개월(근로계약기간의 만료로 3개월 이상 근로시간 단축을 사용할 수 없는 기간제근로자에 대해서는 남은 근로계약기간을 말한다) 이상이 되어야 한다.

6. 육아지원을 위한 그 밖의 조치(법 19조의 5)

1) 사업주는 만 8세 이하 또는 초등학교 2학년 이하의 자녀를 양육하는 근로자의 육아를 지원하기 위하여 다음 각 호의 어느 하나에 해당하는 조치를 하도록 노력하여야 한다.
   ① 업무를 시작하고 마치는 시간 조정
   ② 연장근로의 제한
   ③ 근로시간의 단축, 탄력적 운영 등 근로시간 조정
   ④ 그 밖에 소속 근로자의 육아를 지원하기 위하여 필요한 조치
2) 고용노동부장관은 사업주가 제1항에 따른 조치를 할 경우 고용 효과 등을 고려하여 필요한 지원을 할 수 있다.

7. 근로자의 가족 돌봄 등을 위한 지원(법 22조의 2)

1) 사업주는 근로자가 조부모, 부모, 배우자, 배우자의 부모, 자녀 또는 손자녀(이하 "가족"이라 한다)의 질병, 사고, 노령으로 인하여 그 가족을 돌보기 위한 휴직(이하 "가족돌봄휴직"이라 한다)을 신청하는 경우 이를 허용하여야 한다. 다만, 대체인력 채용이 불가능한 경우, 정상적인 사업 운영에 중대한 지장을 초래하는 경우, 본인 외에도 조부모의 직계비속 또는 손자녀의 직계존속이 있는 경우 등 대통령령으로 정하는 경우에는 그러하지 아니하다.
2) 사업주는 근로자가 가족(조부모 또는 손자녀의 경우 근로자 본인 외에도 직계비속 또는 직계존속이 있는 등 대통령령으로 정하는 경우는 제외한다)의 질병, 사고, 노령 또는 자녀의 양육으로 인하여 긴급하게 그 가족을 돌보기 위한 휴가(이하 "가족돌봄휴가"라 한다)를 신청하는 경우 이를 허용하여야 한다. 다만, 근로자가 청구한 시기에 가족돌봄휴가를 주는 것이 정상적인 사업 운영에 중대한 지장을 초래하는 경우에는 근로자와 협의하여 그 시기를 변경할 수 있다.
3) 제1항 단서에 따라 사업주가 가족돌봄휴직을 허용하지 아니하는 경우에는 해당 근로자에게 그 사유를 서면으로 통보하고, 다음 각 호의 어느 하나에 해당하는 조치를 하도록 노력하여야 한다.
   ① 업무를 시작하고 마치는 시간 조정
   ② 연장근로의 제한
   ③ 근로시간의 단축, 탄력적 운영 등 근로시간의 조정
   ④ 그 밖에 사업장 사정에 맞는 지원조치
4) 가족돌봄휴직 및 가족돌봄휴가의 사용기간과 분할횟수 등은 다음 각 호에 따른다.
   ① 가족돌봄휴직 기간은 연간 최장 90일로 하며, 이를 나누어 사용할 수 있을 것. 이 경우 나누어 사용하는 1회의 기간은 30일 이상이 되어야 한다.
   ② 가족돌봄휴가 기간은 연간 최장 10일[제3호에 따라 가족돌봄휴가 기간이 연장되는 경우 20일(「한부모가족지원법」 제4조제1호의 모 또는 부에 해당하는 근로자의 경우 25일) 이내]로 하며, 일단위로 사용할 수 있을 것. 다만, 가족돌봄휴가 기간은 가족돌봄휴직 기간에 포함된다.

5) 사업주는 가족돌봄휴직 또는 가족돌봄휴가를 이유로 해당 근로자를 해고하거나 근로조건을 악화시키는 등 불리한 처우를 하여서는 아니 된다.

6) 가족돌봄휴직 및 가족돌봄휴가 기간은 근속기간에 포함한다. 다만, 「근로기준법」 제2조제1항제6호에 따른 평균임금 산정기간에서는 제외한다.

7) 사업주는 소속 근로자가 건전하게 직장과 가정을 유지하는 데에 도움이 될 수 있도록 필요한 심리상담 서비스를 제공하도록 노력하여야 한다.

8) 고용노동부장관은 사업주가 제1항 또는 제2항에 따른 조치를 하는 경우에는 고용 효과 등을 고려하여 필요한 지원을 할 수 있다.

9) 가족돌봄휴직 및 가족돌봄휴가의 신청방법 및 절차 등에 관하여 필요한 사항은 대통령령으로 정한다.

8. 가족돌봄휴직의 허용 예외(시행령 16조의 3)

1) 돌봄휴직개시예정일의 전날까지 해당 사업에서 계속 근로한 기간이 6개월 미만인 근로자가 신청한 경우

2) 부모, 배우자, 자녀 또는 배우자의 부모를 돌보기 위하여 가족돌봄휴직을 신청한 근로자 외에도 돌봄이 필요한 가족의 부모, 자녀, 배우자 등이 돌봄이 필요한 가족을 돌볼 수 있는 경우

3) 조부모 또는 손자녀를 돌보기 위하여 가족돌봄휴직을 신청한 근로자 외에도 조부모의 직계비속 또는 손자녀의 직계존속이 있는 경우. 다만, 조부모의 직계비속 또는 손자녀의 직계존속에게 질병, 노령, 장애 또는 미성년 등의 사유가 있어 신청한 근로자가 돌봐야 하는 경우는 제외한다.

4) 사업주가 직업안정기관에 구인신청을 하고 14일 이상 대체인력을 채용하기 위하여 노력하였으나 대체인력을 채용하지 못한 경우. 다만, 직업안정기관의 장의 직업소개에도 불구하고 정당한 이유 없이 2회 이상 채용을 거부한 경우는 제외한다.

5) 근로자의 가족돌봄휴직으로 인하여 정상적인 사업 운영에 중대한 지장이 초래되는 경우로서 사업주가 이를 증명하는 경우

VIII. 분쟁의 예방과 해결

1. 명예고용평등감독관(법 24조)

1) 고용노동부장관은 사업장의 남녀고용평등 이행을 촉진하기 위하여 그 사업장 소속 근로자 중 노사가 추천하는 사람을 명예고용평등감독관(이하 "명예감독관"이라 한다)으로 위촉할 수 있다.

2) 명예감독관은 다음 각 호의 업무를 수행한다.
   ① 해당 사업장의 차별 및 직장 내 성희롱 발생 시 피해 근로자에 대한 상담·조언
   ② 해당 사업장의 고용평등 이행상태 자율점검 및 지도 시 참여

③ 법령위반 사실이 있는 사항에 대하여 사업주에 대한 개선 건의 및 감독기관에 대한 신고

④ 남녀고용평등 제도에 대한 홍보 · 계몽

⑤ 그 밖에 남녀고용평등의 실현을 위하여 고용노동부장관이 정하는 업무

3) 사업주는 명예감독관으로서 정당한 임무 수행을 한 것을 이유로 해당 근로자에게 인사상 불이익 등의 불리한 조치를 하여서는 아니 된다.

4) 명예감독관의 위촉과 해촉 등에 필요한 사항은 고용노동부령으로 정한다.

2. 명예고용평등감독관의 위촉 · 운영 등(시행규칙 16조)

1) 법 제24조에 따라 명예고용평등감독관(이하 "명예감독관"이라 한다)으로 위촉할 수 있는 사람은 다음 각 호와 같다.

① 「근로자참여 및 협력증진에 관한 법률」에 따른 노사협의회(이하 "노사협의회"라 한다)의 위원 또는 고충처리위원

② 노동조합의 임원 또는 인사 · 노무 담당부서의 관리자

③ 그 밖에 해당 사업의 남녀고용평등을 실현하기 위하여 활동하기에 적합하다고 인정하는 사람

2) 명예감독관의 임기는 3년으로 하되, 연임할 수 있다.

3) 명예감독관은 법 제24조제2항에 따른 업무를 수행하는 경우에 노사의 협의를 통하여 해결할 필요가 있다고 판단되는 사안은 노사협의회의 토의에 부쳐 처리하게 할 수 있다.

4) 명예감독관은 업무 수행 중에 알게 된 비밀을 누설하여서는 아니 된다.

5) 명예감독관이 법 제24조제2항에 따른 업무를 수행하는 경우에는 비상근, 무보수로 함을 원칙으로 한다.

6) 고용노동부장관은 명예감독관이 다음 각 호의 어느 하나에 해당하는 경우 그 명예감독관을 해촉할 수 있다.

① 근로자인 명예감독관이 퇴직 등의 사유로 해당 사업의 근로자 지위를 상실한 경우

② 명예감독관이 업무 수행 중에 알게 된 비밀을 누설하거나 그 밖에 업무와 관련하여 부정한 행위를 한 경우

③ 사업의 폐지 등으로 명예감독관을 둘 필요가 없게 된 경우

④ 그 밖에 명예감독관으로 활동하기에 부적합한 사유가 있어 해당 사업의 노사 대표가 공동으로 해촉을 요청한 경우

7) 그 밖에 명예감독관의 위촉 · 해촉 및 운영 등에 필요한 사항은 고용노동부장관이 정한다.

3. 분쟁의 자율적 해결(법 25조)

사업주는 근로자가 고충을 신고하였을 때에는 「근로자참여 및 협력증진에 관한 법률」에 따라 해당 사업장에 설치된 노사협의회에 고충의 처리를 위임하는 등 자율적인 해결을 위하여 노력하여야 한다.

4. 입증책임(법 30조)

이 법과 관련한 분쟁해결에서 입증책임은 사업주가 부담한다.

5. 관계 서류의 보존(법 33조)

사업주는 이 법의 규정에 따른 사항에 관하여 대통령령으로 정하는 서류를 3년간 보존하여야 한다. 이 경우 대통령령으로 정하는 서류는 전자문서로 작성·보존할 수 있다.

① 모집과 채용, 임금, 임금 외의 금품 등, 교육·배치 및 승진, 정년·퇴직 및 해고에 관한 서류

② 직장 내 성희롱 예방 교육을 하였음을 확인할 수 있는 서류

③ 직장 내 성희롱 행위자에 대한 징계 등 조치에 관한 서류

④ 배우자 출산휴가의 청구 및 허용에 관한 서류

⑤ 육아휴직의 신청 및 허용에 관한 서류

⑥ 육아기 근로시간 단축의 신청 및 허용에 관한 서류, 허용하지 아니한 경우 그 사유의 통보 및 협의 서류, 육아기 근로시간 단축 중의 근로조건에 관한 서류

CHAPTER
02 출제예상문제(2)

01 남녀고용평등과 일 · 가정 양립 지원에 관한 법률상 육아휴직제도에 관한 설명으로 틀린 것은?

① 육아휴직의 기간은 1년 이내로 한다.
② 사업주는 근로자가 만 8세 이하 또는 초등학교 2학년 이하의 자녀(입양한 자녀를 포함한다)를 양육하기 위하여 휴직을 신청하는 경우에 이를 허용하여야 한다.
③ 사업주는 육아휴직을 이유로 해고나 그 밖의 불리한 처우를 하여서는 아니 되며, 육아휴직 기간에는 그 근로자를 해고하지 못한다.
④ 사업주는 육아휴직을 마친 후에는 휴직 전과 같은 업무 또는 같은 수준의 임금을 지급하는 직무에 복귀시켜야 하나 육아휴직 기간은 근속기간에 포함하지 않는다.

해설 ① 사업주는 근로자가 만 8세 이하 또는 초등학교 2학년 이하의 자녀(입양한 자녀를 포함한다)를 양육하기 위하여 휴직을 신청하는 경우에 이를 허용하여야 한다. 다만, 대통령령으로 정하는 경우에는 그러하지 아니하다.
② 육아휴직의 기간은 1년 이내로 한다.
③ 사업주는 육아휴직을 이유로 해고나 그 밖의 불리한 처우를 하여서는 아니 되며, 육아휴직 기간에는 그 근로자를 해고하지 못한다. 다만, 사업을 계속할 수 없는 경우에는 그러하지 아니하다.
④ 사업주는 육아휴직을 마친 후에는 휴직 전과 같은 업무 또는 같은 수준의 임금을 지급하는 직무에 복귀시켜야 한다. 또한 제2항의 육아휴직 기간은 근속기간에 포함한다.
⑤ 육아휴직의 신청방법 및 절차 등에 관하여 필요한 사항은 대통령령으로 정한다.

02 남녀고용평등과 일 · 가정 양립 지원에 관한 법률상 직장내 성희롱의 예방에 관한 설명으로 틀린 것은?

① 사업주는 직장 내 성희롱 예방을 위한 교육을 연 1회 이상 하여야 한다.
② 사업주 및 근로자 모두가 여성으로 구성된 사업의 사업주는 직장 내 성희롱 예방교육을 생략 할 수 있다.
③ 사업주는 성희롱 예방 교육을 고용노동부장관이 지정하는 기관에 위탁하여 실시할 수 있다.
④ 사업주는 근로자가 고객에 의한 성희롱의 피해를 주장하는 것을 이유로 해고나 그 밖의 불이익한 조치를 하여서는 아니 된다.

해설 **직장 내 성희롱 예방 교육**
① 사업주는 법 제13조에 따라 직장 내 성희롱 예방을 위한 교육을 연 1회 이상 하여야 한다.
② 제1항에 따른 예방 교육에는 다음 각 호의 내용이 포함되어야 한다.
㉠ 직장 내 성희롱에 관한 법령
㉡ 해당 사업장의 직장 내 성희롱 발생 시의 처리 절차와 조치 기준
㉢ 해당 사업장의 직장 내 성희롱 피해 근로자의 고충상담 및 구제 절차
㉣ 그 밖에 직장 내 성희롱 예방에 필요한 사항
③ 제1항에 따른 예방 교육은 사업의 규모나 특성 등을 고려하여 직원 연수 · 조회 · 회의, 인터넷 등 정보통신망을 이용한 사이버 교육 등을 통하여 실시할 수 있다. 다만, 단순히 교육자료 등을 배포 · 게시하거나 전자우편을 보내거나 게시판에 공지하는 데 그치는 등 근로자에게 교육 내용이 제대로 전달되었는지 확인하기 곤란한 경우에는 예방 교육을 한 것으로 보지 아니한다.
④ 제2항 및 제3항에도 불구하고 다음 각 호의 어느 하나에 해당하는 사업의 사업주는 제2항제1호부터 제4호까지의 내용을 근로자가 알 수 있도록 홍보물을 게시하거나 배포하는 방법으로 직장 내 성희롱 예방 교육을 할 수 있다.
㉠ 상시 10명 미만의 근로자를 고용하는 사업
㉡ 사업주 및 근로자 모두가 남성 또는 여성 중 어느 한 성(性)으로 구성된 사업
⑤ 사업주가 소속 근로자에게 「근로자직업능력 개발법」 제24조에 따라 인정받은 훈련과정 중 제2항 각 호의 내용이 포함되어 있는 훈련과정을 수료하게 한 경우에는 그 훈련과정을 마친 근로자에게는 제1항에 따른 예방 교육을 한 것으로 본다.

정답 01 ④ 02 ②

03 남녀고용평등과 일·가정 양립 지원에 관한 법률상 명예고용평등감독관(명예감독관)에 관한 설명으로 틀린 것은?

① 명예감독관의 임기는 3년으로 하되, 연임할 수 있다.
② 고용노동부장관은 명예감독관의 위촉 및 해촉(解囑) 권한을 지방고용노동관서의 장에게 위임한다.
③ 남녀고용평등 제도에 대한 홍보, 계몽 업무를 수행하는 경우에는 상근 업무로 함을 원칙으로 한다.
④ 고용노동부장관은 명예감독관으로 활동하기에 부적합한 사유가 있어 해당 사업의 노사 대표가 공동으로 해촉을 요청한 경우에 그 명예 감독관을 해촉할 수 있다.

> **해설** 고용노동부장관은 사업장의 남녀고용평등 이행을 촉진하기 위하여 그 사업장 소속 근로자 중 노사가 추천하는 사람을 명예고용평등감독관으로 위촉할 수 있다. 명예감독관이 업무를 수행하는 경우에는 비상근, 무보수로 함을 원칙으로 한다.

04 남녀고용평등과 일·가정 양립 지원에 관한 법률상 차별에 해당하지 않는 것은?

① 성별을 사유로 합리적인 이유 없이 근로조건을 달리 하는 것
② 가족 안에서의 지위를 사유로 합리적인 이유 없이 근로조건을 달리 하는 것
③ 여성 근로자의 임신 출산 수유 등 모성보호를 위한 조치를 하는 경우
④ 사업주가 채용조건이나 근로조건은 동일하게 적용 하더라도 그 조건을 충족할 수 있는 남성 또는 여성이 다른 한 성에 비하여 현저히 적고 그에 따라 특정성에게 불리한 결과를 초래하며 그 조건이 정당한 것임을 증명할 수 없는 경우

> **해설** "차별"이란 사업주가 근로자에게 성별, 혼인, 가족 안에서의 지위, 임신 또는 출산 등의 사유로 합리적인 이유 없이 채용 또는 근로의 조건을 다르게 하거나 그 밖의 불리한 조치를 하는 경우[사업주가 채용조건이나 근로조건은 동일하게 적용하더라도 그 조건을 충족할 수 있는 남성 또는 여성이 다른 한 성(性)에 비하여 현저히 적고 그에 따라 특정 성에게 불리한 결과를 초래하며 그 조건이 정당한 것임을 증명할 수 없는 경우를 포함한다]를 말한다. 다만, 다음 각 목의 어느 하나에 해당하는 경우는 제외한다.
> ① 직무의 성격에 비추어 특정 성이 불가피하게 요구되는 경우
> ② 여성 근로자의 임신·출산·수유 등 모성보호를 위한 조치를 하는 경우
> ③ 그 밖에 이 법 또는 다른 법률에 따라 적극적 고용개선조치를 하는 경우

05 남녀고용평등과 일·가정 양립 지원에 관한 법령상 전자문서로 작성·보존할 수 있는 서류가 아닌 것은?

① 직장 내 성희롱 예방 교육을 하였음을 확인할 수 있는 서류
② 성희롱 행위자에 대한 징계 등 조치에 관한 서류
③ 육아휴직의 신청 및 허용에 관한 서류
④ 적극적 고용개선조치 시행계획 및 그 이행실적에 관한 서류

> **해설** 전자문서로 작성·보존할 수 있는 서류는 다음과 같다.
> 1. 모집과 채용, 임금, 임금 외의 금품 등, 교육·배치 및 승진, 정년·퇴직 및 해고에 관한 서류
> 2. 직장 내 성희롱 예방 교육을 하였음을 확인할 수 있는 서류
> 3. 직장 내 성희롱 행위자에 대한 징계 등 조치에 관한 서류
> 4. 배우자 출산휴가의 청구 및 허용에 관한 서류
> 5. 육아휴직의 신청 및 허용에 관한 서류
> 6. 육아기 근로시간 단축의 신청 및 허용에 관한 서류, 허용하지 아니한 경우 그 사유의 통보 및 협의 서류, 육아기 근로시간 단축 중의 근로조건에 관한 서류

06 남녀고용평등과 일·가정 양립 지원에 관한 법률상 직장 내 성희롱에 관한 설명으로 틀린 것은?

① 사업주는 직장 내 성희롱 예방을 위한 교육은 연 1회 이상 하여야 한다.
② 직장 내 성희롱 예방 교육은 사업의 규모나 특성 등을 고려하여 직원연수, 조회, 회의, 인터넷 등 정보통신망을 이용한 사이버 교육 등을 통하여 실시할 수 있다.
③ 상시 10명 미만의 근로자를 고용하는 사업의 사업주는 홍보물을 게시하거나 배포하는 방법으로 직장 내 성희롱 예방교육을 할 수 있다.
④ 사업주는 고객 등 업무와 밀접한 관련이 있는 사람이 업무수행 과정에서 성적인 언동 등을 통하여 근로자에게 성적 굴욕감 또는 혐오감 등을 느끼게 하여 해당 근로자가 그로 인한 고충 해소를 요청할 경우 근무 장소 변경, 배치전환, 유급휴가의 명령 등 적절한 조치를 하도록 노력하여야 한다.

> **해설** 사업주는 고객 등 업무와 밀접한 관련이 있는 사람이 업무수행 과정에서 성적인 언동 등을 통하여 근로자에게 성적 굴욕감 또는 혐오감 등을 느끼게 하여 해당 근로자가 그로 인한 고충 해소를 요청할 경우 근무 장소 변경, 배치전환, 유급휴가의 명령 등 적절한 조치를 하여야 한다.

07 남녀고용평등과 일·가정 양립 지원에 관한 법률상 육아휴직에 관한 설명으로 옳은 것은?

① 육아휴직의 기간은 2년 이내로 한다.
② 사업주는 사업을 계속할 수 없는 경우에도 육아휴직 기간에는 그 근로자를 해고하지 못한다.
③ 육아휴직 기간은 근속기간에 포함하지 않는다.
④ 사업주는 휴직개시예정일의 전날까지 해당 사업에서 계속 근로한 기간이 6개월 미만인 근로자에 대해서는 육아 휴직을 허용하지 아니할 수 있다.

08 다음 ( ) 안에 들어갈 가장 알맞은 것은?

> 사업주는 근로자가 배우자의 출산을 이유로 휴가를 청구하는 경우에 (A)일의 휴가를 주어야 한다. 이 경우 사용한 휴가기간은 유급으로 한다. 배우자 출산휴가는 근로자의 배우자가 출산한 날부터 (B)일이 지나면 청구할 수 없다.

① A-3, B-30
② A-5, B-30
③ A-5, B-90
④ A-10, B 90

해설 ① 사업주는 근로자가 배우자의 출산을 이유로 휴가를 청구하는 경우에 10일의 휴가를 주어야 한다. 이 경우 사용한 휴가기간은 유급으로 한다.
② 배우자 출산휴가는 근로자의 배우자가 출산한 날부터 90일이 지나면 청구할 수 없다.

09 남녀고용평등과 일·가정 양립 지원에 관한 법률에 관한 설명으로 틀린 것은?

① 사업주는 원칙적으로 육아기 근로시간 단축을 하고 있는 근로자에게 단축된 근로시간 외에 연장근로를 요구할 수 없다.
② 가족돌봄휴직 기간은 근로기준법상 평균임금 산정기간에서는 제외되고 근속기간에는 포함된다.
③ 사업주가 근로자에게 육아기 근로시간 단축을 허용하는 경우 단축 후 근로시간은 주당 15시간 이상이어야 하고 35시간을 넘어서는 아니 된다.
④ 사업주는 근로자가 배우자의 출산을 이유로 휴가를 청구하는 경우에 5일의 유급휴가를 주어야 한다.

해설 배우자 출산휴가
① 사업주는 근로자가 배우자의 출산을 이유로 휴가를 청구하는 경우에 10일의 휴가를 주어야 한다. 이 경우 사용한 휴가기간은 유급으로 한다.
② 배우자 출산휴가는 근로자의 배우자가 출산한 날부터 90일이 지나면 청구할 수 없다.

10 남녀고용평등과 일·가정 양립 지원에 관한 법률상 차별에 해당하는 것은?

① 직무의 성격에 비추어 특정 성(性)이 불가피하게 요구되는 경우
② 여성 근로자의 임신·출산·수유 등 모성보호를 위한 조치를 하는 경우
③ 동일한 업무를 담당하는 남녀 간의 정년연령을 달리 정하는 경우
④ 이 법 또는 다른 법률에 따라 적극적 고용개선조치를 하는 경우

해설 "차별"이란 사업주가 근로자에게 성별, 혼인, 가족 안에서의 지위, 임신 또는 출산 등의 사유로 합리적인 이유 없이 채용 또는 근로의 조건을 다르게 하거나 그 밖의 불리한 조치를 하는 경우[사업주가 채용조건이나 근로조건은 동일하게 적용하더라도 그 조건을 충족할 수 있는 남성 또는 여성이 다른 한 성(性)에 비하여 현저히 적고 그에 따라 특정 성에게 불리한 결과를 초래하며 그 조건이 정당한 것임을 증명할 수 없는 경우를 포함한다]를 말한다.

11 남녀고용평등과 일·가정 양립 지원에 관한 법률상 직장 내 성희롱에 대한 설명으로 틀린 것은?

① 직장 내 성희롱이란 사업주·상급자 또는 근로자가 직장 내의 지위를 이용하거나 업무와 관련하여 다른 근로자에게 성적 언동 등으로 성적 굴욕감 또는 혐오감을 느끼게 하거나 성적 언동 또는 그 밖의 요구 등에 따르지 아니하였다는 이유로 고용에서 불이익을 주는 것을 말한다.
② 사업주는 직장 내 성희롱 발생이 확인된 경우 지체 없이 행위자에 대하여 징계나 그 밖에 이에 준하는 조치를 하여야 한다.
③ 사업주는 직장 내 성희롱과 관련하여 피해를 입은 근로자 또는 성희롱 피해 발생을 주장하는 근로자에게 해고나 그 밖의 불리한 조치를 하여서는 아니 된다.
④ 사업주는 동법에 따라 직장 내 성희롱 예방을 위한 교육을 연 2회 이상 하여야 한다.

해설 성희롱 예방 교육의 내용·방법 및 횟수 등에 관하여 필요한 사항은 대통령령(년 1회 이상)으로 정한다.

12 남녀고용평등과 일 · 가정 양립 지원에 관한 법률이 규정하고 있는 내용이 아닌 것은?

① 육아휴직급여 ② 출산전후휴가에 대한 지원
③ 배우자 출산휴가 ④ 직장보육시설 설치

> **해설** 육아휴직에 대해 규정하고 있으며 육아휴직급여는 고용보험법에서 규정하고 있다.

13 남녀고용평등과 일 · 가정 양립 지원에 관한 법률상 명예고용평등감독관에 관한 설명으로 틀린 것은?

① 노동부장관은 사업장의 남녀고용평등 이행을 촉진하기 위하여 외부 전문가 중 노사가 추천하는 사람을 명예고용평등감독관으로 위촉할 수 있다.
② 명예고용평등감독관의 업무에는 해당 사업장의 차별 및 직장 내 성희롱 발생 시 피해근로자에 대한 상담, 조언이 포함된다.
③ 명예고용평등감독관은 해당 사업장의 고용평등 이행 상태 자율점검 및 지도 시 참여한다.
④ 명예고용평등감독관은 남녀고용평등 제도에 대한 홍보 · 계몽 활동을 한다.

> **해설** 고용노동부장관은 사업장의 남녀고용평등 이행을 촉진하기 위하여 그 사업장 소속 근로자 중 노사가 추천하는 사람을 명예고용평등감독관으로 위촉할 수 있다.

14 남녀고용평등과 일 · 가정 양립 지원에 관한 법률상 육아 휴직에 관한 설명으로 틀린 것은?

① 육아휴직기간은 1년 이내로 한다.
② 육아휴직기간은 근속기간에 포함되지 않는다.
③ 생후 1년 미만 된 영유아가 있는 근로자는 그 영유아의 양육을 위하여 육아휴직을 신청할 수 있다.
④ 사업주는 육아휴직을 마친 후에는 휴직 전과 같은 업무 또는 같은 수준의 임금을 지급하는 직무에 복귀시켜야 한다.

> **해설** ① 육아휴직의 기간은 1년 이내로 한다.
> ② 육아휴직을 시작하려는 날(이하 "휴직개시예정일"이라 한다)의 전 날까지 해당 사업에서 계속 근로한 기간이 6개월 미만인 근로자, 같은 영유아에 대하여 배우자가 육아휴직(다른 법령에 따른 육아휴직을 포함한다)을 하고 있는 근로자에 대하여 사업주는 육아휴직을 허용하지 아니할 수 있다.

③ 사업주는 육아휴직을 마친 후에는 휴직 전과 같은 업무 또는 같은 수준의 임금을 지급하는 직무에 복귀시켜야 한다. 또한 육아휴직 기간은 근속기간에 포함한다.

15 남녀고용평등과 일 · 가정 양립 지원에 관한 법률상 임금에 관한 설명으로 옳은 것은?

① 사업주는 다른 사업 내의 동일가치의 노동에 대하여는 동일한 임금을 지급하여야 한다.
② 임금차별을 목적으로 사업주에 의하여 설립된 별개의 사업은 별개의 사업으로 본다.
③ 동일 가치 노동의 기준은 직무 수행에서 요구되는 성, 기술, 노력 등으로 한다.
④ 사업주가 동일가치노동의 기준을 정할 때에는 노사협의회의 근로자를 대표하는 위원의 의견을 들어야 한다.

> **해설** ① 사업주는 동일한 사업 내의 동일 가치 노동에 대하여는 동일한 임금을 지급하여야 한다.
> ② 동일 가치 노동의 기준은 직무 수행에서 요구되는 기술, 노력, 책임 및 작업 조건 등으로 하고, 사업주가 그 기준을 정할 때에는 제25조에 따른 노사협의회의 근로자를 대표하는 위원의 의견을 들어야 한다.
> ③ 사업주가 임금차별을 목적으로 설립한 별개의 사업은 동일한 사업으로 본다.

16 남녀고용평등과 일 · 가정 양립 지원에 관한 법률상 차별에 해당하지 않는 것은?

① 사업주가 근로자에게 성별, 혼인, 가족 안에서의 지위, 임신 또는 출산 등의 사유로 합리적인 이유 없이 채용 또는 근로의 조건을 다르게 하거나 그 밖의 불리한 조치를 하는 경우
② 사업주가 채용조건이나 근로조건은 동일하게 적용하더라도 그 조건을 충족할 수 있는 남성 또는 여성이 다른 한 성에 비하여 현저히 적고 그에 따라 특정 성에게 불리한 결과를 초래하며 그 조건이 정당한 것임을 증명할 수 없는 경우
③ 사업주는 여성 근로자를 모집 · 채용할 때 그 직무의 수행에 필요하지 아니한 용모 · 키 · 체중 등의 신체적조건, 미혼 조건, 그 밖에 고용노동부령으로 정하는 조건을 제시하거나 요구하는 경우
④ 현존하는 남녀 간의 고용차별을 없애거나 고용평등을 촉진하기 위하여 잠정적인 특정 성을 우대하는 조치를 취하는 경우

정답 12 ① 13 ① 14 ② 15 ④ 16 ④

PART 05 노동관계법규

해설 다음의 경우는 차별에 해당하지 않는다.
① 직무의 성격에 비추어 특정 성이 불가피하게 요구되는 경우
② 여성 근로자의 임신·출산·수유 등 모성보호를 위한 조치를 하는 경우
③ 그 밖에 이 법 또는 다른 법률에 따라 적극적 고용개선조치를 하는 경우

17 남녀고용평등과 일·가정 양립 지원에 관한 법률상 직장 내 성희롱의 예방에 관한 설명으로 틀린 것은?

① 사업주는 직장 내 성희롱 예방을 위한 교육을 연 1회 이상 실시하여야 한다.
② 사업주 및 근로자 모두가 여성으로 구성된 사업의 사업주는 성희롱 예방교육을 생략할 수 있다.
③ 사업주는 성희롱 예방 교육을 고용노동부장관이 지정하는 기관에 위탁하여 실시할 수 있다.
④ 사업주는 근로자가 고객에 의한 성희롱의 피해를 주장하는 것을 이유로 해고나 그 밖의 불이익한 조치를 하여서는 아니 된다.

해설 홍보물을 게시하거나 배포하는 방법으로 직장 내 성희롱 예방 교육을 할 수 있는 경우
① 상시 10명 미만의 근로자를 고용하는 사업
② 사업주 및 근로자 모두가 남성 또는 여성 중 어느 한 성(性)으로 구성된 사업

18 남녀고용평등과 일·가정양립지원에 관한 법률상 육아휴직에 관한 설명으로 틀린 것은?

① 근로자가 육아휴직종료 예정일을 연기하려는 경우에는 한번만 연기할 수 있다.
② 사업주는 육아휴직을 마친 후에는 휴직 전과 같은 업무 또는 같은 수준의 임금을 지급하는 직무에 복귀시켜야 한다.
③ 계속 근로한 기간이 6개월 미만인 근로자에 대해 육아휴직을 허용해야 한다.
④ 사업주는 육아휴직을 이유로 해고나 그 밖의 불리한 처우를 하여서는 아니 되며, 육아휴직 기간에는 그 근로자를 해고하지 못한다.

해설 **사업주가 육아휴직을 허용하지 아니할 수 있는 경우**
① 계속 근로한 기간이 6개월 미만인 근로자가 신청한 경우

19 남녀고용평등과 일·가정 양립 지원에 관한 법률상 적극적 고용개선위원회에서 심의하는 사항이 아닌 것은?

① 여성 근로자 고충처리에 관한 사항
② 여성 근로자 고용기준에 관한 사항
③ 적극적 고용개선조치 시행계획의 심사에 관한 사항
④ 적극적 고용개선조치 이행실적의 평가에 관한 사항

해설 **적극적 고용개선조치에 관한 중요 사항 심의**
① 여성 근로자 고용기준에 관한 사항
② 적극적 고용개선조치 시행계획의 심사에 관한 사항
③ 적극적 고용개선조치 이행실적의 평가에 관한 사항
④ 적극적 고용개선조치 우수기업의 표창 및 지원에 관한 사항
⑤ 그 밖에 적극적 고용개선조치에 관하여 고용정책심의회의 위원장이 회의에 부치는 사항

20 남녀고용평등과 일·가정 양립 지원에 관한 법률상 육아휴직에 관한 설명으로 틀린 것은?

① 부부가 동시에 육아휴직을 실시할 수 없다.
② 6개월 미만 근속자는 육아휴직을 실시할 수 없다.
③ 원칙적으로 육아휴직 기간 동안은 해고를 할 수 없다.
④ 육아휴직 기간은 근속기간에 포함된다.

해설 부부가 동시에 육아휴직을 실시할 수 있다.

21 남녀고용평등과 일·가정 양립지원에 관한 법률상 모집과 채용에서의 차별과 관련된 설명으로 틀린 것은?

① 업무특성상 특별한 체력이 요구되는 위험한 업무에 여성의 참여를 배제하는 것은 평등권을 침해하는 것이다.
② 모집에 있어서 어떤 명칭이나 방법에 관계없이 남녀 간의 차별 없이 불 특정인에게 임금, 근로시간 등 근로조건을 제시하고 근로를 권유하여야 한다.
③ 사업주는 근로자를 모집, 채용함에 있어 직무의 수행과 관계없는 용모, 키, 체중 등의 신체적 조건을 요구하여서는 안 된다.
④ 사업주는 근로자를 모집, 채용함에 있어 직무의 수행과 관계없는 미혼조건을 요구하여서는 안 된다.

22 남녀고용평등과 일·가정 양립지원에 관한 법률상 육아휴직에 관한 설명 중 틀린 것은?

① 육아휴직을 개시하고자 하는 날 이전에 당해 사업에서의 계속근로기간이 6개월 미만인 근로자는 육아휴직이 허용되지 않는다.
② 육아휴직기간은 근속기간에 포함된다.
③ 육아휴직기간은 6개월 이내로 하되, 당해 영유아가 생후 3년이 되는 날을 경과할 수 없다.
④ 사업주는 사업을 계속할 수 없는 경우에는 육아휴직인 근로자를 해고할 수 있다.

해설 ① 사업주는 근로자가 만 8세 이하 또는 초등학교 2학년 이하의 자녀(입양한 자녀를 포함한다)를 양육하기 위하여 휴직을 신청하는 경우에 이를 허용하여야 한다. 다만, 대통령령으로 정하는 경우에는 그러하지 아니하다.
② 육아휴직의 기간은 1년 이내로 한다.
③ 사업주는 육아휴직을 이유로 해고나 그 밖의 불리한 처우를 하여서는 아니 되며, 육아휴직 기간에는 그 근로자를 해고하지 못한다. 다만, 사업을 계속할 수 없는 경우에는 그러하지 아니하다.
④ 사업주는 육아휴직을 마친 후에는 휴직 전과 같은 업무 또는 같은 수준의 임금을 지급하는 직무에 복귀시켜야 한다. 또한 제2항의 육아휴직 기간은 근속기간에 포함한다.
⑤ 육아휴직의 신청방법 및 절차 등에 관하여 필요한 사항은 대통령령으로 정한다.

23 남녀고용평등과 일·가정 양립지원에 관한 법률에 대한 설명으로 틀린 것은?

① 사업주는 근로자의 모집 및 채용에 있어서 남녀를 차별해서는 안 된다.
② 사업주는 동일한 사업내의 동일가치의 노동에 대해서는 동일한 임금을 지급해야 한다.
③ 근로여성의 임신. 출산. 수유 등 모성보호를 위한 조치를 취하는 것은 차별에 해당한다.
④ 임금차별을 목적으로 사업주에 의하여 설립된 별개의 사업은 동일한 사업으로 본다.

해설 "차별"이란 사업주가 근로자에게 성별, 혼인, 가족 안에서의 지위, 임신 또는 출산 등의 사유로 합리적인 이유 없이 채용 또는 근로의 조건을 다르게 하거나 그 밖의 불리한 조치를 하는 경우[사업주가 채용조건이나 근로조건은 동일하게 적용하더라도 그 조건을 충족할 수 있는 남성 또는 여성이 다른 한 성(性)에 비하여 현저히 적고 그에 따라 특정 성에게 불리한 결과를 초래하며 그 조건이 정당한 것임을 증명할 수 없는 경우를 포함한다]를 말한다. 다만, 다음 각 목의 어느 하나에 해당하는 경우는 제외한다.
① 직무의 성격에 비추어 특정 성이 불가피하게 요구되는 경우
② 여성 근로자의 임신·출산·수유 등 모성보호를 위한 조치를 하는 경우
③ 그 밖에 이 법 또는 다른 법률에 따라 적극적 고용개선조치를 하는 경우

24 다음 중 남녀고용평등과 일·가정 양립지원에 관한 법률상 고용노동부장관이 수립해야 할 남녀고용평등 기본계획에 포함되지 않는 것은?

① 여성취업의 촉진에 관한 사항
② 동일가치노동에 대한 동일임금 지급 정착에 관한 사항
③ 근로여성의 모성보호에 관한 사항
④ 남녀고용평등 의식 확산을 위한 홍보 사항

해설 ① 여성취업의 촉진에 관한 사항
② 남녀의 평등한 기회보장 및 대우에 관한 사항
③ 동일 가치 노동에 대한 동일 임금 지급의 정착에 관한 사항
④ 여성의 직업능력 개발에 관한 사항
⑤ 여성 근로자의 모성 보호에 관한 사항
⑥ 일·가정의 양립 지원에 관한 사항
⑦ 여성 근로자를 위한 복지시설의 설치 및 운영에 관한 사항
⑧ 그 밖에 남녀고용평등의 실현과 일·가정의 양립 지원을 위하여 고용노동부장관이 필요하다고 인정하는 사항

25 남녀고용평등과 일·가정 양립지원에 관한 법률에 부합되는 규정은?

① 동일 노동을 하는 남성보다 여성에게 낮은 임금기준을 적용하도록 되어 있는 급여규정
② 여성이 결혼하면 당연히 퇴직하게 되어있는 사규
③ 육아휴직기간을 근속기간에 포함시키는 규정
④ 동일직종에서 남녀 간에 정년이 달리 규정된 인사규정

해설 사업주는 육아휴직을 마친 후에는 휴직 전과 같은 업무 또는 같은 수준의 임금을 지급하는 직무에 복귀시켜야 한다. 또한 육아휴직 기간은 근속기간에 포함한다.

PART 05 노동관계법규

Ⅰ. 총칙

1. 목적(법 1조)

이 법은 합리적인 이유 없이 연령을 이유로 하는 고용차별을 금지하고, 고령자(高齡者)가 그 능력에 맞는 직업을 가질 수 있도록 지원하고 촉진함으로써, 고령자의 고용안정과 국민경제의 발전에 이바지하는 것을 목적으로 한다.

2. 용어의 정의

1) "고령자"란 인구와 취업자의 구성 등을 고려하여 대통령령으로 정하는 연령 이상인 사람을 말한다.(55세 이상인 사람)
2) "준고령자"란 대통령령으로 정하는 연령 이상인 사람으로서 고령자가 아닌 사람을 말한다.(50세 이상 55세 미만)
3) "사업주"란 근로자를 사용하여 사업을 하는 자를 말한다.
4) "근로자"란 「근로기준법」 제2조제1항제1호에 따른 근로자를 말한다.
5) "기준고용률"이란 사업장에서 상시 사용하는 근로자를 기준으로 하여 사업주가 고령자의 고용촉진을 위하여 고용하여야 할 고령자의 비율로서 고령자의 현황과 고용 실태 등을 고려하여 사업의 종류별로 대통령령으로 정하는 비율을 말한다.
   5-1) 기준고용률(시행령 3조)
   ① 제조업 : 그 사업장의 상시근로자수의 100분의 2
   ② 운수업, 부동산 및 임대업 : 그 사업장의 상시근로자수의 100분의 6
   ③ ①, ②이외의 산업 : 그 사업장의 상시근로자수의 100분의 3

3. 정부의 책무(법 3조)

정부는 고용에서 연령을 이유로 차별하는 관행을 없애기 위하여 연령차별금지정책을 수립·시행하며, 고령자의 고용에 관하여 사업주와 국민 일반의 이해를 높이고, 고령자의 고용촉진과 직업안정을 꾀하기 위하여 고령자 고용촉진 대책의 수립·시행, 직업능력개발훈련 등 필요한 시책을 종합적이고 효과적으로 추진하여야 한다.

4. 사업주의 책무(법 4조)

사업주는 연령을 이유로 하는 고용차별을 없애고, 고령자의 직업능력계발·향상과 작업시설·업무 등의 개선을 통하여 고령자에게 그 능력에 맞는 고용 기회를 제공함과 아울러 정년연장 등의 방법으로 고령자의 고용이 확대되도록 노력하여야 한다.

5. 고령자 고용촉진 기본계획의 수립(법 4조의 3)

1) 고용노동부장관은 고령자의 고용촉진에 관한 기본계획(이하 "기본계획"이라 한다)을 관계 중앙기관의 장과 협의하여 5년마다 수립하여야 한다.

2) 기본계획에는 다음 각 호의 사항이 포함되어야 한다.
   ① 직전 기본계획에 대한 평가
   ② 고령자의 현황과 전망
   ③ 고령자의 직업능력개발
   ④ 고령자의 취업알선, 재취업 및 전직지원 등 취업가능성의 개선방안
   ⑤ 그 밖에 고령자의 고용촉진에 관한 주요시책

3) 고용노동부장관은 기본계획을 수립하는 때에는 고용정책심의회의 심의를 거쳐야 한다.

4) 고용노동부장관이 기본계획을 수립한 때에는 지체 없이 국회 소관 상임위원회에 보고하여야 한다.

5) 고용노동부장관은 필요하다고 인정하면 관계 행정기관 또는 공공기관의 장에게 기본계획의 수립에 필요한 자료의 제출을 요청할 수 있다.

II. 고용상 연령차별 금지

1. 고령자 고용촉진 기본계획의 수립(법 4조의 4)

1) 사업주는 다음 각 호의 분야에서 합리적인 이유 없이 연령을 이유로 근로자 또는 근로자가 되려는 사람을 차별하여서는 아니 된다.
   ① 모집 · 채용
   ② 임금, 임금 외의 금품 지급 및 복리후생
   ③ 교육 · 훈련
   ④ 배치 · 전보 · 승진
   ⑤ 퇴직 · 해고

2) 제1항을 적용할 때 합리적인 이유 없이 연령 외의 기준을 적용하여 특정 연령집단에 특히 불리한 결과를 초래하는 경우에는 연령차별로 본다.

2. 차별금지의 예외(법 4조의 5)

다음 각 호의 어느 하나에 해당하는 경우에는 제4조의4에 따른 연령차별로 보지 아니한다.
① 직무의 성격에 비추어 특정 연령기준이 불가피하게 요구되는 경우
② 근속기간의 차이를 고려하여 임금이나 임금 외의 금품과 복리후생에서 합리적인 차등을 두는 경우
③ 이 법이나 다른 법률에 따라 근로계약, 취업규칙, 단체협약 등에서 정년을 설정하는 경우
④ 이 법이나 다른 법률에 따라 특정 연령집단의 고용유지 · 촉진을 위한 지원조치를 하는 경우

Ⅲ. 정부의 고령자 취업지원

1. 구인 · 구직 정보수집(법 5조)

고용노동부장관 및 특별시장 · 광역시장 · 도지사 · 특별자치도지사(이하 "고용노동부장관등"이라 한다)는 고령자의 고용을 촉진하기 위하여 고령자와 관련된 구인(求人) · 구직(求職) 정보를 수집하고 구인 · 구직의 개척에 노력하여야 하며 관련 정보를 구직자 · 사업주 및 관련 단체 등에 제공하여야 한다.

2. 고령자에 대한 직업능력 개발훈련(법 6조)

1) 고용노동부장관등은 고령자의 고용을 촉진하고 직업능력의 개발 · 향상을 위하여 고령자를 대상으로 대통령령으로 정하는 바에 따라 직업능력 개발훈련을 실시하여야 한다.
2) 고용노동부장관등은 고령자가 작업환경에 쉽게 적응할 수 있도록 하기 위하여 필요하다고 인정하면 취업 전에 안전 · 보건에 관한 내용을 포함하여 고용노동부령으로 정하는 적응훈련을 실시하도록 조치하여야 한다.
3) 고령자의 직업능력 개발훈련과 해당 훈련생의 보호에 관한 사항은 「국민 평생 직업능력 개발법」을 준용하되 고령자의 신체적 · 정신적 조건 등을 고려하여 특별한 배려를 하여야 한다.

3. 사업주에 대한 고용지도(법 7조)

1) 고용노동부장관은 필요하다고 인정하면 고령자를 고용하고 있거나 고용하려는 사업주에게 채용, 배치, 작업시설, 작업환경 등 고령자의 고용 관리에 관한 기술적 사항에 대하여 상담, 자문, 그 밖에 필요한 지원을 하여야 한다.
2) 고용노동부장관은 고령자를 고용하고 있거나, 고용하려는 사업주에 대하여 고령자의 신체적 · 정신적 조건, 직업능력 등에 관한 정보와 그 밖의 자료를 제공하여야 한다.

4. 고령자 고용정보센터의 운영(법 10조)

1) 고용노동부장관등은 고령자의 직업지도와 취업알선 등의 업무를 효율적으로 수행하기 위하여 필요한 지역에 고령자 고용정보센터를 운영할 수 있다.
2) 고령자 고용정보센터는 다음 각 호의 업무를 수행한다.
   ① 고령자에 대한 구인 · 구직 등록, 직업지도 및 취업알선
   ② 고령자에 대한 직장 적응훈련 및 교육
   ③ 정년연장과 고령자 고용에 관한 인사 · 노무관리와 작업환경 개선 등에 관한 기술적 상담 · 교육 및 지도
   ④ 고령자 고용촉진을 위한 홍보
   ⑤ 그 밖에 고령자 고용촉진을 위하여 필요한 업무

5. 고령자인재은행의 지정(법 11조)

1) 고용노동부장관은 다음 각 호의 단체 또는 기관 중 고령자의 직업지도와 취업 알선 또는 직업능력개발훈련 등에 필요한 전문 인력과 시설을 갖춘 단체 또는 기관을 고령자인재은행으로 지정할 수 있다.

① 「직업안정법」 제18조에 따라 무료직업소개사업을 하는 비영리법인이나 공익단체

② 「국민 평생 직업능력 개발법」 제16조에 따라 직업능력개발훈련을 위탁받을 수 있는 대상이 되는 기관

2) 제1항제1호 및 제2호에 모두 해당하는 고령자인재은행의 사업범위는 다음 각 호의 사업 모두로 하고, 제1항제1호에만 해당하는 고령자인재은행의 사업범위는 제1호, 제2호 및 제4호의 사업만으로 하며, 제1항제2호에만 해당하는 고령자인재은행의 사업범위는 제3호 및 제4호의 사업만으로 한다.

① 고령자에 대한 구인·구직 등록, 직업지도 및 취업알선

② 취업희망 고령자에 대한 직업상담 및 정년퇴직자의 재취업 상담

③ 고령자의 직업능력개발훈련

④ 그 밖에 고령자 고용촉진을 위하여 필요하다고 인정하여 고용노동부장관이 정하는 사업

3) 고용노동부장관은 고령자인재은행에 대하여 직업안정 업무를 하는 행정기관이 수집한 구인·구직 정보, 지역 내의 노동력 수급상황, 그 밖에 필요한 자료를 제공할 수 있다.

4) 고용노동부장관은 고령자인재은행에 대하여 예산의 범위에서 소요 경비의 전부 또는 일부를 지원할 수 있다.

고령자인재은행 지정기준	
시설 및 장비	1. 고령자 구인·구직 또는 직업능력개발훈련에 관한 상담을 하기 위한 전화전용회선을 1회선 이상 설치할 것 2. 인터넷을 통하여 고령자 구인·구직 또는 직업능력개발훈련에 관한 상담을 하기 위한 개인용 컴퓨터를 1대 이상 설치할 것 3. 고령자 구인·구직 또는 직업능력개발훈련에 관한 상담을 위한 별도의 상담실을 설치할 것
인력	1. 고령자 구인·구직 또는 직업능력개발훈련에 관한 상담 전담자가 1명 이상일 것 2. 그 밖에 고령자인재은행의 운영을 지원하는 인력이 1명 이상일 것

6. 중견전문인력 고용지원센터의 지정(법 11조의 2)

1) 고용노동부장관은 퇴직한 고령자로서 경력 등을 고려하여 고용노동부령으로 정하는 사람(이하 "중견전문인력"이라 한다)의 직업지도와 취업알선 등을 전문적으로 지원하는 중견전문인력 고용지원센터(이하 "중견전문인력 고용지원센터"라 한다)를 지정할 수 있다.

2) 중견전문인력 고용지원센터는 「직업안정법」 제18조에 따라 무료직업소개사업을 하는 비영리법인 또는 공익단체로서 필요한 전문인력과 시설을 갖춘 단체 중에서 지정한다.

3) 중견전문인력 고용지원센터는 다음 각 호의 사업을 한다.
   ① 중견전문인력의 구인·구직 등록, 직업상담 및 취업알선
   ② 중견전문인력의 중소기업에 대한 경영자문 및 자원봉사활동 등의 지원
   ③ 그 밖에 중견전문인력의 취업에 필요한 사업으로서 대통령령으로 정하는 사업
4) 중견전문인력 고용지원센터에 관하여는 고령자인재은행에 관한 제11조제3항부터 제5항까지의 규정을 준용한다. 이 경우 "고령자인재은행"은 "중견전문인력 고용지원센터"로 본다.

Ⅳ. 고령자의 고용촉진 및 고용안정

1. 사업주의 고령자 고용 노력의무(법 12조, 시행령 10조)

기준고용률 이상의 고령자를 고용하도록 노력하여야 할 사업주는 상시 300명 이상의 근로자를 사용하는 사업장의 사업주로 한다.

2. 사업주의 고령자 고용현황의 제출 등(법 13조)

1) 제12조에 따른 사업주는 고용노동부령으로 정하는 바에 따라 매년 고령자 고용현황을 고용노동부장관에게 제출하여야 한다.
2) 고용노동부장관은 제12조에 따른 사업주로서 상시 고용하는 고령자의 비율이 기준고용률에 미달하는 사업주에 대하여 고령자의 고용촉진 및 안정을 위하여 필요한 조치의 시행을 권고할 수 있다.
3) 고용노동부장관은 제2항의 권고에 따른 조치를 시행하는 사업주에게 상담, 자문, 그 밖에 필요한 협조와 지원을 할 수 있다.

3. 고령자 고용촉진을 위한 세제지원 등(법 14조)

1) 제12조에 따른 기준고용률을 초과하여 고령자를 추가로 고용하는 경우에는 「조세특례제한법」으로 정하는 바에 따라 조세를 감면한다.
2) 고용노동부장관은 예산의 범위에서 다음 각 호의 구분에 따른 고용 지원금을 지급할 수 있다.
   ① 고령자를 새로 고용하거나 다수의 고령자를 고용한 사업주 또는 고령자의 고용안정을 위하여 필요한 조치를 취한 사업주에게 일정 기간 지급하는 고용 지원금
   ② 사업주가 근로자 대표의 동의를 받아 일정 연령 이상까지 고용을 보장하는 조건으로 일정 연령, 근속시점 또는 임금액을 기준으로 임금을 감액하는 제도를 시행하는 경우에 그 제도의 적용을 받는 근로자에게 일정 기간 지급하는 고용 지원금. 이 경우 "근로자대표"란 근로자의 과반수로 조직된 노동조합이 있는 경우에는 그 노동조합의 대표자를 말하며, 해당 노동조합이 없는 경우에는 근로자의 과반수를 대표하는 자를 말한다.

③ 고령자와 준고령자의 고용안정 및 취업의 촉진 등을 목적으로 임금체계 개편, 직무 재설계(고령자나 준고령자에게 적합한 직무를 개발하고 설계하는 것을 말한다) 등에 관하여 전문기관의 진단을 받는 사업주에게 지원하는 고용 지원금

4. 우선고용직종의 선정 등(법 15조)

고용노동부장관은 고용정책심의회의 심의를 거쳐 고령자와 준고령자를 고용하기에 적합한 직종(이하 "우선고용직종"이라 한다)을 선정하고, 선정된 우선고용직종을 고시하여야 한다.

5. 우선고용직종의 고용(법 16조)

1) 국가 및 지방자치단체, 「공공기관의 운영에 관한 법률」 제4조에 따라 공공기관으로 지정받은 기관의 장은 그 기관의 우선고용직종에 대통령령으로 정하는 바에 따라서 고령자와 준고령자를 우선적으로 고용하여야 한다.
2) 제1항에서 규정한 자 외의 사업주는 우선고용직종에 고령자와 준고령자를 우선적으로 고용하도록 노력하여야 한다.

6. 우선고용직종의 고용(시행령 12조)

1) 국가 및 지방자치단체, 「공공기관의 운영에 관한 법률」 제4조에 따라 공공기관으로 지정받은 기관의 장(이하 "공공기관등의 장"이라 한다)은 그 기관의 우선고용직종에 다음 각 호의 어느 하나에 해당하는 사유가 발생한 경우에는 고령자와 준고령자를 우선적으로 고용하여야 한다.
   ① 우선고용직종이 신설되거나 확대됨에 따라 신규인력을 채용하는 경우
   ② 퇴직이나 이직 등에 따라 우선고용직종에 결원이 생겨서 인력보충이 필요한 경우
2) 공공기관등의 장은 해당 기관의 우선고용직종에 직원을 채용하는 경우에 관계 법령상 별도의 자격요건을 정하고 있거나 특별한 사정이 있다고 인정되어 고용노동부장관의 승인을 받은 경우에는 제1항을 적용하지 아니할 수 있다.
3) 공공기관등의 장은 그 기관의 우선고용직종에 관한 고용현황을 고용노동부령으로 정하는 바에 따라 매년 고용노동부장관에게 제출하여야 한다.

7. 고용 확대의 요청 등(법 17조)

1) 고용노동부장관은 제16조에 따라 고령자와 준고령자를 우선적으로 채용한 실적이 부진한 자에게 그 사유를 제출하게 할 수 있으며, 그 사유가 정당하지 아니한 자(사유를 제출하지 아니한 자를 포함한다)에게 고령자와 준고령자의 고용을 확대하여 줄 것을 요청할 수 있다.
2) 고용노동부장관은 제13조제2항에 따른 권고를 따르지 아니하는 사업주에게 그 사유를 제출하게 할 수 있으며, 그 사유가 정당하지 아니한 사업주(사유를 제출하지 아니한 사업주를 포함한다)에게 고령자의 고용을 확대하여 줄 것을 요청할 수 있다.

8. 내용 공표 및 취업알선 중단(법 18조)

고용노동부장관은 정당한 사유 없이 제17조에 따른 고용 확대 요청에 따르지 아니한 자에게 그 내용을 공표하거나 직업안정 업무를 하는 행정기관에서 제공하는 직업지도와 취업알선 등 고용 관련 서비스를 중단할 수 있다.

9. 정년(법 19조)

1) 사업주는 근로자의 정년을 60세 이상으로 정하여야 한다.
2) 사업주가 제1항에도 불구하고 근로자의 정년을 60세 미만으로 정한 경우에는 정년을 60세로 정한 것으로 본다.

10. 정년연장에 따른 임금체계 개편(법 19조의2)

1) 제19조제1항에 따라 정년을 연장하는 사업 또는 사업장의 사업주와 근로자의 과반수로 조직된 노동조합(근로자의 과반수로 조직된 노동조합이 없는 경우에는 근로자의 과반수를 대표하는 자를 말한다)은 그 사업 또는 사업장의 여건에 따라 임금체계 개편 등 필요한 조치를 하여야 한다.
2) 고용노동부장관은 제1항에 따라 필요한 조치를 한 사업 또는 사업장의 사업주나 근로자에게 대통령령으로 정하는 바에 따라 고용지원금 등 필요한 지원을 할 수 있다.
3) 고용노동부장관은 정년을 60세 이상으로 연장하는 사업 또는 사업장의 사업주 또는 근로자에게 대통령령으로 정하는 바에 따라 임금체계 개편 등을 위한 컨설팅 등 필요한 지원을 할 수 있다.

11. 정년제도 운영현황의 제출 등(법 20조, 시행령 7조)

1) 상시 300인 이상의 근로자를 사용하는 사업주는 고용노동부령으로 정하는 바에 따라 매년 정년 제도의 운영 현황을 고용노동부장관에게 제출하여야 한다.
2) 고용노동부장관은 제1항에 따른 사업주로서 정년을 현저히 낮게 정한 사업주에게 정년의 연장을 권고할 수 있다.
3) 제2항에 따른 권고를 정당한 사유 없이 따르지 아니한 경우 그 내용을 공표할 수 있다.

12. 정년퇴직자의 재고용(법 21조)

1) 사업주는 정년에 도달한 사람이 그 사업장에 다시 취업하기를 희망할 때 그 직무수행 능력에 맞는 직종에 재고용하도록 노력하여야 한다.
2) 사업주는 고령자인 정년퇴직자를 재고용할 때 당사자 간의 합의에 의하여 「근로기준법」 제34조에 따른 퇴직금과 같은 법 제60조에 따른 연차유급(年次有給) 휴가일수 계산을 위한 계속근로기간을 산정할 때 종전의 근로기간을 제외할 수 있으며 임금의 결정을 종전과 달리할 수 있다.

CHAPTER 02 출제예상문제(3)

직업상담사 2급 필기 전과목 무료동영상   PART 05

01 고용상 연령차별금지 및 고령자고용촉진에 관한 법률상 제조업, 운수업, 부동산 및 임대업을 제외한 산업의 고령자 기준고용률은?

① 그 사업장의 상시근로자수의 100분의 1
② 그 사업장의 상시근로자수의 100분의 2
③ 그 사업장의 상시근로자수의 100분의 3
④ 그 사업장의 상시근로자수의 100분의 6

해설 ① 제조업 : 그 사업장의 상시근로자수의 100분의 2
② 운수업, 부동산 및 임대업 : 그 사업장의 상시근로자수의 100분의 6
③ ①, ② 이외의 산업 : 그 사업장의 상시근로자수의 100분의 3

02 다음 ( ) 안에 들어갈 가장 알맞은 것은?

고용상 연령차별금지 및 고령자고용촉진에 관한 법률에 상시 ( ) 이상의 근로자를 사용하는 사업장의 사업주는 기준고용률 이상의 고령자를 고용하도록 노력하여야 한다.

① 20명   ② 100명
③ 150명   ④ 300명

03 고용상 연령차별금지 및 고령자고용촉진에 관한 법률상 우선고용직종에 관한 설명으로 틀린 것은?

① 고용노동부장관은 고용정책심의회의 심의를 거쳐 고령자와 준고령자를 고용하기에 적합한 직종을 선정하고, 선정된 우선고용직종을 고시하여야 한다.
② 공공기관의 장은 그 기관에 우선고용직종이 신설되어 신규인력을 채용하는 경우 고령자와 준고령자를 우선적으로 고용하도록 노력하여야 한다.
③ 고용노동부장관은 우선고용직종의 개발 등 고령자와 준고령자의 고용촉진에 필요한 사항에 대하여 조사, 연구하고 관련 자료를 정리, 배포하여야 한다.
④ 공공기관등의 장은 그 기관의 우선고용직종에 관한 고용현황을 매년 고용노동부장관에게 제출하여야 한다.

해설 국가 및 지방자치단체, 「공공기관의 운영에 관한 법률」제4조에 따라 공공기관으로 지정받은 기관의 장은 그 기관의 우선고용직종에 대통령령으로 정하는 바에 따라서 고령자와 준고령자를 우선적으로 고용하여야 한다.

04 고용상 연령차별금지 및 고령자고용촉진에 관한 법률상 정년에 관한 설명으로 틀린 것은?

① 사업주는 근로자의 정년을 60세 이상으로 정하여야 한다.
② 고용노동부장관은 대통령령으로 정하는 일정 수 이상의 근로자를 사용하는 사업주로서 정년을 현저히 낮게 정한 사업주에 대하여 정년의 연장을 권고할 수 있다.
③ 사업주는 정년에 도달한 사람이 그 사업장에 다시 취업하기를 희망할 때 그 직무수행 능력에 맞는 직종에 재고용하도록 노력하여야 한다.
④ 사업주는 고령자인 정년퇴직자를 재고용할 때 당사자간의 합의에 의하여 근로기준법에 따른 퇴직금과 연차유급 휴가일수 계산을 위한 계속근로 기간을 산정할 때 종전의 근로기간을 제외할 수 있으나 임금의 결정은 종전과 달리할 수 없다.

해설 사업주는 고령자인 정년퇴직자를 재고용할 때 당사자 간의 합의에 의하여 「근로기준법」에 따른 퇴직금과 연차유급(年次有給) 휴가일수 계산을 위한 계속근로기간을 산정할 때 종전의 근로기간을 제외할 수 있으며 임금의 결정을 종전과 달리할 수 있다.

정답 01 ③ 02 ④ 03 ② 04 ④

05 고용상 연령차별금지 및 고령자고용촉진에 관한 법률 상 사업주의 책무가 아닌 것은?

① 고령자 고용촉진 대책의 수립 · 시행
② 연령을 이유로 하는 고용차별 해소
③ 고령자에게 그 능력에 맞는 고용기회 제공
④ 정년연장 등의 방법으로 고령자의 고용 확대

해설 정부는 고용에서 연령을 이유로 차별하는 관행을 없애기 위하여 연령 차별금지정책을 수립 · 시행하며, 고령자의 고용에 관하여 사업주와 국민 일반의 이해를 높이고, 고령자의 고용촉진과 직업안정을 꾀하기 위하여 고령자 고용촉진 대책의 수립 · 시행, 직업능력개발훈련 등 필요한 시책을 종합적이고 효과적으로 추진하여야 한다.

06 고용상 연령차별금지 및 고령자고용촉진에 관한 법령 상 업종별 고령자 기준고용률이 틀린 것은?

① 제조업 : 상시근로자수의 100분의 2
② 운수업 : 상시근로자수의 100분의 4
③ 부동산 및 임대업 : 상시근로자수의 100분의 6
④ 도 · 소매업 : 상시근로자수의 100분의 3

해설 ① 제조업 : 그 사업장의 상시근로자수의 100분의 2
② 운수업, 부동산 및 임대업 : 그 사업장의 상시근로자수의 100분의 6
③ ①, ②이외의 산업 : 그 사업장의 상시근로자수의 100분의 3

07 고용상 연령차별금지 및 고령자고용촉진에 관한 법률 상 정년에 관한 설명으로 틀린 것은?

① 대통령령으로 정하는 수 이상의 근로자를 사용하는 사업주 가 정년제도 운영현황을 제출하지 아니한 경우에는 500만원 이하의 과태료를 부과한다.
② 고용노동부장관은 정년을 현저히 낮게 정한 대통령령으로 정하는 수 이상의 근로자를 사용하는 사업주에 대하여 정년 의 연장을 권고할 수 있다.
③ 고용노동부장관은 정년퇴직자를 재고용하거나 그 밖에 정년 퇴직자의 고용안정에 필요한 조치를 하는 사업주에게 장려 금 지급 등 필요한 지원을 해야 한다.
④ 고령자인 정년퇴직자를 재고용할 때는 당사자간의 합의에 의하여 임금의 결정을 종전과 달리할 수 있다.

해설 고용노동부장관은 제21조에 따라 정년퇴직자를 재고용하거나 그 밖에 정년퇴직자의 고용안정에 필요한 조치를 하는 사업주에게 장려금 지급 등 필요한 지원을 할 수 있다.(21조의 2)

08 고용상 연령차별금지 및 고령자촉진에 관한 법률상 고 령자인재은행으로 지정된 직업안정법에 따른 무료직업소개 사업을 하는 비영리법인의 사업범위에 해당하지 않는 것은?

① 고령자의 직업능력개발훈련
② 고령자에 대한 구인 · 구직 등록
③ 고령자에 대한 직업지도 및 취업알선
④ 취업희망 고령자에 대한 직업상담 및 정년퇴직자의 재취업 상담

09 고용상 연령차별금지 및 고령자고용촉진에 관한 법률 상 사업주가 근로자의 정년을 정하는 경우에는 그 정년이 몇 세 이상으로 정하여야 하는가?

① 55세
② 57세
③ 58세
④ 60세

해설 ① 사업주는 근로자의 정년을 60세 이상으로 정하여야 한다.
② 사업주가 제1항에도 불구하고 근로자의 정년을 60세 미만으로 정 한 경우에는 정년을 60세로 정한 것으로 본다.

10 고용상 연령차별금지 및 고령자고용촉진에 관한 법령 상 고령자와 준고령자에 관한 설명으로 옳은 것은?

① 고령자는 55세 이상인 사람이며, 준고령자는 50세 이상 55 세 미만인 사람으로 한다.
② 고령자는 60세 이상인 사람이며, 준고령자는 55세 이상 60 세 미만인 사람으로 한다.
③ 고령자는 58세 이상인 사람이며, 준고령자는 55세 이상 58 세 미만인 사람으로 한다.
④ 고령자는 65세 이상인 사람이며, 준고령자는 60세 이상 65 세 미만인 사람으로 한다.

11 고용상 연령차별금지 및 고령자고용촉진에 관한 법률상 정년에 관한 설명으로 틀린 것은?

① 사업주는 근로자의 정년을 60세 이상으로 정하여야 한다.
② 고용노동부장관은 상시 300명 이상의 근로자를 사용하는 사업주로서 정년을 현저히 낮게 정한 사업주에 대하여 정년연장에 관한 계획을 작성하여 제출할 것을 요청할 수 있다.
③ 고용노동부장관은 사업주가 제출한 정년연장에 관한 계획이 적절하지 아니하다고 인정하면 그 계획의 변경을 권고 할 수 있으며, 변경 권고에 따르지 않는 사업주에 대해서는 과태료를 부과할 수 있다.
④ 고용노동부장관은 정년연장에 따른 사업체의 인사 및 임금 등에 대하여 상담 · 자문 기타 필요한 협조와 지원을 하여야 한다.

해설 고용노동부장관은 정당한 사유 없이 고용 확대 요청에 따르지 아니한 자에게 그 내용을 공표하거나 직업안정 업무를 하는 행정기관에서 제공하는 직업지도와 취업알선 등 고용 관련 서비스를 중단할 수 있다.

12 고용상 연령차별금지 및 고령자고용촉진에 관한 법률상 정년에 관한 설명으로 옳은 것은?

① 55세 이상이 되도록 노력하여야 한다.
② 사업주는 고령자인 정년퇴직자를 재고용할 경우에는 퇴직 직전의 임금으로 임금을 결정해야 한다.
③ 사업주는 고령자인 정년퇴직자를 재고용할 경우에는 퇴직금과 연차유급휴가 일수 계산을 위한 계속근로기간 산정에 있어 종전의 근로기간을 제외할 수 있다.
④ 고용노동부장관은 상시 100인 이상의 근로자를 사용하는 사업장의 사업주로서 정년을 현저히 낮게 정한 사업주에 대하여 정년연장에 관한 계획을 작성하여 제출할 것을 요청할 수 있다.

해설 ㉮ 사업주는 근로자의 정년을 60세 이상으로 정하여야 한다.
㉯ 사업주는 고령자인 정년퇴직자를 재고용할 때 당사자 간의 합의에 의하여 「근로기준법」 제34조에 따른 퇴직금과 같은 법 제60조에 따른 연차유급(年次有給) 휴가일수 계산을 위한 계속근로기간을 산정할 때 종전의 근로기간을 제외할 수 있으며 임금의 결정을 종전과 달리할 수 있다.
㉰ 상시 300인 이상의 근로자를 사용하는 사업주는 고용노동부령으로 정하는 바에 따라 매년 정년 제도의 운영 현황을 고용노동부장관에게 제출하여야 한다. 고용노동부장관은 제1항에 따른 사업주로서 정년을 현저히 낮게 정한 사업주에게 정년의 연장을 권고할 수 있다.

13 고용상 연령차별금지 및 고령자고용촉진에 관한 법령상 준고령자의 연령으로 옳은 것은?

① 45세 이상 60세 미만
② 45세 이상 50세 미만
③ 50세 이상 55세 미만
④ 55세 이상 60세 미만

14 고용상 연령차별금지 및 고령자고용촉진에 관한 법령상 고령자고용촉진에 관한 설명으로 옳은 것은?

① 상시 근로자 300인 이상 사업주는 법령에서 정한 기준 고용률 이상의 고령자를 고용하여야 한다.
② 기준고용률에 미달하는 고령자를 고용하는 사업주는 매년 고용노동부장관에게 고령자고용부담금을 납부하여야 한다.
③ 기준고용률을 초과하여 고용하는 사업주에게는 고용보험법상 고령자 고용촉진장려금을 지급할 수 있으며, 조세감면 혜택이 주어진다.
④ 국가 및 지방자치단체, 정부투자기관과 정부출연기관의 장은 그 기간의 우선고용직종에 고령자와 준고령자를 우선적으로 채용하도록 노력해야 한다.

해설 ㉮ 기준고용률 이상의 고령자를 고용하도록 노력하여야 할 사업주는 상시 300명 이상의 근로자를 사용하는 사업장의 사업주로 한다.
㉯ 고용노동부장관은 제12조에 따른 사업주로서 상시 고용하는 고령자의 비율이 기준고용률에 미달하는 사업주에 대하여 고령자의 고용촉진 및 안정을 위하여 필요한 조치의 시행을 권고할 수 있다.
㉱ 국가 및 지방자치단체, 「공공기관의 운영에 관한 법률」 제4조에 따라 공공기관으로 지정받은 기관의 장은 그 기관의 우선고용직종에 대통령령으로 정하는 바에 따라서 고령자와 준고령자를 우선적으로 고용하여야 한다.

15 고용상 연령차별금지 및 고령자고용촉진에 관한 법령상 정년에 관한 규정으로 틀린 것은?

① 사업주는 근로자의 정년을 60세 이상으로 정하여야 한다.
② 고용노동부장관은 정년을 현저히 낮게 정한 사업주에 대하여 정년연장에 관한 계획을 작성하여 제출할 것을 요청할 수 있다.
③ 사업주가 제출한 정년연장에 관한 계획이 적절하지 아니하다고 인정될 때에는 과태료를 부과할 수 있다.
④ 고령자인 정년 퇴직자를 재고용할 때는 당사자 간의 합의에 의하여 임금의 결정을 종전과 달리할 수 있다.

① 상시 300인 이상의 근로자를 사용하는 사업주는 고용노동부령으로
정하는 바에 따라 매년 정년 제도의 운영 현황을 고용노동부장관에
게 제출하여야 한다.
② 고용노동부장관은 제1항에 따른 사업주로서 정년을 현저히 낮게 정
한 사업주에게 정년의 연장을 권고할 수 있다.
③ 제2항에 따른 권고를 정당한 사유 없이 따르지 아니한 경우 그 내용
을 공표할 수 있다.

16 고용상 연령차별금지 및 고령자고용촉진에 관한 법령상 임대업의 고령자 기준고용률은?

① 상시 근로자수의 100분의 1
② 상시 근로자수의 100분의 3
③ 상시 근로자수의 100분의 6
④ 상시 근로자수의 100분의 7

① 제조업 : 그 사업장의 상시근로자수의 100분의 2
② 운수업, 부동산 및 임대업 : 그 사업장의 상시근로자수의 100분의 6
③ ①, ②이외의 산업 : 그 사업장의 상시근로자수의 100분의 3

17 고용상 연령차별금지 및 고령자고용촉진에 관한 법령상 고령자인재은행의 지정기준으로 옳은 것은?

① 고령자 구인·구직상담을 위한 별도의 상담실을 설치할 것
② 인터넷을 통하여 고령자 구인·구직상담을 하기 위한 개
인용 컴퓨터를 3대 이상 설치할 것
③ 고령자 구인·구직상담에 응하기 위한 전화전용회선을 3회
선 이상 설치할 것
④ 고령자 구인·구직상담 전담자가 2인 이상일 것

① 고령자인재은행의 시설 및 장비
• 고령자 구인·구직 또는 직업능력개발훈련에 관한 상담을 하기
위한 전화전용회선을 1회선 이상 설치할 것
• 인터넷을 통하여 고령자 구인·구직 또는 직업능력개발 훈련에
관한 상담을 하기 위한 개인용 컴퓨터를 1대 이상 설치할 것
• 고령자 구인·구직 또는 직업능력개발훈련에 관한 상담을 위한
별도의 상담실을 설치할 것
② 인력
• 고령자 구인·구직 또는 직업능력개발훈련에 관한 상담 전담자
가 1명 이상일 것
• 그 밖에 고령자인재은행의 운영을 지원하는 인력이 1명 이상일 것

18 고용상 연령차별금지 및 고령자고용촉진에 관한 법령상 고령자 우선고용직종에 관한 설명으로 틀린 것은?

① 고용노동부장관은 고용정책심의위원회의 심의를 거쳐 고
령자의 고용에 적합한 직종을 선정한다.
② 정부투자기관의장은 당해 기관의 우선고용직종에 대한 고용
현황을 2년에 1회 고용노동부장관에게 제출하여야 한다.
③ 정부투자기관은 고령자 우선고용직종이 신설됨에 따라 신
규인력을 고용하거나 우선고용직종의 결원으로 인력보충
이 필요한 경우에는 고령자와 준 고령자를 우선적으로 고
용하여야 한다.
④ 고용노동부장관은 우선고용직종에 대한 고령자와 준 고령자
의 우선적 고용실적이 부진한 정부투자기관에 대해서 고령
자와 준 고령자의 고용확대를 요청할 수 있다.

고령자 고용현황 제출
고령자 고용현황을 제출하여야 하는 사업주는 매년 1월 31일까지 전년
도의 고령자 고용현황을 작성하여 관할 지방고용노동관서의 장에게 제
출하여야 한다.

19 고용상 연령차별금지 및 고령자고용촉진에 관한 법령상 정년에 대한 설명으로 틀린 것은?

① 사업주는 정년에 도달한 사람이 그 사업장에 다시 취업하기
를 희망하는 때에는 그 직무수행 능력에 적합한 직종에 재고
용하도록 노력하여야 한다.
② 사업주는 근로자의 정년을 60세 이상으로 정하여야 한다.
③ 사업주는 고령자인 정년퇴직자를 재고용함에 있어 임금의
결정을 종전과 달리할 수 없다.
④ 상시 300인 이상의 근로자를 사용하는 사업주는 매년 정년
제도의 운영현황을 고용노동부장관에게 제출하여야 한다.

사업주는 고령자인 정년퇴직자를 재고용할 때 당사자 간의 합의에 의
하여 퇴직금과 연차유급(年次有給), 휴가일수 계산을 위한 계속근로기
간 산정 시 종전의 근로기간을 제외할 수 있으며 임금의 결정을 종전과
달리할 수 있다.

20 고용상 연령차별금지 및 고령자고용촉진에 관한 법령에 대한 설명으로 옳은 것은?

① 동법의 근로자는 노동조합 및 노동관계조정법상의 근로자를 말한다.
② 제조업은 그 사업장의 상시 근로자수의 100분의 3을 고령자로 고용하여야 한다.
③ 동법에서 고령자는 50세 이상인 자로 한다.
④ 상시 300인 이상의 근로자를 사용하는 사업주는 기준 고용률 이상의 고령자를 고용하도록 노력하여야 한다.

> 해설 ① "고령자"라 함은 55세 이상인 사람으로 한다.
> ② "준고령자"라 함은 50세 이상 55세 미만인 사람으로 한다.
> ③ "근로자"란 「근로기준법」에 따른 근로자를 말한다.
> ④ 제조업에서의 기준고용률은 그 사업장의 상시근로자수의 100분의 2

21 고용상 연령차별금지 및 고령자고용촉진에 관한 법령에서 사용하는 용어의 정의로 옳지 않은 것은?

① "고령자"라 함은 인구·취업자의 구성 등을 고려하여 대통령령이 정하는 55세 이상인 사람을 말한다.
② "사업주"라 함은 근로자를 사용하여 사업을 행하는 자를 말한다.
③ "근로자"라 함은 근로기준법 제14조의 규정에 의한 근로자를 말한다.
④ "기준고용률"이라 함은 사업장에서 상시 사용하는 근로자를 기준으로 하여 사업주가 고령자의 고용촉진을 위하여 고용하여야 할 고령자의 비율로서, 제조업의 경우 그 사업장의 상시 근로자수의 100분의 6이다.

> 해설 ① 제조업 : 그 사업장의 상시근로자수의 100분의 2
> ② 운수업, 부동산 및 임대업 : 그 사업장의 상시근로자수의 100분의 6
> ③ ①, ② 이외의 산업 : 그 사업장의 상시근로자 수의 100분의 3

22 고용상 연령차별금지 및 고령자고용촉진에 관한 법률상 고령자 고용촉진 기본계획에 관한 설명으로 틀린 것은?

① 고용노동부장관이 관계 중앙기관의 장과 협의하여 5년마다 수립하여야 한다.
② 고령자의 직업능력개발에 관한 사항이 포함되어야 한다.

③ 고령자의 현황과 전망에 관한 사항은 포함되지 아니하여도 된다.
④ 수립할 때에는 고용정책 기본법상 고용정책심의회의 심의를 거쳐야 한다.

> 해설 고령자고용촉진 기본계획에는 다음 각 호의 사항이 포함되어야 한다.
> • 고령자의 현황과 전망
> • 고령자의 직업능력개발
> • 고령자의 취업알선, 재취업 및 전직지원 등 취업가능성의 개선방안
> • 그 밖에 고령자의 고용촉진에 관한 주요시책

23 고용상 연령차별금지 및 고령자고용촉진에 관한 법률상 우선고용직종에 고령자와 준고령자를 우선적으로 고용하여야 할 의무가 있는 고용주체가 아닌 것은?

① 국가
② 지방자치단체
③ 「공공기관의 운영에 관한 법률」에 따라 공공기관으로 지정받은 기관의 장
④ 상시 500명 이상의 근로자를 사용하는 사업의 사업주

> 해설 국가 및 지방자치단체, 공공기관의 장은 그 기관의 우선고용직종에 대통령령으로 정하는 바에 따라서 고령자와 준고령자를 우선적으로 고용하여야 한다.

24 고용상 연령차별금지 및 고령자고용촉진에 관한 법률에서 고용상 연령차별금지의 내용이 아닌 것은?

① 사업주는 모집·채용 등에 있어서 합리적인 이유 없이 연령을 이유로 차별하여서는 아니된다.
② 연령을 이유로 모집·채용 등에 있어 차별적 처우를 받는 근로자는 노동위원회에 차별적 처우가 있은 날부터 6개월 이내에 그 시정을 신청할 수 있다.
③ 합리적인 이유 없이 연령 외의 기준을 적용하여 특정 연령집단에 특히 불리한 결과를 초래하는 경우에는 연령차별로 본다.
④ 직무의 성격에 비추어 특정 연령기준이 불가피하게 요구되는 경우에는 연령차별로 보지 아니한다.

> 해설 연령차별 금지의 위반으로 연령차별을 당한 사람은 국가인권위원회에 그 내용을 진정할 수 있다.

Ⅰ. 총칙

1. 목적(법 1조)

이 법은 근로자파견사업의 적정한 운영을 도모하고 파견근로자의 근로조건 등에 관한 기준을 확립하여 파견근로자의 고용안정과 복지증진에 이바지하고 인력수급을 원활하게 함을 목적으로 한다.

2. 정의(법 2조)

1) "근로자파견"이란 파견사업주가 근로자를 고용한 후 그 고용관계를 유지하면서 근로자파견계약의 내용에 따라 사용사업주의 지휘 · 명령을 받아 사용사업주를 위한 근로에 종사하게 하는 것을 말한다.
2) "근로자파견사업"이란 근로자파견을 업(業)으로 하는 것을 말한다.
3) "파견사업주"란 근로자파견사업을 하는 자를 말한다.
4) "사용사업주"란 근로자파견계약에 따라 파견근로자를 사용하는 자를 말한다.
5) "파견근로자"란 파견사업주가 고용한 근로자로서 근로자파견의 대상이 되는 사람을 말한다.
6) "근로자파견계약"이란 파견사업주와 사용사업주 간에 근로자파견을 약정하는 계약을 말한다.
7) "차별적 처우"란 다음 각 목의 사항에서 합리적인 이유 없이 불리하게 처우하는 것을 말한다.
   가. 「근로기준법」에 따른 임금
   나. 정기상여금, 명절상여금 등 정기적으로 지급되는 상여금
   다. 경영성과에 따른 성과금
   라. 그 밖에 근로조건 및 복리후생 등에 관한 사항

3. 사용사업주에 대한 통지사항(시행규칙 13조)

파견사업주는 사용사업주에게 파견근로자의 성명 · 성별 · 연령 · 학력 · 자격 기타 직업능력에 관한 사항을 통지하여야 한다.

Ⅱ. 근로자파견사업의 적정운영

1. 근로자파견대상업무 등(법 5조)

1) 근로자파견사업은 제조업의 직접생산공정업무를 제외하고 전문지식 · 기술 · 경험 또는 업무의 성질 등을 고려하여 적합하다고 판단되는 업무로서 대통령령으로 정하는 업무를 대상으로 한다.

2) 제1항에도 불구하고 출산·질병·부상 등으로 결원이 생긴 경우 또는 일시적·간헐적으로 인력을 확보하여야 할 필요가 있는 경우에는 근로자파견사업을 할 수 있다.

3) 제1항 및 제2항에도 불구하고 다음 각 호의 어느 하나에 해당하는 업무에 대하여는 근로자파견사업을 하여서는 아니 된다.

   ① 건설공사현장에서 이루어지는 업무

   ② 항만운송사업법, 한국철도공사법, 농수산물 유통 및 가격안정에 관한 법률, 물류정책기본법의 하역(荷役)업무로서 직업안정법 따라 근로자공급사업 허가를 받은 지역의 업무

   ③ 선원의 업무

   ④ 산업안전보건법에 따른 유해하거나 위험한 업무

   ⑤ 그 밖에 근로자 보호 등의 이유로 근로자파견사업의 대상으로는 적절하지 못하다고 인정하여 대통령령으로 정하는 업무

      ㉠ 분진작업을 하는 업무

      ㉡ 건강관리카드의 발급대상 업무

      ㉢ 의료인의 업무 및 간호조무사의 업무

      ㉣ 의료기사의 업무

      ㉤ 여객자동차운송사업의 운전업무

      ㉥ 화물자동차운송사업의 운전업무

4) 제2항에 따라 파견근로자를 사용하려는 경우 사용사업주는 해당 사업 또는 사업장에 근로자의 과반수로 조직된 노동조합이 있는 경우에는 그 노동조합, 근로자의 과반수로 조직된 노동조합이 없는 경우에는 근로자의 과반수를 대표하는 자와 사전에 성실하게 협의하여야 한다.

5) 누구든지 제1항부터 제4항까지의 규정을 위반하여 근로자파견사업을 하거나 그 근로자파견사업을 하는 자로부터 근로자파견의 역무(役務)를 제공받아서는 아니 된다.

2. 파견기간(법 6조)

1) 근로자파견의 기간은 제5조제2항에 해당하는 경우를 제외하고는 1년을 초과하여서는 아니 된다.

2) 제1항에도 불구하고 파견사업주, 사용사업주, 파견근로자 간의 합의가 있는 경우에는 파견기간을 연장할 수 있다. 이 경우 1회를 연장할 때에는 그 연장기간은 1년을 초과하여서는 아니 되며, 연장된 기간을 포함한 총 파견기간은 2년을 초과하여서는 아니 된다.

3) 고령자인 파견근로자에 대하여는 2년을 초과하여 근로자파견기간을 연장할 수 있다.

4) 제5조제2항에 따른 근로자파견의 기간은 다음 각 호의 구분에 따른다.

   ① 출산·질병·부상 등 그 사유가 객관적으로 명백한 경우 : 해당 사유가 없어지는데 필요한 기간

② 일시적·간헐적으로 인력을 확보할 필요가 있는 경우 : 3개월 이내의 기간. 다만, 해당 사유가 없어지지 아니하고 파견사업주, 사용사업주, 파견근로자 간의 합의가 있는 경우에는 3개월의 범위에서 한 차례만 그 기간을 연장할 수 있다.

3. 고용의무(법 6조의 2)

1) 사용사업주가 다음 각 호의 어느 하나에 해당하는 경우에는 해당 파견근로자를 직접 고용하여야 한다.

① 제5조제1항의 근로자파견 대상 업무에 해당하지 아니하는 업무에서 파견근로자를 사용하는 경우(제5조제2항에 따라 근로자파견사업을 한 경우는 제외한다)

② 제5조제3항을 위반하여 파견근로자를 사용하는 경우

③ 제6조제2항을 위반하여 2년을 초과하여 계속적으로 파견근로자를 사용하는 경우

④ 제6조제4항을 위반하여 파견근로자를 사용하는 경우

⑤ 제7조제3항을 위반하여 근로자파견의 역무를 제공받은 경우

2) 제1항은 해당 파견근로자가 명시적으로 반대의사를 표시하거나 대통령령으로 정하는 정당한 이유가 있는 경우에는 적용하지 아니한다.

3) 제1항에 따라 사용사업주가 파견근로자를 직접 고용하는 경우의 파견근로자의 근로조건은 다음 각 호의 구분에 따른다.

① 사용사업주의 근로자 중 해당 파견근로자와 같은 종류의 업무 또는 유사한 업무를 수행하는 근로자가 있는 경우 : 해당 근로자에게 적용되는 취업규칙 등에서 정하는 근로조건에 따를 것

② 사용사업주의 근로자 중 해당 파견근로자와 같은 종류의 업무 또는 유사한 업무를 수행하는 근로자가 없는 경우 : 해당 파견근로자의 기존 근로조건의 수준보다 낮아져서는 아니 될 것

4) 사용사업주는 파견근로자를 사용하고 있는 업무에 근로자를 직접 고용하려는 경우에는 해당 파견근로자를 우선적으로 고용하도록 노력하여야 한다.

4. 근로자파견사업의 허가(법 7조)

1) 근로자파견사업을 하려는 자는 고용노동부령으로 정하는 바에 따라 고용노동부장관의 허가를 받아야 한다. 허가받은 사항 중 고용노동부령으로 정하는 중요사항을 변경하는 경우에도 또한 같다.

2) 제1항 전단에 따라 근로자파견사업의 허가를 받은 자가 허가받은 사항 중 같은 항 후단에 따른 중요사항 외의 사항을 변경하려는 경우에는 고용노동부령으로 정하는 바에 따라 고용노동부장관에게 신고하여야 한다.

3) 사용사업주는 제1항을 위반하여 근로자파견사업을 하는 자로부터 근로자파견의 역무를 제공받아서는 아니 된다.

5. 허가의 결격사유(법 8조)

다음 각 호의 어느 하나에 해당하는 자는 제7조에 따른 근로자파견사업의 허가를 받을 수 없다.

① 미성년자, 피성년후견인, 피한정후견인 또는 파산선고를 받고 복권(復權)되지 아니한 사람

② 금고 이상의 형(집행유예는 제외한다)을 선고받고 그 집행이 끝나거나 집행을 받지 아니하기로 확정된 후 2년이 지나지 아니한 사람

③ 이 법, 「직업안정법」, 「근로기준법」 제7조, 제9조, 제20조부터 제22조까지, 제36조, 제43조, 제44조, 제44조의2, 제45조, 제46조, 제56조 및 제64조, 「최저임금법」 제6조, 「선원법」 제110조를 위반하여 벌금 이상의 형(집행유예는 제외한다)을 선고받고 그 집행이 끝나거나 집행을 받지 아니하기로 확정된 후 3년이 지나지 아니한 자

④ 금고 이상의 형의 집행유예를 선고받고 그 유예기간 중에 있는 사람

⑤ 제12조에 따라 해당 사업의 허가가 취소(허가를 거짓이나 그 밖의 부정한 방법으로 받아 허가가 취소된 경우는 제외한다)된 후 3년이 지나지 아니한 자

⑥ 임원 중 제1호부터 제5호까지의 어느 하나에 해당하는 사람이 있는 법인

6. 허가기준(법 9조)

1) 고용노동부장관은 제7조에 따라 근로자파견사업의 허가신청을 받은 경우에는 다음 각 호의 요건을 모두 갖춘 경우에 한정하여 근로자파견사업을 허가할 수 있다.

　① 신청인이 해당 근로자파견사업을 적정하게 수행할 수 있는 자산 및 시설 등을 갖추고 있을 것

　② 해당 사업이 특정한 소수의 사용사업주를 대상으로 하여 근로자파견을 하는 것이 아닐 것

2) 제1항에 따른 허가의 세부기준은 대통령령으로 정한다

7. 허가유효기간등(법 10조)

1) 근로자파견사업 허가의 유효기간은 3년으로 한다.

2) 제1항에 따른 허가의 유효기간이 끝난 후 계속하여 근로자파견사업을 하려는 자는 고용노동부령으로 정하는 바에 따라 갱신허가를 받아야 한다.

3) 제2항에 따른 갱신허가의 유효기간은 그 갱신 전의 허가의 유효기간이 끝나는 날의 다음 날부터 기산(起算)하여 3년으로 한다.

4) 제2항에 따른 갱신허가에 관하여는 제7조부터 제9조까지의 규정을 준용한다.

8. 사업의 폐지(법 11조)

1) 파견사업주는 근로자파견사업을 폐지하였을 때에는 고용노동부령으로 정하는 바에 따라 고용노동부장관에게 신고하여야 한다.

2) 제1항에 따른 신고가 있을 때에는 근로자파견사업의 허가는 신고일부터 그 효력을 잃는다.

9. 허가취소 등의 처분후의 근로자파견(법 13조)

1) 제12조에 따른 허가취소 또는 영업정지 처분을 받은 파견사업주는 그 처분 전에 파견한 파견근로자와 그 사용사업주에 대하여는 그 파견기간이 끝날 때까지 파견사업주로서의 의무와 권리를 가진다.

2) 제1항의 경우에 파견사업주는 그 처분의 내용을 지체 없이 사용사업주에게 통지하여야 한다.

10. 겸업금지(법 14조)

다음 각 호의 어느 하나에 해당하는 사업을 하는 자는 근로자파견사업을 할 수 없다.
① 식품접객업
② 숙박업
③ 결혼중개업
④ 그 밖에 대통령령으로 정하는 사업

11. 근로자파견의 제한(법 16조)

1) 파견사업주는 쟁의행위 중인 사업장에 그 쟁의행위로 중단된 업무의 수행을 위하여 근로자를 파견하여서는 아니 된다.

2) 누구든지 「근로기준법」 제24조에 따른 경영상 이유에 의한 해고를 한 후 대통령령으로 정하는 기간이 지나기 전에는 해당 업무에 파견근로자를 사용하여서는 아니 된다.

Ⅲ. 파견근로자의 근로조건 등

1. 차별적 처우의 금지 및 시정 등(법 21조)

1) 파견사업주와 사용사업주는 파견근로자라는 이유로 사용사업주의 사업 내의 같은 종류의 업무 또는 유사한 업무를 수행하는 근로자에 비하여 파견근로자에게 차별적 처우를 하여서는 아니 된다.

2) 파견근로자는 차별적 처우를 받은 경우 노동위원회에 그 시정을 신청할 수 있다.

3) 제2항에 따른 시정신청, 그 밖의 시정절차 등에 관하여는 「기간제 및 단시간근로자 보호 등에 관한 법률」 제9조부터 제15조까지 및 제16조제2호·제3호를 준용한다. 이 경우 "기간제근로자 또는 단시간근로자"는 "파견근로자"로, "사용자"는 "파견사업주 또는 사용사업주"로 본다.

4) 제1항부터 제3항까지의 규정은 사용사업주가 상시 4명 이하의 근로자를 사용하는 경우에는 적용하지 아니한다.

2. 고용노동부장관의 차별적 처우 시정요구 등(법 21조의 2)

1) 고용노동부장관은 파견사업주와 사용사업주가 차별적 처우를 한 경우에는 그 시정을 요구할 수 있다.

2) 고용노동부장관은 파견사업주와 사용사업주가 제1항에 따른 시정요구에 따르지 아니한 경우에는 차별적 처우의 내용을 구체적으로 명시하여 노동위원회에 통보하여야 한다. 이 경우 고용노동부장관은 해당 파견사업주 또는 사용사업주 및 근로자에게 그 사실을 통지하여야 한다.

3) 노동위원회는 제2항에 따라 고용노동부장관의 통보를 받은 경우에는 지체 없이 차별적 처우가 있는지 여부를 심리하여야 한다. 이 경우 노동위원회는 해당 파견사업주 또는 사용사업주 및 근로자에게 의견을 진술할 수 있는 기회를 주어야 한다.

4) 제3항에 따른 노동위원회의 심리, 그 밖의 시정절차 등에 관하여는 「기간제 및 단시간근로자 보호 등에 관한 법률」 제15조의2제4항에 따라 준용되는 같은 법 제9조제4항, 제11조부터 제15조까지 및 제15조의2제5항을 준용한다. 이 경우 "시정신청을 한 날"은 "통지를 받은 날"로, "기각결정"은 "차별적 처우가 없다는 결정"으로, "관계 당사자"는 "해당 파견사업주 또는 사용사업주 및 근로자"로, "시정신청을 한 근로자"는 "해당 근로자"로 본다.

3. 계약의 해지 등(법 22조)

1) 사용사업주는 파견근로자의 성별, 종교, 사회적 신분, 파견근로자의 정당한 노동조합의 활동 등을 이유로 근로자파견계약을 해지하여서는 아니 된다.

2) 파견사업주는 사용사업주가 파견근로에 관하여 이 법 또는 이 법에 따른 명령, 「근로기준법」 또는 같은 법에 따른 명령, 「산업안전보건법」 또는 같은 법에 따른 명령을 위반하는 경우에는 근로자파견을 정지하거나 근로자파견계약을 해지할 수 있다.

4. 파견근로자에 대한 고지의무(법 24조)

1) 파견사업주는 근로자를 파견근로자로서 고용하려는 경우에는 미리 해당 근로자에게 그 취지를 서면으로 알려 주어야 한다.

2) 파견사업주는 그가 고용한 근로자 중 파견근로자로 고용하지 아니한 사람을 근로자파견의 대상으로 하려는 경우에는 미리 해당 근로자에게 그 취지를 서면으로 알리고 그의 동의를 받아야 한다.

5. 파견근로자에 대한 고용제한의 금지(법 25조)

1) 파견사업주는 파견근로자 또는 파견근로자로 고용되려는 사람과 그 고용관계가 끝난 후 그가 사용사업주에게 고용되는 것을 정당한 이유 없이 금지하는 내용의 근로계약을 체결하여서는 아니 된다.

2) 파견사업주는 파견근로자의 고용관계가 끝난 후 사용사업주가 그 파견근로자를 고용하는 것을 정당한 이유 없이 금지하는 내용의 근로자파견계약을 체결하여서는 아니 된다.

6. 파견사업관리 책임자(법 28조)

1) 파견사업주는 파견근로자의 적절한 고용관리를 위하여 제8조제1호부터 제5호까지에 따른 결격사유에 해당하지 아니하는 사람 중에서 파견사업관리책임자를 선임하여야 한다.

2) 파견사업관리책임자의 임무 등에 필요한 사항은 고용노동부령으로 정한다.

7. 근로기준법의 적용에 관한 특례(법 34조)

1) 파견 중인 근로자의 파견근로에 관하여는 파견사업주 및 사용사업주를 「근로기준법」 제2조제1항제2호의 사용자로 보아 같은 법을 적용한다. 다만, 「근로기준법」 제15조부터 제36조까지, 제39조, 제41조부터 제43조까지, 제43조의2, 제43조의3, 제44조, 제44조의2, 제44조의3, 제45조부터 제48조까지, 제56조, 제60조, 제64조, 제66조부터 제68조까지 및 제78조부터 제92조까지의 규정을 적용할 때에는 파견사업주를 사용자로 보고, 같은 법 제50조부터 제55조까지, 제58조, 제59조, 제62조, 제63조, 제69조부터 제74조까지, 제74조의2 및 제75조를 적용할 때에는 사용사업주를 사용자로 본다.

2) 파견사업주가 대통령령으로 정하는 사용사업주의 귀책사유(歸責事由)로 근로자의 임금을 지급하지 못한 경우에는 사용사업주는 그 파견사업주와 연대하여 책임을 진다. 이 경우 「근로기준법」 제43조 및 제68조를 적용할 때에는 파견사업주 및 사용사업주를 같은 법 제2조제1항제2호의 사용자로 보아 같은 법을 적용한다.

3) 「근로기준법」 제55조, 제73조 및 제74조제1항에 따라 사용사업주가 파견근로자에게 유급휴일 또는 유급휴가를 주는 경우 그 휴일 또는 휴가에 대하여 유급으로 지급되는 임금은 파견사업주가 지급하여야 한다.

4) 파견사업주와 사용사업주가 「근로기준법」을 위반하는 내용을 포함한 근로자파견계약을 체결하고 그 계약에 따라 파견근로자를 근로하게 함으로써 같은 법을 위반한 경우에는 그 계약 당사자 모두를 같은 법 제2조제1항제2호의 사용자로 보아 해당 벌칙규정을 적용한다.

8. 산업안전보건법의 적용에 관한 특례(법 35조)

1) 파견 중인 근로자의 파견근로에 관하여는 사용사업주를 「산업안전보건법」 제2조제4호의 사업주로 보아 같은 법을 적용한다. 이 경우 「산업안전보건법」 제29조제2항을 적용할 때에는 "근로자를 채용할 때"를 "근로자파견의 역무를 제공받은 경우"로 본다.

9. 양벌규정(법 45조)

법인의 대표자나 법인 또는 개인의 대리인, 사용인, 그 밖의 종업원이 그 법인 또는 개인의 업무에 관하여 제42조ㆍ제43조ㆍ제43조의2 또는 제44조의 위반행위를 하면 그 행위자를 벌하는 외에 그 법인 또는 개인에게도 해당 조문의 벌금형을 과(科)한다. 다만, 법인 또는 개인이 그 위반행위를 방지하기 위하여 해당 업무에 관하여 상당한 주의와 감독을 게을리하지 아니한 경우에는 그러하지 아니하다.

CHAPTER 02 출제예상문제(4)

직업상담사 2급 필기 전과목 무료동영상 **PART 05**

01 파견근로자 보호 등에 관한 법령에 대한 설명으로 옳지 않은 것은?

① 근로자파견사업의 허가의 유효기간은 3년으로 한다.
② 파견사업주는 그가 고용한 근로자 중 파견근로자로 고용하지 아니한 자를 근로자파견의 대상으로 하고자 할 경우에는 고용노동부장관의 승인을 받아야 한다.
③ 파견사업주는 쟁의행위 중인 사업장에 그 쟁의행위로 중단된 업무의 수행을 위하여 근로자를 파견하여서는 아니 된다.
④ 파견사업주는 사용사업주에게 파견근로자의 성명·성별·연령·학력·자격 기타 직업능력에 관한 사항을 통지하여야 한다.

> **해설** 파견사업주는 그가 고용한 근로자 중 파견근로자로 고용하지 아니한 자를 근로자파견의 대상으로 하고자 할 경우에는 미리 그 취지를 서면으로 알려주고 당해 근로자의 동의를 얻어야 한다.

02 파견근로자보호 등에 관한 법률에 대한 설명으로 틀린 것은?

① 근로자파견사업의 허가의 유효기간은 2년으로 한다.
② 사용사업주는 파견근로자를 사용하고 있는 업무에 근로자를 직접 고용하고자 하는 경우에는 당해 파견근로자를 우선적으로 고용하도록 노력하여야 한다.
③ 근로자파견이라 함은 파견사업주가 근로자를 고용한 후 그 고용관계를 유지하면서 근로자파견계약의 내용에 따라 사용사업주를 위한 근로에 종사하게 하는 것을 말한다.
④ 사용사업주는 고용노동부장관의 허가를 받지 않고 근로자파견사업을 행하는 자로부터 근로자 파견의 역무를 제공받은 경우에 해당 파견근로자를 직접 고용하여야 한다.

> **해설** 근로자파견사업의 허가의 유효기간은 3년으로 한다.

03 파견근로자보호 등에 관한 내용으로 옳지 않은 것은?

① "근로자파견"이라 함은 파견사업주가 근로자를 고용한 후 그 고용관계를 유지하면서 근로자파견계약의 내용에 따라 사용사업주의 지휘·명령을 받아 사용사업주를 위한 근로에 종사하게 하는 것을 말한다.
② 건설공사현장에서 이루어지는 업무에 대하여는 근로자파견사업을 행하여서는 안 된다.
③ 근로자파견사업을 하고자 하는 자는 고용노동부령이 정하는 바에 의하여 고용노동부장관의 허가를 받아야 하며, 허가받은 사항 중 고용노동부령이 정하는 중요사항을 변경하는 경우에는 고용노동부장관에게 신고하여야 한다.
④ 근로자파견사업 허가의 유효기간은 3년으로 한다.

> **해설** 근로자파견사업을 하고자 하는 자는 고용노동부령이 정하는 바에 의하여 고용노동부장관의 허가를 받아야 한다. 허가받은 사항 중 고용노동부령이 정하는 중요사항을 변경하는 경우에도 또한 같다.

04 파견근로자보호 등에 관한 내용으로 옳지 않은 것은?

① 근로자파견사업을 하고자 하는 자는 고용노동부장관의 허가를 받아야 한다.
② 고용상 연령차별금지 및 고령자고용촉진에 관한 법률에 따른 고용자인 파견근로자에 대하여는 2년을 초과하여 근로자파견기간을 연장할 수 있다.
③ 파견사업주는 자기의 명의로 타인에게 근로자파견사업을 행하게 할 수 없다.
④ 사용사업주는 파견근로자를 사용하고 있는 업무에 근로자를 직접 고용하고자 하는 경우에는 당해 파견근로자를 우선적으로 고용하여야 한다.

정답 01 ② 02 ① 03 ③ 04 ④

사용사업주는 파견근로자를 사용하고 있는 업무에 근로자를 직접 고용하고자 하는 경우에는 당해 파견근로자를 우선적으로 고용하도록 노력하여야 한다.

05 파견근로자보호 등에 관한 법률상 사용사업주가 파견근로자를 직접 고용할 의무가 발생하는 경우가 아닌 것은?

① 근로자파견대상이 아닌 업무에 2년을 초과하여 계속적으로 파견근로자를 사용하는 경우
② 파견근로금지업무에 파견근로자를 사용하는 경우
③ 파견근로의 대상 업무에 2년을 초과하여 계속적으로 파견근로자를 사용하는 경우
④ 사용사업주가 노동조합의 동의하에 파견근로자를 1년 동안 계속 사용하는 경우

사용사업주가 다음 각 호의 어느 하나에 해당하는 경우에는 해당 파견근로자를 직접 고용하여야 한다.
① 근로자파견대상업무에 해당하지 아니하는 업무에서 파견근로자를 사용하는 경우
② 규정을 위반하여 파견근로자를 사용하는 경우
③ 2년을 초과하여 계속적으로 파견근로자를 사용하는 경우
④ 위반하여 파견근로자를 사용하는 경우
⑤ 위반하여 근로자파견의 역무를 제공받은 경우

06 파견근로자보호 등에 관한 법률의 내용으로 옳지 않은 것은?

① 근로자파견사업을 하고자 하는 자는 고용노동부장관의 허가를 받아야 한다.
② 고용상 연령차별금지 및 고령자고용촉진에 관한 법률에 따른 고용자인 파견근로자에 대하여는 2년을 초과하여 근로자파견기간을 연장할 수 있다.
③ 건설공사현장에서 이루어지는 업무에 대하여 근로자파견사업을 행하여서는 아니 된다.
④ 파견사업주가 근로자파견사업을 폐지하려고 할 때에는 고용노동부장관의 허가를 받아야 한다.

파견사업주는 근로자파견사업을 폐지한 때에는 고용노동부령이 정하는 바에 의하여 고용노동부장관에게 신고하여야 한다.

07 파견근로자보호 등에 관한 법률에 따른 차별적 처우 금지에 관한 설명으로 옳지 않은 것은?

① 파견근로자는 차별적 처우를 받은 경우 노동위원회에 그 시정을 신청할 수 있다.
② 사용사업가 상시 4인 이하의 근로자를 사용하는 경우에는 파견근로자는 노동위원회에 시정을 신청할 수 없다.
③ 고용노동부장관은 파견사업주와 사용사업주가 파견근로자에게 차별적 처우를 한 경우에는 그 시정을 요구할 수 있다.
④ 노동위원회는 노동부장관의 통보를 받은 경우에는 지체 없이 차별시정명령을 내려야 한다.

노동위원회는 제2항에 따라 고용노동부장관의 통보를 받은 경우에는 지체 없이 차별적 처우가 있는지 여부를 심리하여야 한다. 이 경우 노동위원회는 해당 파견사업주 또는 사용사업주 및 근로자에게 의견을 진술할 수 있는 기회를 부여하여야 한다.

08 파견근로자보호 등에 관한 법률상 근로자파견사업의 허가에 관한 설명으로 틀린 것은?

① 근로자파견사업을 하고자 하는 자는 관할 지자체의 허가를 받아야 한다.
② 근로자파견사업 허가의 유효기간은 3년으로 한다.
③ 식품접객업, 숙박업을 하는 자는 근로자파견사업을 행할 수 없다.
④ 근로자파견사업 허가의 취소처분을 받은 파견사업주는 그 처분 전에 파견한 파견근로자와 그 사용사업주에 대하여 파견기간이 종료될 때까지 파견사업주로서의 의무와 권리를 가진다.

근로자파견사업을 하고자 하는 자는 고용노동부령이 정하는 바에 의하여 고용노동부장관의 허가를 받아야 한다. 허가받은 사항 중 고용노동부령이 정하는 중요사항을 변경하는 경우에도 또한 같다.

09 파견근로자보호 등에 관한 법률상 근로자파견 대상업무가 아닌 것은?

① 주유원의 업무
② 행정, 경영 및 재정 전문가의 업무
③ 음식 조리 종사자의 업무
④ 선원법에 따른 선원의 업무

해설 다음 각 호의 업무에 대하여는 근로자파견사업을 행하여서는 아니 된다.
① 건설공사현장에서 이루어지는 업무
②「항만운송사업법」,「한국철도공사법」,「농수산물유통 및 가격안정에 관한 법률」,「물류정책기본법」의 하역업무로서「직업안정법」에 따라 근로자공급사업 허가를 받은 지역의 업무
③「선원법」에 따른 선원의 업무
④「산업안전보건법」에 따른 유해하거나 위험한 업무
⑤ 그 밖에 근로자 보호 등의 이유로 근로자파견사업의 대상으로는 적절하지 못하다고 인정하여 대통령령이 정하는 업무
ⓐ 분진작업을 하는 업무
ⓑ 건강관리카드의 발급대상 업무
ⓒ 간호조무사의 업무
ⓓ 의료기사의 업무
ⓔ 여객자동차운송사업의 운전업무
ⓕ 화물자동차운송사업의 운전업무

10 파견근로자보호 등에 관한 법률에 관한 설명으로 틀린 것은?

① 파견사업주는 근로자를 파견근로자로서 고용하고자 할 때에는 미리 당해 근로자에게 그 취지를 서면으로 알려주어야 한다.
② 파견사업주는 정당한 이유 없이 파견근로자 또는 파견근로자로서 고용되고자 하는 자와 그 고용관계의 종료 후 사용사업주에게 고용되는 것을 금지하는 내용의 근로계약을 체결하여서는 아니된다.
③ 파견사업주는 파견사업관리대장을 작성·보존하여야 한다.
④ 파견사업주는 파견근로자의 적절한 파견근로를 위하여 사용사업관리책임자를 선임하여야 한다.

해설 파견사업주는 파견근로자의 적절한 고용관리를 위하여 파견사업관리책임자를 선임하여야 한다.

11 파견근로자보호 등에 관한 법령에 대한 설명으로 틀린 것은?

① 근로자파견사업의 허가의 유효기간은 3년으로 한다.
② 파견사업주는 그가 고용한 근로자 중 파견근로자로 고용하지 아니한 자를 근로자파견의 대상으로 하려는 경우에는 고용노동부장관의 승인을 받아야 한다.
③ 파견사업주는 쟁의행위 중인 사업장에 그 쟁의행위로 중단된 업무의 수행을 위하여 근로자를 파견하여서는 아니 된다.

④ 파견사업주는 근로자파견을 할 경우에는 파견근로자의 성명·성별·연령·학력·자격 기타 직업능력에 관한 사항을 사용사업주에게 통지하여야 한다.

해설 파견사업주는 그가 고용한 근로자중 파견근로자로 고용하지 아니한 자를 근로자파견의 대상으로 하고자 할 경우에는 미리 그 취지를 서면으로 알려주고 당해 근로자의 동의를 얻어야 한다.

12 파견근로자 보호 등에 관한 법령상 근로자 파견사업을 하여서는 아니 되는 업무에 해당하는 것을 모두 고른 것은?

ㄱ. 건설공사현장에서 이루어지는 업무
ㄴ.「산업안전보건법」상 따른 유해하거나 위험한 업무
ㄷ.「의료기사 등에 관한 법률」상 의료기사의 업무
ㄹ.「여객자동차 운수사업법」상 여객자동차운송사업에서의 운전업무

① ㄱ, ㄹ   ② ㄱ, ㄴ, ㄷ
③ ㄱ, ㄷ, ㄹ   ④ ㄱ, ㄴ, ㄷ, ㄹ

해설 다음 각 호의 업무에 대하여는 근로자파견사업을 행하여서는 아니 된다.
① 건설공사현장에서 이루어지는 업무
②「항만운송사업법」,「한국철도공사법」,「농수산물유통 및 가격안정에 관한 법률」,「물류정책기본법」의 하역업무로서「직업안정법」에 따라 근로자공급사업 허가를 받은 지역의 업무
③「선원법」에 따른 선원의 업무
④「산업안전보건법」에 따른 유해하거나 위험한 업무
⑤ 그 밖에 근로자 보호 등의 이유로 근로자파견사업의 대상으로는 적절하지 못하다고 인정하여 대통령령이 정하는 업무
ⓐ 분진작업을 하는 업무
ⓑ 건강관리카드의 발급대상 업무
ⓒ 간호조무사의 업무
ⓓ 의료기사의 업무
ⓔ 여객자동차운송사업의 운전업무
ⓕ 화물자동차운송사업의 운전업무

기간제 및 단시간 근로자 보호 등에 관한 법률

Ⅰ. 총칙

1. 목적(법 1조)

이 법은 기간제 근로자 및 단시간근로자에 대한 불합리한 차별을 시정하고 기간제 근로자 및 단시간근로자의 근로조건 보호를 강화함으로써 노동시장의 건전한 발전에 이바지함을 목적으로 한다.

2. 정의(법 2조)

이 법에서 사용하는 용어의 정의는 다음과 같다.
1) "기간제근로자"라 함은 기간의 정함이 있는 근로계약(이하 "기간제 근로계약"이라 한다)을 체결한 근로자를 말한다.
2) "단시간근로자"라 함은 「근로기준법」의 단시간근로자를 말한다.
3) "차별적 처우"라 함은 다음 각 목의 사항에서 합리적인 이유 없이 불리하게 처우하는 것을 말한다.
   ① 임금
   ② 정기상여금, 명절상여금 등 정기적으로 지급되는 상여금
   ③ 경영성과에 따른 성과금
   ④ 그 밖에 근로조건 및 복리후생 등에 관한 사항

3. 적용범위(법 3조)

1) 이 법은 상시 5인 이상의 근로자를 사용하는 모든 사업 또는 사업장에 적용한다. 다만, 동거의 친족만을 사용하는 사업 또는 사업장과 가사사용인에 대하여는 적용하지 아니한다.
2) 상시 4인 이하의 근로자를 사용하는 사업 또는 사업장에 대하여는 대통령령으로 정하는 바에 따라 이 법의 일부 규정을 적용할 수 있다.
3) 국가 및 지방자치단체의 기관에 대하여는 상시 사용하는 근로자의 수와 관계 없이 이 법을 적용한다.

4. 기간제근로자의 사용(법 4조)

1) 사용자는 2년을 초과하지 아니하는 범위 안에서(기간제 근로계약의 반복갱신 등의 경우에는 그 계속근로한 총기간이 2년을 초과하지 아니하는 범위 안에서) 기간제근로자를 사용할 수 있다. 다만, 다음 각 호의 어느 하나에 해당하는 경우에는 2년을 초과하여 기간제근로자로 사용할 수 있다.
   ① 사업의 완료 또는 특정한 업무의 완성에 필요한 기간을 정한 경우
   ② 휴직 · 파견 등으로 결원이 발생하여 해당 근로자가 복귀할 때까지 그 업무를 대신할 필요가 있는 경우

③ 근로자가 학업, 직업훈련 등을 이수함에 따라 그 이수에 필요한 기간을 정한 경우

④ 「고령자고용촉진법」 제2조제1호의 고령자와 근로계약을 체결하는 경우

⑤ 전문적 지식·기술의 활용이 필요한 경우와 정부의 복지정책·실업대책 등에 따라 일자리를 제공하는 경우로서 대통령령으로 정하는 경우

⑥ 그 밖에 제1호부터 제5호까지에 준하는 합리적인 사유가 있는 경우로서 대통령령으로 정하는 경우

2) 사용자가 제1항 단서의 사유가 없거나 소멸되었음에도 불구하고 2년을 초과하여 기간제근로자로 사용하는 경우에는 그 기간제근로자는 기간의 정함이 없는 근로계약을 체결한 근로자로 본다.

5. 기간제근로자 사용기간 제한의 예외(시행령 3조)

1) 법 제4조제1항제5호에서 "전문적 지식·기술의 활용이 필요한 경우로서 대통령령이 정하는 경우"란 다음 각 호의 어느 하나에 해당하는 경우를 말한다.

① 박사 학위(외국에서 수여받은 박사 학위를 포함한다)를 소지하고 해당 분야에 종사하는 경우

② 「국가기술자격법」에 따른 기술사 등급의 국가기술자격을 소지하고 해당 분야에 종사하는 경우

③ 별표 2에서 정한 전문자격을 소지하고 해당 분야에 종사하는 경우

2) 법 제4조제1항제5호에서 "정부의 복지정책·실업대책 등에 의하여 일자리를 제공하는 경우로서 대통령령이 정하는 경우"란 다음 각 호의 어느 하나에 해당하는 경우를 말한다.

① 「고용정책 기본법」, 「고용보험법」 등 다른 법령에 따라 국민의 직업능력 개발, 취업 촉진 및 사회적으로 필요한 서비스 제공 등을 위하여 일자리를 제공하는 경우

② 「제대군인 지원에 관한 법률」 제3조에 따라 제대군인의 고용증진 및 생활안정을 위하여 일자리를 제공하는 경우

③ 「국가보훈기본법」 제19조제2항에 따라 국가보훈대상자에 대한 복지증진 및 생활안정을 위하여 보훈도우미 등 복지지원 인력을 운영하는 경우

3) 법 제4조제1항제6호에서 "대통령령이 정하는 경우"란 다음 각 호의 어느 하나에 해당하는 경우를 말한다.

① 다른 법령에서 기간제근로자의 사용 기간을 법 제4조제1항과 달리 정하거나 별도의 기간을 정하여 근로계약을 체결할 수 있도록 한 경우

② 국방부장관이 인정하는 군사적 전문적 지식·기술을 가지고 관련 직업에 종사하거나 「고등교육법」 제2조제1호에 따른 대학에서 안보 및 군사학 과목을 강의하는 경우

③ 특수한 경력을 갖추고 국가안전보장, 국방·외교 또는 통일과 관련된 업무에 종사하는 경우

④ 「고등교육법」에 따른 학교(같은 법 제30조에 따른 대학원대학을 포함한다)에서 다음 각 목의 업무에 종사하는 경우

　　　　　⊙「고등교육법」에 따른 조교의 업무

　　　　　ⓛ「고등교육법 시행령」에 따른 겸임교원, 명예교수, 시간강사, 초빙교원
　　　　　　등의 업무

　　　⑤「통계법」에 따라 고시한 한국표준직업분류의 대분류 1과 대분류 2 직업에
　　　　종사하는 자의「소득세법」에 따른 근로소득(최근 2년간의 연평균근로소득
　　　　을 말한다)이 고용노동부장관이 최근 조사한 고용형태별근로실태조사의
　　　　한국표준직업분류 대분류 2 직업에 종사하는 자의 근로소득 상위 100분의
　　　　25에 해당하는 경우

　　　⑥「근로기준법」에 따른 1주 동안의 소정근로시간이 뚜렷하게 짧은 단시간근
　　　　로자를 사용하는 경우

　　　⑦「국민체육진흥법」제2조제4호에 따른 선수와 같은 조 제6호에 따른 체육
　　　　지도자 업무에 종사하는 경우

　　　⑧ 다음 각 목의 연구기관에서 연구업무에 직접 종사하는 경우 또는 실험·조
　　　　사 등을 수행하는 등 연구업무에 직접 관여하여 지원하는 업무에 종사하는
　　　　경우

　　　　　⊙ 국공립연구기관

　　　　　ⓛ「정부출연연구기관 등의 설립·운영 및 육성에 관한 법률」또는「과학
　　　　　　기술분야 정부출연연구기관 등의 설립·운영 및 육성에 관한 법률」에
　　　　　　따라 설립된 정부출연연구기관

　　　　　ⓒ「특정연구기관 육성법」에 따른 특정연구기관

　　　　　ⓔ「지방자치단체출연 연구원의 설립 및 운영에 관한 법률」에 따라 설립된
　　　　　　연구기관

　　　　　ⓜ「공공기관의 운영에 관한 법률」에 따른 공공기관의 부설 연구기관

　　　　　ⓗ 기업 또는 대학의 부설 연구기관

　　　　　ⓢ「민법」또는 다른 법률에 따라 설립된 법인인 연구기관

6. 단시간근로자의 근로조건 결정기준 등에 관한 사항(근로기준법 별표 2조)

　　1) 근로계약의 체결

　　　　⊙ 사용자는 단시간근로자를 고용할 경우에 임금, 근로시간, 그 밖의 근로조
　　　　　건을 명확히 적은 근로계약서를 작성하여 근로자에게 내주어야 한다.

　　　　ⓛ 단시간근로자의 근로계약서에는 계약기간, 근로일, 근로시간의 시작과 종
　　　　　료시각, 시간급임금, 그 밖에 노동부장관이 정하는 사항이 명시되어야 한다.

　　2) 임금의 계산

　　　　⊙ 단시간근로자의 임금산정 단위는 시간급을 원칙으로 하며, 시간급 임금을
　　　　　일급 통상임금으로 산정할 경우에는 ⓛ목에 따른 1일 소정근로시간 수에
　　　　　시간급 임금을 곱하여 산정한다.

　　　　ⓛ 단시간근로자의 1일 소정근로시간 수는 4주 동안의 소정근로시간을 그 기
　　　　　간의 통상근로자의 총 소정근로일 수로 나눈 시간 수로 한다.

3) 초과근로

  ㉠ 사용자는 단시간근로자를 소정 근로일이 아닌 날에 근로시키거나 소정근로시간을 초과하여 근로시키고자 할 경우에는 근로계약서나 취업규칙 등에 그 내용 및 정도를 명시하여야 하며, 초과근로시간에 대하여 가산임금을 지급하기로 한 경우에는 그 지급률을 명시하여야 한다.

  ㉡ 사용자는 근로자와 합의한 경우에만 초과근로를 시킬 수 있다.

4) 휴일 · 휴가의 적용

  ㉠ 사용자는 단시간근로자에게 유급휴일을 주어야 한다.

  ㉡ 사용자는 단시간근로자에게 연차유급휴가를 주어야 한다. 이 경우 유급휴가는 다음방식으로 계산한 시간단위로 하며, 1시간 미만은 1시간으로 본다.

$$\text{통상 근로자의 연차휴가일수} \times \frac{\text{단시간근로자의 소정근로시간}}{\text{통상 근로자의 소정근로시간}} \times 8\text{시간}$$

  ㉢ 사용자는 여성인 단시간근로자에 대하여 생리휴가 및 출산전후휴가를 주어야 한다.

  ㉣ 유급휴일, 생리휴가 및 출산전후휴가의 경우 사용자가 지급하여야 하는 임금은 일급 통상임금을 기준으로 한다.

  ㉤ 연차유급휴가의 경우에 사용자가 지급하여야 하는 임금은 시간급을 기준으로 한다.

5) 취업규칙의 작성 및 변경

  ㉠ 사용자는 단시간근로자에게 적용되는 취업규칙을 통상근로자에게 적용되는 취업규칙과 별도로 작성할 수 있다.

  ㉡ ㉠에 따라 취업규칙을 작성하거나 변경하고자 할 경우에는 적용대상이 되는 단시간근로자 과반수의 의견을 들어야 한다. 다만, 취업규칙을 단시간근로자에게 불이익하게 변경하는 경우에는 그 동의를 받아야 한다.

  ㉢ 단시간근로자에게 적용될 별도의 취업규칙이 작성되지 아니한 경우에는 통산근로자에게 적용되는 취업규칙이 적용된다. 다만, 취업규칙에서 단시간근로자에 대한 적용을 배제하는 규정을 두거나 다르게 적용한다는 규정을 둔 경우에는 그에 따른다.

  ㉣ ㉠ 및 ㉢에 따라 단시간근로자에게 적용되는 취업규칙을 작성 또는 변경하는 경우에는 근로기준법 제18조1항의 취지에 어긋나는 내용이 포함되어서는 아니 된다.

7. 기간의 정함이 없는 근로자로의 전환(법 5조)

사용자는 기간의 정함이 없는 근로계약을 체결하고자 하는 경우에는 해당 사업 또는 사업장의 동종 또는 유사한 업무에 종사하는 기간제근로자를 우선적으로 고용하도록 노력하여야 한다.

8. 단시간근로자의 초과근로 제한(법 6조)

1) 사용자는 단시간근로자에 대하여 「근로기준법」 제2조의 소정근로시간을 초과하여 근로하게 하는 경우에는 해당 근로자의 동의를 얻어야 한다. 이 경우 1주간에 12시간을 초과하여 근로하게 할 수 없다.

2) 단시간근로자는 사용자가 제1항의 규정에 따른 동의를 얻지 아니하고 초과근로를 하게 하는 경우에는 이를 거부할 수 있다.

3) 사용자는 제1항에 따른 초과근로에 대하여 통상임금의 100분의 50 이상을 가산하여 지급하여야 한다.

9. 통상근로자로의 전환 등(법 7조)

1) 사용자는 통상근로자를 채용하고자 하는 경우에는 해당 사업 또는 사업장의 동종 또는 유사한 업무에 종사하는 단시간근로자를 우선적으로 고용하도록 노력하여야 한다.

2) 사용자는 가사, 학업 그 밖의 이유로 근로자가 단시간근로를 신청하는 때에는 해당 근로자를 단시간근로자로 전환하도록 노력하여야 한다.

10. 차별적 처우의 금지(법 8조)

1) 사용자는 기간제근로자임을 이유로 해당 사업 또는 사업장에서 동종 또는 유사한 업무에 종사하는 기간의 정함이 없는 근로계약을 체결한 근로자에 비하여 차별적 처우를 하여서는 아니 된다.

2) 사용자는 단시간근로자임을 이유로 해당 사업 또는 사업장의 동종 또는 유사한 업무에 종사하는 통상근로자에 비하여 차별적 처우를 하여서는 아니 된다.

11. 차별적 처우의 시정신청(법 9조)

1) 기간제근로자 또는 단시간근로자는 차별적 처우를 받은 경우 「노동위원회법」 제1조의 규정에 따른 노동위원회(이하 "노동위원회"라 한다)에 그 시정을 신청할 수 있다. 다만, 차별적 처우가 있은 날(계속되는 차별적 처우는 그 종료일)부터 6개월이 지난 때에는 그러하지 아니하다.

2) 기간제근로자 또는 단시간근로자가 제1항의 규정에 따른 시정신청을 하는 때에는 차별적 처우의 내용을 구체적으로 명시하여야 한다.

3) 제1항 및 제2항의 규정에 따른 시정신청의 절차·방법 등에 관하여 필요한 사항은 「노동위원회법」 제2조제1항의 규정에 따른 중앙노동위원회(이하 "중앙노동위원회"라 한다)가 따로 정한다.

4) 제8조 및 제1항부터 제3항까지의 규정과 관련한 분쟁에서 입증책임은 사용자가 부담한다.

12. 조사심문 등(법 10조)

1) 노동위원회는 제9조의 규정에 따른 시정신청을 받은 때에는 지체 없이 필요한 조사와 관계당사자에 대한 심문을 하여야 한다.

2) 노동위원회는 제1항의 규정에 따른 심문을 하는 때에는 관계당사자의 신청 또는 직권으로 증인을 출석하게 하여 필요한 사항을 질문할 수 있다.

3) 노동위원회는 제1항 및 제2항의 규정에 따른 심문을 할 때에는 관계당사자에게 증거의 제출과 증인에 대한 반대심문을 할 수 있는 충분한 기회를 주어야 한다.

4) 제1항부터 제3항까지의 규정에 따른 조사 · 심문의 방법 및 절차 등에 관하여 필요한 사항은 중앙노동위원회가 따로 정한다.

5) 노동위원회는 차별시정사무에 관한 전문적인 조사 · 연구업무를 수행하기 위하여 전문위원을 둘 수 있다. 이 경우 전문위원의 수 · 자격 및 보수 등에 관하여 필요한 사항은 대통령령으로 정한다.

13. 조정 · 중재(법 11조)

1) 노동위원회는 제10조의 규정에 따른 심문의 과정에서 관계당사자 쌍방 또는 일방의 신청 또는 직권에 의하여 조정(調停)절차를 개시할 수 있고, 관계당사자가 미리 노동위원회의 중재(仲裁)결정에 따르기로 합의하여 중재를 신청한 경우에는 중재를 할 수 있다.

2) 제1항의 규정에 따라 조정 또는 중재를 신청하는 경우에는 제9조의 규정에 따른 차별적 처우의 시정신청을 한 날부터 14일 이내에 하여야 한다. 다만, 노동위원회의 승낙이 있는 경우에는 14일 후에도 신청할 수 있다.

3) 노동위원회는 조정 또는 중재를 하는 경우 관계당사자의 의견을 충분히 들어야 한다.

4) 노동위원회는 특별한 사유가 없으면 조정절차를 개시하거나 중재신청을 받은 때부터 60일 이내에 조정안을 제시하거나 중재결정을 하여야 한다.

5) 노동위원회는 관계당사자 쌍방이 조정안을 수락한 경우에는 조정조서를 작성하고 중재결정을 한 경우에는 중재결정서를 작성하여야 한다.

6) 조정조서에는 관계당사자와 조정에 관여한 위원전원이 서명 · 날인하여야 하고, 중재결정서에는 관여한 위원전원이 서명 · 날인하여야 한다.

7) 제5항 및 제6항의 규정에 따른 조정 또는 중재결정은 「민사소송법」의 규정에 따른 재판상 화해와 동일한 효력을 갖는다.

8) 제1항부터 제7항까지의 규정에 따른 조정 · 중재의 방법, 조정조서 · 중재결정서의 작성 등에 관한 사항은 중앙노동위원회가 따로 정한다.

14. 시정명령 이행상황의 제출(법 15조)

1) 고용노동부장관은 확정된 시정명령에 대하여 사용자에게 이행상황을 제출할 것을 요구할 수 있다.

2) 시정신청을 한 근로자는 사용자가 확정된 시정명령을 이행하지 아니하는 경우 이를 고용노동부장관에게 신고할 수 있다.

15. 불리한 처우의 금지(법 16조)

사용자는 기간제근로자 또는 단시간근로자가 다음 각 호의 어느 하나에 해당하는 행위를 한 것을 이유로 해고 그 밖의 불리한 처우를 하지 못한다.

1) 사용자의 부당한 초과근로 요구의 거부
2) 차별적 처우의 시정신청, 노동위원회에의 참석 및 진술, 제14조의 규정에 따른 재심신청 또는 행정소송의 제기
3) 시정명령 불이행의 신고
4) 감독기관에 대한 통지

16. 근로조건의 서면명시(법 17조)

사용자는 기간제근로자 또는 단시간근로자와 근로계약을 체결하는 때에는 다음 각 호의 모든 사항을 서면으로 명시하여야 한다. 다만, 제6호는 단시간근로자에 한정한다.

1) 근로계약기간에 관한 사항
2) 근로시간 · 휴게에 관한 사항
3) 임금의 구성항목 · 계산방법 및 지불방법에 관한 사항
4) 휴일 · 휴가에 관한 사항
5) 취업의 장소와 종사하여야 할 업무에 관한 사항
6) 근로일 및 근로일별 근로시간

CHAPTER 02 출제예상문제(5)

01 기간제 및 단시간근로자 보호 등에 관한 법률에 규정된 내용으로 틀린 것은?

① 단시간근로자라 함은 기간의 정함이 있는 근로계약을 체결한 근로자를 말한다.

② 국가 및 지방자치단체의 기관에 대하여는 상시 사용하는 근로자의 수와 관계없이 기간제 및 단시간근로자 보호 등에 관한 법률을 적용한다.

③ 사용자는 통상근로자를 채용하고자 하는 경우에는 해당 사업 또는 사업장의 동종 또는 유사한 업무에 종사하는 단시간근로자를 우선적으로 고용하도록 노력하여야 한다.

④ 사용자는 가사, 학업 그 밖의 이유로 근로자가 단시간근로를 신청하는 때에는 해당 근로자를 단시간근로자로 전환하도록 노력하여야 한다.

> **해설** 기간제근로자라 함은 기간의 정함이 있는 근로계약을 체결한 근로자를 말한다.

02 기간제 및 단시간근로자 보호 등에 관한 법률에 대한 설명으로 옳지 않은 것은?

① 이 법은 국가 및 지방자치단체의 기관에 대하여는 상시 사용하는 근로자의 수와 관계없이 이 법을 적용한다.

② 사용자는 기간의 정함이 없는 근로계약을 체결하고자 하는 경우에는 해당 사업 또는 사업장의 동종 또는 유사한 업무에 종사하는 기간제근로자를 우선적으로 고용하도록 노력하여야 한다.

③ 기간제근로자가 노동위원회에 차별적 처우의 시정신청을 하는 경우 차별적 처우와 관련한 분쟁에 있어서 입증책임은 근로자가 부담한다.

④ 사용자가 57세인 고령자와 근로계약을 체결하는 경우에는 2년을 초과하여 기간제 근로자로 사용할 수 있다.

> **해설** 기간제근로자가 노동위원회에 차별적 처우의 시정신청을 하는 경우 차별적 처우와 관련한 분쟁에 있어서 입증책임은 사용자가 부담한다.

03 기간제 및 단시간근로자 보호 등에 관한 법률에 관한 설명으로 옳지 않은 것은?

① 사용자가 기간제근로자의 계속되는 근로제공에 대하여 차별적인 규정을 적용하여 차별적으로 임금을 지급하여 왔다면 특별한 사정이 없는 한 계속되는 차별적 처우에 해당한다.

② 고용노동부장관은 확정된 시정명령에 대하여 사용자에게 이행상황을 제출할 것을 요구할 수 있다.

③ 기간제근로자 또는 단시간근로자는 차별적 처우를 받은 경우 그 종료일부터 3개월이내에 그 시정을 신청하여야 한다.

④ 고용노동부장관은 사용자가 차별적 처우를 한 경우에는 그 시정을 요구할 수 있다.

> **해설** 기간제근로자 또는 단시간근로자는 차별적 처우를 받은 경우 「노동위원회법」 제1조의 규정에 따른 노동위원회(이하 "노동위원회"라 한다)에 그 시정을 신청할 수 있다. 다만, 차별적 처우가 있은 날(계속되는 차별적 처우는 그 종료일)부터 6개월이 지난 때에는 그러하지 아니하다.

정답 01 ① 02 ③ 03 ③

04 기간제 및 단시간근로자 보호 등에 관한 법률상 사용자가 2년을 초과하여 기간제근로자로 사용할 수 있는 경우가 아닌 것은?

① 사업의 완료 또는 특정한 업무의 완성에 필요한 기간을 정한 경우
② 박사학위를 소지하고 해당 분야와 관계 없는 업무에 종사하는 경우
③ 휴직 · 파견 등으로 결원이 발생하여 해당 근로자가 복귀할 때까지 그 업무를 대신할 필요가 있는 경우
④ 근로자가 학업, 직업훈련 등을 이수함에 따라 그 이수에 필요한 기간을 정한 경우

해설 박사 학위(외국에서 수여받은 박사 학위를 포함한다)를 소지하고 해당 분야에 종사하는 경우

05 기간제 및 단시간근로자 보호 등에 관한 법률상 사용자가 기간제근로자와 근로계약을 체결하는 때에 서면으로 명시하여야 하는 사항으로 옳지 않은 것은?

① 근로계약기간에 관한 사항
② 휴일 · 휴가에 관한 사항
③ 임금의 구성항목 · 계산방법 및 지불방법에 관한 사항
④ 근로일 및 근로일별 근로시간

해설 사용자는 기간제근로자 또는 단시간근로자와 근로계약을 체결하는 때에는 다음 각 호의 모든 사항을 서면으로 명시하여야 한다. 다만, 제6호는 단시간근로자에 한정한다.
1) 근로계약기간에 관한 사항
2) 근로시간 · 휴게에 관한 사항
3) 임금의 구성항목 · 계산방법 및 지불방법에 관한 사항
4) 휴일 · 휴가에 관한 사항
5) 취업의 장소와 종사하여야 할 업무에 관한 사항
6) 근로일 및 근로일별 근로시간

Ⅰ. 총칙

1. 목적(법 1조)

이 법은 근로자 퇴직급여제도의 설정 및 운영에 필요한 사항을 정함으로써 근로자의 안정적인 노후생활 보장에 이바지함을 목적으로 한다.

2. 정의 (법 2조)

1) "근로자"란 「근로기준법」 제2조제1항제1호에 따른 근로자를 말한다.
2) "사용자"란 「근로기준법」 제2조제1항제2호에 따른 사용자를 말한다.
3) "임금"이란 「근로기준법」 제2조제1항제5호에 따른 임금을 말한다.
4) "평균임금"이란 「근로기준법」 제2조제1항제6호에 따른 평균임금을 말한다.
5) "급여"란 퇴직급여제도나 제25조에 따른 개인형퇴직연금제도에 의하여 근로자에게 지급되는 연금 또는 일시금을 말한다.
6) "퇴직급여제도"란 확정급여형퇴직연금제도, 확정기여형퇴직연금제도, 중소기업퇴직연금기금제도 및 제8조에 따른 퇴직금제도를 말한다.
7) "퇴직연금제도"란 확정급여형퇴직연금제도, 확정기여형퇴직연금제도 및 개인형퇴직연금제도를 말한다.
8) "확정급여형퇴직연금제도"란 근로자가 받을 급여의 수준이 사전에 결정되어 있는 퇴직연금제도를 말한다.
9) "확정기여형퇴직연금제도"란 급여의 지급을 위하여 사용자가 부담하여야 할 부담금의 수준이 사전에 결정되어 있는 퇴직연금제도를 말한다.
10) "개인형퇴직연금제도"란 가입자의 선택에 따라 가입자가 납입한 일시금이나 사용자 또는 가입자가 납입한 부담금을 적립·운용하기 위하여 설정한 퇴직연금제도로서 급여의 수준이나 부담금의 수준이 확정되지 아니한 퇴직연금제도를 말한다.
11) "가입자"란 퇴직연금제도 또는 중소기업퇴직연금기금제도에 가입한 사람을 말한다.
12) "적립금"이란 가입자의 퇴직 등 지급사유가 발생할 때에 급여를 지급하기 위하여 사용자 또는 가입자가 납입한 부담금으로 적립된 자금을 말한다.
13) "퇴직연금사업자"란 퇴직연금제도의 운용관리업무 및 자산관리업무를 수행하기 위하여 제26조에 따라 등록한 자를 말한다.
14) "중소기업퇴직연금기금제도"란 중소기업(상시 30명 이하의 근로자를 사용하는 사업에 한정한다. 이하 같다) 근로자의 안정적인 노후생활 보장을 지원하기 위하여 둘 이상의 중소기업 사용자 및 근로자가 납입한 부담금 등으로 공동의 기금을 조성·운영하여 근로자에게 급여를 지급하는 제도를 말한다.

3. 적용범위(법 3조)

이 법은 근로자를 사용하는 모든 사업 또는 사업장(이하 "사업"이라 한다)에 적용한다. 다만, 동거하는 친족만을 사용하는 사업 및 가구 내 고용활동에는 적용하지 아니한다.

II. 퇴직급여제도의 설정

1. 퇴직급여제도의 설정(법 4조)

1) 사용자는 퇴직하는 근로자에게 급여를 지급하기 위하여 퇴직급여제도 중 하나 이상의 제도를 설정하여야 한다. 다만, 계속근로기간이 1년 미만인 근로자, 4주간을 평균하여 1주간의 소정근로시간이 15시간 미만인 근로자에 대하여는 그러하지 아니하다.

2) 제1항에 따라 퇴직급여제도를 설정하는 경우에 하나의 사업에서 급여 및 부담금 산정방법의 적용 등에 관하여 차등을 두어서는 아니 된다.

3) 사용자가 퇴직급여제도를 설정하거나 설정된 퇴직급여제도를 다른 종류의 퇴직급여제도로 변경하려는 경우에는 근로자의 과반수가 가입한 노동조합이 있는 경우에는 그 노동조합, 근로자의 과반수가 가입한 노동조합이 없는 경우에는 근로자 과반수(이하 "근로자대표"라 한다)의 동의를 받아야 한다.

4) 사용자가 제3항에 따라 설정되거나 변경된 퇴직급여제도의 내용을 변경하려는 경우에는 근로자대표의 의견을 들어야 한다. 다만, 근로자에게 불리하게 변경하려는 경우에는 근로자대표의 동의를 받아야 한다.

2. 새로 성립된 사업의 퇴직급여제도(법 5조)

근로자퇴직급여 보장법 전부개정법률 시행일 이후 새로 성립(합병·분할된 경우는 제외한다)된 사업의 사용자는 근로자대표의 의견을 들어 사업의 성립 후 1년 이내에 확정급여형 퇴직연금제도나 확정기여형 퇴직연금제도를 설정하여야 한다.

3. 가입자에 대한 둘 이상의 퇴직연금제도 설정(법 6조)

1) 사용자가 가입자에 대하여 확정급여형 퇴직연금제도 및 확정기여형 퇴직연금제도를 함께 설정하는 경우 제15조 및 제20조제1항에도 불구하고 확정급여형 퇴직연금제도의 급여 및 확정기여형 퇴직연금제도의 부담금 수준은 다음 각 호에 따른다.

① 확정급여형 퇴직연금제도의 급여 : 제15조에 따른 급여수준에 확정급여형 퇴직연금규약으로 정하는 설정 비율을 곱한 금액

② 확정기여형 퇴직연금제도의 부담금 : 제20조제1항의 부담금의 부담 수준에 확정기여형 퇴직연금규약으로 정하는 설정 비율을 곱한 금액

2) 사용자는 제1항제1호 및 제2호에 따른 각각의 설정 비율의 합이 1 이상이 되도록 퇴직연금규약을 정하여 퇴직연금제도를 설정하여야 한다.

4. 수급권의 보호(법 7조)

1) 퇴직연금제도(중소기업퇴직연금기금제도를 포함한다.)의 급여를 받을 권리는 양도 또는 압류하거나 담보로 제공할 수 없다.

2) 제1항에도 불구하고 가입자는 주택구입 등 대통령령으로 정하는 사유와 요건을 갖춘 경우에는 대통령령으로 정하는 한도에서 퇴직연금제도의 급여를 받을 권리를 담보로 제공할 수 있다. 이 경우 제26조에 따라 등록한 퇴직연금사업자[중소기업퇴직연금기금제도의 경우 근로복지공단을 말한다]는 제공된 급여를 담보로 한 대출이 이루어지도록 협조하여야 한다.

5. 퇴직연금제도 수급권의 담보제공 사유 등(시행령 2조)

1) 「근로자퇴직급여 보장법」 제7조제2항 전단에서 "주택구입 등 대통령령으로 정하는 사유와 요건을 갖춘 경우"란 다음 각 호의 어느 하나에 해당하는 경우를 말한다.

① 무주택자인 가입자가 본인 명의로 주택을 구입하는 경우

② 무주택자인 가입자가 주거를 목적으로 전세금 또는 보증금을 부담하는 경우. 이 경우 가입자가 하나의 사업 또는 사업장에 근로하는 동안 1회로 한정한다.

③ 가입자가 6개월 이상 요양을 필요로 하는 다음 각 목의 어느 하나에 해당하는 사람의 질병이나 부상에 대한 의료비를 부담하는 경우(가입자 본인, 가입자의 배우자, 가입자 또는 그 배우자의 부양가족)

④ 담보를 제공하는 날부터 거꾸로 계산하여 5년 이내에 가입자가 파산선고를 받은 경우

⑤ 담보를 제공하는 날부터 거꾸로 계산하여 5년 이내에 가입자가 개인회생절차개시 결정을 받은 경우

⑥ 다음 각 목의 어느 하나에 해당하는 사람의 대학등록금, 혼례비 또는 장례비를 가입자가 부담하는 경우(가입자 본인, 가입자의 배우자, 가입자 또는 그 배우자의 부양가족)

⑦ 사업주의 휴업 실시로 근로자의 임금이 감소하거나 재난으로 피해를 입은 경우로서 고용노동부장관이 정하여 고시하는 사유와 요건에 해당하는 경우

2) 법 제7조제2항 전단에서 "대통령령으로 정하는 한도"란 다음 각 호의 구분에 따른 한도를 말한다.

① 제1항 1~6까지의 경우 : 가입자별 적립금의 100분의 50

② 제1항 7의 경우 : 임금 감소 또는 재난으로 입은 가입자의 피해 정도 등을 고려하여 고용노동부장관이 정하여 고시하는 한도

6. 퇴직금제도의 설정 등(법 8조)

1) 퇴직금제도를 설정하려는 사용자는 계속근로기간 1년에 대하여 30일분 이상의 평균임금을 퇴직금으로 퇴직 근로자에게 지급할 수 있는 제도를 설정하여야 한다.

2) 제1항에도 불구하고 사용자는 주택구입 등 대통령령으로 정하는 사유로 근로자가 요구하는 경우에는 근로자가 퇴직하기 전에 해당 근로자의 계속근로기간에 대한 퇴직금을 미리 정산하여 지급할 수 있다. 이 경우 미리 정산하여 지급한 후의 퇴직금 산정을 위한 계속근로기간은 정산시점부터 새로 계산한다.

7. 퇴직금의 중간정산 사유(시행령 3조)

1) 법 제8조제2항 전단에서 "주택구입 등 대통령령으로 정하는 사유"란 다음 각 호의 어느 하나에 해당하는 경우를 말한다.
   ① 무주택자인 근로자가 본인 명의로 주택을 구입하는 경우
   ② 무주택자인 근로자가 주거를 목적으로 전세금 또는 보증금을 부담하는 경우. 이 경우 근로자가 하나의 사업에 근로하는 동안 1회로 한정한다.
   ③ 근로자가 6개월 이상 요양을 필요로 하는 다음 각 목의 어느 하나에 해당하는 사람의 질병이나 부상에 대한 의료비를 해당 근로자가 본인 연간 임금총액의 1천분의 125를 초과하여 부담하는 경우(근로자 본인, 근로자의 배우자, 근로자 또는 그 배우자의 부양가족)
   ④ 퇴직금 중간정산을 신청하는 날부터 거꾸로 계산하여 5년 이내에 근로자가 파산선고를 받은 경우
   ⑤ 퇴직금 중간정산을 신청하는 날부터 거꾸로 계산하여 5년 이내에 근로자가 개인회생절차개시 결정을 받은 경우
   ⑥ 사용자가 기존의 정년을 연장하거나 보장하는 조건으로 단체협약 및 취업규칙 등을 통하여 일정나이, 근속시점 또는 임금액을 기준으로 임금을 줄이는 제도를 시행하는 경우
   ⑦ 사용자가 근로자와의 합의에 따라 소정근로시간을 1일 1시간 또는 1주 5시간 이상 변경하여 그 변경된 소정근로시간에 따라 근로자가 3개월 이상 계속 근로하기로 한 경우
   ⑧ 근로기준법 일부개정법률의 시행에 따른 근로시간의 단축으로 근로자의 퇴직금이 감소되는 경우
   ⑨ 재난으로 피해를 입은 경우로서 고용노동부장관이 정하여 고시하는 사유에 해당하는 경우
2) 사용자는 제1항 각 호의 사유에 따라 퇴직금을 미리 정산하여 지급한 경우 근로자가 퇴직한 후 5년이 되는 날까지 관련 증명 서류를 보존하여야 한다.

8. 퇴직금의 지급(법 9조), 퇴직금의 시효(법 10조)

1) 사용자는 근로자가 퇴직한 경우에는 그 지급사유가 발생한 날부터 14일 이내에 퇴직금을 지급하여야 한다. 다만, 특별한 사정이 있는 경우에는 당사자 간의 합의에 따라 지급기일을 연장할 수 있다.
2) 퇴직금은 근로자가 지정한 개인형퇴직연금제도의 계정 또는 제23조의8에 따른 계정(이하 "개인형퇴직연금제도의 계정등"이라 한다)으로 이전하는 방법으로 지급하여야 한다. 다만, 근로자가 55세 이후에 퇴직하여 급여를 받는 경우 등 대통령령으로 정하는 사유가 있는 경우에는 그러하지 아니하다.

3) 근로자가 제2항에 따라 개인형퇴직연금제도의 계정등을 지정하지 아니한 경우에는 근로자 명의의 개인형퇴직연금제도의 계정으로 이전한다.

4) 이 법에 따른 퇴직금을 받을 권리는 3년간 행사하지 아니하면 시효로 인하여 소멸한다.

9. 퇴직급여제도의 미설정에 따른 처리(법 11조)

사용자가 퇴직급여제도나 개인형 퇴직연금제도를 설정하지 아니한 경우에는 제8조제1항에 따른 퇴직금제도를 설정한 것으로 본다.

10. 퇴직급여등의 우선변제(법 12조)

1) 사용자에게 지급의무가 있는 퇴직금, 확정급여형퇴직연금제도의 급여, 확정기여형퇴직연금제도의 부담금 중 미납입 부담금 및 미납입 부담금에 대한 지연이자, 개인형퇴직연금제도의 부담금 중 미납입 부담금 및 미납입 부담금에 대한 지연이자, 중소기업퇴직연금기금제도의 부담금 중 미납입 부담금 및 미납입 부담금에 대한 지연이자, 개인형퇴직연금제도의 부담금 중 미납입 부담금 및 미납입 부담금에 대한 지연이자(이하 "퇴직급여등"이라한다)는 사용자의 총재산에 대하여 질권 또는 저당권에 의하여 담보된 채권을 제외하고는 조세·공과금 및 다른 채권에 우선하여 변제되어야 한다. 다만, 질권 또는 저당권에 우선하는 조세·공과금에 대하여는 그러하지 아니하다.

2) 제1항에도 불구하고 최종 3년간의 퇴직급여등은 사용자의 총재산에 대하여 질권 또는 저당권에 의하여 담보된 채권, 조세·공과금 및 다른 채권에 우선하여 변제되어야 한다.

3) 퇴직급여등 중 퇴직금, 제15조에 따른 확정급여형 퇴직연금제도의 급여는 계속근로기간 1년에 대하여 30일분의 평균임금으로 계산한 금액으로 한다.

4) 퇴직급여등 중 확정기여형퇴직연금제도의 부담금, 중소기업퇴직연금기금제도의 부담금 및 개인형퇴직연금제도의 부담금은 가입자의 연간 임금총액의 12분의 1에 해당하는 금액으로 계산한 금액으로 한다.

Ⅲ. 확정급여형 퇴직연금제도

1. 확정급여형퇴직연금제도의 설정 (법 13조)

확정급여형퇴직연금제도를 설정하려는 사용자는 근로자대표의 동의를 얻거나 의견을 들어 다음 각 호의 사항을 포함한 확정급여형퇴직연금규약을 작성하여 고용노동부장관에게 신고하여야 한다.

1) 퇴직연금사업자 선정에 관한 사항

2) 가입자에 관한 사항

3) 가입기간에 관한 사항

4) 급여수준에 관한 사항

5) 급여 지급능력 확보에 관한 사항

6) 급여의 종류 및 수급요건 등에 관한 사항

7) 운용관리업무 및 자산관리업무의 수행을 내용으로 하는 계약의 체결 및 해지와 해지에 따른 계약의 이전(移轉)에 관한 사항

8) 운용현황의 통지에 관한 사항

9) 가입자의 퇴직 등 급여 지급사유 발생과 급여의 지급절차에 관한 사항

10) 퇴직연금제도의 폐지·중단 사유 및 절차 등에 관한 사항

11) 부담금의 산정 및 납입에 관한 사항

12) 그 밖에 확정급여형퇴직연금제도의 운영을 위하여 대통령령으로 정하는 사항

2. 가입기간(법 14조)

1) 제13조제3호에 따른 가입기간은 퇴직연금제도의 설정 이후 해당 사업에서 근로를 제공하는 기간으로 한다.

2) 해당 퇴직연금제도의 설정 전에 해당 사업에서 제공한 근로기간에 대하여도 가입기간으로 할 수 있다. 이 경우 제8조제2항에 따라 퇴직금을 미리 정산한 기간은 제외한다.

3. 급여수준(법 15조)

1) 급여 수준은 가입자의 퇴직일을 기준으로 산정한 일시금이 계속근로기간 1년에 대하여 30일분 이상의 평균임금이 되도록 하여야 한다.

4. 급여 종류 및 수급요건 등(법 17조)

1) 확정급여형 퇴직연금제도의 급여 종류는 연금 또는 일시금으로 하되, 수급요건은 다음 각 호와 같다.

① 연금은 55세 이상으로서 가입기간이 10년 이상인 가입자에게 지급할 것. 이 경우 연금의 지급기간은 5년 이상이어야 한다.

② 일시금은 연금수급 요건을 갖추지 못하거나 일시금 수급을 원하는 가입자에게 지급할 것

2) 사용자는 가입자의 퇴직 등 제1항에 따른 급여를 지급할 사유가 발생한 날부터 14일 이내에 퇴직연금사업자로 하여금 적립금의 범위에서 지급의무가 있는 급여 전액(사업의 도산 등 대통령령으로 정하는 경우에는 제16조제1항제2호에 따른 금액에 대한 적립금의 비율에 해당하는 금액)을 지급하도록 하여야 한다. 다만, 퇴직연금제도 적립금으로 투자된 운용자산 매각이 단기간에 이루어지지 아니하는 등 특별한 사정이 있는 경우에는 사용자, 가입자 및 퇴직연금사업자 간의 합의에 따라 지급기일을 연장할 수 있다.

3) 사용자는 제2항에 따라 퇴직연금사업자가 지급한 급여수준이 제15조에 따른 급여수준에 미치지 못할 때에는 급여를 지급할 사유가 발생한 날부터 14일 이내에 그 부족한 금액을 해당 근로자에게 지급하여야 한다. 이 경우 특별한 사정이 있는 경우에는 당사자 간의 합의에 따라 지급기일을 연장할 수 있다.

4) 제2항 및 제3항에 따른 급여의 지급은 가입자가 지정한 개인형퇴직연금제도의 계정등으로 이전하는 방법으로 한다. 다만, 가입자가 55세 이후에 퇴직하

여 급여를 받는 경우 등 대통령령으로 정하는 사유가 있는 경우에는 그러하지 아니하다.

5) 가입자가 제4항에 따라 개인형퇴직연금제도의 계정등을 지정하지 아니하는 경우에는 가입자 명의의 개인형퇴직연금제도의 계정으로 이전한다. 이 경우 가입자가 해당 퇴직연금사업자에게 개인형퇴직연금제도를 설정한 것으로 본다.

5. 운용현황의 통지(법 18조)

퇴직연금사업자는 매년 1회 이상 적립금액 및 운용수익률 등을 고용노동부령으로 정하는 바에 따라 가입자에게 알려야 한다.

IV. 확정기여형 퇴직연금제도

1. 확정기여형 퇴직연금제도의 설정(법 19조)

1) 확정기여형퇴직연금제도를 설정하려는 사용자는 제4조제3항 또는 제5조에 따라 근로자대표의 동의를 얻거나 의견을 들어 다음 각 호의 사항을 포함한 확정기여형퇴직연금규약을 작성하여 고용노동부장관에게 신고하여야 한다.
   ① 부담금의 부담에 관한 사항
   ② 부담금의 산정 및 납입에 관한 사항
   ③ 적립금의 운용에 관한 사항
   ④ 적립금의 운용방법 및 정보의 제공 등에 관한 사항
   ⑤ 적립금의 중도인출에 관한 사항
   ⑥ 퇴직연금사업자 선정에 관한 사항, 가입자에 관한 사항, 가입기간에 관한 사항, 급여의 종류 및 수급요건 등에 관한 사항, 운용관리업무 및 자산관리업무의 수행을 내용으로 하는 계약의 체결 및 해지와 해지에 따른 계약의 이전(移轉)에 관한 사항, 운용현황의 통지에 관한 사항, 가입자의 퇴직 등 급여 지급사유 발생과 급여의 지급절차에 관한 사항, 퇴직연금제도의 폐지·중단 사유 및 절차 등에 관한 사항
   ⑦ 그 밖에 확정기여형퇴직연금제도의 운영에 필요한 사항으로서 대통령령으로 정하는 사항

2) 제1항에 따라 확정기여형 퇴직연금제도를 설정하는 경우 가입기간에 관하여는 제14조를, 급여의 종류, 수급요건과 급여 지급의 절차·방법에 관하여는 제17조제1항, 제4항 및 제5항을, 운용현황의 통지에 관하여는 제18조를 준용한다. 이 경우 제14조제1항 중 "제13조제3호"는 "제19조제6호"로, 제17조제1항 중 "확정급여형 퇴직연금제도"는 "확정기여형 퇴직연금제도"로 본다.

2. 부담금의 부담수준 및 납입 등(법 20조)

1) 확정기여형 퇴직연금제도를 설정한 사용자는 가입자의 연간 임금총액의 12분의 1 이상에 해당하는 부담금을 현금으로 가입자의 확정기여형 퇴직연금제도 계정에 납입하여야 한다.

2) 가입자는 제1항에 따라 사용자가 부담하는 부담금 외에 스스로 부담하는 추가 부담금을 가입자의 확정기여형 퇴직연금 계정에 납입할 수 있다.

3) 사용자는 매년 1회 이상 정기적으로 제1항에 따른 부담금을 가입자의 확정기여형 퇴직연금제도 계정에 납입하여야 한다. 이 경우 사용자가 정하여진 기일 (확정기여형 퇴직연금규약에서 납입 기일을 연장할 수 있도록 한 경우에는 그 연장된 기일)까지 부담금을 납입하지 아니한 경우 그 다음 날부터 부담금을 납입한 날까지 지연 일수에 대하여 연 100분의 40 이내의 범위에서 「은행법」 에 따른 은행이 적용하는 연체금리, 경제적 여건 등을 고려하여 대통령령으로 정하는 이율에 따른 지연이자를 납입하여야 한다.

4) 제3항은 사용자가 천재지변, 그 밖에 대통령령으로 정하는 사유에 따라 부담 금 납입을 지연하는 경우 그 사유가 존속하는 기간에 대하여는 적용하지 아니 한다.

5) 사용자는 확정기여형 퇴직연금제도 가입자의 퇴직 등 대통령령으로 정하는 사유가 발생한 때에 그 가입자에 대한 부담금을 미납한 경우에는 그 사유가 발 생한 날부터 14일 이내에 제1항에 따른 부담금 및 제3항 후단에 따른 지연이 자를 해당 가입자의 확정기여형 퇴직연금제도 계정에 납입하여야 한다. 다만, 특별한 사정이 있는 경우에는 당사자 간의 합의에 따라 납입 기일을 연장할 수 있다.

6) 가입자는 퇴직할 때에 받을 급여를 갈음하여 그 운용 중인 자산을 가입자가 설 정한 개인형 퇴직연금제도의 계정으로 이전해 줄 것을 해당 퇴직연금사업자에 게 요청할 수 있다.

7) 제6항에 따른 가입자의 요청이 있는 경우 퇴직연금사업자는 그 운용 중인 자 산을 가입자의 개인형 퇴직연금제도 계정으로 이전하여야 한다. 이 경우 확정 기여형 퇴직연금제도 운영에 따른 가입자에 대한 급여는 지급된 것으로 본다.

3. 적립금 운용방법 및 정보제공(법 21조)

1) 확정기여형 퇴직연금제도의 가입자는 적립금의 운용방법을 스스로 선정할 수 있고, 반기마다 1회 이상 적립금의 운용방법을 변경할 수 있다.

2) 퇴직연금사업자는 반기마다 1회 이상 위험과 수익구조가 서로 다른 세 가지 이상의 적립금 운용방법을 제시하여야 한다.

3) 퇴직연금사업자는 운용방법별 이익 및 손실의 가능성에 관한 정보 등 가입자 가 적립금의 운용방법을 선정하는 데 필요한 정보를 제공하여야 한다.

4. 적립금의 중도인출(법 22조)

확정기여형 퇴직연금제도에 가입한 근로자는 주택구입 등 대통령령으로 정하는 사유가 발생하면 적립금을 중도인출할 수 있다.

Ⅴ. 개인형 퇴직연금제도

1. 개인형 퇴직연금제도의 설정 및 운영 등(법 24조)

1) 퇴직연금사업자는 개인형 퇴직연금제도를 운영할 수 있다.

2) 다음 각 호의 어느 하나에 해당하는 사람은 개인형퇴직연금제도를 설정할 수 있다.

　① 퇴직급여제도의 일시금을 수령한 사람

　② 확정급여형퇴직연금제도, 확정기여형퇴직연금제도 또는 중소기업퇴직연금기금제도의 가입자로서 자기의 부담으로 개인형퇴직연금제도를 추가로 설정하려는 사람

　③ 자영업자 등 안정적인 노후소득 확보가 필요한 사람으로서 대통령령으로 정하는 사람

3) 제2항에 따라 개인형 퇴직연금제도를 설정한 사람은 자기의 부담으로 개인형 퇴직연금제도의 부담금을 납입한다. 다만, 대통령령으로 정하는 한도를 초과하여 부담금을 납입할 수 없다.

4) 개인형 퇴직연금제도 적립금의 운용방법 및 운용에 관한 정보제공에 관하여는 제21조를 준용한다. 이 경우 "확정기여형 퇴직연금제도"는 "개인형 퇴직연금제도"로 본다.

5) 개인형 퇴직연금제도의 급여의 종류별 수급요건 및 중도인출에 관하여는 대통령령으로 정한다.

2. 10명 미만을 사용하는 사업에 대한 특례(법 25조)

1) 상시 10명 미만의 근로자를 사용하는 사업의 경우 제4조제1항 및 제5조에도 불구하고 사용자가 개별 근로자의 동의를 받거나 근로자의 요구에 따라 개인형 퇴직연금제도를 설정하는 경우에는 해당 근로자에 대하여 퇴직급여제도를 설정한 것으로 본다.

2) 제1항에 따라 개인형 퇴직연금제도를 설정하는 경우에는 다음 각 호의 사항은 준수되어야 한다.

　① 사용자가 퇴직연금사업자를 선정하는 경우에 개별 근로자의 동의를 받을 것. 다만, 근로자가 요구하는 경우에는 스스로 퇴직연금사업자를 선정할 수 있다.

　② 사용자는 가입자별로 연간 임금총액의 12분의 1 이상에 해당하는 부담금을 현금으로 가입자의 개인형 퇴직연금제도 계정에 납입할 것

　③ 사용자가 부담하는 부담금 외에 가입자의 부담으로 추가 부담금을 납입할 수 있을 것

　④ 사용자는 매년 1회 이상 정기적으로 제2호에 따른 부담금을 가입자의 개인형 퇴직연금제도 계정에 납입할 것. 이 경우 납입이 지연된 부담금에 대한 지연이자의 납입에 관하여는 제20조제3항 후단 및 제4항을 준용한다.

　⑤ 그 밖에 근로자의 급여 수급권의 안정적인 보호를 위하여 대통령령으로 정하는 사항

PART 05

노동관계법규

3) 사용자는 개인형 퇴직연금제도 가입자의 퇴직 등 대통령령으로 정하는 사유가 발생한 때에 해당 가입자에 대한 제2항제2호에 따른 부담금을 납입하지 아니한 경우에는 그 사유가 발생한 날부터 14일 이내에 그 부담금과 같은 항 제4호 후단에 따른 지연이자를 해당 가입자의 개인형 퇴직연금제도의 계정에 납입하여야 한다. 다만, 특별한 사정이 있는 경우에는 당사자 간의 합의에 따라 납입 기일을 연장할 수 있다.

Ⅵ. 책무 및 감독

1. 사용자의 책무(법 32조)

1) 사용자는 법령, 퇴직연금규약 또는 중소기업퇴직연금기금표준계약서를 준수하고 가입자 등을 위하여 대통령령으로 정하는 사항에 관하여 성실하게 이 법에 따른 의무를 이행하여야 한다.

2) 확정급여형퇴직연금제도 또는 확정기여형퇴직연금제도를 설정한 사용자는 매년 1회 이상 가입자에게 해당 사업의 퇴직연금제도 운영 상황 등 대통령령으로 정하는 사항에 관한 교육을 하여야 한다. 이 경우 사용자는 퇴직연금사업자 또는 대통령령으로 정하는 요건을 갖춘 전문기관에 그 교육의 실시를 위탁할 수 있다.

3) 제2항에 따른 교육 내용 및 방법 등에 필요한 사항은 대통령령으로 정한다.

4) 퇴직연금제도를 설정한 사용자는 다음 각 호의 어느 하나에 해당하는 행위를 하여서는 아니 된다.

   ㉠ 자기 또는 제3자의 이익을 도모할 목적으로 운용관리업무 및 자산관리업무의 수행계약을 체결하는 행위

   ㉡ 그 밖에 퇴직연금제도의 적절한 운영을 방해하는 행위로서 대통령령으로 정하는 행위

5) 확정급여형퇴직연금제도 또는 퇴직금제도를 설정한 사용자는 다음 각 호의 어느 하나에 해당하는 사유가 있는 경우 근로자에게 퇴직급여가 감소할 수 있음을 미리 알리고 근로자대표와의 협의를 통하여 확정기여형퇴직연금제도나 중소기업퇴직연금기금제도로의 변경, 퇴직급여 산정기준의 개선 등 근로자의 퇴직급여 감소를 예방하기 위하여 필요한 조치를 하여야 한다.

   ㉠ 사용자가 단체협약 및 취업규칙 등을 통하여 일정한 연령, 근속시점 또는 임금액을 기준으로 근로자의 임금을 조정하고 근로자의 정년을 연장하거나 보장하는 제도를 시행하려는 경우

   ㉡ 사용자가 근로자와 합의하여 소정근로시간을 1일 1시간 이상 또는 1주 5시간 이상 단축함으로써 단축된 소정근로시간에 따라 근로자가 3개월 이상 계속 근로하기로 한 경우

   ㉢ 법률 제15513호 근로기준법 일부개정법률 시행에 따라 근로시간이 단축되어 근로자의 임금이 감소하는 경우

   ㉣ 그 밖에 임금이 감소되는 경우로서 고용노동부령으로 정하는 경우

01 근로자퇴직급여 보장법에 관한 설명으로 옳지 않은 것은?

① 퇴직금제도를 설정하려는 사용자는 계속근로기간 1년에 대하여 30일분 이상의 평균임금을 퇴직금으로 퇴직 근로자에게 지급할 수 있는 제도를 설정하여야 한다.

② 확정급여형 퇴직연금제도란 근로자가 받을 급여의 수준이 사전에 결정되어 있는 퇴직연금제도를 말한다.

③ 이 법은 상시 5명 미만의 근로자를 사용하는 사업 또는 사업장에는 적용하지 아니한다.

④ 확정기여형 퇴직연금제도에 가입한 근로자는 주택구입 등 대통령령으로 정하는 사유가 발생하면 적립금을 중도인출할 수 있다.

> **해설** 이 법은 근로자를 사용하는 모든 사업 또는 사업장(이하 "사업"이라 한다)에 적용한다. 다만, 동거하는 친족만을 사용하는 사업 및 가구 내 고용활동에는 적용하지 아니한다.

02 근로자퇴직급여보장법령상 퇴직금의 중간정산사유에 해당하지 않는 것은?

① 무주택자인 근로자가 본인 명의로 주택을 구입하는 경우

② 경영 악화를 방지하기 위한 사업의 합병을 위하여 근로자의 과반수의 동의를 얻은 경우

③ 근로자가 6개월 이상 질병이나 부상에 대한 의료비를 해당 근로자가 본인 연간 임금총액의 1천분의 125를 초과하여 부담하는 경우

④ 퇴직금 중간정산을 신청하는 날부터 거꾸로 계산하여 5년 이내에 근로자가 「채무자 회생 및 파산에 관한 법률」에 따라 개인회생절차개시 결정을 받은 경우

> **해설** ① 무주택자인 근로자가 본인 명의로 주택을 구입하는 경우
> ② 무주택자인 근로자가 주거를 목적으로 전세금 또는 보증금을 부담하는 경우. 이 경우 근로자가 하나의 사업 또는 사업장(이하 "사업"이라 한다)에 근로하는 동안 1회로 한정한다.
> ③ 근로자가 6개월 이상 요양을 필요로 하는 다음 각 목의 어느 하나에 해당하는 사람의 질병이나 부상에 대한 의료비를 해당 근로자가 본인 연간 임금총액의 1천분의 125를 초과하여 부담하는 경우(근로자 본인, 근로자의 배우자, 근로자 또는 그 배우자의 부양가족)
> ④ 퇴직금 중간정산을 신청하는 날부터 거꾸로 계산하여 5년 이내에 근로자가 「채무자 회생 및 파산에 관한 법률」에 따라 파산선고를 받은 경우
> ⑤ 퇴직금 중간정산을 신청하는 날부터 거꾸로 계산하여 5년 이내에 근로자가 「채무자 회생 및 파산에 관한 법률」에 따라 개인회생절차개시 결정을 받은 경우
> ⑥ 고용보험법 시행령에 따른 임금피크제를 실시하여 임금이 줄어드는 경우
> ⑦ 그 밖에 천재지변 등으로 피해를 입는 등 고용노동부장관이 정하여 고시하는 사유와 요건에 해당하는 경우

03 근로자퇴직급여보장법에 관한 설명으로 옳지 않은 것은?

① 근로자를 사용하는 모든 사업 또는 사업장에 적용하지만, 동거하는 친족만을 사용하는 사업 및 가구 내 고용활동에는 적용하지 아니한다.

② 사용자는 퇴직하는 근로자에게 급여를 지급하기 위하여 퇴직급여제도 중 하나 이상의 제도를 설정하여야 하지만, 계속근로기간이 1년 미만인 근로자, 4주간을 평균하여 1주간의 소정근로시간이 15시간 미만인 근로자에 대하여는 그러하지 아니하다.

③ 퇴직연금제도의 급여를 받을 권리는 양도하거나 담보로 제공할 수 없지만, 주택구입 등 대통령령으로 정하는 사유와 요건을 갖춘 경우에는 고용노동부령으로 정하는 한도에서 퇴직연금제도의 급여를 받을 권리를 담보로 제공할 수 있다.

④ 퇴직연금제도를 설정한 사용자는 매년 1회 이상 가입자에게 해당 사업의 퇴직연금제도 운영 상황 등 대통령령으로 정하는 사항에 관한 교육을 하여야 하지만, 자기 또는 제3자의 이익을 도모할 목적으로 운용관리업무 및 자산관리업무의 수행계약을 체결한 경우에는 당해 교육을 실시하지 아니할 수 있다.

> **해설** 퇴직연금제도를 설정한 사용자는 매년 1회 이상 가입자에게 해당 사업의 퇴직연금제도 운영 상황 등 대통령령으로 정하는 사항에 관한 교육을 하여야 한다. 이 경우 사용자는 퇴직연금사업자에게 그 교육의 실시를 위탁할 수 있다.

04 근로자퇴직급여보장법에 관한 설명으로 옳지 않은 것은?

① 퇴직금 중간정산 후의 퇴직금 산정을 위한 계속근로기간은 정산시점부터 새로 계산한다.
② 사용자는 퇴직급여제도를 설정할 때에 하나의 사업 안에 차등을 두어서는 아니 된다.
③ 사용자는 4주간을 평균하여 1주간의 소정근로시간이 15시간 미만인 근로자에 대하여도 퇴직급여제도를 설정하여야 한다.
④ 사용자는 근로자가 퇴직한 경우에는 그 지급사유가 발생한 날부터 14일 이내에 퇴직금을 지급하여야 하지만, 특별한 사정이 있는 경우에는 당사자 간의 합의에 따라 지급기일을 연장할 수 있다.

> **해설** 사용자는 퇴직하는 근로자에게 급여를 지급하기 위하여 퇴직급여제도 중 하나 이상의 제도를 설정하여야 한다. 다만, 계속근로기간이 1년 미만인 근로자, 4주간을 평균하여 1주간의 소정근로시간이 15시간 미만인 근로자에 대하여는 그러하지 아니하다.

05 근로자퇴직급여보장법에 관한 설명으로 옳은 것은?

① 자본시장과 금융투자업에 관한 법률에 따른 투자매매업자는 퇴직연금사업자가 될 수 없다.
② 가입자라함은 퇴직연금에 가입하거나 개인퇴직계좌를 설정한 사용자를 말한다.
③ 사용자는 퇴직급여제도를 설정함에 있어서 하나의 사업안에서 차등을 둘 수 없다.
④ 퇴직연금의 급여를 받을 권리는 양도할 수 있지만 담보로 제공할 수 없다.

> **해설** ㉮ 다음 각 호의 어느 하나에 해당하는 자로서 퇴직연금사업자가 되려는 자는 재무건전성 및 인적·물적 요건 등 대통령령으로 정하는 요건을 갖추어 고용노동부장관에게 등록하여야 한다.
> ㉠ 「자본시장과 금융투자업에 관한 법률」에 따른 투자매매업자, 투자중개업자 또는 집합투자업자
> ㉡ 「보험업법」 제2조제6호에 따른 보험회사
> ㉢ 「은행법」 제2조제1항제2호에 따른 은행
> ㉣ 「신용협동조합법」 제2조제2호에 따른 신용협동조합중앙회
> ㉤ 「새마을금고법」 제2조제3항에 따른 새마을금고중앙회
> ㉥ 「산업재해보상보험법」 제10조에 따른 근로복지공단(근로복지공단의 퇴직연금사업 대상은 상시 30명 이하의 근로자를 사용하는 사업에 한한다)
> ㉦ 그 밖에 제1호부터 제6호까지에 준하는 자로서 대통령령으로 정하는 자
> ㉯ 가입자란 퇴직연금제도에 가입한 사람을 말한다.
> ㉰ 퇴직연금제도의 급여를 받을 권리는 양도하거나 담보로 제공할 수 없다.

06 근로자퇴직급여보장법에 관한 설명으로 옳은 것은?

① 사용자가 퇴직급여제도를 설정하거나 설정된 퇴직급여제도를 다른 종류의 퇴직급여제도로 변경하려는 경우에는 근로자대표의 의견을 들어야 한다.
② 사용자가 퇴직급여제도의 내용을 근로자에게 불리하게 변경하려는 경우에는 근로자대표의 의견을 들어야 한다.
③ 사용자가 퇴직급여제도나 개인형 퇴직연금제도를 설정하지 아니한 경우에는 퇴직금제도를 설정한 것으로 본다.
④ 근로자대표란 사업 또는 사업장에 근로자 과반수가 가입한 노동조합이 있는 경우에는 그 노동조합, 근로자의 과반수가 가입한 노동조합이 없는 경우에는 근로자 과반수를 대표하는 자를 말한다.

> **해설** 1) 사용자는 퇴직하는 근로자에게 급여를 지급하기 위하여 퇴직급여제도 중 하나 이상의 제도를 설정하여야 한다. 다만, 계속근로기간이 1년 미만인 근로자, 4주간을 평균하여 1주간의 소정근로시간이 15시간 미만인 근로자에 대하여는 그러하지 아니하다.
> 2) 제1항에 따라 퇴직급여제도를 설정하는 경우에 하나의 사업에서 급여 및 부담금 산정방법의 적용 등에 관하여 차등을 두어서는 아니 된다.
> 3) 사용자가 퇴직급여제도를 설정하거나 설정된 퇴직급여제도를 다른 종류의 퇴직급여제도로 변경하려는 경우에는 근로자의 과반수가 가입한 노동조합이 있는 경우에는 그 노동조합, 근로자의 과반수가 가입한 노동조합이 없는 경우에는 근로자 과반수(이하 "근로자대표"라 한다)의 동의를 받아야 한다.
> 4) 사용자가 제3항에 따라 설정되거나 변경된 퇴직급여제도의 내용을 변경하려는 경우에는 근로자대표의 의견을 들어야 한다. 다만, 근로자에게 불리하게 변경하려는 경우에는 근로자대표의 동의를 받아야 한다.

정답 04 ③   05 ③   06 ③

07 근로자퇴직급여보장법상 퇴직연금수급권의 담보제공 사유가 아닌 것은?

① 무주택자인 가입자가 본인 명의로 주택을 구입하는 경우
② 임금피크제를 실시하여 임금이 줄어드는 경우
③ 가입자, 가입자의 배우자 또는 가입자 또는 가입자의 배우자와 생계를 같이하는 부양가족이 질병 또는 부상으로 6개월 이상 요양을 하는 경우
④ 담보를 제공하는 날부터 거꾸로 계산하여 5년 이내에 가입자가 파산선고를 받은 경우

해설 퇴직연금제도 수급권의 담보제공 사유
1) 「근로자퇴직급여 보장법」(이하 "법"이라 한다) 제7조제2항 전단에서 "주택구입 등 대통령령으로 정하는 사유와 요건을 갖춘 경우"란 다음 각 호의 어느 하나에 해당하는 경우를 말한다.
① 무주택자인 가입자가 본인 명의로 주택을 구입하는 경우
② 무주택자인 가입자가 주거를 목적으로 전세금 또는 보증금을 부담하는 경우. 이 경우 가입자가 하나의 사업 또는 사업장에 근로하는 동안 1회로 한정한다.
③ 가입자가 6개월 이상 요양을 필요로 하는 다음 각 목의 어느 하나에 해당하는 사람의 질병이나 부상에 대한 의료비를 부담하는 경우(가입자 본인, 가입자의 배우자, 가입자 또는 그 배우자의 부양가족)
④ 담보를 제공하는 날부터 거꾸로 계산하여 5년 이내에 가입자가 파산선고를 받은 경우
⑤ 담보를 제공하는 날부터 거꾸로 계산하여 5년 이내에 가입자가 개인회생절차개시 결정을 받은 경우
⑥ 다음 각 목의 어느 하나에 해당하는 사람의 대학등록금, 혼례비 또는 장례비를 가입자가 부담하는 경우(가입자 본인, 가입자의 배우자, 가입자 또는 그 배우자의 부양가족)
⑦ 그 밖에 천재지변 등으로 피해를 입는 등 고용노동부장관이 정하여 고시하는 사유와 요건에 해당하는 경우

08 근로자퇴직급여 보장법상 퇴직연금제도에 관한 설명으로 틀린 것은?

① 확정급여형 퇴직연금제도의 급여 종류는 연금 또는 일시금으로 하며, 연금은 55세 이상으로서 가입기간이 10년 이상인 가입자에게 지급한다.
② 확정기여형 퇴직연금제도를 설정한 사용자는 가입자의 연간 임금총액의 24분의 1 이상에 해당하는 부담금을 현금으로 가입자의 확정기여형 퇴직연금제도 계정에 납입하여야 한다.
③ 확정기여형 퇴직연금제도의 가입자는 적립금의 운용방법을 스스로 선정할 수 있고, 반기마다 1회 이상 적립금의 운용방법을 변경할 수 있다.

④ 확정기여형 퇴직연금제도에 가입한 근로자는 주택구입 등 대통령령으로 정하는 사유가 발생하면 적립금을 중도인출할 수 있다.

해설 확정기여형 퇴직연금제도를 설정한 사용자는 가입자의 연간 임금총액의 12분의 1 이상에 해당하는 부담금을 현금으로 가입자의 확정기여형 퇴직연금제도 계정에 납입하여야 한다.

09 근로자퇴직급여 보장법에 관한 설명으로 틀린 것은?

① 이 법은 상시 5명 미만의 근로자를 사용하는 사업 또는 사업장에는 적용하지 아니한다.
② 퇴직금 제도를 설정하려는 사용자는 계속근로기간 1년에 대하여 30일분 이상의 평균임금을 퇴직금으로 퇴직 근로자에게 지급할 수 있는 제도를 설정하여야 한다.
③ 퇴직금을 받을 권리는 3년간 행사하지 아니하면 시효로 인하여 소멸한다.
④ 확정급여형퇴직연금제도란 근로자가 받을 급여의 수준이 사전에 결정되어 있는 퇴직연금제도를 말한다.

해설 근로자퇴직급여 보장법은 근로자를 사용하는 모든 사업 또는 사업장에 적용한다. 다만, 동거하는 친족만을 사용하는 사업 및 가구 내 고용활동에는 적용하지 아니한다.

10 다음 (ㄱ)~(ㄷ)에 들어갈 말로 알맞은 것은?

근로자퇴직급여 보장법상 퇴직금제도를 설정하려는 사용자는 계속근로기간 (ㄱ)에 대하여 (ㄴ)의 (ㄷ)을 퇴직금으로 퇴직근로자에게 지급할 수 있는 제도를 설정하여야 한다.

① ㄱ : 2년, ㄴ : 45일분 이상, ㄷ : 평균임금
② ㄱ : 1년, ㄴ : 15일분 이상, ㄷ : 통상임금
③ ㄱ : 1년, ㄴ : 30일분 이상, ㄷ : 평균임금
④ ㄱ : 2년, ㄴ : 60일분 이상, ㄷ : 통상임금

해설 퇴직금제도를 설정하려는 사용자는 계속근로기간 1년에 대하여 30일분 이상의 평균임금을 퇴직금으로 퇴직 근로자에게 지급할 수 있는 제도를 설정하여야 한다.

정답 07 ② 08 ② 09 ① 10 ③

11 근로자퇴직급여보장법령상 퇴직급여제도에 관한 설명으로 옳은 것은?

① 사용자가 퇴직급여제도를 설정하지 아니한 경우 500만원 이하의 과태료가 부과된다.

② 근로자에게 주택구입 등 퇴직금 중간정산 사유가 있을 경우 사용자는 근로자의 요구가 없더라도 근로자의 퇴직 전 퇴직금 중간정산을 할 수 있다.

③ 퇴직연금제도의 급여를 받을 권리는 어떠한 경우에도 양도하거나 담보로 제공할 수 없다.

④ 사용자와 근로자와의 합의에 따라 소정근로시간을 1일 1시간 또는 1주 5시간 이상 변경하여 그 변경된 소정근로시간에 따라 근로자가 3개월 이상 계속 근로하기로 한 경우는 퇴직금 중간정산 사유에 해당한다.

해설 ㉮ 사용자가 퇴직급여제도나 개인형퇴직연금제도를 설정하지 아니한 경우에는 퇴직금제도를 설정한 것으로 본다.
　　㉯ 사용자는 주택구입 등 대통령령으로 정하는 사유로 근로자가 요구하는 경우에는 근로자가 퇴직하기 전에 해당 근로자의 계속근로기간에 대한 퇴직금을 미리 정산하여 지급할 수 있다. 이 경우 미리 정산하여 지급한 후의 퇴직금 산정을 위한 계속근로기간은 정산시점부터 새로 계산한다.
　　㉰ 가입자는 주택구입 등 대통령령으로 정하는 사유와 요건을 갖춘 경우에는 대통령령으로 정하는 한도에서 퇴직연금제도의 급여를 받을 권리를 담보로 제공할 수 있다.

12 근로자퇴직급여 보장법에 관한 설명으로 틀린 것은?

① 퇴직급여제도의 일시금을 수령한 사람은 개인형퇴직연금제도를 설정할 수 있다.

② 사용자는 계속근로기간이 1년 미만인 근로자, 4주간 평균하여 1주간의 소정근로시간이 15시간 미만인 근로자에 대하여는 퇴직급여제도를 설정하지 않아도 된다.

③ 확정급여형퇴직연금제도 또는 확정기여형퇴직연금제도의 가입자는 개인형퇴직연금제도를 추가로 설정할 수 없다.

④ 상시 10명 미만의 근로자를 사용하는 사업의 경우 사용자가 개별근로자의 동의를 받거나 근로자의 요구에 따라 개인형퇴직연금제도를 설정하는 경우에는 해당 근로자에 대하여 퇴직급여제도를 설정한 것으로 본다.

해설 다음 각 호의 어느 하나에 해당하는 사람은 개인형퇴직연금제도를 설정할 수 있다.
　　㉠ 퇴직급여제도의 일시금을 수령한 사람

㉡ 확정급여형퇴직연금제도 또는 확정기여형퇴직연금제도의 가입자로서 자기의 부담으로 개인형퇴직연금제도를 추가로 설정하려는 사람

㉢ 자영업자 등 안정적인 노후소득 확보가 필요한 사람으로서 대통령령으로 정하는 사람

VOCATIONAL COUNSELOR

CHAPTER
03 고용관련 법규

SECTION
3-1 고용정책기본법

Ⅰ. 총칙

1. 목적(법 1조)

이 법은 국가가 고용에 관한 정책을 수립·시행하여 국민 개개인이 평생에 걸쳐 직업능력을 개발하고 더 많은 취업기회를 가질 수 있도록 하는 한편, 근로자의 고용안정, 기업의 일자리 창출과 원활한 인력 확보를 지원하고 노동시장의 효율성과 인력수급의 균형을 도모함으로써 국민의 삶의 질 향상과 지속가능한 경제성장 및 고용을 통한 사회통합에 이바지함을 목적으로 한다.

2. 정의(법 2조)

이 법에서 "근로자"란 사업주에게 고용된 사람과 취업할 의사를 가진 사람을 말한다.

3. 기본원칙(법 3조)

국가는 이 법에 따라 고용정책을 수립·시행하는 경우에 다음의 사항이 실현되도록 하여야 한다.

① 근로자의 직업선택의 자유와 근로의 권리가 확보되도록 할 것
② 사업주의 자율적인 고용관리를 존중할 것
③ 구직자(求職者)의 자발적인 취업노력을 촉진할 것
④ 고용정책은 효율적이고 성과지향적으로 수립·시행할 것
⑤ 고용정책은 노동시장의 여건과 경제정책 및 사회정책을 고려하여 균형 있게 수립·시행할 것

⑥ 고용정책은 국가 · 지방자치단체 간, 공공부문 · 민간부문 간 및 근로자 · 사업주 · 정부 간의 협력을 바탕으로 수립 · 시행할 것

4. 근로자 및 사업주의 책무(법 5조)

1) 근로자는 자신의 적성과 능력에 맞는 직업을 선택하여 직업생활을 하는 기간 동안 끊임없이 직업에 필요한 능력(이하 "직업능력"이라 한다)을 개발하고, 직업을 통하여 자기발전을 도모하도록 노력하여야 한다.

2) 사업주는 사업에 필요한 인력을 스스로 양성하고, 자기가 고용하는 근로자의 직업능력을 개발하기 위하여 노력하며, 근로자가 그 능력을 최대한 발휘하면서 일할 수 있도록 고용관리의 개선, 근로자의 고용안정 촉진 및 고용평등의 증진 등을 위하여 노력하여야 한다.

3) 노동조합과 사업주단체는 근로자의 직업능력개발을 위한 노력과 사업주의 근로자 직업능력개발, 고용관리 개선, 근로자의 고용안정 촉진 및 고용평등의 증진 등을 위한 노력에 적극 협조하여야 한다.

4) 근로자와 사업주, 노동조합과 사업주단체는 제6조에 따른 국가와 지방자치단체의 시책이 원활하게 시행될 수 있도록 적극 협조하여야 한다.

5) 「고용보험법」에 따른 실업급여 수급자, 「국민기초생활 보장법」에 따른 근로능력이 있는 수급자, 그 밖에 정부에서 지원하는 취업지원 사업에 참여하는 사람 등은 스스로 취업하기 위하여 적극적으로 노력하여야 하며, 국가와 지방자치단체가 하는 직업소개, 직업지도, 직업능력개발훈련 등에 성실히 따르고 적극 참여하여야 한다.

5. 국가와 지방자치단체의 시책(법 6조)

1) 국가는 다음 각 호의 사항에 관하여 필요한 시책을 수립 · 시행하여야 한다.
① 국민 각자의 능력과 적성에 맞는 직업의 선택과 인력수급의 불일치 해소를 위한 고용 · 직업 및 노동시장 정보의 수집 · 제공에 관한 사항과 인력수급 동향 · 전망에 관한 조사 · 공표에 관한 사항
② 근로자의 전 생애에 걸친 직업능력개발과 산업에 필요한 기술 · 기능 인력을 양성하기 위한 직업능력개발훈련 및 기술자격 검정에 관한 사항
③ 근로자의 실업 예방, 고용안정 및 고용평등 증진에 관한 사항
④ 산업 · 직업 · 지역 간 근로자 이동의 지원에 관한 사항
⑤ 실업자의 실업기간 중 소득지원과 취업촉진을 위한 직업소개 · 직업지도 · 직업훈련, 보다 나은 일자리로 재취업하기 위한 불완전 취업자의 경력개발 및 비경제활동 인구의 노동시장 참여 촉진에 관한 사항
⑥ 학력 · 경력의 부족, 고령화, 육체적 · 정신적 장애, 실업의 장기화, 국외로부터의 이주 등으로 인하여 노동시장의 통상적인 조건에서 취업이 특히 곤란한 사람과 「국민기초생활 보장법」에 따른 수급권자 등(이하 "취업취약계층"이라 한다)의 고용촉진에 관한 사항
⑦ 사업주의 일자리 창출, 인력의 확보, 고용유지 등의 지원 및 인력부족의 예방에 관한 사항

⑧ 지역 고용창출 및 지역 노동시장의 활성화를 위한 지역별 고용촉진에 관한 사항

⑨ ①부터 ⑧까지의 사항에 관한 시책 추진을 위한 각종 지원금, 장려금, 수당 등 지원에 관한 제도의 효율적인 운영에 관한 사항

⑩ ①부터 ⑧까지의 사항에 관한 시책을 효과적으로 시행하기 위하여 하는 구직자 또는 구인자(求人者)에 대한 고용정보의 제공, 직업소개·직업지도 또는 직업능력개발 등 고용을 지원하는 업무(이하 "고용서비스"라 한다)의 확충 및 민간 고용서비스시장의 육성에 관한 사항

⑪ 그 밖에 노동시장의 효율성 및 건전성을 높이는 데 필요한 사항

2) 국가는 제1항에 따른 시책을 수립·시행하는 경우에 기업경영기반의 개선, 경제·사회의 균형 있는 발전, 국토의 균형 있는 개발 등의 시책을 종합적으로 고려하여야 하며, 고용기회를 늘리고 지역 간 불균형을 시정하며 중소기업을 우대할 수 있도록 하여야 하고, 차별적 고용관행 등 근로자가 능력을 발휘하는 데에 장애가 되는 고용관행을 개선하도록 노력하여야 한다.

3) 지방자치단체는 제1항에 따라 수립된 국가 시책과 지역 노동시장의 특성을 고려하여 지역주민의 고용촉진과 지역주민에게 적합한 직업의 소개, 직업훈련의 실시 등에 관한 시책을 수립·시행하도록 노력하여야 한다.

4) 국가는 제3항에 따른 시책을 수립·시행하는 지방자치단체에 필요한 지원을 할 수 있다.

Ⅱ. 고용정책의 수립 및 추진체계

1. 고용정책 기본계획의 수립·시행(법 8조)

1) 고용노동부장관은 관계 중앙행정기관의 장과 협의하여 5년마다 국가의 고용정책에 관한 기본계획(이하 "기본계획"이라 한다)을 수립하여야 한다.

2) 고용노동부장관은 제1항에 따라 기본계획을 수립할 때에는 제10조제1항에 따른 고용정책심의회의 심의를 거쳐야 하며, 수립된 기본계획은 국무회의에 보고하고 공표하여야 한다.

3) 기본계획에는 ① 고용에 관한 중장기 정책목표 및 방향 ② 인력의 수요와 공급에 영향을 미치는 경제, 산업, 교육, 복지 또는 인구정책 등의 동향(動向)에 관한 사항 ③ 고용 동향과 인력의 수급 전망에 관한 사항 ④ 제6조제1항 각 호의 사항에 관한 시책의 기본 방향에 관한 사항 ⑤ 그 밖의 고용 관련 주요 시책에 관한 사항이 포함 되어야 한다.

4) 관계 중앙행정기관의 장은 고용과 관련된 계획을 수립할 때에는 기본계획과 조화되도록 하여야 한다.

5) 고용노동부장관은 기본계획을 세우기 위하여 필요하면 관계 중앙행정기관의 장 및 지방자치단체의 장에게 필요한 자료의 제출을 요청할 수 있다.

2. 고용정책심의회(법 10조)

1) 고용에 관한 주요 사항을 심의하기 위하여 고용노동부에 고용정책심의회(이하 "정책심의회"라 한다)를 두고, 특별시·광역시·특별자치시·도 및 특별자치도에 지역고용심의회를 둔다. 이 경우 「노사관계 발전 지원에 관한 법률」 제3조제1항에 따른 지역 노사민정 간 협력 활성화를 위한 협의체가 특별시·광역시·특별자치시·도 및 특별자치도에 구성되어 있는 경우에는 이를 지역고용심의회로 볼 수 있다.

2) 정책심의회는 다음 각 호의 사항을 심의한다.

① 국가 시책 및 고용정책 기본계획의 수립에 관한 사항

② 인력의 공급구조와 산업구조의 변화 등에 따른 고용 및 실업대책에 관한 사항

③ 고용영향평가 대상의 선정, 평가방법 등에 관한 사항

④ 재정지원 일자리사업의 효율화에 관한 사항

⑤ 특별고용지원업종 또는 고용위기지역의 지정 및 지정 해제에 관한 사항

⑥ 「사회적기업 육성법」에 따른 다음 각 목의 사항

　㉠ 사회적기업육성기본계획

　㉡ 사회적기업 인증에 관한 사항

　㉢ 그 밖에 사회적기업의 지원을 위하여 필요한 사항으로서 대통령령으로 정하는 사항

⑦ 「남녀고용평등과 일·가정 양립 지원에 관한 법률」 제17조의8 각 호의 사항

　㉠ 여성 근로자 고용기준에 관한 사항

　㉡ 시행계획의 심사에 관한 사항

　㉢ 적극적 고용개선조치 이행실적의 평가에 관한 사항

　㉣ 적극적 고용개선조치 우수기업의 표창 및 지원에 관한 사항

　㉤ 그 밖에 적극적 고용개선조치에 관하여 고용정책심의회의 위원장이 회의에 부치는 사항

⑧ 「장애인고용촉진 및 직업재활법」에 따른 다음 각 목의 사항

　㉠ 장애인의 고용촉진 및 직업재활을 위한 기본계획의 수립에 관한 사항

　㉡ 그 밖에 장애인의 고용촉진 및 직업재활에 관하여 위원장이 회의에 부치는 사항

⑨ 「근로복지기본법」 제8조 각 호의 사항

　㉠ 근로복지증진에 관한 기본계획

　㉡ 근로복지사업에 드는 재원 조성에 관한 사항

　㉢ 그 밖에 고용정책심의회 위원장이 근로복지정책에 관하여 회의에 부치는 사항

⑩ 관계 중앙행정기관의 장이 고용과 관련하여 심의를 요청하는 사항

⑪ 그 밖에 다른 법령에서 정책심의회의 심의를 거치도록 한 사항 및 대통령령으로 정하는 사항

3) 정책심의회는 위원장 1명을 포함한 30명 이내의 위원으로 구성하고, 위원장은 고용노동부장관이 되며, 위원은 다음 각 호의 어느 하나에 해당하는 사람 중에서 고용노동부장관이 위촉하는 사람과 대통령령으로 정하는 관계 중앙행정기관의 차관 또는 차관급 공무원이 된다.

① 근로자와 사업주를 대표하는 사람
② 고용문제에 관하여 학식과 경험이 풍부한 사람
③ 전국 시·도지사 협의체에서 추천하는 사람

3-1) 임기(시행령 4조)

위촉위원의 임기는 2년으로 한다. 다만, 보궐위원의 임기는 전임자 임기의 남은 기간으로 한다.

3-2) 회의(시행령 6조)

① 정책심의회의 위원장은 정책심의회의 회의를 소집하고, 그 의장이 된다.
② 회의는 재적위원 과반수의 출석으로 개의(開議)하고 출석위원 과반수의 찬성으로 의결한다.

4) 정책심의회를 효율적으로 운영하고 정책심의회의 심의 사항을 전문적으로 심의하도록 하기 위하여 정책심의회에 분야별로 전문위원회를 둘 수 있다.

4-1) 전문위원회(시행령 7조)

① 정책심의회에 다음 각 호의 전문위원회를 둔다.
　㉠ 지역고용전문위원회
　㉡ 고용서비스전문위원회
　㉢ 사회적기업육성전문위원회
　㉣ 적극적고용개선전문위원회
　㉤ 장애인고용촉진전문위원회
　㉥ 건설근로자고용개선전문위원회

② 전문위원회는 위원장 1명을 포함한 20명 이내의 위원으로 구성한다.

③ 전문위원회의 위원은 다음 각 호의 어느 하나에 해당하는 사람 중에서 정책심의회의 위원장이 임명하거나 위촉하고, 전문위원회의 위원장은 전문위원회의 위원 중에서 정책심의회의 위원장이 지명한다.
　㉠ 전문위원회의 심의 사항과 관련된 지식과 경험이 있는 근로자 대표 및 사업주 대표
　㉡ 전문위원회의 심의 사항에 대한 지식과 경험이 풍부한 사람
　㉢ 관계 중앙행정기관의 3급 공무원 또는 고위공무원단에 속하는 공무원

④ 전문위원회의 위원장은 안건 심의를 위하여 필요한 경우에는 ③에 따른 위원 외에 정책심의회의 위원장이 정하는 관련 전문가, 관계 중앙행정기관의 3급 공무원 또는 고위공무원단에 속하는 공무원을 특별위원으로 위촉할 수 있다.

5) 전문위원회는 대통령령으로 정하는 바에 따라 정책심의회가 위임한 사항에 관하여 심의한다. 이 경우 전문위원회의 심의는 정책심의회의 심의로 본다.

6) 정책심의회, 지역고용심의회 및 전문위원회의 구성·운영과 그 밖에 필요한 사항은 대통령령으로 정한다.

6-1) 지역고용심의회의 구성(시행령 13조)

① 지역고용심의회는 위원장 1명을 포함한 20명 이내의 위원으로 구성한다.

② 위원장은 특별시장·광역시장·도지사 또는 특별자치도지사(이하 "시·도지사"라 한다)가 되고, 위원은 다음 각 호의 사람이 된다. 다만, 제2호의 직업안정기관의 장이 지청장인 경우에는 고용노동부장관이 업무 관할 등을 고려하여 지명하는 지방고용노동청장을 위원으로 할 수 있다.

    ㉠ 다음 각 목의 사람 중에서 시·도지사가 임명하거나 위촉하는 사람
      − 근로자 대표 및 사업주 대표
      − 고용문제에 관한 지식과 경험이 풍부한 사람 및 관계 공무원

    ㉡ 특별시·광역시 또는 도의 청사 소재지를 관할하는 직업안정기관(제주특별자치도의 경우에는 제주특별자치도지사 소속으로 설치되는 직업안정기관)의 장

6-2) 지역고용심의회의 전문위원회(시행령 15조)

① 지역고용심의회의 심의 사항을 보다 전문적으로 연구·심의하기 위하여 지역고용심의회에 위원장 1명을 포함한 10명 이내의 위원으로 구성하는 전문위원회를 둘 수 있다.

	고용정책심의회	지역고용심의회	분야별 전문위원회
위원장	고용노동부장관	특별시장·광역시장·도지사 또는 특별자치도지사	전문위원회의 위원 중에서 정책심의회의 위원장이 지명
구성	위원장 1인 포함 30인 이내 위원	위원장 1인 포함 20인 이내 위원	위원장 1인 포함 20인 이내 위원
설치	고용노동부	특별시·광역시·도 및 특별자치도	고용정책심의회

7. 직업안정기관의 설치 등(법 11조)

1) 국가는 제6조제1항에 따른 시책을 추진하는 경우에 지역 근로자와 사업주가 편리하게 고용서비스를 받을 수 있도록 지역별로 직업안정기관을 설치·운영하여야 한다.

2) 국가는 지방자치단체의 장이 해당 지역의 구직자와 구인기업에 대하여 고용서비스를 제공하는 업무를 담당하는 조직을 운영하는 경우에 그 조직의 운영에 필요한 지원을 할 수 있다.

3) 직업안정기관의 장과 지방자치단체의 장은 고용서비스 제공 업무를 수행하는 경우에 서로 협력하여야 한다.

4) 국가 또는 지방자치단체는 대통령령으로 정하는 바에 따라 취업취약계층에 대한 고용서비스 제공에 필요한 시설을 설치·운영할 수 있다.

Ⅲ. 고용정보 등의 수집 · 제공

1. 고용 · 직업 정보의 수집 · 관리(법 15조)

1) 고용노동부장관은 근로자와 기업에 대한 고용서비스 향상과 노동시장의 효율성 제고를 위하여 다음 각 호의 고용 · 직업에 관한 정보(이하 "고용 · 직업 정보"라 한다)를 수집 · 관리하여야 한다.
2) 고용노동부장관은 구직자 · 구인자, 직업훈련기관, 교육기관 및 그 밖에 고용 · 직업 정보가 필요한 자가 신속하고 편리하게 이용할 수 있도록 책자를 발간 · 배포하는 등 필요한 조치를 하여야 한다.
3) 고용노동부장관은 고용 · 직업 정보의 수집 · 관리를 위하여 노동시장의 직업구조를 반영한 고용직업분류표를 작성 · 고시하여야 한다. 이 경우 미리 관계 행정기관의 장과 협의할 수 있다.

2. 고용형태 현황 공시(법 15조의6)

1) 300명 이상의 근로자를 사용하는 사업주는 매년 근로자의 고용형태 현황을 공시하여야 한다.
2) 사업주는 매년 3월 31일(해당 일이 공휴일인 경우에는 그 직전 근무일을 말한다)을 기준으로 다음 각 호의 구분에 따른 근로자의 고용형태 현황을 작성하여 해당 연도 4월 30일까지 공시하여야 한다. 이 경우 상시 1,000명 이상의 근로자를 사용하는 사업주는 고용형태 현황을 사업장별로 작성하여 고용형태 현황과 함께 공시하여야 한다.

3. 인력의 수급 동향 등에 관한 자료의 작성(법 16조)

1) 고용노동부장관은 인력의 수급에 영향을 미치는 경제 · 산업의 동향과 그 전망 등이 포함된 인력의 수급 동향과 전망에 관하여 조사하고 자료를 매년 작성하여 공표하여야 한다.
2) 고용노동부장관은 제1항에 따른 인력의 수급 동향과 전망에 관한 자료를 작성하기 위하여 필요하다고 인정하면 다음 각 호의 기관에 필요한 자료의 제공을 요청할 수 있다.
   ㉠ 관계 행정기관
   ㉡ 교육 · 연구기관
   ㉢ 사업주 또는 사업주단체
   ㉣ 노동조합
   ㉤ 그 밖의 관계 기관
3) 제2항에 따라 자료 제공을 요청받은 자는 특별한 사유가 없으면 그 요청에 따라야 한다.

4. 고용관련 통계의 작성 · 보급(법 17조)

1) 고용노동부장관은 고용정책의 효율적 수립 · 시행을 위하여 산업별 · 직업별 · 지역별 고용구조 및 인력수요 등에 관한 통계를 작성 · 공표하여 국민들이 이용할 수 있도록 하여야 한다.

2) 고용노동부장관은 제1항에 따라 작성된 통계를 국민들이 편리하게 이용할 수 있도록 데이터베이스를 구축하는 등 필요한 조치를 하여야 한다.

5. 한국잡월드의 설립 등(법 18조의2)

1) 다음 각 호의 사업을 수행하기 위하여 한국고용정보원 산하에 한국잡월드를 설립한다.
   ① 직업 관련 자료 · 정보의 전시 및 제공
   ② 직업체험프로그램 개설 · 운영
   ③ 청소년 및 청년 등에 대한 직업교육프로그램 개설 · 운영
   ④ 교사 등에 대한 직업지도 교육프로그램 개설 · 운영
   ⑤ 직업상담 및 직업심리검사 서비스 제공
   ⑥ 직업 관련 자료 · 정보의 전시기법 및 체험프로그램 연구 · 개발
   ⑦ 제1호부터 제6호까지의 사업에 관한 국제협력과 그 밖의 부대사업
   ⑧ 그 밖에 고용노동부장관, 다른 중앙행정기관의 장 또는 지방자치단체의 장으로부터 위탁받은 사업

2) 한국잡월드는 법인으로 한다.

3) 정부는 한국잡월드의 설립 · 운영에 필요한 경비와 1항제1호부터 7호까지의 사업에 필요한 경비를 예산의 범위에서 출연할 수 있다.

4) 한국잡월드는 제1항 각 호의 사업수행에 필요한 경비를 조달하기 위하여 입장료 · 체험관람료 징수 및 광고 등 대통령령으로 정하는 바에 따라 수익사업을 할 수 있다.

5) 개인 또는 법인 · 단체는 한국잡월드의 사업을 지원하기 위하여 한국잡월드에 금전이나 현물, 그 밖의 재산을 출연 또는 기부할 수 있다.

6) 한국잡월드의 수입은 다음 각 호의 것으로 한다.
   ① 국가나 국가 외의 자로부터 받은 출연금 및 기부금
   ② 그 밖에 한국잡월드의 수입금

7) 정부는 한국잡월드의 설립 및 운영을 위하여 필요한 경우에는 「국유재산법」, 「물품관리법」에도 불구하고 국유재산 및 국유물품을 한국잡월드에 무상으로 대부 또는 사용하게 할 수 있다.

Ⅳ. 직업능력의 개발

1. 직업능력개발의 지원(법 20조)

1) 사업주는 그가 고용하는 근로자에 대하여 필요한 직업능력개발훈련을 실시하고 근로자는 스스로 직업능력을 개발하도록 노력하여야 한다.

2) 국가는 근로자와 사업주에게 직업능력개발에 관한 정보를 제공하고 지도ㆍ상담하며 필요한 비용을 지원할 수 있다.

3) 국가는 국민 모두가 전 생애에 걸쳐 직업능력을 개발하고, 경력을 관리할 수 있도록 필요한 지원을 할 수 있다.

V. 근로자의 고용촉진 및 사업주의 인력확보 지원

1. 구직자와 구인자에 대한 지원(법 23조)

1) 직업안정기관의 장은 구직자가 그 적성ㆍ능력ㆍ경험 등에 맞게 취업할 수 있도록 구직자 개개인의 적성ㆍ능력 등을 고려하여 그 구직자에게 적합하도록 체계적인 고용서비스를 제공하여야 한다.

2) 직업안정기관의 장은 구인자가 적합한 근로자를 신속히 채용할 수 있도록 구직자 정보의 제공, 상담ㆍ조언, 그 밖에 구인에 필요한 지원을 하여야 한다.

2. 학생 등에 대한 직업지도(법 24조)

국가는 「초ㆍ중등교육법」과 「고등교육법」에 따른 각급 학교의 학생 등에 대하여 장래 직업선택에 관하여 지도ㆍ조언하고, 각자의 적성과 능력에 맞는 직업을 가질 수 있도록 직업에 관한 정보를 제공하며, 직업적성검사 등 직업지도를 받을 수 있게 하는 등 필요한 지원을 하여야 한다.

3. 청년ㆍ여성ㆍ고령자 등의 고용촉진의 지원(법 25조)

4. 취업취약계층의 고용촉진 지원(법 26조)

5. 일용근로자 등의 고용안정 지원(법 27조)

6. 사회서비스일자리 창출 및 사회적기업 육성(법 28조)

1) 국가는 사회적으로 필요함에도 불구하고 수익성 등으로 인하여 시장에서 충분히 제공되지 못하는 교육, 보건, 사회복지, 환경, 문화 등 사회서비스 부문에서 법인ㆍ단체가 일자리를 창출하는 경우에는 이에 필요한 지원을 할 수 있다.

2) 국가는 취업취약계층 등에 사회서비스 또는 일자리를 제공하여 지역주민의 삶의 질을 높이는 등의 사회적 목적을 추구하면서 재화 및 서비스의 생산ㆍ판매 등 영업활동을 하는 법인ㆍ단체를 사회적기업으로 육성하도록 노력하여야 한다.

7. 기업의 고용창출 등 지원(법 29조)

1) 국가는 근로자의 고용기회를 확대하고 기업의 경쟁력을 높이기 위하여 기업의 고용창출, 고용유지 및 인력의 재배치 등 지원에 필요한 대책을 수립ㆍ시행하여야 한다.

2) 직업안정기관의 장은 근로자의 모집·채용 또는 배치, 직업능력개발, 승진, 임금체계, 그 밖에 기업의 고용관리에 관하여 사업주, 근로자대표 또는 노동조합 등으로부터 지원 요청을 받으면 고용정보 등을 활용하여 상담·지도 등 필요한 지원을 하여야 한다.

8. 중소기업 인력확보지원계획의 수립·시행(법 30조)

9. 외국인근로자의 도입(법 31조)

1) 국가는 노동시장에서의 원활한 인력수급을 위하여 외국인근로자를 도입할 수 있다. 이 경우 국가는 국민의 고용이 침해되지 아니하도록 노력하여야 한다.

VI. 고용조정지원 및 고용안정대책

1. 업종별·지역별 고용조정의 지원 등(법 32조)

1) 고용노동부장관은 국내외 경제사정의 변화 등으로 고용사정이 급격히 악화되거나 악화될 우려가 있는 업종 또는 지역에 대하여 다음 각 호의 사항을 지원할 수 있다.
   ① 사업주의 고용조정
   ② 근로자의 실업 예방
   ③ 실업자의 재취업 촉진
   ④ 그 밖에 고용안정과 실업자의 생활안정을 위하여 필요한 지원
1-1) 고용조정지원이 필요한 업종 또는 지역(시행령 29조)
   ① 사업의 전환이나 사업의 축소·정지·폐업으로 인하여 고용량이 현저히 감소하거나 감소할 우려가 있는 업종
   ② 제1호의 업종이 특정 지역에 밀집되어 그 지역의 고용사정이 현저히 악화되거나 악화될 우려가 있는 지역으로서 그 지역 근로자의 실업 예방 및 재취업 촉진 등의 조치가 필요하다고 인정되는 지역
   ③ 많은 구직자가 다른 지역으로 이동하거나 구직자의 수에 비하여 고용기회가 현저히 부족한 지역으로서 그 지역의 고용 개발을 위한 조치가 필요하다고 인정되는 지역
2) 제1항에 해당하는 업종 중에서 급격한 고용감소 등으로 특별한 지원이 필요하다고 인정되는 업종에 속하는 사업주나 사업주단체·근로자단체 또는 그 단체의 연합체 등은 해당 업종을 특별고용지원업종으로 지정하여 줄 것을 고용노동부장관에게 신청할 수 있다.
3) 제1항에 해당하는 지역 중에서 급격한 고용감소 등으로 특별한 지원이 필요하다고 인정되는 지역의 지방자치단체의 장은 해당 지역을 고용위기지역으로 지정하여 줄 것을 고용노동부장관에게 신청할 수 있다.
4) 고용노동부장관은 제2항 및 제3항에 따른 신청을 받은 경우 정책심의회의 심의를 거쳐 해당 업종 또는 지역을 기간을 정하여 특별고용지원업종 또는 고용위기지역으로 지정할 수 있다.

5) 고용노동부장관은 제4항에 따른 지정기간 중이더라도 고용사정이 호전되는 등 특별한 지원의 필요성이 없어진 때에는 정책심의회의 심의를 거쳐 그 지정을 해제할 수 있다.

6) 제1항부터 제4항까지에 따른 지원 조치, 지정기간 및 지정기간의 연장 등에 필요한 사항은 대통령령으로 정한다.

2. 대량 고용변동의 신고 등(법 33조)

1) 사업주는 생산설비의 자동화, 신설 또는 증설이나 사업규모의 축소, 조정 등으로 인한 고용량(雇傭量)의 변동이 대통령령으로 정하는 기준에 해당하는 경우에는 그 고용량의 변동에 관한 사항을 고용노동부령으로 정하는 바에 따라 직업안정기관의 장에게 신고하여야 한다. 다만, 「근로기준법」 제24조제4항에 따른 신고를 한 경우에는 그러하지 아니하다.
   ① 상시 근로자 300명 미만을 사용하는 사업 또는 사업장 : 30명 이상
   ② 상시 근로자 300명 이상을 사용하는 사업 또는 사업장 : 상시 근로자 총수의 100분의 10 이상

1-1) 대량고용변동시 이직근로자 수에 포함되는 않는 자(시행규칙 2조)
   ① 일용근로자 또는 기간을 정하여 고용된 사람(일용근로자 또는 6개월 미만의 기간을 정하여 고용된 사람으로서 6개월을 초과하여 계속 고용되고 있는 사람 또는 6개월을 초과하는 기간을 정하여 고용된 사람으로서 해당 기간을 초과하여 계속 고용되고 있는 사람은 제외한다)
   ② 수습 사용된 날부터 3개월 이내의 사람
   ③ 자기의 사정 또는 귀책사유로 이직하는 사람
   ④ 상시 근무를 요하지 아니하는 사람으로 고용된 사람
   ⑤ 천재지변이나 그 밖의 부득이한 사유로 인하여 사업의 계속이 불가능하게 되어 이직하는 사람

3. 고용재난지역의 선포 및 지원 등(법 32조의2)

1) 고용노동부장관은 대규모로 기업이 도산하거나 구조조정 등으로 지역의 고용 안정에 중대한 문제가 발생하여 특별한 조치가 필요하다고 인정되는 지역에 대하여 고용재난지역으로 선포할 것을 대통령에게 건의할 수 있다.

2) 고용재난지역의 선포를 건의받은 대통령은 국무회의 심의를 거쳐 해당 지역을 고용재난지역으로 선포할 수 있다.

3) 고용노동부장관은 제1항에 따라 고용재난지역으로 선포할 것을 대통령에게 건의하기 전에 관계 중앙행정기관의 장과 합동으로 고용재난조사단을 구성하여 실업 등 피해상황을 조사할 수 있다.

4) 고용재난지역으로 선포하는 경우 정부는 행정상·재정상·금융상의 특별지원이 포함된 종합대책을 수립·시행할 수 있다.

5) 제3항에 따른 고용재난조사단의 구성·운영 및 조사에 필요한 사항과 제4항에 따른 지원의 내용은 대통령령으로 정한다.

4. 실업대책사업(법 34조)

1) 고용노동부장관은 산업별·지역별 실업 상황을 조사하여 다수의 실업자가 발생하거나 발생할 우려가 있는 경우나 실업자의 취업촉진 등 고용안정이 필요하다고 인정되는 경우에는 관계 중앙행정기관의 장과 협의하여 다음 각 호의 사항이 포함된 실업대책사업을 실시할 수 있다.

① 실업자의 취업촉진을 위한 훈련의 실시와 훈련에 대한 지원

② 실업자에 대한 생계비, 생업자금, 「국민건강보험법」에 따른 보험료 등 사회보험료, 의료비(가족의 의료비를 포함한다), 학자금(자녀의 학자금을 포함한다), 주택전세자금 및 창업점포임대 등의 지원

③ 실업의 예방, 실업자의 재취업 촉진, 그 밖에 고용안정을 위한 사업을 하는 자에 대한 지원

④ 고용촉진과 관련된 사업을 하는 자에 대한 대부(貸付)

⑤ 실업자에 대한 공공근로사업

⑥ 그 밖에 실업의 해소에 필요한 사업

2) 고용노동부장관은 대통령령으로 정하는 바에 따라 실업대책사업의 일부를 「산업재해보상보험법」에 따른 근로복지공단(이하 "공단"이라 한다)에 위탁할 수 있다.

3) 제1항과 제2항을 적용할 때에 대통령령으로 정하는 무급휴직자(無給休職者)는 실업자로 본다.

4) 실업대책사업의 실시에 필요한 사항은 대통령령으로 정한다.

5) 실업대책사업에는 다음 각 호의 어느 하나에 해당하는 사업이 포함되어야 한다.(시행령 32조)

① 많은 인력을 사용하는 사업

② 많은 실업자가 발생하거나 발생할 우려가 있는 지역에서 시행되는 사업

③ 고용 상황의 변화에 따라 쉽게 규모를 변경하거나 그만둘 수 있는 사업

5. 실업대책사업의 자금 조성 등(법 35조)

1) 근로복지공단은 제34조제2항에 따라 실업대책사업을 위탁받아 하는 경우에는 다음 각 호의 방법으로 해당 사업에 드는 자금을 조성한다.

① 정부나 정부 외의 자의 출연(出捐) 또는 보조

② 제36조에 따른 자금의 차입(借入)

③ 그 밖의 수입금

2) 근로복지공단은 제1항에 따라 조성된 자금을 「근로복지기본법」 제87조에 따른 근로복지진흥기금의 재원으로 하여 관리·운용하여야 한다.

6. 자금의 차입(법 36조)

근로복지공단은 제34조제2항에 따라 위탁받은 실업대책사업을 실시하기 위하여 필요하다고 인정하면 고용노동부장관의 승인을 받아 자금을 차입(국제기구, 외국정부 또는 외국인으로부터의 차입을 포함한다)할 수 있다.

"무급휴직자(無給休職者)"란 6개월 이상 기간을 정하여 무급으로 휴직하는 사람을 말한다.

01 고용정책 기본법상 고용정책심의회에 관한 설명으로 틀린 것은?

① 고용에 관한 국가정책을 직접 결정하는 독립된 행정 위원회이다.
② 근로자와 사업주를 대표하는 자도 심의위원으로 참여할 수 있다.
③ 특별시, 광역시·도 및 특별자치도에 지역고용심의회를 둔다.
④ 고용정책심의회를 효율적으로 운영하기 위하여 분야별 전문위원회를 둘 수 있다.

해설 고용노동부장관은 고용정책에 관한 기본계획을 수립할 때에는 고용정책심의회의 심의를 거쳐야 하며, 수립된 기본계획은 국무회의에 보고하고 공표하여야 한다.

02 고용정책 기본법상 근로복지공단이 고용노동부장관으로부터 실업대책사업을 위탁받아 실시하는 경우 허용되는 자금조성 방법이 아닌 것은?

① 정부의 출연(出捐)
② 정부의 보조
③ 정부 외의 자의 출연 또는 보조
④ 기획재정부장관의 승인을 받은 자금의 차입

03 고용정책 기본법상 고용노동부장관이 실시할 수 있는 실업대책사업에 해당되지 않는 것은?

① 고용촉진과 관련된 사업을 하는 자에 대한 대부
② 실업의 예방, 실업자의 재취업 촉진, 그밖에 고용안정을 위한 사업을 하는 자에 대한 지원

③ 고령자에 대한 공공근로사업
④ 실업자에 대한 생계비, 의료비(가족의 의료비 포함) 주택전세자금 및 창업점포임대 등의 지원

해설 1) 고용노동부장관은 산업별·지역별 실업 상황을 조사하여 다수의 실업자가 발생하거나 발생할 우려가 있는 경우나 실업자의 취업촉진 등 고용안정이 필요하다고 인정되는 경우에는 관계 중앙행정기관의 장과 협의하여 다음 각 호의 사항이 포함된 실업대책사업을 실시할 수 있다.
① 실업자의 취업촉진을 위한 훈련의 실시와 훈련에 대한 지원
② 실업자에 대한 생계비, 생업자금, 「국민건강보험법」에 따른 보험료 등 사회보험료, 의료비(가족의 의료비를 포함한다), 학자금(자녀의 학자금을 포함한다), 주택전세자금 및 창업점포임대 등의 지원
③ 실업의 예방. 실업자의 재취업 촉진, 그 밖에 고용안정을 위한 사업을 하는 자에 대한 지원
④ 고용촉진과 관련된 사업을 하는 자에 대한 대부(貸付)
⑤ 실업자에 대한 공공근로사업
⑥ 그 밖에 실업의 해소에 필요한 사업

04 고용정책 기본법상 고용정책심의회에 관한 설명으로 틀린 것은?

① 고용정책심의회는 위원장 1인을 포함한 30인 이내의 위원으로 구성한다.
② 고용정책심의회 위원장은 고용노동부 차관이 된다.
③ 고용정책심의회 회의는 재적위원 과반수의 출석으로 개의하고 출석위원 과반수의 찬성으로 의결한다.
④ 고용정책심의회 위원의 임기는 원칙적으로 2년으로 한다.

해설 정책심의회는 위원장 1명을 포함한 30명 이내의 위원으로 구성하고, 위원장은 고용노동부장관이 된다.

정답 01 ① 02 ④ 03 ③ 04 ②

05 고용정책 기본법상 고용노동부장관이 실시할 수 있는 실업대책사업에 해당되지 않는 것은?

① 고용촉진과 관련된 사업을 하는 자에 대한 대부
② 실업자의 취업촉진을 위한 훈련의 실시와 훈련에 대한 지원
③ 실업의 예방, 실업자의 재취업 촉진, 그 밖에 고용안정을 위한 사업을 하는 자에 대한 지원
④ 실업자에 대한 생계비, 국민건강보험법에 의한 보험료 등 의료비(가족의 의료비 제외), 주택매입자금 등의 지원

해설 ① 실업자의 취업촉진을 위한 훈련의 실시와 훈련에 대한 지원
② 실업자에 대한 생계비, 생업자금, 「국민건강보험법」에 따른 보험료 등 사회보험료, 의료비(가족의 의료비를 포함한다), 학자금(자녀의 학자금을 포함한다), 주택전세자금 및 창업점포임대 등의 지원
③ 실업의 예방, 실업자의 재취업 촉진, 그 밖에 고용안정을 위한 사업을 하는 자에 대한 지원
④ 고용촉진과 관련된 사업을 하는 자에 대한 대부(貸付)
⑤ 실업자에 대한 공공근로사업
⑥ 그 밖에 실업의 해소에 필요한 사업

06 고용정책 기본법령상 상시근로자 300명 이상을 사용하는 사업 또는 사업장의 대량 고용변동의 신고기준으로 옳은 것은?

① 상시 근로자 총수의 100분의 10 이상
② 상시 근로자 총수의 100분의 20 이상
③ 상시 근로자 총수의 100분의 30 이상
④ 상시 근로자 총수의 100분의 40 이상

해설 ① 상시 근로자 300명 미만을 사용하는 사업 또는 사업장 : 30명 이상
② 상시 근로자 300명 이상을 사용하는 사업 또는 사업장 : 상시 근로자 총수의 100분의 10 이상

07 고용정책 기본법상 다수의 실업자가 발생하거나 발생할 우려가 있는 경우나 실업자의 고용안정이 필요하다고 인정되는 경우 고용노동부장관이 실시할 수 있는 실업대책 사업이 아닌 것은?

① 고용정책심의회의 구성
② 실업자의 취업촉진을 위한 훈련의 실시와 훈련에 대한 지원
③ 고용촉진과 관련된 사업을 하는 자에 대한 대부
④ 실업자에 대한 공공근로사업

해설 ① 실업자의 취업촉진을 위한 훈련의 실시와 훈련에 대한 지원
② 실업자에 대한 생계비, 생업자금, 「국민건강보험법」에 따른 보험료 등 사회보험료, 의료비(가족의 의료비를 포함한다), 학자금(자녀의 학자금을 포함한다), 주택전세자금 및 창업점포임대 등의 지원
③ 실업의 예방, 실업자의 재취업 촉진, 그 밖에 고용안정을 위한 사업을 하는 자에 대한 지원
④ 고용촉진과 관련된 사업을 하는 자에 대한 대부(貸付)
⑤ 실업자에 대한 공공근로사업
⑥ 그 밖에 실업의 해소에 필요한 사업

08 고용정책기본법규상 사업주의 대량고용변동 신고 시 이직하는 근로자수에 포함되는 자는?

① 수습 사용된 날부터 3개월 이내의 사람
② 자기의 사정 또는 귀책사유로 이직하는 사람
③ 상시 근무를 요하지 아니하는 사람으로 고용된 사람
④ 6개월을 초과하는 기간을 정하여 고용된 사람으로서 당해 기간을 초과하여 계속 고용되고 있는 사람

해설 **대량 고용변동의 신고 등**
① 이직하는 근로자가 고용노동부령으로 정하는 다음 기준에 해당하는 경우는 제외한다.
㉮ 일용근로자 또는 기간을 정하여 고용된 사람(일용근로자 또는 6개월 미만의 기간을 정하여 고용된 사람으로서 6개월을 초과하여 계속 고용되고 있는 사람 또는 6개월을 초과하는 기간을 정하여 고용된 사람으로서 해당 기간을 초과하여 계속 고용되고 있는 사람은 제외한다)
㉯ 수습 사용된 날부터 3개월 이내의 사람
㉰ 자기의 사정 또는 귀책사유로 이직하는 사람
㉱ 상시 근무를 요하지 아니하는 사람으로 고용된 사람
㉲ 천재지변이나 그 밖의 부득이한 사유로 인하여 사업의 계속이 불가능하게 되어 이직하는 사람

09 고용정책기본법상 취업기회의 균등한 보장을 위한 차별 금지사유가 아닌 것은?

① 업무능력　　　　　② 출신지역
③ 출신학교　　　　　④ 사회적 신분

10 고용정책기본법의 기본원칙으로 틀린 것은?

① 근로자의 근로의 권리 존중
② 근로자의 직업선택의 자유 존중
③ 사업주의 고용관리에 관한 자주성 존중
④ 근로자의 능력개발과 고용안정을 위한 정부의 주도적 역할 존중

해설 ① 근로자의 직업선택의 자유와 근로의 권리가 확보되도록 할 것
② 사업주의 자율적인 고용관리를 존중할 것
③ 구직자(求職者)의 자발적인 취업노력을 촉진할 것
④ 고용정책은 효율적이고 성과지향적으로 수립·시행할 것
⑤ 고용정책은 노동시장의 여건과 경제정책 및 사회정책을 고려하여 균형 있게 수립·시행할 것
⑥ 고용정책은 국가·지방자치단체 간, 공공부문·민간부문 간 및 근로자·사업주·정부 간의 협력을 바탕으로 수립·시행할 것

11 고용정책기본법상 고용정책기본계획에 포함되는 내용이 아닌 것은?

① 고용동향
② 인력의 수급 전망
③ 인구정책동향
④ 임금체계

해설 기본계획에는 ① 고용에 관한 중장기 정책목표 및 방향 ② 인력의 수요와 공급에 영향을 미치는 경제, 산업, 교육, 복지 또는 인구정책 등의 동향(動向)에 관한 사항 ③ 고용 동향과 인력의 수급 전망에 관한 사항 ④ 국가 시책의 기본 방향에 관한 사항 ⑤ 그 밖의 고용 관련 주요 시책에 관한 사항이 포함 되어야 한다.

12 고용정책기본법령상 대량고용변동의 신고기준으로 옳은 것은?

- 상시 근로자 (A) 명 미만을 사용하는 사업 또는 사업장 : (B) 명 이상
- 상시 근로자 (A) 명 이상을 사용하는 사업 또는 사업장 : 상시 근로자 총수의 (C) 이상

① A : 100, B : 10, C : 100 분의 10
② A : 100, B : 20, C : 100 분의 20
③ A : 200, B : 30, C : 100 분의 20
④ A : 300, B : 30, C : 100 분의 10

13 고용정책기본법의 기본원칙에 관한 설명으로 틀린 것은?

① 국가는 운용에 있어서 사업주의 고용관리에 관한 자주성을 존중하여야 한다.
② 국가는 능력을 개발하고자 하는 근로자의 의욕을 북돋우는 데 지원하여야 한다.
③ 국가는 운용에 있어서 근로자의 직업선택의 자유와 근로의 권리를 존중하여야 한다.
④ 국가는 고용을 안정시키기 위하여 근로자가 주도적인 역할을 할 수 있도록 지원하여야 한다.

해설 **고용정책기본법의 기본원칙**
① 근로자의 직업선택의 자유와 근로의 권리가 확보되도록 할 것
② 사업주의 자율적인 고용관리를 존중할 것
③ 구직자(求職者)의 자발적인 취업노력을 촉진할 것
④ 고용정책은 효율적이고 성과지향적으로 수립·시행할 것
⑤ 고용정책은 노동시장의 여건과 경제정책 및 사회정책을 고려하여 균형 있게 수립·시행할 것
⑥ 고용정책은 국가·지방자치단체 간, 공공부문·민간부문 간 및 근로자·사업주·정부 간의 협력을 바탕으로 수립·시행할 것

14 고용정책기본법의 기본원칙으로 틀린 것은?

① 근로자의 근로의 권리 존중
② 근로자의 직업선택의 자유 존중
③ 사업주의 고용관리에 관한 자주성 존중
④ 고용안정을 위한 국가의 주도적 역할

해설 고용정책은 국가·지방자치단체 간, 공공부문·민간부문 간 및 근로자·사업주·정부 간의 협력을 바탕으로 수립·시행할 것

15 고용정책기본법령상 고용정책심의회에 관한 설명으로 틀린 것은?

① 고용정책심의회는 위원장 1인을 포함한 30인 이내의 위원으로 구성한다.
② 고용정책심의회 위원장은 고용노동부 차관이 된다.
③ 고용정책심의회 회의는 재적위원 과반수 출석과 출석위원 과반수의 찬성으로 의결한다.
④ 고용정책심의회 위원의 임기는 원칙적으로 2년으로 한다.

정답 10 ④ 11 ④ 12 ④ 13 ④ 14 ④ 15 ②

16 고용정책기본법상 실업대책사업을 실시함에 있어 실업자로 간주되는 자는?

① 6월 이상의 무급휴직자   ② 일용근로자
③ 수습근로자   ④ 시간제근로자

17 고용정책기본법령상 고용조정지원 및 고용안정대책에 관한 설명으로 틀린 것은?

① 정부는 사업의 전환이나 사업의 축소·정지·폐지로 인하여 고용량이 현저히 감소할 우려가 있는 업종에는 필요한 지원 조치를 할 수 있다.
② 상시근로자수 300인 미만을 사용하는 사업주가 생산설비의 자동화 등으로 1월 이내의 기간에 해당하는 근로자의 수가 30인 이상 고용량의 변동이 발생된 경우 직업안정기관에 신고해야 한다.
③ 동법의 '무급휴직자'라 함은 6월 이상의 기간을 정하여 무급으로 휴직하는 자를 말한다.
④ 고용노동부장관은 실업대책사업의 일부를 산업재해보상보험법에 의한 한국산업인력공단에 위탁하여 실시하게 할 수 있다.

18 고용정책 기본법상 고용정책심의회에 관한 내용으로 틀린 것은?

① 고용에 관한 주요 사항을 심의하기 위하여 국무총리실에 고용정책심의회를 둔다.
② 인력의 공급구조와 산업구조의 변화 등에 따른 고용 및 실업대책에 관한 사항 등을 심의한다.
③ 위원장 1명을 포함한 30명 이내의 위원으로 구성한다.
④ 고용정책심의회를 효율적으로 운영하고 고용정책심의회의 심의사항을 전문적으로 심의하도록 하기 위하여 고용정책심의회에 분야별로 전문위원회를 둘 수 있다.

19 고용정책기본법령상 실업대책사업에 관한 설명 중 틀린 것은?

① 고용노동부장관은 관계중앙행정기관의 장과 협의하여 실업대책사업을 실시할 수 있다.
② 실업자에 대한 생계비, 생업자금, 사회보험료, 의료비 등이 지원된다.
③ 실업예방 등 고용안정을 위한 사업을 실시하는 자도 지원한다.
④ 무급휴직자는 3월 이상의 기간을 정하여 무급으로 휴직하는 자를 말한다.

20 다음 중 고용정책기본법의 내용과 관련이 적은 것은?

① 헌법상의 근로의 권리
② 사용자의 채용 자유의 침해·제한 불가피성 인정
③ 고용증진제도의 기본법으로서의 성격
④ 고용정책상 목표달성을 위하여 국가, 정부, 직업안정기관, 사업주, 고용노동부장관 등에 일정한 임무 부여

정답 16 ①   17 ④   18 ①   19 ④   20 ②

21 고용정책기본법상 이 법에서 실현하고자 하는 목적을 달성하기 위하여 일정한 임무를 부여하고 있는 주체가 아닌 것은?

① 사업주   ② 직업안정기관
③ 국가   ④ 노동위원회

> **해설** 고용정책상 목표달성을 위하여 국가 · 정부 · 직업안정기관, 고용노동부장관, 사업주, 사업주단체, 노동조합 등에 일정한 임무를 부여하고 있다.

22 고용정책 기본법상 고용조정 지원 등이 필요한 업종 및 지역의 지정요건이 아닌 것은?

① 사업의 전환이나 이전으로 인하여 고용량이 현저히 감소하거나 감소할 우려가 있는 지역
② 사업의 축소 · 정지 · 폐업으로 인하여 고용량이 현저히 감소하거나 감소할 우려가 있는 업종
③ 많은 구직자가 다른 지역으로 이동하거나 구직자의 수에 비하여 고용기회가 현저히 부족한 지역으로서 그 지역의 고용개발을 위한 조치가 필요하다고 인정되는 지역
④ 지정업종이 특정 지역에 밀집되어 그 지역의 고용사정이 현저히 악화되거나 악화될 우려가 있는 지역으로서 그 지역 근로자의 실업 예방 및 재취업 촉진 등의 조치가 필요하다고 인정되는 지역

> **해설** **고용조정지원이 필요한 업종 또는 지역**
> • 사업의 전환이나 사업의 축소 · 정지 · 폐업으로 인하여 고용량이 현저히 감소하거나 감소할 우려가 있는 업종
> • 제1호의 업종이 특정 지역에 밀집되어 그 지역의 고용사정이 현저히 악화되거나 악화될 우려가 있는 지역으로서 그 지역 근로자의 실업 예방 및 재취업 촉진 등의 조치가 필요하다고 인정되는 지역
> • 많은 구직자가 다른 지역으로 이동하거나 구직자의 수에 비하여 고용기회가 현저히 부족한 지역으로서 그 지역의 고용 개발을 위한 조치가 필요하다고 인정되는 지역

23 고용정책 기본법령상 고용재난지역에 대한 행정상 · 재정상 · 금융상의 특별지원 내용을 모두 고른 것은?

> ㄱ. 「국가재정법」에 따른 예비비의 사용
> ㄴ. 소상공인을 대상으로 한 조세 관련 법령에 따른 조세감면
> ㄷ. 고용보험 · 산업재해보상보험 보험료 또는 징수금 체납처분의 유예
> ㄹ. 중앙행정기관 및 지방자치단체가 실시하는 일자리사업에 대한 특별지원

① ㄱ, ㄴ, ㄷ   ② ㄱ, ㄷ, ㄹ
③ ㄴ, ㄹ   ④ ㄱ, ㄴ, ㄷ, ㄹ

> **해설** **고용재난지역에 대한 지원**
> • 국가재정법에 따른 예비비의 사용 및 지방재정법에 따른 특별지원
> • 중소기업진흥에 관한 법률에 따른 중소기업창업 및 진흥기금에서의 융자 요청 및 신용보증기금법에 따른 신용보증기금의 우선적 신용보증과 보증조건 우대의 요청
> • 소상공인 보호 및 지원에 관한 법률에 따른 소상공인을 대상으로 한 조세 관련 법령에 따른 조세감면
> • 고용보험 및 산업재해보상보험의 보험료 징수 등에 관한 법률에 따른 고용보험 · 산업재해보상보험 보험료 또는 징수금 체납처분의 유예 및 납부기한의 연장
> • 중앙행정기관 및 지방자치단체가 실시하는 일자리사업에 대한 특별지원
> • 그 밖에 고용재난지역의 고용안정 및 일자리 창출 등을 위하여 필요한 지원

24 고용정책 기본법상 근로자의 정의로 옳은 것은?

① 직업의 종류를 불문하고 임금, 급료 기타 이에 준하는 수입에 의하여 생활하는 사람
② 직업의 종류와 관계없이 임금을 목적으로 사업이나 사업장에 근로를 제공하는 사람
③ 사업주에게 고용된 사람과 취업할 의사를 가진 사람
④ 사업주에게 고용된 사람과 취업 또는 창업할 의사를 가진 사람

> **해설** 고용정책 기본법상에서 "근로자"란 사업주에게 고용된 사람과 취업할 의사를 가진 사람을 말한다.

Ⅰ. 총칙

1. 목적(법 1조)

이 법은 모든 근로자가 각자의 능력을 계발·발휘할 수 있는 직업에 취업할 기회를 제공하고, 정부와 민간부문이 협력하여 각 산업에서 필요한 노동력이 원활하게 수급되도록 지원함으로써 근로자의 직업안정을 도모하고 국민경제의 균형있는 발전에 이바지함을 목적으로 한다.

2. 균등처우목적(법 2조)

누구든지 성별, 연령, 종교, 신체적 조건, 사회적 신분 또는 혼인 여부 등을 이유로 직업소개 또는 직업지도를 받거나 고용관계를 결정할 때 차별대우를 받지 아니한다.

3. 정의(법 2조의2)

이 법에서 사용하는 용어의 뜻은 다음 각 호와 같다.

1) "직업안정기관"이란 직업소개, 직업지도 등 직업안정업무를 수행하는 지방고용노동행정기관을 말한다.
2) "직업소개"란 구인 또는 구직의 신청을 받아 구직자 또는 구인자(求人者)를 탐색하거나 구직자를 모집하여 구인자와 구직자 간에 고용계약이 성립되도록 알선하는 것을 말한다.
3) "직업지도"란 취업하려는 사람이 그 능력과 소질에 알맞은 직업을 쉽게 선택할 수 있도록 하기 위한 직업적성검사, 직업정보의 제공, 직업상담, 실습, 권유 또는 조언, 그 밖에 직업에 관한 지도를 말한다.
4) "무료직업소개사업"이란 수수료, 회비 또는 그 밖의 어떠한 금품도 받지 아니하고 하는 직업소개사업을 말한다.
5) "유료직업소개사업"이란 무료직업소개사업이 아닌 직업소개사업을 말한다.
6) "모집"이란 근로자를 고용하려는 자가 취업하려는 사람에게 피고용인이 되도록 권유하거나 다른 사람으로 하여금 권유하게 하는 것을 말한다.
7) "근로자공급사업"이란 공급계약에 따라 근로자를 타인에게 사용하게 하는 사업을 말한다. 다만, 「파견근로자보호 등에 관한 법률」 제2조제2호에 따른 근로자파견사업은 제외한다.
8) "직업정보제공사업"이란 신문, 잡지, 그 밖의 간행물 또는 유선·무선방송이나 컴퓨터통신 등으로 구인·구직 정보 등 직업정보를 제공하는 사업을 말한다.
9) "고용서비스"란 구인자 또는 구직자에 대한 고용정보의 제공, 직업소개, 직업지도 또는 직업능력개발 등 고용을 지원하는 서비스를 말한다.

4. 지방자치단체의 국내직업소개업무 등(법 4조의2)

1) 지방자치단체의 장은 필요한 경우 구인자·구직자에 대한 국내 직업소개, 직업지도, 직업정보제공 업무를 할 수 있다.

5. 민간직업상담원(법 4조의 4)

1) 고용노동부장관은 직업안정기관에 직업소개·직업지도 및 고용정보의 제공 등의 업무를 담당하는 공무원이 아닌 직업상담원(이하 "민간직업상담원"이라 한다)을 배치할 수 있다.

6. 고용서비스 우수기관 인증(법 4조의 5)

1) 고용노동부장관은 제3조제2항 각 호의 어느 하나에 해당하는 자로서 구인자·구직자가 편리하게 이용할 수 있는 시설과 장비를 갖추고 직업소개 또는 취업정보 제공 등의 방법으로 구인자·구직자에 대한 고용서비스 향상에 기여하는 기관을 고용서비스 우수기관으로 인증할 수 있다.

2) 고용노동부장관은 제1항에 따른 고용서비스 우수기관 인증업무를 대통령령으로 정하는 전문기관에 위탁할 수 있다.

3) 고용노동부장관은 제1항에 따라 고용서비스 우수기관으로 인증을 받은 기관에 대하여는 제3조제2항에 따른 공동사업을 하거나 위탁할 수 있는 사업에 우선적으로 참여하게 하는 등 필요한 지원을 할 수 있다.

4) 고용노동부장관은 제1항에 따라 고용서비스 우수기관으로 인증을 받은 자가 다음 각 호의 어느 하나에 해당하면 인증을 취소할 수 있다.

① 거짓이나 그 밖의 부정한 방법으로 인증을 받은 경우
② 정당한 사유 없이 1년 이상 계속 사업 실적이 없는 경우
③ 제7항에 따른 인증기준을 충족하지 못하게 된 경우
④ 고용서비스 우수기관으로 인증을 받은 자가 폐업한 경우

5) 고용서비스 우수기관 인증의 유효기간은 인증일부터 3년으로 한다.

6) 고용서비스 우수기관으로 인증을 받은 자가 제5항에 따른 인증의 유효기간이 지나기 전에 다시 인증을 받으려면 대통령령으로 정하는 바에 따라 고용노동부장관에게 재인증을 신청하여야 한다.

7) 고용서비스 우수기관의 인증기준, 인증방법 및 재인증에 필요한 사항은 고용노동부령으로 정한다.

7. 구인·구직 신청의 유효기간 등(시행규칙 3조)

1) 수리된 구인신청의 유효기간은 15일 이상 2개월 이내에서 구인업체가 정한다.

2) 수리된 구직신청의 유효기간은 3개월로 한다. 다만, 구직급여 수급자, 직업훈련 또는 직업안정기관의 취업지원 프로그램에 참여하는 구직자의 구직신청의 유효기간은 해당 프로그램의 종료시점을 고려하여 직업안정기관의 장이 따로 정할 수 있고, 국외 취업희망자의 구직신청의 유효기간은 6개월로 한다.

3) 직업안정기관의 장은 접수된 구인신청서 및 구직신청서를 1년간 관리·보관하여야 한다.

4) 직업안정기관의 장은 관할구역의 읍·면·동사무소에 구인신청서와 구직신청서를 갖추어 두어 구인자·구직자의 편의를 도모하여야 한다.

II. 직업안정기관의 장이 하는 직업소개 및 직업지도 등

1. 직업소개의 절차(시행령 4조)

1) 구인·구직에 필요한 기초적인 사항의 확인
2) 구인·구직 신청의 수리
3) 구인·구직의 상담
4) 직업 또는 구직자의 알선
5) 취업 또는 채용 여부의 확인

2. 구인의 신청(법 8조)

직업안정기관의 장은 구인신청의 수리(受理)를 거부하여서는 아니 된다. 다만, 다음 각 호의 어느 하나에 해당하는 경우에는 그러하지 아니하다.

1) 구인신청의 내용이 법령을 위반한 경우
2) 구인신청의 내용 중 임금, 근로시간, 그 밖의 근로조건이 통상적인 근로조건에 비하여 현저하게 부적당하다고 인정되는 경우
3) 구인자가 구인조건을 밝히기를 거부하는 경우
4) 구인자가 구인신청 당시 「근로기준법」 제43조의2에 따라 명단이 공개 중인 체불사업주인 경우

3. 구직의 신청(법 9조)

1) 직업안정기관의 장은 구직신청의 수리를 거부하여서는 아니 된다. 다만, 그 신청 내용이 법령을 위반한 경우에는 그러하지 아니하다.
2) 직업안정기관의 장은 구직자의 요청이 있거나 필요하다고 인정하여 구직자의 동의를 받은 경우에는 직업상담 또는 직업적성검사를 할 수 있다.

4. 근로조건의 명시 등(법 10조)

구인자가 직업안정기관의 장에게 구인신청을 할 때에는 구직자가 취업할 업무의 내용과 근로조건을 구체적으로 밝혀야 하며, 직업안정기관의 장은 이를 구직자에게 알려 주어야 한다.

5. 직업소개의 원칙(법 11조)

1) 직업안정기관의 장은 구직자에게는 그 능력에 알맞은 직업을 소개하고, 구인자에게는 구인조건에 적합한 구직자를 소개하도록 노력하여야 한다.
2) 직업안정기관의 장은 가능하면 구직자가 통근할 수 있는 지역에서 직업을 소개하도록 노력하여야 한다.

6. 직업소개의 준수사항(시행령 7조)

1) 구인자 또는 구직자 어느 한쪽의 이익에 치우치지 아니할 것
2) 구직자가 취업할 직업에 쉽게 적응할 수 있도록 종사하게 될 업무의 내용, 임금, 근로시간, 그 밖의 근로조건에 대하여 상세히 설명할 것

7. 광역직업소개(법 12조)

직업안정기관의 장은 통근할 수 있는 지역에서 구직자에게 그 희망과 능력에 알맞은 직업을 소개할 수 없을 경우 또는 구인자가 희망하는 구직자나 구인 인원을 채울 수 없을 경우에는 광범위한 지역에 걸쳐 직업소개를 할 수 있다.

Ⅲ. 직업지도

1. 직업지도의 실시(법 14조)

직업안정기관의 장은 새로 취업하려는 사람, 신체 또는 정신에 장애가 있는 사람 그 밖에 취업을 위하여 특별한 지도가 필요한 사람에 대하여 직업지도를 하여야 한다.

2. 직업안정기관의 장과 학교의 장 등의 협력(법 15조)

직업안정기관의 장은 필요하다고 인정하는 경우에는 「초·중등교육법」 및 「고등교육법」에 따른 각급 학교의 장이나 「국민 평생 직업능력 개발법」에 따른 공공 직업훈련시설의 장이 실시하는 무료직업소개사업에 협력하여야 하며, 이들이 요청하는 경우에는 학생 또는 직업훈련생에게 직업지도를 할 수 있다.

Ⅳ. 직업소개사업 및 직업정보제공사업

1. 무료직업소개사업(법 18조)

1) 무료직업소개사업은 소개대상이 되는 근로자가 취업하려는 장소를 기준으로 하여 국내 무료직업소개사업과 국외 무료직업소개사업으로 구분하되, 국내 무료직업소개사업을 하려는 자는 주된 사업소의 소재지를 관할하는 특별자치도지사·시장·군수 및 구청장에게 신고하여야 하고, 국외 무료직업소개사업을 하려는 자는 고용노동부장관에게 신고하여야 한다. 신고한 사항을 변경하려는 경우에도 또한 같다.
2) 제1항에 따라 무료직업소개사업을 하려는 자는 대통령령으로 정하는 비영리법인 또는 공익단체이어야 한다.
3) 제1항에 따른 신고 사항, 신고 절차, 그 밖에 신고에 필요한 사항은 대통령령으로 정한다.

4) 제1항에도 불구하고 다음 각 호의 어느 하나에 해당하는 직업소개의 경우에는 신고를 하지 아니하고 무료직업소개사업을 할 수 있다.
　① 한국산업인력공단이 하는 직업소개
　② 한국장애인고용공단이 장애인을 대상으로 하는 직업소개
　③ 교육 관계법에 따른 각급 학교의 장, 공공직업훈련시설의 장이 재학생 · 졸업생 또는 훈련생 · 수료생을 대상으로 하는 직업소개
　④ 근로복지공단이 업무상 재해를 입은 근로자를 대상으로 하는 직업소개
5) 무료직업소개사업을 하는 자 및 그 종사자는 구인자가 구인신청 당시 명단이 공개 중인 체불사업주인 경우 그 사업주에게 직업소개를 하지 아니하여야 한다.

2. 직업소개사업의 타목적 이용금지(시행령 17조)

무료직업소개사업을 행하는 자는 직업소개사업외의 사업의 확장을 위한 회원모집 · 조직확대 · 선전등의 수단으로 직업소개사업을 운영하여서는 아니 된다.

3. 유료직업소개사업(법 19조)

1) 유료직업소개사업은 소개대상이 되는 근로자가 취업하려는 장소를 기준으로 하여 국내 유료직업소개사업과 국외 유료직업소개사업으로 구분하되, 국내 유료직업소개사업을 하려는 자는 주된 사업소의 소재지를 관할하는 특별자치도지사 · 시장 · 군수 및 구청장에게 등록하여야 하고, 국외 유료직업소개사업을 하려는 자는 고용노동부장관에게 등록하여야 한다. 등록한 사항을 변경하려는 경우에도 또한 같다.
2) 1)항에 따라 등록을 하고 유료직업소개사업을 하려는 자는 둘 이상의 사업소를 둘 수 없다. 다만, 사업소별로 직업소개 또는 직업상담에 관한 경력, 자격 또는 소양이 있다고 인정되는 사람 등 대통령령으로 정하는 사람을 1명 이상 고용하는 경우에는 그러하지 아니하다.
3) 1)항에 따른 등록을 하고 유료직업소개사업을 하는 자는 고용노동부장관이 결정 · 고시한 요금 외의 금품을 받아서는 아니 된다. 다만, 고용노동부령으로 정하는 고급 · 전문인력을 소개하는 경우에는 당사자 사이에 정한 요금을 구인자로부터 받을 수 있다.
4) 고용노동부장관이 3)에 따른 요금을 결정하려는 경우에는 「고용정책 기본법」에 따른 고용정책심의회의 심의를 거쳐야 한다.
5) 1)항에 따른 유료직업소개사업의 등록기준이 되는 인적 · 물적 요건과 그 밖에 유료직업소개사업에 관한 사항은 대통령령으로 정한다.

4. 유료직업소개사업의 등록요건 등(시행령 21조)

1) 유료직업소개사업의 등록을 할 수 있는 자는 다음 각 호의 어느 하나에 해당하는 자에 한정한다. 다만, 법인의 경우에는 직업소개사업을 목적으로 설립된 「상법」상 회사 또는 협동조합(사회적협동조합은 제외한다.)으로서 납입자본금이 5천만원(둘 이상의 사업소를 설치하는 경우에는 추가하는 사업소 1개소당 2천만원을 가산한 금액)이상이고 임원 2명 이상이 다음 각 호의 어느 하

나에 해당하는 자 또는 「근로자직업능력 개발법」에 따른 직업능력개발훈련법인으로서 임원 2명 이상이 다음 각 호의 어느 하나에 해당하는 자에 한정한다.

① 직업상담사 1급 또는 2급의 국가기술자격이 있는 자

② 직업소개사업의 사업소, 「근로자직업능력 개발법」에 의한 직업능력개발훈련시설, 「초·중등교육법」 및 「고등교육법」에 의한 학교, 「청소년기본법」에 의한 청소년단체에서 직업상담·직업지도·직업훈련 기타 직업소개와 관련이 있는 상담업무에 2년 이상 종사한 경력이 있는 자

③ 공인노무사 자격을 가진 자

④ 조합원이 100인 이상인 단위노동조합, 산업별 연합단체인 노동조합 또는 총연합단체인 노동조합에서 노동조합업무전담자로 2년 이상 근무한 경력이 있는 자

⑤ 상시사용근로자 300인 이상인 사업 또는 사업장에서 노무관리업무전담자로 2년 이상 근무한 경력이 있는 자

⑥ 국가공무원 또는 지방공무원으로서 2년 이상 근무한 경력이 있는 자

⑦ 「초·중등교육법」에 의한 교원자격증을 가지고 있는 자로서 교사근무경력이 2년 이상인 자

⑧ 사회복지사 자격증을 가진 사람

5. 선급금의 수령 금지(법 21조의 2)

등록을 하고 유료직업소개사업을 하는 자 및 그 종사자는 구직자에게 제공하기 위하여 구인자로부터 선급금을 받아서는 아니 된다.

6. 연소자에 대한 직업소개의 제한(법 21조의 3)

1) 무료직업소개사업 또는 유료직업소개사업을 하는 자와 그 종사자(이하 이 조에서 "직업소개사업자등"이라 한다)는 구직자의 연령을 확인하여야 하며, 18세 미만의 구직자를 소개하는 경우에는 친권자나 후견인의 취업동의서를 받아야 한다.

2) 직업소개사업자등은 18세 미만의 구직자를 「근로기준법」 제65조에 따라 18세 미만자의 사용이 금지되는 직종의 업소에 소개하여서는 아니 된다.

3) 직업소개사업자등은 「청소년보호법」 제2조제1호에 따른 청소년인 구직자를 같은 조 제5호에 따른 청소년유해업소에 소개하여서는 아니 된다.

7. 유료직업소개사업의 종사자 등(법 22조)

1) 등록을 하고 유료직업소개사업을 하는 자는 제38조제1호·제2호·제4호 또는 제6호에 해당하는 사람을 고용하여서는 아니 된다.

2) 등록을 하고 유료직업소개사업을 하는 자는 사업소별로 고용노동부령으로 정하는 자격을 갖춘 직업상담원을 1명 이상 고용하여야 한다. 다만, 유료직업소개사업을 하는 사람과 동거하는 가족이 본문에 따른 직업상담원의 자격을 갖추고 특정 사업소에서 상시 근무하는 경우에 해당 사업소에 직업상담원을 고용한 것으로 보며, 유료직업소개사업을 하는 자가 직업상담원 자격을 갖추고

특정 사업소에서 상시 근무하는 경우에 해당 사업소에는 직업상담원을 고용하지 아니할 수 있다.

3) 유료직업소개사업의 종사자 중 제2항에 따른 직업상담원이 아닌 사람은 직업소개에 관한 사무를 담당하여서는 아니 된다.

8. 겸업금지(법 26조)

다음 각 호의 어느 하나에 해당하는 사업을 경영하는 자는 직업소개사업을 하거나 직업소개사업을 하는 법인의 임원이 될 수 없다.
1) 결혼중개업
2) 숙박업
3) 식품접객업 중 대통령령으로 정하는 영업

9. 직업정보제공사업의 신고(법 23조)

1) 직업정보제공사업을 하려는 자(제18조에 따라 무료직업소개사업을 하는 자와 제19조에 따라 유료직업소개사업을 하는 자는 제외한다)는 고용노동부장관에게 신고하여야 한다.

10. 직업정보제공사업자의 준수 사항(시행령 28조)

1) 구인자의 업체명(또는 성명)이 표시되어 있지 아니하거나 구인자의 연락처가 사서함 등으로 표시되어 구인자의 신원이 확실하지 아니한 구인광고를 게재하지 아니할 것
2) 직업정보제공매체의 구인·구직의 광고에는 구인·구직자의 주소 또는 전화번호를 기재하고, 직업정보제공사업자의 주소 또는 전화번호는 기재하지 아니할 것
3) 직업정보제공매체 또는 직업정보제공사업의 광고문에 "(무료)취업상담"·"취업추천"·"취업지원" 등의 표현을 사용하지 아니할 것
4) 구직자의 이력서 발송을 대행하거나 구직자에게 취업추천서를 발부하지 아니할 것
5) 직업정보제공매체에 정보이용자들이 알아보기 쉽게 법 제23조에 따른 신고로 부여받은 신고번호를 표시할 것
6) 「최저임금법」제10조에 따라 결정 고시된 최저임금에 미달되는 구인정보, 「성매매알선 등 행위의 처벌에 관한 법률」제4조에 따른 금지행위가 행하여지는 업소에 대한 구인광고를 게재하지 아니할 것

V. 근로자의 모집 및 근로자 공급사업

1. 근로자의 모집(법 28조)

1) 근로자를 고용하려는 자는 광고, 문서 또는 정보통신망 등 다양한 매체를 활용하여 자유롭게 근로자를 모집할 수 있다.

2. 국외취업자의 모집(법 30조)

누구든지 국외에 취업할 근로자를 모집한 경우에는 고용노동부장관에게 신고하여야 한다.

3. 모집방법 등의 개선권고(법 31조)

1) 고용노동부장관은 건전한 모집질서를 확립하기 위하여 필요하다고 인정하는 경우에는 제28조 또는 제30조에 따른 근로자 모집방법 등의 개선을 권고할 수 있다.
2) 고용노동부장관이 권고를 하려는 경우에는 고용정책심의회의 심의를 거쳐야 한다.
3) 고용노동부장관이 모집방법등의 개선을 권고할 때에는 권고사항, 개선기한 등을 명시하여 서면으로 하여야 한다.(시행령 32조)

4. 금품 등의 수령의 금지(법 32조)

근로자를 모집하려는 자와 그 모집업무에 종사하는 자는 어떠한 명목으로든 응모자로부터 그 모집과 관련하여 금품을 받거나 그 밖의 이익을 취하여서는 아니 된다. 다만, 제19조에 따라 유료직업소개사업을 하는 자가 구인자의 의뢰를 받아 구인자가 제시한 조건에 맞는 자를 모집하여 직업소개한 경우에는 그러하지 아니하다.

5. 근로자 공급사업(법 33조)

1) 누구든지 고용노동부장관의 허가를 받지 아니하고는 근로자공급사업을 하지 못한다.
2) 근로자공급사업 허가의 유효기간은 3년으로 하되, 유효기간이 끝난 후 계속하여 근로자공급사업을 하려는 자는 고용노동부령으로 정하는 바에 따라 연장허가를 받아야 한다. 이 경우 연장허가의 유효기간은 연장 전 허가의 유효기간이 끝나는 날부터 3년으로 한다.
3) 근로자공급사업은 공급대상이 되는 근로자가 취업하려는 장소를 기준으로 국내 근로자공급사업과 국외 근로자공급사업으로 구분하며, 각각의 사업의 허가를 받을 수 있는 자의 범위는 다음 각 호와 같다.
   ① 국내 근로자공급사업의 경우는 「노동조합 및 노동관계조정법」에 따른 노동조합

② 국외 근로자공급사업의 경우는 국내에서 제조업 · 건설업 · 용역업, 그 밖의 서비스업을 하고 있는 자. 다만, 연예인을 대상으로 하는 국외 근로자공급사업의 허가를 받을 수 있는 자는 「민법」 제32조에 따른 비영리법인으로 한다.

6. 국외 공급 근로자의 보호 등(시행규칙 41조)

1) 국외 근로자공급사업자는 법 제33조제6항에 따라 다음 각 호의 기준에 따라 국외 공급 근로자를 보호하고 국외 근로자공급사업을 관리하여야 한다.
① 공급대상 국가로부터 취업자격을 취득한 근로자만을 공급할 것
② 공급 근로자를 공급계약 외의 업무에 종사하게 하거나 공급계약기간을 초과하여 체류하게 하지 아니할 것
③ 국외의 임금수준 등을 고려하여 공급 근로자에게 적정 임금을 보장할 것
④ 임금은 매월 1회 이상 일정한 기일을 정하여 통화로 직접 해당 근로자에게 그 전액을 지급할 것
⑤ 다음 각 목의 사항을 작성 · 관리할 것
  ㉠ 공급 근로자의 출국일자, 국외 취업기간, 현 근무처 및 귀국일자 등을 기록한 명부
  ㉡ 공급 근로자별 임금, 월별 임금 지급방법 및 지급일자 등을 기록한 임금 대장
  ㉢ 공급 근로자의 고충처리 상황

VI. 보칙

1. 거짓 구인광고 등 금지(법 34조)

1) 직업소개사업, 근로자 모집 또는 근로자공급사업을 하는 자나 이에 종사하는 사람은 거짓 구인광고를 하거나 거짓 구인조건을 제시하여서는 아니 된다.

2. 거짓 구인광고의 범위 등(시행령 34조)

거짓 구인광고 또는 거짓 구인조건 제시의 범위는 신문 · 잡지, 그 밖의 간행물, 유선 · 무선방송, 컴퓨터통신, 간판, 벽보 또는 그 밖의 방법에 의하여 광고를 하는 행위 중 다음 각 호의 어느 하나에 해당하는 것으로 한다.
① 구인을 가장하여 물품판매 · 수강생모집 · 직업소개 · 부업알선 · 자금모금 등을 행하는 광고
② 거짓 구인을 목적으로 구인자의 신원(업체명 또는 성명)을 표시하지 아니하는 광고
③ 구인자가 제시한 직종 · 고용형태 · 근로조건 등이 응모할 때의 그것과 현저히 다른 광고
④ 기타 광고의 중요내용이 사실과 다른 광고

3. 손해배상책임의 보장(법 34조의2)

1) 제19조제1항에 따라 등록을 하고 유료직업소개사업을 하는 자 또는 제33조 제1항에 따라 허가를 받고 국외 근로자공급사업을 하는 자는 직업소개, 근로 자 공급을 할 때 고의 또는 과실로 근로자 또는 근로자를 소개·공급받은 자 에게 손해를 발생하게 한 경우에는 그 손해를 배상할 책임이 있다.

2) 손해배상책임을 보장하기 위하여 유료직업소개사업자 등은 대통령령으로 정하 는 바에 따라 보증보험 또는 제3항에 따른 공제에 가입하거나 예치금을 금융기 관에 예치하여야 한다.

3) 사업자협회는 제1항에 따른 손해배상책임을 보장하기 위하여 고용노동부장 관이 정하는 바에 따라 공제사업을 할 수 있다.

4) 사업자협회가 제3항의 공제사업을 하려면 공제규정을 제정하여 고용노동부 장관의 승인을 받아야 한다. 공제규정을 변경할 때에도 또한 같다.

4. 장부 등의 작성·비치(법 39조)

1) 제19조에 따라 등록을 하거나 제33조에 따라 허가를 받은 자는 고용노동부령으 로 정하는 바에 따라 장부·대장이나 그 밖에 필요한 서류를 작성하여 갖추어 두어야 한다. 이 경우 장부·대장은 전자적 방법으로 작성·관리할 수 있다.

5. 유료직업소개사업자의 장부 비치(시행규칙 26조)

1) 유료직업소개사업을 하는 자는 다음 각 호의 장부 및 서류를 작성하여 해당 기 간 동안 갖추어 두어야 한다. 다만, 일용근로자의 직업소개에 대해서는 제2 호·제4호 및 제6호의 서류를 작성하여 갖추어 두지 아니할 수 있다.

① 종사자명부 : 2년

② 구인신청서 : 2년

③ 구인접수대장 : 2년

④ 구직신청서 : 2년

⑤ 구직접수 및 직업소개대장 : 2년

⑥ 근로계약서 : 2년

⑦ 일용근로자 회원명부(일용근로자를 회원제로 소개·운영하는 경우만 해당 한다) : 2년

⑧ 금전출납부 및 금전출납 명세서 : 2년

2) 제1항 각 호의 장부 및 서류의 서식이 해당 사업에 적합하지 아니한 경우에는 직업 안정기관의 장 또는 특별자치도지사·시장·군수·구청장의 승인을 받아 이를 변경하여 사용할 수 있다. 다만, 제1항제3호 및 제5호의 서식은 다음 각 호의 구분 에 따른 필수항목을 포함하는 경우 승인을 받지 않고 변경하여 사용할 수 있다.

① 구인접수대장 : 접수일자, 사업체명, 대표자, 소재지, 전화번호, 업종, 사 업자등록번호, 사업허가번호(허가를 받아야 하는 경우), 직종, 성별, 인원, 근로시간, 임금, 근무지

② 구직접수 및 직업소개대장 : 접수일자, 성명, 생년월일, 희망직종, 직업소 개일자, 사업체명, 직종, 취업결정 여부, 임금, 근로계약기간, 소개요금

CHAPTER 03 출제예상문제(2)

01 고용보험에서 사용하는 용어에 관한 설명으로 틀린 것은?

① "임금"은 근로기준법에 의한 임금 외에 예외적으로 고용노동부장관이 정하는 금품도 포함된다.
② "일용근로자"는 3개월 미만 동안 고용되는 자를 말한다.
③ "이직"은 피보험자와 사업주 사이의 고용관계가 끝나게 되는 것을 말한다.
④ "실업"은 근로의 의사와 능력이 있음에도 불구하고 취업하지 못한 상태에 있는 것을 말한다.

해설 일용근로자란 1개월 미만 동안 고용되는 자를 말한다.

02 직업안정법상 직업안정기관의 장이 구인신청의 수리를 거부할 수 있는 경우가 아닌 것은?

① 구인신청의 내용이 법령을 위반한 경우
② 구인자가 구인조건을 밝히기를 거부하는 경우
③ 구직자에게 제공할 선불금을 제공하지 않는 경우
④ 구인신청의 내용 중 임금 근로시간 기타 근로조건이 통상의 근로조건에 비하여 현저하게 부적당하다고 인정되는 경우

해설 **직업안정기관의 장이 구인신청의 수리(受理)를 거부할 수 있는 경우**
① 구인신청의 내용이 법령을 위반한 경우
② 구인신청의 내용 중 임금, 근로시간, 그 밖의 근로조건이 통상적인 근로조건에 비하여 현저하게 부적당하다고 인정되는 경우
③ 구인자가 구인조건을 밝히기를 거부하는 경우

03 직업안정법령상 직업안정기관의 장이 수집 제공하여야 할 고용정보의 내용이 아닌 것은?

① 직업에 관한 정보
② 경제 및 산업동향
③ 직업안정기관의 명칭 및 소재지
④ 직업능력개발훈련에 관한 정보

04 직업안정법규상 국외 공급 근로자의 보호 및 국외 근로자공급사업의 관리에 관한 설명으로 틀린 것은?

① 공급국가로부터 취업자격을 취득한 근로자만을 공급할 것
② 국외의 임금수준 등을 고려하여 공급 근로자에게 적정 임금을 보장할 것
③ 공급 근로자의 출국일자, 국외 취업기간, 현 근무처 및 귀국일자 등을 기록한 명부를 작성·관리할 것
④ 임금은 매월 1회 이상 일정한 기일을 정하여 통화로 직접 해당 근로자에게 그 전액을 지급할 것

해설 국외 근로자공급사업자는 다음 각 호의 기준에 따라 국외 공급 근로자를 보호하고 국외 근로자공급사업을 관리하여야 한다.
① 공급대상 국가로부터 취업자격을 취득한 근로자만을 공급할 것
② 공급 근로자를 공급계약 외의 업무에 종사하게 하거나 공급계약기간을 초과하여 체류하게 하지 아니할 것
③ 국외의 임금수준 등을 고려하여 공급 근로자에게 적정 임금을 보장할 것
④ 임금은 매월 1회 이상 일정한 기일을 정하여 통화로 직접 해당 근로자에게 그 전액을 지급할 것
⑤ 다음 각 목의 사항을 작성·관리할 것
㉮ 공급 근로자의 출국일자, 국외 취업기간, 현 근무처 및 귀국일자 등을 기록한 명부
㉯ 공급 근로자별 임금, 월별 임금 지급방법 및 지급일자 등을 기록한 임금대장
㉰ 공급 근로자의 고충처리 상황

정답 01 ② 02 ③ 03 ③ 04 ①

05 직업안정법령상 직업정보제공사업자의 준수해야 하는 사항이 아닌 것은?

① 직업정보제공매체 또는 직업정보제공사업의 광고문에 "(무료)취업상담", "취업추천", "취업지원" 등의 표현을 사용하지 아니할 것
② 직업정보제공매체에 부여 받은 신고번호를 표시하지 아니할 것
③ 직업정보제공매체의 구인·구직의 광고에 직업정보 제공사업자의 주소 또는 전화번호는 기재하지 아니할 것
④ 구직자의 이력서 발송을 대행하거나 구직자에게 취업 추천서를 발부하지 아니할 것

> **해설** 1) 구인자의 업체명(또는 성명)이 표시되어 있지 아니하거나 구인자의 연락처가 사서함 등으로 표시되어 구인자의 신원이 확실하지 아니한 구인광고를 게재하지 아니할 것
> 2) 직업정보제공매체의 구인·구직의 광고에는 구인·구직자의 주소 또는 전화번호를 기재하고, 직업정보제공사업자의 주소 또는 전화번호는 기재하지 아니할 것
> 3) 직업정보제공매체 또는 직업정보제공사업의 광고문에 "(무료)취업상담"·"취업추천"·"취업지원"등의 표현을 사용하지 아니할 것
> 4) 구직자의 이력서 발송을 대행하거나 구직자에게 취업추천서를 발부하지 아니할 것
> 5) 직업정보제공매체에 정보이용자들이 알아보기 쉽게 법 제23조에 따른 신고로 부여받은 신고번호를 표시할 것
> 6) 「최저임금법」 제10조에 따라 결정 고시된 최저임금에 미달되는 구인정보, 「성매매알선 등 행위의 처벌에 관한 법률」 제4조에 따른 금지행위가 행하여지는 업소에 대한 구인광고를 게재하지 아니할 것

06 직업안정법상 직업소개사업을 겸업할 수 없는 자는?

① 교육사업자
② 제조업자
③ 경비용역업자
④ 식품접객업자

> **해설** 다음 각 호의 어느 하나에 해당하는 사업을 경영하는 자는 직업소개사업을 하거나 직업소개사업을 하는 법인의 임원이 될 수 없다.
> 1) 결혼중개업
> 2) 숙박업
> 3) 식품접객업 중 대통령령으로 정하는 영업

07 직업안정법상 유료직업소개에 관한 설명으로 틀린 것은?

① 유료직업소개사업은 소개대상이 되는 근로자가 취업하려는 장소를 기준으로 하여 국내유료직업 소개사업과 국외 유료직업소개사업으로 구분한다.
② 국내 유료직업소개사업을 하려는 자는 고용노동부장관에게 등록하여야 한다.
③ 유료직업소개사업을 등록한 자는 타인에게 자기의 성명 또는 상호를 사용하여 직업소개 사업을 하게 하거나 그 등록증을 대여하여서는 아니 된다.
④ 유료직업소개사업을 하는 자 및 그 종사자는 구직자에게 제공하기 위하여 구인자로부터 선급금을 받아서는 아니 된다.

> **해설** 국내 유료직업소개사업을 하려는 자는 주된 사업소의 소재지를 관할하는 특별자치도지사·시장·군수 및 구청장에게 등록하여야 하고, 국외 유료직업소개사업을 하려는 자는 고용노동부장관에게 등록하여야 한다. 등록한 사항을 변경하려는 경우에도 또한 같다.

08 직업안정법상 고용서비스 우수기관 인증에 관한 설명으로 틀린 것은?

① 고용노동부장관은 고용서비스 우수기관 인증업무를 대통령령으로 정하는 전문기관에 위탁할 수 있다.
② 고용서비스 우수기관으로 인증을 받은 자가 정당한 사유 없이 6개월 이상 계속 사업 실적이 없는 경우에는 인증을 취소할 수 있다.
③ 고용서비스 우수기관 인증의 유효기간은 인증일부터 3년으로 한다.
④ 고용서비스 우수기관으로 인증을 받은 자가 인증의 유효기간이 지나기 전에 다시 인증을 받으려면 고용노동부장관에게 재인증을 신청하여야 한다.

> **해설** **고용서비스 우수기관 인증**
> ① 고용노동부장관은 제3조제2항 각 호의 어느 하나에 해당하는 자로서 구인자·구직자가 편리하게 이용할 수 있는 시설과 장비를 갖추고 직업소개 또는 취업정보 제공 등의 방법으로 구인자·구직자에 대한 고용서비스 향상에 기여하는 기관을 고용서비스 우수기관으로 인증할 수 있다.
> ② 고용노동부장관은 제1항에 따른 고용서비스 우수기관 인증업무를 대통령령으로 정하는 전문기관에 위탁할 수 있다.
> ③ 고용노동부장관은 제1항에 따라 고용서비스 우수기관으로 인증을 받은 기관에 대하여는 제3조제2항에 따른 공동사업을 하거나 위탁할 수 있는 사업에 우선적으로 참여하게 하는 등 필요한 지원을 할 수 있다.

④ 고용노동부장관은 제1항에 따라 고용서비스 우수기관으로 인증을 받은 자가 다음 각 호의 어느 하나에 해당하면 인증을 취소할 수 있다.
　㉮ 거짓이나 그 밖의 부정한 방법으로 인증을 받은 경우
　㉯ 정당한 사유 없이 1년 이상 계속 사업 실적이 없는 경우
　㉰ 인증기준을 충족하지 못하게 된 경우
　㉱ 고용서비스 우수기관으로 인증을 받은 자가 폐업한 경우
⑤ 고용서비스 우수기관 인증의 유효기간은 인증일부터 3년으로 한다.
⑥ 고용서비스 우수기관으로 인증을 받은 자가 인증의 유효기간이 지나기 전에 다시 인증을 받으려면 대통령령으로 정하는 바에 따라 고용노동부장관에게 재인증을 신청하여야 한다.
⑦ 고용서비스 우수기관의 인증기준, 인증방법 및 재인증에 필요한 사항은 고용노동부령으로 정한다.

09 직업안정법에서 사용하는 용어의 정의로 틀린 것은?

① 직업안정기관이라 함은 직업소개ㆍ직업지도 등 직업안정 업무를 수행하는 지방노동행정기관을 말한다.
② 모집이라 함은 근로자를 고용하고자 하는 자가 취직하고자 하는 자에게 피용자가 되도록 권유하거나 다른 사람으로 하여금 권유하게 하는 것을 말한다.
③ 유료직업소개사업이라 함은 무료직업소개사업 외의 직업소개사업을 말한다.
④ 근로자 공급사업이라 함은 공급계약에 의하여 근로자를 타인에게 사용하게 하는 사업으로써 지방자치단체의 장의 허가를 받은 사업을 말한다.

해설 누구든지 고용노동부장관의 허가를 받지 아니하고는 근로자공급사업을 하지 못한다.

10 직업안정법상 유료직업소개사업에 관한 설명으로 옳은 것은?

① 국내 유료직업소개사업을 하고자 하는 자는 고용노동부장관에게 등록하여야 한다.
② 유료직업소개사업자가 받는 요금은 고용노동부장관이 직업안정심의회의 심의를 거쳐 결정 고시한다.
③ 등록이 취소된 후 2년이 경과되지 아니한 유료직업 소개사업자는 동일한 영업장소에서 사업의 등록을 할 수 없다.
④ 직업상담원 외의 자는 직업소개에 관한 사무를 담당할 수 없다.

해설 ㉮ 국내 유료직업소개사업을 하려는 자는 주된 사업소의 소재지를 관할하는 특별자치도지사ㆍ시장ㆍ군수 및 구청장에게 등록하여야 한다.

④ 고용노동부장관이 요금을 결정하려는 경우에는 「고용정책 기본법」에 따른 고용정책심의회의 심의를 거쳐야 한다.
⑤ 해당 사업의 등록이나 허가가 취소된 후 5년이 지나지 아니한 자는 직업소개사업의 신고ㆍ등록을 하거나 근로자공급사업의 허가를 받을 수 없다.

11 직업안정법령상 직업정보제공사업자의 준수사항으로 틀린 것은?

① 구인자의 업체명 또는 성명이 표시되어 있지 아니한 구인광고를 게재하지 아니할 것
② 직업정보제공매체의 구인ㆍ구직의 광고에는 구인ㆍ구직자의 주소 또는 전화번호를 기재하지 아니할 것
③ 구직자의 이력서 발송을 대행하거나 구직자에게 취업 추천서를 발부하지 아니할 것
④ 최저임금에 미달되는 구인정보를 게재하지 아니할 것

해설 직업정보제공매체의 구인ㆍ구직의 광고에는 구인ㆍ구직자의 주소 또는 전화번호를 기재하고, 직업정보제공사업자의 주소 또는 전화번호는 기재하지 아니할 것

12 직업안정법상 용어의 정의가 틀린 것은?

① 유료직업소개사업이라 함은 무료직업소개소 외의 직업소개사업을 말한다.
② 직업안정기관이라 함은 직업소개ㆍ직업지도 등 직업안정업무를 수행하는 지방노동행정기관을 말한다.
③ 무료직업소개사업이라 함은 수수료ㆍ회비 기타 일체의 금품을 받지 아니하고 행하는 직업소개사업을 말한다.
④ 직업소개라 함은 구인 또는 구직의 신청을 받아 구인자와 구직자 간에 고용계약의 성립을 결정하는 것을 말한다.

해설 "직업소개"란 구인 또는 구직의 신청을 받아 구직자 또는 구인자(求人者)를 탐색하거나 구직자를 모집하여 구인자와 구직자 간에 고용계약이 성립되도록 알선하는 것을 말한다.

13 직업안정법령상 직업안정기관의 직업소개 절차로 옳은 것은?

A : 구인 · 구직 신청의 수리
B : 직업 또는 구직자의 알선
C : 취직 또는 채용 여부의 확인
D : 구인 · 구직에 필요한 기초적인 사항의 확인
E : 구인 · 구직의 상담

① A→D→B→E→C
② D→A→E→B→C
③ E→D→B→A→C
④ E→B→C→D→A

14 직업안정법상 근로자모집에 관한 설명으로 틀린 것은?

① 국외에 취업할 근로자를 모집하는 경우에는 고용노동부장관의 허가를 받아야 한다.
② 근로자를 고용하고자 하는 자는 신문, 잡지, 기타 간행물에 의한 광고 또는 문서의 반포 등의 방법에 의하여 자유로이 근로자를 모집할 수 있다.
③ 모집이라 함은 근로자를 고용하고자 하는 자가 취직하고자 하는 자에게 피용자가 되도록 권유하거나 다른 사람으로 하여금 권유하게 하는 것을 말한다.
④ 근로자를 모집하고자 하는 자와 그 모집에 종사하는 자는 명목의 여하를 불문하고 응모자로부터 그 모집과 관련하여 금품 기타 이익을 취하여서는 아니된다.

해설 국외 무료직업소개사업을 하려는 자는 고용노동부장관에게 신고하여야 하며, 국외 유료직업소개사업을 하려는 자는 고용노동부장관에게 등록하여야 한다.

15 직업안정법령상 직업정보제공사업자의 준수사항으로 틀린 것은?

① 구인자의 업체명(또는 성명)이 표시되어 있지 아니하거나 구인자의 연락처가 사서함 등으로 표시되어 구인자의 신원이 확실하지 아니한 구인광고를 게재하지 아니할 것
② 직업정보제공매체 또는 직업정보제공사업의 광고문에 "(무료) 취업상담", "취업추천", "취업지원"등의 표현을 사용하지 아니할 것

③ 직업정보제공매체의 구인 · 구직의 광고에는 직업정보제공사업자의 주소 또는 전화번호를 기재하고 구인 · 구직자의 주소 또는 전화번호는 기재하지 아니할 것
④ 구직자의 이력서 발송을 대행하거나 구직자에게 취업 추천서를 발부하지 아니할 것

해설 직업정보제공매체의 구인 · 구직의 광고에는 구인 · 구직자의 주소 또는 전화번호를 기재하고, 직업정보제공사업자의 주소 또는 전화번호는 기재하지 아니할 것

16 직업안정법령상 유료직업소개사업의 등록을 할 수 없는 자는?

① 조합원이 100인 이상인 단위노동조합에서 노동조합업무 전담자로 1년의 근무경력이 있는 자
② 국가기술자격법에 의한 직업상담사 2급의 국가기술자격이 있는 자
③ 국가공무원 또는 지방공무원으로서 5년 근무경력이 있는 자
④ 초 중등교육법에 의한 교원자격증으로 가지고 있는 자로서 3년의 교사근무경력이 있는 자

해설 조합원이 100인 이상인 단위노동조합, 산업별 연합단체인 노동조합 또는 총연합단체인 노동조합에서 노동조합업무전담자로 2년 이상 근무한 경력이 있는 자

17 직업안전법상 유료직업소개사업의 등록요건이 아닌 것은?

① 법인의 경우에는 직업소개사업을 목적으로 설립된 상법상 회사로서 납입자본금 5천만원 이상일 것
② 법인의 경우에는 대표자를 포함한 임원 2인 이상이 직업상담사 1급 또는 2급의 국가기술자격이 있는 자일 것
③ 국가공무원 또는 지방공무원으로서 2년 이상 근무한 경력이 있는 자일 것
④ 상시 사용근로자 100인 이상인 사업 또는 사업장에서 노무관리업무 전담자로서 1년 이상 근무한 경력이 있는 자일 것

해설 유료직업소개사업의 등록을 할 수 있는 자는 다음 각 호의 어느 하나에 해당하는 자에 한한다. 다만, 법인의 경우에는 직업소개사업을 목적으로 설립된 「상법」상 회사로서 납입자본금이 5천만원(둘 이상의 사업소를 설치하는 경우에는 추가하는 사업소 1개소당 2천만원을 가산한 금액) 이상이고 임원 2명 이상이 다음 각 호의 어느 하나에 해당하는 자 또는 「근로자직업능력 개발법」에 따른 직업능력개발훈련법인으로서 임원 2명 이상이 다음 각 호의 어느 하나에 해당하는 자에 한한다.

① 직업상담사 1급 또는 2급의 국가기술자격이 있는 자
② 직업소개사업의 사업소, 「근로자직업능력 개발법」에 의한 직업능력개발훈련시설, 「초·중등교육법」 및 「고등교육법」에 의한 학교, 「청소년기본법」에 의한 청소년단체에서 직업상담·직업지도·직업훈련 기타 직업소개와 관련이 있는 상담업무에 2년 이상 종사한 경력이 있는 자
③ 공인노무사 자격을 가진 자
④ 조합원이 100인 이상인 단위노동조합, 산업별 연합단체인 노동조합 또는 총연합단체인 노동조합에서 노동조합업무전담자로 2년 이상 근무한 경력이 있는 자
⑤ 상시사용근로자 300인 이상인 사업 또는 사업장에서 노무관리업무 전담자로 2년 이상 근무한 경력이 있는 자
⑥ 국가공무원 또는 지방공무원으로서 2년 이상 근무한 경력이 있는 자
⑦ 「초·중등교육법」에 의한 교원자격증을 가지고 있는 자로서 교사 근무경력이 2년 이상인 자
⑧ 사회복지사 자격증을 가진 사람

18 직업안정법령의 내용에 대한 설명으로 틀린 것은?

① 고용노동부장관이 유료직업소개사업의 요금을 결정하고자 하는 경우에는 고용정책기본법에 의한 고용정책심의회 심의를 거쳐야 한다.
② 근로자공급사업 허가의 유효기간은 3년으로 하며 갱신할 수 있다.
③ 국내무료직업소개사업을 하고자 하는 자가 2 이상의 시·군·구에 사업소를 두고자 하는 때에는 주된 사업소의 소재지를 관할하는 직업안정기관에 등록하여야 한다.
④ 신문·잡지 기타 간행물에 구인을 가장하여 물품판매, 수강생 모집, 직업소개, 부업알선, 자금모금 등을 행하는 광고는 허위구인광고의 범위에 해당한다.

해설 무료직업소개사업은 소개대상이 되는 근로자가 취업하려는 장소를 기준으로 하여 국내 무료직업소개사업과 국외 무료직업소개사업으로 구분하되, 국내 무료직업소개사업을 하려는 자는 주된 사업소의 소재지를 관할하는 특별자치도지사·시장·군수 및 구청장에게 신고하여야 하고, 국외 무료직업소개사업을 하려는 자는 고용노동부장관에게 신고하여야 한다. 신고한 사항을 변경하려는 경우에도 또한 같다.

19 직업안정법상 개인의 유료직업소개사업의 등록요건에 해당하지 않는 것은?

① 국가기술자격법에 의한 직업상담사 2급의 자격이 있는 자
② 청소년기본법에 의한 청소년단체에서 직업소개와 관련된 상담업무에 1년 이상 종사한 경력이 있는 자
③ 상시사용근로자 300인 이상인 사업 또는 사업장에서 노무관리업무전담자로 2년 이상 근무한 경력이 있는 자
④ 국가공무원으로서 2년 이상 근무한 경력이 있는 자

해설 직업소개사업의 사업소, 「근로자직업능력 개발법」에 의한 직업능력개발훈련시설, 「초·중등교육법」 및 「고등교육법」에 의한 학교, 「청소년기본법」에 의한 청소년단체에서 직업상담·직업지도·직업훈련 기타 직업소개와 관련이 있는 상담업무에 2년 이상 종사한 경력이 있는 자

20 직업안정법상 근로자공급사업에 대한 설명 중 틀린 것은?

① 노동조합 및 노동관계조정법상의 노동조합은 국내 근로자공급사업을 허가받을 수 있다.
② 근로자공급사업 허가의 유효기간은 5년으로 한다.
③ 갱신허가의 유효기간은 갱신 전 허가의 유효기간이 만료되는 날부터 3년으로 한다.
④ 고용노동부장관의 허가를 받지 않고는 근로자공급사업을 할 수 없다.

해설 **근로자 공급사업**
1) 누구든지 고용노동부장관의 허가를 받지 아니하고는 근로자공급사업을 하지 못한다.
2) 근로자공급사업 허가의 유효기간은 3년으로 하되, 유효기간이 끝난 후 계속하여 근로자공급사업을 하려는 자는 고용노동부령으로 정하는 바에 따라 연장허가를 받아야 한다. 이 경우 연장허가의 유효기간은 연장 전 허가의 유효기간이 끝나는 날부터 3년으로 한다.

21 직업안정법상 직업안정기관에서 하는 업무가 아닌 것은?

① 고용정보제공　　　　② 재취직 지원
③ 직업훈련 지원　　　　④ 근로자 파견

해설 직업안정기관은 직업소개, 직업지도, 직업정보제공의 업무를 행한다.

22 직업안정법령상 근로자의 모집에 대한 설명 중 옳은 것은?

① 모집질서의 확립을 위하여 필요하다고 인정하여 모집방법 등의 개선을 권고할 때에는 당사자에게 구두로 할 수 있다.

② 건전한 모집질서의 확립을 위하여 필요하다고 인정되어 모집방법 등의 개선을 권고할 때에는 지방고용심의회의 심의를 거쳐야 한다.

③ 근로자를 모집하고자 하는 자와 그 모집에 종사하는 자는 명목의 여하를 불문하고 응모자로부터 그 모집과 관련하여 금품을 받아서는 아니된다.

④ 국외에 취업할 근로자를 모집하고자 하는 자는 모집 마감일 15일 이전까지 직업안정기관의 장에게 신고하여야 한다.

> **해설** ㉮ 고용노동부장관이 모집방법 등의 개선을 권고할 때에는 권고사항, 개선기한 등을 명시하여 서면으로 하여야 한다.
> ㉯ 고용노동부장관이 권고를 하려는 경우에는 고용정책심의회의 심의를 거쳐야 한다.
> ㉰ 국외에 취업할 근로자를 모집한 자는 모집한 후 15일 이내에 모집신고서에 고용노동부령이 정하는 서류를 첨부하여 고용노동부장관에게 신고하여야 한다.

23 직업안정법령상 허위구인광고 및 손해배상책임의 보장에 대한 설명으로 틀린 것은?

① 구인을 가장하여 물품판매 · 수강생모집 · 직업소개 · 부업알선 · 자금모금 등을 행하는 광고는 허위구인광고에 해당한다.

② 국내유료직업소개사업자의 경우에는 손해배상책임의 보장을 위해서 사업소별로 1억원을 금융기관에 예치하거나 보증보험에 가입하여야 한다.

③ 유료직업소개사업자가 예치금을 금융기관에 예치하는 경우에는 등록기관의 장과 공동명의로 하여야 한다.

④ 허위구인광고를 하거나 허위의 구인조건을 제시한 자는 5년 이하의 징역 또는 2천만원 이하의 벌금에 처한다.

> **해설** 국내유료직업소개사업자는 사업소별로 1천만원, 국외유료직업소개사업자는 1억원, 국외근로자공급사업자는 2억원을 금융기관에 예치하거나 보증보험에 가입하여야 한다. 다만, 국외 연수생만을 소개하는 국외유료직업소개사업자의 경우에는 5천만원을 금융기관에 예치하거나 보증보험에 가입하여야 한다.

24 다음 직업안정법령에 대한 내용을 틀린 것은?

① 국내근로자공급사업의 허가를 받을 수 있는 자는 노동조합 및 노동관계조정법에 의한 노동조합이다.

② 직업정보제공사업자는 구직자의 이력서 발송을 대행하거나 구직자에게 취업추천서를 발부하는 사업을 할 수 있다.

③ 근로자공급사업의 허가유효기간은 3년이다.

④ 직업안정기관에 구인신청을 하는 경우에는 원칙적으로 구인자의 사업장 소재지를 관할하는 직업안정기관에 하여야 한다.

> **해설** 직업정보제공사업자는 구직자의 이력서 발송을 대행하거나 구직자에게 취업추천서를 발부할 수 없다.

25 직업안정법에서 사용하는 용어의 정의로 올바르지 않은 것은?

① 직업안정기관은 직업소개 · 직업지도 등 직업안정업무를 수행하는 지방노동행정기관이다.

② 직업소개는 구인 또는 구직의 신청을 받아 구인자와 구직자 간에 고용계약의 성립을 알선하는 것이다.

③ 직업지도는 근로자에게 직업에 필요한 직무수행능력을 습득 · 향상하게 하기 위하여 실시하는 것이다.

④ 근로자공급사업은 공급계약에 의하여 근로자를 타인에게 사용하게 하는 사업을 말한다.

> **해설** "직업지도"란 취업하려는 사람이 그 능력과 소질에 알맞은 직업을 쉽게 선택할 수 있도록 하기 위한 직업적성검사, 직업정보의 제공, 직업상담, 실습, 권유 또는 조언, 그 밖에 직업에 관한 지도를 말한다.

26 직업안정법상 고용노동부장관의 허가를 받아야 하는 것은?

① 근로자공급사업
② 유료직업소개사업
③ 직업정보제공사업
④ 국외 취업자의 모집

> **해설** 국내 유료직업소개사업을 하려는 자는 주된 사업소의 소재지를 관할하는 특별자치도지사 · 시장 · 군수 및 구청장에게 등록하여야 하고, 국외 유료직업소개사업을 하려는 자는 고용노동부장관에게 등록하여야 한다. 직업정보제공사업 및 국외 취업자의 모집은 고용노동부장관에게 신고하여야 한다.

27 직업안정법상 특별자치도지사 · 시장 · 군수 및 구청장에게 신고를 필요로 하는 무료직업소개사업은?

① 공익단체가 하는 국내 무료직업소개
② 한국산업인력공단이 하는 무료직업소개
③ 한국장애인고용공단이 장애인을 대상으로 하는 무료직업소개
④ 교육관계법에 따른 각급 학교의 장이 재학생 · 졸업생 또는 훈련생 · 수료생을 대상으로 하는 무료직업소개

해설 다음 각 호의 어느 하나에 해당하는 직업소개의 경우에는 신고를 하지 아니하고 무료직업소개사업을 할 수 있다.
　① 한국산업인력공단이 하는 직업소개
　② 한국장애인고용공단이 장애인을 대상으로 하는 직업소개
　③ 각급 학교의 장, 공공직업훈련시설의 장이 재학생 · 졸업생 또는 훈련생 · 수료생을 대상으로 하는 직업소개
　④ 근로복지공단이 업무상 재해를 입은 근로자를 대상으로 하는 직업소개

Ⅰ. 총칙

1. 목적(법 1조)

이 법은 고용보험의 시행을 통하여 실업의 예방, 고용의 촉진 및 근로자 등의 직업능력의 개발과 향상을 꾀하고, 국가의 직업지도와 직업소개 기능을 강화하며, 근로자 등이 실업한 경우에 생활에 필요한 급여를 실시하여 근로자 등의 생활안정과 구직 활동을 촉진함으로써 경제·사회 발전에 이바지하는 것을 목적으로 한다.

2. 용어의 정의(법 2조)

1) "피보험자"란 다음 각 목에 해당하는 사람을 말한다.
    가. 「고용보험 및 산업재해보상보험의 보험료징수 등에 관한 법률」(이하 "고용산재보험료징수법"이라 한다)에 따라 보험에 가입되거나 가입된 것으로 보는 근로자, 예술인 또는 노무제공자
    나. 고용산재보험료징수법에 따라 고용보험에 가입하거나 가입된 것으로 보는 자영업자
2) "이직(離職)"이란 피보험자와 사업주 사이의 고용관계가 끝나게 되는 것(제77조의2제1항에 따른 예술인 및 제77조의6제1항에 따른 노무제공자의 경우에는 문화예술용역 관련 계약 또는 노무제공계약이 끝나는 것을 말한다)을 말한다.
3) "실업"이란 근로의 의사와 능력이 있음에도 불구하고 취업하지 못한 상태에 있는 것을 말한다.
4) "실업의 인정"이란 직업안정기관의 장이 제43조에 따른 수급자격자가 실업한 상태에서 적극적으로 직업을 구하기 위하여 노력하고 있다고 인정하는 것을 말한다.
5) "보수"란 「소득세법」 제20조에 따른 근로소득에서 대통령령으로 정하는 금품을 뺀 금액을 말한다. 다만, 휴직이나 그 밖에 이와 비슷한 상태에 있는 기간 중에 사업주 외의 자로부터 지급받는 금품 중 고용노동부장관이 정하여 고시하는 금품은 보수로 본다.
6) "일용근로자"란 1개월 미만 동안 고용되는 사람을 말한다.

3. 고용보험사업(법 4조)

보험은 제1조의 목적을 이루기 위하여 고용보험사업(이하 "보험사업"이라 한다)으로 ① 고용안정·직업능력개발 사업, ② 실업급여, ③ 육아휴직 급여 및 ④ 출산전후휴가 급여 등을 실시한다.

4. 적용범위(법 8조)

이 법은 근로자를 사용하는 모든 사업 또는 사업장에 적용한다. 다만, 산업별 특성 및 규모 등을 고려하여 대통령령으로 정하는 사업에 대해서는 적용하지 아니한다.

4-1) 적용제외 사업(시행령 2조)

1) 농업·임업 및 어업 중 법인이 아닌 자가 상시 4명 이하의 근로자를 사용하는 사업
2) 다음 각 목의 어느 하나에 해당하는 공사. 다만, 법 제15조제2항 각 호에 해당하는 자가 시공하는 공사는 제외한다.
   ① 「고용보험 및 산업재해보상보험의 보험료징수 등에 관한 법률 시행령」제2조제1항제2호에 따른 총공사금액(이하 이 조에서 "총공사금액"이라 한다)이 2천만원 미만인 공사
   ② 연면적이 100제곱미터 이하인 건축물의 건축 또는 연면적이 200제곱미터 이하인 건축물의 대수선에 관한 공사
3) 가구 내 고용활동 및 달리 분류되지 아니한 자가소비 생산활동

5. 적용제외(법 10조)

1) 다음 각 호의 어느 하나에 해당하는 사람에게는 이 법을 적용하지 아니한다. 다만, 제1호의 근로자 또는 지영업자에 대한 고용안정·직업능력개발 사업에 관하여는 그러하지 아니하다.
   ① 소정(所定)근로시간이 대통령령으로 정하는 시간 미만인 사람
      ※ 1개월간 소정근로시간이 60시간 미만인 사람(1주간의 소정근로시간이 15시간 미만인 사람을 포함한다)을 말한다. 다만, 3개월 이상 계속하여 근로를 제공하는 사람과 일용근로자는 제외한다.
   ② 공무원. 다만, 대통령령으로 정하는 바에 따라 별정직공무원, 임기제공무원의 경우는 본인의 의사에 따라 고용보험에 가입할 수 있다.
   ③ 「사립학교교직원 연금법」의 적용을 받는 사람
   ④ 그 밖에 대통령령으로 정하는 사람
      ㉠ 외국인 근로자. 다만 「출입국관리법 시행령」에 해당하는 자는 제외한다.
      ㉡ 「별정우체국법」에 따른 별정우체국 직원
2) 65세 이후에 고용(65세 전부터 피보험 자격을 유지하던 사람이 65세 이후에 계속하여 고용된 경우는 제외한다)되거나 자영업을 개시한 사람에게는 제4장(실업급여) 및 제5장(육아휴직급여)을 적용하지 아니한다.

Ⅱ. 피보험자의 관리

1. 피보험자격의 취득일(법 13조)

1) 근로자인 피보험자는 이 법이 적용되는 사업에 고용된 날에 피보험자격을 취득한다. 다만, 다음 각 호의 경우에는 각각 그 해당되는 날에 피보험자격을 취득한 것으로 본다.
   ① 적용 제외 근로자였던 사람이 이 법의 적용을 받게 된 경우에는 그 적용을 받게 된 날
   ② 보험관계 성립일 전에 고용된 근로자의 경우에는 그 보험관계가 성립한 날
2) 자영업자인 피보험자는 보험관계가 성립한 날에 피보험자격을 취득한다.

2. 피보험자격의 상실일 (법 14조)

1) 근로자인 피보험자는 다음 각 호의 어느 하나에 해당하는 날에 각각 그 피보험자격을 상실한다.
   ① 근로자인 피보험자가 적용 제외 근로자에 해당하게 된 경우에는 그 적용 제외 대상자가 된 날
   ② 보험관계가 소멸한 경우에는 그 보험관계가 소멸한 날
   ③ 근로자인 피보험자가 이직한 경우에는 이직한 날의 다음 날
   ④ 근로자인 피보험자가 사망한 경우에는 사망한 날의 다음 날
2) 자영업자인 피보험자는 보험관계가 소멸한 날에 피보험자격을 상실한다.

3. 피보험자격에 관한 신고 등(법 15조)

1) 사업주는 그 사업에 고용된 근로자의 피보험자격의 취득 및 상실 등에 관한 사항을 대통령령으로 정하는 바에 따라 고용노동부장관에게 신고하여야 한다.
2) 원수급인(元受給人)이 사업주로 된 경우에 그 사업에 종사하는 근로자 중 원수급인이 고용하는 근로자 외의 근로자에 대하여는 그 근로자를 고용하는 다음 각 호의 하수급인(下受給人)이 제1항에 따른 신고를 하여야 한다. 이 경우 원수급인은 고용노동부령으로 정하는 바에 따라 하수급인에 관한 자료를 고용노동부장관에게 제출하여야 한다.
3) 사업주가 제1항에 따른 피보험자격에 관한 사항을 신고하지 아니하면 대통령령으로 정하는 바에 따라 근로자가 신고할 수 있다.
4) 고용노동부장관은 제1항부터 제3항까지의 규정에 따라 신고된 피보험자격의 취득 및 상실 등에 관한 사항을 고용노동부령으로 정하는 바에 따라 피보험자 및 원수급인 등 관계인에게 알려야 한다.
5) 제1항이나 제2항에 따른 사업주, 원수급인 또는 하수급인은 같은 항의 신고를 고용노동부령으로 정하는 전자적 방법으로 할 수 있다.
6) 고용노동부장관은 제5항에 따라 전자적 방법으로 신고를 하려는 사업주, 원수급인 또는 하수급인에게 고용노동부령으로 정하는 바에 따라 필요한 장비 등을 지원할 수 있다.

7) 제1항에도 불구하고 자영업자인 피보험자는 피보험자격의 취득 및 상실에 관한 신고를 하지 아니한다.

4. 피보험자격의 취득 또는 상실 신고 등(시행령 7조)

1) 사업주나 하수급인(下受給人)은 법 제15조에 따라 고용노동부장관에게 그 사업에 고용된 근로자의 피보험자격 취득 및 상실에 관한 사항을 신고하려는 경우에는 그 사유가 발생한 날이 속하는 달의 다음 달 15일까지(근로자가 그 기일 이전에 신고할 것을 요구하는 경우에는 지체 없이) 신고해야 한다. 이 경우 사업주나 하수급인이 해당하는 달에 고용한 일용근로자의 근로일수, 임금 등이 적힌 근로내용 확인신고서를 그 사유가 발생한 날의 다음 달 15일까지 고용노동부장관에게 제출한 경우에는 피보험자격의 취득 및 상실을 신고한 것으로 본다.

5. 피보험자격의 확인(법 17조)

1) 피보험자 또는 피보험자였던 사람은 언제든지 고용노동부장관에게 피보험자격의 취득 또는 상실에 관한 확인을 청구할 수 있다.
2) 고용노동부장관은 제1항에 따른 청구에 따르거나 직권으로 피보험자격의 취득 또는 상실에 관하여 확인을 한다.
3) 고용노동부장관은 제2항에 따른 확인 결과를 대통령령으로 정하는 바에 따라 그 확인을 청구한 피보험자 및 사업주 등 관계인에게 알려야 한다.

6. 피보험자격 이중 취득의 제한(법 18조)

근로자가 보험관계가 성립되어 있는 둘 이상의 사업에 동시에 고용되어 있는 경우에는 고용노동부령으로 정하는 바에 따라 그 중 한 사업의 근로자로서의 피보험자격을 취득한다.

7. 둘 이상의 사업에 고용된 자의 피보험자격(시행규칙 14조)

1) 법 제18조에 따라 보험관계가 성립되어 있는 둘 이상의 사업에 동시에 고용되어 있는 근로자는 다음 각 호의 순서에 따라 피보험자격을 취득한다. 다만, 일용근로자와 일용근로자가 아닌 자로 동시에 고용되어 있는 경우에는 일용근로자가 아닌 자로 고용된 사업에서 우선적으로 피보험자격을 취득한다.
① 월평균보수가 많은 사업
② 월 소정근로시간이 많은 사업
③ 근로자가 선택한 사업

III. 고용안정 · 직업능력개발 사업

1. 고용안정 · 직업능력개발 사업의 실시(법 19조)

1) 고용노동부장관은 피보험자 및 피보험자였던 사람, 그 밖에 취업할 의사를 가진 사람(이하 "피보험자등"이라 한다)에 대한 실업의 예방, 취업의 촉진, 고용기회의 확대, 직업능력개발 · 향상의 기회 제공 및 지원, 그 밖에 고용안정과 사업주에 대한 인력 확보를 지원하기 위하여 고용안정 · 직업능력개발 사업을 실시한다.

2) 고용노동부장관은 제1항에 따른 고용안정 · 직업능력개발 사업을 실시할 때에는 근로자의 수, 고용안정 · 직업능력개발을 위하여 취한 조치 및 실적 등 대통령령으로 정하는 기준에 해당하는 기업을 우선적으로 고려하여야 한다.

2. 우선지원 대상기업의 범위(시행령 12조)

1) 법 제19조제2항에서 "대통령령으로 정하는 기준에 해당하는 기업"이란 산업별로 상시 사용하는 근로자수가 다음 각 호의 어느 하나에 해당하는 기업(이하 "우선지원 대상기업"이라 한다)을 말한다.

① 광업, 건설업, 운수업, 출판 · 영상 · 방송통신 및 정보서비스업, 사업시설관리 및 사업지원 서비스업, 전문 · 과학 및 기술 서비스업, 보건업 및 사회복지 서비스업 : 300명 이하

② 제조업 : 500명 이하

③ 도매 및 소매업, 숙박 및 음식점업, 금융 및 보험업, 예술 · 스포츠 및 여가 관련 서비스업 : 200명 이하

④ 그 밖의 업종 : 100명 이하

3. 고용창출의 지원(법 20조)

고용노동부장관은 고용환경 개선, 근무형태 변경 등으로 고용의 기회를 확대한 사업주에게 대통령령으로 정하는 바에 따라 필요한 지원을 할 수 있다.

3-1) 고용창출에 대한 지원(시행령 17조)

고용노동부장관은 다음 각 호의 어느 하나에 해당하는 사업주에게 임금의 일부를 지원할 수 있다. 다만, 제1호의 경우에는 근로시간이 감소된 근로자에 대한 임금의 일부와 필요한 시설의 설치비의 일부도 지원할 수 있으며, 제2호의 경우에는 시설의 설치비의 일부도 지원할 수 있다.

1. 근로시간 단축, 교대근로 개편, 정기적인 교육훈련 또는 안식휴가 부여 등(이하 "일자리 함께하기"라 한다)을 통하여 실업자를 고용함으로써 근로자 수가 증가한 경우.

2. 고용노동부장관이 정하는 시설을 설치 · 운영하여 고용환경을 개선하고 실업자를 고용하여 근로자 수가 증가한 경우.

3. 직무의 분할, 근무체계 개편 또는 시간제직무 개발 등을 통하여 실업자를 근로계약기간을 정하지 않고 시간제로 근무하는 형태로 하여 새로 고용하는 경우

4. 위원회에서 심의·의결한 성장유망업종, 인력수급 불일치 업종, 국내복귀기업 또는 지역특화산업 등 고용지원이 필요한 업종에 해당하는 기업이 실업자를 고용하는 경우

5. 위원회에서 심의·의결한 업종에 해당하는 우선지원 대상기업이 고용노동부장관이 정하는 전문적인 자격을 갖춘 자(이하 "전문인력"이라 한다)를 고용하는 경우

6. 임금피크제, 임금을 감액하는 제도, 근로시간 단축 제도의 도입 또는 그 밖의 임금체계 개편 등을 통하여 15세 이상 34세 이하의 청년 실업자를 고용하는 경우

7. 고용노동부장관이 고령자 또는 준고령자가 근무하기에 적합한 것으로 인정하는 직무에 고령자 또는 준고령자를 새로 고용하는 경우

4. 고용조정의 지원(법 21조)

1) 고용노동부장관은 경기의 변동, 산업구조의 변화 등에 따른 사업 규모의 축소, 사업의 폐업 또는 전환으로 고용조정이 불가피하게 된 사업주가 근로자에 대한 휴업, 휴직, 직업전환에 필요한 직업능력개발 훈련, 인력의 재배치 등을 실시하거나 그 밖에 근로자의 고용안정을 위한 조치를 하면 대통령령으로 정하는 바에 따라 그 사업주에게 필요한 지원을 할 수 있다. 이 경우 휴업이나 휴직 등 고용안정을 위한 조치로 근로자의 임금(「근로기준법」 제2조제1항제5호에 따른 임금을 말한다. 이하 같다)이 대통령령으로 정하는 수준으로 감소할 때에는 대통령령으로 정하는 바에 따라 그 근로자에게도 필요한 지원을 할 수 있다.

2) 고용노동부장관은 제1항의 고용조정으로 이직된 근로자를 고용하는 등 고용이 불안정하게 된 근로자의 고용안정을 위한 조치를 하는 사업주에게 대통령령으로 정하는 바에 따라 필요한 지원을 할 수 있다.

3) 고용노동부장관은 제1항에 따른 지원을 할 때에는 「고용정책 기본법」 제32조에 따른 업종에 해당하거나 지역에 있는 사업주 또는 근로자에게 우선적으로 지원할 수 있다.

4-1) 고용유지지원금

4-2) 이직예정자 등 재취업 지원

5. 지역 고용의 촉진(법 22조)

고용노동부장관은 고용기회가 뚜렷이 부족하거나 산업구조의 변화 등으로 고용사정이 급속하게 악화되고 있는 지역으로 사업을 이전하거나 그러한 지역에서 사업을 신설 또는 증설하여 그 지역의 실업 예방과 재취업 촉진에 기여한 사업주, 그 밖에 그 지역의 고용기회 확대에 필요한 조치를 한 사업주에게 대통령령으로 정하는 바에 따라 필요한 지원을 할 수 있다.

6. 고령자등 고용촉진의 지원(법 23조)

고용노동부장관은 고령자 등 노동시장의 통상적인 조건에서는 취업이 특히 곤란한 사람(이하 "고령자등"이라 한다)의 고용을 촉진하기 위하여 고령자등을 새로 고용하거나 이들의 고용안정에 필요한 조치를 하는 사업주 또는 사업주가 실시하는 고용안정 조치에 해당된 근로자에게 대통령령으로 정하는 바에 따라 필요한 지원을 할 수 있다.

7. 건설근로자 등의 고용안정 지원(법 24조)

1) 고용노동부장관은 건설근로자 등 고용상태가 불안정한 근로자를 위하여 다음 각 호의 사업을 실시하는 사업주에게 대통령령으로 정하는 바에 따라 필요한 지원을 할 수 있다.
   ① 고용상태의 개선을 위한 사업
   ② 계속적인 고용기회의 부여 등 고용안정을 위한 사업
   ③ 그 밖에 대통령령으로 정하는 고용안정 사업

8. 고용안정 및 취업 촉진(법 25조)

1) 고용노동부장관은 피보험자등의 고용안정 및 취업을 촉진하기 위하여 다음 각 호의 사업을 직접 실시하거나 이를 실시하는 자에게 필요한 비용을 지원 또는 대부할 수 있다.
   ① 고용관리 진단 등 고용개선 지원 사업
   ② 피보험자등의 창업을 촉진하기 위한 지원 사업
   ③ 그 밖에 피보험자등의 고용안정 및 취업을 촉진하기 위한 사업으로서 대통령령으로 정하는 사업

9. 고용촉진 시설에 대한 지원(법 26조)

고용노동부장관은 피보험자등의 고용안정 · 고용촉진 및 사업주의 인력 확보를 지원하기 위하여 대통령령으로 정하는 바에 따라 상담 시설, 어린이집, 그 밖에 대통령령으로 정하는 고용촉진 시설을 설치 · 운영하는 자에게 필요한 지원을 할 수 있다.

10. 고용촉진 시설의 지원(시행령 38조)

1) "그 밖에 대통령령으로 정하는 고용촉진 시설"이란 다음 각 호의 시설을 말한다.
   ① 「고용정책 기본법」에 따라 지방자치단체가 설치 · 운영하는 취업취약계층에 대한 고용서비스 제공에 필요한 시설
   ② 고등교육법에 따른 학교 중 고용노동부장관이 지정한 학교가 운영하는 취업지원 시설
   ③ 「초 · 중등교육법 시행령」에 따른 전문계고등학교 중 고용노동부장관이 지정한 학교
   ④ 「고령자고용촉진법」에 따른 고령자인재은행

⑤ 그 밖에 피보험자등의 고용안정, 고용촉진 및 사업주의 인력 확보를 위한 시설로서 고용노동부령으로 정하는 고용촉진 시설

11. 사업주에 대한 직업능력개발 훈련의 지원(법 27조)

1) 고용노동부장관은 피보험자 등의 직업능력을 개발 · 향상시키기 위하여 대통령령으로 정하는 직업능력개발 훈련을 실시하는 사업주에게 대통령령으로 정하는 바에 따라 그 훈련에 필요한 비용을 지원할 수 있다.

2) 고용노동부장관은 사업주가 다음 각 호의 어느 하나에 해당하는 사람에게 제1항에 따라 직업능력개발 훈련을 실시하는 경우에는 대통령령으로 정하는 바에 따라 우대 지원할 수 있다.

① 기간제근로자
② 단시간근로자
③ 파견근로자
④ 일용근로자
⑤ 고령자 또는 준고령자
⑥ 그 밖에 대통령령으로 정하는 사람

12. 피보험자 등에 대한 직업능력개발 지원(법 29조)

13. 직업능력개발 훈련 시설에 대한 지원 등(법 30조)

14. 직업능력개발의 촉진(법 31조)

15. 고용정보의 제공 및 고용 지원 기반의 구축 등(법 33조)

Ⅳ. 실업급여

1. 실업급여의 종류(법 37조)

1) 실업급여는 구직급여와 취업촉진 수당으로 구분한다.

2) 취업촉진 수당의 종류는 다음 각 호와 같다.

① 조기(早期)재취업 수당
② 직업능력개발 수당
③ 광역 구직활동비
④ 이주비

2. 수급권의 보호(법 38조)

1) 실업급여를 받을 권리는 양도 또는 압류하거나 담보로 제공할 수 없다.

3. 구직급여의 수급 요건(법 40조)

1) 구직급여는 이직한 근로자인 피보험자가 다음 각 호의 요건을 모두 갖춘 경우에 지급한다. 다만, 제5호와 제6호는 최종 이직 당시 일용근로자였던 사람만 해당한다.

① 제2항에 따른 기준기간(이하 "기준기간"이라 한다) 동안의 피보험 단위기간(제41조에 따른 피보험 단위기간을 말한다. 이하 같다)이 합산하여 180일 이상일 것

② 근로의 의사와 능력이 있음에도 불구하고 취업(영리를 목적으로 사업을 영위하는 경우를 포함한다. 이하 이 장 및 제5장에서 같다)하지 못한 상태에 있을 것

③ 이직사유가 제58조에 따른 수급자격의 제한 사유에 해당하지 아니할 것

④ 재취업을 위한 노력을 적극적으로 할 것

⑤ 다음 각 목의 어느 하나에 해당할 것

ⓧ 제43조에 따른 수급자격 인정신청일 이전 1개월 동안의 근로일수가 10일 미만일 것

ⓛ 건설일용근로자(일용근로자로서 이직 당시에 「통계법」 제22조제1항에 따라 통계청장이 고시하는 한국표준산업분류의 대분류상 건설업에 종사한 사람을 말한다. 이하 같다)로서 수급자격 인정신청일 이전 14일간 연속하여 근로내역이 없을 것

⑥ 최종 이직 당시의 기준기간 동안의 피보험 단위기간 중 다른 사업에서 제58조에 따른 수급자격의 제한 사유에 해당하는 사유로 이직한 사실이 있는 경우에는 그 피보험 단위기간 중 90일 이상을 일용근로자로 근로하였을 것

2) 기준기간은 이직일 이전 18개월로 하되, 근로자인 피보험자가 다음 각 호의 어느 하나에 해당하는 경우에는 다음 각 호의 구분에 따른 기간을 기준기간으로 한다.

① 이직일 이전 18개월 동안에 질병 · 부상, 그 밖에 대통령령으로 정하는 사유로 계속하여 30일 이상 보수의 지급을 받을 수 없었던 경우 : 18개월에 그 사유로 보수를 지급 받을 수 없었던 일수를 가산한 기간(3년을 초과할 때에는 3년으로 한다)

② 다음 각 목의 요건에 모두 해당하는 경우 : 이직일 이전 24개월
- 이직 당시 1주 소정근로시간이 15시간 미만이고, 1주 소정근로일수가 2일 이하인 근로자로 근로하였을 것
- 이직일 이전 24개월 동안의 피보험 단위기간 중 90일 이상을 가목의 요건에 해당하는 근로자로 근로하였을 것

3) "그 밖에 대통령령으로 정하는 사유"란 다음 각 호의 사유를 말한다. 다만, 법 제2조제5호 단서에 따라 고용노동부장관이 정하는 금품을 지급받는 경우는 제외한다. (시행령 60조)

① 사업장의 휴업

② 임신 · 출산 · 육아에 따른 휴직

③ 휴직이나 그 밖에 이와 유사한 상태로서 고용노동부장관이 정하여 고시하는 사유

4. 실업의 신고(법 42조)

1) 구직급여를 지급받으려는 사람은 이직 후 지체없이 직업안정기관에 출석하여 실업을 신고하여야 한다.
2) 제1항에 따른 실업의 신고에는 구직 신청과 제43조에 따른 수급자격의 인정 신청을 포함하여야 한다.
3) 제1항에 따라 구직급여를 지급받기 위하여 실업을 신고하려는 사람은 이직하기 전 사업의 사업주에게 피보험 단위기간, 이직 전 1일 소정근로시간 등을 확인할 수 있는 자료(이하 "이직확인서"라 한다)의 발급을 요청할 수 있다. 이 경우 요청을 받은 사업주는 고용노동부령으로 정하는 바에 따라 이직확인서를 발급하여 주어야 한다.

5. 수급자격의 인정(법 43조)

1) 구직급여를 지급받으려는 사람은 직업안정기관의 장에게 제40조제1항제1호부터 제3호까지·제5호 및 제6호에 따른 구직급여의 수급 요건을 갖추었다는 사실(이하 "수급자격"이라 한다)을 인정하여 줄 것을 신청하여야 한다.
2) 직업안정기관의 장은 제1항에 따른 수급자격의 인정신청을 받으면 그 신청인에 대한 수급자격의 인정 여부를 결정하고, 대통령령으로 정하는 바에 따라 신청인에게 그 결과를 알려야 한다.
3) 제2항에 따른 신청인이 다음 각 호의 요건을 모두 갖춘 경우에는 마지막에 이직한 사업을 기준으로 수급자격의 인정 여부를 결정한다. 다만, 마지막 이직 당시 일용근로자로서 피보험 단위기간이 1개월 미만인 사람이 수급자격을 갖추지 못한 경우에는 일용근로자가 아닌 근로자로서 마지막으로 이직한 사업을 기준으로 결정한다.
   ① 피보험자로서 마지막에 이직한 사업에 고용되기 전에 피보험자로서 이직한 사실이 있을 것
   ② 마지막 이직 이전의 이직과 관련하여 구직급여를 받은 사실이 없을 것
4) 직업안정기관의 장은 제2항 및 제3항에 따라 신청인에 대한 수급자격의 인정 여부를 결정하기 위하여 필요하면 신청인이 이직하기 전 사업의 사업주에게 고용노동부령으로 정하는 바에 따라 이직확인서의 제출을 요청할 수 있다. 이 경우 요청을 받은 사업주는 고용노동부령으로 정하는 바에 따라 이직확인서를 제출하여야 한다.
5) 제2항에 따라 수급자격의 인정을 받은 자(이하 "수급자격자"라 한다)가 제48조 및 제54조제1항에 따른 기간에 새로 수급자격의 인정을 받은 경우에는 새로 인정받은 수급자격을 기준으로 구직급여를 지급한다.

6. 실업의 인정(법 44조)

1) 구직급여는 수급자격자가 실업한 상태에 있는 날 중에서 직업안정기관의 장으로부터 실업의 인정을 받은 날에 대하여 지급한다.

2) 실업의 인정을 받으려는 수급자격자는 제42조에 따라 실업의 신고를 한 날부터 계산하기 시작하여 1주부터 4주의 범위에서 직업안정기관의 장이 지정한 날(이하 "실업인정일"이라 한다)에 출석하여 재취업을 위한 노력을 하였음을 신고하여야 하고, 직업안정기관의 장은 직전 실업인정일의 다음 날부터 그 실업인정일까지의 각각의 날에 대하여 실업의 인정을 한다. 다만, 다음 각 호에 해당하는 사람에 대한 실업의 인정 방법은 고용노동부령으로 정하는 기준에 따른다.
   ① 직업능력개발 훈련 등을 받는 수급자격자
   ② 천재지변, 대량 실업의 발생 등 대통령령으로 정하는 사유가 발생한 경우의 수급자격자
   ③ 그 밖에 대통령령으로 정하는 수급자격자

3) 제2항에도 불구하고 수급자격자가 다음 각 호의 어느 하나에 해당하면 직업안정기관에 출석할 수 없었던 사유를 적은 증명서를 제출하여 실업의 인정을 받을 수 있다.
   ① 질병이나 부상으로 직업안정기관에 출석할 수 없었던 경우로서 그 기간이 계속하여 7일 미만인 경우
   ② 직업안정기관의 직업소개에 따른 구인자와의 면접 등으로 직업안정기관에 출석할 수 없었던 경우
   ③ 직업안정기관의 장이 지시한 직업능력개발 훈련 등을 받기 위하여 직업안정기관에 출석할 수 없었던 경우
   ④ 천재지변이나 그 밖의 부득이한 사유로 직업안정기관에 출석할 수 없었던 경우

4) 직업안정기관의 장은 제1항에 따른 실업을 인정할 때에는 수급자격자의 취업을 촉진하기 위하여 재취업 활동에 관한 계획의 수립 지원, 직업소개 등 대통령령으로 정하는 조치를 하여야 한다. 이 경우 수급자격자는 정당한 사유가 없으면 직업안정기관의 장의 조치에 따라야 한다.

7. 급여의 기초가 되는 임금일액(법 45조)

1) 구직급여의 산정 기초가 되는 임금일액[이하 "기초일액(基礎日額)"이라 한다]은 제43조제1항에 따른 수급자격의 인정과 관련된 마지막 이직 당시 「근로기준법」 제2조제1항제6호에 따라 산정된 평균임금으로 한다. 다만, 마지막 이직일 이전 3개월 이내에 피보험자격을 취득한 사실이 2회 이상인 경우에는 마지막 이직일 이전 3개월간(일용근로자의 경우에는 마지막 이직일 이전 4개월 중 최종 1개월을 제외한 기간)에 그 근로자에게 지급된 임금 총액을 그 산정의 기준이 되는 3개월의 총 일수로 나눈 금액을 기초일액으로 한다.

2) 제1항에 따라 산정된 금액이 「근로기준법」에 따른 그 근로자의 통상임금보다 적을 경우에는 그 통상임금액을 기초일액으로 한다. 다만, 마지막 사업에서 이직 당시 일용근로자였던 사람의 경우에는 그러하지 아니하다.

3) 제1항과 제2항에 따라 기초일액을 산정하는 것이 곤란한 경우와 보험료를 고용산재보험료징수법 제3조에 따른 기준보수를 기준으로 낸 경우에는 기준보수를 기초일액으로 한다. 다만, 보험료를 기준보수로 낸 경우에도 제1항과 제2항에 따라 산정한 기초일액이 기준보수보다 많은 경우에는 그러하지 아니하다.

4) 제1항부터 제3항까지의 규정에도 불구하고 이들 규정에 따라 산정된 기초일액이 그 수급자격자의 이직 전 1일 소정근로시간에 이직일 당시 적용되던 「최저임금법」에 따른 시간 단위에 해당하는 최저임금액을 곱한 금액(이하 "최저기초일액"이라 한다)보다 낮은 경우에는 최저기초일액을 기초일액으로 한다.

5) 제1항부터 제3항까지의 규정에도 불구하고 이들 규정에 따라 산정된 기초일액이 보험의 취지 및 일반 근로자의 임금 수준 등을 고려하여 대통령령으로 정하는 금액을 초과하는 경우에는 대통령령으로 정하는 금액을 기초일액으로 한다.

8. 급여기초 임금일액의 상한액(시행령 68조)

1) 법 제45조제5항에 따라 구직급여의 산정 기초가 되는 임금일액이 11만원을 초과하는 경우에는 11만원을 해당 임금일액으로 한다.

2) 고용노동부장관은 제1항에 따른 금액이 적용된 후 물가상승률과 경기변동, 임금상승률 등을 고려하여 조정이 필요하다고 판단되면 해당 금액의 변경을 고려하여야 한다.

9. 구직급여일액(법 46조)

1) 구직급여일액은 다음 각 호의 구분에 따른 금액으로 한다.
   ① 제45조제1항부터 제3항까지 및 제5항의 경우에는 그 수급자격자의 기초일액에 100분의 60을 곱한 금액
   ② 제45조제4항의 경우에는 그 수급자격자의 기초일액에 100분의 80을 곱한 금액(이하 "최저구직급여일액"이라 한다)

2) 제1항 제1호에 따라 산정된 구직급여일액이 최저구직급여일액보다 낮은 경우에는 최저구직급여일액을 그 수급자격자의 구직급여일액으로 한다.

10. 수급기간 및 수급일수(법 48조)

1) 구직급여는 이 법에 따로 규정이 있는 경우 외에는 그 구직급여의 수급자격과 관련된 이직일의 다음 날부터 계산하기 시작하여 12개월 내에 제50조제1항에 따른 소정급여일수를 한도로 하여 지급한다.

2) 제1항에 따른 12개월의 기간 중 임신 · 출산 · 육아, 그 밖에 대통령령으로 정하는 사유로 취업할 수 없는 사람이 그 사실을 수급기간에 직업안정기관에 신고한 경우에는 12개월의 기간에 그 취업할 수 없는 기간을 가산한 기간(4년을 넘을 때에는 4년)에 제50조제1항에 따른 소정급여일수를 한도로 하여 구직급여를 지급한다.

11. 대기기간(법 49조)

실업의 신고일부터 계산하기 시작하여 7일간은 대기기간으로 보아 구직급여를 지급하지 아니한다. 다만, 최종 이직 당시 건설일용근로자였던 사람에 대해서는 실업의 신고일부터 계산하여 구직급여를 지급한다.

12. 소정급여일수(법 50조)

1) 하나의 수급자격에 따라 구직급여를 지급받을 수 있는 날(이하 "소정급여일수"라 한다)은 대기기간이 끝난 다음날부터 계산하기 시작하여 피보험기간과 연령에 따라 별표에서 정한 일수가 되는 날까지로 한다.
2) 수급자격자가 소정급여일수 내에 제48조제2항에 따른 임신 · 출산 · 육아, 그 밖에 대통령령으로 정하는 사유로 수급기간을 연장한 경우에는 그 기간만큼 구직급여를 유예하여 지급한다.

▼ 구직급여의 소정급여일수(제50조제1항 관련)

구분		피보험기간				
		1년 미만	1년 이상 3년 미만	3년 이상 5년 미만	5년 이상 10년 미만	10년 이상
이직일 현재 연령	50세 미만	120일	150일	180일	210일	240일
	50세 이상 및 장애인	120일	180일	210일	240일	270일

비고 : 장애인이란 「장애인고용촉진 및 직업재활법」에 따른 장애인을 말한다.

13. 지급일 및 지급방법(법 56조)

1) 구직급여는 대통령령으로 정하는 바에 따라 실업의 인정을 받은 일수분(日數分)을 지급한다.

14. 지급되지 아니한 구직급여(법 57조)

1) 수급자격자가 사망한 경우 그 수급자격자에게 지급되어야 할 구직급여로서 아직 지급되지 아니한 것이 있는 경우에는 그 수급자격자의 배우자(사실상의 혼인 관계에 있는 사람을 포함한다) · 자녀 · 부모 · 손자녀 · 조부모 또는 형제자매로서 수급자격자와 생계를 같이하고 있던 사람의 청구에 따라 그 미지급분을 지급한다.

15. 이직 사유에 따른 수급자격의 제한(법 58조)

제40조에도 불구하고 피보험자가 다음 각 호의 어느 하나에 해당한다고 직업안
정기관의 장이 인정하는 경우에는 수급자격이 없는 것으로 본다.

1) 중대한 귀책사유(歸責事由)로 해고된 피보험자로서 다음 각 목의 어느 하나에 해당
하는 경우
   ① 「형법」 또는 직무와 관련된 법률을 위반하여 금고 이상의 형을 선고받은
      경우
   ② 사업에 막대한 지장을 초래하거나 재산상 손해를 끼친 경우로서 고용노동
      부령으로 정하는 기준에 해당하는 경우
   ③ 정당한 사유 없이 근로계약 또는 취업규칙 등을 위반하여 장기간 무단 결
      근한 경우

2) 자기 사정으로 이직한 피보험자로서 다음 각 목의 어느 하나에 해당하는 경우
   ① 전직 또는 자영업을 하기 위하여 이직한 경우
   ② 제1호의 중대한 귀책사유가 있는 사람이 해고되지 아니하고 사업주의 권
      고로 이직한 경우
   ③ 그 밖에 고용노동부령으로 정하는 정당한 사유에 해당하지 아니하는 사유로
      이직한 경우

16. 훈련 거부 등에 따른 급여의 지급 제한(법 60조)

1) 수급자격자가 직업안정기관의 장이 소개하는 직업에 취직하는 것을 거부하거
나 직업안정기관의 장이 지시한 직업능력개발 훈련 등을 거부하면 대통령령
으로 정하는 바에 따라 구직급여의 지급을 정지한다. 다만, 다음 각 호의 어느
하나에 해당하는 정당한 사유가 있는 경우에는 그러하지 아니하다.
   ① 소개된 직업 또는 직업능력개발 훈련 등을 받도록 지시된 직종이 수급자격
      자의 능력에 맞지 아니하는 경우
   ② 취직하거나 직업능력개발 훈련 등을 받기 위하여 주거의 이전이 필요하나
      그 이전이 곤란한 경우
   ③ 소개된 직업의 임금 수준이 같은 지역의 같은 종류의 업무 또는 같은 정도
      의 기능에 대한 통상의 임금 수준에 비하여 100분의 20 이상 낮은 경우 등
      고용노동부장관이 정하는 기준에 해당하는 경우
   ④ 그 밖에 정당한 사유가 있는 경우

17. 조기재취업 수당(법 64조)

1) 조기재취업 수당은 수급자격자(「외국인근로자의 고용 등에 관한 법률」 제2조
에 따른 외국인 근로자는 제외한다)가 안정된 직업에 재취직하거나 스스로 영
리를 목적으로 하는 사업을 영위하는 경우로서 대통령령으로 정하는 기준에
해당하면 지급한다.

1-1) 조기재취업 수당의 지급기준(시행령 84조)

　① 법 제49조의 대기기간이 지난 후 재취업한 날의 전날을 기준으로 법 제50조에 따른 소정급여일수를 2분의 1 이상 남기고 재취업한 경우로서 다음 각 호의 어느 하나에 해당하는 경우를 말한다.

　　㉠ 12개월 이상 계속하여 고용된 경우. 다만, 수급자격자가 최후에 이직한 사업의 사업주나 그와 관련된 사업주로서 고용노동부령으로 정하는 사업주에게 재고용되거나 법 제42조에 따른 실업의 신고일 이전에 채용을 약속한 사업주에게 고용된 경우에는 제외한다.

　　㉡ 12개월 이상 계속하여 사업을 영위한 경우. 이 경우 수급자격자가 법 제44조 제2항에 따라 해당 수급기간에 해당 사업을 영위하기 위한 준비활동을 재취업활동으로 신고하여 실업으로 인정받았을 때로 한정한다.

2) 제1항에도 불구하고 수급자격자가 안정된 직업에 재취업한 날 또는 스스로 영리를 목적으로 하는 사업을 시작한 날 이전의 대통령령으로 정하는 기간에 조기재취업 수당을 지급받은 사실이 있는 경우에는 조기재취업 수당을 지급하지 아니한다.

3) 조기재취업 수당의 금액은 구직급여의 소정급여일수 중 미지급일수의 비율에 따라 대통령령으로 정하는 기준에 따라 산정한 금액으로 한다.

3-1) 조기재취업 수당의 금액(시행령 85조)

　① 법 제64조 제3항에 따른 조기재취업 수당의 금액은 구직급여일액에 미지급일수의 2분의 1을 곱한 금액으로 한다.

4) 조기재취업 수당을 지급받은 사람에 대하여 이 법의 규정(제61조 및 제62조는 제외한다)을 적용할 때에는 그 조기재취업 수당의 금액을 제46조에 따른 구직급여일액으로 나눈 일수분에 해당하는 구직급여를 지급한 것으로 본다.

5) 수급자격자를 조기에 재취업시켜 구직급여의 지급 기간이 단축되도록 한 사람에게는 대통령령으로 정하는 바에 따라 장려금을 지급할 수 있다.

18. 직업능력개발 수당(법 65조)

1) 직업능력개발 수당은 수급자격자가 직업안정기관의 장이 지시한 직업능력개발 훈련 등을 받는 경우에 그 직업능력개발 훈련 등을 받는 기간에 대하여 지급한다.

2) 제1항에도 불구하고 제60조제1항 및 제2항에 따라 구직급여의 지급이 정지된 기간에 대하여는 직업능력개발 수당을 지급하지 아니한다.

19. 광역 구직활동비(법 66조)

1) 광역 구직활동비는 수급자격자가 직업안정기관의 소개에 따라 광범위한 지역에 걸쳐 구직 활동을 하는 경우로서 대통령령으로 정하는 기준에 따라 직업안정기관의 장이 필요하다고 인정하면 지급할 수 있다.

1-1) 광역 구직활동비는 수급자격자가 다음 각 호의 요건을 모두 갖춘 경우에 지급한다.(시행령 89조)

① 구직활동에 드는 비용이 구직활동을 위하여 방문하는 사업장의 사업주로부터 지급되지 아니하거나 지급되더라도 그 금액이 광역 구직활동비의 금액에 미달할 것

② 수급자격자의 거주지로부터 구직활동을 위하여 방문하는 사업장까지의 거리가 고용노동부령으로 정하는 거리(25km) 이상일 것. 이 경우 거리는 거주지로부터 사업장까지의 통상적인 거리에 따라 계산하되, 수로(水路)의 거리는 실제 거리의 2배로 본다.

20. 이주비(법 67조)

1) 이주비는 수급자격자가 취업하거나 직업안정기관의 장이 지시한 직업능력개발 훈련 등을 받기 위하여 그 주거를 이전하는 경우로서 대통령령으로 정하는 기준에 따라 직업안정기관의 장이 필요하다고 인정하면 지급할 수 있다.

1-1) 이주비는 수급자격자가 다음 각 호의 요건을 모두 갖춘 경우에 지급한다.(시행령 90조)

① 취업하거나 직업훈련 등을 받게 된 경우로서 고용노동부장관이 정하는 기준에 따라 거주지 관할 직업안정기관의 장이 주거의 변경이 필요하다고 인정할 것

② 해당 수급자격자를 고용하는 사업주로부터 주거의 이전에 드는 비용이 지급되지 아니하거나 지급되더라도 그 금액이 이주비에 미달할 것

③ 취업을 위한 이주인 경우 1년 이상의 근로계약기간을 정하여 취업할 것

V. 자영업자인 피보험자에 대한 실업급여

1. 자영업자인 피보험자의 실업급여의 종류(법 69조의2)

자영업자인 피보험자의 실업급여의 종류는 제37조에 따른다. 다만, 제51조부터 제55조까지의 규정에 따른 연장급여와 제64조에 따른 조기재취업 수당은 제외한다.

2. 구직급여의 수급요건(법 69조의3)

1) 구직급여는 폐업한 자영업자인 피보험자가 다음 각 호의 요건을 모두 갖춘 경우에 지급한다.

① 폐업일 이전 24개월간 제41조제1항 단서에 따라 자영업자인 피보험자로서 갖춘 피보험 단위기간이 통산(通算)하여 1년 이상일 것

② 근로의 의사와 능력이 있음에도 불구하고 취업을 하지 못한 상태에 있을 것

③ 폐업사유가 제69조의7에 따른 수급자격의 제한 사유에 해당하지 아니할 것

④ 재취업을 위한 노력을 적극적으로 할 것

3. 기초일액(법 69조의4)

1) 자영업자인 피보험자이었던 수급자격자에 대한 기초일액은 다음 각 호의 구분에 따른 기간 동안 본인이 납부한 보험료의 산정기초가 되는 고용산재보험료징수법 제49조의2제3항에 따라 고시된 보수액을 전부 합산한 후에 그 기간의 총일수로 나눈 금액으로 한다.
   ① 수급자격과 관련된 피보험기간이 3년 이상인 경우 : 마지막 폐업일 이전 3년의 피보험기간
   ② 수급자격과 관련된 피보험기간이 3년 미만인 경우 : 수급자격과 관련된 그 피보험기간

2) 제1항에도 불구하고 자영업자인 피보험자이었던 수급자격자가 제50조제4항에 따라 피보험기간을 합산하게 됨에 따라 제69조의6에서 정한 소정급여일수가 추가로 늘어나는 경우에는 그 늘어난 일수분에 대한 기초일액은 제1항에 따라 산정된 기초일액으로 하되, 그 기초일액이 다음 각 호에 해당하는 경우에는 각각 해당 호에 따른 금액으로 한다.
   ① 기초일액이 최저기초일액에 미치지 못하는 경우에는 최저기초일액
   ② 기초일액이 제45조제5항에 따라 대통령령으로 정하는 금액을 초과하는 경우에는 그 대통령령으로 정하는 금액

4. 구직급여일액(법 69조의5)

자영업자인 피보험자로서 폐업한 수급자격자에 대한 구직급여일액은 그 수급자격자의 기초일액에 100분의 50을 곱한 금액으로 한다.

5. 소정급여일수(법 69조의6)

자영업자인 피보험자로서 폐업한 수급자격자에 대한 소정급여일수는 제49조에 따른 대기기간이 끝난 다음 날부터 계산하기 시작하여 피보험기간에 따라 별표 2에서 정한 일수가 되는 날까지로 한다.

▼ 자영업자의 구직급여의 소정급여일수

구분	피보험기간			
	1년 이상 3년 미만	3년 이상 5년 미만	5년 이상 10년 미만	10년 이상
소정급여일수	120일	150일	180일	210일

6. 폐업사유에 따른 수급자격의 제한(법 69조의7)

1) 제69조의3에도 불구하고 폐업한 자영업자인 피보험자가 다음 각 호의 어느 하나에 해당한다고 직업안정기관의 장이 인정하는 경우에는 수급자격이 없는 것으로 본다.
   ① 법령을 위반하여 허가 취소를 받거나 영업 정지를 받음에 따라 폐업한 경우
   ② 방화(放火) 등 피보험자 본인의 중대한 귀책사유로서 고용노동부령으로 정하는 사유로 폐업한 경우

③ 매출액 등이 급격하게 감소하는 등 고용노동부령으로 정하는 사유가 아닌 경우로서 전직 또는 자영업을 다시 하기 위하여 폐업한 경우

④ 그 밖에 고용노동부령으로 정하는 정당한 사유에 해당하지 아니하는 사유로 폐업한 경우

6-1. 폐업사유에 따른 수급자격의 제한(시행규칙 115조의2)

1) 법 제69조의7제2호의 "고용노동부령으로 정하는 사유"란 다음 각 호의 어느 하나에 해당하는 경우를 말한다.

① 법 제2조제1호나목에 따른 자영업자인 피보험자(이하 "자영업자인 피보험자"라 한다)가 본인의 사업장 또는 사업장 내의 주요 생산·판매시설 등에 대하여 「형법」제13장의 죄를 범하여 금고 이상의 형을 선고받고 폐업한 경우

② 자영업자인 피보험자가 본인의 사업과 관련하여 형법 제347조, 제350조, 제351조(제347조 및 제350조의 상습범으로 한정한다), 제355조, 제356조 또는 「특정경제범죄 가중처벌 등에 관한 법률」제3조에 따라 징역형을 선고받고 폐업한 경우

6-2. 수급자격이 인정되는 폐업사유(시행규칙 115조의3)

1) 법 제69조의7제3호의 "고용노동부령으로 정하는 사유"란 다음 각 호의 어느 하나에 해당하는 경우를 말한다.

① 다음 각 목의 어느 하나에 해당하는 사유로 폐업한 경우

㉠ 폐업한 날이 속하는 달의 직전 6개월 동안 연속하여 매월 적자가 지속된 경우

㉡ 폐업한 날이 속하는 달의 직전 3개월(이하 "기준월"이라 한다)의 월평균 매출액이 기준월이 속하는 연도 직전 연도 중 같은 기간의 월평균 매출액 또는 기준월이 속하는 연도 직전 연도의 월평균 매출액 중 어느 하나에 비하여 100분의 20 이상 감소한 경우

㉢ 기준월의 월평균 매출액과 기준월 직전 2분기의 분기별 월평균 매출액이 계속 감소 추세에 있는 경우

② 「대·중소기업 상생협력 촉진에 관한 법률」제32조에 따라 사업조정을 신청한 업종에 종사하는 자영업자인 피보험자가 폐업한 경우

③ 자유무역협정 체결에 따른 무역피해 업종에 종사하는 자영업자인 피보험자가 다음 각 목의 어느 하나에 해당하는 경우로서 더 이상의 사업을 영위하는 것이 곤란하다고 판단되어 폐업한 경우

㉠ 「자유무역협정 체결에 따른 무역조정 지원에 관한법률」제6조에 따라 무역조정지원기업으로 지정된 사업주

㉡ 「자유무역협정 체결에 따른 농어업인 등의 지원에 관한 특별법」제9조에 따라 폐업 지원을 받은 농어업인

④ 그 밖에 생산량, 영업이익, 가동률, 재고 등을 종합적으로 고려하여 제1호부터 제3호까지의 사유에 준한다고 인정되는 사유로 폐업한 경우

2) 법 제69조의7제4호의 "그 밖에 고용노동부령으로 정하는 정당한 사유"란 다음 각 호의 어느 하나에 해당하는 경우를 말한다.

① 예상하기 어려운 대규모의 태풍, 홍수, 대설 등 자연재해로 인하여 폐업한 경우

② 부모나 동거하고 있는 친족의 질병·부상 등으로 자영업자인 피보험자가 30일 이상 직접 간호하여야 하고, 간호하는 기간 동안 다른 사람에게 사업을 운영하게 할 수 없어 폐업한 경우

③ 의사의 소견서 등에 따라 체력의 부족, 심신장애, 질병, 부상 등으로 영업을 수행할 수 없다고 인정되어 폐업한 경우

④ 부양하여야 하는 배우자나 친족과 동거하기 위하여 거소(居所)를 이전한 경우로서 통상의 교통수단으로 출퇴근을 하는 데에 3시간 이상이 걸려 폐업한 경우

⑤ 병역복무를 위하여 징집되거나 소집되어 폐업한 경우

⑥ 그 밖에 통상의 자영업자인 피보험자의 경우에도 해당 사유가 발생하였다면 폐업하였을 것이라고 인정되는 사유로 폐업한 경우

7. 자영업자인 피보험자에 대한 실업급여 지급 제한의 기준(시행령 115조의4)

법 제69조의8에 따라 자영업자인 피보험자가 해당 고용보험가입기간 동안 「고용보험 및 산업재해보상보험의 보험료징수 등에 관한 법률」에 따른 고용보험료를 별표 2의2의 구분에 따른 횟수 이상 체납한 경우에는 실업급여를 지급하지 아니한다. 다만, 자영업자인 피보험자가 법 제44조에 따른 최초의 실업인정일까지 체납한 보험료 및 그에 따른 연체금을 전부 납부한 경우에는 실업급여를 지급한다.

▼ 자영업자 실업급여 지급이 제한되는 보험료 체납 횟수

구분		체납 횟수
피보험기간	1년 이상~2년 미만	1회
	2년 이상~3년 미만	2회
	3년 이상	3회

VI. 육아휴직 급여 등

1. 육아휴직 급여(법 70조)

1) 고용노동부장관은 「남녀고용평등과 일·가정 양립 지원에 관한 법률」 제19조에 따른 육아휴직을 30일(「근로기준법」 제74조에 따른 출산전후휴가기간과 중복되는 기간은 제외한다) 이상 부여받은 피보험자 중 육아휴직을 시작한 날 이전에 제41조에 따른 피보험 단위기간이 합산하여 180일 이상인 피보험자에게 육아휴직 급여를 지급한다.

2) 제1항에 따른 육아휴직 급여를 지급받으려는 사람은 육아휴직을 시작한 날 이후 1개월부터 육아휴직이 끝난 날 이후 12개월 이내에 신청하여야 한다. 다만, 해당 기간에 대통령령으로 정하는 사유로 육아휴직 급여를 신청할 수 없었던 사람은 그 사유가 끝난 후 30일 이내에 신청하여야 한다.

※ 육아휴직 급여 신청기간의 연장 사유(시행령 94조)는 ㉠ 전재지변, ㉡ 본인이나 배우자의 질병·부상, ㉢ 본인이나 배우자의 직계존속 및 직계비속의 질병·부상, ㉣ 병역법에 따른 의무복무, ㉤ 범죄혐의로 인한 구속이나 형의 집행

3) 피보험자가 제2항에 따라 육아휴직 급여 지급신청을 하는 경우 육아휴직 기간 중에 이직하거나 고용노동부령으로 정하는 기준에 해당하는 취업을 한 사실이 있는 경우에는 해당 신청서에 그 사실을 기재하여야 한다.

4) 제1항에 따른 육아휴직 급여액은 대통령령으로 정한다.

5) 육아휴직 급여의 신청 및 지급에 관하여 필요한 사항은 고용노동부령으로 정한다.

2. 육아휴직급여(시행령 95조)

1) 법 제70조제1항에 따른 육아휴직 급여는 다음 각 호의 구분에 따라 산정한 금액을 월별 지급액으로 한다.

① 육아휴직 시작일부터 3개월까지 : 육아휴직 시작일을 기준으로 한 월 통상임금의 100분의 80에 해당하는 금액. 다만, 해당 금액이 150만원을 넘는 경우에는 150만원으로 하고, 해당 금액이 70만원보다 적은 경우에는 70만원으로 한다.

② 육아휴직 4개월째부터 육아휴직 종료일까지 : 육아휴직 시작일을 기준으로 한 월 통상임금의 100분의 50에 해당하는 금액. 다만, 해당 금액이 120만원을 넘는 경우에는 120만원으로 하고, 해당 금액이 70만원보다 적은 경우에는 70만원으로 한다.

2) 「남녀고용평등과 일·가정 양립 지원에 관한 법률」에 따라 육아휴직을 분할하여 사용하는 경우에는 각각의 육아휴직 사용기간을 합산한 기간을 제1항에 따른 육아휴직 급여의 지급대상 기간으로 본다.

3) 육아휴직 급여의 지급대상 기간이 1개월을 채우지 못하는 경우에는 제1항 각호에 따른 월별 지급액을 해당 월에 휴직한 일수에 따라 일할계산(日割計算)한 금액(이하 "일할계산액"이라 한다)을 지급액으로 한다.

4) 제1항 및 제3항에 따른 육아휴직 급여의 100분의 75에 해당하는 금액(다음각 호의 어느 하나에 해당하는 경우에는 각 호의 구분에 따른 금액을 말한다)은 매월 지급하고, 그 나머지 금액은 육아휴직 종료 후 해당 사업장에 복직하여 6개월 이상 계속 근무한 경우에 합산하여 일시불로 지급한다. 다만, 법 제58조제2호다목에 따른 고용노동부령으로 정하는 정당한 사유로 6개월 이상계속 근무하지 못한 경우에도 그 나머지 금액을 지급한다.

3. 급여의 지급 제한 등(법 73조)

1) 피보험자가 육아휴직 기간 중에 그 사업에서 이직한 경우에는 그 이직하였을 때부터 육아휴직 급여를 지급하지 아니한다.

2) 피보험자가 육아휴직 기간 중에 제70조제3항에 따른 취업을 한 경우에는 그 취업한 기간에 대해서는 육아휴직 급여를 지급하지 아니한다.

3) 피보험자가 사업주로부터 육아휴직을 이유로 금품을 지급받은 경우 대통령령으로 정하는 바에 따라 급여를 감액하여 지급할 수 있다.

4) 거짓이나 그 밖의 부정한 방법으로 육아휴직 급여를 받았거나 받으려 한 사람에게는 그 급여를 받은 날 또는 받으려 한 날부터의 육아휴직 급여를 지급하지 아니한다. 다만, 그 급여와 관련된 육아휴직 이후에 새로 육아휴직 급여 요건을 갖춘 경우 그 새로운 요건에 따른 육아휴직 급여는 그러하지 아니하다.

5) 제4항 본문에도 불구하고 제70조제3항을 위반하여 육아휴직 기간 중 취업한 사실을 기재하지 아니하거나 거짓으로 기재하여 육아휴직 급여를 받았거나 받으려 한 사람에 대해서는 위반횟수 등을 고려하여 고용노동부령으로 정하는 바에 따라 지급이 제한되는 육아휴직 급여의 범위를 달리 정할 수 있다.

VII. 출산전후 휴가 급여 등

1. 출산전후 휴가 급여 등(법 75조)

고용노동부장관은 「남녀고용평등과 일·가정 양립 지원에 관한 법률」 제18조에 따라 피보험자가 「근로기준법」 제74조에 따른 출산전후휴가 또는 유산·사산 휴가를 받은 경우와 「남녀고용평등과 일·가정 양립 지원에 관한 법률」 제18조의2에 따른 배우자 출산휴가를 받은 경우로서 다음 각 호의 요건을 모두 갖춘 경우에 출산전후휴가 급여 등(이하 "출산전후휴가 급여등"이라 한다)을 지급한다.

① 휴가가 끝난 날 이전에 제41조에 따른 피보험 단위기간이 통산하여 180일 이상일 것

② 휴가를 시작한 날[출산전후휴가 또는 유산·사산휴가를 받은 피보험자가 속한 사업장이 우선지원 대상기업이 아닌 경우에는 휴가 시작 후 60일(한 번에 둘 이상의 자녀를 임신한 경우에는 75일)이 지난 날로 본다] 이후 1개월부터 휴가가 끝난 날 이후 12개월 이내에 신청할 것. 다만, 그 기간에 대통령령으로 정하는 사유로 출산전후휴가 급여등을 신청할 수 없었던 사람은 그 사유가 끝난 후 30일 이내에 신청하여야 한다.

2. 출산전후휴가 급여등의 수급권 대위(법 75조의2)

사업주가 출산전후휴가 급여등의 지급사유와 같은 사유로 그에 상당하는 금품을 근로자에게 미리 지급한 경우로서 그 금품이 출산전후휴가 급여등을 대체하여 지급한 것으로 인정되면 그 사업주는 지급한 금액(제76조 제2항에 따른 상한액을 초과할 수 없다)에 대하여 그 근로자의 출산전후휴가 급여등을 받을 권리를 대위한다.

3. 지급기간 등(법 76조)

1) 제75조에 따른 출산전후휴가 급여등은 다음 각 호의 휴가 기간에 대하여 「근로기준법」의 통상임금(휴가를 시작한 날을 기준으로 산정한다)에 해당하는 금액을 지급한다.

① 「근로기준법」 제74조에 따른 출산전후휴가 또는 유산·사산휴가 기간. 다만, 우선지원 대상기업이 아닌 경우에는 휴가 기간 중 60일(한 번에 둘 이상의 자녀를 임신한 경우에는 75일)을 초과한 일수(30일을 한도로 하되, 한 번에 둘 이상의 자녀를 임신한 경우에는 45일을 한도로 한다)로 한정한다.

② 「남녀고용평등과 일·가정 양립 지원에 관한 법률」 제18조의2에 따른 배우자 출산휴가 기간 중 최초 5일. 다만, 피보험자가 속한 사업장이 우선지원 대상기업인 경우에 한정한다.

2) 제1항에 따른 출산전후휴가 급여등의 지급 금액은 대통령령으로 정하는 바에 따라 그 상한액과 하한액을 정할 수 있다.

3) 제1항과 제2항에 따른 출산전후휴가 급여등의 신청 및 지급에 필요한 사항은 고용노동부령으로 정한다.

VIII. 고용보험기금

1. 기금의 용도(법 80조)

1) 기금은 다음 각 호의 용도에 사용하여야 한다.
① 고용안정·직업능력개발 사업에 필요한 경비
② 실업급여의 지급
③ 국민연금 보험료의 지원
④ 육아휴직 급여 및 출산전후휴가 급여등의 지급
⑤ 보험료의 반환
⑥ 일시 차입금의 상환금과 이자
⑦ 이 법과 고용산재보험료징수법에 따른 업무를 대행하거나 위탁받은 자에 대한 출연금
⑧ 그 밖에 이 법의 시행을 위하여 필요한 경비로서 대통령령으로 정하는 경비와 제1호 및 제2호에 따른 사업의 수행에 딸린 경비

IX. 심사 및 재심사청구

1. 심사와 재심사(법 87조)

1) 제17조에 따른 피보험자격의 취득·상실에 대한 확인, 제4장의 규정에 따른 실업급여 및 제5장에 따른 육아휴직 급여와 출산전후휴가 급여등에 관한 처분[이하 "원처분(原處分)등"이라 한다]에 이의가 있는 자는 제89조에 따른 심사관에게 심사를 청구할 수 있고, 그 결정에 이의가 있는 자는 제99조에 따른 심사위원회에 재심사를 청구할 수 있다.

2) 제1항에 따른 심사의 청구는 같은 항의 확인 또는 처분이 있음을 안 날부터 90일 이내에, 재심사의 청구는 심사청구에 대한 결정이 있음을 안 날부터 90일 이내에 각각 제기하여야 한다.

3) 제1항에 따른 심사 및 재심사의 청구는 시효중단에 관하여 재판상의 청구로 본다.

2. 대리인의 선임(법 88조)

1) 심사청구인 또는 재심사청구인은 법정대리인 외에 다음 각 호의 어느 하나에 해당하는 자를 대리인으로 선임할 수 있다.

① 청구인의 배우자, 직계존속·비속 또는 형제자매

② 청구인인 법인의 임원 또는 직원

③ 변호사나 공인노무사

④ 제99조에 따른 심사위원회의 허가를 받은 자

CHAPTER 03 출제예상문제(3)

01 고용보험법의 적용제외 근로자에 해당하는 사람는?

① 55세 이후에 새로이 고용된 근로자
② 별정우체국법에 따른 별정우체국 직원
③ 근로자파견사업에 고용된 파견근로자
④ 6월 미만의 기간동안 고용되는 일용근로자

해설 1) 다음 각 호의 어느 하나에 해당하는 사람에게는 이 법을 적용하지 아니한다. 다만, 제1호의 근로자 또는 자영업자에 대한 고용안정·직업능력개발 사업에 관하여는 그러하지 아니하다.
　① 소정(所定)근로시간이 대통령령으로 정하는 시간 미만인 사람
　　※ 1개월간 소정근로시간이 60시간 미만인 자(1주간의 소정근로시간이 15시간 미만인 자를 포함한다)를 말한다. 다만, 3개월 이상 계속하여 근로를 제공하는 자와 일용근로자는 제외한다.
　② 공무원. 다만, 대통령령으로 정하는 바에 따라 별정직공무원, 임기제공무원의 경우는 본인의 의사에 따라 고용보험에 가입할 수 있다.
　③ 「사립학교교직원 연금법」의 적용을 받는 사람
　④ 그 밖에 대통령령으로 정하는 사람
　　㉠ 외국인 근로자. 다만 「출입국관리법 시행령」에 해당하는 자는 제외한다.
　　㉡ 「별정우체국법」에 따른 별정우체국 직원
2) 65세 이후에 고용(65세 전부터 피보험 자격을 유지하던 사람이 65세 이후에 계속하여 고용된 경우는 제외한다)되거나 자영업을 개시한 사람에게는 제4장 및 제5장을 적용하지 아니한다.

02 고용보험법상 고용보험 피보험자격의 취득일·상실일에 관한 설명으로 옳은 것은?

① 고용보험의 적용제외 근로자이었던 사람이 고용보험법의 적용을 받게 된 경우에는 그 적용을 받게 된 날의 다음 날에 피보험자격을 취득한 것으로 본다.
② 피보험자가 고용보험의 적용제외 근로자에 해당하게 된 경우에는 그 적용제외 대상자가 된 날에 피보험자격을 상실한다.
③ 보험관계 성립일 전에 고용된 근로자의 경우에는 고용된 날에 피보험자격을 취득한 것으로 본다.
④ 피보험자가 사망한 경우에는 사망한 날에 피보험자격을 상실한다.

해설 1) 피보험자격의 취득일
　(1) 피보험자는 이 법이 적용되는 사업에 고용된 날에 피보험자격을 취득한다. 다만, 다음 각 호의 경우에는 각각 그 해당되는 날에 피보험자격을 취득한 것으로 본다.
　　① 적용 제외 근로자였던 사람이 이 법의 적용을 받게 된 경우에는 그 적용을 받게 된 날
　　② 보험료징수법 제7조에 따른 보험관계 성립일 전에 고용된 근로자의 경우에는 그 보험관계가 성립한 날
2) 피보험자격의 상실일
　(1) 피보험자는 다음 각 호의 어느 하나에 해당하는 날에 각각 그 피보험자격을 상실한다.
　　① 피보험자가 제10조에 따른 적용 제외 근로자에 해당하게 된 경우에는 그 적용 제외 대상자가 된 날
　　② 보험료징수법 제10조에 따라 보험관계가 소멸한 경우에는 그 보험관계가 소멸한 날
　　③ 피보험자가 이직한 경우에는 이직한 날의 다음 날
　　④ 피보험자가 사망한 경우에는 사망한 날의 다음 날

03 고용보험법상 취업촉진수당이 아닌 것은?

① 이주비 ② 직업능력개발 수당
③ 조기재취업 수당 ④ 구직급여

해설 1) 실업급여는 구직급여와 취업촉진수당으로 구분한다.
　　 2) 취업촉진수당의 종류는 다음 각 호와 같다.
　　　 ① 조기(早期)재취업 수당
　　　 ② 직업능력개발 수당
　　　 ③ 광역 구직활동비
　　　 ④ 이주비

04 고용보험법령상 직업능력개발훈련을 실시하는 사업주에 대하여 지원금의 지원수준을 높게 정할 수 있는 대상자로 옳은 것은?

① 일용근로자
② 40세 이상인 자
③ 우선지원 대상기업에 고용된 자
④ 이직 예정자로서 훈련 중이거나 훈련 수료 후 1개월 이내에 이직된 자

해설 다음 각 호의 어느 하나에 해당하는 사람을 대상으로 직업능력개발 훈련을 실시하는 사업주에 대하여는 고용노동부장관이 정하여 고시하는 바에 따라 지원수준을 높게 정할 수 있다.
　　 ① 기간제근로자
　　 ② 단시간근로자
　　 ③ 파견근로자
　　 ④ 일용근로자

05 고용보험법규상 둘 이상의 사업에 일용근로자가 아닌 자로 동시에 고용되어 있는 경우 피보험자격을 취득하는 순서로 옳은 것은?

> A. 월평균보수가 많은 사업
> B. 근로자가 선택한 사업
> C. 월 소정근로시간이 많은 사업

① A→B→C ② A→C→B
③ B→C→A ④ C→A→B

해설 보험관계가 성립되어 있는 둘 이상의 사업에 동시에 고용되어 있는 근로자는 다음 각 호의 순서에 따라 피보험자격을 취득한다. 다만, 일용근로자와 일용근로자가 아닌 자로 동시에 고용되어 있는 경우에는 일용근로자가 아닌 자로 고용된 사업에서 우선적으로 피보험자격을 취득한다.

① 월평균보수가 많은 사업
② 월 소정근로시간이 많은 사업
③ 근로자가 선택한 사업

06 고용보험법상 이직한 피보험자의 구직급여 수급요건으로 틀린 것은?

① 이직일 이전 18개월간 피보험 단위기간이 합산하여 150일 이상일 것
② 근로의 의사와 능력이 있음에도 불구하고 취업하지 못한 상태에 있을 것
③ 재취업을 위한 노력을 적극적으로 할 것
④ 일용근로자는 수급자격 인정신청일 이전 1개월 동안의 근로 일수가 10일 미만일 것

해설 ① 이직일 이전 18개월간 피보험 단위기간이 합산하여 180일 이상일 것
　　 ② 근로의 의사와 능력이 있음에도 불구하고 취업(영리를 목적으로 사업을 영위하는 경우를 포함한다. 이하 이 장에서 같다)하지 못한 상태에 있을 것
　　 ③ 이직사유가 제58조에 따른 수급자격의 제한 사유에 해당하지 아니할 것
　　 ④ 재취업을 위한 노력을 적극적으로 할 것
　　 ⑤ 일용근로자는 수급자격 인정신청일 이전 1개월 동안의 근로일수가 10일 미만일 것
　　 ⑥ 일용근로자는 최종 이직일 이전 기준기간의 피보험 단위기간 180일 중 다른 사업에서 제58조에 따른 수급자격의 제한 사유에 해당하는 사유로 이직한 사실이 있는 경우에는 그 피보험 단위기간 중 90일 이상을 일용근로자로 근로하였을 것

07 고용보험법상 피보험기간이 3년 이상 5년 미만이고, 이직일 현재 연령이 50세 미만인 경우의 구직급여 소정급여일수는?

① 90일 ② 120일
③ 150일 ④ 180일

해설 **구직급여의 소정급여일수(제50조제1항 관련)**

구분		피보험기간				
		1년 미만	1년 이상 3년 미만	3년 이상 5년 미만	5년 이상 10년 미만	10년 이상
이직일 현재 연령	50세 미만	120일	150일	180일	210일	240일
	50세 이상 및 장애인	120일	180일	210일	240일	270일

비고 : 장애인이란 「장애인고용촉진 및 직업재활법」에 따른 장애인을 말한다.

08 고용보험법상 구직급여의 수급자격이 제한되는 사유가 아닌 것은?

① 피보험자가 자기의 중대한 귀책사유로 해고된 경우
② 피보험자가 전직 또는 자영업을 하기 위하여 자기 사정으로 이직한 경우
③ 소개된 직업의 임금이 현저하게 낮아 취업을 거부한 경우
④ 거짓이나 그 밖의 부정한 방법으로 실업급여를 받았거나 받으려한 경우

09 고용보험법상 구직급여에 관한 설명으로 틀린 것은?

① 근로자의 중대한 귀책사유로 해고된 경우에는 구직급여의 수급자격이 제한될 수도 있다.
② 이직당시 1억원 이상의 금품을 퇴직위로금으로 수령한 수급자격자에 대하여는 실업의 신고일부터 3월간 구직급여의 지급이 유예될 수 있다.
③ 수급자격자가 직업안정기관의 장이 소개하는 직업에 취직하는 것을 거부하거나 직업안정기관의 장이 지시한 직업능력개발훈련 등을 거부하는 경우에는 이미 지급한 구직급여를 환수한다.
④ 거짓이나 기타 부정한 방법으로 구직급여를 지급받은 사람에 대하여는 이미 지급한 구직급여의 반환을 명할 수 있으며, 그것이 사업주의 허위의 신고ㆍ보고 또는 증명에 의한 것인 경우에는 사업주도 연대책임을 진다.

> **해설** 수급자격자가 직업안정기관의 장이 소개하는 직업에 취직하는 것을 거부하거나 직업안정기관의 장이 지시한 직업능력개발 훈련 등을 거부하면 대통령령으로 정하는 바에 따라 구직급여의 지급을 정지한다.

10 고용보험법상 고용보험법의 적용대상이 될 수 있는 근로자는?

① 1개월간 소정근로시간이 60시간 미만인 사람
② 사립학교 교직원 연금법의 적용을 받는 사람
③ 별정우체국법에 의한 별정우체국 직원
④ 3월 이상 계속하여 근로를 제공하는 사람

> **해설** 1) 다음 각 호의 어느 하나에 해당하는 사람에게는 이 법을 적용하지 아니한다. 다만, 제1호의 근로자 또는 자영업자에 대한 고용안정ㆍ직업능력개발 사업에 관하여는 그러하지 아니하다.

① 소정(所定)근로시간이 대통령령으로 정하는 시간 미만인 사람
　※ 1개월간 소정근로시간이 60시간 미만인 자(1주간의 소정근로시간이 15시간 미만인 자를 포함한다)를 말한다. 다만, 3개월 이상 계속하여 근로를 제공하는 자와 일용근로자는 제외한다.
② 공무원. 다만, 대통령령으로 정하는 바에 따라 별정직공무원, 임기제공무원의 경우는 본인의 의사에 따라 고용보험에 가입할 수 있다.
③ 「사립학교교직원 연금법」의 적용을 받는 사람
④ 그 밖에 대통령령으로 정하는 사람
　㉠ 외국인 근로자. 다만 「출입국관리법 시행령」에 해당하는 자는 제외한다.
　㉡ 「별정우체국법」에 따른 별정우체국 직원
2) 65세 이후에 고용(65세 전부터 피보험 자격을 유지하던 사람이 65세 이후에 계속하여 고용된 경우는 제외한다)되거나 자영업을 개시한 사람에게는 제4장 및 제5장을 적용하지 아니한다.

11 고용보험법상 실업급여에 포함되지 않는 것은?

① 생계비　　　　　② 구직급여
③ 광역 구직활동비　④ 조기 재취업 수당

> **해설** 1) 실업급여는 구직급여와 취업촉진 수당으로 구분한다.
> 2) 취업촉진 수당의 종류는 다음 각 호와 같다.
> ① 조기(早期)재취업 수당
> ② 직업능력개발 수당
> ③ 광역 구직활동비

12 구직급여의 산정 기초가 되는 임금일액의 산정방법으로 틀린 것은?

① 수급자격의 인정과 관련된 마지막 이직 당시 산정된 평균임금을 기초일액으로 한다.
② 마지막 사업에서 이직 당시 일용근로자였던 사람의 경우에는 산정된 금액이 근로기준법에 따른 그 근로자의 통상임금보다 작을 경우에는 그 통상임금액을 기초일액으로 한다.
③ 기초일액을 산정하는 것이 곤란한 경우와 보험료를 보험료징수법에 따른 기준임금을 기준으로 낸 경우에는 기준임금을 기초일액으로 한다.
④ 산정된 기초일액이 그 수급자격자의 이직전 1일 소정근로시간에 이직일 당시 적용되던 최저임금법에 따른 시간 단위에 해당하는 최저임금액을 곱한 금액보다 낮은 경우에는 최저기초일액을 기초일액으로 한다.

산정된 금액이 「근로기준법」에 따른 그 근로자의 통상임금보다 적을 경우에는 그 통상임금액을 기초일액으로 한다. 다만, 마지막 사업에서 이직 당시 일용근로자였던 사람의 경우에는 그러하지 아니하다.

13 다음 ( ) 안에 알맞은 것은?

> 고용보험법상 구직급여를 지급받고자 하는 사람은 이직 후 ( ) 직업안정기관에 출석하여 실업을 신고하여야 한다.

① 14일 이내에   ② 7일 이내에
③ 3일 이내에   ④ 지체 없이

실업의 신고 : 구직급여를 지급받으려는 사람은 이직 후 지체 없이 직업안정기관에 출석하여 실업을 신고하여야 한다.

14 고용보험법의 목적에 대한 설명으로 틀린 것은?

① 근로자의 실업의 예방 및 직업능력의 개발과 향상을 도모한다.
② 모성보호급여를 지급함으로써 여성의 고용촉진과 사업장에서 남녀고용평등을 실현한다.
③ 취업이 어려운 사람의 고용의 촉진을 도모하고 국가의 취업지도와 직업소개 기능을 강화한다.
④ 근로자가 실업한 경우에 생활에 필요한 급여를 실시하여 근로자의 생활안정과 구직활동을 촉진한다.

① 실업의 예방, 고용의 촉진 및 근로자의 직업능력의 개발과 향상을 꾀하고, ② 국가의 직업지도와 직업소개 기능을 강화하며, ③ 근로자가 실업한 경우에 생활에 필요한 급여를 실시하여 ④ 근로자의 생활안정과 구직 활동을 촉진함으로써 경제 · 사회 발전에 이바지하는 것을 목적으로 한다.

15 고용보험법상 용어에 관한 설명으로 틀린 것은?

① '임금'은 근로기준법에 의한 임금 외에 예외적으로 고용노동부장관이 정하는 금품도 포함된다.
② '일용근로자'라 함은 6월 미만의 기간동안 고용되는 자를 말한다.
③ '이직'은 피보험자와 사업주 사이의 고용관계가 끝나게 되는 것을 말한다.

④ '실업'은 피보험자가 이직하여 근로의 의사 및 능력을 가지고 있음에도 불구하고 취업하지 못한 상태에 있는 것을 말한다.

"일용근로자"란 1개월 미만 동안 고용되는 자를 말한다.

16 고용보험법령상 육아휴직급여와 출산전후휴가급여에 대한 설명으로 틀린 것은?

① 육아휴직급여를 받으려면 남녀고용평등과 일 · 가정 양립지원에 관한 법률에 따른 육아휴직을 30일 이상 부여받은 피보험자 이어야 한다.
② 특별한 사유가 없는 한 육아휴직 게시일 이후 1월부터 종료일 이후 12월 이내에 육아휴직급여를 신청해야 한다.
③ 육아휴직 급여액은 대통령령으로 정한다.
④ 육아휴직 또는 출산전후휴가 게시일 이전에 피보험단위기간이 합산하여 150일 이상이어야 급여를 받을 수 있다.

육아휴직을 시작한 날 이전에 피보험 단위기간이 합산하여 180일 이상일 것

17 고용보험법상 고용보험법의 적용대상이 될 수 있는 근로자는?

① 1월간의 소정근로시간이 60시간 미만인 사람
② '사립학교 교직원 연금법'의 적용을 받는 사람
③ '별정우체국법'에 의한 별정우체국 직원
④ 3월 이상 계속하여 근로를 제공하는 사람

18 다음 중 고용보험법상 구직급여의 수급자격이 제한되는 사유가 아닌 것은?

① 피보험자가 자기의 중대한 귀책사유로 해고된 경우
② 직업안정기관의 장이 소개하는 직업에 취직하는 것을 거부한 경우
③ 소개된 직업의 임금이 현저하게 낮아 취업을 거부한 경우
④ 허위 기타 부정한 방법으로 실업급여를 받았거나 받고자 한 경우

19 고용보험법상 심사 및 재심사 청구의 대상이 되는 것은?

① 보험료 징수처분
② 피보험자격의 취득·상실에 대한 확인
③ 고용안정사업에 관한 처분
④ 직업능력개발사업에 관한 처분

해설 피보험자격의 취득·상실에 대한 확인, 실업급여 및 육아휴직 급여와 출산전후휴가 급여 등에 관한 처분에 이의가 있는 자는 심사관에게 심사를 청구할 수 있고, 그 결정에 이의가 있는 자는 심사위원회에 재심사를 청구할 수 있다.

20 고용보험법상 심사 및 재심사의 청구에 관한 설명으로 틀린 것은?

① 피보험자격의 취득·상실에 대한 확인 등에 이의가 있는 자는 고용보험심사관에게 심사를 청구할 수 있고, 그 결정에 이의가 있는 자는 고용보험심사위원회에 재심사를 청구할 수 있다.
② 심사청구인은 법정대리인 외에 변호사나 공인노무사를 대리인으로 선임할 수 있다.
③ 고용보험심사관은 심사의 청구에 대한 심리(審理)를 마쳤을 때에는 원처분등의 전부 또는 일부를 취소하거나 심사청구의 전부 또는 일부를 기각한다.
④ 결정의 효력은 심사청구인 및 직업안정기관의 장이 결정서의 정본을 받는 날부터 발생하며 결정은 원처분 등을 행한 직업안정기관의 장을 기속한다.

해설 결정은 심사청구인 및 직업안정기관의 장에게 결정서의 정본을 보낸 날부터 효력이 발생한다.

21 고용보험의 심사청구와 관련된 설명으로 틀린 것은?

① 심사청구는 즉시 원처분의 집행을 정지시킨다.
② 결정은 원처분 등을 행한 직업안정기관의 장을 기속한다.
③ 심사의 청구는 대통령령으로 정하는 바에 따라 문서로 하여야 한다.
④ 직업안정기관은 심사청구서를 받은 날부터 5일 이내에 의견서를 첨부하여 심사청구서를 심사관에게 보내야 한다.

해설 원처분등의 집행 정지

① 심사의 청구는 원처분등의 집행을 정지시키지 아니한다. 다만, 심사관은 원처분등의 집행에 의하여 발생하는 중대한 위해(危害)를 피하기 위하여 긴급한 필요가 있다고 인정하면 직권으로 그 집행을 정지시킬 수 있다.
② 심사관은 제1항 단서에 따라 집행을 정지시키려고 할 때에는 그 이유를 적은 문서로 그 사실을 직업안정기관의 장에게 알려야 한다.
③ 직업안정기관의 장은 제2항에 따른 통지를 받으면 지체 없이 그 집행을 정지하여야 한다.
④ 심사관은 제2항에 따라 집행을 정지시킨 경우에는 지체 없이 심사청구인에게 그 사실을 문서로 알려야 한다.

22 고용보험법령상 실업급여에 관한 처분에 대한 심사 및 재심사의 청구에 관련된 설명 중 옳지 않은 것은?

① 심사의 청구는 확인 또는 처분이 있음을 안 날부터 90일 이내에 제기하여야 한다.
② 심사 및 재심사의 청구는 시효중단에 관하여 재판상의 청구로 본다.
③ 심사관에 대한 기피신청은 그 사유를 구체적으로 밝힌 서면으로 하여야 한다.
④ 심사청구인은 법정대리인 외에 청구인의 배우자는 대리인으로 선임할 수 없다.

해설 심사청구인 또는 재심사청구인은 법정대리인 외에 다음 각 호의 어느 하나에 해당하는 자를 대리인으로 선임할 수 있다.
① 청구인의 배우자, 직계존속·비속 또는 형제자매
② 청구인인 법인의 임원 또는 직원
③ 변호사나 공인노무사
④ 심사위원회의 허가를 받은 자

23 고용보험법상 고용보험에 해당하지 않는 것은?

① 재활사업
② 직업능력개발사업
③ 실업급여
④ 고용안정사업

해설 고용보험사업으로 고용안정·직업능력개발 사업, 실업급여, 육아휴직 급여 및 출산전후휴가 급여 등을 실시한다.

Ⅰ. 총칙

1. 목적 (법 1조)

이 법은 모든 국민의 평생에 걸친 직업능력개발을 촉진·지원하고 산업현장에서 필요한 인력을 양성하며 산학협력 등에 관한 사업을 수행함으로써 국민의 고용창출, 고용촉진, 고용안정 및 사회·경제적 지위 향상과 기업의 생산성 향상을 도모하고 능력중심사회의 구현 및 사회·경제의 발전에 이바지함을 목적으로 한다.

2. 용어의 정의(법 2조)

1) "직업능력개발훈련"이란 모든 국민에게 평생에 걸쳐 직업에 필요한 직무수행 능력(지능정보화 및 포괄적 직업·직무기초능력을 포함한다)을 습득·향상시키기 위하여 실시하는 훈련을 말한다.

2) "직업능력개발사업"이란 직업능력개발훈련, 직업·진로 상담 및 경력개발 지원, 직업능력개발훈련 과정·매체의 개발 및 직업능력개발에 관한 조사·연구 등을 하는 사업을 말한다.

3) "직업능력개발훈련시설"이란 다음 각 목의 시설을 말한다.

   ① 공공직업훈련시설 : 국가·지방자치단체 및 대통령령으로 정하는 공공단체(이하 "공공단체"라 한다)가 직업능력개발훈련을 위하여 설치한 시설로서 제27조에 따라 고용노동부장관과 협의하거나 고용노동부장관의 승인을 받아 설치한 시설

   ② 지정직업훈련시설 : 직업능력개발훈련을 위하여 설립·설치된 직업전문학교·실용전문학교 등의 시설로서 제28조에 따라 고용노동부장관이 지정한 시설

4) "근로자"란 사업주에게 고용된 사람과 취업할 의사가 있는 사람을 말한다.

5) "기능대학"이란 고등교육법 제2조제4호에 따른 전문대학으로서 학위과정인 제40조에 따른 다기능기술자과정 또는 학위전공심화과정을 운영하면서 직업훈련과정을 병설운영하는 교육·훈련기관을 말한다.

3. 직업능력개발훈련의 대상 연령 등(시행령 4조)

직업능력개발훈련은 15세 이상인 사람에게 실시하되, 직업능력개발훈련시설의 장은 훈련의 직종 및 내용에 따라 15세 이상으로서 훈련대상자의 연령 범위를 따로 정하거나 필요한 학력, 경력 또는 자격을 정할 수 있다.

4. 직업능력개발훈련시설을 설치할 수 있는 공공단체의 범위(시행령 2조)

1) 한국산업인력공단(한국산업인력공단이 출연하여 설립한 학교법인을 포함한다)
2) 한국장애인고용공단
3) 근로복지공단

5. 직업능력개발 훈련의 기본원칙(법 3조)

1) 직업능력개발훈련은 국민 개개인의 희망ㆍ적성ㆍ능력에 맞게 국민의 생애에 걸쳐 체계적으로 실시되어야 한다.
2) 직업능력개발훈련은 민간의 자율과 창의성이 존중되도록 하여야 하며, 노사의 참여와 협력을 바탕으로 실시되어야 한다.
3) 직업능력개발훈련은 성별, 연령, 신체적 조건, 고용형태, 신앙 또는 사회적 신분 등에 따라 차별하여 실시되어서는 아니 되며, 모든 국민에게 균등한 기회가 보장되도록 노력하여야 한다.
4) 다음 각호의 1에 해당하는 자에 대한 직업능력개발훈련은 중요시되어야 한다.
   ① 고령자ㆍ장애인
   ② 국민기초생활 보장법에 의한 수급권자
   ③ 국가유공자와 그 유족 또는 가족이나 보훈보상대상자와 그 유족 또는 가족
   ④ 5ㆍ18민주유공자 및 그 유족 또는 가족
   ⑤ 제대군인 및 전역예정자
   ⑥ 여성근로자
   ⑦ 중소기업의 근로자
   ⑧ 일용근로자, 단시간근로자, 기간을 정하여 근로계약을 체결한 근로자, 일시적 사업에 고용된 근로자
   ⑨ 파견근로자
5) 직업능력개발훈련은 교육 관계 법에 따른 학교교육 및 산업현장과 긴밀하게 연계될 수 있도록 하여야 한다.
6) 직업능력개발훈련은 국민의 직무능력과 고용가능성을 높일 수 있도록 지역ㆍ산업현장의 수요가 반영되어야 한다.
7) 직업능력개발훈련은 직업에 필요한 직무능력뿐만 아니라 지능정보화 및 포괄적 직업ㆍ직무기초능력 등 직무 수행과 관련되는 직무기초역량을 함께 지원하여야 한다.
8) 직업능력개발훈련은 「고용정책 기본법」 제6조에 따른 직업소개, 직업지도 및 경력개발 등과 긴밀하게 연계될 수 있도록 하여야 한다.

6. 직업능력개발훈련의 구분 및 실시방법(시행령 3조)

1) 직업능력개발훈련은 훈련의 목적에 따라 다음 각 호와 같이 구분한다.
   ① 양성(養成)훈련 : 근로자에게 작업에 필요한 기초적 직무수행능력을 습득시키기 위하여 실시하는 직업능력개발훈련

② 향상훈련 : 양성훈련을 받은 사람이나 직업에 필요한 기초적 직무수행능력을 가지고 있는 사람에게 더 높은 직무수행능력을 습득시키거나 기술발전에 맞추어 지식·기능을 보충하게 하기 위하여 실시하는 직업능력개발훈련

③ 전직(轉職)훈련 : 근로자에게 종전의 직업과 유사하거나 새로운 직업에 필요한 직무수행능력을 습득시키기 위하여 실시하는 직업능력개발훈련

2) 직업능력개발훈련은 다음 각 호의 방법으로 실시한다.

① 집체(集體)훈련 : 직업능력개발훈련을 실시하기 위하여 설치한 훈련전용시설이나 그 밖에 훈련을 실시하기에 적합한 시설(산업체의 생산시설 및 근무장소는 제외한다)에서 실시하는 방법

② 현장훈련 : 산업체의 생산시설 또는 근무장소에서 실시하는 방법

③ 원격훈련 : 먼 곳에 있는 사람에게 정보통신매체 등을 이용하여 실시하는 방법

④ 혼합훈련 : 제1호부터 제3호까지의 훈련방법을 2개 이상 병행하여 실시하는 방법

7. 훈련계약과 권리·의무(법 9조)

1) 사업주와 직업능력개발훈련을 받으려는 근로자는 직업능력개발훈련에 따른 권리·의무 등에 관하여 훈련계약을 체결할 수 있다.

2) 사업주는 제1항에 따른 훈련계약을 체결할 때에는 해당 직업능력개발훈련을 받는 사람이 직업능력개발훈련을 이수한 후에 사업주가 지정하는 업무에 일정 기간 종사하도록 할 수 있다. 이 경우 그 기간은 5년 이내로 하되, 직업능력개발훈련기간의 3배를 초과할 수 없다.

3) 제1항에 따른 훈련계약을 체결하지 아니한 경우에 고용근로자가 받은 직업능력개발훈련에 대하여는 그 근로자가 근로를 제공한 것으로 본다.

4) 제1항에 따른 훈련계약을 체결하지 아니한 사업주는 직업능력개발훈련을 「근로기준법」 제50조에 따른 근로시간(이하 "기준근로시간"이라 한다) 내에 실시하되, 해당 근로자와 합의한 경우에는 기준근로시간 외의 시간에 직업능력개발훈련을 실시할 수 있다.

5) 기준근로시간 외의 훈련시간에 대하여는 생산시설을 이용하거나 근무장소에서 하는 직업능력개발훈련의 경우를 제외하고는 연장근로와 야간근로에 해당하는 임금을 지급하지 아니할 수 있다.

8. 훈련수당(법 10조)

직업능력개발훈련을 실시하는 자는 직업능력개발훈련을 받는 훈련생에게 훈련수당을 지급할 수 있다.

9. 재해위로금(법 10조의2)

직업능력개발훈련을 실시하는 자는 의사의 진단 결과 감염병에 감염되었거나 감염된 것으로 의심되거나 감염될 우려가 있는 훈련생 또는 직업능력개발훈련교사 등에 대하여 해당 훈련시설로부터 격리시키는 등 고용노동부장관이 정하는 필요한 조치를 하여야 한다.

10. 재해위로금(법 11조)

1) 직업능력개발훈련을 실시하는 자는 해당 훈련시설에서 직업능력개발훈련을 받는 국민(「산업재해보상보험법」을 적용받는 사람은 제외한다)이 직업능력개발훈련 중에 그 직업능력개발훈련으로 인하여 재해를 입은 경우에는 재해 위로금을 지급하여야 한다. 이 경우 위탁에 의한 직업능력개발훈련을 받는 국민에 대하여는 그 위탁자가 재해 위로금을 부담하되, 위탁받은 자의 훈련시설의 결함이나 그 밖에 위탁받은 자에게 책임이 있는 사유로 인하여 재해가 발생한 경우에는 위탁받은 자가 재해 위로금을 지급하여야 한다.
2) 재해 위로금 지급의 기준 및 절차에 관하여 필요한 사항은 대통령령으로 정한다.
3) 이 경우 재해 위로금의 산정기준이 되는 평균임금은 고용노동부장관이 매년 정하여 고시하는 최고 보상기준 금액 및 최저 보상기준 금액을 각각 그 상한 및 하한으로 한다. (시행령 5조)

II. 근로자의 자율적인 직업능력개발 지원 등

1. 직업능력개발훈련 지원 등(법 12조)

1) 국가와 지방자치단체는 국민의 고용창출, 고용촉진 및 고용안정을 위하여 직업능력개발훈련을 실시하거나 직업능력개발훈련을 받는 사람에게 비용을 지원할 수 있다. 이 경우 제3조제4항 각 호에 해당하는 사람에 대하여는 우선적으로 지원될 수 있도록 하여야 한다.
2) 직업능력개발훈련의 대상, 훈련과정의 요건, 훈련수당, 그 밖에 직업능력개발훈련에 필요한 사항은 대통령령으로 정한다.

2. 실업자등에 대한 직업능력개발훈련의 대상자 선발(시행규칙 3조)

1) "고용노동부령으로 정하는 기준에 적합한 사람"이란 다음 각 호의 요건을 모두 갖춘 사람을 말한다.
   ① 수강 또는 지원·융자의 제한처분을 받은 사실이 있는 경우에는 그 제한 기간 중에 있지 않을 것
   ② 정부로부터 훈련비 등을 지원받는 훈련과정을 수강하고 있는 사람이 아닐 것
2) 영 제7조제2항에서 "고용노동부령으로 정하는 순위"란 다음 각 호의 순서와 같다.

① 장애인

② 직업안정기관 또는 지방자치단체(지방자치단체가 실시하는 훈련인 경우만 해당한다)에 구직등록을 한 후 6개월 이상 실업 상태에 있는 사람

③ 준고령자

④ 우선지원 대상기업에서 이직한 사람

3. 국가기간·전략산업직종에 대한 직업능력개발훈련의 실시(법 15조)

1) 국가와 지방자치단체는 다음 각 호의 직종(이하 "국가기간·전략산업직종"이라 한다)에 대한 원활한 인력수급을 위하여 필요한 직업능력개발훈련을 실시할 수 있다.

① 국가경제의 기간이 되는 산업 중 인력이 부족한 직종

② 정보통신산업·자동차산업 등 국가전략산업 중 인력이 부족한 직종

③ 그 밖에 산업현장의 인력수요 증대에 따라 인력양성이 필요하다고 고용노동부장관이 고시하는 직종

2) 고용노동부장관은 법 제15조에 따른 국가기간·전략산업직종을 선정하여야 하며, 필요한 경우 이를 변경할 수 있다. 이 경우 산업현장의 인력수급 상황, 훈련 수요 등을 고려하여야 하며, 미리 해당 분야 단체, 전문가 및 관계 중앙행정기관의 장의 의견을 들어야 한다. (시행령 10 조 1항)

3) 국가기간·전략산업직종에의 원활한 인력수급을 위한 직업능력개발훈련의 대상자는 고용노동부령으로 정하는 기준에 적합한 사람 중에서 선발한다. (시행령 11조 1항)

4. 근로자의 자율적 직업능력개발 지원(법 17조)

1) 고용노동부장관은 재직 중인 근로자의 자율적인 직업능력개발을 지원하기 위하여 근로자에게 다음 각 호의 비용을 지원하거나 융자할 수 있다.

① 제19조에 따라 고용노동부장관의 인정을 받은 직업능력개발훈련과정의 수강 비용

② 「고등교육법」에 따른 전문대학 또는 이와 같은 수준 이상의 학력이 인정되는 교육과정의 수업료 및 그 밖의 납부금

③ 「그 밖에 제1호 및 제2호의 비용에 준하는 비용으로서 대통령령으로 정하는 비용

2) 고용노동부장관은 제1항에 따른 지원 또는 융자를 하는 경우에 다음 각 호의 근로자를 우대할 수 있다.

① 우선지원대상기업에 고용된 근로자

② 일용근로자

③ 기간제근로자

④ 단시간근로자

⑤ 파견근로자

5. 직업능력개발계좌의 발급 및 운영(법 18조)

1) 고용노동부장관은 제12조 및 제17조에 따라 국민의 자율적 직업능력개발을 지원하기 위하여 직업능력개발훈련 비용을 지원하는 계좌(이하 "직업능력개발계좌"라 한다)를 발급하고 이들의 직업능력개발에 관한 이력을 종합적으로 관리하는 제도를 운영할 수 있다.

2) 고용노동부장관은 직업능력개발계좌를 발급받은 국민이 직업능력개발계좌를 활용하여 필요한 직업능력개발훈련을 받을 수 있도록 다음 각 호의 사항을 실시하여야 한다.

① 직업능력개발계좌에서 훈련 비용이 지급되는 직업능력개발훈련과정에 대한 정보 제공

② 직업능력개발 진단 및 상담

3) 고용노동부장관은 직업능력개발계좌를 발급받은 국민에게 직업·진로상담 및 경력개발을 지원할 수 있다.

4) 제1항 및 제2항에 따른 직업능력개발계좌의 발급, 계좌적합훈련과정의 정보 제공, 직업능력개발 진단 및 상담, 그 밖에 직업능력개발계좌제도의 운영에 필요한 사항은 대통령령으로 정한다.

6. 직업능력개발훈련과정·계좌적합훈련과정의 인정 및 인정취소 등(법 19조)

1) 제17조제1항제1호에 따라 훈련비용을 지원 또는 융자 받을 수 있는 직업능력개발훈련을 실시하려는 자와 계좌적합훈련과정을 운영하려는 자는 그 직업능력개발훈련과정(계좌적합훈련과정을 포함한다.)에 대하여 고용노동부장관으로부터 인정을 받아야 한다.

2) 고용노동부장관은 제1항에 따라 직업능력개발훈련과정의 인정을 받은 자가 다음 각 호의 어느 하나에 해당하면 시정을 명하거나 그 훈련과정의 인정을 취소할 수 있다. 다만, 제1호부터 제4호까지의 규정에 해당하는 경우에는 인정을 취소하여야 한다.

㉠ 거짓이나 그 밖의 부정한 방법으로 제1항에 따른 인정을 받은 경우

㉡ 거짓이나 그 밖의 부정한 방법으로 훈련비용을 지원 또는 융자를 받았거나 받으려고 한 경우

㉢ 직업능력개발훈련을 수강하는 근로자로부터 거짓이나 그 밖의 부정한 방법으로 비용을 받았거나 받으려고 한 경우

㉣ 직업능력개발훈련을 수강하는 근로자에게 거짓이나 그 밖의 부정한 방법으로 훈련비용을 지원 또는 융자받게 한 경우

㉤ 인정받은 내용을 위반하여 직업능력개발훈련을 실시한 경우

㉥ 시정명령에 따르지 아니한 경우

㉦ 직업능력개발훈련을 실시하는 자는 의사의 진단 결과 감염병에 감염되었거나 감염된 것으로 의심되거나 감염될 우려가 있는 훈련생 또는 직업능력개발훈련교사 등에 대하여 해당 훈련시설로부터 격리시키는 등 고용노동부장관이 정하는 필요한 조치를 취하지 아니한 경우

㉧ 보고 및 자료 제출 명령에 따르지 아니하거나 거짓으로 따른 경우

3) 제2항에 따라 인정이 취소된 자(제2항제2호부터 제4호까지의 규정에 해당하여 인정이 취소된 자 중 비용이 대통령령으로 정하는 금액(100만원) 미만인 경우는 제외한다)에 대하여는 그 취소일부터 5년의 범위에서 제16조제1항에 따른 직업능력개발훈련의 위탁과 제1항 및 제24조에 따른 인정을 하지 아니할 수 있다.

4) 제1항에 따른 직업능력개발훈련과정에 대한 인정의 범위 · 요건 · 내용 및 유효기간, 그 밖에 필요한 사항은 대통령령으로 정한다.

5) 제2항 및 제3항에 따른 시정명령 및 인정취소의 세부기준, 인정취소 사유별 구체적인 인정 제한기간, 그 밖에 필요한 사항은 고용노동부령으로 정한다.

III. 사업주 등의 직업능력개발사업 지원 등

1. 사업주 및 사업주단체등에 대한 직업능력개발 지원(법 20조)

1) 고용노동부장관은 다음 각 호의 어느 하나에 해당하는 직업능력개발사업을 하는 사업주나 사업주단체 · 근로자단체 또는 그 연합체(이하 "사업주단체등"이라 한다)에게 그 사업에 필요한 비용을 지원하거나 융자할 수 있다.

① 근로자 직업능력개발훈련(위탁하여 실시하는 경우를 포함한다)

② 근로자를 대상으로 하는 자격검정사업

③ 「고용보험법」 제19조제2항에 따른 기업(이하 "우선지원대상기업"이라 한다) 또는 중소기업과 공동으로 우선지원대상기업 또는 중소기업에서 근무하는 근로자 등을 위하여 실시하는 직업능력개발사업

④ 직업능력개발훈련을 위하여 필요한 시설(기숙사를 포함한다) 및 장비 · 기자재를 설치 · 보수하는 등의 사업

⑤ 직업능력개발에 대한 조사 · 연구, 직업능력개발훈련 과정 및 매체의 개발 · 보급 등의 사업

⑥ 그 밖에 대통령령으로 정하는 사업

  ㉠ 기업의 학습조직 · 인적자원 개발체제를 구축하기 위하여 실시하는 사업

  ㉡ 근로자의 경력개발관리를 위하여 실시하는 사업

  ㉢ 근로자의 직업능력개발을 위한 정보망 구축사업

  ㉣ 직업능력개발사업에 관한 교육 및 홍보 사업

  ㉤ 건설근로자의 직업능력개발 지원사업

  ㉥ 법 제33조제2항에 따른 직업능력개발훈련교사(이하 "직업능력개발훈련교사"라 한다) 및 인력개발담당자(직업능력개발훈련시설 및 기업 등에서 직업능력개발사업의 기획 · 운영 · 평가 등을 하는 사람을 말한다. 이하 같다)의 능력개발 사업

  ㉦ 그 밖에 근로자의 직업능력개발을 촉진하기 위하여 실시하는 사업으로서 고용노동부장관이 정하여 고시하는 사업

2) 고용노동부장관은 제1항에 따른 지원 또는 융자를 하는 경우에 다음 각 호의
어느 하나에 해당하는 직업능력개발사업을 하는 사업주 또는 사업주단체등을
우대할 수 있다.
① 해당 사업주 외의 다른 사업주에게 고용된 근로자를 대상으로 하는 직업능
력개발훈련
② 국가기간 · 전략산업직종에 대한 직업능력개발훈련
③「근로자참여 및 협력증진에 관한 법률」제21조에 따라 노사협의회에서 의
결된 근로자의 교육훈련 및 능력개발 기본계획에 따라 실시되는 직업능력
개발훈련(노사협의회가 없는 경우에는 노동조합 또는 근로자 과반수를 대
표하는 대표자와 협의하여 수립된 훈련계획에 따라 실시되는 직업능력개
발훈련을 말한다)
④ 유급휴가(「근로기준법」에 따른 월차 · 연차 유급휴가는 제외한다)를 주어
서 하는 직업능력개발훈련
⑤ 우선지원대상기업 또는 중소기업과 공동으로 우선지원대상기업 또는 중
소기업에서 근무하는 근로자 등을 위하여 실시하는 직업능력개발사업
⑥ 우선지원대상기업의 사업주가 하는 직업능력개발사업
⑦ 고령자 또는 준고령자를 대상(전직하려는 경우에 한정한다)으로 하는 직
업능력개발훈련

2. 산업부문별 인적자원개발협의체의 직업능력개발사업 지원(법 22조)

1) 고용노동부장관은 산업부문별 직업능력개발사업을 촉진하기 위하여 산업부
문별 인적자원개발협의체, 근로자단체 및 사업주단체등이 다음 각 호의 어느
하나에 해당하는 사업을 실시하는 경우 필요한 비용을 지원하거나 융자할 수
있다.
① 산업부문별 인력수급 및 직업능력개발훈련 수요에 대한 조사 · 분석
② 자격 및 직업능력개발훈련 기준의 개발 · 보급
③ 직업능력개발훈련 과정 및 매체 등의 개발 · 보완 · 보급사업
④ 그 밖에 제1호부터 제3호까지의 사업에 준하는 직업능력개발사업으로서
대통령령으로 정하는 사업
㉠ 직업능력개발훈련교사 및 인력개발담당자의 능력개발사업
㉡ 직업능력개발사업에 관한 조사 · 연구 · 교육 및 홍보 사업
㉢ 그 밖에 산업부문별 직업능력개발을 촉진하기 위한 사업으로서 고용노
동부장관이 정하여 고시하는 사업

3. 직업능력개발단체의 직업능력개발사업 지원(법 23조)

고용노동부장관은 대통령령으로 정하는 비영리법인 또는 비영리단체(이하 "직
업능력개발단체"라 한다)가 실시하는 직업능력개발사업에 필요한 비용을 지원
하거나 융자할 수 있다.
① 다른 법률에 따라 직업능력개발사업을 실시할 목적으로 설립된 비영리법인
또는 비영리단체

② 「정부출연연구기관 등의 설립·운영 및 육성에 관한 법률」 및 「과학기술분야 정부출연연구기관 등의 설립·운영 및 육성에 관한 법률」에 따른 연구기관 중 직업능력개발사업과 관련되는 조사·연구를 수행하는 연구기관

③ 국가나 지방자치단체가 출연하여 설립한 비영리법인(제2조 각 호의 공공단체는 제외한다) 중 고용노동부장관이 정하는 비영리법인

④ 「고등교육법」에 따른 학교

4. 직업능력개발훈련과정의 인정 및 인정취소 등(법 24조)

1) 제20조 및 제23조에 따라 직업능력개발훈련을 실시하려는 자(직업능력개발훈련을 위탁받아 실시하려는 자를 포함한다)는 그 직업능력개발훈련과정에 대하여 고용노동부장관으로부터 인정을 받아야 한다.

2) 고용노동부장관은 제1항에 따라 직업능력개발훈련과정의 인정을 받은 자가 다음 각 호의 어느 하나에 해당하면 시정을 명하거나 그 훈련과정의 인정을 취소할 수 있다. 다만, 제1호부터 제4호까지의 규정에 해당하는 경우에는 인정을 취소하여야 한다.

㉠ 거짓이나 그 밖의 부정한 방법으로 제1항에 따른 인정을 받은 경우

㉡ 거짓이나 그 밖의 부정한 방법으로 비용 또는 융자를 받았거나 받으려고 한 경우

㉢ 직업능력개발훈련을 위탁한 사업주·사업주단체등으로부터 거짓이나 그 밖의 부정한 방법으로 비용을 받았거나 받으려고 한 경우

㉣ 직업능력개발훈련을 위탁한 사업주·사업주단체등이 거짓이나 그 밖의 부정한 방법으로 훈련비용을 지원 또는 융자받게 한 경우 및 사업주·사업주단체등에 훈련 위탁계약 체결을 목적으로 금전, 물품, 향응, 그 밖의 경제적 이익을 제공한 경우

㉤ 제1항에 따라 인정받은 내용을 위반하여 직업능력개발훈련을 실시한 경우

㉥ 시정명령에 따르지 아니한 경우

㉦ 제58조에 따른 보고 및 자료 제출 명령에 따르지 아니하거나 거짓으로 따른 경우

3) 제2항에 따라 인정이 취소된 자(제2항제2호부터 제4호까지의 규정에 해당하여 인정이 취소된 자 중 비용이 대통령령으로 정하는 금액 미만인 경우는 제외한다)에 대하여는 그 취소일부터 5년의 범위에서 제16조제1항에 따른 직업능력개발훈련의 위탁과 제1항 및 제19조에 따른 인정을 하지 아니할 수 있다.

4) 제1항에 따른 직업능력개발훈련과정에 대한 인정의 범위·요건·내용 및 유효기간, 그 밖에 필요한 사항은 대통령령으로 정한다.

5) 제2항 및 제3항에 따른 시정명령 및 인정취소의 세부기준, 인정취소 사유별 구체적인 인정 제한기간, 그 밖에 필요한 사항은 고용노동부령으로 정한다.

5. 직업능력개발훈련과정의 인정(시행령 22조)

1) 법 제24조에 따라 고용노동부장관의 인정을 받을 수 있는 훈련과정은 다음 각 호의 요건을 모두 갖추어야 한다.
   ① 훈련시간이 4시간 이상으로서 고용노동부령으로 정하는 요건을 갖춘 훈련 과정일 것. 다만, 다음 각 목에 해당하는 훈련에 대해서는 고용노동부장관 이 그 훈련과정의 훈련기간 및 훈련시간을 별도로 정하여 고시할 수 있다.
     ㉠ 원격훈련
     ㉡ 혼합훈련 중 원격훈련이 포함된 훈련
     ㉢ 단체협약, 노사협의회 의결 또는 이에 준하는 노사합의에 따라 사업주 가 소속 근로자에게 직접 실시하는 훈련으로서 그 훈련을 수강하는 것 이 승진, 승급, 전보 등 인사관리를 할 때 우대되고 있는 훈련
   ② 다음 각 목의 어느 하나에 해당하는 시설 또는 기관에서 실시할 것
     ㉠ 직업능력개발훈련을 위탁받을 수 있는 시설 또는 기관
     ㉡ 사업주(직업능력개발사업을 주된 사업으로 하는 사업주는 제외한다) 또는 사업주단체등이 소속 근로자 등의 직업능력개발훈련을 위하여 설 치한 시설
     ㉢ 그 밖에 「직업교육훈련 촉진법」 등 다른 법령에 따라 직업능력개발훈련 을 실시할 수 있는 시설 또는 기관
2) 직업능력개발훈련과정에 대하여 인정하는 내용은 다음 각 호와 같다.
   ㉠ 시설 또는 기관의 명칭·소재지와 인정받은 사람의 성명(법인인 경우에는 법인의 명칭·소재지와 대표자의 성명)
   ㉡ 직업능력개발훈련과정의 명칭, 훈련내용, 훈련기간·시간, 훈련방법, 훈 련장소, 훈련시설·장비 및 교사·강사
   ㉢ 인정일
3) 고용노동부장관의 직업능력개발훈련과정에 대한 인정은 인정일로부터 1년간 효력을 갖는다. 다만, 둘 이상의 직업능력개발훈련과정을 실시하는 자가 운영 하는 과정 중 하나 이상의 과정에 대하여 위탁 해지 및 인정 취소되어 해당 직 업능력개발훈련과정을 실시하는 자가 법 제16조제3항·제19조제3항 또는 제24조제3항에 따른 위탁 또는 인정의 제한 대상자에 해당되는 경우에는 해 당 직업능력개발훈련과정을 실시하는 자가 운영하는 다른 직업능력개발훈련 과정에 대한 인정의 유효기간은 다음 각 호의 구분에 따른 날에 종료된다.
   ㉠ 위탁 해지 및 인정 취소가 있는 날 현재 다른 훈련과정에 따른 훈련이 실시 되고 있는 경우에는 해당 훈련이 종료되는 날
   ㉡ 위탁 해지 및 인정 취소가 있는 날 현재 다른 훈련과정에 따른 훈련이 실시 되고 있지 아니한 경우에는 위탁 해지 및 인정 취소가 있는 날

Ⅳ. 직업능력개발훈련법인, 직업능력개발훈련시설 및 직업능력개발훈련교사 등

1. 공공직업훈련시설의 설치 등(법 27조)

1) 국가, 지방자치단체 또는 공공단체는 공공직업훈련시설을 설치·운영할 수 있다. 이 경우 국가 또는 지방자치단체가 공공직업훈련시설을 설치하려는 때에는 고용노동부장관과 협의하여야 하며, 공공단체가 공공직업훈련시설을 설치하려는 때에는 고용노동부장관의 승인을 받아야 한다.

2) 고용노동부장관은 제1항에 따라 승인을 받은 공공직업훈련시설이 다음 각 호의 어느 하나에 해당되면 그 승인을 취소할 수 있다. 다만, 제1호에 해당되는 경우에는 그 승인을 취소하여야 한다.
   ① 거짓이나 그 밖의 부정한 방법으로 승인을 받은 경우
   ② 정당한 사유 없이 계속하여 1년 이상 직업능력개발훈련을 실시하지 아니한 경우
   ③ 그 밖에 이 법 또는 이 법에 따른 명령을 위반한 경우

3) 노동부장관은 국가, 지방자치단체 또는 공공단체가 설치한 공공직업훈련시설의 운영과 관련하여 해당 기관에 필요한 자료의 제출을 요청할 수 있다.

2. 지정직업훈련시설(법 28조)

1) 지정직업훈련시설을 설립·설치하여 운영하려는 자는 다음 각 호의 요건을 갖추어 고용노동부장관의 지정을 받아야 한다. 다만, 소속 근로자 등의 직업능력개발훈련을 위한 전용시설을 운영하는 사업주 또는 사업주단체등이 지정을 받으려는 경우에는 제2호 및 제3호의 요건을 갖추지 아니할 수 있고, 위탁받아 직업능력개발훈련을 실시하려는 자가 지정을 받으려는 경우에는 제3호의 요건을 갖추지 아니할 수 있다.
   ① 해당 훈련시설을 적절하게 운영할 수 있는 인력·시설 및 장비 등을 갖추고 있을 것
   ② 해당 훈련시설을 적절하게 운영할 수 있는 교육훈련 실시 경력을 갖추고 있을 것
   ③ 직업능력개발훈련을 실시하려는 훈련 직종별로 해당 직종과 관련된 제33조에 따른 직업능력개발훈련교사 1명 이상을 둘 것. 다만, 그 훈련 직종에 관련된 직업능력개발훈련교사가 정하여지지 아니한 경우에는 그러하지 아니하다.
   ④ 그 밖에 직업능력개발훈련시설의 운영에 필요하다고 대통령령으로 정하는 요건을 갖출 것

2) 제1항에 따라 지정받은 내용 중 대통령령으로 정하는 사항을 변경하려는 경우에는 고용노동부장관으로부터 변경지정을 받아야 한다.

3) 제1항에 따라 지정을 받은 자가 해당 시설에서 3개월 이상 직업능력개발훈련을 실시하지 아니하거나 폐업을 하려는 경우 또는 제1항 각 호에 따른 지정 요건의 내용(제2항에 따라 변경하려는 경우 변경지정을 받아야 하는 내용은 제외한다)을 변경하려는 경우에는 고용노동부장관에게 신고하여야 한다.

3. 결격사유 (법 29조)

1) 제28조에 따른 지정직업훈련시설을 지정받으려는 자가 다음 각 호의 어느 하나에 해당하면 제28조에 따른 지정을 받을 수 없다.

① 피성년후견인 · 피한정후견인 · 미성년자
② 파산선고를 받고 복권되지 아니한 자
③ 금고 이상의 형을 선고받고 그 집행이 끝나거나(집행이 끝난 것으로 보는 경우를 포함한다) 집행이 면제된 날부터 2년이 지나지 아니한 자
④ 금고 이상의 형의 집행유예를 선고받고 그 유예기간 중에 있는 자
⑤ 법원의 판결에 따라 자격이 정지되거나 상실된 자
⑥ 지정직업훈련시설의 지정이 취소된 날부터 1년이 지나지 아니한 자 또는 직업능력개발훈련의 정지처분을 받고 그 정지기간 중에 있는 자
⑦ 평생교육시설의 설치인가취소 또는 등록취소를 처분받고 1년이 지나지 아니한 자 또는 평생교육과정의 운영정지처분을 받고 그 정지기간 중에 있는 자
⑧ 「학원의 설립 · 운영 및 과외교습에 관한 법률」 제17조에 따라 학원의 등록말소 또는 교습소의 폐지처분을 받고 1년이 지나지 아니한 자 또는 학원 · 교습소의 교습정지처분을 받고 그 정지기간 중에 있는 자
⑨ 제16조제3항에 따른 위탁의 제한 또는 제19조제3항 · 제24조제3항에 따른 인정의 제한을 받고 있는 자
⑩ 법인의 임원 중 제1호부터 제9호까지의 어느 하나에 해당하는 사람이 있는 법인

4. 훈련비(법 30조)

1) 지정직업훈련시설을 운영하는 자는 훈련생으로부터 훈련비를 받을 수 있다.
2) 지정직업훈련시설을 운영하는 자는 훈련생이 직업능력개발훈련을 계속 받을 수 없는 경우 또는 지정취소 · 폐업 등으로 직업능력개발훈련을 계속할 수 없는 경우에는 훈련비 반환 등 훈련생 보호를 위하여 필요한 조치를 하여야 한다.

5. 지정직업훈련시설의 지정취소 등(법 31조)

1) 고용노동부장관은 지정직업훈련시설이 다음 각 호의 어느 하나에 해당하면 그 시정을 명하거나 그 지정의 취소 또는 1년 이내의 기간을 정하여 직업능력개발훈련의 정지를 명할 수 있다. 다만, 제2호 또는 제4호(제29조제1호부터 제8호까지의 규정 중 어느 하나에 해당하는 경우로 한정한다)에 해당하는 경우에는 그 지정을 취소하여야 한다.

① 직업능력개발훈련을 실시하는 자는 의사의 진단 결과 감염병에 감염되었거나 감염된 것으로 의심되거나 감염될 우려가 있는 훈련생 또는 직업능력개발훈련교사 등에 대하여 해당 훈련시설로부터 격리시키는 등 고용노동부장관이 정하는 필요한 조치를 취하지 아니한 경우

② 거짓이나 그 밖의 부정한 방법으로 지정을 받은 경우

③ 지정 요건을 갖추지 못한 경우(「건축법」 등 법령 위반에 따른 행정처분으로 해당 시설을 직업훈련 용도에 사용할 수 없게 된 경우를 포함한다)

④ 제29조 각 호의 어느 하나에 해당하게 된 경우

⑤ 정당한 사유 없이 계속하여 1년 이상 직업능력개발훈련을 실시하지 아니한 경우

⑥ 변경지정을 받지 아니하고 지정 내용을 변경하는 등 부정한 방법으로 지정직업훈련시설을 운영한 경우

⑦ 훈련생을 모집할 때 과대 광고 또는 거짓 광고를 한 경우

⑧ 시정명령에 따르지 아니한 경우

⑨ 그 밖에 이 법 또는 이 법에 따른 명령을 위반한 경우

6. 직업능력개발훈련법인의 설립 등(법 32조)

1) 고용노동부장관은 다음 각 호에 따른 직업능력개발사업을 목적으로 하는 비영리법인(이하 "직업능력개발훈련법인"이라 한다)의 설립을 허가할 수 있다.
① 직업능력개발훈련
② 근로자의 직업능력개발을 위한 조사 · 연구사업
③ 직업능력개발훈련 과정 및 매체 등의 개발 · 보급사업

2) 고용노동부장관은 직업능력개발훈련법인이 다음 각 호의 어느 하나에 해당하면 시정을 명하거나 그 법인의 설립허가를 취소할 수 있다. 다만, 제1호부터 제3호까지의 경우 중 어느 하나에 해당하면 그 허가를 취소하여야 한다.
① 거짓이나 그 밖의 부정한 방법으로 설립허가를 받은 경우
② 설립허가 조건을 위반한 경우
③ 목적 달성이 불가능한 경우
④ 목적사업 외의 사업을 한 경우
⑤ 제16조제3항에 따른 위탁의 제한 또는 제19조제3항 · 제24조제3항에 따른 인정의 제한을 받거나 제31조제1항에 따라 지정직업훈련시설의 지정이 취소된 경우
⑥ 이 법 또는 이 법에 따른 명령이나 정관을 위반한 경우
⑦ 정당한 사유 없이 설립허가를 받은 날부터 6개월 이내에 목적사업을 시작하지 아니하거나 1년 이상 사업실적이 없는 경우

3) 고용노동부장관은 직업능력개발훈련법인이 수익사업을 하는 경우 다음 각 호의 어느 하나에 해당하면 그 법인에 그 수익사업의 시정이나 정지를 명할 수 있다.
① 수익을 목적사업 외의 사업에 사용한 경우

② 해당 사업을 계속하는 것이 직업능력개발훈련법인의 목적에 위배된다고 인정되는 경우

4) 직업능력개발훈련법인의 설립허가를 받으려는 자는 다음 각 호의 요건을 모두 갖추어 고용노동부령으로 정하는 바에 따라 고용노동부장관에게 신청하여야 한다.

① 출연재산이 2억원 이상일 것

② 5명 이상의 이사와 1명 이상의 감사를 둘 것. 이 경우 「민법」 제777조에 따른 친족관계에 있는 사람이 이사 총수의 100분의 50 미만이어야 하며, 감사는 이사와 친족관계가 아닌 사람이어야 한다.

③ 다른 직업능력개발훈련법인과 같은 명칭이 아닐 것

7. 직업능력개발훈련교사 등(법 33조)

1) 직업능력개발훈련교사나 그 밖에 해당 분야에 전문지식이 있는 사람 등으로서 대통령령으로 정하는 사람(이하 "직업능력개발훈련교사등"이라 한다)은 직업능력개발훈련을 위하여 훈련생을 가르칠 수 있다.

① 「고등교육법」 제2조에 따른 학교를 졸업하였거나 이와 같은 수준 이상의 학력을 인정받은 후 해당 분야의 교육훈련경력이 1년 이상인 사람

② 「정부출연연구기관 등의 설립·운영 및 육성에 관한 법률」, 「과학기술분야 정부출연연구기관 등의 설립·운영 및 육성에 관한 법률」에 따른 연구기관 및 「기초연구진흥 및 기술개발지원에 관한 법률」에 따른 기업부설연구소 등에서 해당 분야의 연구경력이 1년 이상인 사람

③ 「국가기술자격법」이나 그 밖의 법령에 따라 국가가 신설하여 관리·운영하는 해당 분야의 자격증을 취득한 사람

④ 해당 분야에서 1년 이상의 실무경력이 있는 사람

⑤ 그 밖에 해당 분야의 훈련생을 가르칠 수 있는 전문지식이 있는 사람으로서 고용노동부령으로 정하는 사람

2) 직업능력개발훈련교사가 되려는 사람은 제36조에 따른 직업능력개발훈련교사 양성을 위한 훈련과정을 수료하는 등 대통령령으로 정하는 기준을 갖추어 고용노동부장관으로부터 직업능력개발훈련교사 자격증을 발급받아야 한다.

▼ 직업능력개발훈련교사 자격기준

구분	자격기준
1급	직업능력개발훈련교사 2급의 자격을 취득한 후 고용노동부장관이 정하여 고시하는 직종에서 3년 이상의 교육훈련 경력이 있는 사람으로서 향상훈련을 받은 사람
2급	1. 직업능력개발훈련교사 3급의 자격을 취득한 후 고용노동부장관이 정하여 고시하는 직종에서 3년 이상의 교육훈련 경력이 있는 사람으로서 향상훈련을 받은 사람 2. 고용노동부장관이 정하여 고시하는 직종에서 요구하는 기술사 또는 기능장 자격을 취득하고 고용노동부령으로 정하는 훈련을 받은 사람 3. 전문대학·기능대학 및 대학의 조교수 이상으로 재직한 후 고용노동부장관이 정하여 고시하는 직종에서 2년 이상의 교육훈련 경력이 있는 사람

3급	1. 법 제52조의2에 따라 설립된 기술교육대학에서 고용노동부장관이 정하여 고시하는 직종에 관한 학사학위를 취득한 사람 2. 고용노동부장관이 정하여 고시하는 직종에 관한 학사 이상의 학위를 취득한 후 해당 직종에서 2년 이상의 교육훈련 경력 또는 실무경력이 있는 사람으로서 고용노동부령으로 정하는 훈련을 받은 사람 3. 고용노동부장관이 정하여 고시하는 직종에 관한 학사 이상의 학위를 취득한 후 해당 직종에서 요구하는 중등학교 정교사 1급 또는 2급의 자격을 취득한 사람 4. 고용노동부장관이 정하여 고시하는 직종에서 요구하는 기술 · 기능 분야의 기사 자격증을 취득한 후 해당 직종에서 1년 이상의 교육훈련 경력 또는 실무경력이 있는 사람으로서 고용노동부령으로 정하는 훈련을 받은 사람 5. 고용노동부장관이 정하여 고시하는 직종에서 요구하는 기술 · 기능 분야의 산업기사 · 기능사 자격증, 서비스 분야의 국가기술자격증 또는 그 밖의 법령에 따라 국가가 신설하여 관리 · 운영하는 자격증을 취득한 후 해당 직종에서 2년 이상의 교육훈련 경력 또는 실무경력이 있는 사람으로서 고용노동부령으로 정하는 훈련을 받은 사람 6. 고용노동부장관이 정하여 고시하는 직종에서 5년 이상의 교육훈련 경력 또는 실무경력이 있는 사람으로서 고용노동부령으로 정하는 훈련을 받은 사람 7. 그 밖에 고용노동부장관이 정하여 고시하는 기준에 적합한 사람으로서 고용노동부령으로 정하는 훈련을 받은 사람

8. 직업능력개발훈련교사 결격사유(법 34조)

1) 다음 각 호의 어느 하나에 해당하는 사람은 제33조에 따른 직업능력개발훈련교사가 될 수 없다.

① 피성년후견인 · 피한정후견인

② 금고 이상의 형을 선고받고 그 집행이 끝나거나(집행이 끝난 것으로 보는 경우를 포함한다) 집행이 면제된 날부터 2년이 지나지 아니한 사람

③ 금고 이상의 형의 집행유예를 선고받고 그 유예기간 중에 있는 사람

④ 법원의 판결에 따라 자격이 상실되거나 정지된 사람

⑤ 자격이 취소된 후 3년이 지나지 아니한 사람

9. 직업능력개발훈련교사의 자격취소 등(법 35조)

1) 고용노동부장관은 직업능력개발훈련교사의 자격을 취득한 사람이 다음 각 호의 어느 하나에 해당하면 그 자격을 취소하거나 3년의 범위에서 그 자격을 정지시킬 수 있다. 다만, 제1호 또는 제2호에 해당하는 경우에는 자격을 취소하여야 한다.

① 거짓이나 그 밖의 부정한 방법으로 자격증을 발급받은 경우

② 제34조제1호부터 제4호까지의 어느 하나에 해당하게 된 경우

③ 고의 또는 중대한 과실로 직업능력개발훈련에 중대한 지장을 준 경우

④ 자격증을 빌려 준 경우

CHAPTER 03 출제예상문제(4)

직업상담사 2급 필기 전과목 무료동영상 **PART 05**

---

01 국민 평생 직업능력 개발법상 직업능력개발 훈련교사의 결격사유가 아닌 것은?

① 피성년후견인 · 피한정후견인
② 금고 이상의 형의 집행유예를 선고받고 그 유예기간 중에 있는 사람
③ 금고 이상의 형을 선고받고 그 집행이 끝나거나(집행이 끝난 것으로 보는 경우를 포함한다) 집행이 면제된 날부터 3년이 지나지 아니한 사람
④ 법원의 판결에 따라 자격이 상실되거나 정지된 사람

해설 **직업능력개발 훈련교사의 결격사유**
① 피성년후견인 · 피한정후견인
② 금고 이상의 형을 선고받고 그 집행이 끝나거나(집행이 끝난 것으로 보는 경우를 포함한다) 집행이 면제된 날부터 2년이 지나지 아니한 사람
③ 금고 이상의 형의 집행유예를 선고받고 그 유예기간 중에 있는 사람
④ 법원의 판결에 따라 자격이 상실되거나 정지된 사람
⑤ 자격이 취소된 후 3년이 지나지 아니한 사람

02 국민 평생 직업능력 개발법상 훈련계약에 관한 설명으로 틀린 것은?

① 사업주와 작업능력개발훈련을 받으려는 근로자는 직업능력개발훈련에 따른 권리 · 의무 등에 관하여 훈련계약을 체결하여야 한다.
② 기준근로시간 외의 훈련시간에 대하여는 생산시설을 이용하거나 근무장소에서 하는 직업능력개발훈련의 경우를 제외하고는 연장근로와 야간근로에 해당하는 임금을 지급하지 아니할 수 있다.

③ 훈련계약을 체결할 때에는 해당 직업능력개발훈련을 받는 사람이 직업능력개발훈련을 이수한 후에 사업주가 지정하는 업무에 일정 기간 종사하도록 할 수 있다. 이 경우 그 기간은 5년 이내로 하되, 직업능력개발훈련 기간의 3배를 초과할 수 없다.
④ 훈련계약을 체결하지 아니한 경우에 고용근로자가 받은 직업능력개발훈련에 대하여는 그 근로자가 근로를 제공한 것으로 본다.

해설 사업주와 직업능력개발훈련을 받으려는 근로자는 직업능력개발훈련에 따른 권리 · 의무 등에 관하여 훈련계약을 체결할 수 있다.

03 다음 (   )안에 들어갈 가장 알맞은 것은?

국민 평생 직업능력 개발법상 사업주는 훈련계약을 체결할 때에는 해당 직업능력개발훈련을 받는 사람이 직업능력개발훈련을 이수한 후에 사업주가 지정하는 업무에 일정 기간 종사하도록 할 수 있다. 이 경우 그 기간은(A)년 이내로 하되, 직업능력개발훈련기간의 (B)배를 초과할 수 없다.

① A-3, B-2
② A-3, B-3
③ A-5, B-2
④ A-5, B-3

04 근로자직업능력 개발법령상 훈련의 목적에 따른 직업능력개발훈련에 해당하지 않는 것은?

① 양성훈련
② 향상훈련
③ 현장훈련
④ 전직훈련

정답 01 ③ 02 ① 03 ④ 04 ③

1) 직업능력개발훈련은 훈련의 목적에 따라 다음 각 호와 같이 구분한다.
  ① 양성(養成)훈련 : 근로자에게 작업에 필요한 기초적 직무수행능력을 습득시키기 위하여 실시하는 직업능력개발훈련
  ② 향상훈련 : 양성훈련을 받은 사람이나 직업에 필요한 기초적 직무수행능력을 가지고 있는 사람에게 더 높은 직무수행능력을 습득시키거나 기술발전에 맞추어 지식ㆍ기능을 보충하게 하기 위하여 실시하는 직업능력개발훈련
  ③ 전직(轉職)훈련 : 근로자에게 종전의 직업과 유사하거나 새로운 직업에 필요한 직무수행능력을 습득시키기 위하여 실시하는 직업능력개발훈련
2) 직업능력개발훈련은 다음 각 호의 방법으로 실시한다.
  ① 집체(集體)훈련 : 직업능력개발훈련을 실시하기 위하여 설치한 훈련전용시설이나 그 밖에 훈련을 실시하기에 적합한 시설(산업체의 생산시설 및 근무장소는 제외한다)에서 실시하는 방법
  ② 현장훈련 : 산업체의 생산시설 또는 근무장소에서 실시하는 방법
  ③ 원격훈련 : 먼 곳에 있는 사람에게 정보통신매체 등을 이용하여 실시하는 방법
  ④ 혼합훈련 : 제1호부터 제3호까지의 훈련방법을 2개 이상 병행하여 실시하는 방법

05 국민 평생 직업능력 개발법상 근로자의 정의로 옳은 것은?

① 사업주에 고용된 사람
② 취업할 의사를 가진 실업자
③ 사업주에게 고용된 사람과 취업할 의사가 있는 사람
④ 구직활동 중인 사람

06 국민 평생 직업능력 개발법상 근로자 직업능력개발훈련이 중요시되어야 할 대상이 아닌 것은?

① 제조업에서 사무직으로 종사하는 근로자
② 제대군인 및 전역예정자
③ 여성근로자
④ 고령자ㆍ장애인

다음 각호의 1에 해당하는 자에 대한 직업능력개발훈련은 중요시되어야 한다.
  ① 고령자ㆍ장애인
  ② 「국민기초생활 보장법」에 의한 수급권자
  ③ 국가유공자와 그 유족 또는 가족이나 보훈보상대상자와 그 유족 또는 가족
  ④ 5ㆍ18민주유공자 및 그 유족 또는 가족
  ⑤ 제대군인 및 전역예정자
  ⑥ 여성근로자

⑦ 중소기업의 근로자
⑧ 일용근로자, 단시간근로자, 기간을 정하여 근로계약을 체결한 근로자, 일시적 사업에 고용된 근로자
⑨ 파견근로자

07 국민 평생 직업능력 개발법상 직업능력개발훈련교사 2급의 자격기준으로 틀린 것은?

① 직업능력개발훈련교사 3급의 자격을 취득한 후 고용노동부장관이 정하여 고시하는 직종에서 3년 이상의 교육훈련 경력이 있는 사람으로서 향상훈련을 받은 사람
② 고용노동부장관이 정하여 고시하는 직종에 관한 학사 이상의 학위를 취득한 후 해당 직종에서 요구하는 중등학교 정교사 1급 또는 2급의 자격을 취득한 사람
③ 고용노동부장관이 정하여 고시하는 직종에서 요구하는 기술사 또는 기능장 자격을 취득하고 고용노동부령으로 정하는 훈련을 받은 사람
④ 전문대학ㆍ기능대학 및 대학의 조교수 이상으로 재직한 후 고용노동부장관이 정하여 고시하는 직종에서 2년 이상의 교육훈련 경력이 있는 사람

② 3급의 자격기준에 해당한다.

08 국민 평생 직업능력 개발법상 직업능력개발훈련의 기본원칙으로 가장 적합하지 않은 것은?

① 직업능력개발훈련은 근로자 개인의 희망ㆍ적성ㆍ능력에 맞게 근로자의 생애에 걸쳐 체계적으로 실시되어야 한다.
② 직업능력개발훈련은 사회적 공공성의 원리에 따라 국가주도로 진행되어야 한다.
③ 직업능력개발훈련이 필요한 근로자에 대하여 균등한 기회가 보장되도록 실시되어야 한다.
④ 직업능력개발훈련은 교육관계법에 따른 학교교육 및 산업현장과 긴밀하게 연계될 수 있도록 하여야 한다.

직업능력개발훈련은 민간의 자율과 창의성이 존중되도록 하여야 하며, 노사의 참여와 협력을 바탕으로 실시되어야 한다.

09 국민 평생 직업능력 개발법상 직업능력개발계좌제도에 관한 설명으로 틀린 것은?

① 직업능력개발계좌란 직업능력개발훈련 비용과 직업능력개발에 관한 이력을 전산으로 종합 관리하는 계좌를 말한다.
② 노동부장관은 직업능력개발훈련이 필요하다고 판단되는 근로자에게 본인의 신청을 받아 직업능력개발계좌를 개설할 수 있다.
③ 노동부장관은 직업능력개발계좌가 개설된 근로자가 인정받은 직업능력개발계좌 적합훈련과정을 수강하는 경우에는 그 훈련비용의 전부를 지원해야 한다.
④ 직업능력개발계좌의 개설 절차 등에 관하여 필요한 사항은 노동부장관이 정하여 고시한다.

해설 **직업능력개발계좌제도**

① 고용노동부장관은 직업능력개발계좌의 발급을 신청한 근로자가 직업능력개발훈련이 필요하다고 판단되는 경우에는 직업능력개발훈련 비용과 직업능력개발에 관한 이력을 전산으로 종합관리하는 직업능력개발계좌를 개설할 수 있다.
② 고용노동부장관은 직업능력개발계좌가 개설된 근로자가 계좌적합훈련과정(이하 "계좌적합훈련과정"이라 한다)을 수강하는 경우에 고용노동부령으로 정하는 한도에서 그 훈련비용의 전부 또는 일부를 지원할 수 있다. 이 경우 고용노동부장관은 훈련직종, 훈련대상자의 특성 등을 고려하여 훈련비용의 지원수준을 달리 정할 수 있다.
③ 계좌적합훈련과정을 수강하는 근로자가 고용노동부장관이 정하는 바에 따라 신용카드를 사용하여 훈련비용을 결제하고, 신용카드를 발급한 신용카드업자가 그 훈련비용을 직업능력개발훈련시설 등에 지급한 경우에 고용노동부장관은 그 훈련을 받는 사람을 대신하여 훈련비용을 그 신용카드업자에게 지급할 수 있다.
④ 고용노동부장관은 계좌적합훈련과정의 운영현황, 훈련성과 등에 관한 정보를 직업능력개발정보망 또는 개별 상담 등을 통하여 제공하여야 한다.
⑤ 직업능력개발계좌의 개설 절차 등에 관하여 필요한 사항은 고용노동부장관이 정하여 고시한다.

10 국민 평생 직업능력 개발법상 직업능력개발훈련교사에 관한 설명으로 틀린 것은?

① 직업능력개발훈련교사의 자격증이 있는 자만이 직업 능력개발훈련을 위하여 훈련생을 가르칠 수 있다.
② 금고 이상의 형의 집행유예선고를 받고 그 유예기간 중에 있는 자는 직업능력개발훈련교사가 될 수 없다.
③ 직업능력개발훈련교사의 자격증을 대여한 자에 대하여는 그 자격을 취소할 수 있다.
④ 지방자치단체도 직업능력개발훈련교사의 양성을 위한 훈련과정을 설치·운영할 수 있다.

해설 직업능력개발훈련교사나 그 밖에 해당 분야에 전문지식이 있는 사람 등으로서 대통령령으로 정하는 사람은 직업능력개발훈련을 위하여 근로자를 가르칠 수 있다.

① 「고등교육법」 제2조에 따른 학교를 졸업하였거나 이와 같은 수준 이상의 학력을 인정받은 후 해당 분야의 교육훈련경력이 1년 이상인 사람
② 「정부출연연구기관 등의 설립·운영 및 육성에 관한 법률」, 「과학기술분야 정부출연연구기관 등의 설립·운영 및 육성에 관한 법률」에 따른 연구기관 및 「기초연구진흥 및 기술개발지원에 관한 법률」에 따른 기업부설연구소 등에서 해당 분야의 연구경력이 1년 이상인 사람
③ 「국가기술자격법」이나 그 밖의 법령에 따라 국가가 신설하여 관리·운영하는 해당 분야의 자격증을 취득한 사람
④ 해당 분야에서 1년 이상의 실무경력이 있는 사람
⑤ 그 밖에 해당 분야의 훈련생을 가르칠 수 있는 전문지식이 있는 사람으로서 고용노동부령으로 정하는 사람

11 국민 평생 직업능력 개발법상 직업능력개발훈련시설의 지정을 받고자 하는 자의 결격사유에 해당하지 않는 것은?

① 피성년후견인
② 파산선고를 받은 자로서 복권되지 아니한 자
③ 동법 규정에 따라 지정직업훈련시설의 지정이 취소된 날부터 1년이 지나지 아니한 자
④ 평생교육법 규정에 따라 평생교육시설의 설치인가취소 처분을 받고 2년이 지나지 아니한 자

해설 **지정직업훈련시설을 지정받을 수 없는 자**

① 피성년후견인·피한정후견인·미성년자
② 파산선고를 받고 복권되지 아니한 자
③ 금고 이상의 형을 선고받고 그 집행이 끝나거나(집행이 끝난 것으로 보는 경우를 포함한다) 집행이 면제된 날부터 2년이 지나지 아니한 자
④ 금고 이상의 형의 집행유예를 선고받고 그 유예기간 중에 있는 자
⑤ 법원의 판결에 따라 자격이 정지되거나 상실된 자
⑥ 지정직업훈련시설의 지정이 취소된 날부터 1년이 지나지 아니한 자 또는 직업능력개발훈련의 정지처분을 받고 그 정지기간 중에 있는 자
⑦ 평생교육시설의 설치인가취소 또는 등록취소를 처분받고 1년이 지나지 아니한 자 또는 평생교육과정의 운영정지처분을 받고 그 정지기간 중에 있는 자
⑧ 학원의 등록말소 또는 교습소의 폐지처분을 받고 1년이 지나지 아니한 자 또는 학원·교습소의 교습정지처분을 받고 그 정지기간 중에 있는 자
⑨ 위탁의 제한 또는 인정의 제한을 받고 있는 자
⑩ 법인의 임원 중 제1호부터 제9호까지의 어느 하나에 해당하는 사람이 있는 법인

12 국민 평생 직업능력 개발법상 훈련계약에 관한 설명으로 틀린 것은?

① 직업능력개발훈련을 받는 사람이 직업능력개발훈련을 이수한 후에 사업주가 지정하는 업무에 일정 기간 종사하도록 할 수 있다. 이 경우 그 기간은 5년 이내로 하되, 직업능력개발훈련기간의 3배를 초과할 수 없다.

② 훈련계약을 체결하지 아니한 경우에 고용근로자가 받은 직업능력개발훈련에 대하여는 그 근로자가 근로를 제공한 것으로 본다.

③ 훈련계약을 체결하지 아니한 사업주는 직업능력개발 훈련을 기준근로시간 내에 실시하되, 해당 근로자와 합의한 경우에는 기준근로시간 외의 시간에 직업능력 개발훈련을 실시할 수 있다.

④ 기준근로시간 외의 훈련시간에 대하여는 생산시설을 이용하거나 근무장소에서 하는 직업능력개발훈련의 경우를 제외하고는 연장근로와 야간근로에 해당하는 임금을 반드시 지급하여야 한다.

> **해설** 기준근로시간 외의 훈련시간에 대하여는 생산시설을 이용하거나 근무장소에서 하는 직업능력개발훈련의 경우를 제외하고는 연장근로와 야간근로에 해당하는 임금을 지급하지 아니할 수 있다.

13 국민 평생 직업능력 개발법상 재해위로금에 관한 설명으로 틀린 것은?

① 직업능력개발훈련을 받는 근로자가 직업능력개발훈련 중에 그 직업능력개발훈련으로 인하여 재해를 입은 경우에는 재해 위로금을 지급한다.

② 위탁에 의한 직업능력개발훈련을 받는 근로자에 대하여는 그 위탁자가 재해 위로금을 부담한다.

③ 위탁받은 자의 훈련시설의 결함이나 그 밖에 위탁받은 자에게 책임이 있는 사유로 인하여 재해가 발생한 경우에는 위탁받은 자가 재해 위로금을 지급한다.

④ 재해위로금의 산정기준이 되는 평균임금은 산업재해보상보험법에 따라 노동부장관이 매년 정하여 고시하는 최고보상기준금액을 상한으로 하고 최저 보상기준 금액은 적용하지 아니한다.

> **해설** 직업능력개발훈련을 실시하는 자는 해당 훈련시설에서 직업능력개발훈련을 받는 근로자(「산업재해보상보험법」을 적용받는 사람은 제외한다)가 직업능력개발훈련 중에 그 직업능력개발훈련으로 인하여 재해를 입은 경우에는 재해 위로금을 지급하여야 한다. 이 경우 위탁에 의한 직업능력개발훈련을 받는 근로자에 대하여는 그 위탁자가 재해 위로금을 부담하되, 위탁받은 자의 훈련시설의 결함이나 그 밖에 위탁받은 자에게 책임이 있는 사유로 인하여 재해가 발생한 경우에는 위탁받은 자가 재해 위로금을 지급하여야 한다. 이 경우 재해 위로금의 산정기준이 되는 평균임금은 「산업재해보상보험법」에 따라 고용노동부장관이 매년 정하여 고시하는 최고 보상기준 금액 및 최저 보상기준 금액을 각각 그 상한 및 하한으로 한다.

14 국민 평생 직업능력 개발법상 사업주와 직업능력개발훈련을 받고자 하는 근로자간에 체결하는 훈련계약에 관한 설명으로 틀린 것은?

① 훈련이수 후 6년 이내의 기간에서 훈련기간의 2배를 초과하지 않는 기간동안 사업주가 지정하는 업무에 종사하도록 할 수 있다.

② 훈련계약이 체결되지 아니한 경우라도 고용근로자가 받은 직업능력개발훈련에 대하여는 근로를 제공한 것으로 본다.

③ 훈련계약을 체결하지 않은 사업주는 당해 근로자와의 합의가 있는 경우 기준근로시간 외의 시간에 직업능력 개발훈련을 실시할 수 있다.

④ 기준근로시간 외의 훈련시간에 대하여는 생산시설을 이용하거나 근무장소에서 하는 직업능력개발훈련의 경우를 제외하고는 연장근로와 야간근로에 해당하는 임금을 지급하지 아니할 수 있다.

> **해설** 사업주는 훈련계약을 체결할 때에는 해당 직업능력개발훈련을 받는 사람이 직업능력개발훈련을 이수한 후에 사업주가 지정하는 업무에 일정 기간 종사하도록 할 수 있다. 이 경우 그 기간은 5년 이내로 하되, 직업능력개발훈련기간의 3배를 초과할 수 없다.

15 국민 평생 직업능력 개발법상 직업능력개발훈련교사 2급의 자격기준으로 틀린 것은?

① 직업능력개발훈련교사 3급의 자격을 취득한 후 고용노동부 장관이 정하여 고시하는 직종에서 3년 이상의 교육훈련 경력이 있는 사람으로서 향상훈련을 받은 사람
② 고용노동부장관이 정하여 고시하는 직종에서 요구하는 기술사 또는 기능장 자격을 취득하고 고용노동부령으로 정하는 훈련을 받은 사람
③ 전문대학·기능대학 및 대학의 조교수 이상으로 재직한 후 고용노동부장관이 정하여 고시하는 직종에서 2년 이상의 교육훈련 경력이 있는 사람
④ 기술교육대학을 졸업한 자

해설 ④ 3급자격기준이다.

16 국민 평생 직업능력 개발법에 관한 설명으로 틀린 것은?

① 직업능력개발훈련은 15세 이상인 자에게 실시한다.
② 고령자, 장애인, 국민기초생활보장법에 의한 수급권자 등은 직업능력개발훈련이 중요시 되어야 한다.
③ 직업능력개발훈련시설을 설치할 수 있는 공공단체는 대한상공회의소이다.
④ 재해위로금의 산정 기준이 되는 평균임금은 산업재해 보상 보험법에 의한 최고보상기준금액 및 최저보상기준금액을 각각 그 상한 및 하한으로 한다.

해설 **직업능력개발훈련시설을 설치할 수 있는 공공단체의 범위**
1) 한국산업인력공단(한국산업인력공단이 출연하여 설립한 학교법인을 포함한다)
2) 한국장애인고용공단
3) 근로복지공단

17 국민 평생 직업능력 개발법상 직업능력개발훈련이 중시되어야 하는 자에 해당하지 않는 것은?

① 고령자·장애인
② 5.18 민주유공자 및 그 유족 또는 가족
③ 중소기업 근로자
④ 기간의 정함이 없는 근로자

18 다음 중 직업능력개발훈련비용의 지원대상훈련이 아닌 것은?

① 피보험자가 아닌 자로서 당해 사업주에게 고용된 자를 대상으로 실시하는 직업능력개발훈련
② 당해 사업에서 채용하고자 하는 자를 대상으로 실시하는 직업능력개발훈련
③ 직업안정기관에 구직 등록된 자를 대상으로 실시하는 직업능력개발훈련
④ 당해 사업에 고용된 피보험자에게 연월차유급휴가를 주어 실시하는 직업능력개발훈련

해설 **유급휴가훈련지원**
해당 사업에 고용된 피보험자("자영업자"는 제외)에게 다음 각 목의 어느 하나의 요건을 갖춘 유급휴가[근로기준법 제60조의 연차 유급휴가가 아닌 경우로서 휴가기간 중 통상임금에 해당하는 금액 이상의 임금을 지급한 경우를 말한다]를 주어 실시하는 직업능력개발 훈련
① 우선지원 대상기업의 사업주나 상시 사용하는 근로자 수가 150명 미만인 사업주가 해당 근로자를 대상으로 계속하여 7일 이상의 유급휴가를 주어 30시간 이상의 훈련을 실시할 것
② 가목에 해당하는 사업주가 해당 근로자를 대상으로 계속하여 30일 이상의 유급휴가를 주어 120시간 이상의 훈련을 실시하면서 대체인력을 고용할 것
③ 가목에 해당하지 아니하는 사업주가 1년 이상 재직하고 있는 근로자를 대상으로 계속하여 60일 이상의 유급휴가를 주어 180시간 이상의 훈련을 실시할 것
④ 사업주가 기능·기술을 장려하기 위하여 근로자 중 생산직 또는 관련 직에 종사하는 근로자로서 고용노동부장관이 고시하는 자를 대상으로 유급휴가를 주어 20시간 이상의 훈련을 실시할 것

19 국민 평생 직업능력 개발법상 직업능력개발 관계자의 책무에 관한 설명으로 잘못 연결된 것은?

① 국가 및 지방자치단체-직업능력개발사업과 직업능력개발훈련 등을 촉진. 지원하기 위하여 필요한 시책을 강구해야 할 의무
② 사업주-근로자에 대하여 직업능력개발훈련을 실시하도록 노력해야 할 의무
③ 근로자-직업능력개발을 위하여 노력해야 하고, 국가·지방자치단체 또는 사업주 등이 실시하는 직업능력개발사업에 협조할 의무
④ 직업능력개발훈련을 실시하는 자-근로자의 직업능력개발을 위하여 인력개발담당자를 선임해야 할 의무

㉠ 국가와 지방자치단체는 근로자의 생애에 걸친 직업능력개발을 위하여 사업주·사업주단체 및 근로자단체 등이 하는 직업능력개발사업과 근로자가 자율적으로 수강하는 직업능력개발훈련 등을 촉진·지원하기 위하여 필요한 시책을 마련하여야 한다. 이 경우 국가는 지방자치단체가 마련한 시책을 시행하는 데에 필요한 지원을 할 수 있다.

㉡ 사업주는 근로자를 대상으로 직업능력개발훈련을 실시하고, 직업능력개발훈련에 많은 근로자가 참여하도록 하며, 근로자에게 직업능력개발을 위한 휴가를 주거나 인력개발담당자(직업능력개발훈련시설 및 기업 등에서 직업능력개발사업의 기획·운영·평가 등을 하는 사람을 말한다.)를 선임하는 등 직업능력개발훈련 여건을 조성하기 위한 노력을 하여야 한다.

㉢ 근로자는 자신의 적성과 능력에 따른 직업능력개발을 위하여 노력하여야 하고, 국가·지방자치단체 또는 사업주 등이 하는 직업능력개발사업에 협조하여야 한다.

㉣ 사업주단체, 근로자단체 및 산업부문별 인적자원개발협의체 등은 직업능력개발훈련이 산업현장의 수요에 맞추어 이루어지도록 산업부문별 직업능력개발훈련 수요조사 등 필요한 노력을 하여야 한다.

㉤ 직업능력개발훈련을 실시하는 자는 직업능력개발훈련에 관한 상담·취업지도, 선발기준 마련 등을 함으로써 근로자가 자신의 적성과 능력에 맞는 직업능력개발훈련을 받을 수 있도록 노력하여야 한다.

20 국민 평생 직업능력 개발법상 기능대학에 관한 설명으로 옳은 것은?

① 사립학교법에 따른 학교법인은 기능대학을 설립·경영할 수 없다.

② 지방자치단체가 기능대학을 설립·경영하려면 해당 지방자치단체의 장은 교육부장관과 협의를 한 후 고용노동부장관의 인가를 받아야 한다.

③ 국가가 기능대학을 설립·경영하려면 관계 중앙행정기관의 장은 교육부장관 및 고용노동부장관과 각각 협의하여야 한다.

④ 기능대학은 그 특성을 고려하여 다른 명칭을 사용할 수 없다.

기능대학의 설립

㉠ 국가, 지방자치단체 또는 「사립학교법」에 따른 학교법인(이하 "학교법인"이라 한다)은 산업현장에서 필요한 인력을 양성하고 근로자의 직업능력개발을 지원하기 위하여 기능대학을 설립·경영할 수 있다.

㉡ 국가가 기능대학을 설립·경영하려면 관계 중앙행정기관의 장은 교육부장관 및 고용노동부장관과 각각 협의하여야 하며, 지방자치단체가 기능대학을 설립·경영하려면 해당 지방자치단체의 장은 고용노동부장관과 협의를 한 후 교육부장관의 인가를 받아야 한다.

㉢ 학교법인이 기능대학을 설립·경영하려면 고용노동부장관의 추천을 거쳐 교육부장관의 인가를 받아야 한다.

㉣ 기능대학을 설립·경영하려는 자는 시설·설비 등 대통령령으로 정하는 설립기준을 갖추어야 한다.

㉤ ㉡항 또는 ㉢항에 따라 교육부장관의 인가를 받은 기능대학은 직업능력개발훈련시설로 보며, 기능대학은 그 특성을 고려하여 다른 명칭을 사용할 수 있다.

21 국민 평생 직업능력 개발법상 직업능력개발사업을 하는 사업주에게 지원되는 것으로 틀린 것은?

① 근로자를 대상으로 하는 자격검정사업 비용

② 직업능력개발훈련을 위한 시설의 설치 사업비용

③ 근로자의 경력개발관리를 위하여 실시하는 사업비용

④ 고용노동부장관의 인정을 받은 직업능력개발훈련과정의 수강비용

고용노동부장관은 다음 각 호의 어느 하나에 해당하는 직업능력개발사업을 하는 사업주나 사업주단체·근로자단체 또는 그 연합체에게 그 사업에 필요한 비용을 지원하거나 융자할 수 있다.

㉠ 근로자 직업능력개발훈련(위탁하여 실시하는 경우를 포함한다)

㉡ 근로자를 대상으로 하는 자격검정사업

㉢ 우선지원대상기업 또는 중소기업과 공동으로 우선지원대상기업 또는 중소기업에서 근무하는 근로자 등을 위하여 실시하는 직업능력개발사업

㉣ 직업능력개발훈련을 위하여 필요한 시설(기숙사를 포함한다) 및 장비·기자재를 설치·보수하는 등의 사업

㉤ 직업능력개발에 대한 조사·연구, 직업능력개발훈련 과정 및 매체의 개발·보급 등의 사업

V O C A T I O N A L   C O U N S E L O R

CHAPTER

04 기타 직업상담 관련법규

개인정보 보호법

Ⅰ. 총칙

1. 목적(법 1조)

이 법은 개인정보의 처리 및 보호에 관한 사항을 정함으로써 개인의 자유와 권리를 보호하고, 나아가 개인의 존엄과 가치를 구현함을 목적으로 한다.

2. 용어의 정의(법 2조)

1) "개인정보"란 살아 있는 개인에 관한 정보로서 다음 각 목의 어느 하나에 해당하는 정보를 말한다.
   ① 성명, 주민등록번호 및 영상 등을 통하여 개인을 알아볼 수 있는 정보
   ② 해당 정보만으로는 특정 개인을 알아볼 수 없더라도 다른 정보와 쉽게 결합하여 알아볼 수 있는 정보. 이 경우 쉽게 결합할 수 있는지 여부는 다른 정보의 입수 가능성 등 개인을 알아보는 데 소요되는 시간, 비용, 기술 등을 합리적으로 고려하여야 한다.
   ③ ① 또는 ②를 제1호의2에 따라 가명처리함으로써 원래의 상태로 복원하기 위한 추가 정보의 사용 · 결합 없이는 특정 개인을 알아볼 수 없는 정보(이하 "가명정보"라 한다)
1-2) "가명처리"란 개인정보의 일부를 삭제하거나 일부 또는 전부를 대체하는 등의 방법으로 추가 정보가 없이는 특정 개인을 알아볼 수 없도록 처리하는 것을 말한다.

2) "처리"란 개인정보의 수집, 생성, 연계, 연동, 기록, 저장, 보유, 가공, 편집, 검색, 출력, 정정(訂正), 복구, 이용, 제공, 공개, 파기(破棄), 그 밖에 이와 유사한 행위를 말한다.

3) "정보주체"란 처리되는 정보에 의하여 알아볼 수 있는 사람으로서 그 정보의 주체가 되는 사람을 말한다.

4) "개인정보파일"이란 개인정보를 쉽게 검색할 수 있도록 일정한 규칙에 따라 체계적으로 배열하거나 구성한 개인정보의 집합물(集合物)을 말한다.

5) "개인정보처리자"란 업무를 목적으로 개인정보파일을 운용하기 위하여 스스로 또는 다른 사람을 통하여 개인정보를 처리하는 공공기관, 법인, 단체 및 개인 등을 말한다.

6) "공공기관"이란 다음 각 목의 기관을 말한다.
   ① 국회, 법원, 헌법재판소, 중앙선거관리위원회의 행정사무를 처리하는 기관, 중앙행정기관(대통령 소속 기관과 국무총리 소속 기관을 포함한다) 및 그 소속 기관, 지방자치단체
   ② 그 밖의 국가기관 및 공공단체 중 대통령령으로 정하는 기관

7) "영상정보처리기기"란 일정한 공간에 지속적으로 설치되어 사람 또는 사물의 영상 등을 촬영하거나 이를 유·무선망을 통하여 전송하는 장치로서 대통령령으로 정하는 장치를 말한다.

8) "과학적 연구"란 기술의 개발과 실증, 기초연구, 응용연구 및 민간 투자 연구 등 과학적 방법을 적용하는 연구를 말한다.

3. 개인정보 보호원칙(법 3조)

1) 개인정보처리자는 개인정보의 처리 목적을 명확하게 하여야 하고 그 목적에 필요한 범위에서 최소한의 개인정보만을 적법하고 정당하게 수집하여야 한다.

2) 개인정보처리자는 개인정보의 처리 목적에 필요한 범위에서 적합하게 개인정보를 처리하여야 하며, 그 목적 외의 용도로 활용하여서는 아니 된다.

3) 개인정보처리자는 개인정보의 처리 목적에 필요한 범위에서 개인정보의 정확성, 완전성 및 최신성이 보장되도록 하여야 한다.

4) 개인정보처리자는 개인정보의 처리 방법 및 종류 등에 따라 정보주체의 권리가 침해받을 가능성과 그 위험 정도를 고려하여 개인정보를 안전하게 관리하여야 한다.

5) 개인정보처리자는 개인정보 처리방침 등 개인정보의 처리에 관한 사항을 공개하여야 하며, 열람청구권 등 정보주체의 권리를 보장하여야 한다.

6) 개인정보처리자는 정보주체의 사생활 침해를 최소화하는 방법으로 개인정보를 처리하여야 한다.

7) 개인정보처리자는 개인정보를 익명 또는 가명으로 처리하여도 개인정보 수집 목적을 달성할 수 있는 경우 익명처리가 가능한 경우에는 익명에 의하여, 익명처리로 목적을 달성할 수 없는 경우에는 가명에 의하여 처리될 수 있도록 하여야 한다.

8) 개인정보처리자는 이 법 및 관계 법령에서 규정하고 있는 책임과 의무를 준수하고 실천함으로써 정보주체의 신뢰를 얻기 위하여 노력하여야 한다.

4. 정보주체의 권리(법 4조)

정보주체는 자신의 개인정보 처리와 관련하여 다음 각 호의 권리를 가진다.
1) 개인정보의 처리에 관한 정보를 제공받을 권리
2) 개인정보의 처리에 관한 동의 여부, 동의 범위 등을 선택하고 결정할 권리
3) 개인정보의 처리 여부를 확인하고 개인정보에 대하여 열람(사본의 발급을 포함한다. 이하 같다)을 요구할 권리
4) 개인정보의 처리 정지, 정정 · 삭제 및 파기를 요구할 권리
5) 개인정보의 처리로 인하여 발생한 피해를 신속하고 공정한 절차에 따라 구제받을 권리

5. 국가 등의 책무(법 5조)

1) 국가와 지방자치단체는 개인정보의 목적 외 수집, 오용 · 남용 및 무분별한 감시 · 추적 등에 따른 폐해를 방지하여 인간의 존엄과 개인의 사생활 보호를 도모하기 위한 시책을 강구하여야 한다.
2) 국가와 지방자치단체는 제4조에 따른 정보주체의 권리를 보호하기 위하여 법령의 개선 등 필요한 시책을 마련하여야 한다.
3) 국가와 지방자치단체는 개인정보의 처리에 관한 불합리한 사회적 관행을 개선하기 위하여 개인정보처리자의 자율적인 개인정보 보호활동을 존중하고 촉진 · 지원하여야 한다.
4) 국가와 지방자치단체는 개인정보의 처리에 관한 법령 또는 조례를 제정하거나 개정하는 경우에는 이 법의 목적에 부합되도록 하여야 한다.

Ⅱ. 개인정보 보호정책의 수립 등

1. 개인정보 보호위원회(법 7조)

1) 개인정보 보호에 관한 사무를 독립적으로 수행하기 위하여 국무총리 소속으로 개인정보 보호위원회를 둔다.
2) 보호위원회는 중앙행정기관으로 본다. 다만, 다음 각 호의 사항에 대하여는 「정부조직법」 제18조를 적용하지 아니한다.
   ① 개인정보의 처리와 관련한 고충처리 · 권리구제 및 개인정보에 관한 분쟁의 조정
   ② 개인정보 침해요인 평가에 관한 사항

2. 보호위원회의 구성 등(법 7조의2)

1) 보호위원회는 상임위원 2명(위원장 1명, 부위원장 1명)을 포함한 9명의 위원으로 구성한다.

2) 보호위원회의 위원은 개인정보 보호에 관한 경력과 전문지식이 풍부한 다음 각 호의 사람 중에서 위원장과 부위원장은 국무총리의 제청으로, 그 외 위원 중 2명은 위원장의 제청으로, 2명은 대통령이 소속되거나 소속되었던 정당의 교섭단체 추천으로, 3명은 그 외의 교섭단체 추천으로 대통령이 임명 또는 위촉한다.

   ① 개인정보 보호 업무를 담당하는 3급 이상 공무원(고위공무원단에 속하는 공무원을 포함한다)의 직에 있거나 있었던 사람

   ② 판사 · 검사 · 변호사의 직에 10년 이상 있거나 있었던 사람

   ③ 공공기관 또는 단체(개인정보처리자로 구성된 단체를 포함한다)에 3년 이상 임원으로 재직하였거나 이들 기관 또는 단체로부터 추천받은 사람으로서 개인정보 보호 업무를 3년 이상 담당하였던 사람

   ④ 개인정보 관련 분야에 전문지식이 있고 「고등교육법」 제2조제1호에 따른 학교에서 부교수 이상으로 5년 이상 재직하고 있거나 재직하였던 사람

3) 위원장과 부위원장은 정무직 공무원으로 임명한다.

4) 위원장, 부위원장, 제7조의13에 따른 사무처의 장은 「정부조직법」 제10조에도 불구하고 정부위원이 된다.

3. 위원장(법 7조의3)

1) 위원장은 보호위원회를 대표하고, 보호위원회의 회의를 주재하며, 소관 사무를 총괄한다.

2) 위원장이 부득이한 사유로 직무를 수행할 수 없을 때에는 부위원장이 그 직무를 대행하고, 위원장 · 부위원장이 모두 부득이한 사유로 직무를 수행할 수 없을 때에는 위원회가 미리 정하는 위원이 위원장의 직무를 대행한다.

3) 위원장은 국회에 출석하여 보호위원회의 소관 사무에 관하여 의견을 진술할 수 있으며, 국회에서 요구하면 출석하여 보고하거나 답변하여야 한다.

4) 위원장은 국무회의에 출석하여 발언할 수 있으며, 그 소관 사무에 관하여 국무총리에게 의안 제출을 건의할 수 있다.

4. 위원의 임기(법 7조의4)

1) 위원의 임기는 3년으로 하되, 한 차례만 연임할 수 있다.

2) 위원이 궐위된 때에는 지체 없이 새로운 위원을 임명 또는 위촉하여야 한다. 이 경우 후임으로 임명 또는 위촉된 위원의 임기는 새로이 개시된다.

5. 위원의 신분보장 (법 7조의5)

1) 위원은 다음 각 호의 어느 하나에 해당하는 경우를 제외하고는 그 의사에 반하여 면직 또는 해촉되지 아니한다.

   ① 장기간 심신장애로 인하여 직무를 수행할 수 없게 된 경우

② 결격사유에 해당하는 경우

③ 이 법 또는 그 밖의 다른 법률에 따른 직무상의 의무를 위반한 경우

2) 위원은 법률과 양심에 따라 독립적으로 직무를 수행한다.

6. 겸직금지 (법 7조의6)

1) 위원은 재직 중 다음 각 호의 직(職)을 겸하거나 직무와 관련된 영리업무에 종사하여서는 아니 된다.

① 국회의원 또는 지방의회의원

② 국가공무원 또는 지방공무원

③ 그 밖에 대통령령으로 정하는 직

2) 제1항에 따른 영리업무에 관한 사항은 대통령령으로 정한다.

3) 위원은 정치활동에 관여할 수 없다.

7. 결격사유(법 7조의7)

1) 다음 각 호의 어느 하나에 해당하는 사람은 위원이 될 수 없다.

① 대한민국 국민이 아닌 사람

② 국가공무원법 제33조 각 호의 어느 하나에 해당하는 사람

③ 정당법에 따른 당원

2) 위원이 제1항 각 호의 어느 하나에 해당하게 된 때에는 그 직에서 당연 퇴직한다. 다만, 「국가공무원법」 제33조제2호는 파산선고를 받은 사람으로서 「채무자 회생 및 파산에 관한 법률」에 따라 신청기한 내에 면책신청을 하지 아니하였거나 면책불허가 결정 또는 면책 취소가 확정된 경우만 해당하고, 같은 법 제33조제5호는 「형법」 제129조부터 제132조까지, 「성폭력범죄의 처벌 등에 관한 특례법」 제2조, 「아동·청소년의 성보호에 관한 법률」 제2조제2호 및 직무와 관련하여 「형법」 제355조 또는 제356조에 규정된 죄를 범한 사람으로서 금고 이상의 형의 선고유예를 받은 경우만 해당한다.

8. 기본계획(법 9조)

1) 보호위원회는 개인정보의 보호와 정보주체의 권익 보장을 위하여 3년마다 개인정보 보호 기본계획(이하 "기본계획"이라 한다)을 관계 중앙행정기관의 장과 협의하여 수립한다.

9. 개인정보 보호지침(법 12조)

1) 보호위원회는 개인정보의 처리에 관한 기준, 개인정보 침해의 유형 및 예방조치 등에 관한 표준 개인정보 보호지침(이하 "표준지침"이라 한다)을 정하여 개인정보처리자에게 그 준수를 권장할 수 있다.

2) 중앙행정기관의 장은 표준지침에 따라 소관 분야의 개인정보 처리와 관련한 개인정보 보호지침을 정하여 개인정보처리자에게 그 준수를 권장할 수 있다.

3) 국회, 법원, 헌법재판소 및 중앙선거관리위원회는 해당 기관(그 소속 기관을 포함한다)의 개인정보 보호지침을 정하여 시행할 수 있다.

Ⅲ. 개인정보의 처리

1. 개인정보의 수집·이용(법 15조)

1) 개인정보처리자는 다음 각 호의 어느 하나에 해당하는 경우에는 개인정보를 수집할 수 있으며 그 수집 목적의 범위에서 이용할 수 있다.
   ① 정보주체의 동의를 받은 경우
   ② 법률에 특별한 규정이 있거나 법령상 의무를 준수하기 위하여 불가피한 경우
   ③ 공공기관이 법령 등에서 정하는 소관 업무의 수행을 위하여 불가피한 경우
   ④ 정보주체와의 계약의 체결 및 이행을 위하여 불가피하게 필요한 경우
   ⑤ 정보주체 또는 그 법정대리인이 의사표시를 할 수 없는 상태에 있거나 주소 불명 등으로 사전 동의를 받을 수 없는 경우로서 명백히 정보주체 또는 제3자의 급박한 생명, 신체, 재산의 이익을 위하여 필요하다고 인정되는 경우
   ⑥ 개인정보처리자의 정당한 이익을 달성하기 위하여 필요한 경우로서 명백하게 정보주체의 권리보다 우선하는 경우. 이 경우 개인정보처리자의 정당한 이익과 상당한 관련이 있고 합리적인 범위를 초과하지 아니하는 경우에 한한다.
2) 개인정보처리자는 제1항제1호에 따른 동의를 받을 때에는 다음 각 호의 사항을 정보주체에게 알려야 한다. 다음 각 호의 어느 하나의 사항을 변경하는 경우에도 이를 알리고 동의를 받아야 한다.
   ① 개인정보의 수집·이용 목적
   ② 수집하려는 개인정보의 항목
   ③ 개인정보의 보유 및 이용 기간
   ④ 동의를 거부할 권리가 있다는 사실 및 동의 거부에 따른 불이익이 있는 경우에는 그 불이익의 내용
3) 개인정보처리자는 당초 수집 목적과 합리적으로 관련된 범위에서 정보주체에게 불이익이 발생하는지 여부, 암호화 등 안전성 확보에 필요한 조치를 하였는지 여부 등을 고려하여 대통령령으로 정하는 바에 따라 정보주체의 동의 없이 개인정보를 이용할 수 있다.

2. 개인정보의 수집 제한 (법 16조)

1) 개인정보처리자는 제15조제1항 각 호의 어느 하나에 해당하여 개인정보를 수집하는 경우에는 그 목적에 필요한 최소한의 개인정보를 수집하여야 한다. 이 경우 최소한의 개인정보 수집이라는 입증책임은 개인정보처리자가 부담한다.
2) 개인정보처리자는 정보주체의 동의를 받아 개인정보를 수집하는 경우 필요한 최소한의 정보 외의 개인정보 수집에는 동의하지 아니할 수 있다는 사실을 구체적으로 알리고 개인정보를 수집하여야 한다.
3) 개인정보처리자는 정보주체가 필요한 최소한의 정보 외의 개인정보 수집에 동의하지 아니한다는 이유로 성보주체에게 재화 또는 서비스의 제공을 거부하여서는 아니 된다.

3. 개인정보의 제공 (법 17조)

1) 개인정보처리자는 다음 각 호의 어느 하나에 해당되는 경우에는 정보주체의 개인정보를 제3자에게 제공(공유를 포함한다. 이하 같다)할 수 있다.
   ① 정보주체의 동의를 받은 경우
   ② 개인정보를 수집한 목적 범위에서 개인정보를 제공하는 경우
2) 개인정보처리자는 제1항제1호에 따른 동의를 받을 때에는 다음 각 호의 사항을 정보주체에게 알려야 한다. 다음 각 호의 어느 하나의 사항을 변경하는 경우에도 이를 알리고 동의를 받아야 한다.
   ① 개인정보를 제공받는 자
   ② 개인정보를 제공받는 자의 개인정보 이용 목적
   ③ 제공하는 개인정보의 항목
   ④ 개인정보를 제공받는 자의 개인정보 보유 및 이용 기간
   ⑤ 동의를 거부할 권리가 있다는 사실 및 동의 거부에 따른 불이익이 있는 경우에는 그 불이익의 내용
3) 개인정보처리자가 개인정보를 국외의 제3자에게 제공할 때에는 제2항 각 호에 따른 사항을 정보주체에게 알리고 동의를 받아야 하며, 이 법을 위반하는 내용으로 개인정보의 국외 이전에 관한 계약을 체결하여서는 아니 된다.
4) 개인정보처리자는 당초 수집 목적과 합리적으로 관련된 범위에서 정보주체에게 불이익이 발생하는지 여부, 암호화 등 안전성 확보에 필요한 조치를 하였는지 여부 등을 고려하여 대통령령으로 정하는 바에 따라 정보주체의 동의 없이 개인정보를 제공할 수 있다.

4. 개인정보의 목적 외 이용 · 제공 제한(법 18조)

1) 개인정보처리자는 개인정보를 제15조제1항 및 제39조의3제1항 및 제2항에 따른 범위를 초과하여 이용하거나 제17조제1항 및 제3항에 따른 범위를 초과하여 제3자에게 제공하여서는 아니 된다.
2) 제1항에도 불구하고 개인정보처리자는 다음 각 호의 어느 하나에 해당하는 경우에는 정보주체 또는 제3자의 이익을 부당하게 침해할 우려가 있을 때를 제외하고는 개인정보를 목적 외의 용도로 이용하거나 이를 제3자에게 제공할 수 있다. 다만, 이용자(「정보통신망 이용촉진 및 정보보호 등에 관한 법률」 제2조제1항제4호에 해당하는 자를 말한다. 이하 같다)의 개인정보를 처리하는 정보통신서비스 제공자(「정보통신망 이용촉진 및 정보보호 등에 관한 법률」 제2조제1항제3호에 해당하는 자를 말한다. 이하 같다)의 경우 제1호 · 제2호의 경우로 한정하고, 제5호부터 제9호까지의 경우는 공공기관의 경우로 한정한다.
   ① 정보주체로부터 별도의 동의를 받은 경우
   ② 다른 법률에 특별한 규정이 있는 경우
   ③ 정보주체 또는 그 법정대리인이 의사표시를 할 수 없는 상태에 있거나 주소 불명 등으로 사전 동의를 받을 수 없는 경우로서 명백히 정보주체 또는 제3자의 급박한 생명, 신체, 재산의 이익을 위하여 필요하다고 인정되는 경우

④ 개인정보를 목적 외의 용도로 이용하거나 이를 제3자에게 제공하지 아니
하면 다른 법률에서 정하는 소관 업무를 수행할 수 없는 경우로서 보호위
원회의 심의·의결을 거친 경우

⑤ 조약, 그 밖의 국제협정의 이행을 위하여 외국정부 또는 국제기구에 제공
하기 위하여 필요한 경우

⑥ 범죄의 수사와 공소의 제기 및 유지를 위하여 필요한 경우

⑦ 법원의 재판업무 수행을 위하여 필요한 경우

⑧ 형(刑) 및 감호, 보호처분의 집행을 위하여 필요한 경우

5. 개인정보를 제공받은 자의 이용·제공 제한(법 19조)

개인정보처리자로부터 개인정보를 제공받은 자는 다음 각 호의 어느 하나에 해
당하는 경우를 제외하고는 개인정보를 제공받은 목적 외의 용도로 이용하거나
이를 제3자에게 제공하여서는 아니 된다.

① 정보주체로부터 별도의 동의를 받은 경우

② 다른 법률에 특별한 규정이 있는 경우

6. 개인정보의 파기(법 21조)

1) 개인정보처리자는 보유기간의 경과, 개인정보의 처리 목적 달성 등 그 개인정
보가 불필요하게 되었을 때에는 지체 없이 그 개인정보를 파기하여야 한다.
다만, 다른 법령에 따라 보존하여야 하는 경우에는 그러하지 아니하다.

2) 개인정보처리자가 제1항에 따라 개인정보를 파기할 때에는 복구 또는 재생되
지 아니하도록 조치하여야 한다.

3) 개인정보처리자가 제1항 단서에 따라 개인정보를 파기하지 아니하고 보존하
여야 하는 경우에는 해당 개인정보 또는 개인정보파일을 다른 개인정보와 분
리하여서 저장·관리하여야 한다.

4) 개인정보의 파기방법 및 절차 등에 필요한 사항은 대통령령으로 정한다.

7. 개인정보의 파기(시행령 16조)

1) 개인정보처리자는 개인정보를 파기할 때에는 다음 각 호의 구분에 따른 방법
으로 하여야 한다.

① 전자적 파일 형태인 경우: 복원이 불가능한 방법으로 영구 삭제

② 제1호 외의 기록물, 인쇄물, 서면, 그 밖의 기록매체인 경우: 파쇄 또는 소각

2) 개인정보의 안전한 파기에 관한 세부 사항은 보호위원회가 정하여 고시한다.

8. 동의를 받는 방법(법 22조)

1) 개인정보처리자는 이 법에 따른 개인정보의 처리에 대하여 정보주체(제6항에
따른 법정대리인을 포함한다. 이하 이 조에서 같다)의 동의를 받을 때에는 각
각의 동의 사항을 구분하여 정보주체가 이를 명확하게 인지할 수 있도록 알리
고 각각 동의를 받아야 한다.

2) 개인정보처리자는 제1항의 동의를 서면(「전자문서 및 전자거래 기본법」 제2
조제1호에 따른 전자문서를 포함한다)으로 받을 때에는 개인정보의 수집·이
용 목적, 수집·이용하려는 개인정보의 항목 등 대통령령으로 정하는 중요한
내용을 보호위원회가 고시로 정하는 방법에 따라 명확히 표시하여 알아보기
쉽게 하여야 한다.

3) 개인정보처리자는 제15조제1항제1호, 제17조제1항제1호, 제23조제1항제1
호 및 제24조제1항제1호에 따라 개인정보의 처리에 대하여 정보주체의 동의
를 받을 때에는 정보주체와의 계약 체결 등을 위하여 정보주체의 동의 없이 처
리할 수 있는 개인정보와 정보주체의 동의가 필요한 개인정보를 구분하여야
한다. 이 경우 동의 없이 처리할 수 있는 개인정보라는 입증책임은 개인정보
처리자가 부담한다.

4) 개인정보처리자는 정보주체에게 재화나 서비스를 홍보하거나 판매를 권유하
기 위하여 개인정보의 처리에 대한 동의를 받으려는 때에는 정보주체가 이를
명확하게 인지할 수 있도록 알리고 동의를 받아야 한다.

5) 개인정보처리자는 정보주체가 제3항에 따라 선택적으로 동의할 수 있는 사항
을 동의하지 아니하거나 제4항 및 제18조제2항제1호에 따른 동의를 하지 아
니한다는 이유로 정보주체에게 재화 또는 서비스의 제공을 거부하여서는 아
니 된다.

6) 개인정보처리자는 만 14세 미만 아동이 개인정보를 처리하기 위하여 이 법에
따른 동의를 받아야 할 때에는 그 법정대리인의 동의를 받아야 한다. 이 경우
법정대리인의 동의를 받기 위하여 필요한 최소한의 정보는 법정대리인의 동
의 없이 해당 아동으로부터 직접 수집할 수 있다.

7) 제1항부터 제6항까지에서 규정한 사항 외에 정보주체의 동의를 받는 세부적
인 방법 및 제6항에 따른 최소한의 정보의 내용에 관하여 필요한 사항은 개인
정보의 수집매체 등을 고려하여 대통령령으로 정한다.

IV. 개인정보의 처리 제한

1. 민감정보의 처리제한(법 23조)

1) 개인정보처리자는 사상·신념, 노동조합·정당의 가입·탈퇴, 정치적 견해,
건강, 성생활 등에 관한 정보, 그 밖에 정보주체의 사생활을 현저히 침해할 우
려가 있는 개인정보로서 대통령령으로 정하는 정보(이하 "민감정보"라 한다)
를 처리하여서는 아니 된다. 다만, 다음 각 호의 어느 하나에 해당하는 경우에
는 그러하지 아니하다.

① 정보주체에게 제15조제2항 각 호 또는 제17조제2항 각 호의 사항을 알리
고 다른 개인정보의 처리에 대한 동의와 별도로 동의를 받은 경우

② 개인정보처리자가 제1항 각 호에 따라 민감정보를 처리하는 경우에는 그
민감정보가 분실·도난·유출·위조·변조 또는 훼손되지 아니하도록
제29조에 따른 안전성 확보에 필요한 조치를 하여야 한다.

2) 개인정보처리자가 제1항 각 호에 따라 민감정보를 처리하는 경우에는 그 민감정보가 분실·도난·유출·위조·변조 또는 훼손되지 아니하도록 제29조에 따른 안전성 확보에 필요한 조치를 하여야 한다.

2. 고유식별정보의 처리 제한(법 24조)

1) 개인정보처리자는 다음 각 호의 경우를 제외하고는 법령에 따라 개인을 고유하게 구별하기 위하여 부여된 식별정보로서 대통령령으로 정하는 정보(이하 "고유식별정보"라 한다)를 처리할 수 없다.

① 정보주체에게 제15조제2항 각 호 또는 제17조제2항 각 호의 사항을 알리고 다른 개인정보의 처리에 대한 동의와 별도로 동의를 받은 경우

② 법령에서 구체적으로 고유식별정보의 처리를 요구하거나 허용하는 경우

2) 개인정보처리자가 제1항 각 호에 따라 고유식별정보를 처리하는 경우에는 그 고유식별정보가 분실·도난·유출·위조·변조 또는 훼손되지 아니하도록 대통령령으로 정하는 바에 따라 암호화 등 안전성 확보에 필요한 조치를 하여야 한다.

3) 보호위원회는 처리하는 개인정보의 종류·규모, 종업원 수 및 매출액 규모 등을 고려하여 대통령령으로 정하는 기준에 해당하는 개인정보처리자가 제2항에 따라 안전성 확보에 필요한 조치를 하였는지에 관하여 대통령령으로 정하는 바에 따라 정기적으로 조사하여야 한다.

4) 보호위원회는 대통령령으로 정하는 전문기관으로 하여금 제4항에 따른 조사를 수행하게 할 수 있다.

3. 고유식별정보의 범위(시행령 19조)

1) 법 제24조제1항 각 호 외의 부분에서 "대통령령으로 정하는 정보"란 다음 각 호의 어느 하나에 해당하는 정보를 말한다. 다만, 공공기관이 법 제18조제2항 제5호부터 제9호까지의 규정에 따라 다음 각 호의 어느 하나에 해당하는 정보를 처리하는 경우의 해당 정보는 제외한다.

① 주민등록번호

② 여권번호

③ 운전면허의 면허번호

④ 외국인등록번호

4. 주민등록번호 처리의 제한(법 24조의 2)

1) 제24조제1항에도 불구하고 개인정보처리자는 다음 각 호의 어느 하나에 해당하는 경우를 제외하고는 주민등록번호를 처리할 수 없다.

① 법률·대통령령·국회규칙·대법원규칙·헌법재판소규칙·중앙선거관리위원회규칙 및 감사원규칙에서 구체적으로 주민등록번호의 처리를 요구하거나 허용한 경우

② 정보주체 또는 제3자의 급박한 생명, 신체, 재산의 이익을 위하여 명백히 필요하다고 인정되는 경우

③ 제1호 및 제2호에 준하여 주민등록번호 처리가 불가피한 경우로서 보호위원회가 고시로 정하는 경우

2) 개인정보처리자는 제24조제3항에도 불구하고 주민등록번호가 분실·도난·유출·위조·변조 또는 훼손되지 아니하도록 암호화 조치를 통하여 안전하게 보관하여야 한다. 이 경우 암호화 적용 대상 및 대상별 적용 시기 등에 관하여 필요한 사항은 개인정보의 처리 규모와 유출 시 영향 등을 고려하여 대통령령으로 정한다.

3) 개인정보처리자는 제1항 각 호에 따라 주민등록번호를 처리하는 경우에도 정보주체가 인터넷 홈페이지를 통하여 회원으로 가입하는 단계에서는 주민등록번호를 사용하지 아니하고도 회원으로 가입할 수 있는 방법을 제공하여야 한다.

4) 보호위원회는 개인정보처리자가 제3항에 따른 방법을 제공할 수 있도록 관계 법령의 정비, 계획의 수립, 필요한 시설 및 시스템의 구축 등 제반 조치를 마련·지원할 수 있다.

5. 개인정보취급자에 대한 감독(법 28조)

1) 개인정보처리자는 개인정보를 처리함에 있어서 개인정보가 안전하게 관리될 수 있도록 임직원, 파견근로자, 시간제근로자 등 개인정보처리자의 지휘·감독을 받아 개인정보를 처리하는 자(이하 "개인정보취급자"라 한다)에 대하여 적절한 관리·감독을 행하여야 한다.

2) 개인정보처리자는 개인정보의 적정한 취급을 보장하기 위하여 개인정보취급자에게 정기적으로 필요한 교육을 실시하여야 한다.

6. 가명정보의 처리 등(법 28조의 2)

1) 개인정보처리자는 통계작성, 과학적 연구, 공익적 기록보존 등을 위하여 정보주체의 동의 없이 가명정보를 처리할 수 있다.

2) 개인정보처리자는 제1항에 따라 가명정보를 제3자에게 제공하는 경우에는 특정 개인을 알아보기 위하여 사용될 수 있는 정보를 포함해서는 아니 된다.

V. 개인정보의 안전한 관리

1. 개인정보 보호책임자의 지정(법 31조)

1) 개인정보처리자는 개인정보의 처리에 관한 업무를 총괄해서 책임질 개인정보 보호책임자를 지정하여야 한다.

2. 개인정보의 열람(법 35조)

1) 정보주체는 개인정보처리자가 처리하는 자신의 개인정보에 대한 열람을 해당 개인정보처리자에게 요구할 수 있다.

2) 제1항에도 불구하고 정보주체가 자신의 개인정보에 대한 열람을 공공기관에 요구하고자 할 때에는 공공기관에 직접 열람을 요구하거나 대통령령으로 정하는 바에 따라 보호위원회를 통하여 열람을 요구할 수 있다.

3) 개인정보처리자는 제1항 및 제2항에 따른 열람을 요구받았을 때에는 대통령령으로 정하는 기간 내에 정보주체가 해당 개인정보를 열람할 수 있도록 하여야 한다. 이 경우 해당 기간 내에 열람할 수 없는 정당한 사유가 있을 때에는 정보주체에게 그 사유를 알리고 열람을 연기할 수 있으며, 그 사유가 소멸하면 지체 없이 열람하게 하여야 한다.

4) 개인정보처리자는 다음 각 호의 어느 하나에 해당하는 경우에는 정보주체에게 그 사유를 알리고 열람을 제한하거나 거절할 수 있다.

① 법률에 따라 열람이 금지되거나 제한되는 경우

② 다른 사람의 생명·신체를 해할 우려가 있거나 다른 사람의 재산과 그 밖의 이익을 부당하게 침해할 우려가 있는 경우

③ 공공기관이 다음 각 목의 어느 하나에 해당하는 업무를 수행할 때 중대한 지장을 초래하는 경우

가. 조세의 부과·징수 또는 환급에 관한 업무

나. 「초·중등교육법」 및 「고등교육법」에 따른 각급 학교, 「평생교육법」에 따른 평생교육시설, 그 밖의 다른 법률에 따라 설치된 고등교육기관에서의 성적 평가 또는 입학자 선발에 관한 업무

다. 학력·기능 및 채용에 관한 시험, 자격 심사에 관한 업무

라. 보상금·급부금 산정 등에 대하여 진행 중인 평가 또는 판단에 관한 업무

마. 다른 법률에 따라 진행 중인 감사 및 조사에 관한 업무

2. 개인정보의 열람절차 등(시행령 41조)

1) 정보주체는 법 제35조제1항에 따라 자신의 개인정보에 대한 열람을 요구하려면 다음 각 호의 사항 중 열람하려는 사항을 개인정보처리자가 마련한 방법과 절차에 따라 요구하여야 한다.

① 개인정보의 항목 및 내용

② 개인정보의 수집·이용의 목적

③ 개인정보 보유 및 이용 기간

④ 개인정보의 제3자 제공 현황

⑤ 개인정보 처리에 동의한 사실 및 내용

2) 개인정보처리자는 제1항에 따른 열람 요구 방법과 절차를 마련하는 경우 해당 개인정보의 수집 방법과 절차에 비하여 어렵지 아니하도록 다음 각 호의 사항을 준수하여야 한다.

① 서면, 전화, 전자우편, 인터넷 등 정보주체가 쉽게 활용할 수 있는 방법으로 제공할 것

② 개인정보를 수집한 창구의 지속적 운영이 곤란한 경우 등 정당한 사유가 있는 경우를 제외하고는 최소한 개인정보를 수집한 창구 또는 방법과 동일하게 개인정보의 열람을 요구할 수 있도록 할 것

③ 인터넷 홈페이지를 운영하는 개인정보처리자는 홈페이지에 열람 요구 방법과 절차를 공개할 것

3) 정보주체가 법 제35조제2항에 따라 보호위원회를 통하여 자신의 개인정보에 대한 열람을 요구하려는 경우에는 보호위원회가 정하여 고시하는 바에 따라 제1항 각 호의 사항 중 열람하려는 사항을 표시한 개인정보 열람요구서를 보호위원회에 제출해야 한다. 이 경우 보호위원회는 지체 없이 그 개인정보 열람요구서를 해당 공공기관에 이송해야 한다.

4) 법 제35조제3항 전단에서 "대통령령으로 정하는 기간"이란 10일을 말한다.

5) 개인정보처리자는 개인정보 열람 요구를 받은 날부터 10일 이내에 정보주체에게 해당 개인정보를 열람할 수 있도록 하는 경우와 열람 요구 사항 중 일부를 열람하게 하는 경우에는 열람할 개인정보와 열람이 가능한 날짜ㆍ시간 및 장소 등(열람 요구 사항 중 일부만을 열람하게 하는 경우에는 그 사유와 이의제기방법을 포함한다)을 보호위원회가 정하여 고시하는 열람통지서로 해당 정보주체에게 알려야 한다. 다만, 즉시 열람하게 하는 경우에는 열람통지서 발급을 생략할 수 있다.

3. 개인정보의 정정ㆍ삭제(법 36조)

1) 제35조에 따라 자신의 개인정보를 열람한 정보주체는 개인정보처리자에게 그 개인정보의 정정 또는 삭제를 요구할 수 있다. 다만, 다른 법령에서 그 개인정보가 수집 대상으로 명시되어 있는 경우에는 그 삭제를 요구할 수 없다.

2) 개인정보처리자는 제1항에 따른 정보주체의 요구를 받았을 때에는 개인정보의 정정 또는 삭제에 관하여 다른 법령에 특별한 절차가 규정되어 있는 경우를 제외하고는 지체 없이 그 개인정보를 조사하여 정보주체의 요구에 따라 정정ㆍ삭제 등 필요한 조치를 한 후 그 결과를 정보주체에게 알려야 한다.

3) 개인정보처리자가 제2항에 따라 개인정보를 삭제할 때에는 복구 또는 재생되지 아니하도록 조치하여야 한다.

4) 개인정보처리자는 정보주체의 요구가 제1항 단서에 해당될 때에는 지체 없이 그 내용을 정보주체에게 알려야 한다.

5) 개인정보처리자는 제2항에 따른 조사를 할 때 필요하면 해당 정보주체에게 정정ㆍ삭제 요구사항의 확인에 필요한 증거자료를 제출하게 할 수 있다.

6) 제1항ㆍ제2항 및 제4항에 따른 정정 또는 삭제 요구, 통지 방법 및 절차 등에 필요한 사항은 대통령령으로 정한다.

채용절차의 공정화에 관한 법률

1. 목적(법 1조)

이 법은 채용과정에서 구직자가 제출하는 채용서류의 반환 등 채용절차에서의 최소한의 공정성을 확보하기 위한 사항을 정함으로써 구직자의 부담을 줄이고 권익을 보호하는 것을 목적으로 한다.

2. 용어의 정의 (법 2조)

1) "구인자"란 구직자를 채용하려는 자를 말한다.
2) "구직자"란 직업을 구하기 위하여 구인자의 채용광고에 응시하는 사람을 말한다.
3) "기초심사자료"란 구직자의 응시원서, 이력서 및 자기소개서를 말한다.
4) "입증자료"란 학위증명서, 경력증명서, 자격증명서 등 기초심사자료에 기재한 사항을 증명하는 모든 자료를 말한다.
5) "심층심사자료"란 작품집, 연구실적물 등 구직자의 실력을 알아볼 수 있는 모든 물건 및 자료를 말한다.
6) "채용서류"란 기초심사자료, 입증자료, 심층심사자료를 말한다.

3. 적용범위(법 3조)

이 법은 상시 30명 이상의 근로자를 사용하는 사업 또는 사업장의 채용절차에 적용한다. 다만, 국가 및 지방자치단체가 공무원을 채용하는 경우에는 적용하지 아니한다.

4. 거짓 채용광고 등의 금지(법 4조)

1) 구인자는 채용을 가장하여 아이디어를 수집하거나 사업장을 홍보하기 위한 목적 등으로 거짓의 채용광고를 내서는 아니 된다.
2) 구인자는 정당한 사유 없이 채용광고의 내용을 구직자에게 불리하게 변경하여서는 아니 된다.
3) 구인자는 구직자를 채용한 후에 정당한 사유 없이 채용광고에서 제시한 근로조건을 구직자에게 불리하게 변경하여서는 아니 된다.
4) 구인자는 구직자에게 채용서류 및 이와 관련한 저작권 등의 지식재산권을 자신에게 귀속하도록 강요하여서는 아니 된다.

5. 채용강요 등의 금지(법 4조의 2)

누구든지 채용의 공정성을 침해하는 다음 각 호의 어느 하나에 해당하는 행위를 할 수 없다.
1) 법령을 위반하여 채용에 관한 부당한 청탁, 압력, 강요 등을 하는 행위
2) 채용과 관련하여 금전, 물품, 향응 또는 재산상의 이익을 제공하거나 수수하는 행위

6. 출신지역 등 개인정보 요구 금지(법 4조의 3)

구인자는 구직자에 대하여 그 직무의 수행에 필요하지 아니한 다음 각 호의 정보를 기초심사자료에 기재하도록 요구하거나 입증자료로 수집하여서는 아니 된다.
1) 구직자 본인의 용모 · 키 · 체중 등의 신체적 조건
2) 구직자 본인의 출신지역 · 혼인여부 · 재산
3) 구직자 본인의 직계 존비속 및 형제자매의 학력 · 직업 · 재산

7. 기초심사자료 표준양식의 사용 권장(법 5조)

1) 고용노동부장관은 기초심사자료의 표준양식을 정하여 구인자에게 그 사용을 권장할 수 있다.
2) 구직자는 구인자에게 제출하는 채용서류를 거짓으로 작성하여서는 아니 된다.

8. 전자우편 등을 통한 채용서류의 접수(법 7조)

1) 구인자는 구직자의 채용서류를 사업장 또는 구인자로부터 위탁받아 채용업무에 종사하는 자의 홈페이지 또는 전자우편으로 받도록 노력하여야 한다.
2) 구인자는 채용서류를 전자우편 등으로 받은 경우에는 지체 없이 구직자에게 접수된 사실을 제1항에 따른 홈페이지 게시, 휴대전화에 의한 문자전송, 전자우편, 팩스, 전화 등으로 알려야 한다.

9. 채용일정 및 채용과정의 고지(법 8조)

1) 구인자는 구직자에게 채용일정, 채용심사 지연의 사실, 채용과정의 변경 등 채용과정을 알려야 한다. 이 경우 고지방법은 제7조제2항을 준용한다.

10. 채용심사비용의 부담금지(법 9조)

1) 구인자는 채용심사를 목적으로 구직자에게 채용서류 제출에 드는 비용 이외의 어떠한 금전적 비용(이하 "채용심사비용"이라고 한다)도 부담시키지 못한다. 다만, 사업장 및 직종의 특수성으로 인하여 불가피한 사정이 있는 경우 고용노동부장관의 승인을 받아 구직자에게 채용심사비용의 일부를 부담하게 할 수 있다.

11. 채용 여부의 고지(법 10조)

1) 구인자는 채용대상자를 확정한 경우에는 지체 없이 구직자에게 채용 여부를 알려야 한다. 이 경우 고지방법은 제7조제2항을 준용한다.

12. 채용서류의 반환 등(법 11조)

1) 구인자는 구직자의 채용 여부가 확정된 이후 구직자(확정된 채용대상자는 제외한다)가 채용서류의 반환을 청구하는 경우에는 본인임을 확인한 후 대통령령으로 정하는 바에 따라 반환하여야 한다. 다만, 제7조제1항에 따라 홈페이지 또는 전자우편으로 제출된 경우나 구직자가 구인자의 요구 없이 자발적으로 제출한 경우에는 그러하지 아니하다.

2) 제1항에 따른 구직자의 채용서류 반환 청구는 서면 또는 전자적 방법 등 고용노동부령으로 정하는 바에 따라 하여야 한다.

3) 구인자는 제1항에 따른 구직자의 반환 청구에 대비하여 대통령령으로 정하는 기간 동안 채용서류를 보관하여야 한다. 다만, 천재지변이나 그 밖에 구인자에게 책임 없는 사유로 채용서류가 멸실된 경우 구인자는 제1항에 따른 채용서류의 반환 의무를 이행한 것으로 본다.

4) 구인자는 대통령령으로 정한 반환의 청구기간이 지난 경우 및 채용서류를 반환하지 아니한 경우에는 「개인정보 보호법」에 따라 채용서류를 파기하여야 한다.

5) 제1항에 따른 채용서류의 반환에 소요되는 비용은 원칙적으로 구인자가 부담한다. 다만, 구인자는 대통령령으로 정하는 범위에서 채용서류의 반환에 소요되는 비용을 구직자에게 부담하게 할 수 있다.

6) 구인자는 제1항부터 제5항까지의 규정을 채용 여부가 확정되기 전까지 구직자에게 알려야 한다.

13. 채용서류의 반환 이행기간 등(시행령 2조)

1) 「채용절차의 공정화에 관한 법률」(이하 "법"이라 한다) 제11조제1항 본문에 따라 구직자로부터 채용서류의 반환 청구를 받은 구인자는 구직자가 반환 청구를 한 날부터 14일 이내에 구직자에게 해당 채용서류를 발송하거나 전달하여야 한다.

2) 구인자가 제1항에 따라 채용서류를 반환하는 때에는 해당 채용서류를 「우편법」 제14조제2항제3호 또는 제15조제2항제3호에 따른 특수취급우편물(이하 "특수취급우편물"이라 한다)을 이용하여야 한다. 다만, 구직자가 원하는 경우에는 구직자와 합의하는 방법으로 전달할 수 있다.

3) 제2항에 따라 채용서류를 특수취급우편물로 반환하는 경우 채용서류의 반환 장소는 채용서류에 기재된 구직자의 주소지로 한다. 다만, 구직자가 제1항에 따라 채용서류의 반환을 청구할 때 반환 장소를 지정한 경우에는 그 장소로 한다.

14. 채용서류의 반환 청구기간(시행령 4조)

1) 법 제11조제4항에 따른 채용서류의 반환 청구기간은 구직자의 채용 여부가 확정된 날 이후 14일부터 180일까지의 기간의 범위에서 구인자가 정한 기간으로 한다. 이 경우 구인자는 채용 여부가 확정되기 전까지 구인자가 정한 채용서류의 반환 청구기간을 구직자에게 알려야 한다.

15. 채용심사비용 등에 관한 시정명령(법 12조)

1) 제9조, 제11조제1항·제4항·제5항을 위반한 구인자에게 고용노동부장관은 시정을 명할 수 있다.

2) 제1항에 따른 시정명령을 받은 구인자는 해당 명령을 이행한 경우에 그 이행결과를 지체 없이 고용노동부장관에게 보고하여야 한다.

16. 보고 및 조사(법 14조)

1) 고용노동부장관은 필요하다고 인정하면 구인자에게 이 법 시행에 필요한 자료를 제출하게 하거나 필요한 사항을 보고하게 할 수 있다.
2) 고용노동부장관은 이 법 위반 사실의 확인 등을 위하여 필요하면 소속 공무원으로 하여금 이 법을 적용받는 사업의 사업장이나 그 밖의 시설에 출입하여 서류·장부 또는 그 밖의 물건을 조사하고 관계인에게 질문하게 할 수 있다.
3) 고용노동부장관은 제2항에 따른 조사를 하려면 미리 조사 일시, 조사 이유 및 조사 내용 등의 조사계획을 조사 대상자에게 알려야 한다. 다만, 긴급히 조사하여야 하거나 사전에 알리면 증거인멸 등으로 조사목적을 달성할 수 없다고 인정하는 경우에는 그러하지 아니하다.
4) 제2항에 따라 출입·조사를 하는 관계 공무원은 그 권한을 표시하는 증표를 지니고 이를 관계인에게 보여주어야 한다.

17. 벌칙(법 16조)

1) 제4조제1항을 위반하여 거짓의 채용광고를 낸 구인자는 5년 이하의 징역 또는 2천만원 이하의 벌금에 처한다.

18. 과태료(법 17조)

1) 제4조의2를 위반하여 채용강요 등의 행위를 한 자에게는 3천만원 이하의 과태료를 부과한다. 다만, 「형법」 등 다른 법률에 따라 형사처벌을 받은 경우에는 과태료를 부과하지 아니하며, 과태료를 부과한 후 형사처벌을 받은 경우에는 그 과태료 부과를 취소한다.
2) 다음 각 호의 어느 하나에 해당하는 자에게는 500만원 이하의 과태료를 부과한다.
   ① 제4조제2항 또는 제3항을 위반하여 채용광고의 내용 또는 근로조건을 변경한 구인자
   ② 제4조제4항을 위반하여 지식재산권을 자신에게 귀속하도록 강요한 구인자
   ③ 제4조의3을 위반하여 그 직무의 수행에 필요하지 아니한 개인정보를 기초심사자료에 기재하도록 요구하거나 입증자료로 수집한 구인자
3) 다음 각 호의 어느 하나에 해당하는 자에게는 300만원 이하의 과태료를 부과한다.
   ① 제11조제3항에 따른 채용서류 보관의무를 이행하지 아니한 구인자
   ② 제11조제6항을 위반하여 구직자에 대한 고지의무를 이행하지 아니한 구인자
   ③ 제12조제1항에 따른 시정명령을 이행하지 아니한 구인자
4) 제1항부터 제3항까지에 따른 과태료는 대통령령으로 정하는 바에 따라 고용노동부장관이 부과·징수한다.

CHAPTER 04 출제예상문제

01 개인정보보호법령상 개인정보 보호위원회(이하 "보호위원회"라 한다)에 관한 설명으로 틀린 것은?

① 보호위원회는 위원장 1명, 상임위원 1명을 포함한 15명 이내의 위원으로 구성한다.

② 위원장과 위원의 임기는 2년으로 하되, 1차에 한하여 연임할 수 있다.

③ 보호위원회의 회의는 위원장이 필요하다고 인정하거나 재적위원 4분의 1이상의 요구가 있는 경우에 위원장이 소집한다.

④ 보호위원회는 재적위원 과반수의 출석과 출석위원 과반수의 찬성으로 의결한다.

해설 위원의 임기는 3년으로 하되, 한 차례만 연임할 수 있다.

02 채용절차의 공정화에 관한 법령에 대한 설명으로 틀린 것은?

① 기초심사자료란 구직자의 응시원서, 이력서 및 자기소개서를 말한다.

② 이 법은 국가 및 지방자치단체가 공무원을 채용하는 경우에도 적용한다.

③ 직종의 특수성으로 인하여 불가피한 사정이 있는 경우 고용노동부장관의 승인을 받아 구직자에게 채용심사비용의 일부를 부담하게 할 수 있다.

④ 구인자는 구직자 본인의 재산 정보를 기초심사자료에 기재하도록 요구하여서는 아니 된다.

해설 이 법은 상시 30명 이상의 근로자를 사용하는 사업 또는 사업장의 채용절차에 적용한다. 다만, 국가 및 지방자치단체가 공무원을 채용하는 경우에는 적용하지 아니한다.

03 채용절차의 공정화에 관한 법률에 관한 설명으로 틀린 것은?

① "기초심사자료"란 구직자의 응시원서, 이력서 및 자기소개서를 말한다.

② 고용노동부 장관은 기초심사자료의 표준양식을 정하여 구인자에게 그 사용을 권장할 수 있다.

③ 구직자는 구인자에게 제출하는 채용서류를 거짓으로 작성하여서는 아니 된다.

④ 이 법은 지방자치단체가 공무원을 채용하는 경우에도 적용한다.

해설 채용절차의 공정화에 관한 법률은 상시 30명 이상의 근로자를 사용하는 사업 또는 사업장의 채용절차에 적용한다. 다만, 국가 및 지방자치단체가 공무원을 채용하는 경우에는 적용하지 아니한다.

04 채용절차의 공정화에 관한 법률에 대한 설명으로 틀린 것은?

① 고용노동부장관은 입증자료의 표준양식을 정하여 구인자에게 그 사용을 권장할 수 있다.

② 원칙적으로 상시 30명 이상의 근로자를 사용하는 사업장의 채용절차에 적용한다.

③ 채용서류란 기초심사자료, 입증자료, 심층심사자료를 말한다.

④ 심층심사자료란 작품집, 연구실적물 등 구직자의 실력을 알아볼 수 있는 모든 물건 및 자료를 말한다.

해설 고용노동부장관은 기초심사자료의 표준양식을 정하여 구인자에게 그 사용을 권장할 수 있다.

정답 01 ② 02 ② 03 ④ 04 ①

05 채용절차의 공정화에 관한 법령상 500만원 이하의 과태료 부과사항에 해당하지 않는 것은?

① 채용광고의 내용 또는 근로조건을 변경한 구인자

② 지식재산권을 자신에게 귀속하도록 강요한 구인자

③ 채용서류 보관의무를 이행하지 아니한 구인자

④ 그 직무의 수행에 필요하지 아니한 개인정보를 기초심사자료에 기재하도록 요구하거나 입증자료로 수집한 구인자

해설 다음 각 호의 어느 하나에 해당하는 자에게는 300만원 이하의 과태료를 부과한다.
① 채용서류 보관의무를 이행하지 아니한 구인자
② 구직자에 대한 고지의무를 이행하지 아니한 구인자
③ 시정명령을 이행하지 아니한 구인자

2023
직업상담사 **2급**

필기

전과목
무료동영상
과년도 기출문제

정헌석 · 이지민 · 박비송 공저

예믐에듀
EDU

과년도문제풀이

CONTENTS

2019년 1회 과년도문제풀이

01 직업상담의 기본 원리와 가장 거리가 먼 것은?

① 윤리적인 범위 내에서 상담을 전개하여야 한다.

② 산업구조변화, 직업정보, 훈련정보 등 변화하는 직업세계에 대한 이해를 토대로 이루어져야 한다.

③ 각종 심리검사 결과를 기초로 합리적인 판단을 이끌어낼 수 있어야 하지만 심리검사에 대해 과잉의손해서는 안 된다.

④ 개인의 진로 혹은 직업결정에 대한 상담으로 전개되어야 하며, 자칫 의사결정능력에 대한 훈련으로 전환되지 않도록 유의한다.

해설 **진로 상담의 주요 원리**

ⓐ 개인의 진로결정에 있어서 핵심적인 요소이므로 합리적인 진로의사결정 과정과 기법을 체득하도록 상담한다.

ⓑ 진학과 직업선택에 초점을 맞추어 전개되어야 한다.

ⓒ 개인의 특성을 객관적으로 파악한 후 상담자와 내담자간의 라포가 형성된 관계 속에서 이루어져야 한다.

ⓓ 진로발달이론에 근거하며 진로발달이 진로선택에 영향을 미친다.

ⓔ 변화하는 직업세계의 이해와 진로정보 활동을 중심으로 개인과 직업의 연계성을 합리적으로 연결시키는 과정과 합리적 방법 이용에 초점을 두어야 한다.

ⓕ 각종 심리검사의 결과를 기초로 합리적인 결과를 끌어낼 수 있도록 도와주는 역할을 해야 한다.

ⓖ 항상 '차별적인 진단과 처치'의 자세를 견지한다.

ⓗ 상담윤리 강령에 따라 전개되어야 한다.

02 직업상담사의 요건 중 '상담업무를 수행하는데 가급적 결함이 없는 성격을 갖춘 자'에 대한 사례와 가장 거리가 먼 것은?

① 지나칠 정도의 동정심

② 순수한 이해심을 가진 신중한 태도

③ 건설적인 냉철함

④ 두려움이나 충격에 대한 공감적 이해력

해설 상담업무를 수행하는데 결함이 없는 성격은 통일된 동일시, 건설적 냉철, 징서성에서 분리된 지나치지 않은 동정심, 순수한 이해심을 가진 신중한 태도, 도덕적 판단이나 두려움 및 충격 등에 대한 뜻깊은 이해성을 갖추어야 한다.

03 직업상담의 초기면담을 마친 후에 상담사가 면담을 정리하기 위해 검토해야 할 사항과 가장 거리가 먼 것은?

① 사전자료를 토대로 내렸던 내담자에 대한 결론은 얼마나 정확했는가?

② 상담에 대한 내담자의 기대와 상담사의 기대는 얼마나 일치했는가?

③ 내담자에 대하여 어떤 점들을 추가적으로 평가해야 할 것인가?

④ 내담자에게 적절한 직업을 추천하였는가?

해설 초기면담은 직업상담 과정에서 첫 번째로 실시되는 중요한 면담이다. 그러나 적절한 직업 추천은 최종면담을 마친 후에 검토해야 할 사항이다.

정답 01 ④ 02 ① 03 ④

04 Super가 제시한 흥미사정 기법에 해당하지 않는 것은?

① 표현된 흥미   ② 선호된 흥미

③ 조작된 흥미   ④ 조사된 흥미

> **해설** **수퍼의 흥미를 사정하는 방법**
> ① 표현된 흥미 : 어떤 활동이나 직업에 대해서 좋고 싫음을 말하도록 하는 것이다.
> ③ 조작된 흥미 : 활동에 참여하는 사람들이 어떻게 시간을 보내는지를 관찰하는 것이다.
> ④ 조사된 흥미 : 다양한 활동에 대해 좋고 싫음을 묻는 표준화된 검사를 실시한다.

05 다음 설명에 해당하는 상담이론은?

> 인간은 합리적인 사고를 할 수 있는 동시에 비합리적인 사고와 가능성도 가지고 있는 존재이며, 따라서 내담자의 모든 행동적/정서적 문제는 경험적으로 타당성이 없는 비논리적이고 비합리적인 사고로 인해 발생한 것이라고 보았다.

① 합리적 정서행동 상담   ② 현실치료적 상담

③ 형태주의 상담   ④ 정신분석적 상담

> **해설** Ellis에 의해 발전된 이론으로 모든 내담자의 행동적 – 정서적 문제는 비논리적이고 비합리적인 사고에서 발생한 것이다.

06 사회인지적 직업상담이론의 기반이 되는 Bandura의 상호적 결정론의 세 가지 요인이 아닌 것은?

① 개인과 신체적 속성   ② 모범이 되는 모델

③ 외부 환경   ④ 외형적 행동

> **해설** **반두라(Bandura)의 사회인지적 진로발달이론**
> ㉠ 개인, 환경, 외형적 행동 간에 상호작용을 강조한다.
> ㉡ 성과기대나 개인목표와 같은 인지적 과정을 주로 다룬다.
> ㉢ 자기효능감을 진로발달의 중요한 개인적 결정요인으로 가정한다.

07 정신역동적 직업상담에서 Bordin이 제시한 진단범주가 아닌 것은?

① 의존성   ② 자아 갈등

③ 정보의 부족   ④ 개인의 흥미

> **해설** 보딘이 제시한 직업문제의 심리적 원인은 의존성, 정보의 부족, 자아갈등(내적갈등), 선택의 불안, 확신의 결여(문제없음)이다.

08 상담의 비밀보장 원칙에 대한 예외사항이 아닌 것은?

① 상담사가 내담자의 정보를 학문적 목적에만 사용하려고 하는 경우

② 미성년 내담자가 학대를 받고 있다는 사실이 보고되는 경우

③ 내담자가 타인의 생명을 위협할 가능성이 있다고 판단되는 경우

④ 내담자가 자기의 생명을 위협할 가능성이 있다고 판단되는 경우

> **해설** 상담자는 내담자의 개인 및 사회에 임박한 위험이 있다고 판단될 때, 극히 조심스럽게 고려한 뒤 내담자의 사회생활 정보를 적정한 전문인 혹은 사회당국에 공개한다.

09 상담 종결 단계에서 다루어야 할 사항이 아닌 것은?

① 상담 종결 단계에 대한 내담자의 준비도를 평가하고 상담을 통해 얻은 학습을 강화시킨다.

② 남아 있는 정서적 문제를 해결하고 내담자와 상담사 간의 의미 있고 밀접했던 관계를 적절하게 끝맺는다.

③ 상담사와 내담자가 협력하여 앞으로 나아갈 방향과 상담목표를 설정하고 확인해 나간다.

④ 학습의 전이를 극대화하고 내담자의 자기 신뢰 및 변화를 유지할 수 있는 자신감을 증가시킨다.

> **해설** 상담목표를 설정하는 것은 초기 단계이며 내담자와의 협의를 통해 초기에 설정된 상담목표는 고정된 것이 아니라 상담 진행 과정에서 드러난 내담자의 문제에 따라 변화될 수 있다.

10 구성주의 진로발달 이론의 진로양식면접에서 선호하는 직무와 근로환경을 파악하기 위한 질문으로 가장 적합한 것은?

① 중학교 때나 고등학교 때 좋아하는 교과목이 무엇이었나요?

② 좋아하는 책이나 영화에 대해 이야기 해주세요.

③ 어떤 사람의 삶을 따라서 살고 싶은가요?

④ 좋아하는 명언이나 좌우명이 있나요?

정답 04 ②   05 ①   06 ②   07 ④   08 ①   09 ③   10 ①

구성주의 진로발달이론은 개인이 타고나거나 고정적인 특성을 가지고 있는 것이 아니라 적극적으로 자신의 삶의 주인이 되어 진로와 관련된 행동, 직업적인 경험에 의미를 부여하면서 스스로 자신만의 진로이야기를 만드는 것이다. 8가지 질문을 통해 내담자의 진로이야기를 이끌어 내게 된다.
② 좋아하는 책이나 영화에 대해 이야기 해주세요. – 동일문제에 당면한 주인공이 어떻게 그 문제를 다루어나가는지 보여줌
③ 어떤 사람의 삶을 따라서 살고 싶은가요? – 이상적 자아
④ 좋아하는 명언이나 좌우명이 있나요? – 생애사의 제목

11 내담자가 수집한 직업목록의 내용이 실현 불가능할 때, 상담사의 개입 방안으로 옳지 않은 것은?

① 브레인스토밍 과정을 통해 내담자의 부적절한 직업목록 내용을 명확히 한다.
② 최종 의사결정은 내담자가 해야 함을 확실히 한다.
③ 내담자가 그 직업들을 시도해본 후 어려움을 겪게 되면 개입한다.
④ 객관적인 증거나 논리로 추출한 것에 대해서 대화해야 한다.

내담자가 그 직업을 시도하여 어려움을 겪을 때 개입은 너무 늦은 경우이다.

12 진로시간전망을 측정하는 원형검사에서 시간 차원 내 사건의 강도와 확장의 원리를 기초로 수행되는 차원은?

① 방향성
② 통합성
③ 변별성
④ 포괄성

변별성은 미래를 현실처럼 느끼게 하고 미래계획에 대한 정적 태도를 강화시키며 목표를 신속하게 설정하도록 하는데 있다. 따라서 시간변별은 시간차원내의 사건의 강도와 확장성을 의미한다.

13 다음 사례에서 면담 사정 시 사정단계에서 확인해야 하는 내용으로 가장 적합한 것은?

> 중2 남학생인 내담자는 소극적인 성격으로 대인관계에 어려움을 겪고 있고 진로에 대한 고민을 한 적이 없고 학업도 게을리 하고 있다.

① 내담자의 잠재력, 내담자의 자기진단
② 인지적 명확성, 정신건강 문제, 내담자의 동기
③ 내담자의 자기진단, 상담자의 정보제공
④ 동기문제 해결, 상담자의 견해 수용

내담자는 소극적인 성격으로 대인관계에 어려움을 겪고 있으므로 인지적 명확성이나 정신건강문제를 확인해야 하고 진로에 대한 고민을 한 적이 없고 학업도 게을리 하고 있으므로 내담자의 동기를 사정해야 한다.

14 직업상담의 문제유형에 대한 Crites의 분류 중 '부적응형'에 대한 설명으로 옳은 것은?

① 적성에 따라 직업을 선택했지만 그 직업에 흥미를 느끼지 못하는 사람
② 흥미를 느끼는 분야는 있지만 그 분야에 필요한 적성을 가지고 있지 못하는 사람
③ 흥미나 적성의 유형이나 수준과는 상관없이 어떤 분야를 선택할지 결정하지 못하는 사람
④ 흥미를 느끼는 분야도 없고 적성에 맞는 분야도 없는 사람

크릿츠의 직업상담의 문제유형 분류
㉠ 적응형 : 흥미와 적성이 일치
㉡ 부적응형 : 흥미를 느끼는 분야도 없고 적성에 맞는 분야도 없는 사람
㉢ 비현실형 : 흥미를 느끼는 분야는 있지만 그 분야에 대해 적성을 가지고 있지 못한 사람
㉣ 다재다능형 : 가능성이 많아서 흥미를 느끼는 직업들과 적성에 맞는 직업들 사이에서 결정을 내리지 못하는 사람
㉤ 우유부단형 : 흥미와 적성에 관계없이 성격적으로 선택과 결정을 못 내리는 사람
㉥ 불충족형 : 자신의 적성수준보다 낮은 직업선택
㉦ 강압형 : 적성 때문에 선택했지만 흥미를 못 느낌

15 행동주의 상담의 모델링 기법에 관한 설명으로 틀린 것은?

① 적응적 행동이 어떤 것인지 가르칠 수 있다.
② 적응적 행동을 실제로 행하도록 촉진할 수 있다.
③ 내담자가 두려워하는 행동을 하는 모델을 관찰함으로써 불안이 감소될 수 있다.
④ 문제행동에서 벗어나도록 둔감화를 적용할 수 있다.

해설 모델링은 학습촉진기법이며, 체계적 둔감화는 불안반응을 제거시키기 위해 개발된 행동수정의 기법이다.

16 초기 상담과정에서 상담사가 수행해야 할 내용으로 옳지 않은 것은?

① 상담사의 개입을 시도한다.
② 상담과정에서 필요한 과제물을 부여한다.
③ 조급하게 내담자에 대한 결론을 내리지 않는다.
④ 상담과정과 역할에 대한 서로의 기대를 명확히 한다.

해설 상담사의 개입은 중기단계에서 이루어진다.

17 직업상담의 기법 중 비지시적 상담 규칙과 가장 거리가 먼 것은?

① 상담사는 내담자와 논쟁해서는 안 된다.
② 상담사는 내담자에게 질문 또는 이야기를 해서는 안 된다.
③ 상담사는 내담자에게 어떤 종류의 권위도 과시해서는 안 된다.
④ 상담사는 인내심을 가지고 우호적으로, 그러나 지적으로는 비판적인 태도로 내담자의 말을 경청해야 한다.

해설 상담사는 수용적인 분위기에서 개방적 질문과 간접질문을 통해 내담자의 이야기를 이끌어낼 수 있다.

18 내담자가 빈 의자를 앞에 놓고 어떤 사람이 실제 앉아 있는 것처럼 상상하면서 이야기를 하는 치료기법을 사용하는 상담이론은?

① 게슈탈트 상담
② 현실요법적 상담
③ 동양적 상담
④ 역설적 상담

해설 인간을 과거나 환경에 의해 결정되는 존재가 아니라 현재의 사고, 감정, 행동의 전체성과 통합을 추구하는 존재로 보는 상담접근법이며 여기-지금(here and now)의 경험을 강조한다. 상담기법으로는 빈의자기법, 꿈작업, 과장하기, 욕구와 감정의 자각, 신체자각, 환경자각, 언어자각, 자기부분들간의 대화, 역할연기, 감정에 머무르기, 직면이 있다.

19 Parsons가 제안한 특성-요인 이론에 관한 설명으로 틀린 것은?

① 고도로 개별적이고 과학적인 방법을 통해 개인과 직업을 연결하는 것이 핵심이다.
② 사람들은 누구나 신뢰롭고 타당하게 측정될 수 있는 독특한 특성을 지니고 있다.
③ 특성이란 숨어 있는 특질이나 원인이 아니라 기술적인 범주이다.
④ 직업선택은 직접적인 인지과정이기 때문에 개인의 특성과 직업의 특성을 연결하는 것이 가능하다.

해설 특성이란 숨어 있는 특질이나 원인을 말한다.

20 생애주기에 관한 연구결과들의 시사점과 가장 거리가 먼 것은?

① 모든 연령수준별로 일에 대한 이해, 일을 수행하기 위한 훈련과 자격, 원하는 직업을 얻는 방법, 생활과 직업의 관계를 인식해야 한다.
② 10대에게는 직업에 필요한 적당한 기술과 훈련이 필요하다.
③ 한 번 얻은 직업정보는 시간과 상황에 관계없이 계속 유지되어야 한다.
④ 여성과 노인들을 위한 취업정보체계가 필요하다.

해설 직업정보는 시간과 상황에 따라 계속적으로 변화한다.

정답 15 ④ 16 ① 17 ② 18 ① 19 ③ 20 ③

21 Gottfredson이 제시한 직업포부의 발달단계가 아닌 것은?

① 성역할 지향성　　　② 힘과 크기 지향성
③ 사회적 가치 지향성　④ 직업 지향성

해설 **Gottfredson이 제시한 직업포부의 발달단계**

ㄱ 힘과 크기의 지향성(3~5세) : 사고과정이 구체화되며 어른이 된다는 것의 의미를 알게 된다.
ㄴ 성역할 지향성(6~8세) : 자아개념이 성의 발달에 의해서 영향을 받게 된다.
ㄷ 사회적 가치 지향적(9~13세) : 사회계층에 대한 개념이 생기면서 상황 속에서 자아를 인식하게 되고, 일의 수준에 대한 이해를 확장시킨다.
ㄹ 내적, 고유한 자아 지향성(14세 이후) : 내성적인 사고를 통하여 자아인식이 발달되며 타인에 대한 개념이 생겨난다. 또한 자아성찰과 사회계층의 맥락에서 직업적 포부가 더욱 발달하게 된다.

22 Crites가 개발한 직업성숙도검사(CMI)에서 태도척도에 해당되지 않는 것은?

① 성실성　　　② 독립성
③ 지향성　　　④ 결정성

해설 ① 진로성숙 검사도구(CMI)의 특징

ㄱ Crites의 이론에 기초한 진로성숙검사는 태도척도와 능력척도로 구성되며 진로선택 내용과 과정이 통합적으로 반영되었다.
ㄴ 진로선택 과정에 대한 피험자의 태도와 진로결정에 영향을 미치는 성향적 반응경향성을 측정한다.
ㄷ 태도척도는 선발척도와 상담척도 두 가지가 있다.
ㄹ 능력척도는 자기평가, 직업정보, 목표선정, 계획, 문제해결의 5개 영역을 측정한다.
ㅁ 초등학교 6학년부터 고등학교 3학년을 대상으로 표준화되었다.
② 태도척도의 하위영역과 이를 측정하는 문항의 예
ㄱ 결정성(Decisiveness) : 나는 선호하는 진로를 자주 바꾸고 있다.
ㄴ 참여도(Involvement) : 나는 졸업할 때까지는 진로선택 문제를 별로 신경쓰지 않겠다.
ㄷ 독립성(Independence) : 나는 부모님이 정해주는 직업을 선택하겠다.
ㄹ 성향(Orientation) : 일하는 것이 무엇인지에 대해 생각한 바가 거의 없다.
ㅁ 타협성 : 나는 하고 싶기는 하나 할 수 없는 일을 생각하느라 시간을 보내곤 한다.

23 신뢰도가 높은 검사의 특성으로 옳은 것은?

① 공부를 잘하는 학생이 못하는 학생보다 더 좋은 점수를 받는다.
② 검사점수들이 정상분포를 이룬다.
③ 한 피검사자가 동일한 검사를 반복해서 받을 때 유사한 점수를 받는다.
④ 검사 문항의 난이도가 낮은 것부터 높은 것까지 골고루 분포되어 있다.

해설 신뢰도란 검사를 동일한 사람에게 실시했을 때, '검사조건이나 검사시기에 관계없이 얼마나 점수들이 일관성이 있는가, 비슷한 것을 측정하는 검사의 점수와 얼마나 일관성이 있는가'하는 것을 말한다.

24 다음 중 Maslow의 욕구위계이론과 가장 유사성이 많은 직무동기이론은?

① 기대-유인가 이론
② Adams의 형평이론
③ Locke의 목표설정이론
④ Alderfer의 존재-관계-성장이론

해설 Alderfer가 제시한 ERG이론은 Maslow의 욕구단계이론의 한계점과 비판점을 근거로 제시된 이론이다. 욕구단계이론에 기초하여 다섯 가지 욕구를 세 가지 욕구로 줄였지만, 욕구단계 간 이동을 한다는 점에서 더욱 유연한 이론이다.

25 직업전환을 원하는 내담자를 상담할 때 고려해야 할 사항과 가장 거리가 먼 것은?

① 나이와 건강을 고려해야 한다.
② 부모의 기대와 아동기 경험을 분석한다.
③ 직업을 전환하는 데 동기화가 되어 있는지 알아본다.
④ 직업을 전환하는 데 필요한 기술을 가지고 있는지 평가해야 한다.

해설 직장을 처음 구하는 사람은 자신에 대한 이해와 직업에 대한 이해가 가장 중요하며, 직업전환을 하려는 사람의 경우는 변화에 대한 인지능력을 우선적으로 탐색해야 한다.

정답 **21** ④　**22** ①　**23** ③　**24** ④　**25** ②

26 신입사원이 조직에 쉽게 적응하도록 상사가 후견인이 되어 도와주는 경력개발 프로그램은?

① 종업원지원 시스템　　② 멘토십 시스템
③ 경력지원 시스템　　　④ 조기발탁 시스템

해설 경험과 지식이 많은 사람이 스승 역할을 하여 지도와 조언으로 그 대상자의 실력과 잠재력을 향상시키는 것 또는 그러한 체계를 말한다.

27 심리검사의 표준화를 통해 통제하고자 하는 변인이 아닌 것은?

① 검사자 변인　　　　② 피검자 변인
③ 채점자 변인　　　　④ 실시상황 변인

해설 표준화란 검사의 실시와 채점 절차의 동일성을 유지하는 데 필요한 세부사항들을 잘 정리한 것을 말한다. 즉, 검사 실시에 영향을 미치는 외적 변수들을 가능한 제거하는 것으로 검사재료, 시간제한, 검사순서, 검사장소 등 검사실시의 모든 과정과 응답한 내용을 어떻게 점수화하는가 하는 채점절차를 세부적으로 명시하는 것을 말한다.

28 직무분석을 실시할 때 분석할 대상직업에 대한 자료가 부족하여 실시하는 최초분석법의 분석방법이 아닌 것은?

① 면담법　　　　　　② 체험법
③ 비교확인법　　　　④ 설문법

해설 최초분석법에는 면접법, 관찰법, 체험법, 설문지법, 중요사건법, 작업일지법 등이 있다. 비교확인법은 참고자료가 충분하고 단기간에 관찰이 불가능한 직무에 적합한 방법이다.

29 직무특성 양식 중 개인이 환경과의 상호작용에 있어 반응을 계속하는 시간의 길이는?

① 신속성　　　　　　② 속도
③ 인내심　　　　　　④ 리듬

해설 1) 직업성격적 측면
　ㄱ 민첩성 : 정확성보다는 속도를 중시한다.
　ㄴ 역량 : 근로자의 평균활동수준을 의미한다.
　ㄷ 리듬 : 활동에 대한 다양성을 의미한다.
　ㄹ 지구력 : 다양한 활동수준의 기간을 의미한다.

2) 직업적응방식적 측면
　ㄱ 융통성 : 개인의 작업환경과 개인적 환경간의 부조화를 참아내는 정도로서 작업과 개인의 부조화가 크더라도 잘 참아낼 수 있는 사람은 융통적인 사람을 의미한다.
　ㄴ 끈기 : 환경이 자신에게 맞지 않아도 개인이 얼마나 오랫동안 견디어낼 수 있는가 하는 것을 의미한다.
　ㄷ 적극성 : 개인이 작업환경을 개인적 방식과 좀 더 조화롭게 만들어 가려고 노력하는 정도를 의미한다.
　ㄹ 반응성 : 개인이 작업성격의 변화로 인해 작업환경에 반응하는 정도를 의미한다.

30 다음 중 일반적인 직무분석의 3단계에 포함되지 않는 것은?

① 직업분석(occupational analysis)
② 직무분석(job analysis)
③ 직업수준분석(job level analysis)
④ 작업분석(task analysis)

해설 직무분석의 3단계는 직업분석 → 직무분석 → 작업분석이다.

31 Holland의 흥미이론에서 개인의 흥미 유형과 개인이 몸담고 있거나 소속되고자 하는 환경의 유형이 서로 부합하는 정도는?

① 일치성(congruence)　　② 일관성(consistency)
③ 변별성(differentiation)　④ 정체성(identity)

해설 ㄱ 일관성 : 어떤 쌍들은 다른 유형의 쌍들보다 공통점을 더 많이 가지고 있다. 홀랜드 코드의 두 개의 첫 문자가 육각형에 인접할 때 일관성이 높게 나타난다.
　ㄴ 차별성 : 하나의 유형에는 유사성이 많지만 다른 유형에는 별로 유사성이 없다.
　ㄷ 정체성 : 개인의 정체성이란 목표, 흥미, 재능에 대한 명확하고 견고한 청사진을 말하고, 환경정체성이란 조직의 투명성, 안정성, 목표 · 일 · 보상의 통합으로 규정된다.
　ㄹ 일치성 : 개인의 흥미 유형과 개인이 몸담고 있거나 소속되고자 하는 환경의 유형이 서로 부합하는 정도로서 사람은 자신의 유형과 비슷하거나 정체성이 있는 환경에서 일하거나 생활할 때 일치성이 높아진다.
　ㅁ 계측성 : 육각형 모형에서 유형 간의 거리는 그 사이의 이론적 관계에 반비례한다.

정답 26 ②　27 ②　28 ③　29 ③　30 ③　31 ①

32 다음은 무엇에 관한 설명인가?

실제로 무엇을, 재는가의 문제가 아니라, 검사가 잰다고 말하는 것을 재는 것처럼 보이는가의 문제이다. 즉, 검사를 받는 사람들에게 그 검사가 타당한 것처럼 보이는가를 뜻한다.

① 내용타당도(content validity)
② 준거관련 타당도(criterion−related validity)
③ 예언타당도(predictive validity)
④ 안면타당도(face validity)

> **해설** 심리검사를 받은 피검사자들이 자신들이 받은 심리검사가 측정하고자 하는 것을 제대로 측정하는 것이라고 판단하다면 이 검사는 안면타당도가 높다고 할 수 있다.

33 승진을 하려면 지방근무를 해야만 하고, 서울근무를 계속하려면 승진기회를 잃는 경우에 겪는 갈등의 유형은?

① 접근−접근 갈등
② 회피−회피 갈등
③ 접근−회피 갈등
④ 이중 접근−회피 갈등

> **해설** 레빈(Levin)은 갈등의 유형을 다음 4가지로 구분하였다.
> ① 접근−접근 갈등(approach−approach conflict) : 이것은 둘 이상의 목표가 개인에게 긍정적 결과를 가져다주어 어느 것을 택해도 좋지만 이 가운데 어느 하나를 선택해야만 하는 상호 배타적인 상황의 경우 선택 문제로 심리적 갈등을 유발시킨다. 마음에 드는 두 개의 직무 가운데 어느 하나를 선택하도록 상황이 주어졌을 때 일시적이나마 마음의 갈등을 하게 되는 것이 그 예이다.
> ② 회피−회피갈등(avoidance−avoidance) : 둘 이상의 목표나 자극 모두가 부정적인 결과를 가져다주지만 이 가운데 어느 하나를 선택해야 할 때 발생하는 갈등이다. 출근하기는 싫은데 출근하지 않으면 상사로부터 질책받는것이 두려운 경우, 현재 직장은 싫은데 달리 옮길 만한 곳이 마땅치 않은 경우 등이 여기에 속한다.
> ③ 접근−회피 갈등(approach−avoidance conflict) : 어떤 목표 또는 자극이 긍정적인 속성과 부정적인 속성을 모두 가지고 있을때 야기되는 내적 갈등이다. 어떤 종업원이 높은 월급을 받고 싶지만 위험성이 높은 작업을 꺼리는 경우, 살생은 금하면서도 고기는 먹고 싶은 경우, 성행위를 불결하게 생각하면서도 결혼은 해야 한다고 생각하는 경우 등이다.
> ④ 이중 접근−회피 갈등(double approach−avoidance conflict) : 접근−회피 갈등이 확장된 것으로, 두 가지 목표가 서로 다른 장점과 단점을 지니고 있을 때, 어느 것을 선택해야 할지 결정해야 할 때 발생하는 갈등이다. 비싼 새 차를 사야 할지 싸구려 중고차를 사야 할지 고민하는 경우. 새 차를 사면 고장도 잘 안 나고 보기에도 좋지만 경제적 부담이 크고, 싸구려 중고차를 사면 경제적 부담은 적지만 고장이 잘 날 수도 있고 보기에도 좋지 않다고 생각하는 경우이다.

34 Krumboltz의 사회학습 진로이론에서 삶에서 일어나는 우연한 일들을 자신의 진로에 유리하게 활용하는 데 도움되는 기술이 아닌 것은?

① 호기심(curiosity)
② 독립심(independence)
③ 낙관성(optimum)
④ 위험 감수(risk taking)

> **해설** Krumboltz의 사회학습 진로이론에서 삶에서 일어나는 우연한 일들을 자신의 진로에 유리하게 활용하는 데 도움 되는 기술로 호기심, 인내심, 융통성, 낙관성, 위험감수를 제시하였다.

35 스트레스에 관한 설명으로 옳은 것은?

① 스트레스에 대한 일반적응증후는 경계, 저항, 탈진 단계로 진행된다.
② 1년간 생활변동 단위(life change unit)의 합이 90인 사람은 대단히 심한 스트레스를 겪는 사람이다.
③ A유형의 사람은 B유형의 사람보다 스트레스에 더 인내력이 있다.
④ 사회적 지지가 스트레스의 대처와 극복에 미치는 영향력은 거의 없다.

> **해설** ② 1년간 생활변동단위합이 150−199점 : 경미한 위기, 200−299점 : 견딜 만한 위기, 300점 이상 : 심각한 위기
> ③ A유형은 극단적으로 공격적, 적대감의 표출, 시간에 쫓기며 경쟁적이고 성취욕에 가득 차 있다.
> ④ 사회적 지지는 긍정적으로 작용한다.

36 문항분석에서 다음의 P는 무엇인가?

$$P = \frac{R}{N} \times 100$$

단, R : 어떤 문항에 정답을 한 수
N : 총 사례 수

① 문항 난이도
② 문항 변별도
③ 오답 능률도
④ 문항 오답률

> **해설** ① 문항의 난이도 – 특정 문항을 맞춘 사람들의 비율로서 문항의 난이도가 0.5일 때 검사점수의 분산도가 최대가 된다.
> ② 문항의 변별도 – 개개의 문항이 피험자 능력의 상하를 구별해 줄 수 있는 정도
> ③ 오답의 능률도(문항반응분포) – 문항의 각 답지에 대한 반응의 분포상태를 분석함으로써 각 답지가 제 구실을 하고 있는지를 알아보는 것

정답 32 ④ 33 ③ 34 ② 35 ① 36 ①

37 Holland가 분류한 성격유형 중 기계, 도구에 관한 체계적인 조작활동을 좋아하나 사회적 기술이 부족한 유형은?

① 예술적 유형(A)　　② 현실적 유형(R)
③ 기업가적 유형(E)　　④ 관습적 유형(C)

해설 ㉠ 현실형 – 기계, 도구에 관한 체계적인 조작활동을 좋아하나 사회적 기술이 부족하다. 조사연구원, 농부
　㉡ 탐구형 – 분석적이고 호기심이 많고 조직적이며 정확한 반면, 흔히 리더십 기술이 부족하다.
　㉢ 예술형 – 창의성을 지향하는 아이디어와 자료를 사용해서 자신을 새로운 방식으로 표현하는 것을 좋아한다.
　㉣ 사회형 – 다른 사람과 함께 일하는 것을 즐기고 친절하고 정이 많으며 인내와 관용으로 남을 돕는 직업을 선호하고 협조적이다.
　㉤ 진취형 – 조직의 목적과 경제적인 이익을 얻기 위해 타인을 선도, 계획, 통제, 관리하는 일과 그 결과로 얻어지는 위신, 인정, 권위에 흥미를 보인다.
　㉥ 관습형 – 구조화된 환경을 선호하고, 정해진 원칙과 계획에 따라 자료들을 기록, 정리, 조직하는 일을 좋아하고 체계적인 직업환경에서 사무적, 계산적 능력을 발휘하는 활동들에 흥미를 보인다.

38 조직에 영향을 미치는 직무 스트레스의 결과와 가장 거리가 먼 것은?

① 직무수행 감소　　② 직무 불만족
③ 상사의 부당한 지시　　④ 결근 및 이직

해설 상사의 부당한 지시는 직무 스트레스의 원인이다.

39 직업적성 검사의 측정에 대한 설명으로 옳은 것은?

① 개인이 맡은 특정 직무를 성공적으로 수행할 수 있는지를 측정한다.
② 일반적인 지적 능력을 알아내어 광범위한 분야에서 그 사람이 성공적으로 수행할 수 있는지를 측정한다.
③ 직업과 관련된 흥미를 알아내어 직업에 관한 의사결정에 도움을 주기 위한 것이다.
④ 개인이 가지고 있는 기질이라든지 성향 등을 측정하는 것으로 개인에게 습관적으로 나타날 수 있는 어떤 특징을 측정한다.

해설 ② 지능검사, ③ 흥미검사, ④ 성격검사

40 직업발달을 탐색 – 구체화 – 선택 – 명료화 – 순응 – 개혁 – 통합의 직업정체감 형성과정으로 설명한 것은?

① Super의 발달이론
② Ginzberg의 발달이론
③ Tiedeman과 O'Hara의 발달이론
④ Gottfredson의 발달이론

해설 자기정체감을 지속적으로 구별해 내고 발달과제를 처리하는 과정으로 진로발달단계를 설명하며, 이를 시간의 틀 내에서 개념화하였다.

SECTION

제3과목　직업정보론

41 다음은 무엇에 관한 정의인가?

유사한 성질을 갖는 산업 활동에 주로 종사하는 생산단위의 집합

① 직업　　② 산업
③ 일(task)　　④ 요소작업

해설 산업이란 "유사한 성질을 갖는 산업 활동에 주로 종사하는 생산단위의 집합"이라 정의되며, 산업 활동이란 "각 생산단위가 노동, 자본, 원료 등 자원을 투입하여, 재화 또는 서비스를 생산 또는 제공하는 일련의 활동 과정"이라 정의된다. 산업 활동의 범위에는 영리적, 비영리적 활동이 모두 포함되나, 가정 내의 가사 활동은 제외된다.

42 국가기술자격 기사등급의 응시 자격으로 틀린 것은?

① 응시하려는 종목이 속하는 동일 및 유사 직무분야에서 4년 이상 실무에 종사한 사람
② 동일 및 유사 직무분야의 기사 수준 기술훈련과정 이수자 또는 그 이수예정자
③ 응시하려는 종목이 속하는 동일 및 유사 직무분야의 다른 종목의 등급 이상의 자격을 취득한 사람
④ 기능사 자격을 취득한 후 응시하려는 종목이 속하는 동일 및 유사 직무분야에서 2년 이상 실무에 종사한 사람

해설 기능사 자격을 취득한 후 응시하려는 종목이 속하는 동일 및 유사 직무분야에서 3년 이상 실무에 종사한 사람

정답 37 ② 　38 ③ 　39 ① 　40 ③ 　41 ② 　42 ④

43 국가기술자격 서비스분야 종목 중 응시자격에 제한이 없는 것으로만 짝지어진 것은?

① 직업상담사2급 - 임상심리사2급 - 스포츠 경영관리사
② 사회조사분석사2급 - 소비자전문상담사2급 - 텔레마케팅관리사
③ 직업상담사2급 - 컨벤션기획사2급 - 국제의료관광코디네이터
④ 컨벤션기획사2급 - 스포츠경영관리사 - 국제의료관광코디네이터

해설 직업상담사 2급, 사회조사분석사 2급, 전자상거래관리사 2급, 텔레마케팅관리사, 게임프로그래밍전문가, 게임그래픽전문가, 게임기획전문가, 멀티미디어콘텐츠제작전문가, 소비자전문상담사 2급, 스포츠경영관리사, 컨벤션기획사 2급은 응시자격에 제한이 없다.

44 한국표준산업분류의 통계단위는 생산활동과 장소의 동질성의 차이에 따라 다음과 같이 구분된다. ( )에 알맞은 것은?

구분	하나 이상 장소	단일 장소
하나 이상의 산업 활동	×××	×××
	×××	
단일 산업활동	( )	×××

① 기업집단 단위
② 지역 단위
③ 기업체 단위
④ 활동유형 단위

해설

	하나 이상의 장소	단일 장소
하나 이상의 산업활동	기업집단	지역단위
	기업체 단위	
단일 산업활동	활동유형단위	사업체 단위

45 워크넷에 대한 설명으로 틀린 것은?

① 워크넷은 개인구직자와 구인기업을 위한 취업 지원 또는 채용지원 서비스를 제공할 뿐만 아니라, 고용센터 직업상담원이나 지자체 취업알선담당자 등의 취업알선업무 수행을 지원하기 위한 내부 취업알선시스템이기도 하다.
② 워크넷은 여성, 장년, 장애인, 청년 등 취약 계층을 위한 우대 채용정보를 제공한다.
③ 워크넷은 구인·구직 관련 서비스 외에 직업 및 진로 정보도 제공한다.

④ 워크넷은 정부에서 운영하는 취업정보사이트이기 때문에 고용센터 등 공공직업안정기관 에서 생산한 구인·구직 정보만 제공한다.

해설 공공·민간 일자리정보 통합서비스를 제공하고 있다.

46 다음 설명에 해당하는 직업훈련지원제도는?

훈련인프라 부족 등으로 인해 자체적으로 직업훈련을 실시하기 어려운 중소기업들을 위해, 대기업 등이 자체 보유한 우수 훈련 인프라를 활용하여 중소기업이 필요로 하는 기술인력을 양성·공급하고 중소기업 재직자의 직무능력향상을 지원하는 제도이다.

① 국가인적자원개발컨소시엄
② 사업주지원훈련
③ 국가가간전략산업직종훈련
④ 청년취업아카데미

해설
② 사업주가 근로자, 채용예정자, 구직자 등을 대상으로 직업능력개발훈련을 실시할 경우 훈련비 등 소요비용의 일부를 지원함으로써 사업주 직업능력개발훈련 실시를 촉진하고 근로자의 능력개발 향상을 도모하는 제도이다.
③ 기계, 동력, 사동차, 선자 능 우리나라의 중요 산업분야에서 인력이 부족한 직종에 대한 직업능력개발훈련을 실시하여 기업에서 요구하는 수준의 기술·기능인력 양성·공급 및 실업문제를 해소하기 위한 제도이다.
④ 기업, 사업주 단체, 대학 또는 민간 우수훈련기관이 직접 산업현장에서 필요한 직업능력 및 인력 등을 반영하고 청년 미취업자에게 대학 등과 협력하여 연수과정 또는 창조적 역량 인재과정을 실시한 후 취업 또는 창직, 창업활동과 연계되는 사업이다.

47 다음은 한국직업사전에서 해당 직업의 직무를 수행하는데 필요한 일반적인 정규교육 수준에 대한 설명이다. ( )에 알맞은 것은?

(ㄱ) : 9년 초과 ~ 12년 이하(고졸 정도)
(ㄴ) : 14년 초과 ~ 16년 이하(대졸 정도)

① ㄱ : 수준 2, ㄴ : 수준 4
② ㄱ : 수준 3, ㄴ : 수준 5
③ ㄱ : 수준 4, ㄴ : 수준 6
④ ㄱ : 수준 5, ㄴ : 수준 7

정답 43 ② 44 ④ 45 ④ 46 ① 47 ②

해설	수준	교육정도
	1	6년 이하(초졸 정도)
	2	6년 초과~9년(중졸 정도)
	3	9년 초과~12년(고졸 정도)
	4	12년 초과~14년(전문대졸 정도)
	5	14년 초과~16년(대졸 정도)
	6	16년 초과(대학원 이상)

48 워크넷에서 제공하는 채용정보 중 기업형태별 검색에 해당하지 않는 것은?

① 벤처기업
② 외국계기업
③ 환경친화기업
④ 일학습병행기업

해설 워크넷의 채용정보 중 기업형태별 검색 분류는 대기업, 공무원/공기업/공공기관, 강소기업, 코스피/코스닥, 외국계기업, 일학습병행기업, 벤처기업, 청년친화강소기업, 가족친화인증기업으로 되어있다.

49 한국표준직업분류에서 대분류와 직능 수준과의 관계로 틀린 것은?

① 관리자－제4직능 수준 혹은 제3직능 수준 필요
② 사무 종사자－제2직능 수준 필요
③ 판매 종사자－제2직능 수준 필요
④ 군인－제1직능 수준 필요

해설 1. 관리자 : 제4직능 수준 혹은 제3직능 수준 필요
2. 전문가 및 관련 종사자 : 제4직능 수준 혹은 제3직능 수준 필요
3. 사무 종사자 : 제2직능 수준 필요
4. 서비스 종사자 : 제2직능 수준 필요
5. 판매 종사자 : 제2직능 수준 필요
6. 농림어업 숙련 종사자 : 제2직능 수준 필요
7. 기능원 및 관련 기능 종사자 : 제2직능 수준 필요
8. 장치·기계조작 및 조립 종사자 : 제2직능 수준 필요
9. 단순노무 종사자 : 제1직능 수준 필요
 A 군인－제2직능 수준 이상 필요

50 직업정보를 전달하는 유형별 특징에 관한 다음 표의 ( )에 알맞은 것은?

유형	비용	학습자 참여도	접근성
인쇄물	저	(ㄱ)	용이
시청각자료	(ㄴ)	수동	제한
직업경험	고	적극	(ㄷ)

① ㄱ－수동, ㄴ－고, ㄷ－제한
② ㄱ－수동, ㄴ－고, ㄷ－적극
③ ㄱ－적극, ㄴ－저, ㄷ－제한
④ ㄱ－적극, ㄴ－저, ㄷ－적극

해설	제공유형	비용	학습자참여도	접근성
	인쇄물	저	수동	용이
	프로그램화된 자료	저	적극	제한적
	시청각자료	고	수동	제한적
	진로상담프로그램	중－고	적극	제한적
	온라인시스템	저	수동	제한적
	시뮬레이션자료	저	적극	제한적
	게임	저	적극	제한적
	작업실험실	고	적극	극도로제한적
	면접	저	적극	제한적
	관찰	고	수동	제한적
	직업경험	고	적극	제한적
	직업체험	고	적극	제한적

51 한국표준직업분류의 포괄적인 업무에 대한 직업분류 원칙에 해당되지 않는 것은?

① 주된 직무 우선 원칙
② 최상급 직능수준 우선 원칙
③ 생산업무 우선 원칙
④ 조사 시 최근의 직업 원칙

해설 포괄적인 업무에 대한 직업분류 원칙
 ① 주된 직무 우선 원칙
  2개 이상의 직무를 수행하는 경우는 수행되는 직무내용과 관련 분류 항목에 명시된 직무내용을 비교·평가하여 관련 직무 내용상의 상관성이 가장 많은 항목에 분류한다. 예를 들면 교육과 진료를 겸하는 의과대학 교수는 강의, 평가, 연구 등과 진료, 처치, 환자상담 등의 직무내용을 파악하여 관련 항목이 많은 분야로 분류한다.

정답 48 ③ 49 ④ 50 ① 51 ④

② 최상급 직능수준 우선 원칙

수행된 직무가 상이한 수준의 훈련과 경험을 통해서 얻어지는 직무능력을 필요로 한다면, 가장 높은 수준의 직무능력을 필요로 하는 일에 분류하여야 한다. 예를 들면 조리와 배달의 직무비중이 같을 경우에는, 조리의 직능수준이 높으므로 조리사로 분류한다.

③ 생산업무 우선 원칙

재화의 생산과 공급이 같이 이루어지는 경우는 생산단계에 관련된 업무를 우선적으로 분류한다. 예를 들면 한 사람이 빵을 생산하여 판매도 하는 경우에는, 판매원으로 분류하지 않고 제빵사 및 제과원으로 분류하여야 한다.

52 한국표준산업분류의 적용 원칙으로 틀린 것은?

① 생산단위는 산출물뿐만 아니라 투입물과 생산공정 등을 함께 고려하여 그들의 활동을 가장 정확하게 설명된 항목에 분류해야 한다.

② 산업활동이 결합되어 있는 경우에는 그 활동단위의 주된 활동에 따라서 분류해야 한다.

③ 수수료 또는 계약에 의하여 활동을 수행하는 단위는 동일한 산업활동을 자기계정과 자기책임 하에서 생산하는 단위와 같은 항목에 분류해야 한다.

④ 공식적 생산물과 비공식적 생산물, 합법적 생산물과 불법적인 생산물을 달리 분류해야 한다.

[해설] 공식적 생산물과 비공식적 생산물, 합법적 생산물과 불법적인 생산물을 달리 분류하지 않는다.

53 청년내일채움공제 사업에 대한 설명으로 틀린 것은?

① 중소 · 중견기업에 정규직으로 취업한 청년들의 장기근속을 위하여 고용노동부와 중소벤처기업부가 공동으로 운영하는 사업이다.

② 청년 · 기업 · 정부가 공동으로 공제금을 적립하며 성과보상금 형태로 만기공제금을 지급한다.

③ 온라인 신청방법은 중소기업진흥공단(sbcplan.or.kr) 참여 신청 → 운영기관 승인 완료 후 워크넷 청약신청 순으로 이루어진다.

④ 근속기간을 기준으로 2년형, 3년형으로 구분한다.

[해설] 워크넷 – 청년공제 홈페이지(www.work.go.kr/youngtomorrow)에서 참여신청 → (운영기관의 워크넷 승인 완료 후) 중소기업진흥공단 홈페이지(www.sbcplan.or.kr)에서 청약 신청

54 공공직업정보의 일반적인 특성을 모두 고른 것은?

ㄱ. 필요한 시기에 최대한 활용되도록 한시적으로 신속하게 생산되어 운영한다.

ㄴ. 특정분야 및 대상에 국한하지 않고 전체 산업 및 업종에 걸친 직종을 대상으로 한다.

ㄷ. 특정시기에 국한하지 않고 지속적으로 조사 · 분석하여 제공된다.

ㄹ. 관련 직업정보간의 비교 · 활용이 용이하다.

① ㄱ, ㄴ, ㄷ   ② ㄱ, ㄴ, ㄹ
③ ㄱ, ㄷ, ㄹ   ④ ㄴ, ㄷ, ㄹ

[해설] 공공직업정보의 특성

㉠ 지속적으로 조사 · 분석하여 제공되며 장기적인 계획 및 목표에 따라 정보체계의 개선작업 수행이 가능하다.

㉡ 특정 분야 및 대상에 국한되지 않고 전체 산업 및 업종에 걸친 직종을 대상으로 한다.

㉢ 직업별로 특정한 정보만을 강조하지 않고 보편적인 항목으로 이루어진 기초적인 직업정보체계로 구성된다.

㉣ 광범위한 이용가능성에 따라 공공직업정보체계에 대한 직접적이며 객관적인 평가가 가능하다.

㉤ 국내 또는 국제적으로 인정된 객관적인 기준에 근거하여 직업을 분류한다.

㉥ 관련 직업 간 비교가 용이하다.

㉦ 무료로 제공된다.

민간직업정보의 특성

㉠ 필요한 시기에 최대한 활용되도록 한시적으로 신속하게 생산되어 운영된다.

㉡ 단시간에 조사하고 특정한 목적에 맞게 해당분야 및 직종을 제한적으로 선택한다.

㉢ 정보 생산자의 임의적 기준에 따라 관심이나 흥미를 유도할 수 있도록 해당 직업을 분류한다.

㉣ 시사적인 관심이나 흥미를 유도할 수 있도록 해당 직업을 분류한다.

㉤ 특정 직업에 대해 구체적이고 상세한 정보를 제공하기 위해서는 조사 분석 및 제공에 상당한 시간 및 비용이 소요되므로 해당 직업정보는 유료로 제공한다.

55 구인 · 구직 통계가 다음과 같을 때 구인배수는?

구분	신규구인 인원	신규구직 건수	취업건수
2018년 5월	210,000	324,000	143,000

① 0.44   ② 0.65
③ 1.54   ④ 3.73

[해설] $구인배수 = \dfrac{신규구인}{신규구직} = \dfrac{210,000}{324,000} = 0.65$

56 워크넷(직업 · 진로)에서 제공하는 학과정보 중 공학계열에 해당하는 학과가 아닌 것은?

① 생명과학과 ② 건축학과
③ 안경광학과 ④ 해양공학과

해설 학과계열은 인문계열, 사회계열, 교육계열, 자연계열, 공학계열, 의학계열, 예체능계열로 나뉜다.
종교학과는 인문계열이며, 가정관리학과, 식품생명공학과, 환경공학과, 수의학과(수의예과), 임산공학과, 천문우주학과, 생명과학, 생명공학과와 함께 자연계열이다.

57 다음 ( )에 알맞은 것은?

> 2019년 적용 최저임금은 전년 대비 10.9% 상승한 시급 ( )원이다.

① 6,470 ② 7,530
③ 8,350 ④ 10,000

해설 2019년 현재 최저임금은 8,350원이다.

58 한국직업전망의 직업별 정보 구성체계에 해당하지 않는 것은?

① 하는 일 ② 근무환경
③ 산업전망 ④ 관련 정보처

해설 한국직업전망 구성체계는 하는 일, 근무환경, 되는 길, 적성 및 흥미, 성별/연령/학력 분포 및 임금, 고용전망, 관련직업, 직업코드, 관련정보처이다.

59 질문지를 사용한 조사를 통해 직업정보를 수집하고자 한다. 질문지 문항 작성방법에 대한 설명으로 틀린 것은?

① 객관식 문항의 응답 항목은 상호배타적이어야 한다.
② 응답하기 쉬운 문항일수록 설문지의 앞에 배치하는 것이 좋다.
③ 신뢰도 측정을 위해 짝(pair)으로 된 문항들은 함께 배치하는 것이 좋다.
④ 이중(double—barreled)질문과 유도질문은 피하는 것이 좋다.

해설 신뢰도 측정을 위해 짝(pair)으로 된 문항들은 분리 배치하는 것이 좋다.

60 실기능력이 중요하여 고용노동부령으로 정하는 필기시험이 면제되는 기능사 종목이 아닌 것은?

① 도화기능사 ② 항공사진기능사
③ 유리시공기능사 ④ 사진기능사

해설 거푸집기능사, 건축도장기능사, 건축목공기능사, 도배기능사, 미장기능사, 방수기능사, 비계기능사, 온수온돌기능사, 유리시공기능사, 조적기능사, 철근기능사, 타일기능사, 도화기능사, 석공기능사, 지도제작기능사, 항공사진기능사, 금속재창호기능사

SECTION
제4과목 노동시장론

61 노동공급의 탄력성 값이 0인 경우 노동공급곡선의 형태는?

① 수평이다. ② 수직이다.
③ 우상향이다. ④ 후방굴절형이다.

해설 노동공급의 탄력성 값이 0인 경우는 완전 비탄력적인 경우이며, 노동공급곡선은 수직이다.

62 다음은 근로자의 노동투입량, 시간당 임금 및 노동의 한계수입생산을 나타낸 것이다. 기업이 노동투입량을 5,000시간에서 6,000시간으로 증가시킬 때 노동의 한계비용은?

노동투입량(시간)	시간당 임금(원)	한계수입생산(원)
3,000	4,000	20,000
4,000	5,000	18,000
5,000	6,000	17,000
6,000	7,000	15,000
7,000	8,000	14,000
8,000	9,000	12,000
9,000	10,000	11,000

① 42,000원 ② 12,000원
③ 6,000원 ④ 2,800원

해설 5,000시간일 때 총임금＝5,000시간×6,000원＝30,000,000원
6,000시간일 때 총임금＝6,000시간×7,000원＝42,000,000원
30,000,000원－42,000,000원＝12,000,000원

정답 56 ① 57 ③ 58 ③ 59 ③ 60 ④ 61 ② 62 ②

한계비용은 노동투입량이 1시간 증가했을 경우이므로

$$\frac{12,000,000원}{1,000시간} = 12,000원$$

63 완전경쟁하에서 노동의 수요곡선을 우하향하게 하는 주된 요인은 무엇인가?

① 노동의 한계생산력 ② 노동의 가격
③ 생산물의 가격 ④ 한계비용

해설 노동의 한계생산이 체감하기 때문이다.

64 인적자본론의 노동이동에 관한 설명으로 틀린 것은?

① 임금률이 높을수록 해고율은 높다.
② 사직률과 해고율은 경기변동에 따라 상반되는 관련성을 갖고 있다.
③ 사직률과 해고율은 기업특수적 인적자본과 음(−)의 상관관계를 갖는다.
④ 인적자본론에서는 장기 근속자일수록 기업특수적 인적자본량이 많아져 해고율이 낮아진다고 주장한다.

해설 일반적 인적자본량이 많은 고임금 근로인 경우는 불경기시에 생산에 대한 기여도가 낮아지면 곧 정리해고의 대상이 된다. 그러나 기업특수적 인적자본량이 많은 고임금 근로자의 경우 불경기에도 쉽게 해고되지 않는다. 따라서 임금률이 해고율에 미치는 영향은 불분명하다.

65 다음은 어떤 형태의 능률급인가?

- 1886년 미국의 토웬(Henry R. Towen)이 제창
- 경영활동에 의해 발생한 이익을 그 이익에 관여한 정도에 따라 배분하는 제도
- 기본취지는 작업비용으로 달성된 이익을 노동자에게 환원하자는 것

① 표준시간제 ② 이익분배제
③ 할시제 ④ 테일러제

해설 일정기간 동안 발생한 기업 이익을 사전에 정해진 분배공식에 따라 종업원에게 나누어주는 제도로서 종업원에게 배분되는 금액의 크기는 이익달성 정도와 사전에 정해진 배분비율에 따라 결정되며 개인이 지급받게 되는 몫은 임금에 비례하여 결정되기도 하고 업무 성과에 따라 차등적으로 지급하기도 한다.

66 개인의 가용시간이 일정할 때 작업장까지의 통근시간 증가가 경제활동참가율과 총 근로시간에 미치는 효과로 옳은 것은?

① 경제활동참가율 증가, 총 근로시간 증가
② 경제활동참가율 감소, 총 근로시간 증가
③ 경제활동참가율 증가, 총 근로시간 감소
④ 경제활동참가율 감소, 총 근로시간 감소

해설 통근시간이 증가하면 직장을 그만두는 근로자들이 증가하여 경제활동 참가율이 감소하며, 초과근로시간을 줄이게 되므로 총 근로시간은 감소한다.

67 다음 중 직무급 임금체계에 관한 설명으로 가장 적합한 것은?

① 정기승급에 의한 생활안정으로 근로자의 기업에 대한 귀속의식을 고양시킨다.
② 기업풍토, 업무내용 등에서 보수성이 강한 기업에 적합하다.
③ 근로자의 능력을 직능고과의 평가결과에 따라 임금을 결정한다.
④ 노동의 양뿐만 아니라 노동의 질을 동시에 평가하는 임금결정방식이다.

해설 ①, ② 연공급. ③ 직능급

68 다음 중 직종별 임금격차의 발생 원인과 가장 거리가 먼 것은?

① 비경쟁집단 ② 보상적 임금격차
③ 과도적 임금격차 ④ 직종간 자유로운 노동이동

해설 직종별 임금격차의 발생원인에는 비경쟁집단, 보상적임금격차, 과도적 임금격차가 있다. 직종간 노동이동이 제한되면 집단간의 비경쟁 관계가 발생하고 임금격차가 발생하게 된다.

정답 63 ① 64 ① 65 ② 66 ④ 67 ④ 68 ④

69 파업이론에 대한 설명이 옳은 것으로 짝지어진 것은?

> ㄱ. 힉스의 파업 이론에 의하면, 사용자의 양보곡선과 노조의
>   저항곡선이 만나는 곳에서 파업기간이 결정된다.
> ㄴ. 카터-챔벌린 모형에 따르면, 노조의 요구를 거부할 때 발
>   생하는 사용자의 비용이 노조의 요구를 수락했을 때 발생
>   하는 사용자의 비용보다 클 때 노조의 교섭력이 커진다.
> ㄷ. 매브리 이론에 따르면, 노조의 최종수락 조건이 사용자의
>   최종수락조건보다 작을 때 파업이 발생한다.

① ㄱ, ㄴ　　　　　② ㄴ, ㄷ
③ ㄱ, ㄷ　　　　　④ ㄱ, ㄴ, ㄷ

해설 노조의 최종수락 조건이 사용자의 최종수락조건보다 클 때 파업이 발생한다.

70 직업이나 직종의 여하를 불문하고 동일산업에 종사하는 노동자가 조직하는 노동조합의 형태는?

① 직업별 노동조합　　　② 산업별 노동조합
③ 기업별 노동조합　　　④ 일반 노동조합

해설 ① 직종(직업)별 노동조합 : 인쇄공 조합이나 선반공 조합과 같이 동일한 직종에 종사하는 노동자들이 기업과 산업을 초월하여 결합한 노동조합이다. 역사적으로 숙련노동자를 중심으로 가장 먼저 조직된 형태이며, 숙련노동자가 노동시장을 배타적으로 독점하기 위해 조직된 것이다.
③ 기업별 노동조합 : 하나의 사업 또는 사업장에 종사하는 노동자들이 직종에 관계없이 결합한 노동조합이다. 우리나라와 일본에서 일반적인 노조의 형태이다.
④ 일반노동조합 : 직업이나 산업의 구별없이 모든 노동자를 조직대상으로 한다.

71 노사관계의 3주체(tripartite)를 바르게 짝지은 것은?

① 노동자-사용자-정부
② 노동자-사용자-국회
③ 노동자-사용자-정당
④ 노동자-사용자-사회단체

해설 던롭(J.T. Dunlop)의 노사관계 시스템 이론에서는 노사관계의 주체를 사용자 및 단체, 노동자 및 단체, 정부로 규정하고 이들 간의 관계는 기술, 시장 또는 예산상의 제약, 권력구조에 의해 결정된다.

72 유니언숍(union shop)에 대한 설명으로 옳은 것은?

① 조합원이 아닌 근로자는 채용 후 일정기간 내에 조합에 가입해야 한다.
② 조합원이 아닌 자는 채용이 안 된다.
③ 노동조합의 노동공급원이 독점되며, 관련 노동시장에 강력한 영향을 미친다.
④ 채용 전후 근로자의 조합 가입이 완전히 자유롭다.

해설 ②, ③ 클로즈드숍, ④ 오픈숍

73 실업률과 물가상승률 간 역의 상관관계를 나타내는 곡선은?

① 래퍼곡선　　　　② 필립스곡선
③ 로렌즈곡선　　　④ 테일러곡선

해설 필립스곡선은 명목임금 상승률과 실업률 간에는 역의 관계를 1861~1957년의 실제 자료를 이용해서 나타낸 것이다.

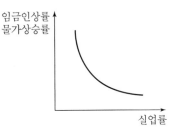

74 다음 중 임금교섭 이전 노동조합의 전략을 바르게 짝지은 것은?

> ㄱ. 재고의 비축
> ㄴ. 파업투표(strike votes)
> ㄷ. 파업기금의 비축
> ㄹ. 생산공장의 이전(협상에 영향을 주지 않는 곳으로)
> ㅁ. 임금 이외의 수입원 확보

① ㄱ, ㄴ, ㄹ　　　　② ㄱ, ㄷ, ㅁ
③ ㄴ, ㄷ, ㄹ　　　　④ ㄴ, ㄷ, ㅁ

해설 ㄱ, ㄹ은 사업주의 전략이다.

75 최저임금제도의 기본취지 및 기대효과와 가장 거리가 먼 것은?

① 저임금 노동자의 생활보호
② 산업평화의 유지
③ 유효수요의 억제
④ 산업간·직업간 임금격차의 축소

해설 유효수요의 확보가 가능하다.

76 다음 중 사회적 비용이 가장 적은 실업은?

① 마찰적 실업   ② 경기적 실업
③ 구조적 실업   ④ 기술적 실업

해설 마찰적 실업은 직업정보의 부족에 의해 일시적으로 발생함으로써 직업정보 제공을 통하여 해결할 수 있다.

77 노동시장이 초과공급을 경험하고 있을 때 나타나는 현상은?

① 임금이 하락압력을 받는다.
② 임금상승으로 공급량은 증가한다.
③ 최종 산출물가격은 상승한다.
④ 노동에 대한 수요는 감소한다.

해설 노동의 초과 공급은 임금하락을 가져온다.

78 실업 – 결원곡선(Beveridge curve)에 관한 설명으로 틀린 것은?

① 종축에는 결원수, 횡축에는 실업자수를 표시한다.
② 원점에서 멀어질수록 구조적 실업자수가 증가함을 의미한다.
③ 마찰적 실업과 구조적 실업을 구분하는 것이 가능하다.
④ 현재의 실업자수에서 현재의 결원수를 뺀 것이 수요부족실업자수이다.

해설 마찰적 실업과 구조적 실업을 구분하는 것이 불가능하다.

79 어느 국가의 생산가능인구의 구성비가 다음과 같을 때 국가의 실업률은?

① 6.0%   ② 10.0%
③ 11.1%   ④ 13.2%

해설 실업률 = $\dfrac{\text{실업자수}}{\text{경제활동인구}} \times 100 = \dfrac{6\%}{60\%} \times 100 = 10\%$

80 노동수요의 탄력성에 대한 설명으로 틀린 것은?

① 생산물에 대한 수요가 탄력적일수록 노동수요는 더욱 비탄력적이 된다.
② 총생산비 중 노동비용이 차지하는 비중이 클수록 노동수요는 더 탄력적이 된다.
③ 노동을 다른 생산요소로 대체할 가능성이 낮으면 노동수요는 더 비탄력적이 된다.
④ 노동 이외 생산요소의 공급탄력성이 클수록 노동수요는 더 탄력적이 된다.

해설 생산물에 대한 수요가 탄력적일수록 노동수요는 더욱 탄력적이 된다.

81 고용정책 기본법령상 고용재난지역에 대한 행정상 · 재정상 · 금융상의 특별지원 내용을 모두 고른 것은?

> ㄱ. 「국가재정법」에 따른 예비비의 사용
> ㄴ. 소상공인을 대상으로 한 조세 관련 법령에 따른 조세감면
> ㄷ. 고용보험 · 산업재해보상보험 보험료 또는 징수금 체납처분의 유예
> ㄹ. 중앙행정기관 및 지방자치단체가 실시하는 일자리사업에 대한 특별지원

① ㄱ, ㄴ, ㄷ
② ㄱ, ㄷ, ㄹ
③ ㄴ, ㄹ
④ ㄱ, ㄴ, ㄷ, ㄹ

해설 **고용재난지역에 대한 지원**
1. 국가재정법에 따른 예비비의 사용 및 지방재정법에 따른 특별지원
2. 중소기업진흥에 관한 법률에 따른 중소기업창업 및 진흥기금에서의 융자 요청 및 신용보증기금법에 따른 신용보증기금의 우선적 신용보증과 보증조건 우대의 요청
3. 소상공인 보호 및 지원에 관한 법률에 따른 소상공인을 대상으로 한 조세 관련 법령에 따른 조세감면
4. 고용보험 및 산업재해보상보험의 보험료 징수 등에 관한 법률에 따른 고용보험 · 산업재해보상보험 보험료 또는 징수금 체납처분의 유예 및 납부기한의 연장
5. 중앙행정기관 및 지방자치단체가 실시하는 일자리사업에 대한 특별지원
6. 그 밖에 고용재난지역의 고용안정 및 일자리 창출 등을 위하여 필요한 지원

82 남녀고용평등과 일 · 가정 양립 지원에 관한 법률의 목적으로 명시되어 있지 않은 것은?

① 여성 고용촉진
② 가사노동 가치의 존중
③ 모성 보호 촉진
④ 고용에서 남녀의 평등한 기회와 대우 보장

해설 남녀고용평등과 일 · 가정 양립 지원에 관한 법률은 대한민국헌법의 평등이념에 따라 고용에서 남녀의 평등한 기회와 대우를 보장하고 모성 보호와 여성 고용을 촉진하여 남녀고용평등을 실현함과 아울러 근로자의 일과 가정의 양립을 지원함으로써 모든 국민의 삶의 질 향상에 이바지하는 것을 목적으로 한다.

83 다음 사례에서 구직급여의 소정 급여일수는?

> 장애인 근로자 A씨(40세)가 4년간 근무하던 회사를 퇴사하여 직업안정기관으로부터 구직급여 수급자격을 인정받았다.

① 90일
② 120일
③ 150일
④ 180일

해설 **구직급여의 소정급여일수(제50조제1항 관련)**

구분		피보험기간				
		1년 미만	1년 이상 3년 미만	3년 이상 5년 미만	5년 이상 10년 미만	10년 이상
이직일 현재 연령	30세 미만	90일	90일	120일	150일	180일
	30세 이상 50세 미만	90일	120일	150일	180일	210일
	50세 이상 및 장애인	90일	150일	180일	210일	240일

84 직업안정법상 고용서비스 우수기관 인증에 대한 설명으로 틀린 것은?

① 고용노동부장관은 고용서비스 우수기관 인증업무를 대통령령으로 정하는 전문기관에 위탁할 수 있다.
② 고용서비스 우수기관으로 인증을 받은 자가 인증의 유효기간이 지나기 전에 다시 인증을 받으려면 직업안정기관의 장에게 재인증을 신청하여야 한다.
③ 고용노동부장관은 고용서비스 우수기관으로 인증을 받은 자가 정당한 사유 없이 1년 이상 계속 사업 실적이 없는 경우 인증을 취소할 수 있다.
④ 고용서비스 우수기관 인증의 유효기간은 인증일부터 3년으로 한다.

해설 고용서비스 우수기관으로 인증을 받은 자가 인증의 유효기간이 지나기 전에 다시 인증을 받으려면 대통령령으로 정하는 바에 따라 고용노동부장관에게 재인증을 신청하여야 한다.

정답 81 ④ 82 ② 83 ④ 84 ②

85 남녀고용평등과 일 · 가정 양립 지원에 관한 법률상 육아휴직에 관한 설명으로 틀린 것은?

① 육아휴직기간은 1년 이내로 한다.
② 육아휴직기간은 근속기간에 포함하지 아니한다.
③ 기간제근로자의 육아휴직 기간은 「기간제 및 단시간근로자 보호 등에 관한 법률」에 따른 사용기간에 산입하지 아니한다.
④ 사업주는 육아휴직을 마친 후에는 휴직 전과 같은 업무 또는 같은 수준의 임금을 지급하는 직무에 복귀시켜야 한다.

해설 육아휴직 기간은 근속기간에 포함된다.

86 근로자직업능력 개발법상 직업능력개발훈련의 기본원칙에 대한 설명으로 틀린 것은?

① 직업능력개발훈련은 정부 주도로 노사의 참여와 협력을 바탕으로 실시되어야 한다.
② 직업능력개발훈련은 근로자 개인의 희망 · 적성 · 능력에 맞게 근로자의 생애에 걸쳐 체계적으로 실시되어야 한다.
③ 직업능력개발훈련은 근로자의 성별, 연령, 신체적 조건, 고용형태, 신앙 또는 사회적 신분 등에 따라 차별하여 실시되어서는 아니 된다.
④ 직업능력개발훈련은 근로자의 직무능력과 고용가능성을 높일 수 있도록 지역 · 산업현장의 수요가 반영되어야 한다.

해설 직업능력개발훈련은 민간의 자율과 창의성이 존중되도록 하여야 하며, 노사의 참여와 협력을 바탕으로 실시되어야 한다.

87 다음 ( )에 알맞은 것은?

근로자퇴직급여 보장법상 퇴직금제도를 설정하려는 사용자는 계속근로기간 (ㄱ)에 대하여 (ㄴ)의 (ㄷ)을 퇴직금으로 퇴직근로자에게 지급할 수 있는 제도를 설정하여야 한다.

① ㄱ : 2년, ㄴ : 45일분 이상, ㄷ : 평균임금
② ㄱ : 1년, ㄴ : 15일분 이상, ㄷ : 통상임금
③ ㄱ : 1년, ㄴ : 30일분 이상, ㄷ : 평균임금
④ ㄱ : 2년, ㄴ : 60일분 이상, ㄷ : 통상임금

해설 퇴직금제도를 설정하려는 사용자는 계속근로기간 1년에 대하여 30일분 이상의 평균임금을 퇴직금으로 퇴직 근로자에게 지급할 수 있는 제도를 설정하여야 한다.

88 다음 ( )에 알맞은 것은?

고용정책 기본법령상 (ㄱ) 이상의 근로자를 사용하는 사업주는 매년 근로자의 고용형태 현황을 작성하여 해당 연도 (ㄴ)까지 공시하여야 한다.

① ㄱ : 100명, ㄴ : 3월 31일
② ㄱ : 100명, ㄴ : 4월 30일
③ ㄱ : 300명, ㄴ : 3월 31일
④ ㄱ : 300명, ㄴ : 4월 30일

해설 300명 이상의 근로자를 사용하는 사업주는 매년 3월 31일을 기준으로 근로자의 고용형태 현황을 작성하여 해당 연도 4월 30일까지 공시하여야 한다.

89 고용상 연령차별금지 및 고령자고용촉진에 관한 법률상 고령자 고용촉진 기본계획에 관한 설명으로 틀린 것은?

① 고용노동부장관은 관계 중앙기관의 장과 협의하여 5년마다 수립하여야 한다.
② 고령자의 직업능력개발에 관한 사항이 포함되어야 한다.
③ 고용노동부장관은 기본계획을 수립할 때에는 국회 소관 상임위원회의 심의를 거쳐야 한다.
④ 고용노동부장관은 필요하다고 인정하면 관계 행정기관 또는 공공기관의 장에게 기본계획의 수립에 필요한 자료의 제출을 요청할 수 있다.

해설 고용노동부장관은 기본계획을 수립할 때에는 고용정책심의회의 심의를 거쳐야 하며, 수립된 기본계획은 국무회의에 보고하고 공표하여야 한다.

90 근로자직업능력 개발법상 직업능력개발훈련교사의 양성을 위한 훈련과정 구분에 해당하지 않는 것은?

① 양성훈련과정   ② 향상훈련과정
③ 전직훈련과정   ④ 교직훈련과정

해설 직업능력개발훈련교사의 양성을 위한 훈련과정은 양성훈련과정, 향상훈련과정 및 교직훈련과정으로 구분한다.

정답 85 ② 86 ① 87 ③ 88 ④ 89 ③ 90 ③

91 다음 ( )에 알맞은 것은?

근로기준법상 야간근로는 (ㄱ)부터 다음 날 (ㄴ) 사이의 근로를 말한다.

① ㄱ : 오후 8시, ㄴ : 오전 4시
② ㄱ : 오후 10시, ㄴ : 오전 6시
③ ㄱ : 오후 12시, ㄴ : 오전 6시
④ ㄱ : 오후 6시, ㄴ : 오전 4시

해설 야간근로는 오후 10시부터 다음 날 오전 6시 사이의 근로를 말한다.

92 근로자직업능력 개발법상 훈련계약에 관한 설명으로 틀린 것은?

① 사업주와 직업능력개발훈련을 받으려는 근로자는 직업능력개발훈련에 따른 권리·의무 등에 관하여 훈련계약을 체결하여야 한다.
② 기준근로시간 외의 훈련시간에 대하여는 생산시설을 이용하거나 근무장소에서 하는 직업능력개발 훈련의 경우를 제외하고는 연장근로와 야간근로에 해당하는 임금을 지급하지 아니할 수 있다.
③ 훈련계약을 체결할 때에는 해당 직업능력개발훈련을 받는 사람이 직업능력개발훈련을 이수한 후에 사업주가 지정하는 업무에 일정 기간 종사하도록 할 수 있다. 이 경우 그 기간은 5년 이내로 하되, 직업능력개발훈련기간의 3배를 초과할 수 없다.
④ 훈련계약을 체결하지 아니한 경우에 고용근로자가 받은 직업능력개발훈련에 대하여는 그 근로자가 근로를 제공한 것으로 본다.

해설 사업주와 직업능력개발훈련을 받으려는 근로자는 직업능력개발훈련에 따른 권리·의무 등에 관하여 훈련계약을 체결할 수 있다.

93 다음 중 헌법상 보장된 쟁의행위로 볼 수 없는 것은?

① 파업
② 태업
③ 직장폐쇄
④ 보이콧

해설 근로자는 근로조건의 향상을 위하여 자주적인 단결권·단체교섭권·단체행동권을 가진다. (헌법 제 33조 1항)
그러나 직장폐쇄는 사용자의 쟁의행위로서 헌법에서 보장하고 있지 않다.

94 다음 ( )에 알맞은 것은?

고용상 연령차별금지 및 고령자고용촉진에 관한 법률상 상시 ( )명 이상의 근로자를 사용하는 사업주는 기준고용률 이상의 고령자를 고용하도록 노력하여야 한다.

① 50
② 100
③ 200
④ 300

해설 기준고용률 이상의 고령자를 고용하도록 노력하여야 할 사업주는 상시 300인 이상의 근로자를 사용하는 사업장의 사업주로 한다.
㉠ 제조업 : 그 사업장의 상시근로자수의 100분의 2
㉡ 운수업, 부동산 및 임대업 : 그 사업장의 상시근로자수의 100분의 6
㉢ ㉠, ㉡ 이외의 산업 : 그 사업장의 상시근로자수의 100분의 3

95 고용보험법상 피보험자격의 취득일 및 상실일에 관한 설명으로 옳은 것은?

① 피보험자는 고용보험법이 적용되는 사업에 고용된 날의 다음날에 피보험자격을 취득한다.
② 적용 제외 근로자였던 자가 고용보험법의 적용을 받게 된 경우에는 그 작용을 받게 된 날의 다음날에 피보험자격을 취득한 것으로 본다.
③ 피보험자가 사망한 경우에는 사망한 날의 다음날에 피보험자격을 상실한다.
④ 보험관계가 소멸한 경우에는 그 보험관계가 소멸한 날의 다음날에 피보험자격을 상실한다.

해설 ① 피보험자는 고용보험법이 적용되는 사업에 고용된 날에 피보험자격을 취득한다.
② 적용 제외 근로자였던 자가 고용보험법의 적용을 받게 된 경우에는 그 적용을 받게 된 날 피보험자격을 취득한 것으로 본다.
④ 보험관계가 소멸한 경우에는 그 보험관계가 소멸한 날 피보험자격을 상실한다.

정답 91 ② 92 ① 93 ③ 94 ④ 95 ③

96 남녀고용평등과 일·가정 양립 지원에 관한 법령상 직장 내 성희롱 예방 교육에 대한 설명으로 틀린 것은?

① 사업주는 연 1회 이상 직장 내 성희롱 예방을 위한 교육을 하여야 한다.
② 성희롱 예방교육에는 관련 법령, 직장 내 성희롱 발생 시의 처리절차와 조치기준, 피해 근로자의 고충상담 및 구제절차 등이 포함되어야 한다.
③ 사업주 및 근로자 모두가 남성 또는 여성 중 어느 한 성으로 구성된 사업장은 성희롱 예방 교육을 하지 않아도 상관없다.
④ 단순히 교육자료 등을 배포·게시하거나 게시판에 공지하는 데 그치는 등 근로자에게 교육 내용이 제대로 전달되었는지 확인하기 곤란한 경우에는 예방 교육을 한 것으로 보지 아니한다.

해설 근로자가 알 수 있도록 홍보물을 게시하거나 배포하는 방법으로 직장 내 성희롱 예방 교육을 할 수 있는 사업주
　　1. 상시 10명 미만의 근로자를 고용하는 사업
　　2. 사업주 및 근로자 모두가 남성 또는 여성 중 어느 한 성(性)으로 구성된 사업

97 근로기준법령상 평균임금의 계산에서 제외되는 기간이 아닌 것은?

① 사용자의 귀책사유로 휴업한 기간
② 출산전후휴가 기간
③ 남성근로자가 신생아의 양육을 위하여 육아휴직한 기간
④ 병역의무 이행을 위하여 유급으로 휴직한 기간

해설 「병역법」, 「예비군법」 또는 「민방위기본법」에 따른 의무를 이행하기 위하여 휴직하거나 근로하지 못한 기간. 다만, 그 기간 중 임금을 지급받은 경우에는 그러하지 아니하다.

98 직업안정법상 근로자의 모집 및 근로자공급사업에 관한 설명으로 틀린 것은?

① 근로자를 고용하려는 자는 광고, 문서 또는 정보통신망 등 다양한 매체를 활용하여 자유롭게 근로자를 모집할 수 있다.
② 누구든지 국외에 취업할 근로자를 모집한 경우에는 고용노동부장관에게 신고하여야 한다.
③ 국내 근로자공급사업의 경우 그 사업의 허가를 받을 수 있는 자는 「노동조합 및 노동관계조정법」에 따른 노동조합이다.
④ 근로자공급사업에는 「파견근로자보호 등에 관한 법률」에 따른 근로자파견사업을 포함한다.

해설 파견근로자보호 등에 관한 법률에 따른 근로자파견사업은 근로자공급사업에서 제외된다.

99 근로기준법상 경영상 이유에 의한 해고에 대한 설명으로 틀린 것은?

① 사용자가 경영상 이유에 의하여 근로자를 해고하려면 긴박한 경영상의 필요가 있어야 한다.
② 사용자는 해고를 피하기 위한 노력을 다하여야 하며, 합리적이고 공정한 해고의 기준을 정하고 이에 따라 그 대상자를 선정하여야 한다.
③ 사용자는 해고를 피하기 위한 방법과 해고의 기준 등에 관하여 그 사업 또는 사업장에 근로자의 과반수로 조직된 노동조합이 있는 경우에는 그 노동조합에 해고를 하려는 날의 50일 전까지 통보하고 성실하게 협의하여야 한다.
④ 사용자는 대통령령으로 정하는 일정한 규모 이상의 인원을 해고하려면 고용노동부장관의 승인을 얻어야 한다.

해설 사용자는 대통령령으로 정하는 일정한 규모 이상의 인원을 해고하려면 대통령령으로 정하는 바에 따라 고용노동부장관에게 신고하여야 한다.

100 헌법에 명시된 노동기본권으로만 짝지어진 것은?

① 근로권, 단결권, 단체교섭권, 단체행동권
② 근로권, 노사공동결정권, 단체교섭권, 단체행동권
③ 근로권, 단결권, 경영참가권, 단체행동권
④ 근로의 의무, 단결권, 단체교섭권, 이익균점권

해설 ㉠ 근로권 : 모든 국민은 근로의 권리를 가진다. (헌법 제32조 1항)
　　㉡ 근로 3권 : 근로자는 근로조건의 향상을 위하여 자주적인 단결권·단체교섭권·단체행동권을 가진다. (헌법 제33조 1항)

정답 96 ③　97 ④　98 ④　99 ④　100 ①

2019년 2회 과년도문제풀이

직업상담사 2급 필기 전과목 무료동영상

제1과목 직업상담학

01 Butcher의 집단직업상담을 위한 3단계 모델중 전환단계의 내용으로 옳은 것은?

① 흥미와 적성에 대한 측정
② 내담자의 자아상과 피드백 간의 불일치의 해결
③ 목표달성 촉진을 위한 자원의 탐색
④ 자기 지식과 직업세계의 연결

해설 **부처(Butcher) 집단직업상담의 3단계 모델**

㉠ 탐색단계 : 탐색단계에서는 자기개방, 흥미와 적성에 대한 측정, 측정결과에 대한 피드백, 불일치의 해결 등이 이루어진다.
㉡ 전환단계 : 전환단계에서는 자아상과 피드백 간의 일치가 이루어지면, 집단구성원들은 자기의 지식을 직업세계와 연결하고 일과 삶의 가치를 조사한다. 또한 자신의 가치에 대한 피드백을 갖고 가치명료화를 위해 또다시 자신의 가치와 피드백 간의 불일치를 해결한다.
㉢ 행동단계 : 목표설정, 목표달성을 촉진하기 위한 정보의 수집과 공유, 의사결정이 이루어지는 단계이다.

02 다음은 어떤 상담기법에 대한 설명인가?

내담자가 직접 진술하지 않는 내용이나 개념을 그의 과거 설명이나 진술을 토대로 하여 추론하여 말하는 것

① 수용
② 요약
③ 직면
④ 해석

해설 ㉮ 수용 : 상담자가 내담자의 이야기에 주의를 집중하고 있고, 내담자를 인격적으로 존중하고 있음을 보여 주는 기법
㉯ 요약과 재진술 : 내담자가 전달하는 이야기의 표면적 의미를 상담자가 다른 말로 바꾸어서 말하는 것
㉰ 직면 : 내담자로 하여금 행동의 특정 측면을 검토해보고 수정하게 하며 통제하도록 도전하게 하는 것
㉱ 해석 : 내담자가 새로운 방식으로 자신의 문제들을 볼 수 있도록 사건들의 의미를 설정해 주는 것

03 다음 내용에 대한 상담자의 반응 중 공감적 이해 수준이 가장 높은 것은?

일단 저에게 맡겨주신 업무에 대해서는 너무 간섭하지 마세요. 제 소신껏 창의적으로 일하고 싶습니다.

① "네가 알아서 할 일을 내가 부당하게 간섭한다고 생각하지 않았으면 좋겠어."
② "네가 지난번에 처리했던 일이 아마 잘못 됐었지?"
③ "믿고 맡겨준다면 잘 할 수 있을 것 같은데, 간섭받는다는 기분이 들어 불쾌했구나."
④ "네 기분이 나쁘더라도 상사의 지시대로 하는 게 좋을 것 같아."

해설 공감은 내담자의 세계를 상담자 자신의 세계인 것처럼 경험하지만 객관적인 위치에서 벗어나지 않는 것으로서 내담자가 전달하려는 내용에서 할 걸음 더 나아가 그 내면적 감정에 대해 반영하는 것이다.

04 생애진로사정의 구조에 해당되지 않는 것은?

① 적성과 특기
② 강점과 장애
③ 진로사정
④ 전형적인 하루

해설 **생애진로사정(life career assessment)**

㉠ 생애진로사정은 아들러(Adler)의 개인 심리학에 이론적 기초를 두고 있다.
㉡ 생애진로사정은 상담자가 내담자와 처음 만났을 때 이용할 수 있는 구조화된 면접기법으로 초기단계에서 사용된다.
㉢ 생애진로사정은 구조화된 면담기술로서 짧은 시간에 체계적인 정보를 수집할 수 있다.

정답 01 ④ 02 ④ 03 ③ 04 ①

② 생애진로사정은 상담초기에 내담자에 관한 가장 기초적인 직업상담 정보를 얻는 질적 평가절차이다.

생애진로사정의 구조

㉠ 진로사정 – 내담자 경험, 교육, 여가 등에 대한 전반적인 평가 및 가계도를 작성한다.
㉡ 전형적인 하루 – 개인이 자신의 생활을 어떻게 조직하는지를 발견하는 것이다. 내담자가 그들 자신의 생활을 체계적으로 조직하는지 아니면 매일 자발적으로 반응하는지 결정하는 데 도움을 준다.(의존적–독립적 성격차원 검토)
㉢ 강점과 장애 – 내담자의 강점과 약점에 대한 질문, 내담자가 직면하고 있는 문제들, 환경적 장애들에 대한 정보를 얻을 수 있다.
㉣ 요약 : 면접 동안 얻어진 정보들을 재차 강조, 인생경력의 가치관들, 강점과 장애 등을 반복 확인할 수 있다.

05 역할사정에서 상호역할관계를 사정하는 방법이 아닌 것은?

① 질문을 통해 사정하기
② 동그라미로 역할관계 그리기
③ 역할의 위계적 구조 작성하기
④ 생애–계획 연습으로 전환시키기

해설 상호역할관계의 사정방법으로는 질문을 통해 역할관계 사정하기, 동그라미로 역할관계 그리기, 생애–계획연습으로 전환시키기 등이 있다.

06 Harren이 제시한 진로의사결정 유형 중 의사결정에 대한 개인적 책임을 부정하고 외부로 책임을 돌리는 경향이 높은 유형은?

① 합리적 유형
② 투사적 유형
③ 직관적 유형
④ 의존적 유형

해설 Harren이 제시한 진로의사결정 유형
㉠ 합리적 유형 – 자신과 상황에 대하여 정확한 정보를 수집하고 신중하고 논리적으로 의사결정을 수행해 나가며 의사결정에 대한 책임을 진다.
㉡ 직관적 유형 – 의사결정에 있어서 개인 내적인 감정적 상태에 의존하는 것을 의미한다.
㉢ 의존적 유형 – 의사결정에 대한 개인적인 책임을 부정하고 그 책임을 자신 이외의 가족이나 친구, 동료 등 외부로 투사하려는 경향이 있다.

07 Super가 제시한 발달적 직업상담 단계에서 다음 ( ) 에 알맞은 것은?

> 1단계 : 문제 탐색 및 자아개념 묘사
> 2단계 : 심층적 탐색
> 3단계 : (ㄱ)
> 4단계 : (ㄴ)
> 5단계 : (ㄷ)

① ㄱ : 태도와 감정의 탐색과 처리
　ㄴ : 현실검증
　ㄷ : 자아수용 및 자아통찰
② ㄱ : 현실검증
　ㄴ : 태도와 감정의 탐색과 처리
　ㄷ : 자아수용 및 자아통찰
③ ㄱ : 현실검증
　ㄴ : 자아수용 및 자아통찰
　ㄷ : 태도와 감정의 탐색과 처리
④ ㄱ : 자아수용 및 자아통찰
　ㄴ : 현실검증
　ㄷ : 태도와 감정의 탐색과 처리

해설 Super의 발달적 직업상담 단계
문제탐색 – 심층적 탐색 – 자아수용 – 현실검증 – 태도와 감정의 탐색과 처리 – 의사결정

08 행동주의 직업상담 프로그램의 문제점에 해당하는 것은?

① 직업결정 문제의 원인으로 불안에 대한 이해와 불안을 규명하는 방법이 결여되어 있다.
② 진학상담과 취업상담에 적합하지만 취업 후 직업적응 문제들을 깊이 있게 다루지 못하고 있다.
③ 직업선택에 미치는 내적 요인의 영향을 지나치게 강조한 나머지 외적 요인의 영향에 대해서는 충분하게 고려하고 있지 못하다.
④ 직업상담사가 교훈적 역할이나 내담자의 자아를 명료화하고 자아실현을 시킬 수 있는 적극적 태도를 취하지 않는다면 내담자에게 직업에 대한 정보를 효과적으로 알려줄 수 없다.

해설 행동주의 상담의 목적은 학습된 문제 행동을 소거하고 보다 효과적이고 바람직한 행동을 새롭게 학습하도록 도와주는 것이다. 행동주의 상담의 가장 큰 한계는 상담과정에서 감정과 정서의 역할을 강조하지 않는다. 현재 문제에만 초점을 맞추기 때문에 사소한 것을 중요하게 취급하지 않는다.
② 포괄적직업상담 문제점
③ 정신역동직업상담 문제점
④ 내담자중심직업상담 문제점

09 상담사의 기본 기술 중 내담자가 전달하려는 내용에서 한 걸음 더 나아가 그 내면적 감정에 대해 반영하는 것이다.

① 해석
② 공감
③ 명료화
④ 적극적 경청

해설 공감은 내담자의 세계를 상담자 자신의 세계인 것처럼 경험하지만 객관적인 위치에서 벗어나지 않는 것으로써 내담자가 전달하려는 내용에서 할 걸음 더 나아가 그 내면적 감정에 대해 반영하는 것이다.

10 진로시간전망 검사지를 사용하는 주요 목적과 가장 거리가 먼 것은?

① 목표설정 촉구
② 계획기술 연습
③ 진로계획 수정
④ 진로의식 고취

해설 진로시간전망 검사의 목적
㉠ 미래 방향성 증대
㉡ 미래 희망 주기
㉢ 계획에 의한 긍정적 태도 강화
㉣ 목표설정 촉구
㉤ 시간계획기술연습
㉥ 진로의식 함양

11 행동주의 상담에서 외적인 행동변화를 촉진시키는 방법은?

① 체계적 둔감법
② 근육이완훈련
③ 인지적 모델링과 사고정지
④ 상표제도

해설 ㉠ 외적인 행동변화를 촉진시키는 기법 : 상표제도(토큰법), 모델링, 주장훈련, 자기관리프로그램, 행동계약, 역할연기, 혐오치료
㉡ 내적인 행동변화를 촉진시키는 기법 : 인지적 재구조화, 체계적 둔감법, 근육이완훈련, 인지적 모델링과 사고정지, 스트레스 접종

12 Perls의 형태주의 상담이론에서 제시한 기본가정으로 옳은 것은?

① 인간은 전체로서 현상적 장을 경험하고 지각한다.
② 인간의 행동은 행동이 일어난 상황과 관련해서 의미 있게 이해될 수 있다.
③ 인간은 자기의 환경조건과 아동기의 조건을 개선할 수 있는 능력이 있다.
④ 인간은 결코 고정되어 있지 않으며 계속적으로 재창조한다.

해설 형태주의 상담이론의 인간에 대한 기본가정
㉠ 인간은 완성을 추구하는 경향이 있다.
㉡ 인간은 자신의 현재의 욕구에 따라 게슈탈트를 완성한다.
㉢ 인간의 행동은 그것을 구성하는 구성요소인 부분의 합보다 큰 전체이다.
㉣ 인간의 행동은 행동이 일어난 상황과 관련해서 의미 있게 이해될 수 있다.
㉤ 인간은 전경과 배경의 원리에 따라 세상을 경험한다.

13 상담 윤리강령의 역할 및 기능과 가장 거리가 먼 것은?

① 내담자의 복지 증진
② 지역사회의 경제적 기대 부응
③ 상담자의 자신의 사생활과 인격 보호
④ 직무수행 중의 갈등 해결 지침 제공

해설 상담 윤리강령의 기능
㉠ 내담자의 복지를 증진시키고 내담자의 인격을 존중하는 의무기준을 제시
㉡ 상담자의 활동이 사회윤리와 지역사회의 도덕적 기대를 존중할 것임을 보장
㉢ 각 상담자의 활동이 전문직으로서의 상담의 기능 및 목적에 저촉되지 않도록 보장
㉣ 상담자로 하여금 자신의 사생활과 인격을 보호하는 근거를 제공
㉤ 상담자가 직무수행 중의 갈등을 어떻게 처리해야 할지에 관한 기본 입장을 제공

14 자기인식이 부족한 내담자를 사정할 때 인지에 대한 통찰을 재구조화하거나 발달시키는데 적합한 방법은?

① 직면이나 논리적 분석을 해준다.
② 불안에 대처하도록 심호흡을 시킨다.
③ 은유나 비유를 사용한다.
④ 사고를 재구조화 한다.

[해설] **인지적 명확성이 부족한 내담자의 유형에 따른 면담**

> **자기인식의 부족**
>
> 내담자 : 난 호의를 가지고 있는데 왜 사람들이 그렇게 반응하는지 이해할 수가 없어요. 난 항상 남의 보조만 맞추고 있는 것 같아요.
>
> 상담자 : 사람들이 선생님의 기대에 맞게 반응하지 않을 때 좀 화가 나시겠네요.
>
> 내담자 : 곧 우울해져요. 난 사무실에서 왕따에요.
>
> 〈개입 : 은유나 비유를 쓰기〉
>
> 그 사람의 인지에 대한 통찰을 재구조화하거나 발달시키는 이야기로 한다.
>
> 상담자 : 사람들이 선생님을 어떻게 보는지에 대해서 어떤 이야기나 속담이나, 동화를 비유해서 얘기해보세요.
>
> 내담자 : 그건 좀 이상하게 들릴 텐데요. 난 미운 오리새끼 같아요. 매번 난 뭔가에 대해 벌 받을 짓을 하거든요.
>
> 상담자 : 그 얘기가 어떻게 끝나는지 기억하세요?
>
> 내담자 : 아니요.
>
> 상담자 : 음, 미운 오리새끼는 나중에 아름다운 백조가 되잖아요. 그리고 모두에게 환영받고요.
>
> 내담자 : 그런 일은 내겐 안 일어날 거예요.
>
> 상담자 : 동화 얘기 중에, "할 수 없다."고 말하는 작은 기차에 대한 얘기도 알고 계세요?
>
> 내담자 : 물론 알고 있어요. 기차가 "난 할 수 있어."라고 말하니까 언덕을 올라갔지요.
>
> 상담자 : 제가 보기에 당신은 "난 할 수 없어."라고 항상 스스로에게 말하고 있는 것 같아요.

15 다음 중 상담의 초기 단계와 가장 거리가 먼 것은?

① 상담의 구조화　　　　② 목표설정

③ 상담관계 형성　　　　④ 내담자의 자기탐색과 통찰

[해설] 상담의 초기면접 단계에서는 관계형성 및 구조화, 측정, 목표설정 등이 이루어지며, 통찰은 개입이후에 이루어진다.

16 특성–요인 직업 상담과정의 단계를 순서대로 나열한 것은?

> ㄱ. 종합　　　　　　　ㄴ. 진단
> ㄷ. 분석　　　　　　　ㄹ. 상담 또는 치료
> ㅁ. 사후지도　　　　　ㅂ. 예측

① ㄷ → ㄱ → ㄴ → ㅂ → ㄹ → ㅁ

② ㄷ → ㄴ → ㅂ → ㄱ → ㄹ → ㅁ

③ ㄷ → ㄹ → ㄴ → ㄱ → ㅂ → ㅁ

④ ㄷ → ㅂ → ㄴ → ㄱ → ㄹ → ㅁ

[해설] Williamson이 제시한 상담과정은 분석–종합–진단–처방(예후)–상담–추수지도이다. 진단단계는 문제를 사실적으로 확인하고 원인을 발견하는 단계이며, 상담 단계는 내담자가 능동적으로 참여하는 단계이다.

17 정신역동적 직업상담을 구체화한 Bordin이 제시한 직업상담의 3단계 과정이 아닌 것은?

① 관계설정　　　　　　② 탐색과 계약설정

③ 핵심설정　　　　　　④ 변화를 위한 노력

[해설] 정신역동직업상담의 상담단계는 탐색과 계약체결–핵심결정–변화를 위한 노력이며, 상담기법은 명료화, 비교, 소망–방어 체계에 대한 해석이다.

18 인간중심 상담에서 중요하게 요구되는 상담자의 태도로 옳은 것은?

> ㄱ. 해석　　　　ㄴ. 진솔성　　　　ㄷ. 공감적 이해
> ㄹ. 무조건적 수용　　ㅁ. 맞닥뜨림

① ㄱ, ㄴ, ㄷ　　　　　② ㄴ, ㄷ, ㄹ

③ ㄱ, ㄹ, ㅁ　　　　　④ ㄴ, ㄷ, ㅁ

[해설] 인간중심(내담자중심) 직업상담기법을 사용할 때 상담자가 갖추어야 할 기본적인 태도 세 가지는 ㉠ 일치성/진솔성 ㉡ 공감적 이해, ㉢ 무조건적 긍정적 수용이다.

19 다음 상담과정에서 필요한 상담기법은?

> 내담자 : 전 의사가 될 거예요. 저희 집안은 모두 의사들이거든요.
>
> 상담자 : 학생은 의사가 될 것으로 확신하고 있네요.
>
> 내담자 : 예, 물론이지요.
>
> 상담자 : 의사가 되지 못한다면 어떻게 되나요?
>
> 내담자 : 한 번도 그런 경우를 생각해 보지 못했습니다. 의사가 안 된다면 내 인생은 매우 끔찍할 것입니다.

① 재구조화　　　　　　② 합리적 논박

③ 정보제공　　　　　　④ 직면

[해설] 인지적 명확성이 부족한 내담자의 유형은 강박적 사고이며, 상담자의 개입방법은 RET 기법이다.

[정답] 15 ④　16 ①　17 ①　18 ②　19 ②

20 진로상담의 원리에 관한 설명으로 틀린 것은?

① 진로상담은 진학과 직업선택, 직업적응에 초점을 맞추어 전개되어야 한다.

② 진로상담은 상담사와 내담자 간의 라포가 형성된 관계 속에서 이루어져야 한다.

③ 진로상담은 항상 집단적인 진단과 처치의 자세를 견지해야 한다.

④ 진로상담 상담윤리 강령에 따라 전개되어야 한다.

> **해설** **진로 상담의 주요 원리**
> ① 진학과 직업선택에 초점을 맞추어 전개되어야 한다.
> ② 개인의 특성을 객관적으로 파악한 후 상담자와 내담자 간의 라포가 형성된 관계 속에서 이루어져야 한다.
> ③ 개인의 진로결정에 있어서 핵심적인 요소이므로 합리적인 진로의사 결정 과정과 기법을 체득하도록 상담한다.
> ④ 진로발달이론에 근거하며 진로발달이 진로선택에 영향을 미친다.
> ⑤ 변화하는 직업세계의 이해와 진로정보 활동을 중심으로 개인과 직업의 연계성을 합리적으로 연결시키는 과정과 합리적 방법 이용에 초점을 두어야 한다.
> ⑥ 각종 심리검사의 결과를 기초로 합리적인 결과를 끌어낼 수 있도록 도와주는 역할을 해야 한다.
> ⑦ 항상 '차별적인 진단과 처치'의 자세를 견지한다.
> ⑧ 상담윤리 강령에 따라 전개되어야 한다.

SECTION
제2과목 **직업심리학**

21 Parsons가 제시한 특성–요인 이론의 기본가정이 아닌 것은?

① 인간은 신뢰롭고 타당하게 측정할 수 있는 독특한 특성을 지니고 있다.

② 직업은 그 직업에서의 성공을 위한 매우 구체적인 특성을 지닐 것을 요구한다.

③ 진로선택은 다소 직접적인 인지과정이므로 개인의 특성과 직업의 특성을 짝짓는 것이 가능하다.

④ 인성과 동일한 직업 환경이 있으며, 각 환경은 각 개인과 연결되어 있는 성격유형에 의해 결정된다.

> **해설** 홀랜드는 개인이 직업을 선택할 때에 자신의 성격을 만족시켜 줄 수 있는 직업 환경을 선택하게 된다는 것이며, 직업에의 만족, 안정성, 업적 등은 개인의 성격과 직업 환경간의 일치성에 달려 있다고 본다.

22 Super의 직업발달 단계를 바르게 나열한 것은?

① 성장기 → 확립기 → 탐색기 → 유지기 → 쇠퇴기

② 탐색기 → 성장기 → 유지기 → 확립기 → 쇠퇴기

③ 성장기 → 탐색기 → 확립기 → 유지기 → 쇠퇴기

④ 탐색기 → 유지기 → 성장기 → 확립기 → 쇠퇴기

> **해설** **Super의 진로발달이론**
> ㉠ 이론의 기저를 이루고 있는 것은 '자아개념'으로 인간은 자신의 이미지와 일치하는 직업을 선택한다는 주장이다.
> ㉡ 진로성숙은 생애단계 내에서 성공적으로 수행된 발달과업을 통해 획득한다.
> ㉢ Ginzberg의 진로발달이론에 대한 비판에서 출발된 이론이다.
> ㉣ 슈퍼의 직업발달 이론은 너무 광범위하고 자아개념을 지나치게 강조하고 있다는 비판을 받기도 한다.
> ㉤ 직업발달은 성장기–탐색기–확립기–유지기–쇠퇴기의 순환과 재순환 단계를 거친다.

23 직무분석의 방법과 가장 거리가 먼 것은?

① 요소비교법　　　　② 면접법

③ 중요사건법　　　　④ 질문지법

> **해설** 요소비교법은 직무평가 방법이다.

24 팀 생산성을 높이기 위해서 부하들을 철저히 감독하라는 사장의 요구와 작업능률을 높이려면 자발적으로 일할 수 있는 분위기를 만들어 주어야 한다는 부하들의 요구 사이에서 고민하는 팀장의 스트레스의 원인은?

① 송신자내 갈등　　　② 개인간 역할갈등

③ 개인내 역할갈등　　④ 송신자간 갈등

> **해설** ① 송신자내 갈등 : 업무지시자가 서로 배타적이고, 양립할 수 없는 요구를 요청할 때 발생하는 갈등(예 영업장이 영업사원들에게 영업실적을 올리라고 하면서 동시에 영업을 위해 필수적인 외근시간을 줄이라고 요구하는 경우)
> ② 개인간 역할갈등 : 직업에서의 요구와 직업 이외의 요구 간의 갈등에서 발생하는 갈등 → 오해, 경쟁, 역할수행, 가치관 차이(예 결혼기념일의 회사 야근)
> ③ 개인내 역할갈등 : 개인이 수행하는 직무의 요구와 가치관이 다를 때 발생하는 갈등 → 좌절, 목표갈등, 스트레스, 역할갈등(예 공인회계사에게 세금을 줄이기 위해 2중 장부를 처리하게 하는 경우)

---

25 직업선택 문제들 중 비현실성의 문제와 가장 거리가 먼 것은?

① 흥미나 적성의 유형이나 수준과 관계없이 어떤 직업을 선택해야 할지 결정하지 못한다.

② 자신의 적성수준보다 높은 적성을 요구하는 직업을 선택한다.

③ 자신의 흥미와는 일치하지만, 자신의 적성수준보다는 낮은 적성을 요구하는 직업을 선택한다.

④ 자신의 적성수준에서 선택을 하지만, 자신의 흥미와는 일치하지 않는 직업을 선택한다.

> **해설** ① 결정성의 문제 중 다재다능형이다.
> ② 현실성의 문제 중 비현실형이다.
> ③ 현실성의 문제 중 불충족형이다.
> ④ 현실성의 문제 중 강압형이다.

26 사람들이 어떤 상황에 기여한 정도에 따라 보상을 받아야 한다는 법칙은?

① 평등분배 법칙　　　② 형평분배 법칙
③ 필요분배 법칙　　　④ 요구분배 법칙

> **해설** 형평분배 법칙은 사람들이 어떤 상황에 기여한 정도에 따라 보상을 받아야 한다는 법칙이다.

27 직업지도 프로그램 선정 시 고려해야 할 사항과 가장 거리가 먼 것은?

① 활용하고자 하는 목적에 부합하여야 한다.
② 실시가 어렵더라도 효과가 뚜렷한 프로그램이어야 한다.
③ 프로그램의 효과를 평가할 수 있어야 한다.
④ 활용할 프로그램은 비용이 적게 드는 경제성을 지녀야 한다.

> **해설** 실시가 어렵다면 직업지도 프로그램으로 선정하기 어렵다.

28 점수유형 중 그 의미가 모든 사람에게 단순하고 직접적이며, 한 집단 내에서 개인의 상대적인 위치를 살펴보는데 적합한 것은?

① 원점수　　　　② T점수
③ 표준점수　　　④ 백분위점수

> **해설** 백분위는 개인이 표준화된 집단에서 차지하는 상대적 위치를 말한다. 예를 들어, 백분위 "95"는 내담자의 점수보다 낮은 사람들이 전체의 95%가 된다는 의미이다.

29 가치중심적 진로 접근 모형의 기본명제와 가장 거리가 먼 것은?

① 개인이 우선권을 부여하는 가치들은 얼마되지 않는다.
② 가치는 환경 속에서 가치를 담은 정보를 획득함으로써 학습된다.
③ 한 역할의 특이성은 역할 안에 있는 필수적인 가치들의 만족 정도와 관련된다.
④ 생애역할에서의 성공은 학습된 기술과 인지적 · 정의적 · 신체적 적성을 제외한 요인에 의해 결정된다.

> **해설** ④ 생애역할에서의 성공은 학습된 기술과 인지적 · 정의적 · 신체적 적성에 의해 결정된다.

30 종업원의 경력개발 프로그램과 가장 거리가 먼 것은?

① 후견인 제도　　　② 직무 순환
③ 직무 평가　　　　④ 훈련 프로그램

> **해설** 직무평가는 직무의 상대적 가치를 결정하기 위해 사용하는 방법이다.

31 스트레스에 관한 설명 중 Ellis와 관련이 없는 것은?

① 정서장애는 생활사건 자체를 통해 일어난다.
② 행동에 대한 과거의 영향보다는 현재에 초점을 둔다.
③ 역기능적 사고는 정서장애의 중요한 결정요인이다.
④ 부정적 감정을 유발하는 스트레스는 비합리적 신념에서 나온다.

> **해설** 인지상담가 엘리스(Ellis)에 의하면 스트레스의 주요인은 개인의 비합리적 신념이다.

정답 25 ①　26 ②　27 ②　28 ④　29 ④　30 ③　31 ①

32 미네소타 욕구 중요도 검사(MIQ)에 관한 설명으로 틀린 것은?

① 특질 및 요인론적 접근을 배경으로 개발되었다.

② 20개의 근로자 욕구를 측정한다.

③ 주 대상은 13세 이상의 남녀이며 초등학교 고학년 이상의 독해력이 필요하다.

④ 6개의 가치요인을 측정한다.

해설 MIQ는 초등학교 5학년 정도의 읽기능력을 요구하지만 16세 이하 청소년에게 사용하기에는 적합하지 않다. 16세 이전까지는 발달적으로 일에 대한 요구나 가치가 잘 정립되어 있지 않기 때문이다.

33 직업적응과 관련된 개념 중 조화의 내적지표로, 직업환경이 개인의 욕구를 얼마나 채워주고 있는지에 대한 개인의 평가를 뜻하고 있는 것은?

① 반응(Response)　　② 만족(Satisfaction)

③ 적응(Adjustment)　④ 충족(Satisfactoriness)

해설 직업적응이론에서 직업적응을 예측하는 두 가지 주된 구성요소는 만족(Satisfaction)과 충족(Satisfactoriness)이다. 만족은 수행하는 일을 통해 개인의 욕구와 요구조건이 충족되는 정도이며, 충족은 개인이 자신에게 주어진 일을 완수하는 정도에 대한 다른 사람의 평가와 관련된 개념이다.

34 직위분석질문지(PAQ)에 관한 설명으로 틀린 것은?

① 작업자 중심 직무분석의 대표적인 예이다.

② 직무수행에 요구되는 인간의 특성들을 기술하는 데 사용되는 194개의 문항으로 구성되어 있다.

③ 직무수행에 관한 6가지 주요 범주는 정보입력, 정신과정, 작업결과, 타인들과의 관계, 직무맥락, 직무요건 등이다.

④ 비표준화된 분석도구이다.

해설 표준화된 직무분석 설문지의 대표적인 예가 미국에서 사용되고 있는 직책분석설문지(Position Analysis Questionnaire, PAQ)이다. PAQ는 작업자 중심 직무분석을 하는 도구로서 각 직무마다 어느 정도 수준의 인간적인 능력이나 기술들이 요구되는지를 양적으로 알려 준다.

35 Holland의 유형학에 기초한 진로관련 검사는?

① 마이어스-브리그스 유형지표(MBTI)

② 스트롱-켐벨 흥미검사(SCII)

③ 다면적 인성검사(MMPI)

④ 진로개발검사(CDI)

해설 Holland의 모델에 근거한 검사는 자가흥미탐색검사(SDS), 스트롱-켐벨 흥미검사(SVIB-SCII), 경력의사결정검사(CDM), 직업선호도검사가 있다.

36 다음은 심리검사의 타당도 중 어떤 것을 설명한 것인가?

- 논리적 사고에 입각한 논리적인 분석과정으로 판단하는 주관적 타당도이다.
- 본질적으로 해당 분야 전문가의 판단에 의존한다.

① 구성타당도　　　② 예언타당도

③ 내용타당도　　　④ 동시타당도

해설 보통 내용타당도는 해당 분야 전문가들의 주관적 판단을 토대로 결정하기 때문에 타당도의 계수를 산출하기 어렵다.

37 직무 스트레스를 촉진시키거나 완화하는 조절요인이 아닌 것은?

① A/B 성격유형　　② 통제 소재

③ 사회적 지원　　　④ 반복적이고 단조로운 직무

해설 ① 성격요인으로 A유형과 B유형으로 구분하며 A유형의 사람들은 성취욕구가 높고 더 높은 포부수준을 갖고 있기 때문에 일로부터 더 많은 스트레스를 받는다.
② 내적 통제자보다 외적 통제자들은 자신의 삶에 있어 중요한 사건들이 주로 타인이나 외부에 의해 결정된다고 보기 때문에 스트레스 영향력을 감소시키려는 노력을 하지 않는 편이다.
③ 사회적 지원은 스트레스 출처를 약화시키지만 스트레스 출처로부터 야기된 권태감, 직무 불만족 자체를 감소시키는 것은 아니다.

정답 32 ③　33 ②　34 ④　35 ②　36 ③　37 ④

38 인터넷을 통해 온라인으로 실시하는 심리검사에 대한 설명에 대한 설명과 가장 거리가 먼 것은?

① 직업적성검사, 직업흥미검사 등 다양한 진로심리검사 서비스가 제공되고 있다.
② 검사 결과를 즉시 알 수 있어 편리하다.
③ 상담 장면에서 활용하기에는 부적합하다.
④ 검사를 치르는 상황이 다양하므로 검사 점수의 신뢰도가 낮아질 가능성이 있다.

해설 상담 장면에서 활용된다.

39 다음 사례에서 검사 – 재검사 신뢰도 계수는?

> 100명의 학생들이 특정 심리검사를 받고 한 달 후에 동일한 검사를 다시 받았는데 두 번의 검사에서 각 학생들의 점수는 동일했다.

① −1.00   ② 0.00
③ +0.50   ④ +1.00

해설 검사의 점수가 동일하면 신뢰도는 1.00이 된다.

40 다음은 Williamson이 분류한 진로선택 문제 중 어떤 유형에 해당하는가?

> 동기나 능력이 부족한 사람이 고도의 능력이나 특수한 재능을 요구하는 직업을 선택하거나, 흥미가 없고 자신의 성격에 맞지 않는 직업을 선택하는 경우 또는 자신의 능력보다 훨씬 낮은 능력을 요구하는 직업을 선택하거나 안정된 직업만을 추구하는 경우

① 직업선택의 확신 부족   ② 현명하지 않은 직업선택
③ 직업 무선택   ④ 흥미와 적성의 모순

해설 윌리암슨의 직업문제 분류범주는 무선택, 불확실한 선택, 현명하지 못한 선택(어리석은 선택), 흥미와 적성의 차이이며, 어리석은 선택을 하는 요인은 목표와 맞지 않는 적성, 흥미와 관계없는 목표, 직업적응을 어렵게 하는 성격, 특권에 대한 갈망 등이 있다.

SECTION
제3과목   직업정보론

41 직업정보 수집 시 2차 자료 (Secondary data) 유형을 모두 고른 것은?

> ㄱ. 한국고용정보원에서 발행하는 직종별 직업사전
> ㄴ. 통계청에서 실시한 지역별 고용조사 결과
> ㄷ. 한국산업인력공단에서 제공하는, 국가기술자격통계연보
> ㄹ. 워크넷에서 제공하는 직업별 탐방기(테마별 직업여행)

① ㄱ, ㄷ   ② ㄱ, ㄴ, ㄹ
③ ㄴ, ㄷ, ㄹ   ④ ㄱ, ㄴ, ㄷ, ㄹ

해설 1차 자료는 연구를 위해 조사자가 직접 수집하거나 작성한 원형 그대로의 자료를 의미하며, 2차자료는 1차 자료를 활용하여 수정 · 가공한 자료이다.

42 국가기술자격 종목 중 임산가공기사, 임업종묘기사, 산림기사가 공통으로 해당하는 직무분야는?

① 농림어업   ② 건설
③ 안전관리   ④ 환경 · 에너지

해설 임산가공기사, 임업종묘기사, 산림기사, 식물보호기사는 농림어업 분야이다.

43 워크넷의 채용정보 검색조건에 해당하지 않는 것은?

① 희망임금   ② 학력
③ 경력   ④ 연령

해설 고용상 연령차별금지 및 고령자 고용촉진에 관한 법률이 시행됨에 따라 채용정보에서 연령이 삭제되었다.

44 다음 중 국가기술자격종목을 모두 고른 것은?

> ㄱ. 전산회계운용사1급   ㄴ. 감정평가사
> ㄷ. 국제의료관광코디네이터   ㄹ. 문화재수리기능자

① ㄱ, ㄴ, ㄹ   ② ㄱ, ㄷ
③ ㄴ   ④ ㄷ, ㄹ

해설 감정평가사와 문화재수리기능자는 전문자격이다.

45 한국표준직업분류(2018)에서 직업으로 보지 않는 활동을 모두 고른 것은?

ㄱ. 이자, 주식배당 등과 같은 자산 수입이 있는 경우
ㄴ. 예·적금 인출, 보험금 수취, 차용 또는 토지나 금융자산을 매각하여 수입이 있는 경우
ㄷ. 사회복지시설 수용자의 시설 내 경제 활동
ㄹ. 수형자의 활동과 같이 법률에 의한 강제 노동을 하는 경우

① ㄱ, ㄷ
② ㄴ, ㄹ
③ ㄱ, ㄴ, ㄷ
④ ㄱ, ㄴ, ㄷ, ㄹ

해설 **직업으로 보지 않는 활동**
(1) 이자, 주식배당, 임대료(전세금, 월세) 등과 같은 자산 수입이 있는 경우
(2) 연금법, 국민기초생활보장법, 국민연금법 및 고용보험법 등의 사회보장이나 민간보험에 의한 수입이 있는 경우
(3) 경마, 경륜, 경정, 복권 등에 의한 배당금이나 주식투자에 의한 시세차익이 있는 경우
(4) 예·적금 인출, 보험금 수취, 차용 또는 토지나 금융자산을 매각하여 수입이 있는 경우
(5) 자기 집의 가사 활동에 전념하는 경우
(6) 교육기관에 재학하며 학습에만 전념하는 경우
(7) 시민봉사활동 등에 의한 무급 봉사적인 일에 종사하는 경우
(8) 사회복지시설 수용자의 시설 내 경제활동
(9) 수형자의 활동과 같이 법률에 의한 강제노동을 하는 경우
(10) 도박, 강도, 절도, 사기, 매춘, 밀수와 같은 불법적인 활동

46 한국표준산업분류(2017)의 산업결정방법에 대한 설명으로 틀린 것은?

① 생산단위의 산업활동은 그 생산단위가 수행하는 주된 산업활동(판매 또는 제공되는 재화 및 서비스)의 종류에 따라 결정된다.
② 생산단위가 수행하는 주된 산업 활동에 따라 결정하는 것이 적합하지 않을 경우에는 그 해당 활동의 종업원 수 및 노동시간, 임금 및 급여액 또는 설비의 정도에 의하여 결정한다.
③ 계절에 따라 정기적으로 산업을 달리하는 사업체의 경우에는 조사시점에서 경영하는 사업에서 산출액이 많았던 활동에 의하여 분류된다.
④ 휴업 중 또는 자산을 청산중인 사업체의 산업은 영업 중 또는 청산을 시작하기 이전의 산업활동에 의하여 결정하며, 설립 중인 사업체는 개시하는 산업활동에 따라 결정한다.

해설 계절에 따라 정기적으로 산업을 달리하는 사업체의 경우에는 조사시점에서 경영하는 사업과는 관계없이 조사대상 기간 중 산출액이 많았던 활동에 의하여 분류된다.

47 국가기술자격 기능장 등급의 응시자격으로 틀린 것은?

① 응시하려는 종목이 속하는 동일 및 유사 직무분야의 산업기사 또는 기능사 자격을 취득 한 후 근로자직업능력 개발법에 따라 설립된 기능대학의 기능장과정을 마친 이수자 또는 그 이수예정자
② 산업기사 등급 이상의 자격을 취득한 후 응시하려는 종목이 속하는 동일 및 유사 직무 분야에서 7년 이상 실무에 종사한 사람
③ 응시하려는 종목이 속하는 동일 및 유사 직무 분야에서 9년 이상 실무에 종사한 사람
④ 응시하려는 종목이 속하는 동일 및 유사 직무분야의 다른 종목의 기능장 등급의 자격을 취득한 사람

해설 **기능장응시자격**
㉠ 산업기사 또는 기능＋기능대학의 기능장과정 이수자 또는 그 이수예정자
㉡ 산업기사 등급 이상＋동일 및 유사직무분야 5년 실무
㉢ 기능사＋동일 및 유사직무분야 7년 실무
㉣ 동일 및 유사직무분야 9년 이상 실무
㉤ 동일직무분야의 다른 종목의 기능장 등급의 자격을 취득한 사람
㉥ 외국에서 동일한 종목에 해당하는 자격을 취득한 사람

48 한국표준산업분류(2017)에서 하나 이상의 장소에서 이루어지는 단일 산업활동의 통계단위는?

① 기업집단 단위
② 기업체 단위
③ 활동유형 단위
④ 지역단위

해설

구분	하나 이상의 장소	단일 장소
하나 이상의 산업활동	기업집단	지역단위
	기업체 단위	
단일 산업활동	활동유형단위	사업체 단위

49 한국표준산업분류(2017)의 적용원칙에 대한 설명으로 틀린 것은?

① 생산단위는 산출물뿐만 아니라 투입물과 생산공정 등을 함께 고려하여 그들의 활동을 가장 정확하게 설명된 항목에 분류해야 한다.

② 복합적인 활동단위는 우선적으로 세세분류를 정확히 결정하고, 순차적으로 세, 소, 중, 대분류 단계 항목을 결정하여야 한다.

③ 산업활동이 결합되어 있는 경우에는 그 활동단위의 주된 활동에 따라서 분류하여야 한다.

④ 공식적 생산물과 비공식적 생산물, 합법적 생산물과 불법적인 생산물을 달리 분류하지 않는다.

> **해설** 복합적인 활동단위는 우선적으로 최상급 분류단계(대분류)를 정확히 결정하고, 순차적으로 중, 소, 세, 세세분류 단계 항목을 결정하여야 한다.

50 한국고용직업분류(2018)의 대분류에 해당하지 않는 것은?

① 군인
② 건설 · 채굴직
③ 설치 · 정비 · 생산직
④ 연구직 및 공학 기술직

> **해설** 한국고용직업분류(2018) 대분류
> 0. 경영 · 사무 · 금융 · 보험직
> 1. 연구직 및 공학 기술직
> 2. 교육 · 법률 · 사회복지 · 경찰 · 소방직 및 군인
> 3. 보건 · 의료직
> 4. 예술 · 디자인 · 방송 · 스포츠직
> 5. 미용 · 여행 · 숙박 · 음식 · 경비 · 청소직
> 6. 영업 · 판매 · 운전 · 운송직
> 7. 건설 · 채굴직
> 8. 설치 · 정비 · 생산직
> 9. 농림어업직

51 민간직업정보의 일반적인 특성에 관한 설명으로 옳은 것은?

① 특정한 목적에 맞게 해당분야 및 직종을 제한적으로 제시하는 경향이 있다.

② 특정시기에 국한되지 않고 지속적으로 제공된다.

③ 무료로 제공된다.

④ 다른 정보에 미치는 영향이 크며 연관성이 높은 편이다.

> **해설** **공공직업정보의 특성**
> ㉠ 지속적으로 조사 · 분석하여 제공되며 장기적인 계획 및 목표에 따라 정보체계의 개선작업 수행이 가능하다.
> ㉡ 특정 분야나 대상에 국한되지 않고 전체 산업 및 업종에 걸친 직종을 대상으로 한다.
> ㉢ 직업별로 특정한 정보만을 강조하지 않고 보편적인 항목으로 이루어진 기초적인 직업정보체계로 구성된다.
> ㉣ 광범위한 이용가능성에 따라 공공직업정보체계에 대한 직접적이며 객관적인 평가가 가능하다.
> ㉤ 국내 또는 국제적으로 인정된 객관적인 기준에 근거하여 직업을 분류한다.
> ㉥ 관련 직업 간 비교가 용이하다.
> ㉦ 무료로 제공된다.
>
> **민간직업정보의 특성**
> ㉠ 필요한 시기에 최대한 활용되도록 한시적으로 신속하게 생산되어 운영된다.
> ㉡ 단시간에 조사하고 특정한 목적에 맞게 해당분야 및 직종을 제한적으로 선택한다.
> ㉢ 정보 생산자의 임의적 기준에 따라 관심이나 흥미를 유도할 수 있도록 해당 직업을 분류한다.
> ㉣ 시사적인 관심이나 흥미를 유도할 수 있도록 해당 직업을 분류한다.
> ㉤ 특정 직업에 대해 구체적이고 상세한 정보를 제공하기 위해서는 조사 분석 및 제공에 상당한 시간 및 비용이 소요되므로 해당 직업정보는 유료로 제공한다.

52 직업정보 분석시 유의점으로 틀린 것은?

① 전문적인 시각에서 분석한다.

② 직업정보원과 제공원에 대해 제시한다.

③ 동일한 정보에 대해서는 한 가지 측면으로만 분석한다.

④ 원자료의 생산일, 자료표집방법, 대상 등을 검토해야 한다.

> **해설** 동일한 정보도 다각적인 분석을 시도하여 해석을 풍부하게 한다.

53 한국직업전망에서 정의한 고용변동 요인 중 불확실성 요인에 해당하는 것은?

① 인구구조 및 노동인구 변화
② 정부정책 및 법 · 제도 변화
③ 과학기술 발전
④ 가치관과 라이프스타일 변화

정답 49 ② 50 ① 51 ① 52 ③ 53 ②

54 워크넷(직업·진로)에서 '직업정보 찾기'의 하위 메뉴가 아닌 것은?

① 신직업·창직 찾기
② 업무수행능력별 찾기
③ 통합 찾기(지식, 능력, 흥미)
④ 지역별 찾기

55 한국직업사전의 부가 직업정보에 대한 설명으로 옳은 것은?

① 정규교육 : 해당 직업 종사자의 평균 학력을 나타낸다.
② 조사연도 : 해당 직업의 직무조사가 실시된 연도를 나타낸다.
③ 작업강도 : 해당 직업의 직무를 수행하는 데 필요한 육체적·심리적·정신적 힘의 강도를 나타낸다.
④ 유사명칭 : 본직업명과 기본적인 직무에 있어서 공통점이 있으나 직무의 범위, 대상 등에 따라 나누어지는 직업이다.

56 한국직업사전에 대한 설명으로 틀린 것은?

① 수록된 직업들은 직무분석을 바탕으로 조사된 정보들로서 유사한 직무를 기준으로 분류한 것이다.
② 본 직업정보는 직업코드, 본직업명, 직무개요, 수행직무 등이 해당한다.
③ 수록된 각종 정보는 사업체 표본조사를 통해 조사된 내용으로 근로자의 직업(직무)평가 자료로서의 절대적 기준을 제시한다.
④ 급속한 과학기술 발전과 산업구조 변화 등에 따라 변동하는 직업세계를 체계적으로 조사 분석하여 표준화된 직업명과 기초직업정보를 제공할 목적으로 발간된다.

57 직업정보 수집을 위한 서베이 조사에 관한 설명으로 틀린 것은?

① 면접조사는 우편조사에 비해 비언어적 행위의 관찰이 가능하다.
② 일반적으로 전화조사는 면접조사에 비해 면접시간이 길다.
③ 질문의 순서는 응답률에 영향을 줄 수 있다.
④ 폐쇄형 질문의 응답범주는 상호배타적이어야 한다.

58 평생학습계좌제(www.all.go.kr)에 관한 설명으로 틀린 것은?

① 개인의 다양한 학습경험을 온라인 학습이력관리시스템에 누적·관리하여 체계적인 학습설계를 지원한다.
② 개인의 학습결과를 학력이나 자격인정과 연계하거나 고용정보를 활용할 수 있게 한다.
③ 전 국민을 대상으로 실시하는 제도로서, 원하는 누구나 이용이 가능하다.
④ 온라인으로 계좌개설이 가능하며 방문신청은 전국 고용센터에 방문하여 개설한다.

정답 54 ④ 55 ② 56 ③ 57 ② 58 ④

59 직업정보 제공과 관련된 인터넷사이트 연결이 틀린 것은?

① 직업훈련정보 : HRD−Net(hrd.go.kr)
② 자격정보 : Q−Net(q−net.or.kr)
③ 외국인고용관리정보 : EI넷 (ei.go.kr)
④ 해외취업정보 : 월드잡플러스(worldjob.or.kr)

해설 외국인고용관리정보 : eps.go.kr

60 일반적인 직업정보 처리과정을 바르게 나열한 것은?

① 수집 → 제공 → 분석 → 가공 → 평가
② 수집 → 가공 → 제공 → 분석 → 평가
③ 수집 → 평가 → 가공 → 제공 → 분석
④ 수집 → 분석 → 가공 → 제공 → 평가

SECTION
제4과목 **노동시장론**

61 다음 ( )안에 알맞은 것은?

아담 스미스(A. Smith)는 노동조건의 차이, 소득안정성의 차이, 직업훈련비용의 차이 등 각종 직업상의 비금전적 불이익을 견딜 수 있기에 필요한 정도의 임금프리미엄을 ( )(이)라고 하였다.

① 직종별 임금격차
② 균등화 임금격차
③ 생산성임금
④ 해도닉임금

해설 보상적 임금격차 : 상대적으로 불리하거나 부담이 높은 직종에 종사하는 노동자들이 이를 보상해줄 만큼의 임금을 받기 때문에 발생하는 균등화임금격차를 말한다.

62 근로자의 귀책사유 없이 기업의 가동률저하로 인하여 근로자가 기업으로부터 떠나는 것으로 미국 등에서 잘 발달되고 있는 제도는?

① 사직(Quits)
② 해고(Discharges)
③ 이직(Separations)
④ 일시해고(Layoffs)

해설 불경기에 조업단축으로 인하여 불가피하게 해고를 해야 할 때 취하는 제도로 특히 미국에서 주로 행해진다. 업종별·기업별로 소위 선임권(先任權)에 의해 정해진 순위에 따라 시행되며 레이오프(lay−off)에서는 노사협정으로 미리 근무연한 등을 감안한 선임권 순위를 정해 놓고 순위가 낮은 자부터 해고해 나가며 복직시킬 때에는 반대로 선임권 순위가 높은 자부터 복직시킨다.

63 기업 내부 노동시장의 형성요인과 가장 거리가 먼 것은?

① 노동조합의 존재
② 기업 특수적 숙련기능
③ 직장내 훈련
④ 노동관련 관습

해설 내부노동시장의 형성요인은 숙련의 특수성, 현장훈련(직장내 훈련), 관습, 장기근속가능성, 기업의 규모 등이다.

64 다음 중 연봉제의 장점과 가장 거리가 먼 것은?

① 능력주의, 성과주의를 실현할 수 있다.
② 과감한 인재기용에 용이하다.
③ 종업원 상호간의 협조성이 높아진다.
④ 종업원들의 동기를 부여할 수 있다.

해설 ① 연봉제의 장점
ㄱ 능력과 실적이 임금과 직결되어 있으므로 능력주의나 실적주의를 통하여 종업원에게 동기를 부여하고 근로의욕을 높여 사기를 앙양시킬 수 있다.
ㄴ 국제적 감각을 지닌 인재확보가 쉽다.
ㄷ 연공급의 복잡한 임금체계와 임금지급구조를 단순화하여 임금관리의 효율성을 증대시킬 수 있다.
② 연봉제의 단점
ㄱ 성과의 평가에서 객관성과 공정성 문제가 제기될 수 있다.
ㄴ 실적의 저조로 연봉액이 삭감될 경우 사기가 저하될 수 있다.
ㄷ 종업원 상호간의 불필요한 경쟁심, 위화감조성, 불안감증대 등의 문제가 있을 수 있다.

65 기업별 조합의 상부조합(산업별 또는 지역별)과 개별 사용자간, 또는 사용자단체와 기업별 조합과의 사이에서 행해지는 단체교섭은?

① 기업별교섭
② 대각선교섭
③ 통일교섭
④ 방사선교섭

정답 59 ③ 60 ④ 61 ② 62 ④ 63 ① 64 ③ 65 ②

66 경제적 조합주의(Economic unionism)에 대한 설명으로 틀린 것은?

① 노동조합운동과 정치와의 연합을 특징으로 한다.
② 경영전권을 인정하며 경영참여를 회피해온 노선이다.
③ 노동조합운동의 목적은 노동자들의 근로조건을 포함한 생활조건의 개선과 유지에 있다.
④ 노사관계를 기본적으로 이해대립의 관계로 보고 있으나 이해조정이 가능한 비적대적 관계로 이해한다.

해설 노동조합의 정치적 기능을 배제한다.

67 노동조합 조직부문과 비조직부문간의 임금격차를 축소시키는 효과를 바르게 짝지은 것은?

ㄱ. 이전효과(Spillover effect)
ㄴ. 위협효과(Threat effect)
ㄷ. 대기실업효과(Wait unemployment effect)
ㄹ. 해고효과(Displacement effect)

① ㄱ, ㄴ
② ㄴ, ㄷ
③ ㄷ, ㄹ
④ ㄱ, ㄹ

해설 ① 파급효과(spillover effect) : 노동조합이 조직됨으로써 노동조합 조직부문에서의 상대적 노동수요가 감소하고 그 결과 일자리를 잃은 노동자들이 비조직부문의 임금을 하락시키는 효과이다. 파급효과가 매우 강한 경우에 노동조합의 이중노동시장을 형성한다.(이전효과, 해고효과)
② 위협효과(threat effect) : 노동조합의 잠재적 조직 위협에 의해서 비조직부문의 노동자의 임금이 인상되는 효과. 즉 노조가 없는 기업들은 노동조합의 결성을 미리 막기 위해 사전에 조직부문의 임금수준 정도나 혹은 그보다 더 높은 수준의 임금을 지불할 수도 있다.
③ 대기실업효과(wait unemployment effect) : 비조직부문의 노동자들이 임금이 향상된 조직부문에 취업하기 위해 비조직 기업을 사직하고 실업상태로 취업을 대기하게 되어 그 결과 비조직부문의 임금이 상승하는 효과이다.

68 조합원 자격이 있는 노동자만을 채용하고 일단 고용된 노동자라도 조합원 자격을 상실하면 종업원이 될 수 없는 숍 제도는?

① 오픈숍
② 유니온숍
③ 에이전시숍
④ 클로즈드숍

해설 ㉠ 오픈 숍(open shop) : 사용자가 노동조합에 가입한 조합원이나 가입하지 않은 비조합원이나 모두 고용할 수 있는 제도이다. 노동조합은 상대적으로 노동력의 공급을 독점하기 어렵다.
㉡ 클로즈드 숍(closed shop) : 조합에 가입하고 있는 노동자만을 채용하고 일단 고용된 노동자라도 조합원자격을 상실하면 종업원이 될 수 없는 숍제도로서 우리나라 항운노동조합이 이에 해당한다.
㉢ 유니온 숍(union shop) : 기업이 노동자를 채용할 때는 노동조합에 가입하지 않은 노동자를 채용할 수 있지만 일단 채용된 노동자는 일정기간 내에 노동조합에 가입하여야 하며 또한 조합에서 탈퇴하거나 제명되는 경우 종업원자격을 상실하도록 되어 있는 제도이다.
㉣ 에이전시 숍(agency shop) : 노동조합 가입에 대한 강제조항이 없는 경우, 비노조원은 노력없이 노조원들의 조합활동의 혜택을 보게 된다. 따라서 노조는 혜택에 대한 대가로 비노조원들에게서 노조비에 상당하는 금액을 징수한다
㉤ 프리퍼렌셜 숍(preferential shop) : 조합원 우대제도라고도 하며 사용자가 조합원 여부에 관계없이 종업원을 채용할 수 있으나, 인사·해고 및 승진 등에 있어서 조합원에게 우선적 특권을 부여하는 제도를 말한다.
㉥ 메인티넌스 숍(maintenance of membership shop) : 조합원 자격 유지제도라고도 하며 사용자가 조합원 여부에 관계없이 종업원을 채용할 수 있으나 단체협약의 효력기간 중에는 조합원 자격을 유지하여야 하는 제도이다.

69 노동조합의 역사에서 가장 오래된 조합의 형태는?

① 산업별 노동조합(Industrial union)
② 기업별 노동조합(Company union)
③ 직업별 노동조합(Craft union)
④ 일반 노동조합(General union)

해설 ① 산업별 노동조합직업이나 직종의 여하를 불문하고 동일산업에 종사하는 노동자가 조직하는 노동조합의 형태이다.
② 기업별 노동조합 : 하나의 사업 또는 사업장에 종사하는 노동자들이 직종에 관계없이 결합한 노동조합이다. 우리나라와 일본에서 일반적인 노조의 형태이다.
③ 직종(직업)별 노동조합 : 인쇄공 조합이나 선반공 조합과 같이 동일한 직종에 종사하는 노동자들이 기업과 산업을 초월하여 결합한 노동조합이다. 역사적으로 숙련노동자를 중심으로 가장 먼저 조직된 형태이며, 숙련노동자가 노동시장을 배타적으로 독점하기 위해 조직된 것이다.
④ 일반노동조합 : 직업이나 산업의 구별없이 모든 노동자를 조직대상으로 한다.

정답 66 ① 67 ② 68 ④ 69 ③

70 불경기에 발생하는 부가노동자 효과(Added worker effect)와 실망실업자 효과(Discouraged worker effect)에 따라 실업률이 변화한다. 다음 중 실업률에 미치는 효과의 방향성이 옳은 것은? (단, + : 상승효과, − : 감소효과)

① 부가노동자 효과 : +, 실망실업자 효과 : −
② 부가노동자 효과 : −, 실망실업자 효과 : −
③ 부가노동자 효과 : +, 실망실업자 효과 : +
④ 부가노동자 효과 : −, 실망실업자 효과 : +

해설 ㉠ 부가노동자 효과 : 경기가 하강할 때에 주노동자가 실직하게 됨에 따라 가족 가운데 비경제 활동인구로 머물던 이차적 노동력이 가계의 소득을 유지하기 위하여 노동시장에 참가하여 실업률을 높이게 되는데 이러한 현상
㉡ 실망노동자 효과 : 경기침체로 실업이 계속 증가하여 실업자가 직장을 구하는 것이 더욱 어렵게 되어 구직활동을 단념함으로써 비경제활동인구가 늘어나고 경제활동인구가 감소

71 A국의 취업자가 200만 명, 실업자가 10만 명, 비경제활동인구가 100만 명이라고 할 때, A국의 경제활동참가율은?

① 약 66.7% ② 약 67.7%
③ 약 69.2% ④ 약 70.4%

해설 경제활동인구 = 취업자 + 실업자 = 200만 명 + 10만 명 = 210만 명
생산가능인구(15세 이상인구) = 경제활동인구 + 비경제활동인구 = 210만 명 + 100만 명 = 310만 명

경제활동참가율 = $\dfrac{\text{경제활동인구}}{\text{생산가능인구}}$ = $\dfrac{210\text{만 명}}{310\text{만 명}} \times 100 = 67.74\%$

72 다음 중 경제활동참가에 영향을 주는 요인을 모두 고른 것은?

ㄱ. 여가에 대한 상대적 가치
ㄴ. 비근로소득의 발생
ㄷ. 단시간 노동의 기회

① ㄱ, ㄴ ② ㄱ, ㄷ
③ ㄴ, ㄷ ④ ㄱ, ㄴ, ㄷ

해설 ㉠ 법·제도적 요인 : 여성의 직장생활을 보호하는 법과 제도가 많을수록 기혼여성의 경제활동참가율은 높아진다.
㉡ 사회적 요인 : 사회나 기업의 문화와 의식이 보수적일수록 기혼여성의 경제활동참가율은 낮아진다.
㉢ 배우자 및 타가구원의 소득 : 배우자 및 타가구원의 소득이 높을수록 기혼여성의 경제활동 참가율은 낮아진다.
㉣ 자녀의 수 및 연령 : 자녀의 수가 많거나, 연령이 낮을수록 기혼여성의 경제활동참가율은 낮아진다.
㉤ 전반적인 실업수준 : 전반적인 실업률이 높을수록 기혼여성의 경제활동참가율은 낮아진다.
㉥ 가사노동의 대체 : 가사노동을 대체할 수 있는 서비스나 가전제품이 많을수록 기혼여성의 경제활동 참가율은 높아진다.

73 어느 지역의 노동공급상태를 조사해 본 결과 시간당 임금이 3,000원일 때 노동공급량은 270이었고, 임금이 5,000원으로 상승했을 때 노동공급량은 540이었다. 이 때 노동공급의 탄력성은?

① 1.28 ② 1.50
③ 1.00 ④ 0.82

해설 노동공급의 탄력성 = $\dfrac{\text{노동공급량의 변화율(\%)}}{\text{임금의 변화율(\%)}}$ = $\dfrac{100}{66.67}$ = 1.499

임금의 변화율(%) = $\dfrac{|3,000 - 5,000|}{\text{임금의 변화율(\%)}} \times 100 = 66.667\%$

노동공급량의 변화율(%) = $\dfrac{|270 - 540|}{270} \times 100 = 100\%$

정답 **70** ① **71** ② **72** ④ **73** ②

74 효율임금(Efficiency wage) 가설에 대한 설명으로 옳은 것은?

① 기업이 생산의 효율성을 달성하기 위해 적정임금을 책정한다.
② 기업이 시장임금보다 높은 임금을 유지해 노동생산성 증가를 도모한다.
③ 기업이 노동생산성에 맞춰 임금을 책정한다.
④ 기업이 생산비 최소화 원리에 따라 임금을 책정한다.

해설 효율임금이론은 임금을 동종업계보다 많이 지급함으로써 근로자가 생산성을 최대한 발휘하도록 하는 전략과 관계된다.

75 개별기업수준에서 노동에 대한 수요곡선을 이동시키는 요인이 아닌 것은?

① 기술의 변화   ② 임금의 변화
③ 자본의 가격 변화   ④ 최종생산물가격의 변화

해설 **노동수요곡선을 이동(Shift)시키는 요인**
　㉠ 산출물가격상승 – 한계생산물의 가치는 한계생산에 가격을 곱한 값이다. 따라서 산출물의 시장가격이 변화하면 한계생산가치가 변화하고, 그 결과 노동수요곡선이 이동하게 된다.
　㉡ 기술진보 – 기술진보는 노동의 한계생산을 증가시키며, 그 결과 노동수요를 증가시킨다.
　㉢ 생산물에 대한 수요증가
　㉣ 다른 생산요소의 가격상승
　※ 임금의 변화는 수요곡선상의 이동이다.

76 임금체계에 관한 설명으로 틀린 것은?

① 직능급은 개인의 직무수행능력을 고려하여 임금을 관리하는 체계이다.
② 속인급은 연령, 근속, 학력에 따라 임금을 결정하는 체계이다.
③ 직무급은 직무분석과 직무평가를 기초로 직무의 상대적 가치에 따라 임금을 결정하는 체계이다.
④ 연공급은 근로자의 생산성에 바탕을 둔 임금체계이다.

해설 연공급은 개개인의 학력 · 자격 · 연령 등을 감안하여 근속연수에 따라 임금수준을 결정하는 임금체계. 주로 종신고용을 전제로 하는 기업에서 채택한다. 조직안정화로 인한 위계질서확립이 용이하다.

77 다음 중 최저임금제가 고용에 미치는 부정적 효과가 큰 상황은?

① 노동수요곡선과 노동공급곡선이 모두 탄력적일 때
② 노동수요곡선과 노동공급곡선이 모두 비탄력적일 때
③ 노동수요곡선이 탄력적이고 노동공급곡선이 비탄력적일 때
④ 노동수요곡선이 비탄력적이고 노동공급곡선이 탄력적일 때

해설 최저임금제도의 시행은 노동수요를 감소시켜 실업을 증가시키며. 노동수요곡선과 노동공급곡선이 모두 탄력적일 때 더욱 커진다.

78 실업을 수요부족실업과 비수요부족실업으로 구분할 때 비수요부족실업을 모두 고른 것은?

| ㄱ. 경기적 실업 | ㄴ. 마찰적 실업 |
| ㄷ. 구조적 실업 | ㄹ. 계절적 실업 |

① ㄱ   ② ㄴ, ㄷ
③ ㄱ, ㄴ, ㄹ   ④ ㄴ, ㄷ, ㄹ

해설 경기적 실업은 수요부족실업이다.

79 인력수요예측의 근거와 가장 거리가 먼 것은?

① 고용전망   ② 성장률
③ 출생률   ④ 취업계수

해설 출생률은 인력공급예측의 근거가 된다.

80 실업급여의 효과에 대한 설명으로 가장 적합한 것은?

① 노동시간을 늘리고 경제활동참가도 증대시킨다.
② 노동시간을 단축시키고 경제활동참가도 감소시킨다.
③ 노동시간의 증 · 감은 불분명하지만 경제활동참가는 증대시킨다.
④ 노동시간, 경제활동참가 모두 불분명하다.

해설 실업급여는 적극적인 구직활동을 전제로 하므로 경제활동의 참가를 증가시킨다. 그러나 노동시간의 증 · 감은 불분명하다.

정답 74 ② 75 ② 76 ④ 77 ① 78 ④ 79 ③ 80 ③

81 고용상 연령차별금지 및 고령자고용촉진에 관한 법령상 운수업의 고령자 기준고용률은?

① 그 사업장의 상시근로자수의 100분의 2
② 그 사업장의 상시근로자수의 100분의 3
③ 그 사업장의 상시근로자수의 100분의 5
④ 그 사업장의 상시근로자수의 100분의 6

해설 1. 제조업 : 그 사업장의 상시근로자수의 100분의 2
2. 운수업, 부동산 및 임대업 : 그 사업장의 상시근로자수의 100분의 6
3. 제1호 및 제2호 이외의 산업 : 그 사업장의 상시근로자수의 100분의 3

82 근로자직업능력 개발법령상 고용노동부장관이 직업능력개발사업을 하는 사업주에게 지원할 수 있는 비용이 아닌 것은?

① 근로자를 대상으로 하는 자격검정사업 비용
② 직업능력개발훈련을 위해 필요한 시설의 설치 사업 비용
③ 근로자의 경력개발관리를 위하여 실시하는 사업 비용
④ 고용노동부장관의 인정을 받은 직업능력개발훈련 과정 수강 비용

해설 **사업주 등의 직업능력개발사업 지원**
㉠ 근로자 직업능력개발훈련
㉡ 근로자를 대상으로 하는 자격검정사업
㉢ 우선지원대상기업 또는 중소기업과 공동으로 우선지원대상기업 또는 중소기업에서 근무하는 근로자 등을 위하여 실시하는 직업능력개발사업
㉣ 직업능력개발훈련을 위하여 필요한 시설 및 장비 · 기자재를 설치 · 보수하는 등의 사업
㉤ 직업능력개발에 대한 조사 · 연구, 직업능력개발훈련 과정 및 매체의 개발 · 보급 등의 사업

83 직업안정법령상 직업정보제공사업자의 준수사항에 해당하지 않는 것은?

① 구직자의 이력서 발송을 대행하지 아니할 것
② 직업정보제공사업의 광고문에 "취업지원" 등의 표현을 사용하지 아니할 것
③ 구인자의 신원이 확실하지 아니한 구인광고를 게재하지 아니할 것
④ 직업정보제공매체의 구인 · 구직의 공고에는 구인 · 구직자의 주소 또는 전화번호를 기재하지 아니할 것

해설 직업정보제공매체의 구인 · 구직의 광고에는 구인 · 구직자의 주소 또는 전화번호를 기재하고, 직업정보제공사업자의 주소 또는 전화번호는 기재하지 아니할 것

84 근로기준법상 근로감독관에 관한 설명으로 틀린 것은?

① 근로조건의 기준을 확보하기 위하여 고용노동부와 그 소속기관에 근로감독관을 둔다.
② 근로감독관의 직무에 관한 범죄의 수사는 검사와 근로감독관이 전담하여 수행한다.
③ 근로감독관은 사업장, 기숙사, 그 밖의 부속건물을 현장조사하고 장부와 서류의 제출을 요구할 수 있다.
④ 의사인 근로감독관이나 근로감독관의 위촉을 받은 의사는 취업을 금지하여야 할 질병에 걸릴 의심이 있는 근로자에 대하여 검진할 수 있다.

해설 노동 관계 법령에 따른 현장조사, 서류의 제출, 심문 등의 수사는 검사와 근로감독관이 전담하여 수행한다. 다만, 근로감독관의 직무에 관한 범죄의 수사는 그러하지 아니하다.

85 남녀고용평등과 일 · 가정 양립 지원에 관한 법률상 직장 내 성희롱의 금지 및 예방에 대한 설명으로 틀린 것은?

① 사업주는 직장 내 성희롱 예방을 위한 교육을 분기별 1회 이상 하여야 한다.
② 사업주는 성희롱 예방 교육의 내용을 근로자가 자유롭게 열람할 수 있는 장소에 항상 게시하거나 갖추어 두어 근로자에게 널리 알려야 한다.
③ 누구든지 직장 내 성희롱 발생 사실을 알게 된 경우 그 사실을 해당 사업주에게 신고할 수 있다.
④ 사업주는 직장 내 성희롱 발생 사실이 확인된 때에는 피해근로자가 요청하면 근무장소의 변경, 배치전환, 유급휴가 명령 등 적절한 조치를 하여야 한다.

해설 직장 내 성희롱 예방을 위한 교육을 연 1회 이상 하여야 한다.

86 직업안정법상 직업안정기관의 장이 구인신청의 수리 (受理)를 거부할 수 있는 경우가 아닌 것은?

① 구인신청의 내용이 법령을 위반한 경우
② 구인자가 구인조건을 밝히기를 거부한 경우
③ 구직자에게 제공할 선급금을 제공하지 않는 경우
④ 구인신청의 내용 중 임금·근로시간 기타 근로조건이 통상의 근로조건에 비하여 현저하게 부적당하다고 인정되는 경우

해설 등록을 하고 유료직업소개사업을 하는 자 및 그 종사자는 구직자에게 제공하기 위하여 구인자로부터 선급금을 받아서는 아니 된다.

87 다음 ( )에 알맞은 것은?

> 남녀고용평등과 일·가정 양립 지원에 관한 법률상 사업주가 근로자에게 육아기 근로시간 단축을 허용하는 경우 단축 후 근로시간은 주당(ㄱ)시간 이상이어야 하고 (ㄴ)시간을 넘어서는 아니된다.

① ㄱ : 10, ㄴ : 15
② ㄱ : 10, ㄴ : 20
③ ㄱ : 15, ㄴ : 20
④ ㄱ : 15, ㄴ : 30

해설 사업주가 제1항에 따라 해당 근로자에게 육아기 근로시간 단축을 허용하는 경우 단축 후 근로시간은 주당 15시간 이상이어야 하고 30시간을 넘어서는 아니 된다.

88 다음 ( )에 알맞은 것은?

> 근로자직업능력 개발법상 사업주는 근로자와 훈련계약을 체결할 때에는 해당 직업능력개발훈련을 받는 사람이 직업능력개발 훈련을 이수한 후에 사업주가 지정하는 업무에 일정 기간 종사하도록 할 수 있다. 이 경우 그 기간은 (ㄱ)년 이내로 하되, 직업능력개발훈련기간의 (ㄴ)배를 초과 할 수 없다.

① ㄱ : 5, ㄴ : 5
② ㄱ : 3, ㄴ : 3
③ ㄱ : 5, ㄴ : 3
④ ㄱ : 3, ㄴ : 5

해설 훈련계약을 체결할 때에는 해당 직업능력개발훈련을 받는 사람이 직업능력개발훈련을 이수한 후에 사업주가 지정하는 업무에 일정 기간 종사하도록 할 수 있다. 이 경우 그 기간은 5년 이내로 하되, 직업능력개발훈련기간의 3배를 초과할 수 없다.

89 고용보험법상 실업급여에 해당하지 않는 것은?

① 구직급여
② 조기(早期)재취업 수당
③ 정리해고 수당
④ 이주비

해설 1) 실업급여는 구직급여와 취업촉진 수당으로 구분한다.
2) 취업촉진 수당의 종류는 다음 각 호와 같다.
　㉠ 조기(早期)재취업 수당
　㉡ 직업능력개발 수당
　㉢ 광역 구직활동비
　㉣ 이주비

90 고용정책 기본법상 고용노동부장관이 실시할 수 있는 실업대책사업에 해당하지 않는 것은?

① 고용촉진과 관련된 사업을 하는 자에 대한 대부(貸付)
② 실업자에 대한 생계비, 의료비(가족의 의료비 포함), 주택매입자금 등의 지원
③ 실업자의 취업촉진을 위한 훈련의 실시와 훈련에 대한 지원
④ 실업의 예방, 실업자의 재취업 촉진, 그 밖에 고용안정을 위한 사업을 하는 자에 대한 지원

해설 실업자에 대한 생계비, 생업자금, 「국민건강보험법」에 따른 보험료 등 사회보험료, 의료비(가족의 의료비를 포함한다), 학자금(자녀의 학자금을 포함한다), 주택전세자금 및 창업점포임대 등의 지원

91 파견근로자보호 등에 관한 법률에 대한 설명으로 틀린 것은?

① 근로자파견사업의 허가의 유효기간은 2년으로 한다.
② 사용사업주는 파견근로자를 사용하고 있는 업무에 근로자를 직접 고용하고자 하는 경우에는 당해 파견근로자를 우선적으로 고용하도록 노력하여야 한다.
③ 근로자파견이라 함은 파견사업주가 근로자를 고용한 후 그 고용관계를 유지하면서 근로자파견계약의 내용에 따라 사용사업주를 위한 근로에 종사하게 하는 것을 말한다.
④ 사용사업주는 고용노동부장관의 허가를 받지 않고 근로자파견사업을 행하는 자로부터 근로자 파견의 역무를 제공받은 경우에 해당 파견근로자를 직접 고용하여야 한다.

해설 근로자파견사업의 허가의 유효기간은 3년으로 한다.

92 고용정책 기본법령상 사업주의 대량고용변동신고 시 이직하는 근로자수에 포함되는 자는?

① 수습 사용된 날부터 3개월 이내의 사람
② 자기의 자정 또는 귀책사유로 이직하는 사람
③ 상시 근무를 요하지 아니하는 사람으로 고용된 사람
④ 6개월을 초과하는 기간을 정하여 고용된 사람으로서 당해 기간을 초과하여 계속 고용되고 있는 사람

해설 대량고용변동신고 시 제외 근로자
1. 일용근로자 또는 기간을 정하여 고용된 사람(일용근로자 또는 6개월 미만의 기간을 정하여 고용된 사람으로서 6개월을 초과하여 계속 고용되고 있는 사람 또는 6개월을 초과하는 기간을 정하여 고용된 사람으로서 해당 기간을 초과하여 계속 고용되고 있는 사람은 제외한다)
2. 수습 사용된 날부터 3개월 이내의 사람
3. 자기의 사정 또는 귀책사유로 이직하는 사람
4. 상시 근무를 요하지 아니하는 사람으로 고용된 사람
5. 천재지변이나 그 밖의 부득이한 사유로 인하여 사업의 계속이 불가능하게 되어 이직하는 사람

93 다음 중 노동법의 성격에 가장 적합한 원칙은?

① 계약자유의 원칙
② 자기책임의 원칙
③ 소유권 절대의 원칙
④ 당사자의 실질적 대등의 원칙

해설 노동법은 실질적 대등성 확보를 위한 노사자치주의를 실현하고, 근대 시민법의 원리를 수정하기 위해 생겨났다.

근대시민법	노동법
소유권 절대의 원칙	소유권상대의 원칙
계약자유의 원칙	계약공정의 원칙
과실책임의 원칙	무과실책임의 원칙

94 근로자직업능력 개발법에 명시된 직업능력개발훈련이 중요시되어야 하는 사람에 해당하지 않는 것은?

① 일용근로자
② 여성근로자
③ 제조업의 생산직에 종사하는 근로자
④ 중소기업기본법에 따른 중소기업의 근로자

해설 다음 각 호에 해당하는 자에 대한 직업능력개발훈련은 중요시되어야 한다.
㉠ 고령자·장애인
㉡ 국민기초생활 보장법에 의한 수급권자
㉢ 국가유공자 등 예우 및 지원에 관한 법률에 따른 국가유공자와 그 유족 또는 가족이나 「보훈보상대상자 지원에 관한 법률」에 따른 보훈보상대상자와 그 유족 또는 가족
㉣ 5·18민주유공자 예우에 관한 법률에 의한 5·18민주유공자 및 그 유족 또는 가족
㉤ 제대군인지원에 관한 법률에 의한 제대군인 및 전역예정자
㉥ 여성근로자
㉦ 중소기업기본법에 의한 중소기업(이하 "중소기업"이라 한다)의 근로자
㉧ 일용근로자, 단시간근로자, 기간을 정하여 근로계약을 체결한 근로자, 일시적 사업에 고용된 근로자
㉨ 파견근로자보호 등에 관한 법률에 의한 파견근로자

95 근로자퇴직급여 보장법에 관한 설명으로 틀린 것은?

① 퇴직급여제도의 일시금을 수령한 사람은 개인형퇴직연금제도를 설정할 수 있다.
② 사용자는 계속근로기간이 1년 미만인 근로자, 4주간 평균하여 1주간의 소정근로시간이 15시간 미만인 근로자에 대하여는 퇴직급여제도를 설정하지 않아도 된다.
③ 확정급여형퇴직연금제도 또는 확정기여형퇴직연금제도의 가입자는 개인형퇴직연금제도를 추가로 설정할 수 없다.
④ 상시 10명 미만의 근로자를 사용하는 사업의 경우 사용자가 개별근로자의 동의를 받거나 근로자의 요구에 따라 개인형 퇴직연금제도를 설정하는 경우에는 해당 근로자에 대하여 퇴직급여제도를 설정한 것으로 본다.

해설 다음 각 호의 어느 하나에 해당하는 사람은 개인형퇴직연금제도를 설정할 수 있다.
㉠ 퇴직급여제도의 일시금을 수령한 사람
㉡ 확정급여형퇴직연금제도 또는 확정기여형퇴직연금제도의 가입자로서 자기의 부담으로 개인형퇴직연금제도를 추가로 설정하려는 사람
㉢ 자영업자 등 안정적인 노후소득 확보가 필요한 사람으로서 대통령령으로 정하는 사람

96 근로3권에 관한 설명으로 옳은 것은?

① 근로자는 자주적인 단결권, 단체교섭권, 단체행동권을 가진다.
② 공무원도 근로자이므로 근로3권을 당연히 갖는다.
③ 주요방위산업체의 근로자는 국가안보를 위해 당연히 단체행동권이 인정되지 않는다.
④ 미취업근로자 개개인에게 주어지는 구체적 권리이다.

> **해설** ② 공무원인 근로자는 법률이 정하는 자에 한하여 단결권·단체교섭권·단체행동권을 가진다.
> ③ 방위산업에 관한 특별조치법에 의하여 지정된 주요방위산업체에 종사하는 근로자 중 전력, 용수 및 주로 방산물자를 생산하는 업무에 종사하는 자는 쟁의행위를 할 수 없으며 주로 방산물자를 생산하는 업무에 종사하는 자의 범위는 대통령령으로 정한다.
> ④ 근로3권 : 근로자는 근로조건의 향상을 위하여 자주적인 단결권·단체교섭권·단체행동권을 가진다.

97 근로기준법령상 상시 4명 이하의 근로자를 사용하는 사업 또는 사업장에 적용하는 법규정을 모두 고른 것은?

> ㄱ. 근로기준법 제9조(중간착취의 배제)
> ㄴ. 근로기준법 제18조(단시간근로자의 근로조건)
> ㄷ. 근로기준법 제21조(전차금 상계의 금지)
> ㄹ. 근로기준법 제60조(연차 유급휴가)
> ㅁ. 근로기준법 제72조(갱내근로의 금지)

① ㄱ, ㄴ, ㄹ
② ㄴ, ㄹ
③ ㄷ, ㅁ
④ ㄱ, ㄴ, ㄷ, ㅁ

> **해설** 연차유급휴가, 생리휴가 등에 대해서는 적용하지 아니한다.

98 남녀고용평등과 일·가정 양립 지원에 관한 법률상 육아휴직에 관한 설명으로 옳은 것은?

① 사업주는 근로자가 만 6세 이하의 초등학교 취학 전 자녀(입양한 자녀는 제외한다)를 양육하기 위하여 휴직을 신청하는 경우에 이를 허용하여야 한다.
② 사업주는 육아휴직을 이유로 해고나 그 밖의 불리한 처우를 하여서는 아니 되며, 육아휴직 기간에는 그 근로자를 해고하지 못하지만 사업을 계속할 수 없을 경우에는 그러하지 아니한다.
③ 사업주는 근로자가 육아휴직을 마친 후에는 휴직 전과 같은 업무 또는 같은 수준의 임금을 지급하는 직무에 복귀할 수 있도록 노력해야 한다.

④ 육아휴직의 기간은 1년 이상으로 하며, 육아휴직기간은 근속기간에 포함하지 아니한다.

> **해설** ① 사업주는 근로자가 만 8세 이하 또는 초등학교 2학년 이하의 자녀(입양한 자녀를 포함한다)를 양육하기 위하여 휴직을 신청하는 경우에 이를 허용하여야 한다.
> ③ 사업주는 육아휴직을 마친 후에는 휴직 전과 같은 업무 또는 같은 수준의 임금을 지급하는 직무에 복귀시켜야 한다.
> ④ 육아휴직의 기간은 1년 이내로 한다. 육아휴직 기간은 근속기간에 포함한다.

99 고용보험법상 피보험기간이 5년 이상 10년 미만이고, 이직일 현재 연령이 30세 미만인 경우의 구직급여 소정급여 일수는?(단, 장애인이 아님)

① 150일
② 180일
③ 210일
④ 240일

> **해설** 구직급여의 소정급여일수(제50조제1항 관련)

구분		피보험기간				
		1년 미만	1년 이상 3년 미만	3년 이상 5년 미만	5년 이상 10년 미만	10년 이상
이직일 현재 연령	30세 미만	90일	90일	120일	150일	180일
	30세 이상 50세 미만	90일	120일	150일	180일	210일
	50세 이상 및 장애인	90일	150일	180일	210일	240일

100 근로기준법상 임금에 대한 설명으로 틀린 것은?

① 임금이란 사용자가 근로의 대가로 근로자에게 임금, 봉급, 그 밖에 어떠한 명칭으로든지 지급하는 일체의 금품을 말한다.
② 평균임금이란 이를 산정하여야 할 사유가 발생하는 날 이전 3개월 동안에 그 근로자에게 지급된 임금의 총액을 말한다.
③ 사용자는 도급이나 그 밖에 이에 준하는 제도로 사용하는 근로자에게 근로시간에 따라 일정액의 임금을 보장하여야 한다.
④ 근로기준법에 따른 임금채권은 3년간 행사하지 아니하면 시효로 소멸된다.

> **해설** 평균임금이란 이를 산정하여야 할 사유가 발생한 날 이전 3개월 동안에 그 근로자에게 지급된 임금의 총액을 그 기간의 총일수로 나눈 금액을 말한다. 근로자가 취업한 후 3개월 미만인 경우도 이에 준한다.

정답 96 ① 97 ④ 98 ② 99 ① 100 ②

2019년 3회 과년도문제풀이

직업상담사 2급 필기 전과목 무료동영상

제1과목 직업상담학

01 다음에서 설명하고 있는 생애진로사정의 구조는?

> 개인이 자신의 생활을 어떻게 조직하는지를 발견하는 것이다. 내담자가 그들 자신의 생활을 체계적으로 조직하는지 아니면 매일 자발적으로 반응하는지 결정하는데 도움을 준다.

① 진로사정
② 전형적인 하루
③ 감정과 장애
④ 요약

해설 **생애진로사정(life career assessment)**

ⓐ 생애진로사정은 아들러(Adler)의 개인 심리학에 이론적 기초를 두고 있다.
ⓑ 생애진로사정은 상담자가 내담자와 처음 만났을 때 이용할 수 있는 구조화된 면접기법으로 초기단계에서 사용된다.
ⓒ 생애진로사정은 구조화된 면담기술로서 짧은 시간에 체계적인 정보를 수집할 수 있다.
ⓓ 생애진로사정은 상담초기에 내담자에 관한 가장 기초적인 직업상담 정보를 얻는 질적 평가절차이다.

생애진로사정의 구조

ⓐ 진로사정 – 내담자 경험, 교육 여가 등에 대한 전반적인 평가 및 가계도를 작성한다.
ⓑ 전형적인 하루 – 개인이 자신의 생활을 어떻게 조직하는지를 발견하는 것이다. 내담자가 그들 자신의 생활을 체계적으로 조직하는지 아니면 매일 자발적으로 반응하는지 결정하는 데 도움을 준다.(의존적–독립적 성격차원 검토)
ⓒ 강점과 장애 – 내담자의 강점과 약점에 대한 질문, 내담자가 직면하고 있는 문제들, 환경적 장애에 대한 정보를 얻을 수 있다.
ⓓ 요약 : 면접동안 얻어진 정보들을 재차 강조, 인생경력의 가치관들, 강점과 장애 등을 반복 확인할 수 있다.

02 상담 장면에서 인지적 명확성이 부족한 내담자를 위한 개입방법이 아닌 것은?

① 잘못된 정보를 바로 잡아줌
② 구체적인 정보를 제공함
③ 원인과 결과의 착오를 바로 잡아줌
④ 가정된 불가피성에 대해 지지적 상상을 제공함

해설 가정된 불가능/불가피성에 대해서는 논리적 분석과 격려를 하여야 한다.

03 상담자가 길을 전혀 잃어버리지 않고 마치 자신이 내담자의 세계에서 경험을 하는 듯한 능력을 의미하는 상담기법은?

① 직면
② 즉시성
③ 리허설
④ 감정이입

해설 감정이입은 초기면담시 성공적인 상담관계를 위해 상담사가 길을 전혀 잃어버리지 않고 마치 자신이 내담자 세계에서의 경험을 갖는 듯한 능력을 의미한다.

04 직업상담사의 역할과 가장 거리가 먼 것은?

① 직업정보의 수집 및 분석
② 직업관련 이론의 개발과 강의
③ 직업관련 심리검사의 실시 및 해석
④ 구인, 구직, 직업적응, 경력개발 등 직업관련 상담

해설 직업관련 이론의 개발과 강의, 직무분석 수행, 내담자의 보호자 역할, 새로운 직무분야 개발, 내담자에게 적합한 직업 결정, 직업창출, 봉급조정, 취업알선과 직업소개는 직업상담사의 역할이 아니다.

정답 01 ② 02 ④ 03 ④ 04 ②

05 인간중심 상담이론에서 상담사의 역할과 가장 거리가 먼 것은?

① 조력관계를 통해 성장을 촉진한다.
② 내담자 문제를 진단하여 분류한다.
③ 내담자가 자신의 깊은 감정을 깨닫게 돕는다.
④ 내담자로 하여금 존중받고 있음을 느끼게 한다.

해설 지시적 상담은 진단을 중요시하는 데 반해 인간중심적 상담은 진단을 배제한다.

06 포괄적 직업상담 과정에 대한 설명으로 틀린 것은?

① 내담자가 직업선택에서 가졌던 문제들을 상담한다.
② 내담자가 자신의 내부와 주변에서 일어나는 일들을 충분히 자각하게 한다.
③ 직업심리검사를 통해 내담자의 문제를 명료화한다.
④ 상담과 검사를 통해 얻어진 자료를 바탕으로 직업정보를 제공한다.

해설 **형태주의 상담**
　㉠ 인간은 과거와 환경에 의해 결정되는 존재가 아니라 현재의 사고, 감정, 행동의 전체성과 통합을 추구하는 존재로 본다.
　㉡ 개인의 발달초기에서의 문제들을 중요시한다는 점에서 정신분석적 상담과 유사하다.
　㉢ 현재 상황에 대한 자각에 초점을 두고 있다.
　㉣ 개인이 자신의 내부와 주변에서 일어나는 일들을 충분히 자각할 수 있다면 자신이 당면하는 삶의 문제들을 개인 스스로가 효과적으로 다룰 수 있다고 가정한다.

07 진로시간전망 검사지의 사용목적과 가장 거리가 먼 것은?

① 진로 태도를 인식하기 위해
② 미래의 방향을 이끌어내기 위해
③ 계획에 대해 긍정적 태도를 강화하기 위해
④ 현재의 행동을 미래의 결과와 연계시키기 위해

해설 **진로시간전망 검사의 목적**
　㉠ 미래 방향성 증대
　㉡ 미래 희망 주기
　㉢ 계획에 의한 긍정적 태도 강화
　㉣ 목표설정 촉구
　㉤ 시간계획기술 연습
　㉥ 진로의식 함양

08 Dagley가 제시한 직업가계도를 그릴 때 관심을 가져야 할 요인과 가장 거리가 먼 것은?

① 가족구성원들의 진로선택 형태와 방법
② 내담자가 성장할 때의 또래집단 상황
③ 가족의 경제적 기대와 압력
④ 특정 직업에 대한 가계 유전적 장애

해설 직업가계도의 목적은 한 사람의 진로유산에 대한 시각적 그림을 얻는데 있다. 따라서 다음과 같은 것들을 밝히는 데 관심을 기울여야 한다. ㉠ 3~4세대 가계에 있어서 대표적인 직업, ㉡ 여러 가족 성원들의 직업에 전형적으로 두드러진 지위와 가치의 서열화, ㉢ 가족구성원들이 직업을 선택했거나 바꾸었을 때 나타난 진로선택 형태와 방법, ㉣ 경제적 기대 또는 압력, ㉤ 가족의 일의 가치, ㉥ 그 사람이 성장한 또래집단 상황 등을 결정하는 것이 중요하다.

09 다음 중 내담자의 동기와 역할을 사정함에 있어서 자기보고법이 적합한 내담자는?

① 인지적 명확성이 낮은 내담자
② 인지적 명확성이 높은 내담자
③ 흥미가치가 낮은 내담자
④ 흥미가치가 높은 내담자

해설 자기보고법은 내담자가 자기 자신의 성격 특성이나 태도, 행동 등에 대해 보고하거나 평정하게 하는 도구이며, 이는 인지적 명확성이 높은 내담자에게 적합하다.

10 Mitchell과 Krumboltz가 제시한 진로발달과정의 요인에 해당하지 않는 것은?

① 특별한 능력　　　　　② 환경조건
③ 사회성 기술　　　　　④ 과제접근 기술

해설 Krumboltz는 진로결정에 영향을 주는 요인을 유전요인과 특별한 능력, 환경조건과 사건, 학습경험, 과제접근기술 4가지로 분류하였다.

11 Crites가 제시한 직업상담 과정에 포함되지 않는 것은?

① 진단　　　　　　　　② 문제 분류
③ 정보 제공　　　　　　④ 문제 구체화

해설 Crites는 직업상담의 과정에는 진단, 문제분류, 문제 구체화, 문제해결의 단계 등이 포함되어야 하며, 직업상담의 목적에는 직업선택, 의사결정 기술의 습득, 일반적 적응의 고양 등이 포함되어야 한다.

정답 **05** ②　**06** ②　**07** ①　**08** ④　**09** ②　**10** ③　**11** ③

12 Bordin의 정신역동적 진로상담기법과 가장 거리가 먼 것은?

① 비교
② 순수성
③ 명료화
④ 소망－방어체계에 대한 해석

해설 정신역동직업상담의 상담단계는 탐색과 계약체결－핵심결정－변화를 위한 노력이며, 상담기법은 명료화, 비교, 소망－방어 체계에 대한 해석이다.

13 상담에서 비밀보장 예외의 원칙과 가장 거리가 먼 것은?

① 상담자가 슈퍼비전을 받아야 하는 경우
② 심각한 범죄 실행의 가능성이 있는 경우
③ 내담자가 자살을 실행할 가능성이 있는 경우
④ 상담을 의뢰한 교사가 내담자의 상담자료를 요청하는 경우

해설 상담자는 내담자의 개인 및 사회에 임박한 위험이 있다고 판단될 때, 극히 조심스럽게 고려한 뒤 내담자의 사회생활 정보를 적정한 전문인 혹은 사회당국에 공개한다.

14 Williamson의 특성－요인 직업상담에서 검사의 해석단계에 이용할 수 있다고 제시한 상담기법은?

① 가정
② 반영
③ 변명
④ 설명

해설 직접충고, 설득, 설명은 윌리암슨의 특성요인상담에서 검사의 해석단계에서 사용할 수 있는 상담기법이다.

15 행동주의 상담기법 중 내담자가 긍정적 강화를 받을 기회를 박탈시키는 것은?

① 타임아웃
② 혐오치료
③ 자극통제
④ 토큰경제

해설 타임아웃기법은 문제를 일으키는 자극 또는 강화물을 얻을 수 있는 기회로부터 제외시키는 것이다. 정적 강화의 접근을 일정 시간 차단함으로써 바람직하지 못한 행동을 하지 못하게 하는 행동 수정의 한 형태이다.

16 직업카드 분류에 관한 설명으로 틀린 것은?

① 내담자를 능동적으로 참여하도록 한다.
② 즉각적인 피드백을 제공한다.
③ 내담자가 제한적으로 반응하도록 구성되어 있다.
④ 상담자가 내담자에 대한 의미 있는 여러 정보를 얻을 수 있다.

해설 표준화 검사는 규준집단이 다를 경우 사용에 제한이 있고 내담자가 제한적으로 반응하도록 구성되어 있는데 반해, 직업카드 분류는 다양한 문화, 인종, 민족적 배경을 가진 사람들에게 적용할 수 있다.

17 다음 대화는 교류분석 이론의 어떤 유형에 해당하는가?

> A : 철수야, 우리 눈썰매 타러 갈래?
> B : 나이에 맞는 행동 좀 해라. 난 그런 쓸데없는 짓으로 낭비할 시간이 없어!

① 암시적 교류
② 직접적 교류
③ 이차적 교류
④ 교차적 교류

해설 교차적 교류는 발신자의 기대와는 달리 예상 밖의 반응이 돌아오는 상태이다.

18 Williamson의 변별진단에서 4가지 결과에 해당하지 않는 것은?

① 직업선택에 대한 확신 부족
② 직업 무선택
③ 정보의 부족
④ 흥미와 적성의 모순

해설 윌리암슨은 진로선택의 문제를 직업 무선택, 불확실한 선택, 어리석은 선택, 흥미와 적성의 불일치 등 4가지 유형으로 나누어 진단하였다.

19 초기면담의 유형 중 정보지향적 면담을 위한 상담기법과 가장 거리가 먼 것은?

① 재진술
② 탐색해 보기
③ 폐쇄형 질문
④ 개방형 질문

해설 재진술과 감정의 반향 등이 주로 이용되는 것은 관계지향적 면담이다.

정답 12 ② 13 ④ 14 ④ 15 ① 16 ③ 17 ④ 18 ③ 19 ①

20 Jung이 언급한 원형들 중 환경의 요구에 조화를 이루려고 하는 적응의 원형은?

① 페르소나   ② 아니마

③ 그림자   ④ 아니무스

해설 ② 아니마는 남성의 내부에 있는 여성성을 의미한다.

③ 아니무스는 여성 내부에 있는 남성성을 의미한다.

③ 그림자는 인간의 어둡거나 사악한 측면을 나타낸다.

SECTION
제2과목 직업심리학

21 Ginzberg의 진로발달 3단계가 아닌 것은?

① 잠정기(tentative phase)   ② 환상기(fantasy phase)

③ 현실기(realistic phase)   ④ 탐색기(exploring phase)

해설 Ginzberg의 진로발달 단계

기간	연령	특징
환상기 (Fantasy Phase)	유년기 (11세 이전)	초기는 놀이중심단계이며, 이 단계의 마지막에서는 놀이가 일 중심으로 변화되기 시작한다. ※ 현실, 여건, 능력, 가능성을 고려하지 않고 놀이를 통해 표출, 직업세계에 대한 최초의 가치 판단을 반영
잠정기 (Tentative Phase)	초기 청소년기 (11~17세)	일이 요구하는 조건에 대하여 점차적으로 인식하는 단계, 흥미, 능력, 일의 보상, 가치, 시간적 측면에 대한 인식이 이루어진다. ㉠ 흥미단계 : 좋아하는 것과 그렇지 않은 것에 따라 직업을 선택하려고 한다. ㉡ 능력단계 : 자신이 흥미를 느끼는 분야에서 성공을 거둘 수 있는지를 시험해 보기 시작한다. ㉢ 가치단계 : 직업을 선택할 때 고려해야 하는 다양한 요인들을 인정하고 특수한 직업선호와 관련된 모든 요인들을 알아보고, 그러한 직업선호를 자신의 가치관 및 생애목표에 비추어 평가한다. ㉣ 전환단계 : 직업선택에 대한 주관적 요소에서 현실적 외부요인으로 관심이 전환되며, 직업에 대한 결정과 진로선택에 수반되는 책임의식을 깨닫게 된다.
현실기 (Realistic Phase)	청소년 중기 (17세~ 청장년기)	능력과 흥미의 통합단계, 가치의 발달, 직업적 선택의 구체화, 직업적 패턴의 명료화 등이 가능해진다. ㉠ 탐색단계 : 진로선택을 위해 필요하다고 판단되는 교육이나 경험을 쌓으려고 노력한다. ㉡ 구체화단계 : 자신의 직업목표를 정하고 직업선택과 관련된 내·외적 요소들을 종합하여 특정직업 분야에 몰두하게 된다. ㉢ 특수화단계 : 자신의 결정을 더욱 구체화, 보다 세밀한 계획을 세우며 고도로 세분화된 의사결정을 한다. 특정의 진로에 맞는 직업훈련을 받는 단계

22 심리검사의 유형과 그 예를 짝지은 것으로 틀린 것은?

① 직업흥미검사-VPI   ② 직업적성검사-AGCT

③ 성격검사-CPI   ④ 직업가치검사-MIQ

해설 AGCT(Army General Classification Test)는 2차 세계대전 중에 군인의 선발과 배치를 위해 제작된 지능검사이다.

23 반분 신뢰도(split-half reliability)를 추정하는 방법과 가장 거리가 먼 것은?

① 사후양분법   ② 전후절반법

③ 기우절반법   ④ 짝진 임의배치법

해설 반분신뢰도를 추정하는 방법은 전후절반법, 기우절반법, 짝진 임의배치법이 있다.

24 직무스트레스 매개변인으로 개인 속성에 해당하는 것은?

① 통제 소재   ② 역할 과부하

③ 역할 모호성   ④ 조직 풍토

해설 조직에서의 스트레스를 매개하거나 조절하는 요인들 중 개인 속성은 type A형과 같은 성격 유형, 상황을 개인이 통제할 수 있느냐에 대한 신념, 부정적인 사건들에서 빨리 벗어나는 능력이 있다.

정답   20 ①   21 ④   22 ②   23 ①   24 ①

25 직무분석 자료의 특성과 가장 거리가 먼 것은?

① 직무분석 자료는 사실 그대로를 반영하여야 한다.
② 직무분석 자료는 가공하지 않은 원상태의 자료이어야 한다.
③ 직무분석 자료는 과거와 현재의 정보를 모두 활용해야 한다.
④ 직무분석 자료는 논리적으로 체계화해야 한다.

해설 직무분석 자료는 여러 가지 목적용으로 활용될 수 있어야 하며, 가장 최신의 정보를 반영하고 있어야 한다.

26 다음은 Holland의 6가지 성격유형 중 무엇에 해당하는가?

> 다른 사람과 함께 일하거나 다른 사람을 돕는 것을 즐기지만 도구와 기계를 포함하는 질서정연하고 조직적인 활동을 싫어한다.
> 기계적이고 과학적인 능력이 부족하며 카운슬러, 바텐더 등이 해당한다.

① 현실적 유형(R)
② 탐구적 유형(I)
③ 사회적 유형(S)
④ 관습적 유형(C)

해설 ① 현실적 유형(R) : 현장에서 몸으로 부대끼는 활동을 좋아하나 사회적 기술이 부족한 기술자, 정비사, 엔지니어 등이 있다.
② 탐구적 유형(I) : 사람보다는 아이디어를 강조하고 추상적인 사고능력을 가지고 있다.
④ 관습적 유형(C) : 정해진 원칙과 계획에 따라 자료들을 기록, 정리, 조직하는 구조화된 환경을 선호하나 융통성과 상상력이 부족하다.

27 직무만족에 관한 2요인 이론의 설명으로 틀린 것은?

① 낮은 수준의 욕구를 만족하지 못하면 직무 불만족이 생기나 그 역은 성립되지 않는다.
② 자아실현에 의해서만 욕구만족이 생기나 자아실현의 실패로 직무 불만족이 생기는 것은 아니다.
③ 동기요인은 높은 수준의 성과를 얻도록 자극하는 요인이다.
④ 위생요인은 직무 불만족을 가져오는 것이며 만족감을 산출할 힘도 갖고 있는 것이다.

해설 위생요인은 직무불만족과 관련된 직접적인 요인이며 동기요인은 직무만족과 관련된 직접적인 요인이다.

28 Bandura가 제시한 사회인지이론의 인과적 모형에 해당하지 않는 변인은?

① 외형적 행동
② 개인적 기대와 목표
③ 외부환경 요인
④ 개인과 신체적 속성

해설 **반두라(Bandura)의 사회인지적 진로발달이론**
㉠ 개인, 환경, 외형적 행동 간에 상호작용을 강조한다.
㉡ 성과기대나 개인목표와 같은 인지적 과정을 주로 다룬다.
㉢ 자기효능감을 진로발달의 중요한 개인적 결정요인으로 가정한다.

29 Selye가 제시한 일반적응증후군의 3가지 단계가 아닌 것은?

① 경계 단계
② 도피 단계
③ 저항 단계
④ 탈진 단계

해설 경보(경고, 경계)단계(alarm stage) → 저항단계(resistance stage) → 소진(탈진)단계(exhaustion stage)

30 이미 신뢰성이 입증된 유사한 검사점수와의 상관계수로 검증하는 신뢰도는?

① 검사－재검사 신뢰도
② 동형검사 신뢰도
③ 반분 신뢰도
④ 채점자 간 신뢰도

해설 동형검사 신뢰도 계수는 오차변량의 원인을 특정문항의 표집에 기인한 것으로 가정하는 신뢰도 계수이다. 이미 신뢰성이 입증된 유사한 검사점수와의 상관관계를 검토하는 것으로 이때 상관계수가 두 검사의 동등성 정도를 나타낸다고 하여 동등성 계수라고 한다.

31 직업적응이론에서 개인의 가치와 직업 환경의 강화인 간의 조화를 측정하는 데 사용되는 검사는?

① 미네소타 중요도 검사(MIQ)
② 미네소타 만족 질문지(MSQ)
③ 미네소타 충족 척도(MSS)
④ 미네소타 직업평가 척도(MORS)

해설 MIQ는 직업적응이론에서 개인의 가치와 직업 환경의 강화인 간의 조화를 측정하는 데 사용되는 검사이다.

32 다음은 어떤 경력개발프로그램 개발 과정에 해당하는가?

특정 경력개발 프로그램을 대규모로 적용하기 전에 소규모 집단에 시범적으로 실시하는 과정을 말한다. 프로그램 참여자로부터 프로그램에 대한 평가와 피드백을 받은 후, 그에 대한 대책을 마련하여 개발된 경력개발프로그램을 본격적으로 정착시키는 데 활용된다.

① 요구 조사(need assessment)
② 자문(consulting)
③ 팀-빌딩(team-building)
④ 파일럿 연구(pilot study)

해설 특정 경력개발 프로그램을 대규모로 적용하기 전에 소규모 집단에 시범적으로 실시하는 과정이다.

33 스트레스에 대처하기 위한 포괄적인 노력과 가장 거리가 먼 것은?

① 과정중심적 사고방식에서 목표 지향적 초고속 사고로 전환해야 한다.
② 가치관을 전환해야 한다.
③ 스트레스에 정면으로 도전하는 마음가짐이 있어야 한다.
④ 균형 있는 생활을 해야 한다.

해설 목표지향적 초고속 사고방식에서 과정중심적 사고로 전환해야 한다.

34 진로선택에 관한 사회학습이론에서 개인의 진로발달 과정과 관련이 없는 요인은?

① 유전 요인과 특별한 능력
② 환경 조건과 사건
③ 학습경험
④ 인간관계기술

해설 진로발달 과정은 유전요인과 특별한 능력, 환경조건과 사건, 학습경험, 과제접근기술 등의 네 가지 요인과 관계가 있다.

35 진로성숙도검사(CMI) 중 태도척도의 하위영역과 문항의 예가 틀리게 연결된 것은?

① 결정성(decisiveness) – 나는 선호하는 진로를 자주 바꾸고 있다.
② 관여도(involvement) – 나는 졸업할 때까지는 진로선택 문제에 별로 신경을 쓰지 않을 것이다.
③ 타협성(compromise) – 나는 부모님이 정해주시는 직업을 선택하겠다.
④ 지향성(orientation) – 일하는 것이 무엇인지에 대해 생각한 바가 거의 없다.

해설 ① 진로성숙 검사도구(CMI)의 특징
ⓐ Crites의 이론에 기초한 진로성숙검사는 태도척도와 능력척도로 구성되며 진로선택 내용과 과정이 통합적으로 반영되었다.
ⓑ 진로선택 과정에 대한 피험자의 태도와 진로결정에 영향을 미치는 성향적 반응경향성을 측정한다.
ⓒ 태도척도는 선발척도와 상담척도 두 가지가 있다.
ⓓ 능력척도는 자기평가, 직업정보, 목표선정, 계획, 문제해결의 5개 영역을 측정한다.
ⓔ 초등학교 6학년부터 고등학교 3학년을 대상으로 표준화되었다.
② 태도척도의 하위영역과 이를 측정하는 문항의 예
ⓐ 결정성(Decisiveness) : 나는 선호하는 진로를 자주 바꾸고 있다.
ⓑ 참여도(Involvement) : 나는 졸업할 때까지는 진로선택 문제를 별로 신경쓰지 않겠다.
ⓒ 독립성(Independence) : 나는 부모님이 정해주는 직업을 선택하겠다.
ⓓ 성향(Orientation) : 일하는 것이 무엇인지에 대해 생각한 바가 거의 없다.
ⓔ 타협성 : 나는 하고 싶기는 하나 할 수 없는 일을 생각하느라 시간을 보내곤 한다.

36 특성요인 이론의 기본적인 가정이 아닌 것은?

① 인간은 신뢰롭고 타당하게 측정할 수 없는 독특한 특성을 지니고 있다.
② 직업에서의 성공을 위해 매우 구체적인 특성을 각 개인이 지닐 것을 요구한다.
③ 진로선택은 다소 직접적인 인지과정이기 때문에 개인의 특성과 직업의 특성을 짝짓는 것이 가능하다.
④ 개인의 특성과 직업의 요구사항이 서로 밀접하게 관련을 맺을수록 직업적 성공의 가능성은 커진다.

해설 사람들은 누구나 신뢰롭고 타당하게 측정될 수 있는 독특한 특성을 지니고 있다.

정답 32 ④ 33 ① 34 ④ 35 ③ 36 ①

37 Wechsler 지능검사에서 결정적 지능과 관련이 있는 소검사는?

① 이해, 공통성　　　　② 어휘, 토막짜기

③ 기본지식, 모양맞추기　④ 바꿔쓰기, 숫자외우기

해설 유동적 능력은 익숙지 않은 자극을 직면할 때 즉각적인 적응력과 융통성을 활용하여 문제를 해결하는 능력을 말하고, 결정적 능력은 훈련, 교육, 문화적인 자극을 통해 개발된 지적능력을 말한다. 일반적으로 언어 성검사는 결정적 능력을 측정하고, 동작성 검사는 유동적 능력을 측정한다.

38 내담자의 적성과 흥미 또는 성격이 직업적 요구와 달라 생긴 직업적응문제를 해결하는데 가장 적합한 방법은?

① 스트레스 관리 방안 모색

② 직업 전환

③ 인간관계 개선 프로그램 제공

④ 갈등관리 프로그램 제공

해설 개인의 적성과 흥미 또는 성격과 직업적 요구와의 차이로 인해 내담자가 직업적응문제를 나타낼 때는 직업전환을 고려해야 한다.

39 심리검사에서 규준에 대한 설명으로 옳은 것은?

① 한 집단의 특성을 가장 간편하게 표현하기 위한 개념으로 그 집단의 대표값을 말한다.

② 한 집단의 수치가 얼마나 동질적인지를 표현하기 위한 개념으로 점수들이 그 집단의 평균치로부터 벗어난 평균거리를 말한다.

③ 서로 다른 체계로 측정한 점수들을 동일한 조건에서 비교하기 쉬운 개념으로 원점수에서 평균을 뺀 후 표준편차로 나눈 값을 말한다.

④ 원점수를 표준화된 집단의 검사점수와 비교하기 위한 개념으로 대표집단의 검사점수 분포도를 작성하여 개인의 점수를 해석하기 위한 것이다.

해설 규준이란 대표 집단의 사람들에게 실시한 검사점수를 일정한 분포도로 작성한, 특정 검사점수의 해석에 필요한 기준이 되는 자료를 말한다.

40 다음 중 직무분석 결과의 활용 용도와 가장 거리가 먼 것은?

① 신규 작업자의 모집　　② 종업원의 교육훈련

③ 인력수급계획 수립　　④ 종업원의 사기조사

해설 **직무분석 결과의 활용용도**

㉠ 인사관리나 노무관리를 원활히 수행해 나가기 위해 필요한 정보를 제공하는 것이다.

㉡ 직무평가, 조직의 합리화, 채용 및 승진 등 인사관리, 교육훈련, 정원 관리를 위해 사용된다.

㉢ 안전교육 및 훈련, 직무설계를 위해 사용된다.

㉣ 작업관리, 작업방법 및 작업공정의 개선을 위해 사용된다.

㉤ 해당 직무에서 어떤 활동이 이루어지고 작업조건이 어떠한지를 기술하고, 직무를 수행하는 사람에게 요구되는 지식, 기술, 능력 등의 정보를 활용하는 데 있다.

SECTION

제3과목 **직업정보론**

---

41 다음에 해당하는 NCS 수준 체계는?

- 정의 : 독립적인 권한 내에서 해당분야의 이론 및 지식을 자유롭게 활용하고, 일반적인 숙련으로 다양한 과업을 수행하고, 타인에게 해당분야 지식 및 노하우를 전달할 수 있는 수준
- 지식기술 : 해당분야의 이론 및 지식을 자유롭게 활용할 수 있는 수준/일반적인 숙련으로 다양한 과업을 수행할 수 있는 수준
- 역량 : 타인의 결과에 대하여 의무와 책임이 필요한 수준/독립적인 권한 내에서 과업을 수행할 수 있는 수준

① 8수준　　　　　　② 7수준

③ 6수준　　　　　　④ 5수준

해설 국가직무능력표준의 수준체계는 1수준∼8수준의 8단계로 구성된다.

① 8수준 - 해당분야에 대한 최고도의 이론 및 지식을 활용하여 새로운 이론을 창조할 수 있고, 최고도의 숙련으로 광범위한 기술적 작업을 수행할 수 있으며 조직 및 업무 전반에 대한 권한과 책임이 부여된 수준

② 7수준 - 해당분야의 전문화된 이론 및 지식을 활용하여, 고도의 숙련으로 광범위한 작업을 수행할 수 있으며 타인의 결과에 대하여 의무와 책임이 필요한 수준

④ 5수준 - 포괄적인 권한 내에서 해당분야의 이론 및 지식을 사용하여 매우 복잡하고 비일상적인 과업을 수행하고, 타인에게 해당분야의 지식을 전달할 수 있는 수준

---

42 직업정보 수집을 위한 설문지 작성에 관한 설명으로 틀린 것은?

① 폐쇄형 질문의 응답범주는 포괄적(exhaustive)이어야 한다.
② 응답자의 이해능력을 고려하여 설문문항이 작성되어야 한다.
③ 폐쇄형 질문의 응답범주는 상호배타적(mutually exclusive)이지 않아야 된다.
④ 이중질문(double-barreled question)은 배제되어야 한다.

해설 폐쇄형 질문의 응답범주는 상호배타적이어야 한다.

43 한국표준직업분류에서 다음에 해당하는 직업분류 원칙은?

> 교육과 진료를 겸하는 의과대학 교수는 강의, 평가, 연구 등과 진료, 처치, 환자상담 등의 직무내용을 파악하여 관련 항목이 많은 분야로 분류한다.

① 취업 시간 우선 원칙
② 최상급 직능수준 우선 원칙
③ 조사 시 최근의 직업 원칙
④ 주된 직무 우선 원칙

해설 포괄적인 업무에 대한 직업분류 원칙
　㉠ 주된 직무 우선 원칙
　　2개 이상의 직무를 수행하는 경우는 수행되는 직무내용과 관련 분류 항목에 명시된 직무내용을 비교·평가하여 관련 직무 내용상의 상관성이 가장 많은 항목에 분류한다. 예를 들면 교육과 진료를 겸하는 의과대학 교수는 강의, 평가, 연구 등과 진료, 처치, 환자상담 등의 직무내용을 파악하여 관련 항목이 많은 분야로 분류한다.
　㉡ 최상급 직능수준 우선 원칙
　　수행된 직무가 상이한 수준의 훈련과 경험을 통해서 얻어지는 직무능력을 필요로 한다면, 가장 높은 수준의 직무능력을 필요로 하는 일에 분류하여야 한다. 예를 들면 조리와 배달의 직무비중이 같을 경우에는, 조리의 직능수준이 높으므로 조리사로 분류한다.
　㉢ 생산업무 우선 원칙
　　재화의 생산과 공급이 같이 이루어지는 경우는 생산단계에 관련된 업무를 우선적으로 분류한다. 예를 들면 한 사람이 빵을 생산하여 판매도 하는 경우에는, 판매원으로 분류하지 않고 제빵사 및 제과원으로 분류하여야 한다.

44 직업, 훈련, 자격 정보를 제공하는 사이트 또는 정보서와 제공내용이 틀리게 연결된 것은?

① 한국직업사전 – 직업별 제시임금과 희망임금 정보
② 워크넷 – 직업심리검사 실시
③ 한국직업전망 – 직업별 적성 및 흥미 정보
④ 자격정보시스템(Q-NET) – 국가기술자격별 합격률 정보

해설 한국직업사전에 임금, 노동시장(노동시간) 자료는 포함되지 않는다.

45 '4차 산업혁명에 따른 새로운 직업'에 대한 국내 일간지의 사설을 내용분석하기 위해 가능한 표본추출방법을 모두 고른 것은?

> ㄱ. 무작위표본추출　　　ㄴ. 층화표본추출
> ㄷ. 체계적표본추출　　　ㄹ. 군집(집락)표본추출

① ㄱ, ㄴ　　　　　　② ㄱ, ㄷ
③ ㄴ, ㄷ, ㄹ　　　　④ ㄱ, ㄴ, ㄷ, ㄹ

해설 무작위표본추출, 층화표본추출, 체계적표본추출, 군집(집락)표본추출 모두 가능하다.

46 한국직업사전의 부가 직업정보 중 숙련기간에 대한 설명으로 틀린 것은?

① 정규교육과정을 이수한 후 해당 직업의 직무를 평균적인 수준으로 스스로 수행하기 위하여 필요한 각종 교육기간, 훈련기간 등을 의미한다.
② 해당 직업에 필요한 자격·면허를 취득하는 취업 전 교육 및 훈련기간뿐만 아니라 취업 후에 이루어지는 관련 자격·면허 취득 교육 및 훈련 기간도 포함된다.
③ 자격·면허가 요구되는 직업은 아니지만 해당 직무를 평균적으로 수행하기 위한 각종 교육·훈련, 수습교육, 기타 사내교육, 현장훈련 등의 기간이 포함된다.
④ 5수준의 숙련기간은 4년 초과~10년 이하이다.

해설 5수준의 숙련기간은 6개월 초과~1년 이하이다.

47 다음은 국가기술자격 검정의 기준 중 어떤 등급에 관한 것인가?

해당 국가기술자격의 종목에 관한 고도의 전문지식과 실무경험에 입각한 계획, 연구, 설계, 분석, 조사, 시험, 시공, 감리, 평가, 진단, 사업관리, 기술관리 등의 업무를 수행할 수 있는 능력 보유

① 기술사   ② 기사
③ 산업기사   ④ 기능장

해설 ㉠ 기능장 : 해당 국가기술자격의 종목에 관한 최상급 숙련기능을 가지고 산업현장에서 작업관리, 소속기능인력의 지도 및 감독, 현장훈련, 경영자와 기능인력을 유기적으로 연계시켜주는 현장관리 등의 업무를 수행할 수 있는 능력보유
ⓛ 기사 : 해당 국가기술자격의 종목에 관한 공학적 기술이론 지식을 가지고 설계 · 시공 · 분석 등의 업무를 수행할 수 있는 능력보유
ⓒ 산업기사 : 해당 국가기술자격의 종목에 관한 기술기초이론 지식 또는 숙련기능을 바탕으로 복합적인 기초기술 및 기능업무를 수행할 수 있는 능력보유
ⓔ 기능사 : 해당 국가기술자격의 종목에 관한 숙련 기능을 가지고 제작 · 제조 · 조작 · 운전 · 보수 · 정비 · 채취 · 검사 또는 작업관리 및 이에 관련되는 업무를 수행할 수 있는 능력 보유

48 직업정보의 관리과정에 대한 설명으로 틀린 것은?

① 직업정보 수집시에는 명확한 목표를 세운다.
② 직업정보 분석시에는 하나의 항목에 초점을 맞춰 집중적으로 분석해야 한다.
③ 직업정보 가공시에는 전문적인 지식이 없어도 이해할 수 있도록 가공해야 한다.
④ 직업정보 가공시에는 직업이 가지고 있는 장 · 단점을 편견 없이 제공해야 한다.

해설 동일한 정보도 다각적인 분석을 시도하여 해석을 풍부하게 한다.

49 국가기술자격법에 의한 국가기술자격 종목이 아닌 것은?

① 제강기능사   ② 주택관리사
③ 사회조사분석사 1급   ④ 스포츠경영관리사

해설 주택관리사, 문화재수리기술자, 감정평가사는 국가전문자격이다.

50 한국표준직업분류의 주요 개정(제7차) 방향 및 특징에 대한 설명으로 틀린 것은?

① 지난 개정 이후 시간 경과를 고려하여 전면 개정 방식으로 추진하되, 중분류 이하 단위 분류 체계를 중심으로 개정을 추진하였다.
② 대형재난 대응 및 예방의 사회적 중요성을 고려하여 방재 기술자 및 연구원을 신설하였다.
③ 포괄적 직무로 분류되어 온 사무직의 대학행정 조교, 증권 사무원, 기타 금융 사무원, 행정사, 중개 사무원을 신설하였다.
④ 제조 관련 기능 종사원, 과실 및 채소 가공 관련 기계 조작원, 섬유 제조 기계 조작원 등은 복합 · 다기능 기계의 발전에 따라 통합되었던 직종을 세분하였다.

해설 제조 관련 기능 종사원, 과실 및 채소 가공 관련 기계 조작원, 섬유 제조 기계 조작원 등은 복합다기능 기계의 발전에 따라 세분화된 직종을 통합하였다.

51 2019 한국직업전망에서 세부류 수준의 일자리 전망 결과가 '증가' 및 '다소 증가'에 해당하는 직업명을 모두 고른 것은?

ㄱ. 연예인 및 스포츠매니저   ㄴ. 간병인
ㄷ. 네트워크시스템개발자   ㄹ. 보육교사
ㅁ. 임상심리사   ㅂ. 택배원

① ㄱ, ㄴ, ㄷ, ㅁ, ㅂ   ② ㄴ, ㄹ, ㅂ
③ ㄱ, ㄷ, ㄹ, ㅁ   ④ ㄱ, ㄴ, ㄷ, ㄹ, ㅁ, ㅂ

해설 간병인, 네트워크시스템개발자는 증가이며, 연예인 및 스포츠매니저, 보육교사, 임상심리사, 택배원은 다소증가이다.

52 한국고용정보원에서 제공하는 '워크넷 구인 · 구직 및 취업동향에 관한 설명으로 틀린 것은?

① 수록된 통계는 전국 고용센터, 한국산업인력공단, 시 · 군 · 구 등에서 입력한 자료를 워크넷 DB로 집계한 것이다.

② 통계표에 수록된 단위가 반올림되어 표기되어 전체 수치와 표 내의 합계가 일치하지 않을 수 있다.

③ 워크넷을 이용한 구인 · 구직자들만을 대상으로 하므로, 통계자료가 노동시장 전체의 수급상황과 정확히 일치한다.

④ 공공고용안정기관의 취업지원서비스를 통해 산출되는 구직자, 구인업체 등에 관한 통계를 제공하여, 취업지원사업 성과분석 등의 국가 고용정책사업 수행을 위한 기초자료를 제공하는 데 목적이 있다.

> **해설** 워크넷 구인 · 구직 및 취업동향
> 1. 「워크넷 구인 · 구직 및 취업동향」은 한국고용정보원 홈페이지 (www.keis.or.kr), 「자료마당」 → 「통계」 → 「구인구직 통계」에서 제공된다.
> 2. 수록된 통계는 전국 고용지원센터, 한국산업인력공단, 시 · 군 · 구 등에서 입력한 자료를 워크넷 DB(Work-Net Database)로 집계한 것이다.
> 3. 워크넷을 이용한 구인 · 구직자들만을 대상으로 하므로, 통계자료가 노동시장 전체의 수급상황과 일치하지 않을 수도 있으니 이 점에 유의하여 통계를 사용해야 한다.
> 4. 본 통계는 한국표준산업분류(통계청, 2017년 10차 개정) 및 한국고용직업분류(한국고용정보원, 2018년)를 따르고 있다.
> 5. 통계표에 수록된 단위가 반올림되어 표기되었으므로 전체 수치와 표 내의 합계가 일치하지 않을 수 있다.

53 직업정보의 수집 이후 일반적인 처리과정을 바르게 나열한 것은?

| ㄱ. 분석 | ㄴ. 체계화 | ㄷ. 가공 |
| ㄹ. 제공 | ㅁ. 축적 | ㅂ. 평가 |

① ㄱ → ㄴ → ㄷ → ㄹ → ㅁ → ㅂ
② ㄱ → ㄷ → ㄴ → ㄹ → ㅁ → ㅂ
③ ㄴ → ㄷ → ㅁ → ㄱ → ㄹ → ㅂ
④ ㄴ → ㄹ → ㄷ → ㄱ → ㅁ → ㅂ

> **해설** 직업정보는 수집 → 분석 → 가공 → 체계화 → 제공 → 축적 → 평가 등의 단계를 거쳐 처리된다.

54 워크넷에서 채용정보 상세검색 시 선택할 수 있는 기업형태가 아닌 것은?

① 대기업　　　　　　② 일학습병행기업
③ 가족친화인증기업　④ 다문화가정지원기업

> **해설** 기업형태 - 대기업, 공무원/공기업/공공기관, 강소기업, 코스피/코스닥, 외국계기업, 일학습병행기업, 벤처기업, 청년친화강소기업, 가족친화인증기업

55 최저임금에 관한 설명으로 틀린 것은?

① 2019년 최저임금은 전년 대비 10.9% 인상한 시급 8,350원이다.

② 최저임금은 최저임금위원회의 심의 · 의결을 거쳐 기획재정부장관이 결정한다.

③ 임금의 최저수준을 정하고, 사용자에게 이 수준 이상의 임금을 지급하도록 법으로 강제함으로써 저임금 근로자를 보호한다.

④ 최저임금 적용을 받는 사용자는 최저임금액을 근로자가 쉽게 볼 수 있는 장소에 게시하거나 그 외 적당한 방법으로 근로자에게 널리 알려야 한다.

> **해설** 최저임금은 최저임금위원회의 심의 · 의결을 거쳐 노동부장관이 결정해 고시한다.

56 한국표준산업분류의 산업분류 적용원칙에 관한 설명으로 틀린 것은?

① 생산단위는 투입물과 생산공정을 제외한 산출물을 고려하여 그들의 활동을 가장 정확하게 설명된 항목에 분류해야 한다.

② 복합적인 활동단위는 우선적으로 최상급 분류단계를 정확히 결정하고, 순차적으로 중, 소, 세, 세세분류 단계 항목을 결정하여야 한다.

③ 산업활동이 결합되어 있는 경우에는 그 활동단위의 주된 활동에 따라서 분류하여야 한다.

④ 공식적 생산물과 비공식적 생산물, 합법적 생산물과 불법적인 생산물을 달리 분류하지 않는다.

> **해설** 생산단위는 산출물뿐만 아니라 투입물과 생산공정 등을 함께 고려하여 그들의 활동을 가장 정확하게 설명된 항목에 분류해야 한다.

57 다음에서 설명하고 있는 것은?

한국표준산업분류상 통계단위 중 하나로 "재화 및 서비스를 생산하는 법적 또는 제도적 단위의 최소결합체로서 자원배분에 관한 의사결정에서 자율성을 갖고 있으며, 재무관련 통계작성에 가장 유용하다."

① 산업　　　　　　　② 기업체
③ 산업활동　　　　　④ 사업체

해설 기업체 단위란 재화 및 서비스를 생산하는 법적 또는 제도적 단위의 최소결합체로서 자원배분에 관한 의사결정에서 자율성을 갖고 있다. 기업체는 하나 이상의 사업체로 구성될 수 있다는 점에서 사업체와 구분되며, 재무관련 통계작성에 가장 유용한 단위이다.

58 고용노동부에서 실시하는 직업상담(취업지원) 프로그램 중 취업을 원하는 결혼이민여성(한국어소통 가능자)을 대상으로 하는 것은?

① Wici 취업지원 프로그램　② CAP + 프로그램
③ allA 프로그램　　　　　　④ Hi 프로그램

해설 결혼이민여성 취업지원프로그램 (WiCi – Women Immigrant's Career Identity)은 취업을 원하는 모든 결혼이민여성에게 자기이해 및 직업탐색의 결과를 토대로 직업의사결정 및 실천계획을 수립할 수 있도록 지원하며, 이를 바탕으로 의사결정 이후 실제적인 구직활동을 할 수 있도록 지원하는 프로그램이다.

59 공공 직업정보의 일반적인 특성이 아닌 것은?

① 전체 산업이나 직종을 대상으로 한다.
② 조사 분석 및 정리, 제공에 상당한 시간 및 비용이 소요되므로 유로제공이 원칙이다.
③ 지속적으로 조사 분석하여 제공되며 장기적인 계획 및 목표에 따라 정보체계의 개선작업 수행이 가능하다.
④ 직업별로 특정한 정보만을 강조하지 않고 보편적인 항목으로 이루어진 기초적인 직업정보체계로 구성된다.

해설 **공공직업정보의 특성**

㉠ 지속적으로 조사·분석하여 제공되며 장기적인 계획 및 목표에 따라 정보체계의 개선작업 수행이 가능하다.
㉡ 특정 분야 및 대상에 국한되지 않고 전체 산업 및 업종에 걸친 직종을 대상으로 한다.
㉢ 직업별로 특정한 정보만을 강조하지 않고 보편적인 항목으로 이루어진 기초적인 직업정보체계로 구성된다.

㉣ 광범위한 이용가능성에 따라 공공직업정보체계에 대한 직접적이며 객관적인 평가가 가능하다.
㉤ 국내 또는 국제적으로 인정된 객관적인 기준에 근거하여 직업을 분류한다.
㉥ 관련 직업 간 비교가 용이하다.
㉦ 무료로 제공된다.

민간직업정보의 특성

㉠ 필요한 시기에 최대한 활용되도록 한시적으로 신속하게 생산되어 운영된다.
㉡ 단시간에 조사하고 특정한 목적에 맞게 해당분야 및 직종을 제한적으로 선택한다.
㉢ 정보 생산자의 임의적 기준에 따라 관심이나 흥미를 유도할 수 있도록 해당 직업을 분류한다.
㉣ 시사적인 관심이나 흥미를 유도할 수 있도록 해당 직업을 분류한다.
㉤ 특정 직업에 대해 구체적이고 상세한 정보를 제공하기 위해서는 조사·분석 및 제공에 상당한 시간 및 비용이 소요되므로 해당 직업정보는 유료로 제공한다.

60 한국표준산업분류의 분류구조 및 부호체계에 대한 설명으로 틀린 것은?

① 부호 처리를 할 경우에는 아라비아 숫자만을 사용하도록 했다.
② 권고된 국제분류 ISIC Rev. 4를 기본체계로 하였으나 국내 실정을 고려하여 국제분류의 각 단계 항목을 분할, 통합 또는 재그룹화하여 독자적으로 분류 항목과 분류 부호를 설정하였다.
③ 분류 항목 간에 산업 내용의 이동을 가능한 억제하였으나 일부 이동 내용에 대한 연계분석 및 시계열 연계를 위하여 부록에 수록된 신구 연계표를 활용하도록 하였다.
④ 중분류의 번호는 001부터 009까지 부여하였으며, 대분류별 중분류 추가여지를 남겨놓기 위하여 대분류 사이에 번호 여백을 두었다.

해설 **한국표준산업분류 분류구조 및 부호체계**

1) 분류구조는 대분류(알파벳 문자 사용/Section), 중분류(2자리 숫자 사용/Division), 소분류(3자리 숫자 사용/Group), 세분류(4자리 숫자 사용/Class), 세세분류(5자리 숫자 사용/Sub – Class) 5단계로 구성된다.
2) 부호 처리를 할 경우에는 아라비아 숫자만을 사용하도록 했다.
3) 권고된 국제분류 ISIC Rev.4를 기본체계로 하였으나, 국내 실정을 고려하여 국제분류의 각 단계 항목을 분할, 통합 또는 재그룹화하여 독자적으로 분류 항목과 분류 부호를 설정하였다.
4) 분류 항목 간에 산업 내용의 이동을 가능한 억제하였으나 일부 이동 내용에 대한 연계분석 및 시계열 연계를 위하여 부록에 수록된 신구 연계표를 활용하도록 하였다.
5) 중분류의 번호는 01부터 99까지 부여하였으며, 대분류별 중분류 추가여지를 남겨놓기 위하여 대분류 사이에 번호 여백을 두었다.

정답 57 ② 58 ① 59 ② 60 ④

⑥ 소분류 이하 모든 분류의 끝자리 숫자는 "0"에서 시작하여 "9"에서 끝나도록 하였으며 "9"는 기타 항목을 의미하며 앞에서 명확하게 분류되어 남아 있는 활동이 없는 경우에는 "9" 기타 항목이 필요 없는 경우도 있다. 또한 각 분류 단계에서 더 이상 하위분류가 세분되지 않을 때는 "0"을 사용한다(예를 들면 중분류 02/임업, 소분류/020).

61 다음 중 노동조합의 조직력을 가장 강화시킬 수 있는 shop제도는?

① 클로즈드 숍(closed shop)
② 에이전시 숍(agency shop)
③ 오픈 숍(open shop)
④ 메인터넌스 숍(maintenance shop)

해설 ㉠ 오픈 숍(open shop) : 사용자가 노동조합에 가입한 조합원이나 가입하지 않은 비조합원이나 모두 고용할 수 있는 제도이다. 노동조합은 상대적으로 노동력의 공급을 독점하기 어렵다.
㉡ 클로즈드 숍(closed shop) : 조합에 가입하고 있는 노동자만을 채용하고 일단 고용된 노동자라도 조합원자격을 상실하면 종업원이 될 수 없는 숍제도로서 우리나라 항운노동조합이 이에 해당한다.
㉢ 유니온 숍(union shop) : 기업이 노동자를 채용할 때는 노동조합에 가입하지 않은 노동자를 채용할 수 있지만 일단 채용된 노동자는 일정기간 내에 노동조합에 가입하여야 하며 또한 조합에서 탈퇴하거나 제명되는 경우 종업원자격을 상실하도록 되어 있는 제도이다.
㉣ 에이전시 숍(agency shop) : 노동조합 가입에 대한 강제조항이 없는 경우, 비조합원은 노력없이 노조원들의 조합활동의 혜택을 보게 된다. 따라서 노조는 혜택에 대한 대가로 비조합원들에게서 노조비에 상당하는 금액을 징수한다
㉤ 프리퍼렌셜 숍(preferential shop) : 조합원 우대제도라고도 하며 사용자가 조합원 여부에 관계없이 종업원을 채용할 수 있으나, 인사·해고 및 승진 등에 있어서 조합원에게 우선적 특권을 부여하는 제도를 말한다.
㉥ 메인티넌스 숍(maintenance of membership shop) : 조합원 자격 유지제도라고도 하며 사용자가 조합원 여부에 관계없이 종업원을 채용할 수 있으나 단체협약의 효력기간 중에는 조합원 자격을 유지하여야 하는 제도이다.

62 고정급제 임금형태가 아닌 것은?

① 시급제
② 연봉제
③ 성과급제
④ 일당제

해설 성과급제는 주어진 업무를 수행한 결과 그 평가에 나타난 성과에 따라 임금을 지불하는 제도로서 근로능률을 자극하는 능률급제 임금형태이다.

63 정부가 노동시장에서 구인·구직 정보의 흐름을 원활하게 하면 직접적으로 줄어드는 실업의 유형은?

① 마찰적 실업
② 경기적 실업
③ 구조적 실업
④ 계절적 실업

해설 마찰적 실업은 직업정보의 부족에 의해 일시적으로 발생하므로 직업 정보 제공을 통하여 해결할 수 있다.

64 이윤극대화를 추구하는 기업이 이직률을 낮추기 위해 효율성임금(efficiency wage)을 지불할 경우 발생할 수 있는 실업은?

① 마찰적 실업
② 구조적 실업
③ 경기적 실업
④ 지역적 실업

해설 구조적실업의 원인은 최저임금제도, 노동조합의 임금인상, 효율성임금 정책이며, 이는 노동의 초과공급을 발생시킨다.

65 노동조합의 임금효과에 관한 설명으로 틀린 것은?

① 노동조합 조직부분과 비조직부분간의 임금격차는 불경기시에 감소한다.
② 노동조합 조직부문에서 해고된 근로자들이 비조직부문에 몰려 비조직부문의 임금을 떨어뜨릴 수 있다.
③ 노동조합이 조직될 것을 우려하여 비조직부문 기업이 이전보다 임금을 더 많이 인상시킬 수 있다.
④ 노조조직부문에 입사하기 위해 비조직부문 근로자들이 사직하는 경우가 많아 비조직부문의 임금이 상승할 수 있다.

해설 노동조합 조직부문 근로자의 임금이 상대적으로 경기에 덜 민감하며, 불경기시에 임금격차는 더욱 증가한다.

66 노동공급의 탄력성 결정요인이 아닌 것은?

① 산업구조의 변화
② 노동이동의 용이성 정도
③ 여성 취업기회의 창출가능성 여부
④ 다른 생산요소로의 노동의 대체 가능성

해설 다른 생산요소로의 노동의 대체 가능성은 노동수요의 탄력성 결정요인이다.

정답 61 ① 62 ③ 63 ① 64 ② 65 ① 66 ④

67 프리만(Freeman)과 메도프(Medoff)가 지적한 노동조합의 두 얼굴에 해당하는 것은?

① 결사와 교섭
② 자율과 규제
③ 독점과 집단적 목소리
④ 자치와 대등

해설 노동조합의 두 얼굴(독점과 집단적 목소리)이란 노동조합이 부정적 기능과 긍정적 기능을 모두 갖는다는 것을 의미한다.
ⓐ **부정적 기능(독점)**은 노동공급 독점자로서의 노동조합이 시장임금보다 높은 임금수준을 성취함으로써 노조 조직부문에서는 경쟁상태보다 더 적은 고용이 이루어지며, 노조 비조직 부문에서는 경쟁상태보다 더 많은 고용이 이루어지는 인적자원배분의 왜곡을 가져온다. 인적자원배분의 왜곡은 일국(一國)의 총생산량의 감소를 초래한다.
ⓑ **긍정적 기능(집단적 목소리)**은 노동자의 이직률을 감소시키고, 노동자의 사기를 높이며, 작업현장의 문제에 대한 정확한 정보를 제공하고, 기업 내의 임금격차를 줄임으로써 생산성을 향상시킬 수 있다.

68 다음 중 적극적 노동시장정책(ALMP)에 해당하는 것은?

① 실업급여 지급
② 취업알선
③ 실업자 대부
④ 실직자녀 학자금 지원

해설 실업보험은 사후적/소극적사회보장 정책이며, 고용안정사업/직업능력개발사업은 사전적/적극적 노동시장 정책이다.

69 성별 임금격차의 발생 원인과 가장 거리가 먼 것은?

① 여성이 저임금 직종에 몰려 있어서
② 여성의 학력이 남성보다 낮기 때문에
③ 여성의 직장내 승진 기회가 남성보다 적어서
④ 여성의 노조가입률이 높아서

해설 여성의 노조가입률이 높다면 성별 임금격차는 줄어들 것이다.

70 사회적 합의주의의 구체적인 제도적 장치인 노사정위원회의 구성집단에 속하지 않는 것은?

① 사용자 단체
② 국가
③ 대학
④ 노동조합

해설 노사정위원회는 위원장, 간사 위원 각 1인과 근로자, 사용자, 정부를 대표하는 15인 이내의 위원으로 구성된다.

71 연장근로 등 일정량 이상의 노동을 기피하는 풍조가 확산된다면, 이 현상에 대한 분석도구로 가장 적합한 것은?

① 최저임금제
② 후방굴절형 노동공급곡선
③ 화폐적 환상
④ 노동의 수요독점

해설 근로자들의 임금이 일정한 수준 이상으로 상승하면 고소득으로 인한 여가의 증가로 노동시간의 감소를 나타내는데, 이 경우 개인의 노동공급곡선은 일정수준 이상의 높은 임금에서 뒤쪽으로 굽어지는 형태를 보인다. 이를 후방 굴절형 곡선이라 한다. 다만 여가가 열등재일 경우는 후방굴절하는 것이 아니고 임금수준과 무관하게 우상향한다.

72 전체 근로자의 20%가 매년 새로운 일자리를 찾고 있으며 직업탐색기간이 평균 3개월이라면 마찰적 실업률은?

① 1%
② 5%
③ 6%
④ 10%

해설 노동력의 20%가 매년 구직활동을 하고 구직활동에 평균 3개월이 소요되므로 $20\% \times \dfrac{3}{12} = 5\%$가 된다.

73 다음 표에서 어떤 도시근로자의 실질임금을 구할 경우 ㄱ, ㄴ, ㄷ, ㄹ의 크기를 바르게 나타낸 것은?

구분	09년	12년	15년	18년
도매물가지수	95	100	100	120
소비자물가지수	90	100	115	125
명목임금(만 원)	130	140	160	180
실질임금(만 원)	ㄱ	ㄴ	ㄷ	ㄹ

① ㄱ>ㄷ>ㄴ>ㄹ
② ㄱ>ㄹ>ㄴ>ㄷ
③ ㄹ>ㄷ>ㄱ>ㄴ
④ ㄹ>ㄴ>ㄷ>ㄱ

해설 실질임금 $= \dfrac{\text{명목임금}}{\text{소비자물가지수}} \times 100$

$\text{ㄱ} = \dfrac{130}{90} \times 100 = 144.4$만 원

$\text{ㄴ} = \dfrac{140}{100} \times 100 = 140$만 원

$\text{ㄷ} = \dfrac{160}{115} \times 100 = 139.1$만 원

$\text{ㄹ} = \dfrac{180}{125} \times 100 = 144$만 원

정답 67 ③ 68 ② 69 ④ 70 ③ 71 ② 72 ② 73 ②

74 노동수요곡선을 이동(shift)시키는 요인이 아닌 것은?

① 임금의 변화
② 생산성의 변화
③ 제품 생산 기술의 발전
④ 최종상품에 대한 수요의 변화

해설 임금의 변화는 수요곡선상의 이동이다.

75 다음 중 실망노동력인구(discouraged labor force)는 어디에 해당하는가?

① 취업자
② 실업자
③ 경제활동인구
④ 비경제활동인구

해설 ㉠ 실망노동자 : 실업자들이 경기침체로 취업이 어려워지면 구직활동을 포기하게 되어 경제활동 인구가 줄어들게 된다. 실망노동자는 실업자가 아니므로 경제활동인구가 아닌 비경제활동인구이다.(실업률↓, 경제활동인구↓)
㉡ 부가노동자 : 가구주 소득이 낮아지면 가구원 일부가 취업활동을 하게 되어 경제활동인구가 늘어난다.(부가노동자 효과 : 실업자↑, 경제활동인구↑)

76 직능급 임금체계의 특징에 관한 설명으로 옳은 것은?

① 조직의 안정화에 따른 위계질서 확립이 용이하다.
② 직무에 상응하는 임금을 지급한다.
③ 학력과 직종에 관계없이 능력에 따라 임금을 지급한다.
④ 무사안일주의 및 적당주의를 초래할 수 있다.

해설 직능급은 개인의 직무수행능력을 고려하여 임금을 관리하는 체계이다. ①, ④은 연공급이며, ②은 직무급이다.

77 다음 힉스(Hicks, J.R.)의 교섭모형에 대한 설명으로 틀린 것은?

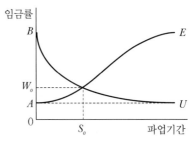

① AE 곡선은 사용자의 양보곡선이다.
② BU 곡선은 노동조합의 저항곡선이다.
③ A는 노동조합이 없거나 노동조합이 파업을 하기 이전 사용자들이 지불하려고 하는 임금수준이다.
④ 노동조합이 W_0 보다 더 높은 임금을 요구하면 사용자는 쉽게 수락하겠지만, 그때는 노동조합 내부에서 교섭대표자들과 일반조합원간의 마찰이 불가피하다.

해설 노동조합이 W_0 보다 더 낮은 임금을 요구하면 사용자는 쉽게 수락하겠지만, 그때는 노동조합 내부에서 교섭대표자들과 일반조합원간의 마찰이 불가피하다.

78 고전학파의 임금론인 임금생존비설과 마르크스의 노동력재생산비설의 유사점은?

① 노동수요측면의 역할을 중요시한다는 점
② 임금수준은 노동자와 그 가족의 생활필수품의 가치에 의해 결정된다는 점
③ 맬더스의 인구법칙에 따른 인구의 증감에 의해 임금이 생존비수준에 수렴한다는 점
④ 임금의 상대적 저하경향과 자본에 의한 노동의 착취를 설명하는 점

해설 ① 임금생존비설은 노동공급을 중시
③ 임금생존비설에 해당
④ 노동력재생산비설(노동가치설)에 해당

정답 74 ① 75 ④ 76 ③ 77 ④ 78 ②

79 육아보조금 지급이 기혼여성들의 노동공급에 미치는 효과로 옳은 것은?

① 근로시간 증가와 경제활동참가율 증가
② 근로시간 증가와 경제활동참가율 감소
③ 근로시간 감소와 경제활동참가율 증가
④ 근로시간 감소와 경제활동참가율 감소

> 해설 임금이외의 소득 증가에 따라 소득효과가 발생하여 근로시간이 감소하고 경제활동 참가율은 증가한다(문제 오류로 가답안 발표시 3번으로 발표되었으나 확정답안 발표시 전항 정답처리 되었다).

80 노동시장에 관한 신고전학파의 주장이 아닌 것은?

① 경쟁적 노동시장　　② 노동시장의 분단
③ 동일노동 – 동일임금　④ 노동의 자유로운 이동

> 해설 신고전학파는 노동시장을 시장 기능의 작용으로 설명하고 경쟁의 원리를 강조하는데 반해, 제도학파는 노동시장은 경쟁시장이 아니며 분단되어 있다고 주장한다.

SECTION
제5과목 노동관계법규

81 고용정책 기본법상 다수의 실업자가 발생하거나 발생할 우려가 있는 경우나 실업자의 고용안정이 필요하다고 인정되는 경우 고용노동부장관이 실시할 수 있는 실업대책 사업이 아닌 것은?

① 실업자에 대한 창업점포 구입자금 지원
② 실업자의 취업촉진을 위한 훈련의 실시와 훈련에 대한 지원
③ 고용촉진과 관련된 사업을 하는 자에 대한 대부(貸付)
④ 실업자에 대한 공공근로사업

> 해설 노동부 장관이 실시할 수 있는 실업대책사업은 실업자에 대한 생계비, 생업자금, 국민건강보험법에 따른 보험료 등 사회보험료, 의료비(가족의 의료비를 포함한다), 학자금(자녀의 학자금을 포함한다), 주택전세자금 및 창업점포임대 등의 지원이다.

82 근로기준법상 임산부의 보호에 관한 설명으로 틀린 것은?

① 사용자는 임신 중의 여성에게 출산 전과 출산 후를 통하여 90일(한 번에 둘 이상 자녀를 임신한 경우에는 120일)의 출산전후휴가를 주어야 한다.
② 휴가 기간의 배정은 출산 후에 30일(한 번에 둘 이상 자녀를 임신한 경우에는 45일) 이상이 되어야 한다.
③ 사용자는 임신 중의 여성 근로자에게 시간외근로를 하게 하여서는 아니 되며, 그 근로자의 요구가 있는 경우에는 쉬운 종류의 근로로 전환하여야 한다.
④ 사업주는 출산전후휴가 종료 후에는 휴가 전과 동일한 업무 또는 동등한 수준의 임금을 지급하는 직무에 복귀시켜야 한다.

> 해설 사용자는 임신 중의 여성에게 출산 전과 출산 후를 통하여 90일(한 번에 둘 이상 자녀를 임신한 경우에는 120일)의 출산전후휴가를 주어야 한다. 이 경우 휴가 기간의 배정은 출산 후에 45일(한 번에 둘 이상 자녀를 임신한 경우에는 60일) 이상이 되어야 한다.

83 근로자직업능력개발법상 직업능력개발훈련의 기본원칙에 대한 설명으로 틀린 것은?

① 직업능력개발훈련은 근로자 개인의 희망·적성·능력에 맞게 실시되어야 한다.
② 직업능력개발훈련은 근로자의 생애에 걸쳐 체계적으로 실시되어야 한다.
③ 직업능력개발훈련은 모든 근로자에게 균등한 기회가 보장되도록 하여야 한다.
④ 직업능력개발훈련은 학교교육과 관계없이 산업현장과 긴밀하게 연계될 수 있도록 하여야 한다.

> 해설 직업능력개발훈련은 교육 관계 법에 따른 학교교육 및 산업현장과 긴밀하게 연계될 수 있도록 하여야 한다.

84 고용보험법상 취업촉진 수당을 지급받을 권리는 몇 년간 행사하지 아니하면 시효로 소멸하는가?

① 1년　　　　　　　② 2년
③ 3년　　　　　　　④ 5년

> 해설 고용안정·직업능력개발사업, 취업촉진수당, 구직급여 반환, 육아휴직급여, 육아기근로시간단축 급여, 출산전후휴가급여 등은 3년간 행사하지 아니하면 시효로 소멸한다.

정답 79 ①, ②, ③, ④　80 ②　81 ①　82 ②　83 ④　84 ③

85 남녀고용평등과 일 · 가정 양립 지원에 관한 법률상 고용에 있어서 남녀의 평등한 기회와 대우를 보장하여야 할 사항으로 명시되어 있지 않은 것은?

① 모집과 채용　　　　　② 임금
③ 근로시간　　　　　　④ 교육 · 배치 및 승진

해설 모집과 채용, 임금, 임금 외의 금품 등, 교육 · 배치 및 승진, 정년 · 퇴직 및 해고에서 남녀를 차별하여서는 아니된다.

86 근로자직업능력 개발법령상 직업능력개발훈련의 구분 및 실시방법에 관한 설명으로 옳은 것은?

① 직업능력개발훈련은 훈련의 목적에 따라 현장훈련과 원격훈련으로 구분한다.
② 양성훈련은 근로자에게 작업에 필요한 기초적 직무수행능력을 습득시키기 위하여 실시하는 직업능력개발훈련이다.
③ 혼합훈련은 전직훈련과 향상훈련을 병행하여 직업능력개발훈련을 실시하는 방법이다.
④ 집체훈련은 산업체의 생산시설 및 근무 장소에서 직업능력개발훈련을 실시하는 방법이다.

해설 1) 직업능력개발훈련은 훈련의 목적에 따라 다음 각 호와 같이 구분한다.
　① 양성(養成)훈련 : 근로자에게 작업에 필요한 기초적 직무수행능력을 습득시키기 위하여 실시하는 직업능력개발훈련
　② 향상훈련 : 양성훈련을 받은 사람이나 직업에 필요한 기초적 직무수행능력을 가지고 있는 사람에게 더 높은 직무수행능력을 습득시키거나 기술발전에 맞추어 지식 · 기능을 보충하게 하기 위하여 실시하는 직업능력개발훈련
　③ 전직(轉職)훈련 : 근로자에게 종전의 직업과 유사하거나 새로운 직업에 필요한 직무수행능력을 습득시키기 위하여 실시하는 직업능력개발훈련
2) 직업능력개발훈련은 다음 각 호의 방법으로 실시한다.
　① 집체(集體)훈련 : 직업능력개발훈련을 실시하기 위하여 설치한 훈련전용시설이나 그 밖에 훈련을 실시하기에 적합한 시설(산업체의 생산시설 및 근무장소는 제외한다)에서 실시하는 방법
　② 현장훈련 : 산업체의 생산시설 또는 근무장소에서 실시하는 방법
　③ 원격훈련 : 먼 곳에 있는 사람에게 정보통신매체 등을 이용하여 실시하는 방법
　④ 혼합훈련 : 제1호부터 제3호까지의 훈련방법을 2개 이상 병행하여 실시하는 방법

87 헌법상 근로에 관한 설명으로 틀린 것은?

① 모든 국민은 근로의 권리를 가진다.
② 모든 국민은 근로의 의무를 진다.
③ 연소자의 근로는 특별한 보호를 받는다.
④ 근로기회의 제공을 통하여 생활무능력자에 대한 국가적 보호의무를 증가시킨다.

해설 생활무능력자에게 근로의 기회를 제공하여 수입이 발생케 함으로써 국가의 부담은 감소한다.

88 고용상 연령차별금지 및 고령자고용촉진에 관한 법령상 고령자(ㄱ)와 준고령자(ㄴ)의 기준연령으로 옳은 것은?

① ㄱ : 50세 이상, ㄴ : 45세 이상 50세 미만
② ㄱ : 55세 이상, ㄴ : 50세 이상 55세 미만
③ ㄱ : 60세 이상, ㄴ : 55세 이상 60세 미만
④ ㄱ : 65세 이상, ㄴ : 60세 이상 65세 미만

해설 고령자는 55세 이상인 사람이며, 준고령자는 50세 이상 55세 미만인 사람으로 한다.

89 근로기준법령상 근로자의 청구에 따라 사용자가 지급기일 전이라도 이미 제공한 근로에 대한 임금을 지급하여야 하는 비상(非常)한 경우에 해당하지 않는 것은?

① 근로자가 혼인한 경우
② 근로자가 수입으로 생계를 유지하는 자가 사망한 경우
③ 근로자가 그외 수입으로 생계를 유지하는 자가 출산하거나 질병에 걸린 경우
④ 근로자나 그의 수입으로 생계를 유지하는 자가 부득이한 사유로 3일 이상 귀향하게 되는 경우

해설 사용자는 근로자가 출산, 질병, 재해, 그 밖에 대통령령으로 정하는 비상(非常)한 경우의 비용에 충당하기 위하여 임금 지급을 청구하면 지급기일 전이라도 이미 제공한 근로에 대한 임금을 지급하여야 한다. "그 밖에 대통령령으로 정한 비상(非常)한 경우"란 근로자나 그의 수입으로 생계를 유지하는 자가 다음 각 호의 어느 하나에 해당하게 되는 경우를 말한다.
　① 출산하거나 질병에 걸리거나 재해를 당한 경우
　② 혼인 또는 사망한 경우
　③ 부득이한 사유로 1주일 이상 귀향하게 되는 경우

정답 85 ③　86 ②　87 ④　88 ②　89 ④

90 다음 (   )에 알맞은 것은?

남녀고용평등과 일·가정 양립 지원에 관한 법률상 사업주는 근로자가 배우자의 출산을 이유로 휴가를 청구하는 경우에 (ㄱ)일의 범위에서 (ㄴ)일 이상의 휴가를 주어야 한다. 다만, 근로자의 배우자가 출산한 날부터 (ㄷ)일이 지나면 청구할 수 없다.

① ㄱ : 5, ㄴ : 3, ㄷ : 15   ② ㄱ : 5, ㄴ : 3, ㄷ : 30
③ ㄱ : 10, ㄴ : 5, ㄷ : 15   ④ ㄱ : 10, ㄴ : 5, ㄷ : 30

해설 **배우자 출산휴가**
1) 사업주는 근로자가 배우자의 출산을 이유로 휴가를 청구하는 경우에 5일의 범위에서 3일 이상의 휴가를 주어야 한다. 이 경우 사용한 휴가기간 중 최초 3일은 유급으로 한다.
2) 제1항에 따른 휴가는 근로자의 배우자가 출산한 날부터 30일이 지나면 청구할 수 없다.

91 고용정책 기본법상 기본원칙으로 틀린 것은?

① 근로의 권리 확보
② 근로자의 직업선택의 자유 존중
③ 사업주의 고용관리에 관한 통제
④ 구직자(求職者)의 자발적인 취업노력 촉진

해설 **고용정책기본법의 기본원칙**
① 근로자의 직업선택의 자유와 근로의 권리가 확보되도록 할 것
② 사업주의 자율적인 고용관리를 존중할 것
③ 구직자(求職者)의 자발적인 취업노력을 촉진할 것
④ 고용정책은 효율적이고 성과지향적으로 수립·시행할 것
⑤ 고용정책은 노동시장의 여건과 경제정책 및 사회정책을 고려하여 균형 있게 수립·시행할 것
⑥ 고용정책은 국가·지방자치단체 간, 공공부문·민간부문 간 및 근로자·사업주·정부 간의 협력을 바탕으로 수립·시행할 것

92 남녀고용평등과 일·가정 양립 지원에 관한 법령상 직장 내 성희롱의 금지 및 예방에 관한 설명으로 틀린 것은?

① 사업주는 직장 내 성희롱 예방을 위한 교육을 연 1회 이상 하여야 한다.
② 사업주 및 근로자 모두가 여성으로 구성된 사업의 사업주는 직장 내 성희롱 예방 교육을 생략할 수 있다.
③ 사업주는 성희롱 예방 교육을 고용노동부장관이 지정하는 기관에 위탁하여 실시할 수 있다.
④ 사업주는 근로자가 고객에 의한 성희롱 피해를 주장하는 것을 이유로 해고나 그 밖의 불이익한 조치를 하여서는 아니 된다.

해설 홍보물을 게시하거나 배포하는 방법으로 직장 내 성희롱 예방 교육을 할 수 있는 경우
① 상시 10명 미만의 근로자를 고용하는 사업
② 사업주 및 근로자 모두가 남성 또는 여성 중 어느 한 성(性)으로 구성된 사업

93 기간제 및 단시간근로자 보호 등에 관한 법률상 기간제 근로자의 차별적 처우의 금지에 관한 설명으로 틀린 것은?

① 사용자는 기간제근로자임을 이유로 당해 사업 또는 사업장에서 동종 또는 유사한 업무에 종사하는 기간의 정함이 없는 근로계약을 체결한 근로자에 비하여 차별적 처우를 하여서는 아니 된다.
② 기간제근로자는 차별적 처우를 받은 경우 차별적 처우가 있는 날부터 6개월 이내에 노동위원회에 시정을 신청할 수 있다.
③ 기간제근로자가 노동위원회에 차별시정을 신청할 경우 관련한 분쟁에 있어 입증책임은 사용자가 부담한다.
④ 차별적 처우가 인정될 경우 노동위원회는 시정명령을 내릴 수 있다. 이 경우 사용자의 차별적 처우에 명백한 고의가 인정되면 기간제 근로자의 손해액을 기준으로 2배를 넘지 아니하는 범위에서 배상명령을 내릴 수 있다.

해설 노동위원회는 사용자의 차별적 처우에 명백한 고의가 인정되거나 차별적 처우가 반복되는 경우에는 손해액을 기준으로 3배를 넘지 아니하는 범위에서 배상을 명령할 수 있다.

94 고용보험법상 구직급여의 산정 기초가 되는 임금일액의 산정방법으로 틀린 것은?

① 수급자격의 인정과 관련된 마지막 이직 당시 산정된 평균임금을 기초일액으로 한다.
② 마지막 사업에서 이직 당시 일용근로자였던 자의 경우에는 산정된 금액이 근로기준법에 따른 그 근로자의 통상임금보다 적을 경우에는 그 통상임금액을 기초일액으로 한다.
③ 기초일액을 산정하는 것이 곤란한 경우와 보험료를 보험료징수법에 따른 기준보수를 기준으로 낸 경우에는 기준보수를 기초일액으로 한다.
④ 산정된 기초일액이 그 수급자격자의 이직 전 1일 소정근로시간에 이직일 당시 적용되던 최저임금법에 따른 시간 단위에 해당하는 최저임금액을 곱한 금액보다 낮은 경우에는 최저기초일액을 기초일액으로 한다.

해설 **급여의 기초가 되는 임금일액**
① 구직급여의 산정 기초가 되는 임금일액[이하 "기초일액(基礎日額)"이라 한다]은 수급자격의 인정과 관련된 마지막 이직 당시 산정된 평균임금으로 한다. 다만, 마지막 이직일 이전 3개월 이내에 피보험자격을 취득한 사실이 2회 이상인 경우에는 마지막 이직일 이전 3개월간(일용근로자의 경우에는 마지막 이직일 이전 4개월 중 최종 1개월을 제외한 기간)에 그 근로자에게 지급된 임금 총액을 그 산정의 기준이 되는 3개월의 총 일수로 나눈 금액을 기초일액으로 한다.
② 제1항에 따라 산정된 금액이 그 근로자의 통상임금보다 적을 경우에는 그 통상임금액을 기초일액으로 한다. 다만, 마지막 사업에서 이직 당시 일용근로자였던 자의 경우에는 그러하지 아니하다.
③ 제1항과 제2항에 따라 기초일액을 산정하는 것이 곤란한 경우와 보험료를 보험료징수법 제3조에 따른 기준보수(이하 "기준보수"라 한다)를 기준으로 낸 경우에는 기준보수를 기초일액으로 한다. 다만, 보험료를 기준보수로 낸 경우에도 제1항과 제2항에 따라 산정한 기초일액이 기준보수보다 많은 경우에는 그러하지 아니하다.
④ 제1항부터 제3항까지의 규정에도 불구하고 이들 규정에 따라 산정된 기초일액이 그 수급자격자의 이직 전 1일 소정근로시간에 이직일 당시 적용되던 「최저임금법」에 따른 시간 단위에 해당하는 최저임금액을 곱한 금액(이하 "최저기초일액"이라 한다)보다 낮은 경우에는 최저기초일액을 기초일액으로 한다. 이 경우 이직 전 1일 소정근로시간은 고용노동부령으로 정하는 방법에 따라 산정한다.

95 직업안정법령상 직업정보제공사업자의 준수사항에 해당되지 않는 것은?

① 구인자 업체명(또는 성명)이 표시되어 있지 아니하거나 구인자의 연락처가 사서함 등으로 표시되어 구인자의 신원이 확실하지 아니한 구인광고를 게재하지 아니할 것
② 직업정보제공매체의 구인·구직광고에는 구인·구직자 및 직업정보제공사업자의 주소 또는 전화번호를 기재할 것
③ 직업정보제공사업의 광고문에 "(무료)취업상담", "취업추천", "취업지원" 등의 표현을 사용하지 아니할 것
④ 구직자의 이력서 발송을 대행하거나 구직자에게 취업추천서를 발부하지 아니할 것

해설 직업정보제공매체의 구인·구직의 광고에는 구인·구직자의 주소 또는 전화번호를 기재하고, 직업정보제공사업자의 주소 또는 전화번호는 기재하지 아니할 것

96 직업안정법상 직업소개사업을 겸업할 수 있는 자는?

① 「공중위생관리법」에 따른 이용업 사업을 경영하는 자
② 「결혼중개업의 관리에 관한 법률」에 따른 결혼중개 사업을 경영하는 자
③ 「식품위생법 시행령」에 따른 단란주점영업 사업을 경영하는 자
④ 「식품위생법 시행령」에 따른 유흥주점영업 사업을 경영하는 자

해설 결혼중개업, 숙박업, 식품접객업을 경영하는 자는 직업소개사업을 하거나 직업소개사업을 하는 법인의 임원이 될 수 없다.

97 노동기본권에 관하여 헌법에 명시된 내용으로 틀린 것은?

① 공무원인 근로자는 법률이 정하는 자에 한하여 단결권·단체교섭권 및 단체행동권을 가진다.
② 근로자는 근로조건의 향상을 위하여 자주적인 단결권·단체교섭권 및 단체행동권을 가진다.
③ 공익사업에 종사하는 근로자의 단체행동권은 법률이 정하는 바에 의하여 이를 제한하거나 인정하지 아니할 수 있다.
④ 법률이 정하는 주요 방위산업에 종사하는 근로자의 단체행동권은 법률이 정하는 바에 의하여 이를 제한하거나 인정하지 아니할 수 있다.

98 근로자퇴직급여 보장법상 개인형퇴직연금제도를 설정할 수 있는 사람을 모두 고른 것은?

> ㄱ. 자영업자
> ㄴ. 공무원연금법의 적용을 받는 공무원
> ㄷ. 군인연금법의 적용을 받는 군인
> ㄹ. 사립학교교직원 연금법의 적용을 받는 교직원
> ㅁ. 별정우체국법의 적용을 받는 별정우체국 직원

① ㄱ   ② ㄱ, ㅁ
③ ㄴ, ㄷ, ㄹ   ④ ㄱ, ㄴ, ㄷ, ㄹ, ㅁ

해설 개인형퇴직연금제도의 설정 대상
  1. 퇴직급여제도의 일시금을 수령한 사람
  2. 확정급여형퇴직연금제도 또는 확정기여형퇴직연금제도의 가입자로서 자기의 부담으로 개인형퇴직연금제도를 추가로 설정하려는 사람
  3. 자영업자 등 안정적인 노후소득 확보가 필요한 사람으로서 대통령령으로 정하는 사람
    ㉠ 자영업자
    ㉡ 퇴직급여제도가 설정되어 있지 아니한 계속근로기간이 1년 미만인 근로자. 4주간을 평균하여 1주간의 소정근로시간이 15시간 미만인 근로자
    ㉢ 퇴직금제도를 적용받고 있는 근로자
    ㉣ 「공무원연금법」의 적용을 받는 공무원
    ㉤ 「군인연금법」의 적용을 받는 군인
    ㉥ 「사립학교교직원 연금법」의 적용을 받는 교직원
    ㉦ 「별정우체국법」의 적용을 받는 별정우체국 직원

99 근로자직업능력 개발법상 재해위로금에 관한 설명으로 틀린 것은?

① 직업능력개발훈련을 받는 근로자가 직업능력개발훈련 중에 그 직업능력개발훈련으로 인하여 재해를 입은 경우에는 재해 위로금을 지급하여야 한다.
② 위탁에 의한 직업능력개발훈련을 받는 근로자에 대하여는 그 위탁자가 재해 위로금을 부담한다.
③ 위탁받은 자의 훈련시설의 결함이나 그 밖에 위탁받은 자에게 책임이 있는 사유로 인하여 재해가 발생한 경우에는 위탁받은 자가 재해 위로금을 지급하여야 한다.
④ 재해위로금의 산정기준이 되는 평균임금을 산업재해보상보험법에 따라 고용노동부장관이 매년 정하여 고시하는 최고 보상기준금액을 상한으로 하고 최저 보상기준 금액은 적용하지 아니한다.

해설 재해 위로금의 산정기준이 되는 평균임금은 「산업재해보상보험법」 제36조제7항 및 제8항에 따라 고용노동부장관이 매년 정하여 고시하는 최고 보상기준 금액 및 최저 보상기준 금액을 각각 그 상한 및 하한으로 한다.

100 근로기준법상 경영상 이유에 의한 해고에 관한 설명으로 틀린 것은?

① 경영 악화를 방지하기 위한 사업의 양도·인수·합병은 긴박한 경영상의 필요가 있는 것으로 본다.
② 사용자는 해고를 피하기 위한 노력을 다하여야 한다.
③ 사용자는 합리적이고 공정한 해고의 기준을 정하고 이에 따라 그 대상자를 선정하여야 한다.
④ 사용자는 해고를 피하기 위한 방법과 해고의 기준 등에 관하여 해고를 하려는 날의 60일 전까지 고용노동부장관의 승인을 받아야 한다.

해설 사용자는 해고를 피하기 위한 방법과 해고의 기준 등에 관하여 그 사업 또는 사업장에 근로자의 과반수로 조직된 노동조합이 있는 경우에는 그 노동조합(근로자의 과반수로 조직된 노동조합이 없는 경우에는 근로자의 과반수를 대표하는 자를 말한다. 이하 "근로자대표"라 한다)에 해고를 하려는 날의 50일 전까지 통보하고 성실하게 협의하여야 한다.

2020년 1회 과년도문제풀이

직업상담사 2급 필기 전과목 무료동영상

제1과목 직업상담학

01 Super의 진로발달이론에 대한 설명으로 틀린 것은?

① 진로발달은 성장기, 탐색기, 확립기, 유지기, 쇠퇴기를 거쳐 이루어진다.

② 진로선택은 자아개념의 실현과정이다.

③ 진로발달에 있어서 환경의 영향보다는 개인의 흥미, 적성, 가치가 더 중요하다.

④ 자아개념은 직업적 선호와 환경과의 상호작용을 통해 계속 변화한다.

> **해설** 자아개념은 직업적 흥미(선호)와 능력(적성)으로 구성되며, 자아개념은 환경과 상호작용하면서 계속 변화 발달한다.

02 직업상담 과정에서의 사정단계를 바르게 나열한 것은?

ㄱ. 내담자의 동기 파악   ㄴ. 내담자의 자기진단 탐색
ㄷ. 내담자의 자기진단   ㄹ. 인지적 명확성 파악

① ㄷ→ㄱ→ㄴ→ㄹ   ② ㄷ→ㄴ→ㄹ→ㄱ
③ ㄹ→ㄷ→ㄱ→ㄴ   ④ ㄹ→ㄱ→ㄷ→ㄴ

> **해설** 내담자가 인지적 명확성이 없으면 개인상담후에 직업상담을 실시하며, 인지적 명확성이 있으면 직업상담을 실시한다.

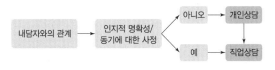

03 내담자와 관련된 정보를 수집하여 내담자의 행동을 이해하고 해석하는 데 기본이 되는 상담기법으로 가장 거리가 먼 것은?

① 한정된 오류 정정하기   ② 왜곡된 사고 확인하기
③ 반성의 장 마련하기   ④ 변명에 초점 맞추기

> **해설** 내담자와 관련된 정보를 수집하고 내담자의 행동을 이해하고, 해석하는 데 기본이 되는 9가지 상담기법
> 1) 가정 사용하기
> 2) 저항감 재인식하기 및 다루기
> 3) 의미있는 질문 및 지시 사용하기
> 4) 왜곡된 사고 확인하기
> 5) 변명에 초점 맞추기
> 6) 분류 및 재구성하기
> 7) 전이된 오류 정정하기
> 8) 근거없는 믿음 확인하기
> 9) 반성의 장 마련하기

04 Yalom이 제시한 실존주의 상담에서의 4가지 궁극적 관심사에 해당하지 않는 것은?

① 죽음   ② 자유
③ 고립   ④ 공허

> **해설** Yalom은 인간존재의 궁극적 관심이나 본질의 요소로 죽음, 자유, 고립, 무의미로 보았다.

05 상담관계의 틀을 구조화하기 위해서 다루어야 할 요소와 가장 거리가 먼 것은?

① 상담자의 역할과 책임   ② 내담자의 성격
③ 상담의 목표   ④ 상담시간과 장소

정답 01 ③   02 ④   03 ①   04 ④   05 ②

상담과정의 초기단계에서 상담과정의 본질, 제한조건 및 방향에 대하여 상담자가 정의를 내려주는 것이다. 구조화 작업시 주로 사용되는 것은 상담목표설정, 상담시간 약속, 촉진적 관계형성이다. 상담자는 내담자에게 상담과정에 대해 의도적으로 설명하거나 제약을 가하는 상담기법에 해당한다.

06 생애진로사정에 관한 설명으로 옳은 것은?

① 직업상담에서 생애진로사정은 초기단계보다 중·말기단계 면접법으로 사용된다.
② 생애진로사정은 Adler의 개인 심리학에 부분적으로 기초를 둔다.
③ 생애진로사정은 객관적인 사실 확인에만 중점을 둔다.
④ 생애진로사정에서는 여가생활, 친구관계 등과 같이 일과 직접적으로 관련이 없는 주제는 제외된다.

해설 **생애진로사정(life career assessment)**

① 생애진로사정은 아들러(Adler)의 개인 심리학에 이론적 기초를 두고 있다.
② 생애진로사정은 상담자가 내담자와 처음 만났을 때 이용할 수 있는 구조화된 면접기법으로 초기단계에서 사용된다.
③ 생애진로사정은 구조화된 면담기술로서 짧은 시간에 체계적인 정보를 수집할 수 있다.
④ 생애진로사정은 상담초기에 내담자에 관한 가장 기초적인 직업상담 정보를 얻는 질적 평가절차이다.

생애진로사정의 구조

① 진로사정 - 내담자 경험, 교육 여가 등에 대한 전반적인 평가 및 가계도를 작성한다.
② 전형적인 하루 - 개인이 자신의 생활을 어떻게 조직하는지를 발견하는 것이다. 내담자가 그들 자신의 생활을 체계적으로 조직하는지 아니면 매일 자발적으로 반응하는지 결정하는 데 도움을 준다.(의존적-독립적 성격차원 검토)
③ 강점과 장애 - 내담자의 강점과 약점에 대한 질문, 내담자가 직면하고 있는 문제들, 환경적 장애들에 대한 정보를 얻을 수 있다.
④ 요약 : 면접 동안 얻어진 정보들을 재차 강조, 인생경력의 가치관들, 강점과 장애 등을 반복 확인할 수 있다.

07 상담기법 중 내담자가 전달하는 이야기의 표면적 의미를 상담자가 다른 말로 바꾸어서 말하는 것은?

① 탐색적 질문　　　② 요약적 재진술
③ 명료화　　　　　④ 적극적 경청

해설 요약과 재진술은 내담자가 전달하는 이야기의 표면적 의미를 상담자가 다른 말로 바꾸어서 말하는 것이다.

① 탐색적 질문 : 내담자로 하여금 자신과 자신의 문제를 자유롭게 탐색하도록 허용함으로써 내담자의 이해를 증진시키는 개방적 질문 기법이다.
③ 명료화 : 내담자의 말 속에 포함되어 있는 불분명한 측면을 상담사가 분명하게 밝히는 기법이다.
④ 적극적 경청 : 상대방의 입장에서 상대방의 생각이나 기분을 이해하기 위해 적극적으로 듣는 태도이다.

08 Williamson의 특성 - 요인 진로상담 과정을 바르게 나열한 것은?

ㄱ. 진단단계	ㄴ. 분석단계	ㄷ. 예측단계
ㄹ. 종합단계	ㅁ. 상담단계	ㅂ. 추수지도단계

① ㄱ → ㄴ → ㄷ → ㄹ → ㅂ → ㅁ
② ㄱ → ㄷ → ㄴ → ㄹ → ㅁ → ㅂ
③ ㄴ → ㄱ → ㄹ → ㄷ → ㅂ → ㅁ
④ ㄴ → ㄹ → ㄱ → ㄷ → ㅁ → ㅂ

09 상담 중기 과정의 활동으로 가장 거리가 먼 것은?

① 내담자에게 문제를 직면시키고 도전하게 한다.
② 내담자가 가진 문제의 심각도를 평가한다.
③ 내담자가 실천할 수 있도록 동기를 조성한다.
④ 문제에 대한 대안을 현실 생활에 적용하고 실천하도록 돕는다.

해설 내담자의 문제를 평가하는 것은 초기과정이다.

10 내담자의 낮은 자기효능감을 증진시키기 위한 방법으로 적합하지 않은 것은?

① 내담자의 장점을 강조하며 격려하기
② 긍정적인 단계를 강화하기
③ 내담자와 비슷한 인물이나 관련자료 보여주기
④ 직업대안 규명하기

해설 직업대안 규명하기는 흥미사정의 용도이다.

특성요인 상담과정

Williamson이 제시한 상담과정은 분석 – 종합 – 진단 – 처방(예후) – 상담 – 추수지도이다. 진단단계는 문제를 사실적으로 확인하고 원인을 발견하는 단계이며, 상담 단계는 내담자가 능동적으로 참여하는 단계이다.

11 Bordin이 제시한 직업문제의 심리적 원인에 해당하지 않는 것은?

① 인지적 갈등　　　　② 확신의 결여
③ 정보의 부족　　　　④ 내적 갈등

보딘이 제시한 직업문제의 심리적 원인은 의존성, 정보의 부족, 자아갈등(내적갈등), 선택의 불안, 문제없음(확신의 결여)이다.

12 행동주의 상담에서 부적응행동을 감소시키는 데 주로 사용되는 기법은?

① 행동조성법　　　　② 모델링
③ 노출법　　　　　　④ 토큰법

노출법은 행동주의 상담에서 부적응행동을 감소시키는 데 주로 사용되는 기법이며, 체계적 둔감법과 홍수법이 있다.
　① 조형법(행동조성법)은 궁극적으로 바라는 행동 쪽으로 서서히 접근해 가도록 차별적 강화를 해 주는 것을 말한다.
　② 모델링은 타인의 행동을 관찰함으로써 학습이 이루어지는 것이다.
　④ 토큰경제는 내담자가 적절한 행동을 할 때마다 강화물로 토큰이 주어지는 기법이다.

13 Butcher가 제시한 집단직업상담을 위한 3단계 모델에 해당하지 않는 것은?

① 탐색단계　　　　　② 전환단계
③ 평가단계　　　　　④ 행동단계

부처(Butcher) 집단직업상담의 3단계 모델

① 탐색단계 : 탐색단계에서는 자기개방, 흥미와 적성에 대한 측정, 측정결과에 대한 피드백, 불일치의 해결 등이 이루어진다.
② 전환단계 : 전환단계에서는 자아상과 피드백 간의 일치가 이루어지면, 집단구성원들은 자기의 지식을 직업세계와 연결하고 일과 삶의 가치를 조사한다. 또한 자신의 가치에 대한 피드백을 갖고 가치명료화를 위해 또다시 자신의 가치와 피드백 간의 불일치를 해결한다.
③ 행동단계 : 목표설정, 목표달성을 촉진하기 위한 정보의 수집과 공유, 의사결정이 이루어지는 단계이다.

14 직업상담 시 활용할 수 있는 측정도구에 관한 설명으로 틀린 것은?

① 자기 효능감 척도는 어떤 과제를 어느 정도 수준으로 수행할 수 있는 능력을 갖추었다고 스스로 판단하는지의 정도를 측정한다.
② 소시오그램은 원래 가족치료에 활용하기 위해 개발되었는데, 기본적으로 경력상담 시 먼저 내담자의 가족이나 선조들의 직업 특징에 대한 시각적 표상을 얻기 위해 도표를 만드는 것이다.
③ 역할놀이에서는 내담자의 수행행동을 나타낼 수 있는 업무상황을 제시해 준다.
④ 카드분류는 내담자의 가치관, 흥미, 직무기술, 라이프스타일 등의 선호형태를 측정하는 데 유용하다.

직업상담 시 내담자의 가족이나 선조들(부모, 조부모 및 친인척)의 직업 특징에 대한 시각적 표상을 얻기 위해 만드는 도표를 가계도(genogram)이라고 한다.

15 다음은 무엇에 관한 설명인가?

> 원형검사에 기초한 시간전망 개입의 세 가지 국면 중 미래를 현실처럼 느끼게 하고 미래 계획에 대한 긍정적 태도를 강화시키며 목표설정을 신속하게 하는 데 목표를 두는 것

① 방향성　　　　　　② 변별성
③ 주관성　　　　　　④ 통합성

원의 크기는 시간차원에 대한 상대적 친밀감을 나타내며, 원의 배치는 시간차원이 각각 어떻게 연관되어 있는지를 나타낸다.
　① 방향성 : 미래에 대한 낙관적인 입장을 구성하여 미래지향성을 증진시킨다.
　② 변별성 : 미래를 현실처럼 느끼게 하고, 미래계획에 대한 긍정적인 태도를 강화시키며 목표 설정을 신속하게 하는 것이다.
　③ 통합성 : 현재 행동과 미래의 결과를 연결시키고, 진로에 대한 인식을 증진시킨다.

16 내담자의 부적절한 행동을 변화하는 데 자주 사용하는 체계적 둔감화의 주요 원리는?

① 상호억제　　　　　② 변별과 일반화
③ 소거　　　　　　　④ 조성

체계적 둔감법은 심리적 불안과 신체적 이완은 병존할 수 없다는 상호제지의 원리를 이용한 기법이다.

11 ①　12 ③　13 ③　14 ②　15 ②　16 ①

17 직업상담의 목적에 대한 설명으로 틀린 것은?

① 직업상담은 내담자가 이미 결정한 직업계획과 직업선택을 확신·확인하는 과정이다.

② 직업상담은 개인의 직업적 목표를 명확히 해 주는 과정이다.

③ 직업상담은 내담자에게 진로관련 의사결정 능력을 길러주는 과정은 아니다.

④ 직업상담은 직업선택과 직업생활에서의 능동적인 태도를 함양하는 과정이다.

해설 **진로 상담의 주요 원리**

① 진학과 직업선택에 초점을 맞추어 전개되어야 한다.

② 개인의 특성을 객관적으로 파악한 후 상담자와 내담자간의 라포가 형성된 관계 속에서 이루어져야 한다.

③ 개인의 진로결정에 있어서 핵심적인 요소이므로 합리적인 진로의사 결정 과정과 기법을 체득하도록 상담한다.

④ 진로발달이론에 근거하며 진로발달이 진로선택에 영향을 미친다.

⑤ 변화하는 직업세계의 이해와 진로정보 활동을 중심으로 개인과 직업의 연계성을 합리적으로 연결시키는 과정과 합리적 방법 이용에 초점을 두어야 한다.

⑥ 각종 심리검사의 결과를 기초로 합리적인 결과를 끌어낼 수 있도록 도와주는 역할을 해야 한다.

⑦ 항상 '차별적인 진단과 처치'의 자세를 견지한다.

⑧ 상담윤리 강령에 따라 전개되어야한다.

18 어떤 문제의 밑바닥에 깔려 있는 혼란스러운 감정과 갈등을 가려내어 분명히 해 주는 것은?

① 명료화   ② 경청

③ 반영   ④ 직면

해설 명료화는 내담자의 말 속에 포함되어 있는 불분명한 측면을 상담사가 분명하게 밝히는 기법이다.

19 다음은 직업상담모형 중 어떤 직업상담에 관한 설명인가?

- 직업선택에 미치는 내적요인의 영향을 강조한다.
- 특성-요인 접근법과 마찬가지로 "사람과 직업을 연결시키는 것"에 기초를 두고 있다.
- 상담과 검사해석의 기법들은 내담자 중심 접근을 많이 따르고 있지만 비지시적 및 반영적 태도 외에도 다양한 접근방법들을 포함하고 있다.

① 정신역동적 직업상담   ② 포괄적 직업상담

③ 발달적 직업상담   ④ 행동주의 직업상담

해설 **정신역동적 직업상담**

① 정신역동적 접근은 그 뿌리를 정신분석학적 전통에 두고 있지만 그 전통에서 더 나아가 특성-요인 이론과 내담자 중심 진로상담이론의 기법을 통합한 것이다.

② 정신역학적 접근은 사람과 직업을 연결시키는 것을 기초로 삼고 있지만 그 기초 위에 어떻게 그와 같은 선택이 이루어지는가에 일련의 과정에 관한 복잡한 개념들을 설명하려고 한다.

③ 내적인 동기유발상태와 외부에 대처하는 방어기제에 대해 명료하고 복합적으로 초점을 두고 특성-요인 이론과 내담자 중심 진로상담 이론을 첨가시켰다.

20 직업상담사의 윤리강령에 관한 설명으로 가장 거리가 먼 것은?

① 상담자는 상담에 대한 이론적, 경험적 훈련과 지식을 갖춘 것을 전제로 한다.

② 상담자는 내담자의 성장, 촉진의 문제 해결 및 방안을 위해 시간과 노력상의 최선을 다한다.

③ 상담자는 자신의 능력 및 기법의 한계 때문에 내담자의 문제를 다른 전문직 동료나 기관에 의뢰해서는 안된다.

④ 상담자는 내담자가 이해, 수용할 수 있는 한도 내에서 기법을 활용한다.

해설 상담자는 자기의 개인 문제 및 능력의 한계 때문에 도움을 주지 못하리라고 판단될 경우에는, 다른 전문적 동료 및 관련 기관에 의뢰한다.

21 조직 구성원에게 다양한 직무를 경험하게 함으로써 여러 분야의 능력을 개발시키는 경력개발 프로그램은?

① 직무 확충(Job Enrichment)
② 직무 순환(Job Rotation)
③ 직무 확대(Job Enlargement)
④ 직무 재분류(Job Reclassification)

해설 직무순환제는 경력개발을 위해 종업원들에게 다양한 직무를 경험하게 함으로써 여러 분야의 능력을 개발시키려는 제도이다.

22 크럼볼츠(Krumboltz)의 사회학습 이론에서 진로선택에 영향을 미치는 요인을 모두 고른 것은?

| ㄱ. 유전적 요인 | ㄴ. 학습경험 |
| ㄷ. 과제접근기술 | ㄹ. 환경조건과 사건 |

① ㄱ, ㄴ
② ㄱ, ㄷ, ㄹ
③ ㄴ, ㄷ, ㄹ
④ ㄱ, ㄴ, ㄷ, ㄹ

해설 사회학습이론에서는 진로발달과정은 유전요인과 특별한 능력, 환경조건과 사건, 학습경험, 과제접근기술 등의 네 가지 요인과 관련된다고 본다.

23 다음에 해당하는 스트레스 관리전략은?

예전에는 은행원들이 창구에 줄을 서서 기다리는 고객들에게 가능한 빨리 서비스를 제공하고자 스트레스를 많이 받았었는데, 고객 대기표(번호표) 시스템을 도입한 이후 이러한 스트레스를 많이 줄일 수 있게 되었다.

① 반응지향적 관리전략
② 증후지향적 관리전략
③ 평가지향적 관리전략
④ 출처지향적 관리전략

해설 줄서서 기다리는 고객들에게 가능한 빨리 서비스를 제공하고자 하는 스트레스의 원인을 제거한 경우이므로 출처지향적 관리전략이다.

24 인간의 진로발달단계를 성장기, 탐색기, 확립기, 유지기, 쇠퇴기로 나누고 각 단계의 특징을 설명한 학자는?

① 긴즈버그(Ginzberg)
② 에릭슨(Ericson)
③ 수퍼(Super)
④ 고드프레드슨(Gottfredson)

해설 **Super의 진로발달이론**
　㉠ 이론의 기저를 이루고 있는 것은 '자아개념'으로 인간은 자신의 이미지와 일치하는 직업을 선택한다는 주장이다.
　㉡ 진로성숙은 생애단계 내에서 성공적으로 수행된 발달과업을 통해 획득한다.
　㉢ Ginzberg의 진로발달이론에 대한 비판에서 출발된 이론이다.
　㉣ 슈퍼의 직업발달 이론은 너무 광범위하고 자아개념을 지나치게 강조하고 있다는 비판을 받기도 한다.
　㉤ 직업발달은 성장기 – 탐색기 – 확립기 – 유지기 – 쇠퇴기의 순환과 재순환 단계를 거친다.

25 직무분석 방법에 관한 설명으로 옳은 것은?

① 관찰법은 실제 업무를 직업적으로 관찰함으로써 정신적인 활동까지 알아볼 수 있다.
② 면접법을 사용하려면 면접의 목적을 미리 알려 주고 편안한 분위기를 조성해야 한다.
③ 설문조사법은 많은 사람에 대한 정보를 얻을 수 있지만 시간이 오래 걸린다.
④ 작업일지법은 정해진 양식에 따라 업무 담당자가 직접 작성하므로 정확한 정보를 준다.

해설 ① 정신적인 활동은 관찰할 수 없다.
　　③ 설문조사법은 사람들로부터 짧은 시간 내에 정보를 얻을 수 있다.
　　④ 작업일지법은 작업자가 의도적으로 왜곡되게 일지를 작성할 수 있다.

26 다음은 Holland의 어떤 직업환경에 관한 설명인가?

－노동자, 농부, 트럭 운전수, 목수, 중장비, 운전공 등 근육을 이용하는 직업
－체력을 필요로 하는 활동을 즐기며 공격적이고 운동신경이 잘 발달되어 있음

① 지적 환경
② 사회적 환경
③ 현실적 환경
④ 심미적 환경

해설 현실적 유형은 현장에서 몸으로 부대끼는 활동을 좋아한다. 사교적이지 못하고, 대인관계가 요구되는 상황에서 어려움을 느낀다.

정답 **21** ② **22** ④ **23** ④ **24** ③ **25** ② **26** ③

27 스트레스로 인해 나타날 수 있는 신체의 변화로 옳지 않은 것은?

① 호흡과 심장박동이 빨라지고 혈압도 높아진다.
② 부신선과 부신 피질을 자극해 에피네프린(아드레날린)을 생성한다.
③ 부교감 신경계가 활성화 되어 각성이 일어난다.
④ 부신피질 호르몬인 코티졸이 분비된다.

> **해설** 스트레스를 받게 되면 교감신경이 긴장하게 되어 심장은 두근거리게 된다. 반면 편안한 마음으로 있을 때는 부교감신경이 우위가 되어 심장 움직임이 온화해진다.

28 직업적응 이론과 관련하여 개발된 검사도구가 아닌 것은?

① MIQ(Minnesota Importance Questionnaire)
② JDQ(Job Description Questionnaire)
③ MSQ(Minnesota Satisfaction Questionnaire)
④ CMI(Career Maturity Inventory)

> **해설** 진로성숙검사도구(CMI) – Crites의 이론에 기초한 진로성숙검사는 태도척도와 능력척도로 구성되며 진로선택 내용과 과정이 통합적으로 반영되었다.

29 진로발달에서 맥락주의(contextualism)에 관한 설명으로 틀린 것은?

① 행위는 맥락주의의 주요 관심대상이다.
② 개인보다는 환경의 영향을 강조한다.
③ 행위는 인지적·사회적으로 결정되며 일상의 경험을 반영하는 것이다.
④ 진로연구와 진로상담에 대한 맥락상의 행위설명으로 확립하기 위하여 고안된 방법이다.

> **해설** 맥락적 관점의 대상은 개인과 환경의 상호작용이다.

30 Roe의 직업분류체계에 관한 설명으로 틀린 것은?

① 일의 세계를 8가지 장(field)과 6가지 수준(level)으로 구성된 2차원의 체계로 조직화했다.
② 원주상의 순서대로 8가지 장(field)은 서비스, 사업장 접촉, 조직, 기술, 옥외, 과학, 예술과 연예, 일반문화이다.
③ 서비스 장(field)들은 사람지향적이며 교육, 사회봉사, 임상심리 및 의술이 포함된다.
④ 6가지 수준(level)은 근로자의 직업과 관련된 정교화, 책임, 보수, 훈련의 정도를 묘사하며, 수준 1이 가장 낮고, 수준 6이 가장 높다.

> **해설** 6가지 수준(level)은 근로자의 직업과 관련된 정교화, 책임, 보수, 훈련의 정도를 묘사하며, 수준 1이 가장 높고, 수준 6이 가장 낮다.

31 타당도에 관한 설명으로 틀린 것은?

① 안면타당도는 전문가가 문항을 읽고 얼마나 타당해 보이는지를 평가하는 방법이다.
② 검사의 신뢰도는 타당도 계수의 크기에 영향을 준다.
③ 구성타당도를 평가하는 병법으로 요인분석 방법이 있다.
④ 예언타당도는 타당도를 구하는 데 시간이 많이 걸린다는 단점이 있다.

> **해설** 안면타당도는 전문가가 아닌 일반인이 그 검사가 타당한 것처럼 보이는가를 뜻한다.

32 직무에 대한 하위개념 중 특정 목적을 수행하는 작업활동으로 직무분석의 가장 작은 단위가 되는 것은?

① 임무　　　　　　　② 과제
③ 직위　　　　　　　④ 직군

> **해설** 작업(과제)는 직무에 대한 하위개념 중 특정 목적을 수행하는 작업 활동으로 직무분석의 가장 작은 단위이다.

33 특성-요인이론에 관한 설명으로 가장 적합한 것은?

① 자신이 선택한 투자에 최대한의 보상을 받을 수 있는 직업을 선택한다.

② 개인적 흥미나 능력 등을 심리검사나 객관적 수단을 통해 밝혀낸다.

③ 사회·문화적 환경 또는 사회구조와 같은 요인이 직업선택에 영향을 준다.

④ 동기, 인성, 욕구와 같은 개인의 심리적 수단에 의해 직업을 선택한다.

> **해설** 개인이 가진 모든 특성을 심리검사 등의 객관적인 수단에 의해 밝혀내고, 각각의 직업이 요구하는 요인들을 분석하여 개인의 특성에 적합한 직업을 선택하게 하는 것이다.

34 고용노동부에서 실시하는 일반직업적성검사가 측정하는 영역이 아닌 것은?

① 형태지각력　　　② 공간판단력
③ 상황판단력　　　④ 언어능력

> **해설**
>
> | 하위검사명(15개) | 검출되는 적성 | | 측정방식 |
> |---|---|---|---|
> | 기구대조검사 | 형태지각(P) | | 지필검사 |
> | 형태대조검사 | | | |
> | 명칭비교검사 | 사무지각(Q) | | |
> | 타점속도검사 | 운동반응(K) | | |
> | 표식검사 | | | |
> | 종선기입검사 | | | |
> | 평면도 판단검사 | 공간적성(S) | | |
> | 입체공간검사 | | | |
> | 어휘검사 | 언어능력(V) | 지능(G) | |
> | 산수추리검사 | 수리능력(N) | | |
> | 계수검사 | | | |
> | 환치검사 | 손의 재치(M) | | 동작검사 |
> | 회전검사 | | | |
> | 조립검사 | 손가락 재치(F) | | |
> | 분해검사 | | | |

35 직업선택과정에 관한 설명으로 옳은 것은?

① 직업에 대해 정확한 정보만 가지고 있으면 직업을 효과적으로 선택할 수 있다.

② 주로 성년기에 이루어지기 때문에 어릴 때 경험은 영향력이 없다.

③ 개인적인 문제이기 때문에 가족이나 환경의 영향은 관련이 없다.

④ 일생동안 계속 이루어지는 과정이기 때문에 다양한 시기에서 도움이 필요하다.

> **해설** 개인에 관한 적성, 흥미, 성격, 지능, 신체적 조건, 가정환경 등의 사항도 함께 검토해야 하며, 어릴 때 경험은 직업선택과정에 영향을 미친다.

36 기초통계치 중 명명척도로 측정된 자료에서는 파악할 수 없고, 서열척도 이상의 척도로 측정된 자료에서만 파악할 수 있는 것은?

① 중앙치　　　② 최빈치
③ 표준편차　　　④ 평균

> **해설** ① 중앙치 : 데이터를 크기순으로 정렬했을 때 가장 가운데 있는 값
> ② 최빈치 : 빈도수가 가장 많은 구간의 대표값
> ③ 표준편차 : 한 집단의 수치가 얼마나 동질적인지를 표현하기 위한 개념으로 점수들이 그 집단의 평균치로부터 벗어난 평균거리
> ④ 평균 : 한 집단의 특성을 가장 간편하게 표현하기 위한 개념으로 그 집단의 대푯값

37 셀리(Selye)가 제시한 스트레스 반응단계(일반적응증후군)를 순서대로 바르게 나열한 것은?

① 소진-저항-경고　　　② 저항-경고-소진
③ 소진-경고-저항　　　④ 경고-저항-소진

> **해설** 경보(경고, 경계)단계(alarm stage) → 저항단계(resistance stage) → 소진(탈진)단계(exhaustion stage)

정답 33 ②　34 ③　35 ④　36 ①　37 ④

38 경력진단검사에 관한 설명으로 틀린 것은?

① 경력결정검사(DCS)는 경력관련 의사결정 실패에 관한 정보를 제공하기 위해 개발되었다.

② 개인직업상황검사(MVS)는 직업적 정체성 형성여부를 파악하기 위한 것이다.

③ 경력개발검사(CDI)는 경력관련 의사결정에 대한 참여 준비도를 측정하기 위한 것이다.

④ 경력태도검사(CBI)는 직업선택에 필요한 정보 및 환경, 개인적인 장애가 무엇인지를 알려 준다.

> **해설** 경력태도검사(CBI : Career Beliefs Inventory, 진로신념검사)는 진로결정과정에서의 비합리적이고 비논리적인 신념을 확인하기 위한 것이다.

39 다음은 질적측정도구 중 무엇에 관한 설명인가?

> 원래 가족치료에 활용하기 위해 개발되었는데, 기본적으로 경력상담 시 먼저 내담자의 가족이나 선조들의 직업 특징에 대한 시각적 표상을 얻기 위해 도표를 만드는 것

① 자기 효능감 척도
② 역할놀이
③ 제노그램
④ 카드분류

> **해설** 제노그램(직업가계도)은 직업상담의 초기에 활용하는 것으로 내담자의 양친, 숙모와 삼촌, 형제자매 등과 직업들을 도해로 표시하는 것이다. 직업과 관련된 내담자의 가계력을 알아보는 기법이다.

40 다음 중 동일한 검사를 동일한 피검자 집단에 일정 시간 간격을 두고 두 번 실시하여 얻은 두 검사 점수의 상관계수에 의하여 신뢰도를 측정하는 방법은?

① 동형검사 신뢰도
② 검사-재검사 신뢰도
③ 반분검사 신뢰도
④ 문항 내적 일관성 신뢰도

> **해설** 검사-재검사 신뢰도는 동일한 검사를 동일한 피검자 집단에 일정 시간 간격을 두고 두 번 실시하여 얻은 두 검사 점수의 상관계수에 의하여 신뢰도를 측정하는 방법으로 안정성계수라 한다.

41 직업정보 분석에 관한 설명으로 틀린 것은?

① 직업정보는 직업전문가에 의해 분석되어야 한다.

② 수집된 정보에 대하여는 목적에 맞도록 몇 번이고 분석하여 가장 최신의 객관적이며 정확한 자료를 선정한다.

③ 동일한 정보라 할지라도 다각적인 분석을 시도하여 해석을 풍부히 한다.

④ 직업정보원과 제공원에 관한 정보는 알 필요가 없다.

> **해설** 직업정보원과 제공원에 대하여 제시한다.

42 한국직업전망에서 제공하는 정보에 대한 설명으로 틀린 것은?

① '하는 일'은 해당 직업 종사자가 일반적으로 수행하는 업무내용과 과정에 대해 서술하였다.

② '관련 학과'는 일반적 입직조건을 고려하여 대학에 개설된 대표 학과명만을 수록하였다.

③ '적성과 흥미'는 해당 직업에 취업하거나 업무를 수행하는데 유리한 적성, 성격, 흥미, 지식 및 기술 등을 수록하였다.

④ '학력'은 '고졸이하', '전문대졸', '대졸', '대학원졸 이상'으로 구분하여 제시하였다.

> **해설** '관련 학과'는 일반적 입직조건을 고려하여 대학에 개설된 대표 학과명을 수록하거나, 특성화고등학교, 직업훈련기관, 직업전문학교의 학과명을 수록하였다.

43 내용분석법을 통해 직업정보를 수집할 때의 장점이 아닌 것은?

① 정보제공자의 반응성이 높다.

② 장기간의 종단연구가 가능하다.

③ 필요한 경우 재조사가 가능하다.

④ 역사연구 등 소급조사가 가능하다.

> **해설** 내용분석법은 이미 존재하는 2차적자료(학술논문, 연구보고서, 책, 신문, 영상자료 등)에서 관련된 정보나 내용을 조사하는 방법이다. 자료수집 및 분석이 상대적으로 용이하고 연구대상자의 반응성을 사전에 차단할 수 있다는 장점이 있다.

정답 38 ④ 39 ③ 40 ② 41 ④ 42 ② 43 ①

44 실업급여 중 취업촉진 수당이 아닌 것은?

① 직업능력개발 수당　　② 광역 구직활동비

③ 훈련연장급여　　　　④ 이주비

> **해설** 1) 실업급여는 구직급여와 취업촉진 수당으로 구분한다.
> 2) 취업촉진 수당의 종류는 다음 각 호와 같다.
> 　① 조기(早期)재취업 수당
> 　② 직업능력개발 수당
> 　③ 광역 구직활동비
> 　④ 이주비

45 다음은 워크넷에서 제공하는 성인 대상 심리검사 중 무엇에 관한 설명인가?

- 검사대상 : 만 18세 이상
- 주요 내용 : 개인의 흥미 유형 및 적합직업 탐색
- 측정 요인 : 현실형, 탐구형, 예술형, 사회형, 진취형, 관습형

① 구직준비도 검사　　② 직업가치관 검사

③ 직업선호도 검사 S형　④ 성인용 직업적성검사

> **해설** 직업선호도검사 S형 : 흥미
> 직업선호도검사 L형 : 흥미, 성격, 생활사

46 제10차 한국표준산업분류 산업분류에 관한 설명으로 틀린 것은?

① 산업은 유사한 성질을 갖는 산업활동에 주로 종사하는 생산단위의 집합이다.
② 각 생산단위가 노동, 자본, 원료 등 자원을 투입하여, 재화 또는 서비스를 생산·제공하는 일련의 활동과정이 산업활동이다.
③ 산업활동 범위에는 가정 내 가사활동도 포함된다.
④ 산업분류는 생산단위가 주로 수행하는 산업활동을 분류 기준과 원칙에 맞춰 그 유사성에 따라 체계적으로 유형화한 것이다.

> **해설** 산업 활동의 범위에는 영리적, 비영리적 활동이 모두 포함되나 가정 내의 가사 활동은 제외된다.

47 국가기술자격 산업기사의 응시요건으로 틀린 것은?

① 응시하려는 종목이 속하는 동일 및 유사분야에서 1년 이상 실무에 종사한 사람
② 관련학과의 2년제 또는 3년제 전문대학 졸업자 등 또는 그 졸업예정자
③ 고용노동부령이 정하는 기능경기대회 입상자
④ 응시하려는 종목이 속하는 동일 및 유사 직무분야의 다른 종목의 산업기사 등급 이상의 자격을 취득한 사람

> **해설** 응시하려는 종목이 속하는 동일 및 유사분야에서 2년 이상 실무에 종사한 사람

48 제10차 한국표준산업분류의 산업분류 적용원칙에 관한 설명으로 틀린 것은?

① 생산단위는 산출물뿐만 아니라 투입물과 생산공정 등을 함께 고려하여 그들의 활동을 가장 정확하게 설명한 항목에 분류
② 생산단위 소유 형태, 법적 조직 유형 또는 운영방식도 산업분류에 영향을 미침
③ 산업활동이 결합되어 있는 경우에는 그 활동단위의 주된 활동에 따라 분류
④ 공식적·비공식적 생산물, 합법적·불법적인 생산은 달리 분류하지 않음

> **해설** 생산단위의 소유 형태, 법적 조직 유형 또는 운영 방식은 산업분류에 영향을 미치지 않는다.

49 국민내일배움카드에 관한 설명으로 틀린 것은?

① 특수형태근로종사자도 신청이 가능하다.
② 실업, 재직, 자영업 여부에 관계없이 카드 발급이 가능하다.
③ 국가기간·전략산업직종 등 특화과정은 훈련비 전액을 지원한다.
④ 직업능력개발 훈련이력을 종합적으로 관리하는 제도이다.

> **해설** 누구나 국민내일배움카드 신청 가능하지만 공무원, 사립학교 교직원, 졸업예정자 이외 재학생, 연매출 1억 5천만 원 이상의 자영업자, 월 임금 300만 원 이상인 대기업근로자(45세 미만)·특수형태근로 종사자는 제외된다.

정답 44 ③ 45 ③ 46 ③ 47 ① 48 ② 49 ①

50 직업정보의 가공에 대한 설명으로 가장 적합하지 않은 것은?

① 효율적인 정보제공을 위해 시각적 효과를 부가한다.
② 정보를 공유하는 방법과도 연관되어 있다.
③ 긍정적인 정보를 제공하는 입장에서 출발해야 한다.
④ 정보의 생명력을 측정하여 활용방법을 선정하고 이용자에게 동기를 부여할 수 있도록 구상한다.

해설 직업정보 가공시에는 직업에 대한 장단점을 편견없이 제공해야 한다.

---

51 제7차 한국표준직업분류의 포괄적인 업무에 대한 직업분류 원칙에 해당되지 않는 것은?

① 주된 직무 우선 원칙
② 최상급 직능수준 우선 원칙
③ 생산업무 우선 원칙
④ 수입 우선의 원칙

해설 **포괄적인 업무에 대한 직업분류 원칙**

동일한 직업이라 할지라도 사업체 규모에 따라 직무범위에 차이가 날 수 있다. 예를 들면 소규모 사업체에서는 음식조리와 제공이 하나의 단일 직무로 되어 조리사의 업무로 결합될 수 있는 반면에, 대규모 사업체에서는 이들이 별도로 분류되어 독립적인 업무로 구성될 수 있다. 직업분류는 국내외적으로 가장 보편적인 업무의 결합상태에 근거하여 직업 및 직업군을 결정한다. 따라서 어떤 직업의 경우에 있어서는 직무의 범위가 분류에 명시된 내용과 일치하지 않을 수도 있다. 이러한 경우 다음과 같은 순서에 따라 분류원칙을 적용한다.

㉠ 주된 직무 우선 원칙 : 2개 이상의 직무를 수행하는 경우는 수행되는 직무내용과 관련 분류 항목에 명시된 직무내용을 비교·평가하여 관련 직무 내용상의 상관성이 가장 많은 항목에 분류한다. 예를 들면 교육과 진료를 겸하는 의과대학 교수는 강의, 평가, 연구 등과 진료, 처치, 환자상담 등의 직무내용을 파악하여 관련 항목이 많은 분야로 분류한다.

㉡ 최상급 직능수준 우선 원칙 : 수행된 직무가 상이한 수준의 훈련과 경험을 통해서 얻어지는 직무능력을 필요로 한다면, 가장 높은 수준의 직무능력을 필요로 하는 일에 분류하여야 한다. 예를 들면 조리와 배달의 직무비중이 같을 경우에는, 조리의 직능수준이 높으므로 조리사로 분류한다.

㉢ 생산업무 우선 원칙 : 재화의 생산과 공급이 같이 이루어지는 경우는 생산단계에 관련된 업무를 우선적으로 분류한다. 예를 들면 한 사람이 빵을 생산하여 판매도 하는 경우에는, 판매원으로 분류하지 않고 제빵원으로 분류하여야 한다.

---

52 국가기술자격 중 실기시험만 시행할 수 있는 종목이 아닌 것은?

① 금속재창호기능사
② 항공사진기능사
③ 로더운전기능사
④ 미장기능사

해설 한글속기 1급·2급·3급, 거푸집기능사, 건축도장기능사, 건축목공기능사, 도배기능사, 미장기능사, 방수기능사, 비계기능사, 온수온돌기능사, 유리시공기능사, 조적기능사, 철근기능사, 타일기능사, 도화기능사, 석공기능사, 지도제작기능사, 항공사진기능사, 금속재창호기능사

---

53 워크넷에서 제공하는 학과정보 중 자연계열에 해당하지 않는 것은?

① 안경광학과
② 생명과학과
③ 수학과
④ 지구과학과

해설 학과계열은 인문계열, 사회계열, 교육계열, 자연계열, 공학계열, 의학계열, 예체능계열로 나뉜다.
안경광학과는 공학계열이며, 가정관리학과, 식품생명공학과, 환경공학과, 수의학과(수의예과), 임산공학과, 천문우주학과, 생명과학, 생명공학과는 자연계열이다.

---

54 제7차 한국표준직업분류의 직무능력수준 중 제2직능수준이 요구되는 대분류는?

① 관리자
② 전문가 및 관련 종사자
③ 단순노무 종사자
④ 농림어업 숙련 종사자

해설 1 관리자 : 제4직능 수준 혹은 제3직능 수준 필요
2 전문가 및 관련 종사자 : 제4직능 수준 혹은 제3직능 수준 필요
3 사무 종사자 : 제2직능 수준 필요
4 서비스 종사자 : 제2직능 수준 필요
5 판매 종사자 : 제2직능 수준 필요
6 농림어업 숙련 종사자 : 제2직능 수준 필요
7 기능원 및 관련 기능 종사자 : 제2직능 수준 필요
8 장치·기계조작 및 조립 종사자 : 제2직능 수준 필요
9 단순노무 종사자 : 제1직능 수준 필요
  A 군인 – 제2직능 수준 이상 필요

---

55 한국직업정보시스템(워크넷 직업·진로)의 직업정보 찾기 중 조건별 검색의 검색 항목으로 옳은 것은?

① 평균학력, 근로시간
② 근로시간, 평균연봉
③ 평균연봉, 직업전망
④ 직업전망, 평균학력

해설 조건별검색
ⓐ 평균연봉 – 3,000만 원 미만, 3,000~4,000만 원 미만, 4,000~5,000만 원 미만, 5,000만 원 이상
ⓑ 전망 – 매우밝음(상위 10% 이상), 밝음(상위 20% 이상), 보통(중간 이상), 전망안좋음(감소예상직업)

56 직업안정법령상 직업안정기관의 장이 수집·제공하여야 할 고용정보에 해당하지 않는 것은?

① 직무분석의 방법과 절차
② 경제 및 산업동향
③ 구인·구직에 관한 정보
④ 직업에 관한 정보

해설 직업안정기관의 장이 수집·제공하여야 할 고용정보
1. 경제 및 산업동향
2. 노동시장, 고용·실업동향
3. 임금, 근로시간 등 근로조건
4. 직업에 관한 정보
5. 채용·승진 등 고용관리에 관한 정보
6. 직업능력개발훈련에 관한 정보
7. 고용관련 각종지원 및 보조제도
8. 구인·구직에 관한 정보

57 다음은 제10차 한국표준산업분류 중 어떤 산업분류에 관한 설명인가?

작물재배활동과 축산활동을 복합적으로 수행하면서 그 중 한 편의 전문화율이 66% 미만인 경우

① 작물재배업
② 축산업
③ 작물재배 및 축산 복합농업
④ 작불재배 및 축산 관련 서비스업

해설 작물재배 및 축산 복합농업은 작물 재배활동과 축산활동을 복합적으로 운영하는 산업활동으로서 이중 한편의 전문화율이 66% 이하로 운영되는 산업활동을 말한다.

58 제7차 한국표준직업분류상 다음 개념에 해당하는 대분류는?

– 일반적으로 단순하고 반복적이며 때로는 육체적인 힘을 요하는 과업을 수행한다.
– 간단한 수작업 공구나 진공청소기, 전기장비들을 이용한다.
– 제1직능 수준의 일부 직업에서는 초등교육이나 기초적인 교육(ISCED 수준1)을 필요로 한다.

① 단순노무 종사자
② 장치·기계 조작 및 조립종사자
③ 기능원 및 관련 기능 종사자
④ 판매 종사자

해설 1 관리자 : 제4직능 수준 혹은 제3직능 수준 필요
2 전문가 및 관련 종사자 : 제4직능 수준 혹은 제3직능 수준 필요
3 사무 종사자 : 제2직능 수준 필요
4 서비스 종사자 : 제2직능 수준 필요
5 판매 종사자 : 제2직능 수준 필요
6 농림어업 숙련 종사자 : 제2직능 수준 필요
7 기능원 및 관련 기능 종사자 : 제2직능 수준 필요
8 장치·기계조작 및 조립 종사자 : 제2직능 수준 필요
9 단순노무 종사자 : 제1직능 수준 필요
A 군인 – 제2직능 수준 이상 필요

59 한국직업사전의 직무기능 자료(date)항목 중 무엇에 관한 설명인가?

– 데이터의 분석에 기초하여 시간, 장소, 작업순서, 활동 등을 결정한다.
– 결정을 실행하거나 상황을 보고한다.

① 종합
② 조정
③ 계산
④ 수집

해설 자료(Data) : "자료"와 관련된 기능은 만질 수 없으며 숫자, 단어, 기호, 생각, 개념 그리고 구두상 표현을 포함한다.
0. 종합(synthesizing) : 사실을 발견하고 지식개념 또는 해석을 개발하기 위해 자료를 종합적으로 분석한다.
1. 조정(coordinating) : 데이터의 분석에 기초하여 시간, 장소, 작업순서, 활동 등을 결정한다. 결정을 실행하거나 상황을 보고한다.
2. 분석(analyzing) : 조사하고 평가한다. 평가와 관련된 대안적 행위의 제시가 빈번하게 포함된다.
3. 수집(compiling) : 자료, 사람, 사물에 관한 정보를 수집·대조·분류한다. 정보와 관련한 규정된 활동의 수행 및 보고가 자주 포함된다.
4. 계산(computing) : 사칙연산을 실시하고 사칙연산과 관련하여 규정된 활동을 수행하거나 보고한다. 수를 세는 것은 포함되지 않는다.
5. 기록(copying) : 데이터를 옮겨 적거나 입력하거나 표시한다.
6. 비교(comparing) : 자료, 사람, 사물의 쉽게 관찰되는 기능적, 구조적, 조합적 특성을 (유사성 또는 표준과의 차이) 판단한다.

60 근로자직업능력 개발법령상 직업능력개발훈련시설을 설치할 수 있는 공공단체가 아닌 것은?

① 한국산업인력공단(한국산업인력공단이 출연하여 설립한 학교법인을 포함)
② 안전보건공단
③ 한국장애인고용공단
④ 근로복지공단

해설 직업능력개발훈련시설을 설치할 수 있는 공공단체의 범위
　　1) 한국산업인력공단(한국산업인력공단이 출연하여 설립한 학교법인을 포함한다)
　　2) 한국장애인고용공단
　　3) 근로복지공단

SECTION
제4과목 노동시장론

61 다음 중 분단노동시장가설이 암시하는 정책적 시사점과 가장 거리가 먼 것은?

① 노동시장의 공급측면에 대한 정부개입 또는 지원을 지나치게 강조하는 것에 대해 부정적이다.
② 공공적인 고용기회의 확대나 임금보조, 차별대우 철폐를 주장한다.
③ 외부노동시장의 중요성을 강조한다.
④ 노동의 인간화를 도모하기 위한 의식적인 정책노력이 필요하다.

해설 내부노동시장의 중요성을 강조한다.

62 노동력의 10%가 매년 구직활동을 하고 구직에 평균 3개월이 소요되는 경우 연간 몇 %의 실업률이 나타나게 되는가?

① 2.5%　　　　　　② 2.7%
③ 3.0%　　　　　　④ 3.3%

해설 노동력의 10%가 매년 구직활동을 하고 구직활동에 평균 3개월이 소요되므로 $10\% \times \dfrac{3}{12} = 2.5\%$가 된다.

63 성과급 제도를 채택하기 어려운 경우는?

① 근로자의 노력과 생산량과의 관계가 명확한 경우
② 생산원가 중에서 노동비용에 대한 통제가 필요하지 않는 경우
③ 생산물의 질(quality)이 일정한 경우
④ 생산량이 객관적으로 측정 가능한 경우

해설 생산원가 중에서 노동비용에 대한 통제가 필요하지 않는 경우는 성과급제도를 채택하기 어렵다.

64 미국에서 1935년에 제정된 전국노사관계법(National Labor Relation Act ; NLRA, 일명 와그너법) 이후에 확립된 노사관계는?

① 뉴딜적 노사관계
② 온건주의적 노사관계
③ 바이마르적 노사관계
④ 태프트－하트리적 노사관계

해설 1935년 뉴딜정책의 일환으로 제정된 미국의 노동조합보호법으로 정식명칭은 전국노사관계법(National Labor Relation Act ; NLRA, 일명 와그너법)이다.

65 노동시장에서의 차별로 인해 발생하는 임금격차에 대한 설명으로 틀린 것은?

① 직장 경력의 차이에 따른 인적자본 축적의 차이로는 임금격차를 설명할 수 없다.
② 경쟁적인 시장경제에서는 고용주에 의한 차별이 장기간 지속될 수 없다.
③ 소비자의 차별적인 선호가 있다면 차별적인 임금격차가 지속될 수 있다.
④ 정부가 차별적 임금을 지급하도록 강제하는 경우에는 경쟁시장에서도 임금격차가 지속될 수 있다.

해설 차별이란 생산성이 동일한 노동자가 인종, 성, 나이, 민족, 그리고 그들의 업무수행과 관련이 없는 특성 때문에 고용, 임금, 그리고 승진에 있어서 다르게 대우받는 것을 말한다. 경력의 차이나 기술의 차이는 생산성이 동일하다고 할 수 없다.

66 구조적 실업에 대한 설명으로 틀린 것은?

① 노동시장에 대한 정보 부족에 기인한다.
② 구인처에서 요구하는 자격을 갖춘 근로자가 없는 경우에 발생한다.
③ 산업구조 변화에 노동력 공급이 적절히 대응하지 못해서 발생한다.
④ 적절한 직업훈련 기회를 제공하는 것이 구조적 실업을 완화하는데 중요하다.

> **해설** 노동시장에 대한 정보 부족은 마찰적 실업이다.

67 마찰적 실업을 해소하기 위한 가장 효과적인 정책은?

① 성과급제를 도입한다.
② 근로자 파견업을 활성화한다.
③ 협력적 노사관계를 구축한다.
④ 구인·구직 정보제공시스템의 효율성을 제고한다.

> **해설** **마찰적실업의 정의**
> ① 신규·전직자가 노동시장에 진입하는 과정에서 직업정보의 부족에 의하여 일시적으로 발생하는 실업의 유형
> ② 대책 : 직업 정보의 효율적 제공을 통하여 해결할 수 있다. ㉠ 직업안정기관의 기능 강화, ㉡ 직업정보제공 시설의 확충, ㉢ 구인구직전산망 확충, ㉣ 기업의 퇴직예고제, ㉤ 구직자세일즈 등

68 다음은 무엇에 관한 설명인가?

> 경제학자 Spencer는 고학력자의 임금이 높은 것은 교육이 생산성을 높이는 역할을 하는 것이 아니라 처음부터 생산성이 높다는 것을 교육을 통해 보여주는 것이라는 견해를 제시했다.

① 인적자본 이론
② 혼합가설
③ 고학력자의 맹목적 우대
④ 교육의 신호모형

> **해설** 신호·선별가설은 인적자본이론을 비판적으로 보는 이론으로서, 선천적으로 능력이 뛰어나 높은 생산성을 발휘하는 사람이 있는가 하면, 어떤 사람에게는 아무리 교육을 시켜보아도 생산성이 높아지지 않는다는 것이다. 근로자의 생산성 차이는 선천적 기질의 차이 때문이며, 교육은 그 자질을 바꾸는 것이 아니라 자질이 뛰어난 사람과 그렇지 않은 사람을 구별하도록 하는 신호에 불과하다.

69 신고전학파가 주장하는 노동조합의 사회적 비용의 증가 요인이 아닌 것은?

① 비노조와의 임금격차와 고용저하에 따른 비효율 배분
② 경직적 인사제도에 의한 기술적 비효율 배분
③ 파업으로 인한 생산중단에 따른 생산적 비효율
④ 작업방해에 의한 구조적 비효율

> **해설** ① 노동조합의 고임금부문과 비노조의 저임금부문간의 임금격차는 저임금으로부터 고임금부문으로의 노동이동을 초래하여 노동자원의 비효율적 배분을 초래한다.
> ② 경직적 인사제도는 노동의 가동율을 저하시키고 새로운 기술의 도입을 지연시켜 기술적 비효율을 초래한다.
> ③ 노동조합에 의한 파업으로 인해 생산중단에 따른 생산적 비효율을 초래한다.

70 노동조합이 노동공급을 제한함으로써 발생할 수 있는 효과로 옳은 것은?

① 노동조합이 조직화된 노동시장의 임금이 하락할 것이다.
② 노동조합이 조직화되지 않은 노동시장의 공급곡선이 좌상향으로 이동할 것이다.
③ 노동조합이 조직화된 노동시장의 노동수요곡선이 우상향으로 이동할 것이다.
④ 노동조합이 조직화되지 않은 노동시장의 임금이 하락할 것이다.

> **해설** ① 노동조합이 조직화된 노동시장의 임금이 상승할 것이다.
> ② 노동조합이 조직화되지 않은 노동시장의 공급곡선이 우측으로 이동할 것이다.
> ③ 노동조합이 조직화된 노동시장의 노동수요곡선이 좌측으로 이동할 것이다.

71 시간당 임금이 5,000원에서 6,000원으로 인상될 때, 노동수요량이 10,000에서 9,000으로 감소한다면 노동수요의 임금탄력성은?(단, 노동수요의 임금탄력성은 절댓값이다.)

① 0.2
② 0.5
③ 1
④ 2

> **해설** 노동수요의 탄력성 $= \dfrac{\text{노동수요량의 변화율(\%)}}{\text{임금의 변화율(\%)}} = \dfrac{10}{20} = 0.5$
>
> 임금의 변화율(%) $= \dfrac{|5,000-6,000|}{5,000} \times 100 = 20\%$
>
> 노동수요량의 변화율(%) $= \dfrac{|10,000-9,000|}{10,000} \times 100 = 10\%$

정답 66 ① 67 ④ 68 ④ 69 ④ 70 ④ 71 ②

72 생산물시장과 노동시장이 완전경쟁일 때 노동의 한계생산량이 10개이고, 생산물 가격이 500원이며 시간당 임금이 4,000원이라면 이윤을 극대화하기 위한 기업의 반응으로 옳은 것은?

① 임금을 올린다.
② 노동을 자본으로 대체한다.
③ 노동의 고용량을 증대시킨다.
④ 고용량을 줄이고 생산을 감축한다.

해설 기업의 이윤극대화는 임금＝한계생산물의 가치(한계생산량×시장가격)에서 이루어진다.
임금＝4,000원
한계생산물의 가치＝10개×500원＝5,000원
따라서 임금보다 한계생산물의 가치가 높으므로 1,000원만큼의 근로자 고용을 증가시킨다.

73 노동조합을 다음과 같이 설명한 학자는?

> 노동조합이란 임금근로자들이 그들의 근로조건을 유지하고 개선할 목적으로 조직한 영속적 단체이며, 그와 같은 목적을 실현하기 위한 수단으로는 노동시장의 조절, 표준근로조건의 설정 및 유지와 공제제도 등이 있다.

① S. Perlman
② L. Brentano
③ F. Tannenbaum
④ Sidney and Beatrice Webb

해설 Sidney and Beatrice Webb에 따르면 임금근로자들이 그들의 근로조건을 유지하고 개선할 목적으로 노동조합을 설립한다.

74 실업대책에 관한 설명으로 틀린 것은?

① 일반적으로 실업대책은 고용안정정책, 고용창출정책, 사회안전망 형성정책으로 구분된다.
② 직업훈련의 효율성 제고는 고용안정정책에 해당한다.
③ 고용창출정책은 실업률로부터 탈출을 촉진하는 정책이다.
④ 공공부문 유연성 확립은 사회안전망 형성정책에 해당한다.

해설 노동시장의 유연성이란 경제 환경의 변화에 노동시장이 유연하게 반응할 수 있는 정도를 말한다. 외부적 수량적 유연성이란 해고를 좀 더 자유롭게 하고 다양한 형태의 파트타임직을 확장시키는 것을 포함한다.

75 노동조합의 형태 중 노동시장의 지배력과 조직으로서의 역량이 극히 약하다고 볼 수 있는 것은?

① 기업별 노동조합
② 산업별 노동조합
③ 일반 노동조합
④ 직업별 노동조합

해설 기업별 노동조합은 하나의 사업 또는 사업장에 종사하는 노동자들이 직종에 관계없이 결합한 노동조합으로 하나의 기업이 조직상의 단위가 된다. 우리나라의 주된 조직형태이다.

76 만일 여가가 열등재라면 개인의 노동 공급곡선의 형태는?

① 후방굴절한다.
② 완전비탄력적이다.
③ 완전탄력적이다.
④ 우상향한다.

해설 **후방 굴절형 곡선**

근로자들의 임금이 일정한 수준 이상으로 상승하면 고소득으로 인한 여가의 증가로 노동시간의 감소를 나타내는데, 이 경우 개인의 노동공급곡선은 일정수준 이상의 높은 임금에서 뒤쪽으로 굽어지는 형태를 보인다. 이를 후방 굴절형 곡선이라 한다. 다만 여가가 열등재일 경우는 후방굴절하는 것이 아니고 임금수준과 무관하게 우상향한다.

77 임금의 법적 성격에 관한 학설의 하나인 노동대가설로 설명할 수 있는 임금은?

① 직무수당
② 휴업수당
③ 휴직수당
④ 가족수당

해설 근로대가설은 근로자의 구체적 노동에 대해서만 지급되는 대가를 임금으로 본다. 즉 실제로 근로자가 노동한 부분에 대해서만 임금으로 인정한다.

78 노동력의 동질성을 가정하고 있는 이론은?

① 신고전학파이론
② 직무경쟁론
③ 내부노동시장론
④ 이중노동시장론

해설 신고전학파는 동일노동 - 동일임금, 노동의 자유로운 이동, 경쟁적 노동시장을 주장한다.

79 연봉제 성공을 위한 조건과 가장 거리가 먼 것은?

① 직무분석　　　　② 인사고과
③ 목표관리제도　　④ 품질관리제도

해설　연봉제는 종업원이 수행한 성과(실적)에 의하여 임금이 결정되는 방식으로 기업과 개인근로자간의 개별적 고용계약에 의한 개별성과급이다.

80 다음은 후방굴절형의 노동공급곡선을 나타낸 것이다. 이 때 노동공급곡선상의 a, b구간에 대한 설명으로 옳은 것은?

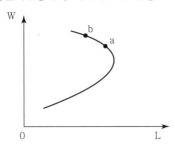

① 소득효과=0　　　　② 대체효과=0
③ 소득효과<대체효과　④ 소득효과>대체효과

해설　후방굴절형(backward-bending) 노동공급곡선에서 후방으로 굴절된 부분은 소득효과가 대체효과보다 큰 부분이다.

SECTION
제5과목　노동관계법규

81 근로기준법령상 근로계약에 관한 설명으로 틀린 것은?

① 이 법에서 정하는 기준에 미치지 못하는 근로조건을 정한 근로계약은 그 부분에 한하여 무효로 한다.
② 근로계약은 기간을 정하지 아니한 것과 일정한 사업의 완료에 필요한 기간을 정한 것 외에는 그 기간은 1년을 초과하지 못한다.
③ 단시간근로자의 근로조건은 그 사업장의 같은 종류의 업무에 종사하는 통상근로자의 근로시간을 기준으로 산정한 비율에 따라 결정되어야 한다.
④ 사용자는 근로계약 불이행에 대한 위약금을 예정하는 계약을 체결한 경우 300만 원 이하의 과태료에 처한다.

해설　사용자는 근로계약 불이행에 대한 위약금 또는 손해배상액을 예정하는 계약을 체결하지 못한다. 근로계약 불이행에 대한 위약금을 예정하는 계약을 체결한 경우 500만 원 이하의 벌금에 처한다.

82 고용보험법령상 육아휴직 급여 신청기간의 연장사유가 아닌 것은?

① 범죄혐의로 인한 형의 집행　② 배우자의 질병
③ 천재지변　　　　　　　　　　④ 자매의 부상

해설　**육아휴직급여 신청의 연장사유**
　㉠ 천재지변
　㉡ 본인이나 배우자의 질병·부상
　㉢ 본인이나 배우자의 직계존속 및 직계비속의 질병·부상
　㉣「병역법」에 따른 의무복무
　㉤ 범죄혐의로 인한 구속이나 형의 집행

83 근로기준법령상 근로자 명부의 기재사항에 해당하지 않는 것은?

① 성명　　② 주소
③ 이력　　④ 재산

해설　**근로자 명부의 기재사항**
　1. 성명　　　　　　　　2. 성(性)별
　3. 생년월일　　　　　　4. 주소
　5. 이력(履歷)　　　　　6. 종사하는 업무의 종류
　7. 고용 또는 고용갱신 연월일, 계약기간을 정한 경우에는 그 기간, 그 밖의 고용에 관한 사항
　8. 해고, 퇴직 또는 사망한 경우에는 그 연월일과 사유

84 파견근로자보호등에 관한 법령상 근로자파견사업에 관한 설명으로 틀린 것은?

① 건설공사현장에서 이루어지는 업무에 대하여는 근로자파견사업을 하여서는 아니된다.
② 파견사업주, 사용사업주, 파견근로자 간의 합의가 있는 경우에는 파견기간을 연장할 수 있다.
③「고용상 연령차별금지 및 고령자고용촉진에 관한 법률」의 고령자인 파견근로자에 대하여는 2년을 초과하여 근로자파견기간을 연장할 수 있다.
④ 근로자파견사업 허가의 유효기간은 2년으로 한다.

해설　근로자파견사업 허가의 유효기간은 3년으로 한다.

85 고용보험법령상 구직급여의 수급요건으로 틀린 것은?(단, 기타 사항은 고려하지 않음)

① 근로의 의사와 능력이 있음에도 불구하고 취업하지 못한 상태에 있을 것
② 이직사유가 수급자격의 제한 사유에 해당하지 아니할 것
③ 재취업을 위한 노력을 적극적으로 할 것
④ 건설일용근로자로서 수급자격 인정신청일 이전 7일간 연속하여 근로내역이 없을 것

[해설] 건설일용근로자로서 수급자격 인정신청일 이전 14일간 연속하여 근로내역이 없을 것

86 근로자직업능력 개발법령상 직업능력개발훈련이 중요시되어야 하는 대상에 해당하는 것을 모두 고른 것은?

> ㄱ.「국민기초생활 보장법」에 따른 수급권자
> ㄴ. 고령자
> ㄷ. 단시간근로자
> ㄹ. 제조업에 종사하는 근로자

① ㄱ, ㄴ, ㄹ   ② ㄱ, ㄴ, ㄷ
③ ㄱ, ㄷ, ㄹ   ④ ㄴ, ㄷ, ㄹ

[해설] 직업능력개발훈련이 중요시되어야 하는 대상
① 고령자 · 장애인
② 「국민기초생활 보장법」에 의한 수급권자
③ 「국가유공자 등 예우 및 지원에 관한 법률」에 따른 국가유공자와 그 유족 또는 가족이나 「보훈보상대상자 지원에 관한 법률」에 따른 보훈보상대상자와 그 유족 또는 가족
④ 「5 · 18민주유공자 예우에 관한 법률」에 의한 5 · 18민주유공자 및 그 유족 또는 가족
⑤ 「제대군인지원에 관한 법률」에 의한 제대군인 및 전역예정자
⑥ 여성근로자
⑦ 「중소기업기본법」에 의한 중소기업(이하 "중소기업"이라 한다)의 근로자
⑧ 일용근로자, 단시간근로자, 기간을 정하여 근로계약을 체결한 근로자, 일시적 사업에 고용된 근로자
⑨ 「파견근로자 보호 등에 관한 법률」에 의한 파견근로자

87 근로자직업능력 개발법령상 훈련의 목적에 따라 구분한 직업능력개발훈련에 해당하지 않는 것은?

① 양성훈련   ② 집체훈련
③ 향상훈련   ④ 전직훈련

[해설] 1) 직업능력개발훈련의 훈련의 목적에 따른 구분
① 양성(養成)훈련 : 근로자에게 직업에 필요한 기초적 직무수행능력을 습득시키기 위하여 실시하는 직업능력개발훈련
② 향상훈련 : 양성훈련을 받은 사람이나 직업에 필요한 기초적 직무수행능력을 가지고 있는 사람에게 더 높은 직무수행능력을 습득시키거나 기술발전에 맞추어 지식 · 기능을 보충하게 하기 위하여 실시하는 직업능력개발훈련
③ 전직(轉職)훈련 : 근로자에게 종전의 직업과 유사하거나 새로운 직업에 필요한 직무수행능력을 습득시키기 위하여 실시하는 직업능력개발훈련
2) 직업능력개발훈련의 방법에 따른 구분
① 집체(集體)훈련 : 직업능력개발훈련을 실시하기 위하여 설치한 훈련전용시설이나 그 밖에 훈련을 실시하기에 적합한 시설(산업체의 생산시설 및 근무장소는 제외한다)에서 실시하는 방법
② 현장훈련 : 산업체의 생산시설 또는 근무장소에서 실시하는 방법
③ 원격훈련 : 먼 곳에 있는 사람에게 정보통신매체 등을 이용하여 실시하는 방법
④ 혼합훈련 : 제1호부터 제3호까지의 훈련방법을 2개 이상 병행하여 실시하는 방법

88 남녀고용평등과 일 · 가정 양립지원에 관한 법률상 사업주가 동일 사업 내의 동일가치의 노동에 대하여 동일한 임금을 지급하지 아니한 경우 벌칙규정은?

① 5년 이하의 징역 또는 3천만 원 이하의 벌금
② 3년 이하의 징역 또는 3천만 원 이하의 벌금
③ 1천만 원 이하의 벌금
④ 500만 원 이하의 벌금

[해설] 동일한 사업 내의 동일 가치의 노동에 대하여 동일한 임금을 지급하지 아니한 경우 3년 이하의 징역 또는 3천만 원 이하의 벌금에 처한다.

89 고용정책 기본법령상 고용정책심의회의 전문위원회에 해당하는 것을 모두 고른 것은?

> ㄱ. 지역고용전문위원회
> ㄴ. 고용서비스전문위원회
> ㄷ. 장애인고용촉진전문위원회

① ㄱ, ㄴ   ② ㄱ, ㄷ
③ ㄴ, ㄷ   ④ ㄱ, ㄴ, ㄷ

[정답] 85 ④ 86 ② 87 ② 88 ② 89 ④

정책심의회에 다음 각 호의 전문위원회를 둔다.
㉠ 지역고용전문위원회
㉡ 고용서비스전문위원회
㉢ 사회적기업육성전문위원회
㉣ 적극적고용개선전문위원회
㉤ 장애인고용촉진전문위원회
㉥ 건설근로자고용개선전문위원회

90 고용보험법령상 용어정의에 관한 설명으로 틀린 것은?

① "이직"이란 피보험자와 사업주 사이의 고용관계가 끝나게 되는 것을 말한다.
② "실업"이란 근로의 의사와 능력이 있음에도 불구하고 취업하지 못한 상태에 있는 것을 말한다.
③ "실업의 인정"이란 직업안정기관의 장이 수급자격자가 실업한 상태에서 적극적으로 직업을 구하기 위하여 노력하고 있다고 인정하는 것을 말한다.
④ "일용근로자"란 1일 단위로 근로계약을 체결하여 고용되는 자를 말한다.

"일용근로자"란 1개월 미만동안 고용되는 사람을 말한다.

91 헌법상 노동 3권에 해당되지 않는 것은?

① 단체교섭권　　　　② 평등권
③ 단결권　　　　　　④ 단체행동권

노동기본권이라 함은 근로자의 생존권 확보를 위하여 헌법이 규정하고 있는 근로권과 근로3권, 즉 단결권, 단체교섭권, 단체행동권을 말한다.

92 고용정책 기본법상 고용정책심의회의 위원으로 명시되지 않은 자는?

① 문화체육관광부 제1차관
② 기획재정부 제1차관
③ 교육부차관
④ 과학기술정보통신부 제1차관

대통령령으로 정하는 관계 중앙행정기관의 차관 또는 차관급 공무원
1. 기획재정부 제1차관, 교육부차관, 과학기술정보통신부 제1차관, 행정안전부차관, 산업통상자원부차관, 보건복지부, 여성가족부, 국토교통부 제1차관 및 중소벤처기업부차관
2. 제1호에 따른 사람 외에 고용정책심의회의 위원장이 안건 심의를 위하여 필요하다고 인정하여 위촉한 관계 중앙행정기관의 차관 또는 차관급 공무원

93 직업안전법령상 (　)에 들어갈 공통적인 숫자는?

> 근로자공급사업 허가의 유효기간은 (　)년으로 하되, 유효기간이 끝난 후 계속하여 근로자공급사업을 하려는 자는 연장허가를 받아야 하며, 이 경우 연장허가의 유효기간은 연장 전 허가의 유효기간이 끝나는 날부터 (　)년으로 한다.

① 1　　　　　　　　② 2
③ 3　　　　　　　　④ 5

근로자공급사업 허가의 유효기간은 3년으로 하되, 유효기간이 끝난 후 계속하여 근로자공급사업을 하려는 자는 고용노동부령으로 정하는 바에 따라 연장허가를 받아야 한다. 이 경우 연장허가의 유효기간은 연장 전 허가의 유효기간이 끝나는 날부터 3년으로 한다.

94 채용절차의 공정화에 관한 법령에 대한 설명으로 틀린 것은?

① 기초심사자료란 구직자의 응시원서, 이력서 및 자기소개서를 말한다.
② 이 법은 국가 및 지방자치단체가 공무원을 채용하는 경우에도 적용한다.
③ 직종의 특수성으로 인하여 불가피한 사정이 있는 경우 고용노동부장관의 승인을 받아 구직자에게 채용심사비용의 일부를 부담하게 할 수 있다.
④ 구인자는 구직자 본인의 재산 정보를 기초심사자료에 기재하도록 요구하여서는 아니 된다.

이 법은 상시 30명 이상의 근로자를 사용하는 사업 또는 사업장의 채용절차에 적용한다. 다만, 국가 및 지방자치단체가 공무원을 채용하는 경우에는 적용하지 아니한다.

90 ④　91 ②　92 ①　93 ③　94 ②

95 근로자퇴직급여 보장법령상 ( )에 들어갈 숫자로 옳은 것은?

이 법에 다른 퇴직금을 받을 권리는 ( )년간 행사하지 아니하면 시효로 인하여 소멸한다.

① 1
② 3
③ 5
④ 10

해설 이 법에 다른 퇴직금을 받을 권리는 3년간 행사하지 아니하면 시효로 인하여 소멸한다.

96 남녀고용평등과 일ㆍ가정 양립지원에 관한 법령상 ( )에 들어갈 숫자가 순서대로 나열된 것은?

– 사업주는 근로자가 배우자 출산휴가를 청구하는 경우에 ( )일 휴가를 주어야 한다.
– 배우자 출산휴가는 근로자의 배우자가 출산할 날부터 ( )이 지나면 청구할 수 없다.

① 10, 60
② 10, 90
③ 15, 60
④ 15, 90

해설 **배우자 출산휴가(법 18조의 2)**
1) 사업주는 근로자가 배우자의 출산을 이유로 휴가(이하 "배우자 출산휴가"라 한다)를 청구하는 경우에 10일의 휴가를 주어야 한다. 이 경우 사용한 휴가기간은 유급으로 한다.
2) 제1항 후단에도 불구하고 출산전후휴가급여등이 지급된 경우에는 그 금액의 한도에서 지급의 책임을 면한다.
3) 배우자 출산휴가는 근로자의 배우자가 출산한 날부터 90일이 지나면 청구할 수 없다.
4) 배우자 출산휴가는 1회에 한정하여 나누어 사용할 수 있다.

97 남녀고용평등과 일ㆍ가정 양립 지원에 관한 법률에 관한 설명으로 틀린 것은?

① 고용노동부장관은 남녀고용평등 실현과 일ㆍ가정의 양립에 관한 기본계획을 5년마다 수립하여야 한다.
② 사업주는 동일한 사업 내의 동일 가치 노동에 대하여는 동일한 임금을 지급하여야 한다.
③ 사업주가 임금차별을 목적으로 설립한 별개의 사업은 동일한 사업으로 본다.
④ 사업주는 직장 내 성희롱 예방을 위한 교육을 분기별 1회 이상 하여야 한다.

해설 사업주는 직장 내 성희롱 예방을 위한 교육을 연 1회 이상 하여야 한다.

98 고용상 연령차별금지 및 고령자고용촉진에 관한 법령상 제조업의 기준고용률은?

① 그 사업장의 상시근로자수의 100분의 2
② 그 사업장의 상시근로자수의 100분의 3
③ 그 사업장의 상시근로자수의 100분의 6
④ 그 사업장의 상시근로자수의 100분의 7

해설 **기준고용률**
① 제조업 : 그 사업장의 상시근로자수의 100분의 2
② 운수업, 부동산 및 임대업 : 그 사업장의 상시근로자수의 100분의 6
③ ①, ②이외의 산업 : 그 사업장의 상시근로자수의 100분의 3

99 근로기준법령상 휴게ㆍ휴일에 관한 설명으로 틀린 것은?

① 사용자는 근로시간이 8시간인 경우에는 1시간 이상의 휴게시간을 근로시간 도중에 주어야 한다.
② 사용자는 근로자에게 1주에 평균 1회 이상의 유급휴일을 보장하여야 한다.
③ 사용자는 연장근로에 대하여는 통상임금의 100분의 50 이상을 가산하여 근로자에게 지급하여야 한다.
④ 사용자는 8시간 이내의 휴일근로에 대하여는 통상임금의 100분의 100 이상을 가산하여 근로자에게 지급하여야 한다.

해설 사용자는 휴일근로에 대하여는 다음 각 호의 기준에 따른 금액 이상을 가산하여 근로자에게 지급하여야 한다.
1. 8시간 이내의 휴일근로 : 통상임금의 100분의 50
2. 8시간을 초과한 휴일근로 : 통상임금의 100분의 100

100 직업안정법령상 직업소개사업에 관한 설명으로 틀린 것은?

① 국내 무료직업소개사업을 하려는 자는 주된 사업소의 소재지를 관할하는 특별자치도지사ㆍ시장ㆍ군수 및 구청장에게 신고하여야 한다.
② 국외 무료직업소개사업을 하려는 자는 고용노동부장관에게 신고하여야 한다.
③ 국내유료직업소개사업을 하려는 자는 주된 사업소의 소재지를 관할하는 특별자치도지사ㆍ시장ㆍ군수 및 구청장에게 등록하여야 한다.

정답 95 ② 96 ② 97 ④ 98 ① 99 ④ 100 ④

④ 국외 유료직업소개사업을 하려는 자는 고용노동부장관에게
   신고하여야 한다.

해설 국외 유료직업소개사업을 하려는 자는 고용노동부장관에게 등록하여
    야 한다.

2020년 3회 과년도문제풀이

직업상담사 2급 필기 전과목 무료동영상

제1과목 직업상담학

01 6개의 생각하는 모자(six thinking hats) 기법에서 사용하는 모자 색깔이 아닌 것은?

① 갈색
② 녹색
③ 청색
④ 흑색

해설 **6개의 생각하는 모자(six thinking hats)**
- ㉠ 백색 – 본인과 직업들에 대한 사실들만을 고려한다.
- ㉡ 청색 – 문제를 정의하고 사고를 조직화한다.
- ㉢ 흑색 – 부정적 · 비판적 측면에 대한 사고와 연관된다.
- ㉣ 황색 – 긍정적인 사고 즉, 낙관적이며 모든 일이 잘될 것이라고 생각한다.
- ㉤ 빨강 – 감정적 견해 즉, 직관에 의존하고 직감에 따라 행동한다.
- ㉥ 녹색 – 창의성 아이디어 즉, 새로운 대안을 찾으려 노력하고 문제를 다른 각도에서 바라본다.

02 상담사의 윤리적 태도와 행동으로 옳은 것은?

① 내담자와 상담관계 외에도 사적으로 친밀한 관계를 형성한다.
② 과거 상담사와 성적 관계가 있었던 내담자라도 상담관계를 맺을 수 있다.
③ 내담자의 사생활과 비밀보호를 위해 상담 종결 즉시 상담기록을 폐기한다.
④ 비밀보호의 예외 및 한계에 관한 갈등상황에서는 동료 전문가의 자문을 구한다.

03 융(jung)이 제안한 4단계 치료과정을 순서대로 나열한 것은?

① 고백 → 교육 → 명료화 → 변형
② 고백 → 명료화 → 교육 → 변형
③ 고백 → 변형 → 명료화 → 교육
④ 명료화 → 고백 → 교육 → 변형

해설 **Jung이 제안한 4단계 치료과정**
- ㉠ 고백단계 – 내담자가 자신의 억제된 감정이나 숨겨왔던 비밀 등을 치료자에게 털어놓고 공유하는 과정이다.
- ㉡ 명료화단계 – 꿈, 환상, 전이, 억압된 소망 등의 무의식적 의미를 해석함으로써 내담자로 하여금 자신의 무의식세계에 대한 이해를 확장하고 심화시키는 과정이다.
- ㉢ 교육단계 – 신경증과 성격장애와 같이 오랜 기간에 걸쳐서 만들어진 완고한 습관은 무의식의 통찰만으로 변화되지 않으며 지속적인 연습을 통해 변화될 수 있다.
- ㉣ 변형단계 – 치료자와 내담자의 깊은 인격적 교류를 통해 내담자의 심오한 변화가 생성되는 과정을 의미한다.

04 현실치료적 집단상담의 절차와 가장 거리가 먼 것은?

① 숙련된 질문의 사용
② 유머의 사용
③ 개인적인 성장계획을 위한 자기조력
④ 조작기법의 사용

해설 현실치료적 상담과정은 먼저 내담자가 무엇을 원하는지 탐색하고 그들이 어떤 행동을 선택했는지를 묻는다. 그리고 그들의 현재 행동을 스스로 평가하도록 하고 변화계획을 수립하도록 도와 준다. 마지막으로 열심히 실천하도록 돕는다. 현실치료의 기법으로는 유머사용하기, 역설적기법, 직면 등이다.

정답 **01** ① **02** ④ **03** ② **04** ④

05 수퍼(Super)의 발달적 직업상담에서 의사 결정에 이르는 단계를 바르게 나열한 것은?

> ㄱ. 문제탐색 　　　　ㄴ. 태도와 감정의 탐색과 처리
> ㄷ. 심층적 탐색 　　　ㄹ. 현실 검증
> ㅁ. 자아 수용 　　　　ㅂ. 의사결정

① ㄱ → ㄴ → ㄷ → ㄹ → ㅂ → ㅁ
② ㄱ → ㄷ → ㄴ → ㄹ → ㅂ → ㅁ
③ ㄱ → ㄷ → ㅁ → ㄹ → ㄴ → ㅂ
④ ㄱ → ㄷ → ㄹ → ㅁ → ㄴ → ㅂ

해설 Super의 발달적 직업상담 단계

　　문제탐색 – 심층적 탐색 – 자아수용 – 현실검증 – 태도와 감정의 탐색과 처리 – 의사결정

06 게슈탈트 이론에 관한 설명으로 옳은 것을 모두 고른 것은?

> ㄱ. 지금 여기서 무엇을 어떻게 경험하느냐와 각성을 중요시한다.
> ㄴ. 성격은 생물학적 요구 및 충동에 의해 결정된다.
> ㄷ. 인간은 신체, 정서, 사고, 감각, 지각 등 모든 부분이 서로 관련을 갖고 있는 전체로서 완성되려는 경향이 있다.
> ㄹ. 인간의 행동은 외부의 환경조건에 의해 좌우된다.

① ㄱ, ㄴ
② ㄱ, ㄷ
③ ㄱ, ㄴ, ㄷ
④ ㄴ, ㄷ, ㄹ

해설 ⓛ 정신분석상담, ⓔ 행동주의상담

07 특성 – 요인 직업상담에서 일련의 관련 있는 또는 관련 없는 사실들로부터 일관된 의미를 논리적으로 파악하여 문제를 하나씩 해결하는 과정은?

① 다중진단
② 선택진단
③ 변별진단
④ 범주진단

해설 윌리암슨(Williamson)의 직업상담의 문제유형 분류(변별진단)

　　㉠ 무선택(선택하지 않음)
　　㉡ 불확실한 선택(확신이 없는 결정)
　　㉢ 현명하지 못한 선택(적성의 모순, 어리석은 선택)
　　㉣ 흥미와 적성 간의 불일치(흥미와 적성 간의 모순)

08 일반적으로 상담자가 갖추어야 할 기법 중 내담자가 전달하려는 내용에서 한 걸음 더 나아가 그 내면적 감정에 대해 반영하는 것은?

① 해석
② 공감
③ 명료화
④ 직면

해설 공감은 내담자의 세계를 상담자 자신의 세계인 것처럼 경험하지만 객관적인 위치에서 벗어나지 않는 것으로써 내담자가 전달하려는 내용에서 할 걸음 더 나아가 그 내면적 감정에 대해 반영하는 것이다.

09 직업상담사의 역할이 아닌 것은?

① 내담자에게 적합한 직업 결정
② 내담자의 능력, 흥미 및 적성의 평가
③ 직무스트레스, 직무 상실 등으로 인한 내담자 지지
④ 내담자의 삶과 직업목표 명료화

해설 직업관련 이론의 개발과 강의, 직무분석 수행, 내담자의 보호자 역할, 새로운 직무분야 개발, 내담자에게 적합한 직업 결정, 직업창출, 봉급조정, 취업알선과 직업소개는 직업상담사의 역할이 아니다.

10 개방적 질문의 형태와 가장 거리가 먼 것은?

① 시험이 끝나고서 기분이 어떠했습니까?
② 지난주에 무슨 일이 있었습니까?
③ 당신은 학교를 좋아하지요?
④ 당신은 누이동생을 어떻게 생각하는지요?

해설 개방적 질문은 내담자가 자유롭게 대답할 수 있는 질문이며, 폐쇄적 질문은 예, 아니오와 같은 단답형으로 대답할 수 있도록 하는 질문이다.

11 직업상담의 목적에 해당하지 않는 것은?

① 개인의 직업적 목표를 명확히 해 주는 과정이다.
② 진로관련 의사결정 능력을 길러주는 과정이다.
③ 직업선택과 직업생활에서 수동적인 태도를 함양하는 과정이다.
④ 이미 결정한 직업계획과 직업선택을 확신, 확인하는 과정이다.

해설 직업선택과 직업생활에서 능동적인 태도를 함양하는 과정이다.

정답 05 ③　06 ②　07 ③　08 ②　09 ①　10 ③　11 ③

12 직업카드 분류로 살펴보기에 가장 적합한 개인의 특성은?

① 가치   ② 성격
③ 흥미   ④ 적성

> **해설** 직업카드분류는 흥미를 사정하기 위한 도구로서 홀랜드의 6각형 이론과 관련된 일련의 직업카드를 주고 직업을 선호군, 혐오군, 미결정군으로 분류하도록 하고, 그렇게 선정한 이유를 밝혀 직업선택의 동기 및 가치관을 탐색할 수 있다. 직업을 고르기 위한 선택장치로 고안된 것은 아니다.

13 체계적 둔감화를 주로 사용하는 상담기법은?

① 정신역동적 직업상담   ② 특성-요인 직업상담
③ 발달적 직업상담   ④ 행동주의 직업상담

> **해설** 행동주의 상담에서 체계적 둔감법은 심리적 불안과 신체적 이완은 병존할 수 없다는 상호제지의 원리를 이용한 기법이다.

14 직업상담의 과정 중 역할사정에서 상호역할 관계를 사정하는 방법이 아닌 것은?

① 질문을 통해 사정하기
② 동그라미로 역할관계 그리기
③ 역할의 위계적 구조 작성하기
④ 생애-계획연습으로 전환시키기

> **해설** 상호역할관계의 사정방법으로는 질문을 통해 역할관계 사정하기, 동그라미로 역할관계 그리기, 생애-계획연습으로 전환시키기 등이 있다.

15 직업상담을 위해 면담을 하는 중 즉시성(immediacy)을 사용하기에 적합하지 않은 경우는?

① 방향감이 없는 경우
② 신뢰성에 의문이 제기되는 경우
③ 내담자가 독립성이 있는 경우
④ 상담자와 내담자 간에 사회적 거리감이 있는 경우

> **해설 즉시성 상담기법의 유용성(즉시성이 유용한 경우)**
> ① 방향성이 없는 관계일 경우
> ② 긴장감이 감돌고 있을 때
> ③ 신뢰성에 의문이 제기될 경우

④ 상담자와 내담자 사이에 상당한 정도의 사회적 거리가 있을 경우
⑤ 내담자 의존성이 있을 때
⑥ 역의존성이 있을 경우
⑦ 상담자와 내담자 사이에 친화력이 있을 경우

16 실존주의 상담에 관한 설명으로 틀린 것은?

① 실존주의 상담의 궁극적 목적은 치료이다.
② 실존주의 상담은 대면적 관계를 중시한다.
③ 인간에게 자기지각의 능력이 있다고 가정한다.
④ 자유와 책임의 양면성에 대한 지각을 중시한다.

> **해설** 실존주의 상담은 치료가 상담목표가 아니라 내담자로 하여금 자신의 현재 상태에 대해 인식하고 피해자적 역할로부터 벗어날 수 있도록 돕는 것이다.

17 콜브(Kolb)의 학습형태검사(LSI)에서 사람에 대한 관심은 적은 반면 추상적 개념에 많은 관심을 두는 사고형은?

① 집중적   ② 확산적
③ 동화적   ④ 적응적

> **해설** ① 집중형-추상적 개념화와 활동적 실험에 유용한 사고형
> ② 확산형-사람에게 관심이 많고 상상적이며 정서적인 경향
> ④ 적응형-사물과 일을 좋아하며, 자신의 분석적인 능력보다 시행착오적이며 직관에 의해 문제를 해결

18 상담이론과 상담목표가 잘못 짝지어진 것은?

① 행동주의 상담이론-내담자의 문제행동을 증가시켜 왔던 강화요인을 탐색하고 제거한다.
② 인지행동주의 상담이론-내담자가 가지고 있는 비합리적 신념을 확인하고 이를 수정한다.
③ 현실치료이론-내담자가 원하는 것이 무엇인지 확인하고 이를 달성할 수 있는 적절한 방법을 탐색한다.
④ 게슈탈트 상담이론-내담자의 생활양식을 확인하고 바람직한 방향으로 생활양식을 바꾸도록 한다.

> **해설** 내담자의 생활양식을 확인하고 바람직한 방향으로 생활양식을 바꾸도록 하는 것은 아들러의 개인주의 상담의 상담목표이다.

정답   12 ③   13 ④   14 ③   15 ③   16 ①   17 ③   18 ④

19 사이버 직업상담에서 답변을 작성할 때 고려해야 할 사항으로 가장 거리가 먼 것은?

① 추수상담의 가능성과 전문기관에 대한 안내를 한다.
② 친숙한 표현으로 답변을 작성하여 내담자가 친근감을 느끼게 한다.
③ 답변은 장시간이 소요되더라도 정확하게 하도록 노력한다.
④ 청소년이라 할지라도 반드시 존칭을 사용하여 호칭한다.

해설 글을 너무 길게 쓸 경우 오히려 집중을 방해할 수 있기 때문에 답변은 4~5단락이 넘지 않도록 하고 보기좋게 단락을 구분하는 것이 좋다.

20 직업상담자와 내담자 사이에 직업상담관계를 협의하는 내용에 대한 설명으로 틀린 것은?

① 내담자와의 라포형성을 위해서 내담자가 존중받는 분위기를 만들어 주어야 한다.
② 내담자가 직업상담을 받는 것에 대해서 저항을 보일 때는 다른 상담자에게 의뢰해야 한다.
③ 상담자와 내담자가 직업상담에 대한 기대가 서로 다를 수 있기 때문에 서로의 역할을 명확히 해야 한다.
④ 상담자는 내담자가 직업상담을 통해서 얻고자 하는 것이 무엇인지 분명하게 확인해야 한다.

SECTION
제2과목 **직업심리학**

21 로(Roe)의 욕구이론에 관한 설명으로 옳지 않은 것은?

① 아동기에 형성된 욕구에 대한 반응으로 직업선택이 이루어진다고 본다.
② 가정 분위기의 유형을 회피형, 정서집중형, 통제형으로 구분하였다.
③ 직업군을 8가지로 분류하였다.
④ 매슬로우가 제시한 욕구의 단계를 기초로 해서 초기의 인생경험과 직업선택의 관계에 관한 가정을 발전시켰다.

해설 **직업분류에 미치는 초기경험과 부모행동의 영향**

로는 초기의 경험은 가정환경, 특히 부모와의 관계, 부모의 행동에 큰 영향을 받는다고 보았다.
㉠ 아동에 대한 정서적 집중은 과보호적·과요구적으로 될 수 있다.
㉡ 아동에 대한 회피는 정서적 거부와 방임으로 표현된다.
㉢ 아동에 대한 수용은 무관심한 수용과 애정적인 수용으로 나타난다.

22 자신의 직무나 직무경험에 대한 평가로부터 비롯되는 유쾌하거나 정적인 감정 상태는?

① 직무만족   ② 직업적응
③ 작업동기   ④ 직무몰입

해설 작업동기는 직무상에 발생되는 행동에 대한 것이며, 직무만족은 직무에 대해 가지고 있는 감정에 대한 것이다.

23 직업상담에 사용되는 질적 측정도구가 아닌 것은?

① 역할놀이   ② 제노그램
③ 카드분류   ④ 욕구 및 근로 가치 설문

해설 역할놀이, 제노그램(직업가계도), 직업카드분류, 생애진로평가(LCA)는 직업상담에 사용되는 질적 평가도구이다.

24 사회학습이론에 기반한 진로발달 과정의 요인으로 다음 사례와 밀접하게 관련 있는 것은?

> 신입사원 A는 직무 매뉴얼을 참고하여 업무수행을 한다. 그러나 이런 방법을 통해 신입사원 때는 좋은 결과를 얻더라도, 승진하여 새로운 업무를 수행할 때는 기존의 업무수행 방법을 수정해야 할지도 모른다.

① 유전적 요인과 특별한 능력 ② 직무 적성
③ 학습 경험   ④ 과제접근 기술

해설 **진로선택의 사회학습이론에서 진로발달과정에 영향을 미치는 요인**

㉠ 유전적 요인과 특별한 능력 : 물려받거나 생득적인 개인의 특성들이다.
㉡ 환경조건과 사건 : 보통 개인의 통제를 벗어나는 사회적, 문화적, 정치적, 경제적 사항들이다.
㉢ 학습경험 : 과거에 학습한 경험은 현재 또는 미래의 교육적, 직업적 의사결정에 영향을 준다.
㉣ 과제－접근 기술 : 목표 설정, 가치 명료화, 대안 형성, 직업적 정보획득 등을 포함하는 기술이다. "고등학교 3학년인 A양은 가끔 수업노트를 가지고 공부하는데, 비록 고등학교에서는 그녀가 좋은 성적을 받더라도, 대학에서는 이런 방법이 실패하게 되어 그녀의 노트기록 습관과 학습습관을 수정하게 할지도 모른다."

정답 19 ③ 20 ② 21 ② 22 ① 23 ④ 24 ④

25 어떤 직업적성검사의 신뢰도 계수가 1.0이면 그 검사의 타당도 계수는?

① 1.0
② 0
③ 0.5
④ 알 수 없다.

해설 신뢰도가 낮으면 타당도도 낮을 수밖에 없으나 신뢰도가 높다고 하여 반드시 타당도가 높은 것은 아니다. 높은 신뢰도는 높은 타당도를 위한 필요조건이지만 충분조건은 아니다.

26 데이비스와 롭퀘스트(Davis & Lofquist)의 직업적응이론에서 적응양식의 차원에 해당하지 않는 것은?

① 의존성(dependence)
② 적극성(activeness)
③ 반응성(reactiveness)
④ 인내(perseverance)

해설 1) 직업성격적 측면
　　ⓐ 민첩성 : 정확성보다는 속도를 중시한다.
　　ⓑ 역량 : 근로자의 평균활동수준을 의미한다.
　　ⓒ 리듬 : 활동에 대한 다양성을 의미한다.
　　ⓓ 지구력 : 다양한 활동수준의 기간을 의미한다.
2) 직업적응방식적 측면
　　ⓐ 융통성 : 개인의 작업환경과 개인적 환경간의 부조화를 참아내는 정도로서 작업과 개인의 부조화가 크더라도 잘 참아낼 수 있는 사람은 융통적인 사람을 의미한다.
　　ⓑ 끈기 : 환경이 자신에게 맞지 않아도 개인이 얼마나 오랫동안 견뎌낼 수 있는가 하는 것을 의미한다.
　　ⓒ 적극성 : 개인이 작업환경을 개인적 방식과 좀 더 조화롭게 만들어 가려고 노력하는 정도를 의미한다.
　　ⓓ 반응성 : 개인이 작업성격의 변화로 인해 작업환경에 반응하는 정도를 의미한다.

27 직무 스트레스를 조절하는 변인과 가장 거리가 먼 것은?

① 성격 유형
② 역할 모호성
③ 통제 소재
④ 사회적 지원

해설 직무스트레스의 매개변인은 성격의 유형, 통제의 위치, 사회적 지원이다. 역할 모호성은 직무스트레스의 원인이다.

28 직업발달에 관한 특성–요인이론의 종합적인 결과를 토대로 Klein과 Weiner 등이 내린 결론과 가장 거리가 먼 것은?

① 개개인은 신뢰할 만하고 타당하게 측정될 수 있는 고유한 특성의 집합이다.
② 직업의 선택은 직선적인 과정이며 연결이 가능하다.
③ 개인의 직업선호는 부모의 양육환경 특성에 의해 좌우된다.
④ 개인의 특성과 직업의 요구사항 간에 상관이 높을수록 직업적 성공의 가능성이 커진다.

해설 **특성–요인이론의 특징**
　① 개개인은 신뢰할 만하고 타당하게 측정될 수 있는 고유한 특성의 집합이다.
　② 모든 직업은 그 직업에서 성공을 하는데 필요한 특성을 지닌 근로자를 요구한다.
　③ 직업의 선택은 직선적인 과정이며 매칭이 가능하다.
　④ 개인의 특성과 직업의 요구간에 매칭이 잘 될수록 성공의 가능성은 커진다.
　⑤ '직업과 사람을 연결시키기'라는 심리학적 관심을 대표한다.
　⑥ 특성–요인 직업상담에 있어서 상담자의 역할은 교육자의 역할이다.
　⑦ 미네소타 대학의 직업심리학자들이 이 이론에 근거한 각종 심리검사를 제작하였다.
　⑧ 내담자에게 정보를 제공하고 학습기술과 사회적 적응기술을 알려주는 것을 중요시한다.
　⑨ 사례연구를 상담의 중요한 자료로 삼는다.
　⑩ 직업선택을 일회적인 행위로 간주한다.
　⑪ 모든 사람에게는 자신에게 옳은 하나의 직업이 존재한다는 가정에서 출발한 이론이다.
　⑫ 심리검사이론과 개인차 심리학에 그 기초를 두고 있다.

29 성격의 5요인(Big Five)에 해당하지 않는 것은?

① 정서적 안정성
② 정확성
③ 성실성
④ 호감성

해설 **성격 5요인 검사(big–5)의 하위요인**
외향성, 호감성, 정서적 불안정성, 성실성, 경험에 대한 개방성

30 검사 점수의 오차를 발생시키는 수검자 요인과 가장 거리가 먼 것은?

① 수행 능력
② 수행 경험
③ 평가 불안
④ 수검 당일의 생리적 조건

검사점수의 오차를 발생시키는 원인

① 수검자요인 – 검사에 대한 동기, 정서적불안, 긴장상태, 훈련의 정도, 검사받은 경험, 수검 당일의 생리적 조건
② 측정도구요인 – 대상수준의 적합성(수행능력, 환경적배경), 문항의 명료성 결여 및 추측요인
③ 검사실시 및 채점요인 – 검사실시조건의 표준화(시간, 지시내용), 주관적 채점

31 Super의 진로발달단계 중 결정화, 구체화, 실행 등과 같은 과업이 수행되는 단계는?

① 성장기
② 탐색기
③ 확립기
④ 유지기

슈퍼의 직업발달 5단계

① 성장기(출생~14세) : 아동은 가정과 학교에서 중요한 타인에 대한 동일시를 통하여 자아개념을 발달시킨다.
　㉠ 환상기(4~10세) : 아동의 욕구가 지배적이며 역할 수행이 중시된다.
　㉡ 흥미기(11~12세) : 진로의 목표와 내용을 결정하는 데 있어서 아동의 흥미가 중시된다.
　㉢ 능력기(13~14세) : 진로선택에 있어서 능력을 중시하며 직업에서의 훈련조건을 중시한다.
② 탐색기(15~24세) : 개인이 학교생활, 여가활동, 시간제 일 등과 같은 활동을 통해서 자아를 검증하고 역할을 수행하며 직업탐색을 시도하는 단계
　㉠ 잠정기(15~17세) : 자신의 욕구, 흥미, 능력, 가치와 취업기회 등을 고려하기 시작하며, 잠정적으로 진로를 선택해 본다.
　㉡ 전환기(18~21세) : 장래 직업 선택에 필요한 교육, 훈련을 받으며 자신의 자아개념을 확립하며 현실적 요인을 중시한다.
　㉢ 시행기(22~24세) : 자기에게 적합하다고 판단되는 직업을 선택하여 종사하기 시작한다.
③ 확립기(25~44세) : 개인이 자신에게 적합한 분야를 발견해서 종사하고 생활의 터전을 잡으려고 노력하는 시기
　㉠ 수정기(25~30세) : 자신이 선택한 일의 세계가 적합하지 않을 경우에 적합한 일을 발견할 때까지 한두 차례 변화를 시도한다.
　㉡ 안정기(31~44세) : 진로유형이 안정되는 시기로 개인은 그의 직업세계에서 안정과 만족감, 소속감, 지위 등을 얻게 된다.
④ 유지기(45~64세) : 개인이 비교적 안정된 속에서 만족스런 삶을 살아가는 시기이다.
⑤ 쇠퇴기(65세 이후) : 개인이 정신적 · 육체적으로 그 기능이 쇠퇴함에 따라 직업전선에서 은퇴하게 되는 시기로, 다른 새로운 역할과 활동을 찾게 된다.

32 다음 설명에 해당하는 행동특성을 바르게 나타낸 것은?

ㄱ	– 점심을 먹으면서도 서류를 본다. – 아무 것도 하지 않고 쉬면 견딜 수 없다. – 주말이나 휴일에도 쉴 수가 없다.
ㄴ	– 열심히 일을 했지만 성취감보다는 허탈감을 느낀다. – 인생에 환멸을 느낀다. – 불면증이 생긴다.

① ㄱ : 일 중독증,　　　　ㄴ : 소진
② ㄱ : A형 성격,　　　　ㄴ : B형 성격
③ ㄱ : 내적 통제소재,　　ㄴ : 외적 통제소재
④ ㄱ : 과다 과업지향성,　ㄴ : 과다 인간관계지향성

33 심리검사 해석 시 주의사항으로 틀린 것은?

① 검사결과를 내담자에게 이야기해 줄 때 가능한 한 이해하기 쉽게 해주어야 한다.
② 내담자에게 검사의 점수보다는 진점수의 범위를 말해주는 것이 좋다.
③ 검사결과를 내담자와 함께 해석하는 것은 검사전문가로서 해서는 안 되는 일이다.
④ 내담자의 방어를 최소화하기 위해 상담자는 중립적이고 무비판적이어야 한다.

심리검사 해석 시 검사자가 일방적으로 해석하기보다 내담자 스스로 자신의 진로를 생각해서 결정하도록 도와준다.

34 다음 사례에서 A에게 해당하는 홀랜드(Holland)의 직업성격 유형은?

A는 분명하고 질서정연한 것을 좋아하며, 체계적으로 기계를 조작하는 활동을 좋아 한다. 성격을 솔직하고, 말이 적으며, 고집이 있는 편이고, 단순하다는 얘기를 많이 듣는다.

① 탐구적(I)
② 사회적(S)
③ 실제적(R)
④ 관습적(C)

㉠ 현실형 – 분명하고 질서정연하고, 체계적인 것을 좋아하고, 연장이나 기계의 조작을 주로 하는 활동 내지 신체적인 기술들에 흥미를 보인다.
　㉡ 탐구형 – 분석적이고 호기심이 많고 조직적이며 정확한 반면, 흔히 리더십 기술이 부족하다.

31 ②　32 ①　33 ③　34 ③

ⓒ 예술형 – 변화와 다양성을 좋아하고 틀에 박힌 것을 싫어하며, 모호하고, 자유롭고, 상징적인 활동들에 흥미를 보인다.

ⓔ 사회형 – 다른 사람과 함께 일하는 것을 즐기고 친절하고 정이 많으며 인내와 관용으로 남을 돕는 직업을 선호하고 협조적이다.

ⓜ 진취형 – 조직의 목적과 경제적인 이익을 얻기 위해 타인을 선도, 계획 통제 관리하는 일과 그 결과로 얻어지는 위신 인정 권위에 흥미를 보인다.

ⓗ 관습형 – 정해진 원칙과 계획에 따라 자료들을 기록, 정리, 조직하는 일을 좋아하고 체계적인 직업환경에서 사무적, 계산적 능력을 발휘하는 활동들에 흥미를 보인다.

35 다음 중 조직에서 직원의 경력개발을 위해 사용하는 프로그램과 가장 거리가 먼 것은?

① 사내 공모제
② 후견인(mentoring) 프로그램
③ 직무평가
④ 직무순환

해설 직무평가는 직무의 상대적 가치를 결정하기 위해 사용하는 방법이다.

36 직업흥미검사에 대한 설명으로 틀린 것은?

① 직업흥미검사 결과는 변화하므로 일정 기간이 지나면 다시 실시하는 것이 좋다.

② 정서적 문제를 가지고 있는 내담자에게 직업흥미검사를 사용하는 것은 부적절하다.

③ 직업흥미검사는 진로분야에서 내담자가 만족할 수 있는 분야뿐만 아니라 성공가능성에 대한 정보도 제공해준다.

④ 직업흥미검사 결과는 내담자의 능력, 가치, 고용가능성 등 내담자의 상황에 대한 다른 정보들을 고려하여 의사결정에 활용되어야 한다.

해설 직업흥미검사는 다양한 분야의 선호도를 측정하여 그들이 어떤 분야에 적합한지를 판단하기 위해 실시한다. 그러나 성공가능성에 대한 정보를 제공해 주기 위한 것은 아니다.

37 작업자 중심의 직무분석에 관한 설명으로 옳지 않은 것은?

① 직무를 수행하기 위해 구체적인 인적 요건들을 밝히는 직무기술로서 나타난다.

② 직무에서 수행하는 과제나 활동이 어떤 것들인지를 파악하는데 초점을 둔다.

③ 어떠한 직무에서나 사용할 수 있는 표준화된 직무분석 질문지를 제작해서 사용할 수 있다.

④ 지식, 기술, 능력, 경험 등 작업자 개인 요건들로 직무를 표현한다.

해설 직무에서 수행하는 과제나 활동이 어떤 것들인지를 파악하는데 초점을 두는 것은 과업중심 직무분석이다.

38 직무 스트레스에 관한 설명으로 틀린 것은?

① 지루하게 반복되는 과업의 단조로움은 스트레스 요인이 될 수 있다.

② 복잡한 과제는 정보 과부하를 일으켜 스트레스를 높인다.

③ 공식적이고 구조적인 조직에서 주로 인간관계 변수 때문에 역할갈등이 발생한다.

④ 역할모호성은 개인의 역할이 명확하지 않을 때 발생한다.

해설 인간관계가 주요 역할갈등을 일으켜 스트레스의 원인이 되는 것은 비공식적이고 비구조적인 조직이다.

39 가치중심적 진로접근모형의 명제에 관한 설명으로 틀린 것은?

① 개인이 우선권을 부여하는 가치들은 얼마 되지 않는다.

② 가치는 환경 속에서 가치를 담은 정보를 획득함으로써 학습된다.

③ 생애만족은 중요한 모든 가치들을 만족시키는 생애역할들에 의존한다.

④ 생애역할에서의 성공은 개인적 요인보다는 외적 요인들에 의해 주로 결정된다.

해설 생애역할에서의 성공은 외적 요인 보다는 개인적 요인들에 의해 결정된다. 생애역할에서의 성공은 학습된 기술과 인지적·정의적·신체적 적성에 의해 결정된다.

정답 35 ③ 36 ③ 37 ② 38 ③ 39 ④

40 직업적응이론의 적응유형 변인 중 적응행동 과정에서 나타나는 적응의 시작과 종료의 지속기간을 나타내는 것은?

① 유연성　　　　　　　② 능동성
③ 수동성　　　　　　　④ 인내

해설 1) 직업성격적 측면
　　 ㉠ 민첩성 : 정확성보다는 속도를 중시한다.
　　 ㉡ 역량 : 근로자의 평균활동수준을 의미한다.
　　 ㉢ 리듬 : 활동에 대한 다양성을 의미한다.
　　 ㉣ 지구력 : 다양한 활동수준의 기간을 의미한다.
　　 2) 직업적응방식적 측면
　　 ㉠ 융통성 : 개인의 작업환경과 개인적 환경간의 부조화를 참아내
　　　　 는 정도로서 작업과 개인의 부조화가 크더라도 잘 참아낼 수 있
　　　　 는 사람은 융통적인 사람을 의미한다.
　　 ㉡ 끈기 : 환경이 자신에게 맞지 않아도 개인이 얼마나 오랫동안 견
　　　　 뎌낼 수 있는가 하는 것을 의미한다.
　　 ㉢ 적극성 : 개인이 작업환경을 개인적 방식과 좀 더 조화롭게 만들
　　　　 어 가려고 노력하는 정도를 의미한다.
　　 ㉣ 반응성 : 개인이 작업성격의 변화로 인해 작업환경에 반응하는
　　　　 정도를 의미한다.

SECTION

제3과목 직업정보론

41 워크넷에서 제공하는 학과정보 중 공학계열에 해당하는 것은?

① 생명과학과　　　　　② 조경학과
③ 통계학과　　　　　　④ 응용물리학과

해설 학과계열은 인문계열, 사회계열, 교육계열, 자연계열, 공학계열, 의학계열, 예체능계열로 나뉜다.
　　 통계학과, 생명과학과, 응용물리학과, 식품생명공학과, 식품공학과, 환경공학과, 수의학과(수의예과), 임산공학과, 천문우주학과, 생명공학과, 가정관리학과는 자연계열이다.

42 건설기계설비기사, 공조냉동기계기사, 승강기기사 자격이 공통으로 해당되는 직무분야는?

① 건설분야　　　　　　② 재료분야
③ 기계분야　　　　　　④ 안전관리분야

해설 건설기계설비기사, 공조냉동기계기사, 승강기기사는 기계분야이며, 임산가공기사, 임업종묘기사, 산림기사는 농림어업분야이다.

43 공공직업정보의 일반적인 특성에 대한 설명으로 틀린 것은?

① 전 산업 및 직종을 대상으로 지속적으로 조사·분석한다.
② 보편적 항목으로 이루어진 기초정보가 많다.
③ 관련 직업 간 비교가 용이하다.
④ 단시간에 조사하고 특정 목적에 맞게 직종을 제한적으로 선택한다.

해설 **공공직업정보의 특성**
　　 ㉠ 지속적으로 조사·분석하여 제공되며 장기적인 계획 및 목표에 따라 정보체계의 개선작업 수행이 가능하다.
　　 ㉡ 특정 분야 및 대상에 국한되지 않고 전체 산업 및 업종에 걸친 직종을 대상으로 한다.
　　 ㉢ 직업별로 특정한 정보만을 강조하지 않고 보편적인 항목으로 이루어진 기초적인 직업정보체계로 구성된다.
　　 ㉣ 광범위한 이용가능성에 따라 공공직업정보체계에 대한 직접적이며 객관적인 평가가 가능하다.
　　 ㉤ 국내 또는 국제적으로 인정된 객관적인 기준에 근거하여 직업을 분류한다.
　　 ㉥ 관련 직업 간 비교가 용이하다.
　　 ㉦ 무료로 제공된다.

　　 민간직업정보의 특성
　　 ㉠ 필요한 시기에 최대한 활용되도록 한시적으로 신속하게 생산되어 운영된다.
　　 ㉡ 단시간에 조사하고 특정한 목적에 맞게 해당분야 및 직종을 제한적으로 선택한다.
　　 ㉢ 정보 생산자의 임의적 기준에 따라 관심이나 흥미를 유도할 수 있도록 해당 직업을 분류한다.
　　 ㉣ 시사적인 관심이나 흥미를 유도할 수 있도록 해당 직업을 분류한다.
　　 ㉤ 특정 직업에 대해 구체적이고 상세한 정보를 제공하기 위해서는 조사 분석 및 제공에 상당한 시간 및 비용이 소요되므로 해당 직업정보는 유료로 제공한다.

44 직업정보를 가공할 때 유의해야 할 사항으로 틀린 것은?

① 시청각적 효과를 첨가한다.
② 직업에 대한 장·단점을 편견없이 제공한다.
③ 가장 최신의 자료를 활용하되, 표준화된 정보를 활용한다.
④ 직업은 전문적인 것이므로 가능하면 전문적인 용어를 사용하여 가공한다.

해설 직업은 그 분야에서 매우 전문적인 면이 있으므로, 전문적인 지식이 없어도 이해할 수 있는 이용자의 수준에 준하는 언어로 가공한다.

정답 40 ④　41 ②　42 ③　43 ④　44 ④

45 제10차 한국표준산업분류의 적용원칙에 관한 설명으로 틀린 것은?

① 생산단위는 산출물뿐만 아니라 투입물과 생산 공정 등을 함께 고려하여 그들의 활동을 가장 정확하게 설명된 항목에 분류한다.

② 복합적인 활동 단위는 우선적으로 최상급 분류단계(대분류)를 정확히 결정하고, 순차적으로 중, 소, 세, 세세분류 단계 항목을 결정한다.

③ 산업 활동이 결합되어 있는 경우에는 그 활동단위의 주된 활동에 따라 분류한다.

④ 계약에 의하여 활동을 수행하는 단위는 자기계정과 자기책임 하에서 생산하는 단위와 별도항목으로 분류되어야 한다.

해설 수수료 또는 계약에 의하여 활동을 수행하는 단위는 동일한 산업활동을 자기계정과 자기책임 하에서 생산하는 단위와 같은 항목에 분류해야 한다.

46 다음은 한국직업사전의 부가직업정보(작업강도) 중 무엇에 관한 설명인가?

> 최고 20kg의 물건을 들어올리고 10kg 정도의 물건을 빈번히 들어 올리거나 운반한다.

① 아주 가벼운 작업 ② 가벼운 작업
③ 보통 작업 ④ 힘든 작업

해설

작업강도	구분
아주 가벼운 작업	최고 4kg의 물건을 들어올리고 때때로 장부, 대장, 소도구 등을 들어올리거나 운반한다. 앉아서 하는 작업이 대부분을 차지하지만 직무수행상 서거나 걷는 것이 필요할 수도 있다.
가벼운 작업	최고 8kg의 물건을 들어올리고 4kg 정도의 물건을 빈번히 들어올리거나 운반한다. 걷거나 서서하는 작업이 대부분일 때 또는 앉아서 하는 작업일지라도 팔과 다리로 밀고 당기는 작업을 수반할 때에는 무게가 매우 적을지라도 이 작업에 포함된다.
보통 작업	최고 20kg의 물건을 들어올리고 10kg 정도의 물건을 빈번히 들어올리거나 운반한다.
힘든작업	최고 40kg의 물건을 들어올리고 20kg 정도의 물건을 빈번히 들어올리거나 운반한다.
아주 힘든 작업	40kg 이상의 물건을 들어올리고 20kg 이상의 물건을 빈번히 들어올리거나 운반한다.

47 한국표준직업분류(2017)에서 포괄적인 업무에 대해 적용하는 직업분류 원칙을 순서대로 나열한 것은?

① 주된 직무 → 최상급 직능수준 → 생산업무
② 최상급 직능수준 → 주된 업무 → 생산업무
③ 최상급 직능수준 → 생산업무 → 주된 직무
④ 생산업무 → 최상급 직능수준 → 주된 직무

해설 **포괄적인 업무에 대한 직업분류 원칙**

동일한 직업이라 할지라도 사업체 규모에 따라 직무범위에 차이가 날 수 있다. 예를 들면 소규모 사업체에서는 음식조리와 제공이 하나의 단일 직무로 되어 조리사의 업무로 결합될 수 있는 반면에, 대규모 사업체에서는 이들이 별도로 분류되어 독립적인 업무로 구성될 수 있다. 직업분류는 국내외적으로 가장 보편적인 업무의 결합상태에 근거하여 직업 및 직업군을 결정한다. 따라서 어떤 직업의 경우에 있어서는 직무의 범위가 분류에 명시된 내용과 일치하지 않을 수도 있다. 이러한 경우 다음과 같은 순서에 따라 분류원칙을 적용한다.

㉠ 주된 직무 우선 원칙 : 2개 이상의 직무를 수행하는 경우는 수행되는 직무내용과 관련 분류 항목에 명시된 직무내용을 비교·평가하여 관련 직무 내용상의 상관성이 가장 많은 항목에 분류한다. 예를 들면 교육과 진료를 겸하는 의과대학 교수는 강의, 평가, 연구 등과 진료, 처치, 환자상담 등의 직무내용을 파악하여 관련 항목이 많은 분야로 분류한다.

㉡ 최상급 직능수준 우선 원칙 : 수행된 직무가 상이한 수준의 훈련과 경험을 통해서 얻어지는 직무능력을 필요로 한다면, 가장 높은 수준의 직무능력을 필요로 하는 일에 분류하여야 한다. 예를 들면 조리와 배달의 직무비중이 같을 경우에는, 조리의 직능수준이 높으므로 조리사로 분류한다.

㉢ 생산업무 우선 원칙 : 재화의 생산과 공급이 같이 이루어지는 경우는 생산단계에 관련된 업무를 우선적으로 분류한다. 예를 들면 한 사람이 빵을 생산하여 판매도 하는 경우에는, 판매원으로 분류하지 않고 제빵원으로 분류하여야 한다.

48 한국직업전망(2019)의 향후 10년간 직업별 일자리 전망 결과 '증가'가 예상되는 직업에 해당하지 않는 것은?

① 어업 종사자 ② 사회복지사
③ 간병인 ④ 간호사

해설 어업종사자와 인쇄 및 사진현상관련조작원은 감소가 예상되는 직업이다.

49 제10차 한국표준산업분류의 대분류 중 제조업 정의에 관한 설명으로 틀린 것은?

① 원재료(물질 또는 구성요소)에 물리적, 화학적 작용을 가하여 투입된 원재료를 성질이 다른 새로운 제품으로 전환시키는 산업활동이다.

② 단순히 상품을 선별 · 정리 · 분할 · 포장 · 재포장하는 경우 등과 같이 그 상품의 본질적 성질을 변화시키지 않는 처리활동은 제조 활동으로 보지 않는다.

③ 제조활동은 공장이나 가내에서 동력기계 및 수공으로 이루어질 수 있으며, 생산된 제품은 도매나 소매형태로 판매될 수도 있다.

④ 자본재(고정자본 형성)로 사용되는 산업용 기계와 장비를 전문적으로 수리하는 경우는 수리업으로 분류한다.

해설 자본재로 주로 사용되는 산업용 기계 및 장비의 전문적인 수리활동은 경상적인 유지 · 수리를 포함하여 "34 : 산업용 기계 및 장비 수리업"으로 분류한다.

50 제10차 한국표준산업분류의 산업결정방법에 관한 설명으로 틀린 것은?

① 생산단위의 산업활동은 그 생산단위가 수행하는 주된 산업활동의 종류에 따라 결정된다.

② 계절에 따라 정기적으로 산업을 달리하는 사업체의 경우에는 조사시점에서 경영하는 산업에 의해 결정된다.

③ 휴업 중 또는 청산 중인 사업체의 산업은 영업 중 또는 청산을 시작하기 이전의 산업활동에 의해 결정된다.

④ 단일사업체 보조단위는 그 사업체의 일개 부서로 포함된다.

해설 계절에 따라 정기적으로 산업을 달리하는 사업체의 경우에는 조사시점에서 경영하는 사업과는 관계없이 조사대상 기간 중 산출액이 많았던 활동에 의하여 분류한다.

51 사업주 직업능력개발훈련 수행기관 중 '전국고용센터'의 업무에 해당하지 않는 것은?

① HRD-Net 사용인증

② 지정 훈련 시설 인 · 지정

③ 훈련과정 지도 · 점검

④ 위탁훈련(상시심사 제외) 과정 심사

해설 사업주 훈련과정의 적합심사는 산업인력관리공단에서 한다.

52 워크넷에서 제공하는 채용정보 중 기업형태별 검색에 해당하지 않는 것은?

① 대기업
② 가족친화인증기업
③ 외국계기업
④ 금융권기업

해설 기업형태별 검색 – 대기업, 공무원/공기업/공공기관, 강소기업, 코스피/코스닥, 중견기업, 외국계기업, 일학습병행기업, 벤처기업, 청년친화강소기업, 가족친화인증기업

53 고용안정장려금(워라밸일자리 장려금)에 관한 설명으로 틀린 것은?

① 근로자의 계속고용을 위해 근로시간 단축, 근로시간 유연화제도 등을 시행하면 지급한다.

② 사업주의 배우자, 4촌 이내의 혈족 · 인척은 지원대상자에서 제외된다.

③ 근로시간 단축 개시일이 속하는 다음달부터 1년의 범위 내에서 1개월 단위로 지급한다.

④ 임신 근로자의 임금감소 보전금은 월 최대 24만원이다.

해설 전일제로 일하던 근로자가 필요한 때(가족돌봄, 본인건강, 은퇴준비, 학업 등)에 일정 기간 소정근로시간을 단축하고 사유가 해소되면 전일제로 복귀하는 것을 제도적으로 허용한 사업주를 지원한다. 임신 근로자는 소정근로시간 단축정도에 상관없이 월 최대 40만원이다.

54 국민내일배움카드제의 직업능력개발계좌의 발급 대상에 해당하는 자는?

① 「사립학교교직원 연금법」을 적용받고 현재 재직 중인 사람

② 만 65세인 사람

③ 중앙행정기관으로부터 훈련비를 지원받은 훈련에 참여하는 사람

④ HRD-Net을 통하여 직업능력개발훈련 동영상 교육을 이수하지 아니하는 사람

해설 65세 이후 고용되거나 자영업을 개시한 자는 고용보험적용제외 대상이다. 따라서 실업급여, 육아휴직급여 등 적용 제외(고용안정 · 직업능력개발사업은 적용함에 따라 고용보험 피보험자격 취득 대상임)

정답 49 ④ 50 ② 51 ④ 52 ④ 53 ④ 54 ②

55 직업정보의 일반적인 정보관리순서로 가장 적합한 것은?

① 수집 → 분석 → 가공 → 체계화 → 제공 → 평가
② 수집 → 제공 → 분석 → 가공 → 평가 → 체계화
③ 수집 → 분석 → 평가 → 가공 → 제공 → 체계화
④ 수집 → 분석 → 체계화 → 제공 → 가공 → 평가

해설 직업정보는 수집 → 분석 → 가공 → 체계화 → 제공 → 축적 → 평가 등의 단계를 거쳐 처리된다.

56 국가기술자격증 중 응시자격의 제한이 없는 서비스분야는?

① 스포츠경영관리사
② 임상심리사2급
③ 컨벤션기획사1급
④ 국제의료관광코디네이터

해설 응시제한없는 서비스분야 : 직업상담사 2급, 사회조사분석사 2급, 전자상거래관리사 2급, 소비자전문상담사 2급, 컨벤션기획사 2급, 게임프로그래밍전문가, 게임그래픽전문가, 게임기획전문가, 멀티미디어콘텐츠제작전문가, 스포츠경영관리사, 텔레마케팅관리사

57 한국표준직업분류(2017)의 대분류 9에 해당하는 것은?

① 사무 종사자
② 단순노무 종사자
③ 서비스 종사자
④ 기능원 및 관련 기능 종사자

해설 1 관리자 : 제4직능 수준 혹은 제3직능 수준 필요
2 전문가 및 관련 종사자 : 제4직능 수준 혹은 제3직능 수준 필요
3 사무 종사자 : 제2직능 수준 필요
4 서비스 종사자 : 제2직능 수준 필요
5 판매 종사자 : 제2직능 수준 필요
6 농림어업 숙련 종사자 : 제2직능 수준 필요
7 기능원 및 관련 기능 종사자 : 제2직능 수준 필요
8 장치 · 기계조작 및 조립 종사자 : 제2직능 수준 필요
9 단순노무 종사자 : 제1직능 수준 필요
A 군인 – 제2직능 수준 이상 필요

58 직업상담시 제공하는 직업정보의 기능과 역할에 대한 설명으로 틀린 것은?

① 여러 가지 직업적 대안들의 정보를 제공한다.
② 내담자의 흥미, 적성, 가치 등을 파악하는 것이 직업정보의 주기능이다.
③ 경험이 부족한 내담자에게 다양한 직업들을 간접적으로 접할 기회를 제공한다.
④ 내담자가 자신의 선택이 현실에 비추어 부적당한 선택이었는지를 점검하고 제조정해 볼 수 있는 기초를 제공한다.

해설 내담자의 흥미, 적성, 가치 등은 심리검사를 통해 파악할 수 있다.

59 다음은 워크넷에서 제공하는 성인을 위한 직업적응검사 중 무엇에 관한 설명인가?

– 개발년도 : 2013년
– 실시시간 : 20분
– 측정내용 : 문제해결능력 등 12개 요인
– 실시방법 : 인터넷/지필

① 구직준비도검사
② 직업전환검사
③ 중장년 직업역량검사
④ 창업적성검사

해설 창업적성검사는 창업을 희망하는 개인에게 창업소질이 있는지 진단해주고, 가장 적합한 직종이 무엇인지 추천해 준다.

60 직업정보 제공에 관한 설명으로 옳은 것은?

① 모든 내담자에게 직업정보를 우선적으로 제공한다.
② 직업상담사는 다양한 직업정보를 제공하기 위해 지속적으로 노력한다.
③ 진로정보 제공은 직업상담의 초기단계에서 이루어지며, 이 경우 내담자의 피드백은 고려하지 않는다.
④ 내담자가 속한 가족, 문화보다는 표준화된 정보를 우선적으로 고려하여 정보를 제공한다.

해설 **패터슨(Patterson)의 직업정보의 원리**
㉠ 상담자는 직업정보를 자진해서 제공하지는 않는다.
㉡ 내담자에게 그 정보의 출처를 알려준 뒤 직접 정보를 찾도록 격려한다.
㉢ 직업과 일에 대한 내담자의 감정과 태도가 자유롭게 표현되어야 한다.
㉣ 직업 정보는 내담자에게 영향을 주거나 조작하기 위해 평가적인 방법으로 직업정보를 사용하면 안 된다.

정답 55 ① 56 ① 57 ② 58 ② 59 ④ 60 ②

61 다음 중 기업들이 기업내의 승진정체에 대응하여 도입하고 있는 제도와 가장 거리가 먼 것은?

① 정년단축
② 자회사에의 파견
③ 조기퇴직 유도
④ 연봉제의 강화

해설 기업내의 승진정체를 해소하기 위하여 자회사(하청업체)에의 파견, 정년단축, 조기퇴직을 실시한다.

62 다음의 현상을 설명하는 개념은?

> 경제성장과 더불어 시간외 근무수당이 증가함에도 불구하고 근로자들이 휴일 근무나 잔업처리 등을 기피하는 현상이 늘고 있다.

① 임금의 하방경직성
② 후방 굴절형 노동공급곡선
③ 노동의 이력현상(hysteresis)
④ 임금의 화폐적 현상

해설 **후방 굴절형 곡선**

근로자들의 임금이 일정한 수준 이상으로 상승하면 고소득으로 인한 여가의 증가로 노동시간의 감소를 나타내는데, 이 경우 개인의 노동공급곡선은 일정수준 이상의 높은 임금에서 뒤쪽으로 굽어지는 형태를 보인다. 이를 후방 굴절형 곡선이라 한다. 다만 여가가 열등재일 경우는 후방굴절하는 것이 아니고 임금수준과 무관하게 우상향한다.

63 다음 표에서 실업률은?

총인구	생산가능인구	취업자	실업자
100만 명	60만 명	36만 명	4만 명

① 4.0%
② 6.7%
③ 10.0%
④ 12.5%

해설 경제활동인구 : 취업자+실업자=36만 명-4만 명=40만 명

$$실업률 = \left(\frac{실업자}{경제활동인구}\right) \times 100 = \left(\frac{4}{40}\right) \times 100 = 10\%$$

64 합리적인 임금체계가 갖추어야 할 기능과 가장 거리가 먼 것은?

① 종업원에 대한 동기유발 기능
② 유능한 인재확보 기능
③ 보상의 공정성 기능
④ 생존권보장 기능

해설 합리적인 임금체계가 갖추어야 할 기능은 종업원에 대한 동기유발 기능, 유능한 인재확보 기능, 보상의 공정성 기능 등이다.

65 던롭(Dunlop)이 노사관계를 규제하는 여건 혹은 환경으로 지적한 사항이 아닌 것은?

① 시민의식
② 기술적 특성
③ 시장 또는 예산제약
④ 각 주체의 세력관계

해설 노사관계의 3주체(tripartite)는 노동자-사용자-정부이며 노사관계를 규제하는 여건 혹은 환경은 기술적 특성, 시장 또는 예산제약, 각 주체의 세력관계 이다.

66 다음 중 마찰적 실업에 관한 설명으로 옳은 것은?

① 경기침체로부터 오는 실업이다.
② 구인자와 구직자간의 정보의 불일치로 인해 발생한다.
③ 기업이 요구하는 기술수준과 노동자가 공급하는 기술수준의 불합치에 의해 발생한다.
④ 노동절약적 기술 도입으로 해고가 이루어짐으로써 발생한다.

해설 ① 경기적 실업, ③ 구조적 실업, ④ 기술적 실업이다.

정답 61 ④ 62 ② 63 ③ 64 ④ 65 ① 66 ②

67 필립스곡선은 어떤 변수 간의 관계를 설명하는 것은?

① 임금상승률과 노동참여율 ② 경제성장률과 실업률
③ 환율과 실업률   ④ 임금상승률과 실업률

68 A산업의 평균임금이 B산업보다 높을 경우 그 이유와 가장 거리가 먼 것은?

① A산업의 노동조합이 B산업보다 약하다.
② A산업 근로자의 생산성이 B산업 근로자보다 높다.
③ A산업 근로자의 숙련도 수준이 B산업 근로자의 숙련도 수준보다 높다.
④ A산업은 최근 급속히 성장하고 있어 노동수요에 노동공급이 충분히 대응하지 못하고 있다.

> **해설** B산업의 노동조합이 A산업보다 약하다.

69 다음 중 노동조합이 조합원의 확대와 사용자와의 교섭에서 가장 불리하다고 볼 수 있는 숍(shop) 제도는?

① closed shop   ② open shop
③ union shop   ④ agency shop

> **해설** ㉠ 오픈 숍(open shop) : 사용자가 노동조합에 가입한 조합원이나 가입하지 않은 비조합원이나 모두 고용할 수 있는 제도이다. 노동조합은 상대적으로 노동력의 공급을 독점하기 어렵다.
> ㉡ 클로즈드 숍(closed shop) : 조합에 가입하고 있는 노동자만을 채용하고 일단 고용된 노동자라도 조합원자격을 상실하면 종업원이 될 수 없는 숍제도로서 우리나라 항운노동조합이 이에 해당한다.
> ㉢ 유니온 숍(union shop) : 기업이 노동자를 채용할 때는 노동조합에 가입하지 않은 노동자를 채용할 수 있지만 일단 채용된 노동자는 일정기간 내에 노동조합에 가입하여야 하며 또한 조합에서 탈퇴하거나 제명되는 경우 종업원자격을 상실하도록 되어 있는 제도이다.
> ㉣ 에이전시 숍(agency shop) : 노동조합 가입에 대한 강제조항이 없는 경우, 비노조원은 노력없이 노조원들의 조합활동의 혜택을 보게된다. 따라서 노조는 혜택에 대한 대가로 비노조원들에게서 노조비에 상당하는 금액을 징수한다
> ㉤ 프리퍼렌셜 숍(preferential shop) : 조합원 우대제도라고도 하며 사용자가 조합원 여부에 관계없이 종업원을 채용할 수 있으나, 인사·해고 및 승진 등에 있어서 조합원에게 우선적 특권을 부여하는 제도를 말한다.
> ㉥ 메인티넌스 숍(maintenance of membership shop) : 조합원 자격 유지제도라고도 하며 사용자가 조합원 여부에 관계없이 종업원을 채용할 수 있으나 단체협약의 효력기간 중에는 조합원 자격을 유지하여야 하는 제도이다.

70 다음 중 최저임금제 도입의 직접적인 목적과 가장 거리가 먼 것은?

① 고용 확대   ② 구매력 증대
③ 생계비 보장   ④ 경영합리화 유도

> **해설** 최저임금제도의 시행은 노동수요를 감소시켜 실업을 증가시킨다. 그러나 유효수요의 확보가 가능하다.

71 다음 중 내부노동시장의 특징과 가장 거리가 먼 것은?

① 제1차 노동자로 구성되어진다.
② 장기근로자로 구성되어진다.
③ 승진제도가 중요한 역할을 한다.
④ 고용계약 형태가 다양하다.

> **해설** 고용계약 형태가 다양한 것은 외부노동시장이다.

72 파업을 설명하는 힉스(J. R. Hicks)의 단체교섭모형에 관한 설명으로 틀린 것은?

① 노사 양측의 대칭적 정보 때문에 파업이 일어나지 않고 적정 수준에서 임금타결이 이루어진다.
② 노동조합의 요구임금과 사용자측의 제의임금은 파업기간의 함수이다.
③ 사용자의 양보곡선(concession curve)은 우상향한다.
④ 노동조합의 저항곡선(resistance curve)은 우하향한다.

> **해설** 힉스(J. R. Hicks)의 단체교섭모형

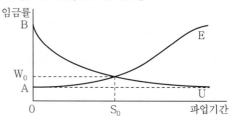

> 정보의 비대칭성 때문에 파업이 발생하며, 노사가 S_0에서 파업을 중단하는 것이 이익이 된다는 것을 안다면 W_0 임금수준에서 교섭을 타결할 것이다.

73 노동수요의 탄력성 결정요인이 아닌 것은?

① 다른 요소와의 대체가능성
② 총생산비에 대한 노동비용의 비중
③ 다른 생산요소의 수요의 가격탄력성
④ 상품에 대한 수요의 탄력성

해설 **노동수요의 탄력성 결정요인(힉스-마샬 법칙)**
　　ⓐ 최종생산물에 대한 수요가 탄력적일수록, 노동에 대한 수요는 탄력적이 된다.
　　ⓑ 다른 요소와의 대체가능성이 높을수록 노동에 대한 탄력성은 크게 된다.
　　ⓒ 다른 생산요소의 공급탄력성이 작을수록 노동을 다른 생산요소(자본)로 대체하기가 어렵게 되기 때문에 노동수요의 탄력성은 작아진다.
　　ⓓ 총 생산비에서 차지하는 노동비용의 비중이 높을수록 노동에 대한 수요탄력성은 크게 된다.

74 임금체계의 공평성(equity)에 관한 설명으로 옳은 것은?

① 승자일체 취득의 원칙을 말한다.
② 최저생활을 보장해 주는 임금원칙을 말한다.
③ 근로자의 공헌도에 비례하여 임금을 지급한다.
④ 연령, 근속년수가 같으면 동일한 임금을 지급한다.

75 우리나라 기업의 노사협의회에서 다루고 있지 않은 사항은?

① 생산성 향상과 성과 배분
② 근로자의 채용ㆍ배치 및 교육훈련
③ 임금 및 근로조건의 교섭
④ 안전, 보건, 그 밖의 작업환경 개선과 근로자의 건강증진

해설 노사협의회에서는 생산성 향상과 성과배분, 근로자의 채용ㆍ배치 및 교육훈련, 노동쟁의 예방, 근로자의 고충처리, 안전ㆍ보건 등의 작업환경 개선과 근로자의 건강증진, 인사ㆍ노무관리의 제도개선, 경영상 또는 기술상의 사정으로 인한 인력의 배치전환ㆍ재훈련ㆍ해고 등 고용조정의 일반원칙, 작업 및 휴게시간의 운용, 임금 지불방법ㆍ체계ㆍ구조 등의 제도개선, 종업원지주제 등 근로자의 재산형성 지원에 관한 사항 등을 협의한다.

76 실업률을 낮추기 위한 대책과 가장 거리가 먼 것은?

① 직업훈련 기회의 제공
② 재정지출의 축소
③ 금리 인하
④ 법인세 인하

해설 재정지출을 증대해야 한다.

77 노동공급에 관한 설명으로 틀린 것은?

① 노동공급의 임금탄력성은 $\dfrac{노동공급량의 변화율}{임금의 변화율}$이다.
② 노동공급을 결정하는 요인으로서 인구는 양적인 규모뿐만 아니라 연령별, 지역별, 질적 구조도 중요한 의미를 갖는다.
③ 효용극대화에 기초한 노동공급모형에서 대체효과가 소득효과보다 클 경우 임금의 상승은 노동공급을 감소시키고 노동공급곡선은 후방으로 굴절된다.
④ 사회보장급여의 수준이 지나치게 높을 경우 노동공급에 대한 동기유발이 저해되어 총 노동공급이 감소된다.

해설 효용극대화에 기초한 노동공급모형에서 소득효과가 대체효과 보다 클 경우 임금의 상승은 노동공급을 감소시키고 노동공급곡선은 후방으로 굴절된다.

78 최종생산물이 수요자에 의하여 수요되기 때문에 그 최종생산물을 생산하는 데 투입되는 노동이 수요된다고 할 때 이러한 수요를 무엇이라고 하는가?

① 유효수요
② 잠재수요
③ 파생수요
④ 실질수요

해설 노동수요는 기업이 생산하는 상품이 시장에서 수요되는 것에서 유발 또는 파생되는 수요이다.

79 다음 중 노동조합의 조직률을 하락시키는 요인과 가장 거리가 먼 것은?

① 외국인 근로자 비율의 증가
② 국내 산업 보호를 위한 수입관세 인상
③ 서비스업으로서의 산업구조 변화
④ 노동자의 기호와 가치관의 변화

해설 국내 산업 보호를 위한 수입관세 인상은 수입을 억제함으로써 노동조합의 조직률을 상승시킨다.

정답 73 ③ 74 ③ 75 ③ 76 ② 77 ③ 78 ③ 79 ②

80 우리나라에 10개의 야구공 생산업체가 있다. 야구공은 개당 1,000원에 거래되고 있다. 각 기업의 야구공 생산함수와 노동의 한계생산은 다음과 같다. 우리나라에 야구공을 만드는 기술을 가진 근로자가 500명 있으며, 이들의 노동공급이 완전비탄력적이고 야구공의 가격은 일정하다고 할 때, 균형 임금수준은 얼마인가?(단, Q는 야구공 생산량, L은 근로자의 수, MP_L은 노동의 한계생산이다.)

$$Q = 600L - 3L^2 \qquad MP_L = 600 - 6L$$
(단, Q는 야구공 생산량, L은 근로자의 수, MP_L은 노동의 한계생산이다.)

① 100,000원　　　　② 200,000원
③ 300,000원　　　　④ 400,000원

해설　노동공급이 완전비탄력이므로 야구공 생산업체의 평균근로자수는
$\dfrac{500}{10} = 50$이 된다.

균형임금 = 한계생산량 × 시장가격이다. 따라서
균형임금 = $(600 - 6 \times 50) \times 1,000$원이며 균형임금은 300,000원이다.

SECTION
제5과목　노동관계법규

81 고용상 연령차별금지 및 고령자고용촉진에 관한 법령상 용어정의에 관한 설명으로 틀린 것은?

① "고령자"란 인구와 취업자의 구성 등을 고려하여 55세 이상인 자를 말한다.
② "준고령자"는 50세 이상 55세 미만인 사람으로 고령자가 아닌 자를 말한다.
③ "근로자"란 「노동조합 및 노동관계 조정법」에 따른 근로자를 말한다.
④ "사업주"란 근로자를 사용하여 사업을 하는 자를 말한다.

해설　"근로자"란 「근로기준법」 제2조제1항제1호에 따른 근로자를 말한다.

82 근로기준법령상 용어정의에 관한 설명으로 틀린 것은?

① "근로자"란 직업의 종류와 관계없이 임금을 목적으로 사업이나 사업장에 근로를 제공하는 자를 말한다.
② "근로"란 정신노동과 육체노동을 말한다.
③ "통상임금"이란 이를 산정하여야 할 사유가 발생한 날 이전 3개월 동안에 그 근로자에게 지급된 임금의 총액을 그 기간의 총일수로 나눈 금액을 말한다.
④ "사용자"란 사업주 또는 사업 경영 담당자, 그 밖에 근로자에 관한 사항에 대하여 사업주를 위하여 행위하는 자를 말한다.

해설　"평균임금"이란 이를 산정하여야 할 사유가 발생한 날 이전 3개월 동안에 그 근로자에게 지급된 임금의 총액을 그 기간의 총일수로 나눈 금액을 말한다.

83 고용보험법령상 (　　)에 들어갈 숫자로 옳은 것은?

배우자의 질병으로 육아휴직 급여를 신청할 수 없었던 사람은 그 사유가 끝난 후 (　　)일 이내에 신청하여야 한다.

① 10　　　　　　　　② 30
③ 60　　　　　　　　④ 90

해설　육아휴직 급여를 지급받으려는 사람은 육아휴직을 시작한 날 이후 1개월부터 육아휴직이 끝난 날 이후 12개월 이내에 신청하여야 한다. 다만, 해당 기간에 대통령령으로 정하는 사유로 육아휴직 급여를 신청할 수 없었던 사람은 그 사유가 끝난 후 30일 이내에 신청하여야 한다.

84 남녀고용평등과 일·가정 양립지원에 관한 법령상 육아휴직 기간에 대한 설명으로 틀린 것은?

① 육아휴직의 기간은 2년 이내로 한다.
② 사업주는 육아휴직 기간에는 근로자를 해고하지 못한다.
③ 육아휴직 기간은 근속기간에 포함한다.
④ 기간제근로자의 육아휴직 기간은 「기간제 및 단시간근로자 보호 등에 관한 법률」에 따른 사용기간에 산입하지 아니한다.

해설　육아휴직의 기간은 1년 이내로 한다.

85 직업안정법령상 직업소개업과 겸업이 금지되는 사업이 아닌 것은?

① 「결혼중개업의 관리에 관한 법률」상 결혼중개업
② 「파견근로자보호 등에 관한 법률」상 근로자 파견사업
③ 「식품위생법」상 식품접객업 중 단란주점영업
④ 「공중위생관리법」상 숙박업

해설 결혼중개업, 숙박업, 식품접객업을 경영하는 자는 직업소개사업을 하거나 직업소개사업을 하는 법인의 임원이 될 수 없다.

86 근로자직업능력개발법령상 직업능력개발훈련이 중요시되어야 할 대상으로 명시되지 않은 것은?

① 고령자 · 장애인
② 여성근로자
③ 일용근로자
④ 제조업의 생산직에 종사하는 근로자

해설 다음 각호에 해당하는 자에 대한 직업능력개발훈련은 중요시되어야 한다.
　ㄱ 고령자 · 장애인
　ㄴ 국민기초생활 보장법에 의한 수급권자
　ㄷ 국가유공자와 그 유족 또는 가족이나 보훈보상대상자와 그 유족 또는 가족
　ㄹ 5 · 18민주유공자 및 그 유족 또는 가족
　ㅁ 제대군인 및 전역예정자
　ㅂ 여성근로자
　ㅅ 중소기업기본법에 의한 중소기업의 근로자
　ㅇ 일용근로자, 단시간근로자, 기간을 정하여 근로계약을 체결한 근로자, 일시적 사업에 고용된 근로자
　ㅈ 파견근로자보호 등에 관한 법률에 의한 파견근로자

87 남녀고용평등과 일 · 가정 양립지원에 관한 법령에 규정된 내용으로 틀린 것은?

① 사업주는 근로자를 모집할 때 남녀를 차별하여서는 아니 된다.
② 사업주는 동일한 사업 내의 동일 가치 노동에 대하여는 동일한 임금을 지급하여야 한다.
③ 사업주는 직장 내 성희롱 예방을 위한 교육을 연 2회 이상 하여야 한다.
④ 고용노동부장관은 남녀고용평등 실현과 일 · 가정의 양립에 관한 기본 계획을 5년마다 수립하여야 한다.

해설 사업주는 직장 내 성희롱 예방을 위한 교육을 연 1회 이상 하여야 한다.

88 근로자직업능력개발법령상 다음은 어떤 훈련방법에 관한 설명인가?

직업능력개발훈련을 실시하기 위하여 설치한 훈련전용시설이나 그 밖에 훈련을 실시하기에 적합한 시설(산업체의 생산시설 및 근무장소는 제외한다)에서 실시하는 방법

① 현장훈련　　　　　② 집체훈련
③ 원격훈련　　　　　④ 혼합훈련

해설 1) 직업능력개발훈련의 훈련의 목적에 따른 구분
　① 양성(養成)훈련 : 근로자에게 직업에 필요한 기초적 직무수행능력을 습득시키기 위하여 실시하는 직업능력개발훈련
　② 향상훈련 : 양성훈련을 받은 사람이나 직업에 필요한 기초적 직무수행능력을 가지고 있는 사람에게 더 높은 직무수행능력을 습득시키거나 기술발전에 맞추어 지식 · 기능을 보충하게 하기 위하여 실시하는 직업능력개발훈련
　③ 전직(轉職)훈련 : 근로자에게 종전의 직업과 유사하거나 새로운 직업에 필요한 직무수행능력을 습득시키기 위하여 실시하는 직업능력개발훈련
2) 직업능력개발훈련의 방법에 따른 구분
　① 집체(集體)훈련 : 직업능력개발훈련을 실시하기 위하여 설치한 훈련전용시설이나 그 밖에 훈련을 실시하기에 적합한 시설(산업체의 생산시설 및 근무장소는 제외한다)에서 실시하는 방법
　② 현장훈련 : 산업체의 생산시설 또는 근무장소에서 실시하는 방법
　③ 원격훈련 : 먼 곳에 있는 사람에게 정보통신매체 등을 이용하여 실시하는 방법
　④ 혼합훈련 : 제1호부터 제3호까지의 훈련방법을 2개 이상 병행하여 실시하는 방법

89 고용보험법령상 피보험자격의 상실일에 해당하지 않는 것은?

① 피보험자가 적용 제외 근로자에 해당하게 된 경우에는 그 적용 제외 대상자가 된 날
② 피보험자가 이직한 경우에는 이직한 날의 다음 날
③ 피보험자가 사망한 경우에는 사망한 날의 다음 날
④ 보험관계가 소멸한 경우에는 그 보험관계가 소멸한 날의 다음 날

해설 보험관계가 소멸한 경우에는 그 보험관계가 소멸한 날 피보험자격을 상실한다.

정답 85 ②　86 ④　87 ③　88 ②　89 ④

90 근로기준법상 임금에 관한 설명으로 틀린 것은?

① 임금은 원칙적으로 통화로 직접 근로자에게 그 전액을 지급하여야 한다.

② 사용자의 귀책사유로 휴업하는 경우 휴업기간 동안 근로자에게 통상임금의 100분의 60 이상의 수당을 지급하여야 한다.

③ 임금채권은 3년간 행사하지 아니하면 시효로 소멸한다.

④ 임금은 원칙적으로 매월 1회 이상 일정한 날짜를 정하여 지급하는 것이 원칙이다.

> **해설** 사용자의 귀책사유로 휴업하는 경우에 사용자는 휴업기간 동안 그 근로자에게 평균임금의 100분의 70 이상의 수당을 지급하여야 한다. 다만, 평균임금의 100분의 70에 해당하는 금액이 통상임금을 초과하는 경우에는 통상임금을 휴업수당으로 지급할 수 있다.

91 개인정보보호법령상 개인정보 보호위원회(이하 "보호위원회"라 한다)에 관한 설명으로 틀린 것은?

① 보호위원회는 위원장 1명, 상임위원 1명을 포함한 15명 이내의 위원으로 구성한다.

② 위원장과 위원의 임기는 2년으로 하되, 1차에 한하여 연임할 수 있다.

③ 보호위원회의 회의는 위원장이 필요하다고 인정하거나 재적위원 4분의 1이상의 요구가 있는 경우에 위원장이 소집한다.

④ 보호위원회는 재적위원 과반수의 출석과 출석위원 과반수의 찬성으로 의결한다.

> **해설** 위원의 임기는 3년으로 하되, 한 차례만 연임할 수 있다.

92 헌법 제32조에 관한 설명으로 옳지 않은 것은?

① 근로조건의 기준은 인간의 존엄성을 보장하도록 법률로 정한다.

② 국가는 법률이 정하는 바에 의하여 최저임금제를 시행하여야 한다.

③ 고령자의 근로는 특별한 보호를 받는다.

④ 여자의 근로는 특별한 보호를 받는다.

> **해설** 연소자의 근로는 특별한 보호를 받는다.

93 고용정책 기본법령상 고용정책심의회에 관한 설명으로 틀린 것은?

① 정책심의회는 위원장 1명을 포함한 20명 이내의 위원으로 구성한다.

② 근로자와 사업주를 대표하는 자는 심의 위원으로 참여할 수 있다.

③ 특별시 · 광역시 · 특별자치시 · 도 및 특별자치도에 지역고용심의회를 둔다.

④ 고용정책심의회를 효율적으로 운영하기 위하여 분야별 전문위원회를 둘 수 있다.

> **해설** 정책심의회는 위원장 1명을 포함한 30명 이내의 위원으로 구성하고, 위원장은 고용노동부장관이 되며, 위원은 다음 각 호의 어느 하나에 해당하는 사람 중에서 고용노동부장관이 위촉하는 사람과 대통령령으로 정하는 관계 중앙행정기관의 차관 또는 차관급 공무원이 된다.
> ① 근로자와 사업주를 대표하는 사람
> ② 고용문제에 관하여 학식과 경험이 풍부한 사람
> ③ 「지방자치법」 제165조에 따른 전국 시 · 도지사 협의체에서 추천하는 사람

94 직업안정법에 관한 설명으로 틀린 것은?

① 누구든지 어떠한 명목으로든 구인자로부터 그 모집과 관련하여 금품을 받거나 그 밖의 이익을 취하여서는 아니 된다.

② 누구든지 국외에 취업할 근로자를 모집한 경우에는 고용노동부장관에게 신고하여야 한다.

③ 누구든지 고용노동부장관의 허가를 받지 아니하고는 근로자 공급사업을 하지 못한다.

④ 누구든지 성별, 연령 등을 이유로 직업소개를 할 때 차별대우를 받지 아니한다.

> **해설** 근로자를 모집하려는 자와 그 모집업무에 종사하는 자는 어떠한 명목으로든 응모자로부터 그 모집과 관련하여 금품을 받거나 그 밖의 이익을 취하여서는 아니 된다. 다만, 유료직업소개사업을 하는 자가 구인자의 의뢰를 받아 구인자가 제시한 조건에 맞는 자를 모집하여 직업소개한 경우에는 그러하지 아니하다.

95 고용정책 기본법에 대한 설명으로 틀린 것은?

① 고용서비스를 제공하는 자는 그 업무를 수행할 때에 합리적인 이유 없이 성별 등을 이유로 구직자를 차별하여서는 아니 된다.

② 고용노동부장관은 5년마다 국가의 고용정책에 관한 기본계획을 수립하여야 한다.

③ 상시 100명 이상의 근로자를 사용하는 사업주는 매년 근로자의 고용형태 현황을 공시하여야 한다.

④ "근로자"란 사업주에게 고용된 사람과 취업할 의사를 가진 사람을 말한다.

해설 국가 및 지방자치단체의 기관에 대하여는 상시 사용하는 근로자의 수와 관계없이 이 법을 적용한다.

96 기간제 및 단시간근로자 보호 등에 관한 법령상 적용범위에 관한 설명으로 틀린 것은?

① 상시 5인 이상의 근로자를 사용하는 모든 사업 또는 사업장에 적용한다.

② 동거의 친족만을 사용하는 사업장에는 적용하지 아니한다.

③ 상시 4인 이하의 근로자를 사용하는 사업 또는 사업장에 대하여는 이 법의 일부 규정을 적용할 수 있다.

④ 국가 및 지방자치단체의 기관에 대하여는 이 법을 적용하지 않는다.

97 고용보험법령상 용어정의에 관한 설명으로 틀린 것은?

① "실업의 인정"이란 직업안정기관의 장이 수급자격자가 실업한 상태에서 적극적으로 직업을 구하기 위하여 노력하고 있다고 인정하는 것을 말한다.

② 3개월 동안 고용된 자는 "일용근로자"에 해당한다.

③ "이직"은 피보험자와 사업주 사이의 고용관계가 끝나게 되는 것을 말한다.

④ "실업"은 근로의 의사와 능력이 있음에도 불구하고 취업하지 못한 상태에 있는 것을 말한다.

해설 일용근로자란 1개월 미만 동안 고용되는 자를 말한다.

98 남녀고용평등과 일·가정 양립 지원에 관한 법률상 남녀고용평등 실현과 일·가정의 양립에 관한 기본계획에 포함되어야 할 사항을 모두 고른 것은?

ㄱ. 여성취업의 촉진에 관한 사항
ㄴ. 여성의 직업능력 개발에 관한 사항
ㄷ. 여성 근로자의 모성 보호에 관한 사항
ㄹ. 직전 기본계획에 대한 평가

① ㄱ, ㄴ 　　　　② ㄷ, ㄹ
③ ㄱ, ㄴ, ㄷ 　　　④ ㄱ, ㄴ, ㄷ, ㄹ

해설 기본계획에는 다음 각 호의 사항이 포함되어야 한다.
1. 여성취업의 촉진에 관한 사항
2. 남녀의 평등한 기회보장 및 대우에 관한 사항
3. 동일 가치 노동에 대한 동일 임금 지급의 정착에 관한 사항
4. 여성의 직업능력 개발에 관한 사항
5. 여성 근로자의 모성 보호에 관한 사항
6. 일·가정의 양립 지원에 관한 사항
7. 여성 근로자를 위한 복지시설의 설치 및 운영에 관한 사항
8. 직전 기본계획에 대한 평가
9. 그 밖에 남녀고용평등의 실현과 일·가정의 양립 지원을 위하여 고용노동부장관이 필요하다고 인정하는 사항

99 근로기준법령상 상시 10명 이상의 근로자를 사용하는 사용자가 취업규칙을 작성하여 고용노동부장관에게 신고해야 하는 사항이 아닌 것은?

① 업무의 시작시각　　② 임금의 산정기간
③ 근로자의 식비 부담　　④ 근로계약기간

해설 상시 10명 이상의 근로자를 사용하는 사용자는 다음 각 호의 사항에 관한 취업규칙을 작성하여 고용노동부장관에게 신고하여야 한다.
1. 업무의 시작과 종료 시각, 휴게시간, 휴일, 휴가 및 교대 근로에 관한 사항
2. 임금의 결정·계산·지급 방법, 임금의 산정기간·지급시기 및 승급(昇給)에 관한 사항
3. 가족수당의 계산·지급 방법에 관한 사항
4. 퇴직에 관한 사항
5. 퇴직급여, 상여 및 최저임금에 관한 사항
6. 근로자의 식비, 작업 용품 등의 부담에 관한 사항
7. 근로자를 위한 교육시설에 관한 사항
8. 출산전후휴가·육아휴직 등 근로자의 모성 보호 및 일·가정 양립 지원에 관한 사항
9. 안전과 보건에 관한 사항
10. 근로자의 성별·연령 또는 신체적 조건 등의 특성에 따른 사업장 환경의 개선에 관한 사항
11. 업무상과 업무 외의 재해부조(災害扶助)에 관한 사항
12. 직장 내 괴롭힘의 예방 및 발생 시 조치 등에 관한 사항
13. 표창과 제재에 관한 사항
14. 그 밖에 해당 사업 또는 사업장의 근로자 전체에 적용될 사항

100 고용상 연령차별금지 및 고령자고용촉진에 관한 법령상 정년에 대한 설명으로 틀린 것은?

① 사업주는 정년에 도달한 자가 그 사업장에 다시 취업하기를 의망할 때 그 직무수행 능력에 맞는 직종에 재고용하도록 노력하여야 한다.

② 사업주는 근로자의 정년을 60세 이상으로 정하여야 한다.

③ 사업주는 고령자인 정년퇴직자를 재고용함에 있어 임금의 결정을 종전과 달리할 수 없다.

④ 상시 300명 이상의 근로자를 사용하는 사업주는 매년 정년제도의 운영현황을 고용노동부장관에게 제출하여야 한다.

해설 사업주는 고령자인 정년퇴직자를 재고용할 때 당사자 간의 합의에 의하여 퇴직금과 연차유급(年次有給) 휴가일수 계산을 위한 계속근로기간을 산정할 때 종전의 근로기간을 제외할 수 있으며 임금의 결정을 종전과 달리할 수 있다.

2020년 4회 과년도문제풀이

직업상담사 2급 필기 전과목 무료동영상

제1과목 직업상담학

01 정신역동적 진로상담에서 보딘(Bordin)이 제시한 진담 범주에 포함되지 않는 것은?

① 독립성
② 자아갈등
③ 정보의 부족
④ 진로선택에 따르는 불안

해설 보딘이 제시한 직업문제의 심리적 원인 : 의존성, 정보의 부족, 자아갈등(내적갈등), 선택의 불안, 문제없음(확신의 결여)

02 내담자의 인지적 명확성을 사정할 때 고려할 사항이 아닌 것은?

① 직장을 처음 구하는 사람과 직업전환을 하는 사람의 직업상담에 관한 접근은 동일하게 해야 한다.
② 직장인으로서의 역할이 다른 생애 역할을 함께 고려한다.
③ 직업 상담에서는 내담자의 동기를 고려하여 상담이 이루어져야 한다.
④ 우울증과 같은 심리적 문제로 인지적 명확성이 부족한 경우 진로문제에 대한 결정은 당분간 보류하는 것이 좋다.

해설 직장을 처음 구하는 사람은 자신에 대한 이해와 직업에 대한 이해가 가장 중요하며, 직업전환을 하려는 사람의 경우는 변화에 대한 인지능력을 우선적으로 탐색해야 한다.

03 6개의 생각하는 모자(six thinking hats)는 직업상담의 중재와 관련된 단계들 중 무엇을 위한 것인가?

① 직업정보의 수집
② 의사결정의 촉진
③ 보유기술의 파악
④ 시간관의 개선

해설 6개의 생각하는 모자
① 백색 – 본인과 직업들에 대한 사실들만을 고려한다.
② 청색 – 문제를 정의하고 사고를 조직화한다.
③ 흑색 – 부정적·비판적 측면에 대한 사고와 연관된다.
④ 황색 – 긍정적인 사고 즉, 낙관적이며 모든 일이 잘될 것이라고 생각한다.
⑤ 빨강 – 감정적 견해 즉, 직관에 의존하고 직감에 따라 행동한다.
⑥ 녹색 – 창의성, 아이디어 즉, 새로운 대안을 찾으려 노력하고 문제를 다른 각도에서 바라본다.

04 행동적 상담기법 중 불안을 감소시키는 방법으로 이완법과 함께 쓰이는 것은?

① 강화
② 변별학습
③ 사회적 모델링
④ 체계적 둔감화

해설 체계적둔감화, 반조건형성(역조건형성), 금지적조건형성(내적금지)는 불안을 감소시키는 기법이며, 강화, 대리학습, 변별학습은 학습촉진기법이다.

05 레벤슨(Levenson)이 제시한 직업상담사의 반윤리적 행동에 해당하는 것은?

① 상담사의 능력 내에서 내담자의 문제를 다룬다.
② 내담자에게 부당한 광고를 하지 않는다.
③ 적절한 상담비용을 청구한다.
④ 직업상담사에 대한 내담자의 의존성을 최대화한다.

해설 직업상담사에 대한 내담자의 의존성을 최소화한다.

정답 01 ① 02 ① 03 ② 04 ④ 05 ④

06 내담자의 정보를 수집하고 행동을 이해하여 해석할 때 내담자가 다음과 같은 반응을 보일 경우 사용하는 상담기법은?

> - 이야기 삭제하기　　　- 불확실한 인물 인용하기
> - 불분명한 동사 사용하기　　- 제한적 어투 사용하기

① 전이된 오류 정정하기　　② 분류 및 재구성하기
③ 왜곡된 사고 확인하기　　④ 저항감 재인식하기

해설 **전이된 오류의 정정**
　① 정보의 오류 : 삭제, 불확실한 인물의 인용, 불명확한 동사의 사용, 참고자료, 제한된 어투의 사용
　② 한계의 오류 : 예외를 인정하지 않는 것, 불가능을 가정하는 것, 어쩔 수 없음을 가정하는 것
　③ 논리적 오류 : 잘못된 인간관계의 오류, 마음의 해석, 제한된 일반화

07 수퍼(Super)의 여성 진로유형 중 학교졸업 후에도 직업을 갖지 않는 진로유형은?

① 안정적인 가사 진로유형　　② 전통적인 진로유형
③ 단절 진로유형　　　　　　④ 불안정 진로유형

해설 ② 전통적 진로유형 – 학교를 졸업하고 결혼하기 전까지 직업을 가지다가 결혼과 동시에 직장을 그만두고 가정생활을 하는 진로유형
　③ 단절 진로유형 – 학교를 졸업하고 일을 하다가 결혼을 하면 직장을 그만두고 자녀교육에 전념하며, 자녀가 어느 정도 성장하면 재취업해서 자아실현과 사회봉사를 하는 유형
　④ 불안정 진로유형 – 가정생활과 직장생활을 번갈아가며 시행하는 유형으로, 학교를 졸업하고 결혼 전까지 일을 하다가 결혼 후 어느 정도 쉬다가 일을 하고 자녀를 갖게 되면 또 쉬었다가 일을 하는 유형

08 패터슨(Patterson) 등의 진로정보처리 이론에서 제시된 진로상담 과정에 포함되지 않는 것은?

① 준비　　　　　② 분석
③ 종합　　　　　④ 실행

해설 인지적 정보처리 이론에서 제시하는 진로문제 해결의 절차
　의사소통단계 → 분석단계 → 통합단계 → 가치부여단계 → 집행단계

09 포괄적 직업상담에서 내담자가 지닌 직업상의 문제를 가려내기 위해 실시하는 변별적 진단검사와 가장 거리가 먼 것은?

① 직업성숙도 검사　　② 직업적성 검사
③ 직업흥미 검사　　　④ 경력개발 검사

해설 내담자가 지닌 진로의 문제를 가려내기 위해 실시하는 변별적 진단에는 진로성숙검사, 적성검사, 흥미검사 등이 사용된다.

10 다음 중 부처(Butcher)가 제안한 집단직업상담을 위한 3단계 모형에 해당하지 않는 것은?

① 탐색단계　　　　② 계획단계
③ 전환단계　　　　④ 행동단계

해설 **부처(Butcher) 집단직업상담의 3단계 모델**
　① 탐색단계 : 탐색단계에서는 자기개방, 흥미와 적성에 대한 측정, 측정결과에 대한 피드백, 불일치의 해결 등이 이루어진다.
　② 전환단계 : 전환단계에서는 자아상과 피드백 간의 일치가 이루어지면, 집단구성원들은 자기의 지식을 직업세계와 연결하고 일과 삶의 가치를 조사한다. 또한 자신의 가치에 대한 피드백을 갖고 가치명료화를 위해 또다시 자신의 가치와 피드백 간의 불일치를 해결한다.
　③ 행동단계 : 목표설정, 목표달성을 촉진하기 위한 정보의 수집과 공유, 의사결정이 이루어지는 단계이다.

11 다음 중 윌리암슨(Williamson)이 분류한 진로선택의 문제에 해당하지 않는 것은?

① 직업선택의 확신부족　　② 현명하지 못한 직업선택
③ 가치와 흥미의 불일치　　④ 직업 무선택

해설 **윌리엄슨(Williamson)의 직업상담의 문제유형 분류(변별진단)**
　㉠ 무선택(선택하지 않음)
　㉡ 불확실한 선택(확신이 없는 결정)
　㉢ 현명하지 못한 선택(적성의 모순, 어리석은 선택)
　㉣ 흥미와 적성 간의 불일치(흥미와 적성 간의 모순)

12 직업카드분류(OCS)는 내담자의 어떤 특성을 사정하기 위한 도구인가?

① 흥미사정　　　　② 가치사정
③ 동기사정　　　　④ 성격사정

13 게슈탈트 상담이론에서 주장하는 접촉 – 경계의 혼란을 일으키는 현상에 대한 설명으로 옳지 않은 것은?

① 투사(project)는 자신의 생각이나 요구, 감정 등을 타인의 것으로 지각하는 것을 말한다.
② 반전(retroflection)은 다른 사람이나 환경에 대하여 하고 싶은 행동을 자기 자신에게 하는 것을 말한다.
③ 융합(confluence)은 밀접한 관계에 있는 사람들이 어떤 갈등이나 불일치도 용납하지 않는 의존적 관계를 말한다.
④ 편향(deflection)은 외고집으로 다른 사람의 의견을 전혀 받아들이지 않고 자기 틀에서만 사고하고 행동하는 것을 말한다.

해설 편향은 개체가 특정한 정서나 요구에 접촉을 두려워하여 여러 회피적인 행동을 하는 것이다.

14 내담자 중심상담 이론에 관한 설명으로 틀린 것은?

① Rogers의 상담경험에서 비롯된 이론이다.
② 상담의 기본목표는 개인이 일관된 자아개념을 가지고 자신의 기능을 최대로 발휘하는 사람이 되도록 도울 수 있는 환경을 제공하는 것이다.
③ 특정 기법을 사용하기보다는 내담자와 상담자 간의 안전하고 허용적인 나와 너의 관계를 중시한다.
④ 상담기법으로 적극적 경청, 감정의 반영, 명료화, 공감적 이해, 내담자 정보탐색, 조언, 설득, 가르치기 등이 이용된다.

해설 내담자 정보탐색 조언, 설득, 가르치기는 특성요인상담에 관한 내용이다.

15 진로시간전망 검사 중 코틀(Cottle)이 제시한 원형검사에서 원의 크기가 나타내는 것은?

① 과거, 현재, 미래
② 방향성, 변별성, 통합성
③ 시간차원에 대한 상대적 친밀감
④ 시간차원의 연결 구조

해설 원의 크기는 시간차원에 대한 상대적 친밀감을 나타내며, 원의 배치는 시간차원이 각각 어떻게 연관되어 있는지를 나타낸다.
방향성미래에 대한 낙관적인 입장을 구성하여 미래지향성을 증진시킨다.
진로계획을 위한 시간조망은 미래지향적인 것이다. 변별성미래를 현실처럼 느끼게 하고, 미래계획에 대한 긍정적인 태도를 강화시키며 목표설정을 신속하게 하는 것이다. 통합성현재 행동과 미래의 결과를 연결시키고, 진로에 대한 인식을 증진시킨다.

16 상담 및 심리치료적 관계 형성에 방해되는 상담자의 행동은?

① 수용
② 감정의 반영
③ 도덕적 판단
④ 일관성

해설 분석, 충고, 조언, 도덕적 판단 등은 관계형성에 좋지 않다.

17 내담자의 정보와 행동을 이해하고 해석할 때 기본이 되는 상담기법 중 '가정 사용하기'에 해당하는 질문이 아닌 것은?

① 당신은 자신의 일이 마음에 듭니까?
② 당신의 직업에서 마음에 드는 것은 어떤 것들입니까?
③ 당신의 직업에서 좋아하지 않는 것은 무엇입니까?
④ 어떤 사람이 상사가 되었으면 좋겠습니까?

해설 가정의 사용법은 직업상담가가 내담자에게 그러한 행동이 이미 존재했다는 것을 가정한 것이다.
② 모든 사람들은 자신의 일에서 좋아하는 부분이 있다.
③ 모든 사람들은 자신의 일에서 싫어하는 부분이 있다.
④ 직무만족을 조장하는 상사가 있다.

정답 13 ④ 14 ④ 15 ③ 16 ③ 17 ①

18 정신분석에서 제시하는 불안의 유형을 모두 고른 것은?

> ㄱ. 사회적 불안　　　ㄴ. 현실적 불안
> ㄷ. 신경증적 불안　　ㄹ. 도덕적 불안
> ㅁ. 행동적 불안

① ㄱ, ㄴ, ㄷ　　　　② ㄱ, ㄴ, ㅁ
③ ㄱ, ㄹ, ㅁ　　　　④ ㄴ, ㄷ, ㄹ

해설 정신분석상담에서 Freud가 제시한 불안의 유형은 현실적 불안, 신경증적 불안, 도덕적 불안이다.

19 다음 설명에 해당하는 집단상담 기법은?

> - 말하고 있는 집단원이 자신이 무엇을 말하는가를 잘 알 수 있게 돕는 것
> - 말하고 있는 집단원의 말의 내용과 감정을 이해하고 있음을 알리며 의사소통하는 것

① 해석하기　　　　　② 연결짓기
③ 반영하기　　　　　④ 명료화하기

해설 반영은 내담자가 표현한 기본적인 태도나 감정을 상담자가 다른 참신한 말로 부연해주는 기법이다. 상담자는 반영을 통해 내담자의 태도를 거울에 비추어 주듯이 보여줌으로써 자기 이해를 도와줄 뿐 아니라 내담자로 하여금 자기가 이해받고 있다는 인식을 주게 된다.

20 아들러(Adler)의 개인주의 상담에 관한 설명으로 옳은 것은?

① 내담자의 잘못된 가치보다는 잘못된 행동을 수정하는데 초점을 둔다.
② 상담자는 조력자의 역할을 하며 내담자가 상담을 주도적으로 이끈다.
③ 상담과정은 사건의 객관성보다는 주관적 지각과 해석을 중시한다.
④ 내담자의 사회적 관심보다는 개인적 열등감의 극복을 궁극적 목표로 삼는다.

해설 아들러는 개인이 어떻게 세계를 어떻게 인식하느냐 하는 주관성을 강조한다. 어린시절 불행한 경험에 대해 사람마다 상당히 다른 의미를 가진다.

21 다음의 내용이 포함된 직무분석의 방법은?

> - 직무를 잘 수행하기 위하여 과업이 필수적인 정도
> - 과업 학습의 난이도
> - 과업의 중요도

① 직무요소 질문지　　② 기능적 직무분석
③ 직책분석 질문지　　④ 과업 질문지

해설 과업질문지는 작업자들이 직무에서 수행하는 활동을 얼마나 자주하는지, 그러한 활동이 얼마나 중요한지를 묻는다. 또한 직무수행에 요구되는 지식, 기술, 능력들이 얼마나 자주 사용되는지, 그러한 것들이 얼마나 중요한지 등에 관하여 척도상에 평정하도록 한다.

22 긴즈버그(Ginzberg)가 제시한 진로발달 단계가 아닌 것은?

① 환상기　　　　　　② 삼정기
③ 현실기　　　　　　④ 적응기

해설 Ginzberg의 진로발달 단계

기간	연령	특징
환상기 (Fantasy Phase)	유년기 (11세 이전)	초기는 놀이중심단계이며, 이 단계의 마지막에서는 놀이가 일 중심으로 변화되기 시작한다. ※ 현실, 여건, 능력, 가능성을 고려하지 않고 놀이를 통해 표출, 직업세계에 대한 최초의 가치 판단을 반영
잠정기 (Tentative Phase)	초기 청소년기 (11~17세)	일이 요구하는 조건에 대하여 점차적으로 인식하는 단계, 흥미, 능력, 일의 보상, 가치, 시간적 측면에 대한 인식이 이루어진다. ㉠ 흥미단계 : 좋아하는 것과 그렇지 않은 것에 따라 직업을 선택하려고 한다. ㉡ 능력단계 : 자신이 흥미를 느끼는 분야에서 성공을 거둘 수 있는지를 시험해 보기 시작한다. ㉢ 가치단계 : 직업을 선택할 때 고려해야 하는 다양한 요인들을 인정하고 특수한 직업선호와 관련된 모든 요인들을 알아보고, 그러한 직업선호를 자신의 가치관 및 생애목표에 비추어 평가한다. ㉣ 전환단계 : 직업선택에 대한 주관적 요소에서 현실적 외부요인으로 관심이 전환되며, 직업에 대한 결정과 진로선택에 수반되는 책임의식을 깨닫게 된다.

정답 **18** ④　**19** ③　**20** ③　**21** ④　**22** ④

		능력과 흥미의 통합단계, 가치의 발달, 직업적 선택의 구체화, 직업적 패턴의 명료화 등이 가능해진다.
현실기 (Realistic Phase)	청소년 중기 (17세~ 청장년기)	⊙ 탐색단계 : 진로선택을 위해 필요하다고 판단되는 교육이나 경험을 쌓으려고 노력한다. ⓒ 구체화단계 : 자신의 직업목표를 정하고 직업선택과 관련된 내·외적 요소들을 종합하여 특정직업 분야에 몰두하게 된다. ⓒ 특수화단계 : 자신의 결정을 더욱 구체화, 보다 세밀한 계획을 세우며 고도로 세분화된 의사결정을 한다. 특정의 진로에 맞는 직업훈련을 받는 단계

23 셀리에(Selye)가 제시한 스트레스 반응 단계를 순서대로 바르게 나열한 것은?

① 소진 → 저항 → 경고
② 저항 → 경고 → 소진
③ 소진 → 경고 → 저항
④ 경고 → 저항 → 소진

해설 경보(경고, 경계)단계(alarm stage) → 저항단계(resistance stage) → 진(탈진)단계(exhaustion stage)

24 홀랜드(Holland)의 진로발달이론이 기초하고 있는 가정에 관한 설명 중 틀린 것은?

① 사람들의 성격은 6가지 유형 중의 하나로 분류될 수 있다.
② 직업 환경은 6가지 유형의 하나로 분류될 수 있다.
③ 개인의 행동은 성격에 의해 결정된다.
④ 사람들은 자신의 능력을 발휘하고 태도와 가치를 표현할 수 있는 환경을 찾는다.

해설 개인의 행동은 성격과 환경의 상호작용에 의해서 결정된다.

25 적성검사의 결과에서 중앙값이 의미하는 것은?

① 100점 만점에서 50점을 획득하였다.
② 자신이 얻을 수 있는 최고 점수를 얻었다.
③ 적성검사에서 도달해야 할 준거점수를 얻었다.
④ 같은 또래 집단의 점수분포에서 평균 점수를 얻었다.

해설 중앙값은 자료를 크기 순서대로 나열하여 중앙에 위치하는 값이며, 평균값과 함께 대푯값으로 이용된다.

26 사회인지적 관점의 진로이론(SCCT)의 세 가지 중심적인 변인이 아닌 것은?

① 자기효능감
② 자기 보호
③ 결과 기대
④ 개인적 목표

해설 사회인지진로이론(SCCT : Social Cognitive career Theory)은 진로발달의 기본이 되는 핵심 개념으로 자아효능감과 결과기대, 개인적 목표를 들고 있다.

27 직업적응이론에서 개인의 만족, 조직의 만족, 적응을 매개하는 적응유형 변인은?

① 우연(happenstance)
② 타협(compromise)
③ 적응도(adaptability)
④ 인내력(perseverance)

해설
① 직업성격적 측면
　⊙ 민첩성 : 정확성보다는 속도를 중시한다.
　ⓒ 역량 : 근로자의 평균활동수준을 의미한다.
　ⓒ 리듬 : 활동에 대한 다양성을 의미한다.
　ⓔ 지구력 : 다양한 활동수준의 기간을 의미한다.
② 직업적응방식적 측면
　⊙ 융통성 : 개인의 작업환경과 개인적 환경간의 부조화를 참아내는 정도로서 작업과 개인의 부조화가 크더라도 잘 참아낼 수 있는 사람은 융통적인 사람을 의미한다.
　ⓒ 끈기 : 환경이 자신에게 맞지 않아도 개인이 얼마나 오랫동안 견뎌낼 수 있는가 하는 것을 의미한다.
　ⓒ 적극성 : 개인이 작업환경을 개인적 방식과 좀 더 조화롭게 만들어 가려고 노력하는 정도를 의미한다.
　ⓔ 반응성 : 개인이 작업성격의 변화로 인해 작업환경에 반응하는 정도를 의미한다.

28 직업에 관련된 흥미를 측정하는 직업흥미 검사가 아닌 것은?

① Strong Interest Inventory
② Vocational preference Inventory
③ Kuder Interest Inventory
④ California Psychological Inventory

해설 CPI는 캘리포니아 성격검사이다.

정답 23 ④　24 ③　25 ④　26 ②　27 ④　28 ④

29 스트레스의 예방 및 대처 방안으로 틀린 것은?

① 가치관을 전환해야 한다.
② 과정중심적 사고방식에서 목표지향적 초고속 심리로 전환해야 한다.
③ 균형있는 생활을 해야 한다.
④ 취미 · 오락을 통해 생활 장면을 전환하는 활동을 규칙적으로 해야 한다.

해설 목표지향적 초고속심리에서 과정중심적 사고방식으로 전환해야 한다.

30 다음 중 질문지법의 장점이 아닌 것은?

① 부가적인 정보를 얻을 수 있다.
② 시간과 비용이 적게 든다.
③ 다수의 응답자가 참여할 수 있다.
④ 자료 수집이 용이하다.

해설 질문지법(Questionnaire)
　㉠ 비교적 저렴한 비용으로 시행할 수 있다.
　㉡ 구체적인 작성요령에 대한 설명이 필요하나.
　㉢ 직무에 대한 어느 정도의 사전지식이 요구된다.
　㉣ 직무의 성격과 관계없이 모든 직무에 대해서 사용할 수 있다.

31 미네소타 직업가치 질문지에서 측정하는 6개의 가치요인이 아닌 것은?

① 성취　　　　　　　② 지위
③ 권력　　　　　　　④ 이타주의

해설 직업적응이론(TWA)에서 중요하게 다루는 6가지 직업가치
　1) 성취 : 자신의 능력을 발휘하고 성취감을 얻는 일을 하려는 욕구
　2) 편안함 : 직무에 대해 스트레스 받지 않고 편안한 직업환경을 바라는 욕구
　3) 지위 : 타인에 의해 자신이 어떻게 지각되는지와 사회적 명성에 대한 욕구
　4) 이타주의 : 타인을 돕고 그들과 함께 일하고자 하는 욕구
　5) 안정성 : 혼란스러운 조건이나 환경을 피하고 정돈되고 예측 가능한 환경에서 일하고자 하는 욕구
　6) 자율성 : 자신의 의사대로 일할 기회를 가지고 자유롭게 생각하고 결정하고자 하는 욕구

32 다음과 같은 정의를 가진 직업선택 문제는?

> – 자신의 적성 수준보다 높은 적성을 요구하는 직업을 선택한다.
> – 자신이 선택한 직업이 흥미와 일치할 수도 있고, 일치하지 않을 수도 있다.

① 부적응된(maladjusted)　　② 우유부단한(undecided)
③ 비현실적인(unrealistic)　　④ 강요된(forced)

해설 비현실성의 직업선택 문제
　㉠ 자신의 적성수준보다 높은 적성을 요구하는 직업을 선택한다.
　㉡ 자신의 흥미와는 일치하지만, 자신의 적성수준보다는 낮은 적성을 요구하는 직업을 선택한다.
　㉢ 자신의 적성수준에는 맞는 선택을 하지만, 자신의 흥미와는 일치하지 않는 직업을 선택한다.

33 개인의 욕구와 능력을 환경의 요구사항과 관련시켜 진로 행동을 설명하고, 개인과 환경간의 상호작용을 통한 욕구 충족을 강조하는 이론은?

① 가치중심 이론　　　② 특성요인 이론
③ 사회학습 이론　　　④ 직업적응 이론

해설 Lofquist와 Dawis의 직업적응이론은 미네소타 대학의 직업적응계획의 일환으로 연구되었으며, 심리학적인 직업분류체계 III 과 관련되어 발전된 이론이다. 개인과 환경사이의 일치라는 개념에 기초를 두고 있으므로 개인과 환경 사이의 조화로운 적합성, 개인과 환경의 상호보완적인 관계성이라 할 수 있으며 일치라는 개념은 개인과 환경이 공동으로 반응하는 것이다.

34 조직 감축에서 살아남은 구성원들이 조직에 대해 보이는 전형적인 반응은?

① 살아남은 구성원들은 조직에 대해 높은 신뢰감을 가지고 있다.
② 더 많은 일을 해야 하고, 종종 불이익도 감수한다.
③ 살아남은 구성원들은 다른 직무나 낮은 수준의 직무로 이동하는 것을 거부한다.
④ 조직 감축에서 살아남은데 만족하며 조직몰입을 더 많이 한다.

해설 ① 살아남은 자들도 종종 조직에 대한 신뢰감을 상실하곤 한다.
　② 더 많은 일을 해야 하기 때문에 과로하며 종종 불이익도 감수하려고 한다.
　③ 일부 사람들은 다른 직무나 낮은 수준의 직무로 이동하는 것을 감수한다.
　④ 직무에 대한 만족도의 저하, 과도한 업무부담에 대한 불만 및 창의성이 저하된다.

정답 29 ② 30 ① 31 ③ 32 ③ 33 ④ 34 ②

35 다음 설명에 해당하는 타당도의 종류는?

검사의 문항들이 그 검사가 측정하고자 하는 내용영역을 얼마나 잘 반영하고 있는가를 의미하며, 흔히 성취도 검사의 타당도를 평가하는 방법으로 많이 사용된다.

① 준거 타당도
② 내용 타당도
③ 예언 타당도
④ 공인 타당도

해설 내용타당도는 검사의 문항들이 측정하고자 하는 내용영역을 얼마나 잘 반영하고 있는지를 나타낸다. 본질적으로 해당분야 전문가의 판단에 의존한다.

36 신뢰도 계수에 관한 설명으로 틀린 것은?

① 신뢰도 계수는 개인차가 클수록 커진다.
② 신뢰도 계수는 문항 수가 증가함에 따라 정비례하여 커진다.
③ 신뢰도 계수는 신뢰도 추정방법에 따라서 달라질 수 있다.
④ 신뢰도 계수는 검사의 일관성을 보여주는 값이다.

해설 신뢰도 계수는 문항 수가 증가함에 따라 정비례하여 커지지는 않는다.

37 일반적성검사(GATB)에서 측정하는 직업 적성이 아닌 것은?

① 손가락 정교성
② 언어 적성
③ 사무 지각
④ 과학 적성

해설

하위검사명(15개)	검출되는 적성		측정방식
기구대조검사	형태지각(P)		
형태대조검사			
명칭비교검사	사무지각(Q)		
타점속도검사	운동반응(K)		
표식검사			
종선기입검사			지필검사
평면도 판단검사	공간적성(S)		
입체공간검사			
어휘검사	언어능력(V)	지능(G)	
산수추리검사	수리능력(N)		
계수검사			
환치검사	손의 재치(M)		동작검사
회전검사			
조립검사	손가락 재치(F)		
분해검사			

38 경력개발 프로그램 중 종업원 개발 프로그램에 해당하지 않는 것은?

① 훈련 프로그램
② 평가 프로그램
③ 후견인 프로그램
④ 직무순환

해설 평가 프로그램은 종업원평가 프로그램이다.

39 톨버트(Tolbert)가 제시한 개인의 진로발달에 영향을 주는 요인이 아닌 것은?

① 교육 정도(educational degree)
② 직업 흥미(occupational interest)
③ 직업 전망(occupational prospective)
④ 가정 · 성별 · 인종(family · sex · race)

해설 Tobert는 직업적성, 직업적 흥미, 인성, 직업성숙도와 발달, 성취도, 가정/성별/인종, 장애물, 교육 정도, 경제적 조건 등의 9가지 요인이 개인의 진로발달에 가장 큰 영향을 준다고 보았다.

40 직업발달이론 중 매슬로우(Maslow)의 욕구위계 이론에 기초하여 유아기의 경험과 직업선택에 관한 5가지 가설을 수립한 학자는?

① 로(Roe)
② 갓프레드슨(Gottfredson)
③ 홀랜드(Holland)
④ 터크만(Tuckman)

해설 **로(Roe)의 욕구이론**

직업발달이론을 이해하려면 먼저 매슬로우(Maslow)의 욕구의 위계(Hierarchy of Needs)이론을 머리에 두어야 한다며, 심리적 에너지가 흥미를 결정하는 중요한 요소라고 본다.
㉠ 직업선택에서 개인의 욕구를 중요시하였다.
㉡ 직업선택에서 초기아동기 경험을 중시하였다.
㉢ 흥미에 기초해서 직업을 여덟 개의 군집으로 나누고 각 군집에 해당하는 직업들의 목록을 작성했다.

정답 35 ② 36 ② 37 ④ 38 ② 39 ③ 40 ①

41 한국표준산업분류(제10차)에서 통계단위의 산업 결정 방법에 관한 설명으로 틀린 것은?

① 생산단위의 산업활동은 그 생산단위가 수행하는 주된 산업활동의 종류에 따라 결정된다.
② 단일사업체의 보조단위는 그 사업체의 일개부서로 포함한다.
③ 계절에 따라 정기적으로 산업을 달리하는 사업체의 경우에는 조사시점에 경영하는 사업으로 분류된다.
④ 설립 중인 사업체는 개시하는 산업활동에 따라 결정한다.

> **해설** 계절에 따라 정기적으로 산업을 달리하는 사업체의 경우에는 조사시점에서 경영하는 사업과는 관계없이 조사대상 기간 중 산출액이 많았던 활동에 의하여 분류된다.

42 직업선택 결정모형을 기술적 직업결정모형과 처방적 직업결정모형으로 분류할 때 기술적 직업결정모형에 해당하지 않는 것은?

① 브룸(Vroom)의 모형
② 플레처(Fletcher)의 모형
③ 겔라트(Gelatt)의 모형
④ 타이드만과 오하라(Tideman&O'Hara)의 모형

> **해설** 처방적 결정모형 : 카츠(Katz), 겔라트(Gelate), 칼도와 쥐토우스키(Kaldor & Zytowski)

43 다음의 주요 업무를 수행하는 사업주 직업능력개발훈련기관은?

- 훈련과정인정
- 실시신고 접수 및 수료자 확정
- 비용신청서 접수 및 지원
- 훈련과정 모니터링

① 전국고용센터 　　　　② 한국고용정보원
③ 근로복지공단 　　　　④ 한국산업인력공단

> **해설** 기업(사업주)훈련과정에 대한 신청 및 승인 등은 한국산업인력공단에서 담당한다.

44 한국표준산업분류(제10차)에서 산업분류의 적용원칙에 관한 설명으로 틀린 것은?

① 생산단위는 산출물뿐만 아니라 투입물과 생산공정 등을 함께 고려하여 그들의 활동을 가장 정확하게 설명된 항목으로 분류해야 한다.
② 복합적인 활동단위는 우선적으로 최상급분류단계(대분류)를 정확히 결정하고, 순차적으로 중, 소, 세, 세세분류 단계 항목을 결정해야 한다.
③ 공식적 생산물과 비공식적 생산물, 합법적 생산물과 불법적인 생산물을 달리 분류해야 한다.
④ 산업활동이 결합되어 있는 경우에는 그 활동단위의 주된 활동에 따라서 분류해야 한다.

> **해설** 공식적 생산물과 비공식적 생산물, 합법적 생산물과 불법적인 생산물을 달리 분류하지 않는다.

45 다음은 직업정보 수집을 위한 자료수집방법을 비교한 표이다. (　　)에 알맞은 것은?

기준	(ㄱ)	(ㄴ)	(ㄷ)
비용	높음	보통	보통
응답자료의 정확성	높음	보통	낮음
응답률	높음	보통	낮음
대규모 표본 관리	곤란	보통	용이

① ㄱ : 전화조사, ㄴ : 우편조사, ㄷ : 면접조사
② ㄱ : 면접조사, ㄴ : 우편조사, ㄷ : 전화조사
③ ㄱ : 면접조사, ㄴ : 전화조사, ㄷ : 우편조사
④ ㄱ : 전화조사, ㄴ : 면접조사, ㄷ : 우편조사

> **해설** 면접조사의 경우 비용은 많이 들고 정확성이 높다. 우편조사의 경우 회수율이 낮으나 대규모표본관리가 가능하다.

46 한국표준산업분류(제10차)의 분류기준이 아닌 것은?

① 산출물의 특성
② 투입물의 특성
③ 생산단위의 활동형태
④ 생산활동의 일반적인 결합형태

분류기준 : 산업분류는 생산단위가 주로 수행하고 있는 산업 활동을 그 유사성에 따라 유형화 한 것으로 이는 다음과 같은 분류기준에 의하여 분류된다.
(1) 산출물(생산된 재화 또는 제공된 서비스)의 특성
① 산출물의 물리적 구성 및 가공단계
② 산출물의 수요처
③ 산출물의 기능 및 용도
(2) 투입물의 특성
① 원재료, 생산 공정, 생산기술 및 시설 등
(3) 생산활동의 일반적인 결합형태

47 통계청 경제활동인구조사의 주요 용어에 관한 설명으로 틀린 것은?

① 경제활동인구 : 만 15세 이사 인구 중 취업자와 실업자를 말한다.
② 육아 : 조사대상주간에 주로 미취학자녀(초등학교 입학전)를 돌보기 위하려 집에 있는 경우가 해당된다.
③ 취업준비 : 학교나 학원에 가지않고 혼자 집이나 도서실에서 취업을 준비하는 경우가 해당된다.
④ 자영업자 : 고용원이 없는 자영업자를 제외한 고용원이 있는 자영업자를 말한다.

해설 자영업자는 고용원이 있는 자영업자 및 고용원이 없는 자영업자를 합친 개념이다.

48 한국표준직업분류(7차) 직업분류 원칙 중 다수직업 종사자의 분류 원칙에 해당하지 않는 것은?

① 수입 우선의 원칙
② 취업시간 우선의 원칙
③ 조사시 최근의 직업 원칙
④ 생산업무 우선 원칙

해설 **다수 직업 종사자의 분류원칙**
한 사람이 전혀 상관성이 없는 두 가지 이상의 직업에 종사할 경우에 그 직업을 결정하는 일반적 원칙은 다음과 같다.
① 취업시간 우선의 원칙
가장 먼저 분야별로 취업시간을 고려하여 보다 긴 시간을 투자하는 직업으로 결정한다.
② 수입 우선의 원칙
위의 경우로 분별하기 어려운 경우는 수입(소득이나 임금)이 많은 직업으로 결정한다.
③ 조사시 최근의 직업 원칙
위의 두 가지 경우로 판단할 수 없는 경우에는 조사시점을 기준으로 최근에 종사한 직업으로 결정한다.

49 국가기술자격 국제의료관광코디네이터의 응시자격으로 틀린 것은?(단, 공인어학성적 기준요건을 충족한 것으로 가정한다.)

① 보건의료 또는 관광분야의 관련학과로서 대학졸업자 또는 졸업예정자
② 2년제 전문대학 관련학과 졸업자 등으로서 졸업 후 보건의료 또는 관광분야에서 2년 이상 실무에 종사한 사람
③ 관련 자격증(의사, 간호사, 보건교육사, 관광통역안내사, 컨벤션기획사 1·2급)을 취득한 사람
④ 보건의료 또는 관광분야에서 3년 이상 실무에 종사한 사람

해설 **국제의료관광코디네이터**
공인어학성적 기준요건을 충족하고, 다음 각 호의 어느 하나에 해당하는 사람
1. 보건의료 또는 관광분야의 학과로서 고용노동부장관이 정하는 학과의 대학졸업자 또는 졸업예정자
2. 2년제 전문대학 관련학과 졸업자 등으로서 졸업 후 보건의료 또는 관광분야에서 2년 이상 실무에 종사한 사람
3. 3년제 전문대학 관련학과 졸업자 등으로서 졸업 후 보건의료 또는 관광분야에서 1년 이상 실무에 종사한 사람
4. 보건의료 또는 관광분야에서 4년 이상 실무에 종사한 사람
5. 관련자격증(의사, 간호사, 보건교육사, 관광통역안내사, 컨벤션기획사1·2급)을 취득한 사람

50 한국표준직업분류(7차)에서 직업의 성립조건에 대한 설명으로 옳은 것은?

① 사회복지시설 수용자의 시설 내 경제활동은 직업으로 보지 않는다.
② 이자나 주식배당으로 자산 수입이 있는 경우는 직업으로 본다.
③ 자기 집의 가사 활동도 직업으로 본다.
④ 속박된 상태에서의 제반활동이 경제성이나 계속성이 있으면 직업으로 본다.

해설 다음과 같은 활동은 직업으로 보지 않는다.
(1) 이자, 주식배당, 임대료(전세금, 월세) 등과 같은 자산 수입이 있는 경우
(2) 연금법, 국민기초생활보장법, 국민연금법 및 고용보험법 등의 사회보장이나 민간보험에 의한 수입이 있는 경우
(3) 경마, 경륜, 경정, 복권 등에 의한 배당금이나 주식투자에 의한 시세차익이 있는 경우
(4) 예·적금 인출, 보험금 수취, 차용 또는 토지나 금융자산을 매각하여 수입이 있는 경우
(5) 자기 집의 가사 활동에 전념하는 경우
(6) 교육기관에 재학하며 학습에만 전념하는 경우
(7) 시민봉사활동 등에 의한 무급 봉사적인 일에 종사하는 경우

정답 47 ④ 48 ④ 49 ④ 50 ①

(8) 사회복지시설 수용자의 시설 내 경제활동
(9) 수형자의 활동과 같이 법률에 의한 강제노동을 하는 경우
(10) 도박, 강도, 절도, 사기, 매춘, 밀수와 같은 불법적인 활동

51 한국직업사전에서 사람과 관련된 직무기능 중 "정책을 수립하거나 의사결정을 하기 위해 생각이나 정보, 의견 등을 교환한다"와 관련 있는 것은?

① 자문   ② 협의
③ 설득   ④ 감독

해설 사람(People) : "사람"과 관련된 기능은 인간과 인간처럼 취급되는 동물을 다루는 것을 포함한다.
0. 자문(mentoring) : 법률적으로나 과학적, 임상적, 종교적, 기타 전문적인 방식에 따라 사람들의 전인격적인 문제를 상담하고 조언하며 해결책을 제시한다.
1. 협의(negotiating) : 정책을 수립하거나 의사결정을 하기 위해 생각이나 정보, 의견 등을 교환한다.
2. 교육(instructing) : 설명이나 실습 등을 통해 어떤 주제에 대해 교육하거나 훈련(동물 포함)시킨다. 또한 기술적인 문제를 조언한다.
3. 감독(supervising) : 작업절차를 결정하거나 작업자들에게 개별 업무를 적절하게 부여하여 작업의 효율성을 높인다.
4. 오락제공(diverting) : 무대공연이나 영화, TV, 라디오 등을 통해 사람들을 즐겁게 한다.
5. 설득(persuading) : 상품이나 서비스 등을 구매하도록 권유하고 설득한다.
6. 말하기-신호(speaking-signaling) : 언어나 신호를 사용해서 정보를 전달하고 교환한다. 보조원에게 지시하거나 과제를 할당하는 일을 포함한다.
7. 서비스제공(serving) : 사람들의 요구 또는 필요를 파악하여 서비스를 제공한다. 즉각적인 반응이 수반된다.

52 다음에 해당하는 고용 관련 지원제도는?

- 비정규직 근로자를 정규직으로 전환
- 전일제 근로자를 시간선택제 근로자로 전환
- 시차출퇴근제, 재택근무제 등 유연근무제를 도입하여 활용

① 고용창출장려금   ② 고용안정장려금
③ 고용유지지원금   ④ 고용환경개선지원

해설 **고용안정장려금**
학업, 육아, 간병 등 생애주기별로 고용불안이 가속될 때 근로시간 단축, 근로형태 유연화 등을 도입하여 근로자의 계속고용을 지원하거나 기간제 근로자 등을 정규직으로 전환하는 사업주를 지원하여 기존 근로자의 고용안정과 일자리 질 향상을 도모

1) 정규직 전환 지원 – 비정규직 근로자를 정규직으로 전환한 사업주에 대한 지원
2) 시간선택제 전환 지원 – 전일제 근로자가 근로시간 단축이 필요할 때 시간선택제로 전환하도록 한 사업주에 대한 지원
3) 일가정양립 환경개선 지원 – 시차출퇴근제, 재량근무제, 선택근무제, 재택근무제, 원격근무제를 도입하여 일·가정 양립 환경개선을 한 우선지원대상기업 사업주에 대한 지원
4) 출산육아기 고용안정장려금 지원 – 출산육아기 근로자의 고용안정을 위하여 출산육아기의 비정규직 근로자를 무기계약직으로 재고용하거나 출산전후휴가, 육아휴직, 육아기 근로시간 단축 등을 부여한 사업주에 대한 지원

53 구직자에게 일정한 금액을 지원하여 그 범위 이내에서 직업능력개발훈련에 참여할 수 있도록 하고, 훈련이력 등을 개인별로 통합관리하는 제도는?

① 사업주훈련   ② 일학습병행제
③ 국민내일배움카드   ④ 청년취업아카데미

해설 국민내일배움카드제는 실업, 재직, 자영업 여부에 관계없이 국민내일배움카드를 발급하고 일정 금액의 훈련비를 지원함으로써 직업능력개발훈련에 참여할 수 있도록 하며, 직업능력개발훈련 이력을 종합적으로 관리하는 제도이다.

54 공공직업정보의 일반적인 특성에 해당되는 것은?

① 필요한 시기에 최대한 활용되도록 한시적으로 신속하게 생산·제공된다.
② 특정 분야 및 대상에 국한되지 않고 전체 산업의 직종을 대상으로 한다.
③ 정보 생산자의 임의적 기준에 따라 관심이나 흥미를 유도할 수 있도록 해당 직업을 분류한다.
④ 유료로 제공된다.

해설 **공공직업정보의 특성**
① 지속적으로 조사·분석하여 제공되며 장기적인 계획 및 목표에 따라 정보체계의 개선작업 수행이 가능하다.
② 특정 분야 및 대상에 국한되지 않고 전체 산업 및 업종에 걸친 직종을 대상으로 한다.
③ 직업별로 특정한 정보만을 강조하지 않고 보편적인 항목으로 이루어진 기초적인 직업정보체계로 구성된다.
④ 광범위한 이용가능성에 따라 공공직업정보체계에 대한 직접적이며 객관적인 평가가 가능하다.
⑤ 국내 또는 국제적으로 인정된 객관적인 기준에 근거하여 직업을 분류한다.
⑥ 관련 직업 간 비교가 용이하다.
⑦ 무료로 제공된다.

민간직업정보의 특성

① 필요한 시기에 최대한 활용되도록 한시적으로 신속하게 생산되어 운영된다.

② 단시간에 조사하고 특정한 목적에 맞게 해당분야 및 직종을 제한적으로 선택한다.

③ 정보 생산자의 임의적 기준에 따라 관심이나 흥미를 유도할 수 있도록 해당 직업을 분류한다.

④ 시사적인 관심이나 흥미를 유도할 수 있도록 해당 직업을 분류한다.

⑤ 특정 직업에 대해 구체적이고 상세한 정보를 제공하기 위해서는 조사 분석 및 제공에 상당한 시간 및 비용이 소요되므로 해당 직업정보는 유료로 제공한다.

55 직업정보를 사용하는 목적과 가장 거리가 먼 것은?

① 직업정보를 통해 근로생애를 설계할 수 있다.

② 직업정보를 통해 전에 알지 못했던 직업세계와 직업비전에 대해 인식할 수 있다.

③ 직업정보를 통해 과거의 직업탐색, 은퇴 후 취미활동 등에 필요한 정보를 얻을 수 있다.

④ 직업정보를 통해 일을 하려는 동기를 부여받을 수 있다.

해설 직업정보는 직업별 직무내용, 직업전망, 근로조건 등에 관한 모든 종류의 정보를 말하며, 국내외의 각종직업에 관련된 다양한 정보를 체계화시킨 것으로 취미활동 정보는 아니다.

56 워크넷에서 제공하는 학과정보 중 자연계열에 해당하는 학과는?

① 도시공학과   ② 지능로봇과

③ 바이오산업공학과   ④ 바이오섬유소재학과

해설 도시공학과, 지능로봇과, 바이오섬유소재학과는 공학계열이다.

57 워크넷의 청소년 대상 심리검사의 종류 중 지필방법으로 실시할 수 없는 것은?

① 청소년 직업흥미검사   ② 고교계열 흥미검사

③ 고등학생 적성검사   ④ 청소년 진로발달검사

해설 고교계열흥미검사와 대학전공(학과)흥미검사는 인터넷으로만 실시할 수 있다.

58 2019 한국직업전망의 직업별 일자리 전망 결과에서 '다소 증가'로 전망되지 않은 것은?

① 항공기조종사   ② 경찰관

③ 기자   ④ 손해사정사

해설 2019 한국직업전망서에서 다소증가는 69개가 있으며 증가는 19개이다. 항공기조종사는 증가이다.

59 국가 직업훈련에 관한 정보를 검색할 수 있는 정보망은?

① JT−Net   ② HRD−Net

③ T−Net   ④ Training−Net

해설 HRD−net에서 국민내일배움카드 훈련과정, 기업훈련과정 등을 검색할 수 있다.

60 국가기술자격 종목과 해당 직무분야 연결이 옳지 않은 것은?

① 임상심리사 1급−보건 · 의료

② 텔레마케팅관리사−경영 · 회계 · 사무

③ 직업상담사 1급−사회복지 · 종교

④ 어로산업기사−농림어업

해설 텔레마케팅관리사는 영업 · 판매 분야이다.

SECTION

제4과목 노동시장론

61 완전경쟁시장의 치킨 매장에서 치킨 1마리를 14,000원에 팔고 있다. 그리고 종업원을 시간당 7,000원에 고용하고 있다. 이 매장이 이윤을 극대화하기 위해서는 노동의 한계생산이 무엇과 같아질 때까지 고용을 늘려야 하는가?

① 시간당 치킨 1/2마리   ② 시간당 치킨 1마리

③ 시간당 치킨 2마리   ④ 시간당 치킨 4마리

해설 기업의 이윤극대화는 임금 = 한계생산물의 가치(한계생산량×시장가격)에서 이루어진다.
시장가격 = 14,000원, 임금 = 7,000원이므로
14,000×한계생산량 = 7000원이다. 따라서 한계생산량은 0.50이다.

---

62 준고정적 노동비용에 해당하지 않는 것은?

① 퇴직금　　　　　② 건강보험
③ 유급휴가　　　　④ 초과근무수당

해설 준고정적 노동비용은 근로자의 노동 시간과 관계없이 발생하는 노동비용이다. 채용 비용, 사회 보험료, 각종 복지 비용 등이다.

63 기업은 조합원이 아닌 노동자를 채용할 수 있고 채용된 근로자가 노동조합 가입 여부에 상관없이 기업의 종업원으로 근무하는 데 아무 제약이 없는 숍제도는?

① 클로즈드 숍　　　② 유니온 숍
③ 에이전시 숍　　　④ 오픈 숍

해설 ㉠ 오픈 숍(open shop) : 사용자가 노동조합에 가입한 조합원이나 가입하지 않은 비조합원이나 모두 고용할 수 있는 제도이다. 노동조합은 상대적으로 노동력의 공급을 독점하기 어렵다.
　㉡ 클로즈드 숍(closed shop) : 조합에 가입하고 있는 노동자만을 채용하고 일단 고용된 노동자라도 조합원자격을 상실하면 종업원이 될 수 없는 숍제도로서 우리나라 항운노동조합이 이에 해당한다.
　㉢ 유니온 숍(union shop) : 기업이 노동자를 채용할 때는 노동조합에 가입하지 않은 노동자를 채용할 수 있지만 일단 채용된 노동자는 일정기간 내에 노동조합에 가입하여야 하며 또한 조합에서 탈퇴하거나 제명되는 경우 종업원자격을 상실하도록 되어 있는 제도이다.
　㉣ 에이전시 숍(agency shop) : 노동조합 가입에 대한 강제조항이 없는 경우, 비노조원은 노력없이 노조원들의 조합활동의 혜택을 보게 된다. 따라서 노조는 혜택에 대한 대가로 비노조원들에게서 노조비에 상당하는 금액을 징수한다
　㉤ 프리퍼렌셜 숍(preferential shop) : 조합원 우대제도라고도 하며 사용자가 조합원 여부에 관계없이 종업원을 채용할 수 있으나, 인사 · 해고 및 승진 등에 있어서 조합원에게 우선적 특권을 부여하는 제도를 말한다.
　㉥ 메인티넌스 숍(maintenance of membership shop) : 조합원 자격 유지제도라고도 하며 사용자가 조합원 여부에 관계없이 종업원을 채용할 수 있으나 단체협약의 효력기간 중에는 조합원 자격을 유지하여야 하는 제도이다.

64 다음 중 생산성을 향상시키는 요인과 가장 거리가 먼 것은?

① 노동조합 조합원 수의 증가　② 자본 절약적 기술혁신
③ 자본의 질적 증가　　　　　　④ 노동의 질적 향상

해설 생산성＝산출/투입 이며, 종업원수는 생산성과 관련이 없다.

65 성과급제도의 장점으로 가장 적합한 것은?

① 직원 간 화합이 용이하다.
② 근로의 능률을 자극할 수 있다.
③ 임금의 계산이 간편하다.
④ 확정적 임금이 보장된다.

해설 성과급제도는 근로자의 능률을 자극할 수 있다.

66 파업의 경제적 손실에 대한 설명으로 틀린 것은?

① 노동조합 측 노동소득의 순상실분은 해당기업에서의 임금소득의 상실보다 훨씬 적을 수 있다.
② 사용자 이윤의 순감소분은 직접적인 생산중단에서 오는 것보다 항상 더 크다.
③ 파업에 따르는 사회적 비용은 제조업보다 서비스업에서 더 큰 것이 보통이다.
④ 파업에 따르는 생산량감소는 타산업의 생산량증가로 보충하기도 한다.

해설 사용자의 사적비용은 직접적인 생산중단에서 오는 이윤의 순감소분보다 적을 수 있다.

67 근로기준법에 경영상 이유에 의한 해고, 탄력적 근로시간제 등의 조항이 등장하고 파견근로자 보호 등에 관한 법률이 제정된 이유로 가장 타당한 것은?

① 획일화되는 사회에 적응하기 위함이다.
② 노동조합의 전투성을 진정시키기 위함이다.
③ 외부자보다는 내부자를 보호하기 위함이다.
④ 불확실한 시장상황에 기업이 신속하게 대응할 수 있도록 하기 위함이다.

해설 ① 다양화되는 사회에 적응하기 위함이다.
　② 경쟁의 세계화 등에 따른 경영합리화의 압력은 노동조합의 조직력을 약화시킨다.
　③ 외부자를 보호하기 위함이다.

68 기업의 종업원주식소유제 또는 종업원지주제 도입의 목적이 아닌 것은?

① 새로운 일자리 창출
② 기업재무구조의 건전화
③ 종업원에 의한 기업인수로 고용안정 도모
④ 공격적 기업 인수 및 합병에 대한 효과적 방어수단으로 활용

해설 기업이 자사 종업원에게 특별한 조건과 방법으로 자사 주식을 분양 · 소유하게 함으로써 종업원에 대한 근로의욕과 애사심을 증진하며 노사협력의 분위기를 조성한다. 일자리 창출과는 관련이 없다.

69 효율임금가설에 대한 설명으로 틀린 것은?

① 효율임금은 생산의 임금탄력성이 1이 되는 점에서 결정된다.
② 효율임금은 전문직과 같이 노동자들의 생산성을 관측하기 어려운 경우 채택될 가능성이 높다.
③ 효율임금은 경쟁임금수준보다 높으므로 개별기업의 이윤극대화를 가져다주는 임금이라 할 수 없다.
④ 효율임금은 임금인상에 따른 한계생산이 임금의 평균생산과 일치하는 점에서 결정된다.

해설 효율임금이론에서 고임금이 고생산성을 가져오며 기업의 효율성 임금 정책 때문에 산업 · 기업 간 임금격차 및 이중노동시장이 성립되고, 이는 기업의 이윤극대화와 부합하는 현상이다.

70 마르크스(K.Marx)에 의하면 기술진보로 인하여 상대적 과잉인구가 발생하게 되는데 이를 무슨 실업이라 하는가?

① 마찰적 실업 　　② 구조적 실업
③ 기술적 실업 　　④ 경기적 실업

해설 기술적 실업은 자본의 유기적 구성도의 고도화에 의하여 창출되는 K.Marx의 상대적 과잉인구에 해당되는 실업이다.

71 노동의 공급곡선에 대한 설명 중 틀린 것은?

① 일정 임금수준 이상이 될 때 노동의 공급곡선은 후방굴절부분을 가진다.
② 임금과 노동시간 사이에 음(－)의 관계가 존재할 경우 임금률의 변화 시 소득효과가 대체효과보다 작다.
③ 임금과 노동시간과의 관계이다.
④ 노동공급의 증가율이 임금상승률보다 높다면 노동공급은 탄력적이다.

해설 임금과 노동시간 사이에 음(－)의 관계가 존재할 경우 임금률의 변화 시 소득효과가 대체효과보다 크다.

72 내부노동시장의 형성요인이 아닌 것은?

① 기술변화에 따른 산업구조 변화
② 장기근속 가능성
③ 위계적 직무서열
④ 기능의 특수성

해설 내부노동시장의 형성요인은 숙련의 특수성, 현장훈련(직장내 훈련), 관습, 장기근속가능성, 기업의 규모 등이다.

73 노동시장과 실업에 관한 설명으로 틀린 것은?

① 최저임금제는 비숙련 노동자에게 해당된다.
② 해고자, 취업대기자, 구직포기자는 실업자에 포함된다.
③ 효율성임금은 노동자의 이직을 막기 위해 시장균형 임금보다 높다.
④ 최저임금, 노동조합 또는 직업탐색 등이 실업의 원인에 포함된다.

해설 구직포기자는 비경제활동인구이다.

74 임금의 경제적 기능에 대한 설명으로 틀린 것은?

① 임금결정에서 기업주는 동일노동 동일임금을 선호하고 노동 자는 동일노동 차등임금을 선호한다.
② 기업주에게는 실질임금이 중요성을 가지나 노동자에게는 명 목임금이 중요하다.
③ 기업주에서 본 임금과 노동자 입장에서 본 임금의 성격상 상 호배반적인 관계를 갖는다.
④ 임금은 인적자본에 대한 투자수요결정의 변수로서 중요한 역할을 한다.

해설 노동자는 동일노동, 동일임금을 선호하고, 기업주는 능력이 우수한 노 동자에게 더 많은 임금을 주려고 한다.

75 경제활동인구조사에서 취업자로 분류되는 사람은?

① 명예퇴직을 하여 연금을 받고 있는 전직 공무원
② 하루 3시간씩 구직활동을 하고 있는 전직 은행원
③ 하루 1시간씩 학교 부근 식당에서 아르바이트를 하고 있는 대학생
④ 하루 2시간씩 남편의 상점에서 무급으로 일하는 기혼여성

해설 조사대상 주간 중 수입을 목적으로 1시간 이상 일한 자는 취업자로 분 류된다.

76 분단노동시장(segmented labor market) 가설의 출현 배경과 가장 거리가 먼 것은?

① 능력분포와 소득분포의 상이
② 교육개선에 의한 빈곤퇴치 실패
③ 소수인종에 대한 현실적 차별
④ 동질의 노동에 동일한 임금

해설 동일 노동에의 동일 임금 지급은 단일노동시장(완전경쟁노동시장)에 해당된다.

77 다음 중 구조적 실업에 대한 대책과 가장 거리가 먼 것은?

① 경기활성화
② 직업전환교육
③ 이주에 대한 보조금
④ 산업구조변화 예측에 따른 인력수급정책

해설 경기적 실업은 수요부족실업으로 불경기(경기침체)에 기업의 고용감 소로 인한 유효수요 부족으로 발생하며 총수요의 확대, 경기활성화를 통해 해결할 수 있다.

78 임금상승의 소득효과가 대체효과보다 클 경우, 노동공 급곡선의 형태는?

① 우상승한다.
② 수평이다.
③ 좌상승한다.
④ 변함없다.

해설 근로자들의 임금이 일정한 수준 이상으로 상승하면 고소득으로 인한 여가의 증가로 노동시간의 감소를 나타내는데, 이 경우 개인의 노동공 급곡선은 일정수준 이상의 높은 임금에서 뒤쪽으로 굽어지는 형태를 보인다. 이를 후방 굴절형 곡선이라 한다. 다만 여가가 열등재일 경우는 후방굴절하는 것이 아니고 임금수준과 무관하게 우상향한다.

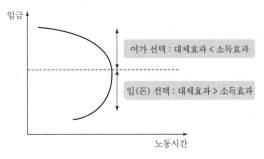

79 외국인 노동자들의 모든 근로가 합법화되었을 때 외국 인 노동수요의 임금탄력성이 0.6이고 임금이 15% 상승하면, 외국인 노동자들에 대한 수요는 몇 % 감소하는가?

① 6%
② 9%
③ 12%
④ 15%

해설 노동수요의 탄력성 $= \dfrac{\text{노동수요량의 변화율(\%)}}{\text{임금의 변화율(\%)}}$

$0.6 = \dfrac{\text{노동수요량의 변화율(\%)}}{15\%}$

80 다음 중 시장균형임금보다 임금수준이 높게 유지되는 경우에 해당되지 않는 것은?

① 인력의 부족　　② 노동조합의 존재
③ 최저임금제의 시행　　④ 효율성 임금 정책 도입

해설 시장임금보다 임금수준이 높게 유지되는 경우는 노동조합의 존재, 최저임금제의 시행, 효율성 임금 정책이다.

SECTION
제5과목 **노동관계법규**

81 고용상 연령차별금지 및 고령자고용촉진에 관한 법령상 고령자와 준고령자의 정의에 관한 설명으로 옳은 것은?

① 고령자는 55세 이상인 사람이며, 준고령자는 50세 이상 55세 미만인 사람으로 한다.
② 고령자는 60세 이상인 사람이며, 준고령자는 55세 이상 60세 미만인 사람으로 한다.
③ 고령자는 58세 이상인 사람이며, 준고령자는 55세 이상 58세 미만인 사람으로 한다.
④ 고령자는 65세 이상인 사람이며, 준고령자는 60세 이상 65세 미만인 사람으로 한다.

해설 1) "고령자"란 인구와 취업자의 구성 등을 고려하여 대통령령으로 정하는 연령 이상인 사람을 말한다.(55세 이상인 사람)
2) "준고령자"란 대통령령으로 정하는 연령 이상인 사람으로서 고령자가 아닌 사람을 말한다.(50세 이상 55세 미만)

---

82 직업안정법령상 일용근로자 이외의 직업소개를 하는 유료직업소개사업자의 장부 및 서류의 비치 기간으로 옳은 것은?

① 종사자명부 : 3년
② 구인신청서 : 2년
③ 구직신청서 : 1년
④ 금전출납부 및 금전출납 명세서 : 1년

해설 종사자명부, 구인신청서, 구직신청서, 금전출납부 및 금전출납 명세서의 서류비치 기간은 2년이다.

---

83 고용보험법령상 취업촉진 수당에 해당하지 않는 것은?

① 여성고용촉진장려금　　② 광역 구직활동비
③ 이주비　　④ 직업능력개발 수당

해설 1) 실업급여는 구직급여와 취업촉진 수당으로 구분한다.
2) 취업촉진 수당의 종류는 다음 각 호와 같다.
① 조기(早期)재취업 수당
② 직업능력개발 수당
③ 광역 구직활동비
④ 이주비

---

84 근로기준법령상 정의 규정에 관한 설명으로 옳게 명시되지 않은 것은?

① 근로자라 함은 직업의 종류를 불문하고 임금·급료 기타 이에 준하는 수입에 의하여 생활하는 자를 말한다.
② 근로계약이란 근로자가 사용자에게 근로를 제공하고 사용자는 이에 대항 임금을 지급하는 것을 목적으로 체결된 계약을 말한다.
③ 임금이란 사용자가 근로의 대가로 근로자에게 임금, 봉급, 그밖에 어떠한 명칭으로든지 지급하는 일체의 금품을 말한다.
④ 사용자란 사업주 또는 사업 경영 담당자, 그 밖에 근로자에 관한 사항에 대하여 사업주를 위하여 행위하는 자를 말한다.

해설 "근로자"란 직업의 종류와 관계없이 임금을 목적으로 사업이나 사업장에 근로를 제공하는 사람을 말한다.

---

85 남녀고용평등과 일·가정 양립 지원에 관한 법률상 직장 내 성희롱에 관한 설명으로 틀린 것은?

① 사업주, 상급자 또는 근로자는 직장 내 성희롱을 하여서는 아니 된다.
② 사업주는 직장 내 성희롱 예방 교육을 매년 실시하여야 한다.
③ 고용노동부장관은 성희롱 예방 교육기관이 1년 동안 교육 실적이 없는 경우 그 지정을 취소할 수 있다.
④ 사업주는 직장 내 성희롱 발생 사실을 알게 된 경우에는 지체 없이 그 사실 확인을 위한 조사를 하여야 한다.

해설 고용노동부장관은 성희롱 예방 교육기관이 다음 각 호의 어느 하나에 해당하면 그 지정을 취소할 수 있다.
1. 거짓이나 그 밖의 부정한 방법으로 지정을 받은 경우
2. 정당한 사유 없이 강사를 3개월 이상 계속하여 두지 아니한 경우
3. 2년 동안 직장 내 성희롱 예방 교육 실적이 없는 경우

정답 80 ①　81 ①　82 ②　83 ①　84 ①　85 ③

86 남녀고용평등과 일·가정양립지원에 관한 법령상 남녀의 평등한 기회보장 및 대우에 관한 설명으로 틀린 것은?

① 사업주는 동일한 사업 내의 동일 가치 노동에 대하여는 동일한 임금을 지급하여야 한다.
② 사업주가 임금차별을 목적으로 설립한 별개의 사업은 별개의 사업으로 본다.
③ 사업주는 근로자를 모집하거나 채용할 때 남녀를 차별하여서는 아니 된다.
④ 사업주는 여성 근로자의 출산을 퇴직 사유로 예정하는 근로계약을 체결하여서는 아니 된다.

해설 사업주가 임금차별을 목적으로 설립한 별개의 사업은 동일한 사업으로 본다.

87 고용보험법의 적용 제외 대상이 아닌 자는?(단, 기타 사항은 고려하지 않음)

① 3개월 이상 계속하여 근로는 제공하는 자
② 「지방공무원법」에 따른 공무원
③ 「사립학교교직원 연금법」의 적용을 받는 자
④ 「별정우체국법」에 따른 별정우체국 직원

해설 **고용보험법 적용 제외**
1) 다음 각 호의 어느 하나에 해당하는 사람에게는 이 법을 적용하지 아니한다. 다만, 제1호의 근로자 또는 자영업자에 대한 고용안정·직업능력개발 사업에 관하여는 그러하지 아니하다.
① 소정(所定)근로시간이 대통령령으로 정하는 시간 미만인 사람
※ 1개월간 소정근로시간이 60시간 미만인 자(1주간의 소정근로시간이 15시간 미만인 자를 포함한다)를 말한다. 다만, 3개월 이상 계속하여 근로를 제공하는 자와 일용근로자는 제외한다.
② 공무원. 다만, 대통령령으로 정하는 바에 따라 별정직공무원, 임기제공무원의 경우는 본인의 의사에 따라 고용보험에 가입할 수 있다.
③ 「사립학교교직원 연금법」의 적용을 받는 사람
④ 그 밖에 대통령령으로 정하는 사람
㉠ 외국인 근로자. 다만 「출입국관리법 시행령」에 해당하는 자는 제외한다.
㉡ 「별정우체국법」에 따른 별정우체국 직원
2) 65세 이후에 고용(65세 전부터 피보험 자격을 유지하던 사람이 65세 이후에 계속하여 고용된 경우는 제외한다)되거나 자영업을 개시한 사람에게는 제4장 및 제5장을 적용하지 아니한다.

88 고용정책기본법령상 대량 고용변동의 신고기준 중 ( )에 들어갈 숫자의 연결이 옳은 것은?

1. 상시 근로자 300명 미만을 사용하는 사업 또는 사업장 : ( )명 이상
2. 상시 근로자 300명 이상을 사용하는 사업 또는 사업장 : 상시 근로자 총수의 100분의 ( ) 이상

① 10, 20
② 10, 30
③ 30, 10
④ 30, 20

해설 **대량 고용변동의 신고**
1) 사업주는 생산설비의 자동화, 신설 또는 증설이나 사업규모의 축소, 조정 등으로 인한 고용량(雇傭量)의 변동이 대통령령으로 정하는 기준에 해당하는 경우에는 그 고용량의 변동에 관한 사항을 직업안정기관의 장에게 신고하여야 한다. 다만, 「근로기준법」 제24조제4항에 따른 신고를 한 경우에는 그러하지 아니하다.
① 상시 근로자 300명 미만을 사용하는 사업 또는 사업장 : 30명 이상
② 상시 근로자 300명 이상을 사용하는 사업 또는 사업장 : 상시 근로자 총수의 100분의 10 이상

89 근로자직업능력 개발법령상 다음 ( )에 알맞은 숫자를 옳게 연결한 것은?

사업주는 훈련계약을 체결할 때에는 해당 직업능력개발훈련을 받는 사람이 직업능력개발훈련을 이수한 후에 사업주가 지정하는 업무에 일정 기간 종사하도록 할 수 있다. 이 경우 그 기간은 ( )년 이내로 하되, 직업능력개발훈련 기간의 ( )배를 초과할 수 없다.

① 3, 2
② 3, 3
③ 5, 2
④ 5, 3

해설 사업주는 제1항에 따른 훈련계약을 체결할 때에는 해당 직업능력개발훈련을 받는 사람이 직업능력개발훈련을 이수한 후에 사업주가 지정하는 업무에 일정 기간 종사하도록 할 수 있다. 이 경우 그 기간은 5년 이내로 하되, 직업능력개발훈련기간의 3배를 초과할 수 없다.

90 다음 중 근로기준법상 1순위로 변제되어야 하는 채권은?

① 우선권이 없는 조세 · 공과금
② 최종 3개월분의 임금
③ 질권 · 저당권에 의해 담보된 채권
④ 최종 3개월분의 임금을 제외한 임금채권 전액

해설 다음 각 호의 어느 하나에 해당하는 채권은 사용자의 총재산에 대하여 질권 · 저당권 또는 「동산 · 채권 등의 담보에 관한 법률」에 따른 담보권에 따라 담보된 채권, 조세 · 공과금 및 다른 채권에 우선하여 변제되어야 한다.
① 최종 3개월분의 임금
② 재해보상금

91 헌법이 보장하는 근로3권의 설명으로 틀린 것은?

① 단결권은 근로조건의 향상을 도모하기 위하여 근로자와 그 단체에게 부여된 단체 조직 및 활동, 가입, 존립보호 등을 위한 포괄적 개념이다.
② 단결권이 근로자 집단의 근로조건의 향상을 추구하는 주체라면, 단체교섭권은 그 목적 활동이고, 단체협약은 그 결실이라고 본다.
③ 단체교섭의 범위는 근로자들의 경제적 · 사회적 지위향상에 관한 것으로 단체교섭의 주체는 원칙적으로 근로자 개인이된다.
④ 단체행동권의 보장은 개개 근로자와 노동조합의 민 · 형사상 책임을 면제시키는 것이므로 시민법에 대한 중대한 수정을 의미한다.

해설 단체교섭권은 근로자 개인이 아닌 근로자의 단결체가 행사할 수 있는 권리이다.

92 남녀고용평등과 일 · 가정 양립에 관한 법령상 상시 300명 미만의 근로자를 사용하는 사업 또는 사업장에서의 배우자 출산휴가에 관한 설명으로 틀린 것은?

① 사업주는 근로자가 배우자 출산휴가를 청구하는 경우에 10일의 휴가를 주어야 한다.
② 사용한 배우자 출산휴가기간은 무급으로 한다.
③ 배우자 출산휴가는 근로자의 배우자가 출산한 날부터 90일이 지나면 청구할 수 없다.
④ 배우자 출산휴가는 1회에 한정하여 나누어 사용할 수 있다.

해설 배우자 출산휴가

1) 사업주는 근로자가 배우자의 출산을 이유로 휴가(이하 "배우자 출산휴가"라 한다)를 청구하는 경우에 10일의 휴가를 주어야 한다. 이 경우 사용한 휴가기간은 유급으로 한다.
2) 제1항 후단에도 불구하고 출산전후휴가급여등이 지급된 경우에는 그 금액의 한도에서 지급의 책임을 면한다.
3) 배우자 출산휴가는 근로자의 배우자가 출산한 날부터 90일이 지나면 청구할 수 없다.
4) 배우자 출산휴가는 1회에 한정하여 나누어 사용할 수 있다.
5) 사업주는 배우자 출산휴가를 이유로 근로자를 해고하거나 그 밖의 불리한 처우를 하여서는 아니 된다.

93 파견근로자 보호 등에 관한 법령상 근로자 파견사업을 하여서는 아니 되는 업무에 해당하는 것을 모두 고른 것은?

ㄱ. 건설공사현장에서 이루어지는 업무
ㄴ. 「산업안전보건법」상 따른 유해하거나 위험한 업무
ㄷ. 「의료기사 등에 관한 법률」상 의료기사의 업무
ㄹ. 「여객자동차 운수사업법」상 여객자동차운송사업에서의 운전업무

① ㄱ, ㄹ
② ㄱ, ㄴ, ㄷ
③ ㄱ, ㄷ, ㄹ
④ ㄱ, ㄴ, ㄷ, ㄹ

해설 다음 각 호의 업무에 대하여는 근로자파견사업을 행하여서는 아니 된다.
① 건설공사현장에서 이루어지는 업무
② 「항만운송사업법」, 「한국철도공사법」, 「농수산물유통 및 가격안정에 관한 법률」, 「물류정책기본법」의 하역업무로서 「직업안정법」에 따라 근로자공급사업 허가를 받은 지역의 업무
③ 「선원법」에 따른 선원의 업무
④ 「산업안전보건법」에 따른 유해하거나 위험한 업무
⑤ 그 밖에 근로자 보호 등의 이유로 근로자파견사업의 대상으로는 적절하지 못하다고 인정하여 대통령령이 정하는 업무
  ㉠ 분진작업을 하는 업무
  ㉡ 건강관리카드의 발급대상 업무
  ㉢ 간호조무사의 업무
  ㉣ 의료기사의 업무
  ㉤ 여객자동차운송사업의 운전업무
  ㉥ 화물자동차운송사업의 운전업무

94 고용보험법상 고용보험심사위원회의 재심사 청구에서 재심사 청구인의 대리인이 될 수 없는 자는?

① 청구인인 법인의 직원
② 청구인의 배우자
③ 청구인이 가입한 노동조합의 위원장
④ 변호사

해설 심사청구인 또는 재심사청구인은 법정대리인 외에 다음 각 호의 어느 하나에 해당하는 자를 대리인으로 선임할 수 있다.
① 청구인의 배우자, 직계존속·비속 또는 형제자매
② 청구인인 법인의 임원 또는 직원
③ 변호사나 공인노무사
④ 심사위원회의 허가를 받은 자

95 직업안정법령상 용어 정의로 틀린 것은?

① "고용서비스"란 구인자 또는 구직자에 대한 고용정보의 제공, 직업소개, 직업지도 또는 직업능력개발 등 고용을 지원하는 서비스를 말한다.
② "직업안정기관"이란 직업소개, 직업지도 등 직업안정업무를 수행하는 지방고용노동행정기관을 말한다.
③ "모집"이란 근로자를 고용하려는 자가 취업하려는 사람에게 피고용인이 되도록 권유하거나 다른 사람으로 하여금 권유하게 하는 것을 말한다.
④ "근로자공급사업"이란 공급계약에 따라 근로자를 타인에게 사용하게 하는 사업을 말하는 것으로서, 파견근로자보호등에 관한 법률에 의한 근로자파견사업도 포함한다.

해설 "근로자공급사업"이란 공급계약에 따라 근로자를 타인에게 사용하게 하는 사업을 말한다. 다만, 「파견근로자 보호 등에 관한 법률」 제2조제2호에 따른 근로자파견사업은 제외한다.

96 근로자직업능력 개발법령상 훈련방법에 따른 구분에 해당하지 않는 것은?

① 집체훈련　　　　② 현장훈련
③ 양성훈련　　　　④ 원격훈련

해설 1) 직업능력개발훈련은 훈련의 목적에 따라 다음 각 호와 같이 구분한다.
① 양성(養成)훈련 : 근로자에게 작업에 필요한 기초적 직무수행능력을 습득시키기 위하여 실시하는 직업능력개발훈련
② 향상훈련 : 양성훈련을 받은 사람이나 직업에 필요한 기초적 직무수행능력을 가지고 있는 사람에게 더 높은 직무수행능력을 습득시키거나 기술발전에 맞추어 지식·기능을 보충하게 하기 위하여 실시하는 직업능력개발훈련
③ 전직(轉職)훈련 : 근로자에게 종전의 직업과 유사하거나 새로운 직업에 필요한 직무수행능력을 습득시키기 위하여 실시하는 직업능력개발훈련
2) 직업능력개발훈련은 다음 각 호의 방법으로 실시한다.
① 집체(集體)훈련 : 직업능력개발훈련을 실시하기 위하여 설치한 훈련전용시설이나 그 밖에 훈련을 실시하기에 적합한 시설(산업체의 생산시설 및 근무장소는 제외한다)에서 실시하는 방법
② 현장훈련 : 산업체의 생산시설 또는 근무장소에서 실시하는 방법
③ 원격훈련 : 먼 곳에 있는 사람에게 정보통신매체 등을 이용하여 실시하는 방법
④ 혼합훈련 : 제1호부터 제3호까지의 훈련방법을 2개 이상 병행하여 실시하는 방법

97 근로자퇴직급여 보장법령의 내용으로 옳지 않은 것은?

① 상시 4명 이하의 근로자를 사용하는 사업 또는 사업장에는 퇴직급여제도를 설정하지 않아도 된다.
② 퇴직연금제도란 확정급여형 퇴직연금제도, 확정기여형 퇴직연금제도 및 개인형 퇴직연금제도를 말한다.
③ 4주간 평균하여 1주간의 소정근로시간이 15시간 미만인 근로자는 퇴직급여제도를 설정하지 않아도 된다.
④ 퇴직급여제도를 설정하는 경우에 하나의 사업에서 급여 및 부담금 산정방법의 적용 등에 관하여 차등을 두어서는 아니 된다.

해설 근로자퇴직급여 보장법은 근로자를 사용하는 모든 사업 또는 사업장(이하 "사업"이라 한다)에 적용한다. 다만, 동거하는 친족만을 사용하는 사업 및 가구 내 고용활동에는 적용하지 아니한다.

98 고용정책 기본법상 고용노동부장관이 실시하는 실업대책사업에 해당하지 않는 것은?

① 실업자 가족의 의료비 지원
② 고용촉진과 관련된 사업을 하는 자에 대한 대부(貸付)
③ 고용재난지역의 선포
④ 실업자에 대한 공공근로사업

해설 고용재난지역의 선포를 건의받은 대통령은 국무회의 심의를 거쳐 해당 지역을 고용재난지역으로 선포할 수 있다.

99 채용절차의 공정화에 관한 법령상 500만원 이하의 과태료 부과사항에 해당하지 않는 것은?

① 채용광고의 내용 또는 근로조건을 변경한 구인자
② 지식재산권을 자신에게 귀속하도록 강요한 구인자
③ 채용서류 보관의무를 이행하지 아니한 구인자
④ 그 직무의 수행에 필요하지 아니한 개인정보를 기초심사자료에 기재하도록 요구하거나 입증자료로 수집한 구인자

해설 다음 각 호의 어느 하나에 해당하는 자에게는 300만원 이하의 과태료를 부과한다.
① 채용서류 보관의무를 이행하지 아니한 구인자
② 구직자에 대한 고지의무를 이행하지 아니한 구인자
③ 시정명령을 이행하지 아니한 구인자

100 근로기준법령상 임금에 관한 설명으로 틀린 것은?

① 사용자의 귀책사유로 휴업하는 경우에 사용자는 휴업기간 동안 그 근로자에게 평균임금의 100분의 80 이상의 수당을 지급하여야 한다.
② 단체협약에 특별한 규정이 있는 경우에는 임금의 일부를 공제할 수 있다.
③ 임금은 매월 1회 이상 일정한 날짜를 정하여 지급하는 것이 원칙이다.
④ 임금채권은 3년간 행사하지 아니하면 시효로 소멸한다.

해설 사용자의 귀책사유로 휴업하는 경우에 사용자는 휴업기간 동안 그 근로자에게 평균임금의 100분의 70 이상의 수당을 지급하여야 한다. 다만, 평균임금의 100분의 70에 해당하는 금액이 통상임금을 초과하는 경우에는 통상임금을 휴업수당으로 지급할 수 있다.

2021년 1회 과년도문제풀이

직업상담사 2급 필기 전과목 무료동영상

제1과목 직업상담학

01 상담 과정에서 상담자가 내담자에게 질문하는 형식에 관한 설명으로 옳지 않은 것은?

① 간접적 질문보다는 직접적 질문이 더 효과적이다.
② 폐쇄적 질문보다는 개방적 질문이 더 효과적이다.
③ 이중질문은 상담에서 도움이 되지 않는다.
④ "왜"라는 질문은 가능히면 피해야 한다.

해설 직접적인 질문보다는 간접적인 질문이 더 좋다.

02 실존주의 상담에 관한 설명으로 옳은 것은?

① 인간은 과거와 환경에 의해 결정되는 것이 아니라 현재의 사고, 감정, 느낌, 행동의 전체성과 통합을 추구하는 존재이다.
② 인간은 자신의 삶 속에서 스스로를 불행하게 만드는 요인이 무엇인가를 이해할 수 있을 뿐만 아니라 자신의 나아갈 방향을 찾고 건설적인 변화를 이끌 수 있다.
③ 치료가 상담목표가 아니라 내담자로 하여금 자신의 현재 상태에 대해 인식하고 피해자적 역할로부터 벗어날 수 있도록 돕는 것이다.
④ 과거 사건에 대한 개인의 지각과 해석이 현재의 행동에 어떠한 영향을 미치는가에 중점을 두고 개인의 선택과 책임, 삶의 의미, 성공 추구 등을 강조한다.

해설 실존주의 상담은 치료가 상담목표가 아니라 내담자로 하여금 자신의 현재 상태에 대해 인식하고 피해자적 역할로부터 벗어날 수 있도록 돕는 것이다. 대면적 관계를 중요시하며, 내담자들로 하여금 자신의 현재 상태에 대해 인식하고 피해자적 역할로부터 벗어날 수 있도록 돕는 것이다.

03 Williamson이 분류한 직업선택의 주요 문제영역이 아닌 것은?

① 직업 무선택
② 직업선택의 확신 부족
③ 정보의 부족
④ 현명하지 못한 직업선택

해설 윌리엄슨(Williamson)의 직업상담의 문제유형 분류(변별진단)
　㉠ 무선택(선택하지 않음)
　㉡ 불확실한 선택(확신이 없는 결정)
　㉢ 현명하지 못한 선택(적성의 모순, 어리석은 선택)
　㉣ 흥미와 적성간의 불일치(흥미와 적성 간의 모순)

04 자기인식이 부족한 내담자를 사정할 때 인지에 대한 통찰을 재구조화하거나 발달시키는 데 적합한 방법은?

① 직면이나 논리적 분석을 해 준다.
② 불안에 대처하도록 심호흡을 시킨다.
③ 은유나 비유를 사용한다.
④ 사고를 재구조화 한다.

해설 인지적 명확성이 부족한 내담자의 유형에 따른 면담

> **자기인식의 부족(개입 : 은유나 비유를 쓰기)**
> 내담자 : 난 호의를 가지고 있는데 왜 사람들이 그렇게 반응하는지 이해할 수가 없어요. 난 항상 남의 보조만 맞추고 있는 것 같아요.
> 상담자 : 사람들이 선생님의 기대에 맞게 반응하지 않을 때 좀 화가 나시겠네요.
> 내담자 : 곧 우울해져요. 난 사무실에서 왕따에요.
> 〈개입 : 은유나 비유를 쓰기〉
> 그 사람의 인지에 대한 통찰을 재구조화하거나 발달시키는 이야기로 한다.
> 상담자 : 사람들이 선생님을 어떻게 보는지에 대해서 어떤 이야기나 속담이나, 동화를 비유해서 얘기해보세요.
> 내담자 : 그건 좀 이상하게 들릴 텐데요. 난 미운 오리새끼 같아요. 매번 난 뭔가에 대해 벌 받을 짓을 하거든요.

정답 01 ① 02 ③ 03 ③ 04 ③

> 상담자 : 그 얘기가 어떻게 끝나는지 기억하세요?
> 내담자 : 아니요
> 상담자 : 음. 미운 오리새끼는 나중에 아름다운 백조가 되잖아요. 그리고 모두에게 환영받고요.
> 내담자 : 그런 일은 내겐 안 일어날 거예요.
> 상담자 : 동화 얘기 중에, "할 수 없다."고 말하는 작은 기차에 대한 얘기도 알고 계세요?
> 내담자 : 물론 알고 있어요. 기차가 "난 할 수 있어."라고 말하니까 언덕을 올라갔지요.
> 상담자 : 제가 보기에 당신은 "난 할 수 없어."라고 항상 스스로에게 말하고 있는 것 같아요.

05 정신역동적 직업상담에서 Bordin이 제시한 상담자의 반응범주에 해당하지 않는 것은?

① 소망 – 방어 체계
② 비교
③ 명료화
④ 진단

해설 정신역동 직업상담의 상담단계는 탐색과 계약체결 – 핵심결정 – 변화를 위한 노력이며, 상담기법은 명료화, 비교, 소망 – 방어 체계에 대한 해석이다.

06 직업상담의 기초 기법에 관한 설명으로 틀린 것은?

① 적극적 경청 : 내담자의 내면적 감정을 반영하는 것으로 이를 통해 내담자의 감정을 충분히 이해하고 수용할 수 있다.
② 명료화 : 내담자의 말 속에 포함되어 있는 불분명한 측면을 상담자가 분명하게 밝히는 반응이다.
③ 수용 : 상담자가 내담자의 이야기에 주의를 집중하고 있고, 내담자를 인격적으로 존중하고 있음을 보여주는 기법이다.
④ 해석 : 내담자가 새로운 방식으로 자신의 문제들을 볼 수 있도록 사건들의 의미를 설정해 주는 것이다.

해설 ① 공감에 대한 설명이다.

07 생애진로사정의 구조 중 전형적인 하루에서 검토되어야 할 성격차원은?

① 의존적 – 독립적 성격차원
② 판단적 – 인식적 성격차원
③ 외향적 – 내성적 성격차원
④ 감각적 – 직관적 성격차원

해설 **생애진로사정(life career assessment)**

ⓐ 생애진로사정은 아들러(Adler)의 개인 심리학에 이론적 기초를 두고 있다.
ⓑ 생애진로사정은 상담자가 내담자와 처음 만났을 때 이용할 수 있는 구조화된 면접기법으로 초기단계에서 사용된다.
ⓒ 생애진로사정은 구조화된 면담기술로서 짧은 시간에 체계적인 정보를 수집할 수 있다.
ⓓ 생애진로사정은 상담초기에 내담자에 관한 가장 기초적인 직업상담 정보를 얻는 질적 평가절차이다.

생애진로사정의 구조

ⓐ 진로사정 – 내담자 경험, 교육 여가 등에 대한 전반적인 평가 및 가계도를 작성한다.
ⓑ 전형적인 하루 – 개인이 자신의 생활을 어떻게 조직하는지를 발견하는 것이다. 내담자가 그들 자신의 생활을 체계적으로 조직하는지 아니면 매일 자발적으로 반응하는지 결정하는 데 도움을 준다.(의존적 – 독립적 성격차원 검토)
ⓒ 강점과 장애 – 내담자의 강점과 약점에 대한 질문, 내담자가 직면하고 있는 문제들, 환경적 장애들에 대한 정보를 얻을 수 있다.
ⓓ 요약 : 면접동안 얻어진 정보들을 재차 강조, 인생경력의 가치관들, 강점과 장애 등을 반복 확인할 수 있다.

08 직업상담의 기본 원리에 대한 설명으로 틀린 것은?

① 직업상담은 개인의 특성을 객관적으로 파악한 후, 직업상담자와 내담자 간의 신뢰관계(rapport)를 형성한 뒤에 실시하여야 한다.
② 직업상담에 있어서 가장 핵심적인 요소는 개인의 심리적 · 정서적 문제의 해결이다.
③ 직업상담은 진로발달이론에 근거하여야 한다.
④ 직업상담은 각종 심리검사를 활용하여 그 결과를 기초로 합리적인 결과를 끌어낼 수 있어야 한다.

해설 직업상담에 있어서 가장 핵심적인 요소는 개인의 심리적 · 정서적 문제보다 직업지도이다.

09 다음은 어떤 직업상담 접근방법에 관한 설명인가?

모든 내담자는 공통적으로 자기와 경험의 불일치로 인해서 고통을 받고 있기 때문에 직업상담 과정에서 내담자가 지니고 있는 직업문제를 진단하는 것 자체가 불필요하다고 본다.

① 내담자 중심 직업상담　② 특성-요인 직업상담
③ 정신 역동적 직업상담　④ 행동주의 직업상담

해설 내담자 중심 상담이론에서는 모든 내담자는 공통적으로 자기와 경험의 불일치로 인해서 고통을 받고 있기 때문에 직업상담 과정에서 내담자가 지니고 있는 직업문제를 진단하는 것 자체가 불필요하다고 본다.

10 발달적 직업상담에 관한 설명으로 틀린 것은?

① 내담자의 직업 의사결정문제와 직업 성숙도 사이의 일치성에 초점을 둔다.
② 내담자의 진로발달과 함께 일반적 발달 모두를 향상시키는 것을 목표로 하고 있다.
③ 정밀검사는 특성-요인 직업상담처럼 직업상담의 초기에 내담자에게 종합진단을 실시하는 것이다.
④ 직업상담사가 사용할 수 있는 기법에는 진로 자서전과 의사결정 일기가 있다.

해설 집중검사는 특성-요인 진로상담에서 처럼 짧은 준비단계의 면접 후에 내담자에게 종합검사를 실시하는 경우와 같고, 정밀검사는 진로상담의 전 과정에 걸쳐 개별검사를 실시하도록 고안된 것이다.

11 다음은 무엇에 관한 설명인가?

행동주의 직업상담에서 내담자가 직업선택에 대해서 무력감을 느끼게 되고, 그로 인해 발생된 불안 때문에 직업결정을 못하게 되는 것

① 무결단성　　　② 우유부단
③ 미결정성　　　④ 부적응성

해설 우유부단 : 정보의 부족함 또는 학습적응의 기회 부족으로 인해 적절한 의사결정을 하지 못하는 것
무결단성 : 부모가 내담자에게 직업선택에 있어 강압적이거나 지시적인 요구를 할 때, 내담자들은 직업선택 문제에서 무력감을 느끼게 되고 그로 인한 불안으로 인해 직업선택을 하지 못하게 된다.

12 자기보고식 가치사정법이 아닌 것은?

① 과거의 선택 회상하기
② 존경하는 사람 기술하기
③ 난관을 극복한 경험 기술하기
④ 백일몽 말하기

해설 **가치사정기법**
㉠ 체크목록의 가치에 순위 매기기
㉡ 과거의 선택 회상하기
㉢ 절정경험 조사하기
㉣ 자유시간과 금전의 사용
㉤ 백일몽 말하기
㉥ 존경하는 사람 기술하기

13 성공적인 상담결과를 위한 상담목표의 특징으로 옳지 않은 것은?

① 변화될 수 없으며 구체적이어야 한다.
② 실현가능해야 한다.
③ 내담자가 원하고 바라는 것이어야 한다.
④ 상담자의 기술과 양립 가능해야만 한다.

해설 변화될 수 있어야만 성공적인 상담결과를 가져올 것이다.

14 Herr가 제시한 직업상담사의 직무내용에 해당되지 않는 것은?

① 상담자는 특수한 상담기법을 통해서 내담자의 문제를 확인하도록 한다.
② 상담자는 좋은 결정을 가져오기 위한 예비행동을 설명한다.
③ 직업선택이 근본적인 관심사인 내담자에 대해서는 직업상담 실시를 보류하도록 한다.
④ 내담자에 관한 부가적 정보를 종합한다.

해설 직업선택이 근본적인 관심사인 내담자에 대해서 상담자는 직업상담 실시를 확정한다.

15 포괄적 직업상담에 관한 설명으로 틀린 것은?

① 논리적인 것과 경험적인 것을 의미 있게 절충시킨 모형이다.
② 진단은 변별적이고 역동적인 성격을 가지고 있다.
③ 상담의 진단단계에서는 주로 특성-요인 이론과 행동주의 이론으로 접근한다.
④ 문제해결 단계에서는 도구적(조작적) 학습에 초점을 맞춘다.

해설 포괄적 직업상담의 초기단계는 내담자중심 직업상담과 발달적 직업상담기법을 이용하여 내담자에 대한 진단과 탐색이 이루어지며, 중기단계에서는 정신역동적 직업상담기법으로 내담자의 문제의 원인을 찾아 이를 제거하며, 말기단계에는 특성요인상담 및 행동주의 상담을 통해 문제해결에 보다 능동적이고 지시적인 태도로 개입하게 된다.

16 대안개발과 의사결정 시 사용하는 인지적 기법으로 다음 설명에 해당하는 인지치료 과정의 단계는?

상담자는 두 부분의 개입을 하게 된다. 첫 번째는 낡은 사고에 대한 평가이며, 두 번째는 낡은 사고나 새로운 사고의 적절성을 검증하는 실험을 해 보는 것이다. 의문문 형태의 개입은 상담자가 정답을 제시하기 보다는 내담자 스스로 해결방법에 다가가도록 유도한다.

① 2단계
② 3단계
③ 4단계
④ 5단계

해설 합리적·정서적 상담은 내담자의 비합리적인 신념을 합리적 신념으로 대치시키거나 최소화시켜서 내담자가 보다 합리적이고 융통성 있는 인생관을 갖도록 한다.
1단계 : 내담자가 느끼는 감정의 속성이 무엇인지를 확인한다.
2단계 : 감정과 연합된 사고, 신념, 태도 등을 확인한다.
3단계 : 내담자의 사고들을 1-2개의 문장으로 요약·정리한다.
4단계 : 내담자를 도와 현실과 이성의 사고를 조사해 보도록 개입한다.
5단계 : 과제를 부여하여 신념들과 생각들의 적절성을 검정하게 한다.

17 직업상담사의 윤리에 관한 설명으로 옳은 것은?

① 내담자 개인 및 사회에 임박한 위험이 있다고 판단되더라도 개인정보와 상담내용에 대한 비밀을 유지해야 한다.
② 자기의 능력 및 기법의 한계를 넘어서는 문제에 대해서는 다른 전문가에게 의뢰해야 한다.
③ 심층적인 심리상담이 아니므로 직업상담은 비밀 유지 의무가 없다.
④ 상담을 통해 내담자가 도움을 받지 못하더라도 내담자보다 먼저 종결을 제안해서는 안 된다.

해설 ① 상담자는 내담자의 개인 및 사회에 임박한 위험이 있다고 판단될 때, 극히 조심스럽게 고려한 뒤 내담자의 사회생활 정보를 적정한 전문인 혹은 사회당국에 공개한다.
③ 직무수행에서 습득한 내담자의 비밀을 철저히 유지하여야 한다.
④ 상담자는 내담자가 자기로부터 도움을 받지 못하고 있음이 분명할 경우에는 상담을 종결하려고 노력한다.

18 다음 상담 장면에서 나타난 진로상담에 대한 내담자의 잘못된 인식은?

내담자 : 진로선택에 대해서 도움을 받고자 합니다.
상담자 : 당신이 현재 생각하고 있는 것부터 이야기를 하시지요.
내담자 : 저는 올바르게 선택하고 싶습니다. 아시겠지만, 저는 실수를 저지르고 싶지 않습니다. 선생님은 제가 틀림없이 올바르게 선택할 수 있도록 도와주실 것으로 생각합니다.

① 진로상담의 정확성에 대한 오해
② 일회성 결정에 대한 편견
③ 적성·심리검사에 대한 과잉신뢰
④ 흥미와 능력 개념의 혼동

해설 **직업 및 진로상담에 대한 오해와 편견**
㉠ 진로상담의 정확성에 대한 오해 : 내담자들은 직업계획의 수립과 직업에 대한 결정이 고도로 과학적으로 이루어지며 결정적으로 정확할 것이라는 생각을 가진다. 그러나 진로상담의 경우 통계적 추론만 가능하다.
㉡ 일회성 결정에 대한 편견 : 내담자들은 단 한 번의 상담으로 자신의 진로를 결정할 수 있으리라는 생각을 가진다. 한 가지 직업 및 직장을 고수해야 한다는 낡은 생각을 버리고 자신이 선택하려는 직업의 특성을 고려하여 융통성 있게 진로를 결정해야 한다.
㉢ 심리검사에 대한 과잉 신뢰 : 내담자들이 검사의 강점과 한계점을 이해하지 못하고 검사 결과를 너무 신뢰하게 된다. 심리검사는 자신에 대한 정보를 수집하고 체계화할 수 있는 보조수단으로 활용한다.
㉣ 흥미와 능력 개념의 혼동 : 직업선택에는 흥미와 능력이 직접적인 관계가 있다고 생각한다. 흥미가 높다고 해서 그 일을 잘 해낸다는 보장은 없으며 흥미와 능력 간의 상관관계가 있지만 일반적인 생각처럼 높지 않다는 것을 인지해야 한다.
㉤ 기타 고려사항 : 진로계획을 수립할 때 단계별로 '철저히' 분석하여 결정해야 한다고 생각하며, '일 년쯤 지내고 보자'는 식의 생각을 가지고 있다.

정답 15 ③ 16 ③ 17 ② 18 ①

19 엘리스(Ellis)가 개발한 인지적 – 정서적 상담에서 정서적이고 행동적인 결과를 야기하는 것은?

① 선행사건　　　　② 논박
③ 신념　　　　　　④ 효과

해설　엘리스(Ellis)가 개발한 인지적 – 정서적 상담에서 정서적이고 행동적인 결과를 야기하는 것은 비합리적 신념 때문이다.

20 특성 – 요인 상담의 특징으로 옳지 않은 것은?

① 상담자 중심의 상담방법이다.
② 문제의 객관적 이해보다는 내담자에 대한 정서적 이해에 중점을 둔다.
③ 내담자에게 정보를 제공하고 학습기술과 사회적 적응기술을 알려주는 것을 중요시한다.
④ 사례연구를 상담의 중요한 자료로 삼는다.

해설　특성 – 요인 상담은 내담자에 대한 정서적 이해 보다는 문제의 객관적 이해에 중점을 둔다.

SECTION
제2과목　**직업심리학**

21 직무수행 관련 성격 5요인(Big 5) 모델의 요인이 아닌 것은?

① 외향성　　　　　② 친화성
③ 성실성　　　　　④ 지배성

해설　**성격 5요인 검사(big – 5)의 하위요인**
외향성, 호감성(친화성), 정서적 불안정성, 성실성, 경험에 대한 개방성

22 검사의 구성타당도 분석방법으로 적합하지 않은 것은?

① 기대표 작성
② 확인적 요인분석
③ 관련없는 개념을 측정하는 검사와의 상관계수 분석
④ 유사한 특성을 측정하는 기존 검사와의 상관계수 분석

해설　구성타당도 분석방법으로는 변별타당도, 수렴타당도, 요인분석법이 있다.

23 탈진(burnout)에 관한 설명으로 옳지 않은 것은?

① 종업원들이 일정 기간 동안 직무를 수행한 후 경험하는 지친 심리적 상태를 의미한다.
② 탈진검사는 정서적 고갈, 인격상실, 개인적 성취감 감소 등의 세 가지 구성요소로 측정한다.
③ 탈진에 대한 연구는 대부분 면접과 관찰을 통해 이루어졌다.
④ 탈진 경험은 다양한 직무 스트레스 요인과 직무 스트레스 반응 변인과 상관이 있다.

해설　탈진에 대한 연구는 대부분 면접과 조사를 통해 이루어졌다.

24 홀랜드(Holland) 이론의 직업환경 유형과 대표 직업 간 연결이 틀린 것은?

① 현실형(R) – 목수, 트럭운전사
② 탐구형(I) – 심리학자, 분자공학자
③ 사회형(S) – 정치가, 사업가
④ 관습형(C) – 사무원, 도서관 사서

해설　정치가, 사업가는 진취형이다.

25 미네소타 직업분류체계 III와 관련하여 발전한 직업발달 이론은?

① Krumboltz의 사회학습이론
② Super의 평생발달이론
③ Ginzberg의 발달이론
④ Lofquist와 Dawis의 직업적응이론

해설　미네소타 대학의 직업적응계획의 일환으로 연구 되었으며, 심리학적인 직업분류체계인 Minnesota Occupational Classification System III와 관련되어 발전된 이론이다. 개인과 환경사이의 일치라는 개념에 기초를 두고 있으므로 개인과 환경 사이의 조화로운 적합성, 개인과 환경의 상호보완적인 관계성이라 할 수 있으며 일치라는 개념은 개인과 환경이 공동으로 반응하는 것이다.

정답　19 ③　20 ②　21 ④　22 ①　23 ③　24 ③　25 ④

26 과업지향적 직무분석방법 중 기능적 직무분석의 세 가지 차원이 아닌 것은?

① 기술(skill) ② 자료(data)
③ 사람(people) ④ 사물(things)

해설 지식, 기술, 능력은 기능적 요인이 아니라 인적요건이다.

27 직무분석을 통해 작성되는 결과물로서, 해당 직무를 수행하는 작업자가 갖추어야 할 자격요건을 기록한 것은?

① 직무 기술서(jop description)
② 직무 명세서(job specification)
③ 직무 프로파일(job profile)
④ 직책 기술서(position description)

해설 직무 명세서는 직무를 수행하는 사람에게 요구되는 지식, 기술, 능력 등과 같은 인간적 요건이 무엇인지에 관한 정보를 제시해 놓은 것이다.

28 파슨스(Parsons)가 강조하는 현명한 직업 선택을 위한 필수 요인이 아닌 것은?

① 자신의 흥미, 적성, 능력, 가치관 등 내면적인 자신에 대한 명확한 이해
② 현대사회가 필요로 하는 전망이 밝은 분야에서의 취업을 위한 구체적인 준비
③ 직업에서의 성공, 이점, 보상, 자격요건, 기회 등 직업 세계에 대한 지식
④ 개인적인 요인과 직업 관련 자격요건, 보수 등의 정보를 기초로 한 현명한 선택

해설 파슨스(Parsons)가 제안한 특성－요인이론의 핵심적인 세가지 요소는 ㉠ 내담자 특성의 객관적인 분석, ㉡ 직업세계의 분석, ㉢ 과학적 조언을 통한 매칭(matching)이다. 각 개인은 객관적으로 측정될 수 있는 독특한 능력을 지니고 있으며, 이를 직업에서 요구하는 요인과 합리적인 추론을 통하여 매칭시키면 가장 좋은 선택이 된다.

29 다운사이징(downsizing)과 조직구조의 수평화로 대변되는 최근의 조직변화에 적합한 종업원 경력개발 프로그램에 관한 설명으로 가장 거리가 먼 것은?

① 직무를 통해서 다양한 능력을 본인 스스로 학습할 수 있도록 많은 프로젝트에 참여시킨다.
② 표준화된 작업규칙, 고정된 작업시간, 엄격한 직무기술을 강화한 학습 프로그램에 참여시킨다.
③ 불가피하게 퇴직한 사람들을 위한 퇴직자 관리 프로그램을 운영한다.
④ 새로운 직무를 수행하는 데 요구되는 능력 및 지식과 관련된 재교육을 실시한다.

해설 **다운사이징시대 경력개발 방향**
㉠ 조직구조의 수평화로 개인의 자율권 신장과 능력개발에 초점을 두어야 한다.
㉡ 기술, 제품, 개인의 숙련주기가 짧아져서 경력개발은 단기, 연속 학습단계로 이어진다.
㉢ 일시적이 아니라 계속적이고 평생학습으로의 경력개발이 요구된다.
㉣ 조직내 수평 이동과 단기고용이 진행된다.
㉤ 다양한 능력개발과 내부배치, 재교육이 이루어진다.

30 경력개발 프로그램 중 종업원 역량개발 프로그램과 가장 거리가 먼 것은?

① 훈련 프로그램 ② 사내공모제
③ 후견인 프로그램 ④ 직무순환

해설 종업원 개발 프로그램은 훈련 프로그램, 후견인 프로그램(멘토링), 직무순환제가 있다.

31 조직에서 자신이 생각하는 역할과 상급자가 생각하는 역할 간 차이에 기인한 스트레스 원은?

① 역할 과다 ② 역할 모호성
③ 역할 갈등 ④ 과제 곤란도

해설 역할 갈등은 역할담당자가 자신의 지위와 역할전달자의 역할기대가 상충되는 상황에서 지각하는 심리적 상태이다.

정답 26 ① 27 ② 28 ② 29 ② 30 ② 31 ③

32 신뢰도의 종류 중 검사 내 문항들 간의 동질성을 나타내는 것은?

① 동등형 신뢰도
② 내적일치 신뢰도
③ 검사−재검사 신뢰도
④ 평가자 간 신뢰도

해설 내적일관도는 검사의 각 문항들이 그 검사의 전체점수와의 관련정도 그리고 검사의 다른 문항들과의 관련 정도를 의미한다.

33 직업상담 장면에서 활용 가능한 성격검사에 관한 설명으로 옳은 것은?

① 특정분야에 대한 흥미를 측정한다.
② 어떤 특정분야나 영역의 숙달에 필요한 적응능력을 측정한다.
③ 대개 자기보고식 검사이며, 널리 이용되는 검사는 다면적 인성검사, 성격유형 검사 등이 있다.
④ 비구조적 과제를 제시하고 자유롭게 응답하도록 하여 분석하는 방식으로 웩슬러 검사가 있다.

해설 ① 흥미검사에 대한 내용이다.
② 적성검사에 대한 내용이다.
④ 구조적 과제를 제시한다.

34 인지적 정보처리 이론에서 제시하는 의사결정과정의 절차를 바르게 나열한 것은?

ㄱ. 분석단계	ㄴ. 종합단계
ㄷ. 실행단계	ㄹ. 가치평가단계
ㅁ. 의사소통단계	

① ㄱ → ㄴ → ㄷ → ㄹ → ㅁ
② ㄴ → ㄹ → ㄱ → ㄷ → ㅁ
③ ㄷ → ㄱ → ㄴ → ㅁ → ㄹ
④ ㅁ → ㄱ → ㄴ → ㄹ → ㄷ

해설 인지적 정보처리 이론에서 제시하는 진로문제 해결의 절차는 의사소통단계 → 분석단계 → 통합(종합)단계 → 가치부여(가치평가)단계 → 집행(실행)단계 이다.

35 홀랜드(Holland)의 성격이론에서 제시한 유형 중 일관성이 가장 낮은 것은?

① 현실적(R) −탐구적(I)
② 예술적(A)−관습적(C)
③ 설득적(E) −사회적(S)
④ 사회적(S) −예술적(A)

해설 홀랜드 코드의 두 개의 첫 문자가 육각형에 인접할 때 일관성이 높게 나타난다.

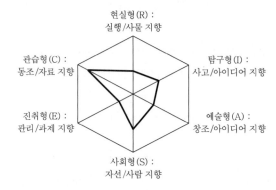

36 로(Roe)의 욕구이론에 관한 설명으로 옳은 것은?

① 부모−자녀 간의 상호작용을 자녀에 대한 정서집중형, 회피형, 수용형의 유형으로 구분한다.
② 청소년기 부모−자녀 간의 관계에서 생긴 욕구가 직업선택에 영향을 미친다는 이론이다.
③ 부모의 사랑을 제대로 받지 못하고 거부적인 분위기에서 성장한 사람은 다른 사람들과 함께 일하고 접촉하는 서비스 직종의 직업을 선호한다.
④ 직업군을 10가지로 분류한다.

해설 Roe는 아동기의 부모−자녀간의 관계에서 생긴 욕구가 직업선택에 영향을 미친다고 보았으며, 부모의 아동에 대한 회피는 공격적이며 방어적인 성격으로 나타나 사람과의 접촉이 적은 직업을 선택하게 된다. 또한 로는 흥미에 기초하여 직업군을 8가지로 분류하였다.

37 다음 중 규준의 범주에 포함될 수 없는 점수는?

① 표준점수
② Stanine 점수
③ 백분위 점수
④ 표집점수

해설 표집점수는 원점수(raw score)로서 규준의 범주에 포함되지 않는다. 직업적성검사에서 20점 만점 중 15점을 받아 그 점수가 그대로 기록되었다면 이 점수는 원점수이다.

정답 32 ② 33 ③ 34 ④ 35 ② 36 ① 37 ④

38 수퍼(Super)의 발달이론에 관한 설명으로 옳은 것은?

① 대부분의 사람들을 여섯 가지 유형 중 하나로 분류한다.
② 개인분석, 직업분석, 과학적 조언의 조화를 주장한다.
③ 생애 역할의 중요성과 직업적 자아개념을 강조한다.
④ 부모의 자녀양육방식을 발달적으로 전개한다.

해설 ① 홀랜드의 진로발달이론
② 특성요인 이론
④ Roe의 욕구이론

39 직무 및 일반 스트레스에 관한 설명으로 옳지 않은 것은?

① 17 − OHCS라는 당류부신피질 호르몬은 스트레스의 생리적 지표로서 매우 중요하게 사용된다.
② A성격 유형이 B성격 유형보다 더 높은 스트레스 수준을 유지한다.
③ Yerkes와 Dodson의 역U자형 가설은 스트레스 수준이 적당하면 작업능률도 최대가 된다고 한다.
④ 일반적응증후군(GAS)에 따르면 저항단계, 경고단계, 탈진단계를 거치면서 사람에게 나쁜 결과를 가져다준다.

해설 스트레스가 항상 사람에게 나쁜 결과를 가져다주지는 않는다. 스트레스 수준이 적당하면 작업능률도 최대가 된다고 한다.

40 심리검사의 유형 중 객관적 검사의 장점이 아닌 것은?

① 검사실시의 간편성　　② 객관성의 증대
③ 반응의 풍부함　　　　④ 높은 신뢰도

해설 반응의 풍부함은 투사적검사의 장점이다.

41 워크넷에서 제공하는 청소년 직업흥미검사의 하위척도가 아닌 것은?

① 활동척도　　　　　　② 자신감척도
③ 직업척도　　　　　　④ 가치관척도

해설 ① 활동척도 – 다양한 직업 및 일상생활 활동을 묘사하는 문항들로 구성되어 있으며 해당문항 활동을 얼마나 좋아하는지 혹은 싫어하는지의 선호를 측정한다.
② 자신감척도 – 활동척도와 동일하게 직업 및 일상생활 활동을 묘사하는 문항들로 구성되어 있으며, 다양한 문항의 활동에 대해서 개인이 얼마나 잘 할 수 있다고 느끼는지의 자신감 정도를 측정한다.
③ 직업척도 – 다양한 직업명의 문항들로 구성되어 있으며, 각 문항의 직업명에는 해당 직업에서 수행하는 일에 관한 설명이 함께 제시된다.

42 한국표준직업분류(제7차)에서 표준직업분류와 직능수준과의 관계가 옳지 않은 것은?

① 관리자 : 제4직능 수준 혹은 제3직능 수준 필요
② 전문가 및 관련 종사자 : 제4직능 수준 혹은 제3직능 수준 필요
③ 군인 : 제1직능 수준 이상 필요
④ 단순노무 종사자 : 제1직능 수준 필요

해설 1. 관리자 : 제4직능 수준 혹은 제3직능 수준 필요
2. 전문가 및 관련 종사자 : 제4직능 수준 혹은 제3직능 수준 필요
3. 사무 종사자 : 제2직능 수준 필요
4. 서비스 종사자 : 제2직능 수준 필요
5. 판매 종사자 : 제2직능 수준 필요
6. 농림어업 숙련 종사자 : 제2직능 수준 필요
7. 기능원 및 관련 기능 종사자 : 제2직능 수준 필요
8. 장치 · 기계조작 및 조립 종사자 : 제2직능 수준 필요
9. 단순노무 종사자 : 제1직능 수준 필요
10. 군인 : 제2직능 수준 이상 필요

정답 38 ③　39 ④　40 ③　41 ④　42 ③

43 직업정보를 제공하는 유형별 방식의 설명이다. ( )에 알맞은 것은?

종류	비용	학습자 참여도	접근성
인쇄물	(ㄱ)	수동	용이
면접	저	(ㄴ)	제한적
직업경험	고	적극	(ㄷ)

① ㄱ : 고, ㄴ : 적극, ㄷ : 용이
② ㄱ : 고, ㄴ : 수동, ㄷ : 제한적
③ ㄱ : 저, ㄴ : 적극, ㄷ : 제한적
④ ㄱ : 저, ㄴ : 수동, ㄷ : 용이

해설

제공유형	비용	학습자참여도	접근성
인쇄물	저	수동	용이
프로그램화된 자료	저	적극	제한적
시청각자료	고	수동	제한적
진로상담프로그램	중-고	적극	제한적
온라인시스템	저	수동	제한적
시뮬레이션자료	저	적극	제한적
게임	저	적극	세한석
작업실험실	고	적극	극도로제한적
면접	저	적극	제한적
관찰	고	수동	제한적
직업경험	고	적극	제한적
직업체험	고	적극	제한적

44 직업정보 수집방법으로서 면접법에 관한 설명으로 가장 적합하지 않은 것은?

① 표준화 면접은 비표준화 면접보다 타당도가 높다.
② 면접법은 질문지법보다 응답범주의 표준화가 어렵다.
③ 면접법은 질문지법보다 제3자의 영향을 배제할 수 있다.
④ 표준화 면접에는 개방형 및 폐쇄형 질문을 모두 사용할 수 있다.

해설 표준화 면접은 비표준화 면접보다 신뢰도가 높다.

45 한국표준산업분류(제10차)의 적용원칙에 관한 설명으로 틀린 것은?

① 산업활동이 결합되어 있는 경우에는 그 활동단위의 주된 활동에 따라서 분류
② 생산단위는 산출물만을 토대로 가장 정확하게 설명된 항목에 분류
③ 복합적인 활동단위는 우선적으로 최상급 분류단계(대분류)를 정확히 결정하고, 순차적으로 중, 소, 세, 세세분류 단계 항목을 결정
④ 수수료 또는 계약에 의하여 활동을 수행하는 단위는 자기계정과 자기책임하에서 생산하는 단위와 동일항목으로 분류

해설 생산단위는 산출물뿐만 아니라 투입물과 생산공정 등을 함께 고려하여 그들의 활동을 가장 정확하게 설명된 항목에 분류해야 한다.

46 국민내일배움카드의 지원대상에 해당하지 않는 것은?

① 「한부모가족지원법」에 따른 지원대상자
② 「고용보험법 시행령」에 따른 기간제근로자인 피보험자
③ 「수산업·어촌 발전 기본법」에 따른 어업인으로서 어업 이외의 직업에 취업하려는 사람
④ 만 75세 이상인 사람

해설 **지원제외대상**

1. 「공무원연금법」 제3조제1항제1호가목 및 「사립학교교직원 연금법」을 적용받고 현재 재직 중인 사람
2. 만 75세 이상인 사람
3. 외국인(단, 고용보험 피보험자는 제외한다.)
4. 법에 따른 지원·융자·수강 제한의 기간이 종료되지 않은 사람
5. 부정행위에 따른 지원금 등의 반환 명령을 받고 그 납부의 의무를 이행하지 아니하는 사람
6. 중앙행정기관 또는 지방자치단체로부터 훈련비를 지원받는 훈련(또는 사업)에 참여하는 사람
7. HRD-Net을 통하여 직업능력개발훈련 동영상 교육을 이수하지 아니하는 사람
8. 직업능력개발훈련을 3회 지원받았음에도 불구하고, 훈련개시일 이후 취업한 기간이 180일 미만이거나 자영업자로서 피보험기간이 180일 미만인 사람

정답 43 ③ 44 ① 45 ② 46 ④

47 국가기술자격 직업상담사 1급 응시자격으로 옳은 것은?

① 해당 실무에 2년 이상 종사한 사람
② 해당 실무에 3년 이상 종사한 사람
③ 관련학과 대학졸업자 및 졸업예정자
④ 해당 종목의 2급 자격을 취득한 후 해당실무에 1년 이상 종사한 사람

해설 직업상담사 1급 응시자격
1. 해당 실무에 3년 이상 종사한 사람
2. 해당 종목의 2급 자격을 취득한 후 해당실무에 2년 이상 종사한 사람

48 공공직업정보와 비교한 민간직업정보의 일반적 특성에 관한 설명으로 틀린 것은?

① 필요한 시기에 최대한 활용되도록 한시적으로 신속하게 생산되어 운영된다.
② 국제적으로 인정되는 객관적인 기준에 근거하여 직업을 분류한다.
③ 특정한 목적에 맞게 해당 분야 및 직종을 제한적으로 선택한다.
④ 시사적인 관심이나 흥미를 유도할 수 있도록 해당 직업을 분류한다.

해설 **공공직업정보의 특성**
㉠ 지속적으로 조사·분석하여 제공되며 장기적인 계획 및 목표에 따라 정보체계의 개선작업 수행이 가능하다.
㉡ 특정 분야 및 대상에 국한되지 않고 전체 산업 및 업종에 걸친 직종을 대상으로 한다.
㉢ 직업별로 특정한 정보만을 강조하지 않고 보편적인 항목으로 이루어진 기초적인 직업정보체계로 구성된다.
㉣ 광범위한 이용가능성에 따라 공공직업정보체계에 대한 직접적이며 객관적인 평가가 가능하다.
㉤ 국내 또는 국제적으로 인정된 객관적인 기준에 근거하여 직업을 분류한다.
㉥ 관련 직업 간 비교가 용이하다.
㉦ 무료로 제공된다.

민간직업정보의 특성
㉠ 필요한 시기에 최대한 활용되도록 한시적으로 신속하게 생산되어 운영된다.
㉡ 단시간에 조사하고 특정한 목적에 맞게 해당분야 및 직종을 제한적으로 선택한다.
㉢ 정보 생산자의 임의적 기준에 따라 관심이나 흥미를 유도할 수 있도록 해당 직업을 분류한다.
㉣ 시사적인 관심이나 흥미를 유도할 수 있도록 해당 직업을 분류한다.
㉤ 특정 직업에 대해 구체적이고 상세한 정보를 제공하기 위해서는 조사 분석 및 제공에 상당한 시간 및 비용이 소요되므로 해당 직업정보는 유료로 제공한다.

49 한국표준산업분류(제10차)의 산업결정방법에 관한 설명으로 틀린 것은?

① 생산단위의 산업 활동은 그 생산단위가 수행하는 주된 산업 활동의 종류에 따라 결정된다.
② 계절에 따라 정기적으로 산업을 달리하는 사업체의 경우에는 조사시점에 경영하는 사업과는 관계없이 조사대상 기간 중 산출액이 많았던 활동에 의하여 분류된다.
③ 단일사업체의 보조단위는그 사업체의 일개 부서로 포함하지 않고 별도의 사업체로 처리한다.
④ 휴업 중 또는 자산을 청산 중인 사업체의 산업은 영업 중 또는 청산을 시작하기 이전의 산업활동에 의하여 결정한다.

해설 단일사업체의 보조단위는 그 사업체의 일개 부서로 포함한다.

50 한국표준산업분류(제10차) 주요 개정내용으로 틀린 것은?

① 어업에서 해수면은 해면으로, 수산 종자는 수산 종묘로 명칭을 변경
② 수도업은 국내 산업 연관성을 고려하고 국제표준산업분류(ISIC)에 맞춰 대분류 E로 이동
③ 산업 성장세를 고려하여 태양력 발전업을 신설
④ 세분류에서 종이 원지·판지·종이상자 도매업, 면세점, 의복 소매업을 신설

해설 어업에서 해면은 해수면으로, 수산 종묘는 수산 종자로 명칭을 변경하였다.

51 직업훈련의 강화에 따른 효과로 가장 거리가 먼 것은?

① 인력부족 직종의 구인난을 완화시킬 수 있다.
② 재직근로자의 직무능력을 높일 수 있다.
③ 산업구조의 변화에 대응할 수 있다.
④ 마찰적인 실업을 줄일 수 있다.

해설 구인자와 구직자간의 정보의 불일치로 인해 발생하며, 구인·구직 정보제공시스템의 효율성을 제고를 통해 해소할 수 있다.

정답 47 ② 48 ② 49 ③ 50 ① 51 ④

52 직업정보 수집·제공 시 고려해야 할 사항과 가장 거리가 먼 것은?

① 명확한 목표를 가지고 계획적으로 수집한다.
② 최신의 자료를 수집한다.
③ 자료를 수집할 때 자료출처와 일자를 기록한다.
④ 직업정보는 전문성이 있으므로 전문용어를 사용하여 제공한다.

> 해설 직업은 그 분야에서 매우 전문적인 면이 있으므로, 전문적인 지식이 없어도 이해할 수 있는 이용자의 수준에 준하는 언어로 가공한다.

53 다음은 어떤 국가기술자격 등급의 검정기준에 해당하는가?

> 해당 국가기술자격의 종목에 관한 공학적 기술이론 지식을 가지고 설계·시공·분석 등의 업무를 수행할 수 있는 능력의 유무

① 기능장   ② 기사
③ 산업기사   ④ 기능사

> 해설 ㉠ 기능장 : 해당 국가기술자격의 종목에 관한 최상급 숙련기능을 가지고 산업현장에서 직업관리, 소속기능인력의 지도 및 감독, 현장훈련, 경영자와 기능인력을 유기적으로 연계시켜 주는 현장관리 등의 업무를 수행할 수 있는 능력보유
> ㉡ 기사 : 해당 국가기술자격의 종목에 관한 공학적 기술이론 지식을 가지고 설계·시공·분석 등의 업무를 수행할 수 있는 능력보유
> ㉢ 산업기사 : 해당 국가기술자격의 종목에 관한 기술기초이론 지식 또는 숙련기능을 바탕으로 복합적인 기초기술 및 기능업무를 수행할 수 있는 능력보유
> ㉣ 기능사 : 해당 국가기술자격의 종목에 관한 숙련 기능을 가지고 제작·제조·조작·운전·보수·정비·채취·검사 또는 작업관리 및 이에 관련되는 업무를 수행할 수 있는 능력 보유

54 국가기술자격종목과 그 직무분야의 연결이 틀린 것은?

① 직업상담사 2급 – 사회복지·종교
② 소비자전문상담사 2급 – 경영·회계·사무
③ 임상심리사 2급 – 보건·의료
④ 컨벤션기획사 2급 – 이용·숙박·여행·오락·스포츠

> 해설 컨벤션기획사 2급 – 경영
> 스포츠경영관리사 – 숙박·여행·오락·스포츠

55 직업정보 조사를 위한 설문지 작성법과 거리가 가장 먼 것은?

① 이중질문은 피한다.
② 조사주제와 직업 관련이 없는 문항은 줄인다.
③ 응답률을 높이기 위해 민감한 질문은 앞에 배치한다.
④ 응답의 고정반응을 피하도록 질문형식을 다양화한다.

> 해설 개인 사생활에 관한 질문과 같이 민감한 질문은 가급적 뒤로 배치하는 것이 좋다.

56 다음은 무엇에 대한 설명인가?

> 근로자를 감원하지 않고 고용을 유지하거나 실직자를 채용하여 고용을 늘리는 사업주를 지원하여 근로자의 고용안전 및 취업취약계층의 고용촉진을 지원한다.

① 실업급여사업   ② 고용안정사업
③ 취업알선사업   ④ 직업상담사업

> 해설 고용노동부장관은 피보험자 및 피보험자였던 자, 그 밖에 취업할 의사를 가진 자에 대한 실업의 예방, 취업의 촉진, 고용기회의 확대, 직업능력 개발·향상의 기회 제공 및 지원, 그 밖에 고용안정과 사업주에 대한 인력 확보를 지원하기 위하여 고용안정·직업능력개발 사업을 실시한다.

57 한국직업사전(2020)의 부가정보 중 "자료"에 관한 설명으로 틀린 것은?

① 종합 : 사실을 발견하고 지식개념 또는 해석을 개발하기 위해 자료를 종합적으로 분석한다.
② 분석 : 조사하고 평가한다. 평가와 관련된 대안적 행위의 제시가 빈번하게 포함된다.
③ 계산 : 사칙연산을 실시하고 사칙연산과 관련하여 규정된 활동을 수행하거나 보고한다. 수를 세는 것도 포함한다.
④ 기록 : 데이터를 옮겨 적거나 입력하거나 표시한다.

> 해설 계산 : 사칙연산을 실시하고 사칙연산과 관련하여 규정된 활동을 수행하거나 보고한다. 수를 세는 것은 포함되지 않는다.

58 한국표준직업분류(제7차)에서 포괄적인 업무에 대한 직업분류원칙에 해당하는 것은?

① 최상급 직능수준 우선 원칙
② 포괄성의 원칙
③ 취업시간 우선의 원칙
④ 조사 시 최근의 직업 원칙

포괄적인 업무에 대한 직업분류 원칙

동일한 직업이라 할지라도 사업체 규모에 따라 직무범위에 차이가 날 수 있다. 예를 들면 소규모 사업체에서는 음식조리와 제공이 하나의 단일 직무로 되어 조리사의 업무로 결합될 수 있는 반면에 대규모 사업체에서는 이들이 별도로 분류되어 독립적인 업무로 구성될 수 있다. 직업분류는 국내외적으로 가장 보편적인 업무의 결합상태에 근거하여 직업 및 직군을 결정한다. 따라서 어떤 직업의 경우에 있어서는 직무의 범위가 분류에 명시된 내용과 일치하지 않을 수도 있다. 이러한 경우 다음과 같은 순서에 따라 분류원칙을 적용한다.

㉠ 주된 직무 우선 원칙 : 2개 이상의 직무를 수행하는 경우는 수행되는 직무내용과 관련 분류 항목에 명시된 직무내용을 비교·평가하여 관련 직무 내용상의 상관성이 가장 많은 항목에 분류한다. 예를 들면 교육과 진료를 겸하는 의과대학 교수는 강의, 평가, 연구 등과 진료, 처치, 환자상담 등의 직무내용을 파악하여 관련 항목이 많은 분야로 분류한다.

㉡ 최상급 직능수준 우선 원칙 : 수행된 직무가 상이한 수준의 훈련과 경험을 통해서 얻어지는 직무능력을 필요로 한다면, 가장 높은 수준의 직무능력을 필요로 하는 일에 분류하여야 한다. 예를 들면 조리와 배달의 직무비중이 같을 경우에는, 조리의 직능수준이 높으므로 조리사로 분류한다.

㉢ 생산업무 우선 원칙 : 재화의 생산과 공급이 같이 이루어지는 경우는 생산단계에 관련된 업무를 우선적으로 분류한다. 예를 들면 한 사람이 빵을 생산하여 판매도 하는 경우에는, 판매원으로 분류하지 않고 제빵원으로 분류하여야 한다.

59 워크넷(직업·진로)에서 제공하는 정보가 아닌 것은?

① 학과정보
② 직업동영상
③ 직업심리검사
④ 국가직무능력표준(NCS)

워크넷의 직업·진로에는 직업심리검사, 직업정보, 학과정보, 진로상담, 취업가이드, 취업동영상이 있다.

60 직업정보의 처리단계를 옳게 나열한 것은?

① 분석 → 가공 → 수집 → 체계화 → 제공 → 축적 → 평가
② 수집 → 분석 → 체계화 → 가공 → 축적 → 제공 → 평가
③ 분석 → 수집 → 가공 → 체계화 → 축적 → 제공 → 평가
④ 수집 → 분석 → 가공 → 체계화 → 제공 → 축적 → 평가

직업정보는 수집 → 분석 → 가공 → 체계화 → 제공 → 축적 → 평가 등의 단계를 거쳐 처리된다.

제4과목 노동시장론

61 다음은 어떤 숍제도에 관한 설명인가?

> 기업이 노동자를 채용할 때는 노동조합에 가입하지 않은 노동자를 채용할 수 있지만 일단 채용된 노동자는 일정기간 내에 노동조합에 가입하여야 하며 또한 조합에서 탈퇴하거나 제명되는 경우 종업원자격을 상실하도록 되어 있는 제도

① 클로즈드 숍(closed shop)
② 오픈 숍(open shop)
③ 에이전시 숍(agency shop)
④ 유니온 숍(union shop)

㉠ 오픈 숍(open shop) : 사용자가 노동조합에 가입한 조합원이나 가입하지 않은 비조합원이나 모두 고용할 수 있는 제도이다. 노동조합은 상대적으로 노동력의 공급을 독점하기 어렵다.

㉡ 클로즈드 숍(closed shop) : 조합에 가입하고 있는 노동자만을 채용하고 일단 고용된 노동자라도 조합자격을 상실하면 종업원이 될 수 없는 숍제도로서 우리나라 항운노동조합이 이에 해당한다.

㉢ 유니온 숍(union shop) : 기업이 노동자를 채용할 때는 노동조합에 가입하지 않은 노동자를 채용할 수 있지만 일단 채용된 노동자는 일정기간 내에 노동조합에 가입하여야 하며 또한 조합에서 탈퇴하거나 제명되는 경우 종업원자격을 상실하도록 되어 있는 제도이다.

㉣ 에이전시 숍(agency shop) : 노동조합 가입에 대한 강제조항이 없는 경우, 비노조원은 노력없이 노조원들의 조합활동의 혜택을 보게 된다. 따라서 노조는 혜택에 대한 대가로 비노조원들에게서 노조비에 상당하는 금액을 징수한다

㉤ 프리퍼렌셜 숍(preferential shop) : 조합원 우대제도라고도 하며 사용자가 조합원 여부에 관계없이 종업원을 채용할 수 있으나, 인사·해고 및 승진 등에 있어서 조합원에게 우선적 특권을 부여하는 제도를 말한다.

㉥ 메인티넌스 숍(maintenance of membership shop) : 조합원 자격 유지제도라고도 하며 사용자가 조합원 여부에 관계없이 종업원을 채용할 수 있으나 단체협약의 효력기간 중에는 조합원 자격을 유지하여야 하는 제도이다.

58 ① 59 ④ 60 ④ 61 ④

62 내국인들이 취업하기를 기피하는 3D직종에 대해, 외국인력의 수입 또는 불법이민이 국내 내국인 노동시장에 미치는 영향으로 옳은 것은?

① 임금과 고용이 높아진다.
② 임금과 고용이 낮아진다.
③ 임금은 높아지고 고용은 낮아진다.
④ 임금과고용의 변화가 없다.

해설 임금이 저렴한 외국인 노동자가 국내에 유입됨에 따라 국내 비숙련 근로에 대한 고용이 감소되고 이들에 대한 임금도 낮아질 것이다.

63 시장경제를 채택하고 있는 국가의 노동시장에서 직종별 임금격차가 존재하는 이유와 가장 거리가 먼 것은?

① 직종 간 정보의 흐름이 원활하기 때문이다.
② 직종에 따라 근로환경의 차이가 존재하기 때문이다.
③ 직종에 따라 노동조합 조직율의 차이가 존재하기 때문이다.
④ 노동자들의 특정 직종에 대한 회피와 선호가 다르기 때문이다.

해설 직종 간 정보의 흐름이 원활하지 않기 때문이다.

64 다음 중 수요부족실업에 해당되는 것은?

① 마찰적 실업   ② 구조적 실업
③ 계절적 실업   ④ 경기적 실업

해설 경기적 실업은 수요부족실업으로 불경기(경기침체)에 기업의 고용감소로 인한 유효수요 부족으로 발생하며 총수요의 확대, 경기활성화를 통해 해결할 수 있다.

65 노동 수요측면에서 비정규직 증가의 원인과 가장 거리가 먼 것은?

① 세계화에 따른 기업 간 경쟁 환경의 변화
② 정규직 근로자 해고의 어려움
③ 고학력 취업자의 증가
④ 정규노동자 고용비용의 증가

해설 고학력은 정규직 증가의 원인이 된다.

66 다음 중 산업민주화 정도가 가장 높은 형태의 기업은?

① 노동자 자주관리 기업   ② 노동자 경영참여 기업
③ 전문경영인 경영 기업   ④ 중앙집권적 기업

해설 산업민주화의 정도 : 자주관리 기업>경영참여 기업>전문경영인 경영 기업>중앙집권적 기업

67 케인즈(Keynes)의 실업이론에 관한 설명으로 틀린 것은?

① 노동의 공급은 실질임금의 함수이며, 노동에 대한 수요는 명목임금의 함수이다.
② 노동자들은 화폐환상을 갖고 있어 명목임금의 하락에 저항하므로 명목임금은 하방경직성을 갖는다.
③ 비자발적 실업의 원인을 유효수요의 부족으로 설명하였다.
④ 실업의 해소방안으로 재정투융자의 확대, 통화량의 증대 등을 주장하였다.

해설 노동에 대한 수요는 실질임금의 함수이며, 노동의 공급은 명목임금의 함수이다.

68 파업의 경제적 비용과 기능에 관한 설명으로 옳은 것은?

① 사적비용과 사회적 비용은 동일하다.
② 사용자의 사적비용은 직접적인 생산중단에서 오는 이윤의 순감소분과 같다.
③ 사적비용이란 경제의 한 부문에서 발생한 파업으로 인한 타 부문에서의 생산 및 소비의 감소를 의미한다.
④ 서비스 산업부문은 파업에 따른 사회적 비용이 상대적으로 큰 분야이다.

해설 ① 사적비용과 사회적 비용은 동일하지 않다.
② 사용자의 사적비용은 직접적인 생산중단에서 오는 이윤의 순감소분보다 적을 수 있다.
③ 사회적 비용이란 경제의 한 부문에서 발생한 파업으로 인한 타 부문에서의 생산 및 소비의 감소를 의미한다. 사적비용은 노동자 측의 비용과 기업 측의 비용의 합이 된다.

69 임금 – 물가 악순환설, 지불능력설, 한계생산력설 등에 영향을 미친 임금결정이론은?

① 임금생존비설
② 임금철칙설
③ 노동가치설
④ 임금기금설

해설 임금 – 물가 악순환설, 지불능력설, 한계생산력설 등에 영향을 미친 임금결정이론 임금기금설이다.

70 다음 중 성과급 제도의 장점에 해당하는 것은?

① 직원 간 화합이 용이하다.
② 근로의 능률을 자극할 수 있다.
③ 임금의 계산이 간편하다.
④ 확정적 임금이 보장된다.

해설 성과급 제도는 개별근로자나 작업집단이 수행한 노동성과를 측정하여 그 성과에 따라 임금을 산정, 지급하는 제도이며 근로자의 능률을 자극할 수 있다.

71 노동조합의 기능에 대한 설명으로 틀린 것은?

① 임금을 인상시키는 기능을 수행한다.
② 근로조건을 개선하는 기능을 한다.
③ 각종 공제활동 및 복지활동을 할 수 있다.
④ 특정 정당과 연계하여 정치적 영향력을 발휘할 수 없다.

해설 노동조합의 전통적 기능에는 공제적 기능, 경제적 기능, 정치적 기능이 있다. 다만, 정치적 기능은 노동조합의 부수적 기능이다.

72 다음 중 분단노동시장 이론과 가장 거리가 먼 것은?

① 빈곤퇴치를 위한 정책적인 노력이 쉽게 성공하지 못하고 있다.
② 내부노동시장과 외부노동시장은 현격하게 다른 특성을 갖는다.
③ 근로자는 임금을 중심으로 경쟁하는 것이 아니라 직무를 중심으로 경쟁하기도 한다.
④ 고학력 실업자가 증가하면 단순노무직의 임금도 하락한다.

해설 분단노동시장은 노동시장을 하나의 연속적이고 경쟁적인 시장으로 보지 않고 상당히 다른 속성을 지닌 노동자가 분단된 상태의 노동시장에서 상호 간에 이동이나 교류가 거의 단절된 상태에 있고, 임금이나 근로조건에도 서로 차이가 현저한 시장이다.

73 임금체계에 대한 설명으로 틀린 것은?

① 직무급은 조직의 안정화에 따른 위계질서 확립이 용이하다는 장점이 있다.
② 연공급의 단점 중 하나는 직무성과와 관련없는 비합리적인 인건비 지출이 생긴다는 점이다.
③ 직능급은 직무수행능력을 기준으로 하여 각 근로자의 임금을 결정하는 임금체계이다.
④ 연공급의 기본적인 구조는 연령, 근속, 학력, 남녀별 요소에 따라 임금을 결정하는 것으로 정기승급의 축적에 따라 연령별로 필요생계비를 보장해 주는 원리에 기초하고 있다.

해설 연공급은 조직의 안정화에 따른 위계질서 확립이 용이하다는 장점이 있다.

74 이윤극대화를 추구하는 어떤 커피숍 종업원의 임금은 시간당 6,000원이고, 커피 1잔의 가격은 3,000원일 때 이 종업원의 한계생산은?

① 커피 1잔
② 커피 2잔
③ 커피 3잔
④ 커피 4잔

해설 기업의 이윤극대화는 임금 = 한계생산물의 가치(한계생산량×시장가격)에서 이루어진다.
6,000원 = 한계생산량×3,000원

75 기혼여성의 경제활동참가율은 60%이고 실업률은 20%일 때, 기혼여성의 고용률은?

① 12%
② 48%
③ 56%
④ 86%

해설 고용률(%) = $\dfrac{취업자}{생산가능인구} \times 100$

15세 이상 인구를 100명이라고 가정하면
경제활동인구 = 100명×60% = 60명
실업자수 = 60명×20% = 12명
취업자수 = 60명 – 12명 = 48명
고용률(%) = $\dfrac{48}{100} \times 100 = 48\%$

76 숙련 노동시장과 비숙련 노동시장이 완전히 단절되어 있다고 할 때 비숙련 외국근로자의 유입에 따라 가장 큰 피해를 입는 집단은?

① 국내 소비자　　　　② 국내 비숙련공
③ 노동집약적 기업주　　④ 기술집약적 기업주

해설 임금이 저렴한 외국인 노동자가 국내에 유입됨에 따라 국내 비숙련 근로에 대한 고용이 감소되고 이들에 대한 임금도 낮아질 것이다.

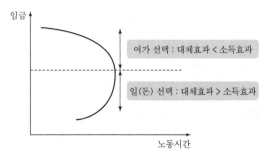

77 만일 여가(leisure)가 열등재라면, 임금이 증가할 때 노동공급은 어떻게 변하는가?

① 임금수준에 상관없이 임금이 증가할 때 노동공급은 감소한다.
② 임금수준에 상관없이 임금이 증가할 때 노동공급은 증가한다.
③ 낮은 임금수준에서 임금이 증가할 때는 노동공급이 증가하다가 임금수준이 높아지면 임금증가는 노동공급을 감소시킨다.
④ 낮은 임금수준에서 임금이 증가할 때는 노동공급이 감소하다가 임금수준이 높아지면 임금증가는 노동공급을 증기시킨다.

해설 근로자들의 임금이 일정한 수준 이상으로 상승하면 고소득으로 인한 여가의 증가로 노동시간의 감소를 나타내는데, 이 경우 개인의 노동공급곡선은 일정수준 이상의 높은 임금에서 뒤쪽으로 굽어지는 형태를 보인다. 이를 후방 굴절형 곡선이라 한다. 다만 여가가 열등재일 경우는 후방굴절하는 것이 아니고 임금수준과 무관하게 우상향한다.

78 임금이 하방경직적인 이유와 가장 거리가 먼 것은?

① 장기노동계약
② 물가의 지속적 상승
③ 강력한 노동조합의 존재
④ 노동자의 역선택 발생 가능성

해설 한번 상승한 임금은 경제여건이 변하더라도 하락하지 않고 그 수준을 유지하려고 하는 것을 말하며, 그 이유는 ㉠ 노동자의 화폐환상, ㉡ 노동자의 역선택 발생 가능성, ㉢ 강력한 노동조합의 존재, ㉣ 장기노동계약 등이 있다.

79 기업특수적 인적자본형성의 원인이 아닌 것은?

① 기업간 차별화된 제품생산
② 생산공정의 특유성
③ 생산장비의 특유성
④ 일반적 직업훈련의 차이

해설 일반적 직업훈련이란 어떤 기업에서나 쓸 수 있는 기능과 기술을 습득하는 것이며, 기업특수적 훈련이란 특정 기업에만 한정된 특수한 기능과 기술을 배우는 것을 말한다. 이는 기업 간 차별화된 제품생산, 생산공정의 특수성, 생산장비의 특수성이 원인이 된다.

80 마찰적 실업을 해소하기 위한 정책이 아닌 것은?

① 구인 및 구직에 대한 전국적 전산망 연결
② 직업안내와 직업상담 등 직업알선기관에 의한 효과적인 알선
③ 고용실태 및 전망에 관한 자료 제공
④ 노동자의 전직과 관련된 재훈련 실시

해설 직업훈련정책은 주로 구조적 실업 문제를 해결하기 위한 정책이다.

SECTION
제5과목　노동관계법규

81 다음 (　)에 알맞은 것은?

> 헌법상 국가는 (　)으로 근로자의 고용의 증진과 적정임금의 보장에 노력하여야 한다.

① 법률적 방법　　　　② 사회적 방법
③ 경제적 방법　　　　④ 사회적 · 경제적 방법

해설 헌법상 국가는 사회적 · 경제적 방법으로 근로자의 고용 증진과 적정 임금 보장에 노력하여야 한다.

82 근로자직업능력 개발법상 직업능력개발훈련의 기본 원칙으로 명시되지 않은 것은?

① 직업능력개발훈련은 근로자 개인의 희망 · 적성 · 능력에 맞게 근로자의 생애에 걸쳐 체계적으로 실시되어야 한다.

② 직업능력개발훈련은 민간의 자율과 창의성이 존중되도록 하여야 하며, 노사의 참여와 협력을 바탕으로 실시되어야 한다.

③ 제조업의 생산직에 종사하는 근로자의 직업능력개발훈련은 중요시되어야 한다.

④ 직업능력개발훈련은 근로자의 직무능력과 고용가능성을 높일 수 있도록 지역 · 산업현장의 수요가 반영되어야 한다.

해설 다음 각 호에 해당하는 자에 대한 직업능력개발훈련은 중요시되어야 한다.
　㉠ 고령자 · 장애인
　㉡ 국민기초생활 보장법에 의한 수급권자
　㉢ 국가유공자와 그 유족 또는 가족이나 보훈보상대상자와 그 유족 또는 가족
　㉣ 5 · 18민주유공자 및 그 유족 또는 가족
　㉤ 제대군인 및 전역예정자
　㉥ 여성근로자
　㉦ 중소기업기본법에 의한 중소기업의 근로자
　㉧ 일용근로자, 단시간근로자, 기간을 정하여 근로계약을 체결한 근로자, 일시적 사업에 고용된 근로자
　㉨ 파견근로자보호 등에 관한 법률에 의한 파견근로자

83 근로기준법령상 고용노동부장관에게 경영상의 이유에 의한 해고계획의 신고를 할 때 포함해야 하는 사항이 아닌 것은?

① 퇴직금　　　　　　② 해고 사유

③ 해고 일정　　　　　④ 근로자대표와 협의한 내용

해설 **경영상의 이유에 의한 해고 계획의 신고**
1. 법 제24조제4항에 따라 사용자는 1개월 동안에 다음 각 호의 어느 하나에 해당하는 인원을 해고하려면 최초로 해고하려는 날의 30일 전까지 고용노동부장관에게 신고하여야 한다.

상시근로자수	해고인원
99명 이하인 사업 또는 사업장	10명 이상
100명 이상 999명 이하인 사업 또는 사업장	10% 이상
1,000명 이상 사업 또는 사업장	100명 이상

2. 제1항에 따른 신고를 할 때에는 다음 각 호의 사항을 포함하여야 한다.
　㉠ 해고 사유
　㉡ 해고 예정 인원
　㉢ 근로자대표와 협의한 내용
　㉣ 해고 일정

84 고용상 연령차별금지 및 고령자고용촉진에 관한 법령상 제조업의 고령자 기준고용률은?

① 그 사업장의 상시 근로자 수의 100분의 2

② 그 사업장의 상시 근로자 수의 100분의 3

③ 그 사업장의 상시 근로자 수의 100분의 4

④ 그 사업장의 상시 근로자 수의 100분의 6

해설 **기준고용률**
　㉠ 제조업 : 그 사업장의 상시근로자수의 100분의 2
　㉡ 운수업, 부동산 및 임대업 : 그 사업장의 상시근로자수의 100분의 6
　㉢ ㉠, ㉡ 이외의 산업 : 그 사업장의 상시근로자수의 100분의 3

85 근로자퇴직급여 보장법령상 퇴직금의 중간정산 사유에 해당하지 않는 것은?

① 무주택자인 근로자가 본인 명의로 주택을 구입하는 경우

② 사용자가 기존의 정년을 보장하는 조건으로 단체협약을 통하여 일정 나이를 기준으로 임금을 줄이는 제도를 시행하는 경우

③ 3개월 이상 요양을 필요로 하는 근로자 배우자의 질병에 대한 의료비를 해당 근로자가 본인 연간 임금총액의 1천분의 115를 초과하여 부담하는 경우

④ 퇴직금 중간정산을 신청하는 날부터 거꾸로 계산하여 5년 이내에 근로자가 「채무자 회생 및 파산에 관한 법률」에 따라 파산선고를 받은 경우

해설 근로자가 6개월 이상 요양을 필요로 하는 다음 각 목의 어느 하나에 해당하는 사람(근로자 본인, 근로자의 배우자, 근로자 또는 그 배우자의 부양가족)의 질병이나 부상에 대한 의료비를 해당 근로자가 본인 연간 임금총액의 1천분의 125를 초과하여 부담하는 경우

86 남녀고용평등과 일 · 가정 양립 지원에 관한 법령상 육아휴직에 관한 설명으로 틀린 것은?

① 육아휴직의 기간은 1년 이내로 한다.

② 육아휴직 기간은 근속기간에 포함한다.

③ 기간제근로자의 육아휴직 기간은 사용기간에 포함된다.

④ 육아휴직 기간에는 그 근로자를 해고하지 못한다.

해설 기간제근로자 또는 파견근로자의 육아휴직 기간은 근로자파견기간에서 제외한다.

87 고용보험법령상 육아휴직 급여에 관한 설명이다. ( ) 안에 들어갈 내용이 옳게 연결된 것은?

- 육아휴직 시작일부터 3개월까지 : 육아휴직 시작일을 기준으로 한 월 통상임금의 100분의 (ㄱ)에 해당하는 금액
- 육아휴직 4개월째부터 육아휴직 종료일까지 : 육아휴직 시작일을 기준으로 한 월 통상임금의 100분의 (ㄴ)에 해당하는 금액

① ㄱ : 60, ㄴ : 30   ② ㄱ : 70, ㄴ : 50
③ ㄱ : 80, ㄴ : 30   ④ ㄱ : 80, ㄴ : 50

해설 육아휴직 급여는 다음 각 호의 구분에 따라 산정한 금액을 월별 지급액으로 한다.
1. 육아휴직 시작일부터 3개월까지 : 육아휴직 시작일을 기준으로 한 월 통상임금의 100분의 80에 해당하는 금액
2. 육아휴직 4개월째부터 육아휴직 종료일까지 : 육아휴직 시작일을 기준으로 한 월 통상임금의 100분의 50에 해당하는 금액

88 직업안전법령상 근로자공급사업에 관한 설명으로 틀린 것은?

① 누구든지 고용노동부장관의 허가를 받지 아니하고는 근로자공급사업을 하지 못한다.
② 국내 근로자공급사업은 「노동조합 및 노동관계조정법」에 따른 노동조합만이 허가를 받을 수 있다.
③ 국외 근로자공급사업을 하려는 자는 1천만원 이상의 자본금만 갖추면 된다.
④ 근로자공급사업 허가의 유효기간은 3년으로 한다.

해설 국내 유료직업소개사업자는 사업소별로 1천만원, 국외 유료직업소개사업자는 1억원, 국외 근로자공급사업자는 2억원을 금융기관에 예치하거나 보증보험에 가입하여야한다.

89 고용보험법령상 취업촉진 수당의 종류가 아닌 것은?

① 특별연장급여   ② 조기재취업 수당
③ 광역 구직활동비   ④ 이주비

해설 1) 실업급여는 구직급여와 취업촉진 수당으로 구분한다.
2) 취업촉진 수당의 종류는 다음 각 호와 같다.
㉠ 조기(早期)재취업 수당
㉡ 직업능력개발 수당
㉢ 광역 구직활동비
㉣ 이주비

90 고용보험법령상 심사 및 재심사청구에 관한 설명으로 옳지 않은 것은?

① 실업급여 관한 처분에 이의가 있는 자는 고용보험심사관에게 심사를 청구할 수 있다.
② 심사 및 재심사의 청구는 시효중단에 관하여 재판상의 청구로 본다.
③ 재심사청구인은 법정대리인 외에 자신의 형제자매를 대리인으로 선임할 수 없다.
④ 고용보험 심사관은 원칙적으로 심사청구를 받으면 30일 이내에 그 심사청구에 대한 결정을 하여야 한다.

해설 심사청구인 또는 재심사청구인은 법정대리인 외에 다음 각 호의 어느 하나에 해당하는 자를 대리인으로 선임할 수 있다.
㉠ 청구인의 배우자, 직계존속·비속 또는 형제자매
㉡ 청구인인 법인의 임원 또는 직원
㉢ 변호사나 공인노무사
㉣ 심사위원회의 허가를 받은 자

91 남녀고용평등과 일·가정 양립 지원에 관한 법령상 배우자 출산휴가에 관한 설명으로 틀린 것은?

① 사업주는 근로자가 배우자 출산휴가를 청구하는 경우에 10일의 휴가를 주어야 한다.
② 사용한 배우자 출산휴가기간은 유급으로 한다.
③ 배우자 출산휴가는 근로자의 배우자가 출산한 날부터 30일이 지나면 청구할 수 없다.
④ 배우자 출산휴가는 1회에 한정하여 나누어 사용할 수 있다.

해설 **배우자 출산휴가(법 18조의 2)**
1) 사업주는 근로자가 배우자의 출산을 이유로 휴가(이하 "배우자 출산휴가"라 한다)를 청구하는 경우에 10일의 휴가를 주어야 한다. 이 경우 사용한 휴가기간은 유급으로 한다.
2) 제1항 후단에도 불구하고 출산전후휴가급여 등이 지급된 경우에는 그 금액의 한도에서 지급의 책임을 면한다.
3) 배우자 출산휴가는 근로자의 배우자가 출산한 날부터 90일이 지나면 청구할 수 없다.
4) 배우자 출산휴가는 1회에 한정하여 나누어 사용할 수 있다.
5) 사업주는 배우자 출산휴가를 이유로 근로자를 해고하거나 그 밖의 불리한 처우를 하여서는 아니 된다.

92 직업안정법령상 유료직업소개사업의 등록을 할 수 있는 자에 해당되지 않는 것은?

① 지방공무원으로 2년 이상 근무한 경력이 있는 자
② 조합원이 100인 이상인 단위노동조합에서 노동조합업무전담자로 2년 이상 근무한 경력이 있는 자
③ 상시사용근로자 300인 이상인 사업장에서 노무관리업무전담자로 1년 이상 근무한 경력이 있는 자
④ 「공인노무사법」에 의한 공인노무사 자격을 가진 자

> **해설** ㉠ 직업상담사 1급 또는 2급의 국가기술자격이 있는 자
> ㉡ 직업소개사업의 사업소, 「근로자직업능력 개발법」에 의한 직업능력개발훈련시설, 「초·중등교육법」 및 「고등교육법」에 의한 학교, 「청소년기본법」에 의한 청소년단체에서 직업상담·직업지도·직업훈련 기타 직업소개와 관련이 있는 상담업무에 2년 이상 종사한 경력이 있는 자
> ㉢ 공인노무사 자격을 가진 자
> ㉣ 조합원이 100인 이상인 단위노동조합, 산업별 연합단체인 노동조합 또는 총연합단체인 노동조합에서 노동조합업무전담자로 2년 이상 근무한 경력이 있는 자
> ㉤ 상시사용근로자 300인 이상인 사업 또는 사업장에서 노무관리업무전담자로 2년 이상 근무한 경력이 있는 자
> ㉥ 국가공무원 또는 지방공무원으로서 2년 이상 근무한 경력이 있는 자
> ㉦ 「초·중등교육법」에 의한 교원자격증을 가지고 있는 자로서 교사근무경력이 2년 이상인 자
> ㉧ 사회복지사 자격증을 가진 사람

93 근로기준법령상 임금채권의 소멸시효기간은?

① 1년 　　　　② 2년
③ 3년 　　　　④ 5년

> **해설** 근로기준법에 따른 임금채권은 3년간 행사하지 아니하면 시효로 소멸한다.

94 파견근로자보호 등에 관한 법률상 근로자파견 대상업무가 아닌 것은?

① 주유원의 업무
② 행정, 경영 및 재정 전문가의 업무
③ 음식 조리 종사자의 업무
④ 선원법에 따른 선원의 업무

> **해설** 다음 각 호의 어느 하나에 해당하는 업무에 대하여는 근로자파견사업을 하여서는 아니 된다.
> 1. 건설공사현장에서 이루어지는 업무
> 2. 항만운송사업법, 한국철도공사법, 농수산물 유통 및 가격안정에 관한 법률, 물류정책기본법의 하역(荷役)업무로서 직업안정법 따라 근로자공급사업 허가를 받은 지역의 업무
> 3. 선원의 업무
> 4. 산업안전보건법에 따른 유해하거나 위험한 업무
> 5. 그 밖에 근로자 보호 등의 이유로 근로자파견사업의 대상으로는 적절하지 못하다고 인정하여 대통령령으로 정하는 업무
> 　㉠ 분진작업을 하는 업무
> 　㉡ 건강관리카드의 발급대상 업무
> 　㉢ 의료인의 업무 및 간호조무사의 업무
> 　㉣ 의료기사의 업무
> 　㉤ 여객자동차운송사업의 운전업무
> 　㉥ 화물자동차운송사업의 운전업무

95 고용정책 기본법령상 근로자의 정의로 옳은 것은?

① 직업의 종류를 불문하고 임금, 급료 기타 이에 준하는 수입에 의하여 생활하는 사람
② 직업의 종류와 관계없이 임금을 목적으로 사업이나 사업장에 근로를 제공하는 사람
③ 사업주에게 고용된 사람과 취업할 의사를 가진 사람
④ 기간의 정함이 있는 근로계약을 체결한 사람

> **해설** 고용정책기본법에서 "근로자"란 사업주에게 고용된 사람과 취업할 의사를 가진 사람을 말한다.

96 채용절차의 공정화에 관한 법률에 관한 설명으로 틀린 것은?

① "기초심사자료"란 구직자의 응시원서, 이력서 및 자기소개서를 말한다.
② 고용노동부 장관은 기초심사자료의 표준양식을 정하여 구인자에게 그 사용을 권장할 수 있다.
③ 구직자는 구인자에게 제출하는 채용서류를 거짓으로 작성하여서는 아니 된다.
④ 이 법은 지방자치단체가 공무원을 채용하는 경우에도 적용한다.

> **해설** 채용절차의 공정화에 관한 법률은 상시 30명 이상의 근로자를 사용하는 사업 또는 사업장의 채용질차에 적용한다. 디만, 국가 및 지방자치단체가 공무원을 채용하는 경우에는 적용하지 아니한다.

정답 92 ③　93 ③　94 ④　95 ③　96 ④

97 근로기준법령상 취업규칙에 관한 설명으로 틀린 것은?

① 상시 10명 이상의 근로자를 사용하는 사용자는 취업규칙을 작성하여 고용노동부장관에게 신고하여야 한다.

② 사용자는 취업규칙의 작성 시 해당 사업장에 근로자의 과반수로 조직된 노동조합이 있는 경우에는 그 노동조합의 동의를 받아야 한다.

③ 고용노동부장관은 법령이나 단체협약에 어긋나는 취업규칙의 변경을 명할 수 있다.

④ 취업규칙에서 정한 기준에 미달하는 근로조건을 정한 근로계약은 그 부분에 관하여는 무효로 한다.

> **해설** 사용자는 취업규칙의 작성 또는 변경에 관하여 해당 사업 또는 사업장에 근로자의 과반수로 조직된 노동조합이 있는 경우에는 그 노동조합, 근로자의 과반수로 조직된 노동조합이 없는 경우에는 근로자의 과반수의 의견을 들어야 한다. 다만, 취업규칙을 근로자에게 불리하게 변경하는 경우에는 그 동의를 받아야 한다.

98 남녀고용평등과 일 · 가정 양립 지원에 관한 법령상 적용범위에 관한 설명으로 틀린 것은?

① 근로자를 사용하는 모든 사업 또는 사업장에 적용하는 것이 원칙이다.

② 동거하는 친족만으로 이루어지는 사업장에 대하여는 법의 전부를 적용하지 아니한다.

③ 가사사용인에 대하여는 법의 전부를 적용하지 아니한다.

④ 선원법이 적용되는 사업 또는 사업장에는 모든 규정이 적용되지 아니한다.

> **해설** **남녀고용평등과 일 · 가정 양립 지원에 관한 법률**
> 1) 근로자를 사용하는 모든 사업 또는 사업장에 적용한다. 다만, 대통령령으로 정하는 사업에 대하여는 이 법의 전부 또는 일부를 적용하지 아니할 수 있다.
>   ㉠ 동거하는 친족만으로 이루어지는 사업 또는 사업장과 가사사용인에 대하여는 법의 전부를 적용하지 아니한다.
> 2) 남녀고용평등의 실현과 일 · 가정의 양립에 관하여 다른 법률에 특별한 규정이 있는 경우 외에는 이 법에 따른다.

99 고용정책기본법령상 고용정보시스템 구축 · 운영을 위해 수집해야 할 정보로 명시되지 않은 것은?

① 사업자등록증

② 주민등록등본 · 초본

③ 장애 정도

④ 부동산등기부등본

> **해설** 부동산등기부등본은 고용정보시스템 구축 · 운영을 위해 수집해야 할 정보로 명시되어 있지 않다.

100 근로자직업능력 개발법령상 훈련의 목적에 따라 구분한 직업능력개발훈련에 해당하지 않는 것은?

① 집체훈련

② 양성훈련

③ 향상훈련

④ 전직훈련

> **해설** 1) 직업능력개발훈련의 훈련의 목적에 따른 구분
>   ㉠ 양성(養成)훈련 : 근로자에게 작업에 필요한 기초적 직무수행능력을 습득시키기 위하여 실시하는 직업능력개발훈련
>   ㉡ 향상훈련 : 양성훈련을 받은 사람이나 직업에 필요한 기초적 직무수행능력을 가지고 있는 사람에게 더 높은 직무수행능력을 습득시키거나 기술발전에 맞추어 지식 · 기능을 보충하게 하기 위하여 실시하는 직업능력개발훈련
>   ㉢ 전직(轉職)훈련 : 근로자에게 종전의 직업과 유사하거나 새로운 직업에 필요한 직무수행능력을 습득시키기 위하여 실시하는 직업능력개발훈련
> 2) 직업능력개발훈련의 방법에 따른 구분
>   ㉠ 집체(集體)훈련 : 직업능력개발훈련을 실시하기 위하여 설치한 훈련전용시설이나 그 밖에 훈련을 실시하기에 적합한 시설(산업체의 생산시설 및 근무장소는 제외한다)에서 실시하는 방법
>   ㉡ 현장훈련 : 산업체의 생산시설 또는 근무장소에서 실시하는 방법
>   ㉢ 원격훈련 : 먼 곳에 있는 사람에게 정보통신매체 등을 이용하여 실시하는 방법
>   ㉣ 혼합훈련 : 제1호부터 제3호까지의 훈련방법을 2개 이상 병행하여 실시하는 방법

2021년 2회 과년도문제풀이

직업상담사 2급 필기 전과목 무료동영상

제1과목 직업상담학

01 심리상담과 비교하여 진로상담 과정의 특징으로 옳지 않은 것은?

① 진로검사결과에만 의지하는 태도에서 벗어나 보다 유연한 관점에서 진로선택에 임하려는 융통성이 요구된다.

② 내담자가 놓인 경제 현실 및 진로 상황에 따라 개인의 진로선택 및 의사결정이 상당히 변화될 수 있다.

③ 진로상담은 인지적 통찰이나 결정 이외에 행동 차원에서의 실행능력 배양 및 기술함양을 더욱 중시한다.

④ 실제 진로상담에서는 내담자의 심리적인 특성과 진로문제가 얽혀있는 경우는 많지 않다.

> **해설** 실제 진로상담에서는 내담자의 심리적인 특성과 진로문제가 얽혀있는 경우가 많다.

02 생애진로사정에 관한 설명으로 틀린 것은?

① 상담사와 내담자가 처음 만났을 때 이용할 수 있는 비구조화된 면접기법이며 표준화된 진로사정 도구의 사용이 필수적이다.

② Adler의 심리학 이론에 기초하여 내담자와 환경과의 관계를 이해하는데 도움을 주는 면접기법이다.

③ 비판단적이고 비위협적인 대화 분위기로써 내담자와 긍정적인 관계를 형성하는데 도움이 된다.

④ 생애진로사정에는 작업자, 학습자, 개인의 역할 등을 포함한 다양한 생애역할에 대한 정보를 탐색해간다.

> **해설** **생애진로사정(life career assessment)**
> ㉠ 생애진로사정은 아들러(Adler)의 개인 심리학에 이론적 기초를 두고 있다.
> ㉡ 생애진로사정은 상담자가 내담자와 처음 만났을 때 이용할 수 있는 구조화된 면접기법으로 초기단계에서 사용된다.
> ㉢ 생애진로사정은 구조화된 면담기술로서 짧은 시간에 체계적인 정보를 수집할 수 있다.
> ㉣ 생애진로사정은 상담초기에 내담자에 관한 가장 기초적인 직업상담 정보를 얻는 질적 평가절차이다.
>
> **생애진로사정의 구조**
> ㉠ 진로사정 – 내담자 경험, 교육 여가 등에 대한 전반적인 평가 및 가계도를 작성한다.
> ㉡ 전형적인 하루 – 개인이 자신의 생활을 어떻게 조직하는지를 발견하는 것이다. 내담자가 그들 자신의 생활을 체계적으로 조직하는지 아니면 매일 자발적으로 반응하는지 결정하는 데 도움을 준다.(의존적 – 독립적 성격차원 검토)
> ㉢ 강점과 장애 – 내담자의 강점과 약점에 대한 질문. 내담자가 직면하고 있는 문제들, 환경적 장애들에 대한 정보를 얻을 수 있다.
> ㉣ 요약 : 면접동안 얻어진 정보들을 재차 강조. 인생경력의 가치관들, 강점과 장애 등을 반복 확인할 수 있다.

03 직업상담에서 의사결정 상태에 따라 내담자를 분류할 때 의사결정자의 유형에 해당하지 않는 것은?

① 확정적 결정형
② 종속적 결정형
③ 수행적 결정형
④ 회피적 결정형

> **해설** **진로결정자 하위유형**
> ㉠ 확정적 결정형 : 스스로 명확한 선택을 할 수 있고 자신의 적절성을 점검하려는 유형
> ㉡ 수행적 결정형 : 선택은 할수 있으나 실행에 도움이 필요한 유형
> ㉢ 회피적 결정형 : 주변사람들과 대립을 피하기 위해 선택을 했지만 실제 진로를 정하지 않은 유형

정답 01 ④ 02 ① 03 ②

04 실업충격을 완화시키기 위한 프로그램이 아닌 것은?

① 실업 스트레스 대처 프로그램
② 취업동기 증진 프로그램
③ 진로개발 프로그램
④ 구직활동 증진 프로그램

> **해설** **실업충격완화 프로그램**
> ㉠ 실업스트레스 대처 프로그램
> ㉡ 자기관리 프로그램
> ㉢ 무력감 극복 프로그램
> ㉣ 취업효능감 증진 프로그램
> ㉤ 경쟁력 강화 프로그램
> ㉥ 구직활동 증진 프로그램

05 다음 면담에서 인지적 명확성이 부족한 내담자의 유형과 상담자의 개입방법이 바르게 짝지어진 것은?

> 내담자 : 난 사업을 할까 생각 중이에요. 그런데 그 분야에서 일하는 여성들은 대부분 이혼을 한대요.
> 상담자 : 선생님은 사업을 하면 이혼을 할까봐 두려워하시는군요. 직장여성들의 이혼율과 다른 분야에 종사하는 여성들에 대한 통계를 알아보도록 하죠.

① 구체성의 결여 – 구체화시키기
② 파행적 의사소통 – 저항에 다시 초점 맞추기
③ 강박적 사고 – RET 기법
④ 원인과 결과 착오 – 논리적 분석

> **해설** 원인과 결과 착오에 대한 예문이다.

06 내담자의 세계를 상담자 자신의 세계인 것처럼 경험하지만 객관적인 위치에서 벗어나지 않는 상담대화의 기법은?

① 수용   ② 전이
③ 공감   ④ 동정

> **해설** 공감은 내담자의 세계를 상담자 자신의 세계인 것처럼 경험하지만 객관적인 위치에서 벗어나지 않는 것으로써 내담자가 전달하려는 내용에서 할 걸음 더 나아가 그 내면적 감정에 대해 반영하는 것이다.

07 진로상담에서 내담자의 목표가 현실적으로 가능한지를 묻는 '목표실현가능성'에 관한 상담자의 질문으로 적절하지 않은 것은?

① 목표를 성취하기 위해 현재 처한 상황을 당신은 얼마나 통제할 수 있나요?
② 당신이 이 목표를 성취하지 못하도록 방해하는 것은 무엇인가요?
③ 언제까지 목표를 성취해야 한다고 느끼며, 마음속에 어떤 시간계획을 가지고 있나요?
④ 당신이 목표하는 직업에서 의사결정은 어디서 누가 내리나요?

> **해설** 실현가능성은 내담자와 함께 탐색해 되어야 하며, 내담자의 시간, 에너지, 능력, 자원과 관련된 현실성등과내담자가 그 상황을 통제할 수 있는 정도를 함께 고려한다.
> ㉠ 목표를 성취하기 위해 현재 처한 상황을 당신은 얼마나 통제할 수 있나요?
> ㉡ 이 목표를 달성하기 위해서 당신이 해야 할 것은 무엇인가요?
> ㉢ 이 목표는 당신이 달성가능한 목표인가요?
> ㉣ 당신이 이 목표를 성취하지 못하도록 방해하는 것은 무엇인가요?
> ㉤ 언제까지 목표를 성취해야 한다고 느끼며, 마음속에 어떤 시간계획을 가지고 있나요?

08 다음은 내담자의 무엇을 사정하기 위한 것인가?

> 내담자에게 과거에 했던 선택의 회상, 절정경험, 자유시간, 그리고 금전사용계획 등을 조사하고, 존경하는 사람을 쓰게 하는 등의 상담행위

① 내담자의 동기   ② 내담자의 생애역할
③ 내담자의 가치   ④ 내담자의 흥미

> **해설** **가치사정기법**
> ① 체크목록의 가치에 순위 매기기
> ② 과거의 선택 회상하기
> ③ 절정경험 조사하기
> ④ 자유시간과 금전의 사용
> ⑤ 백일몽 말하기
> ⑥ 존경하는 사람 기술하기

09 특성 – 요인 직업상담에서 상담자가 지켜야 할 상담원칙으로 틀린 것은?

① 내담자에게 강의하려 하거나 거만한 자세로 말하지 않는다.

② 전문적인 어휘를 사용하고, 상담 초기에는 내담자에게 제공하는 정보를 비교적 큰 범위로 확대한다.

③ 어떤 정보나 해답을 제공하기 전에 내담자가 정말로 그것을 알고 싶어 하는지 확인한다.

④ 상담사는 자신이 내담자가 지니고 있는 여러 가지 태도를 제대로 파악하고 있는지 확인한다.

> **해설** 간단한 어휘를 사용하고, 상담 초기에는 내담자에게 제공하는 정보를 비교적 적은범위로 한정한다.

10 직업선택을 위한 마지막 과정인 선택할 직업에 대한 평가과정 중 요스트(Yost)가 제시한 방법이 아닌 것은?

① 원하는 성과연습
② 확률추정연습
③ 대차대조표연습
④ 동기추정연습

> **해설** Yost의 **직업평가 기법**
> ① 원하는 성과연습 – 각 직업들이 원하는 성과(직책, 금전, 자율성, 창의성, 권한 등)를 얼마나 제공할 수 있는가?
> ② 찬반연습 – 각 직업들의 장 · 단기적 장단점을 생각하도록 계획한 것이다.
> ③ 대차대조표연습 – 내담자로 하여금 직업들의 선택에 가장 영향을 받게 될 영역이나 사람들에게 초점을 맞추는 것이다.
> ④ 확률추정 연습 – 내담자가 예상한 결과들이 실제로 얼마나 일어날 것인지를 추정해 보도록 하기 위한 것이다.
> ⑤ 미래를 내다보는 연습 – 앞으로 다른 위치에 있을 어느 한 직업의 결과를 짐작해 보는 방법이다.

11 상담과정의 본질과 제한조건 및 목적에 대하여 상담자가 정의를 내려주는 것은?

① 촉진화
② 관계형성
③ 문제해결
④ 구조화

> **해설** **구조화**
> 상담과정의 초기단계에서 상담과정의 본질, 제한조건 및 방향에 대하여 상담자가 정의를 내려주는 것이다. 구조화 작업시 주로 사용되는 것은 상담목표설정 상담시간 약속, 촉진적 관계형성 이다. 상담자는 내담자에게 상담과정에 대해 의도적으로 설명하거나 제약을 가하는 상담기법에 해당한다.

12 수퍼(Super)의 전생애 발달과업의 순환 및 재순환에서 '새로운 과업 찾기'가 중요한 시기는 언제인가?

① 청소년기(14~24세)
② 성인초기(25~45세)
③ 성인중기(46~65세)
④ 성인후기(65세 이상)

> **해설** 유지기(46 – 65세 : 성인중기) : 대부분의 사람들은 자신이 일해온 분야를 유지하거나 개선하거나 혹은 새로운 직업을 선택하는 등의 상황에 직면하게 되며, 만약 새로운 직업분야를 선택하게 되면 개인은 탐색기 – 확립기 – 유지기의 재순환을 수행하게 된다.

13 보딘(Bordin)의 정신역동적 직업상담에서 사용하는 기법이 아닌 것은?

① 명료화
② 비교
③ 소망 – 방어 체계
④ 준지시적 반응 범주화

> **해설** 정신역동직업상담의 상담단계는 탐색과 계약체결 – 핵심결정 – 변화를 위한 노력이며, 상담기법은 명료화, 비교, 소망 – 방어 체계에 대한 해석이다.

14 인간중심 진로상담의 개념에 대한 설명으로 옳지 않은 것은?

① 일의 세계 및 자아와 관련된 정보의 부족에 관심을 둔다.

② 자아 및 직업과 관련된 정보를 거부하거나 왜곡하는 문제를 찾고자 한다.

③ 진로선택과 관련된 내담자의 불안을 줄이고 자기의 책임을 수용하도록 한다.

④ 상담자의 객관적 이해를 내담자에 대한 자아 명료화의 근거로 삼는다.

> **해설** 문제의 객관적 이해보다는 내담자에 대한 정서적 이해에 중점을 둔다.

15 포괄적 직업상담에서 초기, 중간, 마지막 단계 중 중간단계에서 주로 사용하는 접근법은?

① 발달적 접근법
② 정신역동적 접근법
③ 내담자 중심 접근법
④ 행동주의적 접근법

정답 09 ② 10 ④ 11 ④ 12 ③ 13 ④ 14 ④ 15 ②

> **해설** 초기기억은 내담자의 경험에 대한 주관적 감정에 초점을 맞추어 파악하여야 한다.

해설 포괄적 직업상담의 초기단계는 내담자중심 직업상담과 발달적 직업상담기법을 이용하여 내담자에 대한 진단과 탐색이 이루어지며, 중기단계에서는 정신역동적 직업상담기법으로 내담자의 문제의 원인을 찾아 이를 제거하며, 말기단계에는 특성요인상담 및 행동주의 상담을 통해 문제해결에 보다 능동적이고 지시적인 태도로 개입하게 된다.

16 상담이론과 그와 관련된 상담기법을 바르게 짝지은 것은?

① 정신분석적 상담 – 인지적 재구성
② 행동치료 – 저항의 해석
③ 인지적 상담 – 이완기법
④ 형태치료 – 역할연기, 감정에 머무르기

> **해설** ① 정신분석적 상담 – 저항의 해석
> ② 행동치료 – 이완기법
> ③ 인지적 상담 – 인지적 재구성

17 직업상담에서 직업카드분류법은 무엇을 알아보기 위한 것인가?

① 직업선택 시 사용가능한 기술
② 가족 내 서열 및 직업가계도
③ 직업세계와 고용시장의 변화
④ 직업흥미의 탐색

> **해설** 직업카드분류는 흥미를 사정하기 위한 도구로써 홀랜드의 6각형 이론과 관련된 일련의 직업카드를 주고 직업을 선호군, 혐오군, 미결정군으로 분류하도록 하고, 그렇게 선정한 이유를 밝혀 직업선택의 동기 및 가치관을 탐색할 수 있다. 직업을 고르기 위한 선택장치로 고안된 것은 아니다.

18 아들러(Adler) 이론의 주요 개념인 초기 기억에 관한 설명을 모두 고른 것은?

> ㄱ. 중요한 기억은 내담자가 '마치 지금 일어나고 있는 것처럼' 기술할 수 있다.
> ㄴ. 초기기억에 대한 내담자의 지각보다는 경험을 객관적으로 파악하는 것이 중요하다.
> ㄷ. 초기기억은 삶, 자기, 타인에 대한 내담자의 현재 세계관과 일치하는 경향이 있다.
> ㄹ. 초기기억을 통해 상담자는 내담자의 삶의 목표를 차악하는 데 도움을 받을 수 있다.

19 행동수정에서 상담자의 역할은?

① 내담자가 사랑하고, 일하고, 노는 자유를 획득하도록 돕는다.
② 내담자의 가족 구성에 대한 정보를 수집한다.
③ 내담자의 주관적 세계를 이해하여 새로운 이해나 선택을 할 수 있도록 돕는다.
④ 내담자의 상황적 단서와 문제행동, 그 결과에 대한 정보를 얻기 위해서 노력한다.

> **해설** 상황적단서, 문제행동 그리고 그 결과에 대한 정보를 얻기위해 체계적인 노력을 한다. 내담자와 함께 문제를 명료화 하며, 표적행동을 정하고, 상담목표를 세운다. 그리고 변화계획을 수행하고, 성공여부를 평가한다.

20 직업상담사의 윤리강령으로 옳지 않은 것은?

① 직업상담사는 개인이나 사회에 임박한 위험이 있더라도 개인정보의 보호를 위하여 내담자의 정보를 누설하지 말아야 한다.
② 직업상담사는 내담자에 대한 정보를 교육장면이나 연구에 사용할 경우에는 내담자와 합의 후 사용하되 정보가 누출되지 않도록 해야 한다.
③ 직업상담사는 소속 기관과의 갈등이 있을 경우 내담자의 복지를 우선적으로 고려해야 한다.
④ 직업상담사는 상담관계의 형식, 방법, 목적을 설정하고 그 결과에 대하여 내담자와 협의해야 한다.

> **해설** 상담자는 내담자의 개인 및 사회에 임박한 위험이 있다고 판단될 때, 극히 조심스럽게 고려한 뒤 내담자의 사회생활 정보를 적정한 전문인 혹은 사회당국에 공개한다.

21 다음의 내용을 주장한 학자는?

특정한 직업을 갖게 되는 것은 단순한 선호나 선택의 기능이 아니고 개인이 통제할 수 없는 복잡한 환경적 요인의 결과이다.

① Krumboltz   ② Dawis
③ Gelatt   ④ Peterson

해설 Krumboltz 진로선택의 사회학습이론에서 진로발달과정에 영향을 미치는 요인
- ⊙ 유전적 요인과 특별한 능력 : 물려받거나 생득적인 개인의 특성들이다.
- ⓒ 환경조건과 사건 : 보통 개인의 통제를 벗어나는 사회적, 문화적, 정치적, 경제적 사항들이다.
- ⓒ 학습경험 : 과거에 학습한 경험은 현재 또는 미래의 교육적, 직업적 의사결정에 영향을준다.
- ⓔ 과제 – 접근 기술 : 목표 설정, 가치 명료화, 대안 형성, 직업적 정보 획득 등을 포함하는 기술이다. "고등학교 3학년인 A양은 가끔 수업 노트를 가지고 공부하는데, 비록 고등학교에서는 그녀가 좋은 성적을 받더라도, 대학에서는 이런 방법이 실패하게 되어 그녀의 노트기록 습관과 학습습관을 수정하게 할지도 모른다."

22 다음은 어떤 타당도에 대한 설명인가?

측정도구가 실제로 무엇을 측정했는가 또는 조사자가 측정하고자 하는 추상적인 개념이 실제로 측정도구에 의해서 적절하게 측정되었는가에 관한 문제로서, 이론적 연구를 하는데 가장 중요한 타당도

① 내용타당도(content validity)
② 개념타당도(construct validity)
③ 공인타당도(concurrent validity)
④ 예언타당도(predictive validity)

해설 **구성타당도(구인타당도, 개념타당도)**
- ⊙ 구성타당도는 그 검사가 해당 이론의 구성개념이나 특성을 잘 측정하는 정도를 말하는 것이다.
- ⓒ 객관적으로 관찰 가능하지 않은 추상적 개념(적성, 지능, 흥미 등)을 얼마나 잘 측정하는지를 나타낸 것이다.

23 Super의 직업발달이론에 대한 중심개념으로 볼 수 없는 것은?

① 개인은 각기 적합한 직업군의 적격성이 있다.
② 직업발달과정은 본질적으로 자아개념의 발달 보완과정이다.
③ 개인의 직업기호와 생애는 자아실현의 과정으로 현실과 타협하지 않는 활동과정이다.
④ 직업과 인생의 만족은 자기의 능력, 흥미, 성격특성 및 가치가 충분히 실현되는 정도이다.

해설 개인의 직업기호와 생애는 자아실현의 과정으로 현실과 타협하는 활동과정이다.

24 다음 중 전직을 예방하기 위해 퇴직의사보유자에게 실시하는 직업상담 프로그램으로 가장 적합한 것은?

① 직업복귀 프로그램   ② 실업충격완화 프로그램
③ 조기퇴직계획 프로그램   ④ 직업적응 프로그램

해설 직무에서 오는 긴장과 불안을 해소하고 건강한 삶을 유지하기 위한 직장스트레스 대처프로그램. 직업적응 프로그램의 실시가 적합하다.

25 신뢰도 추정에 관한 설명으로 옳지 않은 것은?

① 속도검사의 경우 기우양분법으로 반분신뢰도를 추정하면 신뢰도 계수가 과대추정되는 경향이 있다.
② 신뢰도 추정에 영향을 미치는 요인은 상관계수에 영향을 미치는 요인과 유사하다.
③ 신뢰도 추정에 영향을 미치는 요인 중 가장 중요한 요인은 표본의 동질성이다.
④ 정서반응과 같은 불안정한 심리적 특성의 신뢰도를 정확히 추정하기 위해서는 검사–재검사의 기간을 충분히 두어야 한다.

해설 정서반응과 같은 불안정한 심리적 특성의 신뢰도를 정확히 추정하기 위해서는 검사–재검사의 기간을 짧게 두어야 한다.

정답 21 ①   22 ②   23 ③   24 ④   25 ④

26 성인용 웩슬러 지능검사(K-WAIS-IV)의 처리속도지수에 포함되지 않는 소검사는?

① 동형찾기   ② 퍼즐
③ 기호쓰기   ④ 지우기

해설 퍼즐은 지각추론지수에 해당하는 소검사이다.

27 신입사원이 조직에 쉽게 적응하도록 상사가 후견인이 되어 도와주는 경력개발 프로그램은?

① 종업원지원 시스템   ② 멘토십 시스템
③ 경력지원 시스템   ④ 조기발탁 시스템

해설 경험과 지식이 많은 사람이 스승 역할을 하여 지도와 조언으로 그 대상자의 실력과 잠재력을 향상시키는 것 또는 그러한 체계를 말한다.

28 개인의 진로발달 과정에서 초기의 가정환경이 그 후의 직업선택에 중요한 영향을 미친다고 보는 이론은?

① 파슨스(Parsons)의 특성이론
② 갤라트(Gelatt)의 의사결정이론
③ 로(Roe)의 욕구이론
④ 수퍼(Super)의 발달이론

해설 **직업분류에 미치는 초기경험과 부모행동의 영향**
로는 초기의 경험은 가정환경, 특히 부모와의 관계, 부모의 행동에 큰 영향을 받는다고 보았다.
㉠ 아동에 대한 정서적 집중은 과보호적·과요구적으로 될 수 있다.
㉡ 아동에 대한 회피는 정서적 거부와 방임으로 표현된다.
㉢ 아동에 대한 수용은 무관심한 수용과 애정적인 수용으로 나타난다.

29 특정 집단의 점수분포에서 한 개인의 상대적 위치를 나타내는 점수는?

① 표준점수   ② 표준등급
③ 백분위점수   ④ 규준 점수

해설 백분위점수는 그 의미가 모든 사람에게 단순하고 직접적이며, 한 집단 내에서 개인의 상대적인 위치를 살펴보는데 적합하다.

30 Holland의 성격유형 중 구조화된 환경을 선호하고, 질서정연하고 체계적인 자료정리를 좋아하는 것은?

① 실제형   ② 탐구형
③ 사회형   ④ 관습형

해설 ㉠ 현실형 – 기계, 도구에 관한 체계적인 조작활동을 좋아하나 사회적 기술이 부족하다. 조사연구원, 농부
㉡ 탐구형 – 분석적이고 호기심이 많고 조직적이며 정확한 반면, 흔히 리더십 기술이 부족하다.
㉢ 예술형 – 창의성을 지향하는 아이디어와 자료를 사용해서 자신을 새로운 방식으로 표현하는 것을 좋아한다.
㉣ 사회형 – 다른 사람과 함께 일하는 것을 즐기고 친절하고 정이 많으며 인내와 관용으로 남을 돕는 직업을 선호하고 협조적이다.
㉤ 진취형 – 조직의 목적과 경제적인 이익을 얻기 위해 타인을 선도, 계획, 통제, 관리하는 일과 그 결과로 얻어지는 위신, 인정, 권위에 흥미를 보인다.
㉥ 관습형 – 구조화된 환경을 선호하고, 정해진 원칙과 계획에 따라 자료들을 기록, 정리, 조직하는 일을 좋아하고 체계적인 직업환경에서 사무적, 계산적 능력을 발휘하는 활동들에 흥미를 보인다.

31 직무분석 자료의 특성과 가장 거리가 먼 것은?

① 최신의 정보를 반영해야 한다.
② 논리적으로 체계화되어야 한다.
③ 진로상담 목적으로만 사용되어야 한다.
④ 가공하지 않은 원상태의 정보이어야 한다.

해설 직무분석 자료는 여러 가지 목적용으로 활용될 수 있어야 하며, 가장 최신의 정보를 반영하고 있어야 한다.

32 셀리에(Selye)의 스트레스에서의 일반적응 증후군에 관한 설명으로 옳지 않은 것은?

① 스트레스의 결과가 신체부위에 영향을 준다는 뜻에서 일반적이라 명명했다.
② 스트레스의 원인으로부터 신체가 대처하도록 한다는 의미에서 적응이라 명명했다.
③ 경계단계는 정신적 혹은 육체적 위험에 노출되었을 때 즉각적인 반응을 보이는 단계이다.
④ 탈진단계에서 심장병을 잘 유발하는 성격의 B유형은 흥분을 가라앉히지 않는다.

해설 탈진단계에서 심장병을 잘 유발하는 성격의 A유형은 흥분을 가라앉히지 않는다.

---

26 ②   **27** ②   **28** ③   **29** ③   **30** ④   **31** ③   **32** ④

33 스트레스에 대한 방어적 대처 중 직장상사에게 야단맞은 사람이 부하직원이나 식구들에게 트집을 잡아 화풀이를 하는 것은?

① 합리화(rationalization)

② 동일시(identification)

③ 보상(compensation)

④ 전위(displacement)

> **해설** 전위는 욕구충족 대상에 접근할 수 없을 때 다른 대상에게 에너지를 돌리는 것을 말한다.

34 윌리암슨(Williamson)이 제시한 상담의 과정을 바르게 나열한 것은?

ㄱ. 분석	ㄴ. 종합
ㄷ. 상담	ㄹ. 진단
ㅁ. 추수지도	ㅂ. 처방

① ㄱ → ㄴ → ㄹ → ㅂ → ㄷ → ㅁ

② ㄱ → ㄴ → ㄹ → ㄷ → ㅁ → ㅂ

③ ㄱ → ㄹ → ㅂ → ㄷ → ㅁ → ㄴ

④ ㄹ → ㅂ → ㄴ → ㄱ → ㄷ → ㅁ

> **해설** **특성요인 상담과정**
>
> Williamson이 제시한 상담과정은 분석 - 종합 - 진단 - 처방(예후) - 상담 - 추수지도이다. 진단단계는 문제를 사실적으로 확인하고 원인을 발견하는 단계이며, 상담 단계는 내담자가 능동적으로 참여하는 단계이다.

35 다음의 특성을 가진 직무분석 기법은?

- 미국 퍼듀대학교의 메코믹(McCormick)이 개발했다.
- 행동중심적 직무분석기법(behavior - oriented job analysis method)이다.
- 6가지의 범주 및 187개 항목으로 구성되었다.
- 개별직무에 대해 풍부한 정보를 획득할 수 있는 장점이 있으나, 성과표준을 직접 산출하는 데는 무리가 따른다는 단점을 지니고 있다.

① 직무과제분석(JTA)

② 기능적직무분석(EJA)

③ 직위분석질문지(PAQ)

④ 관리직기술질문지(MPDQ)

> **해설** 표준화된 직무분석 설문지의 대표적인 예가 미국에서 사용되고 있는 직책분석설문지(Position Analysis Questionnaire, PAQ)이다. PAQ는 작업자 중심 직무분석을 하는 도구로서 각 직무마다 어느정도 수준의 인간적인 능력이나 기술들이 요구되는지를 양적으로 알려 준다.

36 스트레스와 직무수행 간의 관계에 관한 설명으로 옳은 것은?

① 스트레스가 많을수록 직무수행이 떨어지는 일차함수 관계이다.

② 어느 수준까지만 스트레스가 많을수록 직무수행이 떨어진다.

③ 일정시점 이후에 스트레스 수준이 증가하면 수행실적은 오히려 감소하는 역U형 관계이다.

④ 스트레스와 직무수행은 관계가 없다.

> **해설** 스트레스 수준이 너무 높거나 낮으면 직무수행은 떨어지는 역U자형 계이다.

37 직업적성검사(GATB)에서 사무지각적성(clerial perception)을 측정하기 위한 검사는?

① 표식검사

② 계수검사

③ 명칭비교검사

④ 평면도 판단검사

> **해설**
>
> | 하위검사명(15개) | 검출되는 적성 | 측정방식 |
> |---|---|---|
> | 기구대조검사 | 형태지각(P) | |
> | 형태대조검사 | | |
> | 명칭비교검사 | 사무지각(Q) | |
> | 타점속도검사 | 운동반응(K) | |
> | 표식검사 | | |
> | 종선기입검사 | | 지필검사 |
> | 평면도 판단검사 | 공간적성(S) | |
> | 입체공간검사 | | |
> | 어휘검사 | 언어능력(V) | 지능(G) |
> | 산수추리검사 | 수리능력(N) | |
> | 계수검사 | | |
> | 환치검사 | 손의 재치(M) | |
> | 회전검사 | | 동작검사 |
> | 조립검사 | 손가락 재치(F) | |
> | 분해검사 | | |

38 심리검사를 선택하고 해석하는 과정에 관한 설명으로 틀린 것은?

① 검사는 진행 중인 상담과정의 한 구성요소로만 보아야 한다.
② 검사는 내담자의 의사결정을 돕기 위한 정보를 얻는 하나의 도구이다.
③ 검사는 내담자와 함께 협조해서 선택하는 것이 좋다.
④ 검사의 결과는 가능한 한 내담자에게 제공해서는 안 된다.

해설 검사결과를 전할 때는 가능한 한 객관적이고 비평가적인 언어를 사용하여야 하며, 내담자가 알고자 하는 정보와 관련된 검사의 가치와 제한점을 설명하고, 검사결과의 해석에 내담자가 적극 참여하도록 한다.

39 다음 (   ) 안에 알맞은 것은?

Levinson의 발달이론에서 성인은 연령에 따라 (   )의 계속적인 과정을 거쳐 발달하게 되며, 이러한 과정단계는 남녀나 문화에 상관없이 적용 가능하다.

① 안정과 변화
② 주요 사건
③ 과제와 도전
④ 위기

해설 Levinson의 발달이론에서 성인은 연령에 따라 안정과 변화의 계속적인 과정을 거쳐 발달하게 되며, 이러한 과정단계는 남녀나 문화에 상관없이 적용 가능하다.

40 Lofquist와 Dawis의 직업적응 이론에 나오는 4가지 성격양식 차원에 해당하지 않는 것은?

① 민첩성
② 역량
③ 친화성
④ 지구력

해설 ㉠ 직업성격적 측면
　㉮ 민첩성 : 정확성보다는 속도를 중시한다.
　㉯ 역량 : 근로자의 평균활동수준을 의미한다.
　㉰ 리듬 : 활동에 대한 다양성을 의미한다.
　㉱ 지구력 : 다양한 활동수준의 기간을 의미한다.
ㄴ 직업적응방식적 측면
　㉮ 융통성 : 개인의 작업환경과 개인적 환경간의 부조화를 참아내는 정도로서 작업과 개인의 부조화가 크더라도 잘 참아낼 수 있는 사람은 융통적인 사람을 의미한다.
　㉯ 끈기 : 환경이 자신에게 맞지 않아도 개인이 얼마나 오랫동안 견뎌낼 수 있는가 하는 것을 의미한다.
　㉰ 적극성 : 개인이 작업환경을 개인적 방식과 좀 더 조화롭게 만들어 가려고 노력하는 정도를 의미한다.
　㉱ 반응성 : 개인이 작업성격의 변화로 인해 작업환경에 반응하는 정도를 의미한다.

SECTION
제3과목 직업정보론

41 다음 중 국가기술자격 종목에 해당하지 않는 것은?

① 임상심리사 2급
② 컨벤션기획사 2급
③ 그린전동자동차기사
④ 자동차관리사 2급

해설 자동차관리사 2급은 등록민간자격이다.

42 한국표준산업분류(제10차)의 분류목적에 해당하지 않는 것은?

① 기본적으로 산업활동 관련 통계자료 수집, 제표, 분석 등을 위해서 활동 분류 및 범위를 제공하기 위한 것
② 산업 관련 통계자료 정확성, 비교성을 확보하기 위하여 모든 통계작성기관은 한국표준산업분류를 의무적으로 사용하도록 규정
③ 일반 행정 및 산업정책 관련 다수 법령에서 적용대상 산업영역을 규정하는 기준으로 준용
④ 취업알선을 위한 구인 · 구직 안내 기준

해설 한국표준산업분류는 생산단위(사업체단위, 기업체단위 등)가 주로 수행하는 산업 활동을 그 유사성에 따라 체계적으로 유형화 한 것이다. 이러한 한국표준산업분류는 산업활동에 의한 통계 자료의 수집 제표, 분석 등을 위해서 활동 분류 및 범위를 제공하기 위한 것으로 통계법에서는 산업통계 자료의 정확성, 비교성을 위하여 모든 통계작성기관이 이를 의무적으로 사용하도록 규정하고 있다. 한국표준산업분류는 통계작성 목적 이외에도 일반 행정 및 산업정책 관련 법령에서 적용대상 산업영역을 한정하는 기준으로 준용되고 있다.

43 다음은 한국직업사전(2020) 직무기능 "사물"항목 중 무엇에 관한 설명인가?

다양한 목적을 수행하고자 사물 또는 사람의 움직임을 통제하는데 있어 일정한 경로를 따라 조작되고 안내되어야 하는 기계 또는 설비를 시동, 정지하고 그 움직임을 제어한다.

① 조작운전
② 정밀작업
③ 제어조작
④ 수동조작

정답 38 ④　39 ①　40 ③　41 ④　42 ④　43 ①

② 정밀작업(precision working) : 설정된 표준치를 달성하기 위하여 궁극적인 책임이 존재하는 상황 하에서 신체부위, 공구, 작업도구를 사용하여 가공물 또는 재료를 가공, 조종, 이동, 안내하거나 또는 정위치시킨다. 그리고 도구, 가공물 또는 원료를 선정하고 작업에 알맞게 공구를 조정한다.

③ 제어조작(operating-controlling) : 기계 또는 설비를 시동, 정지, 제어하고 작업이 진행되고 있는 기계나 설비를 조정한다.

④ 수동조작(manipulating) : 기계, 설비 또는 재료를 가공, 조정, 이동 또는 위치할 수 있도록 신체부위, 공구 또는 특수장치를 사용한다. 정확도 달성 및 적합한 공구, 기계, 설비 또는 원료를 산정하는데 있어서 어느 정도의 판단력이 요구된다.

44 한국표준직업분류(제7차)의 개정 특징으로 틀린 것은?

① 전문 기술직의 직무영역 확장 등 지식 정보화 사회 변화상 반영
② 사회 서비스 일자리 직종 세분 및 신설
③ 고용규모 대비 분류항목이 적은 사무 및 판매 · 서비스직 세분
④ 자동화 · 기계화 진전에 따른 기능직 및 기계 조작직 직종 세분 및 신설

해설 자동화 · 기계화 진전에 따른 기능직 및 기계 조작직 직종 통합

45 인간이 복잡한 정보에 접근하게 되는 구조에 근거를 둔 이론으로 직업선택결정 단계를 전제단계, 계획단계, 인지부조화단계로 구분한 직업결정모형은?

① 타이드만과 오하라(Tiedeman&O'Hara)
② 힐튼(hilton)의 모형
③ 브룸(Vroom)의 모형
④ 수(Hsu)의 모형

해설 직업결정 과정은 자신이 세운 계획과 전제간의 불일치점을 조사 · 시험해보고, 이들 사이에 부조화가 없다면 현재의 계획을 행위화 시키는 과정

46 직업정보 분석 시 유의점으로 틀린 것은?

① 전문적인 시각에서 분석한다.
② 직업정보원과 제공원에 대해 제시한다.
③ 동일한 정보에 대해서는 한 가지 측면으로만 분석한다.
④ 원자료의 생산일, 사료표집방법, 대상 등을 검토해야 한다.

해설 동일한 정보라 할지라도 다각적인 분석을 시도하여 해석을 풍부히 한다.

47 다음은 국가기술자격 중 어떤 등급의 검정기준에 해당하는가?

> 해당 국가기술자격의 종목에 관한 숙련기능을 가지고 제작 · 제조 · 조작 · 운전 · 보수 · 정비 · 채취 · 검사 또는 작업관리 및 이에 관련되는 업무를 수행할 수 있는 능력 보유

① 기능사
② 산업기사
③ 기사
④ 기능장

해설 ㉠ 기능장 : 해당 국가기술자격의 종목에 관한 최상급 숙련기능을 가지고 산업현장에서 작업관리, 소속기능인력의 지도 및 감독, 현장훈련, 경영자와 기능인력을 유기적으로 연계시켜 주는 현장관리 등의 업무를 수행할 수 있는 능력보유

㉡ 기사 : 해당 국가기술자격의 종목에 관한 공학적 기술이론 지식을 가지고 설계 · 시공 · 분석 등의 업무를 수행할 수 있는 능력보유

㉢ 산업기사 : 해당 국가기술자격의 종목에 관한 기술기초이론 지식 또는 숙련기능을 바탕으로 복합적인 기초기술 및 기능업무를 수행할 수 있는 능력보유

㉣ 기능사 : 해당 국가기술자격의 종목에 관한 숙련 기능을 가지고 제작 · 제조 · 조작 · 운전 · 보수 · 정비 · 채취 · 검사 또는 작업관리 및 이에 관련되는 업무를 수행할 수 있는 능력 보유

48 한국표준직업분류(제10차) 분류정의가 틀린 것은?

① 산업은 유사한 성질을 갖는 산업활동에 주로 종사하는 생산단위의 집합이다.
② 각 생산단위가 노동, 자본, 원료 등 자원을 투입하여, 재화 또는 서비스를 생산 또는 제공하는 일련의 활동과정은 산업활동이다.
③ 산업활동 범위에는 영리적, 비영리적 활동이 모두 포함되며, 가정 내 가사 활동도 포함된다.
④ 산업분류는 생산단위가 주로 수행하는 산업활동을 분류 기준과 원칙에 맞춰 그 유사성에 따라 체계적으로 유형화 한 것이다.

해설 산업 활동의 범위에는 영리적, 비영리적 활동이 모두 포함되나 가정 내의 가사 활동은 제외된다.

정답 44 ④ 45 ② 46 ③ 47 ① 48 ③

49 워크넷에서 제공하는 채용정보 중 기업형태별 검색에 해당하지 않는 것은?

① 벤처기업　　　　　② 외국계기업
③ 환경친화기업　　　④ 일학습병행기업

해설 **기업형태별 검색**
> 대기업, 공무원/공기업/공공기관, 강소기업, 코스피/코스닥, 중견기업, 외국계기업, 일학습병행기업, 벤처기업, 청년친화강소기업, 가족친화기업

50 다음은 어떤 직업훈련지원제도에 관한 설명인가?

> 급격한 기술발전에 적응하고 노동시장 변화에 대응하는 사회안전망 차원에서 생애에 걸친 역량개발 향상 등을 위해 국민 스스로 직업능력개발훈련을 실시할 수 있도록 훈련비 등을 지원

① 국가기간 · 전략산업직종훈련
② 사업주 직업능력개발훈련
③ 국민내일배움카드
④ 일학습병행

해설 국민내일배움카드는 급격한 기술발전에 적응하고 노동시장 변화에 대응하는 사회안전망 차원에서 생애에 걸친 역량개발 향상 등을 위해 국민 스스로 직업능력개발훈련을 실시할 수 있도록 훈련비 등을 지원하는 제도이다.

51 한국표준직업분류(제7차) 개정 시 대분류 3 "사무 종사자"에 신설된 것은?

① 행정사
② 신용카드 모집인
③ 로봇공학 기술자 및 연구원
④ 문화 관광 및 숲 · 자연환경 해설사

해설 '대학 행정조교'는 대학 행정의 보조자로서 교육 조교(TA), 연구조교(RA) 등과는 구분되며, 대학 내 고용규모가 상당하므로 '총무 사무원'에서 분리하여 세세분류로 신설하는 한편, 세분류 '기타 사무원' 하위분류에 행정 서비스를 대행해주는 '행정사'를 신설하였다.

52 평생학습계좌제(www.all.go.kr)에 관한 설명으로 틀린 것은?

① 개인의 다양한 학습경험을 온라인 학습이력관리시스템에 누적 · 관리하여 체계적인 학습설계를 지원한다.
② 개인의 학습결과를 학력이나 자격인정과 연계하거나 고용정보로 활용할 수 있게 한다.
③ 전 국민을 대상으로 실시하는 제도로서, 원하는 누구나 이용이 가능하다.
④ 온라인으로 계좌개설이 가능하며 방문신청은 전국 고용센터에 방문하여 개설한다.

해설 온라인으로 계좌개설이 가능하며 방문신청은 평생교육진흥원에 방문하여 개설한다.

53 고용노동통계조사의 각 항목별 조사주기의 연결이 틀린 것은?

① 사업체 노동력 조사 : 연 1회
② 시도별 임금 및 근로시간 조사 : 연 1회
③ 지역별 사업체 노동력 조사 : 연 2회
④ 기업체 노동비용 조사 : 연 1회

해설 현원, 빈 일자리 및 입 · 이직에 관한 사항과 고용, 임금 및 근로시간에 관한 사항을 매월 조사하여 사업체 노동력의 변동추이를 파악한다.

54 직업정보의 가공에 대한 설명으로 틀린 것은?

① 정보를 공유하는 방법을 강구하는 단계이다.
② 정보의 생명력을 측정하여 활용방법을 선정하고 이용자에게 동기를 부여할 수 있도록 구상한다.
③ 정보를 제공하는 것은 긍정적인 입장에서 출발하여야 한다.
④ 시각적 효과를 부가한다.

해설 **직업정보 가공(체계화)시 유의점**
> ㉠ 직업은 그 분야에서 매우 전문적인 면이 있으므로, 전문적인 지식이 없어도 이해할 수 있는 이용자의 수준에 준하는 언어로 가공한다.
> ㉡ 직업에 대한 장 · 단점을 편견 없이 제공한다.
> ㉢ 현황은 가장 최신의 자료를 활용하되 표준화된 정보를 활용한다.
> ㉣ 객관성을 잃은 정보나 문자, 어투는 삼간다.
> ㉤ 시청각의 효과를 부가한다.
> ㉥ 정보제공 방법에 적절한 형태로 제공한다.

55 워크넷에서 제공하는 학과정보 중 자연계열의 "생명과학과"와 관련이 없는 학과는?

① 의생명과학과　　　　② 해양생명과학과

③ 분자생물학과　　　　④ 바이오산업공학과

해설 생명과학과와 관련있는 학과는 생명공학과, 분자생물학과, 미생물학과, 의생명과학과, 바이오산업학과, 의약바이오학과, 유전공학과, 생물학과/생물공학과이다.

56 워크넷(직업 · 진로)에서 '직업정보 찾기'의 하위 메뉴가 아닌 것은?

① 신직업 · 창직 찾기

② 업무수행능력별 찾기

③ 통합 찾기(지식, 능력, 흥미)

④ 지역별 찾기

해설 **직업정보 찾기의 하위 메뉴**

분류별찾기, 지식별찾기, 업무수행능력별찾기, 통합찾기(지식, 능력, 흥미), 신직업 · 창직찾기, 대상별찾기, 이색직업별찾기, 테마별찾기

57 민간직업정보와 비교한 공공직업종보의 특성에 관한 설명과 가장 거리가 먼 것은?

① 필요한 시기에 최대한 활용되도록 한시적으로 신속하게 생산 및 운영된다.

② 광범위한 이용가능성에 따라 공공직업정보체계에 대한 직접적이며 객관적인 평가가 가능하다.

③ 특정 분야 및 대상에 국한되지 않고 전체 산업 및 업종에 걸친 직종 등을 대상으로 한다.

④ 직업별로 특정한 정보만을 강조하지 않고 보편적인 항목으로 이루어진 기초적인 직업정보체계로 구성되어 있다.

해설 **공공직업정보의 특성**

ⓐ 지속적으로 조사 · 분석하여 제공되며 장기적인 계획 및 목표에 따라 정보체계의 개선작업 수행이 가능하다.
ⓑ 특정 분야 및 대상에 국한되지 않고 전체 산업 및 업종에 걸친 직종을 대상으로 한다.
ⓒ 직업별로 특정한 정보만을 강조하지 않고 보편적인 항목으로 이루어진 기초적인 직업정보체계로 구성된다.
ⓓ 광범위한 이용가능성에 따라 공공직업정보체계에 대한 직접적이며 객관적인 평가가 가능하다.
ⓔ 국내 또는 국제적으로 인정된 객관적인 기준에 근거하여 직업을 분류한다.

ⓗ 관련 직업 간 비교가 용이하다.
ⓘ 무료로 제공된다.

민간직업정보의 특성

ⓐ 필요한 시기에 최대한 활용되도록 한시적으로 신속하게 생산되어 운영된다.
ⓑ 단시간에 조사하고 특정한 목적에 맞게 해당분야 및 직종을 제한적으로 선택한다.
ⓒ 정보 생산자의 임의적 기준에 따라 관심이나 흥미를 유도할 수 있도록 해당 직업을 분류한다.
ⓓ 시사적인 관심이나 흥미를 유도할 수 있도록 해당 직업을 분류한다.
ⓔ 특정 직업에 대해 구체적이고 상세한 정보를 제공하기 위해서는 조사 분석 및 제공에 상당한 시간 및 비용이 소요되므로 해당 직업정보는 유료로 제공한다.

58 한국표준산업분류(제10차)의 산업분류 결정방법에 관한 설명으로 틀린 것은?

① 생산단위 산업활동은 그 생산단위가 수행하는 주된 산업활동 종류에 따라 결정

② 계절에 따라 정기적으로 산업활동을 달리하는 사업체의 경우엔 조사대상 기간 중 산출액에 많았던 활동에 의하여 분류

③ 설립 중인 사업체는 개시하는 산업활동에 따라 결정

④ 단일사업체 보조단위는 별도의 사업체로 처리

해설 단일사업체의 보조단위는 그 사업체의 일개 부서로 포함하며, 여러 사업체를 관리하는 중앙 보조단위(본부, 본사 등)는 별도의 사업체로 처리한다.

59 Q-net(www.q-net.or.kr)에서 제공하는 국가기술자격 종목별 정보를 모두 고른 것은?

ㄱ. 자격취득자에 대한 법령상 우대현황
ㄴ. 수험자 동향(응시목적별, 연령별 등)
ㄷ. 연도별 검정현황(응시자수, 합격률 등)
ㄹ. 시험정보(수수료, 취득방법 등)

① ㄱ, ㄴ　　　　　　② ㄷ, ㄹ

③ ㄱ, ㄴ, ㄹ　　　　④ ㄱ, ㄴ, ㄷ, ㄹ

해설 국가자격 종목별 상세정보에서는 시험정보, 기본정보, 우대현황, 훈련 · 취업정보, 수험자 동향의 내용을 제공한다.

정답 55 ② 56 ④ 57 ① 58 ④ 59 ④

60 직업정보의 일반적인 평가기준과 가장 거리가 먼 것은?

① 어떤 목적으로 만든 것인가?
② 얼마나 비싼 정보인가?
③ 누가 만든 것인가?
④ 언제 만들어진 것인가?

SECTION
제4과목 노동시장론

61 노동조합에 관한 설명으로 옳은 것은?

① 노조부문과 비노조부문 간의 임금격차를 해소시킨다.
② 집단적 소리로서의 기능을 하여 비효율을 제거하고 생산성을 증진시킬 수 있다.
③ 시장기능에 의해 결정된 임금수준을 반드시 수용한다.
④ 노동조합의 임금수준은 일반적으로 비노조부문의 임금수준에 비해 낮게 책정되어 있다.

> **해설** 노동조합의 두 얼굴(독점과 집단적 목소리)이란 노동조합이 부정적 기능과 긍정적 기능을 모두 갖는다는 것을 의미한다.
> ① **부정적 기능**(독점)은 노동공급 독점자로서의 노동조합이 시장임금보다 높은 임금수준을 성취함으로써 노조 조직부문에서는 경쟁상태보다 더 적은 고용이 이루어지며, 노조 비조직 부문에서는 경쟁상태보다 더 많은 고용이 이루어지는 인적자원배분의 왜곡을 가져온다. 인적자원배분의 왜곡은 일국(一國)의 총생산량의 감소를 초래한다.
> ② **긍정적 기능**(집단적 목소리)은 노동자의 이직률을 감소시키고, 노동자의 사기를 높이며, 작업현장의 문제에 대한 정확한 정보를 제공하고, 기업 내의 임금격차를 줄임으로써 생산성을 향상시킬 수 있다.

62 노사관계의 주체를 사용자 및 단체, 노동자 및 단체, 정부로 규정하고 이들 간의 관계는 기술, 시장 또는 예산상의 제약, 권력구조에 의해 결정된다는 노사관계이론은?

① 시스템이론
② 수렴이론
③ 분산이론
④ 단체교섭이론

> **해설** 던롭(J.T. Dunlop)의 노사관계 시스템 이론이다.

63 경기침체로 실업자가 직장을 구하는 것이 더욱 어렵게 되어 구직활동을 단념함으로써 비경제활동인구가 늘어나고 경제활동인구가 감소하는 것은?

① 실망노동자효과
② 부가노동자효과
③ 대기실업효과
④ 추가실업효과

> **해설** ㉠ 실망노동자 : 실업자들이 경기침체로 취업이 어려워지면 구직활동을 포기하게 되어 경제활동 인구가 줄어들게 된다. 실망노동자는 실업자가 아니므로 경제활동인구가 아닌 비경제활동인구이다.(실업률↓, 경제활동인구↓)
> ㉡ 부가노동 : 가구주 소득이 낮아지면 가구원 일부가 취업활동을 하게 되어 경제활동인구가 늘어난다.(부가노동자 효과 : 실업자↑, 경제활동인구↑)

64 한국 노동시장에서 인력난과 유휴인력이 공존하는 이유로 가장 적합한 것은?

① 근로자의 학력격차의 확대
② 외국인고용허가제 도입
③ 기업규모별 임금격차의 확대
④ 미숙련노동력의 무제한적 공급

> **해설** 대기업과 중소기업 간의 임금 수준차가 커짐에 따라 유휴인력이 존재함에도 불구하고 중소기업에서는 인력난을 발생하고 있다.

65 1960년대 선진국에서 실업률과 물가상승률 간의 상충관계를 개선하고자 실시했던 정책은?

① 재정정책
② 금융정책
③ 인력정책
④ 소득정책

> **해설** 소득정책은 1960년대 선진국에서 실업률과 물가상승률간의 상충관계를 개선하고자 실시했던 정책이다. 소득정책의 부정적 효과로는 소득분배의 불평등 초래, 성장산업의 위축, 행정적 관리비용의 증가 등을 들 수 있다.

정답 60 ② 61 ① 62 ④ 63 ① 64 ③ 65 ②

66 개인이 노동시장에서의 노동공급을 포기하는 경우에 관한 설명으로 틀린 것은?

① 개인이 여가－소득 간의 무차별곡선이 수평에 가까운 경우이다.

② 개인의 여가－소득 간의 무차별곡선과 예산제약선 간의 접점이 존재하지 않거나, X축 코너(corner)점에서만 접점이 이루어질 경우이다.

③ 일정수준의 효용을 유지하기 위해 1시간 추가적으로 더 일하는 것을 보상하는데 요구되는 소득이 시장임금률보다 더 큰 경우이다.

④ 소득에 비해 여가의 효용이 매우 큰 경우이다.

해설 개인이 노동시장에서 노동공급을 포기하는 경우는 요구임금보다 시장임금이 낮은 경우이다.
무차별곡선이 수평에 가까운 경우는 요구임금이 작아진 것을 뜻하며 이때 노동공급은 증가한다.

67 다음 중 내부노동시장의 특징에 관한 설명으로 옳은 것은?

① 신규채용이나 복직 그리고 능력있는 자의 초빙 시에만 외부노동시장과 연결된다.

② 승진이나 직무배치 그리고 임금 등은 외부노동시장과 연계하여 결정된다.

③ 임금은 근로자의 단기적 생산성과 관련된다.

④ 내부와 외부노동시장 간에 임금격차가 없다.

해설 내부노동시장은 노동의 가격결정, 직무배치, 승진 등 고용의 여러 측면이 기업내부의 사내규칙이나 절차에 의해 지배되는 기업내부의 구조화된 고용관계를 말하며, 형성요인은 숙련의 특수성, 현장훈련(직장내 훈련), 관습, 장기근속가능성, 기업의 규모 등이다. 내부노동시장과 외부노동시장은 현격하게 다른 특성을 가지며 신규채용이나 복직 그리고 능력있는 자의 초빙 시에만 외부노동시장과 연결된다.

68 노사 간에 공동결정(co－determination)이라는 광범위한 합의관행이 존재하고 있는 국가는?

① 영국　　　　　　② 프랑스
③ 미국　　　　　　④ 독일

해설 독일의 공동결정은 1916년 최초로 도입되어 1920년 법적으로 의무화되었다.

69 다음 중 노동공급의 감소로 발생되는 현상은?

① 사용자의 경쟁심화로 임금수준의 하락을 초래한다.

② 고용수준의 증가를 가져온다.

③ 임금수준의 상승을 초래한다.

④ 일시적인 초과 노동공급현상을 유발한다.

해설 노동공급이 감소하면 임금이 상승한다.

70 다음 중 최저임금제도의 기대효과가 아닌 것은?

① 소득분배 개선

② 기업 간 공정경쟁 유도

③ 고용 확대

④ 산업구조의 고도화

해설 최저임금제도의 시행은 노동수요를 감소시켜 실업을 증가시킨다. 그러나 유효수요의 확보가 가능하다.

71 통상임금과 평균임금에 관한 설명으로 틀린 것은?

① 통상임금에는 기본급, 직무관련 직책, 직급, 직무수당을 포함한다.

② 초과급여, 특별급여 등은 통상임금 산정에서 제외된다.

③ 평균임금은 고용기간 중에서 근로자가 지급받고 있던 평균적인 임금수준을 말한다.

④ 평균임금은 연장근로, 야간근로, 휴일근로 등의 산출 기준 임금이다.

해설 ㉠ 평균임금
　㉮ 평균임금을 산정할 사유가 발생한날 이전 3개월간에 그 근로자에 대하여 지급한 임금의 총액을 그 기간의 총일수로 나눈 금액을 말한다.
　㉯ 평균임금은 퇴직금, 재해보상, 휴업수당 등의 산출기준으로 활용되고 있다.
㉡ 통상임금
　㉮ 근로자에게 정기적, 일률적으로 소정근로 또는 총 근로에 대하여 지급하기로 정하여진 시간급금액, 주급액, 월급금액 또는 도급금액을 말한다.
　㉯ 통상임금은 시간외 수당, 연·월차수당, 주휴수당 등 일상적인 업무와 관련된 수당의 산출기준
　※ 고정적임금(총액임금) : 기본급, 통상적수당, 기타수당 → 정액급여와 고정적상여금으로 구성
　※ 변농석임금 : 상여금, 초과근무수당(연장근무), 야간근로 → 초과급여, 변동적상여금

72 노동조합 조직의 유지 및 확대에 유리한 순서대로 숍제도를 나열한 것은?

① 클로즈드숍 > 유니온숍 > 오픈숍
② 유니온숍 > 클로즈드숍 > 오픈숍
③ 오픈숍 > 유니온숍 > 클로즈드숍
④ 오픈숍 > 클로즈드숍 > 유니온숍

해설 ㉠ 오픈 숍(open shop) : 사용자가 노동조합에 가입한 조합원이나 가입하지 않은 비조합원이나 모두 고용할 수 있는 제도이다. 노동조합은 상대적으로 노동력의 공급을 독점하기 어렵다.
  ㉡ 클로즈드 숍(closed shop) : 조합에 가입하고 있는 노동자만을 채용하고 일단 고용된 노동자라도 조합원자격을 상실하면 종업원이 될 수 없는 숍제도로서 우리나라 항운노동조합이 이에 해당한다.
  ㉢ 유니온 숍(union shop) : 기업이 노동자를 채용할 때는 노동조합에 가입하지 않은 노동자를 채용할 수 있지만 일단 채용된 노동자는 일정기간 내에 노동조합에 가입하여야 하며 또한 조합에서 탈퇴하거나 제명되는 경우 종업원자격을 상실하도록 되어 있는 제도이다.
  ㉣ 에이전시 숍(agency shop) : 노동조합 가입에 대한 강제조항이 없는 경우, 비조합원은 노력없이 노조원들의 조합활동의 혜택을 보게 된다. 따라서 노조는 혜택에 대한 대가로 비조합원들에게서 노조비에 상당하는 금액을 징수한다
  ㉤ 프리퍼렌셜 숍(preferential shop) : 조합원 우대제도라고도 하며 사용자가 조합원 여부에 관계없이 종업원을 채용할 수 있으나, 인사·해고 및 승진 등에 있어서 조합원에게 우선석 특권을 부여하는 제도를 말한다.
  ㉥ 메인티넌스 숍(maintenance of membership shop) : 조합원 자격 유지제도라고도 하며 사용자가 조합원 여부에 관계없이 종업원을 채용할 수 있으나 단체협약의 효력기간 중에는 조합원 자격을 유지하여야 하는 제도이다.

73 정보의 유통장애와 가장 관련이 높은 실업은?

① 마찰적 실업   ② 경기적 실업
③ 구조적 실업   ④ 잠재적 실업

해설 **마찰적실업**
  ㉠ 신규·전직자가 노동시장에 진입하는 과정에서 직업정보의 부족에 의하여 일시적으로 발생하는 실업의 유형
  ㉡ 대책 : 직업 정보의 효율적 제공을 통하여 해결할 수 있다. ㉮ 직업안정기관의 기능 강화, ㉯ 직업정보제공 시설의 확충, ㉰ 구인구직 전산망 확충, ㉱ 기업의 퇴직예고제, ㉲ 구직자세일즈 등

74 1998~1999년의 경제위기 기간에 나타난 우리노동시장의 특징과 가장 거리가 먼 것은?

① 해고분쟁의 증가
② 외국인 노동자 대량 유입
③ 근로자의 평균근속기간 감소
④ 임시직·일용직 고용비중의 증가

해설 경제위기로 일자리가 감소하여 외국인 노동자는 감소하였다.

75 임금상승이 한 개인의 여가와 노동시간에 미치는 효과 중 소득효과가 대체효과보다 클 경우 나타나는 것은?

① 여가시간은 감소하지만 노동시간이 증가한다.
② 여가시간과 노동시간이 함께 증가한다.
③ 여가시간과 노동시간이 함께 감소한다.
④ 여가시간은 증가하지만 노동시간은 감소한다.

해설 근로자들의 임금이 일정한 수준 이상으로 상승하면 고소득으로 인한 여가의 증가로 노동시간의 감소를 나타내는데, 이 경우 개인의 노동공급곡선은 일정수준 이상의 높은 임금에서 뒤쪽으로 굽어지는 형태를 보인다. 이를 후방 굴절형 곡선이라 한다. 다만 여가가 열등재일 경우는 후방굴절하는 것이 아니고 임금수준과 무관하게 우상향한다.

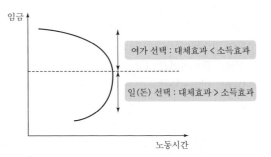

76 근로자의 근속연수에 따라 임금을 결정하는 임금체계는?

① 연공급   ② 직무급
③ 직능급   ④ 성과급

해설 연공급은 개인의 학력·자격·연령 등을 감안하여 근속연수에 따라 임금수준을 결정하는 임금체계. 주로 종신고용을 전제로 하는 기업에서 채택한다. 조직안정화로 인한 위계질서확립 용이하다.

77 K회사는 4번째 직원을 채용할 때 모든 근로자의 시간당 임금을 8천원에서 9천원으로 인상할 것이다. 만약 4번째 직원의 시간당 한계수입생산이 1만원이라면 K기업이 4번째 직원을 새로 고용함에 따라 얻을 수 있는 시간당 이윤은?

① 1천원 증가
② 2천원 증가
③ 1천원 감소
④ 2천원 감소

해설 3명고용시 시간당임금총액＝3명×8,000원＝24,000원
4명고용시 시간당임금총액＝4명×9,000원＝36,000원
노동의 한계비용은 24,000원－36,000원＝12,000원 이다.
한계수입생산은 10,000원이므로 시간당이윤은 12000원－10000원
＝ 2,000원이다.
따라서 시간당 이윤은 2,000원이 감소하였다.

78 임금이 10,000원에서 12,000원으로 증가할 때 고용량이 120명에서 108명으로 감소한 경우 노동수요의 탄력성은?

① 0.06
② 0.5
③ 1.0
④ 2.0

해설 노동수요의 탄력성

$$= \frac{\text{노동수요량의 변화율(\%)}}{\text{임금의 변화율(\%)}}$$

$$= \frac{\frac{120-108}{120}}{\frac{|10,000-12,000|}{10,000}} = 0.5$$

79 노동조합으로 인해 비노조부문의 임금이 하락하고 있다면 이는 어떤 경우인가?

① 이전효과(spillover effect)만 나타나는 경우
② 위협효과(threat effect)만 나타나는 경우
③ 대기실업효과만 나타나는 경우
④ 비노동조합부문에서 노동수요곡선을 좌측으로 이동하는 효과가 나타나는 경우

해설 파급효과(spillover effect): 노동조합이 조직됨으로써 노동조합 조직부문에서의 상대적 노동수요가 감소하고 그 결과 일자리를 잃은 노동자들이 비조직부문의 임금을 하락시키는 효과이다. 파급효과가 매우 강한 경우에 노동조합의 이중노동시장을 형성한다.(이전효과, 해고효과)

80 다음 중 임금수준의 결정원칙이 아닌 것은?

① 사회적 균형의 원칙
② 생계비 보장의 원칙
③ 소비욕구 반영의 원칙
④ 기업 지불 능력의 원칙

해설 임금수준의 결정원칙은 기업의 지불능력, 노동자의 생계비, 사회적균형(노동시장임금수준)이다.

SECTION
제5과목 **노동관계법규**

81 직업안정법령상 근로자의 모집에 관한 설명으로 틀린 것은?

① 누구든지 국외에 취업할 근로자를 모집한 경우에는 고용노동부장관에게 신고하여야 한다.
② 고용노동부장관은 건전한 모집질서를 확립하기 위하여 필요하다고 인정하는 경우에는 근로자 모집방법 등의 개선을 권고할 수 있다.
③ 고용노동부장관은 근로자의 모집을 원활하게 하기 위하여 필요하다고 인정할 때에는 국외취업을 희망하는 근로자를 미리 등록하게 할 수 있다.
④ 근로자를 모집하려는 자가 응모자로부터 그 모집과 관련하여 금품을 받은 경우 7년 이하의 징역 또는 7천만원 이하의 벌금에 처한다.

해설 근로자를 모집하려는 자가 응모자로부터 그 모집과 관련하여 금품을 받은 경우 5년 이하의 징역 또는 5천만원 이하의 벌금에 처한다.

82 남녀고용평긍 및 일 · 가정 양립 지원에 관한 법령상 육아기 근로시간 단축에 관한 설명이다. ( )에 들어갈 내용으로 옳은 것은?

사업주가 근로자에게 육아기 근로시간 단축을 허용하는 경우 단축 후 근로시간은 주당 (ㄱ)시간 이상이어야 하고 (ㄴ)시간을 넘어서는 아니 된다.

① ㄱ : 10, ㄴ : 15
② ㄱ : 10, ㄴ : 20
③ ㄱ : 15, ㄴ : 30
④ ㄱ : 15, ㄴ : 35

해설 사업주가 근로자에게 육아기 근로시간 단축을 허용하는 경우 단축 후 근로시간은 주당 15시간 이상이어야 하고 30시간을 넘어서는 아니 된다.

정답 77 ④ 78 ② 79 ① 80 ③ 81 ④ 82 ④

83 헌법상 근로의 권리로서 명시되어 있지 않은 것은?

① 최저임금제 시행
② 여성근로자의 특별보호
③ 연소근로자의 특별보호
④ 장애인근로자의 특별보호

해설 **근로권의 내용**

1) 본원적 내용
  ㉠ 근로기회 청구권 : 국민은 누구나 노동의사와 노동능력이 있는 한 국가에 대하여 노동의 기회를 요구할 수 있는 권리이다.
  ㉡ 생활비 청구권 : 국가가 근로의 기회를 제공할 수 없는 경우에 이에 대신하여 국가에 대하여 상당한 생활비의 지급을 요구할 수 있는 권리이다.
2) 파생적 내용
  ㉠ 모든 국민은 근로의 권리를 가진다. 국가는 사회적 · 경제적 방법으로 근로자의 고용증진과 적정임금 보장에 노력하여야 하며, 법률이 정하는 바에 의하여 최저임금제를 시행하여야 한다.
  ㉡ 모든 국민은 근로의 의무를 진다. 국가는 근로의 의무의 내용과 조건을 민주주의 원칙에 따라 법률로 정한다.
  ㉢ 근로조건의 기준은 인간의 존엄성을 보장하도록 법률로 정한다.
  ㉣ 여자의 근로는 특별한 보호를 받으며, 고용 · 임금 및 근로조건에 있어서 부당한 차별을 받지 아니한다.
  ㉤ 연소자의 근로는 특별한 보호를 받는다.
  ㉥ 국가 유공자 · 상이군경 및 전몰군경의 유가족은 법률이 정하는 바에 의하여 우선적으로 근로의 기회를 부여받는다.

84 고용보험법령상 취업촉진 수당에 해당하지 않는 것은?

① 구직급여
② 조기재취업 수당
③ 광역 구직활동비
④ 직업능력개발 수당

해설 1) 실업급여는 구직급여와 취업촉진 수당으로 구분한다.
  2) 취업촉진 수당의 종류는 다음 각 호와 같다.
    ㉠ 조기(早期)재취업 수당
    ㉡ 직업능력개발 수당
    ㉢ 광역 구직활동비
    ㉣ 이주비

85 개인정보 보호법령에 관한 설명으로 틀린 것은?

① "정보주체"란 처리되는 정보에 의하여 알아볼 수 있는 사람으로서 그 정보의 주체가 되는 사람을 말한다.
② 개인정보처리자는 개인정보의 처리 목적에 필요한 범위에서 개인정보의 정확성, 완전성 및 최신성이 보장되도록 하여야 한다.
③ 개인정보 보호에 과한 사무를 독립적으로 수행하기 위하여 국무총리 소속으로 개인정보 보호위원회를 둔다.
④ 위원의 임기는 2년으로 하되, 연임할 수 없다.

해설 위원의 임기는 3년으로 하되, 한 차례만 연임할 수 있다.

86 근로기준법상 이행강제금에 관한 설명으로 틀린 것은?

① 노동위원회는 구제명령을 받은 수 이행기한까지 구제명령을 이행하지 아니한 사용자에게 2천만원 이하의 이행강제금을 부과한다.
② 노동위원회는 이행강제금을 부과하기 30일 전까지 이행강제금을 부과 · 징수한다는 뜻을 사용자에게 미리 문서로써 알려주어야 한다.
③ 근로자는 구제명령을 받은 사용자가 이행기한까지 구제명령을 이행하지 아니하면 이행기간이 지난 때부터 30일 이내에 그 사실을 노동위원회에 알려줄 수 있다.
④ 노동위원회는 이행강제금 납부의무자가 납부기한까지 이행강제금을 내지 아니하면 기간을 정하여 독촉을 하고 지정된 기간에 이행강제금을 내지 아니하면 국세체납처분의 예에 따라 징수할 수 있다.

해설 근로자는 구제명령을 받은 사용자가 이행기한까지 구제명령을 이행하지 아니하면 이행기한이 지난 때부터 15일 이내에 그 사실을 노동위원회에 알려줄 수 있다.

87 고용정책 기본법령상 고용정책기본계획에 포함되는 내용으로 명시되지 않은 것은?

① 고용동향과 인력의 수급 전망에 관한 사항
② 고용에 관한 중장기 정책목표 및 방향
③ 인력의 수급 동향 및 전망을 반영한 직업능력개발훈련의 수급에 관한 사항
④ 인력의 수요와 공급에 영향을 미치는 산업정책 등의 동향에 관한 사항

> **해설** 기본계획에는 ㉠ 고용에 관한 중장기 정책목표 및 방향 ㉡ 인력의 수요와 공급에 영향을 미치는 경제, 산업, 교육, 복지 또는 인구정책 등의 동향(動向)에 관한 사항 ㉢ 고용 동향과 인력의 수급 전망에 관한 사항 ㉣ 시책의 기본 방향에 관한 사항 ㉤ 그 밖의 고용 관련 주요 시책에 관한 사항이 포함 되어야 한다.

88 근로자직업능력개발법령상 실시방법에 따라 구분한 직업능력개발훈련에 해당하지 않는 것은?

① 집체훈련
② 향상훈련
③ 현장훈련
④ 원격훈련

> **해설** 1) 직업능력개발훈련의 훈련의 목적에 따른 구분
> ① 양성(養成)훈련 : 근로자에게 작업에 필요한 기초적 직무수행능력을 습득시키기 위하여 실시하는 직업능력개발훈련
> ② 향상훈련 : 양성훈련을 받은 사람이나 직업에 필요한 기초적 직무수행능력을 가지고 있는 사람에게 더 높은 직무수행능력을 습득시키거나 기술발전에 맞추어 지식·기능을 보충하게 하기 위하여 실시하는 직업능력개발훈련
> ③ 전직(轉職)훈련 : 근로자에게 종전의 직업과 유사하거나 새로운 직업에 필요한 직무수행능력을 습득시키기 위하여 실시하는 직업능력개발훈련
> 2) 직업능력개발훈련의 방법에 따른 구분
> ① 집체(集體)훈련 : 직업능력개발훈련을 실시하기 위하여 설치한 훈련전용시설이나 그 밖에 훈련을 실시하기에 적합한 시설(산업체의 생산시설 및 근무장소는 제외한다)에서 실시하는 방법
> ② 현장훈련 : 산업체의 생산시설 또는 근무장소에서 실시하는 방법
> ③ 원격훈련 : 먼 곳에 있는 사람에게 정보통신매체 등을 이용하여 실시하는 방법
> ④ 혼합훈련 : 제1호부터 제3호까지의 훈련방법을 2개 이상 병행하여 실시하는 방법

89 고용보험법령상 구직급여의 수급자격이 인정되기 위해서는 이직일 이전 18개월의 기준기간 중에 피보험 단위기간이 통산하여 몇일 이상이 되어야 하는가?

① 60일
② 90일
③ 120일
④ 180일

> **해설** 이직일 이전 18개월의 기준기간 동안의 피보험 단위기간이 통산(通算)하여 180일 이상일 것

90 고용정책 기본법령상 고용재난지역에 관한 설명으로 틀린 것은?

① 고용재난지역으로 선포할 것을 대통령에게 건의할 수 있는 자는 기획재정부장관이다.
② 고용재난지역의 선포를 건의받은 대통령은 국무회의의 심의를 거쳐 해당 지역을 고용재난지역으로 선포할 수 있다.
③ 고용재난지역으로 선포하는 경우 정부는 행정상·재정상·금융상의 특별지원이 포함된 종합대책을 수립·시행할 수 있다.
④ 고용재난조사단은 단장 1명을 포함하여 15명 이하의 단원으로 구성한다.

> **해설** 고용노동부장관은 대규모로 기업이 도산하거나 구조조정 등으로 지역의 고용안정에 중대한 문제가 발생하여 특별한 조치가 필요하다고 인정되는 지역에 대하여 고용재난지역으로 선포할 것을 대통령에게 건의할 수 있다.

91 고용보험법령상 고용안정·직업능력개발사업의 내용에 해당하지 않는 것은?

① 조기재취업 수당 지원
② 고용창출의 지원
③ 지역 고용의 촉진
④ 임금피크제 지원금의 지급

> **해설** 조기재취업 수당 지원은 실업급여이다.

정답 87 ③ 88 ② 89 ④ 90 ① 91 ①

92 근로자직업능력 개발법령상 직업능력개발훈련에 관한 설명으로 옳은 것은?

① 직업능력개발훈련은 18세 미만인 자에게는 실시할 수 없다.
② 직업능력개발훈련의 대상에는 취업할 의사가 있는 사람뿐만 아니라 사업주에 고용된 사람도 포함된다.
③ 직업능력개발훈련 시설의 장은 직업능력개발훈련과 관련된 기술 등에 관한 표준을 정할 수 있다.
④ 산업재해보상보험법을 적용받는 사람도 재해위로금을 받을 수 있다.

> **해설** ① 직업능력개발훈련은 15세 이상인 사람에게 실시하되, 직업능력개발훈련시설의 장은 훈련의 직종 및 내용에 따라 15세 이상으로서 훈련대상자의 연령 범위를 따로 정하거나 필요한 학력, 경력 또는 자격을 정할 수 있다.
> ③ 고용노동부장관은 직업능력개발훈련의 상호호환·인정·교류가 가능하도록 직업능력개발훈련과 관련된 기술·자원·운영 등에 관한 표준을 정할 수 있다.
> ④ 직업능력개발훈련을 실시하는 자는 해당 훈련시설에서 직업능력개발훈련을 받는 근로자(「산업재해보상보험법」을 적용받는 사람은 제외한다)가 직업능력개발훈련 중에 그 직업능력개발훈련으로 인하여 재해를 입은 경우에는 재해 위로금을 지급하여야 한다.

93 근로기준법령상 용어의 정의에 관한 설명으로 틀린 것은?

① "근로"란 정신노동과 육체노동을 말한다.
② "사용자"란 사업주 또는 사업경영 담당자, 그 밖에 근로자에 관한 사항에 대하여 사업주를 위하여 행위하는 자를 말한다.
③ "통상임금"이란 이를 산정하여야 할 사유가 발생한 날 이전 3개월 동안에 그 근로자에게 지급된 임금의 총액을 그 기간의 총일수로 나눈 금액을 말한다.
④ "단시간근로자"란 1주 동안의 소정근로시간이 그 사업장에서 같은 종류의 업무에 종사하는 통상 근로자의 1주 동안의 소정근로시간에 비하여 짧은 근로자를 말한다.

> **해설** "평균임금"이란 이를 산정하여야 할 사유가 발생한 날 이전 3개월 동안에 그 근로자에게 지급된 임금의 총액을 그 기간의 총일수로 나눈 금액을 말한다.

94 근로기준법상 근로계약에 관한 설명으로 틀린 것은?

① 근로기준법에서 정하는 기준에 미치지 못하는 근로조건을 정한 근로계약은 그 부분에 한하여 무효로 한다.
② 사용자는 근로계약 불이행에 대한 위약금 또는 손해배상액을 예정하는 계약을 체결할 수 있다.
③ 사용자는 근로계약을 체결할 때에 근로자에게 임금, 소정근로시간, 휴일, 연차 유급휴가 등의 사항을 명시하여야 한다.
④ 명시된 근로조건이 사실과 다를 경우에 근로자는 근로조건 위반을 이유로 손해의 배상을 청구할 수 있으며 즉시 근로계약을 해제할 수 있다.

> **해설** 사용자는 근로계약 불이행에 대한 위약금 또는 손해배상액을 예정하는 계약을 체결하지 못한다.

95 남녀고용평등과 일·가정 양립 지원에 관한 법령상 과태료를 부과하는 위반행위는?

① 근로자의 교육·배치 및 승진에서 남녀를 차별한 경우
② 성희롱 예방 교육을 하지 아니한 경우
③ 동일한 사업 내의 동일 가치의 노동에 대하여 동일한 임금을 지급하지 아니한 경우
④ 육아기 근로시간 단축을 이유로 해당 근로자에 대하여 해고나 그 밖의 불리한 처우를 한 경우

> **해설** ② 성희롱 예방 교육을 하지 아니한 경우는 500만원 이하의 과태료를 부과한다.
> ① 근로자의 교육·배치 및 승진에서 남녀를 차별한 경우는 500만원 이하의 벌금에 처한다.
> ③ 동일한 사업 내의 동일 가치의 노동에 대하여 동일한 임금을 지급하지 아니한 경우는 3년 이하의 징역 또는 3천만원 이하의 벌금에 처한다.
> ④ 육아기 근로시간 단축을 이유로 해당 근로자에 대하여 해고나 그 밖의 불리한 처우를 한 경우는 3년 이하의 징역 또는 3천만원 이하의 벌금에 처한다.

96 남녀고용평등과 일·가정 양립 지원에 관한 법령상 직장 내 성희롱의 금지 및 예방에 관한 설명으로 틀린 것은?

① 사업주, 상급자 또는 근로자는 직장 내 성희롱을 하여서는 아니 된다.
② 사업주는 성희롱 예방 교육을 고용노동부장관이 지정하는 기관에 위탁하여 실시할 수 있다.
③ 누구든지 직장 내 성희롱 발생 사실을 알게 된 경우 그 사실을 해당 사업주에게 신고할 수 있다.
④ 사업주는 직장 내 성희롱 예방 교육을 연 2회 이상 하여야 한다.

> **해설** 사업주는 직장 내 성희롱 예방 교육을 연 1회 이상 하여야 한다.

97 근로자퇴직급여 보장법에 관한 설명으로 틀린 것은?

① 이 법은 상시 5명 미만의 근로자를 사용하는 사업장에는 적용하지 아니한다.
② 퇴직금제도를 설정하려는 사용자는 계속근로기간 1년에 대하여 30일분 이상의 평균임금을 퇴직금으로 퇴직 근로자에게 지급할 수 있는 제도를 설정하여야 한다.
③ 퇴직금을 받을 권리는 3년간 행사하지 아니하면 시효로 인하여 소멸한다.
④ 확정급여형퇴직연금제도란 근로자가 받을 급여의 수준이 사전에 결정되어 있는 퇴직연금제도를 말한다.

> **해설** 이 법은 근로자를 사용하는 모든 사업 또는 사업장에 적용한다. 다만, 동거하는 친족만을 사용하는 사업 및 가구 내 고용활동에는 적용하지 아니한다.

98 고용상 연령차별금지 및 고령자고용촉진에 관한 법령상 운수업에서의 고령자 기준고용률은?

① 그 사업장의 상시 근로자 수의 100분의 2
② 그 사업장의 상시 근로자 수의 100분의 3
③ 그 사업장의 상시 근로자 수의 100분의 6
④ 그 사업장의 상시 근로자 수의 100분의 10

> **해설** **기준고용률**
> ① 제조업 : 그 사업장의 상시근로자수의 100분의 2
> ② 운수업, 부동산 및 임대업 : 그 사업장의 상시근로자수의 100분의 6
> ③ ①, ②이외의 산업 : 그 사업장의 상시근로자수의 100분의 3

99 파견근로자보호 등에 관한 법령에 대한 설명으로 틀린 것은?

① 근로자파견사업의 허가는 유효기간은 3년으로 한다.
② 파견사업주는 그가 고용한 근로자 중 파견근로자로 고용하지 아니한 자를 근로자파견의 대상으로 하려는 경우에는 고용노동부장관의 승인을 받아야 한다.
③ 파견사업주는 쟁의행위 중인 사업장에 그 쟁의행위로 중단된 업무의 수행을 위하여 근로자를 파견하여서는 아니 된다.
④ 파견사업주는 근로자파견을 할 경우에는 파견근로자의 성명·성별·연령·학력·자격·기타 직업능력에 관한 사항을 사용사업주에게 통지하여야 한다.

> **해설** **파견근로자에 대한 고지 의무**
> ㉠ 파견사업주는 근로자를 파견근로자로서 고용하려는 경우에는 미리 해당 근로자에게 그 취지를 서면으로 알려 주어야 한다.
> ㉡ 파견사업주는 그가 고용한 근로자 중 파견근로자로 고용하지 아니한 사람을 근로자파견의 대상으로 하려는 경우에는 미리 해당 근로자에게 그 취지를 서면으로 알리고 그의 동의를 받아야 한다.

100 직업안정법령상 근로자공급사업에 관한 설명으로 틀린 것은?

① 근로자공급사업 연장허가의 유효기간은 연장 전 허가의 유효기간이 끝나는 날부터 5년으로 한다.
② 누구든지 고용노동부장관의 허가를 받지 아니하고는 근로자공급사업을 하지 못한다.
③ 연예인을 대상으로 하는 국외 근로자공급사업의 허가를 받을 수 있는 자는 민법상 비영리법인으로 한다.
④ 국내 근로자공급사업 허가를 받을 수 있는 자는 「노동조합 및 노동관계조정법」에 따른 노동조합이다.

> **해설** 근로자공급사업 허가의 유효기간은 3년으로 하되, 유효기간이 끝난 후 계속하여 근로자공급사업을 하려는 자는 고용노동부령으로 정하는 바에 따라 연장허가를 받아야 한다. 이 경우 연장허가의 유효기간은 연장 전 허가의 유효기간이 끝나는 날부터 3년으로 한다.

정답 96 ④ 97 ① 98 ③ 99 ② 100 ①

2021년 3회 과년도문제풀이

직업상담사 2급 필기 전과목 무료동영상

제1과목 직업상담학

01 진로 선택과 관련된 이론으로 인생초기의 발달 과정을 중시하는 이론은?

① 인지적 정보처리이론　　② 정신분석이론

③ 사회학습이론　　　　　④ 진로발달이론

해설 정신분석이론에서 프로이드는 인간의 과거 특히 5세 이전에 어떤 경험을 하였느냐에 따라 성격이 형성되며, 인간의 마음은 대부분 의식할 수 없는 무의식에 있고, 이 무의식에 의해 인간의 행동이 동기화 된다고 하였다.

02 Williamson의 특성-요인 직업상담의 단계를 바르게 나열한 것은?

ㄱ. 분석	ㄴ. 종합
ㄷ. 진단	ㄹ. 예측
ㅁ. 상담	ㅂ. 추수지도

① ㄱ→ㄴ→ㄷ→ㄹ→ㅁ→ㅂ

② ㄷ→ㄱ→ㄴ→ㅁ→ㄹ→ㅂ

③ ㄴ→ㄱ→ㄹ→ㄷ→ㅁ→ㅂ

④ ㄱ→ㄷ→ㅁ→ㄴ→ㄹ→ㅂ

해설 **특성요인 상담과정**

Williamson이 제시한 상담과정은 분석-종합-진단-처방(예후)-상담-추수지도이다. 진단단계는 문제를 사실적으로 확인하고 원인을 발견하는 단계이며, 상담 단계는 내담자가 능동적으로 참여하는 단계이다.

03 상담이론과 직업상담사의 역할의 연결이 바르지 않은 것은?

① 인지상담-수동적이고 수용적인 태도

② 정신분석적 상담-텅 빈 스크린

③ 내담자 중심의 상담-촉진적인 관계형성 분위기 조성

④ 행동주의 상담-능동적이고 지시적인 역할

해설 인지상담-능동적이고 수용적인 태도

04 6개의 생각하는 모자(six thinking hats)기법에서 모자의 색상별 역할에 관한 설명으로 옳은 것은?

① 청색-낙관적이며, 모든 일이 잘 될 것이라고 생각한다.

② 적색-직관에 의존하고, 직감에 따라 행동한다.

③ 흑색-본인과 직업들에 대한 사실들만을 고려한다.

④ 황색-새로운 대안들을 찾으려 노력하고, 문제들을 다른 각도에서 바라본다.

해설 **6개의 생각하는 모자**

① 백색-본인과 직업들에 대한 사실들만을 고려한다.

② 청색-문제를 정의하고 사고를 조직화한다.

③ 흑색-부정적·비판적 측면에 대한 사고와 연관된다.

④ 황색-긍정적인 사고 즉, 낙관적이며 모든 일이 잘될 것이라고 생각한다.

⑤ 빨강-감정적 견해 즉, 직관에 의존하고 직감에 따라 행동한다.

⑥ 녹색-창의성, 아이디어 즉, 새로운 대안을 찾으려 노력하고 문제를 다른 각도에서 바라본다.

정답　01 ②　02 ①　03 ①　04 ②

05 Super가 제시한 흥미사정 기법에 해당하지 않는 것은?

① 표현된 흥미　　　　　② 선호된 흥미

③ 조작된 흥미　　　　　④ 조사된 흥미

> **해설** **수퍼의 흥미를 사정하는 방법**
> ① 표현된 흥미 : 어떤 활동이나 직업에 대해서 좋고 싫음을 말하도록 하는 것이다.
> ③ 조작된 흥미 : 활동에 참여하는 사람들이 어떻게 시간을 보내는지를 관찰하는 것이다.
> ④ 조사된 흥미 : 다양한 활동에 대해 좋고 싫음을 묻는 표준화된 검사를 실시한다.

06 직업상담을 위한 면담에 대한 설명으로 옳은 것은?

① 내담자의 모든 행동은 이유와 목적이 있음을 분명하게 인지한다.

② 상담과정의 원만한 전개를 위해 내담자에게 태도변화를 요구한다.

③ 침묵에 빠지지 않도록 상담사는 항상 먼저 이야기를 해야 한다.

④ 초기면담에서 내담자에 대한 기준을 부여한다.

> **해설** 내담자 스스로가 자신의 문제를 이해하고 변화할 수 있도록 도와주어야 하며, 침묵에 빠지지 않도록 내담자가 이야기할 수 있는 환경을 조성해 주어야 하며 초기면담에서는 내담자에 대한 기준을 부여하는 것이 아니라 면담에 대한 기준을 부여해야 한다.

07 사이버 직업상담 기법으로 적합하지 않은 것은?

① 질문내용 구상하기

② 핵심 진로논점 분석하기

③ 진로논점 유형 정하기

④ 직업정보 가공하기

> **해설** **사이버 직업상담의 단계**
> ㉠ 자기노출 및 주요 진로논점 파악하기
> ㉡ 핵심 진로논점 분석하기
> ㉢ 진로논점 유형 정하기
> ㉣ 답변내용 구상하기
> ㉤ 직업정보 가공하기
> ㉥ 답변 작성하기

08 상담사가 비밀유지를 파기할 수 있는 경우와 거리가 가장 먼 것은?

① 내담자가 자살을 시도할 계획이 있는 경우

② 비밀을 유지하지 않는 것이 효과적이라고 슈퍼바이저가 말하는 경우

③ 내담자가 타인을 해칠 가능성이 있는 경우

④ 아동학대와 관련된 경우

> **해설** 상담자는 내담자의 개인 및 사회에 임박한 위험이 있다고 판단될 때, 극히 조심스럽게 고려한 뒤 내담자의 사회생활 정보를 적정한 전문인 혹은 사회당국에 공개한다.

09 교류분석상담의 상담과정에서 내담자 자신의 부모자아, 성인자아, 어린이자아의 내용이나 기능을 이해하는 방법은?

① 구조분석　　　　　② 의사교류분석

③ 게임분석　　　　　④ 생활각본분석

> **해설** ① 구조분석 : 세 가지 자아 상태(부모자아, 성인자아, 어린이자아)가 어떻게 구성되어 있는지 분석
> ② 의사교류분석 : 일상생활에서 주고받는 말, 태도, 행동 등을 분석
> ③ 게임분석 : 암시적 의사교류를 구체적인 게임의 종류 및 만성부정적 감정의 유형과 관련지어 분석하는 것
> ④ 생활각본분석 : 자신의 자아상태에 대하여 통찰함으로써 자기각본을 이해하고 거기서 벗어나도록 하는 것

10 인지 · 정서 · 행동치료(REBT)의 상담기법 중 정서기법에 해당하지 않는 것은?

① 역할연기　　　　　② 수치공격 연습

③ 자기관리　　　　　④ 무조건적 수용

> **해설** • 인지적기법 – 비합리적신념 논박하기, 인지적과제주기, 내담자의 언어를 변화시키기, 유추기법을 사용하기
> • 정서적기법 – 합리적정서상상, 역할연기, 유머사용하기, (내담자의 불완전성에 대한)무조건적인 수용, 수치심 공격하기
> • 행동적기법 – 행동과제, 조작적조건형성, 근육이완

정답　05 ②　06 ①　07 ①　08 ②　09 ①　10 ③

11 내담자가 자기지시적인 삶을 영위하고 상담사에게 의존하지 않게 하기 위해 상담사가 내담자와 지식을 공유하며 자기강화 기법을 적극적으로 활용하는 행동주의 상담기법은?

① 모델링 ② 과잉교정
③ 내현적 가감법 ④ 자기관리 프로그램

해설 자기관리 프로그램은 내담자가 자기지시적인 삶을 영위하고 상담사에게 의존하지 않게 하기 위해 상담사가 내담자와 지식을 공유하며 자기강화 기법을 적극적으로 활용하는 행동주의 상담기법이다.

12 다음은 어떤 상담이론에 관한 설명인가?

부모의 가치조건을 강요하여 긍정적 존중의 욕구가 좌절되고, 부정적 자아개념이 형성되면서 심리적 어려움이 발생된다고 본다.

① 행동주의 상담 ② 게슈탈트 상담
③ 실존주의 상담 ④ 인간중심 상담

해설 **인간중심 상담에서 심리적 문제의 발생원인**

인간은 누구나 실현가능성을 가지고 태어나지만 자라면서 유기체로서 자신의 경험을 무시하고 타인의 반응을 민감하게 여기게 된다. 타인에 의해 형성된 자기개념은 자신이 유기체로서 느끼고 생각하는 것과의 불일치로 인해 불안해지고 심리적으로 고통을 경험하게 된다.

13 아들러(A. Adler)의 개인주의 상담에 관한 설명으로 맞는 것을 모두 고른 것은?

ㄱ. 범인류적 유대감을 중시한다.
ㄴ. 인간을 전체적 존재로 본다.
ㄷ. 사회 및 교육문제에 관심을 갖는다.

① ㄱ, ㄴ ② ㄱ, ㄷ
③ ㄴ, ㄷ ④ ㄱ, ㄴ, ㄷ

해설 **아들러(A. Adler)의 개인주의 상담**

㉠ 사회적 동물인 인간이 열등감을 극복하고 건강하게 살기 위해서 가장 필요한 것이 공동체감(범인류적 유대감)이라고 보았다.
㉡ 인간은 분리하여 생각할 수 없는 전체적으로 보아야 한다.
㉢ 인간은 본질적으로 사회적 존재이며, 사람의 행동은 사회적 충동에 의해 동기화되기에 인간의 행동을 이해하려면 사회적 맥락속에서 해석해야 한다.

14 상담사의 기본 기술 중 내담자가 전달하려는 내용에서 한 걸음 더 나아가 그 내면적 감정에 대해 반영 하는 것은?

① 해석 ② 공감
③ 명료화 ④ 적극적 경청

해설 공감은 상담자가 자신이 직접 경험하지 않고도 다른 사람의 감정을 거의 같은 내용과 수준으로 이해하는 능력이다.

15 직업상담 과정에서 내담자 목표나 문제의 확인·명료·상세 단계의 내용으로 적절하지 않은 것은?

① 내담자와 상담자 간의 상호간 관계 수립
② 내담자의 현재상태와 환경적 정보 수집
③ 진단에 근거한 개입의 선정
④ 내담자 자신의 정보수집

해설 **직업상담의 2가지 주요 단계**

㉠ 내담자의 목표, 문제의 확인·명료화·상세화 단계 – 들어가기(내담자와 상담자간의 상호간 관계수립), 내담자 정보와 환경적 정보수집, 내담지 행동 이해 및 가정하기
㉡ 내담자의 목표 또는 문제해결단계 – 행동취하기(진단에 근거한 개입 선정), 직업목표 및 행동계획 발전시키기, 사용된 개입의 영향평가

16 Super의 생애진로발달 이론에서 상담 목표로 옳은 것을 모두 고른 것은?

ㄱ. 자기개념 분석하기
ㄴ. 진로성숙 수준 확인하기
ㄷ. 수행결과에 대한 비현실적 기대 확인하기
ㄹ. 진로발달과제를 수행하는데 필요한 지식, 태도, 기술 익히기

① ㄱ, ㄷ ② ㄱ, ㄴ, ㄹ
③ ㄴ, ㄷ, ㄹ ④ ㄱ, ㄴ, ㄷ, ㄹ

해설 ㄱ. 자기개념 분석하기
ㄴ. 진로성숙 수준 확인하기
ㄷ. 진로발달과제를 수행하는데 필요한 지식, 태도, 기술 익히기
ㄹ. 자신의 흥미, 능력, 가치를 확인하고 생애역할과 연계하여 이해하기

17 생애진로사정의 구조에 포함되지 않는 것은?

① 진로사정　　　　　② 강점과 장애
③ 훈련 및 평가　　　④ 전형적인 하루

해설 **생애진로사정(life career assessment)**
　㉠ 생애진로사정은 아들러(Adler)의 개인 심리학에 이론적 기초를 두고 있다.
　㉡ 생애진로사정은 상담자가 내담자와 처음 만났을 때 이용할 수 있는 구조화된 면접기법으로 초기단계에서 사용된다.
　㉢ 생애진로사정은 구조화된 면담기술로서 짧은 시간에 체계적인 정보를 수집할 수 있다.
　㉣ 생애진로사정은 상담초기에 내담자에 관한 가장 기초적인 직업상담 정보를 얻는 질적 평가절차이다.

생애진로사정의 구조
　㉠ 진로사정 – 내담자 경험, 교육 여가 등에 대한 전반적인 평가 및 가계도를 작성한다.
　㉡ 전형적인 하루 – 개인이 자신의 생활을 어떻게 조직하는지를 발견하는 것이다. 내담자가 그들 자신의 생활을 체계적으로 조직하는지 아니면 매일 자발적으로 반응하는지 결정하는 데 도움을 준다.(의존적 – 독립적 성격차원 검토)
　㉢ 강점과 장애 – 내담자의 강점과 약점에 대한 질문. 내담자가 직면하고 있는 문제들, 환경적 장애들에 대한 정보를 얻을 수 있다.
　㉣ 요약 : 면접동안 얻어진 정보들을 재차 강조. 인생경력의 가치관들, 강점과 장애 등을 반복 확인할 수 있다.

18 비구조화 집단에 관한 설명으로 틀린 것은?

① 감수성 훈련, T집단이 해당된다.
② 폭넓고 깊은 상호작용이 이루어질 수 있다.
③ 구조화집단보다 지도자의 전문성이 더욱 요구된다.
④ 비구조화가 중요하기에 지도자가 어떤 계획을 세울 필요는 없다.

해설 비구조화집단은 집단상담의 목표는 설정되어 있지만 회기별 활동이 구체적으로 고정되어 있지 않다.

19 다음 사례에서 면담 사정 시 사정단계에서 확인해야 하는 내용으로 가장 적합한 것은?

> 중2 남학생인 내담자는 소극적인 성격으로 대인관계에 어려움을 겪고 있고 진로에 대한 고민을 한 적이 없고 학업도 게을리 하고 있다.

① 내담자의 잠재력, 내담자의 자기진단
② 인지적 명확성, 정신건강 문제, 내담자의 동기
③ 내담자의 자기진단, 상담자의 정보제공
④ 동기문제 해결, 상담자의 견해 수용

해설 내담자는 소극적인 성격으로 대인관계에 어려움을 겪고 있으므로 인지적 명확성이나 정신건강문제를 확인해야 하고 진로에 대한 고민을 한 적이 없고 학업도 게을리 하고 있으므로 내담자의 동기를 사정해야 한다.

20 직업상담의 문제 유형 중 Bordin의 분류에 해당하지 않는 것은?

① 의존성　　　　　② 확신의 결여
③ 선택에 대한 불안　④ 흥미와 적성의 모순

해설 보딘이 제시한 직업문제의 심리적 원인: 의존성, 정보의 부족, 자아갈등(내적갈등), 선택의 불안, 문제없음(확신의 결여)

21 다음 중 진로 의사결정 모델(이론)에 해당하는 것은?

① Holland의 진로선택이론
② Vroom의 기대이론
③ Super의 발달이론
④ Krumbolz의 사회학습이론

해설 기술적 직업결정 모형 : 타이드만과 오하라(Tiedman & O'hara)의 모형, 힐튼(Hilton)의 모형, 브룸(Vroom)의 모형, 슈(Hsu)의 모형, 플래처(Fletcher)의 모형

22 다음에 해당하는 직무 및 조직관련 스트레스 요인은?

직장 내 요구들 간의 모순 혹은 직장의 요구와 직장 밖 요구 사이의 모순이 있을 때 발생한다.

① 역할 갈등　　　② 역할 과다
③ 과제 특성　　　④ 역할 모호성

해설 역할갈등은 조직에서 자신이 생각하는 역할과 상급자가 생각하는 역할 간 차이에 기인한다.

23 진로발달이론 중 인지적 정보처리 이론의 핵심적인 가정으로 옳지 않은 것은?

① 직업 문제해결 능력은 지식과 마찬가지로 인지적인 기능에 따라 달라진다.
② 직업발달은 지식구조의 지속적인 성장과 변화를 내포한다.
③ 직업 문제해결과 의사결정은 인지적인 과정을 내포하고 있고 정서적인 과정은 포함되지 않는다.
④ 직업 문제해결과 의사결정 기술의 발전은 정보처리 능력을 강화함으로써 이루어진다.

해설 진로선택은 인지적 및 정의적 과정들의 상호작용의 결과이다.

24 직무스트레스에 관한 설명으로 옳은 것은?

① 17-OHCS라는 당류부신피질 호르몬은 스트레스의 생리적 지표로서 매우 중요하게 사용된다.
② B형 행동유형이 A형 행동유형보다 높은 스트레스 수준을 유지한다.
③ Yerkes와 Dodson의 U자형 가설은 스트레스 수준이 낮으면 작업능률이 높아진다는 가설이다.
④ 일반적응증후군(GAS)은 저항단계, 경계단계, 소진단계 순으로 진행되면서 사람에게 나쁜 결과를 가져다준다.

해설 ② A형 행동유형이 B형 행동유형보다 높은 스트레스 수준을 유지한다.
③ 역 U자형 가설은 스트레스 수준이 낮거나 높은 경우 작업능률이 떨어진다는 가설이다.
④ 일반적응증후(GAS)는 경계단계(경고단계), 저항단계, 탈진단계(소진단계)를 거친다.

25 호손(Hawthorne) 연구에 관한 설명으로 틀린 것은?

① 인간이 조직에서 중요한 요소의 하나라는 사실을 강조하였다.
② 개인과 집단의 사회적 · 심리적 요소가 조직성과에 영향을 미친다는 사실을 인식하였다.
③ 비공식조직이 조직성과에 영향을 미치는 것을 확인하였다.
④ 작업의 과학화, 객관화, 분업화의 중요성을 강조하였다.

해설 호손은 생산능률 저하는 물리적 · 작업적 근로조건과 피로에만 의한 것이 아니라 주변의 인간적 · 사회적 환경에 대해 개인이 적응하지 못했을 경우에도 해당된다고 보았다.

26 진로성숙도 검사(CMI)의 태도척도 영역과 이를 측정하는 문항의 예가 바르게 짝지어진 것은?

① 결정성 – 나는 선호하는 진로를 자주 바꾸고 있다.
② 독립성 – 나는 졸업할 때까지는 진로선택문제에 별로 신경을 쓰지 않겠다.
③ 타협성 – 일하는 것이 무엇인지에 대해 생각한 바가 거의 없다.
④ 성향 – 나는 하고 싶기는 하나 할 수 없는 일을 생각하느라 시간을 보내곤 한다.

해설 **태도척도의 하위영역과 이를 측정하는 문항의 예**
　㉠ 결정성(Decisiveness) : 나는 선호하는 진로를 자주 바꾸고 있다.
　㉡ 참여도(Involvement) : 나는 졸업할 때까지는 진로선택 문제를 별로 신경쓰지 않겠다.
　㉢ 독립성(Independence) : 나는 부모님이 정해주는 직업을 선택하겠다.
　㉣ 성향(Orientation) : 일하는 것이 무엇인지에 대해 생각한 바가 거의 없다.
　㉤ 타협성 : 나는 하고 싶기는 하나 할 수 없는 일을 생각하느라 시간을 보내곤 한다.

27 다음 중 일반적으로 가장 높은 신뢰도 계수를 기대할 수 있는 검사는?

① 표준화된 성취검사　　　② 표준화된 지능검사
③ 자기보고식 검사　　　　④ 투사식 성격검사

해설 투사적검사나 성취검사보다 지능검사가 신뢰도가 높다.

28 개인의 변화를 목표로 하는 이차적 스트레스 관리전략에 해당하지 않는 것은?

① 이완 훈련
② 바이오피드백
③ 직무 재설계
④ 스트레스관리 훈련

> **해설**
> • 1차적 관리는 직무스트레스의 직접적인 원인을 수정하는 것으로 직무재설계, 직무확대, 참여적관리가 있다.
> • 2차적 관리는 직무스트레스로 인한 다양한 증상을 완화시키는 것으로 이완훈련, 바이오피드백, 대처기술, 시간관리가 있다.
> • 3차적 관리는 직무스트레스로 인해 발생한 각종 장애를 치료하는 것으로 약물치료나 심리치료가 있다.

29 신입사원을 대상으로 부서 배치 후 6개월 이내에 자신이 도달하고 싶은 미래의 모습을 경력목표로 정하고 목표에 도달하기 위한 계획을 작성, 제출하도록 하여 자율적으로 경력목표를 달성할 수 있도록 지원하는 것은?

① 경력워크숍
② 직무순환
③ 사내공모제
④ 조기발탁제

> **해설** 경력워크숍은 신입사원을 대상으로 부서 배치 후 6개월 이내에 자신이 도달하고 싶은 미래의 모습을 경력목표로 정하고 목표에 도달하기 위한 계획을 작성, 제출하도록 하여 자율적으로 경력목표를 달성할 수 있도록 지원한다.

30 심리검사를 실시할 때 지켜야 할 사항과 가장 거리가 먼 것은?

① 검사의 구두 지시사항을 미리 충분히 숙지한다.
② 지나친 소음과 방해자극이 없는 곳에서 검사를 실시한다.
③ 수검자에 대한 관심과 협조, 격려를 통해 수검자로 하여금 검사를 성실히 하도록 한다.
④ 수검자에게 검사결과를 통보할 때는 일상적인 용어보다 통계적인 숫자나 용어를 중심으로 전달해야 한다.

> **해설** 수검자에게 검사결과를 통보할 때는 이해하기 쉬운 언어(일상적인 용어)를 사용하여 전달한다.

31 홀랜드(Holland)의 육각형 모델에서 창의성을 지향하는 아이디어와 자료를 사용해서 자신을 새로운 방식으로 표현하는 유형은?

① 현실형(R)
② 탐구형(I)
③ 예술형(A)
④ 사회형(S)

> **해설**
> ⊙ 현실형 – 기계, 도구에 관한 체계적인 조작활동을 좋아하나 사회적 기술이 부족하다.
> ⓛ 탐구형 – 분석적이고 호기심이 많고 조직적이며 정확한 반면, 흔히 리더십 기술이 부족하다.
> ⓒ 예술형 – 변화와 다양성을 좋아하고 틀에 박힌 것을 싫어하며, 모호하고, 자유롭고, 상징적인 활동들에 흥미를 보인다.
> ⓔ 사회형 – 다른 사람과 함께 일하는 것을 즐기고 친절하고 정이 많으며 인내와 관용으로 남을 돕는 직업을 선호하고 협조적이다.
> ⓜ 진취형 – 조직의 목적과 경제적인 이익을 얻기 위해 타인을 선도, 계획 통제, 관리하는 일과 그 결과로 얻어지는 위신, 인정, 권위에 흥미를 보인다.
> ⓗ 관습형 – 정해진 원칙과 계획에 따라 자료들을 기록, 정리, 조직하는 일을 좋아하고 체계적인 직업환경에서 사무적, 계산적 능력을 발휘하는 활동들에 흥미를 보인다.

32 직무분석에 필요한 직무정보를 얻는 출처와 가장 거리가 먼 것은?

① 직무 현직자
② 현직자의 상사
③ 직무 분석가
④ 과거 직무 수행자

> **해설** 의 정확성과 완전성이다. 과거의 직무수행자로부터 직무정보를 얻는 것은 정확성과 완전성이 부족하다.

33 직업상담사 자격시험 문항 중 대학수학능력을 측정하는 문항이 섞여 있을 경우 가장 문제가 되는 것은?

① 타당도
② 신뢰도
③ 객관도
④ 오답지 매력도

> **해설** 그 검사가 '무엇을 측정하는가'와 또 그 검사가 '그것을 얼마나 잘 측정하였는지'에 관한 것이다. 타당도가 높을수록 검사가 사용목적에 맞게 사용되고 있음을 의미한다.

정답 28 ③ 29 ① 30 ④ 31 ③ 32 ④ 33 ①

34 특성요인이론에 관한 설명으로 맞는 것을 모두 고른 것은?

> ㄱ. 대표적인 학자로 파슨스, 윌리엄슨 등이 있다.
> ㄴ. 직업선택은 인지적인 과정으로 개인의 특성과 직업의 특성을 짝짓는 것이 가능하다고 본다.
> ㄷ. 개인차에 관한 연구에서 시작하였고, 심리측정을 중요하게 다루지 않는다.

① ㄱ, ㄴ
② ㄱ, ㄷ
③ ㄴ, ㄷ
④ ㄱ, ㄴ, ㄷ

해설 개인차에 관한 연구에서 시작하였고, 심리측정을 중요하게 다룬다.

35 종업원 평가 방법 중 다양한 직무과업을 모방하여 설계한 여러 가지 모의과제로 구성된 것은?

① 평가 센터(assessment center)
② 경력 자원 센터(carrer resource center)
③ 경력 워크숍(career workshop)
④ 경력 연습책자(career workbook)

해설 평가 센터(assessment center)는 조직구성원의 경력개발을 위해 다양한 과제들을 통해 전문가로부터 개인의 능력, 성격, 기술 등에 대해 종합적인 평가를 받는 프로그램이다.

36 직업지도 시 '직업적응' 단계에서 이루어지는 것이 아닌 것은?

① 직업생활에 적응하기 위하여 노력한다.
② 여러 가지 직업 중에서 장·단점을 비교한다.
③ 직업전환 및 실업위기에 대응하기 위한 자기만의 계획을 갖는다.
④ 은퇴 후의 생애설계를 한다.

해설 여러 가지 직업 중에서 장·단점을 비교하는 것은 직업선택시 이루어진다.

37 스트롱-캠벨 흥미검사(SVIB-SCII)에 관한 설명으로 옳지 않은 것은?

① 직업전환에 관심이 있는 사람들에게 활용될 수 있다.
② 207개 직업별 흥미척도가 제시된다.
③ 반응관련 자료 및 특수척도 점수 등과 같은 자료가 제공된다.
④ 사회 경제구조와 직업형태에 적합한 18개 영역의 직업흥미를 분류하여 구성하였다.

해설 사회 경제구조와 직업형태에 적합한 18개 영역의 직업흥미를 분류하여 구성한 것은 직업흥미검사이다.

38 직업발달이란 직업 자아정체감을 형성해나가는 계속적 과정이라고 간주하는 진로발달이론은?

① Ginzberg의 발달이론
② Super의 발달이론
③ Tiedeman과 O'Hara의 발달이론
④ Tuckman의 발달이론

해설 Tiedeman과 O'Hara의 발달이론은 직업발달을 탐색-구체화-선택-명료화-순응-개혁-통합의 직업정체감 형성과정으로 본다.

39 2차 세계대전 중에 미국 공군이 개발한 것으로 모든 원점수를 1~9까지의 한자리 숫자체계로 전환한 것은?

① 스테나인 척도
② 서스톤 척도
③ 서열 척도
④ T점수

해설 스테나인 척도는 원점수를 1에서 9까지의 범주로 나누는 것으로 원점수를 크기 순서에 따라 배열한 후 백분율에 맞추어 표준등급을 매기는 것이다.

40 직무분석 정보를 수집하는 기법 중 다음과 같은 장점을 지닌 것은?

> • 효율적이고 비용이 적게 든다.
> • 동일한 직무의 재직자 간의 차이를 보여준다.
> • 공통적인 직무 차원 상에서 상이한 직무들을 비교하기가 쉽다.

① 관찰법   ② 면접법
③ 설문지법   ④ 작업일지법

해설 직무분석방법중 설문지법은 여러 공정을 동시에 할 수 있어 효율적이고 비용이 적게 든다. 표준화된 직무분석 설문지의 대표적인 예가 미국에서 사용되고 있는 직책분석설문지(Position Analysis Questionnaire, PAQ)이다.

SECTION
제3과목 직업정보론

41 2020년 적용 최저임금은 얼마인가?

① 8,350원   ② 8,530원
③ 8,590원   ④ 8,950원

해설 최저임금은 2020년(8,590원), 2021년(8,720원), 2022년(9,160원)이다.

42 한국표준산업분류(제10차)의 대분류별 개정내용으로 틀린 것은?

① 채소작물 재배업에 마늘, 딸기 작물 재배업을 포함하였다.
② 전기자동차 판매 증가 등 관련 산업 전망을 감안하여 전기 판매업 세분류를 신설하였다.
③ 항공운송업을 항공 여객과 화물 운송업으로 변경하였다.
④ 행정 부문은 정부 직제 및 기능 등을 고려하여 전면 재분류하였다.

해설 포괄범위를 고려하여 통신행정을 우편 및 통신행정으로 변경하였으며, 나머지 행정 부문은 정부 직제 및 기능 등을 고려하여 기존 분류를 유지하였다.

43 공공직업정보의 일반적인 특성을 모두 고른 것은?

> ㄱ. 필요한 시기에 최대한 활용되도록 한시적으로 신속하게 생산되어 운영한다.
> ㄴ. 특정분야 및 대상에 국한하지 전체 산업 및 업종에 걸친 직종을 대상으로 한다.
> ㄹ. 특정시기에 국한하지 않고 지속적으로 조사·분석하여 제공된다.
> ㄷ. 관련 직업정보 간의 비교·활용이 용이하다.

① ㄱ, ㄴ, ㄷ   ② ㄱ, ㄴ, ㄹ
③ ㄱ, ㄷ, ㄹ   ④ ㄴ, ㄷ, ㄹ

해설 **공공직업정보의 특성**
① 지속적으로 조사·분석하여 제공되며 장기적인 계획 및 목표에 따라 정보체계의 개선작업 수행이 가능하다.
② 특정 분야 및 대상에 국한되지 않고 전체 산업 및 업종에 걸친 직종을 대상으로 한다.
③ 직업별로 특정한 정보만을 강조하지 않고 보편적인 항목으로 이루어진 기초적인 직업정보체계로 구성된다.
④ 광범위한 이용가능성에 따라 공공직업정보체계에 대한 직접적이며 객관적인 평가가 가능하다.
⑤ 국내 또는 국제적으로 인정된 객관적인 기준에 근거하여 직업을 분류한다.
⑥ 관련 직업 간 비교가 용이하다.
⑦ 무료로 제공된다.

민간직업정보의 특성
① 필요한 시기에 최대한 활용되도록 한시적으로 신속하게 생산되어 운영된다.
② 단시간에 조사하고 특정한 목적에 맞게 해당분야 및 직종을 제한적으로 선택한다.
③ 정보 생산자의 임의적 기준에 따라 관심이나 흥미를 유도할 수 있도록 해당 직업을 분류한다.
④ 시사적인 관심이나 흥미를 유도할 수 있도록 해당 직업을 분류한다.
⑤ 특정 직업에 대해 구체적이고 상세한 정보를 제공하기 위해서는 조사 분석 및 제공에 상당한 시간 및 비용이 소요되므로 해당 직업정보는 유료로 제공한다.

44 취업성공패키지 I에 해당하지 않는 것은?

① 니트족   ② 북한이탈주민
③ 생계급여 수급자   ④ 실업급여 수급자

해설 취업성공패키지 I (만18~69세, 단 위기청소년의 경우 만15세~만24세) : 생계급여수급자, 중위소득 60%이하 가구원, 여성가장, 위기청소년, 니트족, 북한이탈주민, 결혼 이민자, 결혼이민자의 외국인자녀 등

정답 40 ③   41 ③   42 ④   43 ④   44 ④

45 한국표준산업분류(제10차)의 "A 농업, 임업 및 어업" 분야 분류 시 유의사항으로 틀린 것은?

① 구입한 농·임·수산물을 가공하여 특정 제품을 제조하는 경우에는 제조업으로 분류
② 농·임·수산업 관련 조합은 각각의 사업부문별로 그 주된 활동에 따라 분류
③ 농업생산성을 높이기 위한 지도·조언 등을 수행하는 정부기관은 "경영컨설팅업"에 분류
④ 수상오락 목적의 낚시장 및 관련시설 운영활동은 "낚시장 운영업"에 분류

> **해설** 농업생산성을 높이기 위한 지도·조언·감독 등의 활동을 수행하는 정부기관은 "84 공공행정, 국방 및 사회보장 행정"의 적합한 항목에 분류하며, 수수료 및 계약에 의하여 기타 기관에서 농업 경영상담 및 관련 서비스를 제공하는 경우는 "71531 경영컨설팅업"에 분류한다.

46 한국직업사전(2020)의 부가직업정보 중 작업환경에 대한 설명으로 틀린 것은?

① 작업환경은 해당직업의 직무를 수행하는 작업원에게 직접적으로 물리적, 신체적 영향을 미치는 작업장의 환경요인을 나타낸 것이다.
② 작업환경의 측정은 작업자의 반응을 배제하고 조사자가 느끼는 신체적 반응으로 판단한다.
③ 작업환경은 저온·고온, 다습, 소음·진동, 위험내재, 대기환경미흡으로 구분한다.
④ 작업환경은 산업체 및 작업장에 따라 달라질 수 있으므로 절대적인 기준이 될 수 없다.

> **해설** 작업자의 작업환경을 조사하는 담당자는 일시적으로 방문하고 또한 정확한 측정기구를 가지고 있지 못한 경우가 일반적이기 때문에 조사 당시에 조사자가 느끼는 신체적 반응 및 작업자의 반응을 듣고 판단한다.

47 한국표준산업분류(제10차)의 통계단위는 생산활동과 장소의 동질성의 차이에 따라 다음과 같이 구분된다. (　　)에 알맞은 것은?

구분	하나 이상의 장소	단일 장소
하나 이상의 산업활동	×××	×××
	×××	
단일 산업활동	(　　)	×××

① 기업진단 단위
② 지역 단위
③ 기업체 단위
④ 활동유형 단위

> **해설**
> | 구분 | 하나 이상의 장소 | 단일 장소 |
> | --- | --- | --- |
> | 하나 이상의 산업활동 | 기업집단 | 지역단위 |
> | | 기업체 단위 | |
> | 단일 산업활동 | 활동유형단위 | 사업체 단위 |

48 다음 설명에 해당하는 직업훈련지원제도는?

> 훈련인프라 부족 등으로 인해 자체적으로 직업훈련을 실시하기 어려운 중소기업들을 위해, 대기업 등이 자체 보유한 우수 훈련 인프라를 활용하여 중소기업이 필요로 하는 기술인력을 양성·공급하고 중소기업 재직자의 직무능력향상을 지원하는 제도이다.

① 국가인적자원 개발 컨소시엄
② 사업주 지원훈련
③ 국가기간전략산업직종훈련
④ 정년취업아카데미

> **해설** ② 사업주가 근로자, 채용예정자, 구직자 등을 대상으로 직업능력개발훈련을 실시할 경우 훈련비 등 소요비용의 일부를 지원함으로써 사업주 직업능력개발훈련 실시를 촉진하고 근로자의 능력개발 향상을 도모하는 제도이다.
> ③ 기계, 동력, 자동차, 전자 등 우리나라의 중요 산업분야에서 인력이 부족한 직종에 대한 직업능력개발훈련을 실시하여 기업에서 요구하는 수준의 기술·기능인력 양성·공급 및 실업문제를 해소하기 위한 제도이다.
> ④ 기업, 사업주 단체, 대학 또는 민간 우수훈련기관이 직접 산업현장에서 필요한 직업능력 및 인력 등을 반영하고 청년 미취업자에게 대학 등과 협력하여 연수과정 또는 창조적 역량 인재과정을 실시한 후 취업 또는 창직, 창업활동과 연계되는 사업이다.

49 워크넷(직업·진로)에서 학과정보를 계열별로 검색하고자 할 때 선택할 수 있는 계열이 아닌 것은?

① 문화관광계열
② 교육계열
③ 자연계열
④ 예체능계열

> **해설** 계열별검색 – 인문계열, 사회계열, 교육계열, 자연계열, 공학계열, 의학계열, 예체능계열이다.

50 한국표준직업분류(제7차)에서 직업분류의 목적이 아닌 것은?

① 각종 사회 · 경제통계조사의 직업단위기준으로 활용
② 취업알선을 위한 구인 · 구직안내 기준으로 활용
③ 직종별 급여 및 수당지급 결정기준으로 활용
④ 산업활동 유형을 분류하는 기준으로 활용

해설 **직업분류의 목적**
　　㉠ 각종 사회 · 경제통계조사의 직업단위 기준
　　㉡ 취업알선을 위한 구인 · 구직안내 기준
　　㉢ 직종별 급여 및 수당지급 결정기준
　　㉣ 직종별 특정질병의 이환율, 사망률과 생명표 작성 기준
　　㉤ 산재보험요율, 생명보험요율 또는 산재보상액, 교통사고 보상액 등의 결정 기준

51 직업정보 수집 시 2차 자료의 원천에 해당하지 않는 것은?

① 대중매체
② 공문서와 공식기록
③ 직접 수행한 심층면접자료
④ 민간부문 문서

해설 1차 자료는 연구를 위해 조사자가 직접 수집하거나 작성한 원형 그대로의 자료를 의미하며, 2차자료는 1차 자료를 활용하여 수정 · 가공한 자료이다.

52 다음 중 비경제활동인구에 해당하는 것은?

① 수입목적으로 1시간 일한 자
② 일시휴직자
③ 신규실업자
④ 전업학생

해설 비경제활동인구 : 전업주부, 학생, 일을 할 수 없는 연로자 및 심신장애인, 자발적으로 자선사업이나 종교활동에 관여하는 자

53 실기능력이 중요하여 고용노동부령이 정하는 필기시험이 면제되는 기능사 종목이 아닌 것은?

① 측량기능사　　　　② 도화기능사
③ 도배기능사　　　　④ 방수기능사

해설 **실기시험만 실시할 수 있는 종목**
　　한글속기 1급 · 2급 · 3급, 거푸집기능사, 건축도장기능사, 건축목공기능사, 도배기능사, 미장기능사, 방수기능사, 비계기능사, 온수온돌기능사, 유리시공기능사, 조적기능사, 철근기능사, 타일기능사, 도화기능사, 석공기능사, 지도제작기능사, 항공사진기능사, 금속재창호기능사

54 워크넷에 대한 설명으로 틀린 것은?

① 직업심리검사, 취업가이드, 취업지원프로그램 등 각종 취업지원서비스를 제공한다.
② 기업회원은 허위구인 방지를 위해 고용센터에 방문하여 구인신청서를 작성해야 한다.
③ 청년친화 강소기업, 공공기관, 시간선택제일자리, 기업공채 등의 채용정보를 제공한다.
④ 직종별, 근무지역별, 기업형태별 채용정보를 제공한다.

해설 기업회원은 워크넷에서 인재정보 검색할 수 있고, 인터넷으로 구인신청서를 등록할 수 있다.

55 국가기술자격종목과 그 직무분야의 연결이 틀린 것은?

① 가스산업기사－환경 · 에너지
② 건설안전산업기사－안전관리
③ 광학기기산업기사－전기 · 전자
④ 방수산업기사－건설

해설 가스산업기사－안전관리, 컨벤션기획사2급－경영

56 한국표준직업분류(제7차)에서 직업분류의 개념과 기준에 관한 설명이다. ( ) 안에 알맞은 직업분류 단위는?

> 직무 범주화 기준에는 직무별 고용의 크기 또한 현실적인 기준이 된다. 한국표준직업분류에서는 ( ) 단위에서 최소 1,000명의 고용을 기준으로 설정하였다.

① 대분류
② 중분류
③ 소분류
④ 세분류

해설 직무 범주화 기준에는 직무별 고용의 크기 또한 현실적인 기준이 된다. 한국표준직업분류에서는 세분류 단위에서 최소 1,000명의 고용을 기준으로 설정하였다.

57 국가기술자격 서비스분야 종목 중 응시자격에 제한이 없는 것으로만 짝지어진 것은?

① 직업상담사2급 – 임상심리사2급 – 스포츠경영관리사
② 사회조사분석사2급 – 소비자전문상담사2급 – 텔레마케팅관리사
③ 직업상담사2급 – 컨벤션기획사2급 – 국제의료관광코디네이터
④ 컨벤션기획사2급 – 스포츠경영관리사 – 국제의료관광코디네이터

해설 국가기술자격 서비스분야 종목 중 응시자격에 제한이 없는 것
직업상담사 2급, 사회조사분석사 2급, 전자상거래관리사 2급, 소비자전문상담사 2급, 컨벤션기획사 2급, 게임프로그래밍전문가, 게임그래픽전문가, 게임기획전문가, 멀티미디어콘텐츠제작전문가, 스포츠경영관리사, 텔레마케팅관리사

58 직업정보 수집을 위한 서베이 조사에 관한 설명으로 틀린 것은?

① 면접조사는 우편조사에 비해 비언어적 행위의 관찰이 가능하다.
② 일반적으로 전화조사는 면접조사에 비해 면접시간이 길다.
③ 질문의 순서는 응답률에 영향을 줄 수 있다.
④ 폐쇄형 질문의 응답범주는 상호배타적이어야 한다.

해설 일반적으로 전화조사는 면접조사에 비해 면접시간이 짧다.

59 직업성립의 일반요건과 가장 거리가 먼 것은?

① 윤리성
② 경제성
③ 계속성
④ 사회보장성

해설 직업은 유사성을 갖는 직무를 계속하여 수행하는 계속성을 가져야 하는데, 일의 계속성이란 일시적인 것을 제외한 다음에 해당하는 것을 말한다.
(1) 매일, 매주, 매월 등 주기적으로 행하는 것
(2) 계절적으로 행해지는 것
(3) 명확한 주기는 없으나 계속적으로 행해지는 것
(4) 현재 하고 있는 일을 계속적으로 행할 의지와 가능성이 있는 것
직업은 또한 경제성을 충족해야 하는데, 이는 경제적인 거래 관계가 성립하는 활동을 수행해야 함을 의미한다. 따라서 무급 자원봉사와 같은 활동이나 전업학생의 학습행위는 경제활동 혹은 직업으로 보지 않는다. 직업의 성립에는 비교적 엄격한 경제성의 기준이 적용되는데, 노력이 전제되지 않는 자연발생적인 이득의 수취나 우연하게 발생하는 경제적인 과실에 전적으로 의존하는 활동은 직업으로 보지 않는다.
직업 활동은 전통적으로 윤리성과 사회성을 충족해야 하는 것으로 보고 있다. 윤리성은 비윤리적인 영리행위나 반사회적인 활동을 통한 경제적인 이윤추구는 직업 활동으로 인정되지 못한다는 것이다. 사회성은 보다 적극적인 것으로써 모든 직업 활동은 사회 공동체적인 맥락에서 의미 있는 활동 즉 사회적인 기여를 전제조건으로 하고 있다는 점을 강조한다.

60 워크넷의 채용정보 검색조건에 해당하지 않는 것은?

① 희망임금
② 학력
③ 경력
④ 연령

해설 고용상 연령차별금지 및 고령자 고용촉진에 관한 법률 이 시행됨에 따라 채용정보에서 연령이 삭제되었다.

61 효율임금정책이 높은 생산성을 가져오는 원인에 관한 설명으로 틀린 것은?

① 고임금은 노동자의 직장상실비용을 증대시켜서 작업 중에 태만하지 않게 한다.
② 고임금 지불기업은 그렇지 않은 기업에 비해 신규노동자의 훈련에 많은 비용을 지출한다.
③ 고임금은 노동자의 기업에 대한 충성심과 귀속감을 증대시킨다.
④ 고임금 지불기업은 신규채용 시 지원노동자의 평균자질이 높아져 보다 양질의 노동자를 고용할 수 있다.

해설 고임금은 노동자의 사직을 감소시켜 신규노동자의 채용 및 훈련비용을 감소시킨다.

62 다음 중 통상임금에 포함되지 않는 것은?

① 기본급　　　　② 직급수당
③ 직무수당　　　　④ 특별급여

해설 "통상임금"이란 근로자에게 정기적이고 일률적으로 소정(所定)근로 또는 총 근로에 대하여 지급하기로 정한 시간급 금액, 일급 금액, 주급 금액, 월급 금액 또는 도급 금액을 말한다.

63 생산성 임금제를 따를 때 실질 생산성 증가율이 5%이고 물가상승률이 2%라고 하면 명목임금의 인상분은?

① 3%　　　　② 5%
③ 7%　　　　④ 10%

해설 명목임금 상승률 = 물가상승률 + 노동생산성 증가율 = 2% + 5% = 7%

64 실업조사 등에 관한 설명으로 옳은 것은?

① 경제가 완전고용 상태일 때 실업률은 0이다.
② 실업률은 실업자 수를 생산가능인구로 나눈 것이다.
③ 일기불순 등의 이유로 일하지 않고 있는 일시적 휴직자는 실업자로 본다.
④ 실업률 조사 대상 주간에 수입을 목적으로 1시간 이상 일한 경우 취업자로 분류된다.

해설
① 사람들이 더 좋은 직장을 찾기 위하여 잠시 쉬고 있다거나 학교를 졸업하고 직장을 찾는 과정에서 발생하는 실업을 마찰적 실업이라고 하며, 이는 완전고용상태에서도 존재한다.
② 실업률은 실업자 수를 경제활동인구로 나눈 것이다.
③ 일기불순 등의 이유로 일하지 않고 있는 일시적 휴직자는 취업자로 본다.

65 임금격차의 원인으로서 통계적 차별(statistical discrimination)이 일어나는 경우는?

① 비숙련 외국인노동자에게 낮은 임금을 설정할 때
② 임금이 개별 노동자의 한계생산성에 근거하여 설정될 때
③ 사용자가 자신이 경험을 기준으로 근로자의 임금을 결정할 때
④ 사용자가 근로자의 생산성에 대해 불완전한 정보를 갖고 있어 평균적인 인식을 근거로 임금을 결정할 때

해설 고용주가 기존생산성에 근거하여 특정집단을 범주화하고 집단의 평균적 생산성에 근거하여 개인을 판단하는 것

66 임금관리의 주요 구성요소와 가장 거리가 먼 것은?

① 기본급과 수당 등의 임금체계
② 임금지급 시기
③ 노동생산성 수준에 따른 임금수준
④ 고정급제와 성과급제 등의 임금형태

해설 **임금관리의 주요 구성요소**
㉠ 임금수준 – 기업의 지불능력, 노동자의 생계비, 사회적균형(노동시장임금수준)
㉡ 임금체계 – 연공급, 직무급, 직능급
㉢ 임금형태 – 고정급제(시간급제, 월급제, 연봉제 등), 성과급제(개별성과급제, 집단성과급제 등)

정답 **61** ③　**62** ④　**63** ②　**64** ④　**65** ④　**66** ②

67 직업이나 직종의 여하를 불문하고 동일산업에 종사하는 노동자가 조직하는 노동조합의 형태는?

① 직업별 노동조합　　② 산업별 노동조합
③ 기업별 노동조합　　④ 일반 노동조합

해설　① 직종(직업)별 노동조합 : 인쇄공 조합이나 선반공 조합과 같이 동일한 직종에 종사하는 노동자들이 기업과 산업을 초월하여 결합한 노동조합이다. 역사적으로 숙련노동자를 중심으로 가장 먼저 조직된 형태이며, 숙련노동자가 노동시장을 배타적으로 독점하기 위해 조직된 것이다.
③ 기업별 노동조합 : 하나의 사업 또는 사업장에 종사하는 노동자들이 직종에 관계없이 결합한 노동조합이다. 우리나라와 일본에서 일반적인 노조의 형태이다.
④ 일반노동조합 : 직업이나 산업의 구별없이 모든 노동자를 조직대상으로 한다.

68 노동자가 자신에게 가장 유리한 직장을 찾기 위해서 정보수집활동에 종사하고 있을 동안의 실업상태로 정보의 불완전성에 기인하는 실업은?

① 계절적 실업　　② 마찰적 실업
③ 경기적 실업　　④ 구조적 실업

해설 **마찰적실업의 정의**
㉠ 신규·전직자가 노동시장에 진입하는 과정에서 직업정보의 부족에 의하여 일시적으로 발생하는 실업의 유형
㉡ 대책 : 직업 정보의 효율적 제공을 통하여 해결할 수 있다. ㉮ 직업안정기관의 기능 강화, ㉯ 직업정보제공 시설의 확충, ㉰ 구인구직전산망 확충, ㉱ 기업의 퇴직예고제, ㉲ 구직자세일즈 등

69 노사관계의 3주체(tripartite)를 바르게 짝지은 것은?

① 노동자 – 사용자 – 정부
② 노동자 – 사용자 – 국회
③ 노동자 – 사용자 – 정당
④ 노동자 – 사용자 – 사회단체

해설　노사관계의 3주체(tripartite)는 노동자 – 사용자 – 정부이며, 노사관계를 규제하는 여건 혹은 환경은 기술적특성, 시장 또는 예산제약, 각 주체의 세력관계 이다.

70 노동수요탄력성의 크기에 영향을 미치는 요인과 거리가 가장 먼 것은?

① 생산물 수요의 가격탄력성
② 총 생산비에 대한 노동비용의 비중
③ 노동의 대체곤란성
④ 대체생산요소의 수요탄력성

해설　다른 생산요소의 공급탄력성이 클수록 탄력성은 커진다.

71 실업에 관한 설명으로 틀린 것은?

① 실업급여의 확대는 탐색적 실업을 증가시킬 수 있다.
② 경기변동 때문에 발생하는 실업은 경기적 실업이다.
③ 구직단념자는 비경제활동인구로 분류된다.
④ 비수요부족 실업은 경기적 실업을 의미한다.

해설　비수요부족실업은 마찰적 실업, 구조적 실업, 계절적 실업이며, 경기적 실업은 수요부족실업이다.

72 사용자의 부당해고로부터 근로자 보호를 강화하는 정책을 실시할 때 발생되는 효과로 옳은 것은?

① 고용수준 감소, 근로시간 증가
② 고용수준 증가, 근로시간 감소
③ 고용수준 증가, 근로시간 증가
④ 고용수준 감소, 근로시간 감소

해설　부당해고가 감소함으로 신규고용은 감소하고 기존근로자의 노동시간은 증가한다.

73 노동자 7명의 평균생산량이 20단위일 때, 노동자를 추가로 1명 더 고용하여 평균생산량이 18단위로 감소하였다면, 이때 추가로 고용된 노동자의 한계생산량은?

① 4단위　　② 5단위
③ 6단위　　④ 7단위

해설　7명×20단위＝140, 8명×18단위＝144이다. 따라서 한계생산량＝144단위 – 140＝4이다.

74 노동조합의 단체교섭 결과가 비조합원에게도 혜택이 돌아가는 현실에서 노동조합의 조합원이 아닌 비조합원에게도 단체교섭의 당사자인 노동조합이 회비를 징수하는 숍(shop)제도는?

① 유니온숍(union shop)　　② 에이전시숍(agency shop)
③ 클로즈드숍(closed shop)　④ 오픈숍(open shop)

> **해설** ㉠ 오픈 숍(open shop) : 사용자가 노동조합에 가입한 조합원이나 가입하지 않은 비조합원이나 모두 고용할 수 있는 제도이다. 노동조합은 상대적으로 노동력의 공급을 독점하기 어렵다.
> ㉡ 클로즈드 숍(closed shop) : 조합에 가입하고 있는 노동자만을 채용하고 일단 고용된 노동자라도 조합원자격을 상실하면 종업원이 될 수 없는 숍제도로서 우리나라 항운노동조합이 이에 해당한다.
> ㉢ 유니온 숍(union shop) : 기업이 노동자를 채용할 때는 노동조합에 가입하지 않은 노동자를 채용할 수 있지만 일단 채용된 노동자는 일정기간 내에 노동조합에 가입하여야 하며 또한 조합에서 탈퇴하거나 제명되는 경우 종업원자격을 상실하도록 되어 있는 제도이다.
> ㉣ 에이전시 숍(agency shop) : 노동조합 가입에 대한 강제조항이 없는 경우, 비노조원은 노력없이 노조원들의 조합활동의 혜택을 보게 된다. 따라서 노조는 혜택에 대한 대가로 비노조원들에게서 노조비에 상당하는 금액을 징수한다
> ㉤ 프리퍼렌셜 숍(preferential shop) : 조합원 우대제도라고도 하며 사용자가 조합원 여부에 관계없이 종업원을 채용할 수 있으나, 인사·해고 및 승진 등에 있어서 조합원에게 우선적 특권을 부여하는 제도를 말한다.
> ㉥ 메인티넌스 숍(maintenance of membership shop) : 조합원 자격 유지제도라고도 하며 사용자가 조합원 여부에 관계없이 종업원을 채용할 수 있으나 단체협약의 효력기간 중에는 조합원 자격을 유지하여야 하는 제도이다.

75 소득정책의 효과에 대한 설명으로 틀린 것은?

① 성장산업의 위축을 초래할 수 있다.
② 행정적 관리비용을 절감할 수 있다.
③ 임금억제에 이용될 가능성이 크다.
④ 급격한 물가상승기에 일시적으로 사용하면 효과를 거둘 수 있다.

> **해설** 소득정책의 부정적 효과로는 소득분배의 불평등 초래, 성장산업의 위축, 행정적 관리비용의 증가 등을 들 수 있다.

76 노동공급 탄력성이 무한대인 경우 노동공급 곡선 형태는?

① 수평이다.　　　　　② 수직이다.
③ 우상향이다.　　　　④ 우하향이다.

> **해설** 노동수요곡선의 3가지 경우

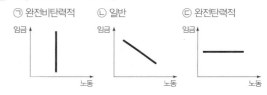

77 정부가 임금을 인상시킬 때 오히려 고용이 증대되는 경우는?

① 공급독점의 노동시장　　② 수요독점의 노동시장
③ 완전경쟁의 노동시장　　④ 복점의 노동시장

> **해설** 수요독점의 노동시장은 수요독점기업이 임의로 시장임금을 조절할 수 있을 것이다. 이러한 상황에서 정부가 최저임금을 실시할 경우 기업은 최저임금 이하로 시장임금을 내리지 못할 것이며 그렇다고 해서 무작정 고용량을 감소키지도 못할 것이다. 결국 노동의 한계수입생산물과 한계비용이 일치하는 지점까지 고용을 증가시켜 근로자에게 유리하게 될 가능성이 높다.

78 파업이론에 대한 설명으로 옳은 것을 모두 고른 것은?

> ㄱ. 힉스의 파업이론에 의하면, 사용자의 양보곡선과 노조의 저항곡선이 만나는 곳에서 파업기간이 결정된다.
> ㄴ. 카터-챔벌린 모형에 따르면, 노조의 요구를 거부할 때 발생하는 사용자의 비용이 노조의 요구를 수락했을 때 발생하는 사용자의 비용보다 클 때 노조의 교섭력이 커진다.
> ㄷ. 매브리 이론에 따르면, 노조의 최종수락조건이 사용자의 최종수락조건보다 작을 때 파업이 발생한다.

① ㄱ, ㄴ　　　　　② ㄴ, ㄷ
③ ㄱ, ㄷ　　　　　④ ㄱ, ㄴ, ㄷ

> **해설** 노조의 최종수락 조건이 사용자의 최종수락조건보다 클때 파업이 발생한다.

79 기업별 노동조합의 장점이 아닌 것은?

① 조합 구성이 용이하다.
② 단체교섭 타결이 용이하다.
③ 노동시장 분단을 완화시킬 수 있다.
④ 조합원 간의 친밀감이 높고 강한 연대감을 가질 수 있다.

해설 기업별 노동조합은 하나의 사업 또는 사업장에 종사하는 노동자들이 직종에 관계없이 결합한 노동조합으로 하나의 기업이 조직상의 단위가 된다. 조합원의 참여의식이 높고 기업의 특수성을 반영할 수 있으나 어용화의 가능성이 크고, 조합이기주의가 나타날 수 있다. 우리나라의 주된 조직형태이다.

80 노동공급곡선이 그림과 같을 때 임금이 W_0 이상으로 상승한 경우의 설명으로 옳은 것은?

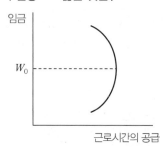

① 대체효과가 소득효과를 압도한다.
② 소득효과가 대체효과를 압도한다.
③ 대체효과가 규모효과를 압도한다.
④ 규모효과가 대체효과를 압도한다.

해설 근로자들의 임금이 일정한 수준 이상으로 상승하면 고소득으로 인한 여가의 증가로 노동시간의 감소를 나타내는데, 이 경우 개인의 노동공급곡선은 일정수준 이상의 높은 임금에서 뒤쪽으로 굽어지는 형태를 보인다. 이를 후방 굴절형 곡선이라 한다. 다만 여가가 열등재일 경우는 후방굴절하는 것이 아니고 임금수준과 무관하게 우상향한다.

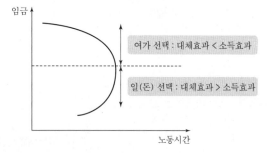

81 직업안정법령상 직업정보제공사업자의 준수사항으로 틀린 것은?

① 구인자의 업체명이 표시되어 있지 아니한 구인광고를 게재하지 아니할 것
② 직업정보제공매체의 구인·구직의 광고에는 구인·구직자의 주소 또는 전화번호를 기재하지 아니할 것
③ 구직자의 이력서 발송을 대행하거나 구직자에게 취업추천서를 발부하지 아니할 것
④ 직업정보제공사업의 광고문에 "취업추천", "취업지원" 등의 표현을 사용하지 아니할 것

해설 직업정보제공매체의 구인·구직의 광고에는 구인·구직자의 주소 또는 전화번호를 기재하고, 직업정보제공사업자의 주소 또는 전화번호는 기재하지 아니할 것

82 기간제 및 단시간근로자 보호 등에 관한 법률상 사용자가 기간제근로자와 근로계약을 체결하는 때에 서면으로 명시하여야 하는 사항을 모두 고른 것은?

ㄱ. 근로계약기간에 관한 사항
ㄴ. 근로시간·휴게에 관한 사항
ㄷ. 휴일·휴가에 관한 사항
ㄹ. 취업의 장소와 종사하여야 할 업무에 관한 사항

① ㄱ, ㄴ
② ㄴ, ㄷ, ㄹ
③ ㄱ, ㄷ, ㄹ
④ ㄱ, ㄴ, ㄷ, ㄹ

해설 사용자는 기간제근로자 또는 단시간근로자와 근로계약을 체결하는 때에는 다음 각 호의 모든 사항을 서면으로 명시하여야 한다. 다만, 제6호는 단시간근로자에 한정한다.
1) 근로계약기간에 관한 사항
2) 근로시간·휴게에 관한 사항
3) 임금의 구성항목·계산방법 및 지불방법에 관한 사항
4) 휴일·휴가에 관한 사항
5) 취업의 장소와 종사하여야 할 업무에 관한 사항
6) 근로일 및 근로일별 근로시간

83 남녀고용평등과 일 · 가정 양립 지원에 관한 법령상 1천만원 이하의 과태료 부과행위에 해당하는 것은?

① 난임치료휴가를 주지 아니한 경우
② 성희롱 예방 교육을 하지 아니한 경우
③ 직장 내 성희롱 발생 사실 조사 과정에서 알게 된 비밀을 다른 사람에게 누설한 경우
④ 사업주가 직장 내 성희롱을 한 경우

해설 ①, ②, ③은 500만원 이하의 과태료를 부과한다.

84 고용정책기본법상 명시된 목적이 아닌 것은?

① 근로자의 고용안정 지원
② 실업의 예방 및 고용의 촉진
③ 노동시장의 효율성과 인력수급의 균형 도모
④ 기업의 일자리 창출과 원활한 인력확보 지원

해설 고용정책기본법은 국가가 고용에 관한 정책을 수립 · 시행하여 국민 개개인이 평생에 걸쳐 직업능력을 개발하고 더 많은 취업기회를 가질 수 있도록 하는 한편, 근로자의 고용안정, 기업의 일자리 창출과 원활한 인력 확보를 지원하고 노동시장의 효율성과 인력수급의 균형을 도모함으로써 국민의 삶의 질 향상과 지속가능한 경제성장 및 고용을 통한 사회통합에 이바지함을 목적으로 한다.

85 남녀고용평등과 일 · 가정 양립지원에 관한 법률에 대한 설명으로 틀린 것은?

① 근로자란 사업주에게 고용된 자와 취업할 의사를 가진 자를 말한다.
② 사업주가 임금차별을 목적으로 설립한 별개의 사업은 동일한 사업으로 본다.
③ 사업주는 육아기 근로시간 단축을 하고 있는 근로자의 명시적 청구가 있으면 단축된 근로시간 외에 주 12시간 이내에서 연장근로를 시킬 수 있다.
④ 사업주는 사업을 계속할 수 없는 경우에도 육아휴직 중인 근로자를 육아휴직 기간에 해고하지 못한다.

해설 사업주는 육아휴직을 이유로 해고나 그 밖의 불리한 처우를 하여서는 아니 되며, 육아휴직 기간에는 그 근로자를 해고하지 못한다. 다만, 사업을 계속할 수 없는 경우에는 그러하지 아니하다.

86 고용보험법상 구직급여의 수급 요건에 해당하지 않는 것은?

① 이직일 이전 18개월간 피보험 단위기간이 합산하여 180일 이상일 것
② 근로의 의사와 능력이 있음에도 불구하고 취업하지 못한 상태에 있을 것
③ 전직 또는 자영업을 하기 위하여 이직한 경우
④ 재취업을 위한 노력을 적극적으로 할 것

해설 **이직 사유에 따른 수급자격의 제한**

1) 중대한 귀책사유로 해고된 피보험자로서 다음 각 목의 어느 하나에 해당하는 경우
   ① 형법 또는 직무와 관련된 법률을 위반하여 금고 이상의 형을 선고받은 경우
   ② 사업에 막대한 지장을 초래하거나 재산상 손해를 끼친 경우로서 고용노동부령으로 정하는 기준에 해당하는 경우
   ③ 정당한 사유 없이 근로계약 또는 취업규칙 등을 위반하여 장기간 무단 결근한 경우
2) 자기 사정으로 이직한 피보험자로서 다음 각 목의 어느 하나에 해당하는 경우
   ① 전직 또는 자영업을 하기 위하여 이직한 경우
   ② 중대한 귀책사유가 있는 사람이 해고되지 아니하고 사업주의 권고로 이직한 경우
   ③ 그 밖에 고용노동부령으로 정하는 정당한 사유에 해당하지 아니하는 사유로 이직한 경우

87 고용보험법령상 피보험자격의 신고에 관한 설명으로 틀린 것은?

① 사업주가 피보험자격에 관한 사항을 고용노동부장관에게 신고하여야 한다.
② 사업주는 그 사업에 고용된 근로자의 피보험자격의 취득 및 상실 등에 관한 사항을 고용노동부장관에게 신고하여야 한다.
③ 자영업자인 피보험자는 피보험자격의 취득 및 상실에 관한 신고를 하지 아니한다.
④ 피보험자격의 취득 및 상실 등에 관한 신고는 그 사유가 발생한 날로부터 14일 이내에 하여야 한다.

해설 사업주나 하수급인(下受給人)은 고용노동부장관에게 그 사업에 고용된 근로자의 피보험자격 취득 및 상실에 관한 사항을 신고하려는 경우에는 그 사유가 발생한 날이 속하는 달의 다음 달 15일까지(근로자가 그 기일 이전에 신고할 것을 요구하는 경우에는 지체 없이) 신고해야 한다.

정답 83 ④ 84 ② 85 ④ 86 ③ 87 ④

88 고용상 연령차별금지 및 고령자고용촉진에 관한 법령상 준고령자의 정의로 옳은 것은?

① 40세 이상 45세 미만인 사람
② 45세 이상 50세 미만인 사람
③ 50세 이상 55세 미만인 사람
④ 55세 이상 60세 미만인 사람

해설 1) "고령자"란 인구와 취업자의 구성 등을 고려하여 대통령령으로 정하는 연령 이상인 사람을 말한다.(55세 이상인 사람)
2) "준고령자"란 대통령령으로 정하는 연령 이상인 사람으로서 고령자가 아닌 사람을 말한다.(50세 이상 55세 미만)

89 고용정책 기본법령상 실업대책사업에 관한 설명으로 틀린 것은?

① 실업자에 대한 공공근로사업은 실업대책사업에 해당한다.
② 6개월 이상 기간을 정하여 무급으로 휴직하는 사람은 실업자로 본다.
③ 실업대책사업의 일부를 한국산업인력공단에 위탁할 수 있다.
④ 실업대책사업에는 많은 인력을 사용하는 사업이 포함되어야 한다.

해설 고용노동부장관은 대통령령으로 정하는 바에 따라 실업대책사업의 일부를 「산업재해보상보험법」에 따른 근로복지공단에 위탁할 수 있다.

90 남녀고용평등과 일·가정 양립 지원에 관한 법령상 (   ) 안에 들어갈 숫자의 연결이 옳은 것은?

제19조의4(육아휴직과 육아기 근로시간 단축의 사용형태)
① 근로자는 육아휴직을 (ㄱ)회에 한정하여 나누어 사용할 수 있다.
② 근로자는 육아기 근로시간 단축을 나누어 사용할 수 있다. 이 경우 나누어 사용하는 (ㄴ)회의 기간은 (ㄷ)개월 이상이 되어야 한다.

① ㄱ : 1, ㄴ : 2, ㄷ : 3
② ㄱ : 2, ㄴ : 1, ㄷ : 2
③ ㄱ : 1, ㄴ : 2, ㄷ : 3
④ ㄱ : 2, ㄴ : 1, ㄷ : 3

해설 **육아휴직과 육아기 근로시간 단축의 사용형태**
① 근로자는 육아휴직을 2회에 한정하여 나누어 사용할 수 있다. 이 경우 임신 중인 여성 근로자가 모성보호를 위하여 육아휴직을 사용한 횟수는 육아휴직을 나누어 사용한 횟수에 포함하지 아니한다.
② 근로자는 육아기 근로시간 단축을 나누어 사용할 수 있다. 이 경우 나누어 사용하는 1회의 기간은 3개월(근로계약기간의 만료로 3개월 이상 근로시간 단축을 사용할 수 없는 기간제근로자에 대해서는 남은 근로계약기간을 말한다) 이상이 되어야 한다.

91 근로기준법령상 근로시간 및 휴게시간의 특례사업에 해당하지 않는 것은?

① 수상운송업
② 항공운송업
③ 육상운송 및 파이프라인 운송업
④ 노선(路線) 여객자동차운송사업

해설 **근로시간 및 휴게시간의 특례**
주(週) 12시간을 초과하여 연장근로를 하게 하거나 휴게시간을 변경할 수 있다.
㉠ 육상운송 및 파이프라인 운송업. 다만, 「여객자동차 운수사업법」에 따른 노선(路線) 여객자동차운송사업은 제외한다.
㉡ 수상운송업
㉢ 항공운송업
㉣ 기타 운송관련 서비스업
㉤ 보건업

92 직업안정법상 직업소개사업을 겸업할 수 있는 것은?

① 「결혼중개의 관리에 관한 법률」상 결혼중개업
② 「공중위생관리법」상 숙박업
③ 「식품위생법」상 식품접객업 중 유흥주점영업
④ 「식품위행법」상 식품접객업 중 일반음식점영업

해설 다음 각 호의 어느 하나에 해당하는 사업을 경영하는 자는 직업소개사업을 하거나 직업소개사업을 하는 법인의 임원이 될 수 없다.
1) 결혼중개업
2) 숙박업
3) 식품접객업 중 대통령령으로 정하는 영업

93 근로자직업능력 개발법상 직업능력개발훈련이 중요시 되어야 할 대상으로 명시되지 않은 것은?

① 「국민기초생활 보장법」에 따른 수급권자
② 「국가유공자 등 예우 및 지원에 관한 법률」에 따른 국가유공자
③ 「제대군인지원에 관한 법률」에 따른 제대군인
④ 「한부모가족지원법」에 따른 지원대상자

해설 다음 각 호의 사람을 대상으로 하는 직업능력개발훈련은 중요시되어야 한다.
1. 고령자·장애인
2. 「국민기초생활 보장법」에 따른 수급권자
3. 국가유공자와 그 유족 또는 가족이나 보훈보상대상자와 그 유족 또는 는 가족
4. 5·18민주유공자와 그 유족 또는 가족
5. 제대군인 및 전역예정자
6. 여성근로자
7. 중소기업의 근로자
8. 일용근로자, 단시간근로자, 기간을 정하여 근로계약을 체결한 근로자, 일시적 사업에 고용된 근로자
9. 파견근로자

94 고용보험법상 (   )에 알맞은 것은?

육아휴직 급여를 지급받으려는 사람은 육아휴직을 시작한 날 이후 1개월부터 육아휴직이 끝난 날 이후 (   )개월 이내에 신청하여야 한다.

① 1   ② 3
③ 6   ④ 12

해설 육아휴직 급여를 지급받으려는 사람은 육아휴직을 시작한 날 이후 1개월부터 육아휴직이 끝난 날 이후 12개월 이내에 신청하여야 한다. 다만, 해당 기간에 대통령령으로 정하는 사유로 육아휴직 급여를 신청할 수 없었던 사람은 그 사유가 끝난 후 30일 이내에 신청하여야 한다.
※ 육아휴직 급여 신청기간의 연장 사유는 ㉠ 전재지변, ㉡ 본인이나 배우자의 질병·부상, ㉢ 본인이나 배우자의 직계존속 및 직계비속의 질병·부상, ㉣ 병역법에 따른 의무복무, ㉤ 범죄혐의로 인한 구속이나 형의 집행

95 근로자퇴직급여 보장법령상 용어의 정의에 관한 설명으로 틀린 것은?

① 퇴직급여제도란 확정급여형퇴직연금제도, 확정기여형퇴직연금제도 및 개인형퇴직연금제도를 말한다.
② 사용자란 사업주 또는 사업의 경영담당자 또는 그 밖에 근로자에 관한 사항에 대하여 사업주를 위하여 행위하는 자를 말한다.
③ 임금이란 가용자가 근로의 대가로 근로자에게 임금, 봉급, 그 밖에 어떠한 명칭으로든지 직급하는 일체의 금품을 말한다.
④ 확정급여형퇴직연금제도란 근로자가 받을 급여의 수준이 사전에 결정되어 있는 퇴직연금제도를 말한다.

해설 퇴직급여제도란 확정급여형퇴직연금제도, 확정기여형퇴직연금제도 및 제8조에 따른 퇴직금제도를 말한다.

96 근로기준법령상 경영상의 이유에 의한 해고에 관한 설명으로 옳은 것은?

① 사용자는 근로자대표에게 해고를 하려는 날의 60일 전까지 해고의 기준을 통보하여야 한다.
② 경영 악화를 방지하기 위한 사업의 합병은 긴박한 경영상의 필요가 있는 것으로 볼 수 없다.
③ 사용자는 근로자를 해고하려면 해고사유와 해고시기를 서면으로 통지하여야 한다.
④ 사용자는 경영상 이유에 의하여 해고된 근로자에 대하여 재취업 등 필요한 조치를 우선적으로 취하여야 한다.

해설 ① 사용자는 해고를 피하기 위한 방법과 해고의 기준 등에 관하여 그 사업 또는 사업장에 근로자의 과반수로 조직된 노동조합이 있는 경우에는 그 노동조합(근로자의 과반수로 조직된 노동조합이 없는 경우에는 근로자의 과반수를 대표하는 자를 말한다.)에 해고를 하려는 날의 50일 전까지 통보하고 성실하게 협의하여야 한다.
② 사용자가 경영상 이유에 의하여 근로자를 해고하려면 긴박한 경영상의 필요가 있어야 한다. 이 경우 경영 악화를 방지하기 위한 사업의 양도·인수·합병은 긴박한 경영상의 필요가 있는 것으로 본다.
③ 사용자는 근로자를 해고(경영상 이유에 의한 해고를 포함한다)하려면 적어도 30일 전에 예고를 하여야 하고, 30일 전에 예고를 하지 아니하였을 때에는 30일분 이상의 통상임금을 지급하여야 한다.
④ 정부는 해고된 근로자에 대하여 생계안정, 재취업, 직업훈련 등 필요한 조치를 우선적으로 취하여야 한다.

97 근로자직업능력 개발법령상 고용노동부장관이 직업능력개발사업을 하는 사업주에게 지원할 수 있는 비용이 아닌 것은?

① 근로자를 대상으로 하는 자격검정사업 비용
② 직업능력개발훈련을 위해 필요한 시설의 설치사업비용
③ 근로자의 경력개발관리를 위하여 실시하는 사업 비용
④ 고용노동부장관의 인정을 받은 직업능력개발훈련과정의 수강 비용

> **해설** 고용노동부장관의 인정을 받은 직업능력개발훈련과정의 수강 비용은 근로자에게 지원한다.

98 헌법상 노동3권과 관련이 있는 것은?

① 법률에 의해 최저임금제 보장
② 자주적인 단체교섭권의 보장
③ 연소근로자 특별한 보호
④ 국가유공자의 우선근로 기회 부여

> **해설** **근로권과 근로3권**
> ① 근로권 : 모든 국민은 근로의 권리를 가진다.
> ② 근로3권 : 근로자는 근로조건의 향상을 위하여 자주적인 단결권·단체교섭권·단체행동권을 가진다.

99 채용절차의 공정화에 관한 법률에 대한 설명으로 틀린 것은?

① 고용노동부장관은 입증자료의 표준양식을 정하여 구인자에게 그 사용을 권장할 수 있다.
② 원칙적으로 상시 30명 이상의 근로자를 사용하는 사업장의 채용절차에 적용한다.
③ 채용서류란 기초심사자료, 입증자료, 심층심사자료를 말한다.
④ 심층심사자료란 작품집, 연구실적물 등 구직자의 실력을 알아볼 수 있는 모든 물건 및 자료를 말한다.

> **해설** 고용노동부장관은 기초심사자료의 표준양식을 정하여 구인자에게 그 사용을 권장할 수 있다.

100 근로기준법령상 임금에 관한 설명으로 틀린 것은?

① 고용노동부장관은 체불사업주의 명단을 공개할 경우 체불사업주에게 3개월 이상의 기간을 정하여 소명 기회를 주어야 한다.
② 단체협약에 특별한 규정이 있는 경우에는 임금의 일부를 공제하거나 통화 이외의 것으로 지급할 수 있다.
③ 사용자는 도급으로 사용하는 근로자에게 근로시간에 따라 일정액의 임금을 보장하여야 한다.
④ 사용자는 고용노동부장관의 승인을 받은 경우 통상임금의 100분의 70에 못 미치는 휴업수당을 지급할 수 있다.

> **해설** 사용자의 귀책사유로 휴업하는 경우에 사용자는 휴업기간 동안 그 근로자에게 평균임금의 100분의 70 이상의 수당을 지급하여야 한다. 다만, 평균임금의 100분의 70에 해당하는 금액이 통상임금을 초과하는 경우에는 통상임금을 휴업수당으로 지급할 수 있다.

정답 97 ④ 98 ② 99 ① 100 ④

2022년 1회 과년도문제풀이

직업상담사 2급 필기 전과목 무료동영상

SECTION
제1과목 직업상담학

01 실존주의 상담에 관한 설명으로 틀린 것은?

① 정형화된 상담 모형과 상담자 훈련프로그램이 마련되어 있지 않은 것이 한계점이다.

② 인간을 자기인식 능력을 지닌 존재로 본다.

③ 상담자는 내담자가 스스로 삶의 의미와 목적을 발견하고, 삶을 주체적으로 선택하고 책임지도록 돕는 것을 목표로 한다.

④ 실존주의 상담에서 가정하는 인간의 궁극적 관심사는 무의식의 자각이다.

해설 정신분석상담의 목표는 무의식을 의식화함으로써 개인의 성격구조를 수정하는 것과 본능의 충동에 따르지 않고 현실에 맞게 행동하도록 자아를 더욱 강화시키는 것이다.

02 상담의 초기면접 단계에서 일반적으로 고려할 사항이 아닌 것은?

① 통찰의 확대   ② 목표의 설정
③ 상담의 구조화   ④ 문제의 평가

해설 상담의 초기면접 단계에서는 관계 형성 및 구조화, 측정, 목표 설정 등이 이루어지며, 통찰은 개입 이후에 이루어진다.

03 Gysbers가 제시한 직업상담의 목적에 관한 설명으로 옳은 것은?

① 생애진로발달에 관심을 두고, 효과적인 사람이 되는 데 필요한 지식과 기능을 습득하게 한다.

② 직업선택, 의사결정 기술의 습득 등이 주요한 목적이고, 직업상담 과정에는 진단, 문제분류, 문제 구체화 등이 들어가야 한다.

③ 자기관리 상담모드가 주요한 목적이고, 직업 정보 탐색과 직업결정, 상담만족 등에 효과가 있다.

④ 직업정보를 스스로 탐색하게 하고 자신을 사정하게 하는 능력을 갖추도록 돕는다.

해설 **Gysbers가 제시한 직업상담의 목적**

㉠ 예언과 발달 : 전 생애에 걸쳐 발달 가능한 개인의 적성과 흥미를 탐색하여 발달할 수 있도록 촉구하는 것이다.

㉡ 처치와 자극 : 내담자의 직업문제에 대해 처치하고 내담자에게 필요한 지식과 기능 습득을 자극한다.

㉢ 결함과 유능 : 개인의 위기, 훈련 및 직업에 대한 직업정보의 결여, 배우자·자녀·동료·상사와의 인간관계 부조화 등의 문제에 대처하도록 하는 예방적 관점에서 내담자의 결함보다는 능력을 개발하도록 돕는다.

04 인간중심 상담이론에 관한 설명으로 틀린 것은?

① 실현화 경향성은 자기를 보전, 유지하고 향상시키고자 하는 선천적 성향이다.

② 자아는 성격의 조화와 통합을 위해 노력하는 원형이다.

③ 가치의 조건화는 주요 타자로부터 긍정적 존중을 받기 위해 그들이 원하는 가치와 기준을 내면화하는 것이다.

④ 현상학적 장은 경험적 세계 또는 주관적 경험으로 특정 순간에 개인이 지각하고 경험하는 모든 것을 뜻한다.

해설 ②는 Jung의 분석심리학에 대한 내용이다.

정답 01 ④ 02 ① 03 ① 04 ②

05 자기인식이 부족한 내담자를 사정할 때 인지에 대한 통찰을 재구조화하거나 발달시키는 데 적합한 방법은?

① 직면이나 논리적 분석을 해준다.
② 불안에 대처하도록 심호흡을 시킨다.
③ 은유나 비유를 사용한다.
④ 사고를 재구조화한다.

06 직업상담의 문제유형에 대한 Crites의 분류 중 '부적응형'에 관한 설명으로 옳은 것은?

① 적성에 따라 직업을 선택했지만 그 직업에 흥미를 느끼지 못하는 사람
② 흥미를 느끼는 분야는 있지만 그 분야에 필요한 적성을 가지고 있지 못하는 사람
③ 흥미나 적성의 유형이나 수준과는 상관없이 어떤 분야를 선택할지 결정하지 못하는 사람
④ 흥미를 느끼는 분야도 없고 적성에 맞는 분야도 없는 사람

07 직업상담 시 한계의 오류를 가진 내담자들이 자신의 견해를 제한하는 방법에 해당하지 않는 것은?

① 예외를 인정하지 않는 것
② 불가능을 가정하는 것
③ 왜곡되게 판단하는 것
④ 어쩔 수 없음을 가정하는 것

08 직업상담 시 흥미사정의 목적과 가장 거리가 먼 것은?

① 여가선호와 직업선호 구별하기
② 직업탐색 조장하기
③ 직업·교육상 불만족 원인 규명하기
④ 기술과 능력 범위 탐색하기

09 특성 – 요인 직업상담의 과정을 순서대로 바르게 나열한 것은?

| ㄱ. 분석 | ㄴ. 종합 | ㄷ. 진단 |
| ㄹ. 예측 | ㅁ. 상담 | |

① ㄱ → ㄴ → ㄷ → ㄹ → ㅁ

② ㄱ → ㄴ → ㄷ → ㅁ → ㄹ

③ ㄱ → ㅁ → ㄷ → ㄹ → ㄴ

④ ㄷ → ㄱ → ㄴ → ㄹ → ㅁ

해설 **특성요인 상담과정**

Williamson이 제시한 상담과정은 분석 – 종합 – 진단 – 처방(예후) – 상담 – 추수지도이다. 진단 단계는 문제를 사실적으로 확인하고 원인을 발견하는 단계이며, 상담 단계는 내담자가 능동적으로 참여하는 단계이다.

10 행동주의적 접근의 상담기법 중 공포와 불안이 원인이 되는 부적응 행동이나 회피행동을 치료하는 데 가장 효과적인 기법은?

① 타임아웃 기법   ② 모델링 기법

③ 체계적 둔감법   ④ 행동조성법

해설 행동주의적 접근의 상담기법 중 공포와 불안이 원인이 되는 부적응 행동이나 회피행동을 치료하는 데 가장 효과적인 기법은 체계적 둔감법이다.

11 레빈슨의 성인발달이론에 관한 설명으로 틀린 것은?

① 인생주기를 네 개의 계절로 구분한다.

② 성인 초기의 주요 과업은 꿈의 형성과 멘토 관계의 형성이다.

③ 안정기는 삶을 침체시키거나 새롭게 만드는 시기이다.

④ 인생 구조에는 직업, 가족, 결혼, 종교와 같은 요소들이 포함된다.

해설 Levinson의 발달이론에서 성인은 연령에 따라 안정과 변화(전환기)의 계속적인 과정을 거쳐 발달하게 되며, 이러한 과정 단계는 성별이나 문화에 상관없이 적용 가능하다.

12 직업상담에서 내담자의 생애진로 주제를 확인하는 가장 중요한 이유는?

① 내담자의 사고과정을 이해하고 행동을 통찰하도록 도와주기 때문이다.

② 상담을 상담자 입장에서 원만하게 이끌 수 있도록 해주기 때문이다.

③ 작업자, 지도자, 개인의 역할이 고려되어야 하기 때문이다.

④ 내담자의 생각을 읽을 수 있게 해주기 때문이다.

해설 생애진로 주제는 내담자가 표현한 생각, 가치, 태도, 나와 타인에 대한 신념, 세상에 대한 신념 등을 통해 내담자의 사고과정을 이해하고 행동을 통찰하도록 도와준다.

13 내담자에 대한 상담목표의 특성이 아닌 것은?

① 구체적이어야 한다.

② 내담자가 원하고 바라는 것이어야 한다.

③ 실현 가능해야 한다.

④ 인격성장을 도와야 한다.

해설 상담목표는 구체적이고, 실현 가능한 것이어야 하며, 내담자가 원하고 바라는 것이어야 한다. 또한 상담자의 기술과 양립 가능해야만 한다.

14 크럼볼츠의 사회학습진로이론에 관한 설명으로 틀린 것은?

① 진로의사결정 과정에서 자기효능감과 결과기대를 중요시한다.

② 개인이 환경과의 상호작용을 통해 무엇을 학습했는가를 중요시한다.

③ 개인은 학습경험을 통해 세계를 바라보는 관점이나 신념을 형성한다고 본다.

④ 우연한 사건을 다루는 데 도움이 되는 기술은 호기심, 낙관성, 위험감수 등이다.

해설 사회인지진로이론(SCCT ; Social Cognitive career Theory)은 진로발달의 기본이 되는 핵심 개념으로 자기효능감과 결과기대, 개인적 목표를 들고 있다.

정답 09 ①   10 ③   11 ③   12 ①   13 ④   14 ①

15 타이드만(Tiedman)은 어떤 발달단계를 기초로 진로발달이론을 설명하였는가?

① 피아제의 인지발달단계
② 에릭슨의 심리사회발달단계
③ 콜버그의 도덕발달단계
④ 반두라의 인지사회발달단계

해설 타이드만(Tiedman)의 진로발달이론은 에릭슨의 심리사회발달단계를 기초로 하여 직업발달을 탐색 – 구체화 – 선택 – 명료화 – 순응 – 개혁 – 통합의 자아정체감을 형성해 나가는 과정으로 설명한다.

16 상담윤리강령의 역할과 기능을 모두 고른 것은?

ㄱ. 내담자의 복리 증진
ㄴ. 지역사회의 도덕적 기대 존중
ㄷ. 전문직으로서의 상담기능 보장
ㄹ. 상담자 자신의 사생활과 인격 보호
ㅁ. 직무수행 중의 갈등 해결 지침 제공

① ㄱ, ㄴ, ㄷ
② ㄴ, ㄷ, ㄹ
③ ㄱ, ㄴ, ㄹ, ㅁ
④ ㄱ, ㄴ, ㄷ, ㄹ, ㅁ

해설 **상담윤리강령의 기능**
㉠ 내담자의 복지를 증진시키고 내담자의 인격을 존중하는 의무기준을 제시
㉡ 상담자의 활동이 사회윤리와 지역사회의 도덕적 기대를 존중할 것임을 보장
㉢ 각 상담자의 활동이 전문직으로서의 상담의 기능 및 목적에 저촉되지 않도록 보장
㉣ 상담자로 하여금 자신의 사생활과 인격을 보호하는 근거를 제공
㉤ 상담자가 직무수행 중의 갈등을 어떻게 처리해야 할지에 관한 기본 입장을 제공

17 인지적 – 정서적 상담에 관한 설명으로 틀린 것은?

① Ellis에 의해 개발되었다.
② 모든 내담자의 행동적 – 정서적 문제는 비논리적이고 비합리적인 사고에서 발생한 것이다.
③ 성격 자아상태 분석을 실시한다.
④ A–B–C 이론을 적용한다.

해설 성격 자아상태 분석은 교류분석적 상담에 해당한다.

18 Harren이 제시한 진로의사결정 유형 중 의사결정에 대한 개인적 책임을 부정하고 외부로 책임을 돌리는 경향이 높은 유형은?

① 유동적 유형
② 투사적 유형
③ 직관적 유형
④ 의존적 유형

해설 하렌(Harren)이 제시한 진로의사결정 유형에는 합리적 유형, 직관적 유형, 의존적 유형이 있다. 이 중 의존적 유형은 의사결정에 대한 개인적 책임을 부정하고 그 책임을 외부로 돌리며, 의사결정 과정에서 타인의 영향을 많이 받는다.

19 다음 중 효과적인 적극적 경청을 위한 지침과 가장 거리가 먼 것은?

① 내담자의 음조를 경청한다.
② 사실 중심적으로 경청한다.
③ 내담자의 표현 불일치를 인식한다.
④ 내담자가 보이는 일반화, 빠뜨린 내용, 왜곡을 경청한다.

해설 경청의 모든 장애물인 부적절한 경청, 평가적 경청, 선별적 경청, 사실 중심적 경청, 동정적 경청을 피해야 한다.

20 진로시간전망 검사지를 사용하는 주요 목적과 가장 거리가 먼 것은?

① 목표설정 촉구
② 계획기술 연습
③ 진로계획 수정
④ 진로의식 고취

해설 **진로시간전망 검사의 목적**
㉠ 미래 방향성 증대
㉡ 미래 희망 주기
㉢ 계획에 의한 긍정적 태도 강화
㉣ 목표설정 촉구
㉤ 시간계획기술 연습
㉥ 진로의식 함양(고취)

정답 15 ② 16 ④ 17 ③ 18 ④ 19 ② 20 ③

21 다음은 로(Roe)가 제안한 8가지 직업군집 중 어디에 해당하는가?

- 상품과 재화의 생산·유지·운송과 관련된 직업을 포함하는 군집이다.
- 운송과 정보통신에 관련된 직업뿐만 아니라 공학. 기능. 기계무역에 관계된 직업들도 이 영역에 속한다.
- 대인관계는 상대적으로 덜 중요하며 사물을 다루는 데 관심을 둔다.

① 기술직(Technology)
② 서비스직(Service)
③ 비즈니스직(Business Contact)
④ 옥외활동직(Outdoor)

해설 Roe의 직업분류 체계 8가지 직업군집(흥미에 기초)
ⓐ 서비스직 : 이 군집에서는 다른 사람의 취향·욕구·복지에 관심을 가지고 봉사하며, 사회사업, 가이던스 등이 이에 속한다.
ⓑ 비즈니스직 : 이 군집에서는 타인에 대한 봉사보다는 어떤 행동을 취하도록 상대방을 설득하는 데 초점을 두고 있으며 공산품. 투자상품, 부동산 등의 매매 등이 이에 속한다.
ⓒ 단체직 : 이 군집에서의 인간관계는 형식화되어 있으며 사업, 제조업, 행정에 종사하는 관리직 등이 이에 속한다.
ⓓ 기술직 : 이 군집의 특징으로는 대인관계보다는 사물을 다루는 데 더 관심을 가지며 운송. 정보통신. 공학, 기계무역 등이 이에 속한다.
ⓔ 옥외활동직 : 이 군집에서 대인관계는 별로 중요하지 않으며 농산물, 수산자원, 임산물, 축산업 등이 이에 속한다.
ⓕ 과학직 : 이 군집에서는 심리학, 인류학뿐만 아니라 물리학에서도 인간관계가 필요하며, 의학직이 포함된다.
ⓖ 일반문화 : 이 군집은 개인보다는 인류의 활동에 관심이 많으며, 보편적인 문화유산의 보존과 전수에 관련된 직업이 속한다.
ⓗ 예·체능직 : 이 군집에서는 개인과 대중 또는 조직화된 한 집단과 대중 사이의 인과관계를 중시하며, 창조적인 예술과 연예에 관련된 직업이 속한다.

22 직업적성검사인 GATB에서 측정하는 적성요인에 해당하지 않는 것은?

① 기계적성
② 공간적성
③ 사무지각
④ 손의 기교도

해설

하위검사명(15개)	검출되는 적성		측정방식
기구대조검사	형태지각(P)		지필검사
형태대조검사			
명칭비교검사	사무지각(Q)		
타점속도검사	운동반응(K)		
표식검사			
종선기입검사			
평면도 판단검사	공간적성(S)		
입체공간검사			
어휘검사	언어능력(V)	지능(G)	
산수추리검사	수리능력(N)		
계수검사			
환치검사	손의 재치(M)		동작검사
회전검사			
조립검사	손가락 재치(F)		
분해검사			

23 직무특성 양식 중 개인이 환경과의 상호작용에 있어 반응을 계속하는 시간의 길이는?

① 신속성
② 속도
③ 인내심
④ 리듬

해설 1) 직업성격적 측면
ⓐ 민첩성 : 정확성보다는 속도를 중시한다.
ⓑ 역량 : 근로자의 평균활동수준을 의미한다.
ⓒ 리듬 : 활동에 대한 다양성을 의미한다.
ⓓ 지구력 : 다양한 활동수준의 기간을 의미한다.
2) 직업적응방식적 측면
ⓐ 융통성 : 개인의 작업환경과 개인적 환경 간의 부조화를 참아내는 정도로서 작업과 개인의 부조화가 크더라도 잘 참아낼 수 있는 사람은 융통적인 사람을 의미한다.
ⓑ 끈기 : 환경이 자신에게 맞지 않아도 개인이 얼마나 오랫동안 견뎌낼 수 있는가 하는 것을 의미한다.
ⓒ 적극성 : 개인이 작업환경을 개인적 방식과 좀 더 조화롭게 만들어 가려고 노력하는 정도를 의미한다.
ⓓ 반응성 : 개인이 작업성격의 변화로 인해 작업환경에 반응하는 정도를 의미한다.

정답 21 ① 22 ① 23 ③

24 직무 스트레스에 관한 설명으로 틀린 것은?

① 직장 내 소음, 온도와 같은 물리적 요인이 직무 스트레스를 유발할 수 있다.

② 직무 스트레스를 일으키는 심리사회적 요인으로 역할 갈등, 역할 과부하, 역할 모호성 등이 있다.

③ 사회적 지지가 제공되면 우울이나 불안 같은 직무 스트레스 반응이 감소한다.

④ 직무 스트레스는 직무만족과 부정적 관계에 있으며, 모든 스트레스는 항상 직무수행 성과를 떨어뜨린다.

> **해설** 일정 시점 이후에 스트레스 수준이 증가하면 수행 실적은 오히려 감소하는 역U형 관계이다.

25 진로 심리검사 결과 해석에 관한 설명으로 틀린 것은?

① 검사결과는 가능성보다 확실성의 관점에서 제시되어야 한다.

② 내담자가 검사결과를 잘 이해할 수 있도록 안내하고 격려해야 한다.

③ 검사결과로 나타난 강점과 약점 모두를 객관적으로 검토해야 한다.

④ 검사결과는 내담자가 이용 가능한 다른 정보와 관련하여 제시되어야 한다.

> **해설** 검사결과는 확실성보다 가능성의 관점에서 제시되어야 한다.

26 작업자 중심 직무분석의 특징과 가장 거리가 먼 것은?

① 표준화된 분석도구의 개발이 어렵다.

② 직무들에서 요구되는 인간특성의 유사정도를 양적으로 비교할 수 있다.

③ 대표적인 예로서 직위분석질문지(PAQ)가 있다.

④ 과제 중심 직무분석에 비해 보다 폭넓게 활용될 수 있다.

> **해설** 표준화된 직무분석 설문지의 대표적인 예가 미국에서 사용되고 있는 직책(직위)분석설문지(Position Analysis Questionnaire, PAQ)이다. PAQ는 작업자 중심 직무분석을 하는 도구로서 각 직무마다 어느 정도 수준의 인간적인 능력이나 기술들이 요구되는지를 양적으로 알려준다.

27 수퍼(Super)의 진로발달이론의 설명으로 틀린 것은?

① 이론의 핵심기저는 직업적 자아개념이다.

② 직업선택은 타협과 선택이 상호작용하는 일련의 적응과정이다.

③ 진로발달은 유아기에 시작하여 성인 초기에 완성된다.

④ 직업발달과정은 본질적으로 자아개념을 발달시키고 실천해 나가는 과정이다.

> **해설** 진로발달은 전 생애에 걸쳐 이루어진다.

28 조직에 영향을 미치는 직무 스트레스의 결과와 가장 거리가 먼 것은?

① 직무수행 감소　　　　② 직무 불만족

③ 상사의 부당한 지시　　④ 결근 및 이직

> **해설** 상사의 부당한 지시는 직무 스트레스의 원인이다.

29 스트레스의 원인 중 역할 갈등과 가장 관련이 높은 것은?

① 직무 관련 스트레스원

② 개인 관련 스트레스원

③ 조직 관련 스트레스원

④ 물리적 환경 관련 스트레스원

> **해설** ② 개인 관련 스트레스원 : A형 행동유형, 내외통제 등
> ③ 조직 관련 스트레스원 : 조직구조, 조직풍토 등
> ④ 물리적 환경 관련 스트레스원 : 소음, 조명, 온도 등

30 파슨스의 특성요인이론에 관한 설명으로 옳은 것은?

① 개인의 특성과 직업의 요구가 일치할수록 직업적 성공 가능성이 크다.

② 특성은 특정 직무의 수행에서 요구하는 조건을 의미한다.

③ 개인의 진로발달 과정을 설명하고 있다.

④ 심리검사를 통해 가변적인 특성을 측정한다.

> **해설** 파슨스의 특성요인이론에 따르면 개인의 특성과 직업의 요구가 일치할수록 직업적 성공 가능성이 크다.

31 다음에 해당하는 규준은?

학교에서 실시하는 성취도검사나 적성검사의 점수를 정해진 범주에 집어넣어 학생들 간의 점수차가 작을 때 생길 수 있는 지나친 확대 해석을 미연에 방지할 수 있다.

① 백분위 점수　　　　② 표준점수
③ 표준등급　　　　　④ 학년규준

[해설] 집단 내 규준
- ⓐ 표준점수(standard score) : 서로 다른 체계로 측정한 점수들을 동일한 조건에서 비교하기 위한 개념으로 사용된다.
- ⓑ 표준등급(stanine) : 학교에서 실시하는 성취도검사나 적성검사의 결과를 나타낼 때 주로 사용되며, 이 방법은 학생들의 점수를 정해진 범주에 집어넣음으로써 학생들 간의 점수차가 작을 때 생길 수 있는 지나친 확대해석을 미연에 방지할 수 있다.
- ⓒ 백분위점수(percentile score) : 점수 유형 중 그 의미가 모든 사람에게 단순하고 직접적이며, 한 집단 내에서 개인의 상대적 위치를 살펴보는 데 적합하다. 백분위(%)가 95라는 것은 내담자의 점수보다 낮은 사람들이 전체의 95%가 된다는 뜻이다.

발달 규준
- ⓐ 연령규준 : 한 개인의 검사 점수를 규준 집단에 있는 사람들의 연령과 비교해서 몇 살에 해당되는지를 해석하는 규준을 뜻한다.
- ⓑ 학년규준 : 한 개인의 검사 점수를 규준 집단에 있는 사람들의 학년과 비교해서 몇 학년에 해당되는지를 해석하는 규준을 뜻한다.
- ⓒ 단계규준(서열규준, 수준규준) : 한 개인의 검사 점수를 규준 집단에 있는 사람들과 비교해서 어느 단계에 해당되는지를 해석하는 규준을 뜻한다.

32 "어떤 흥미검사(A)의 신뢰도가 높다"라고 하는 말의 의미는?

① 어떤 사람이 흥미검사(A)를 처음 치렀을 때 받은 점수가 얼마 후 다시 치렀을 때의 점수와 비슷하다.
② 흥미검사(A)가 원래 재고자 했던 흥미영역을 재고 있다.
③ 흥미검사(A)와 그와 유사한 목적을 가진 다른 종류의 흥미검사(B)의 점수가 유사하다.
④ 흥미검사(A)가 흥미에 대해 가장 포괄적으로 측정하고 있다.

[해설] 신뢰도란 검사를 동일한 사람에게 실시했을 때 '검사 조건이나 검사 시기에 관계없이 얼마나 점수들이 일관성이 있는가. 비슷한 것을 측정하는 검사의 점수와 얼마나 일관성이 있는가'하는 것을 말한다.

33 직업선택 문제 중 '비현실성의 문제'와 가장 거리가 먼 것은?

① 흥미나 적성의 유형이나 수준과 관계없이 어떤 직업을 선택해야 할지 결정하지 못한다.
② 자신의 적성수준보다 높은 적성을 요구하는 직업을 선택한다.
③ 자신의 흥미와는 일치하지만, 자신의 적성수준보다는 낮은 적성을 요구하는 직업을 선택한다.
④ 자신의 적성수준에서 선택을 하지만, 자신의 흥미와는 일치하지 않는 직업을 선택한다.

[해설] ①은 결정성의 문제이다.

34 소외 양상의 개념에 관한 설명 중 틀린 것은?

① 무기력감(powerlessness) : 자유와 통제의 결핍 상태
② 무의미감(meaninglessness) : 경영정책이나 생산목적 등의 목적으로부터의 단절
③ 자기소원감(self-estrangement) : 직무에 자신이 몰두할 수 없는 상태
④ 고립감(isolation) : 지루함이나 단조로움을 느끼는 심리적 상태

[해설]

비소외	소외
자기몰입	자기소원감(직무에 자신이 몰두할 수 없는 상태)
목적이 있는 상태	무의미감(경영정책이나 생산목적 등의 목적으로부터의 단절)
자유와 통제	무기력감(자유와 통제의 결핍 상태)
사회적 통합	고립감(자신이 속한 조직의 사회적 협동의 결핍상태)

35 다음은 어떤 학자와 가장 관련이 있는가?

- 학습경험을 강조하는 동시에 개인의 타고난 재능의 영향을 강조하였다.
- 이 이론에 따라 개발된 진로신념검사는 개인의 진로를 방해하는 사고를 평가하는 데 목적이 있다.

① 오하라(R. O'Hara)　　② 스키너 (B. Skinner)
③ 반두라(A. Bandura)　　④ 크럼볼츠(J. Krumboltz)

Krumboltz 진로선택의 사회학습이론에서 진로발달 과정에 영향을 미치는 요인

ㄱ 유전적 요인과 특별한 능력 : 물려받거나 생득적인 개인의 특성들이다.

ㄴ 환경조건과 사건 : 보통 개인의 통제를 벗어나는 사회적, 문화적, 정치적, 경제적 사항들이다.

ㄷ 학습경험 : 과거에 학습한 경험은 현재 또는 미래의 교육적, 직업적 의사결정에 영향을 준다.

ㄹ 과제 – 접근 기술 : 목표 설정, 가치 명료화, 대안 형성, 직업적 정보 획득 등을 포함하는 기술이다. "고등학교 3학년인 A양은 가끔 수업노트를 가지고 공부하는데, 비록 고등학교에서는 그녀가 좋은 성적을 받더라도, 대학에서는 이런 방법이 실패하게 되어 그녀의 노트기록 습관과 학습 습관을 수정하게 할지도 모른다."

36 홀랜드(Holland)가 제시한 육각형 모델과 대표적인 직업유형을 바르게 짝지은 것은?

① 현실적(R) 유형 – 비행기 조종사
② 탐구적(I) 유형 – 종교 지도자
③ 관습적(C) 유형 – 정치가
④ 사회적(S) 유형 – 배우

해설 종교 지도자는 사회적 유형, 정치가는 진취적 유형, 배우는 예술적 유형이다.

37 다음은 무엇에 관한 설명인가?

한 검사가 그 준거로 사용된 현재의 어떤 행동이나 특성과 관련된 정도를 나타내는 타당도

① 공인타당도
② 구성타당도
③ 내용타당도
④ 예언타당도

해설 준거 관련 타당도는 현재에 초점을 맞춘 동시타당도(공인타당도)와 미래에 초점을 맞춘 예언타당도로 구분할 수 있다.

38 진로나 적성을 측정하는 검사로 적합하지 않은 것은?

① 진로사고검사
② 자기탐색검사
③ 안전운전검사
④ 주제통각검사

해설 주제통각검사(TAT)는 투사적 성격검사에 해당한다.

39 직무분석 자료 분석 시 고려해야 할 사항으로 가장 거리가 먼 것은?

① 논리적으로 체계화되어야 한다.
② 여러 가지 목적으로 활용될 수 있어야 한다.
③ 필요에 따라 가공된 정보로 구성해야 한다.
④ 가장 최신의 정보를 반영하고 있어야 한다.

해설 가공하지 않은 원상태의 자료이어야 한다.

40 경력개발을 위한 교육훈련을 실시할 때 가장 먼저 고려해야 하는 사항은?

① 사용 가능한 훈련방법에는 어떤 것들이 있는지에 대한 고찰
② 현시점에서 어떤 훈련이 필요한지에 대한 요구분석
③ 훈련프로그램의 효과를 평가하고 개선할 수 있는 방안을 계획하고 수립
④ 훈련방법에 따른 구체적인 프로그램 개발

해설 경력개발을 위한 교육훈련을 실시할 때에는 현시점에서 어떤 훈련이 필요한지에 대한 요구분석을 가장 먼저 고려하여야 한다.

SECTION

제3과목 직업정보론

41 고용노동통계조사의 각 항목별 조사대상의 연결이 틀린 것은?

① 시도별 임금 및 근로시간조사 : 상용 5인 이상 사업체
② 임금체계, 정년제, 임금피크 제조사 : 상용 1인 이상 사업체
③ 직종별사업체 노동력조사 : 근로자 1인 이상 33천 개 사업체
④ 지역별사업체 노동력조사 : 종사자 1인 이상 200천 개 사업체

해설 직종별사업체 노동력조사 : 상용근로자 5인 이상 32천개 사업체

정답 36 ① 37 ① 38 ④ 39 ③ 40 ② 41 ③

42 한국표준직업분류(제7차)의 특정 직종의 분류요령에 관한 설명으로 틀린 것은?

① 행정 관리 및 입법기능을 수행하는 자는 '대분류 1 관리자'에 분류된다.
② 자영업주 및 고용주는 수행되는 일의 형태나 직무내용에 따라 정의된 개념이다.
③ 연구 및 개발업무 종사자는 '대분류 2 전문가 및 관련 종사자'에서 그 전문 분야에 따라 분류된다.
④ 군인은 별도로 '대분류 A 군인'에 분류된다.

> **해설** 자영업주 및 고용주는 수행되는 일의 형태나 직무내용에 따른 정의가 아니라 고용형태 또는 종사상 지위에 따라 정의된 개념이다.

43 직업정보에 대한 설명으로 틀린 것은?

① 직업정보는 경험이 부족한 내담자들에게 다양한 직업을 접할 기회를 제공한다.
② 직업정보는 수집 → 체계화 → 분석 → 가공 → 제공 → 축적 → 평가 등의 단계를 거쳐 처리된다.
③ 직업정보를 수집할 때는 항상 최신의 자료인지 확인한다.
④ 동일한 정보라 할지라도 다각적인 분석을 시도하여 해석을 풍부하게 한다.

> **해설** 직업정보는 수집 → 분석 → 가공 → 체계화 → 제공 → 축적 → 평가 등의 단계를 거쳐 처리된다.

44 민간직업정보의 일반적인 특징과 가장 거리가 먼 것은?

① 한시적으로 정보가 수집 및 가공되어 제공된다.
② 객관적인 기준을 가지고 전체 직업에 관한 일반적인 정보를 제공한다.
③ 직업정보 제공자의 특정한 목적에 따라 직업을 분류한다.
④ 통상적으로 직업정보를 유료로 제공한다.

> **해설** **공공직업정보의 특성**
> ㉠ 지속적으로 조사·분석하여 제공되며 장기적인 계획 및 목표에 따라 정보체계의 개선작업 수행이 가능하다.
> ㉡ 특정 분야 및 대상에 국한되지 않고 전체 산업 및 업종에 걸친 직종을 대상으로 한다.
> ㉢ 직업별로 특정한 정보만을 강조하지 않고 보편적인 항목으로 이루어진 기초적인 직업정보체계로 구성된다.

㉣ 광범위한 이용가능성에 따라 공공직업정보체계에 대한 직접적이며 객관적인 평가가 가능하다.
㉤ 국내 또는 국제적으로 인정된 객관적인 기준에 근거하여 직업을 분류한다.
㉥ 관련 직업 간 비교가 용이하다.
㉦ 무료로 제공된다.

> **민간직업정보의 특성**
> ㉠ 필요한 시기에 최대한 활용되도록 한시적으로 신속하게 생산되어 운영된다.
> ㉡ 단시간에 조사하고 특정한 목적에 맞게 해당 분야 및 직종을 제한적으로 선택한다.
> ㉢ 정보 생산자의 임의적 기준에 따라 관심이나 흥미를 유도할 수도 있도록 해당 직업을 분류한다.
> ㉣ 시사적인 관심이나 흥미를 유도할 수 있도록 해당 직업을 분류한다.
> ㉤ 특정 직업에 대해 구체적이고 상세한 정보를 제공하기 위해서는 조사 분석 및 제공에 상당한 시간 및 비용이 소요되므로 해당 직업정보는 유료로 제공한다.

45 다음은 한국표준산업분류(제10차)의 분류 정의 중 무엇에 관한 설명인가?

> 각 생산단위가 노동, 자본, 원료 등 자원을 투입하여, 재화 또는 서비스를 생산 또는 제공하는 일련의 활동과정

① 산업
② 산업활동
③ 생산활동
④ 산업분류

> **해설** 산업이란 "유사한 성질을 갖는 산업 활동에 주로 종사하는 생산단위의 집합"이라 정의되며, 산업활동이란 "각 생산단위가 노동, 자본, 원료 등 자원을 투입하여, 재화 또는 서비스를 생산 또는 제공하는 일련의 활동 과정"이라 정의된다. 산업활동의 범위에는 영리적, 비영리적 활동이 모두 포함되나, 가정 내의 가사 활동은 제외된다.

46 국가직무능력표준(NCS)에 관한 설명으로 틀린 것은?

① 산업현장에서 직무를 수행하기 위해 요구되는 지식·기술·태도 등의 내용을 국가가 표준화한 것이다.
② 한국고용직업분류 등을 참고하여 분류하였으며, 대분류 → 중분류 → 소분류 → 세분류 순으로 구성되어 있다.
③ 능력단위는 NCS분류의 하위 단위로서 능력단위요소, 직업기초능력 등으로 구성되어 있다.
④ 직무는 NCS분류의 중분류를 의미하고, 원칙상 중분류 단위에서 표준이 개발된다.

> **해설** 직무는 국가직무능력표준 분류의 세분류를 의미하고, 원칙상 세분류 단위에서 표준이 개발되었다.

정답 42 ② 43 ② 44 ② 45 ② 46 ④

47 한국표준산업분류(제10차)의 적용원칙으로 틀린 것은?

① 생산단위는 산출물뿐만 아니라 투입물과 생산공정 등을 함께 고려하여 그들의 활동을 가장 정확하게 설명된 항목에 분류해야 한다.

② 산업활동이 결합되어 있는 경우에는 그 활동단위의 주된 활동에 따라서 분류해야 한다.

③ 수수료 또는 계약에 의하여 활동을 수행하는 단위는 동일한 산업활동을 자기 계정과 자기 책임하에서 생산하는 단위와 같은 항목에 분류해야 한다.

④ 공식적 생산물과 비공식적 생산물, 합법적 생산물과 불법적인 생산물을 달리 분류해야 한다.

해설 공식적 생산물과 비공식적 생산물, 합법적 생산물과 불법적인 생산물을 달리 분류하지 않는다.

제공유형	비용	학습자참여도	접근성
인쇄물	저	수동	용이
프로그램화된 자료	저	적극	제한적
시청각자료	고	수동	제한적
진로상담프로그램	중-고	적극	제한적
온라인시스템	저	수동	제한적
시뮬레이션자료	저	적극	제한적
게임	저	적극	제한적
작업실험실	고	적극	극도로 제한적
면접	저	적극	제한적
관찰	고	수동	제한적
직업경험	고	적극	제한적
직업체험	고	적극	제한적

48 국가기술자격 중 한국산업인력공단에서 시행하지 않는 것은?

① 3D프린터개발산업기사
② 빅데이터분석기사
③ 로봇기구개발기사
④ 반도체설계산업기사

해설 빅데이터분석기사는 한국데이터산업진흥원에서 시행한다.

50 경제활동인구조사의 주요 산식으로 틀린 것은?

① 잠재경제활동인구＝잠재취업가능자＋잠재구직자
② 경제활동참가율＝(경제활동인구÷15세 이상 인구)×100
③ 고용률＝(취업자÷15세 이상 인구)×100
④ 실업률＝(실업자÷15세 이상 인구)×100

해설 실업률＝(실업자÷경제활동인구)×100

49 직업정보를 제공하는 유형별 방식의 설명이다. (　)에 가장 알맞은 것은?

종류	비용	학습자 참여도	접근성
인쇄물	(A)	수동	용이
면접	저	(B)	제한적
직업경험	고	적극	(C)

① A : 고, B : 적극, C : 용이
② A : 고, B : 수동, C : 제한적
③ A : 저, B : 적극, C : 제한적
④ A : 저, B : 수동, C : 용이

51 워크넷에서 제공하는 직업선호도검사 L형의 하위검사가 아닌 것은?

① 흥미검사　　　　　　② 성격검사
③ 생활사검사　　　　　④ 문제해결능력검사

해설 • L형 : 흥미검사, 성격검사, 생활사검사
• S형 : 흥미검사

52 질문지를 사용한 조사를 통해 직업정보를 수집하고자한다. 질문지 문항 작성 방법에 대한 설명으로 틀린 것은?

① 객관식 문항의 응답 항목은 상호배타적이어야 한다.
② 응답하기 쉬운 문항일수록 설문지의 앞에 배치하는 것이 좋다.
③ 신뢰도 측정을 위해 짝(pair)으로 된 문항들은 함께 배치하는 것이 좋다.
④ 이중(double-barreled)질문과 유도질문은 피하는 것이 좋다.

해설 신뢰도 측정을 위해 짝(pair)으로 된 문항들은 분리 배치하는 것이 좋다.

53 한국표준산업분류(제10차)의 분류구조 및 부호체계에 대한 설명으로 틀린 것은?

① 분류구조는 대분류(알파벳 문자 사용), 중분류(2자리 숫자 사용), 소분류(3자리 숫자 사용), 세분류(4자리 숫자 사용)의 4단계로 구성된다.
② 부호처리를 할 경우에는 아라비아 숫자만을 사용토록 했다.
③ 권고된 국제분류 ISIC Rev.4를 기본체계로 하였으나, 국내 실정을 고려하여 국제분류의 각 단계 항목을 분할, 통합 또는 재그룹화하여 독자적으로 분류 항목과 분류 부호를 설정하였다.
④ 중분류의 번호는 01부터 99까지 부여하였으며, 대분류별 중분류 추가 여지를 남겨놓기 위하여 대분류 사이에 번호 여백을 두었다.

해설 분류구조는 대분류(알파벳 문자 사용/Section), 중분류(2자리 숫자 사용/Division), 소분류(3자리 숫자 사용/Group), 세분류(4자리 숫자 사용/Class), 세세분류(5자리 숫자 사용/Sub-Class)의 5단계로 구성된다.

54 국민내일배움카드의 적용을 받는 자에 해당하는 것은?

① 「공무원연금법」을 적용받고 현재 재직 중인 사람
② 만 75세인 사람
③ HRD-Net을 통하여 직업능력개발훈련 동영상 교육을 이수하지 아니하는 사람
④ 대학교 4학년에 재학 중인 졸업예정자

해설 국민내일배움카드 지원 제외 대상
1. 「공무원연금법」 및 「사립학교교직원 연금법」을 적용받고 현재 재직 중인 사람
2. 만 75세 이상인 사람

3. 외국인(단, 고용보험 피보험자는 제외한다.)
4. 법에 따른 지원·융자·수강 제한의 기간이 종료되지 않은 사람
5. 부정행위에 따른 지원금 등의 반환 명령을 받고 그 납부의 의무를 이행하지 아니하는 사람
6. 중앙행정기관 또는 지방자치단체로부터 훈련비를 지원받는 훈련(또는 사업)에 참여하는 사람
7. HRD-Net을 통하여 직업능력개발훈련 동영상 교육을 이수하지 아니하는 사람
8. 직업능력개발훈련을 3회 지원받았음에도 불구하고, 훈련개시일 이후 취업한 기간이 180일 미만이거나 자영업자로서 피보험기간이 180일 미만인 사람

55 국가기술자격 산업기사 등급의 응시자격 기준으로 틀린 것은?

① 고용노동부령으로 정하는 기능경기대회 입상자
② 동일 및 유사 직무 분야의 산업기사 수준 기술훈련과정 이수자 또는 그 이수 예정자
③ 응시하려는 종목이 속하는 동일 및 유사 직무 분야의 다른 종목의 산업기사 등급 이상의 자격을 취득한 사람
④ 응시하려는 종목이 속하는 동일 및 유사 직무 분야에서 1년 이상 실무에 종사한 사람

해설 응시하려는 종목이 속하는 동일 및 유사 직무 분야에서 2년 이상 실무에 종사한 사람

56 2022년도에 신설되어 시행되는 국가기술자격 종목은?

① 방재기사　　　　　　② 신발산업기사
③ 보석감정산업기사　　④ 정밀화학기사

해설 국가기술자격 '신설·폐지·통합' 종목

기사 등급 신설종목	정밀화학기사('22년부터 시행)
기사 등급 폐지종목	반도체설계기사, 메카트로닉스기사('22년부터 폐지)
산업기사 등급 통합종목	치공구설계산업기사와 기계설계산업기사가 기계설계산업기사로 통합('22년부터 통합)
산업기사 등급 폐지종목	철도토목산업기사('22년부터 폐지), 농림토양평가관리산업기사, 한복산업기사('23년부터 폐지)
기능사 등급 폐지종목	연삭기능사('22년부터 폐지)

정답 52 ③　53 ①　54 ④　55 ④　56 ④

57 한국표준직업분류(제7차)의 대분류별 주요 개정 내용으로 틀린 것은?

① 대분류 1 : '방송 · 출판 및 영상 관련 관리자'를 '영상 관련 관리자'로 항목명을 변경
② 대분류 2 : '한의사'를 '전문 한의사'와 '일반 한의사'로 세분
③ 대분류 4 : '문화 관광 및 숲 · 자연환경 해설사'를 신설
④ 대분류 5 : '자동차 영업원'을 신차와 중고차 영업원으로 세분

> **해설** '영상 관련 관리자'를 '방송 · 출판 및 영상 관련 관리자'로 항목명을 변경하여 분류명과 포괄 범위가 일치하도록 하였다.

58 한국직업사전(2020)의 부가 직업정보 중 정규교육에 관한 설명으로 틀린 것은?

① 우리나라 정규교육과정의 연한을 고려하여 6단계로 분류하였다.
② 4수준은 12년 초과~14년 이하(전문대졸 정도)이다.
③ 독학, 검정고시 등을 통해 정규교육과정을 이수하였다고 판단되는 기간도 포함된다.
④ 해당 직업 종사자의 평균 학력을 나타내는 것이다.

> **해설** 정규교육은 해당 직업의 직무를 수행하는 데 필요한 일반적인 정규교육수준을 의미하는 것으로 해당 직업 종사자의 평균 학력을 나타내는 것은 아니다.

59 워크넷에서 제공하는 학과정보 중 공학계열에 해당하는 학과가 아닌 것은?

① 생명공학과
② 건축학과
③ 안경광학과
④ 해양공학과

> **해설** 가정관리학과, 식품생명공학과, 수의학과(수의예과), 임산공학과, 천문우주학과, 생명과학, 생명공학과는 자연계열이다.

60 워크넷에서 채용정보 상세검색 시 선택할 수 있는 기업형태가 아닌 것은?

① 대기업
② 일학습병행기업
③ 가족친화인증기업
④ 다문화가정지원기업

> **해설** 기업형태별 검색 시 대기업, 공무원/공기업/공공기관, 강소기업, 코스피/코스닥, 중견기업, 외국계기업, 일학습병행기업, 벤처기업, 청년친화강소기업, 가족친화인증기업 등을 검색할 수 있다.

<!-- SECTION -->
제4과목 노동시장론

61 경기적 실업에 대한 대책으로 가장 적합한 것은?

① 지역 간 이동 촉진
② 총수요의 증대
③ 퇴직자 취업 알선
④ 구인 · 구직에 대한 전산망 확대

> **해설** 경기적 실업은 수요부족실업으로 불경기(경기침체)에 기업의 고용감소로 인한 유효수요 부족으로 발생하며, 총수요의 확대, 경기활성화를 통해 해결할 수 있다.

62 마찰적 실업의 원인에 해당하는 것을 모두 고른 것은?

> ㄱ. 노동자들이 자신에게 가장 잘 맞는 직장을 찾는 데 시간이 걸리기 때문이다.
> ㄴ. 기업이 생산성을 제고하기 위해 시장균형임금보다 높은 수준의 임금을 지불하는 경향이 있기 때문이다.
> ㄷ. 노동조합의 존재로 인해 조합원의 임금이 생산성보다 높게 설정되기 때문이다.

① ㄱ
② ㄴ
③ ㄱ, ㄴ
④ ㄴ, ㄷ

> **해설** 마찰적 실업은 노동자가 자신에게 가장 유리한 직장을 찾기 위해서 정보수집활동에 종사하고 있을 동안의 실업 상태로 정보의 불완전성에 기인하는 실업이다.

63 노동시장에 관한 설명으로 틀린 것은?

① 재화시장은 불완전경쟁이더라도 노동시장이 완전경쟁이면 개별기업의 한계요소비용은 일정하다.

② 재화시장과 노동시장이 모두 완전경쟁일 때 재화가격이 상승하면 노동수요곡선이 오른쪽으로 이동한다.

③ 재화시장과 노동시장이 모두 완전경쟁일 때 임금이 하락하면 노동수요량은 장기에 더 크게 증가한다.

④ 재화시장이 불완전경쟁이고 노동시장이 완전경쟁일 때 임금은 한계수입생산보다 낮은 수준으로 결정된다.

해설 노동시장이 불완전경쟁인 경우 임금은 한계수입생산보다 낮은 수준으로 결정된다.

64 실업에 관한 설명으로 옳은 것은?

① 정부는 경기적 실업을 줄이기 위하여 기업의 설비투자를 억제시켜야 한다.

② 취업자가 존재하는 상황에서 구직포기자의 증가는 실업률을 감소시킨다.

③ 전업주부가 직장을 가지면 실업률과 경제활동참가율은 모두 낮아진다.

④ 실업급여의 확대는 탐색적 실업을 감소시킨다.

해설 ① 정부는 경기적 실업을 줄이기 위하여 기업의 설비투자를 증가시켜야 한다.
③ 전업주부가 직장을 가지면 실업률은 낮아지고 경제활동참가율은 높아진다.
④ 실업급여의 확대는 탐색적 실업을 증가시킨다.

65 A 국가의 경제활동참가율은 50%이고, 생산가능인구와 취업자가 각각 100만 명, 40만 명이라고 할 때, 이 국가의 실업률은?

① 5% ② 10%
③ 15% ④ 20%

해설 경제활동참가율 $= \dfrac{경제활동인구}{생산가능인구} = \dfrac{x만\ 명}{100만\ 명} \times 100 = 50\%$

경제활동인구 = 50만 명

실업자 = 50만 명 − 40만 명 = 10만 명

실업률 $= \dfrac{실업자}{경제활동인구} = \dfrac{10만\ 명}{50만\ 명} \times 100 = 20\%$

66 임금의 보상격차에 관한 설명으로 틀린 것은?

① 근무조건이 열악한 곳으로 전출되면 임금이 상승한다.

② 성별격차도 일종의 보상격차이다.

③ 물가가 높은 곳에서 근무하면 임금이 상승한다.

④ 더 높은 비용이 소요되는 훈련을 요구하는 직종의 임금이 상대적으로 높다.

해설 **보상적임금격차의 발생 원인**
㉠ 고용의 안정성 여부
㉡ 직업의 쾌적함 정도
㉢ 교육훈련비용
㉣ 책임의 정도
㉤ 성공 또는 실패의 가능성

67 단체교섭에 관한 설명으로 틀린 것은?

① 단체협약은 노동조합과 사용자단체가 단체교섭 후 협의된 사항을 문서로 남긴 것으로 강제적 효력이 있다.

② 경영자가 정당한 사유 없이 단체교섭을 거부하는 행위는 불법행위에 해당한다.

③ 이익분쟁은 임금 및 근로조건 등에 합의하지 못해 발생하는 분쟁이다.

④ 노동자들이 하는 쟁의행위에는 파업, 태업, 직장폐쇄 등의 방법이 있다.

해설 직장폐쇄는 사용자의 쟁의행위로서 헌법에서 보장하고 있지 않다.

68 유니언 숍(union shop)에 대한 설명으로 옳은 것은?

① 조합원이 아닌 근로자는 채용 후 일정기간 내에 조합에 가입해야 한다.

② 조합원이 아닌 자는 채용이 안 된다.

③ 노동조합의 노동공급원이 독점되며, 관련 노동시장에 강력한 영향을 미친다.

④ 채용 전후 근로자의 조합 가입이 완전히 자유롭다.

해설 ㉠ 오픈 숍(open shop) : 사용자가 노동조합에 가입한 조합원이나 가입하지 않은 비조합원이나 모두 고용할 수 있는 제도이다. 노동조합은 상대적으로 노동력의 공급을 독점하기 어렵다.
㉡ 클로즈드 숍(closed shop) : 조합에 가입하고 있는 노동자만을 채용하고 일단 고용된 노동자라도 조합원자격을 상실하면 종업원이 될 수 없는 숍제도로서 우리나라 항운노동조합이 이에 해당한다.

정답 63 ④ 64 ② 65 ④ 66 ② 67 ④ 68 ①

ⓒ 유니온 숍(union shop) : 기업이 노동자를 채용할 때는 노동조합에 가입하지 않은 노동자를 채용할 수 있지만 일단 채용된 노동자는 일정기간 내에 노동조합에 가입하여야 하며 또한 조합에서 탈퇴하거나 제명되는 경우 종업원자격을 상실하도록 되어 있는 제도이다.

ⓔ 에이전시 숍(agency shop) : 노동조합 가입에 대한 강제조항이 없는 경우, 비노조원은 노력없이 노조원들의 조합활동의 혜택을 보게 된다. 따라서 노조는 혜택에 대한 대가로 비노조원들에게서 노조비에 상당하는 금액을 징수한다.

ⓜ 프리퍼렌셜 숍(preferential shop) : 조합원 우대제도라고도 하며 사용자가 조합원 여부에 관계없이 종업원을 채용할 수 있으나, 인사해고 및 승진 등에 있어서 조합원에게 우선적 특권을 부여하는 제도를 말한다.

ⓗ 메인티넌스 숍(maintenance of membership shop) : 조합원 자격 유지제도라고도 하며 사용자가 조합원 여부에 관계없이 종업원을 채용할 수 있으나 단체협약의 효력기간 중에는 조합원 자격을 유지하여야 하는 제도이다.

69 다음 중 직무급 임금체계의 장점이 아닌 것은?

① 개인별 임금격차에 대한 불만을 해소한다.
② 연공급에 비해 실시가 용이하다.
③ 인건비의 효율적 관리가 가능하다.
④ 능력 위주의 인사풍토를 조성한다.

해설 직무급은 직무평가에 의하여 평정된 각 직무의 상대적 가치에 따라 개별임금이 결정되는 임금제도이다. 직무분석 및 직무평가에 많은 시간과 노력이 소요되며, 공정하고 객관적인 평가가 어렵기 때문에 실시가 용이하지 않다.

70 노동수요곡선이 이동하는 이유가 아닌 것은?

① 임금수준의 변화
② 생산방법의 변화
③ 자본의 가격변화
④ 생산물에 대한 수요의 변화

해설 **노동수요곡선을 이동(Shift)시키는 요인**

ⓐ 산출물가격상승 : 한계생산물의 가치는 한계생산에 가격을 곱한 값이다. 따라서 산출물의 시장가격이 변화하면 한계생산가치가 변화하고, 그 결과 노동수요곡선이 이동하게 된다.

ⓑ 기술진보 : 기술진보는 노동의 한계생산을 증가시키며, 그 결과 노동수요를 증가시킨다.

ⓒ 생산물에 대한 수요 증가

ⓓ 다른 생산요소의 가격 상승

※ 임금의 변화는 수요곡선상의 이동이다.

71 이원적 노사관계론의 구조를 바르게 나타낸 것은?

① 제1차 관계 : 경영 대 노동조합관계
  제2차 관계 : 경영 대 정부기관관계
② 제1차 관계 : 경영 대 노동조합관계
  제2차 관계 : 경영 대 종업원관계
③ 제1차 관계 : 경영 대 종업원관계
  제2차 관계 : 경영 대 노동조합관계
④ 제1차 관계 : 경영 대 종업원관계
  제2차 관계 : 정부기관 대 노동조합관계

해설 **노사관계의 본질**

ⓐ 제1차관계(경영 대 종업원 관계) : 직장의 규율, 능률 증진 등 이해협력관계, 개별관계, 종속관계

ⓑ 제2차관계(경영 대 노동조합 관계) : 임금, 노동시간, 노동조건 등과 이해대립관계, 집단관계, 대등관계

72 산업별 노동조합의 특성과 가장 거리가 먼 것은?

① 기업별 특수성을 고려하기 어려워진다.
② 임시직, 일용직 근로자를 조직하기 용이해진다.
③ 해당 산업분야의 정보자료 수집·분석이 용이해진다.
④ 숙련공만의 이익옹호단체가 되기 쉽다.

해설 직종(직업)별 노동조합은 인쇄공 조합이나 선반공 조합과 같이 동일한 직종에 종사하는 노동자들이 기업과 산업을 초월하여 결합한 노동조합이다. 역사적으로 숙련노동자를 중심으로 가장 먼저 조직된 형태이며, 숙련노동자가 노동시장을 배타적으로 독점하기 위해 조직된 것이다.

73 노동의 수요탄력성이 0.5이고 다른 조건이 일정할 때 임금이 5% 상승한다면 고용량의 변화는?

① 0.5% 감소한다.
② 2.5% 감소한다.
③ 5% 감소한다.
④ 5.5% 감소한다.

해설 노동수요의 탄력성 $= \dfrac{\text{노동수요량의 변화율(\%)}}{\text{임금의 변화율(\%)}}$

$0.5 = \dfrac{x\%}{5\%} \rightarrow x = 2.5$

74 구인처에서 요구하는 기술을 갖춘 근로자가 없어서 발생하는 실업은?

① 구조적 실업
② 잠재적 실업
③ 마찰적 실업
④ 자발적 실업

해설 구조적 실업은 산업구조 변동 시 성장산업의 기업들이 요구하는 기술과 사양산업에 종사하던 노동자들이 제공하는 기술이 서로 맞지 않아서 사양산업에 종사하던 노동자들이 성장산업으로 즉시 이동할 수 없어 발생하는 실업이다.

75 다음 중 최저임금제가 고용에 미치는 부정적 효과가 가장 큰 상황은?

① 노동수요곡선과 노동공급곡선이 모두 탄력적일 때
② 노동수요곡선과 노동공급곡선이 모두 비탄력적일 때
③ 노동수요곡선이 탄력적이고 노동공급곡선이 비탄력적일 때
④ 노동수요곡선이 비탄력적이고 노동공급곡선이 탄력적일 때

해설 최저임금제도의 시행은 노동수요를 감소시켜 실업을 증가시키며, 노동수요곡선과 노동공급곡선이 모두 탄력적일 때 더욱 커진다.

76 유보임금(reservation wage)에 관한 설명으로 옳은 것을 모두 고른 것은?

ㄱ. 유보임금의 상승은 실업기간을 연장한다.
ㄴ. 유보임금의 상승은 기대임금을 하락시킨다.
ㄷ. 유보임금은 기업이 근로자에게 제시한 최고의 임금이다.
ㄹ. 유보임금은 근로자가 받고자 하는 최저의 임금이다.

① ㄱ, ㄷ
② ㄱ, ㄹ
③ ㄴ, ㄷ
④ ㄴ, ㄹ

해설 유보임금(의중임금, 보상요구임금)은 근로자가 받고자 하는 최저임금으로, 유보임금의 상승은 실업기간을 연장한다.

77 완전경쟁적인 노동시장에서 노동의 한계생산을 증가시키는 기술진보와 함께 보다 많은 노동자들이 노동시장에 참여하는 변화가 발생할 때 노동시장에서 발생하는 변화로 옳은 것은? (단, 다른 조건들은 일정하다고 가정한다.)

① 균형노동고용량은 반드시 증가하지만 균형임금의 변화는 불명확하다.
② 균형임금은 반드시 상승하지만 균형노동고용량의 변화는 불명확하다.
③ 임금과 균형노동고용량 모두 반드시 증가한다.
④ 임금과 균형노동고용량의 변화는 모두 불명확하다.

해설 기술진보는 한계생산을 증가시켜 노동수요가 증가한다. 그러나 보다 많은 노동자들이 노동시장에 참여하므로 균형임금의 변화는 불명확하다.

78 연봉제의 장점과 가장 거리가 먼 것은?

① 전문성의 촉진
② 개인의 능력에 기초한 생산성 향상
③ 구성원 상호 간의 친밀감 증진
④ 임금 관리 용이

해설 1) 연봉제의 장점
ㄱ 능력과 실적이 임금과 직결되어 있으므로 능력주의나 실적주의를 통하여 종업원에게 동기를 부여하고 근로의욕을 높여 사기를 앙양시킬 수 있다.
ㄴ 국제적 감각을 지닌 인재 확보가 쉽다.
ㄷ 연공급의 복잡한 임금체계와 임금지급구조를 단순화하여 임금 관리의 효율성을 증대시킬 수 있다.
2) 연봉제의 단점
ㄱ 성과의 평가에서 객관성과 공정성 문제가 제기될 수 있다.
ㄴ 실적의 저조로 연봉액이 삭감될 경우 사기가 저하될 수 있다.
ㄷ 종업원 상호 간의 불필요한 경쟁심, 위화감 조성, 불안감 증대 등의 문제가 있을 수 있다.

79 경제적 조합주의(economic unionism)에 대한 설명으로 틀린 것은?

① 노동조합운동과 정치와의 연합을 특징으로 한다.
② 경영전권을 인정하며 경영참여를 회피해온 노선이다.
③ 노동조합운동의 목적은 노동자들의 근로조건을 포함한 생활조건의 개선과 유지에 있다.
④ 노사관계를 기본적으로 이해대립의 관계로 보고 있으나 이해조정이 가능한 비적대적 관계로 이해한다.

해설 노동조합의 정치적 기능을 배제한다.

80 개인의 후방굴절형(상단 부분에서 좌상향으로 굽어짐) 노동공급곡선에 대한 설명으로 옳은 것은?

① 임금이 상승함에 따라 노동시간을 증가시키려고 한다.
② 소득－여가 간의 선호체계분석에서 소득효과가 대체효과를 압도한 결과이다.
③ 소득－여가 간의 선호체계분석에서 대체효과가 소득효과를 압도한 결과이다.
④ 임금이 하락함에 따라 노동시간을 줄이려는 의지를 강력하게 표현하고 있다.

해설 ① 임금이 상승함에 따라 노동시간을 감소시키려고 한다.
③ 소득－여가 간의 선호체계분석에서 소득효과가 대체효과를 압도한 결과이다.
④ 임금이 상승함에 따라 노동시간을 줄이려는 의지를 강력하게 표현하고 있다.

81 고용보험법령상 ( ) 안에 들어갈 숫자의 연결이 옳은 것은?

육아휴직 급여는 육아휴직 시작일을 기준으로 한 월 통상임금의 100분의 (ㄱ)에 해당하는 금액을 월별 지급액으로 한다. 다만 해당 금액이 (ㄴ)만 원을 넘는 경우에는 (ㄴ)만 원으로 하고, 해당 금액이 (ㄷ)만 원보다 적은 경우에는 (ㄷ)만 원으로 한다.

① ㄱ : 80, ㄴ : 150, ㄷ : 70
② ㄱ : 80, ㄴ : 120, ㄷ : 50
③ ㄱ : 50, ㄴ : 150, ㄷ : 50
④ ㄱ : 50, ㄴ : 120, ㄷ : 70

해설 육아휴직 급여는 육아휴직 시작일을 기준으로 한 월 통상임금의 100분의 80에 해당하는 금액을 월별 지급액으로 한다. 다만, 해당 금액이 150만 원을 넘는 경우에는 150만 원으로 하고, 해당 금액이 70만 원보다 적은 경우에는 70만 원으로 한다.

82 근로자직업능력개발법령에 관한 설명으로 틀린 것은?

①「제대군인지원에 관한 법률」에 따른 제대군인 및 전역예정자의 직업능력개발훈련은 중요시되어야 한다.
②「산업재해보상보험법」에 따른 근로복지공단은 직업능력개발훈련시설을 설치할 수 없다.
③ 이 법에서 "근로자"란 사업주에게 고용된 사람과 취업할 의사가 있는 사람을 말한다.
④ 직업능력개발훈련은 훈련의 목적에 따라 양성훈련, 향상훈련, 전직훈련으로 구분한다.

해설 **직업능력개발훈련시설을 설치할 수 있는 공공단체의 범위**

1) 한국산업인력공단(한국산업인력공단이 출연하여 설립한 학교법인을 포함한다)
2) 한국장애인고용공단
3) 근로복지공단

83 근로기준법령상 용어의 정의로 틀린 것은?

① "근로"란 정신노동과 육체노동을 말한다.
② "근로계약"이란 근로자가 사용자에게 근로를 제공하고 사용자는 이에 대하여 임금을 지급하는 것을 목적으로 체결된 계약을 말한다.
③ "단시간근로자"란 1일의 소정근로시간이 통상 근로자의 1일의 소정근로시간에 비하여 짧은 근로자를 말한다.
④ "사용자"란 사업주 또는 사업 경영 담당자, 그 밖에 근로자에 관한 사항에 대하여 사업주를 위하여 행위하는 자를 말한다.

해설 "단시간근로자"란 1주 동안의 소정근로시간이 그 사업장에서 같은 종류의 업무에 종사하는 통상 근로자의 1주 동안의 소정근로시간에 비하여 짧은 근로자를 말한다.

84 근로기준법령상 여성의 보호에 관한 설명으로 옳은 것은?

① 사용자는 임신 중의 여성이 명시적으로 청구하는 경우 고용노동부장관의 인가를 받으면 휴일에 근로를 시킬 수 있다.
② 여성은 보건·의료, 보도·취재 등의 일시적 사유가 있더라도 갱내(坑內)에서 근로를 할 수 없다.
③ 사용자는 여성 근로자가 청구하면 월 3일의 유급생리휴가를 주어야 한다.
④ 사용자는 여성을 휴일에 근로시키려면 근로자대표의 서면동의를 받아야 한다.

해설 사용자는 임산부와 18세 미만자를 오후 10시부터 오전 6시까지의 시간 및 휴일에 근로시키지 못한다. 다만, 다음 각 호의 어느 하나에 해당하는 경우로서 고용노동부장관의 인가를 받으면 그러하지 아니하다.
ⓐ 18세 미만자의 동의가 있는 경우
ⓑ 산후 1년이 지나지 아니한 여성의 동의가 있는 경우
ⓒ 임신 중의 여성이 명시적으로 청구하는 경우

85 근로자직업능력 개발법령상 원칙적으로 직업능력개발훈련의 대상 연령은?

① 13세 이상　　　　② 15세 이상
③ 18세 이상　　　　④ 20세 이상

해설 직업능력개발훈련은 15세 이상인 사람에게 실시하되, 직업능력개발훈련시설의 장은 훈련의 직종 및 내용에 따라 15세 이상으로서 훈련대상자의 연령 범위를 따로 정하거나 필요한 학력, 경력 또는 자격을 정할 수 있다.

86 근로자퇴직급여 보장법령상 퇴직금의 중간정산 사유에 해당하지 않는 것은?

① 무주택자인 근로자가 본인 명의로 주택을 구입하는 경우
② 중간정산 신청일부터 거꾸로 계산하여 10년 이내에 근로자가 「민법」에 따라 파산 선고를 받은 경우
③ 사용자가 기존의 정년을 보장하는 조건으로 단체협약 등을 통하여 근속시점을 기준으로 임금을 줄이는 제도를 시행하는 경우
④ 재난으로 피해를 입은 경우로서 고용노동부 장관이 정하여 고시하는 사유에 해당하는 경우

해설 퇴직금 중간정산을 신청하는 날부터 거꾸로 계산하여 5년 이내에 근로자가 「채무자 회생 및 파산에 관한 법률」에 따라 파산선고를 받은 경우

87 남녀고용평등과 일·가정 양립 지원에 관한 법령상 육아기 근로시간 단축에 관한 설명으로 틀린 것은?

① 사업주는 육아기 근로시간 단축을 하고 있는 근로자의 명시적 청구가 있으면 단축된 근로시간 외에 주 15시간 이내에서 연장근로를 시킬 수 있다.
② 원칙적으로 사업주는 근로자가 초등학교 2학년 이하의 자녀를 양육하기 위하여 근로시간의 단축을 신청하는 경우에 이를 허용하여야 한다.
③ 사업주가 근로자에게 육아기 근로시간 단축을 허용하는 경우 단축 후 근로시간은 주당 15시간 이상이어야 하고 35시간을 넘어서는 아니 된다.
④ 육아기 근로시간 단축을 한 근로자에 대하여 평균임금을 산정하는 경우에는 그 근로자의 육아기 근로시간 단축 기간을 평균임금 산정기간에서 제외한다.

해설 사업주는 육아기 근로시간 단축을 하고 있는 근로자에게 단축된 근로시간 외에 연장근로를 요구할 수 없다. 다만, 그 근로자가 명시적으로 청구하는 경우에는 사업주는 주 12시간 이내에서 연장근로를 시킬 수 있다.

88 채용절차의 공정화에 관한 법령상 500만 원 이하의 과태료 부과 행위에 해당하는 것은?

① 채용서류 보관의무를 이행하지 아니한 구인자
② 구직자에 대한 고지의무를 이행하지 아니한 구인자
③ 시정명령을 이행하지 아니한 구인자
④ 지식재산권을 자신에게 귀속하도록 강요한 구인자

해설 다음 각 호의 어느 하나에 해당하는 자에게는 500만원 이하의 과태료를 부과한다.
1) 채용광고의 내용 또는 근로조건을 변경한 구인자
② 지식재산권을 자신에게 귀속하도록 강요한 구인자
③ 그 직무의 수행에 필요하지 아니한 개인정보를 기초심사자료에 기재하도록 요구하거나 입증자료로 수집한 구인자

89 근로기준법의 기본원리와 가장 거리가 먼 것은?

① 강제 근로의 금지　　② 근로자단결의 보장
③ 균등한 처우　　　　④ 공민권 행사의 보장

해설 근로자단결의 보장은 노동기본권에 해당한다.

90 기간제 및 단시간근로자 보호 등에 관한 법령상 2년을 초과하여 기간제 근로자로 사용할 수 있는 경우가 아닌 것은?

① 휴직 등으로 결원이 발생하여 해당 근로자가 복귀할 때까지 그 업무를 대신할 필요가 있는 경우
② 근로자가 학업 등을 이수함에 따라 그 이수에 필요한 기간을 정한 경우
③ 특정한 업무의 완성에 필요한 기간을 정한 경우
④ 「의료법」에 따른 간호사 자격을 소지하고 해당 분야에 종사한 경우

> **해설** 「의료법」에 따른 의사, 치과의사, 한의사 자격을 소지하고 해당 분야에 종사한 경우가 해당한다.

91 남녀고용평등과 일 · 가정 양립 지원에 관한 법령상 근로자의 가족 돌봄 등을 위한 지원에 관한 설명으로 틀린 것은?

① 사업주는 대체인력 채용이 불가능한 경우 근로자가 신청한 가족돌봄휴직을 허용하지 않을 수 있다.
② 원칙적으로 가족돌봄휴가 기간은 연간 최장 10일로 하며, 일 단위로 사용할 수 있다.
③ 가족돌봄휴직 기간은 연간 최장 90일로 하며, 이를 나누어 사용할 수 있다.
④ 가족돌봄휴직 및 가족돌봄휴가 기간은 근속기간에서 제외한다.

> **해설** 가족돌봄휴직 및 가족돌봄휴가 기간은 근속기간에 포함한다.

92 직업안정법에 관한 설명으로 틀린 것은?

① 국외 무료직업소개사업을 하려는 자는 고용노동부장관의 허가를 받아야 한다.
② 국외 유료직업소개사업을 하려는 자는 고용노동부장관에게 등록하여야 한다.
③ 구인자가 직업안정기관에서 구직자를 소개받은 때에는 그 채용 여부를 직업안정기관의 장에게 통보하여야 한다.
④ 누구든지 국외에 취업할 근로자를 모집한 경우에는 고용노동부장관에게 신고하여야 한다.

> **해설** 무료직업소개사업은 소개대상이 되는 근로자가 취업하려는 장소를 기준으로 하여 국내 무료직업소개사업과 국외 무료직업소개사업으로 구분하되, 국내 무료직업소개사업을 하려는 자는 주된 사업소의 소재지를 관할하는 특별자치도지사 · 시장 · 군수 및 구청장에게 신고하여야 하고, 국외 무료직업소개사업을 하려는 자는 고용노동부장관에게 신고하여야 한다. 신고한 사항을 변경하려는 경우에도 또한 같다.

93 고용보험법령상 고용보험기금의 용도에 해당하지 않는 것은?

① 일시 차입금의 상환금과 이자
② 실업급여의 지급
③ 보험료의 반환
④ 국민건강 보험료의 지원

> **해설** **고용보험기금의 용도**
> ㉠ 고용안정 · 직업능력개발 사업에 필요한 경비
> ㉡ 실업급여의 지급
> ㉢ 국민연금 보험료의 지원
> ㉣ 육아휴직 급여 및 출산전후휴가 급여등의 지급
> ㉤ 보험료의 반환
> ㉥ 일시 차입금의 상환금과 이자
> ㉦ 이 법과 고용산재보험료징수법에 따른 업무를 대행하거나 위탁받은 자에 대한 출연금
> ㉧ 그 밖에 이 법의 시행을 위하여 필요한 경비로서 대통령령으로 정하는 경비와 제1호 및 제2호에 따른 사업의 수행에 딸린 경비

94 고용보험법령상 자영업자인 피보험자의 실업급여의 종류에 해당하지 않는 것은?

① 이주비   ② 광역 구직활동비
③ 직업능력개발 수당   ④ 조기재취업 수당

> **해설** 자영업자인 피보험자의 실업급여에서 연장급여와 조기재취업 수당은 제외된다.

95 헌법 제32조에 명시된 내용이 아닌 것은?

① 연소자의 근로는 특별한 보호를 받는다.
② 근로조건의 기준은 인간의 존엄성을 보장하도록 법률로 정한다.
③ 여자의 근로는 특별한 보호를 받으며, 고용 · 임금 및 근로조건에 있어서 부당한 차별을 받지 아니한다.
④ 국가는 사회적 · 경제적 방법으로 근로자의 고용의 증진과 최저임금의 보장에 노력하여야 한다.

> **해설** 모든 국민은 근로의 권리를 가진다. 국가는 사회적 · 경제적 방법으로 근로자의 고용증진과 적정임금 보장에 노력하여야 하며, 법률이 정하는 바에 의하여 최저임금제를 시행하여야 한다.

정답 90 ④ 91 ④ 92 ① 93 ④ 94 ④ 95 ④

96 직업안정법령상 근로자공급사업의 허가를 받을 수 있는 자는?

① 파산선고를 받고 복권되지 아니한 자
② 미성년자, 피성년후견인 및 피한정후견인
③ 이 법을 위반한 자로서, 벌금형이 확정된 후 2년이 지나지 아니한 자
④ 근로자공급사업의 허가가 취소된 후 7년이 지난 자

> **해설** 사업의 등록이나 허가가 취소된 후 5년이 지나지 아니한 자는 직업소개사업의 신고 · 등록을 하거나 근로자공급사업의 허가를 받을 수 없다.

97 고용상 연령차별금지 및 고령자고용촉진에 관한 법령상 (   ) 안에 알맞은 것은?

> 상시 (   )명 이상의 근로자를 사용하는 사업장의 사업주는 기준고용률 이상의 고령자를 고용하도록 노력하여야 한다.

① 50   ② 100
③ 200   ④ 300

> **해설** 기준고용률 이상의 고령자를 고용하도록 노력하여야 할 사업주는 상시 300명 이상의 근로자를 사용하는 사업장의 사업주로 한다.

98 고용정책기본법령상 지역고용심의회에 관한 설명으로 틀린 것은?

① 지역고용심의회는 위원장 1명을 포함한 30명 이내의 위원으로 구성한다.
② 위원장은 시 · 도지사가 된다.
③ 시 · 도의 고용촉진, 직업능력개발 및 실업대책에 관한 중요 사항을 심의한다.
④ 지역고용심의회 전문위원회의 위원은 시 · 도지사가 임명하거나 위촉한다.

> **해설** 지역고용심의회는 위원장 1명을 포함한 20명 이내의 위원으로 구성한다.

99 남녀고용평등과 일 · 가정 양립 지원에 관한 법령상 모성 보호에 관한 설명으로 틀린 것은?

① 국가는 출산전후휴가를 사용한 근로자에게 그 휴가기간에 대하여 평균임금에 상당하는 금액을 지급할 수 있다.
② 근로자가 사용한 배우자 출산휴가는 유급으로 한다.
③ 배우자 출산휴가는 근로자의 배우자가 출산한 날부터 90일이 지나면 청구할 수 없다.
④ 원칙적으로 사업주는 근로자가 난임치료휴가를 청구하는 경우에 연간 3일 이내의 휴가를 주어야 한다.

> **해설** 국가는 배우자 출산휴가, 출산전후휴가 또는 유산 · 사산 휴가를 사용한 근로자 중 일정한 요건에 해당하는 사람에게 그 휴가기간에 대하여 통상임금에 상당하는 금액을 지급할 수 있다.

100 고용정책기본법령상 고용정책심의회의 전문위원회에 명시되지 않은 것은?

① 지역고용전문위원회
② 고용보험전문위원회
③ 장애인고용촉진전문위원회
④ 건설근로자고용개선전문위원회

> **해설** 정책심의회에 다음 각 호의 전문위원회를 둔다.
> ㉠ 지역고용전문위원회
> ㉡ 고용서비스전문위원회
> ㉢ 사회적기업육성전문위원회
> ㉣ 적극적고용개선전문위원회
> ㉤ 장애인고용촉진전문위원회
> ㉥ 건설근로자고용개선전문위원회

정답 96 ④ 97 ④ 98 ① 99 ① 100 ②

2022년 2회 과년도문제풀이

SECTION
제1과목 직업상담학

01 하렌(V. Harren)의 진로의사결정 유형에 해당하는 것은?

① 운명론적 – 계획적 – 지연적
② 합리적 – 의존적 – 직관적
③ 주장적 – 소극적 – 공격적
④ 계획적 – 지관적 – 순응적

해설 **Harren이 제시한 진로의사결정 유형**
- ㉠ 합리적 유형 : 자신과 상황에 대하여 정확한 정보를 수집하고 신중하고 논리적으로 의사결정을 수행해 나가며 의사결정에 대한 책임을 진다.
- ㉡ 직관적 유형 : 의사결정에 있어서 개인 내적인 감정적 상태에 의존하는 것을 의미한다.
- ㉢ 의존적 유형 : 의사결정에 대한 개인적인 책임을 부정하고 그 책임을 자신 이외의 가족이나 친구, 동료 등 외부로 투사하려는 경향이 있다.

02 행동주의적 상담기법 중 학습촉진 기법이 아닌 것은?

① 강화
② 변별학습
③ 대리학습
④ 체계적 둔감화

해설 체계적 둔감화, 반조건형성(역조건형성), 금지적 조건형성(내적금지)는 불안을 감소시키는 기법이며 강화, 대리학습, 변별학습은 학습촉진 기법이다.

03 진로수첩이 내담자에게 미치는 유용성이 아닌 것은?

① 자기 평가를 통해 자신감과 자기 인식을 증진시킨다.
② 일 관련 태도 및 흥미에 대한 지식을 증진시킨다.
③ 다양한 경험들이 어떻게 직무관련 태도나 기술로 전환될 수 있는지에 대한 이해를 발전시킨다.
④ 진로, 교육, 훈련 계획을 개발하기 위한 상담도구를 제공한다.

해설 진로수첩은 진로와 관련된 정보와 자료를 이해하기 쉽게 정리하도록 돕는 소책자이나.

04 다음 상황에 가장 적합한 상담기법은?

> 상담사 : 다른 회사들이 써본 결과 많은 효과가 입증된 그런 투쟁 해결방법을 써보도록 하지요.
> 내담자 : 매우 흥미로운 일이군요. 그러나 그 방법은 K 주식회사에서는 효과가 있었는지 몰라도 우리 회사에서는 안 될 것입니다.

① 가정 사용하기
② 전이된 오류 정정하기
③ 분류 및 재구성 기법 활용하기
④ 저항감 재인식 및 다루기

해설 상담자에게 협조하지 않으려는 내담자의 무의식적 행동 즉, 상담자에게 저항을 하고 있다.

05 생애진로사정의 구조에서 중요 주제에 해당하지 않는 것은?

① 요약
② 평가
③ 강점과 장애
④ 전형적인 하루

해설 **생애진로사정의 구조**
ㄱ 진로사정 : 내담자 경험, 교육 여가 등에 대한 전반적인 평가 및 가계도를 작성한다.
ㄴ 전형적인 하루 : 개인이 자신의 생활을 어떻게 조직하는지를 발견하는 것이다. 내담자가 그들 자신의 생활을 체계적으로 조직하는지 아니면 매일 자발적으로 반응하는지 결정하는 데 도움을 준다(의존적-독립적 성격차원 검토).
ㄷ 강점과 장애 : 내담자의 강점과 약점에 대한 질문. 내담자가 직면하고 있는 문제들, 환경적 장애들에 대한 정보를 얻을 수 있다.
ㄹ 요약 : 면접 동안 얻어진 정보들을 재차 강조, 인생경력의 가치관들, 강점과 장애 등을 반복 확인할 수 있다.

06 집단상담의 특징에 대한 설명으로 틀린 것은?

① 집단상담은 상담자들이 제한된 시간 내에서 적은 비용으로 보다 많은 내담자들에게 접근하는 것을 가능하게 한다.
② 효과적인 집단에는 언제나 직접적인 대인적 교류가 있으며 이것이 개인적 탐색을 도와 개인의 성장과 발달을 촉진시킨다.
③ 집단은 집단과정의 다양한 문제에 많은 시간을 사용하게 되어 내담자의 개인적 문제를 등한시할 수 있다.
④ 집단에서는 구성원 각자의 사적인 경험을 구성원 모두가 공유하지 않기 때문에 비밀 유지가 쉽다.

해설 집단에서는 구성원 각자의 사적인 경험을 구성원 모두가 공유하기 때문에 비밀 유지가 어렵다.

07 윌리암슨(Williamson)의 직업문제 분류범주에 포함되지 않는 것은?

① 진로 무선택
② 흥미와 적성의 차이
③ 진로선택에 대한 불안
④ 진로선택 불확실

해설 **윌리엄슨(Williamson)의 직업상담의 문제유형 분류(변별진단)**
ㄱ 무선택(선택하지 않음)
ㄴ 불확실한 선택(확신이 없는 결정)
ㄷ 현명하지 못한 선택(적성의 모순, 어리석은 선택)
ㄹ 흥미와 적성 간의 불일치(흥미와 적성 간의 모순)

08 다음에서 사용된 상담기법은?

A는 저조한 성적으로 인해 학교생활에 어려움을 겪고 있다. 상담사는 A가 평소 PC 게임을 하는 것을 매우 좋아한다는 사실을 알고 A가 계획한 일일 학습량을 달성하는 경우, 1시간 동안 PC 게임을 할 수 있도록 개입하였다.

① 프리맥의 원리, 정적 강화
② 정적 강화, 자기교수훈련
③ 체계된 둔감법, 자기교수훈련
④ 부적 강화, 자기통제

해설 프리맥의 원리는 높은 확률로 일어나는 행동을 강화물을 사용하여 일어날 확률이 적은 행동을 하도록 촉진하는 기법이다.

09 직업상담사가 지켜야 할 윤리사항으로 옳은 것은?

① 습득된 직업정보를 가지고 다니면서 직업을 찾아준다.
② 습득된 직업정보를 먼저 가까운 사람들에게 알려준다.
③ 상담에 대한 이론적 지식보다는 경험적 훈련과 직관을 앞세워 구직활동을 도와준다.
④ 내담자가 자기로부터 도움을 받지 못하고 있음이 분명한 경우에는 상담을 종결하려고 노력한다.

해설 상담자는 내담자가 자기로부터 도움을 받지 못하고 있음이 분명한 경우에는 상담을 종결하려고 노력한다. 또한, 취업알선관련 전산망의 구인 · 구직결과를 즉시 처리한다.

10 다음 중 직업상담사의 직무내용과 가장 거리가 먼 것은?

① 직업문제에 대한 심리치료
② 직업관련 임금평가
③ 직업상담 프로그램의 개발과 운영
④ 구인 · 구직상담, 직업적응, 직업전환, 은퇴 후 등의 직업상담

해설 직업관련 임금평가, 직업관련 심리검사 도구의 제작, 가족상담은 직업상담사의 직무에 해당하지 않는다.

정답 05 ② 06 ④ 07 ③ 08 ① 09 ④ 10 ②

11 발달적 직업상담에서 직업정보가 갖추어야 할 조건이 아닌 것은?

① 부모와 개인의 직업적 수준과 그 차이, 그리고 그들의 적성, 흥미, 가치들 간의 관계
② 사회경제적 측면에서 수준별 직업의 유형 및 그러한 직업들의 특성
③ 근로자의 이직 시 직업의 이동 방향과 비율을 결정하는 요인에 대한 정보
④ 특정 직업분야의 접근 가능성과 개인의 적성, 가치관, 성격 특성 등의 요인들 간의 관계

> **해설** **발달적 직업상담에서 직업정보가 갖추어야 할 조건**
> ㉠ 부모와 개인의 직업적 수준과 그 차이, 그리고 그들의 적성, 흥미, 가치들 간의 관계
> ㉡ 사회경제적 측면에서 수준별 직업의 유형 및 그러한 직업들의 특성
> ㉢ 직업의 이동 방향과 비율을 결정하는 요인에 대한 정보
> ㉣ 특정 직업분야의 접근 가능성과 개인의 적성, 가치관, 성격 특성 등의 요인들 간의 관계

12 인지적 명확성 문제의 원인 중 경미한 정신건강 문제의 특성으로 옳은 것은?

① 심각한 약물남용 장애
② 잘못된 결정방식이 진지한 결정을 방해함
③ 경험부족에서 오는 고정관념
④ 심한 가치관 고착에 따른 고정성

> **해설** **인지적 명확성의 문제와 특성**
> ㉠ 정보결핍(직업상담 실시) : 왜곡된 정보에 집착, 정보분석능력이 보통 이하인 경우, 변별력이 낮은 경우
> ㉡ 고정관념(직업상담 실시) : 경험부족에서 오는 관념, 편협된 가치관, 의무감에 대한 집착성
> ㉢ 경미한 정신건강 문제(다른 치료 후 직업상담 실시) : 잘못된 결정방법이 진지한 결정을 방해하는 경우, 낮은 자기효능감, 비논리적 사고
> ㉣ 심각한 정신건강(다른 치료 후 직업상담 실시) : 직업선택능력이 심각하게 손상된 정신증, 심각한 약물남용 장애
> ㉤ 외적 요인(개인상담 후 직업상담 실시) : 일시적 위기, 일시적·장기적 스트레스(실업충격 등)

13 상담 시 상담사의 질문으로 바람직하지 않은 것은?

① "당신이 선호하는 직업이 있다면 무엇인가요? 그런 이유를 말씀해 주시겠어요?"
② "당신이 특별히 좋아하는 것이 있다면 말씀해 주시겠어요?"
③ "직업상담을 해야겠다고 결정했나요?"
④ "어떻게 생각해야 할지 이해가 잘 가지 않는군요. 잘 모르겠어요. 제가 좀 더 확실하게 이해할 수 있도록 도와주겠어요?"

> **해설** '예' 혹은 '아니요'의 단답식 답변을 이끌어 낼 수 있는 폐쇄형 질문보다는 개방형 질문이 바람직하다.

14 왜곡된 사고체제나 신념체제를 가진 내담자에게 실시할 경우 효과적인 상담기법은?

① 내담자 중심 상담　　② 인지치료
③ 정신분석　　　　　　④ 행동요법

> **해설** 인지치료는 사람의 생각이 직업행동을 결정하는 데 중요한 영향을 미친다고 가정하며, 왜곡된 사고체제나 신념체제를 수정하도록 한다.

15 상담을 효과적으로 진행하는 데 장애가 되는 면담 태도는?

① 내담자와 유사한 언어를 사용하는 태도
② 분석하고 충고하는 태도
③ 비방어적 태도로 내담자를 편안하게 만드는 태도
④ 경청하는 태도

> **해설** 상담 진행 시 충고나 조언은 도움이 되지 않는다.

16 직업 상담에서 특성 – 요인이론에 관한 설명으로 옳은 것은?

① 대부분의 사람들은 여섯 가지 유형으로 성격 특성을 분류할 수 있다.
② 개개인은 신뢰할 만하고 타당하게 측정될 수 있는 고유한 특성의 집합이다.
③ 개인은 일을 통해 개인적 욕구를 성취하도록 동기화되어 있다.
④ 직업적 선택은 개인의 발달적 특성이다.

해설 ① 홀랜드의 직업선택이론
③ 욕구이론
④ 진로발달이론

17 아들러(Adler)의 개인심리학적 상담의 목표로 옳지 않은 것은?

① 사회적 관심을 갖도록 돕는다.
② 내담자의 잘못된 목표를 수정하도록 돕는다.
③ 패배감을 극복하고 열등감을 감소시킬 수 있도록 돕는다.
④ 전이 해석을 통해 내담자가 중요한 타인과의 관계 패턴을 알아차리도록 돕는다.

해설 전이는 정신분석적 상담에서 상담자와 내담자의 관계를 가장 두드러지게 보여주는 현상으로서 내담자가 과거의 중요한 인물에게서 느꼈던 감정이나 생각을 상담자에게 투사하는 현상을 말한다.

18 직업카드 분류법에 관한 설명으로 틀린 것은?

① 내담자의 흥미, 가치, 능력 등을 탐색하는 방법으로 활용된다.
② 내담자의 흥미나 능력수준이 다른 사람에 비하여 얼마나 높은지 알 수 없다.
③ 다른 검사에 비하여 내담자가 자신을 탐색하는 과정에 보다 능동적으로 참여하게 하는 방법이다.
④ 표준화되어 있는 객관적인 검사방법의 일종이다.

해설 직업카드는 내담자의 직업흥미 탐색을 위한 질적 측정도구(비표준화된 검사도구)이다.

19 정신분석적 상담에서 훈습의 단계에 해당하지 않는 것은?

① 환자의 저항
② 분석의 시작
③ 분석자의 저항에 대한 해석
④ 환자의 해석에 대한 반응

해설 정신분석 상담의 상담과정은 초기단계, 전이단계, 통찰단계, 훈습단계로 구분할 수 있으며, 전이를 발달시키고 분석하는 단계는 전이단계이다.

20 내담자 중심 상담에서 사용되는 상담기법이 아닌 것은?

① 적극적 경청
② 역할연기
③ 감정의 반영
④ 공감적 이해

해설 내담자 중심 상담에서 사용되는 기본적인 상담기법은 적극적 경청, 감정의 반영, 공감적 이해, 명료화 등이며 조언, 설득, 가르치기 등은 사용되지 않는다.

SECTION
제2과목 직업심리학

21 직무분석에 관한 설명으로 옳은 것은?

① 직무 관련 정보를 수집하는 절차이다.
② 직무의 내용과 성질을 고려하여 직무 간의 상대적 가치를 결정하는 절차이다.
③ 작업자의 직무수행 수준을 평가하는 절차이다.
④ 작업자의 직무기술과 지식을 개선하는 공식적 절차이다.

해설 직무분석은 직무를 구성하고 있는 내용과 직무를 수행하기 위해 요구되는 조건을 밝히는 절차이다. ②는 직무평가, ③은 직무수행평가에 대한 설명이다.

22 Maslow의 욕구단계 이론 중 자아실현과 존중의 욕구수준에 상응하는 내용으로 적합한 것은?

① Alderfer의 ERG 이론 중 존재욕구
② Herzberg의 2요인 이론 중 위생요인
③ McClelland의 성취동기 이론 중 성취동기
④ Adams의 공정성 이론 중 인정동기

해설 맥클리랜드는 성취동기이론에서 작업 환경에는 성취욕구, 권력욕구, 친화욕구의 세가지 주요한 관련된 동기 또는 욕구가 있다고 주장하였다. 성취욕구는 Maslow의 자아실현의 욕구와, 친화욕구는 사회적 욕구와 유사한 것으로 볼 수 있다.

정답 17 ④ 18 ④ 19 ② 20 ② 21 ① 22 ③

23 직업적성 검사의 측정에 대한 설명으로 옳은 것은?

① 개인이 맡은 특정 직무를 성공적으로 수행할 수 있는지를 측정한다.
② 일반적인 지적 능력을 알아내어 광범위한 분야에서 그 사람이 성공적으로 수행할 수 있는지를 측정한다.
③ 직업과 관련된 흥미를 알아내어 직업에 관한 의사결정에 도움을 주기 위한 것이다.
④ 개인이 가지고 있는 기질이나 성향 등을 측정하는 것으로 개인에게 습관적으로 나타날 수 있는 어떤 특징을 측정한다.

해설 ② 지능검사
③ 흥미검사
④ 성격검사

24 솔직하고, 성실하며, 말이 적고, 고집이 세면서 직선적인 사람들은 Holland의 어떤 작업환경에 잘 어울리는가?

① 탐구적   ② 예술적
③ 현실적   ④ 관습적

해설 ㉠ 현실형 : 솔직하고, 말이 적으며, 고집이 있는 편이고, 단순하다. 기술자, 정비사, 엔지니어
㉡ 탐구형 : 분석적이고 호기심이 많고 조직적이며 정확한 반면, 흔히 리더십 기술이 부족하다.
㉢ 예술형 : 창의성을 지향하는 아이디어와 자료를 사용해서 자신을 새로운 방식으로 표현하는 유형이다.
㉣ 사회형 : 다른 사람과 함께 일하는 것을 즐기고 협조적이며, 친절하고 정이 많으며 인내와 관용으로 남을 돕는 직업을 선호한다.
㉤ 진취형 : 조직의 목적과 경제적인 이익을 얻기 위해 타인을 선도, 계획, 통제, 관리하는 일과 그 결과로 얻어지는 위신, 인정, 권위에 흥미를 보인다. 정치가, 사업가
㉥ 관습형 : 구조화된 환경을 선호하며, 질서정연하고 체계적인 자료 정리를 좋아한다. 사무원, 사서

25 수퍼(D. Super)의 진로발달이론에 관한 설명으로 틀린 것은?

① 개인은 능력, 흥미, 성격에 있어서 각각 차이점을 가지고 있다.
② 진로발달이란 진로에 관한 자아개념의 발달이다.
③ 진로발달단계의 과정에서 재순환은 일어날 수 없다.
④ 진로성숙도는 가설적인 구인이며 단일한 특질이 아니다.

해설 직업발달은 성장기−탐색기−확립기−유지가−쇠퇴기의 순환과 재순환 단계를 거친다.

26 파슨스(Parsons)의 특성 · 요인이론에 관한 설명으로 틀린 것은?

① 개인의 특성과 직업의 요구가 일치할수록 직업적 성공 가능성이 크다.
② 사람들은 신뢰할 수 있고 타당하게 측정될 수 있는 특성을 지니고 있다.
③ 특성은 특정 직무의 수행에서 요구하는 조건을 의미한다.
④ 직업선택은 직접적인 인지과정이기 때문에 개인은 자신의 특성과 직업이 요구하는 특성을 연결할 수 있다.

해설 특정 직무의 수행에서 요구하는 조건을 의미하는 것은 '요인'이다.

27 데이비스(R. Dawis)와 롭퀴스트(L. Lofquist)의 직업적 응이론에 관한 설명으로 틀린 것은?

① 개인과 직업 환경의 조화를 6가지 유형으로 제안한다.
② 성격은 성격양식과 성격구조로 설명된다.
③ 개인이 직업 환경과의 조화를 이루기 위해 역동적 적응과정을 경험한다.
④ 지속성은 환경과의 상호작용을 얼마나 오랫동안 유지하는지를 의미한다.

해설 직업적응이론에서는 개인과 직업환경과의 조화를 위한 직업적응유형을 성격양식 차원과 적응방식적 차원의 2가지로 설명한다.

28 스트레스에 관한 설명으로 옳은 것은?

① 스트레스에 대한 일반적응징후는 경계, 저항, 탈진 단계로 진행된다.
② 1년간 생활변동 단위(Life Change Unit)의 합이 90인 사람은 대단히 심한 스트레스를 겪는 사람이다.
③ A유형의 사람은 B유형의 사람보다 스트레스에 더 인내력이 있다.
④ 사회적 지지가 스트레스의 대처와 극복에 미치는 영향력은 거의 없다.

해설 ② 1년간 생활변동단위의 합이 150~199점이면 경미한 위기, 200~299점이면 견딜 만한 위기, 300점 이상이면 심각한 위기에 해당한다.
③ A유형은 극단적으로 공격적, 적대감의 표출, 시간에 쫓기며 경쟁적이고 성취욕에 가득 차 있다.
④ 사회적 지지는 긍정적으로 작용한다.

정답 23 ① 24 ③ 25 ③ 26 ③ 27 ① 28 ①

29 신뢰도 계수에 관한 설명으로 틀린 것은?

① 신뢰도 계수는 점수 분포의 분산에 의해 영향을 받는다.
② 측정오차가 크면 신뢰도 계수는 낮아진다.
③ 수검자 간의 개인차가 크면 신뢰도 계수는 작아진다.
④ 추측해서 우연히 맞을 수 있는 문항이 많으면 신뢰도 계수가 작아진다.

해설 신뢰도 계수는 개인차가 클수록 커진다.

30 규준점수에 관한 설명으로 틀린 것은?

① Z점수 0에 해당하는 웩슬러(Wechsler) 지능검사 편차 IQ는 100이다.
② 백분위 50과 59인 두 사람의 원점수 차이는 백분위 90과 99인 두 사람의 원점수 차이와 같다.
③ 평균이 60, 표준편차가 15인 규준집단에서 원점수 90의 T점수는 70이다.
④ 백분위 50에 해당하는 스테나인(Stanine)의 점수는 5이다.

해설 백분위점수는 특정 집단의 점수분포에서 한 개인의 상대적 위치를 나타내는 점수이다. 따라서 백분위 50과 59인 두 사람의 원점수 차이는 백분위 90과 99인 두 사람의 원점수 차이와 같지 않다.

31 크롬볼츠(J. Krumboltz)의 사회학습 진로이론에 관한 설명으로 틀린 것은?

① 도구적 학습경험이란 행동과 결과의 관계를 학습하게 되는 것을 의미한다.
② 과제－접근 기술이란 개인이 어떤 과제를 성취하기 위해 동원하는 기술이다.
③ 우연히 일어난 일들을 개인의 진로에 긍정적으로 활용하는 것이 중요하다.
④ 개인의 진로선택에 영향을 미치는 요인에서 유전적 재능이나 체력 등의 요소를 간과했다.

해설 **Krumboltz 진로선택의 사회학습이론에서 진로발달과정에 영향을 미치는 요인**
ㄱ 유전적 요인과 특별한 능력 : 물려받거나 생득적인 개인의 특성들이다.
ㄴ 환경조건과 사건 : 보통 개인의 통제를 벗어나는 사회적, 문화적, 정치적, 경제적 사항들이다.
ㄷ 학습경험 : 과거에 학습한 경험이 현재 또는 미래의 교육적ㆍ직업적 의사결정에 영향을 준다.

② 과제－접근 기술 : 목표 설정, 가치 명료화, 대안 형성, 직업적 정보 획득 등을 포함하는 기술이다. "고등학교 3학년인 A양은 가끔 수업 노트를 가지고 공부하는데, 비록 고등학교에서는 그녀가 좋은 성적을 받더라도, 대학에서는 이런 방법이 실패하게 되어 그녀의 노트기록 습관과 학습습관을 수정하게 할지도 모른다."

32 스트레스에 대처하기 위한 포괄적인 노력과 가장 거리가 먼 것은?

① 과정중심적 사고방식에서 목표 지향적 초고속 사고로 전환해야 한다.
② 가치관을 전환해야 한다.
③ 스트레스에 정면으로 도전하는 마음가짐이 있어야 한다.
④ 균형 있는 생활을 해야 한다.

해설 목표 지향적 초고속 사고방식에서 과정중심적 사고로 전환해야 한다.

33 갓프레드슨(L. Gottfredson)의 진로발달이론에서 제시한 진로포부발달 단계가 아닌 것은?

① 내적 자아 확립단계
② 서열 획득단계
③ 안정성 확립단계
④ 사회적 가치 획득단계

해설 **Gottfredson이 제시한 직업포부의 발달단계**
ㄱ 힘과 크기의 지향성(3~5세) : 사고과정이 구체화되며 어른이 된다는 것의 의미를 알게 된다.
ㄴ 성역할 지향성(6~8세) : 자아개념이 성의 발달에 의해서 영향을 받게 된다.
ㄷ 사회적 가치 지향적(9~13세) : 사회계층에 대한 개념이 생기면서 상황 속에서 자아를 인식하게 되고, 일의 수준에 대한 이해를 확장시킨다.
ㄹ 내적, 고유한 자아 지향성(14세 이후) : 내성적인 사고를 통하여 자아인식이 발달되며 타인에 대한 개념이 생겨난다. 또한 자아성찰과 사회계층의 맥락에서 직업적 포부가 더욱 발달하게 된다.

정답 29 ③ 30 ② 31 ④ 32 ① 33 ③

34 적성검사에서 높은 점수를 받은 사람들일수록 입사 후 업무수행이 우수한 것으로 나타났다면, 이 검사는 어떠한 타당도가 높은 것인가?

① 구성타당도(Construct Validity)
② 내용타당도(Content Validity)
③ 예언타당도(Predictive Validity)
④ 공인타당도(Concurrent Validity)

> **해설** 한 검사에서의 점수와 나중에 그 사람이 실제로 직무를 수행할 때의 수행 수준 간의 관련성이 높을 때 그 검사는 예언타당도가 높다.

35 심리검사에 관한 설명으로 틀린 것은?

① 행동표본을 측정할 수 있다.
② 개인 간 비교가 가능하다.
③ 심리적 속성을 직접적으로 측정한다.
④ 심리평가의 근거자료 중 하나이다.

> **해설** 심리검사는 인간의 능력이나 성격, 흥미, 태도와 같은 심리적 속성이나 심리적 구성개념을 수량화하기 위해 행동표본을 측정하는 표준화된 도구로써, 심리적 속성을 간접적으로 측정한다.

36 작업자 중심 직무분석에 관한 설명으로 틀린 것은?

① 직무를 수행하는 데 요구되는 인간의 재능들에 초점을 두고 지식, 기술, 능력, 경험과 같은 작업자의 개인적 요건들에 의해 직무가 표현된다.
② 직책분석설문지(PAQ)를 통해 직무분석을 실시할 수 있다.
③ 각 직무에서 이루어지는 과제나 활동들이 서로 다르기 때문에 분석하고자 하는 직무 각각에 대해 표준화된 분석도구를 만들 수 없다.
④ 직무분석으로부터 얻어진 결과는 작업자명세서를 작성할 때 중요한 정보를 제공한다.

> **해설** 표준화된 직무분석 설문지의 대표적인 예가 미국 퍼듀대학교의 메코믹 (McCormick)이 개발한 직책분석설문지(PAQ)이다. PAQ는 작업자 중심 직무분석을 하는 도구로서 각 직무마다 어느 정도 수준의 인간적인 능력이나 기술들이 요구되는지를 양적으로 알려 준다.

37 경력개발 단계를 성장, 탐색, 확립, 유지, 쇠퇴의 5단계로 구분한 학자는?

① Bordin
② Colby
③ Super
④ Parsons

> **해설** **슈퍼의 직업발달 5단계**
> ① 성장기(출생~14세) : 아동은 가정과 학교에서 중요한 타인에 대한 동일시를 통하여 자아개념을 발달시킨다.
> ② 탐색기(15~24세) : 개인이 학교생활, 여가활동, 시간제 일 등과 같은 활동을 통해서 자아를 검증하고 역할을 수행하며 직업탐색을 시도하는 단계이다.
> ③ 확립기(25~44세) : 개인이 자신에게 적합한 분야를 발견해서 종사하고 생활의 터전을 잡으려고 노력하는 시기이다.
> ④ 유지기(45~64세) : 개인이 비교적 안정된 생활 속에서 만족스러운 삶을 살아가는 시기이다.
> ⑤ 쇠퇴기(65세 이후) : 개인의 정신작육체적 기능이 쇠퇴함에 따라 직업전선에서 은퇴하게 되는 시기로, 다른 새로운 역할과 활동을 찾게 된다.

38 조직에서의 스트레스를 매개하거나 조절하는 요인들 중 개인 속성이 아닌 것은?

① Type A형과 같은 성격 유형
② 친구나 부모와 같은 주변인의 사회적 지지
③ 상황을 개인이 통제할 수 있느냐에 대한 신념
④ 부정적인 사건들에서 빨리 벗어나는 능력

> **해설** 직무스트레스의 매개변인은 성격의 유형, 통제의 위치, 사회적 지원이다. 이 중 개인 속성과 관계없는 것은 사회적 지원이다.

39 직업지도 프로그램 선정 시 고려해야 할 사항과 가장 거리가 먼 것은?

① 활용하고자 하는 목적에 부합하여야 한다.
② 실시가 어렵더라도 효과가 뚜렷한 프로그램이어야 한다.
③ 프로그램의 효과를 평가할 수 있어야 한다.
④ 활용할 프로그램은 비용이 적게 드는 경제성을 지녀야 한다.

> **해설** 실시가 어렵다면 직업지도 프로그램으로 선정하기 어렵다.

사고유창력	사고유창성 검사
협응능력	기호쓰기 검사

40 Strong 검사에 대한 설명으로 옳은 것은?

① 기본흥미척도(BIS)는 Holland의 6가지 유형을 제공한다.

② Strong 진로탐색검사는 진로성숙도 검사와 직업흥미검사로 구성되어 있다.

③ 업무, 학습, 리더십, 모험심을 알아보는 기본흥미척도(BIS)가 포함되어 있다.

④ 개인특성척도(PSS)는 일반직업분류(GOT)의 하위척도로서 특정 흥미분야를 파악하는 데 도움이 된다.

해설 **STRONG 직업흥미검사의 3가지 척도**

ⓐ 일반직업분류(GOT) : 홀랜드 이론이 반영된 6개의 주제로 구성되며 피검자의 흥미에 관한 포괄적 정보를 제공한다.

ⓑ 기본흥미척도(BIS) : GOT의 하위척도이며, 특정 활동과 주제에 대한 세부 척도로 특정 흥미를 제공한다.

ⓒ 개인특성척도(PSS) : 업무 유형, 학습 유형, 리더십 유형, 모험심 유형의 세부척도로 이루어지며, 일상생활과 일의 세계에 관련된 광범위한 특성에 대해 개인이 선호하고 편안하게 느끼는 것을 측정한다.

SECTION
제3과목 직업정보론

41 워크넷에서 제공하는 성인용 직업적성검사의 적성요인과 하위검사의 연결로 틀린 것은?

① 언어력 : 어휘력 검사, 문장독해력 검사

② 수리력 : 계산능력 검사, 자료해석력 검사

③ 추리력 : 수열추리력 1, 2 검사, 도형추리력 검사

④ 사물지각력 : 조각맞추기 검사, 그림맞추기 검사

적성요인	하위검사
언어력	어휘력 검사 문장해독력 검사
수리력	계산능력 검사 자료해석력 검사
추리력	수리추리력 1 검사 수리추리력 2 검사 도형추리력 검사
공간지각력	조각맞추기 검사 그림맞추기 검사
사물지각력	지각속도 검사
상황판단력	상황판단력 검사
기계능력	기계능력 검사
집중력	집중력 검사
색채지각력	색혼합 검사

42 다음은 한국직업사전(2020)의 작업강도 중 무엇에 관한 설명인가?

최고 20kg의 물건을 들어올리고 10kg 정도의 물건을 빈번히 들어올리거나 운반한다.

① 가벼운 작업 ② 보통 작업
③ 힘든 작업 ④ 아주 힘든 작업

작업강도	구분
아주 가벼운 작업	최고 4kg의 물건을 들어올리고 때때로 장부, 대장, 소도구 등을 들어올리거나 운반한다. 앉아서 하는 작업이 대부분을 차지하지만 직무수행상 서거나 걷는 것이 필요할 수도 있다.
가벼운 작업	최고 8kg의 물건을 들어올리고 4kg 정도의 물건을 빈번히 들어올리거나 운반한다. 걷거나 서서 하는 작업이 대부분일 때 또는 앉아서 하는 작업일지라도 팔과 다리로 밀고 당기는 작업을 수반할 때에는 무게가 매우 적을지라도 이 작업에 포함된다.
보통 작업	최고 20kg의 물건을 들어올리고 10kg 정도의 물건을 빈번히 들어올리거나 운반한다.
힘든 작업	최고 40kg의 물건을 들어올리고 20kg 정도의 물건을 빈번히 들어올리거나 운반한다.
아주 힘든 작업	40kg 이상의 물건을 들어올리고 20kg 이상의 물건을 빈번히 들어올리거나 운반한다.

43 워크넷에서 채용정보 상세검색에 관한 설명으로 틀린 것은?

① 최대 10개의 직종 선택이 가능하다.

② 연령별 채용정보를 검색할 수 있다.

③ 재택근무 가능 여부를 검색할 수 있다.

④ 최저희망임금은 연봉, 월급, 일급, 시급별로 입력할 수 있다.

해설 고용상 연령차별금지 및 고령자 고용촉진에 관한 법률이 시행됨에 따라 채용정보에서 연령이 삭제되었다.

정답 **40** ② **41** ④ **42** ② **43** ②

44 다음은 한국직업사전에 수록된 어떤 직업에 관한 설명인가?

> • 직무개요 : 기업을 구성하는 여러 요소(재무, 회계, 인사 미래비전, 유통 등)에 대한 분석을 통하여 기업이 당면한 문제점과 해결방안을 제시함
> • 직무기능 : 자료(분석)/사람(자문)/사물(관련없음)

① 직무분석가
② 시장조사분석가
③ 환경영향평가원
④ 경영컨설턴트

> **해설** 경영컨설턴트는 기업을 구성하는 여러 요소(재무, 회계, 인사 미래비전, 유통 등)에 대한 분석을 통하여 기업이 당면한 문제점과 해결방안을 제시한다.

45 2022년 적용 최저임금은 얼마인가?

① 8,350원
② 8,590원
③ 8,720원
④ 9,160원

> **해설** 2022년 적용 최저임금은 9,160원이다.

46 국민내일배움카드제 제도를 지원받을 수 있는 자는?

① 만 65세인 사람
② 「사립학교교직원 연금법」을 적용받고 현재 재직 중인 사람
③ 「군인연금법」을 적용받고 현재 재직 중인 사람
④ 지방자체단체로부터 훈련비를 지원받는 훈련에 참여하는 사람

> **해설** **지원제외대상**
> 1. 「공무원연금법」 제3조제1항제1호가목 및 「사립학교교직원 연금법」을 적용받고 현재 재직 중인 사람
> 2. 만 75세 이상인 사람
> 3. 외국인(단, 고용보험 피보험자는 제외한다.)
> 4. 법에 따른 지원 · 융자 · 수강 제한의 기간이 종료되지 않은 사람
> 5. 부정행위에 따른 지원금 등의 반환 명령을 받고 그 납부의 의무를 이행하지 아니하는 사람
> 6. 중앙행정기관 또는 지방자치단체로부터 훈련비를 지원받는 훈련(또는 사업)에 참여하는 사람
> 7. HRD-Net을 통하여 직업능력개발훈련 동영상 교육을 이수하지 아니하는 사람
> 8. 직업능력개발훈련을 3회 지원받았음에도 불구하고, 훈련개시일 이후 취업한 기간이 180일 미만이거나 자영업자로서 피보험기간이 180일 미만인 사람

47 직업정보관리에 관한 설명으로 틀린 것은?

① 직업정보의 범위는 개인, 직업, 미래에 대한 정보 등으로 구성되어 있다.
② 직업정보원은 정부부처, 정부투자출연기관, 단체 및 협회, 연구소, 기업과 개인 등이 있다.
③ 직업정보 가공 시 전문적인 지식이 없이도 이해할 수 있도록 가급적 평이한 언어로 제공되어야 한다.
④ 개인의 정보는 보호되어야 하기 때문에 구직 시 연령, 학력 및 경력 등의 취업과 관련된 정보는 제한적으로 제공되어야 한다.

> **해설** 구직 시에 연령, 학력 및 경력 등은 기본적인 사항이므로 제공되어야 한다.

48 질문지를 활용한 면접조사를 통해 직업정보를 수집할 때, 면접자가 지켜야 할 일반적 원칙으로 틀린 것은?

① 질문지를 숙지하고 있어야 한다.
② 응답지와 친숙한 분위기를 형성해야 한다.
③ 개방형 질문인 경우에는 응답내용을 해석 · 요약하여 기록해야 한다.
④ 면접자는 응답자가 이질감을 느끼지 않도록 복장이나 언어 사용에 유의해야 한다.

> **해설** 개방형 질문인 경우에는 응답내용을 그대로 기록해야 한다.

49 워크넷에서 제공하는 학과정보 중 사회계열에 해당하지 않는 학과는?

① 경찰행정학과
② 국제학부
③ 문헌정보학과
④ 지리학과

> **해설** 문헌정보학과, 종교학과는 인문계열이다.

50 2022년 신규 정기검정으로 시행된 국가기술자격 종목은?

① 방재기사
② 떡제조기능사
③ 가구제작산업기사
④ 정밀화학기사

51 다음은 국가기술자격 검정의 기준 중 어떤 등급에 관한 설명인가?

> 해당 국가기술자격의 종목에 관한 고도의 전문지식과 실무경험에 입각한 계획, 연구, 설계, 분석, 조사, 시험, 시공, 감리, 평가, 진단, 사업관리, 기술관리 등의 업무를 수행할 수 있는 능력 보유

① 기술사 　　　　　　② 기사
③ 산업기사 　　　　　④ 기능장

해설 ㉠ 기술사 : 해당 국가기술자격의 종목에 관한 고도의 전문지식과 실무경험에 입각한 계획 · 연구 · 설계 · 분석 · 조사 · 시험 · 시공 · 감리 · 평가 · 진단 · 사업관리 · 기술관리 등의 업무를 수행할 수 있는 능력 보유
　　㉡ 기능장 : 해당 국가기술자격의 종목에 관한 최상급 숙련기능을 가지고 산업현장에서 작업관리, 소속기능인력의 지도 및 감독, 현장훈련, 경영자와 기능인력을 유기적으로 연계시켜 주는 현장관리 등의 업무를 수행할 수 있는 능력 보유
　　㉢ 기사 : 해당 국가기술자격의 종목에 관한 공학적 기술이론 지식을 가지고 설계 · 시공 · 분석 등의 업무를 수행할 수 있는 능력 보유
　　㉣ 산업기사 : 해당 국가기술자격의 종목에 관한 기술기초이론 지식 또는 숙련기능을 바탕으로 복합적인 기초기술 및 기능업무를 수행할 수 있는 능력 보유
　　㉤ 기능사 : 해당 국가기술자격의 종목에 관한 숙련기능을 가지고 제작 · 제조 · 조작 · 운전 · 보수 · 정비 · 채취 · 검사 또는 작업관리 및 이에 관련되는 업무를 수행할 수 있는 능력 보유

52 직업정보로서 갖추어야 할 요건에 대한 설명으로 틀린 것은?

① 직업정보는 객관성이 담보되어야 한다.
② 직업정보 활용의 효율성 측면에서 이용대상자의 진로발달단계나 수준, 이용 목적에 적합한 직업정보를 개발하여 제공하는 것이 바람직하다.
③ 우연히 획득되거나 출처가 불명확한 직업정보라도 내용이 풍부하다면 직업정보로서 가치가 있다고 판단한다.
④ 직업정보는 개발 연도를 명시하여 부적절한 과거의 직업세계나 노동시장 정보가 구직자나 청소년에게 제공되지 않도록 하는 것이 바람직하다.

해설 **직업정보 수집 시 유의점**
㉠ 명확한 목표를 세우고, 계획적으로 수집하여야 한다.
㉡ 자료의 출처와 수집일자를 반드시 기록한다(수집자도 공개).
㉢ 항상 최신의 자료인가를 확인하고, 불필요한 자료는 폐기한다.
㉣ 필요한 도구(녹화, 사진 등)를 사용할 수 있지만 재구성은 할 수 없다.

53 다음은 한국표준산업분류(제10차)에서 산업분류 결정 방법이다. ( )에 알맞은 것은?

> 계절에 따라 정기적으로 산업을 달리하는 사업체의 경우에는 조사시점에서 경영하는 사업과 관계없이 조사대상 기간 중 ( )이 많았던 활동에 의하여 분류

① 급여액 　　　　　　② 근로소득세액
③ 산출액 　　　　　　④ 부가가치액

해설 계절에 따라 정기적으로 산업을 달리하는 사업체의 경우에는 조사시점에 경영하는 사업과는 관계없이 조사대상 기간 중 산출액이 많았던 활동에 의하여 분류된다.

54 분야별 고용정책 중 일자리창출 정책과 가장 거리가 먼 것은?

① 고용유지지원금 　　　② 실업크레딧 지원
③ 일자리함께하기 지원　④ 사회적기업 육성

해설 실업크레딧 지원제도는 실업자가 구직급여를 받는 실업 중인 기간 동안 기존에 내던 국민연금 보험료를 납부하는 것이 불가능하기 때문에 국가가 보험료 일부를 지원함으로써 실업 기간에도 국민연금 가입자가 최소 가입기간을 채워나갈 수 있도록 지원하는 제도이다.

55 다음은 한국표준직업분류(제7차)에서 직업분류의 일반 원칙이다. ( )에 들어갈 단어로 알맞은 것은?

> 동일하거나 유사한 직무는 어느 경우에든 같은 단위직업으로 분류되어야 한다는 점이다. 하나의 직무가 동일한 직업단위 수준에서 2개 혹은 그 이상의 직업으로 분류될 수 있다면 ( )의 원칙을 위반한 것이라 할 수 있다.

① 단일성 　　　　　　② 배타성
③ 포괄성 　　　　　　④ 경제성

㉠ 포괄성의 원칙 : 우리나라에 존재하는 모든 직무는 어떤 수준에서
든지 분류에 포괄되어야 한다. 특정한 직무가 누락되어 분류가 불가
능할 경우에는 포괄성의 원칙을 위배한 것으로 볼 수 있다.

㉡ 배타성의 원칙 : 동일하거나 유사한 직무는 어느 경우에든 같은 단
위직업으로 분류되어야 한다는 점이다. 하나의 직무가 동일한 직업
단위 수준에서 2개 혹은 그 이상의 직업으로 분류될 수 있다면 배타
성의 원칙을 위반한 것이라 할 수 있다.

56 한국표준산업분류(제10차)의 주요 개정내용으로 틀린 것은?

① 채소작물 재배업에 마늘, 딸기 작물 재배업을 포함
② 안경 및 안경렌즈 제조업을 의료용 기기 제조업에서 광학기기 제조업으로 이동
③ 산업용 기계 및 장비 수리업은 국제표준산업분류(ISIC)에 맞춰 수리업에서 제조업 중 중분류를 신설하여 이동
④ 어업에서 해면은 해수면으로, 수산 종묘는 수산 종자로 명칭을 변경

해설 안경 및 안경렌즈 제조업을 사진장비 및 기타 광학기기 제조업에서 의
료용기기 제조업으로 이동하였다.

57 한국표준산업분류(제10차)의 산업분류 적용원칙으로 틀린 것은?

① 자본재로 주로 사용되는 산업용 기계 및 장비의 전문적인 수리활동은 경상적인 유지·수리를 포함하여 "95개인 및 소비용품 수리업"으로 분류
② 생산단위는 산출물뿐만 아니라 투입물과 생산공정 등을 고려하여 그들의 활동을 가장 정확하게 설명한 항목에 분류
③ 산업활동이 결합되어 있는 경우에는 그 활동단위의 주된 활동에 따라 분류
④ 공식적인 생산물과 비공식적 생산물, 합법적 생산물과 불법적인 생산은 달리 분류하지 않음

해설 자본재로 주로 사용되는 산업용 기계 및 장비의 전문적인 수리활동은
경상적인 유자수리를 포함하여 "34 : 산업용 기계 및 장비 수리업"으
로 분류한다.

58 한국표준직업분류(제7차)의 대분류 항목과 직능수준과의 관계가 올바르게 연결된 것은?

① 전문가 및 관련 종사자－제4직능 수준 혹은 제3직능 수준 필요
② 사무 종사자－제3직능 수준 필요
③ 단순노무 종사자－제2직능 수준 필요
④ 군인－제1직능 수준 필요

해설
1. 관리자 : 제4직능 수준 혹은 제3직능 수준 필요
2. 전문가 및 관련 종사자 : 제4직능 수준 혹은 제3직능 수준 필요
3. 사무 종사자 : 제2직능 수준 필요
4. 서비스 종사자 : 제2직능 수준 필요
5. 판매 종사자 : 제2직능 수준 필요
6. 농림어업 숙련 종사자 : 제2직능 수준 필요
7. 기능원 및 관련 기능 종사자 : 제2직능 수준 필요
8. 장치·기계조작 및 조립 종사자 : 제2직능 수준 필요
9. 단순노무 종사자 : 제1직능 수준 필요
10. 군인 : 제2직능 수준 이상 필요

59 직업정보의 처리에 대한 설명으로 틀린 것은?

① 직업정보는 전문가가 분석해야 한다.
② 직업정보 제공 시에는 이용자의 수준에 맞게 한다.
③ 직업정보 수집 시에는 명확한 목표를 세운다.
④ 직업정보 제공 시에는 직업의 장점만을 최대한 부각해서 제공한다.

해설 직업정보 제공 시 직업에 대한 장·단점을 편견 없이 제공해야 한다.

60 Q－Net(www.q－net.or.kr)에서 제공하는 국가별 자격제도 정보가 아닌 것은?

① 영국의 자격제도   ② 프랑스의 자격제도
③ 호주의 자격제도   ④ 스위스의 자격제도

해설 미국, 영국, 독일, 일본, 호주, 프랑스의 자격정보를 제공한다.

61 다음 중 사회적 비용이 상대적으로 가장 적게 유발되는 실업은?

① 경기적 실업
② 계절적 실업
③ 마찰적 실업
④ 구조적 실업

해설 마찰적 실업은 직업정보의 부족에 의해 일시적으로 발생함으로써 사회적 비용이 상대적으로 가장 적게 유발되는 실업이며, 직업정보 제공을 통하여 해결할 수 있다.

62 불경기에 발생하는 부가노동자효과(Added Worker Effect)와 실망실업자효과(Discouraged Worker Effect)에 따라 실업률이 변화한다. 이때 실업률에 미치는 효과의 방향성이 옳은 것은? (단, + : 상승효과, − : 감소효과)

① 부가노동자효과 : +, 실망실업자효과 : −
② 부가노동자효과 : −, 실망실업자효과 : +
③ 부가노동자효과 : +, 실망실업자효과 : +
④ 부가노동자효과 : −, 실망실업자효과 : −

해설 ㉠ 부가노동자 효과 : 경기가 하강할 때 주노동자가 실직하게 됨에 따라 가족 가운데 비경제활동인구로 머물던 이차적 노동력이 가계의 소득을 유지하기 위하여 노동시장에 참가하여 실업률을 높이게 되는 현상
㉡ 실망노동자 효과 : 경기침체로 실업이 계속 증가하여 실업자가 직장을 구하는 것이 더욱 어렵게 되어 구직활동을 단념함으로써 비경제활동인구가 늘어나고 경제활동인구가 감소하는 현상

63 개별기업수준에서 노동에 대한 수요곡선을 이동시키는 요인을 모두 고른 것은?

> ㄱ. 기술의 변화
> ㄴ. 임금의 변화
> ㄷ. 최종생산물의 가격의 변화
> ㄹ. 자본의 가격 변화

① ㄱ, ㄴ, ㄷ
② ㄱ, ㄴ, ㄹ
③ ㄱ, ㄷ, ㄹ
④ ㄴ, ㄷ, ㄹ

해설 임금의 변화는 노동수요곡선상의 이동이다.

64 노조가 임금인상 투쟁을 벌일 때, 고용량 감소효과가 가장 적게 나타나는 경우는?

① 노동수요의 임금탄력성이 0.1일 때
② 노동수요의 임금탄력성이 1일 때
③ 노동수요의 임금탄력성이 2일 때
④ 노동수요의 임금탄력성이 5일 때

해설 노동수요탄력성이 작을수록 비탄력적이며 고용량 감소가 작다.

$$노동수요탄력성 = \frac{노동수요량의\ 변화율(\%)}{임금의\ 변화율(\%)}$$

65 일부 사람들이 실업급여를 계속 받기 위해 채용될 가능성이 매우 낮은 곳에서만 일자리를 탐색하며 실업상태를 유지하고 있다. 다음 중 이러한 사람들이 실업자가 아니라 일할 의사가 없다는 이유로 비경제활동인구로 분류될 때 나타나는 현상으로 옳은 것은?

① 실업률과 경제활동참가율 모두 높아진다.
② 실업률과 경제활동참가율 모두 낮아진다.
③ 실업률은 낮아지는 반면, 경제활동참가율은 높아진다.
④ 실업률은 높아지는 반면, 경제활동참가율은 낮아진다.

해설 실업자가 비경제활동으로 분류되면 실업율과 경제활동참가율이 모두 낮아진다.

66 노동조합의 쟁의수단이 아닌 것은?

① 태업
② 보이콧
③ 피케팅
④ 직장폐쇄

해설 직장폐쇄는 사용자 측의 쟁의행위이다.

67 임금에 대한 설명으로 틀린 것은?

① 산업사회에서 사회적 신분의 기준이 되기도 한다.
② 임금수준은 인적 자원의 효율적 배분과는 무관하다.
③ 가장 중요한 소득원천 중의 하나이다.
④ 유효수요에 영향을 미쳐 경제의 안정과 성장에 밀접한 관련이 있다.

해설 상이한 임금수준을 통하여 인적 자원을 효율적으로 배분할 수 있다.

정답 61 ③ 62 ① 63 ③ 64 ① 65 ② 66 ④ 67 ②

68 2차 노동시장의 특징에 해당되는 것은?

① 높은 임금
② 높은 안정성
③ 높은 이직률
④ 높은 승진률

해설 2차 노동시장은 저임금, 열악한 노동조건, 높은 노동 이동률, 승진 기회의 부재, 낮은 현장 훈련기회의 특성을 지닌다. 특히 고용의 불안정성이 심한 노동시장이다.

69 연공급의 특징과 가장 거리가 먼 것은?

① 기업에 대한 귀속의식 제고
② 전문기술인력 확보 곤란
③ 근로자에 대한 교육훈련의 효과 제고
④ 인건비 부담의 감소

해설 **연공급의 단점**
   ㉠ 동일노동 동일임금원칙 실현 곤란
   ㉡ 직무성과와 관련 없는 비합리적 인건비 지출(인건비 부담 증가)
   ㉢ 무사안일주의, 적당주의 초래(소극적인 태도, 보수성이 강함)
   ㉣ 전문 인력 확보 어려움, 젊은 층 사기 저하

70 A국의 취업자가 200만 명, 실업자가 10만 명, 비경제활동인구가 100만 명이라고 할 때, A국의 경제활동참가율은?

① 약 66.7%
② 약 67.7%
③ 약 69.2%
④ 약 70.4%

해설 경제활동인구＝취업자＋실업자＝200만 명＋10만 명＝210만 명
생산가능인구(15세 이상 인구)＝경제활동인구＋비경제활동인구
＝210만 명＋100만 명＝310만 명

$$경제활동참가율＝\frac{경제활동인구}{생산가능인구}＝\frac{210만 명}{310만 명}\times100＝67.74\%$$

71 조합원 자격이 있는 노동자만을 채용하고 일단 고용된 노동자라도 조합원 자격을 상실하면 종업원이 될 수 없는 숍 제도는?

① 오픈 숍
② 유니온 숍
③ 에이전시 숍
④ 클로즈드 숍

해설 ㉠ 오픈 숍(open shop) : 사용자가 노동조합에 가입한 조합원이나 가입하지 않은 비조합원이나 모두 고용할 수 있는 제도이다. 노동조합은 상대적으로 노동력의 공급을 독점하기 어렵다.

㉡ 클로즈드 숍(closed shop) : 조합에 가입하고 있는 노동자만을 채용하고 일단 고용된 노동자라도 조합원 자격을 상실하면 종업원이 될 수 없는 숍제도로서 우리나라 항운노동조합이 이에 해당한다.
㉢ 유니온 숍(union shop) : 기업이 노동자를 채용할 때는 노동조합에 가입하지 않은 노동자를 채용할 수 있지만 일단 채용된 노동자는 일정기간 내에 노동조합에 가입하여야 하며 또한 조합에서 탈퇴하거나 제명되는 경우 종업원 자격을 상실하도록 되어 있는 제도이다.
㉣ 에이전시 숍(agency shop) : 노동조합 가입에 대한 강제조항이 없는 경우, 비노조원은 노력없이 노조원들의 조합활동의 혜택을 보게된다. 따라서 노조는 혜택에 대한 대가로 비노조원들에게서 노조비에 상당하는 금액을 징수한다.
㉤ 프리퍼렌셜 숍(preferential shop) : 조합원 우대제도라고도 하며 사용자가 조합원 여부에 관계없이 종업원을 채용할 수 있으나, 인사해고 및 승진 등에 있어서 조합원에게 우선적 특권을 부여하는 제도를 말한다.
㉥ 메인티넌스 숍(maintenance of membership shop) : 조합원 자격 유지제도라고도 하며 사용자가 조합원 여부에 관계없이 종업원을 채용할 수 있으나 단체협약의 효력기간 중에는 조합원 자격을 유지하여야 하는 제도이다.

72 기업별 노동조합에 관한 설명으로 틀린 것은?

① 노동자들의 횡단적 연대가 뚜렷하지 않고, 동종ㆍ동일산업이라도 기업 간의 시설규모, 지불능력의 차이가 큰 곳에서 조직된다.
② 노동조합이 회사의 사정에 정통하여 무리한 요구로 인한 노사분규의 가능성이 낮다.
③ 사용자와의 밀접한 관계로 공동체 의식을 통한 노사협력 관계를 유지할 수 있어 어용화의 가능성이 낮다.
④ 각 직종 간의 구체적 요구조건을 공평하게 처리하기 곤란하여 직종 간에 반목과 대립이 발생할 수 있다.

해설 기업별 노동조합은 하나의 사업 또는 사업장에 종사하는 노동자들이 직종에 관계없이 결합한 노동조합으로 하나의 기업이 조직상의 단위가 된다. 조합원의 참여의식이 높고 기업의 특수성을 반영할 수 있으나 어용화의 가능성이 크고, 조합이기주의가 나타날 수 있다. 우리나라의 주된 조직형태이다.

73 최저임금제도의 기대효과로 가장 거리가 먼 것은?

① 소득분배의 개선
② 기업 간 공정경쟁의 확보
③ 산업평화의 유지
④ 실업의 해소

해설 최저임금제도의 시행은 노동수요를 감소시켜 실업을 증가시킨다. 그러나 유효수요의 확보가 가능하다.

정답 68 ③ 69 ④ 70 ② 71 ④ 72 ③ 73 ④

74 임금격차의 원인을 모두 고른 것은?

> ㄱ. 인적자본 투자 차이로 인한 생산성 격차
> ㄴ. 보상적 격차
> ㄷ. 차별

① ㄱ, ㄴ   ② ㄱ, ㄷ
③ ㄴ, ㄷ   ④ ㄱ, ㄴ, ㄷ

해설 ⊙ 임금격차의 경쟁적 요인 : 인적 자본량, 보상적 임금격차, 기업의 합리적 선택으로써 효율성 임금정책
ⓒ 임금격차의 경쟁 외적 요인 : 연공급 제도, 차별화 및 노동시장의 분단(분단노동시장), 근로자의 독점지대의 배당, 노동조합의 효과

75 다음 중 가장 적극적인 근로자의 경영참가 형태는?

① 단체교섭에 의한 참가
② 단체행동에 의한 참가
③ 노사협의회에 의한 참가
④ 근로 자중역, 감사역제에 의한 참가

해설 근로자 중역 · 감사역제에 의한 참가는 근로자 측의 중역 및 감사역을 중역회 및 감사역회에 참가시키는 형태로써 근로자의 경영참가 형태로서는 기업경영의 의사결정에 직접 참가한다는 의미에서 가장 고도의 것이라고 할 수 있다.

76 선별가설(Screening Hypothesis)에 대한 설명과 가장 거리가 먼 것은?

① 교육훈련은 생산성을 직접 높이는 것은 아니며 유망한 근로자를 식별해 주는 역할을 한다.
② 빈곤 문제 해결을 위해서는 교육훈련 기회를 확대하는 것이 중요하다.
③ 학력이 높은 사람이 소득이 높은 것은 교육 때문이 아니라 원래 능력이 우수하기 때문이다.
④ 근로자들은 자신의 능력과 재능을 보여주기 위해 교육에 투자한다.

해설 기업가가 노동자를 채용할 때 기업이 바라는 것은 능력 있고 우수하며 직장에 오래 있으려는 성향을 가진 노동자를 채용하는 것이다. 그러나 노동자의 이러한 바람직한 잠재적 성향은 쉽게 관찰되지 않는다. 특히 채용여부를 결정하게 되는 초기에는 더욱 그러할 것이다. 기업이 쉽게 관찰할 수 있는 것은 성, 나이, 학력 등의 개인적 지표뿐이다. 이때 기업이 선별비용을 줄이기 위해 유능한 사람을 찾아내는 도구로서의 교육을 강조하는 이론을 선별가설이라 한다. 선별가설에서 교육은 근로자

의 생산성에는 직접적인 영향을 미치지 않으며 단지 사용자들이 근로자를 고용하는 과정에서 보다 능력 있는 근로자를 선택할 수 있게 해주는 선발장치로만 작용할 뿐이다.

77 직무급 임금체계에 관한 설명으로 가장 적합한 것은?

① 정기승급에 의한 생활안정으로 근로자의 기업에 대한 귀속의식을 고양시킨다.
② 기업풍토, 업무내용 등에서 보수성이 강한 기업에 적합하다.
③ 근로자의 능력을 직능고과의 평가결과에 따라 임금을 결정한다.
④ 노동의 양뿐만 아니라 노동의 질을 동시에 평가하는 임금결정방식이다.

해설 ①, ② 연공급
③ 직능급

78 단체교섭에서 사용자의 교섭력에 관한 설명으로 가장 거리가 먼 것은?

① 기업의 재정능력이 좋으면 사용자의 교섭력이 높아진다.
② 사용자 교섭력의 원천 중 하나는 직장폐쇄(Lockout)를 할 수 있는 권리이다.
③ 사용자는 쟁의행위기간 중 그 쟁의행위로 중단된 업무를 원칙적으로 도급 또는 하도급을 줄 수 있다.
④ 비조합원이 조합원의 일을 대신할 수 있는 여지가 크다면, 그만큼 사용자의 교섭력이 높아진다.

해설 사용자는 쟁의행위기간 중 그 쟁의행위로 중단된 업무를 원칙적으로 도급 또는 하도급 줄 수 없다.

79 실업에 관한 설명으로 옳은 것은?

① 마찰적 실업은 자연실업률 측정에 포함되지 않는다.
② 더 좋은 직장을 구하기 위해 잠시 직장을 그만둔 경우는 경기적 실업에 해당한다.
③ 경기적 실업은 자연실업률 측정에 포함된다.
④ 현재의 실업률에서 실망실업자가 많아지면 실업률은 하락한다.

정답 74 ④   75 ④   76 ②   77 ④   78 ③   79 ④

① 마찰적 실업은 자연실업률 측정에 포함된다.
② 더 좋은 직장을 구하기 위해 잠시 직장을 그만둔 경우는 마찰적 실업에 해당한다.
③ 경기적 실업은 자연실업률 측정에 포함되지 않는다.

80 내부노동시장의 형성요인과 가장 거리가 먼 것은?

① 관습
② 현장훈련
③ 임금수준
④ 숙련의 특수성

내부노동시장의 형성요인은 숙련의 특수성, 현장훈련(직장 내 훈련), 관습, 장기근속 가능성, 기업의 규모 등이다.

SECTION

제5과목 노동관계법규

81 파견근로자보호 등에 관한 법률상 사용사업주가 파견근로자를 직접 고용할 의무가 발생하는 경우가 아닌 것은?

① 고용노동부장관의 허가를 받지 않고 근로자파견사업을 하는 자로부터 근로자파견의 역무를 제공받은 경우
② 제조업의 직접생산공정업무에서 일시적·간헐적으로 사용기간 내에 파견근로자를 사용한 경우
③ 건설공사현장에서 이루어지는 업무에서 부상으로 결원이 생겨 파견근로자를 사용한 경우
④ 건설공사현장에서 이루어지는 업무에서 연차 유급휴가로 결원이 생겨 파견근로자를 사용한 경우

1) 근로자파견사업은 제조업의 직접생산공정업무를 제외하고 전문지식·기술·경험 또는 업무의 성질 등을 고려하여 적합하다고 판단되는 업무로서 대통령령으로 정하는 업무를 대상으로 한다.
2) 제1항에도 불구하고 출산·질병·부상 등으로 결원이 생긴 경우 또는 일시적·간헐적으로 인력을 확보하여야 할 필요가 있는 경우에는 근로자파견사업을 할 수 있다.

82 국민 평생 직업능력 개발법령상 근로자의 정의로서 가장 적합한 것은?

① 1주 동안의 소정근로시간이 그 사업장에서 같은 종류의 업무에 종사하는 통상 근로자의 1주 동안의 소정근로시간에 비하여 짧은 자

② 직업의 종류와 관계없이 임금을 목적으로 사업이나 사업장에 근로를 제공하는 자
③ 직업의 종류를 불문하고 임금·급료 기타 이에 준하는 수입에 의하여 생활하는 자
④ 사업주에게 고용된 사람과 취업할 의사가 있는 사람

국민 평생 직업능력 개발법령상 "근로자"란 사업주에게 고용된 사람과 취업할 의사가 있는 사람을 말한다.

83 고용보험법령상 다음 사례에서 구직급여의 소정 급여일수는?

> 장애인 근로자 A씨(40세)가 4년간 근무하던 회사를 퇴사하여 직업안정기관으로부터 구직급여 수급자격을 인정받았다.

① 120일
② 150일
③ 180일
④ 210일

구직급여의 소정급여일수(제50조제1항 관련)

구분		피보험기간				
		1년 미만	1년 이상 3년 미만	3년 이상 5년 미만	5년 이상 10년 미만	10년 이상
이직일 현재 연령	50세 미만	120일	150일	180일	210일	240일
	50세 이상 및 장애인	120일	180일	210일	240일	270일

※ 비고 : 장애인이란 「장애인고용촉진 및 직업재활법」에 따른 장애인을 말한다.

84 고용보험법령상 용어의 정의로 옳은 것은?

① "피보험자"란 근로기준법상 근로자와 사업주를 말한다.
② "실업"이란 근로의 의사 및 능력이 있음에도 불구하고 취업하지 못한 상태에 있는 것을 말한다.
③ "보수"란 사용자로부터 받는 일체의 금품을 말한다.
④ "일용근로자"는 3개월 미만 동안 고용되는 자를 말한다.

정의(법 2조)

① "피보험자"란 다음 각 목에 해당하는 사람을 말한다.
가. 「고용보험 및 산업재해보상보험의 보험료징수 등에 관한 법률」(이하 "고용산재보험료징수법"이라 한다)에 따라 보험에 가입되거나 가입된 것으로 보는 근로자, 예술인 또는 노무제공자
나. 고용산재보험료징수법에 따라 고용보험에 가입하거나 가입된 것으로 보는 자영업자

③ "보수"란 「소득세법」 제20조에 따른 근로소득에서 대통령령으로 정하는 금품을 뺀 금액을 말한다. 다만, 휴직이나 그 밖에 이와 비슷한 상태에 있는 기간 중에 사업주 외의 자로부터 지급받는 금품 중 고용노동부장관이 정하여 고시하는 금품은 보수로 본다.

④ "일용근로자"란 1개월 미만 동안 고용되는 사람을 말한다.

---

85 국민 평생 직업능력 개발법령상 고용노동부장관이 반드시 지정직업훈련시설의 지정을 취소해야 하는 경우에 해당하는 것은?

① 시정명령을 따르지 아니한 경우
② 변경지정을 받지 아니하고 지정 내용을 변경하는 등 부정한 방법으로 지정직업훈련시설을 운영한 경우
③ 훈련생을 모집할 때 거짓 광고를 한 경우
④ 거짓으로 지정을 받은 경우

해설 **지정직업훈련시설의 지정 취소**
　㉠ 거짓이나 그 밖의 부정한 방법으로 지정을 받은 경우
　㉡ 지정 요건을 갖추지 못한 경우(「건축법」 등 법령 위반에 따른 행정처분으로 해당 시설을 직업훈련 용도에 사용할 수 없게 된 경우를 포함한다)
　㉢ 제29조 각 호의 어느 하나에 해당하게 된 경우(지정직업훈련시설을 지정받으려는 자의 결격사유)

---

86 근로기준법상 미성년자의 근로계약에 관한 설명으로 틀린 것은?

① 원칙적으로 15세 이상 18세 미만인 사람의 근로시간은 1일에 7시간, 1주에 35시간을 초과하지 못한다.
② 미성년자는 독자적으로 임금을 청구할 수 없다.
③ 노동부장관은 근로계약이 미성년자에게 불리하다고 인정되는 경우에는 이를 해지할 수 있다.
④ 친권자나 후견인은 미성년자의 근로계약을 대리할 수 없다.

해설 미성년자는 독자적으로 임금을 청구할 수 있다.

---

87 헌법상 노동기본권 등에 관한 설명으로 틀린 것은?

① 국가는 근로자의 고용의 증진과 적정임금의 보장에 노력하여야 한다.
② 여자의 근로는 특별한 보호를 받으며, 고용·임금 및 근로조건에 있어서 부당한 차별을 받지 아니한다.

③ 국가는 법률이 정하는 바에 의하여 최저임금제를 시행하여야 한다.
④ 공무원인 근로자는 자주적인 단결권·단체교섭권 및 단체행동권을 가진다.

해설 공무원인 근로자는 법률이 정하는 자에 한하여 단결권·단체교섭권·단체행동권을 가진다(헌법 제33조 2항).
　㉠ 지식경제부 소속의 현업기관과 국립의료원의 작업현장에서 사실상 노무에 종사하는 기능직 공무원 가운데 일정한 자에 대하여 근로3권을 인정하고 있다.
　㉡ 6급 이하의 공무원은 단결권, 단체교섭권만 인정하며 단체행동권은 인정되지 않는다.

---

88 개인정보 보호법령상 개인정보 보호위원회(이하 "보호위원회"라 한다)에 관한 설명으로 틀린 것은?

① 대통령 소속으로 개인정보 보호위원회를 둔다.
② 보호위원회는 상임위원 2명을 포함한 9명의 위원으로 구성한다.
③ 보호위원회의 회의는 재적위원 과반수의 출석으로 개의하고, 출석위원 과반수의 찬성으로 의결한다.
④ 「정당법」에 따른 당원은 보호위원회 위원이 될 수 없다.

해설 개인정보 보호에 관한 사무를 독립적으로 수행하기 위하여 국무총리 소속으로 개인정보 보호위원회를 둔다.

---

89 고용상 연령차별금지 및 고령자고용촉진에 관한 법령상 고령자 고용정보센터의 업무로 명시되지 않은 것은?

① 고령자에 대한 구인·구직 등록
② 고령자 고용촉진을 위한 홍보
③ 고령자에 대한 직장 적응훈련 및 교육
④ 고령자의 실업급여 지급

해설 고령자 고용정보센터는 다음 각 호의 업무를 수행한다.
　① 고령자에 대한 구인·구직 등록, 직업지도 및 취업알선
　② 고령자에 대한 직장 적응훈련 및 교육
　③ 정년연장과 고령자 고용에 관한 인사·노무관리와 작업환경 개선 등에 관한 기술적 상담·교육 및 지도
　④ 고령자 고용촉진을 위한 홍보
　⑤ 그 밖에 고령자 고용촉진을 위하여 필요한 업무

정답 85 ④　86 ②　87 ④　88 ①　89 ④

90 직업안정법상 신고를 하지 아니하고 할 수 있는 무료직업소개사업이 아닌 것은?

① 한국산업인력공단이 하는 직업소개
② 한국장애인고용공단이 장애인을 대상으로 하는 직업소개
③ 국민체육진흥공단이 체육인을 대상으로 하는 직업소개
④ 근로복지공단이 업무상 재해를 입은 근로자를 대상으로 하는 직업소개

해설 다음의 경우 신고를 하지 아니하고 무료직업소개사업을 할 수 있다.
ㄱ 한국산업인력공단이 하는 직업소개
ㄴ 한국장애인고용공단이 장애인을 대상으로 하는 직업소개
ㄷ 교육 관계법에 따른 각급 학교의 장, 공공직업훈련시설의 장이 재학생·졸업생 또는 훈련생·수료생을 대상으로 하는 직업소개
ㄹ 근로복지공단이 업무상 재해를 입은 근로자를 대상으로 하는 직업소개

91 고용보험법상 실업급여에 관한 설명으로 틀린 것은?

① 실업급여로서 지급된 금품에 대하여는 국가나 지방자치단체의 공과금을 부과하지 아니한다.
② 실업급여를 받을 권리는 양도하거나 담보로 제공할 수 없다.
③ 실업급여수급계좌의 해당 금융기관은 이 법에 따른 실업급여만이 실업급여수급계좌에 입금되도록 관리하여야 한다.
④ 구직급여에는 조기재취업 수당, 직업능력개발 수당, 광역 구직활동비, 이주비가 있다.

해설 **실업급여의 종류(법 37조)**
1) 실업급여는 구직급여와 취업촉진 수당으로 구분한다.
2) 취업촉진 수당의 종류는 다음 각 호와 같다.
① 조기(早期)재취업 수당
② 직업능력개발 수당
③ 광역 구직활동비
④ 이주비

92 근로기준법령상 사용자가 3년간 보존하여야 하는 근로계약에 관한 중요한 서류로 명시되지 않은 것은?

① 임금대장
② 휴가에 관한 서류
③ 고용·해고·퇴직에 관한 서류
④ 퇴직금 중간정산에 관한 증명서류

해설 사용자는 근로자 명부와 대통령령으로 정하는 근로계약에 관한 중요한 서류를 3년간 보존하여야 한다.

ㄱ 근로계약서
ㄴ 임금대장
ㄷ 임금의 결정·지급방법과 임금계산의 기초에 관한 서류
ㄹ 고용·해고·퇴직에 관한 서류
ㅁ 승급·감급에 관한 서류
ㅂ 휴가에 관한 서류
ㅅ 연소자의 증명에 관한 서류

93 직업안정법령상 직업소개사업을 겸업할 수 있는 자는?

① 식품접객업 중 유흥주점영업자
② 숙박업자
③ 경비용역사업자
④ 결혼중개업자

해설 다음 각 호의 어느 하나에 해당하는 사업을 경영하는 자는 직업소개사업을 하거나 직업소개사업을 하는 법인의 임원이 될 수 없다.
1) 결혼중개업
2) 숙박업
3) 식품접객업 중 대통령령으로 정하는 영업

94 근로기준법령상 이행강제금에 관한 설명으로 옳은 것은?

① 노동위원회는 구제명령을 받은 후 이행기한까지 구제명령을 이행하지 아니한 사용자에게 3천만 원 이하의 이행강제금을 부과한다.
② 노동위원회는 이행강제금 납부의무자가 납부기한까지 이행강제금을 내지 아니하면 즉시 국세 체납처분의 예에 따라 징수할 수 있다.
③ 노동위원회는 최초의 구제명령을 한 날을 기준으로 매년 4회의 범위에서 구제명령이 이행 될 때까지 반복하여 이행강제금을 부과·징수할 수 있다.
④ 근로자는 구제명령을 받은 사용자가 이행기한까지 구제명령을 이행하지 아니하면 이행기한이 지난 때부터 30일 이내에 그 사실을 노동위원회에 알려줄 수 있다.

해설 ② 노동위원회는 이행강제금 납부의무자가 납부기한까지 이행강제금을 내지 아니하면 기간을 정하여 독촉을 하고 지정된 기간에 제1항에 따른 이행강제금을 내지 아니하면 국세 체납처분의 예에 따라 징수할 수 있다.
③ 노동위원회는 최초의 구제명령을 한 날을 기준으로 매년 2회의 범위에서 구제명령이 이행될 때까지 반복하여 제1항에 따른 이행강제금을 부과·징수할 수 있다. 이 경우 이행강제금은 2년을 초과하여 부과·징수하지 못한다.

정답 90 ③ 91 ④ 92 ④ 93 ③ 94 ①

④ 근로자는 구제명령을 받은 사용자가 이행기한까지 구제명령을 이행하지 아니하면 이행기한이 지난 때부터 15일 이내에 그 사실을 노동위원회에 알려줄 수 있다.

95 남녀고용평등과 일·가정 양립 지원에 관한 법령상 고용에 있어서 남녀의 평등한 기회와 대우를 보장하여야 할 사항으로 명시되어 있지 않은 것은?

① 모집과 채용
② 임금
③ 근로시간
④ 교육·배치 및 승진

해설 **고용에 있어서 남녀의 평등한 기회보장 및 대우 등**
1. 모집과 채용(법 7조)
2. 임금(법 8조)
3. 임금 외의 금품 등(법 9조)
4. 교육·배치 및 승진(법 10조)
5. 정년·퇴직 및 해고(법 11조)

96 기간제 및 단시간근로자 보호 등에 관한 법률상 차별시정제도에 대한 설명으로 틀린 것은?

① 기간제근로자는 차별적 처우를 받은 경우 노동위원회에 차별적 처우가 있는 날부터 6개월이 경과하기 전에 그 시정을 신청할 수 있다.
② 기간제근로자가 차별적 처우의 시정신청을 하는 때에는 차별적 처우의 내용을 구체적으로 명시하여야 한다.
③ 노동위원회는 차별적 처우의 시정신청에 따른 심문의 과정에서 관계당사자 쌍방 또는 일방의 신청 또는 직권에 의하여 조정(調停)절차를 개시할 수 있다.
④ 시정신청을 한 근로자는 사용자가 확정된 시정명령을 이행하지 아니하는 경우 이를 중앙노동위원회에 신고하여야 한다.

해설 시정신청을 한 근로자는 사용자가 확정된 시정명령을 이행하지 아니하는 경우 이를 고용노동부장관에게 신고할 수 있다.

97 다음 ( )에 알맞은 것은?

고용정책 기본법령상 상시 ( ) 이상의 근로자를 사용하는 사업주는 매년 근로자의 고용형태 현황을 공시하여야 한다.

① 50명
② 100명
③ 200명
④ 300명

해설 **고용형태 현황 공시(법 15조의6)**
1) 300명 이상의 근로자를 사용하는 사업주는 매년 근로자의 고용형태 현황을 공시하여야 한다.
2) 사업주는 매년 3월 31일(해당 일이 공휴일인 경우에는 그 직전 근무일을 말한다)을 기준으로 다음 각 호의 구분에 따른 근로자의 고용형태 현황을 작성하여 해당 연도 4월 30일까지 공시하여야 한다. 이 경우 상시 1,000명 이상의 근로자를 사용하는 사업주는 고용형태 현황을 사업장별로 작성하여 고용형태 현황과 함께 공시하여야 한다.

98 남녀고용평등과 일·가정 양립지원에 관한 법령상 ( )에 들어갈 말로 알맞은 것은?

제18조의2(배우자 출산휴가) ① 사업주는 근로자가 배우자의 출산을 이유로 휴가(이하 : "배우자 출산휴가"라 한다)를 청구하는 경우에 (ㄱ)일의 휴가를 주어야 한다.
(이하 생략)
③ 배우자 출산휴가는 근로자의 배우자가 출산한 날부터 (ㄴ) 일이 지나면 청구할 수 없다.

① ㄱ : 5, ㄴ : 30
② ㄱ : 5, ㄴ : 90
③ ㄱ : 10, ㄴ : 30
④ ㄱ : 10, ㄴ : 90

해설 **배우자 출산휴가(법 18조의 2)**
① 사업주는 근로자가 배우자의 출산을 이유로 휴가(이하 "배우자 출산휴가"라 한다)를 청구하는 경우에 10일의 휴가를 주어야 한다. 이 경우 사용한 휴가기간은 유급으로 한다.
② 제1항 후단에도 불구하고 출산전후휴가급여등이 지급된 경우에는 그 금액의 한도에서 지급의 책임을 면한다.
③ 배우자 출산휴가는 근로자의 배우자가 출산한 날부터 90일이 지나면 청구할 수 없다.
④ 배우자 출산휴가는 1회에 한정하여 나누어 사용할 수 있다.
⑤ 사업주는 배우자 출산휴가를 이유로 근로자를 해고하거나 그 밖의 불리한 처우를 하여서는 아니 된다.

99 남녀고용평등과 일·가정 양립 지원에 관한 법률에 명시돼 있는 내용이 아닌 것은?

① 직장 내 성희롱의 금지
② 배우자 출산휴가
③ 육아휴직
④ 생리휴가

해설 생리휴가는 근로기준법에서 규정하고 있다.

정답 95 ③ 96 ④ 97 ④ 98 ④ 99 ④

100 고용정책기본법상 근로자의 고용촉진 및 사업주의 인력확보 지원시책이 아닌 것은?

① 구직자와 구인자에 대한 지원
② 학생 등에 대한 직업지도
③ 취업취약계층의 고용촉진 지원
④ 업종별 · 지역별 고용조정의 지원

해설 근로자의 고용촉진 및 사업주의 인력확보 지원시책에는 구직자와 구인자에 대한 지원, 학생 등에 대한 직업지도, 청년 · 여성 · 고령자 등의 고용촉진의 지원, 취업취약계층의 고용촉진 지원, 일용근로자 등의 고용안정 지원, 사회서비스일자리 창출 및 사회적기업 육성, 기업의 고용창출 등 지원, 중소기업 인력확보지원계획의 수립 · 시행, 외국인근로자의 도입이 있다. 업종별 · 지역별 고용조정의 지원은 고용조정지원 및 고용안정대책이다.

2022년 3회 과년도문제풀이

직업상담사 2급 필기 전과목 무료동영상

제1과목 직업상담학

01 내담자가 상담과정에서 느낀 통찰을 현실 생활에 실제로 적용하여 내담자의 변화가 일어나는 것은?

① 저항
② 전이
③ 해석
④ 훈습

> **해설** 훈습은 상담과정에서 느낀 내담자의 통찰이 실제로 적용되어 내담자에게 변화가 일어나는 것을 말한다.

02 상담자가 자신이 직접 경험하지 않고도 다른 사람의 감정을 거의 같은 내용과 수준으로 이해하는 능력은?

① 공감
② 수용
③ 해석
④ 직면

> **해설** 공감은 일반적으로 상담자가 갖추어야 할 기법 중 내담자가 전달하려는 내용에서 한 걸음 더 나아가 그 내면적 감정에 대해 반영하는 것이다.

03 6개의 생각하는 모자(six thinking hats) 기법에서 사용하는 모자 색깔이 아닌 것은?

① 갈색
② 녹색
③ 청색
④ 흑색

> **해설** **6개의 생각하는 모자(six thinking hats)**
> ㉠ 백색 : 본인과 직업들에 대한 사실들만을 고려한다.
> ㉡ 청색 : 문제를 정의하고 사고를 조직화한다.
> ㉢ 흑색 : 부정적 · 비판적 측면에 대한 사고와 연관시킨다.

> ㉣ 황색 : 긍정적인 사고 즉, 낙관적이며 모든 일이 잘될 것이라고 생각한다.
> ㉤ 빨강 : 감정적 견해 즉, 직관에 의존하고 직감에 따라 행동한다.
> ㉥ 녹색 : 창의성, 아이디어 즉, 새로운 대안을 찾으려 노력하고 문제를 다른 각도에서 바라본다.

04 생애진로사정(Life Career Assessment)에 관한 설명으로 옳은 것은?

① 양적인 평가방법으로 다양한 생애역할을 평가한다.
② 내담자의 일, 사랑, 우정에 대한 접근방식을 평가한다.
③ 내담자의 아동기 부모─자녀 간 상호작용 경험을 평가한다.
④ 3세대에 걸친 내담자 가족의 윤곽을 평가한다.

> **해설** ① 생애진로사정은 상담초기에 내담자에 관한 가장 기초적인 직업상담 정보를 얻는 질적 평가절차이다.
> ③ 로(Roe)의 욕구이론은 부모─자녀 간의 상호작용을 자녀에 대한 정서집중형, 회피형, 수용형의 유형으로 구분한다.
> ④ 직업가계도는 3세대 이상에 걸친 가족성원에 대한 정보와 그들 간의 관계를 도식화한다.

05 진로상담에서 직업정보를 활용하는 목적에 해당하는 것을 모두 고른 것은?

> ㄱ. 내담자가 직무내용에 대해 구체적으로 알 수 있도록 하기 위해서
> ㄴ. 내담자가 생각하고 있는 대안을 검토하여 의사결정을 돕기 위해서
> ㄷ. 내담자가 직업에 대해서 가지고 있는 부정확한 지식을 바로잡기 위해서

① ㄴ, ㄷ
② ㄱ, ㄴ, ㄷ
③ ㄱ, ㄷ
④ ㄱ, ㄴ

진로상담에서 직업정보를 활용하는 목적
- 내담자가 직무 내용에 대해 구체적으로 알 수 있도록 하기 위해
- 내담자가 생각하고 있는 대안을 검토하여 의사결정을 돕기 위해
- 내담자가 직업에 대해서 가지고 있는 부정확한 지식을 바로잡기 위해

06 상담이론과 직업상담사의 역할의 연결이 바르지 않은 것은?

① 인지상담 – 수동적이고 수용적인 태도
② 정신분석적 상담 – 텅 빈 스크린
③ 내담자 중심의 상담 – 촉진적인 관계형성 분위기 조성
④ 행동주의 상담 – 능동적이고 지시적인 역할

인지상담 – 능동적이고 수용적인 태도

07 Roe는 가정의 정서적 분위기, 즉 부모와 자녀 간의 상호작용을 세 가지 유형으로 구분하였는데 이에 해당하지 않는 것은?

① 정서집중형　　　　② 반발형
③ 회피형　　　　　　④ 수용형

직업분류에 미치는 초기경험과 부모행동의 영향
　　로는 초기의 경험은 가정환경, 특히 부모와의 관계, 부모의 행동에 큰 영향을 받는다고 보았다.
　　㉠ 아동에 대한 정서적 집중은 과보호적 · 과요구적으로 될 수 있다.
　　㉡ 아동에 대한 회피는 정서적 거부와 방임으로 표현된다.
　　㉢ 아동에 대한 수용은 무관심한 수용과 애정적인 수용으로 나타난다.

08 행동수정의 주요 개념들에 관한 설명으로 적합하지 않은 것은?

① 소거는 문제행동을 줄이거나 없애기 위해 그 행동에 대한 강화를 중단하는 것이다.
② 간헐강화는 바람직한 행동이 발생할 때마다 강화하지 않고 가끔씩 강화하는 것이다.
③ 정적강화는 대상자가 적절한 행동을 한 뒤에 그가 좋아하는 것을 주는 것이다.
④ 부적강화는 대상자가 적절한 행동을 하지 않을 때 그가 좋아하는 것을 제공하지 않는 것이다.

부적강화는 대상자가 적절한 행동을 했을 때 그가 싫어하는 것을 제공하지 않는 것이다.

09 정신역동적 집단상담의 장점이 아닌 것은?

① 자신의 방어와 저항에 대해 좀 더 극적인 통찰을 얻을 수 있다.
② 다른 집단원이나 상담자에게 전이감정을 느끼며 훈습할 기회가 많아 자기 이해를 증진할 수 있다.
③ 다른 집단원의 작업을 관찰함으로써 자신이 의식하지 못했던 감정을 가지고 있음을 이해하게 된다.
④ 집단상담자의 분석은 상담자와 집단원의 독점적 관계에서 전이적 소망을 충족시켜 주므로 치료를 촉진시킨다.

집단상담에서는 상담자와 집단원의 독점적 관계가 될 수 없다.

10 실존주의 상담의 주요개념에 해당하지 않는 것은?

① 죽음　　　　　　　② 자유
③ 고립　　　　　　　④ 보상

실존주의 상담에서는 인간존재의 궁극적 관심이나 본질의 요소로 죽음, 자유, 고립, 무의미로 보았다.

11 디시(Deci)에 의해 제안된 이론으로 직무자가 직무수행에 대한 고유한 즐거움에 의하여 동기부여가 되며, 부가적 보상을 받는 것보다 더 몰입하고 만족감을 얻는다는 이론은?

① 강화이론　　　　　② 목표설정이론
③ 형평이론　　　　　④ 내재적 동기이론

디시(Deci)의 내재적 동기는 직무자가 직무수행에 대한 고유한 즐거움에 의하여 동기부여가 되며, 부가적 보상을 받는 것보다 더 몰입하고 만족감을 얻는다는 이론이다.

12 긴즈버그(E. Ginzberg)의 진로발달이론에 관한 설명으로 틀린 것은?

① 진로선택은 한 번에 끝내는 의사결정이 아니라 일종의 발달 과정이다.
② 진로발달은 환상기, 확립기, 현실기의 단계를 거친다.
③ 환상기에는 객관적이고 합리적인 정보에 근거하기보다는 상상 속에서 일과 관련된 역할을 인식한다.
④ 진로발달은 인간발달의 한 측면이다.

해설 진로발달은 환상기, 잠정기, 현실기의 단계를 거친다.

13 특성-요인 상담의 특징으로 옳지 않은 것은?

① 상담자 중심의 상담방법이다.
② 문제의 객관적 이해보다는 내담자에 대한 정서적 이해에 중점을 둔다.
③ 내담자에게 정보를 제공하고 학습기술과 사회적 적응기술을 알려주는 것을 중요시한다.
④ 사례연구를 상담의 중요한 자료로 삼는다.

해설 특성-요인 상담은 내담자에 대한 정서적 이해보다는 문제의 객관적 이해에 중점을 둔다.

14 사이버 직업상담의 장점이 아닌 것은?

① 개인의 지위, 연령, 신분, 권력 등을 짐작할 수 있는 사회적 단서가 제공되지 않으므로 전달되는 내용 자체에 많은 주의를 기울이고 의미를 부여할 수 있다.
② 내담자의 자발적 참여로 상담이 진행되는 경우가 대면상담에 비해 압도적으로 많으므로 내담자들이 문제해결에 대한 동기가 높다고 할 수 있다.
③ 내담자 자신의 정보가 제한되며 상담의 저항 같은 것에 영향을 받지 않아 상담을 쉽게 마무리할 수 있다.
④ 상담자와 직접 얼굴을 마주하지 않기 때문에 자신의 행동이나 감정에 대한 즉각적인 판단이나 비판을 염려하지 않아도 된다.

해설 ③은 사이버 직업상담의 단점이다.

15 직업상담자의 직무로 적합하지 않은 것은?

① 일반상담
② 직업정보처리
③ 직업문제에 대한 심리치료
④ 가족상담

해설 가족상담은 직업상담사의 직무로 적합하지 않다.

16 진로시간전망 검사지를 사용하는 주요 목적이 아닌 것은?

① 목표설정의 촉구
② 계획기술의 연습
③ 진로계획의 수정
④ 진로의식의 고취

해설 **진로시간전망 검사의 목적**
 ㉠ 미래 방향성 증대
 ㉡ 미래 희망 주기
 ㉢ 계획에 의한 긍정적 태도 강화
 ㉣ 목표설정 촉구
 ㉤ 시간계획기술 연습
 ㉥ 진로의식 함양

17 상담자의 첫 면담 준비사항에 관한 설명으로 옳지 않은 것은?

① 접수면접에서 누락된 주요 정보를 확인한다.
② 내담자에 대한 선입견을 줄이기 위해 상담신청서는 활용하지 않는다.
③ 개인적 걱정이나 감정으로부터 벗어나 내담자를 맞이할 수 있는 마음의 준비를 한다.
④ 상담자에 대한 첫인상이 중요하므로 복장에 신경을 쓴다.

해설 내담자에 대한 선입견을 줄이기 위해 상담신청서를 활용한다.

18 상담에서 비밀보장 예외의 원칙과 가장 거리가 먼 것은?

① 상담자가 슈퍼비전을 받아야 하는 경우
② 심각한 범죄 실행의 가능성이 있는 경우
③ 내담자가 자살을 실행할 가능성이 있는 경우
④ 상담을 의뢰한 교사가 내담자의 상담자료를 요청하는 경우

정답 12 ②　13 ②　14 ③　15 ④　16 ③　17 ②　18 ④

19 장애를 가진 내담자를 위한 집단상담 프로그램에서 가장 중요한 활동은?

① 심리검사 실시
② 취업동기 평가
③ 사회적응을 위한 상담
④ 가족관계 확인

해설 장애를 가진 내담자는 사회적 소외와 부적응 등이 가장 큰 문제이다.

20 내담자에게 선정된 행동을 연습하거나 실천토록 함으로써 내담자가 계약을 실행하는 기회를 최대화하도록 도와주는 것은?

① 리허설
② 계약
③ 감정이입
④ 유머

해설 리허설은 초기면담의 주요 요소로서 내담자에게 선정된 행동을 연습하거나 실천토록 함으로써 내담자가 계약을 실행하는 기회를 최대화 할 수 있도록 도와주는 것이다. 내담자가 하고자 하는 것을 말로 표현하거나 행위로 보이는 명시적인 것과 원하는 것을 상상해 보는 암시적인 것이 있다.

SECTION

제2과목 **직업심리학**

21 신뢰도에 관한 설명으로 옳은 것은?

① 연습효과는 검사－재검사 신뢰도에 영향을 미치지 않는다.
② 후광(halo)효과는 채점자 간 신뢰도에 영향을 미친다.
③ 검사－재검사 신뢰도에서 오차변인은 내용표집에 따른 오차이다.
④ 짝진 임의배치법은 동형검사 신뢰도를 구하는 현 방법이다.

해설 ① 연습효과는 검사－재검사 신뢰도에 영향을 미친다.
③ 검사－재검사 신뢰도에서 오차변인은 시간표집에 따른 오차이다.
④ 반분신뢰도를 추정하는 방법은 전후절반법, 기우절반법, 짝진 임의배치법이 있다.

22 다음 중 직무분석 결과의 활용 용도와 가장 거리가 먼 것은?

① 신규 작업자의 모집
② 종업원의 교육훈련
③ 인력수급계획 수립
④ 종업원의 사기조사

해설 **직무분석 결과의 활용용도**
㉠ 인사관리나 노무관리를 원활히 수행해 나가기 위해 필요한 정보를 제공하는 것이다.
㉡ 직무평가, 조직의 합리화, 채용 및 승진 등 인사관리, 교육훈련, 정원관리를 위해 사용된다.
㉢ 안전교육 및 훈련, 직무설계를 위해 사용된다.
㉣ 작업관리, 작업방법 및 작업공정의 개선을 위해 사용된다.
㉤ 해당 직무에서 어떤 활동이 이루어지고 작업조건이 어떠한지를 기술하고, 직무를 수행하는 사람에게 요구되는 지식, 기술, 능력 등의 정보를 활용하는 데 있다.

23 직업적응 이론과 관련하여 개발된 검사도구가 아닌 것은?

① MIQ(Minnesota Importance Questionnaire)
② JDQ(Job Description Questionnaire)
③ MSQ(Minnesota Satisfaction Questionnaire)
④ CMI(Career Maturity Inventory)

해설 진로성숙검사도구(CMI) － Crites의 이론에 기초한 진로성숙검사는 태도척도와 능력척도로 구성되며 진로선택 내용과 과정이 통합적으로 반영되었다.

24 심리검사에 관한 설명으로 틀린 것은?

① 심리적 속성을 직접적으로 측정한다.
② 행동표본을 측정할 수 있다.
③ 개인 간 비교가 가능하다.
④ 심리평가의 근거자료 중 하나이다.

해설 인간의 심리적 속성이나 심리적 구성개념은 직접적인 측정이 불가능하며 따라서 검사도구를 사용한다.

정답 **19** ③ **20** ① **21** ② **22** ④ **23** ④ **24** ①

25 Roe의 욕구이론에서 제시한 직업군의 주요 특징으로 옳은 것은?

① 비즈니스직(business) : 대인관계가 중요하며 타인을 도와주는 행동을 취한다.
② 기술직(technology) : 사람의 욕구와 사물에 동시에 관심을 둔다.
③ 서비스직(service) : 사람의 욕구와 복지에 관련된 직업군이다.
④ 옥외활동직(outdoor) : 기술 발전으로 분화된 직업들이 있다.

> **해설** ① 비즈니스직(business) : 타인에 대한 봉사보다는 상대방을 설득하는 데 초점을 둔다.
> ② 기술직(technology) : 대인관계는 상대적으로 덜 중요하며 사물을 다루는 데 관심을 둔다.
> ④ 옥외활동직(outdoor) : 대인관계는 별로 중요하지 않으며, 농산물, 수산자원, 임산물, 축산업 등이 이에 속한다.

26 다운사이징 시대의 경력개발 방향과 가장 거리가 먼 것은?

① 조직구조의 수평화로 개인의 자율권 신장과 능력개발에 초점을 두어야 한다.
② 기술, 제품, 개인의 숙련주기가 짧아져서 경력개발은 단기, 연속 학습단계로 이어진다.
③ 일시적이 아니라 계속적이고 평생학습으로의 경력개발이 요구된다.
④ 경력변화의 기회가 적어지며 조직 내 수평적 이동과 장기고용이 어려워진다.

> **해설** **다운사이징 시대 경력개발 방향**
> ㉠ 조직구조의 수평화로 개인의 자율권 신장과 능력개발에 초점을 두어야 한다.
> ㉡ 기술, 제품, 개인의 숙련주기가 짧아져서 경력개발은 단기, 연속 학습단계로 이어진다.
> ㉢ 일시적이 아니라 계속적이고 평생학습으로의 경력개발이 요구된다.
> ㉣ 조직 내 수평 이동과 단기고용이 진행된다.
> ㉤ 다양한 능력개발과 내부배치, 재교육이 이루어진다.

27 직무 스트레스에 관한 설명으로 틀린 것은?

① 지루하게 반복되는 과업의 단조로움은 매우 위험은 스트레스 요인이 될 수 있다.
② 복잡한 과제는 정보 과부하를 일으켜 스트레스를 높인다.
③ 공식적이고 구조적인 조직에서 주로 인간관계 변수 때문에 역할갈등이 발생한다.
④ 역할모호성은 개인의 역할이 명확하지 않을 때 발생한다.

> **해설** 인간관계가 주요 역할갈등을 일으켜 스트레스원이 되는 것은 비공식적이고 비구조적인 조직이다.

28 셀리에(Selye)의 스트레스에서의 일반적응 증후군에 관한 설명으로 옳지 않은 것은?

① 스트레스의 결과가 신체부위에 영향을 준다는 뜻에서 일반적이라 명명했다.
② 스트레스의 원인으로부터 신체가 대처하도록 한다는 의미에서 적응이라 명명했다.
③ 경계단계는 정신적 혹은 육체적 위험에 노출되었을 때 즉각적인 반응을 보이는 단계이다.
④ 탈진단계에서 심장병을 잘 유발하는 성격의 B유형은 흥분을 가라앉히지 않는다.

> **해설** 탈진단계에서 심장병을 잘 유발하는 성격의 A유형은 흥분을 가라앉히지 않는다.

29 Krumboltz의 사회학습 진로이론에서 삶에서 일어나는 우연한 일들을 자신의 진로에 유리하게 활용하는 데 도움되는 기술이 아닌 것은?

① 호기심(curiosity)　　② 독립심(independence)
③ 낙관성(optimum)　　④ 위험 감수(risk taking)

> **해설** Krumboltz의 사회학습 진로이론에서 삶에서 일어나는 우연한 일들을 자신의 진로에 유리하게 활용하는 데 도움 되는 기술로 호기심, 인내심, 융통성, 낙관성, 위험감수를 제시하였다.

정답 25 ③　26 ④　27 ③　28 ④　29 ②

30 직업적성검사 중 다양한 직업에 필요한 인간의 능력을 9가지 영역으로 구분하여 측정하는 것은?

① 미네소타 직업평가척도(MORS)

② 직업선호도 검사(VPI)

③ 일반적성검사(GATB)

④ 마이어 · 브릭스 유형검사(MBTI)

> **해설** 일반적성검사(GATB)는 15개의 하위검사를 통해서 9개 분야의 적성을 측정할 수 있도록 제작된 것이다. 15개의 하위검사 중 11개는 지필검사, 4개는 수행검사이다.

31 다음과 같은 정의를 가진 직업선택 문제는?

- 자신의 적성수준보다 높은 적성을 요구하는 직업을 선택한다.
- 자신이 선택한 직업이 흥미와 일치할 수도 있고, 일치하지 않을 수도 있다.

① 부적응된(maladjusted)　② 우유부단한(undecided)

③ 비현실적인(unrealistic)　④ 강요된(forced)

> **해설** **비현실성의 직업선택 문제**
> ㉠ 자신의 적성수준보다 높은 적성을 요구하는 직업을 선택한다.
> ㉡ 자신의 흥미와는 일치하지만, 자신의 적성수준보다는 낮은 적성을 요구하는 직업을 선택한다.
> ㉢ 자신의 적성수준에는 맞는 선택을 하지만, 자신의 흥미와는 일치하지 않는 직업을 선택한다.

32 직무 스트레스에 영향을 주는 요인에 관한 설명과 가장 거리가 먼 것은?

① B성격 유형의 사람들은 A성격 유형의 사람들보다 성취욕구와 포부수준이 더 높기 때문에 일로부터 스트레스를 느낄 가능성이 낮다.

② 내적 통제자보다 외적 통제자들은 자신의 삶에서 중요한 사건들이 주로 타인이나 외부에 의해 결정된다고 보기 때문에 스트레스의 영향력을 감소시키려는 노력을 하지 않는 편이다.

③ 스트레스 자체를 없애기는 어렵기 때문에 스트레스의 출처를 예측하는 것이 스트레스를 완화하는 데 중요한 역할을 한다.

④ 사회적 지원은 스트레스의 출처를 약화시키지만 스트레스의 출처로부터 야기된 권태감, 직무불만족 자체를 감소시키는 것은 아니다.

> **해설** A유형 행동이 B유형 행동보다 훨씬 더 빨리 과제를 포기하고 보다 많은 무력감을 느끼게 되어 더 많은 스트레스(쉽게 화를 냄)를 받는다.

33 다음은 무엇에 관한 설명인가?

- 서로 다른 체계로 측정한 점수들을 동일한 조건에서 비교할 수 있도록 한다.
- 음수값을 가지지 않는다.
- 원점수를 변환해서 평균이 50이고 표준편차가 10인 분포로 만든 것이다.

① T점수　　　　　　　　② Z점수

③ 백분율 점수　　　　　④ 백분위 점수

> **해설** T점수는 평균이 50이고 표준편차가 10이다.
> $$T = 50 + 10Z, \quad Z = \frac{원점수 - 평균}{표준편차}$$

34 타당도에 관한 설명으로 틀린 것은?

① 수렴 – 변별타당도는 내용타당도에 해당한다.

② 안면타당도가 높아도 내용타당도는 낮을 수 있다.

③ 예언타당도는 검사 실시 후 일정시간이 경과되어야 평가될 수 있다.

④ 공인타당도는 준거타당도에 해당한다.

> **해설** 수렴 – 변별타당도는 구성타당도에 해당한다.

35 다음의 특성을 갖는 검사로 옳은 것은?

- 크라이티스(Crites)는 진로발달 수준을 양적으로 측정하였다.
- 진로계획태도의 진로계획능력을 측정하기 위한 척도로 구성되었다.
- 진로계획태도는 결정성, 참여도, 독립성, 성향, 타협성 등을 측정한다.
- 진로계획능력은 자기평가, 직업정보, 목표선정, 계획, 문제해결 등을 측정한다.

① 진로성숙도검사　　　② 진로상황검사

③ 진로결정척도　　　　④ 진로발달검사

정답 30 ③　31 ③　32 ①　33 ①　34 ①　35 ①

진로성숙 검사도구(CMI)의 특징

   ㉠ Crites의 이론에 기초한 진로성숙검사는 태도척도와 능력척도로 구성되며 진로선택 내용과 과정이 통합적으로 반영되었다.
   ㉡ 진로선택 과정에 대한 피험자의 태도와 진로결정에 영향을 미치는 성향적 반응경향성을 측정한다.
   ㉢ 태도척도는 선발척도와 상담척도 두 가지가 있다.
   ㉣ 능력척도는 자기평가, 직업정보, 목표선정, 계획, 문제해결의 5개 영역을 측정한다.
   ㉤ 초등학교 6학년부터 고등학교 3학년을 대상으로 표준화되었다.

36 직무분석 자료의 특성과 가장 거리가 먼 것은?

① 최신의 정보를 반영해야 한다.
② 논리적으로 체계화되어야 한다.
③ 진로상담 목적으로만 사용되어야 한다.
④ 가공하지 않은 원상태의 정보이어야 한다.

해설 직무분석 자료는 여러 가지 목적용으로 활용될 수 있어야 하며, 가장 최신의 정보를 반영하고 있어야 한다.

37 인지적 정보처리 이론에서 제시하는 의사결정과정의 절차를 바르게 나열한 것은?

ㄱ. 분석단계	ㄴ. 종합단계
ㄷ. 실행단계	ㄹ. 가치평가단계
ㅁ. 의사소통단계	

① ㄱ → ㄴ → ㄷ → ㄹ → ㅁ
② ㄴ → ㄹ → ㄱ → ㄷ → ㅁ
③ ㄷ → ㄱ → ㄴ → ㅁ → ㄹ
④ ㅁ → ㄱ → ㄴ → ㄹ → ㄷ

해설
인지적 정보처리 이론에서 제시하는 진로문제 해결의 절차는 의사소통단계 → 분석단계 → 통합(종합)단계 → 가치부여(가치평가)단계 → 집행(실행)단계이다.

38 다음은 Holland의 6가지 성격유형 중 무엇에 해당하는가?

- 다른 사람과 함께 일하거나 다른 사람을 돕는 것을 즐기지만 도구와 기계를 포함하는 질서정연하고 조직적인 활동을 싫어한다.
- 기계적이고 과학적인 능력이 부족하며 카운슬러, 바텐더 등이 해당한다.

① 현실적 유형(R) ② 탐구적 유형(I)
③ 사회적 유형(S) ④ 관습적 유형(C)

해설 ① 현실적 유형(R) : 현장에서 몸으로 부대끼는 활동을 좋아하나 사회적 기술이 부족하다. 기술자, 정비사, 엔지니어 등
   ② 탐구적 유형(I) : 사람보다는 아이디어를 강조하고 추상적인 사고능력을 가지고 있다.
   ④ 관습적 유형(C) : 정해진 원칙과 계획에 따라 자료들을 기록, 정리, 조직하는 구조화된 환경을 선호하나 융통성과 상상력이 부족하다.

39 진로발달 이론가 중 발달단계별 특징 및 과제를 강조한 사람은?

① Parsons ② Holland
③ Krumboltz ④ Super

해설 수퍼(Super)는 인간의 진로발달단계를 평생발달단계에 따라 성장기, 탐색기, 확립기, 유지기, 쇠퇴기로 나누고 각 단계의 특징을 설명하였다.

40 직업적응이론에서 개인의 만족, 조직의 만족, 적응을 매개하는 적응유형 변인은?

① 우연(happenstance) ② 타협(compromise)
③ 적응도(adaptability) ④ 인내력(perseverance)

해설 1) 직업성격적 측면
   ㉠ 민첩성 : 정확성보다는 속도를 중시한다.
   ㉡ 역량 : 근로자의 평균활동수준을 의미한다.
   ㉢ 리듬 : 활동에 대한 다양성을 의미한다.
   ㉣ 지구력 : 다양한 활동수준의 기간을 의미한다.
  2) 직업적응방식적 측면
   ㉠ 융통성 : 개인의 작업환경과 개인적 환경 간의 부조화를 참아내는 정도로서 작업과 개인의 부조화가 크더라도 잘 참아낼 수 있는 사람은 융통적인 사람을 의미한다.
   ㉡ 끈기(인내) : 환경이 자신에게 맞지 않아도 개인이 얼마나 오랫동안 견뎌낼 수 있는가 하는 것을 의미한다.

정답 36 ② 37 ④ 38 ③ 39 ④ 40 ④

ⓒ 적극성 : 개인이 작업환경을 개인적 방식과 좀 더 조화롭게 만들어 가려고 노력하는 정도를 의미한다.

ⓔ 반응성 : 개인이 작업성격의 변화로 인해 작업환경에 반응하는 정도를 의미한다.

41 다음은 한국표준산업분류의 분류 정의 중 무엇에 관한 설명인가?

> 각 생산단위가 노동, 자본, 원료 등 자원을 투입하여, 재화 또는 서비스를 생산 또는 제공하는 일련의 활동과정

① 산업활동   ② 산업

③ 생산활동   ④ 산업분류

해설 산업활동이란 "각 생산단위가 노동, 자본, 원료 등 자원을 투입하여, 재화 또는 서비스를 생산 또는 제공하는 일련의 활동과정"이라 정의된다. 산업활동의 범위에는 영리적, 비영리적 활동이 모두 포함되나, 가정 내의 가사 활동은 제외된다.

42 워크넷에서 제공하는 학과정보 중 공학계열에 해당하는 것은?

① 생명과학과   ② 조경학과

③ 통계학과   ④ 응용물리학과

해설 학과계열은 인문계열, 사회계열, 교육계열, 자연계열, 공학계열, 의학계열, 예체능계열로 나뉜다. 이 중 통계학과, 생명과학과, 응용물리학과, 식품생명공학과, 식품공학과, 수의학과(수의예과), 임산공학과, 천문우주학과, 생명공학과, 가정관리학과는 자연계열이다.

43 내용분석법을 통해 직업정보를 수집할 때의 장점이 아닌 것은?

① 정보제공자의 반응성이 높다.

② 장기간의 종단연구가 가능하다.

③ 필요한 경우 재조사가 가능하다.

④ 역사연구 등 소급조사가 가능하다.

해설 내용분석법은 이미 존재하는 2차적 자료(학술논문, 연구보고서, 책, 신문, 영상자료 등)에서 관련된 정보나 내용을 조사하는 방법이다. 자료수집 및 분석이 상대적으로 용이하고 연구대상자의 반응성을 사전에 차단할 수 있다는 장점이 있다.

44 민간직업정보의 일반적인 특징과 가장 거리가 먼 것은?

① 한시적으로 정보가 수집 및 가공되어 제공된다.

② 객관적인 기준을 가지고 전체 직업에 관한 일반적인 정보를 제공한다.

③ 직업정보 제공자의 특정한 목적에 따라 직업을 분류한다.

④ 통상적으로 직업정보를 유료로 제공한다.

해설 **공공직업정보의 특성**

ⓐ 지속적으로 조사·분석하여 제공되며 장기적인 계획 및 목표에 따라 정보체계의 개선작업 수행이 가능하다.

ⓑ 특정 분야 및 대상에 국한되지 않고 전체 산업 및 업종에 걸친 직종을 대상으로 한다.

ⓒ 직업별로 특정한 정보만을 강조하지 않고 보편적인 항목으로 이루어진 기초적인 직업정보체계로 구성된다.

ⓓ 광범위한 이용가능성에 따라 공공직업정보체계에 대한 직접적이며 객관적인 평가가 가능하다.

ⓔ 국내 또는 국제적으로 인정된 객관적인 기준에 근거하여 직업을 분류한다.

ⓕ 관련 직업 간 비교가 용이하다.

ⓖ 무료로 제공된다.

민간직업정보의 특성

ⓐ 필요한 시기에 최대한 활용되도록 한시적으로 신속하게 생산되어 운영된다.

ⓑ 단시간에 조사하고 특정한 목적에 맞게 해당분야 및 직종을 제한적으로 선택한다.

ⓒ 정보 생산자의 임의적 기준에 따라 관심이나 흥미를 유도할 수 있도록 해당 직업을 분류한다.

ⓓ 시사적인 관심이나 흥미를 유도할 수 있도록 해당 직업을 분류한다.

ⓔ 특정 직업에 대해 구체적이고 상세한 정보를 제공하기 위해서는 조사 분석 및 제공에 상당한 시간 및 비용이 소요되므로 해당 직업정보는 유료로 제공한다.

45 실기능력이 중요하여 고용노동부령이 정하는 필기시험이 면제되는 기능사 종목이 아닌 것은?

① 측량기능사   ② 도화기능사

③ 도배기능사   ④ 방수기능사

정답 41 ①   42 ②   43 ①   44 ②   45 ①

해설 **실기시험만 실시할 수 있는 종목**

한글속기 1급 · 2급 · 3급, 거푸집기능사, 건축도장기능사, 건축목공기능사, 도배기능사, 미장기능사, 방수기능사, 비계기능사, 온수온돌기능사, 유리시공기능사, 조적기능사, 철근기능사, 타일기능사, 도화기능사, 석공기능사, 지도제작기능사, 항공사진기능사, 금속재창호기능사

46 한국표준직업분류에서 포괄적인 업무에 대해 적용하는 직업분류 원칙을 순서대로 나열한 것은?

① 주된 직무 → 최상급 직능수준 → 생산업무
② 최상급 직능수준 → 주된 업무 → 생산업무
③ 최상급 직능수준 → 생산업무 → 주된 직무
④ 생산업무 → 최상급 직능수준 → 주된 직무

해설 **포괄적인 업무에 대한 직업분류 원칙**

동일한 직업이라 할지라도 사업체 규모에 따라 직무범위에 차이가 날 수 있다. 예를 들면 소규모 사업체에서는 음식조리와 제공이 하나의 단일 직무로 되어 조리사의 업무로 결합될 수 있는 반면에, 대규모 사업체에서는 이들이 별도로 분류되어 독립적인 업무로 구성될 수 있다. 직업분류는 국내외적으로 가장 보편적인 업무의 결합상태에 근거하여 직업 및 직업군을 결정한다. 따라서 어떤 직업의 경우에 있어서는 직무의 범위가 분류에 명시된 내용과 일치하지 않을 수도 있다. 이러한 경우 다음과 같은 순서에 따라 분류원칙을 적용한다.

㉠ 주된 직무 우선 원칙 : 2개 이상의 직무를 수행하는 경우는 수행되는 직무내용과 관련 분류 항목에 명시된 직무내용을 비교 · 평가하여 관련 직무 내용상의 상관성이 가장 많은 항목에 분류한다. 예를 들면 교육과 진료를 겸하는 의과대학 교수는 강의, 평가, 연구 등과 진료, 처치, 환자상담 등의 직무내용을 파악하여 관련 항목이 많은 분야로 분류한다.

㉡ 최상급 직능수준 우선 원칙 : 수행된 직무가 상이한 수준의 훈련과 경험을 통해서 얻어지는 직무능력을 필요로 한다면, 가장 높은 수준의 직무능력을 필요로 하는 일에 분류하여야 한다. 예를 들면 조리와 배달의 직무비중이 같을 경우에는, 조리의 직능수준이 높으므로 조리사로 분류한다.

㉢ 생산업무 우선 원칙 : 재화의 생산과 공급이 같이 이루어지는 경우는 생산단계에 관련된 업무를 우선적으로 분류한다. 예를 들면 한 사람이 빵을 생산하여 판매도 하는 경우에는, 판매원으로 분류하지 않고 제빵원으로 분류하여야 한다.

47 한국직업사전의 부가직업정보에서 작업강도에 대한 설명으로 틀린 것은?

① 아주 가벼운 작업 : 최고 4kg의 물건을 들어올리고, 때때로 장부, 대장, 소도구 등을 들어 올리거나 운반한다.
② 가벼운 작업 : 최고 8kg의 물건을 들어올리고, 4kg 정도의 물건을 빈번히 들어올리거나 운반한다.

③ 힘든 작업 : 최고 20kg의 물건을 들어올리고 10kg 정도의 물건을 빈번히 들어올리거나 운반한다.
④ 아주 힘든 작업 : 40kg 이상의 물건을 들어올리고 20kg 이상의 물건을 빈번히 들어올리거나 운반한다.

해설

작업강도	구분
아주 가벼운 작업	최고 4kg의 물건을 들어올리고 때때로 장부, 대장, 소도구 등을 들어올리거나 운반한다. 앉아서 하는 작업이 대부분을 차지하지만 직무수행상 서거나 걷는 것이 필요할 수도 있다.
가벼운 작업	최고 8kg의 물건을 들어올리고 4kg 정도의 물건을 빈번히 들어올리거나 운반한다. 걷거나 서서 하는 작업이 대부분일 때 또는 앉아서 하는 작업일지라도 팔과 다리로 밀고 당기는 작업을 수반할 때에는 무게가 매우 적을지라도 이 작업에 포함된다.
보통 작업	최고 20kg의 물건을 들어올리고 10kg 정도의 물건을 빈번히 들어올리거나 운반한다.
힘든 작업	최고 40kg의 물건을 들어올리고 20kg 정도의 물건을 빈번히 들어올리거나 운반한다.
아주 힘든 작업	40kg 이상의 물건을 들어올리고 20kg 이상의 물건을 빈번히 들어올리거나 운반한다.

48 서비스 분야 국가기술자격의 단일등급에 해당하지 않는 직종은?

① 스포츠경영관리사
② 텔레마케팅관리사
③ 게임그래픽전문가
④ 전자상거래관리사

해설 서비스 분야 국가기술자격의 단일등급 종목은 텔레마케팅관리사, 게임프로그래밍전문가, 게임그래픽전문가, 게임기획전문가, 멀티미디어콘텐츠제작전문가, 스포츠경영관리사이다.

49 워크넷(직업 · 진로)에서 제공하는 정보가 아닌 것은?

① 학과정보
② 직업동영상
③ 직업심리검사
④ 국가직무능력표준(NCS)

해설 워크넷의 직업 · 진로에는 직업심리검사, 직업정보, 학과정보, 진로상담, 취업가이드, 취업(직업)동영상이 있다.

정답 46 ① 47 ③ 48 ④ 49 ④

50 한국표준산업분류의 적용원칙에 대한 설명으로 틀린 것은?

① 생산단위는 산출물뿐만 아니라 투입물과 생산공정 등을 함께 고려하여 그들의 활동을 가장 정확하게 설명된 항목에 분류해야 한다.

② 복합적인 활동단위는 우선적으로 세세분류를 정확히 결정하고 순차적으로 세, 소, 중, 대분류 단계 항목을 결정하여야 한다.

③ 산업활동이 결합되어 있는 경우에는 그 활동단위의 주된 활동에 따라서 분류하여야 한다.

④ 공식적 생산물과 비공식적 생산물, 합법적 생산물과 불법적인 생산물을 달리 분류하지 않는다.

> **해설** 복합적인 활동단위는 우선적으로 최상급 분류단계(대분류)를 정확히 결정하고 순차적으로 중, 소, 세, 세세분류 단계 항목을 결정하여야 한다.

51 국민내일배움카드제 제도를 지원받을 수 있는 자는?

① 「사립학교교직원 연금법」을 적용받고 현재 재직 중인 사람

② 만 65세인 사람

③ 지방자치단체로부터 훈련비를 지원받은 훈련에 참여하는 사람

④ 「군인연금법」을 적용받고 현재 재직 중인 사람

> **해설** **지원제외대상**
> 1. 「공무원연금법」 및 「사립학교교직원 연금법」을 적용받고 현재 재직 중인 사람
> 2. 만 75세 이상인 사람
> 3. 외국인(단, 고용보험 피보험자는 제외한다.)
> 4. 법에 따른 지원·융자·수강 제한의 기간이 종료되지 않은 사람
> 5. 부정행위에 따른 지원금 등의 반환 명령을 받고 그 납부의 의무를 이행하지 아니하는 사람
> 6. 중앙행정기관 또는 지방자치단체로부터 훈련비를 지원받는 훈련(또는 사업)에 참여하는 사람
> 7. HRD-Net을 통하여 직업능력개발훈련 동영상 교육을 이수하지 아니하는 사람
> 8. 직업능력개발훈련을 3회 지원받음에도 불구하고, 훈련개시일 이후 취업한 기간이 180일 미만이거나 자영업자로서 피보험기간이 180일 미만인 사람

52 한국표준산업분류에서 통계단위의 산업 결정방법에 관한 설명으로 틀린 것은?

① 생산단위의 산업활동은 그 생산단위가 수행하는 주된 산업활동의 종류에 따라 결정된다.

② 단일사업체의 보조단위는 그 사업체의 일개부서로 포함한다.

③ 계절에 따라 정기적으로 산업을 달리하는 사업체의 경우에는 조사시점에 경영하는 사업으로 분류된다.

④ 휴업 중 또는 자산을 청산 중인 사업체의 산업은 영업 중 또는 청산을 시작하기 이전의 산업활동에 의하여 결정한다.

> **해설** 계절에 따라 정기적으로 산업을 달리하는 사업체의 경우에는 조사시점에서 경영하는 사업과는 관계없이 조사대상 기간 중 산출액이 많았던 활동에 의하여 분류된다.

53 직업정보관리에 관한 설명으로 틀린 것은?

① 직업정보의 범위는 개인에 대한 정보, 직업에 대한 정보, 미래에 대한 정보 등으로 구성되어 있다.

② 직업정보원은 정부부처, 정부투자출연기관, 단체 및 협회, 연구소, 기업과 개인 등이 있다.

③ 직업정보 가공시에는 전문적인 지식이 없이도 이해할 수 있도록 가급적 평이한 언어로 제공되어야 하며 직무의 장·단점을 편견 없이 제공하여야 한다.

④ 개인의 정보는 보호되어야 하기 때문에 구직 시에 연령, 학력 및 경력 등의 취업과 관련된 정보는 제한적으로 제공되어야 한다.

> **해설** 구직 시 연령, 학력 및 경력 등은 기본적인 사항이므로 제공되어야 한다.

54 워크넷(구인) 인재정보 검색에 관한 설명으로 틀린 것은?

① 최대 10개의 직종선택이 가능하다.

② 희망임금은 연봉, 월급, 일급, 시급별로 최소금액과 최대금액을 직접 입력할 수 있다.

③ 재택근무 가능 여부를 검색할 수 있다.

④ 연령별 채용정보를 검색할 수 있다.

> **해설** 고용상 연령차별금지 및 고령자 고용촉진에 관한 법률이 시행됨에 따라 채용정보에서 연령이 삭제되었다.

55 직업정보로서 갖추어야 할 요건에 대한 설명으로 틀린 것은?

① 직업정보는 객관성이 담보되어야 한다.
② 직업정보 활용의 효율성 측면에서 이용대상자의 진로발달단계나 수준, 이용 목적에 적합한 직업정보를 개발하여 제공되는 것이 바람직하다.
③ 우연히 획득되거나 출처가 불명확한 직업정보라도 내용이 풍부하다면 직업정보로서 가치가 있다고 판단한다.
④ 직업정보는 개발 연도를 명시하여 부적절한 과거의 직업세계나 노동시장 정보가 구직자나 청소년에게 제공되지 않도록 하는 것이 바람직하다.

해설 직업정보 수집시 유의점
　　ⓐ 명확한 목표를 세우고, 계획적으로 수집하여야 한다.
　　ⓑ 자료의 출처와 수집일자를 반드시 기록한다(수집자도 공개).
　　ⓒ 항상 최신의 자료인가를 확인하고, 불필요한 자료는 폐기한다.
　　ⓓ 필요한 도구(녹화, 사진 등)를 사용할 수 있지만 재구성은 할 수 없다.

56 건설기계설비기사, 공조냉동기계기사, 승강기기사 자격이 공통으로 해당되는 직무분야는?

① 건설분야　　　　② 재료분야
③ 기계분야　　　　④ 안전관리분야

해설 건설기계설비기사, 공조냉동기계기사, 승강기기사는 기계분야이다.

57 다음은 한국표준직업분류에서 직업분류의 일반원칙이다. (　)에 알맞은 것은?

> 동일하거나 유사한 직무는 어느 경우에든 같은 단위직업으로 분류되어야 한다. 하나의 직무가 동일한 직업단위 수준에서 2개 혹은 그 이상의 직업으로 분류될 수 있다면 (　　)의 원칙을 위반한 것이라 할 수 있다.

① 단일성　　　　② 배타성
③ 포괄성　　　　④ 경제성

해설 직업분류의 일반원칙
　　ⓐ 포괄성의 원칙 : 우리나라에 존재하는 모든 직무는 어떤 수준에서든지 분류에 포괄되어야 한다. 특정한 직무가 누락되어 분류가 불가능할 경우에는 포괄성의 원칙을 위배한 것으로 볼 수 있다.

ⓑ 배타성의 원칙 : 동일하거나 유사한 직무는 어느 경우에든 같은 단위직업으로 분류되어야 한다는 점이다. 하나의 직무가 동일한 직업단위 수준에서 2개 혹은 그 이상의 직업으로 분류될 수 있다면 배타성의 원칙을 위반한 것이라 할 수 있다.

58 직업정보를 제공하는 유형별 방식의 설명이다. (　)에 알맞은 것은?

종류	비용	학습자 참여도	접근성
인쇄물	(ㄱ)	수동	용이
면접	저	(ㄴ)	제한적
직업경험	고	적극	(ㄷ)

① ㄱ : 고, ㄴ : 적극, ㄷ : 용이
② ㄱ : 고, ㄴ : 수동, ㄷ : 제한적
③ ㄱ : 저, ㄴ : 적극, ㄷ : 제한적
④ ㄱ : 저, ㄴ : 수동, ㄷ : 용이

해설

제공유형	비용	학습자참여도	접근성
인쇄물	저	수동	용이
프로그램화된 자료	저	적극	제한적
시청각자료	고	수동	제한적
진로상담프로그램	중-고	적극	제한적
온라인시스템	저	수동	제한적
시뮬레이션자료	저	적극	제한적
게임	저	적극	제한적
작업실험실	고	적극	극도로 제한적
면접	저	적극	제한적
관찰	고	수동	제한적
직업경험	고	적극	제한적
직업체험	고	적극	제한적

59 고용노동통계조사의 각 항목별 조사주기의 연결이 틀린 것은?

① 사업체 노동력 조사 : 연 1회
② 시도별 임금 및 근로시간 조사 : 연 1회
③ 지역별 사업체 노동력 조사 : 연 2회
④ 기업체 노동비용 조사 : 연 1회

해설 현원, 빈 일자리 및 입·이직에 관한 사항과 고용, 임금 및 근로시간에 관한 사항을 매월 조사하여 사업체 노동력의 변동추이를 파악한다.

정답 55 ③　56 ③　57 ②　58 ③　59 ①

60 고용정책 중 일자리 창출을 위한 정책과 가장 거리가 먼 것은?

① 고용유지 지원금 ② 실업크레딧 지원
③ 시간선택제 전환 지원 ④ 사회적기업 육성

> 해설 실업크레딧 지원제도는 실업자가 구직급여를 받는 실업 중인 기간 동안 기존에 내던 국민연금 보험료를 납부하는 것은 불가능하기 때문에 국가가 보험료 일부를 지원함으로써 실업 기간에도 국민연금 가입자가 최소 가입기간을 채워나갈 수 있도록 지원하는 제도이다.

SECTION
제4과목 노동시장론

61 프리만(Freeman)과 메도프(Medoff)가 지적한 노동조합의 두 얼굴에 해당하는 것은?

① 결사와 교섭 ② 자율과 규제
③ 독점과 집단적 목소리 ④ 자치와 대등

> 해설 노동조합의 두 얼굴(독점과 집단적 목소리)이란 노동조합이 부정적 기능과 긍정적 기능을 모두 갖는다는 것을 의미한다.
> ㉠ 부정적 기능(독점) : 노동공급 독점자로서의 노동조합이 시장임금보다 높은 임금수준을 성취함으로써 노조 조직부문에서는 경쟁상태보다 더 적은 고용이 이루어지며, 노조 비조직 부문에서는 경쟁상태보다 더 많은 고용이 이루어지는 인적자원배분의 왜곡을 가져온다. 인적자원배분의 왜곡은 일국(一國)의 총생산량의 감소를 초래한다.
> ㉡ 긍정적 기능(집단적 목소리) : 노동자의 이직률을 감소시키고, 노동자의 사기를 높이며, 작업현장의 문제에 대한 정확한 정보를 제공하고, 기업 내의 임금격차를 줄임으로써 생산성을 향상시킬 수 있다.

62 경쟁시장에서 아이스크림 가게를 운영하는 A씨는 5명을 고용하여 1개당 2,000원에 판매하고 있으며, 시간당 12,000원을 임금으로 지급하면서 이윤을 최대화하고 있다. 만일 아이스크림 가격이 3,000원으로 오른다면 현재의 고용 수준에서 노동의 한계생산물가치는 시간당 얼마이며, 이때 A씨는 노동의 투입량을 어떻게 변화시킬까?

① 9000원, 증가시킨다. ② 18000원, 증가시킨다.
③ 9000원, 감소시킨다. ④ 18000원, 감소시킨다.

> 해설 이윤극대화 : 임금 = 한계생산물가치
> $12,000 = 2,000 \times x \rightarrow x = 6$
> $6 \times 3,000 = 18,000$

따라서 한계생산의 가치(18,000원) > 임금(12,000)이므로 6,000원만큼의 고용을 늘린다.

63 임금상승에 의한 소득효과가 대체효과보다 크다면 임금율이 상승할 때 노동공급은?

① 증가한다. ② 감소한다.
③ 감소하다가 증가한다. ④ 일정하다.

> 해설 후방굴절하는 구간에서는 소득효과가 대체효과보다 크며, 임금율이 상승할 때 노동공급은 감소한다.

64 실업률을 하락시키는 변화로 옳은 것을 모두 고른 것은? (단, 취업자 수 및 실업자 수는 0보다 크다)

> ㄱ. 취업자가 비경제활동인구로 전환
> ㄴ. 실업자가 비경제활동인구로 전환
> ㄷ. 비경제활동인구가 취업자로 전환
> ㄹ. 비경제활동인구가 실업자로 전환

① ㄱ, ㄴ ② ㄱ, ㄹ
③ ㄴ, ㄷ ④ ㄷ, ㄹ

> 해설 ㄱ. 취업자가 비경제활동인구로 전환되면 실업자는 변하지 않은 상태에서 경제활동인구가 줄어드므로 실업률이 높아진다.
> ㄴ. 실업자가 비경제활동인구로 전환하면 실업률은 낮아진다.
> ㄷ. 비경제활동인구가 취업자로 전환하면 실업자는 변하지 않은 상태에서 경제활동인구가 늘어나므로 실업률은 낮아진다.
> ㄹ. 비경제활동인구가 실업자로 전환하면 실업률은 높아진다.

65 노동시장과 실업에 관한 설명으로 옳은 것은?

① 실망노동자는 실업자로 분류되지 않는다.
② 비자발적 실업은 경기적 실업과 구조적 실업 그리고 마찰적 실업을 말한다.
③ 완전고용은 자발적 실업이 없는 상태이다.
④ 실업보험이 확대되면 자연실업률이 낮아진다.

> 해설 ② 마찰적 실업은 자발적 실업이다.
> ③ 완전고용은 비자발적 실업이 없는 상태이다.
> ④ 실업보험이 확대되면 자연실업률이 높아진다.

정답 **60** ② **61** ③ **62** ② **63** ② **64** ③ **65** ①

66 근로자의 임금 지급시 조합원의 노동조합비를 일괄하여 징수하는 제도는?

① 에이전시 숍(agency shop)
② 체크오프 시스템(check-off system)
③ 오픈 숍(open shop)
④ 유니온 숍(union shop)

> **해설** 체크오프 시스템(check-off system)은 근로자의 임금 지급 시 조합원의 노동조합비를 일괄하여 징수하는 제도이다.

67 정부가 노동시장에서 구인·구직 정보의 흐름을 원활하게 하면 직접적으로 줄어드는 실업의 유형은?

① 마찰적 실업
② 경기적 실업
③ 구조적 실업
④ 계절적 실업

> **해설** 마찰적 실업은 직업정보의 부족에 의해 일시적으로 발생함으로써 직업정보 제공을 통하여 해결할 수 있다.

68 다음 중 연봉제의 장점과 가장 거리가 먼 것은?

① 능력주의, 성과주의를 실현할 수 있다.
② 과감한 인재기용에 용이하다.
③ 종업원 상호 간의 협조성이 높아진다.
④ 종업원들의 동기를 부여할 수 있다.

> **해설** **연봉제의 장점**
> ㉠ 능력과 실적이 임금과 직결되어 있으므로 능력주의나 실적주의를 통하여 종업원에게 동기를 부여하고 근로의욕을 높여 사기를 앙양시킬 수 있다.
> ㉡ 국제적 감각을 지닌 인재확보가 쉽다.
> ㉢ 연공급의 복잡한 임금체계와 임금지급구조를 단순화하여 임금관리의 효율성을 증대시킬 수 있다.
>
> **연봉제의 단점**
> ㉠ 성과의 평가에서 객관성과 공정성 문제가 제기될 수 있다.
> ㉡ 실적의 저조로 연봉액이 삭감될 경우 사기가 저하될 수 있다.
> ㉢ 종업원 상호 간의 불필요한 경쟁심, 위화감 조성, 불안감 증대 등의 문제가 있을 수 있다.

69 기업별 조합의 상부조합(산업별 또는 지역별)과 개별 사용자 간, 또는 사용자단체와 기업별 조합과의 사이에서 행해지는 단체교섭은?

① 기업별교섭
② 대각선교섭
③ 통일교섭
④ 방사선교섭

> **해설** 대각선교섭은 산업별 노동조합에 대응할 만한 사용자 단체가 없거나, 이러한 사용자 단체가 있더라도 각 기업별 특수한 사정이 있을 경우 산업별·노동조합이 개별기업과 개별적으로 교섭하는 단체교섭의 유형으로 어떤 방직회사 대표가 연합단체인 섬유노련과 임금과 노동조건에 대해 교섭하는 형태이다.

70 다음 중 노동조합의 노동공급권이 독점되는 숍(shop) 제도는?

① 클로즈드 숍(closed shop)
② 유니온 숍(union shop)
③ 오픈 숍(open shop)
④ 에이전시 숍(agency shop)

> **해설** ② 유니온 숍(union shop) : 고용되기 전에는 노동조합원일 필요가 없으나 일단 고용된 후에는 노동조합원이 되어야 고용이 유지되는 제도
> ③ 오픈 숍(open shop) : 노동조합은 상대적으로 노동력의 공급을 독점하기 어렵다.
> ④ 에이전시 숍(agency shop) : 노조의 단체교섭 결과가 비조합원에게도 혜택이 돌아가는 현실에서 노동조합의 조합원이 아닌 비조합원에게도 단체교섭의 당사자인 노동조합이 회비를 징수하는 숍(shop) 제도

71 소득-여가 모형에서 유도된 노동공급곡선에 관한 설명으로 옳은 것을 모두 고른 것은?

> ㄱ. 여가가 열등재일 경우 노동공급곡선은 우하향한다.
> ㄴ. 여가가 정상재이고, 임금이 상승할 때 대체효과가 소득효과를 능가한다면 노동의 공급은 증가한다.
> ㄷ. 임금이 변화할 때 소득에 대한 노동의 한계대체율이 노동공급곡선을 의미한다.

① ㄷ
② ㄱ
③ ㄱ, ㄴ, ㄷ
④ ㄴ

> **해설** ㄱ. 여가가 열등재일 경우 노동공급곡선은 우상향한다.
> ㄷ. 한계대체율은 노동공급자가 주관적으로 평가하는 시간당 임금이다.

72 노동시장에 관한 설명으로 옳은 것은?

① 완전경쟁기업의 노동수요량은 명목임금이 노동의 한계생산물가치와 같은 수준에서 결정된다.

② 노동비용이 총비용에서 차지하는 비중이 클수록 노동수요의 임금탄력성은 작아진다.

③ 노동을 자본으로 대체하기 쉬울수록 노동수요의 임금탄력성은 작아진다.

④ 1차 노동시장은 2차 노동시장에 비해 교육수준이 낮은 사람들이 주로 고용되는 시장이다.

해설 ② 노동비용이 총비용에서 차지하는 비중이 클수록 노동수요의 임금탄력성은 커진다.
③ 노동을 자본으로 대체하기 쉬울수록 노동수요의 임금탄력성은 커진다.
④ 1차 노동시장은 2차 노동시장에 비해 교육수준이 높은 사람들이 주로 고용되는 시장이다.

73 효율임금이론에 관한 설명으로 옳은 것은?

① 비자발적 실업이 발생하는 경우 효율적인 임금수준이 재조정되므로 임금이 하락하는 이유를 설명할 수 있다.

② 기업이 임금을 시장균형임금보다 낮게 설정하여 이윤극대화를 추구한다는 이론이다.

③ 기업이 기준 노동자의 임금을 높게 유지하고, 신규 노동자의 임금을 낮게 유지하는 경우를 설명한다.

④ 실질임금이 인상되면 노동생산성도 증가한다고 주장한다.

해설 효율임금(Efficiency wage)은 기업이 시장임금보다 높은 임금을 유지해 노동생산성의 증가를 도모한다.

74 A국의 실업율이 6%, 실업자가 60만 명이라면 취업자 수는 얼마인가?

① 1100만 명 ② 60만 명

③ 940만 명 ④ 1000만 명

해설 실업률 = $\dfrac{실업자}{경제활동인구} \times 100$

$6 = \dfrac{60}{경제활동인구} \times 100 \rightarrow 경제활동인구 = 1,000$

취업자 = 경제활동인구 − 실업자 = 1000 − 60 = 940만 명

75 보상적 임금격차를 발생시키는 요인이 아닌 것은?

① 작업환경의 쾌적성 여부

② 성별 간의 소득 차이

③ 교육훈련 기회의 차이

④ 고용의 안정성 여부

해설 보상적 임금격차를 발생시키는 요인으로 고용의 안정성 여부, 직업환경의 쾌적함 정도, 교육훈련의 기회 및 비용, 책임의 정도, 성공 또는 실패의 가능성 등이 있다.

76 최저임금제의 도입이 근로자에게 유리하게 될 가능성이 높은 경우는?

① 노동시장이 수요독점 상태일 경우

② 최저임금과 한계요소 비용이 일치할 경우

③ 최저임금이 시장균형 임금수준보다 낮을 경우

④ 노동시장이 완전경쟁상태일 경우

해설 노동시장이 수요독점 상태일 경우는 고용주에 의해 임금의 하락이 예상되지만 최저임금법으로 인해 최저임금 이하로 내릴 수 없게 되어 근로자에게 유리하게 된다.

77 노동조합의 임금교섭력을 증가시켜 주는 경우는?

① 노동비용이 생산비에서 차지하는 비중이 클 경우

② 무역개방화가 심화되어 상품 가격이 하락하는 경우

③ 세계적 시장경쟁 심화로 상품 수요가 더 탄력적일 경우

④ 상품의 수요가 감소하였으나 새로운 생산설비가 도입되지 못할 경우

해설 ①~③은 노동조합의 임금교섭력을 약화시킨다.

78 기업 내부 노동시장의 형성요인과 가장 거리가 먼 것은?

① 노동조합의 존재 ② 기업 특수적 숙련기능

③ 직장 내 훈련 ④ 노동관련 관습

해설 내부노동시장의 형성요인은 숙련의 특수성, 현장훈련(직장 내 훈련), 관습, 장기근속가능성, 기업의 규모 등이다.

정답 72 ① 73 ④ 74 ③ 75 ② 76 ① 77 ④ 78 ①

79 임금관리에 관한 설명으로 틀린 것은?

① 직능급은 동일 직무를 수행하면 동일 임금을 지급한다.
② 직무급은 직무의 표준화와 전문화가 선행되어야 한다.
③ 임금수준을 결정하는 주요 요인에는 기업의 지불능력과 생산성 등이 있다.
④ 연공급은 근속연수를 기준으로 임금을 차등화하는 제도이다.

해설 직능급은 직무수행능력을 기준으로 하여 각 근로자의 임금을 결정하는 임금체계이다.

80 노사관계에 관한 설명으로 틀린 것은?

① 사용자는 노동조합의 파업에 대응하여 직장을 폐쇄할 수 있다.
② 좁은 의미의 노사관계는 집단적 노사관계를 의미한다.
③ 메인트넌스 숍은 조합원이 아닌 종업원에게도 노동조합비를 징수하는 제도이다.
④ 우리나라 노동조합의 조직형태는 기업별 노조가 대부분이다.

해설 에이전시 숍(agency shop)은 노동조합의 단체교섭 결과가 비조합원에게도 혜택이 돌아가는 현실에서 노동조합의 조합원이 아닌 비조합원에게도 단체교섭의 당사자인 노동조합이 회비를 징수하는 숍(shop) 제도이다.

81 남녀고용평등과 일·가정 양립 지원에 관한 법령상 배우자 출산휴가에 관한 설명으로 틀린 것은?

① 사업주는 근로자가 배우자 출산휴가를 청구하는 경우에 10일의 휴가를 주어야 한다.
② 배우자 출산휴가는 근로자의 배우자가 출산한 날부터 90일이 지나면 청구할 수 없다.
③ 사용한 배우자 출산휴가기간은 무급으로 한다.
④ 배우자 출산휴가는 1회에 한정하여 나누어 사용할 수 있다.

해설 **배우자 출산휴가(법 18조의 2)**
1) 사업주는 근로자가 배우자의 출산을 이유로 휴가를 청구하는 경우에 10일의 휴가를 주어야 한다. 이 경우 사용한 휴가기간은 유급으로 한다.

2) 제1항 후단에도 불구하고 출산전후휴가급여등이 지급된 경우에는 그 금액의 한도에서 지급의 책임을 면한다.
3) 배우자 출산휴가는 근로자의 배우자가 출산한 날부터 90일이 지나면 청구할 수 없다.
4) 배우자 출산휴가는 1회에 한정하여 나누어 사용할 수 있다.
5) 사업주는 배우자 출산휴가를 이유로 근로자를 해고하거나 그 밖의 불리한 처우를 하여서는 아니 된다.

82 직업안정법령상 근로자의 모집에 관한 설명으로 틀린 것은?

① 누구든지 국외에 취업할 근로자를 모집한 경우에는 고용노동부장관에게 신고하여야 한다.
② 고용노동부장관은 건전한 모집질서를 확립하기 위하여 필요하다고 인정하는 경우에는 근로자 모집방법 등의 개선을 권고할 수 있다.
③ 고용노동부장관은 근로자의 모집을 원활하게 하기 위하여 필요하다고 인정할 때에는 국외취업을 희망하는 근로자를 미리 등록하게 할 수 있다.
④ 근로자를 모집하려는 자가 응모자로부터 그 모집과 관련하여 금품을 받은 경우 7년 이하의 징역 또는 7천만 원 이하의 벌금에 처한다.

해설 근로자를 모집하려는 자가 응모자로부터 그 모집과 관련하여 금품을 받은 경우 5년 이하의 징역 또는 5천만 원 이하의 벌금에 처한다.

83 국민 평생 직업능력 개발법상 직업능력개발훈련이 중요시되어야 하는 사람에 해당하지 않는 것은?

① 일용근로자
② 여성근로자
③ 제조업의 생산직에 종사하는 근로자
④ 중소기업기본법에 따른 중소기업의 근로자

해설 **직업능력개발훈련의 기본원칙(법 3조 4항)**
다음 각 호의 사람을 대상으로 하는 직업능력개발훈련은 중요시되어야 한다.
1. 고령자·장애인
2. 「국민기초생활 보장법」에 따른 수급권자
3. 국가유공자와 그 유족 또는 가족이나 보훈보상대상자와 그 유족 또는 가족
4. 5·18민주유공자와 그 유족 또는 가족
5. 제대군인 및 전역예정자
6. 여성근로자
7. 중소기업의 근로자

정답 79 ① 80 ③ 81 ③ 82 ④ 83 ③

8. 일용근로자, 단시간근로자, 기간을 정하여 근로계약을 체결한 근로자, 일시적 사업에 고용된 근로자
9. 파견근로자

84 남녀고용평등 및 일·가정 양립 지원에 관한 법령상 육아기 근로시간 단축에 관한 설명이다. ( )에 들어갈 내용으로 옳은 것은?

> 사업주가 근로자에게 육아기 근로시간 단축을 허용하는 경우 단축 후 근로시간은 주당 (ㄱ)시간 이상이어야 하고 (ㄴ)시간을 넘어서는 아니 된다.

① ㄱ : 10, ㄴ : 15
② ㄱ : 10, ㄴ : 20
③ ㄱ : 15, ㄴ : 30
④ ㄱ : 15, ㄴ : 35

해설 사업주가 근로자에게 육아기 근로시간 단축을 허용하는 경우 단축 후 근로시간은 주당 15시간 이상이어야 하고 35시간을 넘어서는 아니 된다.

85 근로기준법의 기본원리와 가장 거리가 먼 것은?

① 강제 근로의 금지
② 근로자단결의 보장
③ 균등한 처우
④ 공민권 행사의 보장

해설 근로자단결의 보장은 노동기본권에 해당한다.

86 고용정책기본법에 대한 설명으로 틀린 것은?

① 고용정책심의회는 위원장 1명을 포함한 30명 이내의 위원으로 구성한다.
② 상시 100명의 근로자를 사용하는 사업주는 매년 근로자의 고용형태 현황을 공시하여야 한다.
③ 고용서비스를 제공하는 자는 그 업무를 수행할 때에 합리적인 이유 없이 성별 등을 이유로 구직자를 차별하여서는 아니 된다.
④ "근로자"란 사업주에게 고용된 사람과 취업할 의사를 가진 사람을 말한다.

해설 상시 300명의 근로자를 사용하는 사업주는 매년 근로자의 고용형태 현황을 공시하여야 한다.

87 근로기준법령상 용어의 정의에 관한 설명으로 틀린 것은?

① "근로"란 정신노동과 육체노동을 말한다.
② "사용자"란 사업주 또는 사업경영 담당자, 그 밖에 근로자에 관한 사항에 대하여 사업주를 위하여 행위하는 자를 말한다.
③ "통상임금"이란 이를 산정하여야 할 사유가 발생한 날 이전 3개월 동안에 그 근로자에게 지급된 임금의 총액을 그 기간의 총일수로 나눈 금액을 말한다.
④ "단시간근로자"란 1주 동안의 소정근로시간이 그 사업장에서 같은 종류의 업무에 종사하는 통상 근로자의 1주 동안의 소정근로시간에 비하여 짧은 근로자를 말한다.

해설 "평균임금"이란 이를 산정하여야 할 사유가 발생한 날 이전 3개월 동안에 그 근로자에게 지급된 임금의 총액을 그 기간의 총일수로 나눈 금액을 말한다.

88 남녀고용평등과 일·가정 양립지원에 관한 법령에 규정된 내용으로 틀린 것은?

① 사업주는 근로자를 모집할 때 남녀를 차별하여서는 아니 된다.
② 사업주는 동일한 사업 내의 동일 가치 노동에 대하여는 동일한 임금을 지급하여야 한다.
③ 사업주는 직장 내 성희롱 예방을 위한 교육을 연 2회 이상 하여야 한다.
④ 고용노동부장관은 남녀고용평등 실현과 일·가정의 양립에 관한 기본 계획을 5년마다 수립하여야 한다.

해설 사업주는 직장 내 성희롱 예방을 위한 교육을 연 1회 이상 하여야 한다.

89 고용보험법령상 ( )에 들어갈 숫자로 옳은 것은?

> 배우자의 질병으로 육아휴직 급여를 신청할 수 없었던 사람은 그 사유가 끝난 후 ( )일 이내에 신청하여야 한다.

① 10
② 30
③ 60
④ 90

해설 육아휴직 급여를 지급받으려는 사람은 육아휴직을 시작한 날 이후 1개월부터 육아휴직이 끝난 날 이후 12개월 이내에 신청하여야 한다. 다만, 해당 기간에 대통령령으로 정하는 사유로 육아휴직 급여를 신청할 수 없었던 사람은 그 사유가 끝난 후 30일 이내에 신청하여야 한다.

정답 84 ④ 85 ② 86 ② 87 ③ 88 ③ 89 ②

90 기간제 및 단시간근로자 보호 등에 관한 법령상 2년을 초과하여 기간제 근로자로 사용할 수 있는 경우가 아닌 것은?

① 휴직 등으로 결원이 발생하여 해당 근로자가 복귀할 때까지 그 업무를 대신할 필요가 있는 경우
② 특정한 업무의 완성에 필요한 기간을 정한 경우
③ 의료법에 따른 간호사 자격을 소지하고 해당분야에 종사한 경우
④ 근로자가 학업 등을 이수함에 따라 그 이수에 필요한 기간을 정한 경우

> 해설 의료법에 따른 의사, 치과의사, 한의사 자격을 소지하고 해당분야에 종사한 경우

91 근로기준법상 임금에 관한 설명으로 틀린 것은?

① 임금은 원칙적으로 통화로 직접 근로자에게 그 전액을 지급하여야 한다.
② 사용자의 귀책사유로 휴업하는 경우 휴업기간 동안 근로자에게 통상임금의 100분의 60 이상의 수당을 지급하여야 한다.
③ 임금채권은 3년간 행사하지 아니하면 시효로 소멸한다.
④ 임금은 원칙적으로 매월 1회 이상 일정한 날짜를 정하여 지급하는 것이 원칙이다.

> 해설 사용자의 귀책사유로 휴업하는 경우에 사용자는 휴업기간 동안 그 근로자에게 평균임금의 100분의 70 이상의 수당을 지급하여야 한다. 다만, 평균임금의 100분의 70에 해당하는 금액이 통상임금을 초과하는 경우에는 통상임금을 휴업수당으로 지급할 수 있다.

92 고용정책 기본법상 고용노동부장관이 실시하는 실업대책사업에 해당하지 않는 것은?

① 실업자 가족의 의료비 지원
② 고용촉진과 관련된 사업을 하는 자에 대한 대부(貸付)
③ 고용재난지역의 선포
④ 실업자에 대한 공공근로사업

> 해설 고용재난지역의 선포를 건의받은 대통령은 국무회의 심의를 거쳐 해당 지역을 고용재난지역으로 선포할 수 있다.

93 근로자퇴직급여 보장법령상 (   )에 들어갈 숫자로 옳은 것은?

> 이 법에 다른 퇴직금을 받을 권리는 (   )년간 행사하지 아니하면 시효로 인하여 소멸한다.

① 1   ② 3
③ 5   ④ 10

> 해설 이 법에 다른 퇴직금을 받을 권리는 3년간 행사하지 아니하면 시효로 인하여 소멸한다.

94 고용상 연령차별금지 및 고령자고용촉진에 관한 법률상 고령자 고용촉진 기본계획에 관한 설명으로 틀린 것은?

① 고용노동부장관은 관계 중앙기관의 장과 협의하여 5년마다 수립하여야 한다.
② 고령자의 직업능력개발에 관한 사항이 포함되어야 한다.
③ 고용노동부장관은 기본계획을 수립할 때에는 국회 소관 상임위원회의 심의를 거쳐야 한다.
④ 고용노동부장관은 필요하다고 인정하면 관계 행정기관 또는 공공기관의 장에게 기본계획의 수립에 필요한 자료의 제출을 요청할 수 있다.

> 해설 고용노동부장관은 기본계획을 수립할 때에는 고용정책심의회의 심의를 거쳐야 하며, 수립된 기본계획은 국무회의에 보고하고 공표하여야 한다.

95 채용절차의 공정화에 관한 법령상 500만 원 이하의 과태료 부과사항에 해당하는 것은?

① 지식재산권을 자신에게 귀속하도록 강요한 구인자
② 구직자에 대한 고지의무를 이행하지 아니한 구인자
③ 채용서류 보관의무를 이행하지 아니한 구인자
④ 시정명령을 이행하지 아니한 구인자

> 해설 다음 각 호의 어느 하나에 해당하는 자에게는 300만 원 이하의 과태료를 부과한다.
> ① 채용서류 보관의무를 이행하지 아니한 구인자
> ② 구직자에 대한 고지의무를 이행하지 아니한 구인자
> ③ 시정명령을 이행하지 아니한 구인자

정답 90 ③   91 ②   92 ③   93 ②   94 ③   95 ①

96 헌법상 노동기본권 등에 관한 설명으로 틀린 것은?

① 국가는 근로자의 고용증진과 적정임금의 보장에 노력하여야 한다.

② 국가는 법률이 정하는 바에 의하여 최저임금제를 시행하여야 한다.

③ 공무원인 근로자는 자주적인 단결권, 단체교섭권 및 단체행동권을 가진다.

④ 여자의 근로는 특별한 보호를 받으며 고용·임금 및 근로조건에 있어서 부당한 차별을 받지 아니한다.

해설 공무원인 근로자는 법률이 정하는 자에 한하여 단결권, 단체교섭권 및 단체행동권을 가진다.

97 고용보험법령상 피보험자격의 신고에 관한 설명으로 틀린 것은?

① 사업주가 피보험자격에 관한 사항을 신고하지 아니하면 근로자가 신고할 수 있다.

② 사업주는 그 사업에 고용된 근로자의 피보험자격의 취득 및 상실 등에 관한 사항을 고용노동부장관에게 신고하여야 한다.

③ 자영업자인 피보험자는 피보험자격의 취득 및 상실에 관한 신고를 하지 아니한다.

④ 피보험자격의 취득 및 상실 등에 관한 신고는 그 사유가 발생한 날로부터 14일 이내에 하여야 한다.

해설 사업주나 하수급인(下受給人)은 고용노동부장관에게 그 사업에 고용된 근로자의 피보험자격 취득 및 상실에 관한 사항을 신고하려는 경우에는 그 사유가 발생한 날이 속하는 달의 다음 달 15일까지(근로자가 그 기일 이전에 신고할 것을 요구하는 경우에는 지체 없이) 신고해야 한다.

98 국민 평생 직업능력 개발법령상 원칙적으로 직업능력 개발훈련의 대상 연령은?

① 20세 이상
② 15세 이상
③ 18세 이상
④ 13세 이상

해설 직업능력개발훈련은 15세 이상인 사람에게 실시하되, 직업능력개발훈련시설의 장은 훈련의 직종 및 내용에 따라 15세 이상으로서 훈련대상자의 연령 범위를 따로 정하거나 필요한 학력, 경력 또는 자격을 정할 수 있다.

99 고용보험법상 자영업자인 피보험자의 실업급여의 종류가 아닌 것은?

① 직업능력개발 수당
② 구직급여
③ 조기재취업 수당
④ 광역구직활동비

해설 자영업자인 피보험자의 실업급여는 연장급여와 조기재취업 수당은 제외한다.

100 직업안정법령상 일용근로자 이외의 직업소개를 하는 유료직업소개사업자의 장부 및 서류의 비치 기간으로 옳은 것은?

① 종사자명부 : 3년
② 구인신청서 : 2년
③ 구직신청서 : 1년
④ 금전출납부 및 금전출납 명세서 : 1년

해설 ① 종사자명부 : 2년
③ 구직신청서 : 2년
④ 금전출납부 및 금전출납 명세서 : 2년

참고문헌

- 「노동경제학」 Thomas Hyclak 외, 시그마프레스, 2007
- 「노동경제학」 김유배, 박영사, 2006
- 「상담심리학의 기초」 이장호 외, 학지사, 2010
- 「상담과 심리검사」 김계현, 학지사, 2004
- 「직업심리학」 박종원 외, 학지사, 2009
- 「상담심리학의 이론과 실제」 천성문 외, 학지사, 2010
- 「직업상담사 직업상담학」 이영춘 외, 경록, 2000
- 「직업상담 심리학」 김병숙, 시그마프레스, 2008
- 「사회심리학의 이해」 한규석, 학지사, 2009
- 「조직행동론」 강정애 외, 시그마프레스, 2009
- 「직업심리학」 김완석 외, 박문각, 1999
- 「상담의 이론과 실제」 김형태, 동문사, 2003
- 「상담심리학이 이론과 실제」 노안영, 학지사, 2005
- 「직업상담을 위한 심리검사」 전진수 외, 학지사, 2000
- 「한국직업사전」 한국고용정보원, 2011
- 「한국직업전망」 한국고용정보원, 2011
- 「직업상담사 2급(직업상담학)」 정옥경, 에듀웰, 2010
- 「직업상담학」 권오상, 서울고시각, 2007
- 「직업심리학」 권오상, 서울고시각, 2007
- 「집단상담 과정과 실제」 김진숙 외, Cengage Learning, 2010
- 「집단상담 이론과 실제」 노안영, 학지사, 2011
- 「노동경제학」 한현주, 경문사, 2005
- 「노동경제학」 한홍순 외, 교보문고, 2003
- 「인사관리론」 최재열 외, 학문사, 1999
- 「경영학원론」 임창희, 학현사, 2007
- 「조사방법론과 사회통계」 배규한 외, 데이터솔루션, 2011
- 「사회통계학」 장상희, 교우사, 2011
- 좋은직업상담사를 꿈꾸는 사람들-http://cafe.naver.com/jikup2
- 워크넷-http://www.work.go.kr
- 한국고용정보원-http://survey.keis.or.kr
- 고용노동통계-http://laborstat.molab.go.kr/
- 통계청-http://kostat.go.kr/
- 직업능력개발훈련정보망-http://www.hrd.go.kr
- 산업인력공단-http://www.q-net.or.kr/
- 법률지식정보시스템 http://likms.assembly.go.kr/

2023
직업상담사 2급 필기 전과목 무료동영상
—

초 판 발 행	2012년 2월 20일
개정10판1쇄	2022년 2월 25일
개정11판1쇄	2023년 2월 20일

저　　　자	정헌석·이지민·박비송
발 행 인	정용수
발 행 처	(주)예문아카이브
주　　　소	서울시 마포구 동교로 18길 10 2층
T　E　L	02) 2038 – 7597
F　A　X	031) 955 – 0660

등 록 번 호	제2016-000240호

정　　　가	32,000원

홈페이지 http://www.yeamoonedu.com

ISBN　979-11-6386-133-1　[13320]